HISTÓRIA DA ARQUITETURA MODERNA

EQUIPE DE REALIZAÇÃO

TRADUÇÃO
ana m. goldberger

REVISÃO
alice kyoko miyashiro
josé bonifácio caldas

PRODUÇÃO
ricardo w. neves
sergio kon

ARTE E DIAGRAMAÇÃO
plinio martins filho
walter grieco

CAPA
walter grieco e j. guinsburg

história da arquitetura moderna

leonardo benevolo

PERSPECTIVA

Título do original italiano
Storia dell'Architettura Moderna

Copyright © GIUS, LATERZA & FIGLI

Dados Internacionais de Catalogação na Publicação (CIP)
(Câmara Brasileira do Livro, SP, Brasil)

Benevolo, Leonardo
 História da arquitetura moderna / Leonardo Benevolo. — São Paulo : Perspectiva, 2016.

 2. reimp da 5. ed. de 2014
 Bibliografia.
 ISBN 978-85-273-0149-7

 1. Arquitetura moderna - História I. Título.

06-3530   CDD-724

Índices para catálogo sistemático:
1. Arquitetura moderna : História 724

5ª edição – 2ª reimpressão
[PPD]

Direitos reservados em língua portuguesa à
EDITORA PERSPECTIVA S.A.

Av. Brigadeiro Luís Antônio, 3025
01401-000 – São Paulo – SP – Brasil
Tel.: (55 11) 3885-8388
www.editoraperspectiva.com.br
2020

SUMÁRIO

Preliminar 11
Introdução: A Revolução Industrial e a arquitetura 19

PRIMEIRA PARTE: NASCIMENTO E DESENVOLVIMENTO DA CIDADE INDUSTRIAL 35

1. As mudanças na técnica das construções durante a Revolução Industrial 35
   1. *Os progressos científicos e o ensino.* 36
   2. *O aperfeiçoamento dos sistemas de construção tradicionais* 39
   3. *Os novos materiais* 43
   4. *Os progressos técnicos da construção comum* 56
   5. *Engenharia e neoclassicismo* 62
2. A era de reorganização e as origens da urbanística moderna 69
   1. *As reformas políticas e as primeiras leis urbanísticas* 69
   2. *O movimento neogótico* 82
3. Haussmann e o plano de Paris 91
   1. *Os motivos da reordenação de Paris.* 91
   2. *Os trabalhos de Haussmann* 98
   3. *O debate sobre a obra de Haussmann.* 102
   4. *A influência de Haussmann* 114
   5. *Ecletismo e racionalismo na época de Haussmann* 122
4. Engenharia e arquitetura na segunda metade do século XIX 129
   1. *As Exposições Universais* 129
   2. *A crise do ecletismo* 148

SEGUNDA PARTE: O DEBATE SOBRE A CIDADE INDUSTRIAL

5. A cidade industrial e seus críticos 155
6. As iniciativas para a reforma da cidade industrial, de Robert Owen a William Morris 173

1. *Os utopistas* 173
2. *O movimento pela reforma das Artes aplicadas* 182

TERCEIRA PARTE: A CIDADE INDUSTRIAL NOS EUA

7. A tradição norte-americana 209
   1. *A arquitetura colonial* 209
   2. *Thomas Jefferson e o classicismo norte-americano* 212
   3. *O plano de Nova York de 1811* .. 218
8. A escola de Chicago e a vanguarda norte-americana 233
   1. *A escola de Chicago* 234
   2. *Louis Sullivan* 248
   3. *O começo de Frank Lloyd Wright*. 254

QUARTA PARTE: OS MOVIMENTOS DE VANGUARDA EUROPEUS DE 1890 A 1914

Introdução

1. *As novas teorias sobre a arte* 267
2. *A insatisfação geral com o ecletismo* 269
3. *O exemplo dos pintores* 270
4. *As condições sociais e o empenho pessoal* 271

9. A art nouveau 273
   1. *Victor Horta* 273
   2. *Henry Van de Velde* 278
   3. *Charles Rennie Mackintosh* 286
   4. *Otto Wagner* 290
   5. *Joseph Maria Olbrich* 294
   6. *Joseph Hoffmann* 296
   7. *Adolf Loos* 298
   8. *Hendrik Petrus Berlage* 304
   9. *A difusão da* art nouveau 314
10. A contribuição da França: Auguste Perret e Tony Garnier 325
    1. *A herança técnica e cultural francesa*. 325
    2. *Auguste Perret* 326
    3. *Tony Garnier* 330
11. As experiências urbanísticas de 1890 a 1914 345
    1. *O progresso das leis e das experiências urbanísticas* 345
    2. *Os ensinamentos de Camillo Sitte*. 352
    3. *O movimento das cidades-jardim* .. 356
    4. *A cidade linear de Arturo Soria* ... 362
    5. *A atividade urbanística de Berlage* . 364

QUINTA PARTE: O MOVIMENTO MODERNO

12. As condições de partida 371
    1. *A "Deutscher Werkbund" e a nova arquitetura alemã* 374
    2. *Os movimentos pela reforma das artes figurativas* 380
    3. *A Primeira Guerra Mundial e o ambiente do pós-guerra* 390
13. A formação do movimento moderno (1918-1927) 403
    1. *A Bauhaus* 403
    2. *O exórdio de Le Corbusier* 426
    3. *A herança da vanguarda alemã* 436
    4. *A herança holandesa: J. J. P. Oud e W. M. Dudok* 440
14. Os primeiros relacionamentos com o público 453
    1. *Os concursos* 454
    2. *As Exposições* 456
    3. *As publicações* 462
    4. *A fundação dos CIAM* 474
15. A abordagem dos problemas urbanísticos. 483
    1. *Legislação e experiências urbanísticas no pós-guerra* 483
    2. *As primeiras aplicações dos novos padrões no pós-guerra alemão* 488
    3. *A urbanística de Gropius* 490
    4. *A urbanística de Le Corbusier* 500
    5. *A urbanística dos CIAM* 508
16. O compromisso político e o conflito com os regimes autoritários 515
    1. *A União Soviética* 516
    2. *A Alemanha e a Áustria* 528
    3. *A Itália* 540
    4. *A França* 556
17. Os progressos da arquitetura na Europa entre 1930 e 1940 561
    1. *Os mestres alemães na Inglaterra e o renascimento da arquitetura inglesa*. 561
    2. *Os resultados das pesquisas marginais na França e na Itália* 564
    3. *Os Países Baixos* 568
    4. *Os países escandinavos* 572
    5. *A Suíça* 580
18. A arquitetura moderna nos EUA 597
    1. The roaring years (*Os anos ruidosos*) 600
    2. *A obra de Richard Neutra* 604
    3. *O exemplo de Wright* 610

4. *O New Deal e a contribuição dos ex-mestres da Bauhaus*	612
5. *A obra de Mies van der Rohe*	622
6. *Os desenvolvimentos da arquitetura norte-americana depois do New Deal.*	632
19. O segundo pós-guerra na Europa	647
1. *A reconstrução inglesa*	647
2. *Continuidade e progresso na construção civil escandinava*	654
3. *A reconstrução na URSS*	658
4. *A reconstrução na Itália, França e Alemanha*	664
5. *Reconstrução e planificação na Holanda*	696
20. O novo campo internacional	711
1. *O Brasil*	711
2. *Le Corbusier na Índia*	720
3. *Japão*	724
Conclusão	741
1. *A invenção tipológica*	750
2. *O controle da produção industrial*	762
3. *O controle das transformações urbanas*	772
Bibliografia	791
Índice onomástico	799
Fontes das ilustrações	813

Preliminar

UMA história da arquitetura moderna tem o dever de apresentar os acontecimentos contemporâneos dentro da moldura de seus antecedentes próximos; deve, portanto, remontar ao passado naquilo que for necessário para completar o conhecimento do presente e para colocar os fatos contemporâneos em uma perspectiva satisfatória.

As primeiras dificuldades que se apresentam referem-se ao campo da pesquisa: até onde é necessário remontar na cadeia dos acontecimentos passados? E, como o conceito de arquitetura não está estabelecido em termos definitivos, mas varia, também ele, no tempo, a quais fatos deve-se estender a pesquisa? Ambos estes problemas referem-se à colocação da obra, e convém prestar contas, logo, ao leitor, do modo pelo qual se tentou resolvê-los.

I. — Até a segunda metade do século XVIII, é fácil compreender os fatos da arquitetura dentro de um quadro unitário; as formas, os métodos de projetar, o comportamento dos projetistas, dos que encomendam as obras e dos que as executam variam de acordo com o tempo e de acordo com o lugar, mas se desenvolvem no âmbito de um relacionamento substancialmente fixo e certo entre arquitetura e sociedade; variam os quesitos particulares feitos aos arquitetos e as respostas que estes fornecem, mas a natureza do serviço que o arquiteto presta à sociedade e os encargos que a sociedade lhe delegou não estão sujeitos a discussão por muito tempo.

Até aqui, portanto, aplica-se comodamente o procedimento usual da história da arte, que coloca em primeiro plano o estudo dos valores formais, uma vez que estes, interpretados de modo adequado, recompilam todas as circunstâncias e os relacionamentos externos, e revelam, com suas variações, a variação de cada um dos outros fatores.

Depois da metade do século XVIII, sem que a continuidade das experiências formais seja de modo algum interrompida, pelo contrário, enquanto a linguagem arquitetônica parece adquirir uma especial densidade, as relações entre arquitetura e sociedade começam a se transformar radicalmente. Pode-se seguir o antigo fio condutor, e continuar a fazer a história da arquitetura de fins do século XVIII e do século XIX sobre o modelo da história precedente — como se faz nos manuais gerais — utilizando as mutações do repertório formal para distinguir artistas, escolas, períodos; pode-se, dessa forma, depois do barroco, falar do neoclassicismo, do ecletismo, e assim por diante. Mas, em um certo ponto, percebe-se que a atividade de que se fala cobre apenas uma pequena parte da produção e dos interesses culturais contemporâneos, que seus vínculos com a sociedade afrouxaram-se, e que novos problemas, surgidos longe do sulco tradicional, vieram para o primeiro plano.

É necessário, portanto, alargar o campo de observação e examinar diretamente muitos fatos técnicos, sociais, econômicos que, de 1750 em diante, sofrem rápida mutação, mesmo que inicialmente não fique evidenciada, de imediato, sua conexão com a arquitetura. Em vários campos, dentro e fora dos limites tradicionais, vêem-se emergir novas exigências materiais e espirituais, novas idéias, novos instrumentos de participação que, em um ponto determinado, confluem em uma nova síntese arquitetônica, profundamente diversa da antiga. Assim é possível explicar o nascimento da arquitetura moderna que, de outra forma, seria totalmente incompreensível; com efeito, se nos limitássemos a uma história das formas, dever-se-ia postular uma nítida solução de continuidade, um rompimento em relação à tradição, que pode ser formulado em termos de polêmica, mas que não é historicamente admissível.

O movimento moderno está profundamente enraizado na tradição cultural européia, e está ligado ao passado por meio de uma sucessão gradual de experiência. Existe, entretanto, uma diferença de extensão entre o campo do qual emerge o movimento moderno — que é muito amplo especialmente no início, e compreende várias pesquisas que amadurecem em setores diversos da civilização industrial — e o campo em que se fecha, progressivamente, a herança dos movimentos arquitetônicos passados. Enquanto nos dois campos os acontecimentos evolvem com continuidade, o deslocamento da cultura arquitetônica de um para outro campo não pôde, necessariamente, ser contínuo, mas foi alcançado com repetidos rompimentos e ao preço de fortes contrastes; por isso o movimento moderno é, sob um outro aspecto, uma experiência revolucionária que interrompe e transforma a herança cultural passada.

Portanto, de início atribuiremos à palavra "arquitetura" o significado mais amplo possível. Para quem quiser uma definição de acordo com as regras, indicamos esta, escrita por William Morris em 1881:

A arquitetura abrange o exame de todo o ambiente físico que circunda a vida humana; não podemos subtrair-nos a ela, até que façamos parte da sociedade urbana, porque a arquitetura é o conjunto das modificações e das alterações introduzidas sobre a superfície terrestre, em vista das necessidades humanas, excetuado somente o puro deserto. [1]

Não tentaremos circunscrever este conceito pela via teórica e especificar, em abstrato, quais aspectos devem ser levados em consideração e quais não o devem, nessa obra de modificação do ambiente humano; o próprio desenvolvimento histórico indicará qual a extensão a ser dada, hoje, a esta ilustre e tradicional noção, "arquitetura", que se transforma a todo momento sob nossos olhos.

Segundo o rigor da lógica, isso pode parecer um círculo, porque a coisa a ser procurada não é definida de antemão e adquire significado no decurso da pesquisa; mas nosso método não pode ser rigidamente demonstrativo, porque não possuímos o suficiente destaque que tem o assunto tratado, e imaginamos que nossos leitores tampouco são impassíveis e desinteressados, mas empenhados — como arquitetos, como empresários, como comitentes ou como usuários — na renovação do ambiente em que vivem.

Uma história da arquitetura moderna tem necessariamente por essência o presente, e a referência fundamental para todo nosso discurso é a arquitetura de hoje, que nos vincula, desde o momento de partida, com uma escolha eficaz, antes de tornar-se objeto de indagação histórica. Esta vinculação limita a certeza dos juízos, mas cremos que não possa ser eliminada por meio de um simples esforço de abstração; é melhor aceitá-lo explicitamente e levá-lo em consideração moderando a segurança das avaliações críticas.

II. — Usamos o termo "movimento moderno" que, na linguagem contemporânea, assumiu um significado bastante preciso.

Também aqui, desejando-se adotar uma definição, a mais apropriada parece-nos ser esta, de Morris: "A arte para a qual trabalhamos é um bem do qual todos podem participar, e que serve para melhorar a todos; na realidade, se todos não participarem dela, ninguém poderá dela participar". [2] Aqui se encontra, provavelmente, o relacionamento profundo entre a arquitetura moderna e a civilização industrial; assim como a indústria tornou possível produzir os objetos de uso e os serviços em tais quantidades que permitam, como objetivo realizável, que todos os homens participem das mesmas oportunidades materiais, do mesmo modo a arquitetura moderna tem o encargo de transmitir em igual medida a todos os homens certas oportunidades culturais antes hierarquicamente diferenciadas segundo as várias classes sociais, e pode chamar-se de "um programa de redistribuição dos bens artísticos" [3] segundo as exigências da sociedade moderna.

1. "The Prospects of Architecture in Civilization" conferência proferida na London Institution em 10 de março de 1881. In: *On Art and Socialism*, Londres, 1947, p. 245.

2. "The Art of the People", conferência proferida na Birmingham Society of Arts and School of Design, em 19 de fevereiro de 1879. In: *On Art and Socialism*, pp. 47-48.

3. ARGAN, G. C. *Walter Gropius e la Bauhaus*. Turim, 1951. p. 27.

Ninguém pode ainda dizer quais sejam as conseqüências desta assunção, porque apenas se começou a trabalhar neste sentido e a definição citada é somente uma indicação provisória que diz respeito principalmente ao trabalho futuro.

De pouco adiantam por enquanto muitos outros discursos. O termo "movimento moderno" pode ser julgado apropriado ou não, e preferir-se eventualmente uma outra locução, mas entrou em uso e é conveniente ater-se a ele porque não somente é um termo histórico como também um programa vivo, uma regra de conduta; tentaremos precisar e retificar seu significado com uma descrição histórica, mas consideramos imprudente circunscrevê-lo *a priori* com uma fórmula teórica.

É necessário, pelo contrário, definir seus limites de aplicação em relação ao passado. Pode-se deixar de lado a pergunta "o que é a arquitetura moderna?", porém é necessário responder a esta outra: "em que momento ela começa?" Em nossa opinião, podem-se dar três respostas diferentes, segundo o que se entenda por "começar":

a) A arquitetura moderna nasce das modificações técnicas, sociais e culturais relacionadas com a Revolução Industrial; portanto, se se pretende falar dos componentes singulares, que depois irão confluir em uma síntese unitária, pode-se dizer que a arquitetura moderna começa logo que se delineiam as conseqüências para a edificação e urbanização da revolução industrial, isto é, entre fins do século XVIII e princípio do século XIX e, mais precisamente, no pósguerra subseqüente a Waterloo. Em um primeiro momento, estes componentes estão contidos em diversos setores da vida social e não se pode fazer uma ligação entre eles se se permanece dentro dos termos da cultura da época; descobre-se sua unidade de tendência apenas quando se considera aquilo que acontece mais tarde.

b) Após terem-se delineado com suficiente clareza os componentes singulares, surge a exigência de sua integração recíproca. Quando essa exigência torna-se um juízo formulado explicitamente e depois um programa de trabalho, nasce a arquitetura moderna enquanto linha coerente de pensamento e de ação. Isso ocorre pela primeira vez, com bastante nitidez, na Inglaterra, graças a Morris. Nesse sentido, pode-se dizer que a arquitetura moderna começa quando Morris dá início a sua atividade prática; para aqueles que amam a exatidão, em 1862, ano em que entra no comércio a firma Morris, Faulkner, Marshall & Co.

c) Uma vez individuado o fim, resta a questão referente a um método adequado para atingi-lo, bastante geral para poder reunir os vários esforços individuais e para tornar transmissíveis os resultados obtidos. Este é o ponto crucial de todo o desenvolvimento, e exige o máximo de esforço, porquanto se trata de lançar uma ponte entre a teoria e a prática e de se empenhar no contato com a realidade, tendo em conta todos os seus aspectos. Esse passo concretiza-se através da Primeira Guerra Mundial, e a data precisa pode ser 1919, quando Gropius abre a escola de Weimar. É somente neste ponto que se pode falar, em sentido correto, de "movimento moderno".

É de importância levar em consideração a continuidade entre as três fases, bem como as diferenças entre uma e outra, e especialmente entre a segunda e a terceira.

No primeiro pós-guerra, acreditou-se que podia ser estabelecido desde logo um novo sistema de formas universalmente válidas, refutando-se polemicamente todas as vinculações com o passado. Os acontecimentos demonstraram a intempestividade daquela tentativa, e a cultura contemporânea, sob a impressão vívida desse insucesso, dedicou-se a um vasto trabalho analítico de reexame e verificação de suas teses, explorando as oportunidades desprezadas a princípio e avaliando a herança do passado, a fim de distinguir aquilo que está vivo e aquilo que está morto. Por essa razão, estudam-se com curiosidade renovada as experiências colaterais e as experiências precedentes.

Enquanto esse reexame necessário é levado a efeito, existe o perigo da acomodação em um novo ecletismo, tomando cada experiência como sendo boa, desde que esta seja de molde a ter repercussões na fantasia. A história da arquitetura pode encorajar esse perigo, ao apresentar imparcialmente o passado como um desfile de obras ou de tendências, todas igualmente interessantes.

Essa imparcialidade fictícia pode ser útil provisoriamente, para fazer um primeiro inventário do passado recente, ainda pouco notado e pouco documentado, porém, parece que chegou o momento de aprofundar o discurso histórico e de distinguir, no passado, as experiências fundamentais daquelas marginais, aquelas que já estão encerradas e aquelas ainda abertas, a fim de indicar uma orientação fundamentada a quem trabalha no presente.

Em nossa opinião, existe uma linha fundamental de pensamento e de ação, que começa com Owen e os utopistas da primeira metade do século XIX, passa por Ruskin e Morris, pelas experiências de vanguarda européia entre os anos de 1890 e 1914, recebe a contribuição dos construtores americanos e de Wright, adquire importância geral no primeiro pós-guerra graças a Gropius e Le Corbusier, e produz um movimento unitário, capaz de crescer muito além das premissas iniciais.

Pessoa alguma é capaz de medir o peso exato da passagem ocorrida em 1919 no seio da história universal, mas pode-se demonstrar que é a passagem fundamental para a situação hodierna. As experiências situadas logicamente antes dessa passagem — as experiências de Morris, Horta, Wagner, Hoffmann, Berlage, Loos, Perret, Sullivan e Wright — são interessantes e importantes, visto que tornaram possível a formação do movimento moderno; pertencem, porém, a um outro momento histórico, resolvem problemas diferentes dos nossos. Deles, podemos receber nobres exemplos e úteis exortações, mas Le Corbusier, Gropius, Mies van der Rohe, Jacobsen, Tange, Bakema deram início a uma experiência na qual todos estamos envolvidos e da qual depende nosso modo de vida.

A primeira parte deste livro propõe-se descrever os componentes da cultura arquitetônica moderna, procurando suas origens nos diversos campos dos quais emergiram, e seguindo seu movimento convergente de 1760 a 1914. O relato será necessariamente fragmentário e descontínuo, e deverão ser abordados muitos argumentos que parecem não ter parentesco com a arquitetura, mas que contêm as raízes de alguns aspectos da arquitetura moderna. A unidade deste relato depende daquele que o segue; por essa razão, os acontecimentos deste período serão apresentados em uma perspectiva um tanto vasariana e serão julgados em razão de sua contribuição à formação do movimento moderno.

Como já ficou dito, não acreditamos poder eliminar essas referências; não mais pensamos, como Vasari, que chegamos hoje à maneira perfeita, à época áurea, e sabemos que o êxito da tentativa que está em curso não está, de fato, garantido *a priori*, mas sustentamos que o caminho tomado pelo movimento moderno é o único a ser percorrido, a única possibilidade de entendimento e de continuidade com o patrimônio cultural passado.

Tentou-se descrever, em primeiro lugar, os eventos materiais dos quais nasce a cidade européia moderna, entre 1760 e 1890, respeitando-se, tanto quanto possível, a contemporaneidade dos fenômenos (Parte I), depois tentou-se traçar nesses eventos a linha de pensamento que conduz a William Morris (Parte II), retomar a narrativa para a cidade americana, explicando a razão pela qual certas experiências acontecem ali com antecipação em relação à Europa (Parte III) e, finalmente, descrever os movimentos de vanguarda europeus entre 1890 e 1914 (Parte IV).

A segunda parte, dedicada ao movimento moderno, relata um evento que teve lugar durante tempo mais ou menos equivalente ao dos outros — de 1919 até hoje — sendo, porém, mais denso e articulado e, portanto, ocupando aqui maior espaço; tentou-se manter a narrativa o mais coesa possível e ressaltar a unidade do movimento, abandonando o sistema de biografias separadas para os vários arquitetos.

Para cada um dos mestres mais importantes, já existem várias monografias, onde o leitor pode encontrar dados biográficos e documentais, mas também onde a perspectiva histórica quase sempre vem falseada a fim de fazer ressaltar a continuidade dos caracteres individuais.

A arquitetura moderna comporta não somente um novo repertório de formas, como também um novo modo de pensar, cujas conseqüências ainda não foram calculadas em sua totalidade. É provável que nossos hábitos mentais e nossa terminologia sejam mais antiquados do que o objeto de que se fala.

Parece aconselhável, portanto, não fazer esforços para que a argumentação se encaixe dentro dos esquemas metodológicos correntes, mas sim procurar adaptar a metodologia à argumentação e tentar colher, no próprio movimento moderno, as indicações historiográficas que ele contém em estado virtual. Os riscos dessa tentativa parecem ser compensados pela probabilidade de melhor penetrar no sentido dos acontecimentos.

Nota à quarta edição

Todos os livros de História estão ligados ao momento em que são idealizados, porque a pesquisa histórica vai mais adiante e discute seus resultados, e também porque os compromissos do presente fazem com que se veja o passado sob uma luz sempre diversa, imprevisível pela indagação científica. Se, além disso, o livro fala de uma experiência em curso, como a arquitetura moderna, tais dificuldades são ainda maiores; o ponto de partida da narrativa pode haver sido escolhido por razões visíveis, porém o ponto de chegada é o momento presente, o qual interessa porque é em seu contexto que devemos operar, não porque medimos sua singularidade no quadro geral dos acontecimentos. A passagem do tempo força a uma reconsideração contínua das decisões operativas, mesmo que não ofereça uma distância suficiente para emitir um juízo histórico mais fundamentado. Assim, a arquitetura moderna não pode ser circunscrita como a da Idade Média ou a do Renascimento, e cada juízo emitido a seu respeito deve ser revisado de ano em ano, uma vez que os últimos anos são sempre, para nós, os mais importantes e os mais instrutivos. Não há como escapar a tais embaraços, e mais vale analisá-lo abertamente, de modo que o leitor conheça as incongruências do livro ao menos tão bem quanto o autor e o utilize de maneira razoável para orientar-se, por sua vez, dentro das circunstâncias do momento atual.

Este livro foi escrito entre 1957 e 1959 e publicado pela primeira vez em 1960. A tradução para o espanhol, de 1963, e para o alemão, de 1964, baseiam-se na primeira edição italiana e, portanto, já estavam desatualizadas por seis ou sete anos no momento de sua publicação, como observaram alguns resenhistas. Quanto mais o tempo passava, mais se tornava evidente essa impressão; o amplo debate ocorrido após a publicação do livro foi útil para todos, e também para o autor, na melhor compreensão do significado da história passada; as publicações sobre a história da arquitetura moderna talvez hajam redobrado em número, de 1960 em diante, e fornecem agora uma documentação adequada a alguns episódios importantes: a utopia de princípios do século XIX, a *art nouveau*, a arquitetura soviética dos anos vinte; os últimos acontecimentos — a morte dos mestres, Le Corbusier, Gropius e Mies van der Rohe entre 1965 e 1969; a obra dos arquitetos da geração seguinte, Jacobsen, Bakema, Candilis, Tange; as experiências originais nos países asiáticos, sul-americanos, africanos; o empenho cada vez maior das escolhas urbanísticas nos países desenvolvidos e naqueles em vias de desenvolvimento — articulam-se diretamente no relato dos fatos precedentes e modificam a interpretação de toda a história da arquitetura moderna.

O autor não se resignou a conservar o livro como documento de uma fase da pesquisa histórica, porém tentou atualizá-lo, a fim de conservar o vínculo imediato com os empreendimentos operativos contemporâneos, coisa que era uma das ambições do texto original; assim, o autor revisou já quatro vezes o texto e as ilustrações: para a segunda edição em italiano de 1964, para a terceira de 1966, para a tradução inglesa feita entre 1968 e 1970 e publicada em 1971, e para esta edição, impressa em um só volume e dirigida a um público mais vasto, composto especialmente de estudantes.

É inútil descrever as etapas desta revisão; basta comparar o livro de 1960 com o de 1971, que foi praticamente reescrito, sendo sempre, porém, uma adaptação de um trabalho precedente, com os méritos e os defeitos que aquela operação comporta.

Quando esta *História* foi começada, eram passados dez anos desde o final da Segunda Guerra Mundial. A parte mais importante da história da arquitetura moderna parecia ainda ser aquela situada entre as duas guerras, e a tarefa mais urgente parecia ser uma avaliação correta daquele acontecimento — a formação de um método unitário e racional, no primeiro pós-guerra; as realizações exemplares nos anos vinte; os obstáculos políticos e a retração nos anos trinta — que pudesse frutificar, a fim de dar início a um ciclo de experiência mais extenso — a reconstrução quase concluída e a planificação apenas começada, aberta em direções muito diversas. Importava recuperar a continuidade com as experiências precedentes e evitar, ao mesmo tempo, os erros e insucessos já provados.

Parece que as dificuldades dos anos trinta devem-se sobretudo a uma situação política anormal, ao fascismo, ao nazismo, ao stalinismo; a intransigência e a prudência dos mestres da arquitetura moderna, naqueles anos, pareciam justificáveis ainda mais enquanto defesas momentâneas contra as lisonjas ou as perseguições dos regimes de então, a serem substituídas agora com um empirismo maior e com uma maior disponibilidade; com efeito, a restauração da liberdade democrática no Ocidente e o degelo no Oriente pareciam bastar para garantir um novo espaço para o progresso da arquitetura, espaço esse cujos limites ainda não haviam sido medidos.

Especialmente na Itália, parecia que bastava remover alguns preconceitos e alguns interesses tradicionais: impor os planos urbanísticos, como o de Roma, projetado entre 1954 e 1958 e recusado pela administração de centro-direita em 1959, porém lançado pelo governo e pela administração de centro-esquerda em 1962; desautorizar os antigos acadêmicos que haviam tomado posse das Universidades, e substituí-los pelos arquitetos modernos até então marginalizados (este foi o tema das lutas estudantis entre 1960 e 1964). O esboço da *História da Arquitetura Moderna* foi feito nesse clima; devia servir para reafirmar a linha mestra do movimento moderno contra as divagações, as revisões, a nostalgia pelas experiências anteriores ou colaterais (o ecletismo, o *liberty,* a exaltação de Wright) e contribuir para um desenvolvimento das aplicações concretas, que pareciam estar ao alcance da mão.

A primeira parte, ou seja, o relato dos primeiros cinqüenta anos, desde o início da Revolução Industrial até a guerra de 1914, tinha sobretudo a finalidade de explicar as escolhas feitas em 1919, em uma perspectiva vasariana, como já ficou dito no princípio, perspectiva essa, entretanto, demasiadamente parcial e seletiva. Com efeito, ela subestimava as descontinuidades políticas, econômicas e culturais intermediárias: partia da primeira revolução industrial de 1760-1830, porém passava por cima das transformações sucessivas igualmente importantes (estava errado em considerar uma só revolução industrial, como observou Reyner Banham, na resenha publicada em *Architectural Review*; de fato, Banham sublinhou, com acuidade, a importância da sucessiva revolução técnica e econômica situada parte no século XIX e parte no século XX, em seu livro de 1960, *Theory and Design in the First Machine Age**); analisava corretamente a "era da reorganização" entre 1830 e 1848, porém descuidava a reviravolta política decisiva após 1848, a qual determina, em larga medida, as praxes urbanísticas ainda vigentes nas cidades atuais, e contestada apenas nos últimos cinqüenta anos do movimento moderno (a fim de corrigir esse relato, o autor escreveu um novo livro em 1963, *Le origini dell'urbanistica moderna,* tentativa de uma melhor interpretação do relacionamento entre política e arquitetura na sociedade burguesa pós-liberal).

A segunda parte relatava o desenvolvimento do movimento moderno e, sobretudo, a primeira fase, entre 1919 e 1933, que era analisada problema por problema nos Caps. XII a XV: as condições iniciais, as experiências fundamentais, os relacionamentos com o público, o acercamento aos problemas urbanísticos; o campo das experiências fundamentais era alargado o mais possível, incluindo-se, ao lado de Gropius, Le Corbusier e Mies van der Rohe, também Mendelsohn, Oud e Dudok. Logo após, o relato mudava de tom e transformava-se em uma descrição das aplicações, divididas por temas e por lugares: a difusão na Europa até 1940, a difusão na América antes e depois da Segunda Guerra Mundial, os novos desenvolvimentos na Europa do pós-guerra, os desenvolvimentos ocorridos no Terceiro Mundo. As dificuldades surgidas depois de 1933, compreendidos os desencontros com os regimes autoritários, eram interpretadas como incidentes da difusão, e reconduzidas à nova estrutura da pesquisa e às relações desta com a estrutura tradicional da sociedade. De 1960 em diante, um grande número de estudos históricos fez com que se conhecessem melhor os fatos sucessivos ao movimento, revelou a importância dos arquitetos da segunda geração (além de Aalto, também Jacobsen, Brinkman e Van der Vlugt, Bakema e Van der Broek, os Smithson, Stirling, Candilis, Tange etc.). Principalmente as experiências, contudo, fizeram ver que os conflitos substanciais estão tudo, menos superados; deram a medida da energia dos velhos mestres que souberam permanecer na primeira linha (Le Corbusier e Mies van der Rohe); demonstraram que os novos mestres, por exemplo Bakema, Candilis e as equipes inglesas, trabalham na mesma linha, com igual capacidade inventiva e com um risco talvez maior, face à vastidão e à delicadeza das tarefas empreendidas.

Tudo isso força a uma consideração algo diversa da história da arquitetura moderna: procura-se na história remota, não somente as origens das dificuldades iniciais, mas também e acima de tudo as dificuldades permanentes, não resolvidas hoje depois de cinqüenta anos de estudos e de experiências; reconhece-se, na história recente, não somente a unidade, como também a articulação objetiva da pesquisa em curso, na escala mundial que lhe compete.

A primeira parte foi modificada para ser levada em conta a tese apresentada em *Origini dell'urbanistica moderna*; ao invés de efetuar uma fusão entre os dois relatos (coisa que teria levada à elaboração de um novo livro, com outra base documentária: uma história da cidade moderna, em vez de história da arquitetura moderna), preferimos acentuar a estrutura do relato original, isto é, a dupla exposição da história oficial da cidade européia do século XIX (Caps. 1 a 4) e da história oficiosa, que resulta do debate ideológico (Caps. 5 e 6), de modo a isolar e fazer sobressair a linha ideal de oposição na cidade burguesa; desta linha, procede o movimento moderno, que se empenha em construir, justamente, um novo tipo de cidade, como alternativa à precedente.

Para tornar essa exposição bastante clara, foram necessárias duas amplas modificações, no início dos Caps. 3 e 5; além disso, o Cap. 3 foi ampliado, a fim de descrever, juntamente com o plano de Haussmann para Paris, as principais iniciativas da urbanística neo-

* Trad. bras., *Teoria e Projeto na Primeira Era da Máquina*, Ed. Perspectiva, 1975, Debates 113 (N. do E.).

conservadora da segunda metade do século XIX, inclusive as que tiveram lugar nos territórios coloniais. Foi também inserida uma menção sobre as primeiras realizações da edificação subvencionada, deslocando aqui, em parte, algumas informações que se encontravam no Cap. 11.

Na introdução à Parte IV, foi ampliada a explicação sobre a conjuntura econômica e política que condiciona o decurso da *art nouveau*. Partindo-se dessa explicação, foi corrigida a redação do Cap. 12, isto é, o relato das condições históricas com que começa a pesquisa da arquitetura moderna.

A segunda parte sofreu uma transformação mais radical, corrigindo-se o quadro do Cap. 13, ou seja, acentuando-se a importância do trabalho de Le Corbusier e da Bauhaus com referência à obra dos contemporâneos alemães e holandeses; reescrevendo-se o Cap. 15 sobre as experiências urbanísticas; desmembrando-se o Cap. 16, do qual foram extraídos um capítulo sobre o compromissamento político nos países mais importantes (Rússia, Alemanha, França, Itália) e outro sobre o progresso da pesquisa nos países europeus então periféricos (Inglaterra, Escandinávia, Holanda, Suíça); transformando-se o penúltimo capítulo em uma descrição da reconstrução européia nos primeiros dez anos depois da Segunda Guerra, e transportando a descrição das experiências mais recentes para a conclusão, onde se tentou fazer não somente um discurso teórico, como também uma enumeração e uma classificação das direções mais promissoras no futuro próximo.

O quadro tornou-se mais complexo e menos otimista mas, provavelmente, mais realista; a confiança no trabalho que se faz deve ser corrigida pela amargura pelo trabalho que deixa de ser feito e que não pode ser feito, todas as vezes que a arquitetura esbarra com o "contrato social" (como dizia Le Corbusier), isto é, com a estrutura de poder que, em nosso campo, tem-se tornado quase que constante faz um século. Esta estrutura é muito difícil de ser mudada, e os arquitetos não podem pretender mudá-la sozinhos; para tentar fazê-lo, contudo, por certo são de utilidade duas coisas: conhecer objetivamente essa estrutura, retirando-se a cobertura cultural que a protege, e representar claramente, na teoria e na prática, os modelos espaciais alternativos, de modo que os grupos interessados na modificação possam organizar-se em torno de propostas precisas e tecnicamente fundamentadas. Eis as tarefas da pesquisa arquitetônica no momento atual.

Agradeço aqui a todos que me auxiliaram nas sucessivas atualizações: os pesquisadores Carlo Melograni, Italo Insolera, Reyner Banham e muitos outros; os amigos, entre os quais principalmente Tommaso Giura Longo, a quem devo o ponto de partida da nova conclusão; minha mulher Renza, que juntamente comigo fez a paginação desta nova edição.

L.B.

1. A casa do pobre, gravura de C. N. LEDOUX, *L'Archtecture considerée sous le rapport de l'art, des moeurs et de la législation*, 1806. "Este vasto universo que nos maravilha é a casa do pobre, é a casa do rico que foi espoliado. Ele tem como teto a abóbada celeste e comunica-se com a assembléia dos deuses... O pobre pede uma casa, onde não serão admitidas quaisquer das decorações empregadas com profusão nas casas dos Plutões modernos. A arte deverá interpretar suas necessidades e submetê-la à proporção adequada."

INTRODUÇÃO: A REVOLUÇÃO INDUSTRIAL E A ARQUITETURA

EM 14 de abril de 1791, a União Fraterna dos Trabalhadores em Construção de Paris — os operários das obras de Sainte-Geneviève, da Place de la Concorde, das novas pontes sobre o Sena — convida os empreiteiros a instituir, de comum acordo, um regulamento dos salários, com base em um salário mínimo.[1]

Um mês antes, um decreto da Assembléia Constituinte abolira o ordenamento tradicional das corporações, que até então regulava as relações de trabalho. Os operários, excluídos das eleições pela Constituinte, permaneceram fora do espírito dessa disposição; não lamentam as antigas corporações, onde eram oprimidos pelos mestres, porém não demonstram um particular entusiasmo pela liberdade de trabalho proclamada pelos economistas liberais, como se pode ver nos *cahiers*, apresentados em 1789; preocupam-se com seu sustento imediato, e defendem a idéia de que o novo ordenamento deva produzir uma melhora de seu nível de vida ou, ao menos, deixar-lhes uma margem para que defendam por si mesmos seus interesses. Por essa razão, dirigem-se diretamente aos empresários a fim de convidá-los a fazer um contrato.

Os empresários não dão resposta. Então a União Fraterna dirige-se ao Município de Paris, para que este intervenha em seu favor. O prefeito de Paris, Bailly, percebe que sob essa discussão encontra-se uma grave questão de princípios, e prefere responder publicamente por meio de um manifesto que é afixado nas ruas de Paris em 26 de abril, onde ele reafirma solenemente os princípios teóricos do liberalismo que levaram à abolição das corporações, e condena a própria existência das associações de operários, ainda mais que seus pedidos:

A lei ab-rogou as corporações que detinham o monopólio da produção. Ela, portanto, não pode autorizar coalizões que, em substituição àquelas, iriam estabelecer um novo gênero de monopólio. Por isso, aqueles que entrarem nessas coalizões operárias, que as suscitarem ou fomentarem, são evidentemente refratários à lei, inimigos da liberdade e puníveis como perturbadores da paz e da ordem pública. (Assim, o pedido de determinar o salário por lei não pode ser acolhido.) É bem verdade que todos os cidadãos são iguais em direitos, porém não o são, de fato, em capacidade, talentos e meios; é, portanto, impossível que eles se iludam pensando que podem todos obter os mesmos ganhos. Uma coalizão de operários, para levar os salários diários a um preço uniforme e para forçar aqueles mesmos que pertencem ao seio operário a submeter-se a essa decisão, seria, por conseguinte, evidentemente contrária aos verdadeiros interesses dos mesmos.[2]

Em 30 de abril, também os empresários endereçam uma petição à Municipalidade; afirmam eles que as associações operárias são contrárias à lei vigente e que pretendem impor pela força seus próprios pedidos; essa conduta "constitui um atentado aos direitos

---

1. Os dados e as citações referentes a este episódio foram extraídos de *Le mouvement ouvrier à Paris pendant la Révolution Française*, de G. M. JAFFÉ, e são mencionados no Cap. 11 do livro de C. BARBAGALLO, *Le origini della grande industria contemporanea*, Florença, 1951.

2. BARBAGALLO, C. Op. cit., pp. 30 e 31.

do homem e à liberdade dos indivíduos" e opõe-se aos princípios da economia, "sendo bastante a concorrência para conter os interesses recíprocos dentro dos limites naturais".[3]

A agitação operária espalha-se para outras categorias, em Paris e fora dela, enquanto também os empresários organizam-se entre si; muitos trabalhadores entram em greve e, a 22 de maio, o problema é levado perante a Assembléia Nacional. Os empregadores sustentam que as associações operárias são um novo disfarce para as antigas corporações; os trabalhadores refutam energicamente essa comparação, afirmando que se trata de uma nova forma de organização, indispensável em virtude da modificação no estado das coisas, e que também os empregadores entram em acordo entre si, e mais facilmente, dado seu menor número.

A Assembléia Nacional — afirma um memorial operário —, ao destruir todos os privilégios e a mestrança e ao declarar os direitos do homem, por certo previu que aquela declaração serviria para algo para a classe mais pobre, que por muito tempo foi o joguete do despotismo dos empresários.[4]

Em 14 de junho, o deputado Le Chapelier — representante do Terceiro Estado — apresenta seu projeto de lei que acolhe, em substância, as pretensões dos empresários e reafirma a neutralidade teórica do Estado nas relações de trabalho. O problema levantado está vinculado à liberdade de reunião, sancionada na Declaração dos Direitos do Homem; porém "deve-se proibir os cidadãos pertencentes a determinadas profissões que se reúnam tendo em vista seus pretensos interesses comuns", porquanto o novo Estado não reconhece de fato a existência desses pretensos interesses: "no Estado, não se encontram mais do que o interesse particular de cada indivíduo e o interesse geral".[5]

Le Chapelier, pessoalmente, está convicto de que as pretensões dos operários são justas; mas a Assembléia não pode e não deve intervir e apoiá-las por meio de uma lei pois, com tal passo, seria recolocada em pé toda a antiga estrutura das corporações, e os melhoramentos momentâneos seriam compensados com um dano permanente.

A lei Le Chapelier, aprovada em 17 de junho de 1791, proíbe imparcialmente "quer as associações operárias para provocar aumento no salário quer as coalizões patronais para reduzi-los";[6] nega, tanto a uns

3. BARBAGALLO, C. Op. cit., p. 33.
4. BARBAGALLO, C. Op. cit., p. 35.
5. BARBAGALLO, C. Op. cit., p. 40.
6. BARBAGALLO, C. Op. cit., p. 41.

quanto a outros, também o direito de reunião, proíbe que o corpo administrativo ouça pretensões desse gênero, e estabelece várias penas — ainda não graves — para os transgressores.

O exemplo da França é seguido, poucos anos mais tarde, pela Inglaterra. Em 1800 — também aqui logo após uma agitação dos operários na construção — é promulgado o Combination Act, que proíbe toda associação de categoria. Define-se, assim, no período crucial da Revolução Industrial, a conduta do poder político no campo das relações de trabalho segundo um enunciado teoricamente inatacável. Os fatos, porém, encarregam-se logo de demonstrar que a solução é insustentável. Na França, a crise da agricultura, a desvalorização do papel-moeda e as' dificuldades bélicas impedem que o governo revolucionário mantenha a direção liberal na economia, e modifica bem rápido essa direção para um sistema de controles rígidos; vem depois o Império, que não somente restabelece coativamente, em 1813, as associações de categoria, como também impulsiona o controle econômico além da própria monarquia, chegando a ponto de instituir uma indústria estatal. Na Inglaterra, a direção liberal é parcialmente mantida mesmo durante a guerra napoleônica; entretanto, o Combination Act mostra-se inadequado para regular a economia inglesa em expansão e, após ter sido moderado, é abolido na prática em 1824.

Assim, após uma geração, o problema encontra-se novamente em aberto e deve ser enfrentado de maneira muito diversa daquela que tinham em mente os deputados franceses de 1791: não por meio de uma declaração de princípios, mas construindo, pouco a pouco, uma nova estrutura de organização, diferente da antiga e não menos complexa.

Os motivos imediatos desses acontecimentos são, indubitavelmente, os interesses de classe. A burguesia francesa, depois de ter conquistado o poder com o auxílio do Quarto Estado, não pretende dividir com este as vantagens da nova posição. Na Inglaterra, os trabalhadores manuais ainda estão excluídos da vida política ativa.

Mas não é tudo. Os legisladores de 1791 e de 1800 são movidos não apenas pelos interesses como também por uma visão teórica que parece, no momento, a única possível; por enquanto, os operários não têm meios de opor-se senão lamentando-se por sua condição, ou por uma vinculação retrógrada às instituições ultrapassadas. Le Chapelier é um jurista independente, animado por uma intransigência teórica que não o impede de reconhecer, na mesma exposição em que apresenta sua lei, o nível por demais baixo dos salários atuais e a necessidade de elevá-los. A causa dos operários é defendida, é verdade, pelo *Ami du Peuple* de Marat, porém o mesmo jornal, três meses antes, também protestou contra a abolição das corporações, sem encontrar outros argumentos senão os mais reacionários lugares-comuns contra o progresso industrial. [7]

Entre os discursos que são feitos e os problemas que devem ser resolvidos, encontra-se um evidente desequilíbrio. Uma questão real e plena de dificuldades é traduzida em termos ideais e resolvida por essa maneira, abstraindo exatamente as dificuldades mais importantes; uma situação eminentemente dinâmica é discutida em termos estáticos e os raciocínios são colocados em forma absoluta, como se as teses sustentadas tivessem o valor de serem eternas e naturais. As dificuldades concretas, por outro lado, estão presentes e visíveis aos olhos de todos, e portanto a abstração que é feita é, em certa medida, proposital, por uma convenção aceita por todas as partes.

Os termos do discurso teórico são aparentemente claríssimos, porém ambíguos em sua substância. As palavras usadas pelos políticos, pelos empresários e pelos operários não possuem o mesmo significado; "liberdade" significa para uns um programa originado nos filósofos iluministas, para outros, uma diminuição do controle estatal sobre sua iniciativa, para os últimos, o direito de obter um nível de vida razoável. Todos, contudo, adotam as mesmas frases e aceitam que a discussão se desenvolva por metáforas, por cálculos ou por hábitos. Assim, a formulação a que se chega parece resolutiva e inatacável mas, na realidade, é aberta e provisória; ao invés de encerrar a questão, abre uma série ilimitada de novos desenvolvimentos.

Essa constatação é aplicável a muitos outros campos. A teoria demonstra-se inadequada para resolver as dificuldades práticas dos processos que, entretanto, ajudou a colocar em movimento, e consegue manter-se coerente somente através de uma restrição convencional de seu próprio campo.

Uma vez que o destino da arquitetura depende do equilíbrio entre teoria e prática — e uma vez que, afinal de contas, as condições dos operários na construção civil fazem parte da arquitetura, embora a cultura da época não estivesse disposta a admiti-lo —, nosso relato deve tomar impulso nesse ponto.

7. BARBAGALLO, C. Op. cit., p. 38.

É arriscado dizer que a lei Le Chapelier sobrepõe-se ao problema nascente da organização sindical como as fachadas neoclássicas às nascentes construções industrais, que contêm implicitamente exigências totalmente diversas?

Tanto num quanto em outro caso, o problema é dado por resolvido ao se postular a coincidência entre certos modelos teóricos e a realidade concreta. Na realidade, pelo contrário, abre-se um processo de revisão de toda a cultura contemporânea, revisão da qual as convicções correntes sobre economia política e sobre arquitetura saem profundamente modificadas.

Não se pode, por conseguinte, começar a falar de arquitetura, tomando como já descontada a natureza e os limites daquilo que se entende como arquitetura nesse momento. É necessário tecer breves considerações sobre o quadro geral das mutações sociais e políticas, os juízos que a cultura da época formula sobre essas mutações, e o lugar que ocupa, nesses relacionamentos, o sistema de noções e de experiências transmitido pela tradição arquitetônica passada.

As mutações da Revolução Industrial delineiam-se na Inglaterra, a contar da metade do século XVIII em diante, e repetem-se, com maior ou menor atraso, nos demais Estados europeus: aumento da população, aumento da produção industrial e mecanização dos sistemas de produção.

A Inglaterra, em meados do século XVIII, possui cerca de seis milhões e meio de habitantes; em 1801, quando é feito o primeiro recenseamento, contam-se 8 892 000 e, em 1831, cerca de 14 000 000. Esse aumento não se deve a um crescimento do coeficiente de natalidade — o qual se mantém quase que exatamente constante durante todo o período, entre 37,7 e 36,6 por mil —, nem a um excesso das imigrações em relação às emigrações, mas sim a uma decisiva redução no coeficiente de mortalidade, que baixa de 35,8 (na década 1730-40) para 21,1 (na década 1811-21). [8] É certo que as causas dessa redução são sobretudo de ordem higiênica: melhoria na alimentação, na higiene pessoal, nas instalações públicas, nas moradias, progressos da Medicina e melhor organização dos hospitais.

O aumento de população é acompanhado por um desenvolvimento na produção jamais visto antes: a produção de ferro passa, nos setenta anos que medeiam entre 1760 e 1830, de vinte mil para setecentas mil toneladas; a produção de carvão, de quatro

8. ASHTON, T. S., *La rivoluzione industriale 1760-1830*. Trad. it., Bari, 1970, pp. 5-7.

milhões e trezentos mil, a cento e quinze milhões; a indústria algodoeira, que em meados do século XVIII absorvia quatro milhões de libras, em 1830 transforma cerca de duzentos e setenta milhões de libras. O incremento é, ao mesmo tempo, quantitativo e qualitativo: multiplicam-se os números das indústrias, diferenciam-se os produtos e os processos para fabricá-los.

O incremento demográfico e o industrial influenciam-se mutuamente de modo complicado.

Alguns dos melhoramentos higiênicos dependem da indústria; por exemplo, a melhoria na alimentação é devida aos progressos no cultivo e no transporte, e a limpeza pessoal é favorecida pela maior quantidade de sabão e roupas íntimas de algodão a preço razoável; as moradias tornam-se mais higiênicas graças à substituição da madeira e da palha por materiais mais duráveis, e ainda mais pela separação entre a casa e a oficina; as redes de esgotos e de águas mais eficientes tornam-se possíveis pelo progresso da técnica hidráulica etc. As causas decisivas, porém, são provavelmente os progressos da Medicina, que produzem efeitos também nos países europeus não industrializados onde, de fato, a população aumenta no mesmo período através do mesmo mecanismo.

Por sua vez, a necessidade de alimentar, vestir e fornecer habitação a uma população crescente é certamente um dos motivos que estimula a produção de manufaturados, mas que poderia também produzir uma simples redução do nível de vida, como ocorreu na Irlanda na primeira metade do século XIX e como ocorre ainda na Ásia, observa-se que a rápida mecanização da indústria inglesa é devida, entre outros fatores, ao desequilíbrio entre a mão-de-obra que pode ser empregada nas manufaturas e as exigências do comércio, ou seja, exatamente ao fato de que a população não aumenta tão rapidamente quanto o volume da produção industrial; e que a mecanização tardia da indústria francesa está relacionada, em compensação, à população muito mais abundante, vinte e sete milhões quando irrompeu a Revolução.

A industrialização é uma das possíveis respostas ao aumento de população e depende da capacidade de intervir ativamente sobre as relações de produção, a fim de adaptá-las às novas exigências.

Tendo em vista explicar esse fato, foram colocadas em evidência várias circunstâncias favoráveis à expansão econômica: na Inglaterra, o aumento dos rendimentos agrícolas em conseqüência do "fechamento"; a presença de enormes capitais favorecida pela distribuição desigual dos lucros; a baixa taxa de juros; a crescente oferta de mão-de-obra; as numerosas invenções técnicas que dependem do nível de pesquisa científica pura e do alto grau de especialização; a abundância de empresários capazes de aproveitar a presença, ao mesmo tempo, das invenções, da capacidade técnica e dos capitais (a forte mobilidade vertical entre as classes cria a situação mais rentável para o aproveitamento dos talentos naturais); a liberdade relativa concedida aos grupos não conformistas e aos dissidentes religiosos que, de fato, se revelam muito ativos na indústria; a atitude assumida pelo Estado no sentido de impor vínculos menos rígidos do que o usual à atividade econômica, seja graças às menores preocupações estratégicas e fiscais, seja pelo influxo das teorias liberais expostas por Adam Smith e transmitida a importantes homens do governo, tais como Pitt.

Se se deseja encontrar uma base comum no conjunto desses fatos, é preciso levar em consideração o espírito empreendedor, o desejo não preconcebido de novos resultados, e a confiança em poder obtê-los por meio de cálculos e reflexões.

Em cada época, os escritores maravilham-se pela ânsia de novidade que têm os contemporâneos, porém, na segunda metade do século XVIII isso se transforma em um motivo muito freqüente e quase unânime; escreve um autor inglês: "O século vai ficando cada vez mais desvairado à cata de inovações, todas as coisas deste mundo estão sendo feitas de uma maneira nova; é preciso enforcar as pessoas de maneira nova, e talvez nem mesmo o patíbulo de Tyburn permaneça imune a esta fúria inovadora";[9] e um alemão: "O presente estado de coisas parece ter-se tornado hostil a todos, e objeto de freqüentes censuras. É de admirar o fato de hoje em dia se julgar desfavoravelmente tudo que é velho. As idéias novas abrem-se caminho até o coração da família e perturbam a ordem desta. Nem mesmo nossas velhas domésticas querem mais deixar-se ver ao redor de seus velhos móveis".[10]

Contudo, o mesmo espírito de iniciativa impele os protagonistas da Revolução Industrial a decisões arriscadas, a ações incompletas e contraditórias, e faz com que se cometam erros a cada passo, erros que pesam sobre a sociedade na medida proporcional às novas quantidades em jogo.

Toda descrição histórica deste período, ao ter de atribuir um peso diverso às grandes diretrizes do de-

9. Dr. Johnson, citado por T. S. ASHTON, op. cit., p. 16.
10. Citado por C. A. TOCQUEVILLE, em *L'antico regime e la rivoluzione* (1856). Trad. it., Turim, 1947, p. 45.

2. J. L. DAVID, O juramento do "Jeu de Paume" (1791).

3, 4. Versalhes, o pequeno Trianon (A. J. Gabriel, 1762) e a *villa* de Maria Antonieta (R. Mique, 1783-86).

senvolvimento e aos incidentes ocasionais, corre sempre o perigo de dar uma idéia por demais simplificada do fenômeno e de mostrar que as coisas aconteceram de modo mais fácil do que ocorreu na realidade. Pelo contrário, os progressos da Revolução Industrial são perturbados por uma série contínua de insucessos, de retrocessos momentâneos, de crises e de sofrimentos para vastas categorias de cidadãos; os contemporâneos da época, segundo tenham sido atingidos pelos aspectos positivos ou negativos, deixaram-nos dois retratos contrastantes do período: um, róseo e otimista, o outro, tétrico e pessimista.

Dickens, em 1859, faz este balanço surpreendente da Revolução Industrial:

Era a melhor época de todas, e a pior de todas, era a época da sabedoria e da loucura, era a época da fé, era a época da incredulidade; era a estação das Luzes e a estação da Escuridão; era a Primavera da esperança e o Inverno do desespero; tínhamos tudo a nossa frente e nada a nossa frente; íamos diretamente em direção ao Céu, e em direção ao oposto do Céu; em suma, estava tão afastada da época atual que algumas das mais proeminentes autoridades mais insistiam em qualificá-la somente no superlativo, como boa ou má. [11]

Os males decorrem sobretudo da falta de coordenação entre o progresso científico e técnico, nos setores singulares, e a organização geral da sociedade; em particular, da falta de providências administrativas adequadas para controlar as conseqüências das mudanças econômicas.

As teorias políticas dominantes naquela época são, em grande medida, responsáveis por essa defasagem. Os conservadores nem mesmo percebem que estão vivendo em um período de rápidas mudanças. Edmund Burke, por exemplo, que publica em 1790 suas *Reflections on the French Revolution*, maravilha-se pelos acontecimentos de além-Mancha, os quais lhe parecem ser um horrível monstro, e preocupa-se com que aquelas mudanças não venham a perturbar a ordem constituída na Inglaterra.

Como se expressa Trevelyan, os conservadores "com ironia inconsciente proclamam todos os dias sua aversão por toda sorte de mudança. Não chegam a compreender que eles mesmos estão vivendo em meio a uma revolução mais profunda do que aquela que atrai todos os seus pensamentos para lá da Mancha, e não levantam um dedo para impedir seu curso fogoso". [12]

11. DICKENS. *A Tale of Two Cities*. 1859.
12. TREVELYAN, G.M. *Storia dell'Inghilterra nel secolo XIX* (1922). Trad. it., Turim, 1945. p. 197.

Os liberais seguidores de Smith e os radicais que se inspiram em Malthus percebem que estão vivendo em uma época de transformações, e solicitam uma reforma da sociedade existente, concebendo essa reforma, porém, como reconhecimento das leis inerentes ao movimento da sociedade e remoção dos vínculos tradicionais que constituem seus obstáculos.

Em 1776, Adam Smith publica a *Inquiry into the Nature and Causes of the Wealth of Nations*. Essa obra dá uma forma científica e inelutável à teoria liberal e persuade seus contemporâneos de que o mundo da economia é regido por leis objetivas e impessoais, como o mundo da natureza; os principais fundamentos de tais leis não são as exigências do Estado, mas a livre atividade dos indivíduos, movidos pelo próprio interesse pessoal.

O *Essay on the Principle of Population*, de Thomas Malthus, publicado em 1798, possui uma importância quase igual na determinação do comportamento prático dos protagonistas da Revolução Industrial. Malthus relaciona, pela primeira vez, o problema do desenvolvimento econômico com o da população, e demonstra que somente a pobreza de um certo número de pessoas mantém em equilíbrio os dois fatores, pois o aumento natural da população é mais rápido do que o aumento dos meios de subsistência e encontra sua limitação apenas na fome, a qual impede uma ulterior multiplicação.

Tanto Smith, quanto Malthus — e especialmente aquele — expõem reservas e admitem numerosas exceções a suas teorias. O público, porém, interpreta-as talvez com maior rigidez; muitos liberais pensam que o Estado de fato não deva intervir nas relações econômicas e que basta deixar livre a cada um para que se ocupe de seus interesses para tutelar também o interesse público da melhor maneira; muitos sustentam que Malthus demonstrou a impossibilidade de abolir a miséria e a inutilidade de toda intervenção filantrópica em favor das classes menos abastadas.

Essas idéias coincidem com os interesses das classes ricas, as quais detêm o poder político e, por esse motivo, parecem ser tão persuasivas em relação aos governantes; contudo, a explicação política não é suficiente para dar a razão de sua influência. Uma convicção comum a todos é a de que o conjunto não coloca um problema distinto da soma de seus componentes, e que basta ocupar-se do elemento singular — a iniciativa singular, a invenção singular, o ganho singular etc. — para que o conjunto resulte automaticamente equilibrado. Pensa-se que se está caminhan-

5. G. B. Piranesi. Os templos de Paestum em 1778.
6. Roteiro da visita às antiguidades de Roma, de *Accurata e succinta descrizione delle antichità di Roma dell'abate Ridolfino Venuti*, Roma, 1824.

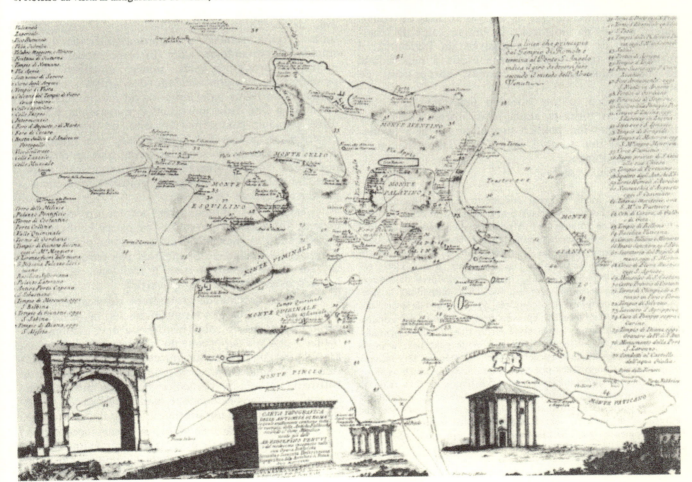

do para um ordenamento "natural" da economia e da sociedade, cognoscível *a priori* pela análise de seus elementos, como o mundo físico de Newton. As estruturas da sociedade tradicional — os privilégios políticos de origem feudal, o ordenamento corporativo da economia, as limitações políticas à liberdade dos negócios — aparecem como obstáculos artificiais, suprimidos os quais pensa-se poder atingir o imaginado ordenamento natural.

Já foi observado que a teoria do liberalismo inglês reflete sobretudo o estado da economia antes de 1760, quando a indústria dava os primeiros passos, e cada um de seus elementos — homens, capitais, aparelhamentos etc. — era dotado de elevada fluidez, enquanto que as exigências de organização eram relativamente tênues. Por conseguinte, a teoria subestima os aspectos referentes à organização do mundo que está saindo da Revolução Industrial, e impele principalmente a desmantelar as antigas formas de convivência, através da violência e de um só golpe da França, através de evoluções insensíveis da Inglaterra; é apenas mais tarde que se torna nítida a necessidade de substituí-las por novas formas, apropriadas, de organização.

Na França, o tom adotado pelas teorias sociais e econômicas torna-se ainda mais abstrato pela abolição de toda vida política espontânea e pela inquietação social que tornará inevitável, dali a pouco, a Grande Revolução.

Tocqueville escreve:

> O próprio modo de vida dos escritores predispunha-os a apaixonar-se pelas teorias gerais e abstratas em matéria política e a abandonar-se totalmente. Muitíssimo distanciados da prática, nenhuma experiência podia intervir como fator de correção de sua fuga espontânea; ...tornaram-se, por isso, muito mais ardentes em seu espírito de inovação, mais ávidos de sistemas e de princípios gerais, mais depreciadores da antiga prudência, mais confiantes em seu raciocínio individual do que costumam ser comumente os autores dos tratados de especulação política; (a Revolução, em sua primeira fase) foi conduzida exatamente com o mesmo espírito que havia informado tantas dissertações abstratas sobre a arte de governar: a mesma simpatia pelas teorias gerais, pelos sistemas legislativos completados e dominados por uma exata simetria entre as normas, o mesmo discutido em relação aos dados de fato reais, a mesma confiança na doutrina, a idêntica tendência à originalidade, à sutileza, à novidade das instituições, o igual desejo de refazer, de uma só vez, o estatuto inteiro segundo os ditames da lógica e segundo um único plano, em lugar de tentar emendar suas partes singulares. [13]

13. TOCQUEVILLE, C. A. Op. cit., pp. 176 e 183.

O mesmo espírito de crítica e de inovação investe a cultura arquitetônica, porém encontra-se frente a uma tradição *sui generis* já vinculada, do Renascimento em diante, a uma exigência de regularidade intelectual.

A arquitetura forma com a pintura e a escultura a tríade das artes maiores; estas e as demais artes estão condicionadas a um sistema de regras, deduzidas em parte da Antiguidade, e em parte individuadas por convergência pelos artistas do Renascimento, que se consideram universais e permanentes, tendo como fundamento a natureza das coisas e a experiência da Antiguidade, concebida como uma segunda natureza.

Essa disciplina pode ser interpretada de várias maneiras, enquanto orientação espontânea ou refletida; de fato, a limitação que daí deriva demonstrou-se extremamente fecunda em resultados.

A existência de algumas regras gerais garante a unidade da linguagem, a capacidade de adaptação a todas as circunstâncias e a transmissibilidade dos resultados. Tratando-se, além disso, de modelos ideais e não de protótipos reais, aqueles vinculam apenas parcialmente a espontaneidade dos artistas, os quais permanecem livres para imitá-los de muitos modos diferentes; a liberdade individual é transferida, pode-se dizer, para um campo mais restrito, no qual as várias experiências podem ser confrontadas com maior facilidade e podem ser somadas umas com as outras e, por outro lado, as diferenças de interpretação adquirem um relevo extraordinário, graças à referência a um termo fixo de paradigma.

Assim, nos últimos três séculos, o repertório clássico foi adotado por todos os países civilizados, e foi adaptado às mais variáveis exigências práticas e de gosto; a universalidade intencional das formas canônicas foi quase traduzida para a realidade, através do número quase infinito das aplicações.

Todo o sistema da arquitetura clássica, entretanto, rege-se por uma convenção inicial, a de atribuir caráter necessário e sobre-histórico a uma escolha particular. As leis supostamente naturais e imutáveis da arquitetura concretizam-se em certas constantes, deduzidas aproximadamente dos monumentos romanos, de Vitrúvio, ou, ainda, da experiência dos mestres modernos; sua universalidade é uma qualificação histórica, simbolizada e imprópria.

Essa convenção, enquanto se permanece dentro da cultura clássica, não pode jamais ser enunciada diretamente; é percebida de vez em quando, como limite e como insucesso, no caminho de algumas experiên-

7. Antônino do século XVIII, o Coliseu em uma paisagem de fantasia, (coleção Lemmermann, Roma).
8. Roma, uma ruína artificial na Villa Borghese (A. Asprucci, cerca de 1790).

cias mais aprofundadas, e a tensão que disso deriva é uma das forças principais que dão impulso à cultura arquitetônica, especialmente nas últimas fases.

O Iluminismo, contudo, no século XVIII, propõe-se discutir todas as instituições tradicionais, avaliando-as à luz da razão. Aplicado à cultura arquitetônica, o *esprit de raison* investe contra e lança luz sobre aquilo que havia permanecido nas sombras desde o século XV em diante, isto é, o alcance exato das regras formais do Classicismo, analisando objetivamente os ingredientes da linguagem corrente e estudando suas fontes históricas, ou seja, as arquiteturas antigas e do Renascimento. Assim chega necessariamente a negar a sustentada universalidade dessas regras e coloca-as sob uma correta perspectiva histórica, subvertendo os pressupostos do próprio Classicismo e dando fim, depois de mais de três séculos, ao movimento baseado em tais pressupostos.

Pode-se perceber a nova orientação já na primeira metade do século, com uma mudança de tom na produção arquitetônica e com o desenvolvimento dos estudos arqueológicos.

Considere-se, por exemplo, a transição entre a arquitetura de Luís XIV e de Luís XV, na França, ou a mudança de direção do barroco romano ocorrida em 1730 com Clemente XII. A observância dos preceitos canônicos torna-se mais rigorosa e o controle racional do projeto, mais exigente e sistemático; a continuidade da linguagem barroca é atenuada, em nome de uma crescente tendência à análise de cada parte do edifício; freqüentemente, prefere-se desvincular as ordens arquitetônicas do invólucro murário e colocar em evidência a moldura de colunas e de cornijas.

Exige-se, ao mesmo tempo, que os monumentos antigos sejam conhecidos com exatidão, por meio de acurados exames diretos e não através de vagas aproximações. O patrimônio arqueológico, apenas tocado de leve pelo Renascimento não obstante o entusiasmo dos humanistas, é agora explorado de maneira sistemática. Iniciam-se nesse período as escavações de Herculano (1711), do Palatino (1729), de Vila Adriana em Tivoli (1734), de Pompéia (1748); publicam-se as primeiras coleções sistemáticas de relevos, não limitadas às coisas romanas, mas procura-se um conhecimento direto da arte grega (Gronovius, 1694), paleocristã (Boldetti, 1720), etrusca (Gori, 1734), e até mesmo da pré-história, a respeito da qual discute-se em Paris por volta de 1730. Assim, a Antiguidade clássica, que até agora havia sido guardada como uma idade do ouro, colocada idealmente nos confins do tempo, começa a ser conhecida em sua objetiva estrutura temporal.

A conservação de objetos antigos deixa de parecer um passatempo particular e torna-se problema público. Em 1732, inaugura-se em Roma o primeiro museu público de escultura antiga; em Campidoglio, 1739, tornam-se acessíveis as coleções do Vaticano; em 1750, as do Luxemburgo em Paris; em 1753, Sir H. Sloane deixa à nação inglesa seus objetos de arte, e sua casa em Bloomsbury é aberta ao público em 1759, constituindo o primeiro núcleo do British Museum.

As contribuições recolhidas na primeira metade do século são postas a produzir frutiferamente e são sistematizadas racionalmente por Johann Joachim Winckelmann (1717-1768) no começo da segunda metade.

Winckelmann chega a Roma em 1755, e sua principal publicação, a *Storia dell'arte antica,* vem à luz em 1764. Pela primeira vez, ele se propõe estudar a produção artística dos antigos como ela é, objetivamente, e não como é acolhida pela moda da época, o que faz com que ele mereça ser chamado de fundador da história da arte; ao mesmo tempo, propõe as obras antigas como modelos precisos a serem imitados e torna-se o teórico do novo movimento: o neoclassicismo.

Winckelmann assim expõe suas intenções:

Aqueles que até agora têm tratado do belo, por preguiça intelectual bem como por falta de saber, nutriram-se com idéias metafísicas. Imaginaram uma infinidade de belezas, e reconheceram-nas nas estátuas gregas; ao invés, porém, de apontá-las, falaram sobre elas em abstrato... como se quase todos os momentos houvessem sido aniquilados ou perdidos. Para tratar, então, da arte do desenho dos gregos... e para acentuar suas virtudes de maneira proveitosa, seja em relação a quem dela usufrui, seja em relação aos artífices, é necessário passar do ideal ao sensível, e do gênero ao indivíduo; e deve-se fazê-lo, não por meio de discursos vagos e indefinidos, mas por meio de uma determinação precisa daqueles contornos e delineamentos, onde nascem as aparências às quais chamamos de belas formas. [14]

Em 1763, ele escreve esta surpreendente definição: "o verdadeiro sentimento do belo é semelhante a um gesso fluido derramado sobre a cabeça de Apolo (do Belvedere), que a toca e recobre todas as suas

---
14. WINCKELMANN. Dell'arte del disegno de' Creci e della bellezza (1767). In: *Il bello nell'arte,* Turim, 1943. p. 125.

partes". [15] Nessas palavras encontra-se o mesmo espírito de pesquisa sem preconceitos e de confiança em suas próprias forças da qual se falou anteriormente a propósito das invenções e das iniciativas industriais; aos mesmo tempo, prenuncia-se a formulação com que se bloqueia a cultura artística da época.

Com efeito, as regras clássicas, uma vez reconhecida experimentalmente sua contingência, são mantidas como modelos convencionais para os artistas da época. Por conseguinte, na aparência nada muda porque se continua a fazer uso das mesmas formas; em substância, porém, ocorre uma verdadeira reviravolta cultural, por que já não existe margem entre as regras gerais e as realizações concretas, e os supostos modelos podem ser conhecidos com toda a precisão que se desejar. A adequação a tais modelos depende somente de uma decisão abstrata do artista, tomada fora de toda condição real; o Classicismo, no momento em que chega a ser precisado cientificamente, torna-se uma convenção arbitrária e transforma-se em neoclassicismo.

Contudo, a nova posição amplia-se, logo, para além das formas clássicas; convenção por convenção, o mesmo tratamento é aplicável a todo tipo de forma do passado, àquelas medievais, exóticas etc., produzindo os respectivos *revivals*: o neogótico, e neobizantino, o neo-árabe, e assim por diante. Os escritores anglo-saxões chamam a este movimento, em sua forma mais ampla, de *historicism,* que se poderia traduzir literalmente como "historicismo", deixando-se de lado o significado que se dá à palavra na História da Filosofia.

As teses da cultura humanista — a unidade da linguagem e a liberdade concedida aos artistas no âmbito da própria linguagem — transformam-se, neste ponto, em uma contradição sem saída.

A unidade da linguagem, de um ponto de vista, parece definitivamente garantida, pois o conhecimento objetivo dos monumentos históricos permite imitar um dado estilo passado com toda a fidelidade possível; mas os estilos são muitos, e apresentam-se ao mesmo tempo na mente do projetista, daí ser o repertório historicista, em seu conjunto, absolutamente descontínuo.

A margem de liberdade individual, num certo sentido, é reduzida a zero, e, em outro, aumentada desmesuradamente. Na aplicação concreta de cada estilo vale o critério da fidelidade histórica; o artista pode aceitar tais referências ou recusá-las, ou manipulá-las, porém as recebe de fora e não possui uma margem (teoricamente) para assimilá-las a seu modo, porque não se trata de modelos ideais, mas sim de exemplos reais que podem ser conhecidos pela experiência. Pelo contrário, em abstrato, o projetista goza de uma liberdade ilimitada, pois pode decidir em termos absolutos se irá empregar o estilo A ou o estilo B.

O historicismo pode ser considerado como uma espécie de redução ao absurdo da cultura renascentista, e surge como um epílogo que encerra o ciclo três vezes secular do classicismo europeu. Entretanto, relacionando-o com as mudanças econômicas e sociais e com os desenvolvimentos subseqüentes, o historicismo parece também uma abertura para o futuro, uma vez que consentiu, exatamente em virtude de sua qualidade de abstrato, em adaptar a linguagem tradicional, até o ponto em que foi possível, às novas exigências, e amadurecer, nesse ínterim, as novas experiências que irão conduzir ao movimento moderno.

Nos precedentes relatos sobre a unidade e liberdade artística, fica claro que os termos antigos assumiram um significado diverso do tradicional e tornaram-se ambivalentes, da mesma forma como os relatos políticos feitos no início. Trata-se, tanto em um quanto em outro caso, de discursos formais que escapam ao verdadeiro problema; porém, a tentativa repetida de aplicar à realidade essas soluções formais ensina a procurar mais a fundo na própria realidade, e a conduzir os fatos no sentido das soluções materiais.

Uma conseqüência imediata do historicismo é a divisão da tarefa do arquiteto em competências mais diversas. A diferenciação entre projeto e execução começa na Renascença, quando o projetista avoca para si todas as decisões, deixando aos outros apenas a realização material do edifício. Isso, entretanto, não impede que projetistas e executores se entendam entre si, uma vez que, atingida uma unidade estilística estável, se o projeto não se modela sobre a execução, como acontecia na Idade Média, a execução pode, não obstante, modelar-se sobre o projeto e atingir, por outro caminho, a mesma harmonização.

Agora, contudo, os estilos são virtualmente infinitos e, na primeira metade do século XIX, tornam-se de fato incontáveis; portanto, os executores, a menos que se especializem em executar somente construções em um determinado estilo, deverão manter-se, por assim dizer, neutros entre os numerosos repertórios diferentes, e limitar-se ao trabalho mecânico

---

15. IDEM. Dissertazione sulla capacità del sentimento del bello nell'arte e sull'insegnamento della capacità stessa (1763). In. *Il bello nell'arte.* pp. 77-78.

do traduzir determinados desenhos para a pedra, madeira, ferro ou alvenaria, sem possibilidade de participação pessoal no trabalho. O meio de execução adequado a essa situação é exatamente a máquina, a qual, neste período, está invadindo a indústria e, em certa medida, também os canteiros de obras.

A máquina é muito exigente e leva inexoravelmente para soluções menos custosas; por outro lado, as exigências do estilo limitam-se às aparências formais dos objetos e, portanto, tende-se a restringir cada vez mais o conceito de estilo e a considerá-lo, afinal, como uma simples vestimenta decorativa, a ser aplicada a cada vez a um esqueleto de sustentação genérico; o arquiteto reserva-se a parte artística e deixa para os outros a parte de construção e técnica. Assim nasce o dualismo de competências que ainda hoje é expresso pelas duas figuras do arquiteto e do engenheiro.

Também esse fato deve ser olhado, por assim dizer, do direito e do avesso, para ser interpretado corretamente.

Em relação à unidade cultural das épocas precedentes, esse dualismo constitui uma grave passividade. Aqueles que continuam a levar o nome de "arquitetos" colocam-se acima da contenda, proclamam-se artistas puros e ocupam-se dos problemas formais, descuidando dos técnicos. Os filósofos, no entanto, atribuem a esta arte pura um valor autônomo e muitas vezes demasiadamente alto, como é o caso de Schelling. Os técnicos estão em uma situação um pouco melhor e, embora sejam considerados com um certo desprezo, não perdem jamais inteiramente os contatos com a vida real, ao menos dentro do âmbito restrito de seu próprio setor; contudo, são os primeiros a se convencer de que as decisões sobre as finalidades remotas de seu trabalho cabem a outros, e sua ação torna-se abstrata, por outra razão, ou seja, por estar pronta a adaptar-se a qualquer situação, a seguir qualquer direção.

Assim, a aquitetura em sua unidade é deixada fora dos problemas importantes de seu tempo: os artistas, que deveriam discutir os fins da produção arquitetônica, ocupam-se de problemas fictícios em prudente isolamento; os técnicos, empenhados nos meios de realização, esquecem o objetivo último de seu trabalho e deixam-se empregar docilmente para qualquer fim.

Vejamos, contudo, também o avesso. O isolamento recíproco é a condição que tornou possível, para uns e para outros, levar a termo suas respectivas tarefas imediatas, segundo os métodos analíticos da cultura paleoindustrial, e garantir a continuidade das experiências, tendo-se em vista os progressos futuros; aos artistas, permitiu que fizessem uma revisão de todo o repertório tradicional, a fim de traçar as formas adequadas às novas necessidades de distribuição e construção e, assim, liquidar pouco a pouco, toda a carga da tradição e os hábitos visuais conexos; aos técnicos, permitiu que enfrentassem as conseqüências imediatas da Revolução Industrial no campo da construção e que fizessem progredir a teoria e a prática da construção, preparando os meios para as experiências futuras.

As relações entre artistas e técnicos, condicionadas pela dualismo acima mencionado, não ficam, por esse motivo, truncadas na prática. Estando constragidos a trabalhar, não obstante tudo, no mesmo tempo, os respectivos métodos são adaptados entre si e produz-se uma espécie de paralelismo entre os fatos que competem a uns e a outros — principalmente, como será visto, entre repertório neoclássico e hábitos de construção —, paralelismo esse que permite, no momento oportuno, que se adaptem as duas ordens de fatos, desvinculando o trabalho de uns, daquele dos outros.

Essa relação é puramente instrumental, mas permite que se acumule a experiência necessária para o restabelecimento, mais adiante, de uma nova unidade cultural, a qual obviamente não poderá consistir em um retorno puro e simples à situação pré-industrial, quando o arquiteto resumia sozinho todas as habilidades, mas deverá levar em conta a divisão de tarefas e a especialização, agora já indispensável no mundo moderno.

Em suma, a arquitetura, que é um fato de coordenação e de síntese, é dissociada em seus elementos, por obra da mudança de rumo ocorrida na segunda metade do século XVIII. Para essa transformação, agem alguns motivos comuns da cultura iluminista: o espírito de pesquisa analítico e a confiança de que existe um tipo de organização natural de todos os elementos, dedutível dos próprios elementos; este último motivo, ao deparar com a reverência que se tem por uma tradição ilustre, comporta-se de modo a que a linguagem clássica sobrevia formalmente e cubra com a aparente continuidade de repertório a transformação em ato.

Por conseguinte, aquela parte da cultura arquitetônica que prossegue em abstrato com a tradição antiga perde pouco a pouco o contato com a realidade de seu tempo. Enquanto isso, preparam-se os elemen-

9, 10, 11 e 12. Osterley Park Middlesex (R. Adam, 1775); Richmond, Virginia, o Capitólio (T. Jefferson, 1785); Milão, Porta Ticinese (L. Cagnola, 1801); Munique, a Gliptoteca (L. Klenze, 1816).

13. Munique, os Propileus de Klenze (1846).

tos de uma nova síntese, que se irá realizar quando os artistas aceitarão empenhar-se sem reservas na organização da nova sociedade.

O episódio narrado no princípio ilustra bastante bem a natureza do problema de organização que se coloca à sociedade industrial.

Considere-se a afirmação de Le Chapelier: no novo Estado, "não existem mais do que os interesses particulares de cada indivíduo, e o interesse geral". Esse conceito encontra-se já em Rousseau, que atribui o poder político à "vontade geral" da comunidade; a vontade geral consiste naquilo que é comum à vontade dos vários indivíduos, subtraindo-se as diferenças devidas aos interesses pessoais. A fim de que a vontade geral possa se manifestar, é preciso que os cidadãos julguem a cada um por si mesmos; então as diferenças pessoais "destroem-se reciprocamente, e resta como soma das diferenças a vontade geral".

> Mas, quando se criam associações parciais às custas da comunidade, a vontade de cada uma delas transforma-se em geral em relação a seus membros, e em particular em relação ao Estado; pode-se dizer, então, que não existem mais tantos votos quantos são os homens, mas apenas tantos quantos são as associações. As diferenças tornam-se menos numerosas e fornecem um resultado menos geral. Enfim, quando uma dessas associações é tão grande que prevalece sobre todas as outras, não se terá como resultado uma soma de pequenas diferenças, mas uma diferença única; então não existe mais vontade geral, e a opinião que prevalece não é senão uma opinião particular. É necessário, portanto, para que se tenha verdadeiramente a expressão da vontade geral, que não exista no Estado nenhuma sociedade parcial e que cada cidadão não pense senão de acordo com seu juízo. [16]

A "vontade geral" de Rousseau é um conceito teórico; na atuação prática, seu lugar é assumido logo pelo Estado autoritário que, não encontrando no caminho a resistência de nenhuma sociedade parcial, torna-se o único juiz daquilo que se deve entender por público e por privado. Assim a democracia passa a ser tirania, sem que os termos aparentes do discurso devam ser modificados, uma vez que o cidadão "poderá ser forçado a ser livre", como diz Rousseau, com uma frase da qual hoje podemos apreciar toda a trágica ironia.

Assim, na fórmula usada por Le Chapelier, encontram-se indicados implicitamente os dois princípios que movem a Revolução Francesa: as duas almas, como diz Salvatorelli, [17] que daí a pouco entrarão em conflito e condicionarão todo o pensamento político moderno: a exigência de liberdade individual e a reivindicação da autoridade do Estado.

Um processo semelhante de polarização da estrutura social já está ocorrendo faz tempo na França, sob o Ancien Régime; como diz Tocqueville: "o poder central... já conseguiu destruir todos os poderes intermediários, e nenhum outro existe entre ele e os poderes particulares, senão um imenso espaço vazio". [18]

Por enquanto, nesse espaço, defrontam-se dois princípios abstratos, o da liberdade e o da autoridade e, como acontece no debate teórico, repentinamente um transpõe o outro, pois falta a resistência de toda a estrutura intermediária.

O pensamento moderno, entretanto, não se contenta com essa alternativa e procura obstinadamente uma integração entre liberdade e autoridade, integração essa que as transforme, de noções abstratas e opostas, em realidades concretas e complementares. Trata-se de preencher, pouco a pouco, o "espaço vazio" de Tocqueville com novas instituições que levem em conta as condições mudadas de economia e técnica, trata-se de aplicar o mesmo espírito de pesquisa sem preconceitos que produziu tantos resultados nas iniciativas singulares, aos problemas de coordenação e equilíbrio entre as iniciativas mesmas, de aprender a colocar as várias escolhas nos tempos e nas escalas oportunas, a fim de se obter um máximo de liberdade, com um mínimo de vinculações.

No campo político, essa tentativa leva o nome de democracia; no campo econômico, leva o nome de planificação; as esperanças de melhorar o mundo que está sendo transformado pela Revolução Industrial estão confiadas a essa possibilidade que dá agora os primeiros passos inseguros, continuamente exposta ao perigo de fixar-se nas decisões autoritárias, ou de esvair-se na multiplicidade das iniciativas individuais. A arquitetura moderna nasce quando a atividade de construção é atraída para a esfera dessa pesquisa.

Nos próximos capítulos, seguiremos o caminho difícil e não linear da arquitetura entre os acontecimentos na Revolução Industrial, partindo da posição privilegiada de distanciamento na qual por enquanto ela se fixou, até retomar contato com os problemas concretos e retomar seu lugar, com plena consciência, na obra de reconstrução da sociedade contemporânea.

---

16. ROUSSEAU, J.J. *Il contrato sociale* (1762), livro II. Cap. 3.

17. SALVATORELLI, L. *Storia del Novecento*. Milão, 1947, p. 855.

18. TOCQUEVILLE, C.A. Op. cit., p. 97.

PRIMEIRA PARTE:

NASCIMENTO E DESENVOLVIMENTO DA CIDADE INDUSTRIAL

14. Uma máquina a vapor inglesa (cerca de 1830, Science Museum, Londres).

1. AS MUDANÇAS NA TÉCNICA DAS CONSTRUÇÕES DURANTE A REVOLUÇÃO INDUSTRIAL

A palavra "construções" indica, em fins do século XVIII, um determinado número de aplicações técnicas: edifícios públicos e particulares, estradas, pontes, canais, movimentos de terra e obras urbanas: aquedutos e esgotos. Compreende, aproximadamente, todos os manufaturados de grandes dimensões em que não seja preponderante o aspecto mecânico.

Antes da Revolução Industrial, a arte de construir as máquinas estava associada mais estritamente à arte de edificar; agora que o progresso técnico transformou as construções mecânicas de maneira tão radical, estas caem cada vez mais nas mãos dos especialistas, e a palavra "construções" sem adjetivo designa, em essência, as atividades ainda ligadas aos sistemas tradicionais e habitualmente associadas ao conceito de "arquitetura". No momento em que alguma de tais atividades desenvolve-se por sua conta de modo considerável, ela se destaca das outras e transforma-se em uma especialização independente; assim, por exemplo, até 1830-40, as vias férreas fazem parte dos tratados sobre construções, e após essa data desaparecem e dão lugar a uma literatura independente.

Naturalmente, a continuidade relativa com sistemas tradicionais não exclui o fato de que a arte de construir sofra transformações nesse período e que surjam muitos problemas novos. As mudanças principais podem ser resumidas em três pontos.

Em primeiro lugar, a Revolução Industrial modifica a técnica das construções, embora possa fazê-lo de maneira menos visível do que em outros setores.

Os materiais tradicionais, pedra, tijolos e telhas, madeira, são trabalhados de modo racional e são distribuídos de maneira mais liberal; a eles, juntam-se novos materiais, tais como o ferro gusa, o vidro e mais tarde o concreto; os progressos da ciência permitem que os materiais sejam empregados de maneira mais conveniente e que sua resistência seja medida; melhora-se o aparelhamento dos canteiros de obras e difunde-se o uso das máquinas de construir; os desenvolvimentos da Geometria permitem que se representem por desenhos, de modo rigoroso e unívoco, todos os aspectos da construção; a instituição das escolas especializadas fornece à sociedade grande número de profissionais treinados; a imprensa e os novos métodos de reprodução gráfica permitem que todas as contribuições sejam prontamente difundidas.

Em segundo lugar, aumentam as quantidades postas em jogo; são construídas estradas mais amplas, canais mais largos e profundos, e cresce rapidamente o desenvolvimento das vias de transporte por água e por terra; o aumento da população e as migrações de lugar para lugar requerem a construção de novas casas, em número jamais visto até agora; o crescimento das cidades requer implementos cada vez mais extensos e capazes; o aumento das funções públicas requer edifícios públicos mais amplos, enquanto a multiplicação das tarefas e o impulso dado pelas especializações requerem tipos de edificação sempre novos. A economia industrial não seria concebível sem um novo aparelhamento de edifícios e de instalações n

— fábricas, lojas, depósitos, portos — que devem ser construídos em tempo relativamente curto, aproveitando a redução na taxa de juros, a qual permite a imobilização de vultosas somas em aparelhamentos que irão frutificar somente a longo prazo.

Finalmente, os edifícios e os implementos, atraídos para o giro da economia capitalista, adquirem um significado um tanto diverso daquele que possuíam no passado. Não são mais vistos como arranjos feitos de uma vez por todas mediante o desembolso de um capital que, no fundo, está perdido, mas como investimentos amortizáveis regularmente, juntamente com os outros meios de produção. Como observa Ashton, "um novo senso da época foi uma das mais notáveis características psicológicas da Revolução Industrial"; [1] antes, os objeos, modificados muito lentamente, podiam ser considerados como de fato imóveis, mas agora as exigências de funcionamento mais preciso e o hábito de fazer previsões econômicas mesmo a longo prazo não permitem que esse paralelismo seja mantido. Torna-se um hábito o fato de perceber com acuidade as modificações dos valores, e a atenção passa a voltar-se aos aspectos dinâmicos, antes do que àqueles estáticos.

Para essa finalidade, é de grande importância a distinção entre edifício e terreno. Enquanto um edifício era considerado como dotado de uma duração indefinida e o terreno como empregado de maneira estável, o valor deste estava, por assim dizer, incorporado ao valor do edifício; contudo, se a duração do edifício é considerada limitada, o terreno adquire um valor econômico independente, variável de acordo com as circunstâncias e, se as transformações de edificação forem bastante freqüentes, nasce um mercado dos terrenos.

Exatamente nessa época, graças à influência das teorias econômicas liberais e às exigências do erário público, o Estado e os demais entes públicos alienam quase em toda parte seus domínios, e o solo da cidade praticamente passa às mãos dos particulares. Desaparece, assim, qualquer obstáculo à livre compra e venda dos terrenos.

No próximo capítulo, serão vistas as conseqüências de tais fatos sobre o organismo urbano; por enquanto, devemos notar que o valor potencial do terreno, face a uma possível transformação, torna-se uma medida de suma importância para julgar a conveniência econômica do edifício que o recobre e, quanto

1. ASHTON, T. S. Op. cit., p. 129.

mais rapidamente varia o valor do terreno, mais curto se torna o ciclo econômico e a própria vida do edifício.

Neste capítulo falaremos dos progressos da técnica de construção; os outros dois pontos serão retomados a seguir, posto que as conseqüências das modificações quantitativas e da velocidade diferente das transformações tornar-se-ão evidentes e apresentar-se-ão sob a forma de novos problemas somente depois de 1830.

1. Os progressos científicos e o ensino

A ciência das construções, da maneira como é entendida hoje, estuda algumas conseqüências particulares das leis da mecânica e nasce, pode-se dizer, no momento em que essas leis são formuladas pela primeira vez, no século XVII; Galileu, em 1638, dedica parte de seus diálogos à discussão de problemas de estabilidade. [2]

Em 1676, R. Hooke formula a célebre lei que leva seu nome; entre fins do século XVII e início do século XVIII, numerosos homens de ciência, entre os quais encontram-se Leibniz, Mariotte e Bernoulli, estudam o problema da flexão, e Mariotte, em 1684, introduz a noção do eixo neutro (lugar das fibras que não são nem comprimidas, nem estiradas, em um sólido submetido a flexão), mas define sua posição de maneira errada; a solução correta é encontrada por Parent em 1713.

Enquanto isso, a difusão do espírito científico e a aspiração dos arquitetos em verificar os limites do emprego dos materiais e dos sistemas de construção tradicionais estimulam várias pesquisas experimentais.

Em Roma, discute-se sobre as condições de estabilidade da cúpula de S. Pedro, e Benedito XIV confia ao marquês Poleni, físico e arqueólogo da Universidade de Pádua, uma perícia sobre o assunto, publicada em 1748.

Em Paris, nasce amplo debate em relação às obras da igreja de Sainte-Geneviève, [3] idealizada em 1755 por Soufflot, com a intenção de atribuir aos elementos tradicionais uma função estática precisa e as dimensões mínimas compatíveis com tais funções. Nessa ocasião, o conceito de carga de segurança é tornado

2. GALILEI, G. Dialogo sui massimi sistemi (1638). II Diálogo, dia III.
3. RONDELET, G. Trattato teorico e pratico dell'arte di fabbricare (1802-17). Trad. it., Mântua, 1832, Introdução. p. IX.

preciso, e inventam-se mecanismos capazes de medir a resistência dos materiais.

Quase que datam da mesma época os estudos feitos por Coulomb sobre a torção, sobre o impulso das terras e da rotação, e o descobrimento de uma equação geral para a determinação do eixo neutro, segundo as colocações de Parent.

Todos os resultados desses estudos são coordenados e completados nos primeiros decênios do século XIX por Louis-Marie H. Navier (1785-1836), considerado o fundador da moderna ciência das construções; o texto de suas aulas dadas na École Polytechnique de Paris é publicado em 1826.

A ciência das construções, como diz Nervi, "democratizou e popularizou o fato estático",[4] permitindo que muitos projetistas enfrentassem de maneira correta, com fórmulas preexistentes, alguns temas antes reservados a uma minoria de pessoas excepcionalmente bem dotadas. Além disso, produziu uma separação entre engajamento teórico e prático, contribuindo para a desagregação da cultura tradicional, mas também para a mobilização do repertório de métodos e de formas herdados da Antiguidade.

A pesquisa científica age sob outro aspecto sobre a técnica das construções, modificando os instrumentos de projeto; também aqui as duas inovações principais têm origem na França: a invenção da geometria descritiva e a introdução do sistema métrico decimal.

As regras de geometria descritiva são formuladas por Gaspard Monge (1746-1818) entre os últimos anos da Monarquia e os primeiros da Revolução.[5] Generalizando os métodos introduzidos pelos tratadistas do Renascimento, Monge dá uma forma rigorosa aos vários sistemas de representação de um objeto tridimensional sobre as duas dimensões da folha de papel; os projetistas estão, assim, de posse de um procedimento universal para determinar univocamente, por meio do desenho, quaisquer disposições dos elementos da construção, por mais complicada que esta seja, e os executores possuem uma orientação para interpretar univocamente os gráficos elaborados.

O sistema métrico decimal é introduzido pela Revolução Francesa, em seu esforço de mudar as instituições da velha sociedade de acordo com modelos racionais.

Em 1790, Talleyrand apresenta à Assembléia Constituinte um relato no qual deplora a variedade e a confusão das velhas unidades de medida e propõe a adoção de um sistema unificado. Após longa discussão, nomeia-se uma comissão composta por C. Borda, A. Condorcet, J. L. Lagrange, P. S. Laplace e G. Monge, para decidir quanto à unidade mais oportuna; discute-se se se deve tomar como referência o pêndulo (uma vez que seu comprimento, de acordo com a lei de Galileu, é proporcional ao tempo de oscilação) ou uma determinada fração do equador ou do meridiano, e é proposta a quadragésima milionésima parte do meridiano terrestre. Os trabalhos de medição, confiados a uma comissão geodésica, duram até 1799, enquanto uma outra comissão decide quais as regras de formação das demais unidades e propõe, e em 1795, o sistema métrico decimal. O modelo em platina do metro, de acordo com as medições efetuadas, é depositado no Museu de Artes e Ofícios de Paris em 4 Messidor do ano VII (22 de junho de 1799) e o novo sistema é tornado obrigatório na França em 1801.

Napoleão não vê com simpatia essa inovação abole-a em 1812, porém as exigências de uniformidade e de certeza que levaram os revolucionários a instituir uma nova unidade de medida tornam-se cada vez mais evidentes com o desenvolvimento da indústria, e muitos Estados aderem ao sistema métrico decimal: a Itália em 1803, a Bélgica e a Holanda em 1820, e os Estados sul-americanos depois de 1830; em 1840, o sistema é retomado na França. O modelo definitivo é construído em 1875, e em 20 de maio do mesmo ano é ratificada a Convenção Internacional do Metro, à qual aderem gradualmente todos os países, exceto os anglo-saxões e poucos outros.

A adoção de um sistema unificado facilita a difusão dos conhecimentos, as trocas comerciais, e fornece à técnica das construções um instrumento geral, cuja precisão pode ser levada até onde for preciso, segundo as exigências cada vez mais rigorosas dos novos procedimentos. Ao mesmo tempo, influi nos projetos, e "introduz uma certa desintegração da arquitetura", como expressa Le Corbusier,[6] porque é uma medida convencional, independente do homem, enquanto que as antigas medidas — pés, braças etc. — continham sempre uma certa referência à estatura humana.

4. NERVI, P. L. Tecnica costruttiva e architettura. In: *Architettura d'oggi*. Florença, 1955, p. 8.
5. MONGE, G. *Géométrie descriptive*. Edição de 1799 em diante.

6. LE CORBUSIER. *Oeuvre Complète 1938-46*. Zurique, 1955. p. 170.

A França, que está na vanguarda do progresso científico, serve como modelo às outras nações quanto à organização didática.

O ensino da arquitetura compete, no Ancien Régime, à Académie d'Architecture, fundada em 1671. Essa instituição goza de grande prestígio, é guardiã da tradição clássica francesa e do *grand goût*, porém se mantém aberta às novas experiências e ao progresso técnico, discute as teorias racionalistas, e participa com vivacidade na vida cultural de seu tempo.

No entanto, as tarefas sempre mais extensas e complexas que são assumidas pela administração do Estado colocam a exigência de formar um pessoal técnico especializado; as tradições humanistas da Academia e da escola anexa não se prestam à instrução de técnicos puros e, assim, em 1747, funda-se a École des Ponts et Chaussées, para preparar o pessoal do Corps des Ponts et Chaussées, fundado em 1716 e, em 1748, institui-se a École des Ingénieurs de Mézières, da qual saem os oficiais do Gênio. O ensino fundamenta-se em rigorosas bases científicas.

Estabelece-se, pela primeira vez, o dualismo entre "engenheiros" e "arquitetos"; por enquanto, o brilho da Academia ofusca as prosaicas escolas de pontes e estradas e de Mézières, e os engenheiros parecem estar destinados a ocupar-se com alguns temas secundários; o progresso da ciência, entretanto, age de modo a ampliar as tarefas dos engenheiros e a restringir as dos arquitetos. Em um certo ponto, a Academia percebe que as polêmicas sobre o papel da razão e do sentimento na arte não são apenas discursos teóricos, mas sim signos de uma irresistível reviravolta cultural e de organização, e fecha-se, pouco a pouco, em uma defesa intransigente da "arte" contra a "ciência".

A intervenção da Revolução modifica mais uma vez a situação. A Academia de Arquitetura, bem como outras de Pintura e Escultura, é suprimida em 1793; a escola é provisoriamente mantida com vida e quando em 1795, forma-se o Institut para substituir as velhas academias, a escola passa às dependências da seção de Arquitetura do novo complexo.

O controle das obras pela administração estatal, contudo, passa para o Conseil des Bâtiments Civils, o qual organiza uma escola própria "para os artistas encarregados da direção das obras públicas". E, mais, com a supressão da Academia, o título de arquiteto perde todo valor de diferenciação; mediante o pagamento de uma taxa, quem quiser dedicar-se à Arquitetura pode ser chamado de arquiteto, independentemente dos estudos feitos.

Essas providências enfraquecem o prestígio já escasso dos arquitetos; ao mesmo tempo, a posição dos engenheiros é reforçada, reunindo todos os ensinamentos especializados em uma organização unitária. Entre 1794 e 1795, é instituída a École Polytechnique, que utiliza uma boa parte do pessoal da escola de Mézières; a escola acolhe um número limitado de jovens, após exames severos e após haver-se assegurado "do apego aos princípios republicanos"; estes estudam em comum por um biênio, depois passam para a escola de aplicação: a École des Ponts et Chaussées de Paris, a École d'Application d'Artillerie et de Génie Militaire de Metz, a École de Mines de Paris, a École du Génie Maritime de Brest. A ordem dos estudos, baseada na Matemática e na Física, é fixada por Monge.

O exemplo francês é seguido por muitos Estados do continente europeu; em 1806, uma escola técnica superior é instituída em Praga; em 1815, em Viena, em 1825, em Karlsruhe. A ordem dos estudos — nessas escolas, como nas demais que virão posteriormente — é sempre modelada sobre a parisiense.

A Inglaterra constitui uma exceção, e o ensino técnico somente será organizado em moldes sérios no último decênio do século XIX. Os protagonistas da Revolução Industrial são, em grande parte, autodidatas — como George Stephenson, que aprendeu a ler e escrever quando tinha dezoito anos [7] —, ou saem das academias fundadas pelo zelo dos não-conformistas, tais como Boulton, Roebuck e Wilkinson, juntamente com Defoe e Malthus. [8] A Institution of Civil Engineers, fundada em 1818, contou com apenas três diretores graduados dentre seus dez.

Por essa razão, e pelo caráter menos rígido da sociedade inglesa, o contraste entre engenheiros e arquitetos não é tão forte quanto o que existe no continente; os arquitetos são menos ciosos de suas prerrogativas culturais, e tanto uns quanto outros freqüentemente passam de um gênero a outro de projeto. Th. Telford, antes de dedicar-se às pontes e às estradas, constrói casas em Edimburgo entre 1780 e 1790; John Nash não desdenha a oportunidade de projetar uma ponte de ferro; I. K. Brunel, autor da célebre ponte suspensa de Bristol, também é construtor de navios a vapor e, mais tarde, uma arquitetura representativa como o Palácio de Cristal pode ser confiada a um jardineiro como J. Paxton.

7. TREVELYAN, G. M. Op. cit., p. 225.
8. ASHTON, T. S. Op. cit., pp. 27-29.

Também na Inglaterra, contudo, o progresso técnico termina restringindo as atribuições tradicionais do arquiteto e faz com que uma parte cada vez maior das tarefas profissionais caia nas mãos dos técnicos especializados; isso parece evidente sobretudo depois de 1830, ao mesmo tempo que a sociedade transformada pelo Revolução Industrial fixa-se em formas mais estáveis.

2. O aperfeiçoamento dos sistemas de construção tradicionais

Uma das principais preocupações de governantes e empresários, no século XVIII, é a construção de novas e eficientes vias de comunicação: estradas e canais.

Na França, a Monarquia dedica grandes cuidados ao sistema viário; as estradas reais, segundo o regulamento de Colbert, freqüentemente são muito largas — de treze a vinte metros —, mais por razões visuais do que por exigências do trânsito, e são traçadas com extrema regularidade, geralmente em linha reta de um centro a outro; uma ordenação de 1720 recomenda que as estradas tenham "o alinhamento mais direto possível, por exemplo, de campanário a campanário".[9] Sua qualidade não corresponde a essa perfeição: o empedrado e o leito da estrada, executados por métodos tradicionais, exigem reparações demasiadamente freqüentes, as quais devem ser feitas pelas populações dos territórios atravessados, pelo sistema das *corvées;* este é um dos encargos mais pesados sobre os ombros dos trabalhadores franceses; pois as prestações variam entre trinta a cinqüenta dias por ano.

Na Inglaterra, até a metade do século XVIII, a rede viária é quase impraticável; melhora de 1745 em diante, quando o Parlamento começa a promulgar suas Turnpike Acts, que concedem aos particulares a construção e manutenção das estradas por conta própria, exigindo dos usuários um pedágio. Assim o custo desse serviço público é sustentado pelos particulares interessados em manter as vias em boas condições. As Turnpike Acts, no terceiro quarto do século XVIII são mais de quatrocentos e cinqüenta; os projetistas são ainda experimentadores que seguem métodos tradicionais e, dentre estes, destaca-se a figura de John Metcalf (1717-1810), uma das personagens versáteis mais extraordinárias da época. Cego desde a idade de seis anos, isso não o impede de passar por vários ofícios: tocador ambulante, organizador de brigas de galos, comerciante de cavalos, sargento de recrutamento, comerciante de tecidos de algodão, contrabandista de chá e de bebidas, condutor de diligências, até que em 1765 decide dedicar-se à construção de estradas e projeta pessoalmente mais de cento e oitenta milhas. Figura do mesmo tipo é James Brindley (1716-1772), construtor de moinhos, analfabeto, que executa, em 1759, o primeiro importante canal navegável na Inglaterra, para o Duque de Bridgewater.

Em finais do século, os engenheiros crescidos no novo clima científico suplantam esses projetistas irregulares. Na França, P. M. J. Trésaguet (1716-1796), na Inglaterra, Thomas Telford (1757-1834) e John Macadam (1756-1836) introduzem melhoramentos técnicas decisivos. Trésaguet é funcionário por profissão em Limoges; Telford, filho de um pastor de ovelhas escocês, é uma das personalidades mais importantes na história da Engenharia, e seu nome virá novamente à tona quando abordarmos as pontes de ferro. Macadam é um comerciante que passa a oficial durante as guerras napoleônicas e se dedica, já com uma certa idade, à construção de estradas; ele efetua o passo tecnicamente mais importante, abolindo as fundações de pedras grandes e sugerindo o uso de um extrato superficial tão impermeável à água quanto possível, tornado compacto com pó de materiais calcários; essa inovação diminui em muito o custo das estradas, e o *macadam* — como é chamado ainda esse método — torna-se de uso geral.

Enquanto isso, os progressos da geometria descritiva permitem dar forma satisfatória aos projetos que, antes, deparavam-se com dificuldades intransponíveis de representação, e deviam praticamente ser definidos no local da execução; aprende-se a representar o terreno com curvas de nível, e desde 1791 Monge propõe um método científico para calcular os transportes de terra.

As construções de estradas e canais são intensificadas nos primeiros anos do século XIX; enquanto os governos ocupam-se sobretudo das estradas, que possuem conjuntamente funções comerciais e estratégicas — é digno de nota o vasto programa de estradas realizado por Napoleão —, os canais muitas vezes são construídos por particulares, com objetivos estritamente econômicos: são as vias de transporte essenciais para as matérias-primas necessárias à indústria e para as mercadorias que saem das oficinas.

---

9. ALBENGA, G. "Le strade e i ponti". In: *Storia della tecnica dal Medioevo ai nostri giorni.* Milão, A. Uccelli, 1945, p. 665.

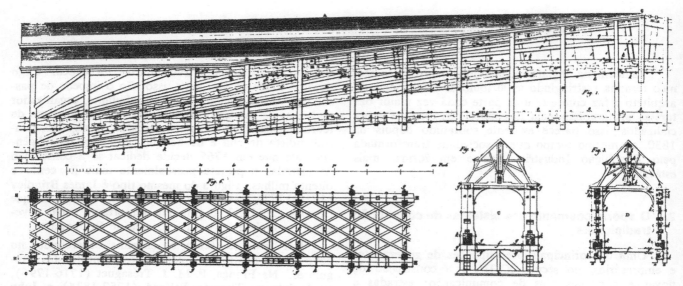

15. A ponte sobre o rio Limmat em Wettingen (J. U. Grubemann, 1777; em *Trattato*, de G. Rondelet, prancha 103).
16. Representação do corte das pedras (do *Trattato* de G. Rondelet, prancha 40).

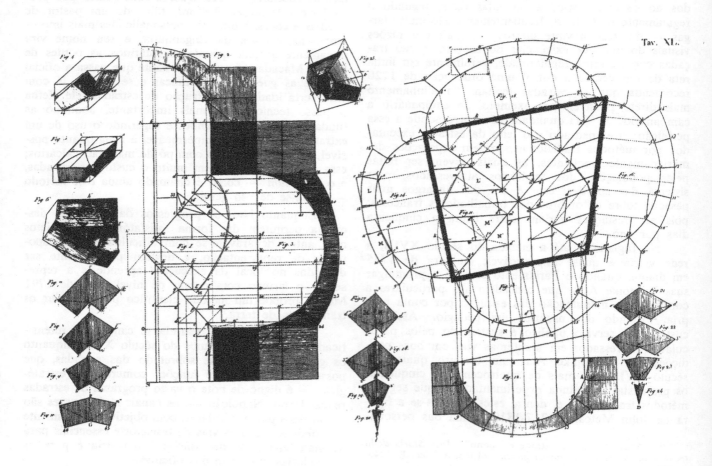

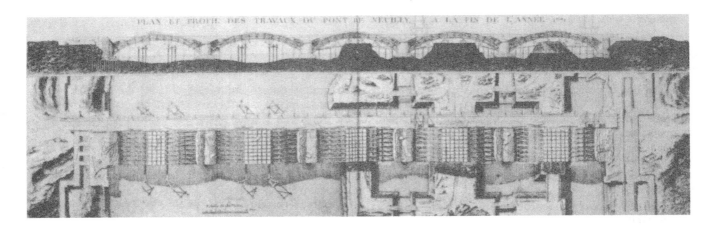

17. A ponte de Neuilly (J. R. Perronet, 1768; de J. R. P., *Description des projects et de la construcion des ponts*, 1788).
18. Paris, a ponte da Concórdia (J. R. Perronet, 1787).

As novas construções de estradas efetuadas entre fins do século XVIII e princípio do século XIX requerem um grande número de novas pontes, freqüentemente muito trabalhosas. Este tema estimula, mais do que qualquer outro, o progresso dos métodos tradicionais de construção em madeira e em pedra de corte, e solicita o emprego de novos materiais: o ferro e a gusa.

Os novos conhecimentos científicos permitem que se aproveite os materiais até o limite de suas possibilidades, e a experiência assim adquirida é empregada frutiferamente em um grande número de temas mais propriamente relativos a edifícios.

O uso da madeira nas pontes e nas grandes coberturas possui uma tradição ininterrupta desde a Idade Média em diante, e produziu obras notáveis e complexas, as quais, entretanto, não se afastam dos conceitos estáticos elementares: a trave, a trave reforçada por flechas, a armação triangular de sustentação, o arco. No século XVI, Palladio formula uma teoria de traves reticulares, porém suas aplicações são extremamente escassas; agora este conceito é retomado pelos construtores suíços e permite que Johann U. Grubemann (1710-1783) execute pontes de concepção brilhante: à ponte sobre o Reno em Sciaffusa, com duas arcadas de 59 metros cada, e a ponte sobre o Limmat em Wettingen (1777-78), com uma só arcada de 119 metros; infelizmente, esta última foi destruída em 1799 por motivos bélicos [10] (Fig. 15).

Nos Estados Unidos, em 1804, constrói-se a ponte de 104 metros sobre o Schuylkill, perto de Filadélfia; no mesmo ano, Burr executa a ponte de Trenton sobre o Delaware, com duas arcadas de 59 e 61 metros. Em 1809, Wiebeking — engenheiro educado na França — fabrica a ponte sobre o Regniz, em Bamberg, com 71 metros.

Na França, enquanto isso, a construção em pedra de corte é levada ao mais alto grau de perfeição, e os construtores franceses servem de exemplo a toda a Europa, como nos tempos do gótico. Também neste campo é determinante a obra dos engenheiros saídos da École des Ponts et Chaussées.

Jean-Rod Perronet (1708-1794), diretor da escola parisiense desde sua fundação (1747), renova a técnica das pontes em alvenaria; ele é o autor da ponte de Neuilly (1768) (Fig. 17), da ponte da Concórdia (Fig. 18), terminada pouco antes da Revolução, e de muitas outras em várias cidades da França; ele se ocupa também de obras de estradas, constrói o canal de Borgonha e uma parte dos esgotos de Paris. Muitas das inovações introduzidas por Perronet ainda estão em uso: o arco circular rebaixado, as cornijas mais altas do que o nível máximo da água e os pilares de dimensões reduzidas funcionando somente para cargas centrais; procurando tornar mais leve a estrutura, decompõe, ainda — na ponte de Saint-Maxence —, os pilares em grupos de colunas, e projeta a mesma disposição para a ponte da Concórdia, sendo porém obrigado a abandoná-la em virtude da hostilidade de seus colegas. Procurando aproximar-se do limite de resistência dos sistemas de construção, irá sofrer contínuas críticas; contam as crônicas que um membro da Assembléia de Pontes e Estradas, em 1774, teria exclamado, irritado: "Ah, maldita leveza! Será, então, necessário que sempre teu culto e teus altares se estabeleçam no seio de minha pátria?" [11]

A "leveza das pontes de Perronet é obtida cuidando-se perfeitamente do aparelhamento em pedra de corte, da armação e das fundações. Nessa época, Rondelet e outros dão forma científica à *stereotomia* — "arte de talhar as pedras segundo uma forma dada" [12] — baseada nos princípios da geometria descritiva de Monge; qualquer encaixe ou combinação de elementos de pedra, embora de forma complicada, pode ser representado exatamente e levado a efeito (Fig. 16).

As obras de Perronet — pontes e canais, com todas as suas particularidades de construção — são publicadas em 1782, em uma esplêndida série de pranchas; o volume é reimpresso em 1788, com a adição de outros projetos e de dois memoriais sobre as armações e sobre os movimentos de terra. [13] Durante a Revolução, o velho construtor dedica-se aos estudos teóricos e publica, em 1793, um *Memorial sobre a pesquisa dos meios para construir grandes arcos de pedra de duzentos, trezentos, quatrocentos e até quinhentos pés de vão*.

3. Os novos materiais

O ferro e o vidro são empregados na construção desde tempos imemoriais, mas é somente neste período que os progressos da indústria permitem que suas aplicações sejam ampliadas, introduzindo na técnica das construções conceitos totalmente novos.

---

10. Ver G. RONDELET, *Trattato* cit., livro V e pranchas 102-104.

11. Cit. em G. ALBENGA, op. cit., p. 692.
12. RONDELET, G. *Trattato* cit., t. I, p. 227.

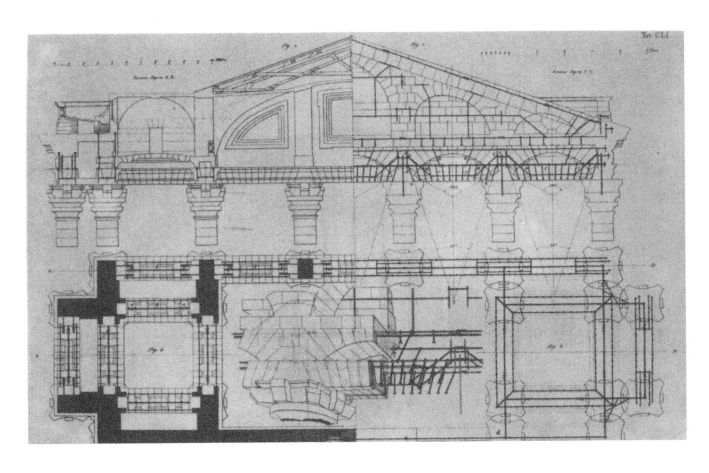

19, 20, 21. Paris, a igreja de Sainte-Geneviève (J. G. Soufflot, 1755): a armação em ferro da pronave (do Trattato de G. Rondelet, prancha 151), a planta e a fachada.

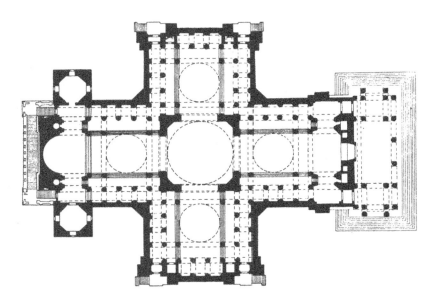

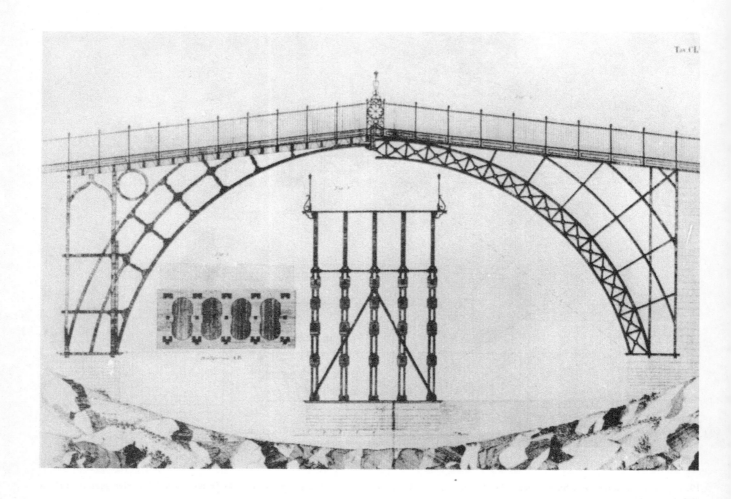

22, 23. A ponte sobre o Severn em Coalbrookdale (T. F. Pritchard 1777) e a ponte sobre o Wear em Sunderland (R. Burdon, 1796; do *Trattato* de G. Rondelet, pranchas 157 e 158).

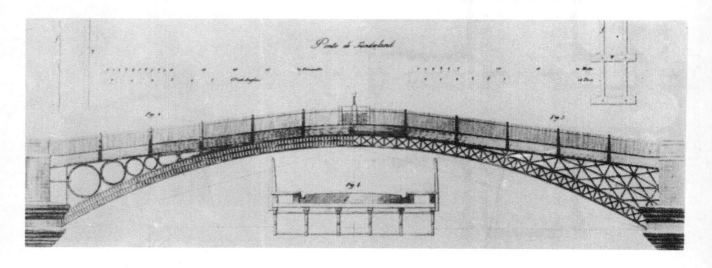

24, 25. A ponte de Coalbrookdale e a ponte sobre o Tâmisa em Staines (R. Burdon, 1802; do *Trattato* de G. Rondelet, prancha 159).

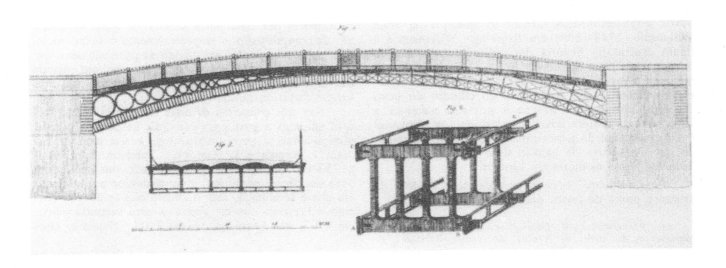

O ferro é usado inicialmente apenas para tarefas acessórias: para correntes, tirantes e para ligar entre si as pedras nas construções em pedra de corte. Por exemplo, na pré-nave construída por Rondelet para o Panthéon de Soufflot, em 1770, a estabilidade real da cornija é assegurada graças a uma fina rede de barras metálicas, dispostas racionalmente de acordo com as várias solicitações, quase como a armação de uma obra moderna em concreto [14] (Fig. 19).

No mesmo período, o ferro é adotado para algumas coberturas pouco carregadas como a do Théâtre Français de Bordeaux, devida a Victor Louis (1786). Contudo, o desenvolvimento pequeno da indústria siderúrgica coloca um limite intransponível à difusão desses sistemas. Na Inglaterra, dão-se os passos decisivos, que permitem, em fins do século, aumentar a produção de ferro na medida adequada às novas exigências.

O minério de ferro era fundido, tradicionalmente, com carvão vegetal; o produto era refundido e derramado em fôrmas para a obtenção da gusa ou trabalhado na forja para a obtenção do ferro doce. Em época não precisada, durante os primeiros decênios do século XVIII, Abramo Darby, de Coalbrookdale, substitui o carvão vegetal pelo coque e mantém o processo em segredo, confiando-o a seus descendentes. Em 1740, Huntsmann, relojoeiro de Sheffield, consegue fundir o aço em pequenos cadinhos, obtendo um material muito melhor do que o conhecido até então.

Depois da metade do século, esses progressos são de domínio público, e a procura de armas para a Guerra dos Sete Anos favorece o nascimento de muitos novos estabelecimentos, dentre os quais o de John Wilkinson (1728-1808) em Broseley. Wilkinson é a figura central na história das aplicações técnicas do ferro: ele ajuda Boulton e Watt a aperfeiçoarem a máquina a vapor, utilizando sua patente para a abertura dos canhões, que é aplicado ao cilindro do novo engenho; introduz na França a primeira máquina a vapor; estuda sempre novos sistemas para o aproveitamento industrial da gusa. Morto em 1808, é sepultado em uma barra de gusa e uma coluna de gusa é dedicada a sua memória em Lindale.

Provavelmente deve-se a Wilkinson a idéia da primeira ponte de ferro, que é construída de 1777 a 1779 sobre o Severn, perto de Coalbrookdale. [15] O desenho é preparado pelo arquiteto T. F. Pritchard, de Shrewsbury; o arco no pleno centro do vão de cem pés é formado pela união de dois semi-arcos de um só pedaço que são fundidos na oficina vizinha dos Darby (Figs. 22 e 24).

Em 1786, Tom Paine (1737-1809) — que depois irá tornar-se famoso como escritor político — desenha uma ponte em gusa para o rio Schuylkill e vem à Inglaterra para patenteá-la e para fazer com que os pedaços sejam construídos na Rotherham Ironworks. Os elementos da ponte são fundidos em Paddington, e expostos ao público mediante pagamento; porém, com a irrupção da Revolução Francesa, Paine parte para Paris e deixa a ponte nas mãos dos credores; os pedaços são adquiridos por Rowland Burdon, que constrói em 1796, sobre o rio Wear, a ponte de Sunderland, com o considerável vão de 236 pés (Fig. 23). No mesmo ano, Telford constrói uma segunda ponte sobre o Severn, em Buildwas, com 130 pés de comprimento e pesando 173 toneladas, em vez das 378 da primeira ponte em Coalbrookdale.

As pontes de Paine e Telford são construídas com um sistema bastante diverso do empregado por Wilkinson. As arcadas são compostas por um grande número de pedaços de gusa, colocados uns ao lado dos outros como os pedaços de pedra; a maior resistência do novo material permite naturalmente vãos maiores, pesos menores — os pedaços são formados como conchas ocas — e uma execução muito mais rápida, porque os pedaços chegam já trabalhados da fundição.

Em 1801, Telford propõe a substituição da ponte de Londres por uma única arcada em gusa, com 600 pés de comprimento; o empreendimento é abandonado, não porque se ponha em dúvida as possibilidades técnicas ou a conveniência econômica, mas em virtude das dificuldades para expropriar os terrenos nas duas extremidades da ponte.

Nas três primeiras décadas do século XIX, Telford emprega a gusa para construir numerosas pontes, pontes-canais e pontes-aquedutos; a seu lado, trabalham J. Rennie e J. Rastrick. Também John Nash (1752-1835) engaja-se na construção de uma ponte para um cliente particular; a ponte desaba no momento em que é terminada, mas o cliente não se dá por vencido e faz com que ele construa uma segunda ponte, em 1797, que ficará em pé até 1905. Supõe-se tam-

---

13. PERRONET, J. R. *Descriptions des projets et de la construction des ponts de Neuilly, de Nantes, d'Orléans, de Louis XVI* etc. Paris, 1788.

14. Ver G. RONDELET, *Trattato* cit., prancha 151.

15. Ver G. RONDELET, *Trattato* cit., livro VII, seção 3 e pranchas 147 a 171.

26. Brighton, o pavilhão real (J. Nash, 1818).
27. Berlim, projeto para o Marschallbrück (K. F. Schinkel, 1818).

28, 29. Paris, a Pont des Arts (De Cessart e Dilion, 1803; prancha 160 do *Trattato* de G. Rondelet).

30. A ponte sobre o estreito de Conway (Th. Telford, 1826; do *Trattato* de G. Rondelet, prancha U).
31. A ponte sobre o Avon em Bristol (I. K. Brunel 1836).

bém que Nash tenha tido alguma participação no projeto da ponte de Sunderland.

Enquanto isso, a gusa difunde-se largamente na construção de edifícios; colunas e vigas em gusa formam o esqueleto de muitos edifícios industriais e permitem cobrir grandes espaços com estruturas relativamente tênues e não inflamáveis. É digno de nota o projeto para a fiação de algodão Philip & Lee, em Manchester, construído por Boulton e Watt em 1801. [16]

Um viajante francês, visitando a Inglaterra em 1837, escreve:

Sem a gusa e o ferro, aquelas construções tão bem arejadas e iluminadas, tão leves em aparência e que, entretanto, sustentam pesos enormes, como os armazéns de seis andares na doca de Santa Catarina em Londres, seriam masmorras espessas e escuras, com postes pesados e feios de madeira, ou paredes com contrafortes de tijolos. [17]

J. Nash emprega a estrutura em gusa para o pavilhão real de Brighton em 1818 (Fig. 26); grades de janela, balaustradas, cercados e decorações em gusa são cada vez mais usados nas construções comuns e também das obras representativas, como na base da Carlton House Terrace em 1827. [18] As decorações em gusa deste primeiro período — últimas décadas do século XVIII e primeiras do XIX — freqüentemente são de ótima fabricação e bastante superiores àquelas comercializadas no período seguinte. Os melhores artistas, tais como Robert Adam, fornecem às vezes os desenhos.

Todas essas aplicações são possibilitadas pelo desenvolvimento extraordinário da indústria siderúrgica inglesa. Nas nações do continente, tal indústria ainda está no começo e, durante todo o século XVIII, as aplicações do ferro e da gusa são limitadas; às numerosas e arrojadas pontes inglesas podem ser contrapostos poucos manufaturados de identidade modesta, tais como a ponte de Laasan, de 19 metros de comprimento, construída em 1796 pelo Conde von Burghaus, e algumas pontes de jardins franceses,

Nos primeiros anos do século XIX, o regime napoleônico encoraja a indústria siderúrgica francesa; a produção de ferro, de 1789 a 1812, aumenta de 115 mil para 185 mil toneladas. Assim, torna-se possível a construção de grandes empreendimentos em ferro: a Pont des Arts, executada entre 1801 e 1803 pelos engenheiros De Cessart e Dillon (Figs. 28 e 29) e a cúpula da sala circular do Halle au Blé de Paris, construída por François J. Bélanger (1744-1818) em 1811. [19] Até mesmo Percier e Fontaine, assim como os arquitetos ingleses do tempo, não desdenham o emprego da gusa em muitas aplicações secundárias e decorativas.

Depois da Restauração, o emprego do ferro estende-se, na França, a um grande número de manufaturados para a construção. Em 1824, Vignon constrói, em ferro a cobertura do mercado de Madeleine; em 1830, Lenoir executa em Paris um armazém inteiro de ferro; em 1833, A. R. Polonceau (1778-1847) executa a ponte em gusa do Carrousel; em 1837, a cobertura de madeira da catedral de Chartres é substituída por uma estrutura de ferro revestida de cobre. Em 1836, surge o *Traité des constructions et poteries en fer* de Eck e, em 1837, Polonceau inventa a armação triangular de sustentação que leva seu nome.

Em fins do século XVIII, toma consistência a idéia de pontes suspensas por correntes de ferro, que se adaptam melhor do que as pontes de gusa com grandes vãos e opõem uma rigidez menor às solicitações dinâmicas. [20]

O primeiro exemplo de que se tem notícia é uma passarela para pedestres sobre o rio Tees, de 70 pés (1741). Vários exemplos podem ser encontrados na América no último decênio do século XVIII. Telford, em 1801, pensa em construir uma ponte sobre o estreito de Menai, em Gales, porém as aplicações concretas aparecem somente depois da crise ocorrida no bloco napoleônico. Em 1813, Samuel Brown, capitão da Marinha inglesa, constrói uma ponte sobre Tweed, com 110 metros, que é considerada o protótipo das pontes suspensas européias; entre 1818 e 1826, Telford executa a ponte sobre Menai, com 176 metros e, no mesmo ano, uma ponte análoga sobre Conway, com um vão menor (Fig. 30). Em 1823, Navier, enfrentando muitas dificuldades, constrói a Pont des Invalides; em 1825 — com a ponte de Tournon sobre o Ródano — principia suas atividades Marc Séguin (1786-1875), fundador de uma empresa que executa na França mais de oitenta pontes suspensas;

16. GIEDION, S. *Spazio tempo e architettura* (1941). Trad. it., Milão 1954. pp. 181-185.
17. CHEVALIER, M. *Lettres sur l'Amérique du Nord*. Bruxelas, 1837, v I. p. 354, Cit em C. BARBAGALLO, op. cit., p. 309.
18. Ver J. GLOAG e D. BRIDGEWATER, *A History of Cast Iron in Architecture*, Londres, 1948, pp. 152-155.

19. Ver G. RONDELET, *Trattato* cit., pranchas 160 e 164.
20. Ver G. RONDELET, *Trattato* cit., pranchas 152 e apêndice (de prancha P em diante).

32. Paris, o Jardin d'Hiver nos Champs-Elysés (de E. Texier, *Tableau de Paris*, 1853).

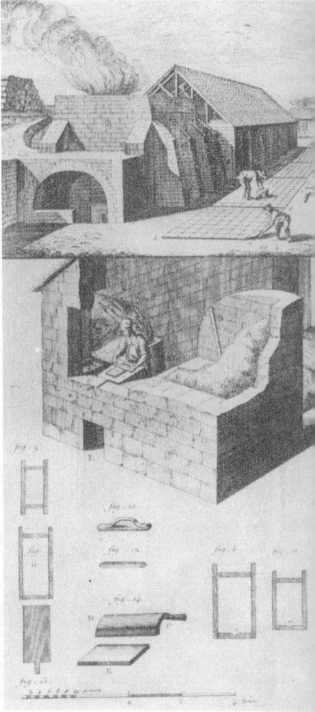

33, 34, 35, 36. Pranchas ilustrativas da *Encyclopédie* (1751-1772), no verbete *Architecture*.

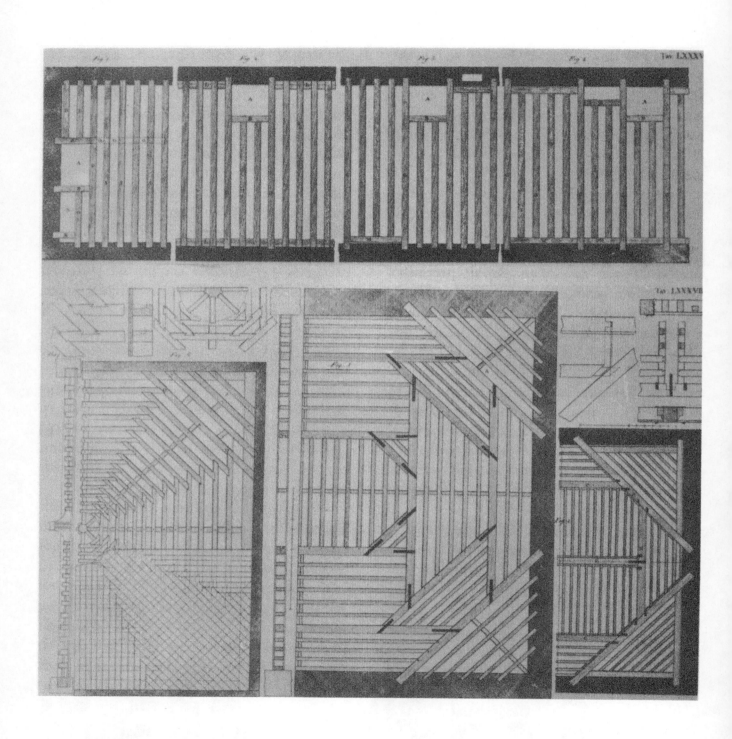

37. Pavimento em madeira, do *Trattato* de G. Rondelet (pranchas 85 e 87).

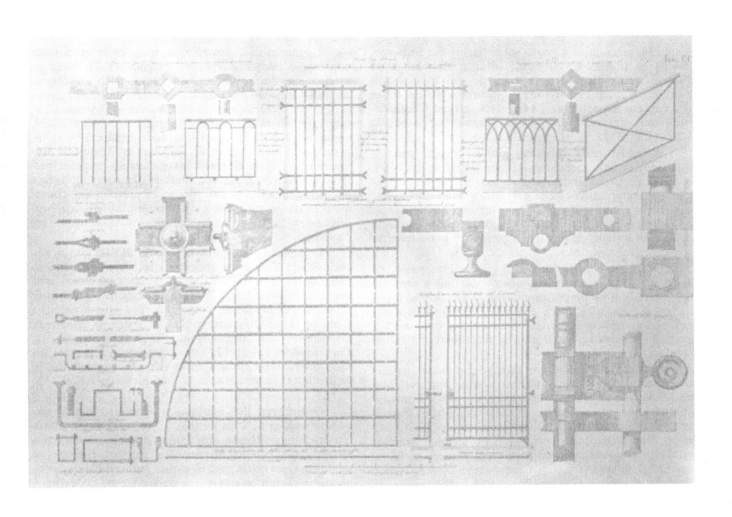

38, 39. Acabamentos e estruturas de sustentação em ferro (do *Trattato* de G. Rondelet, pranchas 101 e 152).

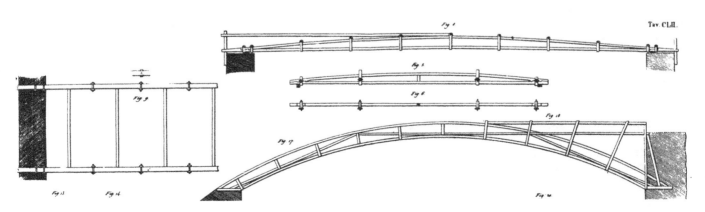

em 1834, termina-se a ponte sobre Sarine em Friburgo, devida ao francês Charley, até então a mais longa da Europa, com seus 273 metros de vão; em 1836, Isambard K. Brunel (1806-1859) constrói a ponte sobre o Avon em Bristol, com 214 metros, a qual é considerada uma das obras-primas da engenharia do século XIX (Fig. 31).

A indústria do vidro faz grandes progressos técnicos na segunda metade do século XVIII e, em 1806, é capaz de produzir lâminas de 2,50x1,70m. Na Inglaterra, entretanto — que é o maior produtor —, as exigências fiscais durante as Guerras Napoleônicas opõem graves dificuldades às vidrarias, e é somente depois do tratado de paz que a produção pode retomar seu desenvolvimento.

O consumo inglês de vidro em lâminas passa, de 1816 a 1829, de aproximadamente dez mil a sessenta mil quintais, e os preços diminuem; o uso do vidro para fechar espaços é agora universal, e começa-se a experimentar aplicações mais comprometedoras, associando-se o vidro ao ferro para obter coberturas translúcidas.

Grandes clarabóias em ferro e vidro são usadas em numerosos edifícios públicos como, por exemplo, na Madeleine de Vignon; em 1829, Percier e Fontaine cobrem de vidro a Galerie d'Orléans do Palais Royal, protótipo das galerias públicas do século XIX. O vidro é empregado na construção de algumas grandes estufas: por Rouhault, no Jardin des Plantes de Paris, em 1833; por Paxton, em Chatsworth, em 1837; por Burton, nos Kew Gardens em 1844. Por vezes, as estufas transformam-se em locais para passeios, como nos Champs-Elysées de Paris (Fig. 32). As primeiras estações ferroviárias requerem grandes telhados de vidro, e os novos estabelecimentos comerciais com grandes vitrinas de exposição habituam os arquitetos a projetar paredes inteiramente de vidro.

O Palácio de Cristal, de Paxton, em 1851, resume todas essas experiências, e inaugura a série das grandes galerias envidraçadas de exposição, que prossegue na segunda metade do século XIX.

4. Os progressos técnicos da construção comum

Sobre os grandes empreendimentos, existem muitas informações; pelo contrário, são escassos os dados para avaliar as modificações da técnica de construção comum e relativa às moradias, que a Revolução Industrial está reunindo em torno das cidades.

Normalmente, sustenta-se que os métodos de construção permaneceram os mesmos (na história da urbanística de Lavedan: "enquanto que, na origem da transformação industrial, encontram-se consideráveis progressos técnicos, não existe nenhum, por assim dizer, que se refira às moradias: constrói-se no século XIX como no XVIII e como na Idade Média") [21] e, tomando-se como ponto de partida as denúncias dos higienistas e dos reformadores sociais na primeira metade do século XIX, considera-se confirmado o fato de que a qualidade das moradias piorou, em conseqüência da pressa e das exigências especulativas. Ambos esses lugares-comuns devem provavelmente ser corretos.

O espírito iluminista do século XVIII dirige sua curiosidade a todas as aplicações técnicas, independentemente da importância que a cultura tradicional atribui a cada uma delas. Arquitetos célebres ocupam-se de invenções modestas, como Boffrand, que aperfeiçoa a máquina de empastar a cal, e Patte, que inventa dispositivos para diminuir os riscos de incêndio. A *Encyclopédie* (1751-1772) publica um extrato dos artigos referentes à técnica de construção corrente, a fim de melhorar a preparação dos empresários (Figs. 33-35).

O emprego dos materiais tradicionais muda, enquanto isso, por vários motivos. Os produtos de olaria e o madeiramento são produzidos industrialmente, com melhor qualidade, e a rede dos canais permite que sejam transportados para qualquer parte, a baixo custo, nivelando assim as diferenças de fornecimento existentes de lugar para lugar.

Difunde-se, nesse período, o uso do vidro para janelas, em lugar do papel (em fins do século XVIII, existiam ainda na França as corporações dos *châssesiers*, que tinham por tarefa cobrir os caixilhos das janelas com papel oleado) [22], e o uso da ardósia ou de telhas para as coberturas, em lugar de palha. Empregam-se largamente o ferro e a gusa, onde quer que seja possível: nos acessórios dos utensílios para fechar, nas cercas, nas balaustradas (Fig. 41) e por vezes mesmo nas estruturas de sustentação.

Os pavimentos nos edifícios comuns são sustentados, via de regra, por traves de madeira, com disposições variadas (Figs. 36 e 37). J. B. Rondelet (1743-1829), em seu *Trattato* de 1802, compara o ferro doce

---

21. LAVEDAN, P. *Histoire de l'urbanisme, époque contemporaine*. Paris, 1952. p. 74.
22. Ver M. HENRIVAUX, *Le verre et le cristal*, Paris, 1883. p. 228.

40, 41. Berlim, projeto para o monumento a Frederico II na Leipzigerplatz (F. Gilly, 1797).
42. A casa para a guarda agrícola em Maupertuis (C. N. Ledoux, 1806).

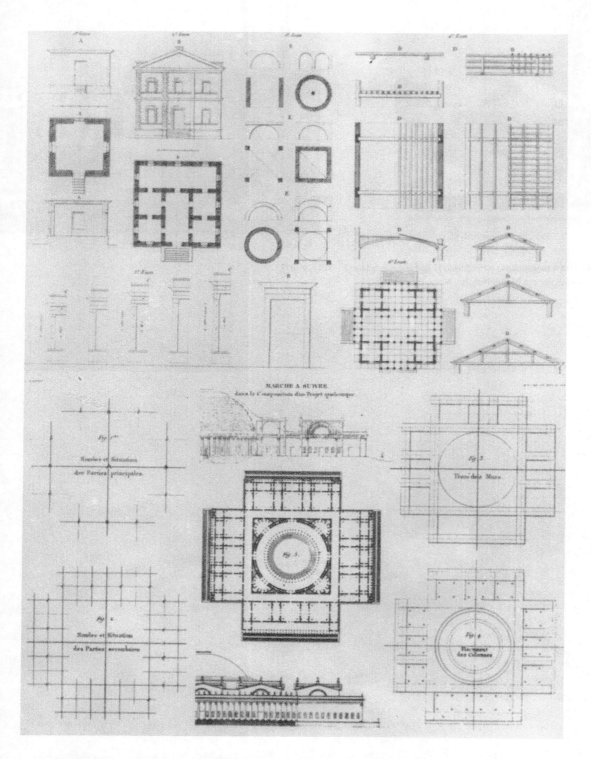

43, 44. Dos fascículos do curso de Durand: os elementos dos edifícios, e o método a seguir no projeto de um edifício qualquer.

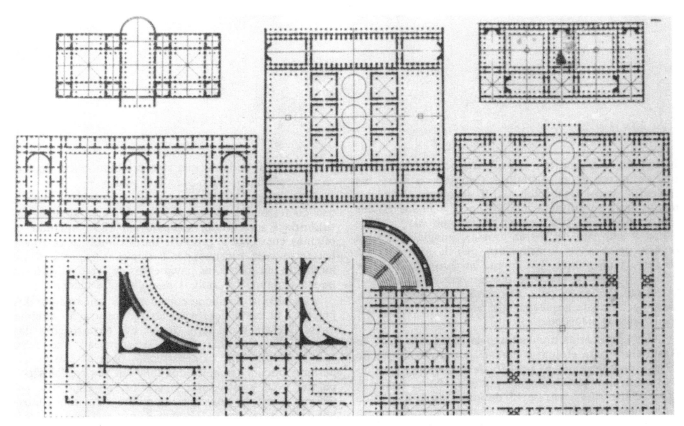

45, 46. Dos fascículos do curso de Durand: exemplos de plantas e perspectivas obtidas pelo método precedente.

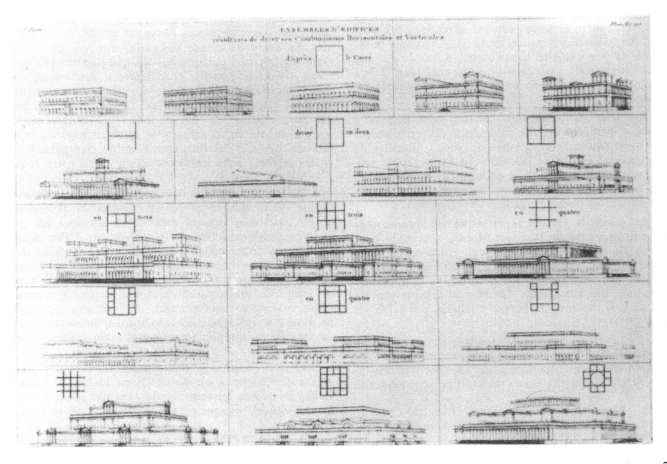

à madeira, e afirma que o primeiro pode ser usado a fim de substituir o segundo. Contudo, o ferro em traves de seção retangular não é adequado, evidentemente, para substituir a madeira, pois a maior rigidez não compensa o peso maior. Prossegue ele: "Para evitar o emprego de barras grossas, imaginou-se uma espécie de cavalete ou armadura, que dá maior rigidez ao ferro aumentando sua força, em proporção maior do que o peso" e descreve um sistema idealizado por M. Ango, formado pela associação de duas barras, uma, ligeiramente arqueada, e a outra tensa como uma corda, sob a precedente.

Os comissários nomeados pela Academia Real de Arquitetura para efetuar o exame de um pavimento de 19 pés de comprimento por 16 de largura, construído dessa maneira, em Boulogne, perto de Paris, assim se expressam no relatório de 13 de junho de 1785: "Nós o encontramos solidíssimo, sem qualquer desfolhamento ou oscilação, seja qual for o esforço que se faça saltando em cima dele". Os detalhes são encontrados na *Encyclopédie*, nos verbetes *abóbodas* e *pavimentos de ferro*. Terminam eles seu relatório dizendo: "É, portanto, desejável que o processo de M. Ango seja posto em prática por todos os construtores, a fim de que um grande número de exemplos venha a confirmar a boa opinião que formamos na experiência que estamos relatando".

Rondelet confirma com cálculos esse parecer e fornece o desenho de um pavimento de ferro preenchido com tijolos, com 20 pés de vão: "Resulta de tais experiências que os cálculos que foram apresentados podem ser aplicados a toda sorte de armações, tanto para as abóbadas, quanto para os pavimentos de ferro ou outras obras do gênero"[23] (Fig. 39).

Em 1789, N. Goulet experimenta um sistema análogo em uma casa da Rue des Marais, sobretudo com a intenção de evitar os incêndios: dispõe, entre as traves de ferro, pequenas abóbadas de tijolos ocos, e substitui por pavimentos de ladrilho os tradicionais *parquets*. Ele recomenda também a substituição da madeira dos batentes de portas e janelas por ferro ou cobre.[24]

Contudo, a crise econômica que se segue à Revolução Francesa interrompe essas experiências. Os metais tornam-se impossíveis de ser encontrados e, em 1793, o arquiteto Cointreaux dirige um memorial à Convenção, pedindo que seja proibido o uso do ferro na construção, salvo para fechaduras.[25]

No século XIX, retomam-se as tentativas para o uso do ferro nos pavimentos; porém uma solução satisfatória é encontrada somente em 1836, quando as oficinas começam a produzir industrialmente as traves em ferro com formato de T duplo. A partir desse momento em diante, os pavimentos de ferro substituem pouco a pouco os antigos assoalhos de madeira.

É preciso também considerar o andamento dos preços. O custo dos materiais de construção diminui quase que em toda parte depois das perturbações das Guerras Napoleônicas; assim, os materiais que antes estavam reservados às construções para as classes superiores podem ser aplicados também aos edifícios populares. Os salários dos operários, ao contrário, estão em aumento constante; também este fato contribui para o progresso técnico (uma vez que os empresários acolhem com boa vontade qualquer achado que permita simplificar o trabalho de construção e economizar na execução, mesmo que eventualmente o custo das matérias-primas possa ser maior.

As casas da cidade industrial são, em conjunto, mais higiênicas e confortáveis do que aquelas em que havia vivido a geração precedente; a diminuição da mortalidade infantil não deixa dúvidas a esse respeito. Existem, naturalmente, grandes diferenças de um lugar para outro e de um período para outro; como sempre aconteceu, constroem-se também tugúrios inabitáveis, que são descritos com colorido vivo pelas pesquisas inglesas e francesas levadas a efeito entre 1830 e 1850.

Ao avaliar tais descrições, é preciso ter em mente que quase sempre as piores construções dependem de circunstâncias excepcionais, como acontece na Inglaterra durante as Guerras Napoleônicas. Por outro lado, se as reclamações contra as moradias feias são mais freqüentes nesse período, não é tanto em razão de sua qualidade ser pior de uns tempos para cá, mas em razão de que o padrão empregado para a comparação é sempre mais elevado. O aumento do nível de vida e a nova mentalidade tornam intoleráveis os inconvenientes que um século antes eram aceitos como inevitáveis.

O que constitui o ponto mais violento das pesquisas de Chadwick ou do conde de Melun, é a convicção de que as misérias constatadas não são um destino inevitável, mas podem ser eliminadas com os meios

---

23. RONDELET, G. *Trattato* cit., t. II, p. 105.
24. HAUTECOEUR, L. *Histoire de l'Architecture classique en France*. Paris, 1953, t. V., p. 330.
25. HAUTECOEUR, L. Op. cit., t.V., pp. 108-109.

47. Paris, rue de Rivoli (Percier e Fontaine, 1805).
48. Londres, as casas de Park Square (J. Nash, 1812).

que se encontram à disposição. Como observa Tocqueville, "o mal que pacientemente era tolerado como inevitável, parece impossível de ser suportado no momento em que se acena com a idéia de subtrair-se a ele". [26]

A fim de formular uma opinião justa sobre as casas em que moraram as primeiras gerações da idade industrial, é necessário distinguir a qualidade do edifício singular e o funcionamento do bairro e da cidade; a construção paleoindustrial entra em crise sobretudo no campo urbanístico, como será visto no capítulo seguinte.

5. Engenharia e neoclassicismo

O período de 1760-1830 que, para os historiadores da economia, é o período da Revolução Industrial, corresponde, nos livros de História da Arte, ao neoclassicismo.

A ligação entre os dois fenômenos exige explicações mais detalhadas. Observa-se, com acuidade, que nesse período a arquitetura começa a destacar-se dos problemas da prática de construção; estes passam às mãos de uma categoria especial de pessoas, os engenheiros, enquanto que os arquitetos, perdido o contato com as exigências concretas da sociedade, refugiam-se em um mundo de formas abstratas. Os dois fenômenos, portanto, seguem paralelamente, porém sem que se encontrem; pelo contrário, divergem cada vez mais entre si; produz-se, como diz Giedion, "a cisão entre a ciência e sua técnica, de um lado, e a arte, do outro, isto é, entre arquitetura e construção". [27]

A palavra "classicismo", entretanto, cobre uma pluralidade de correntes que se relacionam de maneiras diversas com o desenvolvimento da técnica de construção.

O espírito iluminista, aplicado ao repertório da tradição renascentista, reconhece naquelas formas dois motivos de validade: a correspondência com os modelos da arquitetura antiga, grega e romana, e a racionalidade das próprias formas, naquilo que os elementos arquitetônicos tradicionais podem ser assimilados a elementos de construção: as colunas de sustentação vertical, o travejamento de sustentação horizontal, as cornijas no cimo dos telhados, os tímpanos nos encontros entre dois planos de cobertura etc.

O progresso dos estudos arqueológicos permite definir o primeiro relacionamento com toda a precisão possível: a Antiguidade clássica não é mais uma idade mítica do ouro, situada nos confins do tempo, mas sim um período histórico estudado com método científico; assim, as regras elásticas e aproximativas da tradição podem ser transformadas em referências exatas. O mesmo espírito histórico, porém, faz com que se perceba que a Antiguidade greco-romana é um período como todos os outros, e o valor normativo atribuído a seus modelos é colocado em dúvida.

De modo análogo, o progresso da técnica permite tornar mais precisos os raciocínios de construção e funcionamento; a atenção maior dada a este fato induz a uma espécie de retificação e de restrição das regras tradicionais; por exemplo, a coluna é justificada somente se estiver isolada, o tímpano somente se tiver por trás um teto etc. Frezier, no *Mercure de France* de 1754, chega a sustentar que as cornijas usadas no interior das igrejas são um absurdo, pois deveriam corresponder a beirais de telhado, e que um "selvagem de bom senso" (personagem típico dessas polêmicas setecentistas) iria perceber logo o erro: "embora a arquitetura gótica seja tão malvista, ele lhe daria sem dúvida preferência, uma vez que não apresenta com pompa uma imitação tão fora de propósito". [28]

O sistema da arquitetura tradicional não é adequado para sustentar críticas desse gênero, e a correspondência aproximada entre elementos formais e de construção, dada até então como certa, não resiste a uma verificação analítica; o caráter de necessidade que era atribuído, como conseqüência, aos elementos clássicos, não pode mais ser sustentado.

Por ambos os caminhos que se tome, os títulos de legitimidade do antigo repertório são colocados em discussão; a persistência das formas clássicas, da ordem etc., deve, portanto, ser motivada de outra maneira, e os argumentos possíveis são os seguintes:

Ou se recorre às supostas leis eternas da beleza, que funcionam como uma espécie de princípio de legitimidade na arte (deve-se notar, à margem, que só se recorre explicitamente a este recurso quando a opinião pública já está pondo em dúvida o tradicional estado de coisas); ou invocam-se razões de conteúdo, isto é, sustenta-se que a arte deve inculcar as virtudes civilizadas, e que o uso das formas antigas faz lembrar os nobres exemplos da história grega e romana; ou então, mais simplesmente, atribui-se ao repertório clássico uma existência de fato, graças à moda e ao hábito.

26. TOCQUEVILLE, C. A. Op. cit., p. 215.
27. GIEDION, S. Op. cit., p. 209.
28. HAUTECOEUR, L. Op. cit., t. III, p. 461.

49, 50. Londres, Crescent Park e Chester Terrace (J. Nash, 1812-1825).

A primeira posição, sustentada por teóricos como Winckelmann e Milizia, é formada exatamente pelos membros mais intransigentes da Academia, como Quatremère de Quincy, preocupados em pôr a salvo a autonomia da cultura artística, e leva a obra de alguns artistas vinculados de modo mais rigoroso à imitação dos antigos: Canova, Thorwaldsen, L. P. Baltard. A segunda é própria da geração envolvida na Revolução Francesa, de David e de Ledoux, que adotam a arte como profissão de fé política, e produz uma excitação expressiva peculiar, encontrada também em outros de seus contemporâneos, em Sloane e em Gilly (Figs. 40-42). A terceira posição baseia-se nas premissas dos racionalistas setecentistas, tais como Patte e Rondelet, e é teorizada nas novas escolas de Engenharia, sobretudo por Durand, e seu núcleo é formado exatamente pelos projetistas mais felizes que trabalham na época da Restauração: por Percier e Fontaine, na França, por Nash, na Inglaterra, por Schinkel, na Alemanha, além da multidão de engenheiros de ambições artísticas (Figs. 43-53).

Os primeiros e os segundos formam uma minoria culta e batalhadora, que atribui ao neoclassicismo um valor cultural unívoco: seu neoclassicismo pode ser chamado de neoclassicismo ideológico.

Para os outros, ao contrário, isto é, para a maioria dos construtores, o neoclassicismo é uma mera convenção, à qual não é atribuído qualquer significado especial, mas que permite abstrair os problemas formais, deixando-os de lado, a fim de desenvolver de modo analítico, como o requer a cultura técnica da época, os problemas práticos de distribuição e construção, e que podem ser chamados de neoclassicismo empírico.

Enquanto uns carregam as formas antigas de significados simbólicos e travam, acima da realidade concreta, uma batalha de ideologias, os outros empregam as mesmas formas, porém falam delas o menos possível e, ao abrigo de tal convenção, aprofundam as novas exigências da cidade industrial.

A batalha entre as correntes do neoclassicismo ideológico é o episódio mais visível, que normalmente vem colocado em primeiro plano na perspectiva histórica, mas não constitui o episódio mais importante para nosso relato. Aqueles que parecem ser os inovadores de maior audácia, tais como os arquitetos "revolucionários" Etienne Boullée (1727-1799) e Claude Nicholas Ledoux (1736-1806), na realidade não saem das convenções acadêmicas e não representam a parte mais avançada da cultura da época. O papel que se lhes quis atribuir, de precursores do movimento moderno, baseia-se em parâmetros formais e não resiste a uma verificação histórica.

Também as conseqüências escassas de suas experiências podem ser facilmente explicadas. As teses do classicismo ideológico, a despeito de suas justificativas rigorosas e elaboradas são, na realidade, pouco duráveis, o que permite que elas sejam confrontadas no mesmo terreno filosófico e político de outras teses e substituídas por estas. Da mesma maneira como Boullée interpreta o antigo de acordo com os ideais leigos e progressistas da filosofia iluminista, do mesmo modo Chateaubriand, que, em 1802, publica o *Génie du Christianisme,* interpreta o gótico de acordo com as tendências do neocatolicismo e efetua sua reavaliação, associando-o ao misticismo medieval; o destino de um e do outro estilo varia, dessa maneira, segundo a popularidade dos respectivos pontos de referência.

A associação do gosto clássico com a prática de construir, pelo contrário, apesar de baseada em uma suposição convencional, demonstrou possuir grande tenacidade, e ainda tem influência em nossos dias, como o demonstram as obras de alguns grandes construtores, como Perret, Nervi, Candela. É, todavia, evidente o paralelismo dos instrumentos mentais: com efeito, os métodos correntes de cálculo das estruturas impelem freqüentemente engenheiros, hoje como então, na direção de soluções simétricas e dotadas de uma espécie de propensão para certos efeitos típicos do neoclassicismo. Esse relacionamento pode ser explicado em termos históricos, visto que tanto a sensibilidade neoclássica quanto os métodos de cálculo, derivam, ambos, de maneira diversa, da mentalidade analítica do período, porém a coincidência parcial e relativa entre resultados científicos e princípios do estilo clássico é facilmente transmudada em uma espécie de harmonia preestabelecida, necessária e total. Durante todo o século XIX, os engenheiros repetem, com Eiffel, que "as autênticas leis da força estão sempre em conformidade com as leis secretas da harmonia". [29]

Convém procurar as origens dessa posição nas escolas de Engenharia, onde se graduam, de agora em diante, a maior parte dos projetistas. Na École Polytechnique de Paris, o curso de Arquitetura é ministrado por J. L. N. Durand (1760-1834), discípulo de Boullée e espectador das batalhas doutrinais travadas no período revolucionário; ele emprega esse legado

---

29. Cit. em M. BESSET, *G. Eiffel,* trad. it., Milão, 1957, p. 17.

51. Londres, Chester Terrace (J. Nash, 1825).

complexo e eminentemente teórico para transmitir à geração seguinte um sistema de regras racionais e práticas, adaptada à vastidão de tarefas que se apresentam.

O objetivo da Arquitetura, exorta ele, é "a *utilidade* pública e particular, a conservação, o bem-estar dos indivíduos, das famílias e da sociedade". [30] Os meios que a arquitetura deve empregar são a *conveniência* e a *economia*. A conveniência impõe que o edifício seja sólido, salubre e cômodo; a economia, que seja de forma tão simples quanto possível, regular e simétrica.

Durand critica a noção tradicional das ordens e refuta as teorias de Laugier e dos tratadistas, as quais pretendem atribuir às ordens uma pretensa universalidade, fazendo-as derivar da cabana ou do corpo humano; "é preciso concluir, necessariamente, que as ordens não formam, de fato, a essência da arquitetura; que o prazer que se extrai de sua utilização e da decoração que daí resulta não existe; que essa mesma decoração é uma quimera e as despesas a que leva constituem uma loucura." [31]

A arquitetura, contudo, não é redutível a um fato técnico. A beleza deriva necessariamente da coerência com que o arquiteto atinge seu escopo utilitário, e a "verdadeira" decoração resulta da disposição mais conveniente e mais econômica dos elementos estruturais.

Até esse ponto, o programa de Durand (deixando de lado a identificação da economia com as formas simétricas) parece prenunciar o funcionalismo moderno. Ele, porém, tem em mente a "disposição" em sentido estrito, como combinação de elementos dados. Seu método compreende três fases: primeiro, a descrição dos elementos; depois, os métodos gerais de associação dos elementos, onde são obtidas as partes dos edifícios e os edifícios; e, finalmente, o estudo dos tipos de edificação. Por "elementos", refere-se aos materiais, com suas propriedades, e as formas e proporções que os materiais assumem quando colocados em ação (Fig. 43).

As formas e as proporções são de três tipos: "aquelas que disfarçam a natureza dos materiais e o uso dos objetos para cuja construção são empregadas; aquelas que foram tornadas de alguma maneira necessárias pelo hábito, ou seja, as formas e proporções imitadas dos edifícios antigos; aquelas que, sendo mais simples e mais determinadas, devem obter nossa preferência, em virtude da facilidade que temos em apreendê-las". [32]

Durand esboça, como os antigos tratadistas, uma série de considerações sobre a construção da qual se deduz uma descrição grosseira das ordens arquitetônicas; contudo, diferentemente daqueles, é rigorosamente lógico e percebe perfeitamente que as formas de construção "não são fixadas de tal maneira pela natureza das coisas, de modo que nada se lhes possa ser acrescentado ou retirado, portanto nada impede que elas sejam determinadas lançando-se mão das formas do segundo tipo, extraídas dos edifícios antigos", que são justificadas somente pelo hábito; "e, uma vez que estas variam um tanto nos edifícios gregos imitados pelos romanos e naqueles, por sua vez, imitados pelos povos modernos da Europa, estamos livres para escolher entre estas as formas e as proporções que, sendo as mais simples, são mais adequadas a satisfazer o olho e o espírito, favorecendo a economia do edifício." [33] Ele efetua, assim, uma espécie de seleção das formas tradicionais, dando preferência às mais simples e esquemáticas.

Concluindo, os projetistas deveriam usar as formas clássicas, porém preocupando-se o menos possível:

> Deveremos igualmente preocuparmo-nos pouco com as formas do primeiro tipo, derivadas da utilidade, ainda que sejam as mais importantes, dado que nascem naturalmente do uso dos objetos e da natureza dos materiais empregados em sua execução; as formas do segundo tipo serão consideradas como fatos puramente locais, destinadas unicamente a não ferir nossos hábitos; por conseguinte, ao se construir na Pérsia, ou na China, ou no Japão, deveremos fazer abstração de seu uso, caso contrário estaríamos agindo contra os usos do país; as formas do terceiro tipo serão usadas porque favorecem a economia em muitas circunstâncias e facilitam sempre o estudo da arquitetura. Enfim, os projetistas dedicar-se-ão sobretudo à disposição, que, quando é conveniente e econômica, atingindo o fim que a arquitetura se propõe, torna-se a fonte da agradável sensação que os edifícios nos fazem experimentar. [34]

O que será então esta "arquitetura" ensinada aos alunos da École Polytechnique, uma vez que a parte técnica foi absorvida pela ciência e a conformação dos elementos é apenas um dado de conveniência externa?

---

30. DURAND, J. L. N. *Précis des leçons données à l'école royale polytechnique.* Paris, 1823, v. I, p. 6.
31. DURAND, J. L. N. Op. cit., v. I, p. 16.
32. DURAND, J. L. N. Op. cit., v. I, p. 53.
33. DURAND, J. L. N. Op. cit., v. I, pp. 53-54.
34. DURAND, J. L. N. Op. cit., p. 71.

52, 53. Londres, Regent's Street (J. Nash, 1817-1818; gravuras de T. Shepherd, 1828).

Durand faz disso uma espécie de teoria combinatória, a fim de associar entre si os elementos dados, de todas as maneiras possíveis, primeiramente em abstrato, prescindindo de sua destinação, (Fig. 44), e depois segundo as exigências de distribuição dos vários temas.

As figuras do tratado de Durand são identificáveis pela grafia, conforme ao gosto da época (Figs. 45 e 46), porém prenunciam toda a produção dos engenheiros do século XIX. Estão já claros todos os caracteres: o modo de composição por justaposição mecânica, a independência do aparelho estrutural do acabamento dos elementos, a predileção pela cota em números redondos e pelas formas elementares, que reduzem ao mínimo o arbítrio do projetista; eles serão encontrados nas obras de Paxton, de Eiffel, de Contamin, de Le Baron Jenney, de Hennebique.

Hoje, que as obras desses construtores sofreram uma reavaliação enquanto uma das fontes do movimento moderno, e levando-se em conta que freqüentemente a admiração vai além da representação, é necessário ter em mente que a produção dos engenheiros tem virtudes e defeitos estritamente independentes uns dos outros e está estreitamente ligada à produção dos arquitetos-decoradores.

Tanto uns quanto outros pensam que, no projeto, devem-se tomar como manifestos certos aspectos a fim de que se possa concentrar a atenção em outros, da mesma maneira como nos cálculos atribui-se um valor convencional a alguma das variáveis a fim de encontrar outras.

A aplicação dos acabamentos em estilo — especialmente daqueles neoclássicos, que são usados com tanta maior boa vontade quanto menos é percebida sua motivação — serve não para resolver, mas sim para dissimular os problemas de composição, para isolar os problemas de construção e fazer-lhe face com maior facilidade.

Esse fato impede que da experiência repetida dos novos processos de construção resulte uma verdadeira tradição. O termo *functional tradition*, cunhado pelos ingleses que pela primeira vez reconheceram os valores arquitetônicos espontâneos das construções utilitárias do século XIX, é acurado somente pela metade; tais valores vêm à luz, pode-se dizer, apenas quando seus projetistas pensam em outra coisa, e de preferência nos particulares isolados da composição do conjunto, e que, portanto, permanecem como contribuições fragmentárias, que jamais podem ser somadas umas às outras e formar um sistema unitário. A unidade pressupõe uma síntese e um consciente exame minucioso, enquanto que, neste ponto, intervém o hábito da associação estilística, que impõe uma síntese exterior e convencional.

Assim, os engenheiros fazem progredir, durante o século XIX, a técnica das construções e preparam os meios de que se irá servir o movimento moderno, porém, ao mesmo tempo, colocam sobre esses meios uma pesada hipoteca cultural, associando a eles uma espécie de indiferença pela qualificação formal e legando os hábitos de construção a certas correspondências habituais aos estilos passados.

Esses vínculos somente podem ser rompidos por meio de um esforço muito ingente. O movimento moderno deverá empenhar-se por muito tempo, antes de conseguir efetuá-lo, e deverá atribuir, por um determinado tempo, uma ênfase particular à pesquisa formal pura, de cujas conseqüências ainda hoje nos ressentimos.

2. A ERA DA REORGANIZAÇÃO E AS ORIGENS DA URBANÍSTICA MODERNA

1. As reformas políticas e as primeiras leis urbanísticas

O quarto decênio do século XIX principia com uma série de acontecimentos políticos importantes: a Revolução de Julho na França, a independência da Bélgica (1830), os movimentos poloneses e italianos de 1831, a reforma da Constituição inglesa de 1832.

No breve intervalo de dois anos, o sistema político construído pelo Congresso de Viena é abalado de uma ponta a outra da Europa. Em alguns lugares, como na Polônia e na Itália, a ordem antiga pode ser restabelecida mas, na França, o soberano legítimo é expulso por uma revolução que elimina as estruturas residuais do Ancien Régime e concede o poder político à burguesia liberal; na Bélgica, a insurreição vitoriosa cria um novo Estado, com uma Constituição ainda mais liberal do que a francesa; na Inglaterra, sobe ao poder o partido dos *whigs*, que empreende uma série de reformas substanciais no complexo estatal. A solidariedade dos soberanos e dos governantes europeus para a manutenção do *status quo* desfalece, e o primitivo sistema rígido, baseado no princípio da legitimidade, é substituído por um equilíbrio dinâmico, baseado na competição de interesses contrastantes.

Nos países economicamente mais avançados, extraem-se as conseqüências políticas da Revolução Industrial; a distribuição do poder político é adaptada àquela do poder econômico, o sistema administrativo adapta-se à composição modificada da sociedade.

Sendo a lei inglesa de reforma eleitoral de 1832 resultado de um compromisso parlamentar, não possui o caráter de uma inovação revolucionária, mas exatamente por isso registra com eloqüência o peso das mutações ocorridas.

A Revolução Industrial ocasionou profundas modificações na distribuição dos habitantes sobre o território inglês. Na primeira metade do século XVIII, a Inglaterra é um país ainda predominantemente rural e mesmo a indústria tem sede sobretudo no campo. Enquanto o trabalho com minérios de ferro é feito com carvão de lenha, os altos-fornos surgem onde quer que existam bosques; a indústria têxtil baseia-se na organização do trabalho a domicílio, e os próprios camponeses e suas famílias alternam os trabalhos no campo com a tecelagem e a fiação, com aparelhos a mão de sua propriedade ou cedidos por empréstimo dos empregadores.

Quando, porém, o ferro começa a ser trabalhado com carvão fóssil, os altos-fornos concentram-se nos distritos carboníferos; quando R. Arkwright descobre, em 1768, a maneira de aplicar a energia hidráulica à fiação, e E. Cartwright, em 1784, a maneira de aplicá-la à tecelagem, estas operações concentram-se onde quer que seja possível utilizar a energia da água corrente; e, quando a máquina a vapor de Watt, patenteada em 1769, começa a ser usada em substituição à força hidráulica (entre 1785 e 1790), a concentração pode ocorrer em qualquer lugar, mesmo distante dos rios; a rede de canais, construída de 1759 em diante, diminuindo o preço dos transportes mesmo para os materiais pobres, torna sempre menos vinculadas as sedes dos empreendimentos industriais.

Os locais de concentração das indústrias tornam-se centros de novos aglomerados humanos em rápido desenvolvimento, ou mesmo, surgindo ao lado das cidades existentes, provocam um aumento desmesurado em sua população. Calcula-se que, no princípio da Revolução Industrial, cerca de um quinto da população inglesa vivia em cidades e quatro quintos no campo; por volta de 1830, a população urbana é quase igual à rural, enquanto que, em nossos dias, a proporção foi invertida e os quatro quintos dos ingleses vivem na cidade.

Contudo, a ordenação política e administrativa, até 1832, não leva em conta essas novidades. O sistema eleitoral baseia-se ainda na velha organização rural, e um número considerável de cadeiras são atribuídas a burgos semidesertos, por nomeação de parte de seus proprietários, enquanto que as cidades oriundas ou ampliadas por obra da Revolução Industrial não possuem uma representação adequada.

A lei eleitoral de 1832 abole aproximadamente duzentos de tais burgos e reparte os assentos de nova maneira, destinando-os sobretudo às cidades industriais; por outro lado, rompe o antigo vínculo que liga os direitos políticos à propriedade de bens imóveis, fazendo, assim, uma equiparação entre os industriais e os comerciantes aos proprietários de terras.

Dessa forma, não só a representação política é colocada de acordo com a realidade econômica e social da região, mas também, atribuindo às novas classes um poder proporcional a seu peso econômico, a lei eleitoral abre o caminho para uma série de reformas de todo gênero, conformes aos interesses da indústria e às exigências da nova sociedade.

Em 1833, é promulgada a primeira lei verdadeiramente eficaz sobre as fábricas, obra principalmente de Lord Ashley: as horas de trabalho são reduzidas a 48 para crianças de menos de 13 anos e a 65 para os jovens de até 18 anos; são fixados intervalos regulares para as refeições e é instituído um Corpo de inspetores centrais para fazer respeitar essas disposições. A lei é melhorada em 1842, vetando o emprego de mulheres e crianças nas minas, e, em 1844, proibindo o emprego de menores de 9 anos na indústria têxtil; as sucessivas limitações ao emprego de crianças são acompanhadas por extensões sucessivas da instrução escolar obrigatória. No mesmo ano de 1833, Lord Wilbeforce consegue a abolição da escravatura em todas as colônias.

Em 1834, reforma-se a antiga lei sobre os pobres; o sistema em vigor, instituído em 1795 e conhecido pelo nome de *Speenhamland*, assegura a cada um um determinado nível de subsistência, vinculado ao preço do pão: se a remuneração percebida for inferior, a diferença é coberta por um subsídio. Os reformadores, animados pelas teorias radicais, propõem-se abolir gradualmente o sistema dos subsídios, porém também são contrários à fixação de um salário mínimo obrigatório e preferem manter com vida as tradicionais *workhouses* ou asilos de operários, tomando cuidado para que as condições de vida em tais estabelecimentos sejam inferiores àquelas do mais ínfimo trabalho no exterior; ao mesmo tempo, submetem a aplicação da lei a um controle central, de modo a abolir os abusos locais.

Em 1835, são instituídas as administrações municipais eletivas, em lugar das antigas instituições, de origem feudal; cada cidade é assim provida de uma autoridade democrática, à qual incumbe, de agora em diante, todas as intervenções públicas nos assuntos de construção, de viabilidade, de melhoramentos urbanos (antes dispersos em uma infinidade de instituições de especiais) e, como conseqüência, a planificação em termos reais; essas administrações estão sujeitas a duas solicitações complementares: de baixo, o eleitorado, que impõe a satisfação das exigências locais e, do alto, a autoridade central, que cuida dos interesses gerais. A vida administrativa, assim, vê-se constrangida a sair de seu longo imobilismo. [1]

Este período, desde o Reform Bill de 1832 até a abolição da taxa sobre cereais em 1846, é chamado por Belloc de "a era da reorganização". [2] Fica agora claramente visível o contraste entre liberdade e autoridade, do qual se falou na Introdução. Os reformadores *whigs*, imbuídos de seus ideais radicais, rompem definitivamente com a organização do Ancien Régime e os velhos vínculos que se opõem à liberdade das novas iniciativas; ao mesmo tempo, entretanto, devem resolver os problemas de organização causados por novos desenvolvimentos, e devem adotar, pouco a pouco, um sistema de regras adequado à sociedade industrial, que terminará limitando a livre iniciativa de modo muito mais enérgico e circunstanciado do que o velho sistema.

Escreve H. M. Croome:

Quanto mais cresce a técnica capitalista, tanto mais tornam-se complicadas as relações econômicas; quanto mais o povo se concentra nas cidades, mais a prosperidade de um está ligada à de pessoas que jamais terá conhecido, e mais se torna necessário que a conduta de cada um seja conforme

1. Apenas em 1888, os territórios rurais obtêm um ordenamento democrático local como o das cidades, com a instituição dos conselhos do condado.
2. BELLOC, H. *Breve Storia dell'Inghilterra* (1925-1931). Trad. it., Roma, s.d., v. II, p. 244.

ao modelo estabelecido. Por exemplo, a saúde de um habitante da cidade não é mais assunto unicamente seu, porque a doença que o afeta pode contagiar os vizinhos com maiores probabilidades do que ocorre com um habitante do campo em uma casa isolada. A educação torna-se mais importante. E torna-se mais importante a responsabilidade social, o sentimento de que "somos todos membros do mesmo corpo"... Assim, seguindo o desenvolvimento do capitalismo, encontramo-nos face a uma situação paradoxal: a idéia individualista destrói a velha solidariedade, e torna possível o desenvolvimento do capitalismo; este, por sua vez, aumentando a dependência recíproca, favorece o retorno daquela mesma solidariedade. [3]

Neste momento — e particularmente nas duas décadas entre 1830 e 1850 — nasce a urbanística moderna. A convivência dos homens na cidade industrial coloca novos problemas de organização: os antigos instrumentos de intervenção revelam-se inadequados e são elaborados novos, adaptados às condições modificadas.

As cidades crescem de ano para ano, e algumas delas atingem dimensões excepcionais: em termos absolutos, como Londres — (Figs. 54-56) que, em fins do século XVIII, reúne um milhão de habitantes, primeiro dentre todas as cidades européias — ou em relação a sua origem, como Manchester que, em 1760 possui doze mil habitantes e, em meados do século XIX, cerca de quatrocentos mil.

Os recém-chegados são principalmente operários da indústria; suas habitações, como a remuneração e as condições de trabalho, dependem unicamente da livre iniciativa e estão reduzidas ao nível mais baixo compatível com a sobrevivência.

Grupos de especuladores — os *jerry builders* — encarregam-se de construir filas de casas de um andar, que mal servem para morar, tendo como objetivo somente o máximo lucro: "desde que ficassem de pé (ao menos temporariamente), e desde que as pessoas que não tinham outra escolha pudessem ser induzidas a ocupá-las, ninguém se importava se eram higiênicas ou seguras, se tinham luz e ar ou se eram abominavelmente abafadas". [4]

Nas cidades inglesas, existem ainda numerosas instituições e corpos administrativos de origem antiga, encarregados de controlar a atividade de construção, os melhoramentos urbanos, os fornecimentos de alimentos etc.; somente na cidade de Londres, contavam-se cerca de trezentos, porém tais organismos são incapazes de intervir na nova escala dos fenômenos, exauridos e encarados com suspeita pela opinião pública como resíduos do Ancien Régime e participantes da inércia de toda a vida administrativa local, até a lei de 1835. Por conseguinte, praticamente falta qualquer controle da autoridade pública sobre a atividade dos particulares.

Exatamente enquanto renuncia a influir com os regulamentos sobre a qualidade da construção privada, a autoridade priva-se também de suas propriedades fundiárias, as quais lhe permitiriam intervir por via indireta e controlar ao menos a posição dos novos bairros.

Já em 1776, Adam Smith aconselhava aos governos que vendessem seus terrenos dominiais para saldarem seus débitos. [5] Assim, em muitas cidades, as áreas construíveis caem sob o controle exclusivo da especulação privada, e as exigências especulativas impõem sua lei à cidade: forte densidade de construções, crescimento em anéis concêntricos em torno dos velhos centros ou dos lugares de trabalho, falta de espaços livres.

Um semelhante estado de coisas não piora necessariamente os elementos singulares — casas, estradas, instalações — porém dá lugar a graves inconvenientes reunidos, os quais se tornaram evidentes somente quando o crescimento das cidades atingiu um determinado limite.

Muitos dos *jerry buildings* são miseráveis e pouco acolhedores; porém, a família que, por volta de fins do século XVIII, vem habitar nessas casas, provavelmente chega de uma casa de campo igualmente pouco acolhedora e abafada e, além de tudo, impregnada do pó de um tear manual. Falando em termos estatísticos, é certo que as casas construídas nesse período são de melhor qualidade que as precedentes, mas os *jerry buildings* são um exemplo típico da lógica smithiana da época, a qual, após haver fornecido um tipo de construção relativamente sólido e que funciona, pensa poder tolerar muitos exemplares desse tipo, ao infinito, sem que as coisas mudem. É exatamente quanto ao relacionamento entre os vários alojamentos que a construção da primeira era industrial entra em crise.

Hoje podemos dizer que os novos bairros operários estavam errados em sua localização urbanística, mais do que em termos de construção em si, porém

3. CROOME, H. M. & HAMMOND, R. J. *Storia economica dell'Inghilterra.* Trad. it., Milão, 1951, p. 263.
4. CROOME H. M. & HAMMOND, R. J. Op. cit., p. 278.

5. BERNOULLI, V. H. *La città e il suolo urbano* (1946). Trad. it., Milão, 1951, p. 54.

54. Planta de Londres em 1843.

os homens daquela época não poderiam ter apreciado com facilidade uma distinção desse gênero. Todavia, as conseqüências concretas saltam a seus olhos e a seu nariz: a insalubridade, o congestionamento, a feiúra.

A falta de uma instalação racional para transformação dos resíduos líquidos e sólidos pode passar despercebida no campo, onde cada casa possui muito espaço a sua volta para enterrar e queimar o lixo e para realizar a céu aberto as operações mais incômodas, mas isso é fonte de graves perigos no aglomerado urbano, e tanto mais quanto mais extensamente a cidade cresce. O fornecimento de água pelas fontes públicas pode ser feito facilmente onde as casas estão distribuídas em grupos pequenos, mas torna-se trabalhoso nos novos bairros muitos extensos e compactos; por outro lado, os usos industriais da água excluem os usos civis. As funções que se desenvolvem no espaço externo — a circulação de pedestres e carros, as brincadeiras das crianças, a criação de animais domésticos, e assim por diante — não perturbam uns aos outros onde o espaço é abundante, porém interferem de maneira intolerável se são obrigados a se desenvolver uns sobre os outros nas estreitas passagens entre as casas. O ambiente que resulta dessas circunstâncias é feio e repulsivo além de todo comentário; como em um grande aquário, a infecção de cada parte infecta rapidamente o conjunto, e não é necessário um altruísmo especial para se interessar pelo que ocorre, uma vez que as contaminações e as epidemias que daí derivam difundem-se, dos bairros populares, para os burgueses e aristocráticos.

Já que os males dizem respeito à cidade em seu conjunto, os remédios devem ser igualmente de ordem geral, e competem à autoridade pública, não aos particulares. Por conseguinte, essa situação, nascida da confiança na liberdade ilimitada dos indivíduos e da falta de meios tradicionais para controle público, impele as autoridades, irresistivelmente, a intervirem de outro modo, impondo novas limitações às iniciativas imobiliárias particulares.

A necessidade, contudo, de uma disciplina unitária do espaço em que se move a sociedade industrial é demonstrada, da maneira mais persuasiva, também pelas realizações ulteriores da própria indústria e, sobretudo, por um fato que, por sua vez, caracteriza nitidamente a era da reorganização: a criação de uma rede ferroviária (Figs. 58-61).

A primeira ferrovia aberta ao público é executada na Inglaterra em 1825 e a primeira locomotiva de Stephenson corre em Rockill em 1829; logo depois, a ferrovia surge na França e nos Estados Unidos (1830), na Bélgica e na Alemanha (1835), na Rússia (1838), na Itália e na Holanda (1839) e forma rapidamente uma fina rede sobre o território dos Estados europeus.

A ferrovia é um dispositivo tecnicamente bastante vinculante; mesmo que se trate de iniciativa privada, é necessário um acordo preliminar sobre certas características fundamentais — por exemplo, sobre a bitola, que é fixada por Stephenson em 1825 em quatro pés, oito polegadas e meia — e a autoridade deve preocupar-se em regulamentar as múltiplas relações entre a ferrovia e as localizações urbanas e rurais: onde, portanto, é o Estado que promove diretamente esse serviço — como na França e na Itália — a autoridade tem em mãos um novo meio, muito potente, de intervenção para modificar o aspecto do território, e é levada a rever, cada vez com sentido menos liberal, as leis sobre expropriação, a fim de conseguir obter as áreas necessárias para as construções ferroviárias em condições favoráveis.

Assim, por caminhos diversos, amadurece a exigência de uma coordenação das iniciativas de construções na cidade industrial. Pode-se dizer que os métodos da urbanística moderna partem destes dois fatos: a natureza vinculante das novas realizações técnicas — especialmente as ferrovias — e as medidas pleiteadas pelos higienistas a fim de serem remediadas as carências sanitárias das instalações paleoindustriais.

A formação das primeiras leis sanitárias merece ser contada extensamente, pois faz com que se veja claramente como se chega, começando de um setor específico, a uma série de disposições complexas, referentes a cada aspecto da vida da cidade.

Na Inglaterra, como sempre, a ação das autoridades é precedida por algumas associações privadas de natureza filantrópica, como a Entidade Sanitária de Manchester; sua ação é quantitativamente insignificante, porém, é importante porque suscita o interesse da opinião pública e mostra que o melhoramento dos bairros insalubres é realizável com os meios contemporâneos existentes.

Em 1831, quando as desvantagens da urbanização foram já fortemente apontadas, a cólera propaga-se da França para a Inglaterra. No ano seguinte, Edwin Chadwick (1800-1890) é nomeado assistente da Comissão dos pobres; ele desempenha um grande papel na formulação da nova lei de 1834 e, durante a

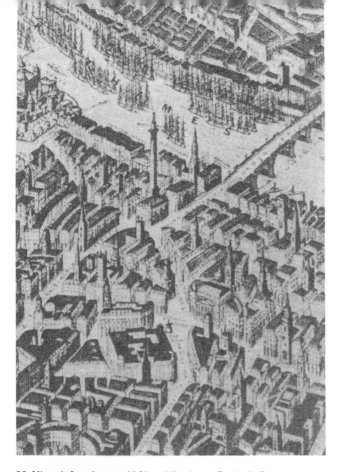
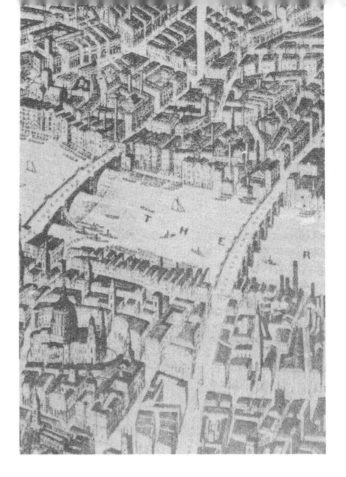

55. Vista de Londres em 1851, publicada por Banks & Co.

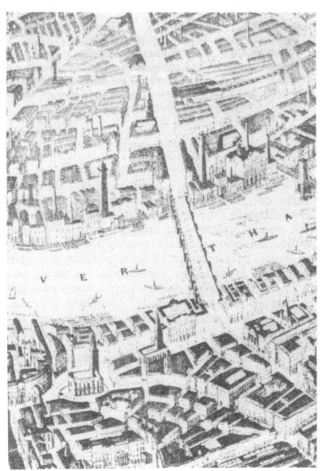

pesquisa feita pela Comissão real, obtém meios de conhecer com exatidão e com muitos detalhes as condições de vida das classes menos favorecidas.

É mérito de Chadwick haver apreendido com clareza as relações entre os problemas sociais e as condições físicas do ambiente: de agora em diante, até retirar-se da vida pública em 1854, ele será o animador de todas as iniciativas do governo para melhorar o ambiente na cidade industrial.

Em 1838, o *Assistant Commissioners' report* sobre as condições de vida dos tecelões manuais descreve de seguinte maneira as novas estradas construídas em Bethnal Green nos últimos decênios "por especuladores da construção do tipo mais desenvolvido":

> Muitas delas são as piores que se possa imaginar, totalmente desprovidas de esgotos comuns. As casas geralmente têm dois andares; as fundações muitas vezes foram colocadas diretamente sobre a zona herbosa e sobre terreno vegetal, e não existe qualquer ventilação entre os pavimentos dos locais de habitação e o terreno não drenado que se encontra imediatamente abaixo; a pavimentação das estradas é do tipo mais miserável, freqüentemente composta por resíduos terrosos e moles e pó de tijolos empastado pela umidade. A água abre seu caminho sob as casas e, unida aos líquidos que saem das fossas negras, freqüentemente vem à tona com vapores nocivos, e estes chegam até as salas de estar. [6]

Em outros lugares, entretanto, o quadro é diverso:

> [Em Coventry] as casas de melhor categoria dos tecelões, comparadas àquelas dos trabalhadores agrícolas, são moradias boas e confortáveis; algumas estão bem mobiliadas.[7] [E em Barnsley] a maioria das casas são construídas em pedra, em posição arejada e ensolarada, para o que a cidade e seus arredores oferecem espaço abundante. As oficinas em que trabalham não são mais úmidas do que é desejável para sua atividade. Mesmo quando os habitantes sofrem pela extrema pobreza, suas casas têm um aspecto de limpeza e de ordem. [8]

Engels, em seu livro sobre *A situação da classe operária na Inglaterra* de 1845, ressalta, além da insalubridade dos edifícios, o congestionamento da cidade e a falta de qualquer regra para o aproveitamento dos terrenos:

> [Em Manchester] filas únicas de casas ou grupos de ruas surgem aqui e ali, como pequenas vilas, sobre o novo solo de argila, no qual não cresce nem ao menos grama; as ruas não são nem pavimentadas, nem servidas por esgotos, mas abrigam numerosas colônias de porcos encerrados dentro de pequenos currais ou pátios, ou vagando sem restrições pela vizinhança. [9] [No antigo núcleo] a confusão foi levada ao extremo pois, onde quer que o programa de construção do período precedente deixou uma porção ínfima de espaço, foram acrescentadas outras construções, até não restar entre as casas uma só polegada de terreno onde ainda se possa construir. [Nos novos bairros, a situação é ainda pior porque] se antes se tratava de casas únicas, aqui cada pátio e cada quintal é acrescentado ao bel-prazer de cada um, sem levar em conta a situação dos demais. Ora uma ruazinha vai em uma direção, ora vai em outra; em cada extremidade cai-se em um beco sem saída, ou gira-se em torno de uma ilha acrescentada, que leva o visitante ao ponto de partida. [10]

O tratamento dos detritos é um dos problemas que mais preocupam.

> [Em Bradford, 1844, um depósito de lixo] situa-se na zona mais freqüentada da cidade, exatamente no centro comercial, e contém detritos e restos provenientes dos açougues, dos sanitários e dos mictórios. É de propriedade particular e, por essa razão, os vigilantes sustentam que não podem obrigá-lo a se mudar. [11] [Em Greenock, 1840] em uma parte de Market Street existe um monte de esterco, mas talvez seja muito grande para ser chamado de monte. Não é exagero avaliar seu conteúdo de imundícies em cem jardas cúbicas. É a instalação comercial de uma pessoa que comercia com esterco; ele o vende em pequenas porções e, para favorecer seus clientes, conserva sempre a parte central, uma vez que quanto mais velho, mais alto é seu preço. [12]

Em Londres, existe o grave problema da contaminação dos rios. Existe na capital uma massa informe de antigos regulamentos e de organismos de inspeção, porém operam com critérios antiquados. Por exemplo, os esgotos foram concebidos inicialmente como canais para recolher as águas pluviais, e é proibido ligá-los às casas ou aos edifícios públicos, embora os dejetos líquidos possam passar, das fossas negras, para os esgotos. Quando, entretanto, generaliza-se o uso dos sanitários, essa proibição cai em desuso, entre 1810 e 1840. Todos os esgotos confluem

---

6. Cit. em J. H. CLAPHAM, *An Economic History of Modern Britain, the Early Railway Age*, Cambridge, 1939, p. 39.
7. CLAPHAM, J.H. Op. cit., p. 40.
8. CLAPHAM, J.H. Op. cit., p. 41.
9. CLAPHAM, J.H. Op. cit., p. 539. Extraído de F. ENGELS, *Die Lage der arbeitenden Klassen in England*, Leipzig, 1845.
10. Cit. em P. LAVEDAN, *Histoire de l'urbanisme, époque contemporaine*, Paris, 1952, p. 72.
11. CLAPHAM, J.H. Op. cit., p. 539, em *Commission on the State of Large Towns and Populous Districts Report*, 1844, p. 338.
12. CLAPHAM, J.H. Op. cit., p. 540, em *Report on the Sanitary Conditions of the Labouring Population*, 1842, p. 381.

56. As docas de Londres (de J. Gailhabaud, *Monuments anciens et modernes*, 1850).
57. Uma página da caderneta de Schinkel (da terceira década do século XIX), com vista de construções industriais inglesas.

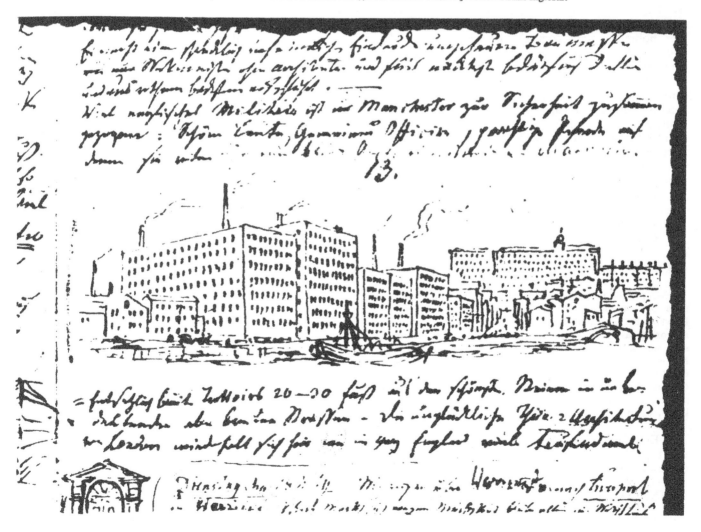

para o Tâmisa, enquanto que esse mesmo rio fornece água para a cidade; assim, uma causa permanente de epidemias aflige a capital inglesa.

Nesse período, estudam-se numerosos sistemas para melhorar a situação, mas à incerteza dos critérios administrativos soma-se a das soluções técnicas. Por volta de 1840, os membros do Parlamento e os prováveis reformadores "estão irritadíssimos com as controvertidas opiniões dos peritos quanto às dimensões e às formas dos esgotos, quanto aos respectivos valores das bocas-de-lobo, das grades e dos alçapões, e quanto aos mistérios da hidráulica". [13]

Em torno de um pântano chamado de lagoa de Wellington, irrompe, em 1838, uma violenta epidemia. As autoridades locais apelam ao novo Comitê da lei dos pobres, e uma comissão de médicos enviada ao local publica um relatório que obtém vasta repercussão chamando a atenção da opinião pública.

No mesmo ano, entra em vigor a lei de 1837 sobre registro de nascimentos, óbitos e casamentos, que permite classificar as mortes de acordo com as causas; assim, torna-se possível englobar o conhecimento dos fenômenos isolados, estudados pelas comissões de investigação, em um correto quadro estatístico.

Em 1839, até mesmo o prelado de Londres insiste para que seja estendida a todo o país a investigação sobre saúde realizada em londres, e Lord Russell encarrega a Comissão dos pobres de redigir o relatório, o qual é publicado em 1842.

Chadwick, que é o impulsionador da pesquisa, traça um quadro impressionante das condições higiênicas das cidades inglesas:

As prisões caracterizavam-se, antes, pela imundície e pela falta de ventilação. No entanto, as descrições feitas por Howard das piores prisões que visitou na Inglaterra — e ele as considerava como entre as piores que viu na Europa — são superadas em todos os sentidos por aquilo que o Dr. Arnott e eu vimos em Glasgow e em Edimburgo. Mais detritos, maiores sofrimentos físicos e desordens morais do que as descritas por Howard podem-se encontrar entre a população operária das oficinas de Liverpool, Manchester ou Leeds, e em grande parte da capital. [14]

Enquanto isso, um Comitê da Câmara dos Comuns publica, em 1840, um relatório sobre as condições de higiene das grandes cidades e coloca o problema em escala mais vasta, evidenciando a falta de qualquer legislação sobre construções e sobre instalações urbanas. A fim de dar continuidade aos estudos nesse sentido, institui-se uma Comissão real sobre o estado das grandes cidades e dos distritos populosos, a qual publica seu relatório em 1845; nele, faz-se, entre outras, a recomendação, no sentido de que, antes de fazer um projeto de esgotos, seja preparado "um relevo e uma planta em escala adequada"; que, juntamente com os esgotos, forneça-se a pavimentação; que as autoridades locais possam impor às casas certos requisitos higiênicos mínimos, como a presença de serviços higiênicos em cada apartamento; que possam obrigar os proprietários a limpar as casas sujas e a munir-se de uma licença para estipular os contratos de locação; que possam nomear oficiais médicos; que possam obter fundos para melhorar e alargar as ruas e para abrir parques públicos "porquanto as grandes cidades de Liverpool, Manchester, Birmingham, Leeds e muitas outras não possuem hoje qualquer parque para passeios públicos". [15] Partindo das exigências sanitárias, chega-se, assim, a um programa urbanístico completo.

O Parlamento é incumbido da questão de 1846; uma nova epidemia de cólera chega para apressar a discussão do problema e a opinião pública pressiona os legisladores; contudo, as dificuldades a serem superadas são muitas. Uma primeira lei, proposta em 1847, é retirada e só no ano seguinte é aprovada a primeira Public Health Act, que constitui a base de toda a legislação subseqüente.

A Act de 1848 não inclui Londres, porém, ao mesmo tempo, é instituída a Metropolitan Commission of Sewers, com amplos poderes. No ano seguinte, a supervisão dessa matéria é atribuída ao primeiro Board of Health, composto por Lord Shaftesbury, Lord Morphet, Chadwick e Southwood Smith.

A competência desse comitê é muito grande. Em 1851, coloca pela primeira vez, em escala nacional, o problema da construção subvencionada, e consegue que as cidades com mais de dez mil habitantes tenham a faculdade de construir casas econômicas para as classes trabalhadoras, porém com escassos resultados, uma vez que as administrações locais não tiram partido dessa disposição.

No mesmo ano, a publicação dos resultados do censo permite avaliar a importância do fenômeno da

---

13. CLAPHAM, J.H. Op. cit., p. 542.
14. CLAPHAM, J.H. Op. cit., pp. 537-538, em *Report on the Sanitary Conditions etc.*, 1842, p. 212.

15. CLAPHAM, J.H. Op. cit., pp. 544-545, em *Commission on the State of Large Towns etc.*, 1844, p. 68.

58. As obras da ferrovia Londres-Birmingham em 1836 (de S. C. Brees, *The Ilustrated Glossary of Practical Architecture*, 1852).
59. A ferrovia subterrânea de Londres (de *Universo illustrato*, 1867).
60, 61. Londres, a estação de King's Cross (L. Cubitt, 1850-52; de J. Fergusson, *History of the Modern Styles of Architecture*, 1873).

aglomeração urbana. Segundo os cálculos oficiais, dentre 3 366 000 habitantes com mais de vinte anos, residentes em Londres e outras sessenta e uma cidades, apenas 1 337 000 nasceram no local e, dentre 1 395 000 londrinos, apenas 645 000.

W. Farr, discípulo de Chadwick que ingressou em 1838 no Registrar General's Office, apresentando tais atos escreve:

> Até agora, a população emigrou dos territórios muito ou bastante salubres do campo para as cidades e os centros portuários, nos quais poucas famílias viveram durante duas gerações. É evidente, porém, que de agora em diante as cidades grandes não poderão mais ser consideradas como acampamentos — ou seja, como lugares em que as pessoas que vêm de fora exercitam sua atividade e sua indústria — mas sim como local de nascimento de uma grande parte da estirpe inglesa. É necessário, portanto, agir sobre as cidades, a fim de que o pior lugar dentre todos os locais de nascimento — o quarto abafado, as acomodações promíscuas de muitas famílias — não seja o lugar de nascimento de uma parte considerável de nossa população. [16]

Em 1866, é promulgada uma lei sanitária nova, mais avançada, e a Artisans' and Labourers' Dwelling Act retorna ao argumento da construção popular, introduzindo o conceito de expropriação com indenização inferior ao valor do mercado que, de agora em diante, será um dos pontos fundamentais de todo programa urbanístico. São dados outros passos à frente em 1875 e 1890, quando a Housing of Worker Class Act unifica todas as leis sanitárias e leis sobre construções populares.

Não se deve pensar que os benefícios das primeiras leis sanitárias e daquelas sobre as construções populares hajam rapidamente transformado os bairros operários. As leis tornam-se eficazes somente depois de um período de assentamento e depois que se formou, ao lado da administração pública, um pessoal adequado, capaz de colocá-las em prática; as limitações introduzidas pelas leis tornam, assim, mais caros os alojamentos, e os inquilinos que não se encontram em condições de suportar os aumentos são impelidos para novos alojamentos precários em zonas mais periféricas; enfim, as normas das primeiras leis, puramente quantitativas, remediam algumas das mais graves deficiências de ordem higiênica, mas tornam ainda mais uniformes e obsessivas, se é que é possível, as ruas dos bairros operários e são responsáveis

16. *Census of 1851*, cit. em J.H. CLAPHAM, op. cit., p. 537.

pelos alinhamentos mecânicos de muitos bairros na segunda metade do século XVIII (Figs. 63 e 64).

Contudo, da mesma forma que, em termos políticos, o Reform Bill sanciona a iniciativa popular e a capacidade de adaptar gradualmente as instituições ao desenvolvimento das idéias e das condições materiais por meio da atividade parlamentar, também as primeiras e imperfeitas leis sobre construções estabelecem um precedente para um controle contínuo pela autoridade local e pelos órgãos centrais sobre o desenvolvimento e a transformação da cidade.

Mesmo os campos de respectiva ação das duas autoridades são estabelecidos desde o princípio, ficando confiada à administração local as iniciativas concretas, e aos órgãos centrais os fundamentos legislativos e a definição dos *standards* mínimos e máximos: distinção ainda válida para a planificação moderna.

Na França, o curso dos acontecimentos é diferente, porém as orientações são semelhantes. A industrialização é mais lenta, mas prossegue durante a Restauração e, com maior rapidez, sob a Monarquia de Julho, ao abrigo das barreiras alfandegárias, provocando a urbanização e as consequentes dificuldades de organização, sobretudo nos departamentos setentrionais. A atividade política e administrativa, contudo, não prossegue com continuidade o curso das mudanças econômicas e sociais; o regime de Luís Filipe retira-se rapidamente para posições conservadoras e aliena as simpatias da classe instruída; as pessoas com capacidade para denunciar os novos problemas de convivência que amadurece 'se encontram, assim, em grande parte, na oposição e elaboram soluções teóricas arrojadas e generosas, porém perdem contato com o exercício do poder e perdem a familiaridade com os obstáculos concretos.

Somente no breve período da Segunda República, entre a Revolução de 1848 e o golpe de Estado de 1851, o pensamento desses reformadores pode influir diretamente sobre a atividade legislativa; nesse período, com efeito, são feitas as mais importantes inovações jurídicas e administrativas.

Também aqui o ponto de partida é a constatação das dificuldades higiênicas nos novos aglomerados urbanos. As pesquisas mais conhecidas, como o relatório de Blanqui sobre a situação das classes operárias em 1848 e os estudos da Sociedade de S. Vicente de Paula sobre os habitantes das moradias de Lille, repetem quase que literalmente as expressões de Chadwick e de Engels; é como se estivéssemos lendo um sinistro relato, em que as situações se apresentam ao

62. O centro de Londres.
63, 64. Edificações *by law* em Londres.

infinito, e cada vez que se abre a porta de uma moradia, seja em Lille ou em Manchester, sabe-se que a mesma cena será vista ainda uma vez, como a fustigação no esconderijo do *Processo* de Kafka:

> Muitas famílias de Rouen dormem promiscuamente sobre um estrado de palha, como os animais em um estábulo; sua louça consiste em um vaso de madeira ou de cerâmica desbeiçado, que serve para todos os fins; os filhos menores dormem sobre um saco de cinzas; os outros, pais e filhos, irmãos e irmãs, deitam-se todos juntos sobre aquele leito indescritível. [Em Lille, as ruas dos bairros operários levam a] pequenos pátios que servem ao mesmo tempo como esgoto e depósito de lixo. As janelas das moradias e as portas dos alojamentos abrem-se para essas passagens infectas, ao fundo das quais uma grade é colocada horizontalmente sobre bocas-de-lobo que servem como latrinas públicas, dia e noite. As habitações da comunidade estão distribuídas em torno desses focos de pestilência, dos quais a miséria local se compraz em extrair um pequeno rendimento. [17]

Durante a breve vida da Segunda República, o Conde A. de Melun, proveniente da Sociedade de S. Vicente e deputado no Norte, consegue fazer com que seja aprovada a primeira lei urbanística francesa, em 1850. As Comunas estão autorizadas, de agora em diante, a nomear uma comissão, que deverá indicar "as medidas indispensáveis de arranjo dos alojamentos e dependências insalubres, alugados e ocupados por pessoa diversa daquela de seu proprietário"; na comissão, devem estar presentes um médico e um arquiteto, e o proprietário pode ser obrigado a pagar as obras, se for responsável pelos inconvenientes, ou a Comuna pode substituir-se ao proprietário, expropriando "a totalidade da propriedade compreendida no perímetro das obras a serem efetuadas". [18]

Esta última disposição é a mais importante, uma vez que atribui novo significado à expropriação. A lei napoleônica de 1810 e a de 1833, emanada no princípio do regime orleanista, consideram a expropriação como uma operação excepcional; a lei de 1841 facilita seu procedimento, mas estabelece que a autoridade somente se pode valer da mesma para a execução de *grands travaux publics* e, de fato, serve como preparativo para a lei de 1842 sobre a nova rede ferroviária. Agora, contempla-se a expropriação até mesmo para o saneamento dos bairros residenciais e diz respeito a todo o perímetro dos trabalhos, portanto, também às obras que deverão retornar às mãos dos particulares, como as novas casas; transforma-se, assim, em um instrumento urbanístico geral, com o qual a autoridade intervém no processo de transformação das cidades, discriminando as exigências públicas e particulares.

É a lei que permitirá que Haussmann, daí a pouco, efetue seus grandiosos trabalhos de transformação de Paris. A aplicação ocorrerá em um clima político autoritário, num espírito diferente daquele dos legisladores republicanos.

2. O movimento neogótico

O ano de 1830, que assinala o início das reformas sociais e urbanísticas, assinala também o êxito do movimento neogótico na arquitetura.

A possibilidade de imitar as formas góticas, ao invés das clássicas, está presente na cultura arquitetônica desde a metade do século XVIII e acompanha, com manifestações marginais, todo o ciclo do neoclassicismo, confirmando implicitamente o caráter convencional da escolha neoclássica.

Na quarta década do século XIX, essa possibilidade concretiza-se em um verdadeiro e próprio movimento, que se apresenta com motivações precisas, quer técnicas, quer ideológicas, e que se contrapõe ao movimento neoclássico. O êxito desse contraste esclarece de maneira decisiva os fundamentos da cultura arquitetônica; com efeito, o novo estilo não substitui nem se funde ao anterior, como ocorria em épocas passadas, mas ambos permanecem um ao lado do outro como hipóteses parciais, e todo o panorama da história da arte surge rapidamente como uma série de hipóteses estilísticas múltiplas, uma para cada um dos estilos passados.

Assim talvez se possa ver a relação que liga o movimento neogótico às reformas estruturais desse período. As reformas começam quando os problemas de organização, emersos da Revolução Industrial, delineiam-se com clareza suficiente, e fica evidente a impossibilidade de conservar as velhas regras de conduta. Ao mesmo tempo, na arquitetura, parece impossível conservar a continuidade fictícia com a tradição clássica, e vem à luz a natureza convencional do recurso aos estilos passados, embora o problema fique em aberto, aguardando uma solução não convencional.

No século XVIII, o uso de formas góticas apresentava-se como uma variedade do gosto pelo exótico, e possuía um caráter fortemente literário. B. Lan-

---

17. A. Blanqui, cit. em P. Lavedan, op. cit., p. 68.
18. Cit. em P. Lavedan, op. cit., p. 89.

65. Londres, o palácio do Parlamento (C. Barry, 1836).

66. A *Villa* de H. Walpole em Strawberry Hill (1750; de J. Gloag, *Men and Building*, 1950).

67. Esboço de K. F. Schinkel para uma igreja gótica (cerca de 1814).

gley, em 1742, publica um curioso tratado, *Gothic Architecture Restore and Improved,* no qual tenta deduzir, das formas medievais, uma espécie de ordem de novo gênero, porém sua tentativa não encontra qualquer seguimento. Em 1753, o romancista H. Walpole faz reconstruir em estilo gótico sua casa de Strawberry Hill em Twickneham (Fig. 67); em 1796, J. Wyatt constrói para o literato W. Beckford a residência de Fonthill Abbey que, de acordo com os desejos de quem a encomenda, deve ser "um edifício ornamental que tenha a aparência de um convento meio em ruínas, mas que contenha alguns cômodos ao abrigo das intempéries". [19]

Na França, o chamado estilo *troubadour* não está menos carregado de significados literários; em 1807, Chateaubriand embeleza sua *villa* de Vallée aux-Loups com decorações góticas. Um pouco em toda parte, surgem construções de jardins, móveis e algumas fachadas em estilo gótico. Os estilos medievais são associados ao espírito romântico e são apreciados, não como um novo sistema de regras que substituam as clássicas, mas, antes, porque se supõe que não possuem regras e derivem do predomínio do sentimento sobre a razão; o gótico parece, por enquanto, como uma massa confusa de pequenas torres, pináculos, estantes entalhadas, abóbadas tenebrosas e luzes filtradas por vitrais multicolores.

Debret, na *Encyclopédie moderne* de 1824, tece louvores ao estilo gótico, considerando-o, porém, "o delírio de uma imaginação ardente que parece ter transformado sonhos em realidade". [20] Victor Hugo, no romance *Notre-Dame de Paris,* de 1831, exalta a arquitetura medieval e critica os monumentos clássicos, mas descreve a catedral parisiense como um antro escuro e desmesurado no qual habita, como *genius loci,* o disforme Quasímodo.

Visto sob essa luz, o estilo gótico difunde-se rapidamente na pintura, na cenografia, na tipografia e no mobiliário, mas surge como uma imagem remota da prática de construção e parece não ser adequado à aplicação em larga escala na produção de edifícios, enquanto a associação entre Classicismo e engenharia é segura e acertada.

A experiência que permite a introdução do gótico nos projetos correntes provém das restaurações dos edifícios medievais que começam no primeiro Império e se tornam cada vez mais freqüentes durante a Restauração. Napoleão manda restaurar, em 1813 — desastrosamente — o interior de Saint-Denis a fim de ali introduzir o túmulo de sua família; o mesmo arquiteto, J. A. Alavoine (1777-1834) restaura, em 1817, a Catedral de Sens e, em 1822, a de Rouen.

Ao mesmo tempo, tem início a polêmica dos literatos para a conservação dos monumentos medievais, secularizados ou expropriados pela Revolução e caídos em mãos de particulares, que fazem deles o que bem entendem. V. Hugo, escreve a "Ode sur la Bande Noire", em 1834, é constituída a Société Française d'Archéologie e, em 1837, a Comission des Monuments Historiques; na época da Monarquia de Julho o mais célebre dos restauradores é J. B. A. Lassus (1807- -1857), que trabalha em 1838 em Saint-Germain- -l'Auxerrois e na Sainte-Chapelle e, a partir de 1845, dirige, juntamente com Viollet le Duc, as obras de Notre-Dame de Paris.

Nos trabalhos de restauração, a relação entre formas medievais e problemas de construção deve forçosamente ser enfrentada pelos projetistas. Depois de 1830, esses conhecimentos passam, pouco a pouco, aos projetos dos edifícios novos e enfrentam-se não só temas decorativos ou residências para literatos de vanguarda, mas também casas de moradia normais e edifícios públicos ocupados.

Na Inglaterra, numerosos edifícios medievais são restaurados e ampliados no mesmo estilo, tais como o St. John's College em Cambridge (T. Rickman e H. Hutchinson, 1825) ou o castelo de Windsor (J. Wyatville, 1826): e, quando o velho palácio de Westminster é destruído em 1834 por um incêndio, o concurso para a nova sede do Parlamento inglês prescreve que o projeto seja em estilo gótico ou elisabetano, maneira em que, efetivamente, é executado o edifício por Charles Barry (1795-1860) (Fig. 66).

Na Alemanha, depois das obras para o término da Catedral de Colônia, iniciadas em 1840, os edifícios em estilo gótico multiplicam-se de um extremo ao outro do país.

Na França, não obstante a resistência da Academia que controla boa parte dos encargos para os edifícios públicos, depois de 1830 constroem-se em estilo gótico muitas casas particulares e edifícios religiosos; às vezes o clero exige propositalmente os projetos em gótico, como o arcebispo de Bordeaux que prescreve esse estilo para todas as obras de sua diocese; em 1852, são construídas na França não menos de uma

---

19. Cit. em E. TEDESCHI, *L'Architettura in Inghilterra,* Florença, s. d., p. 141.
20. Cit. em L. HAUTECOEUR, *Histoire de l'architecture classique en France,* Paris, 1955, t. VI, p. 288.

68. Pádua, o Pedrocchino (G. Jappelli, 1837).

centena de igrejas góticas.[21] Dessa preferência, tira partido a indústria de objetos sacros; por volta de 1840, funda-se uma Société catholique pour la fabrication, la vente, la commission de tous les objets consacrés au culte catholique; essa organização e outras semelhantes invadem a França e todo o mundo com uma onda de candelabros, estátuas, tabernáculos, cálices e paramentos góticos que persistem ainda hoje.

Os protagonistas, porém, da polêmica em favor do "gótico" têm de distinguir suas preferências artísticas das imitações correntes feitas às dúzias. O movimento para a revalorização da Idade Média, na Inglaterra, está ligado, desde seu início, a uma polêmica contra os objetos de uso em estilo gótico, já produzidos há tempos "naquelas minas inexauríveis de mau gosto, Birmingham e Sheffield";[22] retomaremos essa discussão no Cap. 6.

Um dos manuais mais difundidos, os *Principi dello stile gotico* de F. Hoffstadt, traduzido para muitas línguas, começa com a seguinte advertência:

Depois que os monumentos da Idade Média foram estudados com toda dedicação pelos eruditos e pelos artistas, o mérito da arquitetura gótica é cada vez mais reconhecido.

Contudo, não se ficou limitado apenas ao mero reconhecimento do mérito e à admiração das obras-primas dessa arte, que por longo tempo caiu em decadência, para não dizer no abandono; mas, face aos contrastes, tentou-se fazê-la reviver e pô-la em prática. Se, aos olhos dos conhecedores, poucas dessas tentativas tiveram êxito, é fácil explicar as causas disso.

Embora tenhamos em nosso poder uma quantidade de relatos preciosos que oferecem uma variada escolha dos principais monumentos góticos, sempre que se trata de executar qualquer obra nesse estilo, limitaram-se todos os estudos em imprimir a esses diversos modelos os detalhes supostamente mais convenientes a fim de compor um conjunto, ...sem que houvesse qualquer preocupação pelo essencial, ou seja, com as formas fundamentais que dão a essa arquitetura o caráter que lhe é próprio.

E sem que, além disso, se levasse em conta que, desde tempos remotos, o estilo antigo somente estabeleceu as leis da arte; que, não obstante a tão decantada multiplicidade de estudos das artes, e não obstante o ressurgimento do gosto pelo gótico, o estudo desse estilo foi excluído por todas as instituições; que, finalmente, antes de agora, não existia qualquer obra elementar que pudesse servir de guia para o artista e o operário. Munidos de tais meios, estes por certo não teriam podido refazer aqueles erros encontrados nas construções que forem executadas...

A presente obra deve destituí-los dessa mácula e preencher as lacunas que foram tão extensas. Não devem, contudo, limitar-se a traçar apenas cópias de antigos modelos, mas interessa também que se ocupem das produções e das construções deduzidas dos princípios sobre os quais se basearam os antigos mestres, e que fornecem a chave para o estudo desse estilo.[23]

A difusão do estilo gótico não ocorre sem graves contrastes; Avaloine não pode entrar no Institut por causa de suas restaurações medievais, e na École des Beaux-Arts é proibido o estudo do gótico.

Em 1846, a Academia Francesa lança uma espécie de manifesto, no qual se condena a imitação dos estilos medievais como arbitrária e artificiosa. O gótico é um estilo que pode ser admirado historicamente, e os edifícios góticos devem ser conservados:

Porém, será possível talvez retroceder quatro séculos e dar como expressão monumental a uma sociedade que possui suas necessidades, seus costumes, seus hábitos próprios, uma arquitetura nascida de necessidades, costumes, hábitos da sociedade do século XII?... A Academia admite que se possa fazer, por capricho ou divertimento, uma igreja ou um castelo gótico, mas está convencida de que essa tentativa de retorno aos tipos antiquados permaneceria sem efeito porque não teria fundamentos. Ela crê que, na presença deste gótico de plágio, de contrafacção, quem se sente comovido frente àquele verdadeiro e antigo, ficaria frio e indiferente; ela crê que a convicção cristã não bastaria para suprir a falta de convicção artística; em suma, não existe para as artes e para a sociedade senão um modo natural e legítimo de se produzir, isto é, ser do próprio tempo.[24]

Viollet le Duc e Lassus respondem que a alternativa proposta pela Academia, ou seja, a linguagem clássica, é também ela produto de imitação, com a diferença que os modelos são ainda mais remotos no tempo e feitos para outros climas e outros materiais, enquanto que a arte gótica é uma arte nacional. Também Ruskin intervém na discussão e, em 1855, escreve: "Não tenho dúvidas de que o único estilo adequado às obras modernas nos Países do Norte seja o gótico setentrional do século XIII".[25]

Sob essa discussão de aparência tão abstrata, escondem-se importantes problemas: a Academia refuta

21. *Annales archéologiques*, 1852, XII, p. 164; ver L. HAUTECOEUR, op. cit., t. VI, p. 328.
22. PUGIN, A.W. *The True Principles of Pointed or Christian Architecture*. Londres, 1841. p. 23.
23. HOFFSTADT, F. *Principi dello stile gotico cavati dai monumenti del Medioevo ad uso degli artisti ed operai, ed ora dal francese in cui venero tradotti dall'alemanno volgarizzati dal cavaliere Francesco Lazzari*. Veneza, 1858. Prefácio.
24. Ver V.L. HAUTECOEUR, op. cit., t. VI, pp. 336-337.
25. RUSKIN, J. *Seven Lamps of Architecture*. 1855, prefácio à 2. ed.

69. Cartão de paramentos neogóticos (de A. W. Pugin, *The True Principles of Pointed or Christian Architecture*, 1841).
70. Friso final do livro *Contrast*, de A. W. Pugin, 1836.

71. Viollet le Duc, modelo de igreja gótica francesa do século XIII.

72. Uma chaminé em forma de torre medieval (de R. Rawlinson, *Design for Factory, Furnace and other all Chimneys*, 1862).

o princípio de imitação, porque considera a linguagem clássica como dotada de uma existência atual, de fato ou de direito; essa tese é sustentada por uma tradição aparentemente ininterrupta e por uma série de aplicações que levaram a uma interpenetração e quase uma identificação das formas clássicas com os elementos da construção e com os procedimentos da edificação corrente. Os neogóticos põem em evidência que a suposta identidade entre regras clássicas e regras de construção baseia-se numa pura convenção, porém recaem, na prática, em outra convenção, preferida à primeira por razões externas, morais, religiosas e sociais.

Essa discussão opera vários deslocamentos na cultura européia arquitetônica. A persistência das formas clássicas não pode mais encontrar fundamentos na forma acrítica precedente, e o acordo tácito entre Engenharia e Classicismo, chamado a justificar-se em termos polêmicos, deteriora-se e perde o ímpeto pouco a pouco; a nova linguagem inspirada pelos estilos medievais, por outro lado, não pode contar com uma experiência recente de ordem de construção que lhe assegure o contato com a técnica de edificação contemporânea. Assim, tanto em um, quanto em outro campo, os caminhos do arquiteto e do engenheiro cada vez mais se afastam.

Enquanto a sociedade se empenha em satisfazer as instâncias de organização emergidas da Revolução Industrial, e os engenheiros participam deste trabalho na primeira fileira, oferecendo aos higienistas e aos políticos os instrumentos necessários — basta lembrar a figura de Robert Stephenson (1803-1859), construtor de pontes, que é um dos membros da Comissão real para investigação sobre as grandes cidades, entre 1844 e 1845, exatamente enquanto se ocupa do projeto de sua obra mais importante, a ponte tubular Britannia de 1849 — os arquitetos destacam-se dessa realidade, refugiam-se nas discussões sobre as tendências e no mundo da cultura pura.

Por outro lado, o movimento neogótico contém alguns pontos propícios à renovação da cultura arquitetônica. A linguagem neogótica não pode ser dada como manifesta como a neoclássica, detendo-se nas aparências, porque não pode contar com uma tradição recente, mas deve ser reexumada dos monumentos de muitos séculos atrás. Por conseguinte, os arquitetos devem reconstruir por sua conta os "princípios", as "razões", os "motivos" que se encontram por trás das aparências. Ao fazer essa operação, ele se vêem induzidos a superar os confins do estilo, a refletir sobre as condições de partida da arquitetura e sobre as relações entre esta e as estruturas políticas, sociais e morais.

Os arquitetos neogóticos estão, além disso, ligados aos hábitos da perspectiva e relêem em termos de perspectiva os modelos medievais. É por essa razão que os edifícios neogóticos diferem dos góticos mais do que os neoclássicos dos clássicos; as irregularidades são corrigidas, as recorrências aproximativas tornam-se rigorosas. Tenta-se reproduzir, em particular, a estrutura aberta, iterativa e não perspectiva de certos modelos, especialmente ingleses, mediante a justaposição de vários episódios de perspectiva independentes; daí resulta um tipo de composição "pitoresca" (usada sobretudo para *villas* e pequenas *villas* individuais), ainda convencional em termos figurativos, mas capaz de tornar-se, logo a seguir, a sustentação das experiências inovadoras de Richardson, de Olbrich, de Mackintosh e de Wright. Assim, estabelece-se uma tensão entre os originais e as cópias, que deteriora pouco a pouco a relação de imitação e solapa os fundamentos da perspectiva, da qual dependem todos os hábitos correntes de visão.

Por isso, o medievalismo assinala, por um lado, um maior isolamento dos artistas e é o produto de uma elite de inspiração literária, mas é, ao mesmo tempo, o terreno de cultura de onde sairão algumas das contribuições mais importantes do movimento moderno: basta pensar em Morris, em Richardson, em Berlage.

Na edificação corrente, a polêmica entre neoclássicos e neogóticos produz sobretudo desorientação. Enquanto o estilo a ser imitado era um só, o caráter convencional dessa imitação não estava evidente, e a adesão àquelas formas era mais convicta. Agora que os estilos são tantos, a adesão a um ou a outro deles torna-se mais incerta e duvidosa; começa-se a considerar o estilo como um revestimento decorativo a ser aplicado de acordo com a oportunidade a um esquema de construção indiferente, e podem-se ver inclusive edifícios aparentemente destituídos de todo revestimento estilístico; especialmente casas de campo (Fig. 74), onde os elementos de construção são exibidos com brutalidade, fora de todo controle de composição.

73, 74. Paris, castelo perto de Poissy (Bridant, 1840) e casa rústica perto de Passy (de Normand fils, *Paris moderne*).

75. Caricatura do Barão Haussmann, como *artiste démolisseur*.

3. HAUSSMANN E O PLANO DE PARIS

1. Os motivos do ordenamento de Paris

ENTRE 1830 e 1850, como já ficou dito, a urbanística moderna dá seus primeiros passos, e não nos estudos dos arquitetos — onde estes discutem se se deve escolher o estilo clássico ou o gótico, desprezando de comum acordo a indústria e os produtos desta — mas exatamente da experiência dos defeitos da cidade industrial, por mérito dos técnicos e dos higienistas que se esforçam por remediá-los. As primeiras leis sanitárias são o modesto começo sobre o qual será construído, pouco a pouco, o complicado edifício da legislação urbanística contemporânea.

Por enquanto, contudo, a atenção dos reformistas limita-se a alguns setores e sua ação volta-se para a eliminação de alguns determinados males: a insuficiência de esgotos, de água potável, a difusão das epidemias. Se, ao se intervir sobre um problema, outros problemas vêm à tona, isso ocorre, por assim dizer, involuntariamente. A construção dos esgotos e dos aquedutos exige um mínimo de regularidade, planimétrica e altimétrica, nas novas construções; a manutenção das instalações urbanas comporta um novo arranjo dos órgãos técnicos da comunidade e a faculdade de obrigar os proprietários a determinadas prestações. A execução de algumas obras públicas, como estradas, ruas e ferrovias, exige novos processos de expropriação do solo, e uma série de novos instrumentos técnicos, entre os quais uma cartografia precisa.

A fim de controlar alguns aspectos da cidade industrial, outros aspectos entram em jogo, e o controle deve ser gradualmente ampliado ao novos setores.

Se estes métodos de intervenção não chegam a constituir um sistema homogêneo e não chegam a investir todo o organismo urbano, isso se deve sobretudo a uma dificuldade política.

As reformas das duas décadas entre 1830 e 1848 dependem ainda, em seu conjunto, do pensamento liberal; foi reconhecida a necessidade da intervenção pública em algumas matérias específicas, porém sem alterar substancialmente a natureza e a identidade das tarefas do Estado e das administrações locais, em relação ao conjunto da vida econômica e social.

Falta a idéia de uma programação pública que estimule e coordene as iniciativas especializadas das autoridades e dos particulares; e, portanto, não pode nascer uma verdadeira política urbanística.

Aqueles que vêem o desarranjo da cidade industrial esforçam-se em remediar os inconvenientes singulares, seguindo os habituais canais administrativos especializados (como Chadwick e os reformadores sobre os quais se falou no capítulo precedente), ou criticam radicalmente, junto com a cidade, a sociedade liberal que a produziu e a ela contrapõem outros modelos sociais e urbanísticos, realizáveis longe das cidades existentes (como os teóricos socialistas que serão mencionados no Cap. 6).

A Revolução de 1848 interrompe ambas essas linhas de pensamento e de ação; a esquerda socialista, após haver tentado subir ao poder junto com a esquerda liberal, é novamente impelida à oposição, e organiza-se em novas bases teóricas, que negam qualquer validade às propostas urbanísticas da geração precedente.

Os movimentos de 1848 e suas conseqüências, nos mais importantes países europeus, conduzem ao poder uma direita conservadora de novo tipo: Napoleão III na França, Bismarck na Alemanha, os novos *tories* dirigidos por Disraeli na Inglaterra.

Essa nova direita, autoritária e popular, considera ser necessário um controle direto do Estado sobre muitos setores da vida econômica e social; por conseguinte, efetua uma série de reformas, as quais parcialmente dão continuidade àquelas das duas décadas precedentes, mas que não podem ser equiparadas às mesmas por seu caráter coordenado, além de sua preocupação contra-revolucionária.

A urbanística desempenha um papel importante neste novo ciclo de reformas e transforma-se em um dos mais eficazes instrumentos de poder, especialmente na França.

As experiências técnicas que descrevemos no Cap. 2, não encontrando mais obstáculos, mas sendo, pelo contrário, solicitadas pelo novo clima político, desenvolvem-se com grande rapidez nos decênios posteriores a 1848 e chegam com bastante rapidez a formar um sistema coerente, solidamente inserido na legislação e na praxe administrativa. Nasce, assim, o que poderíamos chamar de urbanística neoconservadora, à qual se deve a reorganização das cidades européias (e daquelas colonias independentes das potências européias) na segunda metade do século XIX e nos primeiros decênios do XX.

A formação dessa experiência urbanística, promovida pelas causas políticas a que fizemos menção, não teria sido tão rápida sem o exemplo dos *grands travaux* de Paris, promovida por Napoleão III logo após subir ao poder.

Uma série de circunstâncias favoráveis — a precocidade do experimento, a possibilidade de utilizar uma lei urbanística avançada como a republicana de 1850, o alto nível técnico dos engenheiros saídos da École Polytechnique, a ressonância cultural daquilo que ocorre na capital francesa, e sobretudo os dotes pessoais do Barão Haussmann, administrador do Sena de 1853 a 1869 e responsável pelo complexo programa — tornaram importante e exemplar a transformação de Paris. Pela primeira vez, um conjunto de determinações técnicas e administrativas, ampliáveis a toda uma cidade que já ultrapassou um milhão de habitantes, são formulados e colocados em prática coerentemente em um tempo bastante curto.

Provavelmente nem o imperador, nem o administrador, perceberam plenamente todas as implicações da iniciativa. Algumas preocupações imediatas — as exigências de assegurar a ordem pública e de conquistar o favor do povo por meio de imponentes obras — influíram mais do que os raciocínios a longo prazo, e a especulação da edificação pesou mais do que teria sido desejável. Contudo, o problema do plano regulador para uma cidade moderna foi colocado, pela primeira vez, em escala apropriada à nova ordem econômica, e o plano não somente foi desenhado no papel, mas foi traduzido para a realidade e controlado em todas as suas conseqüências técnicas e formais, administrativas e financeiras.

A personalidade de Haussmann, tal como, vinte anos antes, a de Chadwick, intervém no curso dos acontecimentos como causa de importância fundamental.

O Barão Georges Eugène Haussmann (1809-1891), funcionário por profissão, ocupa desde 1851 o cargo de administrador da Gironde. O ministro do interior, Persigny, assim o descreve, quando trava conhecimento com ele durante um almoço oficial:

Foi Haussmann quem me chamou a atenção mais do que todos os demais. Porém, coisa estranha, o que me impressionou não foram tanto seus dotes intelectuais, se bem que notáveis, mas antes os defeitos de seu caráter. Tinha à minha frente um dos tipos mais extraordinários de nossa época: grande, forte, vigoroso, enérgico, e, ao mesmo tempo, fino, astuto, fértil em recursos; este homem audacioso não temia mostrar-se abertamente como era. Poderia ter falado seis horas sem parar sobre seu argumento preferido, sobre ele mesmo. Sua personalidade centralizada erguia-se à minha frente com uma espécie de cinismo brutal. Para lutar, dizia comigo mesmo, contra homens astutos, céticos e pouco escrupulosos, eis o homem de que precisamos. Ali, onde o cavalheiro de espírito mais elevado, mais fino, de caráter mais nobre e mais correto iria certamente fracassar, este atleta vigoroso, de costas amplas, cheio de audácia e de habilidade, capaz de opor expediente contra expediente, insídia contra insídia, sem dúvida terá sucesso. [1]

Haussmann conta, em suas memórias, que até o advento de Luís Napoleão havia pensado na possibilidade de ser eleito administrador do Sena e havia

---

1. PERSIGNY. *Mémoires*. p. 251, cit. por P. LAVEDAN, L'arrivée au pouvoir, em *La Vie Urbaine*, nova série, n. 3-4 (1953), pp. 181-182.

76. Planta de Paris em 1853 (de E. Texier, *Tableau de Paris*).
77. Os limites administrativos da cidade de Paris, antes de depois de 1859, com a divisão feita por Haussmann em vinte *arrondissements*.

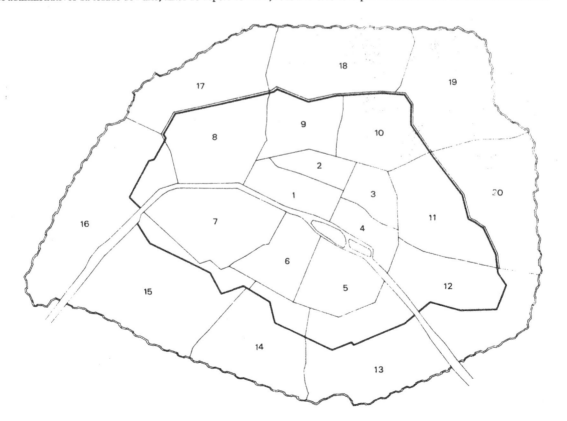

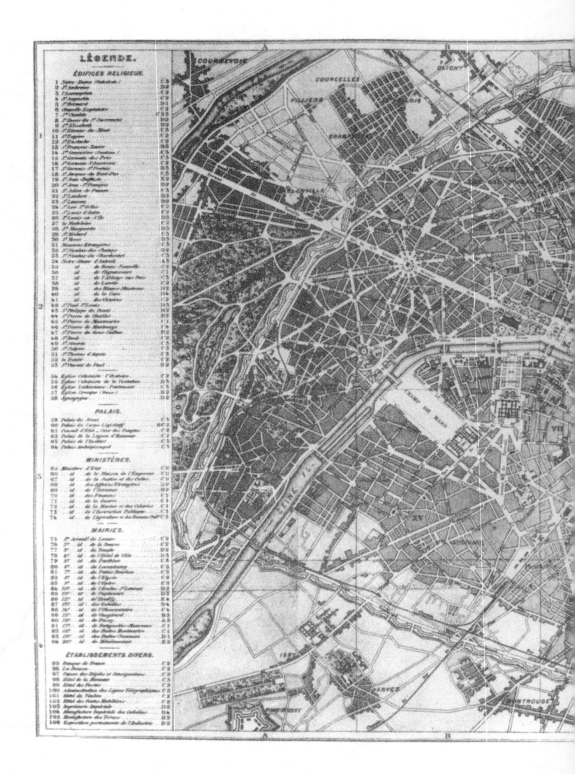

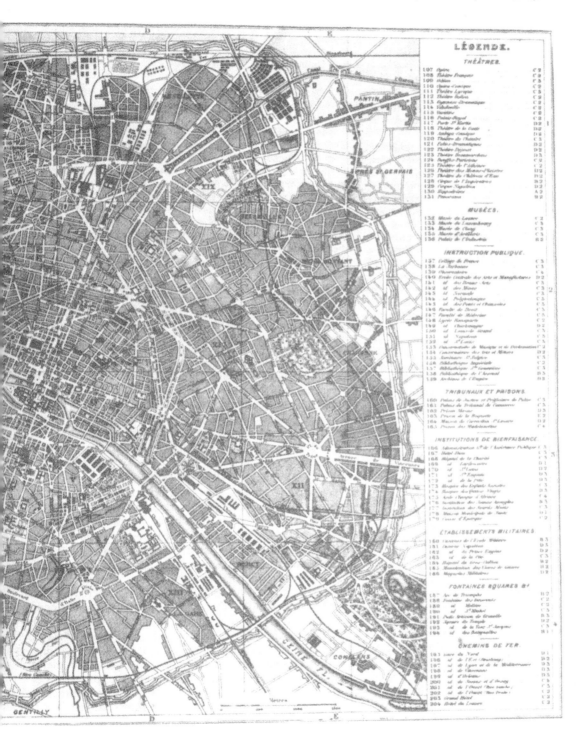

78. Planta de Paris em 1873 (de A. Joanne, *Paris illustré*).

imaginado as possibilidades oferecidas por esse cargo. O ministro lhe tinha perguntado que coisa poderia ter feito naquele posto, e ele respondera:

> Nada com o administrador de agora ou com qualquer outro veterano político; tudo, com um homem provido, para sua posição e para os serviços prestados ao governo, de uma autoridade suficiente para empreender e concluir grandes obras, possuindo energia física e espiritual para lutar contra os hábitos, tão radicados na França, e para enfrentar pessoalmente muitas tarefas, diversas e cansativas, que não o dever de representação proporcional ao papel importante que terá sabido reivindicar para si. A administração do departamento do Sena lembra-me aquele grande órgão de Saint-Roch, cujo registro, segundo a lenda jamais pôde ser ouvido em sua totalidade por pessoa alguma, pois temia-se que as vibrações dos grossos tubos da oitava baixa teriam feito desmoronar as abóbadas da igreja. Depois de Napoleão, nenhum governo, sem qualquer exceção, jamais se preocupou em ter no Hôtel de Ville de Paris um verdadeiro administrador do Sena, isto é, alguém capaz de tocar em toda sua extensão aquele temível instrumento. Ninguém compreendeu a vantagem que se poderia ter obtido daquela colocação, a qual depende de uma única eleição, a do poder central, se se houvesse podido ocupar com suficiente autoridade, sendo honrado pessoalmente pela confiança do chefe de Estado.[2]

Ao seu redor, Luís Napoleão constrói seus poderes sobre temores suscitados pela **Revolução socialista** de fevereiro de 1848 e apóia-se na força do exército e no prestígio popular, contra a burguesia intelectual e a minoria operária. Ele, assim, tem um interesse direto na execução de grandes obras públicas em Paris, descuradas pelos governos precedentes, a fim de reforçar sua popularidade por meio de testemunhos tangíveis e a fim de tornar mais difíceis as futuras revoluções, demolindo as antigas ruas medievais e substituindo-as por artérias espaçosas e retilíneas propícias aos movimentos de tropas.

Este segundo motivo parece hoje desproporcional a tais trabalhos dispendiosos, mas é perfeitamente compreensível quando se pensa na ânsia do monarca pelos recentes acontecimentos de julho de 1830, de fevereiro e de junho de 1848, sem falar das lembranças da grande Revolução. Em toda crise política, os movimentos revolucionários nascem dos bairros da velha Paris e as próprias ruas fornecem aos rebeldes, por algum tempo, as posições de defesa e as armas de ofensiva. Basta ler esta proclamação de 1830, na qual o governo provisório sugere as maneiras de opor-se às tropas regulares, com a frieza de uma ordem de serviço de oficina:

> Franceses, todos os meios de defesa são legítimos. Arrancar o calçamento das ruas, jogar as pedras aqui e ali a cerca de um pé de distância a fim de retardar a marcha da infantaria e da cavalaria, levar tantas pedras do calçamento quantas forem possíveis para o primeiro andar, para o segundo e para os andares superiores, ao menos vinte ou trinta pedras para cada casa, e esperar tranqüilamente que os batalhões estejam no meio da rua antes de jogá-los para baixo. Que todos os franceses deixem portas, corredores e átrios abertos para o refúgio de nossos atiradores e para levar-lhes ajuda. Que os habitantes conservem seu sangue frio e não se alarmem. As tropas jamais ousarão entrar dentro das casas, sabendo que lá encontrarão a morte. Seria bom que ficasse uma pessoa em cada porta, a fim de proteger a entrada e a saída de nossos atiradores. Franceses, nossa salvação está em suas mãos; ela será abandonada? Quem dentre nós não prefere a morte à servidão?

Os mesmos métodos foram usados com sucesso na Revolução de Fevereiro de 1848, e tornaram difícil a repressão da revolta operária de junho: além disso, o Imperador constatou a utilidade dos grandes *boulevards* retilíneos (Fig. 80) para atacar a multidão com descargas de fuzilarias, depois do golpe de Estado de dezembro de 1851. É natural que agora se preocupe em eliminar, de uma vez por todas, a possibilidade de que se repitam as barricadas populares.

Ao lado dessas preocupações de ordem política, existem motivos econômicos e sociais que impelem no mesmo sentido. Paris tem cerca de meio milhão de habitantes à época da Revolução e do primeiro Império, porém, sob a Restauração e ainda mais sob a Monarquia de Julho, começa a expandir-se (se bem que não com o ritmo impressionante de Londres) e, com o advento de Napoleão III, abriga cerca de um milhão de pessoas. O centro da antiga cidade é cada vez mais claramente incapaz de suportar o peso de um organismo tão crescido; as ruas medievais e barrocas não são suficientes para o trânsito, as velhas casas parecem inadequadas face às exigências higiênicas da cidade industrial, a concentração das funções e dos interesses na capital fez com que aumentassem tanto os preços dos terrenos que uma radical transformação nas edificações tornou-se inevitável.

O acaso faz com que, nesse momento, chegue ao Hôtel de Ville um administrador de excepcional energia e ambição, capaz de conjugar entre si os motivos políticos e os econômicos, de criar uma organização de tarefas que assegure um certo automatismo aos tra-

---

2. HAUSSMANN, G.E. *Mémoires*. Paris, 1890, v. II, pp. 9 e 10.

79. Esquema dos *percements* realizados por Haussmann; em branco, as ruas existentes, em preto as novas, abertas no Segundo Império; em quadriculado, os novos bairros; em hachurado, as zonas verdes.

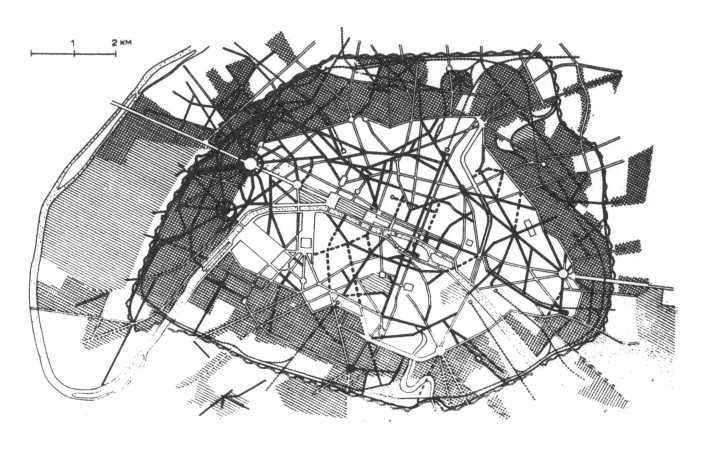

balhos, e de superar as dificuldades previsíveis, fazendo valer, como fator decisivo, seus dotes individuais de astúcia e de coragem.

2. Os trabalhos de Haussmann

Logo após instalar-se no Hôtel de Ville, Haussmann reordena os serviços técnicos segundo critérios modernos, chamando para dirigi-los alguns engenheiros de primeira linha, já experimentados em seus encargos precedentes. Estando assim assegurado um instrumento executivo capaz e rendoso, ele enfrenta pessoalmente os órgãos e os funcionários administrativos, apoiado pela confiança do Imperador, e faz com que estes sintam o peso, sem qualquer reserva, da força de sua posição, sujeitando-os completamente a seus desígnios.

As obras executadas por Haussmann nos dezessete anos de poder podem ser divididas em cinco categorias:

Antes de tudo, as obras viárias: a urbanização dos terrenos periféricos, com o traçado de novas retículas viárias, e a abertura de novas artérias nos velhos bairros, com a reconstrução de edifícios ao longo do novo alinhamento.

A velha Paris compreendia 384 quilômetros de ruas no centro e 355 nos subúrbios; ele abre, no centro, 95 quilômetros de ruas novas (suprimindo 49) e, na periferia, 70 quilômetros (suprimindo 5). O núcleo medieval é cortado em todos os sentidos, destruindo muitos dos antigos bairros, especialmente aqueles perigosos situados no Leste, que eram o foco de todas as revoltas. Na prática, Haussmann sobrepõe ao corpo da antiga cidade uma nova malha de ruas largas e retilíneas (Fig. 79), formando um sistema coerente de comunicação entre os principais centros da vida urbana e as estações ferroviárias, garantindo, ao mesmo tempo, eficiência diretora ao trânsito, por cruzamento e por anéis; ele evita destruir os monumentos mais importantes, mas faz com que fiquem isolados e adota-os como pontos de fuga para as novas perspectivas viárias.

A construção ao longo das novas ruas é disciplinada de modo mais preciso do que no passado: em 1852, introduz-se a obrigatoriedade de apresentar um requerimento de construção; em 1859, modifica-se o antigo regulamento das edificações parisienses de 1783--1784 e fixam-se novas relações entre a altura das casas e a largura das ruas (em ruas de vinte ou mais metros de largura, a altura deve ser igual à largura; em ruas mais estreitas, a altura pode ser maior do que a largura, até o limite de uma vez e meia) enquanto se limita a inclinação das coberturas a 45°.

Considerando os critérios de projetar, as realizações de Haussmann parecem ser prosseguimento, em escala maior, dos ordenamentos barrocos, baseados em conceitos análogos de regularidade, simetria, *culte de l'axe* (culto do eixo). Os trabalhos de Haussmann, porém, assemelham-se aos de Mansart e de Gabriel do mesmo modo como os edifícios neoclássicos assemelham-se aos da tradição clássica; aparentemente nada foi modificado, mas o repertório formal da tradição é assumido por meio de convenção, a fim de abranger novas pesquisas impostas pelas circunstâncias novas. Em nosso caso, os trabalhos de edificação devem ser considerados dentro do quadro das transformações técnicas e administrativas abaixo relacionadas.

Em segundo lugar, os trabalhos de edificação realizados diretamente pela Administração e por outras entidades públicas.

Compete à Administração a construção dos edifícios públicos nos novos bairros e nos velhos submetidos às transformações já mencionadas: escolas, hospitais, prisões, escritórios administrativos, bibliotecas, colégios, mercados. O Estado, por outro lado, encarrega-se dos edifícios militares e das pontes.

No projeto desses edifícios — ilustrados em 1881 por Narjoux em uma grande publicação — empregam-se os mais ilustres arquitetos da época, desde Labrouste, até Baltard, Vaudremer, Hittorf. O repertório estilístico da cultura eclética é freqüentemente aplicado com discrição, especialmente pelos racionalistas, tais como Labrouste e Vaudremer, e chega-se a definir uma gama completa de tipos distributivos, a qual se tornará exemplar em toda a Europa.

O problema de moradias para as classes menos abastadas e a exigência de intervenção do Estado para a garantia de certos requisitos mínimos de distribuição e higiene, independentemente da capacidade econômica dos destinatários, começa, então, a penetrar na prática política e administrativa, ainda que o seja em medida insuficiente em relação às necessidades.

Luís Napoleão, mesmo quando Presidente da República, ocupa-se pessoalmente do problema, faz aprovar uma verba de cinqüenta mil francos e executa um primeiro complexo de casas populares na Rue Roche-

80, 81. Paris, o Boulevard du Temple e o Parque Monceau (de A. Joanne, *Paris illustré*).

chouart, a Cité Napoléon. Em 1852, logo após ser eleito Imperador, faz fixar a verba de dez milhões de francos e financia outros dois complexos, em Batignolles e em Neuilly. Essas demonstrações isoladas de mecenatismo não alteram sensivelmente a situação das moradias operárias em Paris, dominada por uma especulação particular que é favorecida, por outras vias, em todos os sentidos, pelo poder imperial.

Merecem um relato à parte os trabalhos para a criação dos parques públicos. Até agora, Paris possui apenas os parques construídos no Ancien Régime: o Jardim das Tulherias e os Champs-Elysées na margem direita, o Campo de Marte e o Luxemburgo, na margem esquerda. Haussmann começa a arrumar o Bois de Boulogne, a antiga floresta situada entre o Sena e as fortificações ocidentais; em virtude de sua posição e de sua vizinhança com os Champs-Elysées, este parque torna-se logo sede da vida mais elegante de Paris.

Do lado oposto da cidade, na confluência com o Marne, é ordenado o Bois de Vincennes, destinado aos bairros do oeste, para demonstrar a solicitude do Imperador em relação às classes populares. A norte e a sul, imediatamente dentro das fortificações, são criados dois jardins menores, o Buttes-Chaumont e o Parc Montsouris.

Nesses trabalhos, Haussmann conta com um colaborador de primeira ordem, Adolphe Alphand (1817-1891); em suas memórias, ele se detém, com evidente prazer, nos trabalhos de jardinagem, e hoje essa parte de sua obra parece, talvez, o título mais válido de sua fama.

Haussmann renova também as instalações da velha Paris.

Para as instalações hidráulicas, encontra um colaborador precioso no engenheiro François Eugène Belgrand (1810-1878), obscuro funcionário de província que é chamado para projetar os novos aquedutos e as instalações de elevação de água do Sena, levando o fornecimento de água, de 112 000 metros cúbicos por dia, para 343 000, e a rede hidráulica de 747 para 1 545 quilômetros (Figs. 87 e 88). Belgrand constrói também a nova rede de esgotos, que passa de 146 quilômetros para 560, conservando somente 15 quilômetros da rede precedente, enquanto que os desaguamentos no Sena são levados muito mais para baixo da corrente, com depósitos coletores. A instalação de iluminação é triplicada, passando de 12 400 para 32 320 bicos de gás. O serviço de transportes públicos é reordenado, sendo confiado em 1854 a uma só sociedade, a Compagnie Générale des Omnibus, e institui-se em 1855 um serviço regular de veículos de praça. Em 1866, adquire-se o terreno de Méry-sur-Oise para a construção de um novo cemitério.

Finalmente, Haussmann modifica a sede administrativa da capital. Em 1859, onze Comunas em torno de Paris, compreendidas entre o cinturão alfandegário e as fortificações de Thiers — Auteuil, Passy, Batignolles, Montmartre, La Chapelle, La Villette, Belleville, Charonne, Bercy, Vaugirard e Grenelle — são anexadas à cidade de Paris; os doze *arrondissements* tradicionais são levados a vinte, e uma parte das funções administrativas é descentralizada nas vinte *mairies* de cada *arrondissement*.[3]

Leva-se, assim, o limite da cidade a coincidir com as fortificações; pensa-se também em anexar à cidade uma faixa de 250 metros no exterior, a ser mantida desimpedida para uma estrada de circunvalação veloz, mas não se consegue subtrair esses terrenos à especulação da construção.

Os trabalhos viários de Haussmann são possibilitados pela lei de 13 de abril de 1850, a qual permite expropriar não somente as áreas necessárias para as ruas, mas também todos os imóveis compreendidos dentro do perímetro das obras; em 23 de maio de 1852, um decreto do Senado modifica o procedimento estabelecido em 1841, permitindo a expropriação não somente por meio de lei, mas também por meio de uma simples deliberação do poder executivo.

A primeira lei nasce do clima revolucionário da Segunda República, enquanto que a segunda diz respeito à nova posição autoritária, que é a ocorrência final da Revolução de fevereiro. Aparentemente, a decisão do Senado facilita a ação planificadora da administração, porém, na realidade, ela estabelece uma dependência íntima entre atos administrativos e diretrizes políticas, isto é, entre aqueles e os interesses dos estratos sociais que controlam o poder.

Estes interesses tendem a limitar a interferência das autoridades nas questões econômicas; por essa razão, as leis são interpretadas em um sentido cada vez mais restrito, perturbando gravemente a execução dos planos (os fatos urbanísticos respeitam fielmente as contradições e as ambiguidades do sistema político do Segundo Império).

3. Os dados quantitativos encontram-se em G.E. HAUSSMANN, op. cit., v. II, Cap. XX, pp. 507-534.

82, 83. Paris, o asilo para velhos de Sainte-Perine (Ponthieu, 1861) e a prisão da rue de la Santé (Vaudremer, 1864; de F. Narjoux, *Paris, monuments élevés par la ville, 1850-1880*, 1881).

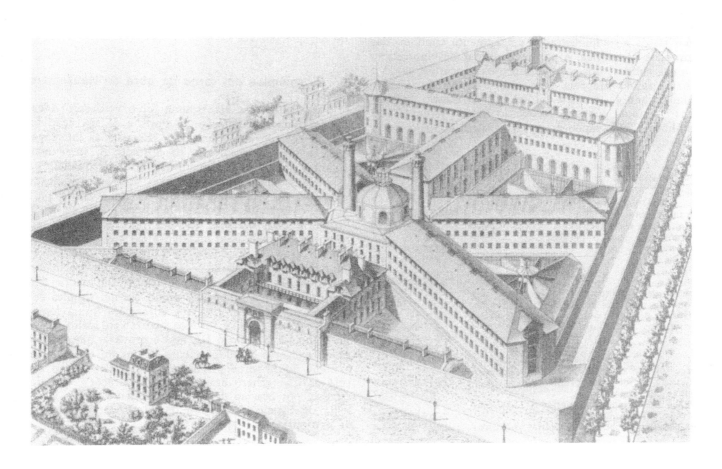

Depois de muitas discussões, o Conselho de Estado decide, em 27 de dezembro de 1858, que as áreas construíveis, uma vez expropriadas e arrumadas segundo os planos, devem ser restituídas aos antigos proprietários, isto é, que o aumento de valor determinado pelos trabalhos da comunidade deve ser confiscado pelos próprios proprietários, em vez de pela Comuna.

Haussmann lamenta essa decisão como sendo injusta, porém a jurisprudência da época é concorde contra ele. A cidade de Paris, como conseqüência dessa sentença, deve suportar sozinha todas as despesas dos trabalhos de Haussmann, sem que se possa ressarcir dos proprietários que foram beneficiados. Contudo, a natureza produtiva dos trabalhos manifesta-se igualmente, e Haussmann pode recolher os fundos necessários sem depender das contribuições do Estado, se não em pequena parte, apelando ao livre crédito.

Com efeito, as obras públicas não fazem somente subir os preços dos terrenos circundantes, mas influem em toda a cidade, favorecendo seu crescimento e aumentando as rendas globais. Esses efeitos garantem por si sós ao administrador um aumento contínuo das entradas ordinárias, e permitem tomar de empréstimo somas vultosas dos estabelecimentos bancários, como o faz qualquer empresa particular. De 1853 a 1870, Haussmann gasta cerca de dois bilhões e meio de francos em obras públicas, recebe do Estado somente 100 milhões e não impõe novas taxas, nem aumenta as já existentes. [4]

[4]. O balanço completo dos trabalhos de HAUSSMANN encontra-se nas pp. 337-340 do v. II das *Mémoires;* transcrevemos o resumo:

SAÍDAS:
grandes obras viárias	1 430 340 385,5
arquitetura e belas-artes	282 791 696,5
arranjos de ruas e parques	178 370 624,8
aquedutos e esgotos	153 601 970,2
vários	70 476 924,8
	2 115 581 601,8
outras despesas (concessões resgatadas nas comunas anexadas em 1859, despesas relativas ao débito comunal e aos empréstimos contraídos por Haussmann etc.)	437 886 822,3
TOTAL	2 553 468 424,1

ENTRADAS:
recursos do balanço da cidade (entradas líquidas de despesas ordinárias)	1 017 243 444,5
subvenções estatais	95 130 760,7
venda de terrenos expropriados e de materiais de demolição	269 697 683,5
empréstimos, obtidos de várias maneiras	1 171 596 535,4
TOTAL	2 553 668 424,1

No mesmo período, os habitantes de Paris passam de um milhão e duzentos mil a quase dois milhões; enquanto são demolidas cerca de 27 500 casas, constroem-se cerca de 100 000 novas (e 4,46% da despesa retorna à Comuna sob a forma de taxas); a renda *per capita* do cidadão francês passa de 2 500 a 5 000 francos aproximadamente e as rendas da Comuna de Paris, de acordo com Persigny, passam de 20 a 200 milhões de francos. Pode-se portanto afirmar que a própria cidade paga por sua reordenação.

Se a operação pode ser considerada satisfatória no balanço global, não se pode dizer o mesmo em relação à distribuição dessas riquezas. O mecanismo fixado para as expropriações permite que os proprietários confisquem toda a mais-valia e produz, em termos substanciais, uma transferência de dinheiro dos contribuintes para os proprietários de áreas. E mais, o montante da indenização pela expropriação é estabelecido por uma comissão de proprietários, e freqüentemente é desproporcionadamente alto, tanto assim que a expropriação é desejada e solicitada como fonte de enriquecimento.

3. A polêmica em torno da obra de Haussmann

Discutiu-se se Haussmann foi o verdadeiro idealizador da transformação de Paris e se sua ação foi guiada por um plano unitário. Essas duas interrogações podem ser resolvidas na afirmativas, se se considera a obra de Haussmann sob a luz adequada.

Haussmann relata que logo após ser nomeado administrador do Sena, depois de um convite para jantar, o Imperador mostrou-lhe uma planta de Paris "sobre a qual viam-se traçadas por ele mesmo, em azul, em vermelho, em amarelo e em verde, de acordo com o grau de urgência, as novas ruas que ele se propunha fazer executar" [5] e não deixa de proclamar, em todas as ocasiões, que o próprio Imperador é o autor das várias propostas, sendo ele um simples colaborador. Muitas vezes tais afirmações foram tomadas ao pé da letra, e foi dito que o verdadeiro autor do plano foi Napoleão III, mas é provável que Haussmann exagerasse ardilosamente, a fim de cobrir com o nome do Imperador suas iniciativas; ele mesmo revela de que gênero eram essas colaborações, quando escreve, por ocasião do encontro decisivo com o Conselho de Estado, a respeito da interpretação das leis de expropriação:

[5]. HAUSSMANN, G.E. Op. cit., v. II, p. 53.

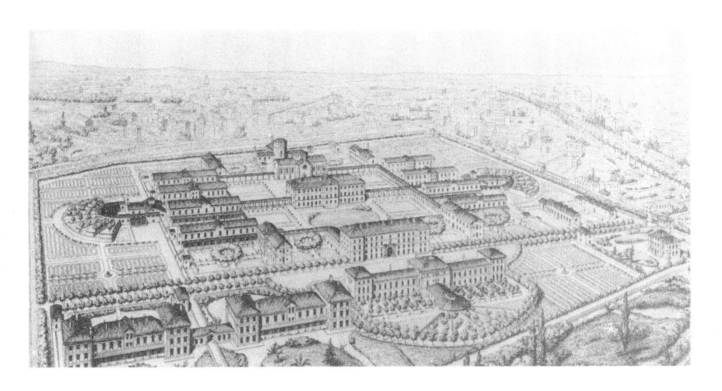

84, 85. Paris, manicômio de S. Anna (Questel, 1861) e escola Voltaire na rue Titon (Narjoux, 1881; de F. Narjoux op. cit).

104

86, 87. Paris, o canteiro dos poços de Passy e as máquinas a vapor na central de Chaillot (de A. Joanne, *Paris illustré*).

Em vão, assinalei decididamente ao Imperador as conseqüências dessa disposição. O Imperador não deseja contrariar M. Baroche (Presidente do Conselho de Estado)... De resto, sua Majestade não atribuía senão um interesse medíocre aos problemas de procedimento administrativo enquanto não fossem traduzidos em fatos visíveis. [6]

Contudo, nos trabalhos de Paris os fatos visíveis contam muito menos do que os fatos não visíveis; a ação administrativa é o aspecto mais importante dessa experiência, e Haussmann sustenta-a sozinho, tomando decisões antecipadamente, tanto em relação ao Imperador, quanto aos órgãos representativos.

Também em relação à unidade de propósitos é necessário distinguir a aparência da realidade. Como já foi observado, Haussmann apresenta seu programa em três tempos consecutivos, os famosos *trois réseaux*. Mencionou-se que os trabalhos do primeiro *réseau* já haviam sido programados em grande parte antes da chegada de Haussmann e que o segundo e terceiro *réseau* são uma coletânea de medidas isoladas; todavia, poder-se-ia dizer que essa apresentação era, em sua substância, um artifício contábil a fim de obter mais facilmente os financiamentos necessários, e que Haussmann tinha, desde o início, um programa completo, ao qual ele se atém com obstinação, apesar de todos os obstáculos. Esse programa não foi concretizado em um plano, mas, sob esse aspecto, encontra-se a modernidade e a importância da experiência haussmanniana. Ele não se propõe fazer entrar a cidade, por vontade própria ou pela força, dentro das linhas de um plano prévio. Outros tentaram antes dele fazer o projeto de uma Paris ideal, renunciando antecipadamente a levar em conta a mutável realidade concreta; ele faz muito mais: em 1859, depois da anexação das onze Comunas periféricas, constitui o Departamento do Plano de Paris, colocando em sua chefia M. Deschamps; nesse Departamento, atualiza-se ano por ano a passagem entre as experiências e os projetos futuros, levando em conta as alterações das circunstâncias, e o dispositivo sobrevive a Haussmann e ao Segundo Império, assegurando a continuidade da direção urbanística de Paris durante toda a segunda metade do século XIX.

O plano de Haussmann interessa-nos hoje sosobretudo enquanto primeiro exemplar de uma ação suficientemente ampla e enérgica para acompanhar o passo das transformações que ocorrem em uma grande cidade moderna, e para regulá-las com determinação ao invés de sofrê-las passivamente. Em seu tempo, porém, esse modo de agir foi considerado quase uma arbitrariedade, e Haussmann teve de suportar críticas violentas de todas as partes do corpo político e cultural.

Os liberais censuram-lhe sobretudo a desenvoltura dos métodos financeiros e, de fato, o funcionamento da Caisse des Travaux de Paris, instituída em 1858 a fim de pagar as despesas do segundo *réseau*, encontra-se no limite da legalidade segundo as leis da época, pois permite que o administrador assuma compromissos fora de todo controle das autoridades centrais. Mas os mesmos protestos se elevam quando Haussmann sustenta a exigência do confisco da mais-valia dos terrenos construíveis nas margens das novas ruas; pode ser que Haussmann estivesse errado em termos jurídicos, porém ele entrevê uma exigência fundamental da urbanística moderna e encontra-se em posição mais avançada do que a de seus críticos.

Os intelectuais e os artistas censuram-lhe a destruição dos ambientes da velha Paris e a vulgaridade das novas construções sem, contudo, ir mais além do que os costumeiros lamentos estilizantes, fundados no tédio e na condenação de toda a civilização industrial; assim Haussmann leva a melhor contrapondo às perdas de alguns espetáculos pitorescos os melhoramentos técnicos e higiênicos.

Haussmann parece ser menos culto, mas mais livre de preconceitos e mais moderno do que a maior parte de seus críticos. Ele possui uma capacidade instintiva de compreender e de aderir à realidade de seu tempo e, por essa razão, está apto a modificá-la com tanto êxito: a sociedade do Segundo Império encontra em suas modificações uma fachada perfeitamente aderente, e o eco dessa concordância entre programas e realidade, obtido faz um século, ainda é perceptível em nossos dias, no fascínio e na vitalidade que emanam das ruas centrais de Paris.

A capacidade de Haussmann de aderir sem reservas à realidade de seu tempo é também a chave para compreender, tanto o grande sucesso de seus métodos e as numerosas imitações, quanto a discussão sempre viva sobre sua figura e sobre sua obra, até os dias de hoje.

O plano de Haussmann funcionou bem por muitas décadas, graças às margens abundantes contidas em seu espaço, mas depois demonstrou ser inadequado

---

6. HAUSSMANN, G.E. Op. cit., v. II, pp. 311-312.

88, 89, 90. Paris, o quarteirão de Etoile.

91. Paris, a Avenue des Champs-Elysées, vista do Arc de Triomphe.

92. Paris, a praça Saint-Lazare.
93. Aspecto típico de uma rua de Paris (J. F. J. Lecointe, 1835; de Normand fils, *Paris moderne*).

às necessidades crescentes da metrópole; então percebeu-se que aquele dispositivo imponente está destituído de toda flexibilidade e opõe uma extraordinária resistência a todas as modificações; fez de Paris a cidade mais moderna do século XIX, mas a mais congestionada e difícil de planificar do século XX.

A compreensão de Haussmann da cidade industrial diz respeito, substancialmente, apenas aos aspectos estáticos, não àqueles dinâmicos; ele apensava que Paris podia ser "arrumada" de uma vez por todas, e que a "arrumação" devia ser corroborada pelos usuais critérios de regularidade geométrica, de simetria e de decoro. Ele se comprazia, sobretudo, em ter subtraído aos velhos bairros de Paris seu aspecto precário, fixando para cada habitante, contornos regulares e precisos que parecem definitivos e não mais variáveis.

Para nós, este aspecto de sua obra parece, pelo contrário, ser o mais fraco, pois indica uma aceitação passiva das convenções da cultura acadêmica; interessa-nos muito mais ver que Haussmann, aplicando essas convenções a novas circunstâncias, distancia-se de fato dos modelos tradicionais e prenuncia, embora involuntariamente, uma nova metodologia.

Se bem que de tendências autoritárias, Haussmann não pode se comportar como os urbanistas barrocos, que executam um plano predisposto com absoluta regularidade, aproveitando o poder absoluto de quem o encomenda; age sob o controle do Parlamento e do Conselho Municipal, manipula dinheiro público do qual deve prestar contas aos corpos administrativos centrais e deve submeter as controvérsias com os particulares a uma magistratura independente; deve, em suma, levar em conta a separação de poderes própria de um Estado moderno, embora com prevalência do executivo. Por outro lado, o poder político não coincide mais com o poder econômico, e Haussmann, em termos substanciais, não emprega dinheiro público, mas coordena o emprego do dinheiro particular segundo um plano unitário. Por todas essas razões, o plano de Haussmann não se configura como uma intervenção *una tantum,* mas como uma ação contínua de estímulo e coordenação das múltiplas forças que agem de modo sempre variável sobre o conjunto urbano; cessa, assim, a semelhança entre urbanística e arquitetura, as quais não agem mais no mesmo nível, diferindo somente pela escala, mas sim agem em dois níveis diversos em recíproco relacionamento.

Comentários análogos podem ser feitos quanto aos resultados formais do plano de Haussmann; ele aceita espontaneamente os preceitos tradicionais de simetria e de regularidade, gaba-se de ter sempre previsto um ponto de fuga monumental para cada nova artéria e preocupa-se com impor uma arquitetura uniforme nas ruas e nas praças mais representativas, esforçando-se por dissimular as irregularidades planimétricas, como em Étoile.

A amplitude das implantações viárias de Paris, porém, leva à aplicação dos preceitos tradicionais de simetria e de regularidade em uma escala tão grande que freqüentemente destrói o efeito unitário que se desejava obter. O *boulevard* de Strasbourg, que termina na Gare de l'Est, tem dois quilômetros e meio de comprimento, e a cena de fundo arquitetônica é praticamente invisível do lado mais distante; em Étoile, as doze fachadas simétricas de Hittorf distam duzentos e cinqüenta metros uma da outra e não são suficientes para fechar em termos de perspectiva o imenso vão; no prolongamento da Rue de Rivoli, as decorações de Percier e Fontaine repetem-se tanto que o olho não consegue mais distinguir a proporção entre o comprimento da rua e as outras dimensões.

Em tais casos, a presença do arquiteto torna-se, por assim dizer, somente negativa, porquanto as paredes do edifício devem ser acabadas de algum modo que não fira os hábitos correntes e possivelmente de maneira uniforme, a fim de que o olho não sofra perturbações por anomalias injustificadas; mas a conformação estilística das fachadas é válida somente enquanto tênue cobertura, que confere um aspecto plausível a um novo gênero de ambiente onde ruas e praças perdem sua individualidade e fluem umas dentro das outras, enquanto que os espaços são qualificados muito mais pela multidão e pelos veículos que os percorrem, do que pelos edifícios circundantes, ou seja, de maneira sempre variável (Fig. 92). É o quadro que colheram os pintores impressionistas como Monet e Pissarro em suas vistas dos *boulevards* parisienses do alto, cheios de gente. É um ambiente ainda indiferenciado, onde as formas singulares podem ser acolhidas somente perdendo sua individualidade, e misturando-se em um tecido compacto de aparências mutáveis e precárias; mas isso constitui o ponto de partida do qual irá surgir o conceito moderno de ambiente urbano aberto e contínuo, oposto ao antigo e fechado.

Este aspecto da obra de Haussmann — provavelmente não advertido pelo próprio administrador, que se acredita o continuador da tradição perene — vem à luz apenas mais tarde; as grandes artérias, adquirem o caráter que nos é caro somente quando se

94. Planta de Viena em 1856 (de W. Braunmüller, *Guide de Vienne*). A cidade antiga ainda está intacta, enquanto em torno desenvolveram-se os novos bairros; em volta dos muros corre uma faixa de terreno dominial, coberto de verde – o Glacis – sobre o qual será localizado o Ring.

95. O Ring de Viena (1859-1872); em branco, os edifícios particulares, em hachurado os edifícios públicos e em preto as zonas verdes.

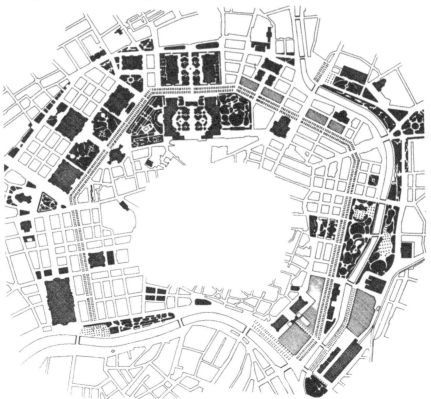

111

96. Vista aérea do centro de Viena, com o Ring.

forma o guarnecimento das ruas, que serve como mediador entre as dimensões abstratas da edificação e a escala humana, e quando a sensibilidade comum aprendeu a perceber de maneira dinâmica os elementos da nova cena urbana.

O editor da *Mémoire* de Haussman escreve, em 1890: "Para todos, a Paris de nossos dias é sua Paris, talvez mais do que nos tempos do Império", [7] e, de fato, o semblante da cidade transformada por Haussmann devia parecer mais claro a um visitante da Exposição de 1889 que a um da Exposição de 1867, constrangido a vagar em uma cidade toda revirada, com as ruas entulhadas de canteiros de obras, de onde emergiam edifícios e ambientes desconhecidos.

4. A influência de Haussmann

As realizações de Haussmann em Paris constituem o protótipo daquilo que chamamos de urbanística neoconservadora; esta transforma-se na praxe comum de todas as cidades européias, sobretudo depois de 1870, mas já no tempo do Segundo Império é possível relacionar uma série de iniciativas, na França e em outras partes, orientadas da mesma maneira.

Na França, muitas cidades importantes são radicalmente modificadas durante o reinado de Napoleão III. Em Lyon, o Prefeito Vaisse, no cargo de 1853 a 1864, executa uma série de inovações que reproduzem em pequena escala as parisienses: as duas demolições paralelas para a Rue Impériale e para a Rue de l'Impératrice, os *quais* (cais) ao longo do Ródano e do Saône, o parque da Tête d'Or; Marselha, que aumenta muito de importância logo após os trabalhos do canal de Suez, quase redobra sua população, e é integralmente transformada com a abertura da Rue Impériale (de 1862 a 1864) que vai do velho porto até a bacia do Joliette; ruas retilíneas análogas começam a ser construídas em 1865 em Montpellier e em 1868 em Toulouse, cortando os antigos bairros e demolindo muitos edifícios dignos de apreço; nas cidades de maior densidade e de memória histórica, Rouen e Avignon, procede-se da mesma maneira, com uma desenvoltura que nos parece inconcebível, arruinando irreparavelmente os ambientes tradicionais.

Em Bruxelas, o burgomestre Anspach transforma completamente a parte baixa da cidade, eliminando o rio Senne, que é canalizado no subsolo, e abrindo sobre seu leito uma grande rua retilínea (de 1867 a 1871), que liga as duas estações ferroviárias, do Norte e do Sul; ele obtém também, em 1864, a cessão para a cidade do Bois de la Cambre, que se transforma no parque suburbano da capital belga, e constrói a Avenue Louise para ligá-lo à cidade.

Na Cidade do México, o Imperador Maximiliano abre, em 1860, o passeio da Réforme, imitando os Champs-Elysées, para conjugar a cidade asteca com o palácio de Chapultepec.

Na Itália, poucas são as cidades importantes onde não se abriu uma rua em linha reta entre o centro e a estação ferroviária: Via Nazionale em Roma, Via Indipendenza em Bolonha, a rua reta de Nápoles, Via Roma em Turim. A experiência mais importante, contudo, é a reordenação de Florença, capital desde 1864, onde é feita uma séria tentativa de adaptar os métodos de Haussmann às realidades do novo Estado unitário e às exigências particularíssimas da ilustre cidade.

Giuseppe Poggi (1811-1901), que projeta o "plano de ampliação", preocupa-se sobretudo em aumentar a cidade a fim de acolher os novos habitantes que virão seguindo o governo; ele não vê tanto uma nova cidade, quanto uma Florença territorialmente mais extensa, e escapa-lhe a necessidade de transformar conjuntamente, como Haussmann, o centro e a periferia; assim, ele começa a derrubar os muros, constrói um anel de novos bairros ao longo de todo o perímetro, exceto na parte estreita à esquerda do Arno, e deixa a intervenção no centro para mais tarde.

Os trabalhos são executados entre 1864 e 1877, em meio a graves dificuldades econômicas, principalmente depois da mudança da capital para Roma; a reordenação do centro, com a demolição em torno do mercado velho (Fig. 98), é feita de 1885 a 1890, quando se exaurem os grandes trabalhos na periferia, e é muito mais devida a razões de honra do que a necessidades técnicas ou econômicas objetivas.

Assim, o tecido da cidade antiga salva-se em grande parte das expropriações, diferentemente do de Paris, mas os elementos novos não se inserem com felicidade nos antigos, como ali, e a cidade permanece destituída de um caráter unitário, dividida em episódios destacados e estranhos entre si.

No mesmo conceito de "ampliação", fundam-se muitos outros planos dessa época, como o grandioso de Cerda para Barcelona, de 1859 (Fig. 97) e o de Lindhagen para Estocolmo, de 1866.

---

7. HAUSSMANN, G.E. Op. cit., v. I, p. 10.

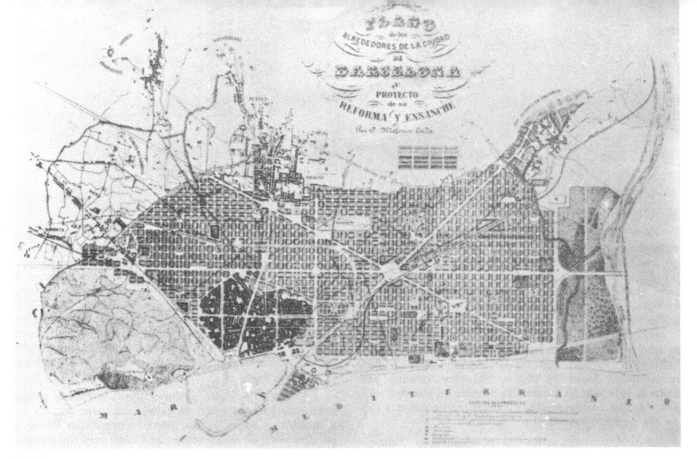

97, 98. As duas operações típicas da urbanística oitocentista: a ampliação (o plano Cerda para Barcelona, 1859) e a demolição (reforma do mercado velho de Florença, 1885; de J. Stübben, *Der Städtebau, 1824*[3] – em hachurado, os edifícios normais destruídos, em preto os edifícios normais destruídos, em preto os edifícios monumentais conservados).

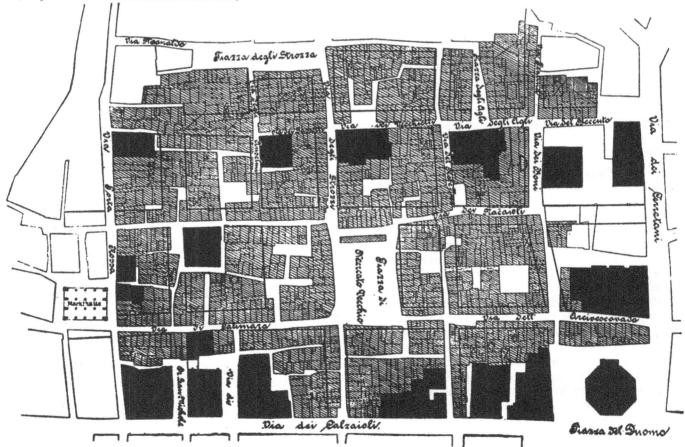

Em geral, as reordenações urbanísticas feitas em imitação à napoleônica de Paris são muito inferiores ao modelo. O plano de Haussmann é importante sobretudo pela coerência e integridade com que é executado; porém, nenhum dos outros planificadores — à exceção, talvez, de Anspach — tem a energia do administrador do Sena, e em parte alguma reproduz-se o encontro de circunstâncias favoráveis que permitiu a ação simultânea em muitos setores, conservando a unidade de direção por tempo bastante longo. Portanto, quase todos os planos são abandonados pela metade, arruinando irremediavelmente as cidades antigas sem que se obtenham, no lugar delas, cidades modernas que funcionem.

Principalmente, nenhuma administração consegue conter validamente os efeitos desagregadores da especulação fundiária; Haussmann trabalha em presença de uma especulação muito ativa, que confisca boa parte dos frutos de seus trabalhos e, depois de 1858, ele não faz nada para ir contra o sistema; sua autoridade, porém, permanece bastante forte para impedir que as soluções projetadas sejam deformadas pelos interesses particulares; assim, consegue prosseguir com fôlego adequado e com uma visão unitária dos problemas. Nas outras cidades, falta uma resistência proporcional, a especulação toma claramente força e imprime às iniciativas um caráter inconstante e descontínuo, que deriva da abordagem casual dos interessados singulares.

As coisas caminham de outra maneira onde as administrações possuem um patrimônio suficiente de áreas situadas nos pontos adequados para a transformação das cidades. Isso ocorre em Viena, onde a cidade antiga é ainda circundada por um amplo anel de fortificações, além das quais cresceram os novos bairros (Fig. 94). Em 1857, o Imperador anuncia sua decisão de derrubar os muros e institui um concurso para a arrumação da área, impondo precisas instruções aos projetistas: deverão ser respeitadas as casernas ao sul da cidade, e outro grupo de casernas deverá ser construído ao norte, de modo que as tropas possam rapidamente transportar-se ao longo de uma grande rua anular, que margeará por alguma extensão ao Donaukal; o espaço frente ao palácio imperial deverá ser deixado livre, e, nas vizinhanças, deverá ser prevista uma vasta praça de armas; ao longo da rua anular, deverão ser colocados vários edifícios públicos: um teatro de ópera, uma biblioteca, um arquivo, um novo palácio comunal, museus, galerias, mercados.

O concurso é julgado em 1858 e é ganho por Ludwig Förster (1797-1863); a seguir, o Ministério do Interior é encarregado de preparar o plano definitivo, que provavelmente é redigido por M. Löhr, e é aprovado em 1859, mas as discussões sobre a colocação dos vários edifícios públicos continuam até 1872. Na execução, as exigências estratégicas são reduzidas em muito: desaparece a praça de armas, enquanto aumenta o número e a importância dos edifícios públicos, necessários à cidade em crescimento contínuo (Fig. 95).

O Ring de Viena permite inserir a cidade antiga dentro do sistema viário da cidade moderna sem cortar e destruir o velho tecido, como ocorreu em Paris, e permite compor os principais edifícios públicos em um ambiente amplo e arejado, entre passeio e jardins; a operação, contudo, é possibilitada principalmente pela relativa exiguidade do núcleo antigo; o mesmo acontece em muitas outras cidades nórdicas, onde o centro tradicional é mantido quase intato dentro de um anel verde que substitui as antigas fortificações: assim ocorre em Colônia, em Leipzig, em Lübeck, em Copenhague.

No que se refere ao problema da edificação popular, a intervenção do Estado torna-se sistemática e organizada somente nas últimas dácadas do século; ao invés disso, podem-se relacionar, da metade do século em diante, muitas iniciativas patronais para a construção de cidades operárias, facilitadas e às vezes subvencionadas parcialmente pelo Estado.

Na França, a iniciativa mais importante é a da Société Mulhousienne des Cités Ouvrières, fundada em 1853; o financiamento é em parte particular (para as casas e os serviços) e em parte estatal (para as ruas e os espaços verdes). A sociedade constrói casas com jardim, de um ou dois andares, cedidas por aluguel ou a prestações, e executa mais de mil em quinze anos.

Na Inglaterra, Disraeli teoriza, em seus escritos da juventude,[8] a necessidade de realizações similares. Suas idéias influenciam tanto os empresários particulares quanto a política do governo; em 1845, funda-se a Society for Improving the Dwellings of the Labouring Class; em 1851, Lord Shaftesbury faz aprovar as primeiras leis sobre construção subvencionada, a Labouring Classes Lodging Houses Act e a Common Lodging Houses Act; em 1853, Titus Salt começa a construir, para os operários de suas indústrias têxteis, a

8. *Coningsby*, 1844, e *Sybil*, 1845.

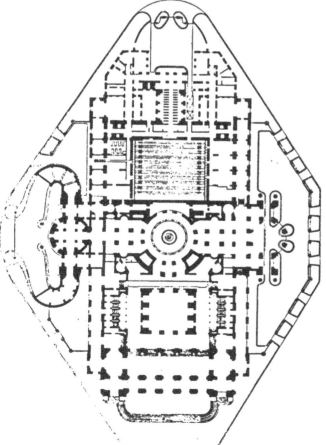

99, 100, 101. Paris, o Ópera de C. Garnier (1861-1874).

102. Paris, corte do Ópera (de *L'esposizione di Parigi del 1878 illustrata*, Sonzogno).

103. Paris. Halles Centrales (V. Baltard, 1853; grade A. Joanne, *Paris illustré*).

cidade de Saltaire, projetada de acordo com um plano unitário dos arquitetos Lockwood e Mason; em 1864, entra em campo Octavio Hill (1838-1912, sobrinho do Dr. Southwood Smith, colaborador de Chadwick na pesquisa sanitária de 1842) que, com o auxílio de Ruskin, adquire e restaura algumas casas em Marylebone, dividindo-as em alojamentos mínimos que são alugados a preço suficiente para compensar as despesas. Também nos EUA, o milionário G. Peabody funda, em 1862, o Peabody Trust, para construir casas populares sem finalidades lucrativas.

Na Alemanha, os Krupp executam, entre 1863 e 1875, um primeiro grupo de vilas operárias nos arredores de Essen: Westend, Nordhof, Baumhof, Krönenberg.

Através de acertos e erros, forma-se assim, na segunda metade do século XIX, uma experiência técnica e jurídica sobre planos de cidades e sobre construção de bairros operários; os sistemas de projetar freqüentemente são inadequados e artificiosos e repetem as fórmulas geométricas da tradição barroca, mas agora são experimentados em contato com os problemas concretos da cidade industrial e assumem, pela diversidade dos conteúdos, um caráter novo.

Nas cidades européias, esses sistemas são adotados para transformar os precedentes organismos barrocos ou medievais, e dão resultados tanto melhores quanto mais se apegam aos caracteres tradicionais dos locais singulares; nos territórios coloniais, pelo contrário — onde começa justamente agora a fixação maciça de residentes europeus — os mesmos sistemas são aplicados de modo uniforme e mecânico, sem que gozem de qualquer vinculação com os organismos urbanos e as tradições locais, descobrindo, assim, de maneira mais clara, as contradições culturais que se encontram implícitas.

Nos dois decênios do Segundo Império, a praxe urbanística haussmanniana é estendida em grande parte às colônias. Em 1854, inicia-se a ampliação de Fort-de-France na Nova Caledônia e, em 1865, a de Saigon na Indochina; ainda em 1865, na embocadura do canal de Suez que está sendo construído, funda-se a nova cidade de Port Said; intensifica-se na Argélia a construção das novas cidades fundadas nos primeiros decênios da conquista — Orléansville, Philippeville — e dos bairros europeus ao lado da cidade indígena. Os bôeres começam, em 1855, a construir sua nova capital, Pretoria, e os ingleses ampliam as cidades australianas recentemente fundadas (Melbourne em 1836, Adelaide em 1837, Brisbane em 1840 depois da abolição da colônia penal).

A história da urbanística colonial ainda está por escrever, se bem que seja um dos aspectos mais conspícuos da expansão mundial européia durante o século XIX. Provavelmente um estudo analítico dessas intervenções serviria também para definir melhor o caráter dos protótipos europeus dos quais derivam.

5. Ecletismo e racionalismo na época de Haussmann

Os arquitetos desempenham um papel pequeno nas decisões do plano de Paris, e limitam-se a dar forma plausível aos edifícios encomendados pelo administrador, sem sair do âmbito das mencionadas discussões sobre os estilos. As novas tarefas, porém, e as vastas experiências tornadas possíveis pelos trabalhos de Haussmann solicitam, em termos culturais, o esclarecimento das polêmicas abstratas e apressam a crise da cultura acadêmica.

A polêmica entre neoclassicismo e neogótico — que tem seu ponto culminante em 1846, como já ficou dito — não pode terminar com a vitória de um ou de outro programa. De agora em diante, a maior parte dos arquitetos mantém em mente tanto o estilo clássico quanto o gótico, como alternativas possíveis e, naturalmente, não somente esses dois, mas também o românico, o bizantino, o egípcio, o árabe, o renascentista etc.

Assim torna-se explícita e difunde-se a posição que foi chamada de ecletismo, já contida virtualmente na direção retrospectiva tomada pelos neoclássicos e pelos românticos.

O ecletismo é favorecido pelo melhor conhecimento dos edifícios de todos os países e períodos; Delannoy publica, em 1835, um estudo sobre os monumentos de Argel;[9] Coste, em 1839, faz com que se conheçam os monumentos do Cairo[10] e, de 1843 a 1854, os da Pérsia;[11] na Inglaterra, O. Jones publica, em 1842, os relevos do Alhambra de Granada.[12]

9. DELANNOY, M. A. *Études artistiques sur la régence d'Alger.* Paris, 1835-37.
10. COSTE, P. *Architecture arabe, ou monuments du Caire.* Paris, 1839.
11. COSTE, P. *Voyage en Persie.* Paris, 1843.
12. JONES, O. *Plans, Elevations, Sections and Details of the Alhambra.* Londres, 1842-45.

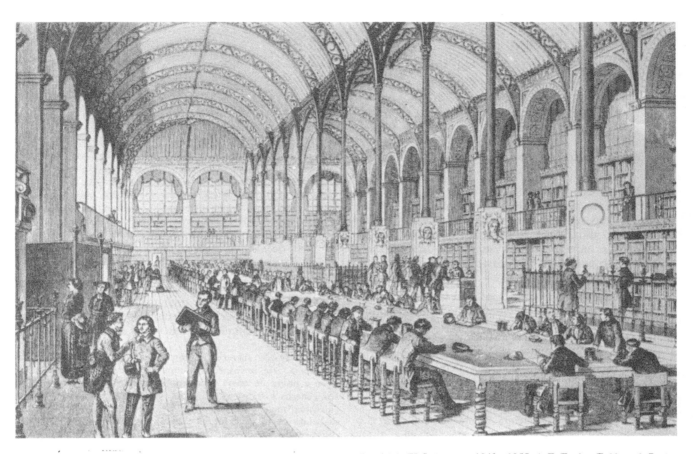

104, 105. Paris, interior da Bibliothèque Sainte-Geneviève e da Bibliothèque Impériale (H. Labrouste, 1843 e 1855; de E. Texier, *Tableau de Paris*, e A. Joanne, *Paris illustré*).

Circulam as primeiras histórias universais da arquitetura, como a de Gailhabaud. [13]

Os filósofos teorizam essa visão da história da arte como uma sucessão de estilos igualmente válidos; Hegel tenta interpretar dialeticamente a seqüência dos estilos como uma sucessão de tese, antítese e síntese, e considera o ciclo terminado em nossos dias, portanto acaba por recomendar o ecletismo a seus contemporâneos. [14]

A prática do ecletismo, por outro lado, é acompanhada por uma consciência culpada, difundida como nunca; os literatos de vanguarda o combatem desde o início, como T. Gauthier: "Gostaria de ter sido ladrão; é uma filosofia eclética"[15], e os arquitetos mais reflexivos expressam sua perplexidade pelas contradições que constatam todos os dias no exercício de sua profissão, tais como R. Kerr:

Em que estilo de arquitetura deverá ser sua casa? O próprio arquiteto muitas vezes coloca essa pergunta a seu cliente, no princípio de seu relacionamento e, se o cliente não é entendido nesse assunto, pode ficar um pouco maravilhado ao descobrir o que é convidado a fazer. Através do exercício de algum instinto ou capricho, deve escolher entre uma meia dúzia de "estilos" principais, todos mais ou menos incompatíveis entre si, todos providos de seus respectivos partidários e opositores, e tanto mais incompreensíveis quanto mais demoradamente são examinados — isto é, quanto mais demoradamente são consideradas suas contradições. O cliente perplexo aventura-se a sugerir que deseja somente uma simples casa confortável, em estilo nenhum ou no estilo confortável, se é que existe algum. O arquiteto naturalmente está de acordo; mas existem muitos estilos confortáveis, são todos confortáveis... Ele deve escolher o estilo de sua casa como escolhe o modelo de seu chapéu. Pode ter o estilo clássico, com ou sem colunas, arqueado ou travejado, rural ou urbano, ou ainda palantino; pode ter o elisabetano nas mesmas variedades, ou mesmo o renascentista; ou, para não falar em estilos menores, o medieval, o gótico que agora está muito na moda em todas as suas formas, do século XI, XII, XIII, XIV, como preferir, feudal, monástico, escolástico, eclesiástico, arqueológico, eclesiológico e assim por diante.

Mas, na verdade, prefiro que não. Desejo uma simples, sólida, cômoda casa para cavalheiro; e, peço licença para repetir, não quero nenhum estilo. Na verdade, prefiro não ter nenhum, creio que custaria um monte de dinheiro e provavelmente não iria me agradar. Olhe para mim; sou um homem de gostos muito simples; não sou clássico, nem elisabetano, creio que não sou renascentista e estou certo de que não sou medieval, não pertenço ao século XI, nem ao XII, nem ao XIII, nem ao XIV, não sou feudal, nem monástico, nem escolástico, nem eclesiástico, nem arqueológico, nem eclesiológico. Sinto muito, mas o senhor deve me tomar como sou e construir minha casa no meu estilo...

Por que ele (o inglês normal) não pode ter uma casa inglesa normal, construída para exigências inglesas normais?... [16]

Contudo, também podem-se ler com freqüência defesas abertas do ecletismo, as quais reproduzem certamente a opinião de um vasto setor do público:

Longe de merecer a censura de sacrificar-se à moda, jamais a arte se expressou com maior independência, e isso será a honra de nossa época, que acolhe todos os estilos, todos os gêneros e todas as maneiras, posto que, sendo a edificação artística mais completa e mais difundida, aprecia-se melhor a beleza de todas as obras e de todos os estilos, enquanto que antes tudo aquilo que não estava em conformidade com o gosto do dia era desprezado e refutado. Naqueles tempos, tinha-se tão pouco respeito pelos estilos fora de moda que um arquiteto encarregado de fazer a fachada de uma igreja gótica não hesitava em reconstruí-la em estilo completamente diferente, grego ou romano. Hoje, ao contrário, não existe mais moda nas artes; não somente todos os edifícios antigos foram reconduzidos a seu estado primitivo com uma consciência e uma erudição que honram nossos artistas, mas também vemos que o mesmo arquiteto constrói aqui, uma igreja renascentista, ali, uma igreja românica, mais além, uma prefeitura em estilo Luís XIV e um templo gótico; um outro, no mesmo bairro, faz uma casa Luís XV, uma caserna Luís XIII e um palácio de Justiça em belíssimo neogrego. [17]

É interessante notar que quase todos os ecléticos, a começar de Garnier, principiam protestando contra a reprodução dos estilos passados, e afirmam desejar interpretá-los e elaborá-los livremente. Na prática, a consciência pesada leva-os a jamais se contentar com as imitações que se fazem na época, a procurar novos pontos de partida e novas combinações, pesquisando nos setores menos conhecidos da história da arte.

J. I. Hittorf (1792-1868) e alguns alunos da Academia de França em Roma — Henri Labrouste (1801-1875), Victor Baltard (1805-1874) — descobrem a policromia dos edifícios antigos e enviam a

13. GAILHABAUD, J. *Monuments anciens et modernes des différents peuples à toutes les époques*. Paris, 1839. Trad. ingl., Londres, 1844.
14. *Vorlesungen über Aesthetik*. Leipzig, 1829.
15. GAUTHIER, T. *Les jeunes-France*. Paris, 1832, XIII.
16. KERR, R. The Gentleman's House, or How to Plan English Residence from the Personage to the Palace, Londres, 1869, citado em *Architectural Review*, v. 110 (1951), p. 205.
17. L. AVRAY, citado em J. WILHELM, *La vie à Paris*, Paris, 1947.

106. Viollet le Duc, sala com abóbada de ferro e alvenaria, 1864 (de *Entretiens sur l'architecture*, 1872).

Paris as primeiras reconstruções em cores. Daí nasce uma polêmica, sua tese é apoiada por Ingres, pelos alemães Semper e Hermann, e faz com que se conheça uma nova versão do repertório decorativo antigo; Hittorf, aluno de Bélanger, constata que essa linguagem adapta-se bem às construções de ferro, e a aplica no teatro Ambigu (1827) no Panorama e no Cirque d'Hiver nos Champs-Elysées, e com isso obtém experiência para enfrentar, mais tarde, vastas construções com cobertura metálica, como o Grand Hôtel (1856) e a Gare du Nord (1863).

Hittorf e Baltard, ambos protestantes, são os principais colaboradores de Haussmann nas obras de Paris. As relações entre Haussmann e os arquitetos são muito significativas; aquele lamenta que sua época "não tenha produzido nenhum dos artistas cujo gênero transforma a arte e a torna adequada às aspirações dos novos tempos",[18] censura com freqüência os artistas contemporâneos pela mesquinhez de suas concepções (como Hittorf, em relação aos edifícios de doze fechadas da Étoile) ou por falta de senso prático, e muitas vezes muda de projetista em meio a um trabalho. Entre os estilos, não tem preferência e considera-os como outros tantos possíveis acabamentos, a serem usados a cada vez de acordo com as conveniências; o estilo clássico parece-lhe ser mais adaptado aos edifícios representativos; porém, devendo construir a Mairie do primeiro *arrondissement* ao lado de Saint-Germain-l'Auxerrois, encomenda a Hittorf um edifício gótico e faz construir, com Théodore Ballu (1817-1874), entre as duas obras, uma torre em gótico puro a fim de salvaguardar a simetria.

O administrador intromete-se com decisão no projeto, sempre que lhe parece que o arquiteto não sabe comportar-se a contento. Para os Halles Centrales (Fig. 103), Baltard projeta, em 1843, um pavilhão em pedra, que é parcialmente executado, mas demonstra ser inutilizável; Haussmann determina sua demolição e que Baltard faça outro projeto, todo em ferro, abandonando toda preocupação estilística: "Somente me são úteis vastos guarda-chuvas, e nada mais". Ele conta que Napoleão III, ao ver o projeto, ficou maravilhado e preocupado: "Será possível que o mesmo arquiteto haja projetado edifícios tão diversos?", e Haussmann: "O arquiteto é o mesmo, quem é diverso é o administrador".[19]

18. HAUSSMANN, G.E. Op. cit., v. I, p. 32.
19. HAUSSMANN, G.E. Op. cit., v. III, p. 482.

Nesse caso, Haussmann atribui-se sem rodeios o mérito da idealização; Sédille, em 1874, afirma o contrário, talvez com maior fundamento. Baltard constrói a seguir vários outros edifícios com esqueleto metálico, tais como o matadouro de la Villette e a igreja de Saint-Augustin, mas não reencontra jamais a simplicidade e a medida dos Halles; pelo contrário, em Saint-Augustin, esconde inteiramente a estrutura em um revestimento em alvenaria, com todas as decorações tradicionais.

É difícil compreender tais descontinuidades na produção de um arquiteto indubitavelmente culto e bem dotado; ele passa, com facilidade, de uma pesquisa sincera sobre novos materiais a experimentos ociosos de contaminação estilística ou a *pastiches* banais a fim de contentar o gosto dominante. Sua figura exprime bastante bem a desorientação da cultura da época, não vinculada rigidamente à tradição e aberta a novas experiências, mas destituída de coerência e incapaz de encontrar, dentre as múltiplas estradas abertas, um caminho a ser percorrido com firmeza.

Dentre aqueles que lamentam as contradições do ecletismo, uma parte percebe que o discurso está sendo levado além das aparências formais e que é preciso ancorar as escolhas em razões objetivas, demonstráveis racionalmente. Estes são chamados de racionalistas, e exercem uma importante ação de estímulo e de censura com discursos que às vezes parecem prever os dos mestres modernos dos anos vinte, aos quais também será aplicado o mesmo qualificativo. A analogia, contudo, é somente verbal, pois no ato de projetar, os racionalistas oitocentistas não sabem como subtrair-se ao impasse do ecletismo e não sabem imaginar formas concretas senão tomando como referência algum dos estilos passados: clássicos ou medievais.

A figura mais importante do racionalismo neoclássico é Henri Labrouste; aluno da Academia e Grand Prix de Rome em 1824, fica por cinco anos na Villa Medici, estudando a arquitetura antiga, retorna a Paris em 1830 e abre uma escola particular de Arquitetura, ensinando uma estrita aderência às exigências da construção e das funções; projeta, em 1843, a Bibliothèque Sainte-Geneviève (Fig. 104) e, em 1855 a Bibliothèque Impériale (Fig. 105), onde emprega uma estrutura de ferro para obter ambientes internos espaçosos, se bem que a feche com um invólucro em pedra decorada à antiga.

As idéias de Labrouste não são novas. Seu discurso sobre a construção e a função é semelhante ao de Durand, porém agora tais afirmações adquirem uma coloração ideológica precisa; é a época em que Comte publica o *Cours de philosophie* (1845) e o *Discours sur l'esprit positif* (1844), em que Courbet proclama o realismo pictórico e Daumier ataca, com sua sátira pungente, a sociedade burguesa. Hector Horeau (1801-1872), da mesma idade de Labrouste, propaga as mesmas idéias com singular ardor e combate ao mesmo tempo a Academia e a reação política; em 1872, adere à Comuna, como Courbet, e termina na prisão.

A Revolução de 1848 assinala o ponto máximo dessas esperanças progressistas, onde arte, ciência e política aparecem quase identificadas entre si; o curso dos acontecimentos sucessivos, a vida movimentada da Segunda República e o advento do Império constituem um golpe muito grave para essas forças culturais, produzindo a dispersão e o isolamento dos melhores.

Em 1856, Labrouste fecha sua escola; os alunos passam para o *atelier* de Eugène E. Viollet le Duc (1814-1879) que, desse momento em diante, transforma-se no chefe reconhecido da corrente racionalista. Viollet le Duc pertence à geração mais jovem, não possui a intransigência nem o ardor de Labrouste ou de Courbet, possui um extraordinário aparelhamento científico e preocupa-se em não perder contato com o mundo oficial; é amigo da Imperatriz e exerce uma certa influência sobre o próprio Napoleão. Em 1852, inicia em várias revistas uma campanha contra o ecletismo, sustentando que a arquitetura deve estar baseada nas funções e no respeito aos materiais; as críticas ao ecletismo terminam apontando uma presa determinada: a Academia que controla a École des Beaux-Arts, os Grands Prix, os encargos importantes. Em 1863, ele consegue do Imperador uma reforma da Academia para uma orientação mais liberal.

Viollet le Duc é o sustentador da direção neogótica, mais elimina em sua polêmica toda referência romântica ou sentimental; a seus olhos de cientista, o gótico não tem nada de confuso ou misterioso, pelo contrário, é apreciado exatamente pela clareza do sistema de construção, pela economia das soluções, pela correspondência precisa entre os programas de distribuição. Contrapondo o gótico ao classicismo, Viollet le Duc deixa claro, embora permanecendo dentro dos termos da cultura historicista, o caráter arbitrário e convencional das pretensas leis gerais da arquitetura defendida pela Academia, e contrapõe a elas outras leis, menos ambiciosas, porém mais conformes à realidade concreta: o uso apropriado dos materiais, a obediência às necessidades funcionais. Ocupa-se também do ferro e propõe que o mesmo seja usado segundo suas características peculiares, e não como substituto dos materiais tradicionais (Fig. 106).

A reviravolta que Viollet le Duc imprime ao movimento neogótico, associando-o com o racionalismo, é importantíssima; também ele, assim como seus adversários acadêmicos, empenha-se na tarefa contraditória de demonstrar o valor geral e atual de uma linguagem calcada em modelos passados, porém é menos fácil, no neogótico, dar como manifestos certos preceitos fundados somente no hábito, confundir a tradição com a racionalidade, pois o neogótico não possui atrás de si a continuidade de uma tradição próxima, antes exige, em primeiro lugar, uma polêmica contra os hábitos recentes.

Por essa razão o neogótico, onde quer que prospere, produz um salutar reexame de herança artística do passado e convida a uma análise mais destituída de preconceitos dos processos de construção modernos; com efeito, os livros de Viollet le Duc, que circulam por todo o mundo, têm grande importância para a formação da geração subseqüente, da qual saem os mestres da *art nouveau*.

107, 108. Londres, duas vistas do Palácio de Cristal (do Victoria and Albert Museum e de *La grande esposizione di Londra*, Tip. Subalpina, Turim, 1851).

4. ENGENHARIA E ARQUITETURA NA SEGUNDA METADE DO SÉCULO XIX

1. As Exposições universais

Os progressos da engenharia na segunda metade do século XIX podem ser seguidos através das Exposições Universais, de 1851 em diante.

As Exposições de produtos industriais dizem respeito à relação direta que se estabelece entre produtores, comerciantes e consumidores depois da abolição das corporações. A Première Exposition des Produits de l'Industrie Française é organizada em Paris sob o Diretório, seis anos após a proclamação da liberdade de trabalho.

Durante a primeira metade do século XIX, as Exposições permanecem nacionais; isso deve-se ao fato de que quase todos os países, com exceção da Inglaterra, impõem fortes limitações ao comércio externo a fim de proteger as nascentes indústrias locais. Somente depois de 1850 é que a situação é modificada; primeiro a França, depois os outros países, atenuam as barreiras alfandegárias, e as novas possibilidades do comércio internacional refletem-se nas Exposições, que se tornam universais, pondo em confronto produtos de todo o mundo.

A primeira Exposição Universal é aberta em Londres em 1851. Os autores dessa iniciativa são Henry Cole — do qual se falará no Cap. 6 — e o príncipe consorte Alberto; escolhe-se como sede o Hyde Park, e institui-se em 1850 um concurso internacional para o edifício a ser construído, do qual participam 245 competidores, dentre os quais 27 franceses. O primeiro prêmio é vencido por Horeau com um armazém em ferro e vidro, porém nenhum dos projetos é considerado exeqüível porquanto todos, inclusive o vencedor, empregam um esqueleto de grandes elementos não recuperáveis depois da demolição. Por essa razão, o Comitê de Construção redige um projeto de ofício e convida as empresas a apresentar ofertas de empreitada, sugerindo as eventuais modificações. Neste ponto, intervém Joseph Paxton (1803-1865), construtor de estufas, que prepara às pressas um projeto, solicita a proteção de Robert Stephenson, membro do Comitê, e publica os desenhos no *Illustrated* de Londres; agora, contudo, o Comitê está vinculado à decisão tomada, e assim Paxton associa-se aos empreiteiros Fox e Henderson e apresenta seu projeto ao concurso de empreitadas, fazendo-o passar como variante do projeto do Comitê.

A oferta é muito arriscada, porque as quantias em jogo são muito grandes e os preços dos elementos singulares de ferro, de madeira e de vidro devem ser fixados com grande exatidão, em um espaço muito curto de tempo. Dickens descreve o projeto com as seguintes palavras, em *Household Words*:

> Dois empresários de Londres, contando com a conscienciosidade e a boa fé de certos mestres ferreiros e vidraceiros da província e de um carpinteiro de Londres, obrigaram-se mediante uma soma fixa e no prazo de quatro meses a cobrir dezoito acres de terreno com um edifício com mais de um terço de milha de comprimento (1 851 pés, que correspondem ao ano da Exposição) e com cerca de 450 pés de largura. Para fazê-lo, o vidraceiro promete entregar, no prazo determinado, 900 000 pés quadrados de vidro (pesando mais de 400 toneladas) em lâminas separadas, as maiores jamais construídas em vidro para caixilho, tendo cada uma destas 49 polegadas de comprimento; da mesma forma, o mestre fer-

129

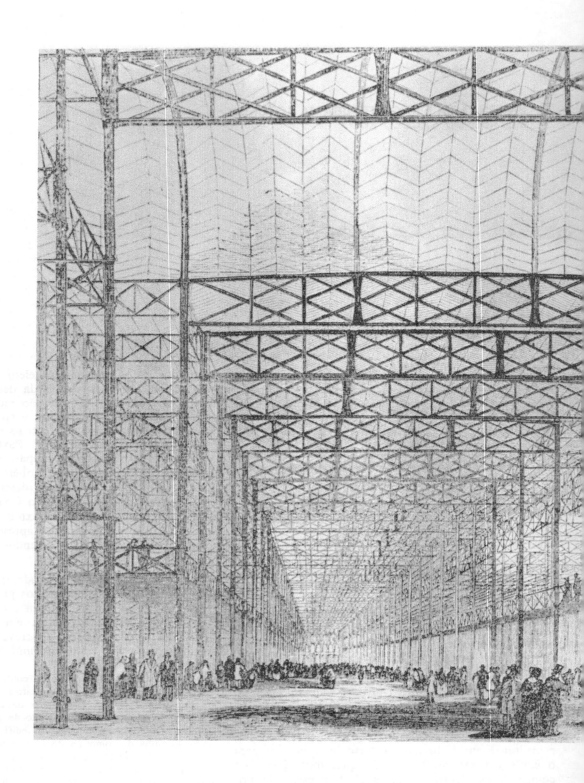

109. Londres, interior do Palácio de Cristal (de *La grande esposizione di Londra* cit.).

reiro promete fundir em tempo conveniente 3 300 colunas de ferro, variando em comprimento desde 14 pés e meio até 20 pés, 24 000 tubos destinados a formar uma rede subterrânea para coligar sob a terra todas as colunas, 2 224 travessas e 1 128 pranchas para as galerias; o carpinteiro encarregou-se de fornecer 205 000 caixilhos e o tablado necessário para essa enorme jaula de 33 000 000 de pés cúbicos, sem falar da enorme quantidade de anteparos divisórios e de outros trabalhos em madeira. [1]

A oferta resulta ser a mais baixa, e a obra de fato é executada, ficando dentro dos limites da previsão; o projeto original não inclui o transepto, que é acrescentado para respeitar algumas grandes árvores. O custo total é de um *penny* e 1/12 por pé cúbico.

A economia do projeto depende de várias previsões: a pré-fabricação completa, a rapidez da montagem, a possibilidade de recuperação integral e a experiência técnica adquirida por Paxton na construção de estufas. Os montantes em tubos de gusa servem também como calhas para as águas pluviais e as ligações horizontais, na base, são também os coletores que descarregam a água nos esgotos; assim, o edifício, pode-se dizer, apóia-se na instalação hidráulica. O problema da condensação nos vidros foi resolvido decompondo-se todo o telhado em superfícies inclinadas, de maneira a evitar as goteiras, e levando a água por uma canaleta na travessa inferior de cada caixilho de madeira até as calhas. O pavimento foi elevado em quatro pés; o espaço inferior serve para ventilação e contém um dispositivo para recolher o pó.

O Palácio de Cristal — assim é chamado o edifício — suscita grande admiração, embora críticos eminentes como Ruskin apresentem suas reservas. Escreve o *Times*:

Uma ordem de arquitetura inteiramente nova, que produz os efeitos mais maravilhosos e admiráveis com meios de inatingível habilidade técnica, veio à luz para fornecer um edifício. [2]

L. Bucher, emigrado político alemão:

O edifício não encontrou oposição, e a impressão produzida em todos os que o vêem foi de tão romântica beleza que se podia ver reproduções do Palácio nas paredes de fábricas em remotas aldeias alemãs. Considerando esse edifício não executado em sólida alvenaria, os observadores não tardaram a compreender que as regras segundo as quais a arquitetura era julgada até então não eram mais válidas. [3]

Depois da Exposição, o palácio é desmontado e remontado em Sydenham, em uma colocação rural idealizada pelo mesmo Paxton, onde fica até o incêndio de 1937.

A importância do Palácio de Cristal não se encontra na solução de importantes problemas de estática, nem na novidade dos procedimentos de pré-fabricação e tampouco nas previsões técnicas, mas sim no novo relacionamento que se estabelece entre os meios técnicos e os fins representativos e expressivos do edifício.

As descrições da época, como a nota de Bucher, insistem na impressão de irrealidade e de espaço indefinido:

Podemos entrever uma delicada rede de linhas sem termos qualquer chave para julgar sua distância do olho ou suas várias dimensões. As paredes laterais estão muito distanciadas para que possam ser abrangidas por um só olhar. Ao invés de correr de uma parede terminal à outra, o olho vagueia por uma perspectiva sem fim que se desvanece no horizonte. Não estamos aptos a afirmar se este edifício ergue-se cem ou mil pés acima de nós, e se o telhado é plano ou é composto por uma sucessão de costelas, porque não existe jogo de luz e sombra que permita a nossos nervos ópticos estimarem as medidas. Se deixarmos nosso olhar ascender, ele encontra as traves de ferro pintadas de azul. Inicialmente, estas sucedem-se apenas a amplos intervalos, depois tornam-se cada vez mais freqüentes, até que são interrompidas por uma cegante faixa de luz — o transepto — que se dissolve em um fundo longínquo onde todo elemento natural se funde na atmosfera [4] (Fig. 109).

Essa impressão não é tanto devida ao uso do vidro — já existiam muitos edifícios do gênero: as próprias estufas de Paxton e de Burton, o Jardin d'Hiver de Paris, as estações ferroviárias — quanto, provavelmente, ao pequeno tamanho dos elementos arquitetônicos singulares, tamanho esse contrastando com as dimensões gerais, e à impossibilidade de abarcar todo o edifício com um só olhar. Não obstante o comprimento total fosse de mais de 550 metros, a nave principal tem apenas 21,5 metros de largura, e os suportes de gusa distam apenas 7 metros; o módulo

---

1. Tradução italiana em *La grande esposizione di Londra*, Turim, 1851, disp. 1.
2. Número de 12 de junho de 1852, citado em J. RUSKIN, *The Opening of the Crystal Palace Considered in some of its Relations to the Prospects of Art*, Londres, 1852.

3. BUCHER, L. *Kulturhistorische Skizzen aus der Industrieausstellung aller Völker*. Frankfurt-sobre-o-Meno, 1851, citado em S. GIEDION, *Spazio tempo e architettura*, trad. it., Milão, 1954, pp. 243-244.
4. GIEDION, S. Op cit., p. 244.

110, 111, 112. Londres, Palácio de Cristal: uma fotografia original do interior, um detalhe de montagem e o esboço original de Paxton (Victoria and Albert Museum).

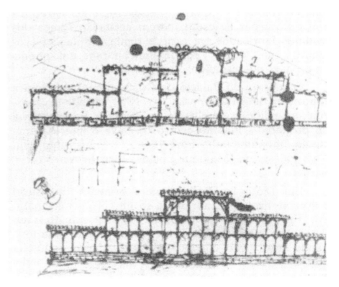

fundamental de 8 pés repete-se, no comprimento, por duzentas vezes, e nota-se que no primeiro momento o transepto não fora previsto, de modo que o edifício não possuía um centro óptico e devia apresentar-se como um trem de comprimento indefinido. Uma composição semelhante, baseada na repetição de um motivo simples, aparentemente assemelha-se aos modelos da tradição neoclássica, e o elemento recorrente, a uma ordem arquitetônica, porém as relações e as dimensões adotadas modificam completamente o resultado e dão a impressão, mais do que de um objeto unitário e concluso, de uma extensão indefinida, qualificada de maneira sempre mutável pelos objetos expostos e pelos visitantes que a percorrem.

De modo análogo, as ruas e as praças de Haussmann, onde as regras tradicionais da perspectiva são aplicadas a espaços demasiadamente grandes, não se fecham mais sobre si mesmas e transformam-se em ambientes sem confins, qualificados dinamicamente pelo trânsito que se desenrola.

O caráter límpido e corajoso do Palácio de Cristal londrino depende de várias circunstâncias: da formação de seu idealizador — que não é arquiteto, mas sim engenheiro perito em jardinagem, e não possui as preocupações monumentais que perturbam os projetistas dos demais edifícios similares construídos mais tarde — e da influência de Sir Henry Cole, teórico do desenho industrial que é um dos incitadores da Exposição e que provavelmente sugere a colocação adequada em confronto com a técnica industrial: nem exultação retórica, ostentando estruturas sensacionalistas, nem desconfiança literária, mascarando as estruturas com decorações de estilo, porém aceitação franca dos produtos fabricados em série e rígidas limitações econômicas que, desta vez, desempenharam um importante papel no resultado arquitetônico.

O sucesso do Palácio de Cristal é enorme: para a Exposição de Nova York, em 1853, decide-se construir um edifício semelhante — também Paxton envia um projeto — mas no centro da nave é inserida uma cúpula monumental. Em 1854, é construído um Glass-Palast em Munique, pelos engenheiros Voit e Werder.

Em 1855, em Paris, para a primeira Exposição Universal Francesa, apresenta-se um problema análogo. Fr. A. Cendrier (1803-1893) e Alexis Barrault (1812-1867)) preparam, em 1852, o projeto para uma grande construção em ferro e vidro, mas a indústria francesa não está apta, como a inglesa, a responder às solicitações, e decide-se a circundar o edifício com um revestimento de alvenaria, limitando o ferro à cobertura da sala; o projeto da arquitetura externa é preparado por J. M. V. Viel (1796-1863), o da cobertura, por Barrault. O edifício, que toma o nome de Palais de l'Industrie, é construído nos Champs-Elysées, e é utilizado em todas as Exposições sucessivas até a de 1900, quando é demolido para deixar lugar ao Grand-Palais (Figs. 113 e 114). A sala mede 48 x 192 metros e, naquele tempo, constitui o maior ambiente coberto de ferro sem sustentação intermediária.

A Exposição de 1855, promovida por Napoleão III durante a Guerra da Criméia, deve servir para reforçar o prestígio do Império e para mostrar os progressos da indústria francesa, pronta a competir em pé de igualdade com a estrangeira. Dentre os muitos produtos expostos, vê-se um estranho tubo de concreto sustentado por uma armação interna de ferro, devido a J. L. Lambot. Por enquanto, contudo, é somente uma curiosidade. Muitas outras realizações no campo das construções chamam a atenção dos visitantes: as máquinas de construir, guindastes e escavadoras, que tornam possível o trabalho de Haussmann, as vigas de fundação batidas com o ar comprimido inventado em 1841 por Trigier, as lâminas onduladas para cobertura já usadas por Flachat em 1853 na Gare des Marchandises de l'Ouest, as coberturas de zinco, as telhas feitas em estampos, as lajes de pedra serradas mecanicamente na pedreira, os pavimentos em madeira executados em série expostos na seção canadense, as instalações de aquecimento por circulação de água ou de vapor, as instalações de ventilação já adotadas em vários teatros e nos hospitais.

A segunda Exposição Universal de Paris, em 1867, é organizada no Campo de Marte, em um edifício provisório de forma oval, composto por sete galerias concêntricas; a mais externa e maior, para as máquinas, as demais, destinadas às matérias-primas, ao vestuário, à mobília, às artes liberais, às belas-artes, à história do trabalho; no centro, encontra-se um jardim descoberto, contendo um pavilhão para as moedas, os pesos e as medidas (Fig. 116). Cada nação recebe um setor, compreendendo uma parte das sete galerias: "percorrer o circuito deste palácio circular como o equador — diz a publicação oficial — é literalmente dar a volta ao mundo; todos os povos estão presentes, os inimigos vivem em paz uns ao lado dos outros". [5]

A Galerie des Machines, com um vão de 35 metros, é sustentada por arcos metálicos; as pressões são eliminadas prolongando-se as pilastras até o exterior,

5. GIEDION, S. Op. cit., p. 251.

113, 114. A sala construída nos Champs Elysées para a Exposição de Paris de 1855 (de *L'Esposizione de Parigi del 1889 illustrata*, Sonzogno e de A. Joanne, *Paris illustré*).

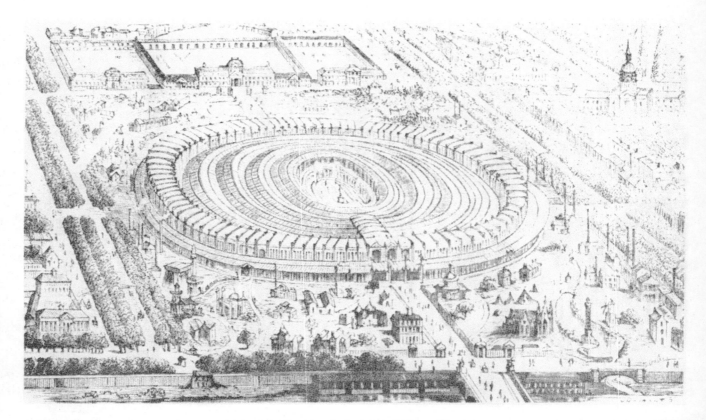
115, 116. Vista geral e passeio externo do edifício para a Exposição de Paris de 1867 (da publicação internacional autorizada pela Comissão imperial, ed. italiana Sonzogno, e de *Paris-Guide par les principaux écrivains de France*).

117, 118. Viena, a Exposição de 1873 (de *L'Esposizione universale di Vienna del 1873 illustrata*, Sonzogno).

e ligando-as com vigas por cima da abóbada envidraçada. J. B. Krantz, projetista do edifício, encomenda as armações metálicas à oficina que um jovem engenheiro, Gustave Eiffel (1832-1923), acabou de abrir em Lavellois-Perret; Eiffel encarrega-se também dos cálculos e das verificações experimentais.

Essa construção provisória é muito criticada pelos parisienses, acostumados aos projetos monumentais; por exemplo, Kaempfen escreve:

> Palácio? Será o nome a ser dado a esta vasta construção que encerra em seu perímetro os mais numerosos produtos da arte e da indústria jamais reunidas em um só local? Não, se essa palavra implicar necessariamente a idéia de beleza, de elegância e de majestade. Não é bela, nem elegante, nem mesmo grandiosa, essa enorme massa de ferro e tijolos, cujo conjunto o olhar não consegue abranger; é pesada, baixa, vulgar. Porém, se é suficiente que um edifício, mesmo destituído de tudo aquilo, contenha incalculáveis riquezas, então por certo é um palácio esse estranho objeto, que não tem precedentes na arquitetura. [6]

São observações semelhantes àquelas feitas em relação ao Palácio de Cristal, ora usadas como louvor, ora como censura.

Os objetos expostos nesse edifício testemunham os rápidos progressos alcançados, depois de doze anos, em todos os setores; na edificação, a novidade mais aparente é o elevador hidráulico apresentado por L. Eydoux; também estão expostas as caixas em concreto armado de J. Monier, patenteadas exatamente naquele ano. Os objetos de ferro são numerosíssimos e atestam os progressos da indústria siderúrgica, após a invenção do conversor Bessemer; dali a pouco, em 1873, Jules Saulnier (1828-1900) poderá construir o primeiro edifício com esqueleto de aço, a oficina Mernier em Noisiel-sur-Marne.

Seis anos mais tarde, inaugura-se em Viena a Exposição Universal de 1873; o edifício construído no Prater é obra do arquiteto inglês Scott Russel, e é dominado por uma gigantesca rotunda com 102 metros de diâmetro (Figs. 117 e 118). Outra Exposição é aberta na Filadélfia em 1876 (Fig. 119).

Apenas em 1878, depois dos parênteses da guerra e da Comuna, é que Paris se encontra em condições de hospedar novamente uma Exposição Universal. São construídos, nessa ocasião, dois grandes edifícios: um, provisório, no Campo de Marte e outro, permanente, do outro lado do Sena, formando um eixo com o precedente, na colina de Chaillot: o Palais du Trocadéro.

O edifício provisório é devido a Léopold Hardy (1829-1894); na fachada para o Sena, as paredes não são de tijolos, mas de cerâmica multicolorida, e a construção possui um aspecto de bastante vivacidade, embora esteja carregada de decorações ecléticas, uma vez que evita atribuir ao ferro um caráter estilístico tradicional e, ao mesmo tempo, retira-lhe seu caráter unitário, incompatível com as finalidades representativas.

Escreve um jornalista da época:

> Toda esta fachada setentrional é construída em ferro, e em ferro fundido; porém, como o leitor pode facilmente comprovar, ao menos em relação ao pavilhão central da fachada, o arquiteto soube com rara habilidade evitar os riscos, existentes quando se adotam os metais, de construir um edifício com aspecto de um mercado ou de uma oficina, mais do que de um palácio. Desterrando as formas convencionais e eliminando o tijolo ou o gesso como materiais de enchimento, ele adotou, para recobrir as partes muradas, lâminas de maiólica colorida: não se envergonha de apresentar ao público uma fachada policrômica, na qual os emblemas e as armas das várias nações formarão um dos principais motivos de ornamentação [7] (Fig. 121).

As duas Galeries des Machines possuem um vão não maior do que a de 1867, porém o engenheiro De Dion desenhou os arcos transversais com um perfil ogival rebaixado, o que permite eliminar as tensões e, portanto os contrafortes externos ou internos (Fig. 120).

As estruturas dos vestíbulos são calculadas por Eiffel, que se dedica, ao mesmo tempo, aos grandiosos projetos das linhas ferroviárias portuguesas e que, exatamente nesse ano, inaugura a ponte Maria Pia sobre o Douro.

O Trocadéro é projetado por G. J. A. Davioud (1823-1881) e por J. D. Bourdais (1835-1915); a idéia de uma construção permanente é associada necessariamente com a de uma estrutura em alvenaria, e emprega-se o ferro somente para a cobertura, sendo as demais partes recobertas de uma abarcante decoração eclética. O edifício foi demolido recentemente a fim de deixar espaço para o Palais de Chaillot.

Depois de 1878, as Exposições Universais multiplicam-se em todas as partes: em Sidney em 1879,

---

6. Em *Paris — Guide par les principaux écrivains et artistes de la France*, Paris, 1867, p. 2 007.

7. *L'Esposizione de Parigi del 1878 ilustrada*. Milão, 1878. p. 3.

119. Filadélfia, um interior da Exposição Universal de 1876 (de *L'Esposizione universale de Filadelfia*, Sonzogno).
120, 121. Paris, a Galerie des Machines de 1878 e vista geral da Exposição (de *L'Esposizione di Parigi del 1878 illustrata*, Sonzogno).

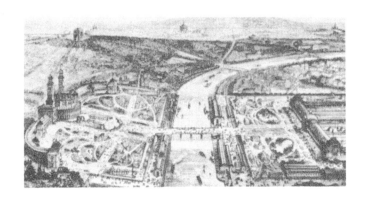

em Melbourne em 1880, em Amsterdã em 1883, em Antuérpia e New Orleans em 1885, em Barcelona, Copenhague e Bruxelas em 1888.

A Exposição de Paris de 1889, no centenário da tomada da Bastilha, é, sob muitos aspectos, a mais importante de todas estas resenhas do século XIX; também ela é organizada no Campo de Marte e compreende um conjunto articulado de edifícios: um palácio com planta em U, a Galerie des Machines e a torre de 300 metros, construída por Eiffel no eixo da ponte que leva ao Trocadéro.

O Palácio projetado por J. Formigé (1845-1926) é uma obra pesada e complicada, com uma cúpula sobrecarregada de ornamentos; mas a Galerie e a Torre, se bem que carregadas de decorações nem sempre felizes, são as marcantes dentre as construídas até então em ferro, e, por suas dimensões, colocam também novos problemas arquitetônicos.

A Galerie des Machines é projetada por Ch. L. F. Dutert (1845-1906), o qual se serve dos engenheiros Contamin, Pierron e Charton (sorte estranha a de Contamin, que foi confundido por muitos autores com o pioneiro do concreto armado, Cottancin, como se se tratasse de um mestre medieval de identidade controversa); para seus contemporâneos, o projetista é sem dúvida Dutert, Prix de Rome.

O grande ambiente de 115 x 420 m é sustentado por arcadas de ferro com três charneiras; este sistema já foi experimentado em algumas estações alemãs e permite, agora, que seja coberto, sem qualquer sustentação intermediária, um grande espaço quase igual a todo o Palácio de Cristal de trinta e oito anos antes (Figs. 122-125).

Os contemporâneos reagem a esse edifício com estupor e incerteza. Os leigos geralmente ficam entusiasmados e confundem em sua admiração a grandeza da sala, as realizações técnicas e os acabamentos decorativos:

A vista estende-se por meio quilômetro absolutamente vazio e claro, que permite entrever, de uma extremidade a outra, as fachadas com vidros multicoloridos e a curvatura graciosa dos sustentáculos, cujos dois arcos idênticos, reunidos no ponto mais alto, se assemelham a duas plantas enormes... Para remediar os deslocamentos que seriam gerados pela inevitável dilatação das partes metálicas — dilatação produzida pela ação dos raios do sol — ou pela contração pelo contato com o gelo, os cordões de toda a volta foram articulados em três pontos: nas duas bases e no cimo. Avizinhando-nos a uma pilastra, percebem-se facilmente essas articulações, ou seja, charneiras, que deixam o metal livre para gozar de todas as suas propriedades físicas. [8]

A abóbada transparente é de um arco perfeito, fechada com vidros brancos variados com algum desenho azulado, simples e harmonioso, sendo que o mesmo ocorre com as duas vidraças que o fecham a norte e a sul do Palácio. Enquanto estava vazio, o gênero de construção — ferro e vidro — dava-lhe uma tal leveza... que um poeta exclamou: "Pena que será desperdiçado pondo-se máquinas nele". Agora as máquinas já estão ali; não direi, como meu amigo, que seria melhor se não estivessem, porém, se não o digo... penso-o. [9]

O metal foi dobrado de acordo com todas as exigências artísticas. Até agora não se acreditava ser possível extrair do ferro efeitos artísticos convenientes. O aspecto sutil e fraco deste metal, as dificuldades de suavizar suas formas, haviam feito com que a maioria dos arquitetos o deixasse de lado. A tentativa foi satisfatória... As colunas da tribuna foram construídas, não em gusa, segundo o uso clássico, mas sim em ferro e em chapa, com desenhos agradáveis. As balaustradas e as grades da escada são mesmo em ferro normal de comércio, em forma de U ou de T. Toda a estrutura aparente é igualmente composta por elementos semelhantes que inauguraram as formas novas para a arquitetura em ferro... Apesar do desenvolvimento das belas galerias laterais, o olhar custa a se habituar a essas dimensões tão inauditas e fica desconcertado em presença de tanta imensidão. Até mesmo o arco rebaixado das arcadas engana o olhar e não dá a todos a exata noção da altura do edifício: o olho habituar-se-á pouco a pouco a essas perspectivas gigantescas; inicialmente surpreso, terminará admirando tudo. É a visão do grande. [10]

Os escritores mais importantes nutrem admiração, porém com reservas, tais como E. Renan:

Creio que esse grande esforço produziu uma bela obra em seu gênero de beleza, ao qual não estamos acostumados, mas que é necessário admitir. As cúpulas de ferro, evidentemente, não possuem nada de semelhante com as de Santa Sofia ou de São Pedro... Por outro lado, é preciso ter em mente que aqui não se empreendeu uma obra duradoura. Ela é tanto mais surpreendente porquanto nos aparece, com seu caráter efêmero, como uma prodigiosa prodigalidade. [11]

Muitos arquitetos, mesmo os da escola racionalista, como A. de Baudot, criticam as proporções por demais rebaixadas e os detalhes, sobretudo a junta em charneira que enfraquece visivelmente a base dos arcos.

8. *L'Esposizione di Parigi del 1889 illustrata*. Milão, 1889, p. 83.
9. FOLCHETTO. *Parigi e l'Esposizione universale del 1889*. Milão, 1889. p. 22.
10. PARVILLE, H. de. *Parigi e l'Esposizione universale del 1889*. cit. p. 62.
11. *L'Esposizione di Parigi del 1889 illustrata* cit. p. 31.

122, 123, 124. Paris, a Galerie des Machines de 1889 (de *Figaro Exposition*, de S. Giedion, *Space, Time and Architecture* e de *Parigi e l'esposizione universale del 1889* de Trèves).

125. Paris, vista da Galerie des Machines de 1889 (de *L'Esposizione di Parigi del 1889 illustrata*, Sonzogno).

Outros peritos, pelo contrário, aprovam a correspondência entre a estrutura e o revestimento arquitetônico:

> Este monumento não só anuncia de longe sua destinação mas também revela a intenção de seu construtor, faz com que um só olhar abranja, em suas infinitas variedades, as aplicações da ciência moderna a serviço do construtor. A finalidade parece ter sido plenamente atingida. Estudem-se as maneiras de atingi-la, a leveza da estrutura, o lance arrojado da curva graciosa dos arcos que fendem o espaço como as asas abertas de um pássaro no vôo. [12]

A Galerie des Machines é por demais vasta para que os espectadores circulem como simples pedestres em torno das grandes maquinarias; para tal finalidade, são instaladas duas pontes móveis, que percorrem, à meia altura, o comprimento de toda a sala e transportam os visitantes por cima dos objetos expostos (Fig. 125). Essa medida não é ditada somente pela necessidade de circulação, mas também pelo caráter do ambiente, como se pode verificar pelas gravuras e pelas fotografias; com efeito, a vastidão do vão é animada e reconduzida a uma escala humana não pela conformação das paredes, mas pelos objetos e pelas pessoas em movimento que nele são contidos, e é compreensível somente em relação a estes. Basta confrontar uma das vistas usuais da sala vazia (por exemplo, a nota fotográfica reproduzida por Giedion, Fig. 123) com o clichê do *Figaro* da Fig. 122, imaginando o movimento das pontes, dos órgãos mecânicos e das personagens; quando o primeiro plano encontra-se repleto de objetos mutáveis, o olhar não julga mais o conjunto da sala como um vão fechado, mas sim como um ambiente ilimitado, definido por um ritmo recorrente a perder de vista, como as ruas de Haussmann.

É, por conseguinte, correto dizer que esse edifício não pode ser julgado segundo os critérios tradicionais, não pelo desenho de Dutert que obedece, em definitivo, aos cânones tradicionais, com uma relação entre largura e comprimento de 1:3,6 e uma simetria ostensiva, mas sim pelo caráter dinâmico que adquire o projeto, dadas as dimensões insólitas, o mobiliário e a presença da multidão.

A Galerie des Machines infelizmente foi demolida em 1910, e não é possível verificar a veracidade dessas conclusões. Entretanto, encontra-se de pé a segunda realização célebre da Exposição Universal de 1889: a torre de 300 metros construída por Eiffel.

Eiffel confia o projeto, em 1884, a dois engenheiros empregados em sua empresa, Nouguier e Koechlin, e lembra que "eles haviam sido levados à idéia de construir uma torre em ferro pelos estudos feitos em comum sobre altos pilares metálicos de pontes". [13] A parte arquitetônica deve-se ao arquiteto Sauvestre (Figs. 126-129). O projeto é reelaborado nos dois anos seguintes, e os trabalhos têm início em princípios de 1887.

O perfil da torre é calculado de maneira que resista à ação do vento, e Eiffel propõe que as formas fixadas pelos cálculos confiram às costelas uma forma agradável:

> O primeiro princípio da estética arquitetônica prescreve que as linhas essenciais de um monumento devem adequar-se perfeitamente a sua destinação. E qual lei tive de levar em conta em relação à torre? A resistência ao vento. Pois bem, sustento que as curvas das quatro costelas, da maneira pela qual foram expressas pelos cálculos..., darão uma grande impressão de força e de beleza, porque tornarão sensível à visão o arrojo da concepção do conjunto, ao mesmo tempo que os numerosos vazios escavados nos próprios elementos farão ressaltar energicamente o cuidado constante de não oferecer à violência dos furacões superfícies perigosas para a estabilidade do edifício. [14]

Como se sabe, um grupo de artistas e literatos protesta publicamente contra a construção da torre em ferro, com uma carta aberta a Alphand, comissário da Exposição:

> Nós, escritores, pintores, escultores, arquitetos, apaixonados amantes da beleza de Paris, até agora intacta, protestamos com todas as nossas forças, em nome do gosto francês renegado, contra a construção, em pleno coração de nossa capital, da inútil e monstruosa Torre Eiffel, que a maldade pública, freqüentemente inspirada pelo bom senso e pelo espírito de justiça, já batizou com o nome de Torre de Babel. A cidade de Paris irá associar-se mais uma vez à barroca, à mercantil imaginação de uma construção (ou de um construtor) de máquinas, para enfear-se irremediavelmente e para desonrar-se? Porque a Torre Eiffel, que não desejaria para si mesmo a comercial América, é a desonra de Paris, não tenham dúvida. É necessário, a fim de perceber aquilo que estamos entrevendo, imaginar por um instante uma torre vertiginosa e ridícula que domine Paris como uma gigantesca e escura chaminé de fábrica, todos os nossos monumentos humilhados, toda a nossa arquitetura diminuída, até desaparecer neste sonho chocante. E, por vinte anos, veremos alongar-se,

---

12. R. MARX, em *L'Architecture*, 1890, p. 382, cit. em L. HAUTECOEUR, *Histoire de l'architecture classique en France*. Paris, 1957, t. VIII, pp. 402-403.

13. Cit. em L. HAUTECOEUR, op. cit., t. VII, p. 405.
14. Cit. em M. BESSET, *Gustave Eiffel*, trad. it., Milão 1957, pp. 17-18.

126, 127, 128. Paris, Exposição de 1889: vista geral (de *L'Esposizione universale de Parigi del 1889*, Sonzogno), uma caricatura de Eiffel e a torre Eiffel (do *Figaro-Exposition*).
129, 130, 131. Três estruturas de Eiffel: a base da torre Eiffel de 1889, o Bon Marché de Paris (1876) e a ponte ferroviária sobre o Garabit (1880).

como uma mancha de tinta, a sombra odiosa da odiosa coluna de ferro cheia de rebites. A vós, Senhor e caro compatriota, a vós que tanto amais Paris, que a haveis embelezado, cabe a honra de defendê-la ainda. E, se nosso grito de alarme não for entendido, se nossas razões não forem ouvidas, se Paris obstinar-se na idéia de desonrar Paris, ao menos teremos, vós e nós, feito ouvir um protesto honroso. [15]

Entre os signatários, encontram-se Meissonnier, Gounod, Garnier, Sardou, Bonnat, Coppée, Leconte de Lisle, Sully-Prudomme, Maupassant, Zola.

Muitos técnicos sustentam que a torre está destinada a desmoronar, pelo ceder das estruturas ou das fundações. Os proprietários das construções vizinhas tentam até mesmo um processo, pleiteando indenização porque o perigo impede que suas casas sejam alugadas.

Quando a torre é terminada, em 15 de abril de 1889, muitas reações contrárias modificam-se para favoráveis; se a imprensa refletir a idéia dos leitores, devemos pensar que a opinião pública, em seu conjunto, é favorável. Eis alguns juízos:

Face ao fato — e que fato! — concretizado, é preciso inclinar-se. Também eu, como muitos, disse e acreditei que a Torre Eiffel fosse uma loucura, porém é uma loucura grande e orgulhosa. É certo que essa massa imensa esmaga o resto da Exposição e, quando se sai do Campo de Marte, as cúpulas e galerias gigantescas parecem pequenas. Mas o que querem? A Torre Eiffel impõe-se à imaginação, é algo de inesperado, de fantástico, que lisonjeia nossa pequenez. Quando havia apenas sido começada, os mais célebres artistas e literatos, de Meissonnier a Zola, assinaram um ardente protesto contra a torre, como sendo um delírio de lesa-arte; assiná-lo-iam agora? Não, por certo, e gostariam que aquele documento de sua cólera não existisse. Quanto às massas populares, quanto à boa burguesia, seu sentimento se resume numa frase pronunciada por um cidadão honesto, depois de haver ficado cinco minutos de boca aberta diante da torre: *Enfoncée l'Europe!* [16]

Bem firmada sobre pernas arqueadas, sólida, enorme, monstruosa, brutal, dir-se-ia que desprezando os assovios e os aplausos, ela vai de um só golpe procurar, desafiar o céu, sem ocupar-se com aquilo que se agita a seus pés! [17]

Muitos dos maiores literatos ficam ainda com o parecer oposto; no *Journal* dos Goncourt lê-se:

A Torre Eiffel faz-me pensar que os monumentos em ferro não são monumentos humanos, isto é, monumentos da velha humanidade que conheceu somente a madeira e a pedra para construir seus refúgios. Depois, nos monumentos em ferro, as superfícies planas são assustadoras: veja-se a primeira plataforma da Torre Eiffel, com aquela fila de duplas guaritas: não se pode imaginar nada de mais feio para o olhar de um velho civilizado! [18]

O juízo dos contemporâneos é dominado pela impressão da novidade; o nosso é muito diverso, e deve, antes de tudo, libertar-se do véu do hábito que nos tornou por demais familiar a imagem da torre.

A obra em si é incerta e falha, não somente pelas superestruturas decorativas, que foram parcialmente eliminadas em 1937, mas também pela descontinuidade do desenho geral. Por outro lado, o papel que a torre assumiu na paisagem parisiense é de suma importância, e leva-nos a avaliar características totalmente diversas, nas quais se encontra provavelmente a maior importância da obra.

O ministro Lockroy, em resposta à carta dos artistas, sustentava em 1887 que a torre modificaria somente a paisagem insignificante do Campo de Marte, mas estava errado. A altura excepcional e a linha ininterrupta do pináculo entre a segunda e a terceira plataforma fazem, isso sim, que a presença da torre seja percebida de quase todos os cantos de Paris e entre em relação não mais, como um edifício antigo, com um ambiente definido governado por uma perspectiva unitária, mas sim com toda a cidade e de modo sempre mutável (Fig. 135). Como na Galerie des Machines, as dimensões inusitadas fazem mudar o significado da arquitetura e conferem-lhe uma qualidade dinâmica que força a considerá-la sob uma luz nova, mesmo se o projeto em si respeite as regras da perspectiva tradicional.

Com a realização da torre, Eiffel conclui também sua atividade no campo das construções de edifícios. Na Exposição de 1899 existe um *pavillon* Eiffel, no qual o célebre engenheiro apresenta uma espécie de mostra pessoal; destaca-se o pequeno modelo do viaduto de Garabit, realizado entre 1880 e 1884. Em 1887, Eiffel recebe o encargo do canal de Panamá, o qual absorve todos os seus esforços até 1893; depois de 1900, ele se dedica às pesquisas aerodinâmicas, utilizando a própria torre e depois um laboratório anexo onde trabalha até 1920.

As construções em ferro parecem agora ter chegado ao vértice de suas possibilidades. Depois de 1889, a obra mais importante é a cúpula para a Exposição de Lyon em 1894, com um diâmetro de 110 metros.

15. *Le Temps*, 14 fev. 1887.
16. FOLCHETTO. *Parigi e l'Esposizione universale del 1889*, cit. p. 7.
17. *L'Esposizione di Parigi del 1889 illustrata* cit. p. 18.
18. *Journal*, VIII, 25, 1889.

132, 133, 134. Paris, detalhes da torre Eiffel.

Progride, por outro lado, rapidamente, nos últimos dois decênios do século, o novo sistema de edificação, o concreto armado, que invade rapidamente o campo da edificação comum, graças a sua conveniência econômica, sobretudo após a publicação dos regulamentos. O crescimento extremamente rápido das cidades, especialmente nos países que somente agora se industrializam, como a Alemanha, demanda da indústria de construção um esforço extraordinário que exige uma revisão completa dos métodos de construção antigos.

2. A crise do ecletismo

Enquanto a técnica das construções aperfeiçoa-se com tanta rapidez, a cultura artística tradicional entra em sua crise definitiva.

De 1851 a 1889, os edifícios construídos para as Exposições Universais testemunham um grande progresso na construção, porém o problema do controle arquitetônico torna-se sempre mais difícil e mais preocupante. O Palácio de Cristal, enquanto obra de arquitetura, é muito superior a todos os edifícios posteriores do mesmo gênero; a idéia geral, as realizações técnicas, os acabamentos decorativos, estão entre si em um relativo equilíbrio, e o projetista segue por seu caminho com segurança. Nos pavilhões franceses, pelo contrário, — inclusive a célebre Galerie des Machines de 1889 — a cultura eclética esforça-se de várias maneiras em conferir dignidade e respeitabilidade às estruturas dos engenheiros, sem uma forte convicção e com um crescente senso de estranheza. Não é de maravilhar que a Exposição de 1889 e as discussões levantadas tenham produzido, como reação, uma onda extrema de intransigente classicismo, com L. Ginain e E. G. Coquart. Retorna às revistas a antiga polêmica sobre o uso dos materiais novos e sobre as relações entre arte e ciência.

Sob essas discussões, existe uma forte preocupação de categoria. Viollet le Duc e os racionalistas obtiveram, em 1863, um decreto de Napoleão III no sentido de reformar a École des Beaux-Arts, decreto que subtrai parcialmente o ensino ao controle da Academia e modifica a ordem dos estudos em um sentido mais liberal, atenuando a orientação clássica. A Academia não aceita o novo regulamento e daí nasce uma violenta polêmica que é concluída em 1867, quando um novo decreto retira a maior parte das reformas e restitui a Academia a sua posição de privilégio.

A discussão aparentemente diz respeito à orientação estilística e à oportunidade de incluir no programa o estudo da Idade Média, além daquele sobre a Antiguidade e o Renascimento, mas a verdadeira controvérsia diz respeito ao ensino técnico e suas relações com a formação artística. Escreve Viollet le Duc em 1861:

> Em nosso tempo, o arquiteto em embrião é um jovem de quinze a dezoito anos... do qual, durante seis ou oito anos, exigem que faça projetos de edifícios que, com maior freqüência, mantêm uma relação apenas distante com as necessidades e os usos de nosso tempo, sem jamais exigir dele que esses projetos sejam exeqüíveis, sem que lhe seja dado um conhecimento nem mesmo superficial dos materiais postos a nossa disposição e do emprego dos mesmos, sem que ele haja sido instruído sobre os modos de construir adotados em todas as épocas conhecidas, sem que tenha recebido a mínima noção sobre a condução e a administração dos trabalhos. [19]

Flaubert, no *Dicionário das idéias correntes,* anota esta definição: "Arquitetos: todos imbecis — esquecem sempre as escalas".

E. Trélat (1821-1907) vai mais além e, sem esperar as reformas, funda, em 1864, uma escola particular, a École Centrale d'Architecture, onde dispensa um ensino rigorosamente técnico, voltando-se a jovens engenheiros, a empresários e a poucos arquitetos.

A Academia, por seu lado, atendo-se à habitual didática tradicional, defende a existência da categoria dos arquitetos. C. Daly escreve, em 1866, que, deixando muito lugar à cultura científica e técnica, chegar-se-ia "a suprimir, em conseqüência, como uma simples repetição dos engenheiros civis, todo o corpo dos arquitetos". [20] Por outro lado, o confronto não pode ser evitado na prática: os arquitetos não podem ser considerados como simples artistas, devem tornar precisa sua função profissional e possuir, ao menos, aquele tanto de preparação científica que os torne aptos a colaborarem com os engenheiros.

O regulamento de 1867 reflete essas incertezas; ele confirma a orientação tradicional dos estudos, mas mantém alguns dos ensinamentos sistemáticos pedidos pelos racionalistas e define a figura do arquiteto, instituindo um diploma que põe fim ao período de liberdade profissional iniciado em 1793.

O diploma serve, evidentemente, para consolidar uma situação comprometida, porém expõe os arquite-

---

19. Cit. em L. HAUTECOEUR, op. cit., t. VII, pp. 294-295.
20. *Revue générale d'Architecture,* 1866, p. 8, cit. em L. HAUTECOEUR, op. cit., t. VII, p. 411.

135. Paris, a torre Eiffel no panorama da cidade.

tos em campo aberto, transformando-os de artistas em profissionais, e tornando inevitável um acerto de contas entre a cultura acadêmica e a realidade.

Os racionalistas, por sua vez, não se dão por vencidos e continuam com sua campanha. Em 1886, por ocasião do concurso para contratação dos arquitetos da diocese, o júri constata que os candidatos não possuem noções suficientes sobre a Idade Média, e o Conseil Supérieur de l'École encarrega Charles Garnier (1825-1898) de fazer um relatório sobre o ensino da Arquitetura, o qual é publicado em 1889. Garnier defende as posições da Academia, dizendo que a escola não tem e não pode ter preferência por qualquer estilo uma vez que ensina "a disposição, a composição, o raciocínio, a harmonia das formas, os relacionamentos de oposição, isto é, os elementos primordiais da arte". [21]

Os adversários replicam que tais noções identificam-se com o classicismo, que na realidade não são elementos primordiais, mas sim resíduos de uma tradição antiquada, e não cessam de censurar à École des Beaux-Arts "a posição assumida, a estreiteza, o pedantismo, a mesquinhez, o despotismo, o horror do moderno, do movimento, do progresso". [22]

Face a esses ataques, a Academia dá o último passo e formula seu programa de modo tão largo e liberal que se subtrai definitivamente às polêmicas estilísticas.

Os estilos são considerados hábitos contingentes, e pretende-se que a exclusividade está superada; a prerrogativa dos arquitetos, que os distingue dos engenheiros, é a liberdade de escolher esta ou aquela forma, que é uma prerrogativa individual, não coletiva, e depende do sentimento e não da razão. O ecletismo é interpretado não mais como uma posição de incerteza, mas como um propósito deliberado de não se fechar em qualquer formulação unilateral, de julgar caso por caso, objetiva e imparcialmente.

Essa interpretação de fato evita as polêmicas artificiosas entre os executantes dos diversos estilos, porém, eliminando do ensino todo caráter de tendência, renuncia-se ao único apoio concreto que mantém a cultura acadêmica ancorada à realidade — o tradicional paralelismo entre os preceitos clássicos e os hábitos de construção — e prepara a dissolução de toda a herança cultural acumulada na Academia.

Julien Guadet (1834-1908), professor em um dos *ateliers* da escola desde 1872 e professor de Teoria da Arquitetura desde 1894, é o típico representante desta última fase. O programa de seu curso teórico assemelha-se aos precedentes, e especialmente àquele de Durand, sobre quem se falou no Cap. 1:

O curso tem por objetivo o estudo da composição dos edifícios, de seus elementos e de seus conjuntos, segundo o duplo aspecto da arte e da adequação aos problemas definidos, às necessidades materiais. Na primeira parte, estudar-se-ão sucessivamente os elementos propriamente ditos, isto é, as paredes, as ordens, as arcadas, as portas, as janelas, as abóbadas, os tetos, os telhados etc., depois os elementos mais complexos, isto é, as salas, os vestíbulos, os pórticos, as escadas, os pátios etc. Na segunda, após terem sido estabelecidos os princípios gerais da composição, estudar-se-ão os principais tipos de edifícios: religiosos, civis, militares, públicos e particulares, apresentando para cada um desses os exemplos mais notáveis de todas as épocas e de todos os países, mostrando a quais necessidades respondiam e expondo, depois, como e em que medida tais necessidades foram-se modificando, a fim de chegar às exigências atuais e aos programas mais recentes. [23]

O espírito do curso, contudo, é novo, e o próprio Guadet, na preleção feita em 28 de novembro de 1894, explica da seguinte maneira sua nova posição:

O que é o curso de Teoria da Arquitetura? A pergunta pode parecer supérflua, uma vez que este curso existe por longos anos e foi seguido por homens de grande valor. Parece, portanto, que sua tradição se encontra estabelecida, contudo... não vos esconderei que sinto em torno de mim algo como uma impressão de que este curso ainda está por ser criado. O ponto é este: não é preciso que nosso curso corra o risco de ser uma contradição com o ensinamento que vossos mestres (os professores dos vários *ateliers*) propuseram-se a ministrar. A originalidade de nossa escola pode ser definida em uma palavra: "é a mais liberal do mundo", uma vez que "o aluno é tratado como um homem que tem o direito de escolher seu mestre e sua direção artística". [24]

O curso de teoria, portanto, não terá qualquer caráter de tendência: "Aquilo que é contestado ou contestável é domínio de meus colegas; aquilo que é incontestado, e sobretudo o porquê, o como, eis onde posso exercitar-me e do que posso falar-vos, e o campo ainda é muito vasto." [25] Como pode ser definido esse

---

21. *L'Architecture*, 1889, p. 433, cit. em L. HAUTECOEUR, op. cit., t. VII, p. 299.
22. F. JOURDAN, em *L'Architecture*, 1889, p. 350, cit. em L. HAUTECOEUR, op. cit., t. VII, p. 229.
23. GUADET, J. *Eléments et théorie de l'architecture*. Paris, 1894, t. I, pp. 2-3.
24. GUADET, J. Op. cit., t. I, pp. 80-81.
25. GUADET, J. Op. cit., t. I, p. 82.

136, 137. Paris, a rotunda da Exposição Universal de 1889, de J. Formigé, em obras e terminada.
138. Paris, Exposição de 1889: a representação do "triunfo da República" no Palais de l'Industrie (de *L'Esposizione de Parigi del 1889 illustrata*, Sonzogno).

núcleo de noções permanentes e comuns? Afirma Guadet: "Estou firmemente convencido de que os primeiro estudos devem ser clássicos", mas logo depois fornece esta surpreendente definição: "É clássico tudo aquilo que merece tornar-se clássico, sem restrições de tempo, de país, de escola... tudo que permaneceu vitorioso na luta contra os anos, tudo que continua a receber a admiração universal"[26] e, reassumindo as batalhas de tendências do século XIX, concluiu: "Felizmente, alguns valorosos artistas — nossos mestres — viram e fizeram ver que a independência não consiste em mudar de trajes, e nossa arte libertou-se pouco a pouco dessa paleontologia. Nem tudo foi igualmente feliz, mas os esforços em direção a essa finalidade foram fecundos, e hoje sabemos e proclamamos que a arte tem direito à liberdade, que somente a liberdade pode assegurar vida, fecundidade e saúde".[27]

O liberalismo de Guadet é teoricamente mais evoluído do que tanto o racionalismo de Viollet le Duc quanto o ecletismo de Garnier, porém, enquanto procura isolar e deixar a salvo o núcleo vital da profissão, ou seja, a liberdade da fantasia, consuma e torna indeterminadas todas as noções tradicionais que constituem, faz muito tempo, os fundamentos da cultura acadêmica. Os pontos supostamente incontestáveis revelam-se, um a um, extremamente contestáveis, e o campo da teoria, contrariamente a ser vasto, é antes quase que inexistente.

Guadet, com a fineza de sua percepção, adverte esse vazio iminente e escreve: "Nossos programas são prosaicos e não podem ser outra coisa em sua formulação. Compete a vós acrescentar-lhes a poesia, compete a vós acrescentar-lhes aquilo que, por minha conta, jamais poderia colocar neles: a juventude".[28]

Essa não é apenas uma frase de circunstância. Entre os alunos que o escutam encontram-se os jovens Auguste Perret e Tony Garnier; no mesmo ano, em Bruxelas, Van de Velde pronuncia sua primeira conferência e mobilia sua casa em Uccle; em Viena, Wagner abre o curso da Academia com uma declaração em favor da "arquitetura moderna" e inicia sua colaboração com Olbrich.

Os artistas de vanguarda, lançando mão dos mesmos princípios de Guadet, a liberdade individual e o primado da fantasia, criam uma nova linguagem independente dos modelos históricos, que se contrapõe com êxito aos estilos tradicionais.

A rápida fortuna da *art nouveau* explica-se somente levando-se em consideração que a cultura acadêmica já se deslocou, por sua conta, para posições teóricas do mesmo gênero, e encontra-se intelectualmente despreparada para fazer oposição ao novo movimento no terreno prático.

Naturalmente, o ecletismo tradicional sobrevive por muitas décadas, mas destituído de toda sustentação interior, e é impedido para posições sempre mais retrógradas.

---

26. GUADET, J. Op. cit., t. I, p. 83.
27. GUADET, J. Op. cit., t. I, p. 85.
28. GUADET, J. Op. cit., t. I, p. 90.

SEGUNDA PARTE:

O DEBATE SOBRE A CIDADE INDUSTRIAL

139, 140. Uma cidade católica em 1440 e 1840 (de *Contrasts* de A. W. Pugin, 1836).

5. A CIDADE INDUSTRIAL E SEUS CRÍTICOS

OS fatos narrados nos primeiros quatro capítulos formam a história oficial da cidade industrial na Europa, até o penúltimo decênio do século XIX. Se nossa narrativa se referisse somente a esse período, não seria necessário acrescentar mais nada; o clima peculiar da cidade do século XIX resulta exatamente daquela sucessão de fatos, importantes e perturbadores, embora irredutíveis a um processo unitário.

Nosso objetivo, porém, é estudar a formação do movimento moderno, o qual pode se definir pela alternativa histórica apresentada à cidade até agora descrita. Deveremos, por conseguinte, nos próximos capítulos, deter-nos ainda no debate cultural que se desenvolve durante esse período, e traçar os pontos de partida que levarão, a seguir — na última década do século XIX e nas primeiras duas do século XX —, à formulação de um programa de ação capaz de modificar a pesada realidade do ambiente urbano até agora construído.

Discutiremos neste capítulo até que ponto a cultura do século XIX está ciente das transformações em curso nas cidades e nas terras; essa consciência, de fato, é o pressuposto necessário para toda tentativa consciente de mudar as coisas. No Cap. 6 tentar-se-á fazer uma exposição sintética das iniciativas para a reforma da cidade industrial, as quais formam o acompanhamento polêmico dos fatos descritos nos primeiros quatro capítulos.

As experiências sobre as quais deveremos falar pertecem, todas, substancialmente, à esfera teórica e não modificaram, de modo apreciável, o curso dos acontecimentos; trata-se, porém, de teorias bem concretas, que estão sempre a ponto de serem traduzidas para a realidade e que devem somente encontrar o método adequado para inserir-se no processo de desenvolvimento mobilizado pela Revolução Industrial.

Esta exposição fornecerá sempre uma descrição parcial de nosso período histórico, mas servirá para sublinhar a diferença entre as idéias e as realizações — o que constitui precisamente a principal contradição da cidade do século XIX — e porá em evidência o tênue fio condutor que liga entre si as iniciativas da cultura de oposição.

Depois de 1830, enquanto ocorre a "reorganização" descrita no Cap. 2, começa-se a considerar a Revolução Industrial com o distanciamento suficiente para tentar as primeiras colocações históricas. Em 1835, E. Baines publica a primeira história da indústria do algodão na Inglaterra, e A. Ure, a *Filosofia das manufaturas,* na qual faz a apologia da grande indústria mecânica; em 1838, surge a primeira edição do *Progresso da nação* de G. B. Porter, que, nas subseqüentes edições de 1846 e 1850, dá conta dos desenvolvimentos sucessivos. F. Le Play conduz uma vasta pesquisa sobre as condições dos operários de toda a Europa, a qual é publicada, em seis volumes, em 1855. Em 1843 e 1845, surgem duas célebres obras, que fazem a apreciação da Revolução Industrial segundo princípios políticos opostos: *Passado e presente* de Th. Carlyle e *A Situação da Classe Operária na Inglaterra,* de F. Engels.

Enquanto os historiadoress da indústria se entusiasmam com o progresso material, os escritores de Economia e de Política, em geral, são pessimistas.

155

Carlyle, ao constatar os males provocados pela Revolução Industrial, não individua as causas desses males em qualquer instituição que deva ser removida ou em qualquer força que deva ser combatida; portanto, não indica remédios de ordem prática e coloca a salvo seus valores na esfera metafísica. O católico Le Play está convicto de que a causa principal seja a desenfreada aplicação do liberalismo de Smith; o liberal Cobden está persuadido, pelo contrário, de que os males derivam de uma aplicação incompleta do liberalismo e da permanência da taxa sobre cereais; enquanto o socialista Engels pensa que o obstáculo a ser eliminado é a exploração capitalista de uma classe sobre as outras.

Todos os remédios propostos — certos ou errados em termos políticos possuem um defeito comum: deixam de lado os problemas parciais, oferecidos pelos aspectos singulares da sociedade contemporânea, englobando-os no problema geral de sentido ideológico. Todos, em substância, consideram a realidade mais simples do que o é, e mostram sustentar que os problemas parciais devem resolver-se por si mesmos, por uma espécie de necessidade dedutiva, quando sejam colocadas em ação certas transformações fundamentais.

Por essa razão, empenhados no debate ideológico, os escritores de Economia e de Política não têm nada a dizer sobre o problema mais restrito das transformações em curso no ambiente urbano. Agora que os novos produtos acumularam-se até um certo ponto, o aspecto da nova cidade emerge pela primeira vez os olhos de todos; esse aspecto é triste e desolado, mas ninguém tem a propor qualquer remédio que lhe restitua a ordem e a beleza. A cidade industrial é refutada em bloco por conservadores e progressistas, por aristocratas e democratas; ela não é um quesito a ser resolvido, mas um fato desagradável e importante, não contém razões próprias que possam ser interpretadas e cultivadas, mas somente processos mecânicos destituídos de sentido.

Um símbolo dessa concepção — tão espontânea que pode ser descrita de maneira objetiva, como uma coisa concreta — é Coketown, a cidade do carvão, onde vivem os personagens de *Tempos Difíceis* de Dickens. Eis a primeira descrição que pode ser encontrada no romance:

Coketown, para a qual se estavam dirigindo Gradgrind e Bounderby, era um triunfo do fato, pois não se havia deixado corromper pela fantasia mais do que a senhora Gradgrind... Era uma cidade de tijolos vermelhos, ou melhor, de tijolos que teriam sido vermelhos se a fumaça e as cinzas o permitissem; mas do modo como estavam as coisas, era uma cidade de um vermelho e preto antinatural, como o rosto pintado de um selvagem. Era uma cidade de máquinas e de altas chaminés das quais saíam, sem solução de continuidade, intermináveis serpentes de fumaça que jamais conseguiam dissipar-se. Tinha um canal negro, um rio cor de púrpura por causa dos vernizes malcheirosos, e vastos grupos de edifícios cheios de janelas (Fig. 141), onde o dia inteiro era um contínuo bater e tremer, onde os pistões das máquinas a vapor moviam-se para cima e para baixo, monótonos, como a cabeça de um elefante presa de uma loucura melancólica. Tinha muitas ruas largas, todas iguais umas às outras, e muitas vielas ainda mais semelhantes umas às outras, habitadas por pessoas igualmente semelhantes uma às outras, que saíam e voltavam todas na mesma hora (Fig. 143), com o mesmo estrépito sobre o mesmo calçamento, para fazer o mesmo trabalho, pessoas para quem cada dia era igual ao dia anterior e ao dia seguinte, cada ano uma cópia do ano passado e do ano que vem... Não haveríeis visto nada em Coketown que não fosse severamente referente ao trabalho. Se os membros de uma seita religiosa ali construíam uma igreja — como haviam feito os membros de dezoito seitas —, faziam-na como se fosse um pio depósito de tijolos vermelhos, encimada algumas vezes (mas apenas nos exemplos mais altamente ornamentais) por um sino dentro de uma espécie de abrigo para pássaros... Todas as inscrições da cidade estavam escritas da mesma maneira, em severos caracteres branco e preto. A prisão poderia ter sido o hospital, o hospital poderia ter sido a prisão; a prefeitura poderia ter sido uma ou outro ou os dois, ou não importa qual outra coisa, dado que os respectivos signos arquitetônicos não indicavam nada em contrário. Fatos, fatos, fatos em toda parte no aspecto material da cidade; fatos, fatos, fatos, por toda parte no aspecto imaterial.

A escola de M'Choakumchild não era senão um fato, a escola de desenho não era senão um fato, as relações entre patrão e operário não eram senão um fato, não havia senão fatos entre o hospital da maternidade e o cemitério, e aquilo que não podia figurar em cifras, que não se podia comprar pelo preço mais baixo para ser revendido pelo mais alto não seria e jamais poderia ser, até o fim dos séculos. Amém. [1]

A reação do escritor a essa realidade é quase instintiva e semelhante à do jovem Tom Gradgrind, deixando de lado, naturalmente, o tom de malfeitor: "Gostaria de poder reunir todos os fatos de que eles falam tanto, e todas as cifras, e todos aqueles que as inventaram, gostaria de colocá-los sobre um milhar de barris de pólvora e fazê-los em pedaços a todos de uma só vez". [2]

Não obstante a hostilidade preconcebida, a descrição de Dickens não é nem um pouco superficial,

1. DICKENS, C. *Tempi difficili* (1854). Trad. it.; Milão. 1951, pp. 28-29.
2. DICKENS, C. Op. cit., p. 57.

141. Os elementos da paisagem industrial vistos por Pugin (*The True Principles of Pointed or Christian Architecture*, 1841).
142, 143. Duas vistas de Cokeetown (Colme Valley e Middlesborough).

pelo contrário: exatamente graças à animosidade que a sustenta, penetra na realidade do ambiente industrial muito mais do que tantos discursos genéricos em louvor do progresso, onde a nova cidade é apresentada como um imenso canteiro de obras em festa. Individuam-se alguns aspectos típicos da construção contemporânea, por exemplo, a composição por meio de repetição indefinida de elementos iguais e a confusão entre os tipos de edificação. A esses fatos, porém, atribui-se uma espécie de fixidez metafísica, que transforma a observação da realidade em um mito literário; assim, nas descrições da região — estas verdadeiramente maneiristas e protótipos de infinitas outras descrições convencionais — Dickens pinta tudo negro e atribui a Coketown o caráter mais desagradável, não só visual, mas também auditivo e olfativo:

> Parecia que toda a cidade estivesse sendo frita em óleo. Por toda parte havia um cheiro sufocante de óleo fervendo. O óleo fazia brilhar as máquinas, sujava as roupas dos homens, escorria e gotejava de muitos andares das fábricas. A atmosfera desses palácios de fadas assemelhava-se ao sopro do simum, e seus habitantes, bocejando pelo calor, andavam fatigadamente pelo deserto. Nenhuma temperatura, porém, podia tornar mais loucos ou mais sábios estes elefantes melancólicos. Suas cabeças entediadas erguiam-se e abaixavam-se com o mesmo ritmo, com o calor e com o frio, com a chuva e com a seca, com o belo e com o feio. O movimento rítmico de suas sombras nas paredes era o substituto que Coketown podia mostrar para as sombras dos bosques murmurantes, enquanto que, em lugar do zumbido estival dos insetos, podia oferecer o ano inteiro, da manhã de segunda-feira à noite do sábado, o sibilar das rodas e das engrenagens. [3]

O que impele Dickens a carregar nas tintas não são tanto os defeitos reais da cidade industrial, quanto o mal-estar que ele sente ao tentar apreender, mediante os velhos hábitos mentais, a imagem do novo ambiente urbano, que possui limites menos precisos e modifica-se com velocidade muito maior.

Nas épocas precedentes, a cidade era uma coisa limitada, mensurável e relativamente imóvel; por essa razão, podia, com maior facilidade, ser reconduzida a uma representação unitária e intuitiva. Quem quer que construísse um novo edifício podia comodamente pensá-lo em relação a toda a cidade e, se uma mesma sensibilidade guiasse as ações de cada construtor, a unidade do conjunto estava garantida no tempo, mesmo sem a intervenção de uma planificação deliberada.

3. DICKENS. C. Op. cit.. pp. 111-112.

Agora, entretanto, as quantidades que estão em jogo — número de habitantes, número de casas, quilômetros de ruas etc. — são muito maiores e fogem a qualquer representação direta. Londres, Paris, Viena cresceram tanto que ninguém mais é capaz de vê-las em seu conjunto seja de que ponto for, nem de atravessá-las por inteiro de uma só vez, nem de reconstruir sua imagem completa de memória, mesmo que as houvesse percorrido por todos os ângulos. A velocidade de crescimento aumentou de muito, e ninguém pode manter-se a par dos novos desenvolvimentos senão esporadicamente; os próprios habitantes maravilham-se, de tempos em tempos, com as transformações imprevistas do aspecto de sua cidade. Ainda hoje, quem vive em uma grande cidade continuamente é atingido pelo espetáculo de novos bairros cujo surgimento não teve tempo de ver, da transformação de velhos ambientes tradicionais, sem que tenha podido perceber as fases da modificação, e tem a sensação inquietante de ter ficado para trás, com sua própria experiência, em relação à vida da cidade. Apenas um grande poeta, em meados do século XIX, percebe essa mutação em termos explícitos, e exprime tal fato no célebre dístico:

> Le vieux Paris n'est plus; la forme d'une ville
> change plus vite, hélas, que le coeur d'un mortel! [4] *

No passado, o ritmo de vida de uma cidade parecia mais lento e mais estável do que o ritmo da vida humana, e os homens encontravam na cidade um ponto de apoio e de referência para sua experiência; agora acontece o contrário, e faz falta aquele ponto de apoio pois a fisionomia da cidade parece mais efêmera do que a memória humana.

Essa passagem — que, em termos práticos, exige o abandono dos antigos sistemas de controle intuitivo e sua substituição por um plano organizado de intervenções — é percebido pelos escritores da época como sendo um limite negativo, desconcerta sua capacidade de representação e constitui talvez o motivo principal de sua refutação desdenhosa.

Um tema que deixa a literatura particularmente embaraçada é a grande cidade, a metrópole — Londres para os ingleses, Paris para os franceses — que inspira,

4. BAUDELAIRE, C. Les fleurs du mal. Le Cygne, I, n. 7-8, 1857.
* Em tradução livre: A velha Paris não mais existe; a forma de uma cidade/ muda mais rápido, infelizmente, do que o coração de um mortal. (N. do T.)

144. "Apressem-se, apressem-se, visitem Ludgate Hill e olhem – pois talvez seja a última vez que tenham a oportunidade – a vaste e célebre catedral de São Paulo, erigida pelo famoso arquiteto Sir Christopher Wren, no reino dos últimos reis Stuart. Venham logo, venham logo! Dentro em breve, este importante edifício ficará invisível, graças aos grandes melhoramentos que o avanço da inteligência e o progresso do comércio estão providencialmente provocando nesta Grande Metrópole. Portanto, venham logo, antes que a vista seja fechada para sempre pelo caixão altamente ornamental que a Companhia Ferroviária está preparando... Não há gastos, desde que vocês fiquem do lado de fora do edifício e, e, breve, esta será uma ocasião que não se repetirá na história de Londres. .Venham logo, venham logo" (do *Punch* de 8 de agosto de 1863; reproduzido em J. Gloag, *Men and Buildings*).

alternativamente, uma repulsa furiosa e uma atração mórbida.

Já em 1726, Defoe escreve sobre Londres: "Até onde irá estender-se esta cidade monstruosa? E onde deve ser colocada sua linha de limitação ou de circunvalação?" [5]

Quando Heine chega a Londres, em 1828, sua impressão é a seguinte:

> Vi a coisa mais extraordinária que a terra possa mostrar à alma estupefata; vi-a e ainda estou pasmado... está sempre em minha memória aquela floresta petrificada de casas e, em meio a ela, o rio impetuoso de vivas faces humanas, com todo o arco-íris de suas paixões, com toda sua pressa desesperada... Essa nua seriedade das coisas, essa uniformidade colossal, esse movimento mecânico, esse ar de enfado mesmo na alegria, essa Londres exagerada, oprime a fantasia e despedaça o coração. [6]

Mesmo nessa ocasião, o olhar de um poeta é, contudo, mais penetrante do que o de seus contemporâneos; Heine percebe que a grandiosidade de Londres não é uma imagem arquitetônica no sentido tradicional, mas sim deriva da indefinida repetição de elementos em escala humana: "Esperava grandes palácios e não vi senão casinholas. No entanto, é exatamente sua uniformidade e seu número incalculável que deixam uma impressão tão grandiosa".

Para Balzac, Paris é "o grande cancro enfumaçado que se deita às margens do Sena" ou a cidade das mil luzes, a capital dos prazeres. É difícil que um escritor dessa época seja objetivo e equilibrado, ao falar de uma grande cidade: na prática, a realidade permanece desconhecida para ele e é substituída por uma imagem mítica, colorida pelo ouro do entusiasmo ou pelo negrume da desconfiança.

Enquanto os escritores descrevem em tons pastéis a desolação dos centros industriais e das metrópoles, os relatórios dos higienistas e dos reformadores sociais tecem indagações sobre aqueles mesmos ambientes com um objetivo bem diverso: o de intervir e modificá-los, ou ao menos, de aliviar os sofrimentos mais graves. Os primeiros refutam todo o fenômeno, e não estão dispostos a fazer qualquer distinção; os segundos, devendo preparar uma ação prática, empenham-se em isolar o argumento a ser combatido com providências técnicas e legislativas, e em encontrar, na própria realidade, os pontos de apoio para sua ação.

Devido a essa diferença de interesses, os escritores como Dickens e a opinião pública que é por eles refletida fornecem um escasso auxílio aos reformistas, e antes terminam englobando em seu desprezo tanto Coketown quanto seja quem for que trabalhe e aceite, embora parcialmente, essa realidade.

A história das oposições encontradas pelas leis sanitárias de 1848 na Inglaterra e de 1850 na França é extremamente instrutiva. Pareceria que providências tão racionais deveriam passar sem dificuldades quando, pelo contrário, encontram obstáculos de todo gênero: por parte dos proprietários das casas e terrenos atingidos em seus interesses, por parte dos liberais que temem limitações arbitrárias ao direito de propriedade privada, por parte dos conservadores que vêem com maus olhos a todas as novidades.

O radical *Economist,* em 13 de maio de 1848, lamenta-se que a Public Health Act não tenha encontrado uma oposição adequada; e, desdenhando entrar em particularidades, uma vez que a lei diz respeito a "uma grande quantidade de matérias que não podemos nem mesmo enumerar sem atravancar nosso espaço com uma lista de palavras quase ofensivas" (trata-se de esgotos, de imundícies a serem tratadas etc.) observa: "Sofrimento e doenças são admoestações da natureza; eles não podem ser eliminados, e as tentativas impacientes da filantropia no sentido de bani-los do mundo por meio da legislação, antes de que se tenha descoberto seu objeto e sua finalidade, sempre trouxeram mais mal do que bem". [7] Por sorte, observa Bertrand Russell, "a filantropia do Parlamento resistia a esses argumentos para não construir um sistema adequado de esgotos, pois as epidemias devidas à falta dos mesmos grassavam a poucos passos da Câmara dos Comuns". [8]

Discussões semelhantes ocorrem na França quando da aprovação de lei de Melun em 1850. Escreve o *Moniteur* de 19 de dezembro de 1849: "A matéria é delicada... o livre uso, a livre disposição das coisas que pertencem a um cidadão, exigem o respeito mais severo, porque constituem as bases fundamentais da ordem social". [9]

Aqueles que levantam tais objeções de princípios não são os moderados, mas os progressistas; estão,

---

5. Cit. em J. W. R. ADAMS, *Modern Town and Country Planning*, Londres, 1952.

6. HEINE, H. *Frammenti inglesi* (1830). Trad. it., Milão, 1956, p. 184.

7. Cit. em J. H. CLAPHAM, *An Economic History of Modern Britain, the Early Railway Age,* Cambridge, 1939, p. 545.

8. RUSSELL, B. *Storia delle idee del secolo XIX* (1934). Trad. it., Turim, 1950, p. 142.

9. M. De RIANCEY, cit. em P. LAVEDAN, *Histoire de l'urbanisme, époque contemporaine,* Paris, 1952, p. 89.

145. Londres, o viaduto de Ludgate Hill (gravura de G. Doré, 1870).

contudo, dominados pela preocupação política geral, que J. Stuart Mill resume da seguinte maneira: "A última e mais forte razão contra a intervenção do Estado é o dano não pequeno que deriva do acréscimo desnecessário de sua autoridade".[10] O hábito de transferir todo problema para a esfera teórica obsta os progressos da planificação, que é essencialmente uma questão de gradação.

Também são instrutivas as críticas dirigidas aos trabalhos de Haussmann, nas quais é conveniente que nos detenhamos ainda, a fim de dar uma idéia das avaliações correntes feitas pelos homens de cultura da época, mesmo que sejam estes de tendências opostas.

Proudhon, descrevendo a noite de 1º de junho de 1863, salienta a antipatia dos operários parisienses pela "cidade nova, monótona e cansativa do senhor Haussmann, com seus *boulevards* retilíneos, com seus palácios gigantescos, com seus *quais* magníficos porém desertos, com seu rio entristecido que não leva mais nada senão pedras e areia, com suas estações ferroviárias que, substituindo as portas da antiga cidade, destruíram sua razão de ser; com suas praças e seus teatros novos, com suas novas casernas, a nova pavimentação, as legiões de varredores e o pó assustador... Cidade cosmopolita, onde não se reconhece mais o indígena".[11]

Veuillot escreve, em 1867:

Paris é um lugar célebre, onde está se formando uma cidade ainda incompleta. Diz-se que essa cidade será a maravilha do mundo, o triunfo da ciência moderna, material e moralmente. Acontece que os habitantes nela gozam de uma liberdade completa, mas se mantêm dentro do maior respeito. Para resolver esse problema de limpeza, desejou-se favorecer, de um lado, a circulação das idéias e, do outro, a dos regimentos. Um sábio sistema de condutos provê tanto uma quanto outra dessas exigências. A ruas de Paris são compridas e largas, ornadas de casas imensas. Essas longas ruas crescem a cada dia em comprimento. Quanto mais largas forem, menos coisas acontece nelas. Os veículos atravancam a vasta rede viária, os pedestres ocupam as vastas calçadas. Ver uma dessas ruas do alto daquelas casas é como ver um rio transbordante a transportar os despojos de um mundo.

As construções da nova Paris revelam todos os estilos; não falta ao conjunto uma certa unidade, porque todos esses estilos são do gênero enfadonho, e do gênero **enfadonho mais** enfadonho que é o enfático e alinhado. Alinhados e cobertos! Parece que o Anfião dessa cidade foi um cabo!

Essas grandes ruas, esses grandes *quais*, esses grandes edifícios, esses grandes esgotos, de fisionomia mal copiada ou mal imaginada, conservam um não sei quê que indica a fortuna imprevista e irregular. Exalam tédio... A nova Paris não terá história e perderá a história da velha Paris. Todo traço desta já foi cancelado pelas pessoas com menos de trinta anos. Os mesmos velhos monumentos que ficaram de pé não dizem nada, porque tudo foi modificado em seu redor. Notre-Dame e a torre de S. Jacques não estão em seus lugares mais do que o Obelisco, e também parecem ter sido levados para lá de algum lugar distante, como vã curiosidade.[12]

Juízos semelhantes deviam circular com abundância em Paris na sétima década do século, e podem ser encontrados no *Journal* dos Goncourt (18 de novembro de 1860), nas *Heures parisiennes* de A. Delvau (1866) e também em uma comédia de Sardou do mesmo ano:

René (*em pé*): Afinal, tio, o que censurais a essa nova Paris?

Genevoix: Caro rapaz! Perde-se a velha Paris, a verdadeira! Uma cidade estreita, malsã, deficiente, mas pitoresca, variada, agradável, cheia de lembranças e tão bem feita a nossa medida! tão cômoda por sua própria exigüidade! Tínhamos ali nossos pequenos passeios, nossos espetáculos habituais reunidos em um grupo; ali fazíamos nossas pequenas revoluções entre nós: era bonito.

Os passeios a pé não eram cansativos, mas uma alegria. A cidade havia encontrado aquele termo médio tão parisiense entre a preguiça e a atividade, a *flânerie*!

Hoje, pela mínima saída é preciso andar léguas, há uma rua lamacenta que as mulheres atravessam sem graça, não tendo mais como apoio a elasticidade do calçamento! uma calçada eterna, em todo o comprimento! uma árvore, um banco, um quiosque! uma árvore, um banco, um quiosque! uma árvore, um banco... E lá em cima, um sol, pó, uma ordem nauseante! Uma multidão composta, cosmopolita, falando em todas as línguas, variada em todas as cores. Mais nada daquilo que fazia de nós um pequeno mundo à parte, o conhecedor, a amador, o opositor, a elite do espírito e do gosto!

Que coisa perdemos, ó deuses, senão tudo! Não é mais Atenas, porém Babilônia! não é mais uma cidade, mas uma estação! Não é mais a capital da França, mas a de toda a Europa, uma maravilha sem par, um mundo, de acordo. Mas, enfim, não é mais Paris, porque nela não há mais parisienses.

Claire: Então, tio, vós não compreendeis tudo que existe nela de grande, de cômodo, de higiênico!

---

10. STUART MILL, J. *La libertà* (1859). Trad. it., Milão, 1946, p. 164.

11. P.-J. PROUDHON, *La capacité politique*, cit. em E. DOLLEANS, *Storia del movimento operaio*, I (1939), trad. it., Roma, 1946, p. 270.

12. L. VEUILLOT, *Les odeurs de Paris*, cit. em J. WILHELM, *La vie à Paris*, Paris, 1947, pp. 20-22.

146. Londres, o viaduto de Ludgate Hill, hoje.

Genevoix: Mas se estou dizendo que a admiro! Era inevitável, devia ser feito e foi feito. E foi bom! E por fim tudo se resolveu da melhor maneira! Viva, aplaudo com as duas mãos, felicitando-me que o bom Deus não tenha conhecido este maravilhoso sistema municipal e que não tenha feito todas as árvores alinhadas e as estrelas em fila dupla. [13]

Haussmann dedica muitas páginas de suas *Memórias* para refutar as críticas desse gênero, e não esconde sua irritação ao ver sua obra sendo julgada de modo tão evasivo; ele prefere, pelo contrário, descer até os indivíduos, contrapondo, aos raciocínios dos adversários, listas, números e dados.

Uma discussão bem mais significativa ocorre em 1858, por ocasião da sentença já mencionada do Conselho de Estado que limita a faculdade de expropriação dos terrenos de uso público. Haussmann escreve:

O novo decreto, deliberado de *motu proprio* por essa grande Assembléia, não somente recolocava em questão a preciosa faculdade, já concedida à cidade, de expropriar os terrenos situados fora do traçado das ruas a serem abertas, e julgado necessário para a construção de casas convenientes e salubres, mas também dava aos proprietários dos imóveis atingidos o direito de conservar os terrenos não destinados a solo público, depois de haver feito com que a cidade pagasse, evidentemente, todo o valor das construções que cobriam o terreno, bem como a indenização de evicção dos inquilinos que o ocupavam.

Assim, assegurava-se ao expropriado, gratuitamente, o benefício da valorização adquirida pelo terreno, que se tornara disponível para um emprego frutuoso, graças à cidade, margeando uma rua larga e bela; e a cidade via-se privada da oportunidade de ressarcir-se, em certa medida, das grandes despesas provocadas por sua iniciativa, ao revender os terrenos a um preço vantajoso. [14]

O liberal J. Ferry responde-lhe da seguinte maneira:

O senhor poderia ter razão, senhor administrador, se o decreto de 27 de dezembro de 1858 houvesse constituído um novo direito para os proprietários; porém, tal decreto simplesmente regularizou o exercício de um direito antigo; é bem possível que esse procedimento tenha aberto os olhos de um bom número de proprietários; mas é por demais ingênuo, por parte do senhor administrador, confessar que havia feito com que entrasse em seus cálculos um logro contra um direito constantemente reconhecido por nossas leis. O argumento, portanto, é pura fantasia. [15]

13. SARDOU, V. *Maison neuve*. (Vaudeville, 4/12/1866), ato I, cena XII.
14. HAUSSMANN, G. E. *Mémoires* cit., v. II, pp. 310-311.
15. FERRY, J. *Comptes fantastiques d'Haussmann*. Paris, 1868, p. 23.

O administrador intui claramente uma das exigências da moderna urbanística: a necessidade de assegurar à coletividade, em seu todo ou em parte, o aumento de valor dos terrenos, devido às obras do plano regulador, transformando-os de quantias perdidas em investimentos produtivos, enquanto Ferry, atendo-se à letra da lei, defende uma concessão míope e antiquada. Contudo, no tempo dessa polêmica, há um século, Ferry passava por um intelectual progressista e Haussmann por um burocrata inculto e reacionário.

O mesmo pouco-caso pelos problemas particulares e a mesma intransigência doutrinária são constatados — por razões diversas — nos escritores marxistas.

Depois de 1850, estudam-se vários sistemas para dar às classes trabalhadoras habitações melhores, devidas aos governos ou aos filantropos particulares. Contudo, em 1872, F. Engels escreve uma série de artigos em *Volksstaat,* de Leipzig depois reunidos em um volume intitulado *Wohnungsfrage,* para demonstrar a impossibilidade de todas essas tentativas. Polemizando com Proudhon e com Sax, que haviam proposto a transformação do aluguel em quotas de resgate, o que permitiria que os trabalhadores se tornassem proprietários de suas habitações, Engels sustenta que isso não servirá para nada, porquanto, subsistindo a relação de exploração entre operários e capitalistas, "os salários médios diminuiriam de uma quantia correspondente à média dos aluguéis economizada, ou seja, o operário ainda pagaria o fixo por sua própria casa, mas não como antes, em dinheiro entregue ao dono da casa, mas sim sob a forma de trabalho não pago retido pelo industrial para o qual trabalha" [16] e conclui:

Somente a solução da questão social, isto é, a abolição do modo de produção capitalista, tornará com o tempo possível a solução da questão das habitações. Querer resolver a questão das habitações e, ao mesmo tempo, querer conservar os grandes aglomerados urbanos de hoje é um contra-senso. Entretanto, os grandes aglomerados urbanos de hoje serão eliminados somente com a abolição do modo capitalista de produção, e quando for dada a arrancada nesse sentido, tratar-se-á de coisa bem diversa do que atribuir a cada trabalhador uma casinha como propriedade. [17]

Assim, com base em um puro argumento teórico, ele condena as colônias de habitações operárias construídas perto das indústrias inglesas e alemãs, a cidade operária de Mulhouse criada por Napoleão III na Alsá-

16. ENGELS, F. *La questione delle abitazioni* (1872). Trad. it., Roma, 1950, pp. 67-68.
17. ENGELS, F. Op. cit., p. 71.

147. H. Daumier, Rue transnonain, le 15 avril 1834.

148. G. Doré, uma rua da velha Paris. "Rápidos como o raio, alguns soldados encabeçados por um oficial atingiram o segundo andar. Uma maciça porta de dois batentes cedeu sob o esforço deles, uma porta de vidro ainda resiste. Apresenta-se um velho: – Somos gente tranqüila, desarmada, não nos matem – mas essas palavras morrem em seus lábios e ele é transpassado por três golpes de baioneta. Annete Besson lança-se em seu socorro de um quarto ao lado, um soldado volta-se para ela, mergulha-lhe a baioneta acima do maxilar. Um tiro de fuzil arranca-lhe fragmentos da cabeça que salpicam as paredes. O jovem Henri Larivière, que a seguia, é atingido tão de perto que suas roupas pegam fogo e o chumbo penetra profundamente em um pulmão. Contudo, está apenas ferido, e um golpe de baioneta fende-lhe a pele da testa, deixando nu o crânio; neste ponto, é atingido também por trás e apresenta vestígios, nas costas, de sete ferimentos diferentes. O quarto é um lago de sangue: o senhor Bredford pai, apesar das feridas, refugia-se em uma alcova e é seguido pelos soldados, enquanto que a senhora Bonneville, com os pés no sangue, grita-lhes, procurando cobri-lo: – Toda a minha família está caída a meus pés, não há mais ninguém a matar, não resta senão eu – e cinco golpes de baioneta atravessam suas mãos" (depoimento da Sra. Poirier-Bonneville sobre os fatos de 15 de abril de 1834).

cia, o movimento da cooperação mútua e as *building societies* inglesas, a legislação inglesa sobre a edificação subvencionada, os trabalhos de Haussmann feitos com base na lei francesa de 1850.

A crítica de Engels coloca em foco com acuidade os defeitos de funcionamento desses vários sistemas, mas conclui, com patente injustiça, que nenhum deles jamais produziu nem irá produzir qualquer resultado útil:

> Os focos de infecção, os buracos e as cavernas mais infames, dentro dos quais, pelo modo de produção capitalista, são fechados uma noite após outra nossos operários, não são eliminados; são somente deslocados! A mesma necessidade econômica que os produziu da primeira vez em um lugar, gera-os pela segunda vez em outro lugar. E enquanto subsistir o modo de produção capitalista, é loucura querer resolver isoladamente a questão das habitações ou qualquer outra questão social que pese sobre a sorte dos operários. [18]

Sob a intransigência teórica de Engels adverte-se ainda a impaciência e a repugnância pela cidade industrial, que constituem motivos comuns à literatura do século XIX sobre tal argumento, mesmo quando os autores, tais como Engels, percebem teoricamente a relação necessária entre indústria e sociedade contemporânea.

A repugnância pela cidade moderna é acompanhada regularmente da lamentação pela cidade antiga, a qual é apresentada sob uma luz excessivamente favorável, freqüentemente em patente contraste com a verdade histórica. Engels, por exemplo, no relato sobre as condições das classes trabalhadoras na Inglaterra, tece um quadro idílico e falso das condições dos trabalhadores na idade pré-industrial:

> A fiação e a tecelagem faziam-se na casa do operário. As famílias moravam sobretudo no campo, na vizinhança das cidades, e os trabalhadores levavam uma existência muito confortável, uma vida pontual e regular, piedosa e honrada... Não tinham necessidade de cansar-se e podiam espairecer fazendo um trabalho saudável em seu jardim ou em seu campo. [19]

É o mesmo tom das narrativas de Dickens, ou dos ensaios de Ruskin sobre a Idade Média. Essa contraposição entre presente e passado, não imparcial, mas perturbada e comovida, constitui outro dos motivos permanentes da cultura oitocentista expressa de maneira insuperável pelos conhecidos versos de Morris:

> Forget six countries overhung with smoke
> Forget the snorting steam and piston stroke
> Forget the spreading of the hideous town
> Think rather of the pack-horse on the down
> And dream of London, small, and white, and clean
> The clear Thames bordered by its garden green... [20] *

É apenas uma imagem literária, uma vez que, se Londres na Idade Média era pequena, com certeza jamais foi nem branca, nem limpa, e isso já era correto no tempo de Morris; porém, as imagens contidas em uma carga afetiva semelhante resistem a todos os desmentidos da história, posto que até mesmo Mumford, em *Culture of cities,* esforça-se por manter a tradicional concessão bucólica da cidade medieval.

Ao abordarmos as Exposições Universais, vimos que os juízos dos contemporâneos sobre a arquitetura industrial e, especialmente, sobre as obras em ferro, variam desde uma arrogante refutação até um entusiasmo ingênuo e vago; são juízos quase sempre globais, extremamente tensos, e raramente deixam lugar para uma apreciação equilibrada e aceitável das qualidades da nova paisagem.

Nos últimos decênios do século XIX, começam a surgir alguns juízos positivos, baseados não na admiração incontrolada, mas em uma aceitação racional da nova realidade e em uma penetração inteligente de seus aspectos específicos.

Por enquanto, é um exíguo filão, e limita-se quase que exclusivamente à Inglaterra, mas sua aparição é extremamente significativa, pois anuncia uma nova posição em relação aos novos meios de expressão, que tornará possível a difusão da *art noveau* na última década do século.

Em 1881, S. Butler, descrevendo a vista de Fleet Street em direção a St. Paul, em Londres, escreve:

> Já se disse que este quadro foi arruinado pela ponte da ferrovia sobre Ludgate Hill; eu creio, pelo contrário, que o efeito é mais imponente agora do que quando não existia a

---

18. ENGELS, F. Op. cit., p. 104.
19. ENGELS, F. *Die Lage der arbeitenden Klassen in England.* Leipzig. 1845. I.
20. MORRIS, W. *The Earthy Paradise.* Londres. 1868. Prólogo.

* Em tradução livre: "Esquece seis países cobertos de fumaça/ Esquece o vapor que ronca e o golpe do pistão/ Esquece o espalhar-se da cidade horrenda/ Pensa, antes, no cavalo de carga no baixio/ E sonha com Londres, pequena, e branca, e limpa/ O claro Tâmisa margeado pelo gramado..." (N. do T.)

149. C. Monet, *A estação de Saint-Lazare*, 1877.

150. C. Monet, *Boulevards des Capucins*, 1873.

ponte. O tempo tornou-a mais suave e ela não mais se insere com crueza; ela aumenta muito a sensação de dimensão, e torna-nos duplamente cônscios do movimento vital da colossal circulação à qual Londres tanto deve de seu caráter. Neste sentido, ganhamos mais do que perdemos pela infração de qualquer cânone dos pedantes sobre interseção de linhas retas. Por mais vasto que seja o mundo sob a ponte, é mais vasto para cima dela e, quando os trens passam, o vapor que sai da locomotiva envolve a cúpula de St. Paul nas nuvens, e faz parecer o quadro como uma mistura de terra e de algum misterioso palácio no mundo dos sonhos [21] (Figs. 144-146).

No ano seguinte, G. B. Shaw, no romance *A profissão de Cashel Byron*, assume a defesa das paisagens ferroviárias em uma longa tirada, colocada na boca de Lidia Carew, porta-voz da opinião do próprio Shaw. Lidia e sua amiga estão em Clapham Junction:

> Era uma bela noite de verão, e Alice, embora pensando que nas estações ferroviárias as senhoras devem retirar-se para as salas de espera, não tentou dissuadir Lidia de passear para cima e para baixo em uma extremidade isolada da plataforma, que terminava em um terrapleno coberto de flores.
>
> Em minha opinião — declarou Lidia — Clapham Junction é um dos lugares mais bonitos de Londres.
>
> Na verdade — retorquiu Alice com uma ponta de malícia — eu pensava que todas as pessoas com gosto artístico considerassem as estações e as linhas ferroviárias como manchas na paisagem.
>
> Alguns, sim, mas não os artistas de nossa geração; e aqueles que repetem tais palavras não são mais do que papagaios. Se cada lembrança de férias de minha juventude, cada evasão da cidade para o campo está ligada à ferrovia, devo pensar nela com sentimentos diversos dos que tem meu pai, sobre quem esta monstruosa invenção metálica tombou como uma novidade perturbadora quando ele já era de meia-idade. A locomotiva é uma das maravilhas da infância de hoje: as crianças reúnem-se nas pontes para ver passar embaixo os trens; os rapazes vão arrogantes pelas ruas, bufando e silvando para imitar as máquinas, e toda essa fantasia poética, tola como parece, torna-se sagrada nos anos posteriores. Por outro lado, quando não se trata de ferrovia subterrânea em uma galeria suja de Londres, o trem é uma coisa bela: seu véu de vapor puro, branco, harmoniza-se com todas as variedades de paisagem; e o barulho! Você jamais parou às margens do mar por onde passa uma ferrovia para escutar o trem que se faz ouvir a grande distância? No início, distingue-se muito pouco do fragor do mar, depois você pode reconhecê-lo em suas variações: ora abafado em uma profunda enseada e logo depois ecoando pelo flanco de alguma colina; às vezes corre placidamente por alguns minutos, e depois se transforma inesperadamente em um estrépito rítmico... Falar mal da ferrovia pelo lado bucólico está superado, pois na Inglaterra existem milhões de adultos a quem o rumor longínquo do trem sugere sensações agradáveis como o trilar de um melro. [22]

Tanto Butler quanto Shaw colocam com exatidão o novo senso de paisagem em relação ao tempo transcorrido, que suprimiu a crueza dos novos produtos e permitiu que a sensibilidade dominasse, pouco a pouco, as novas formas.

A experiência repetida do novo cenário urbano, por um tempo suficiente, possui a mesma função que as exposições e as mostras têm para a nova pintura, e satisfaz a mesma exigência, expressa com tanta energia por E. Manet, desde 1867:

> Mostrar é a questão vital *sine qua non* para o artista, uma vez que ocorre que, após algumas contemplações, fica-se familiarizado com aquilo que antes surpreendia e, se se quiser, feria. Pouco a pouco, compreende-se e admite-se. O próprio tempo age sobre os quadros como uma pátina insensível, e funde as primitivas asperezas. Mostrar significa encontrar amigos e aliados para a luta. [23]

Para completar esse panorama sumário das reações da cultura oitocentista face à cidade industrial, falta falar dos pintores.

A pintura romântica e, sobretudo, a pintura de paisagens, tão freqüente na primeira metade do século XIX, é um meio de evasão da desordem e da feiúra da cidade industrial, na aparente fidelidade à natureza, encontra-se uma idealização da própria natureza, enquanto ainda não está contaminada pelo homem e por suas indústrias. Por essa razão, as pinturas de Corot e de Turner constituem uma espécie de reverso da medalha das descrições de Dickens; não são neutras frente àquilo que representam, mas tomam partido, com paixão, pelo campo, pelas árvores, pelas nuvens e pelas rochas. A procura de ambientes exóticos de Delacroix, ou de ambientes próximos mais inusitados, como as paisagens alpinas, estão por certo vinculadas com a recusa do ambiente urbano transformado pela indústria; assim, o interesse renovado pelo passado nos pré-rafaelitas tem com motivo dominante a fuga do presente, que surge como triste e prosaico.

Igualmente animados pela paixão do conteúdo, mas adversos à evasão romântica, os realistas — Courbet, Millet, Daumier — chamam pela primeira

---

21. S. BUTLER, *Alps and Sanctuaries*, 1881, cit. em J. GLOAG, *Industrial Art Explained*, Londres, 1946, p. 80.

22. SHAW, G. B. *La professione di Cashel Byron* (1883). Trad. it., Milão, 1956, pp. 111-112.

23. E. MANET, *Préface au catalogue de l'exposition de ses oeuvres*, Paris, 1867, cit. em J. WILHELM, op. cit., p. 83.

151. C. Monet, *O Parc Monceau* 1878.

vez a atenção para a realidade quotidiana, nos aspectos mais comuns; entretanto, para estes, a nova paisagem — a cidade e o campo como sede do trabalho humano — ainda não possui uma forma definida: a representação é dominada em primeiro plano pelo homem, que incorpora e personifica, por assim dizer, o ambiente circundante; é esse uso do primeiro plano e a concentração dos significados expressivos no gesto de poucos personagens que conferem às imagens de Daumier e de Courbet sua extraordinária incisividade. Basta pensar em um exemplo célebre: a gravura de Daumier intitulada *Rue Transnonain, le 15 avril 1834* (Fig. 147) publicada na Association Litographique Mensuelle. A sanguinária repressão da revolta republicana e os vários fatos ocorridos na rue Transnonain estão comprimidos, por assim dizer, no interior de um quarto operário visto ao rés-do-chão, e ocupado quase que inteiramente pela figura de um homem caído, em forte escorço, sobre o corpo de uma criança, enquanto dois outros cadáveres estão parcialmente comprimidos no enquadramento. Os sentimentos e as considerações que os escritores republicanos manifestam em seus livros estão aqui contidos em uma imagem elíptica, de efeito imediato. É certo, contudo, que o interesse de Daumier não se limita à representação de um caso, embora sensacional: a gravura representa de direito, como diz o título, a rue Transnonain, e não alguns de seus habitantes mortos pelas tropas de Thiers; portanto esta obra, e muitas outras do mesmo gênero, devem ser consideradas como pintura de ambiente, embora sob metáfora. A moderna pintura de ambiente, baseada em uma adesão consciente à nova realidade, com maior freqüência move-se a partir de tais imagens do que, por exemplo, a partir das incisões de G. Doré, que exatamente nesse período reproduz as ruas da velha Paris, olhando-as como cenários românticos (Fig. 148).

Somente com o advento do Impressionismo a paisagem da nova cidade recebe uma adequada representação artística. Como já foi notado mais de uma vez, o Impressionismo é pintura urbana por excelência, não somente porque pinta de preferência imagens da cidade ou da periferia, mas também porque colhe, com uma penetração ainda desconhecida dos críticos e dos literatos do tempo, o caráter do ambiente urbano: a continuidade de seus espaços, todos comunicantes, abertos uns para os outros e jamais fechados em um quadro de perspectiva auto-suficiente; a composição por repetição de elementos iguais, qualificados de uma maneira sempre variada e portanto, dinamicamente, pelas relações com os elementos circundantes; o novo relacionamento entre o quadro arquitetônico que, de fechado, tornou-se aberto e indefinido, e o trânsito de homens, de veículos; a renovada unidade entre arquitetura e instalações de rua e, em geral, o senso da paisagem como uma massa compacta de aparências todas igualmente importantes, mas perpetuamente fluidas e mutáveis (Figs. 150-152).

Freqüentemente, com sua segurança de percepção, Monet, Renoir e Pissarro lançam luz não somente nos aspectos positivos, como também nos aspectos negativos da nova cidade; as minuciosas fachadas das ruas de Haussmann são reduzidas, com acerto, a uma alternância rítmica das zonas claras e escuras, tirando resolutamente de foco todo o aparato decorativo que serve somente para conferir aos edifícios um decoro convencional; a multidão que percorre os *grands boulevards* impelida pelas indiferentes arquiteturas do fundo, funde-se como um exército de sombras iguais, não dessemelhantes das massas de árvores e de veículos.

A maior, ou antes, a total abertura desses pintores em relação a todos os temas naturais ou artificiais consegue recuperar a unidade da paisagem, rompida pela intervenção da cidade industrial; todavia, falta a intensidade e a participação afetiva própria dos realistas, substituída por uma espécie de distanciamento e de impassibilidade.

Sendo todas as formas reduzidas aos elementos cromáticos que constituem a percepção inicial, deixa de ter importância o interesse pelo conteúdo, é apartada qualquer associação mnemônica que possa perturbar a imediaticidade da representação e, com a memória, todo empenho que vá mais além da pura contemplação. Essa posição receptiva é incompatível com o empenho vital que produziu e continua a produzir essa paisagem e, portanto, com o surgimento de um movimento arquitetônico adequado às instâncias da sociedade moderna.

A pintura pode limitar-se a refletir o mundo, mas a arquitetura deve propor-se a modificá-lo. Por tal razão, como foi observado por Pevsner, os movimentos de vanguarda para a renovação da arquitetura devem ser relacionados não com o Impressionismo, mas com a crise pós-impressionista e sobretudo com Cézanne, que se propõe pintar "em profundidade, mais do que em superfície". Essa paisagem, porém, que é fundamental para justificar os movimentos de vanguarda da última década, será tratada no Cap. 9.

152. Pissarro, O *Jardin des Tuileries*, 1890.

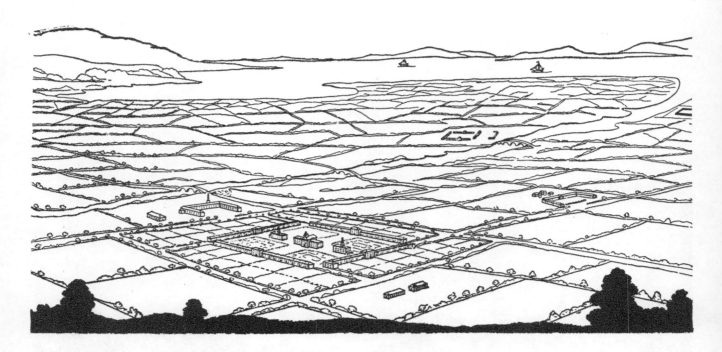

153. Uma aldeia de harmonia e cooperação; desenho ligado à exposição de Owen de 1817.

154. O falanstério de Fourier.

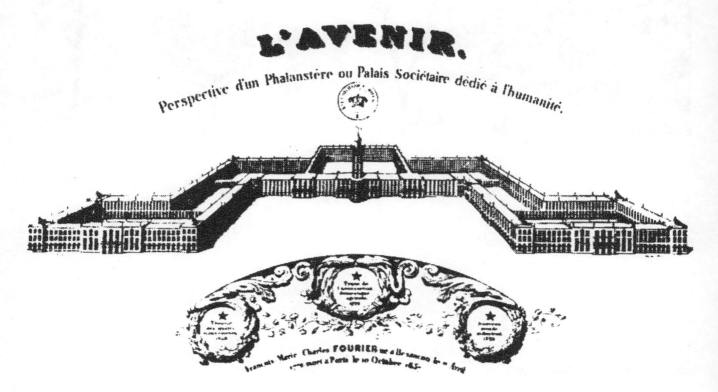

6. AS INICIATIVAS PARA A REFORMA DA CIDADE INDUSTRIAL, DE ROBERT OWEN A WILLIAM MORRIS

1. Os utopistas

Os homens do século XIX estão, portanto, animados por uma profunda desconfiança da cidade industrial e não concebem a possibilidade de restaurar a ordem e a harmonia em Coketown ou no corpo gigantesco de Londres. Por tal razão, os poucos que aventam propostas julgam que as atuais formas irracionais de convivência devam ser substituídas por outras completamente diversas, ditadas pela razão pura, ou seja, contrapondo à cidade real uma cidade ideal.

Por vezes, a cidade ideal permanece como uma imagem literária. No século XIX, existe uma longa série de utopias, de C. N. Ledoux [1] a W. Morris; [2] porém, na primeira metade do século e, especialmente, nos anos carregados de esperança, entre 1820 e 1850, alguns desses idealizadores de cidades tentam passar à ação. Tais episódios podem ser enquadrados dentro da tradição da literatura utópica, mas a nós incumbe distingui-los enquanto iniciadores de uma nova linha de pensamento e de ação, da qual começava efetivamente — embora de modo simbólico e freqüentemente artificioso — uma ação consciente para a reforma da paisagem urbana e rural, e, por conseguinte, segundo a definição de Morris, a arquitetura moderna.

a) Robert Owen

Robert Owen (1771-1858) é o primeiro e o mais significativo dentre os reformistas utópicos. É um personagem singular, que viveu em plenos "tempos difíceis", autodidata, caixeiro de loja, negociante e depois afortunado industrial e homem político. Enquanto que, em seu tempo, as teorias de Smith eram normas de comportamento quase indiscutíveis para os políticos e empresários, Owen seguia uma linha muito diversa de pensamento, baseada na análise sem preconceitos das relações econômicas, tanto assim que é considerado como um perigoso agitador.

Sua mentalidade explica-se somente em relação a sua experiência direta, primeiro como dependente, depois como capitão de indústria, e a fábrica sugere-lhe uma ordem de idéias de fato diferentes daquela divulgada em seu tempo; uma empresa industrial funciona em virtude dos controles de organização, que devem dizer respeito não somente ao ordenamento interno, mas também aos limites da iniciativa, em relação às exigências do mercado. O equilíbrio, nesse caso, não é, com efeito, automático e não é devido ao jogo das forças internas, mas sim à harmonia entre os fatores internos e a ação externa, consciente, que controla o modo e a medida de sua utilização.

Em 1799, Owen adquire com outros sócios a fiação de New Lanark, na Escócia, e faz dela uma fábrica-modelo, introduzindo maquinaria moderna, jornadas moderadas, bons salários, moradias salubres, construindo perto da fábrica uma escola primária e uma creche, a primeira de toda a Inglaterra. Esses melhoramentos não impedem que ele tenha grandes lucros, permitindo-lhe enfrentar com sucesso os protestos dos sócios, os quais mais tarde, em 1813, são substituídos por outras pessoas com maior abertura mental. entre os quais conta-se o filósofo J. Bentham.

---

1. LEDOUX, C. N. *L'architecture considérée sous le rapport de l'art, des moeurs et de la législation.* Paris, 1804.
2. MORRIS, W. *News from Nowhere.* Londres, 1891.

Nos primeiros anos do século XIX, a oficina de New Lanark torna-se famosa e é visitada por pessoas de todas as partes do mundo. Em 1813, quando se dirige a Londres para procurar novos sócios, Owen entra em contato com os dirigentes da política inglesa e amplia seu campo de ação: é um dos pioneiros da legislação do trabalho, do movimento cooperativo, das organizações sindicais.

Não obstante seu sucesso como industrial, ele sustenta, que a produção mecânica contemporânea, como atividade especializada, está profundamente errada e está convencido de que indústria e agricultura não deveriam ficar separadas e confiadas a categorias diversas de pessoas; pelo contrário, sustenta que a agricultura deve formar a principal ocupação de toda a população inglesa "com a indústria como apêndice". [3]

A fim de dar corpo a essa sua idéia, na segunda década do século XIX Owen elabora um modelo de convivência ideal: uma cidadezinha para uma comunidade restrita, que trabalhe coletivamente no campo e na oficina, e que seja auto-suficiente, possuindo dentro da cidade todos os serviços necessários.

Esse plano é exposto pela primeira vez em 1817, em um relatório para uma Comissão de Inquérito sobre a Lei dos Pobres; [4] é defendido em várias publicações em jornais; [5] e desenvolvido com maior amplitude em um relatório para a autoridade do condado de Lanark em 1820.

Owen especifica os seguintes pontos:

1. O número de habitantes; ele pensa que "todo desenvolvimento futuro será influenciado pela decisão quanto a este ponto, que se constitui num dos problemas mais difíceis da ciência da economia política" [6] e sustenta que o número ideal está compreendido entre 300 e 2 000 (de preferência, entre 800 e 1 200).

2. A extensão da terra a ser cultivada: um acre por pessoa, mais ou menos, portanto, 800 a 1 500 acres, a serem cultivados com enxada bem como com arado. Owen é um ardente defensor da agricultura intensiva, e tal fato constitui, do ponto de vista econômico, uma das limitações mais importantes de sua teoria.

3. A organização das edificações é funcional; de acordo com Owen, nas cidades tradicionais "os pátios, as alamedas, as ruas, criam muitos inconvenientes inúteis, são danosos à saúde e destroem quase toda a comodidade natural da vida humana. A alimentação de toda a população pode ser melhor e mais economicamente assegurada por meio de uma cozinha coletiva, e as crianças podem ser melhor entretidas e instruídas todas em conjunto, sob os olhares de seus pais, do que de qualquer outra maneira"; por essa razão, "uma grande praça, com a forma de um paralelogramo, será adotada para reunir as maiores vantagens contidas na forma com os aparelhamentos domésticos da associação (Fig. 153). Os quatro lados dessa figura podem ser adaptados a fim de conter todos os alojamentos particulares, isto é, os quartos de dormir e as salas de estar para a população adulta, os dormitórios comuns para as crianças sob tutela, as lojas e depósitos para mercadorias variadas, uma hospedaria, uma enfermaria etc. Sobre uma linha que corte o centro do paralelogramo, deixando grande espaço para ar, luz e fáceis comunicações, podem ser erguidas a igreja e os locais de culto, as escolas, a cozinha e o restaurante comunitário". [7]

Os apartamentos privados, que ocuparão três lados do paralelogramo, poderão ter de um a quatro andares; não possuirão cozinha, mas serão bem ventilados e, se necessário, aquecidos ou refrigerados. "Para aquecer, refrigerar ou ventilar seus apartamentos, os inquilinos deverão somente abrir ou fechar duas válvulas em cada cômodo, cuja atmosfera, graças a esse aparelho, poderá estar sempre pura e temperada. Uma estufa de dimensões adequadas, colocada com tirocínio, servirá para muitos apartamentos, com pouco trabalho e despesa muito pequena, se a instalação for prevista na construção". [8]

4. A iniciativa de construir tais pequenas cidades, sendo economicamente ativa, poderá ser tomada por proprietários de terras, por capitalistas, por companhias comerciais, pelas autoridades locais e pelas associações cooperativas. "Com toda probabilidade, na primeira experiência, muitas partes irão revelar-se mal estudadas e a experiência poderá sugerir milhares

---

3. OWEN, R. "Report to the County of Lanark" (1820) In: *A New View of Society and other Writings*. Londres, 1927, p. 266.
4. OWEN, R. *Report to the Committee for the Relief of the Manufacturing Poor*. 13 mar. 1817.
5. *London Newspaper*, 30 jul. 1817, 15 ago. 1817, 19 ago. 1817, 22 ago. 1817, 10 set. 1817.
6. OWEN, R. "Report to the County of Lanark" cit. p. 264.
7. OWEN, R. Op. cit., pp. 267-268.
8. OWEN, R. Op. cit., p. 267.

155, 156. Vista geral do familistério de Guisa e interior da creche (de Godin, *Solutions sociales*).

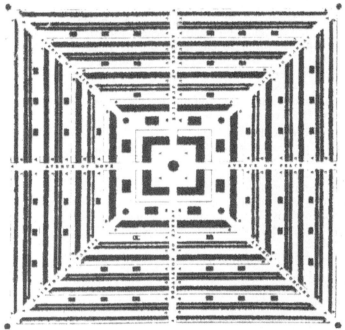

157, 158. Vista e planta da cidade ideal de Bucking-ham (1849).

de melhoramentos";[9] o custo das instalações giraria em torno de 96 000 libras esterlinas.

5. O *surplus* produzido pelo trabalho da comunidade, satisfeitas as necessidades elementares, poderá ser trocado livremente, utilizando-se o trabalho empregado como termo de aquilatação monetária.

6. Os deveres da comunidade para com as autoridades locais e centrais continuarão a ser regulados pela lei comum; as comunidades pagarão regularmente as taxas em moeda corrente, e os homens prestarão serviço militar; poderão somente dispensar os tribunais e as prisões, pois não terão nenhuma necessidade deles e, assim, aliviarão os encargos do governo.

Owen tenta por várias vezes traduzir na prática seu plano, primeiro em Orbiston, na Inglaterra, e depois nos EUA. Em 1825, adquire de uma seita protestante a cidadezinha de Harmony, em Indiana, e lá se estabelece com um milhar de seguidores, depois de haver endereçado um apelo ao presidente dos Estados Unidos e ao Congresso.

Em nenhum dos dois casos, a forma arquitetônica da cidade corresponde ao paralelogramo teórico, e Owen não se preocupa muito com isso, absorvido como estava pelo problema econômico-social. Como é fácil imaginar, a passagem da teoria para a prática não tem êxito, a concórdia imaginada por Owen não se realiza e a iniciativa fracassa quase que imediatamente fazendo-lhe perder o capital empregado e deixando-o na pobreza.

Contudo, muitas pessoas que com ele vieram para os EUA, inclusive seus filhos, permanecem no local, e contribuem validamente para a colonização do Oeste americano. Dessa maneira, a cidadezinha owenista adquire uma função oposta àquela imaginada por seu idealizador, fracassa como comunidade auto-suficiente e torna-se um centro de serviços para todo o território circundante.

F. Podmore, em 1906, avalia da seguinte maneira os resultados da experiência:

Embora a grande experiência de Owen tenha fracassado, um sucesso de todo inesperado, em direção completamente oposta, recompensou seus esforços. New Harmony permaneceu, por mais de uma geração, como o principal centro científico e educativo do Oeste, e as influências que dali se irradiavam fizeram-se sentir em muitas direções, na estrutura social e política do país. Ainda em nossos dias a marca de Robert Owen é claramente visível na cidade que ele fundou. New Harmony não é como as outras cidades dos Estados Unidos. É uma cidade que possui uma história. O pó

9. OWEN, R. Op. cit., p. 285.

daquelas esperanças e daqueles ideais partidos forma o solo no qual se enraiza a vida de hoje.[10]

Depois da experiência americana, Owen acentua o radicalismo de seu pensamento; entre 1832 e 1834, encabeça o movimento das *trade-unions* inglesas, depois dedica-se a propagar suas idéias não ortodoxas sobre o matrimônio e sobre a religião, e termina sua vida marginalizado da sociedade inglesa como um visionário.

Owen é, sob muitos aspectos, o mais importante dos utopistas do século XIX, mesmo que não seja o mais feliz; suas qualidades pessoais, o amor pelo próximo, sua confiança nas máquinas e no mundo industrial permitem-lhe ver com clareza muitos problemas sociais e urbanísticos, onde os olhos de seus contemporâneos encontram-se empanados pelas teorias convencionais. Sua confiança ilimitada na educação e na persuasão, por outro lado, dificulta seus contatos com o resto do mundo e provoca o fracasso de todas as suas iniciativas concretas, depois de New Lanark.

b) *Charles Fourier*

Charles Fourier (1772-1837), além de ser contemporâneo de Owen, é um pequeno empregado francês de Besançon, desprovido dos meios financeiros e da capacidade pessoal do inglês.

Ele se baseia em uma teoria filosófico-psicológica, que faz as ações dos seres humanos derivarem não do proveito econômico, mas da atração das paixões. Ele distingue doze paixões fundamentais, e interpreta toda a história por meio de suas combinações; atualmente, a humanidade encontra-se na passagem do quarto período (barbárie) para o quinto (civilização); seguir-se-á o sexto (garantismo) e, finalmente, o sétimo (harmonia). Enquanto a civilização caracteriza-se pela propriedade individual descontrolada, no garantismo ela será submetida a uma série de limitações e de vínculos, que não são descritos por Fourier com muitos detalhes. Ao contrário da cidade atual, privada de forma, a cidade do sexto período será construída de acordo com um esquema concêntrico: no meio, a cidade comercial e administrativa; em torno, a cidade industrial e, depois, a agrícola. Na primeira, a superfície livre deverá ser igual àquela ocupada pelas casas, na segunda, deverá ser o dobro; e na terceira, deverá ser o triplo. A altura das casas será regulada segundo a largura das ruas, enquanto que os muros deverão ser

10. F. PODMORE, *Robert Owen, a Biography* (1906), cit. em B. RUSSELL, *Storia delle idee del secolo XIX* (1934). Trad. it., Turim, 1950, p. 198.

159. Percier e Fontaine, leito para Madame M. em Paris (de *Recueil de décorations intérieures*, 1801).

abolidos e substituídos por sebes; os direitos dos proprietários deverão entrar em "composição" com os direitos dos demais, e a valorização que as obras públicas produzirão nos imóveis circundantes deverá ser em parte restituída à comunidade.

Fourier, porém, considera tais progressos como simples fases da passagem para o sétimo estágio, e definitivo, no qual a vida e a propriedade serão inteiramente coletivizadas; os homens, abandonando as cidades, deverão recolher-se em *phalanges* de 1 620 indivíduos e alojar-se-ão em edifícios coletivos construídos especialmente, chamados *phalanstères*.

Diferentemente de Owen, Fourier não concede aos habitantes do falanstério alojamentos separados; a vida será desenvolvida como em um grande hotel, com os velhos alojados no térreo, as crianças no mezanino e os adultos nos andares superiores. O falanstério será enriquecido por aparelhamentos coletivos e servido por instalações centralizadas. Fourier vê o edifício com as formas nobre da arquitetura representativa francesa; deverá ser simétrico, com três pátios e numerosas entradas, sempre sobre os eixos dos vários corpos de construções; o pátio central, chamado Place de Parade, será vigiado pela Tour de l'Ordre, com o relógio e o telégrafo óptico. Continuando a descrição, ele desce a detalhes surpreendentes por sua minúcia:

A "rua-galeria" situa-se no primeiro andar; não poderia estar no térreo, o qual deve ser atravessado em vários pontos pela passagem de veículos.

As ruas-galerias não são iluminadas pelos dois lados, aderem a cada corpo de construção; todos os corpos possuem duas filas de quartos, das quais uma é iluminada pelo exterior, a outra pela rua-galeria; esta deve ter a altura dos três andares que com ela confrontam. As portas de entrada de todos os apartamentos do primeiro, segundo e terceiro andares dão para a rua-galeria, com escadas dispostas a determinados intervalos para subir ao segundo e terceiro andares. As grandes escadas, de acordo com o uso chegam somente ao primeiro andar; mas duas das escadarias laterais conduzem ao quarto andar... A rua-galeria terá seis braças de largura no centro, e quatro nas alas, quando dentro de trinta anos serão construídos os edifícios definitivos; provisoriamente, contudo, uma vez que o mundo não é rico, limitar-se-á a edifícios econômicos, e com muito maiores razões visto que, em trinta anos, deverão ser refeitos em planos muito mais vastos. A rua-galeria, portanto, será reduzida a 4 braças no centro e 3 nas alas. Os corpos terão 12 braças de largura, de acordo com o seguinte cálculo:

— galeria 18 ou 24 pés,
— quarto para galeria 20 pés,
— quarto para o exterior 24 pés,
— duas paredes externas 4 pés.

72 pés em total, isto é, 12 braças. As salas públicas poderão ser levadas até 8 braças de largura e confrontar tanto a galeria, quanto o exterior. [11]

A realização do falanstério é tentada várias vezes na França, na Argélia, nos EUA e Nova Caledônia, sempre sem êxito. Durante o Segundo Império, algo de semelhante é realizado em Guisa por J. B. Godin (1817-1889), antigo operário transformado em empresário, como Owen, e a experiência, contra todas as previsões, perdura por bastante tempo. Godin, contudo, modifica os planos de Fourier em dois pontos essenciais; apóia a iniciativa em uma indústria e abole a vida em comum, atribuindo a cada família um alojamento individual e um grande edifício com pátios, completado por uma creche, uma escola, um teatro e vários serviços. Esse agrupamento é chamado de "familistério" e administra as indústrias de Godin, depois de sua morte, sob a forma de uma cooperativa de produção [12] (Figs. 155 e 156).

c) *Etienne Cabet*

Durante a Monarquia de Julho, vários escritores falam da cidade ideal, que substituirá a atual, desordenada e triste, e misturam, freqüentemente com ingenuidade, questões urbanísticas e reivindicações sociais. Por vezes fala-se, em termos totalmente fantásticos, da transformação de Paris, como o fazem os sansimonistas no *Globe;* C. Duveyrier imagina a nova Paris como uma planta em forma de homem prestes a caminhar, [13] e M. Chevalier descreve as futuras obras desta maneira extraordinária:

O rei e sua família, os ministros, a Corte de cassação, e Corte real, as duas Câmaras manejarão pá e picareta: assistirá o velho Lafayette; os regimentos, as bandas musicais e as turmas de operários serão comandados por engenheiros e politécnicos em uniforme de gala; as mulheres mais brilhantes misturar-se-ão aos trabalhadores para encorajá-los. [14]

Depois vem a repressão dos movimentos operários, a rue Transnonain, censura da imprensa, e parece pouco provável que o rei Luís Filipe se ponha a tra-

---

11. Fourier, C. *Traité de l'association domestique-agricole* (1832). Em E. Poisson, *Fourier*, Paris, 1932, pp. 141-143.
12. Ver J. B. Godin, *Solutions sociales*, Paris, 1870.
13. C. Duveyrier, em *Le Globe*, 1931, cit. por E. Persico, "Profezia dell'architettura" em *Scritti critici e polemici*, Milão, 1947, p. 196.
14. M. Chevalier, em *Le Globe*, 1932, cit. em P. Lavedan, *Histoire de l'urbanisme, époque contemporaine*, Paris, 1952, p. 76.

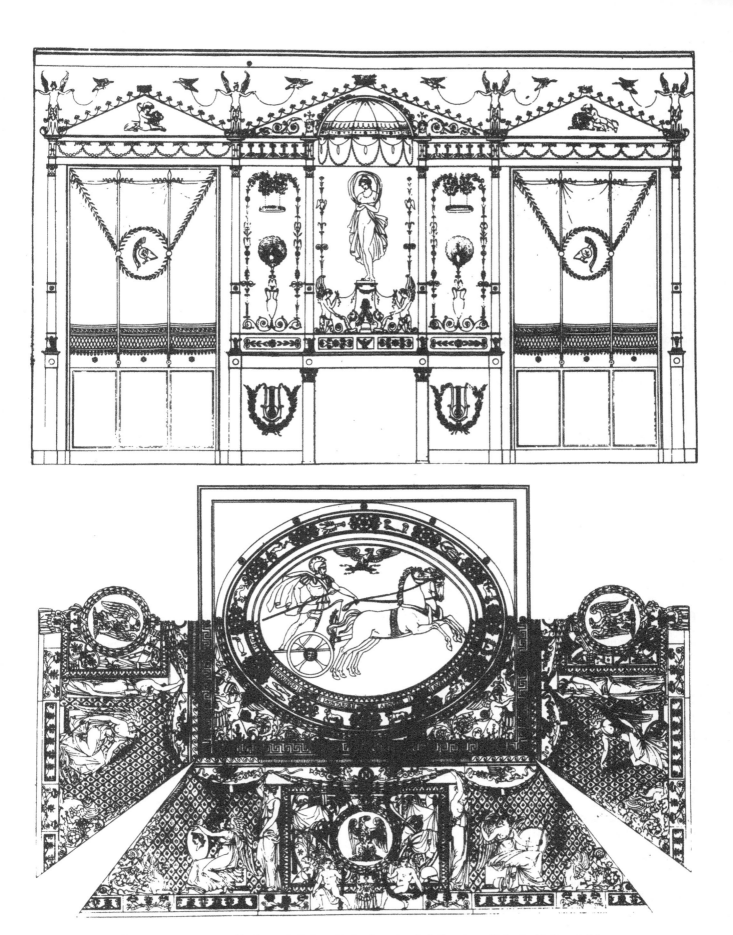

160, 161. Percier e Fontaine, parede de um salão da casa de C.C. em Paris e forro da sala da Guarda nas Tulherias (de *Recuel* cit.).

balhar com sua Corte em um canteiro de obras. Assim, essas aspirações são novamente desviadas para o reino da fantasia.

Em 1840, Etienne Cabet (1788-1856) publica a descrição de uma nova cidade ideal, Icaria, baseada em uma organização socialista da propriedade e da produção; também ele, como Fourier, faz uma descrição minuciosa de sua cidade, porém pensa em uma grande metrópole, que reúna as belezas de todas as cidades mais célebres; o plano será rigidamente geométrico, com ruas em ângulos retos e um rio retilíneo que correrá pelo meio. Todas as ruas serão iguais; numerosas precauções serão tomadas a fim de facilitar o trânsito, especialmente de pedestres, e para mantê-lo distinto do trânsito dos veículos.

A arquitetura de Icaria realizará completamente os ideais do ecletismo, porque cada um dos sessenta bairros reproduzirá os caracteres de uma das sessenta principais nações, e as casas (todas iguais internamente) apresentar-se-ão com os ornamentos de todos os estilos. [15]

Em 1847, Cabet lança um manifesto intitulado *Vamos para Icaria,* anuncia a compra do terreno necessário no Texas, e recolhe cerca de quinhentas adesões, poucos meses mais tarde, estoura a revolução de fevereiro de 1848, porém, os icarianos, impacientes por partir, deixam Paris contra a opinião de Cabet e sem ele. Chegados aos Estados Unidos, percebem que o terreno é grande demais e é fracionado em diversos pedaços; assim, retiram-se para New Orleans, dizimados pelas doenças e pelas deserções.

Cabet reúne-se a eles em 1849, e sua chegada provoca uma cisão; a minoria tenta organizar-se, em 1856, em Cheltenham, em um antigo estabelecimento para banhos, e é levada à falência por débitos em 1862, enquanto que a maioria emigra novamente para o Oeste e funda, finalmente, em 1860, a cidade ideal em Corning, Estado de Iowa, desta vez com êxito. As residências situam-se no centro de uma fazenda de 3 000 acres e estão dispostas de uma maneira que lembra o paralelogramo de Owen. Existem várias descrições de Icaria tais como esta, de 1875:

Os icarianos chamam ao grupo de suas habitações de "a cidade". No centro, encontra-se o refeitório, em meio de uma vasta praça quadrada; três lados do quadrado estão ocupados por casas, distanciadas umas das outras, e os intervalos estão cultivados como jardins. O quarto lado está dedicado às construções de utilidade comum, lavanderia, padaria etc... Nada mais aprazível do que o aspecto de Icaria. O grande edifício do refeitório, circundado pelas pequenas casas, está ao lado de um grande bosque sombreado, que serve de fundo para as casas pintadas de branco. Árvores frutíferas e exóticas, gramados e flores separam agradavelmente as diversas partes dessa pequena cidade. [16]

O êxito da iniciativa depende, contudo, do número reduzido dos habitantes: 32 ao todo. E nem mesmo estes suportam viver muito tempo ligados tão intimamente uns aos outros, não obstante os jardins floridos e as casinhas brancas. Em 1876, a comunidade divide-se em dois grupos: os jovens icarianos — treze — que emigram para a Califórnia e fundam Icaria-Esperança; os velhos icarianos — dezenove — que fundam Nova Icaria a pequena distância da antiga, com a mesma disposição arquitetônica. As duas aldeias duram ainda alguns anos, depois se desfazem respectivamente em 1887 e em 1895.

A idéia de Cabet de fundar uma metrópole termina, portanto, em uma espécie de *reductio ad absurdum* e leva à formação de aldeias rurais cada vez mais exíguas, até atingirem as dimensões de uma fazenda agrícola normal.

É bem conhecida a crítica que os socialistas científicos da segunda metade do século XIX dirigiram a esses ingênuos precursores (os socialistas utópicos): sustentar que os obstáculos para a realização da nova sociedade encontram-se somente na ignorância, e não nos interesses das classes dominantes, e, portanto, fazer apelo à persuasão, e não à concorrência de classe.

No *Manifesto* de Marx e Engels, de 1848, lê-se:

É inerente, tanto à forma não evoluída da luta de classes, quanto a sua própria situação, que eles acreditavam estar situados muito acima do antagonismo de classe. Desejam melhorar a situação de todos os membros da sociedade, mesmo daqueles melhor situados. Assim, fazem continuamente apelos à sociedade inteira, sem distinções, e antes, de preferência, à classe dominante. Uma vez que basta somente compreender seu sistema para reconhecê-lo como sendo o melhor projeto possível para a melhor sociedade possível. [17]

W. Sombart, cinqüenta anos mais tarde, julga Owen e os outros com igual severidade. Estes partem de uma fé setecentista na bondade natural do homem e na ordem natural da sociedade, que "talvez tenha exis-

15. Ver P. LAVEDAN, op. cit., pp. 84-88.

16. A. MASSAULARD, *Six mois en Icarie* em A. PRODHOMMEAUX, *Histoire de la communauté icarienne,* Nimes, 1907, p. 292.

17. MARK, K. & ENGELS, F. *Manifesto del partito comunista* (1848). Trad. it., Turim, 1948, p. 215.

162. Vasos apresentados na Exposição Universal de Londres (Victoria and Albert Museum).

tido em alguma parte e que, em todo caso, deveria existir em todas as partes onde não hajam intervindo obstáculos artificiais"; removidos tais obstáculos, "a nova sociedade pode realizar-se em qualquer momento"; o socialismo pode dominar o mundo "como um ladrão de noite" diz Owen. [18]

Por tal razão, eles estão de acordo, substancialmente, com os liberais, uma vez que "também estes acreditam na ordem natural, embora pensem que ela já esteja realizada" através da livre troca. Em suma, faz-se com que tudo dependa do saber; os utopistas acreditam que "a ordem atual das coisas deriva de um erro, e que os homens encontram-se atualmente na miséria somente porque, até agora, não se soube encontrar nada de melhor... A demonstração típica dessa concepção ingênua é o fato bem conhecido de que Charles Fourier todos os dias ficava em casa, do meio-dia à uma, para esperar o milionário que lhe iria trazer o dinheiro para construir o primeiro falanstério". [19]

Essa crítica é pertinente em termos políticos; contudo, apesar de seus erros, ou melhor, em certo sentido por causa dos erros e das ingenuidades políticas, Owen e os outros trouxeram uma contribuição extremamente importante ao movimento da arquitetura moderna.

Ficaram eles imunes ao outro erro de toda a cultura política do tempo, liberal ou socialista, e que consistia em crer que não convinha empenhar-se nos problemas particulares — por exemplo, o da localização — antes de haver resolvido os problemas políticos de fundo, e que as soluções de todas as dificuldades parciais sejam uma conseqüência natural de se encontrarem as soluções para as dificuldades gerais.

Por tal razão, dedicaram-se eles, com uma confiança maior do que seria razoável, a experimentos parciais, e por vezes acreditaram — dando uma reviravolta nas idéias correntes — poder resolver os problemas sociais com a arquitetura, e poder melhorar os homens simplesmente fazendo com que habitassem num falanstério ou num paralelogramo cooperativo.

Suas experiências fracassaram, porém a cidade ideal por eles imaginada penetrou na cultura moderna como um modelo pleno de generosidade e de simpatia humana, muito diverso da cidade ideal do Renascimento, e continua a servir de incentivo para o progresso das instituições urbanísticas até nossos dias, mesmo que não mais possamos tomá-lo ao pé da letra.

O leitor terá notado a impressionante semelhança entre muitas propostas de Owen e Fourier — tais como a "unidade de habitação" com número fechado de habitantes, as instalações centralizadas, a *rue intérieure* etc. — e algumas soluções que surgem insistentemente nos projetos contemporâneos. Até mesmo o número de habitantes do falanstério de Fourier — 1620 — corresponde àquela das pessoas alojadas na primeira *unité d'habitation* de Le Corbusier, e a densidade prevista por Owen, um acre por habitante, é a mesma indicada por Wright para Broadacre. A integração entre agricultura e indústria, entre cidade e campo, é resolvida de maneira mítica e inadequada, não leva em conta as grandes fábricas modernas que por vezes reúnem várias dezenas de milhares de operários, nem algumas orientações da agricultura moderna extensiva e mecanizada. É certo, contudo, que a harmonia entre essas duas realidades diversas é a condição indispensável para reconstruir a unidade do ambiente e da paisagem moderna.

2. O movimento para a reforma das artes aplicadas

A Revolução de 1848 assinala o ponto culminante das esperanças de regeneração social das quais estão imbuídos os utopistas, enquanto que a rápida superveniência da reação produz um desencorajamento generalizado; a distância entre teoria e prática revela-se grande demais para que se pense em uma reforma imediata do ambiente urbano.

Este é um momento de revisão ideológica, no qual a esquerda européia elabora uma nova linha de ação — anunciada em 1848 com o *Manifesto* de Marx e Engels — e contrapõe às reformas parciais uma proposta revolucionária global. O debate político desloca-se com decisão para as questões de princípio e deixa de lado os vínculos tradicionais com a técnica urbanística, enquanto que o novo conservadorismo europeu — o bonapartismo na França, o movimento de Disraeli na Inglaterra, o regime de Bismarck na Alemanha — apodera-se de fato da experiência e das propostas urbanísticas elaboradas na primeira metade do século, e adota-as como um importante *instrumentum regni*: aplica-se a todas o exemplo dos trabalhos de Haussmann em Paris.

Como já foi dito, as leis sanitárias elaboradas antes de 1850 são aplicadas pelos novos regimes com

---

18. SOMBART, W. *Le socialisme et le mouvement social au XIXe siècle.* Paris, 1898, pp. 24-27.
19. SOMBART, W. Op. cit., pp. 25-30 e 31.

163, 164. Objetos apresentados na Exposição de Paris de 1878 (de *L'Esposizione di Parigi del 1878*, Sonzogno) e de Londres de 1851 (da *Talli's History and Description of the Crystal Palace*, 1851).

183

um espírito diferente daquele originário, e tornam possíveis as grandes intervenções urbanísticas da segunda metade do século. Ao mesmo tempo, os modelos teóricos, idealizados pelos escritores socialistas como alternativas para a cidade tradicional, são em boa parte absorvidos pela nova práxis, deixando de lado suas implicações políticas e sendo interpretados como simples propostas técnicas, exatamente para reordenar as cidades existentes.

As cidades ideais descritas depois de 1848 — Victoria, de J.S. Buckingham (Figs. 157 e 158), publicada em 1849, e Hygeia, de B.W. Richardson, publicada em 1876 — derivam das precedentes, mas estão destituídas de conotações políticas, enquanto que a tônica recai sobre requisitos de construção e de higiene; estes formam o elo de conjunção entre as utopias socialistas e o movimento da cidade-jardim, que começa em fins do século, porém assinalam substancialmente o exaurimento da linha de pensamento de Owen, Fourier e Cabet, insustentável na nova situação econômica e social.

Com efeito, os novos regimes autoritários abandonam a política de não intervenção nas questões urbanísticas, próprias dos regimes liberais que os precederam, e empenham-se diretamente — com as obras públicas — ou indiretamente — com os regulamentos e planos — em dirigir as transformações em curso nas cidades.

Dessas intervenções nasce uma vasta experiência técnica, indispensável aos desenvolvimentos futuros da urbanística moderna; porém, nesse ínterim a cultura urbanística perde a carga ideológica que lhe haviam infundido os primeiros socialistas, e deixa de valer como estímulo para uma verdadeira transformação da paisagem; trata-se no máximo de racionalizar o quadro existente, de eliminar algumas manifestações visíveis da desordem urbana deixando inalteradas suas causas.

Assim, a linha de pensamento descrita no parágrafo precedente, que deve com acerto ser considerada como a primeira fonte da cultura arquitetônica moderna, dispersa-se na prática dos ofícios técnicos e deforma-se na interpretação paternalista dos novos regimes autoritários. Pode-se dizer que é exatamente a incapacidade dos urbanistas em resolver as contradições de fundo da cidade industrial que permite subsistir o motivo para uma revisão cultural, que se tornará urgente em princípios do século subseqüente.

Enquanto tudo isso ocorre, a insatisfação da cultura oitocentista com a cidade contemporânea encontra um novo ponto de aplicação, uma vez que a desordem e a vulgaridade da produção industrial refletem-se agora em toda a cena da vida associativa, nela incluídos os objetos de uso comum, adotados todos os dias.

Nasce, conseqüentemente, um movimento para melhorar a forma e o caráter de tais objetos — móveis, utensílios, tecidos, roupas, objetos de todo gênero — e esse movimento possui a função de ponta de lança no debate cultural da segunda metade do século XIX, até que, graças a Morris, torna-se possível a identidade entre essa linha de pensamento e a linha precedente das utopias urbanas.

O conceito de "artes aplicadas" e sua separação das artes maiores é uma das conseqüências da Revolução Industrial e da cultura historicista.

Aqueles que se consideram "artistas" e sustentam ser os depositários da cultura tradicional, limitam sua atividade, pouco a pouco, a um setor sempre menor da produção, ou seja, aos objetos menos ligados ao uso quotidiano e que podem ser considerados arte pura; todo o resto, e especialmente os objetos de uso produzidos em série pelas indústrias, é subtraído a seu controle e abandonado à influência casual de obscuros projetistas, quase sempre animados de finalidades estritamente comerciais e, em sua maioria, incultos. Naturalmente, essa produção menor, que em termos de quantidade é muito mais abundante do que a produção maior e determina de maneira preponderante a paisagem da era industrial, termina refletindo igualmente a orientação das correntes artísticas oficiais, porém o relacionamento, que antes era direto e contínuo, transforma-se agora em indireto, descontínuo e casual.

Na prática, as formas correntes da produção industrial são determinadas por uma pequena minoria de artistas da moda — ou melhor, essa dependência é mais íntima do que no passado, uma vez que a execução é um ato em grande parte mecânico, que registra passivamente os modelos recebidos — porém estes não podem influir de maneira alguma na difusão e interpretação das formas que puseram em circulação; assim, entre arte e indústria estabelece-se uma relação unilateral, não uma verdadeira troca de experiências, e a produção cinde-se em diversos estratos que se movem separadamente, segundo aquela relação seja mais ou menos direta.

Bastará um exemplo: a difusão do chamado "estilo império" nos primeiros anos do século XIX. Responsáveis por esse estilo são, em grande parte, dois jovens arquitetos, Charles Percier (1764-1838) e

165. Algodão estampado inglês, por volta de 1830 (Victoria and Albert Museum).

166, 167. Móveis apresentados na Exposição Universal de Londres de 1851 (da *Talli's History and Description* cit).

168. Objetos de decoração neogóticos (de A. W. Pugin, *The True Principles of Pointed or Christian Architecture*, 1841).

P.F.L. Fontaine (1762-1858), que estudam juntos, primeiro em Paris e depois em Roma, seguindo o clássico itinerário do ensino acadêmico francês. Fontaine vive em Londres por algum tempo, onde provavelmente sofre a influência de R. Adam; a partir de 1794, trabalham em conjunto e atingem uma posição de destaque na Corte de Napoleão; Percier ocupa-se sobretudo dos trabalhos de estúdio, Fontaine, das relações com clientes e executantes. Juntos projetam a rue de Rivoli, mobiliam as várias residências do Imperador, traduzem em desenhos suas iniciativas urbanísticas; em 1801, Percier e Fontaine são nomeados arquitetos dos palácios do primeiro e do segundo Cônsules e, a partir de 1804, Fontaine é arquiteto dos palácios imperiais.

Favorecidos por sua posição oficial e pela ótima organização de estúdio, eles modificam toda a produção francesa e européia de arquitetura e mobiliário, e sua influência pode ser comparada à de Le Brun ao tempo de Luís XIV, embora os modos pelos quais essa influência é exercida sejam completamente diferentes. Le Brun agia através da estrutura corporativa de seu tempo e suas prescrições investiam de modo unitário tanto o desenho quanto a técnica de execução; entre os artistas que forneciam os modelos e os operários que os executavam, existia uma relação de organização, além de informativa, e a mesma organização sustentava as relações entre uma e outra categoria de artesãos e movelheiros, como entre mobiliário e arquitetura.

Percier e Fontaine, pelo contrário, não possuem meio algum para controlar a atividade de quem trabalha fora de seus canteiros. Eles fornecem uma série de protótipos formais e consolidam-nos com o prestígio de sua posição; de 1801 em diante, sucedem-se as edições do *Recueil de décorations intérieures,* que se transforma no manual de todos os decoradores da primeira metade do século XIX (Figs. 159-161).

As gravuras que formam aqueles volumes constituem a única ligação real entre Percier e Fontaine e seus imitadores: uma série de formas, separadas pelas circunstâncias em que foram idealizadas e também pelos materiais com que foram inicialmente executadas, e dotadas de uma vida própria abstrata e impessoal; as máquinas, por outro lado, estão prontas para traduzir essas formas, com igual impessoalidade, em qualquer escala, em qualquer material e em qualquer número de exemplares.

Dessa maneira, dois artistas de notável dedicação, defensores por conta própria da continuidade entre decoração, arquitetura e urbanística, deram origem ao primeiro dos estilos de decoração em que o ornamento interno dos ambientes é considerado como uma entidade separada da arquitetura. O estilo Império, a partir das primeiras décadas do século XIX, apresenta eventos independentes da evolução posterior da cultura artística oficial e permanece por todo o século como uma possibilidade, que pode ser retomada a qualquer momento, como alternativa para qualquer outro estilo. Um certo número de executantes de valor produz, especialmente no início, objetos de notável mérito artístico, porém constituem exceções difíceis de serem reconhecidas no mar de rebotalhos que a indústria derrama no mercado (Figs. 162-167).

Em tempos anteriores, a produção de valor podia distinguir-se da atual, além de pela excelência formal, por algumas qualidades mais tangíveis: a riqueza do desenho, a precisão da execução e os materiais preciosos; entretanto, a produção mecânica domina facilmente as duas primeiras qualidades: a complicação do desenho não é mais um obstáculo econômico, porque é suficiente um estampo para produzir um número indefinido de peças, e a precisão com que os objetos são acabados à máquina é muito superior àquela que o melhor dos antigos artesãos conseguia obter com o trabalho manual. Resta a diferença de materiais, mas a indústria aparelha-se rapidamente para copiar, mediante procedimentos engenhosos, as matérias mais variadas e desaparece o gosto pela apresentação genuína de madeira, de pedras, de metais. Entre 1835 e 1846, segundo Giedion, o Departamento de Patentes inglês registra trinta e cinco patentes para revestimento de superfície de materiais variados, de modo que se assemelhem a outros materiais; em 1837, por exemplo, inventa-se o processo de recobrir o gesso com uma camada de metal, a fim de fazer com que se assemelhe ao bronze. [20]

Assim, não somente a produção atual supera em quantidade a produção de valor, como também esta última carece de motivos evidentes para distinguir-se daquela, excetuando-se o valor artístico verdadeiro e próprio, apreciável somente pelos entendidos.

Por essa razão, na primeira metade do século XIX, o nível médio da produção de objetos de uso cai rapidamente. Existem naturalmente as exceções, tais como a cerâmica de Wedgwood, na Inglaterra, e pode-se também constatar que a decadência do gosto está um pouco mais retardada em relação à industrialização, de modo que o nível dos produtos industriais até o primeiro decênio do século XIX em muitos casos ainda

---

20. Ver S. GIEDION, *Mechanization Takes Command,* Nova York, 1948, p. 346.

169, 170. O. Jones, papel de parede para Jeffreys & Co.

171. H. Cole, desenhos para objetos de uso para a educação formal das crianças (*Journal of Design*, 1849).

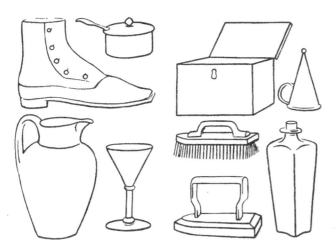

172. O. Jones, folhas de castanheiro-da-Índia (de *Grammar of Ornament*, 1856).

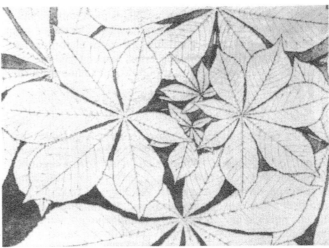

é bom — provavelmente até que desapareça a geração que conserva os hábitos e os gostos do período pré-industrial — mas não é lícito colocar em dúvida o fenômeno em sua totalidade. Depois de 1830, a decadência está tão avançada que provoca a polêmica daquelas pessoas de quem se falou no Cap. 2 e, em 1851, quando a Exposição Universal de Londres permite que se compare a produção de todos os países, o balanço global mostra-se alarmante para todos os entendidos.

Essa constatação, todavia, não se exaure no campo da crítica da arte: impele um certo número de peritos à ação, a fim de tentar remediar esse estado de coisas e de reerguer a qualidade da produção, retomando os vínculos secionados entre artes maiores e artes menores.

Começa, assim, depois da metade do século, o movimento pela reforma das artes aplicadas, e parte exatamente da Inglaterra, onde os inconvenientes da produção em série fizeram-se sentir em primeiro lugar, e em escala mais vasta. Podem-se distinguir aproximadamente três fases: a primeira, entre 1830 e 1860, possui uma íntima conexão com a "reorganização" sobre a qual se falou no Cap. 2, e tem por protagonistas alguns funcionários esclarecidos, dentre os quais, Sir Henry Cole; a segunda depende dos ensinamentos de Ruskin e das iniciativas de Morris, e possui uma forte marca ideológica e literária; na terceira, agem os discípulos de Morris — Crane, Ashbee, Voysey etc. — e tornam-se mais nítidas as relações com a arquitetura.

Também o movimento para a reforma das artes aplicadas passa de posições utópicas para outras mais concretas e aderentes à realidade; neste terreno, com efeito, a indústria e a cultura artística encontram-se com as respectivas tradições e os respectivos preconceitos, os quais devem ser superados arduamente antes que se encontre o caminho certo.

a) Henry Cole e seu Grupo

Os defensores do movimento neogótico, que surgem em campo entre 1830 e 1840, criticam ao mesmo tempo o classicismo acadêmico e as formas góticas convencionais empregadas na época pelos fabricantes de objetos de uso; Augustus W. Pugin (1812-1852), um dos principais propagandistas do retorno ac medieval, publica em 1836 um brilhante livro polêmico,[21] onde acusa a indústria de ter contaminado tanto a paisagem urbana, com suas instalações desmesuradas, quanto o ambiente doméstico, com seus produtos vulgares; em uma conferência, em 1841, ele faz uma descrição irônica dos objetos industriais em falso estilo gótico:

...pequenas torres gradativas para tinteiros, cruzes monumentais para abajures, pincaros de edifícios em maçanetas de portas, quatro portais e um feixe de colunas para sustentar uma lâmpada francesa, enquanto um par de pináculos encimados por um arco são chamados de raspadeira em modelo gótico, e um entrelaçamento sinuoso de ornamentos formado quatro folhas e leques, de uma cadeira de jardim de abadia. Nem escala, nem forma, nem oportunidade, nem unidade de estilo são jamais levadas em consideração por quem desenha esses horrores... Basta introduzir um ornamento em quatro folhas ou em arco agudo, embora o esquema do artigo seja moderno e vulgar, para que o mesmo logo seja qualificado e vendido como gótico.[22]

Em abril de 1832, pouco antes da votação sobre a lei eleitoral, desenvolve-se na Câmara dos Comuns um debate sobre a instituição de uma Galeria nacional, durante o qual se torna claro, pela primeira vez, a importância social do problema da arte aplicada.

Sir R. Peel declara:

Os motivos que podem impelir a Câmara a tomar esta iniciativa não são somente representativos; o interesse de nossas indústrias está intimamente vinculado ao encorajamento das belas-artes, visto que é de conhecimento geral que nossos produtores são superiores a seus concorrentes do exterior na parte mecânica, mas infelizmente inferiores no que se refere aos protótipos formais.[23]

Depois do *Reform Bill,* o governo *whig* intervém também neste campo e nomeia uma Comissão de Pesquisa, que escuta as opiniões dos industriais, dos projetistas industriais, dos artistas e dos membros da Academia Real, e conclui que falta uma organização adequada para o ensino e a difusão das artes; assim são instituídas escolas de projeto em Londres, Birmingham e Manchester, e são reunidos exemplos de obras de arte pura e aplicada, antigos e modernos, que são doados às escolas a fim de orientar o gosto dos alunos.

Essas iniciativas são promovidas sobretudo pelo príncipe consorte, que encontra seu principal colaborador em um jovem funcionário civil, Henry Cole

---

21. PUGIN, A. W. *Contrasts*. Londres, 1836.

22. PUGIN, A. W. *The True Principles of Pointed or Christian Architecture*. Londres, 1841, pp. 23-25. Cit. em J. GLOAG, *Industrial Art Explained*, Londres, 1946, p. 63.

23. Cit. em H. READ, *Art and Industry*, Londres, 1934, p. 15.

173, 174, 175. J. Ruskin, estudos sobre a conformação das folhas e das nuvens (de *Modern Painters*, v. V, 1860).

(1808-1882); este desenvolve no campo das artes aplicadas uma obra esclarecida e infatigável, comparável à de seus contemporâneos Chadwick e Farr no campo da higiene social.

Cole está profundamente convicto de que o baixo nível da produção corrente seja devido à separação entre arte e indústria, e que, portanto, pode ser melhorado agindo-se no plano de organização e canalizando a obra dos artistas para o *industrial design*.

Em 1845, com o pseudônimo de Felix Summerly vence um concurso da Society of Arts para um jogo de chá; a partir de 1847, organiza na sede da Sociedade uma série de exposições de produtos industriais — "Felix Summerly series" — e a partir de 1849 publica uma revista, *Journal of Design*, onde reproduz e critica os modelos dos mais variados ramos da indústria. Em 1848, tenta em vão promover uma exposição nacional da indústria inglesa; em 1850, porém, consegue obter, do príncipe Alberto, a organização da primeira Exposição Universal, e desempenha um papel fundamental na localização do edifício — o Palácio de Cristal de Paxton — bem como na disposição dos objetos expostos.

A Exposição de 1851 oferece-lhe a oportunidade de fazer um balanço da produção industrial em todos os países da Europa; em confronto com a arte oriental, ou com os objetos de uso americanos, a arte decorativa européia oferece o espetáculo de uma decadência impressionante. "É evidente, na Exposição, a ausência de qualquer princípio comum do desenho ornamental; parece que as artes aplicadas de toda a Europa estão profundamente desmoralizadas". [24]

Cole procura extrair o máximo proveito desse confronto, não se cansa de ilustrar o problema em jornais e revistas e, em 1855, obtém a fundação, em South Kensington, de um museu de artes aplicadas, onde sejam conservados os melhores exemplares do presente e do passado, juntamente com as amostras da produção corrente: é o núcleo inicial do atual Victoria and Albert Museum.

Nos últimos anos, dedica-se principalmente aos problemas didáticos (Fig. 171), e, a seu redor, reúne-se um grupo de artistas que trazem uma contribuição direta à melhora das artes aplicadas. [25]

O mais conhecido é o pintor Owen Jones (1806-1889), filho do arqueólogo de mesmo nome; em sua juventude, viaja longamente pela Itália, pelo Oriente e pela Espanha, e é atingido pelo senso decorativo perfeito da arte muçulmana. Entre 1842 e 1845, publica os desenhos geométricos e os detalhes da Alhambra de Granada, copiados do local por ele mesmo e por outros estudiosos, depois um volume sobre mosaicos de pavimentação, um sobre os livros-miniaturas da Idade Média e um sobre os ornamentos policrômicos italianos. [26]

Em 1851, participa da Exposição Universal, pintando em cores as estruturas metálicas do Palácio de Cristal e, no ano seguinte, publica um ensaio teórico sobre o emprego das cores na arte decorativa. [27] Em 1856, surge sua obra principal, *The Grammar of Ornament*, a qual reúne exemplos de decoração de todos os tempos e países, não com a mera intenção de oferecer aos contemporâneos modelos para serem copiados. "Aventuro-me a esperar — escreve Jones no prefácio — que, apresentando para um contato imediato as muitas formas da beleza, possa contribuir para deter a infeliz tendência de nosso tempo de contentar-se em copiar, enquanto dura a moda, as formas peculiares de cada idade passada". [28] Com efeito, no último capítulo, ele tenta somar tudo e deduzir dos exemplos apresentados as regras gerais do desenho ornamental, recorrendo a objetos naturais, tais como árvores, folhas e flores, e procurando individuar as leis geométricas de sua estrutura; por exemplo, desenha planta e secção de uma flor-de-lis, ou então um grupo de folhas de castanheiro-da-índia projetado no plano como um simples arabesco superficial (Fig. 172).

A seguir, Jones publica uma série de letras iniciais, uma de monogramas, e um volume de exemplos de arte decorativa chinesa, extraídos dos originais do museu fundado por Cole. [29]

Richard Redgrave (1804-1888), que é considerado por Giedion como o melhor teórico do grupo,

---

24. *Journal of Design*, v. V, 1851, p. 158, cit. em S. GIEDION, op. cit., pp. 351-352. Com referência às discussões suscitadas pela Exposição de 1851, ver W. WHEWELL, *Lectures on the Result of the Exhibition*, Londres, 1852.

25. Sobre H. COLE, ver os dois volumes póstumos publicados pelos herdeiros, *Fifty Years of Public Work of Sir Henry Cole*, Londres, 1884.

26. *Plans, Elevations, Section and Details of the Alhambra*, 1842-1845; *Designs for Mosaic and Tesselated Pavements*, 1842; *The Illuminated Book of the Middle Ages* (em colaboração com H. N. HUMPHREY), 1844; *The Polichromatic Ornament of Italy*, 1846.

27. *An Attempt to Define the Principles which Should Regulate the Employment of Colour in the Decorative Arts*, Londres, 1852.

28. Cit. em S. GIEDION, op. cit., p. 354.

29. *One thousand and one Initial Letters Designea and Illuminated by O. J.*, 1864; *Seven hundred and two Monograms*, 1864; *Exemples of Chinese Ornament*, 1867.

176. W. Morris, *chintz*, 1883 (Victoria and Albert Museum).

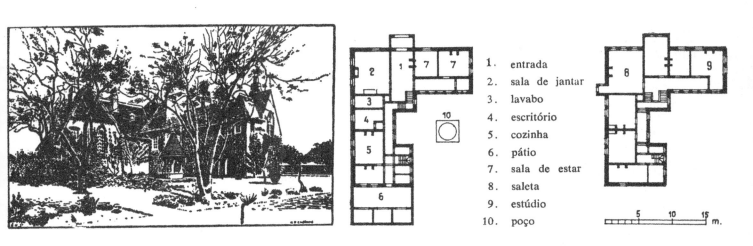

177, 178. A Casa Vermelha de Morris (P. Webb, 1859; desenho de G. H. Crow, *William Morris Designer*, 1934).

desenvolve o conceito de utilidade como fundamento primário da arte aplicada e faz com que se veja que a ele podem ser reconduzidas todas as exigências da cultura artística;[30] a conexão com o utilitarismo de J. Stuart Mill é clara, sendo que este, de fato, mantém relações com Cole e com seu grupo.

Por um certo período, trabalha no grupo de Cole o arqueólogo e arquiteto alemão Gottfried Semper (1803-1879); a partir de 1855, tendo retornado ao continente e sido nomeado professor da Techniche Hochschule de Zurique, difunde as experiências no movimento inglês nos ambientes de língua alemã, especialmente com o livro *Der Stil in den tecnischen und architektonischen Künsten,* o qual obtém ampla difusão até a época da Werkbund.

L. de Laborde publica, em 1856, um relatório sobre os trabalhos da Comissão francesa para a Exposição Universal de 1851, onde auspicia, como Cole, uma "conciliação" entre a indústria e a arte, depositária dos valores tradicionais.

A característica positiva mais importante, na ação de H. Cole e de seus colegas, é a confiança no mundo da indústria. Cole é animado pelo mesmo espírito audacioso e livre de preconceitos de Cobden, Chadwick, R. Stephenson e outros personagens da primeira era vitoriana. Sua limitação, por outro lado, consiste em uma simplificação excessiva do problema. A arte e a indústria trilham dois caminhos diversos e devem ser levadas a encontrar-se; mas quais meios são oferecidos por Cole e os seus para obter esse resultado? Eles se limitam a apresentar exemplos de bom desenho decorativo, tomados do passado ou de lugares distantes, a fim de estimular a emulação dos artistas contemporâneos; substancialmente, pensam que o problema pode ser resolvido no plano exclusivamente formal e, como os utopistas, acreditam que somente uma falta de conhecimento impede um bom projeto no campo da arte aplicada.

Compete a Ruskin e a Morris dar o passo decisivo, mostrando que a questão do projeto está comprometida com a posição intelectual e moral do projetista e do consumidor, e com a organização social que condiciona um e outro.

b) *John Ruskin e William Morris*

Morris e sua geração têm John Ruskin (1819-1900) como mestre; este jamais chega a dedicar-se diretamente ao problema da arte aplicada; contudo seus ensinamentos — nos aspectos positivos e negativos — são determinantes para todo o curso sucessivo do movimento e devem ser brevemente considerados antes de se falar de Morris e seus seguidores.

Ruskin é um personagem muito diferente de Cole e dos reformadores da época, quase da mesma idade. Estes são pessoas positivas, competentes em alguns campos e empenhados em agir em contato com a realidade; seu interesse está sempre circunscrito às coisas que sustentam poder modificar mediante uma intervenção direta. Ruskin, pelo contrário, é um literato e seu interesse estende-se teoricamente à realidade inteira: ele se ocupa, assim, de Política, Economia, Arte, Geografia e Geologia, Botânica e mil outros assuntos; "as matérias de que tratou — escreve um crítico seu — são quase tão variadas como os interesses da vida humana."[31]

Matéria por matéria, sua colocação é sempre um pouco destacada e às vezes superficial quando confrontada com a daqueles que a elas se dedicam praticamente, porém a amplidão de seu horizonte cultural permite-lhe perceber algumas relações entre um campo e outro que permanecem despercebidas dos respectivos peritos; nisso reside sua contribuição determinante, e por essa razão seu pensamento possui uma eficácia extraordinária, orientando o curso ulterior da ação prática em muitos campos.

Ruskin percebe que a arte é um fenômeno muito mais complexo do que parece a seus contemporâneos. A chamada obra de arte, isto é, a imagem realizada pelo artista e contemplada pelo crítico de arte, é uma entidade abstrata isolada de um processo contínuo, o qual inclui as circunstâncias econômicas e sociais no ponto de partida, as relações com quem a encomendou, os métodos de execução, e prossegue na destinação da obra, nas mudanças de propriedade e de utilização, nas modificações materiais.

O crítico pode isolar provisoriamente essa entidade, porém quem trabalha ativamente no campo da arte deve considerar englobadamente todas as passagens, visto que não é possível transformar uma sem agir ao mesmo tempo sobre todas as demais. A obra de arte assemelha-se a um *iceberg,* onde a parte flutuante, a única visível, move-se segundo leis que são incompreensíveis se não se levar em conta a parte imersa, não visível.

---

30. REDGRAVE, G. R. *Manual of Design Completed from the Writings and Addresses of R. R.* Londres, 1876.

31. IMAGE, S. *Seven Lamps of Architecture.* Ed. de J. M. Dent & Sons. 1907 (Introdução).

179. W. Morris, desenho ornamental, 1891 (Victoria and Albert Museum).

Essa reflexão é decisiva para dar início a um verdadeiro movimento de reforma no campo da arte e traz à cultura oitocentista uma mudança completa de rumo, posto que faz com que se vejam a insuficiência da orientação analítica e a necessidade de visar a integração entre os problemas. Hoje, esse é um dos princípios fundamentais de nossa cultura mas, por volta da metade do século XIX, constitui algo difícil de aceitar e também de apreender, e Ruskin encontra-se em conflito tanto com os leitores, quanto consigo mesmo, na medida em que partilha dos preconceitos de seu tempo.

Assim, a essência de seus ensinamentos é importante e frutífera, enquanto que as doutrinas específicas que ele sustenta são menos satisfatórias e por vezes retrógradas quando comparadas às de Cole e seu grupo.

Ruskin observa a desintegração da cultura artística e percebe que as causas devem ser procuradas não no campo da arte mesma, mas nas condições econômicas e sociais em que a arte é exercida; contudo — graças a uma tendência excessiva à generalização — Ruskin individua as causas desses males não em alguns defeitos contingentes do sistema industrial, mas no próprio sistema, e torna-se adversário de todas as novas formas de vida introduzidas pela Revolução Industrial. Por um erro comum à cultura da época, ele transforma um juízo histórico em um juízo universal e passa a combater não as condições concretas e circunstanciadas da indústria de seu tempo, mas o conceito abstrato de indústria. E, ao ver que a harmonia dos processos de produção foi realizada de modo satisfatório em certas épocas do passado — por exemplo, na baixa Idade Média —, ele sustenta de modo igualmente anti-histórico que o remédio consiste em retornar às formas do século XIII, e torna-se paladino do *revival* neogótico.

Essa limitação impede-lhe de tirar proveito de suas inumeráveis, preciosas intuições, e desvia continuamente seus discursos logo que estes se avizinham do concreto.

No ensaio *Seven Lamps of Architecture* de 1849, Ruskin inicia uma crítica particularizada das falsidades contidas na produção contemporânea e nelas distingue três gêneros:

1. a sugestão de um tipo de estrutura ou de sustentação diferente do real;

2. o revestimento da superfície com o objetivo de imitar materiais diversos dos reais, ou a representação mentirosa, sobre essa superfície, de ornamentos esculpidos;

3. o emprego de ornamentos de toda espécie... feitos a máquina. [32]

Em relação ao primeiro ponto, fala sobretudo das estruturas em ferro, e exprime-se da seguinte maneira:

Talvez a fonte mais abundante desse gênero de decadência, contra a qual devemos nos precaver nos dias de hoje, vem sob uma forma discutível, cuja propriedade e limites não são fáceis de determinar; falo do uso do ferro. A definição de arquiteteura dada no primeiro capítulo é independente dos materiais empregados; todavia, já que essa arte até princípios do século XIX foi praticada somente com argila, pedra e madeira, resultou que o senso de proporções e as leis de construção foram baseados, aquele completamente e estas em grande parte, nas necessidades criadas pelo emprego desses materiais, e que o uso de uma armação metálica, no todo ou em parte, seja considerado geralmente como um desvio dos princípios primários da Arte. Abstratamente, não existe razão para que o ferro não seja usado tão bem quanto a madeira, e provavelmente está próximo o tempo em que será desenvolvido um novo sistema de leis arquitetônicas, inteiramente adaptado à construção metálica. Creio, porém, que a tendência de todos os nossos gostos e associações atuais seja no sentido de limitar a idéia de arquitetura às estruturas não metálicas, e não sem razão.

Com efeito, prossegue Ruskin, a Arquitetura, sendo a primeira das artes, está necessariamente ligada às condições das sociedades primitivas, onde o uso do ferro é desconhecido, e a consideração desses precedentes históricos é inseparável de sua dignidade de arte; assim, conclui que o ferro "pode ser usado somente como ligação, não omo sustentação". [33]

No segundo ponto, Ruskin faz naturalmente uma série de exceções: recobrir os materiais de reboco e o reboco de afrescos não é reprovável, e tolera-se a douração dos metais menos preciosos porque o uso transformou esse expediente em costumeiro. A regra é evitar enganar deliberadamente o observador, e o engano depende dos hábitos do espectador.

Finalmente, os ornamentos feitos a máquina são refutados com o seguinte raciocínio: "o ornamento, como freqüentemente observei, possui duas fontes de prazer completamente distintas: uma, a beleza abstrata de suas formas, que por enquanto suporemos ser a mesma quer ele seja feito a máquina, quer a mão; a

---

32. *The Lamp of Truth*, VI, pp. 34-35, da edição citada.
33. *The Lamp of Truth*, IX, pp. 39-40, da edição cit.

180. W. Morris, *chintz*, 1891 (Victoria and Albert Museum).

outra, o senso do trabalho humano e da atenção que foram despendidos ao fabricá-lo". [34] A produção mecânica falseia completamente o segundo caráter e, por conseguinte, introduz uma mentira e um engano.

Deve-se levar em consideração o fato de que, na época de Ruskin, a produção corrente estava orientada exatamente para simular, com a máquina, a aparência de um rico trabalho a mão, sem ter de enfrentar a despesa correspondente; por exemplo, em relação ao ferro gusa, desde 1756, um escritor inglês declarava candidamente:

> O ferro gusa presta muitos serviços ao construtor e, em muitos casos, poupa-lhe uma grande despesa; nas grades e balaustradas possui uma aparência rica e maciça, apesar de custar muito pouco; o ferro forjado, com uma espessura muito inferior, custaria bastante mais. [35]

Ruskin responde com a seguinte censura:

> Você usa uma coisa que pretende possuir um valor que não possui, que pretende possuir um custo e uma consistência que não possui; é um abuso, uma vulgaridade, uma impertinência e um pecado. Jogue-a fora, reduza-a a pó; deixe, antes, na parede seu traço não acabado, você não pagou para tê-la, não tem nada a fazer com ela, não tem necessidade dela. [36]

A fim de poder prosseguir corretamente com esta narrativa, dever-se-ia aprofundar o conceito de hábito, isto é, colocar esses juízos no plano histórico; todos os procedimentos que Ruskin condena são, de fato, refutáveis somente em nome dos costumes contemporâneos, inclusive o trabalho a máquina, porque somente quem não está habituado à produção mecânica compara o produto de série ao produto de um trabalho individual. Ruskin tem consciência dessa exigência e por vezes explicitamente, como quando fala do ferro, porém logo volta a teorizar e traz novamente o discurso para o plano literário que lhe é familiar; assim, seus ensinamentos terminam com a exaltação convencional da Idade Média e com a refutação do presente.

Não obstante tais defeitos, o pensamento de Ruskin possui uma importância primária em nosso relato histórico; os defeitos, poder-se-ia dizer, são evidentes mas estão à superfície, enquanto que os verdadeiros ensinamentos encontram-se na profundidade e são menos perceptíveis, pois estão escondidos pelos desenvimentos ulteriores da cultura arquitetônica; constituem, porém, a base de todos os progressos realizados a seguir. Escreve Laver: "O mundo moderno deve a Ruskin mais do que geralmente está disposto a admitir. Ele projetou mover uma montanha, e de fato a moveu, embora pouco. Deveremos acaso surpreender-nos de que, ao fazer esse esforço assombroso, ele se tenha lacerado as mãos e perdido a paciência?" [37]

Uma contribuição secundária de Ruskin ao movimento pela reforma das artes aplicadas consiste nos estudos científico-formais sobre determinados elementos da natureza — as rochas, as árvores, as nuvens — que são investigados não somente do lado das ciências naturais, nem somente do lado pitoresco, mas também procurando individuar, com o auxílio da ciência, sua estrutura íntima que se encontra na base dos efeitos artísticos; seus desenhos, embora estando realizados no estilo de Turner e dos pintores românticos, por vezes avizinham-se de curiosos efeitos abstratos e prenunciam tanto o repertório de Morris, quanto algumas pesquisas da *art nouveau* que partem analogamente da estilização dos elementos naturais (Figs. 173-175).

William Morris (1834-1896) segue fielmente as teorias de Ruskin e não discorda dele em nenhum ponto importante. Sua originalidade consiste na natureza de sua dedicação, que não é somente teórica, mas prática: ele traz para essa linha de pensamento, assim, uma série de determinações concretas, extraídas de sua experiência de trabalho, e entrega ao movimento moderno não apenas uma bagagem de idéias, mas uma experiência ativa de importância infinitamente maior.

Morris é de família rica, estuda em Oxford, encontra-se com E. Burne Jones e outros jovens artistas, com os quais forma o grupo chamado de The Brotherhood, que se reúne para ler Teologia, Literatura Medieval, Ruskin e Tennyson.

Em 1856, com vinte e dois anos, entra para o estúdio do arquiteto neogótico G.E. Street, aluno de G. Scote, mas esse trabalho lhe dá poucas satisfações; no ano seguinte conhece Dante Gabriele Rossetti, começa a pintar, a escrever poesias e publica, também, por apenas um ano, uma revista. [38] Em 1859, casa-se e decide construir uma casa em que seus ideais artísticos sejam concretizados praticamente: é a famosa

---

34. *The Lamp of Truth*, XIX, p. 53 da edição cit.
35. I. WARE, *The Complete Body of Architecture*, Londres, 1756, cit. em J. GLOAG e D. BRIDGEWATER, *An History of Cast Iron in Architecture*, Londres, 1948, p. 116.
36. *The Lamp of Truth*, XIX, p. 54 da edição cit.
37. LAVER, J. *Life of Whistler*. Londres, 1930.
38. A *Oxford and Cambridge Magazine*, 1857.

181. W. Morris, *chintz*, 1896 (Victoria and Albert Museum).

Casa Vermelha em Upton (Figs. 178-179). Philip Webb (1831-1915) faz o projeto arquitetônico, o próprio Morris e seus amigos desenham e executam a ornamentação; é então que começa a pensar em fundar um laboratório de arte decorativa, com Burne Jones, Rossetti, Webb, Brown, Faulkner e Marshall; em 1862, o grupo entra para o comércio com o nome de Morris, Marshall, Faulkner & Co.; e, em 1865, transfere-se para Londres.

A firma produz tapetes, tecidos, papel ornamentado, móveis e vidros (Figs. 176, 180, 181); a intenção de Morris é provocar uma arte "do povo para o povo" mas, assim como Ruskin, ele refuta a fabricação mecânica, e portanto seus produtos resultam ser custosos e são acessíveis somente aos ricos. Por outro lado, sua iniciativa jamais consegue desenvolver-se e influenciar a produção contemporânea em seu conjunto; a firma, por conseguinte, tem uma vida um tanto difícil até ser desfeita em 1875, tornando-se Morris o único proprietário dos laboratórios.

Nesse ponto começa o período de atividade mais intensa e variada; Morris convence-se cada vez mais da vinculação entre arte e estruturas sociais e, desenvolvendo corretamente os princípios de Ruskin, sente o dever de agir, paralelamente, no campo político; em 1877, inscreve-se na seção radical do Partido Liberal, em 1883, passa para a Federação Democrática e torna-se tesoureiro do partido, no ano seguinte funda a Liga Socialista, dirige o jornal *The Commonweal* e desempenha um papel importante nos movimentos operários daqueles anos; contudo, uma vez que em 1890 predominam na Liga os anarquistas, Morris, deixa o jornal e depois também a vida política ativa. Logo após publica o romance *News from Nowhere*, onde descreve o mundo transformado pelo socialismo, tal como ele o concebe.

Nesse período ocupa-se de muitas outras iniciativas: em 1877 funda a Sociedade para a Proteção dos Monumentos Antigos e prossegue as polêmicas de Ruskin contra as restaurações por demais radicais, à maneira de Viollet le Duc; em 1878 deixa Londres para transferir-se para Merton Abbey, em Surrey, onde funda, em 1881, uma fábrica de tapetes e, em 1890, uma oficina tipográfica (Fig. 180), a Kelmscott Press. Em 1883, promove a Art Workers Guild e, a partir de 1888, organiza as exposições com o nome de Arts and Crafts.

Durante tais iniciativas, Morris desenvolve uma larga atividade de divulgação de suas opiniões artísticas e políticas: dois volumes de ensaios surgem durante sua vida: *Hope and Fears for Art* em 1882, *Signs of Change* em 1888; um terceiro volume, *Architecture, Industry and Wealth* surge em 1902, seis anos após sua morte.

É difícil resumir em poucas páginas a contribuição dada por Morris ao debate sobre a arte moderna, uma vez que ela extrai sua eficácia da experiência prática, e seu pensamento está exposto de modo um tanto fragmentário em numerosos escritos de circunstância.

O contato com a prática permite-lhe superar algumas importantes limitações com que ainda se empenha seu mestre Ruskin. No começo de *Seven Lamps of Architecture*, Ruskin dá a seguinte definição: "Arquitetura é a arte que dispõe e adorna os edifícios construídos pelo homem, para qualquer uso, de tal modo que sua vista possa contribuir para sua saúde mental, para sua eficiência e para seu prazer". [39] Ainda se encontra aqui o tradicional dualismo entre utilidade e beleza, e logo após Ruskin empenha-se em uma sutil distinção entre arquitetura e construção, de sabor plenamente acadêmico.

Morris, se também não enfrenta explicitamente o dilema, não aprecia tais distinções e coloca a noção de arquitetura com uma surpreendente amplitude de concepção:

A arquitetura abrange a consideração de todo o ambiente físico que circunda a vida humana; não podemos subtrair-nos a esta, enquanto façamos parte da civilização, pois a arquitetura é o conjunto de modificações e alterações introduzidas na superfície terrestre tendo em vista as necessidades humanas, excetuando-se apenas o deserto puro. Nem podemos confiar nossos interesses na arquitetura a um pequeno grupo de homens instruídos, encarregá-los de procurar, descobrir, forjar o ambiente onde depois nós deveremos ficar e maravilhar-nos de como funciona, apreendendo-o como uma coisa totalmente feita; isso, pelo contrário, diz respeito a nós mesmos, a cada um de nós, que deve vigiar e cuidar do justo ordenamento da paisagem terrestre, cada um com seu espírito e com suas mãos, na proporção que lhe cabe. [40]

Essa definição pode ser inteiramente aceita ainda hoje; nessa visão sintética confluem todas as experiências de Morris no campo das artes aplicadas e, em um certo sentido, também as políticas.

Ele pretende superar a distinção entre arte e utilidade, mantendo as duas noções unidas no ato do

---

39. *The Lamp of Sacrifice*, I, p. 7 da edição cit.
40. "The Prospects of Architecture in Civilization", conferência proferida na London Institution em 10 de março de 1881, em *On Art and Socialism*, Londres, 1947, pp. 245-246.

HOW can I describe the lamentations of the princely company, yea, indeed, of the whole town? for every one saw now plainly that the anger of God rested upon this ancient and illustrious Pomeranian race, and that he had given it over helplessly to the power of the evil one. Summa: On the 9th February, the princely corse was laid in the very sleigh which had brought it a living body, and followed by a grand train of princes, nobles, and knights, along with a strong guard of the ducal soldateska, was conveyed back to Stettin; & there, with all due & befitting ceremonies, was buried on Palm Sunday, in the vault of the castle church.

CHAPTER XXII. HOW BARNIM THE TENTH SUCCEEDS TO THE GOVERNMENT, AND HOW SIDONIA MEETS HIM AS SHE IS GATHERING BILBERRIES. ITEM, OF THE UNNATURAL WITCH-STORM AT HIS GRACE'S FUNERAL, AND HOW DUKE CASIMIR REFUSES, IN CONSEQUENCE, TO SUCCEED HIM.

NOW Barnim the Tenth succeeded to that very duchy, about which he had been so wroth the day of the Diet at Wollin, but it brought him little good. He was, however, a pious prince, and much beloved at his dower of Rugenwald, where he spent his time in making a little library of all the Lutheran hymn-books which he could collect, and these he carried with him in his carriage wherever he went; so that his subjects of Rugenwald shed many tears at losing so pious a ruler. Item, the moment his Grace succeeded to the government, he caused all the courts to be re-opened, along with the Treasury and the Chancery, which his deceased Grace had kept closed to the last; & for this goodness towards his people, the states of the kingdom promised to pay all his debts, which was done; & thus lawlessness and robbery were crushed in the land. But woe, alas! Sidonia can no man crush! She wrote immediately to his Grace, soliciting the præbenda, and even presented herself at the ducal house of Stettin; but his Grace positively refused to lay eyes on her, knowing how fatal a meeting with her had proved to each of his brothers, who no sooner met her evil glance than they sickened and died. Therefore his Highness held all old women in abhorrence. Indeed, such was his

S I   257

182. Uma página de um livro impresso na Kelmscott Press.

homem que trabalha. Também aqui a diferença de tom entre Ruskin e Morris deriva, parcialmente, do modo como os dois abordam a obra de arte; o primeiro vê o objeto terminado e é induzido a refletir para separar seus vários aspectos; o segundo dedica-se à produção do objeto, e a experiência da unidade desse ato fornece-lhe a convicção de que os vários aspectos devem brotar de uma única realidade.

Morris define a arte como "o modo pelo qual o homem expressa a alegria de seu trabalho"[41] nega que exista algo como a "inspiração" e a resolve na noção de "ofício". Contudo, é exatamente nesses conceitos que ele discerne a justificativa para sua refutação da produção mecânica; a máquina, com efeito, destrói a "alegria do trabalho" e aniquila a própria possibilidade de arte. Como Ruskin, ele condena todo o sistema econômico do seu tempo e refugia-se na contemplação da Idade Média, quando "cada homem que fabricava um objeto fazia ao mesmo tempo uma obra de arte e um instrumento útil".[42]

Sob o aspecto político, Morris associa a produção mecânica ao sistema capitalista, e por conseguinte pensa que a revolução socialista deterá, ao mesmo tempo, a mecanização do trabalho e substituirá os grandes aglomerados urbanos por pequenas comunidades, onde os objetos de utilidade serão produzidos por processos artesanais. Assim, também seu socialismo torna-se utópico e inadequado para enfrentar os problemas reais dos últimos decênios do século XIX.

Todavia, também nesse ponto, a experiência prática termina corrigindo, em parte, a teoria; não obstante os esforços de Morris em admitir em suas oficinas somente procedimentos medievais, uma série de produtos — especialmente tecidos — têm de ser trabalhados à máquina e, em seus últimos escritos, parece que Morris atenua sua rigorosa refutação, admitindo que todas as máquinas podem ser usadas de maneira útil, enquanto são dominadas pelo espírito humano:

Não digo que devamos tender a abolir todas as máquinas, eu gostaria de fazer à máquina algumas coisas que agora são feitas à mão, e fazer à mão outras coisas que agora são feitas à máquina; em breve, deveremos ser os senhores de nossas máquinas, não os escravos, como somos agora. Não é desta ou daquela máquina tangível, de aço ou de latão, que devemos livrar-nos, mas sim da grande máquina intangível da tirania comercial, que oprime a vida de todos nós.[43]

As ambigüidades teóricas e práticas de Morris explicam-se, além de pelas origens de sua cultura, por alguns aspectos de seu temperamento. Não obstante suas aspirações democráticas, Morris é intimamente — especialmente no início — um esteta enamorado da beleza em suas formas mais raras e requintadas; assim, seus objetos tendem sempre a ser superdecorados, por uma espécie de complacência na efusão de formas e cores. Foi observado também[44] que as imagens saídas de suas mãos são rigorosamente bidimensionais, com exclusão de todo efeito volumétrico, e essa limitação impõe um caráter convencional a boa parte de seus produtos.

A sensibilidade de Morris leva-o a apreciar não a realidade diretamente, mas a imagem da realidade refletida nas formas da cultura; seu amigo Swinburne diz a seu respeito que "foi sempre mais verdadeiramente inspirado pela literatura do que pela vida".[45]

Para ele é natural fazer referências à Idade Média, ao expor suas idéias sobre a organização do trabalho, ou imitar os motivos medievais em suas tapeçarias ou em seus papéis ornados, uma vez que somente a referência histórica permite-lhe adquirir familiaridade com as idéias e com as formas. Nisso, ele está profundamente de acordo com a cultura de seu tempo, com Ruskin, Tennyson, Browning, Burne Jones e até mesmo com Gilbert Scott.

Seu enorme mérito, em relação à cultura vitoriana, é o de ter seguido, na teoria e na prática, a coerência de um raciocínio corajoso e inovador, sem deter-se em compromissos e sofrendo pessoalmente as contradições parciais entre o raciocínio e suas inclinações naturais e adquiridas.

Exatamente nessa linha é decisiva a experiência prática: na teoria, todas as adaptações funcionam, com sagacidade oportuna, porém Morris está empenhado tão sinceramente em suas escolhas intelectuais que não hesita em pô-las a prova confrontando-as com a realidade, mesmo sabendo que, assim, todos os pontos fracos se destacam.

41. "Art under Plutocracy", conferência proferida no University College de Oxford em 14 de novembro de 1888, em *On Art and Socialism* cit., p. 139.
42. *On Art and Socialism* cit., p. 71.
43. "Art. and its Produceres", conferência proferida na National Association for the Advancement of Art, em Liverpool, 1888, em *On Art and Socialism* cit., p. 216.
44. P. F., no fascículo sobre William Morris do Victoria and Albert Museum, 1958.
45. Cit. em *Thieme Becker K. L.*, v. 25.

183, 184, 185, 186. W. Crane, motivos decorativos de *Line and Form*, 1902.

Esse empenho fundamental explica também a evolução do pensamento de Morris. Na juventude, abandona a idéia de ser arquiteto, porque constata que a arquitetura de sua época é um exercício gráfico, privado de ligações com a relação elementar entre homem e construção, e dedica-se a tornar mais clara essa relação em suas origens, no campo das artes aplicadas.

Mais tarde escreve:

> Percebi que as causas do aspecto vulgar da atual cultura eram mais profundas do que pensava e, pouco a pouco, fui levado à conclusão de que todos esses males são apenas a expressão externa de uma ausência íntima de bases morais, às quais somos impelidos pela força da presente organização social à qual é inútil tentar remediar externamente. [46]

Por tal razão, é ele levado a participar da vida política ativa e a trabalhar no movimento socialista.

Morris parece-nos hoje, de um lado, antiquado, do outro, vivo e atual. Sua produção artística é admirável, porém muito distante do gosto atual, não somente em virtude da imitação estilística, dos tons escuros, da carga decorativa, mas também pelo indício literário que a destaca, logo de início, da vida concreta. Segundo um critico recente, "suas tapeçarias, livros, ladrilhos, tapetes, as miniaturas e os vitrais policrômicos eram peças de museu desde que nasceram" [47], e ainda agora, quem visita o Victoria and Albert Museum, passando das seções medievais para a sala dedicada a Morris, não tem consciência de uma diferenciação sensível, nem uma sensação de proximidade muito maior em relação a nosso tempo.

Seus escritos estão repletos de frases brilhantes e de juízos acurados, que chegam mesmo a parecer vir de um mundo longínquo e diverso do nosso; o tom profético, o contínuo apelo aos sentimentos, a tendência a generalizar os juízos, tornam difícil um diálogo entre Morris e o leitor moderno. Os problemas surgem formulados de um modo por demais literário e as soluções por vezes são de ordem puramente verbal: como quando se espera o fim da arte, por culpa da civilização industrial, e prenuncia-se um retorno à barbárie, para que o mundo volte a ser "belo, intenso e dramático". [48]

Muitas outras obras e escritos seus merecem ser exemplificados; Morris é o primeiro no campo da arquitetura a ver a relação entre cultura e vida em sentido moderno e a lançar conscientemente uma ponte entre teoria e prática, embora tanto sob um aspecto, quanto sob outro, tenha sido precedido por outros. Se comete alguns erros, indica entretanto o caminho ao longo do qual encontrar-se-á necessariamente também a correção de seus erros; neste sentido, pode ser considerado, mais do que qualquer outro, o pai do movimento moderno.

c) *Os Sucessores de Morris*

A obra de Morris, graças a seu preconceito contra a indústria, não consegue influenciar de pronto a produção inglesa em seu conjunto e permanece uma experiência circunscrita a uma elite aristocrática.

Todavia, através do Art Workers Guild e, sobretudo, através das exposições de Arts and Crafts começadas em 1888, Morris atrai um bom número de artesãos e de empresários ingleses; nos últimos quinze anos de sua vida, ele não se pode considerar como um inovador isolado, mas sim como o inspirador de um vasto movimento.

A distância entre o mundo da arte e o do *industrial design* é diminuída decisivamente por mérito seu. "Aquela que, por meio século, havia sido considerada como uma ocupação inferior — escreve Pevsner — transformou-se novamente em uma tarefa nobre e digna." [49] Ao mesmo tempo, abre-se caminho para uma outra idéia fundamental de Morris, o espírito de associação, e cada artista que entra no movimento não se fecha em sua experiência, mas sim preocupa-se em difundi-la e transmiti-la por meio de organizações apropriadas.

Em 1882, surge a Corporação de A. H. Mackmurdo, em 1884, a Associação Artes e Indústrias para a Casa e, em 1888 (ano da primeira exposição de Arts and Crafts), a Associação e Escola de Artesanato de Ashbee.

Dentre os continuadores de Morris, as figuras mais importantes são W. Crane, discípulo mais fiel e herdeiro direto de suas iniciativas na Arts and Crafts Exhibitions Society, C. R. Ashbee, W. R. Lethaby e C. F. A. Voysey, os quais se ocupam também de arquitetura. R. Norman Shaw não possui relações de trabalho com Morris e seus continuadores, mas segue a mesma inspiração cultural e é a figura dominante na arquitetura inglesa durante os últimos decênios do século XIX.

---

46. *On Art and Socialism* cit., p. 7.
47. H. JACKSON, na introdução a *On Art and Socialism* cit., p. II.
48. J. W. MACKAIL, em N. PEVSNER, op. cit., p. 7.
49. PEVSNER, N. Op. cit., p. 34.

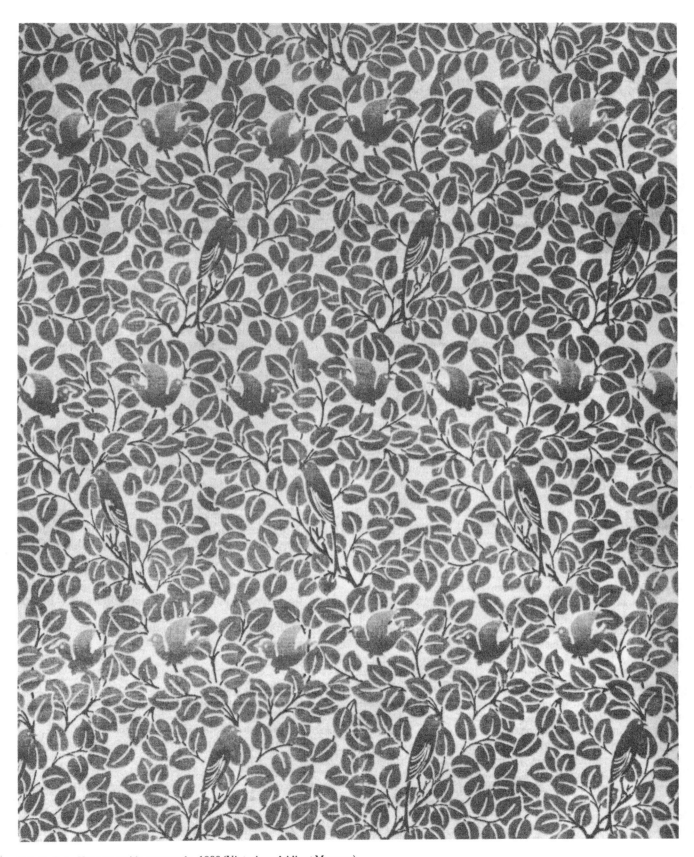

187. C. F. A. Voysey, tecido estampado, 1900 (Victoria and Albert Museum).

Em torno àqueles, uma multidão de outras figuras — Barnsley, Benson, Cobden-Sanderson, Day, De Morgan, Dresser, Gimson, Gordon Russel, Powell, Walker — dá novo impulso a cada ramo das artes aplicadas, desde os têxteis até a estamparia, mobiliário, cerâmica e vidros.

Walter Crane (1845-1915) (Figs. 183-186), filho de um pintor, forma-se sob a influência do grupo pré-rafaelita; de 1859 a 1862, aprende a técnica de incisão em madeira no estúdio de W. J. Linton e desenha as ilustrações para muitos livros, alguns dos quais impressos na Kelmscott Press de Morris; por muito tempo, fornece regularmente os *cartoons* semanais aos jornais socialistas *Justice* e *The Commonweal* (que é dirigido por Morris entre 1884 e 1890), mais tarde reunidos no volume *Cartoons for the Cause* (1896). A partir de 1888, dedica grande parte de suas energias à associação Arts and Crafts e à difusão das idéias do movimento. Em seus escritos, Crane aceita fielmente quase todas as teses de Morris, inclusive a valorização do artesanato e a desconfiança pela indústria e, em sua produção pessoal, atenua o grave medievalismo de Morris, em parte também por influência das gravuras japonesas às quais dedica muito interesse.

Richard Norman Shaw (1831-1912) tem a mesma idade de Morris; na juventude, depois de um primeiro período de aprendizado, viaja por alguns anos pelo continente e, em 1856, publica o material gráfico recolhido na França, Itália e Alemanha; [50] depois entra para o estúdio de Street, onde encontra Morris. A partir de 1863, exerce a profissão por conta própria, e logo torna-se um dos projetistas mais famosos da Inglaterra. Shaw não abandona substancialmente o princípio da imitação estilística, mas escolhe no repertório da tradição os estilos mais simples, onde o aparato decorativo esteja reduzido ao mínimo e a referência histórica seja menos evidente: em um primeiro momento, o Renascimento elisabetano, depois, o estilo Queen Anne. Em algumas de suas últimas obras, o estilo está verdadeiramente reduzido a um verniz muito fino, apenas suficiente para tornar aceitável a imagem à cultura romântica da época, e o que conta são as superfícies ininterruptas de tijolos bem assentados, os contornos brancos das fissuras, os elementos funcionais dispostos ordenadamente. Shaw é importante, depois, pela ação de formação que exerce na geração dos arquitetos mais jovens, muitos dos quais passam por seu estúdio como aprendizes.

William Richard Lethaby (1857-1931) aprende o ofício de arquiteto exatamente no estúdio de Shaw, entre 1880 e 1892, a fim de dedicar-se mais tarde ao ensino de desenho e de História da Arquitetura. Ele desempenha um papel importante na fundação da Central School of Arts and Crafts e torna-se seu primeiro diretor, de 1893 a 1911. Também é professor e desenho no Royal College of Arts até 1918.

Charles Robert Ashbee (1863-1942), arquiteto e decorador, funda em 1888 uma Corporação para o exercício e o ensino das artes aplicadas; também essa iniciativa, como a de Morris, encontra graves obstáculos econômicos e de organização; talvez em conseqüência dessa experiência a posição teórica de Ashbee é modificada e ele reconhece, em primeiro lugar, que o movimento pelo renascimento das artes aplicadas somente pode ter êxito abandonando-se a tentativa de ressuscitar o artesanato medieval. Em 1911 escreve: "A civilização moderna apóia-se na máquina, e não é possível estimular e encorajar validamente o ensino artístico sem reconhecer essa verdade". [51]

Charles A. Voysey (1857-1941) é o menos dedicado como teórico, mas o mais dotado como temperamento artístico. Em sua arquitetura, como nos numerosos desenhos para móveis, tapeçarias, trabalho em metais etc., existe um frescor, uma liberdade das imitações estilísticas que se diferenciam completamente do estilo Queen Anne de Shaw, bem como do medievalismo de Webb e de Morris. Além disso, desaparece a minúcia gráfica, que nos desenhos de Morris era quase o símbolo do cuidado manual e da exclusão dos processos mecânicos de fabricação: os desenhos de Voysey são precisos, simples e sintéticos, em pleno acordo com as inclinações do meio mecânico de reprodução (Fig. 187).

Os dois aspectos mais importantes, executados pelos continuadores de Morris, são a superação do preconceito contra a indústria e o abandono da imitação estilística, sobretudo no desenho industrial. É tanto mais significativo, para nosso relato, que a aceitação dos métodos mecânicos de fabricação não seja obtida através de uma evolução do pensamento teórico, mas como conseqüência de experiências práticas; e é oportuno observar que os mais convictos defensores da indústria — particularmente Ashbee — trabalham também como arquitetos.

---

50. SHAW, R. N. *Architectural Sketches from the Continent, Views and Details from France, Italy and Germany.* Londres, 1872.

51. *Should we stop Teaching Art?.* Londres, 1911, p. 4. cit. em N. PEVSNER, op. cit., p. 10.

O abandono do medievalismo e do caráter pesado e compacto da decoração pré-rafaelita está ligado ao abandono do preconceito artesanal; é provável, contudo, que existam causas concorrentes: a influência de Whistler, o êxito da arte japonesa e do Extremo Oriente, e, mais tarde, o exemplo dos movimentos de vanguarda na Europa.

Whistler é asperamente criticado por Ruskin e Morris e, em 1878, o pintor chega mesmo a interpor uma ação de difamação contra o autor de *Fors clavigera*. É sobretudo uma polêmica de princípios, uma vez que Ruskin e os pré-rafaelitas estendem o empenho artístico ao campo moral e social, enquanto Whistler, como os impressionistas, sustenta a arte pela arte e ridiculariza as intenções reformadoras de Morris ("seria como se eu me pusesse a fazer um quadro para persuadir os bêbados a se tornarem abstêmios"). [52] Aos olhos de Morris, a simplicidade e a sumariedade de Whistler formam uma coisa só com sua ambição de artista puro. Todavia, com um certo distanciamento no tempo o gosto de Whistler pelas cores claras, formas simples e decoração sóbria pode ser assimilado pelos continuadores de Morris, ao mesmo tempo em que o medievalismo de Morris e de Burne Jones parece antiquado. Decorando em 1878 a White House de Tite Street em Londres, Whistler deixa as paredes lisas, pintadas em branco ou amarelo, pendurando somente poucos quadros e gravuras com finas molduras escuras; os ambientes internos de Voysey assemelham-se mais a esse exemplo do que aos pré-rafaelitas, onde as paredes são cobertas com tapeçarias e papéis ornados com tramas decorativas compactas.

O êxito da arte chinesa e japonesa é incluída, geralmente, no *historicism* de fins do século XIX; contudo, a distância entre os princípios da arte do Extremo Oriente e os da tradição européia é tal que os exemplos desse gênero agem em um sentido libertador sobre os hábitos de visão e sobre o gosto dos artistas ocidentais, muito mais do que os produtos da arte européia antiga. Essa função principalmente negativa de apressar a decadência da sujeição aos estilos históricos é demonstrada também pelo fato de que cada escola utiliza os estímulos da arte oriental para finalidades próprias, por vezes contrastantes: os impressionistas, os pós-impressionistas, os criadores da *art nouveau*.

Devem ser considerados com atenção, finalmente, as relações com os movimentos europeus. Não há dúvida de que o movimento inglês possui um desenvolvimento particular, diverso dos movimentos europeus, e que a influência mais importante vai da Inglaterra para Europa, e não vice-versa, ao menos até o final do século XIX. Por essa razão convém falar desde já de Voysey e Ashbee, não obstante ambos sejam mais jovens do que Van de Velde e Horta e trabalhem simultaneamente com os mestres da *art nouveau*. Entretanto, não se pode excluir uma influência decisiva da produção belga e alemã nas artes aplicadas inglesas no período posterior a 1900. Esse problema será tratado mais amplamente no Cap. 9, quando se tentará precisar os limites da influência européia da *art nouveau*.

---

52. Nas *Whistler Stories*, reunidas por D. C. SEITZ.

188, 189. San Francisco na época dos pioneiros e hoje.

TERCEIRA PARTE:

A CIDADE INDUSTRIAL NOS EUA

190. Wakefield, Virg., casa natal de Washington.
191. Bethlehem, Pensilvânia (fundada em 1741).

7. A TRADIÇÃO AMERICANA

EM 1781 os Estados Unidos obtém sua independência e separam seu destino político do destino dos outros Estados europeus. A partir desse momento, no entanto, as relações culturais tornam-se muito vinculadas; não se pensa mais nos EUA como num simples espaço aberto aos interesses e às competições do Velho Mundo, mas sim como uma nova realidade, presente na cultura européia pelo menos tanto quanto a Europa na memória dos antigos colonos.

De fato, aquilo que acontece no outro lado do Atlântico não pode ser considerado como um simples eco dos acontecimentos europeus; os elementos da tradição comum, importados para o novo ambiente, desenvolvem-se de modo diverso e muitas vezes mais velozmente, revelando de antemão algumas conseqüências que valem para todos. A arquitetura americana, não obstante a tradicional submissão aos modelos europeus e a aparente desproporção entre aquilo que toma e aquilo que dá à Europa, encontra-se de fato mais avançada do que a européia em pelo menos duas ocasiões: no decênio 1880-1890 e depois da Segunda Guerra Mundial.

Portanto, é indispensável expor aquilo que acontece nos EUA até o século XIX (Caps. 7 e 8) antes de abordar os movimentos de vanguarda europeus do último decênio do século (Caps. 9-11).

1. A arquitetura colonial

Os elementos da tradição americana, como é óbvio, provêm dos países de origem dos imigrantes e especialmente da Inglaterra, mas sofrem profundas modificações ao se adaptarem ao novo ambiente.

Os colonos no século XVII não encontram, no novo ambiente, nenhuma tradição de construção utilizável, e esforçam-se por reproduzir os sistemas de construção normais em seus países: o muro em pedra ou em tijolos e a carpintaria em madeira (Figs. 190 e 191).

Há, no lugar, materiais em abundância, enquanto são escassos os braços e os instrumentos para trabalhá-los. Por esta razão, faz-se um grande esforço no sentido de simplificar as obras, seja organizando industrialmente a preparação dos materiais — até a metade do século XIX surgem, ao longo dos rios do Leste, as serrarias mecânicas, capazes de fornecer madeira já cortada em grande quantidade e a produção de tijolos e telhas é logo concentrada em poucos mas grandes fornos — seja selecionando e repetindo sem receio de monotonia as soluções mais rendosas.

A construção em madeira demonstra ser o melhor sistema, uma vez que permite realizar nas oficinas o maior número de operações deixando pouca coisa a ser feita nos canteiros, diminuindo o tempo e o dispêndio de energia. Mas os sistemas de construção europeus logo se revelam inadequados às condições climáticas mais inclementes: as casas européias são feitas com uma estrutura de madeira, contra o vento, que se vê da parte interna e da parte externa e que é preenchida com painéis de alvenaria leve; no entanto, uma estrutura à vista não poderia suportar os rígidos invernos e os verões quentes do Novo Mundo, nem o tamponamento leve poderia defender os habitantes dos rigores do clima, e por essa razão a estrutura é escondida do lado de fora sob um manto de tábuas dispostas como telhas na forma de trapézio, para cobrir a casa, e muitas vezes também é escondida pelo lado de dentro sob um segundo revestimento mais leve; a alvenaria intermediária é gradualmente abolida a fim de formar uma câmara de ar e, enfim, o sistema de montantes, traves e madeiramento é tratado como um conjunto construtivo solidário, adelgaçando os montantes e as traves e fazendo as tábuas participarem da estabilidade do edifício.

As aberturas continuam a ser pequenas e distanciadas umas das outras, para não enfraquecer as estruturas e pela dificuldade em encontrar vidro; o aquecimento no inverno exige grandes lareiras, que também são aproveitadas como apoio da construção, ancorando-se ao redor dela as estruturas leves em madeira; para a defesa contra os calores do verão tem-se os pórticos e as arcadas (Fig. 191). O problema do aquecimento e da ventilação continua a preocupar intensamente os colonos; Benjamin Franklin, em 1774, inventa uma estufa em ferro gusa — que, entre outras, tem a vantagem de ser fabricada em série — e estuda, várias vezes, a possibilidade de um verdadeiro condicionamento do ar.

Quando há margem para uma caracterização estilística, adota-se o repertório clássico, na versão inglesa contemporânea; sobrevivem nas cidades americanas do Leste vários edifícios públicos da era colonial, como o Independence Hall (1730) e a Christ Church na Filadélfia (1750), projetados de modo correto e seguindo os padrões da melhor produção inglesa da época; mas nas cidades americanas não existem edifícios medievais à vista a lembrar outras possibilidades, nem um debate cultural que ponha em oposição os vários estilos históricos; as formas arquitetônicas ressentem-se desta situação e adquirem uma espécie de certeza e espontaneidade, exatamente quando na Europa elas se vêem sob as dúvidas insinuadas pela cultura historicista.

As tendências já existentes na arquitetura americana podem ser avaliadas de modo melhor considerando-se os organismos da cidade colonial. Muitos são feitos segundo planos geométricos regulares, como o traçado por W. Peen para a Filadélfia (1862), igual, na aparência, aos sólidos planos barrocos na forma de tabuleiros de xadrez (por exemplo, como o de Mannheim de 1699), e sem dúvida inspirado em termos gerais nesses modelos (Fig. 197).

Mas as diferenças entre os dois modos de pensar aparecem de modo claro. Na Europa, os planos barrocos baseiam-se na idéia de estender à totalidade do organismo urbano os critérios de perspectiva que comandam a composição de um edifício; freqüentemente é de fato um edifício dominante que comanda a composição, e a cidade ou o bairro apóiam-se sobre os eixos que saem do edifício. Isto exige que o conjunto seja não apenas geometricamente regular como também apreensível perspectivamente como uma unidade precisa, que normalmente coincide com o muro que circunda a cidade. Nos EUA existe a regularidade mas não a hierarquia de perspectiva; a rede viária surge indiferençada, os poucos elementos singulares — uma via mais larga, uma praça ou um edifício importante — simplesmente interrompem o tecido uniforme, sem produzir nenhuma intensificação perspética na vizinhança; o organismo é provisoriamente limitado por confins naturais ou por linhas geométricas, mas é aberto em todos os sentidos e as vias são desenhadas de modo a sugerir uma possível continuação indefinida na direção dos campos circunvizinhos.

Querendo procurar um termo europeu de comparação vêm à mente, mais do que as cidades barrocas, os *bastides* tardo-medievais como Montpazier; naturalmente, não há aí nenhuma relação direta, mas uma notável coincidência de circunstâncias: no século XIII na Europa, assim como no século XVII nos EUA, há um problema de colonização, e também uma vontade de economia material e mental que produzem resultados em parte análogos.

Descobre-se a verdadeira natureza desses planos americanos considerando não os projetos, mas o procedimento de aplicação. Um europeu logo traduz o projeto em termos arquitetônicos, como se se tratasse de um projeto de um conjunto de edifícios, enquanto que a Penn não interessa projetar um conjunto definido de construções, mas apenas estabelecer uma correspondência biunívoca entre certos números e certas porções de terreno. Quais objetos e quais atividades se devem localizar em quais terrenos não se diz e não é fixado de antemão e, de fato, estes podem mudar continuamente; permanece fixa, no entanto, a quadratura do terreno segundo um dado módulo, e a aplicação de um certo número invariável a cada pequeno quadrado (Fig. 198). Este sistema serve para individuar os edifícios de uma cidade, mas após a Land Ordinance de 1875 serve também — aumentando o módulo — para dividir a propriedade agrária (Fig. 200) ou mesmo — usando como retículas os meridianos e os paralelos — para delimitar os Estados da Confederação.

Destes planos decorre, de modo evidente, um dos caracteres da tradição americana. Alguns elementos

210

192, 193, 194. Casa de Washington em Mount Vernon.
195. Boscobel, no condado de Westchester, N. Y. (M. Dyckmann, 1792).

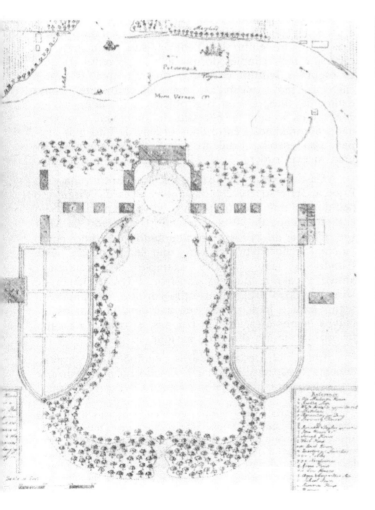

são fixados de modo rigoroso e invariável, mas apenas o suficiente para se ter um ponto de referência comum e indiscutível; sobre esta trama elementar todo o resto pode variar de modo livre, indefinido e contínuo.

2. Thomas Jefferson e o classicismo americano

A separação das colônias americanas da Inglaterra, entre 1776 e 1781, tem importantíssimos efeitos sobre a construção.

Antes de mais nada, a nova organização exige uma série de novos edifícios: as sedes para os novos órgãos políticos e administrativos, nos treze Estados, e uma nova capital, Washington. Há também uma urgente necessidade de atender às exigências da construção privada, em virtude da prolongada suspensão das atividades em vista da guerra, mas as graves condições econômicas da sociedade americana não permitem por ora uma recuperação adequada, e somente o Estado está capacitado a levar avante, entre dificuldades de todo gênero, um programa de construções.

A escolha do estilo clássico se vê confirmada por motivos de ordem política. As formas clássicas estão carregadas com um significado ideológico, como acontece na mesma época na França, e tornam-se o símbolo da virtude republicana; além do mais, adquirem um valor de representação tanto mais importante agora que o novo Estado deve apresentar-se na ribalta internacional cercado de muitas dificuldades econômicas, militares e de organização. Este aspecto não deve ser subestimado, tendo-se em conta o realismo político dos governantes:

> Os EUA deviam ter tempo para crescer, e espaço para expandir-se, e nenhum estratagema para temporizar as arrogantes nações do Velho Mundo era demasiado pequeno para ser deixado de lado. Uma bela capital para receber decentemente os diplomatas estrangeiros era uma necessidade real nos pérfidos e perigosos alicerces da diplomacia internacional. Uma ceia como deve ser, em ambientes bem projetados e bem mobiliados, podia servir para dissimular, se não para esconder, a total ausência de uma frota. Uma mesa generosa com vinhos escolhidos podia contrastar com as tristes vozes da bancarrota, e edifícios públicos como a State House de Richmond parcialmente corrigiriam a rude impressão das cabanas de tronco nos bosques de pinheiros.[1]

Thomas Jefferson (1743-1826), o pai da democracia americana, personifica esta situação na sua dupla qualidade de estadista e de arquiteto. De família abastada, Jefferson conhece bem a Europa, é Embaixador na França de 1774 e 1779 e mantém relações com os artistas revolucionários franceses, de cujo classicismo ideológico compartilha; é mais do que um simples diletante no campo artístico: conhece com precisão os monumentos antigos, informa-se em primeira mão dos progressos da cultura histórica e arqueológica. Sua adesão a esses modelos é irrestrita, sendo tal, no entanto, que lhe permite distinguir lucidamente, a todo momento, aquilo que é e aquilo que não é utilizável em sua pátria, para a qual tem sempre os olhos voltados; nele convivem o classicismo e a adequação técnica, e não manifesta dúvidas, ao que parece, sobre a função de um e de outro numa futura arquitetura americana.

A relação entre as regras clássicas e as regras técnicas é o problema central da cultura neoclássica, e a concepção de Jefferson pertence, em linhas gerais, a este quadro cultural. Todavia, sua problemática é diversa e mais simples do que aquela ao redor da qual se esgota a cultura européia; dir-se-ia que as regras clássicas são concebidas, materialisticamente, como dados de fato, e que o problema de colocá-las em concordância com a necessidade funcional comporta não uma mediação entre duas ordens de fato mas apenas uma escolha prudente entre dados materiais de uma mesma ordem.

Bastará citar dois exemplos: enquanto viaja pela França, Jefferson recebe das autoridades da Virgínia o pedido de um projeto para o novo Capitólio, e no entanto manda de volta o desenho comentado da Maison Carrée de Nîmes, considerando o pedido como "uma ocasião favorável para que se introduza nesse Estado o mais perfeito exemplo da arquitetura antiga";[2] assim, quando constrói a Universidade de Virgínia, faz o projeto em estilo coríntio, mudando-o a seguir para o jônico, uma vez que deve ensinar os escravos negros a esculpir as colunas, e considera o capitel coríntio muito difícil de ensinar.

Em 1782, descrevendo as condições da Virgínia, lamenta o aspecto irregular e inculto da arquitetura, e faz votos para que seja introduzido o estilo clássico:

> Dar simetria e bom gosto a estes edifícios não significaria aumentar seu custo. Implicaria apenas uma mudança da forma e da combinação dos membros. Isso custaria bem menos do que a profusão de ornamentos bárbaros [são as decorações georgianas] com os quais estes edifícios são muitas vezes carregados. Mas os primeiros princípios da arte são

---

1. FICHT, J. M. *American building.* Boston, 1948, p. 37.

2. Cit. em J. M. FICHT, op. cit., p. 40.

196. Edifícios públicos de Cambridge, Mass, em 1699 (de L. C. Tuthill, *History of Architecture*, Filadélfia, 1848).
197. Plano de Penn para Filadélfia (1682).

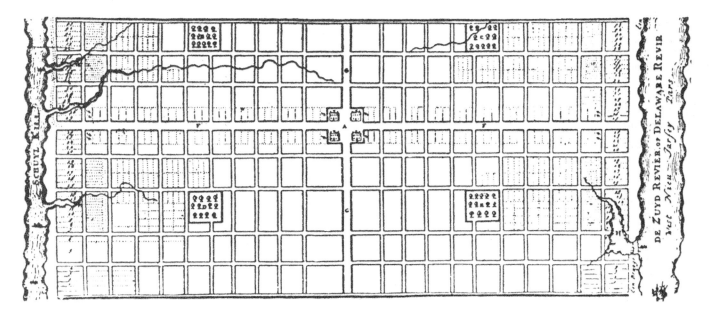

213

desconhecidos, e não há perto de nós um modelo suficientemente puro para dar-nos uma idéia do que seja isso.[3]

Os mais importantes trabalhos de Jefferson — que de fato funcionaram como "modelos puros" por muitas décadas — são o citado Capitólio de Richmond, Virgínia (Fig. 11), a Universidade desse mesmo Estado e sua *villa* de Monticello (Fig. 201). A espontaneidade com a qual Jefferson adere a este mundo de formas confere a seus edifícios uma graça especial, desconhecidas das inquietas composições dos europeus contemporâneos: constituem uma arquitetura espaçosa mas não monumental, e a correção do projeto não se faz em prejuízo da comodidade. O programa de distribuição é delineado com estrema clareza, e é simplificado de modo tal que a aplicação dos cânones clássicos se faz sem esforços e sem que se force a situação. A adaptação do repertório antigo ao modo de viver americano pode dizer-se bem sucedido até o ponto em que isso é possível, e neste ponto Jefferson, com um instintivo sentido de comedimento, se deteve. No entanto, a mesma coisa não se pode dizer de seus continuadores, que logo multiplicam através dos Estados Unidos as colunas, frontões e cúpulas, às vezes adequadamente e às vezes sem razão alguma.

Além de seu trabalho pessoal, Jefferson influi de muitas outras maneiras sobre a cultura arquitetônica americana.

Em 1785 faz aprovar a Land Ordinance para a colonização dos territórios do Oeste, e de 1789 a 1794. como Secretário de Estado, promove a fundação da cidade de Washington e o concurso para o Capitólio. Mais tarde como Vice-Presidente, e a partir de 1801 como Presidente, controla os trabalhos públicos em toda a Confederação e mantém um estreito relacionamento com o arquiteto Benjamin H. Latrobe (1764-1820), para quem cria o posto de superintendente dos edifícios do governo federal.

A Land Ordinance de 1785 estabelece que os novos territórios sejam subdivididos segundo uma malha orientada com os meridianos e paralelos; adequados múltiplos e submúltiplos da retícula principal (formato de um quadrado de uma milha de lado) servem seja para definir os lotes agrícolas quanto os terrenos industriais, e mesmo a rede viária da cidade (Fig. 199). Jefferson teria preferido que a malha crescesse também em escala geográfica, a fim de estabelecer os confins dos novos Estados, e de fato assim se fez em certos casos, mas muitas vezes se preferiu utilizar algumas fronteiras naturais, como o curso de um rio. Esta providência fundamental deixou uma marca indelével na paisagem urbana e na paisagem rural dos Estados Unidos, generalizando o sistema do tabuleiro de xadrez já experimentado no período colonial.

O plano para Washington, projetado em 1791 por Pierre Charles L'Enfant (1754-1825), no entanto, é uma tentativa de introduzir na tradicional malha uniforme os conceitos perspéticos do barroco, subordinando a composição a dois eixos monumentais que se encontram em ângulo reto às margens do Potomac, enquanto que para os flancos do Capitólio e da Casa Branca convergem numerosas artérias radiais, que talham diagonalmente o reticulado (Fig. 202). A intenção de L'Entant é assim expressa numa carta ao Presidente Washington:

Depois de haver determinado alguns pontos principais aos quais os demais se devem subordinar, estabeleci uma divisão regular, com as vias que se cortam em ângulo reto, orientadas de norte a sul e do leste para o oeste; a seguir, abri algumas em outras direções, como *avenues* na direção e a partir de cada praça principal, desejando com isso não apenas romper a uniformidade geral... mas sobretudo ligar todas as partes da cidade, se posso exprimir-me assim, diminuindo a distância real entre praças através do fato de torná-las reciprocamente visíveis, tornando-as aparentemente reunidas.[4]

É uma intenção culta, que deriva da cultura clássica européia, tal como a "simetria" e o "gosto" que Jefferson pretendia introduzir na arquitetura. As dimensões colossais — o eixo da esplanada principal, do Capitólio ao rio, tem mais de quatro quilômetros de comprimento, sendo maior do que o do parque de Versalhes — fazem com que os efeitos de perspectiva permaneçam em grande parte apenas na planta, perdendo-se em ambientes não mensuráveis, e no entanto conferem ao plano de L'Enfant uma notável margem de duração: de fato, a rede viária projetada em 1791 servirá para atender as exigências da capital por mais de um século (Fig. 204). Resultados análogos serão obtidos no século seguinte pelo Barão Haussmann em Paris; é interessante ver que nos EUA esta virtualidade contida nas contribuições culturais européias, tendo que operar num ambiente mais simples e encontrando menor resistência, venha à luz antes mesmo que na própria Europa.

É necessário ter em mente que todos os arquitetos americanos ativos nesse período provenham da Europa,

---

3. *Notes on the State of Virginia* (1782) cit. em J. M. FICHT, op. cit., p. 35.

4. Cit. em F. R. HIORNS, *Town building in history*. Londres. 1956, p. 346.

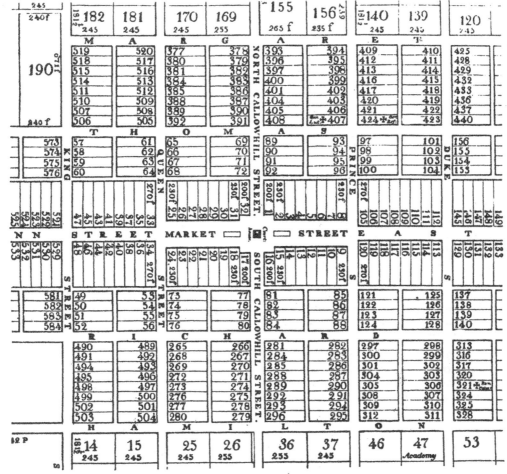

198. Detalhe do plano de Reading (1748, de W. Hegemann, *Amerikanische Architektur und Stadtbaukust*, 1925).
199. Esquema gráfico da *Land ordinance* de Jefferson (de C. Tunnard, *The City of Man*).

215

como Latrobe e L'Enfant, ou tenham estudado em universidades européias; a relativa independência da arquitetura americana em relação à da Europa, portanto, não deriva do isolamento, mas de uma particular limitação nas relações culturais; os arquitetos americanos assimilam a experiência européia, mas levam para os EUA apenas aquilo que julgam útil, com um senso comum de medida que é, se se pode dizer, o verdadeiro conteúdo da tradição nacional.

Em 1788 Jefferson escreve uma espécie de guia para o turista americano na Europa, onde estão enumerados os pontos dignos de interesse e aqueles que devem ser deixados de lado. Os pontos considerados importantes são seis:

1. A agricultura: tudo que pertencer a esta arte...

2. As artes mecânicas: até o ponto em que digam respeito a coisas necessárias nos EUA, e que não possam ser transportadas tais quais; por exemplo: forjas, pedras talhadas, embarcações, pontes (estas, especialmente).

3. As artes mecânicas leves e as manufaturas: algumas são dignas de uma visita superficial; mas seria desperdício examiná-las minuciosamente.

4. Jardins: particularmente dignos de atenção para um americano.

5. A arquitetura: digna de muita atenção. Dado que nossa população dobra a cada vinte anos, devemos dobrar também o número de nossas casas... A arquitetura está entre as artes mais importantes, e é desejável introduzir o bom gosto numa arte tão representativa.

6. A pintura e a escultura: demasiado caras para nossa condição econômica... para ver, mas não para estudar. [5]

Este elenco materialista, onde as artes e as técnicas são colocadas promiscuamente como artigos numa grande loja que devem ou não ser comprados, faz com que se veja, melhor do que qualquer discurso teórico, a natureza das relações entre Europa e EUA. Do ponto de vista europeu é fácil concluir que Jefferson e os americanos não entendem nada; no entanto, nesta sua atitude tem-se uma serenidade, um distanciamento dos envelhecidos debates europeus — a mesma qualidade que se encontra na arquitetura de Jefferson, como a largueza, repouso, espontaneidade — que prenunciam a possibilidade de um novo desenvolvimento, menos sutil porém mais livre e mais aberto.

Em relação à organização, a arquitetura americana permanece dependente da européia durante toda a primeira metade do século XIX. A figura profissional do arquiteto torna-se mais precisa apenas quando é fundada, em 1852, a American Society of Civil Engineers e, em 1857, o American Institute of Technology. Em 1866 introduz no Massachusetts Institute of Technology o primeiro curso universitário de Arquitetura (até então os arquitetos americanos deviam estudar nas universidades européias, inclusive Richardson e Sullivan, que freqüentam a École des Beaux-Arts de Paris), e apenas em 1868 aparece em Filadélfia a primeira revista americana de Arquitetura. Neste intervalo a arquitetura americana registra fielmente as imagens que vêm à luz durante a polêmica européia (nas primeiras décadas triunfa o *revival* grego; por volta de 1840, com os romances de Walter Scott e com os escritos de Pugin aparece o neogótico, e com ele todo o repertório do ecletismo europeu) mas como alternativas formais, sem prestar nenhuma atenção aos motivos e às considerações culturais dos quais derivam: circulam neste período alguns álbuns de Arquitetura, como *The beauties of modern architecture*, de M. Lafever, e *The pratice of architecture*, de A. Benjamin, onde não há nenhuma tentativa de enquadramento histórico mas apenas o desejo de pôr em dia o leitor quanto ao gosto da época, tal como nas revistas de moda feminina. [6]

Na primeira metade do século XIX os progressos americanos no setor da construção não se comparam aos europeus, dado que se baseiam num desenvolvimento industrial muito menor. Basta pensar que em 1850 a produção siderúrgica americana é apenas um sexto da inglesa e é mais ou menos idêntica à francesa; somente entre as décadas de 30 e 40 se difunde o uso das estacas em ferro gusa, e apenas em 1855 se começa a produzir em Pittsburgh vigas e trilhos de ferro laminado.

Em compensação, depois de 1850 o uso do ferro gusa se difunde rapidamente: James Bogardus (1800-1874) constrói um grande número de edifícios comerciais em ferro gusa em Nova York e outros lugares, e torna-se um propagandista incansável do novo material, para o qual sempre propõe novas aplicações. Suas idéias são mais semelhantes às de Wilkinson, o *great ironmaster* setecentista, do que às de seu contemporâneo Labrouste; compraz-se em substituir o material antigo pelo novo deixando inalterada a forma estilística, sem se perguntar sobre o significado cultural da operação.

A contribuição dos técnicos americanos é importante em alguns setores, correspondentes a necessida-

---

5. *Objects for Attention for an American* (3 jun. 1878). cit. em J. M. FICHT, op. cit., p. 36.

6. FICHT, J. M. Op. cit., p. 58.

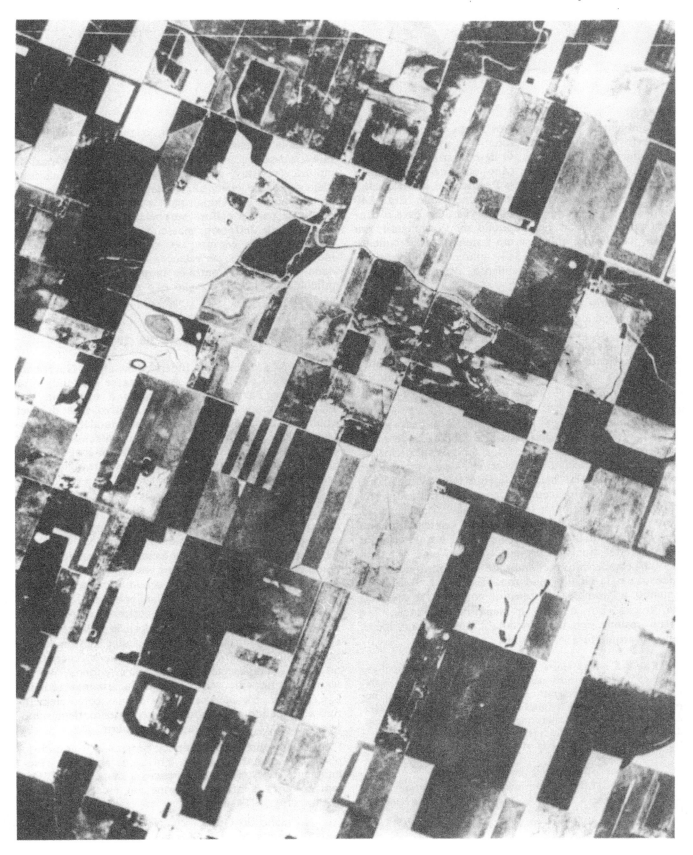

200. Vista aérea de campos norte-americanos.

des ambientais particulares: os meios de comunicação — ferrovias, telégrafo, telefone — e as instalações de aquecimento e ventilação. O desenvolvimento das ferrovias, de 1830 a 1869 (ano em que se realiza a ligação entre o Atlântico e o Pacífico) é um dos capítulos mais conhecidos da história americana. Em 1840 começam, por obra de R. Mills, os estudos para o condicionamento do ar no Capitólio de Washington; em 1848, na Flórida, aplica-se um sistema de resfriamento do ar num hospital; em 1844, aparecem dois tratados fundamentais sobre aquecimento central [7] e sobre ventilação. [8]

A postura pragmática da cultura americana impede que nasça, destes progressos, um adequado debate de idéias. O primeiro autor americano a considerar os problemas da arquitetura com espírito crítico e a estar consciente das dificuldades metodológicas ocultas por trás do uso dos estilos históricos e por trás das invenções técnicas é, provavelmente, Horatio Greenough (1805-1852).

Diplomando-se em Harvard em 1824, passa vários anos na Itália onde aperfeiçoa sua habilidade de escultor em contato com os modelos antigos, participa — com outros intelectuais americanos — do movimento mazziniano e volta definitivamente para seu país em 1851, depois do insucesso da revolução italiana. Horatio aceita a disciplina formal do classicismo mas, tal como Labrouste e outros europeus contemporâneos, deseja deixar de lado as formas e traçar a trajetória dos motivos intelectuais do projeto, trazendo para o âmbito de um classicismo racionalizado as contribuições da indústria e da técnica moderna. Escreve: "Por beleza entendo a promessa da função; por ação, a presença da função; por caráter, a memória da função" [9] e assim resume, em uma carta a Emerson, suas idéias sobre a arquitetura:

> Esta é a minha teoria sobre a estrutura: uma disposição científica de espaços e formas, adaptados à função e ao lugar; um destaque dos elementos proporcional à sua gradual importância, em relação à função; cor e ornamentação a decidir, dispor e variar conforme leis estritamente orgânicas, dando-se uma justificação precisa a cada decisão singular; o banimento imediato de toda simulação. [10]

7. Hood, C. *Warming buildings.*
8. Reid, D. B. *Theory and Practice of Moving Air.*
9. Cit. em S. Giedion, *Spazio, tempo e architettura* (1941), trad. it., Milão. 1954. p. 207.
10. Emerson, R. W. *Complete Works.* Boston, 1888. v. V. p. 10.

A partir de Greenough, o rumo da arquitetura americana e suas relações com a Europa começam a modificar-se; enquanto surge uma organização local da cultura (revistas, escolas, associações etc.), nasce a idéia de ter de encontrar-se uma justificativa ideológica, autônoma e nacional, para a arquitetura americana, e olha-se para a cultura européia não com a tranqüila confiança de Jefferson, mas com um ansioso desejo de emulação. No entanto, o rápido crescimento das indústrias modifica as relações econômicas, e a sociedade americana encontra-se inopinadamente diante de dificuldades de organização não menos graves do que as européias.

3. O plano de Nova York de 1811

Entre a Guerra da Independência e a Guerra da Secessão, a Confederação americana se consolida e se estende ao Pacífico; neste período a economia dos Estados Unidos baseia-se num relativo mas durável equilíbrio entre a agricultura e uma moderada industrialização. A urbanística americana assenta-se agora em formas que permanecerão estáveis por longo tempo, sem conhecer os conflitos profundos que agitam, na mesma época, a Europa.

A fundação de novas cidades é sempre um problema real, à medida que a colonização prossegue. Alguns colaboradores de L'Enfant tentam transplantar para o Middle West os critérios perspéticos do plano de Washington, de modo ambicioso em grande escala, como acontece com Woodward em relação ao plano de Detroit de 1807 (Fig. 212), ou numa forma elementar como Ralston no plano de Indianápolis em 1821 (Fig. 213). Dessas tentativas surgem curiosos compromissos entre o conceito barroco da composição radial e o conceito indígena da retícula indiferenciada; Ralston sobrepõe à retícula quatro vias diagonais que se encontram no centro, onde é colocada uma praça redonda; Woodward imagina uma série infinita de sistemas radiais, isto é, adota a rosácea perspética de vias como elemento a ser repetido à vontade, mas seu intento, demasiado complicado, foi realizado apenas em parte.

Exatamente por essa época projeta-se o grandioso plano de expansão de Nova York, que abandona resolutamente os esquemas perspéticos à maneira de L'Enfant e aplica a malha uniforme em escala até então inédita (Figs. 214 e 215).

No início do Oitocentos, Nova York conta quase 100 000 habitantes, reunidos na ponta da península de

201. Charlottesville, Virg., a *villa* de Monticello (T. Jefferson, 1796-1809).

Manhattan. A cidade desenvolveu-se até então sem um projeto preliminar, mas agora a rapidez do crescimento torna necessário um plano de urbanização para toda a península.

Uma vez que a municipalidade não consegue resolver, ela mesma, o problema, volta-se para a administração do Estado, que nomeia uma comissão formada pelo Governador Morris, S. De White e J. Rutherford. A Comissão trabalha durante quatro anos, avaliando com cuidado os métodos de projeto e as possibilidades de atuação, e o projeto definitivo é aprovado em 1811.

Como se sabe, o plano de Nova York prevê uma malha uniforme de vias ortogonais: são chamadas *avenues* as que vão de norte a sul, em número de doze e distinguidas por letras do alfabeto; e chamam-se de *streets* as que vão de leste a oeste, distinguidas por números, que vão de 1 a 155. A única via irregular que atravessa diagonalmente este traçado é a Broadway, uma via existente que os comissários queriam abolir, mas que acabam tendo de conservar em virtude dos interesses já constituídos às suas margens. Como única zona desocupada é previsto um retângulo entre a 4ª e a 7ª *avenue* e a 23ª e a 24ª *street* que deveria servir como praça de armas. Mais tarde este espaço será ocupado, enquanto mais para cima será reservado um outro retângulo mais amplo para a construção do Central Park (1858).

As dimensões do plano são enormes, as *avenues* correm em linha reta por quase vinte quilômetros, e as *streets* por cinco; os comissários prevêem que cinqüenta anos mais tarde, em 1860, a cidade quase duplicará seus habitantes e chegará a ocupar a retícula até a 34ª *street;* na verdade, o crescimento será muito mais rápido, mas o plano em sua totalidade prevê espaço para dois e meio milhões de habitantes, e bastará para conter a expansão de Nova York até o fim do século.

O plano de Nova York é notável por várias razões: antes de mais nada, é o primeiro exemplo — com exceção das cidades fundadas *ex novo* — de uma previsão unitária para controlar a expansão de uma cidade moderna deste tamanho, quando na Europa o mesmo problema ainda está longe de ter chegado a esse ponto de maturidade. Por outro lado, a escala de aplicação faz com que desapareçam definitivamente as comparações com os planos barrocos, e traz à luz uma nova concepção da cidade, baseada numa tradição especificamente americana.

Poder-se-ia dizer que o problema dos comissários nomeados pelo Estado de Nova York é um problema de geometria analítica, e não de geometria projetiva; o solo da cidade é pensado como um plano cartesiano a ser medido com abscissas e ordenadas — que, neste caso, se chamam *avenues* e *streets* — com uma finalidade extremamente limitada: permitir a formação de um certo número de lotes ou espaços divisórios, que se distinguem entre si através de um número, nos quais possam se localizar as atividades futuras de qualquer espécie sem incômodos, e onde qualquer uma dessas atividades possa ser alcançada pelos serviços públicos. O problema da cidade moderna é um problema de coordenação; aqui, tirando-se proveito de uma relativa abundância de espaço, propõe-se instituir o tipo de coordenação menos vinculante, isto é, propõe-se reduzir as regras ao mínimo compatível com a necessidade técnica da convivência, atribuindo-se no entanto a essas poucas regras um caráter extremamente rígido e invariável. Assim, na Constituição americana as regras da convivência política são formuladas de modo a propiciar a limitação mínima possível à iniciativa dos cidadãos, e por esta razão reduzem-se a uma série de enunciados formais, cujo significado só é compreensível em relação ao uso que se fez e se faz delas. No entanto, o desenvolvimento ordenado da vida pública e privada é deixado ao consenso unânime sobre estes esquemas; também em Nova York o prodigioso desenvolvimento da cidade e o equilíbrio entre as atividades que aí se desenvolvem dependem do fato de que o problema da estrutura urbana é disposto do modo mais elementar, simplesmente alojando as iniciativas da construção de toda espécie nas malhas predispostas do tabuleiro (isto pelo menos até os últimos decênios, quando a escala dos problemas se verá aumentada de tal modo que o tabuleiro se revela estreito e inadequado, apresentando graves problemas de transformação estrutural, tanto mais difíceis quanto maior é a resistência oferecida pelo velho sistema; mas este ponto será retomado mais adiante).

Em sua exposição conclusiva de 1811, os comissários dizem que hesitaram entre o sistema de tabuleiro e um projeto do tipo de L'Enfant, com muros e vias na forma de um círculo de raios; escolheram o primeiro caminho "porque uma cidade compõe-se de casas, e quando as vias cortam-se em ângulo reto as casas têm um menor custo de construção e são mais cômodas". [11] A falta de praças e de terrenos livres é justificada com um raciocínio igualmente rápido: "as praças não são necessárias; vive-se nas casas, e não

---

11. Cit. em P. LAVEDAN, *Histoire de l'urbanisme, époque contemporaine,* Paris, 1952, p. 236.

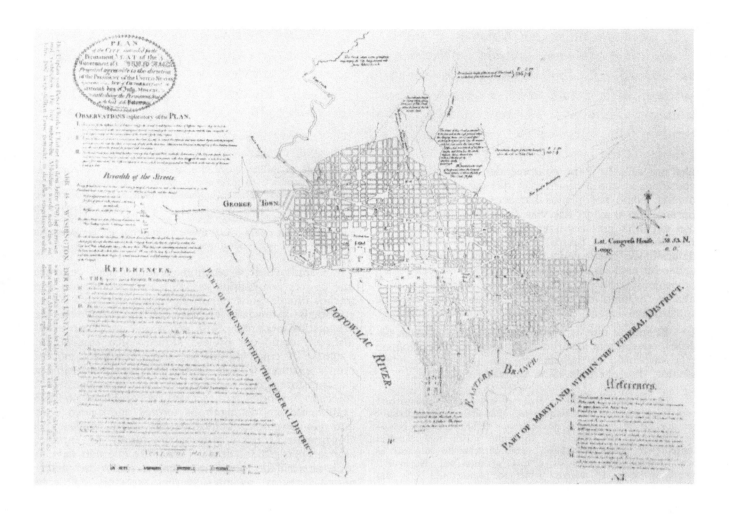

202, 203, 204. Washington, plano de L'Enfant (cópia de 1887), e duas vistas da cidade na época de Jefferson e hoje.

221

nas praças". [12] Para compreender essas afirmações, considere-se que a construção das casas não é considerada, como nos planos barrocos, de modo contemporâneo ao traçado das vias — e portanto recuperadas em uma unitária imagem prospetiva — mas sim reenviada para o futuro; o edifício que ocupará um determinado posto será, pois, ou um casebre de um andar ou então o Rockefeller Center. Por essa razão, os projetistas do plano escolhem um traçado que oponha o mínimo de obstáculos a qualquer tipo de construção.

É natural que os europeus, julgando com seus padrões, considerem absurdo este procedimento, e tomem esta suspensão de julgamento por ausência de julgamento. Por exemplo, Sitte escreve, em 1889:

> Não se pode começar o plano de um aglomerado urbano com intenções artísticas sem se ter uma idéia precisa daquilo em que ele se tornará, e dos edifícios públicos e das praças de que deve ser dotado... Somente assim será possível compor um plano adequado à configuração do solo ou às outras circunstâncias locais e que permita um desenvolvimento artístico do bairro projetado. Imagine-se que um cliente mostre a seu arquiteto um terreno e lhe diga: "Construa-me alguma coisa de mais ou menos um milhão de liras" — "Quer uma casa para alugar?" — "Não" — "Uma *villa?*" — "Não" — "Talvez um estabelecimento?" — "Não" e assim por diante. Seria simplesmente ridículo; mas isto nunca acontece, porque ninguém constrói sem um objetivo, ninguém se dirige a um arquiteto sem ter uma determinada intenção, sem ter um programa. É apenas nas realizações urbanísticas que não se considera irracional traçar um plano regulador sem um determinado programa; e é natural, dado que não se tem programa nenhum, dado que não se tem nenhuma idéia do desenvolvimento futuro do novo setor. A subdivisão do terreno em quadrados iguais é a surpreendente expressão desta incerteza. Isto significa o seguinte: poderemos muito bem fazer algo de prático e belo, mas não sabemos o quê; convém renunciar ao estudo deste tema que não é colocado em todos os seus termos, e dividir rapidamente a superfície de modo geométrico elementar a fim de que se possa começar logo a venda do terreno a metro quadrado...
>
> Para comprovar a absoluta falta de programas na base desta divisão geométrica, citamos um loteamento em escala enorme, a divisão dos Estados da América do Norte. Todo seu vasto território está subdividido com linhas retas conforme os graus de latitude e longitude, sem nenhuma outra preocupação ou predisposição, uma vez que quando a divisão foi feita não se conhecia a região; menos ainda se podia prever seu desenvolvimento futuro, na medida em que a América não tinha atrás de si um passado e não representava aos olhos da humanidade culta outra coisa que não uma certa quantidade de milhas quadradas de terreno. Para a América, para a Austrália e para os outros países de civilização recente, este sistema pode ser conveniente também para a construção das cidades. Quando os homens se preocupam apenas com propagar a espécie, vivem apenas para ganhar dinheiro e só ganham dinheiro para viver, é-lhes indiferente ser empacotados em suas casas como sardinhas em lata. [13]

Camillo Sitte é um homem muito mais culto do que os três comissários de 1811, mas escrevendo este trecho, oitenta anos depois do plano de Nova York, está mais distanciado do que eles dos problemas da urbanística moderna. Sitte pensa que um plano urbanístico é como um projeto arquitetônico aumentado, e não se dá conta de que um plano regulador moderno — exatamente pela escala diversa e pela rapidez das transformações — é sempre "um tema que não é colocado em todos seus termos". O problema consiste exatamente em distinguir os termos que devem e os que não devem ser colocados nas várias escalas. O Governador Morris e seus colaboradores, no entanto, estavam persuadidos desde o início de que não deviam projetar a cidade futura, mas apenas impor-lhes determinadas regras, as mais simples possíveis. O erro que cometem é apenas de medida, uma vez que acreditam poder fazer um corte seco, mantendo fixa para sempre a rede viária e deixando variável para sempre todo o resto.

Disso resultou uma cidade não monótona desde o início, ou demasiado ordenada, mas sim bem pouco ordenada; de fato, viu-se mais tarde que a cidade moderna não "se compõe principalmente de casas", mas sim de muitas outras coisas: ferrovias, mercados, lojas, escritórios, hospitais, teatros, cinemas, estacionamentos etc., que têm escala e exigências diversas, e que não podem ser acomodados em qualquer lugar da malha ortogonal, exigindo uma organização inteiramente diferente. A nova cidade exibe o velho plano como se fosse um vestido estreito, e a fim de continuar a viver deve ou forçar os velhos traçados — encontrando resistências altíssimas, exatamente por que até aqui tudo estava regulado como se fosse durar para sempre — ou tentar fugir aos velhos traçados, passando por cima ou por baixo deles com vias elevadas ou subterrâneas.

O plano de 1811 continua a ser uma das principais contribuições à cultura urbanística moderna, e tendo sido realizado por inteiro trouxe à luz todas as conseqüências técnicas, jurídicas, econômicas e formais de seus critérios iniciais: seu resultado é a cidade de

---

12. Cit. em S. GIEDION, *A Decade of New Architecture*, Zurique, 1951, p. 5.

13. SITTE, C. *L'arte di costruire le città* (1889). Trad. it., Milão, 1953, pp. 124-125.

Nova York que hoje conhecemos, "o primeiro lugar do mundo na escala dos novos tempos". [14]

A mesma combinação de rigidez formal em alguns pontos e de liberalidade em todos os demais caracteriza a legislação sobre construções da cidade de Nova York; também aqui, sob alguns aspectos, a experiência americana antecipou-se à européia, e sob outros aspectos, está atrasada em relação a ela.

Desde o início do Oitocentos, os preços dos terrenos crescem rapidamente em Manhattan, impelindo os proprietários a uma intensa especulação, e desde então promulgaram-se leis que proíbem a construção de edifícios que cubram inteiramente a área, sem deixar pátios ou aberturas; prevê-se também que a Municipalidade pode expropriar os edifícios que não sigam esta regra, demoli-los e dar ao terreno um destino oportuno (parece que nos primeiros decênios do século esta faculdade foi usada várias vezes). [15]

A aglomeração, no entanto, não diminui; a única forma de habitação econômica na primeira metade do século consiste em velhas casas degradadas, nas quais os cômodos originais são posteriormente subdivididos. Em 1834, um relatório sobre as condições de higiene das construções de Nova York chama a atenção das autoridades para este problema, mas apenas na segunda metade do século é que se tomarão providências; em 1886 é instituída uma Secretaria da Higiene, e em 1867 é aprovada a primeira lei sobre as casas de aluguel, seguida por uma segunda lei, mais severa, em 1901. Trata-se de simples regulamentos que prevêem certos padrões mínimos para os novos edifícios (Fig. 222) mas que não prevêem nenhuma intervenção direta das autoridades.

Por outro lado, a partir de 1850 são numerosas as iniciativas privadas no sentido de construir casas populares decentes. Em 1847, a Association for Improving the Conditions of the Poor (Associação para a Melhoria das Condições dos Pobres) apresenta um projeto para uma casa popular-modelo, e em 1855 decide construir "uma ou mais casas-modelo para as classes trabalhadoras, com apartamentos cômodos e bem ventilados, aluguéis acessíveis aos mais pobres, e coisas semelhantes para diminuir, se possível, os gastos". [16]

Em 1876, A.T. White organiza uma sociedade construtora baseada no princípio de conservar o capital investido, sem lucros especulativos nem perdas filantrópicas; o primeiro grupo de casas construído entre 1878 e 1880 em Baltic Street (projetado por W. Field & Sons) representa um grande progresso com relação aos anteriores uma vez que os alojamentos são agrupados ao redor de espaços abertos proporcionais (Fig. 223); em iniciativas seguintes — os Riverside Dwellings em Brooklyn, em 1884 — o espaço aberto torna-se um jardim, com espaço para as crianças brincarem, passeios para os adultos etc. A Improved Dwelling Association (Associação para uma Melhor Habitação) — da qual White também participa — constrói, em 1881, um bloco de casas que aproveita melhor o terreno (projeto de Vau & Radford); uma outra solução com forte densidade de construção é estudada em 1896 pelo arquiteto E. Flagg para a City and Suburban Homes Co.

É interessante observar que a autoridade pública aceita, destas experiências, numerosas sugestões para a determinação dos padrões a serem introduzidos nos regulamentos, mas não toma nenhuma iniciativa no sentido de apoiá-las ou, menos ainda, de intervir diretamente; só depois da guerra mundial começam as intervenções do Estado no campo das construções, alterando o tabuleiro imaginado para alinhar as intervenções privadas.

---

14. LE CORBUSIER. La catastrophe féerique. *L'Architecture d'aujourd'hui*, 1938, n. 1, p. 12.

15. GRAY, G. H. *Housing and citizenship*. Nova York, 1946. p. 8.

16. Cit. em J. FORD, *Slum and Housing*, Cambridge, 1936, apêndice.

205, 206. Washington, a Casa Branca (J. Hoban, 1792).

1. pórtico
2. vestíbulo
3. sala de estar oriental
4. sala verde
5. sala azul
6. sala vermelha
7. sala de jantar oficial
8. sala de jantar familiar

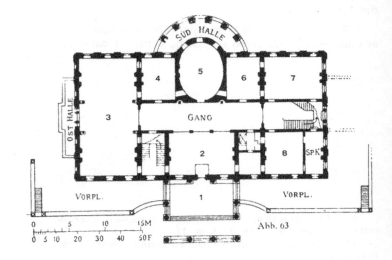

207, 208. Dois representativos edifícios norte-americanos: o primeiro capitólio de Washington (W. Thornton, C. Bulfinch e outros, terminado em 1827) e a Biblioteca da Universidade de Yale (de L. C. Tuthill, op. cit.).

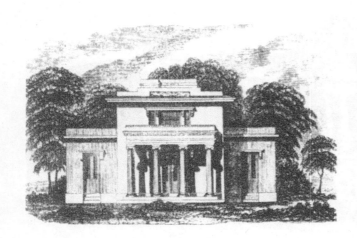
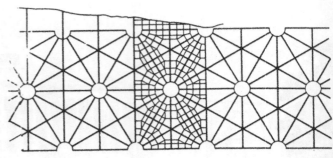

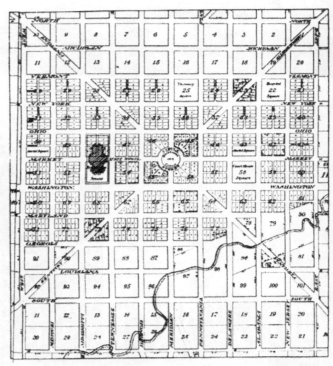

209, 210, 211. *Cottages* em estilo grego, gótico e suíço (de L. C. Tuthill, op. cit.).
212, 213. Esquema do plano de Woodward para Detroit (1807) e o plano de Ralston para Indianápolis (1821).

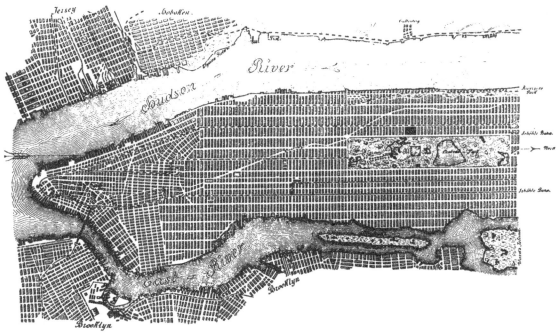

214, 215. Nova York, vista aérea e planta (por J. Stübben, *Der Städtebau*, 1924).

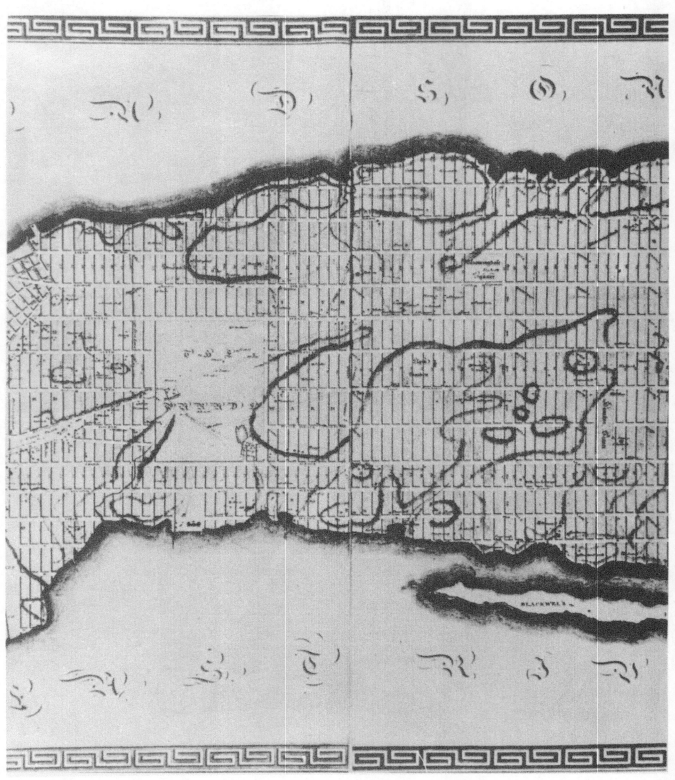

216. Parte do plano de 1811 para Nova York; o tabuleiro se sobrepõe ao relevo e aos acidentes de Manhattan sem perder sua uniformidade (de um original guardado pela Public Library).

217. Vista da Broadway, à altura do Canal Street (gravura de T. Horner e J. Hill).

218. A ponte de Brooklyn (J. Roebling, 1867-1873; de M. Schuyler, *American Architecture*).

219. Vista de Manhattan na metade do século XIX.
220, 221. Nova York, embocadura da ponte de Brooklyn e um aspecto dos edifícios de Manhattan.

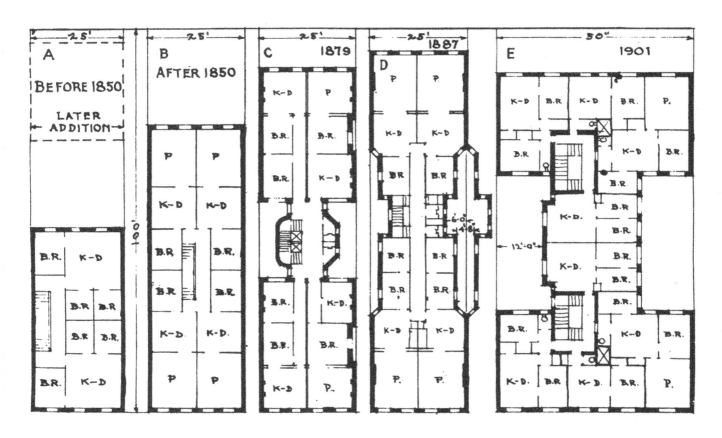

222. As construções de Nova York conforme os sucessivos regulamentos e as primeiras casas populares produzidas por White em Brooklyn (W. Field & Sons, 1878-1880; de Gray, *Housing and Citizenship*, 1946).

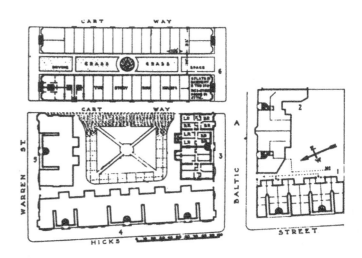

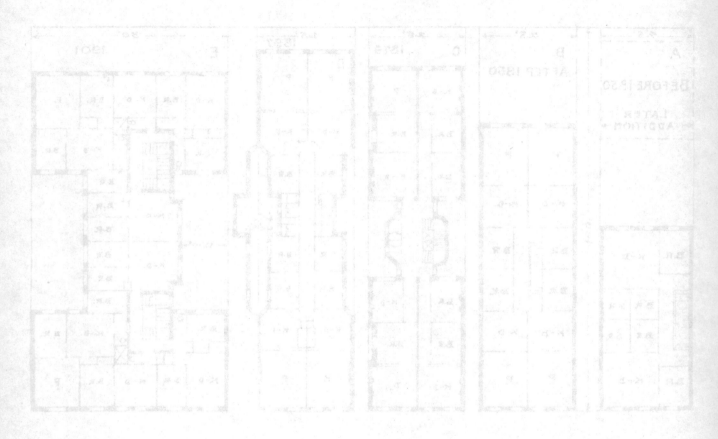
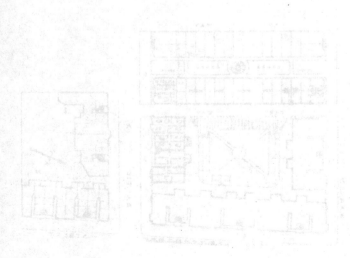

8. A ESCOLA DE CHICAGO E A VANGUARDA AMERICANA

No ponto em que o rio Chicago desemboca no lago Michigan, o exército americano funda, em 1804, o Forte Dearbon, destruído pelos índios em 1812 e logo depois reconstruído. Ao seu redor, estabelecem-se alguns pioneiros, e, em 1830, a nova localização recebe a forma de cidade; não como nos tempos de Rômulo, escavando-se um sulco, mas por meio de uma operação matemática e econômica segundo a tradição americana, dividindo em quadrados regulares uma área de cerca de meia milha quadrada perto da foz do rio e começando a venda dos lotes.

A retícula é tal que pode ser estendida à vontade, e por adições sucessivas — prolongando-se simplesmente as ruas originais por milhas e milhas — a cidade estende-se, pouco a pouco, até atingir, em fins do século, 190 milhas quadradas e 1 700 000 habitantes.

Nas primeiras décadas, a cidade é construída em sua maior parte em madeira. Esse material é usado, desde o início, de acordo com uma técnica particular, que recebeu o nome de *balloon frame;* Giedion esclareceu que a invenção dessa técnica deve-se provavelmente a George Washington Snow (1797-1870), que, a partir de 1833, ocupa vários cargos técnicos na administração de Chicago, mas é ao mesmo tempo empresário e comerciante de madeiras.[1]

Trata-se de uma estrutura em que não existe a costumeira hierarquia de elementos principais e secundários, ligados através de encaixes, mas onde numerosas tiras finas de dimensões uniformes são colocadas em distâncias modulares e unidas por simples rebites; as aberturas, portas e janelas, são necessariamente múltiplos do módulo fundamental; um estrado de tábuas diagonais garante a indeformabilidade da estrutura, enquanto um segundo estrado de tábuas dispostas como telhas defende o edifício das intempéries.

Essa estrutura permite aproveitar o trabalho industrial da madeira, em dimensões unificadas, e torna-se possível pelo baixo preço dos rebites em aço; por outro lado, abrevia o tempo de montagem e não exige conhecimentos especializados; pelo contrário, é feita para permitir que cada um construa sua casa com poucos instrumentos.

Os princípios desse sistema estão contidos, embrionariamente, na carpintaria dos edifícios coloniais; a invenção de Snow é uma outra aplicação típica do conceito americano do *standard* na arquitetura, e ainda é largamente usada, com certos aperfeiçoamentos, na indústria de construções dos Estados Unidos.

Chicago é destruída quase completamente por um incêndio em 1871, quando já conta 300 000 habitantes. A reconstrução, a princípio hesitante por receio de novos desastres, torna-se muito intensa de 1880 a 1900, e, no local da antiga aldeia, surge um moderno centro de negócios, com edifícios para escritórios, grandes magazines, hotéis, onde são experimentados novos sistemas de construção, com inusitada audácia, a fim de satisfazer as novas necessidades. Por todo o século XIX, a antiga quadriculação é considerada suficiente para enquadrar o desenvolvimento da cidade; porém, na primeira década do século XX, sente-se a

---

1. GIEDION, S. *Spazio, tempo e architettura* (1941). Trad. it., Milão, 1954. pp. 339-342.

233

necessidade de um controle urbanístico adequado à nova escala da cidade; o plano regulador de Burnham e Bennet, de 1909, é a primeira tentativa de pôr ordem, nem que seja com critérios formalísticos, no corpo desmedido da cidade, e assinala o ponto de chegada dessa fase de explosão de edificações.

1. A escola de Chicago

Os protagonistas desses acontecimentos são indicados coletivamente com o termo de "escola de Chicago".

A primeira geração, que trabalha logo após o incêndio, compreende engenheiros de grande valor, muitos dos quais formaram-se no Gênio militar durante a Guerra de Secessão: William Le Baron Jenney (1832-1907), William W. Boyington (1818-1898), J.M. van Osdel (1811-1891). Dentre estes destaca-se Le Baron Jenney, e os mais importantes projetistas da segunda geração saem de seu estúdio: Daniel H. Burnham (1846-1912, que trabalha com John W. Root, nascido em 1850, até a morte deste em 1891), William Holabird (1854-1923), Martin Roche (1855-1927) e Louis Sullivan (1856-1924), que se associa com Dankmar Adler (1844-1900). Juntamente com eles, devem ser lembrados os técnicos especialistas como W. S. Smith e C. L. Ströbel, que colaboram no estudo de determinados problemas estruturais.

A obra desses projetistas possui um acentuado caráter unitário, sobretudo entre 1879 (quando Le Baron Jenney constrói o primeiro edifício alto de estrutura metálica) e 1893 (data da Exposição Colombiana), do qual depende a fisionomia particular do Loop, centro comercial de Chicago; já disso se apercebem os contemporâneos, e não sabem indicar tal caráter senão usando o próprio nome da cidade. Os protagonistas desse período possuem temperamentos extremamente diversos: alguns são homens de negócios como Adler; outros, técnicos puros como Ströbel, artistas descontentes como Root, ou desejosos de sucesso como Burnham. O caso de Sullivan será considerado em separado; ele critica seus contemporâneos, tende a distinguir-se e a inventar uma arquitetura pessoal como alternativa à corrente, ilustrando suas intenções não somente com as obras construídas, mas também com escritos teóricos; por tal razão, Sullivan pode também ser considerado sob uma outra perspectiva histórica, entre H. H. Richardson e F. L. Wright, isto é, com os artistas de vanguarda, polemizando com a direção que prevalece em seu tempo e em seu ambiente, os quais observam a Europa e o debate que lá se desenvolve, mas aspiram diferenciar-se dos europeus e realizar uma arte "americana".

Os edifícios altos do Loop de Chicago são possibilitados por algumas invenções técnicas. A estrutura em esqueleto de aço aperfeiçoada sobretudo por Le Baron Jenney permite aumentar a altura sem receio de sobrecarregar excessivamente os pilares nos andares de baixo e abrir nas paredes vidraças quase que contínuas, de modo que iluminem construções profundas; para suportar as cargas concentradas das pilastras, novos sistemas de fundação em pedra são propostos em 1873 por F. Baumann,[2] e aperfeiçoados até se chegar ao "Chicago Caisson" em concreto, que aparece pela primeira vez em 1894. O elevador de segurança a vapor, instalado por E. G. Otis pela primeira vez em Nova York em 1857, surge em Chicago em 1864; em 1870, C. W. Baldwin inventa e constrói em Chicago o primeiro elevador hidráulico, enquanto em 1887 começa a difundir-se o elevador elétrico.[3] Elevador, telefone e correio pneumático permitem o funcionamento de hotéis, magazines, e escritórios de qualquer tamanho e com qualquer número de andares; nasce assim em Chicago, pela primeira vez, o arranha-céu. Um observador de 1895 escreve:

A construção de edifícios para escritórios de enorme altura, com estrutura em esqueleto de ferro e aço que sustenta as paredes internas e externas, tornou-se um hábito em quase todas as cidades americanas. Esse estilo de construção nasceu em Chicago, ao menos no que se refere a sua aplicação prática, e essa cidade possui agora mais edifícios do tipo com esqueleto de aço que todas as demais cidades americanas juntas.[4]

O arranha-céu é outra aplicação típica do procedimento abstrativo próprio da cultura arquitetônica americana, tal como a planta quadriculada. É sempre julgado severamente quando é considerado como uma imagem de perspectiva, pois é um dispositivo indefinido, destituído de proporção e de unidade; como diz Wright, é "um estratagema mecânico" para "multiplicar as áreas afortunadas tantas vezes quantas for possível

2. No opúsculo intitulado *The Art of Preparing Foundations for All Kinds of Buildings with Particular Illustrations of the Method of Isolated Piers as Followed in Chicago*, cit. em F. A. RANDALL, *History of the Development of Building Construction in Chicago*, Chicago, 1949, p. 18.

3. Ver F. A. RANDALL, op. cit., p. 14.

4. Em *Engineering News* de 1895, cit. em F. A. RANDALL, op. cit., p. 11.

223. A *balloon frame* (de Singer, *A History of Technology*, 1954-58).

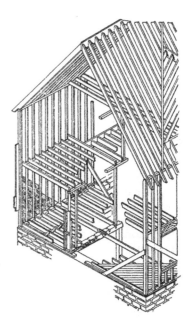

224. Vista aérea do Loop de Chicago.

vender e revender a área do terreno original". [5] Quando, contudo, deixa-se de lado o significado depreciativo que deriva da comparação com os hábitos de visão tradicionais, percebe-se que tais juízos apreendem exatamente um novo procedimento mental, o qual contém — por enquanto sob forma rústica e embrionária — um novo modo de ver a arquitetura, e exige que seja julgado com novos critérios formais.

Emilio Cecchi escreveu acuradamente: "O arranha-céu não é uma sinfonia de linhas e de massas, de cheios e de vazios, de forças e resistências; é, antes, uma operação aritmética, uma multiplicação",[6] tal como o método de loteamento dos terrenos sobre os quais surge substancialmente uma outra operação aritmét.ca, uma divisão. Nem uma nem outra são realidades arquitetônicas, mas contém a possibilidade de uma transformação radical da cena arquitetônica tradicional, e o princípio sobre o qual se baseiam, sendo o mesmo que governa a indústria, pode servir para harmonizar o novo cenário urbano com as exigências da sociedade industrial.

Vistas sob essa luz, as experiências da escola de Chicago são uma contribuição importante para a formação do movimento moderno; porém, os resultados tão promissores atingidos no penúltimo decênio do século são logo depois dispersados, porque nenhum dos protagonistas possui uma consciência nítida dos problemas abordados. Cada um deles bloqueia-se em um dilema cultural que possui apenas duas saídas: ou a volta ao conformismo dos estilos históricos (é o caminho de Burnham), ou a experiência individual de vanguarda (é o caminho de Sullivan e, mais tarde, o de Wright).

Le Baron Jenney é um engenheiro formado na École Polytechnique de Paris; trabalha como major do corpo de engenheiros militares durante a Guerra de Secessão, e abre seu estúdio em Chicago em 1868 juntamente com S.E. Loring; publica em 1869 um livro de pranchas, *Principles and Practice of Architecture* e ensina Arquitetura na Universidade de Michigan de 1876 a 1880. Burnham atesta que "o princípio de sustentar todo o edifício sobre uma rede metálica equilibrada com precisão, solidificada e protegida contra o fogo, deve-se à obra de William Le Baron Jenney. Ninguém o precedeu nisso, e a ele cabe todo o mérito que deriva dessa proeza de engenharia que foi o primeiro a executar". [7]

Tal princípio é aplicado pela primeira vez no Leiter Building de 1879, sustentado externamente por pilastras em alvenaria muito espaçadas e internamente por montantes em metal, e, com maior coerência, no Home Insurance Building de 1885 (Fig. 225), que é considerado como o primeiro edifício de Chicago provido de um esqueleto completo em metal, embora uma parte das paredes perimetrais conserve uma função de sustentação. Em 1889, com o segundo edifício Leiter (Fig. 228) e com o Fair Building, Jenney torna mais preciso seu conceito de construção, reduzindo as fachadas a leves proteções, sustentadas pela rede metálica interna; conserva, contudo, sempre algumas partes em alvenaria compacta, com a forma de pilares com bases e capitéis clássicos — mas naturalmente fora de toda proporção canônica — e trata também os montantes metálicos, quando pode, como pequenas colunas. O Manhattan Building, de 1890, sobe dezesseis andares — pela primeira vez no mundo — a fim de procurar a luz por cima de uma rua estreita; as janelas, algumas alinhadas com a fachada e outras salientes, são cortadas dessa vez em uma alvenaria contínua, que é contudo sustentada, andar por andar, pelo esqueleto em aço.

Os contemporâneos de Jenney têm maiores ambições artísticas e esforçam-se para eliminar as referências aos estilos históricos, mas não são tão coerentes na invenção estrutural.

Holabird e Roche constroem em 1889 o Tacoma Building, de doze andares, usando uma estrutura mista com algumas paredes de sustentação tanto internas quanto externas; aqui não existem elementos arquitetônicos que passam de andar para andar, porém a gradação dos caracteres arquitetônicos, em altura, é obtida por meio de uma progressiva rarefação dos ornamentos e por meio de uma espécie de ático em galeria (Fig. 230).

Em 1891, Burnham e Root constroem o Monadnock Building, de dezesseis andares, com paredes externas de sustentação em tijolos; as paredes são lisas, sem qualquer ornamento, e as superfícies são recortadas em curva, pondo em evidência os efeitos volumétricos do imponente paralelepípedo e das colunas de *bow-windows*.

Essa simplificação excepcional do revestimento externo é devida à insistência do financiador, que assu-

5. F. L. WRIGHT. *Modern Architecture*. conferência proferida na Universidade de Princeton em 1930. trad. it., Milão, 1945, com o título *Architettura e democrazia*, p. 114.
6. CECCHI. E. *America amara*. Florença, 1946. p. 13.

7. Em *Engineering Record* de 25 jul. 1896, cit. em F. A. RANDALL, op. cit., p. 106.

225. Chicago, vista de Adams Street para o norte (de Rand, McNall & Co., *Bird's Eye Views and Guide to Chicago*, 1898)

1. Schlösser Block, 1872
2. Home Insurance Building (W. Le Baron Jenney, 1884)
3. Edison Company Power House, 1887
4. Porter Block (J. M. van Osdel, 1873)
5. Kent Block, 1871
6. Nixon Building (antes do incêndio)
7. Bryan Block, 1872
8. Woman's Temple (Burnham & Root, 1892)
9. Wells Building, 1884
10. Galbraith Building (Cochrane & Miller, 1873-92)
11. Lees Building (J. G. Rogers, 1892)
12. La Salle Building (Dixon & Hamilton, 1874)
13. YMCA Building (Jenney & Mundie, 1893)
14. Security Deposit Company Building (C. J. Warren, 1892).

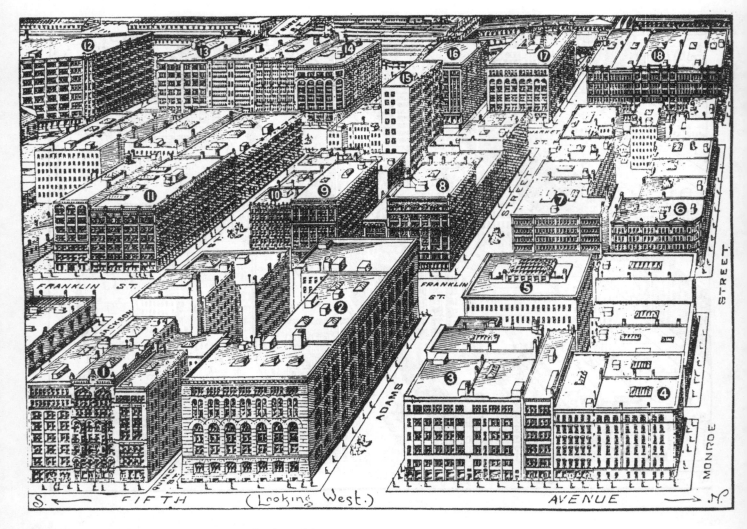

226. Chicago, vista da Fifth Avenue para oeste (de Rand, op. cit.).

1. Owings Building (O. J. Pierce, 1886)
2. Marshall, Field & Co. Building (H. H. Richardson, 1886)
3. Phelps, Dodge & Palmer Building, 1888
4. Williams Block, 1874
5. C. B. & Q. Railway Building, 1882
6. Hovey Building, 1873
7. Carson, Pirie & Scott Building, 1875
8. Mercantile Company Building (Bauer & Hill, 1886)
9. Robert Law Building (J. M. van Osdel, 1887)
10. Willoughby Building, 1887
11. Boddie Block, 1883-1893
12. McCormick Block, 1887
13. Chalmers Building, 1889

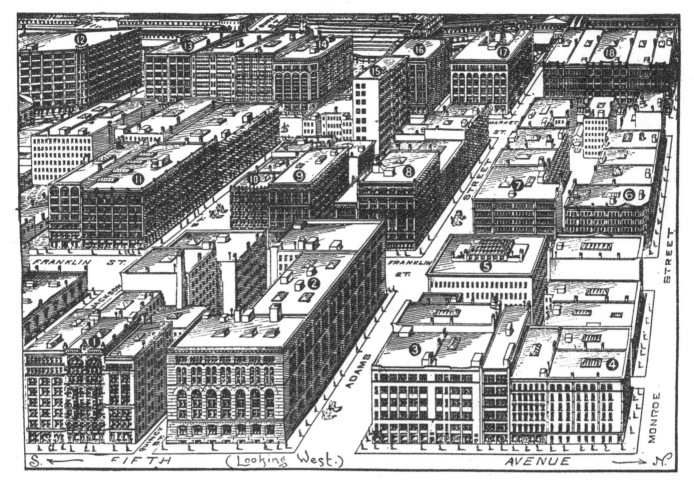

227. Chicago, vista do Michigan Boulevard para oeste (de Rand, op. cit.).

1. Auditorium (ampliação de C. J. Warren, 1892)
2. Auditorium (Adler & Sullivan, 1887-89)
3. Studebaker Building (S. S. Beman, 1884)
4. Chicago Club Building (Burnham & Root, 1885)
5. Victoria Hotel (G. Vigeant, 1882)
6. Kimball Hotel (F. Baumann & J. K. Cady, 1882)
7. Isabella Building (Jenney & Mundie, 1893)
8. Richardson Building, 1886
9. Siegel, Cooper & Co.'s Building (Jenney & Mundie, 1891)

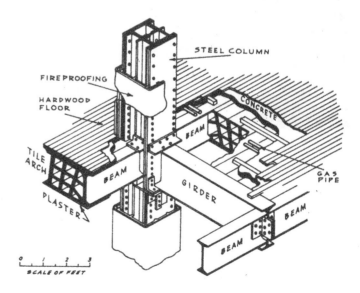

228. Detalhe do Fair Building de W. Le Baron Jenney (de *Industrial Chicago*, 1891).

239

229. Chicago, o Leiter Building de Le Baron Jenn (1885).

230. Chicago, o Tacoma Building de Holabird & Roche (1889).

me um grande risco construindo em uma zona de periferia, [8] e somente mais tarde é assumida por Root como uma orientação estética; a simplicidade, por outro lado, é mais aparente do que real, pois "os tijolos eram sustentados (nas partes em relevo) por cantoneiras de aço escondidas, e as linhas fluidas, não naturais nos tijolos, eram obtidas forçando o material; foi necessário construir centenas de moldes para fazer tijolos especiais que seguissem as curvas e as inclinações". [9]

Os mesmos autores constroem em 1892 o Great Northern Hotel — adaptando a um grande hotel os métodos estruturais dos edifícios para escritórios — e o mais alto edifício da velha Chicago, o Capitol, também chamado de Masonic Temple, que atinge vinte e dois andares e noventa metros (Fig. 232). Aqui a arquitetura complica-se; o imponente volume está apoiado numa base de arcos e coroado por um teto muito inclinado, de sabor romântico, onde é evidente a influência de Richardson.

O Reliance Building pode ser considerado como o mais belo arranha-céu de Chicago e sua história é muito instrutiva. É construído por Burnham e Root em 1890, até a altura de cinco andares; em 1895, depois da morte de Root, Burnham e o engenheiro E. C. Shankland acrescentam-lhe outros dez andares, repetindo sem qualquer variação um mesmo motivo arquitetônico (Fig. 231). É provável que o efeito agradável dessa estreita torre em vidro e ladrilhos brancos, para o espectador moderno, seja devido exatamente a esse incidente de construção, ou seja, ao fato de que o conjunto não foi projetado unitariamente, mas sim originou-se de uma operação de "multiplicação", como diz Cecchi; assim, o motivo simples das vidraças contínuas e das faixas decoradas repete-se inalterado por treze vezes, sobre a base dos dois primeiros andares, e não há qualquer tentativa de instituir uma gradação de perspectiva no sentido da altura. Os críticos que tecem os louvores mais amplos ao Reliance, de Giedion em diante, não fazem menção a esse fato. Entretanto, qual prova melhor do contraste cultural que se encontrar sob as experiências da escola de Chicago?

Os arquitetos da geração seguinte à de Le Baron Jenney empenham-se no desenvolvimento de um novo tipo de edificação, que contém algumas virtualidades formais completamente diversas da herança da cultura passada; por outro lado, eles desejam dominar arquitetonicamente esse tipo de construção e não têm a sua disposição senão os instrumentos daquela cultura. Assim, os resultados que a nós parecem mais importantes são obtidos exatamente quando o empenho na composição é sofreado por alguma razão. Root percebe em certa medida essa contradição quando escreve em 1890:

> Era mais do que inútil espalhar profusamente neles [os edifícios modernos de muitos andares] uma abundância de ornamentos delicados... Eles deviam, antes, com sua massa e suas proporções, inspirar, num vasto sentimento elementar, a idéia das forças conservadoras, grandes, estáveis, de civilização moderna. Um resultado dos métodos que indiquei será a decomposição de nossos projetos arquitetônicos em seus elementos essenciais. A estrutura íntima desses edifícios tornou-se tão vital, que é ela que deve impor de modo absoluto o caráter geral das formas externas; e tão imperativas tornaram-se as necessidades comerciais e de construção que todos os detalhes arquitetônicos empregados para expressá-las devem conseqüentemente ser modificados. Sob tais condições, somos obrigados a trabalhar de modo preciso, com objetivos precisos, impregnando-nos plenamente no espírito da época de modo a poder dar forma de arte a sua arquitetura. [10]

O problema, todavia, é formulado nos próprios termos da cultura a ser renovada (massas, proporções, ornamentos, estrutura interna e formas externas etc.); o esforço de renovação dispersa-se assim em uma série de tentativas isoladas, inspiradas em algum aspecto menos usual e mais periférico da tradição eclética, tal como quando Root compara o Monadnock a um "pilar egípcio". [11]

O realismo à Jefferson, graças ao qual a cultura americana atribui aos valores culturais uma espécie de consistência material e separada, permite aos arquitetos de Chicago interpretar algumas exigências de um moderno centro direcional de modo muito mais livre de preconceitos, e, portanto, permite que se façam progressos no sentido das "formas puras" de que fala Giedion, precedendo os arquitetos europeus de alguns decênios; ao mesmo tempo, entretanto, impede-lhes que tornem sistemáticos tais resultados, porquanto aqui entram em jogo as conexões entre os valores, que a cultura americana não está inclinada a apreciar. Assim, quando se trata de extrair a soma dessas experiências e de ordená-las dentro de um sistema, sob o impulso as exigências urbanísticas, não resta outra coisa senão

---

8. H. MONROE, *J. W. Root*. Nova York, 1896, p. 141, cit. em S. GIEDION, op. cit., p. 362.

9. WRIGHT, F. L. *Architettura e democrazia* cit. p. 111.

10. Cit. em H. MONROE, op. cit., p. 107, ver também S. GIEDION, op. cit., p. 370.

11. MONROE, H. Op. cit., p. 147.

231. Chicago, Reliance Building (Burnham & Root, 1890-95).

232, 233. Chicago, Masonic Temple (Burnham & Root, 1892) e People's Gas Building (Burnham & Co.; de J. Gréber, *L'Architecture aux États Unis*, 1920).

234. Vista de Chicago em 1893, de Peter Roy.

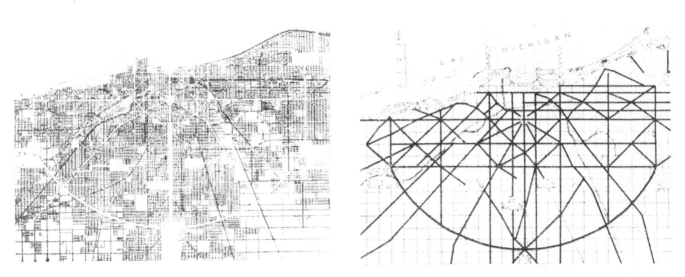

235, 236. Chicago, o plano de Burnham e Bennet, 1909 (de Gréber, op. cit.), e o esquema da nova rede viária (de Layedan, *Histoire de l'urbanisme*).

245

recorrer ao classicismo, ou seja, a um sistema importado completamente acabado, sem necessidade de qualquer mediação.

Desse modo deve ser avaliado o episódio da Exposição Colombiana de 1893 e a chamada "traição" de Burnham.

Para a Comissão Arquitetônica para a exposição são chamados alguns arquitetos da costa oriental, George B. Post (1837-1913), Richard M. Hunt (1827-1895) e Charles F. Mac Kim (1847-1909); Burnham, que é o mais categorizado arquiteto de Chicago, deixa-se facilmente persuadir por eles a formar o complexo segundo os cânones clássicos. A Exposição tem grande êxito, e, a partir daquele momento, o gosto de quem encomenda e do público orienta-se pouco a pouco para o classicismo, enquanto que as pesquisas originais da escola de Chicago são consideradas antiquadas; assim, muitos protagonistas do decênio precedente adaptam-se à nova orientação cultural, sendo que o primeiro de todos é Burnham que, em 1894, forma uma nova firma (D.H.B. & Co.) e amplia ulteriormente suas atividades (Fig. 233), enquanto outros, como Sullivan, têm sua carreira destruída.

O juízo que se faz normalmente de tais fatos é inspirado pela apreciação feita por Sullivan e Wright, os quais, com o usual realismo americano, dão um corpo individual aos valores e consideram a reviravolta neoclássica como o resultado de uma má escolha feita por algumas pessoas, escolha essa que bastou para interromper o curso precedente de experiência. O juízo negativo pode ser mantido, mas diz respeito a uma limitação já inerente a todo o ciclo da escola de Chicago; com efeito, a pesquisa de Jenney, de Root, de Holabird e Roche etc. não sai voluntariamente do âmbito da cultura eclética, mas força efetivamente os confins dessa cultura na tentativa de incorporar a ela alguns temas novos, que contêm sugestões formais inéditas; isto torna-se possível graças a várias circunstâncias favoráveis, que ocorrem em Chicago no nono decênio do século XIX: forte desenvolvimento econômico, boa preparação técnica, ausência de uma tradição vinculante como nas cidades do Leste, e falta absoluta de toda presença ambiental, por força do incêndio de 1871. Os resultados alcançados não são, contudo, normalizáveis, nem transmissíveis, e o único modo coerente de extrair deles uma norma geral, quando a alteração das exigências econômicas e funcionais exigem esse passo, é passar das experiências singulares para os pressupostos culturais comuns; porém, nessa operação, perde-se exatamente o conteúdo original das próprias experiências; o que resta é justamente o ecletismo de partida e o desejado mínimo denominador comum não pode ser senão o classicismo.

O comportamento de Burnham é, portanto, perfeitamente lógico; ele interpreta da única maneira possível as exigências de organização que nascem quando a cidade atingiu uma certa consistência, enquanto Sullivan permanece vinculado a uma colocação individualista, superada pelos acontecimentos.

O valor normativo do classicismo de Burnham pode ser visto claramente, considerando-se sua atividade urbanística. Em 1900, aniversário da transferência da capital para Washington, Burnham participa, com Frederick L. Olmsted (1822-1903), projetista do Central Park de Nova York, da comissão encarregada do ordenamento urbanístico da cidade e aconselha que se volte ao plano de L'Enfant, eliminando-se as irregularidades cometidas a seguir; depois estuda um plano para S. Francisco, porém seu trabalho é interrompido pelo terremoto de 1905, que induz a administração a abandonar todo projeto de grande fôlego; a partir de então, ele e seu associado E. Bennett dedicam todas as suas energias ao plano regulador de Chicago, promovido pela iniciativa da Câmara de Comércio.

A retícula uniforme da velha cidade estendeu-se de tal modo que algumas ruas retilíneas chegam a ter quarenta quilômetros de comprimento, e cumpre mais suas funções originárias. Burnham dá ao problema uma solução formalista, pois sobrepõe à retícula um sistema simétrico de novas ruas diagonais, constando de um semicírculo de quase trinta e dois quilômetros de diâmetro (Fig. 236); porém, por trás dessa solução surgem problemas complexos de circulação, de zoneamento, de distribuição dos edifícios públicos. Como no plano contemporâneo de Berlage para Amsterdã, não se sabe dar forma definida a essas exigências sem tomar de empréstimo as regras da perspectiva tradicional.

A importância dos problemas abordados por Burnham é demonstrada pela popularidade desta operação: W. Moody, diretor da Comissão do plano, prepara um opúsculo de explicações para as crianças de escola, que é distribuído em 1909, por ocasião da aprovação; organizam-se conferências e reuniões para discuti-lo, e chega a ser instituída uma festa especial, o Dia do Plano. [12]

Os dias da escola de Chicago estão agora distantes; está claro para todos que a cidade não pode mais

12. Ver P. LAVEDAN, *Histoire de l'urbanisme, époque contemporaine*, Paris, 1952, p. 250.

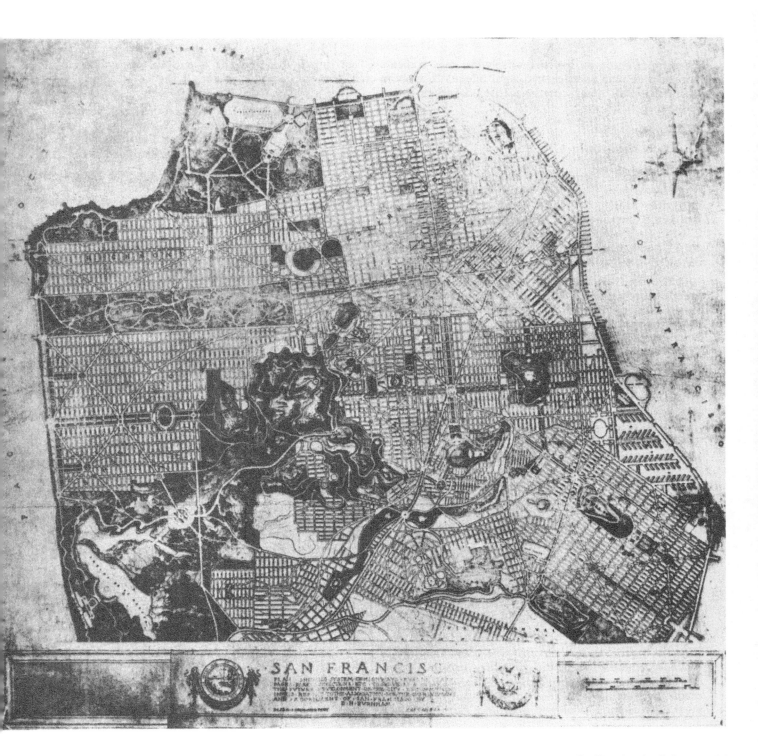

237. O plano de Burnham e Bennet para San Francisco (de Gréber, op. cit.).

crescer por força de iniciativas isoladas, mas somente por meio de uma coordenação geral adequada, embora os instrumentos dessa coordenação ainda sejam fracos e incertos.

2. Louis Sullivan

Em 1885, Henry H. Richardson (1838-1886) transfere-se para Chicago a fim de projetar os grandes magazines Marshall, Field & Co., que são inaugurados em 1887, um ano após sua morte prematura (Fig. 226). Esse edifício causa uma profunda impressão em L. Sullivan, que na época possui trinta anos, como ele mesmo conta, e decide sua vocação artística.

O valor que se dá hoje a Richardson depende em grande parte desse episódio, e do que escreveram Sullivan e Wright. Ele estuda em Paris de 1860 a 1865 e trabalha sobretudo em Boston, para a sociedade americana mais culta e atualizada; pertence à geração que começa sua atividade logo depois da guerra civil e que traz para os EUA um conhecimento de primeira mão da cultura artística européia: a geração de R. M. Hunt e de C. F. Mac Kim, ao qual se deve a Exposição do Centenário de Filadélfia, em 1876.

Richardson encontra na França, na corrente neo-românica de Léon Vaudoyer (1803-1872), uma linguagem facilmente adaptável à tradição da construção de Massachusetts, onde se realizam, desde a primeira metade do século XIX, paredes maciças em pedra sem polimento, pequenas aberturas isoladas ou reunidas ritmicamente, decorações em bossagem e simples contornos em relevo em volta de portas e janelas.[13] A referência aos modelos cultos, medievais, serve-lhe para conferir ordem e dignidade à tradição indígena, enquanto que a fidelidade aos métodos tradicionais e o gosto nativo pela pedra permitem-lhe dar maior animação aos esquemas estilísticos e obter, por vezes, efeitos de singular potência, sem, todavia, jamais sair do mundo cultural do ecletismo (Fig. 238).

Sua figura deveria ser estudada com maior objetividade, tendo-se presentes os limites de sua educação acadêmica, enquanto até hoje ela tem sido romanceada no sentido indicado por Sullivan; no estado atual dos estudos, achamos oportuno deixar de lado um juízo abarcante de toda sua obra, assinalando apenas sua intervenção em Chicago e as conseqüências sobre a escola local.

Também Sullivan, como Richardson, estuda em Paris de 1874 a 1876: em 1879 entra para o estúdio de D. Adler e, em 1881, torna-se sócio deste, iniciando uma colaboração que perdurará até 1895.

Adler é um homem prático, que concebe um edifício antes de tudo como um problema técnico e um assunto econômico. Wright descreve-o como "baixo e maciço como uma antiga igreja bizantina... Conseguia conquistar a confiança tanto de empresários, quanto de clientes, e sabia tratar a todos de modo magistral; erguia um empreiteiro como um mastim pode pegar um gato, e o deixava cair; alguns tinham o hábito de fortificar-se com um ou dois copos de bebida antes de ir falar com ele;"[14] Adler estima muito a Sullivan, que, pelo contrário, é "um homenzinho com um impecável terno marrom", apaixonado pela música e pela poesia (Wagner e Whitman são seus autores preferidos), também ele escritor e convicto de que deve fazer uma arquitetura completamente diferente da de seus contemporâneos, aos quais despreza, com exceção de Richardson e Root.[15]

As ambições de Sullivan traduzem-se, nos primeiros trabalhos como o Rotschild Building de 1881, em uma decoração desmedida em ferro gusa e em pedra esculpida. Em 1886, a firma Adler & Sullivan recebe o encargo de construir na Wabash Avenue um complexo de edifícios contendo um auditório, várias salas de reunião, um hotel e locais para escritórios (Figs. 239 e 240); entre os primeiros projetos e o projeto definitivo existe uma diferença marcada, que provavelmente se deve à influência do Marshall, Field & Co. Warehouse inaugurado em 1887.

Enquanto nos edifícios contemporâneos da escola de Chicago — como o Home Insurance de Le Baron Jenney — o verniz estilístico é extremamente tênue e as tentativas de dar às fachadas uma gradação de perspectiva passam quase despercebidas, de modo que ressalta em primeiro plano a uniformidade rítmica derivada da estrutura, o edifício de Richardson é uma composição perfeitamente graduada e terminada segundo os cânones tradicionais; os oito andares internos são envolvidos por um revestimento de paredes e

---

13. Alguns exemplos compreendidos entre 1832 e 1856 são publicados por S. GIEDION, op. cit., pp. 347-349; esse aspecto foi aprofundado por H. R. HITCHCOCK, *A Guide to Boston Architecture 1637-1954*, Nova York, 1954.

14. WRIGHT, F. L. *Io e l'architettura* cit., v. I, pp. 151 e 167.

15. WRIGHT, F. L. *Io e l'architettura* cit., v. I, pp. 142 e 161.

238. North Easton, Mass., detalhe da residência de F. L. Ames (H. H. Richardson).

reagrupados em quatro zonas mediante os grandes arcos que sabiamente tornam-se mais espessos no alto. Em relação às pesquisas da escola local, constitui um evidente passo para trás, mas é uma arquitetura larga, simples e perfeitamente resolvida, enquanto os edifícios que a circundam são fracos e plenos de desequilíbrios.

Sullivan entusiasma-se exatamente por essa integridade; assim, também ele, no Auditorium, emprega uma estrutura tradicional em alvenaria, completada por partes secundárias em ferro e agrupa as numerosas aberturas externas em uma malha arquitetônica mais larga, sublinhando a gradação vertical por meio do uso de um granito com saliências esboçadas nos três andares inferiores, e de arenito liso do quarto andar para cima; a decoração quase desapareceu, e a organização de perspectiva do edifício é obtida por uma oportuna disposição das massas e dos materiais. É o mesmo procedimento seguido no Walker Building quase contemporâneo (1888-1889), onde as lembranças richardsonianas são mais que nunca evidentes.

A partir de 1890, Sullivan estuda a aplicação de tais princípios de composição ao arranha-céu; a primeira tentativa, como atesta Wright, [16] é o Wainwright Building de St. Louis (1890-1891). A característica constitucional de um arranha-céu é possuir muitos andares iguais; com efeito, tirando-se um ou dois andares inferiores e o último, os intermediários são em tal número que não podem ser diferenciados em termos de perspectiva sem uma grave contradição estrutural, porém a possibilidade de dominá-lo arquitetonicamente com os meios já mencionados depende exatamente de superação do ritmo recorrente; ele pensa, assim, tratar toda a zona intermediária como um elemento unitário e, portanto, sublinhar as partições verticais, contrapor estas à zona da base e ao ático horizontais.

Nasce, assim, o verticalismo, que é típico dos arranha-céus de Sullivan. Em 1896, Sullivan faz uma exposição teórica desse método de projetar:

> Estou convencido de que, pelas leis da natureza, todo problema, em sua essência mais profunda, abrange e sugere sua própria solução. Examinemos, portanto, com acuidade, os vários elementos, deixando patente essa sugestão explícita. As condições práticas, em sentido lato, são estas: em primeiro lugar, é necessário um andar subterrâneo que contenha as caldeiras, as instalações de força, de aquecimento e de iluminação; segundo, o térreo destinado ao comércio, bancos e outras lojas para as quais são necessárias vastas áreas, luminosidade difusa e entrada fácil; terceiro, um segundo andar facilmente atingível por meio de escadas, normalmente com grandes subdivisões, abundante em espaço estrutural, grandes superfícies envidraçadas e amplas aberturas externas; quarto, um número indefinido de andares em cima desse, constituído por escritórios sobrepostos, uma fila em cima de outra, cada escritório igual a todos os demais...; por último, em cima, um espaço ou um andar, de natureza simplesmente fisiológica em relação à vida e à utilidade da estrutura: o ático; nele, o sistema de circulação se conclui e completa seu importante giro ascensional e descensional... O ritmo horizontal e vertical baseia-se naturalmente em um local — a unidade de escritório — bastante amplo e alto para ser confortável, e sua dimensão, do mesmo modo que determina antecipadamente a unidade estrutural normal, determina aproximadamente a amplidão das janelas... Resulta inevitavelmente, e da maneira mais simples, que assim seja delineado o exterior de uma construção de vários andares. Comecemos pelo primeiro: nele colocamos uma entrada principal que chame muito a atenção, e tratamos o resto do andar com maior ou menor liberalidade, expansividade, fausto, baseando-nos exatamente nas necessidades práticas, porém expressando-nos com um senso de amplidão e liberdade. Tratamos da mesma maneira o segundo andar, mas geralmente com exigências mais moderadas. Em cima, para o número indeterminado de filas de escritórios, inspiramo-nos na célula singular, para a qual é necessário uma janela, uma entrada e uma arquitrave, e, sem preocupar-nos com outra coisa, damos a todos o mesmo aspecto porque todos têm a mesma função. Eis-nos então no ático, o qual — não estando subdividido em células-escritório e não requerendo uma iluminação especial — por sua vasta extensão de paredes, por seu peso e por seu caráter dominante —, permite-nos colocar em evidência o fato de que as filas de escritórios em série estão definitivamente terminadas, e o ático é, por sua natureza, específico e conclusivo. Tal será, então, sua função em relação à força, ao significado, à continuidade e à terminação da forma externa... Devemos agora prestar muita atenção ao império da voz emotiva: qual é a característica principal do edifício de vários andares? e logo respondemos: a grandiosidade. Essa grandiosidade constitui seu aspecto palpitante aos olhos de quem possui natureza de artista, é a nota mais profunda e explícita da sedução que exerce o edifício de vários andares. Deve ser, por sua vez, a nota dominante do modo como se expressa o artista, o verdadeiro fator de excitação de sua fantasia. O edifício deve ser alto. Deve possuir a força e a potência da altura, a glória e o orgulho da exaltação [17] (Fig. 241).

Sullivan demonstra ter confiança em que a composição em perspectiva seja um fato natural, portanto sempre harmonizável com a natureza funcional do

---

16. WRIGHT, F. L. *Architettura e democrazia* cit., p. 110.

17. SULLIVAN, L. "Considerazioni sull'arte degli edifici alti per uffici". Artigo publicado na *Lippincott's Magazine*, mar. 1896. Trad. it., em *Casabella*, n. 204 (1954), p. 14.

239, 240. Chicago, o Auditorium (Adler & Sullivan, 1887).
241. Buffalo, Guarantee Building (L. Sullivan, 1895).
242. Grennel, Iowa, Merchants National Bank (L. Sullivan, 1914).

tema;. parece que ele pensa em uma arquitetura regulada pelas necessidades objetivas, deixando à fantasia somente a tarefa de acentuar subjetivamente os caracteres fundamentais do edifício. Contudo, aprofundando mais o assunto, ele adverte que sua descrição teórica leva-o em direção a uma expressão arquitetônica inédita, enquanto que o ritmo recorrente dos andares típicos, todos iguais, não é compatível com a composição fechada, resolvida em uma oposição entre base, zona intermediária e ático. Assim, ao projetar o magazine Carson, Pirie & Scott — construído entre 1899 e 1904 — Sullivan é induzido a sublinhar justamente o ritmo das janelas todas iguais nos seis andares típicos, limitando-se a fazer o último andar mais baixo, com as juntas recuadas (na execução, foram acrescentados três andares, e Sullivan, talvez não admitindo um ritmo uniforme para nove andares, faz sete iguais e dois ligeiramente mais baixos, a fim de preparar o ático recuado; mais tarde, Burnham & Co., projetando em 1906 a ampliação do edifício pela State Street, abole o ático, tratando os últimos três andares do mesmo modo, enquanto nos recentes trabalhos de reforma no acabamento essa simplificação foi estendida a todo o edifício). Aqui, a estrutura reticular interna projeta-se tranqüilamente para o exterior, sem qualquer violência horizontal ou vertical, e, estando mais frouxos os relacionamentos de massa, uma abundante decoração intervém, como nos trabalhos de juventude, para distinguir a zona de base do corpo do edifício.

Como foi observado várias vezes, a linguagem arquitetônica de Sullivan é muito variável entre uma obra e outra; não se poderia dizer, à primeira vista, que o autor do Wainwright seja o mesmo do Carson, Pirie & Scott. O fio condutor encontra-se, antes, no pensamento teórico; ele é guiado, em sua pesquisa, por uma excepcional lucidez de espírito, porém a passagem da teoria à prática está gravada por uma incerteza fundamental, que constitui, em última análise, a razão de seu fracasso profissional.

Ele adverte, com a mesma clareza de Morris, que a arquitetura é condicionada pelo tipo de organização técnica, social e econômica sobre a qual surge:

A arquitetura não é uma simples arte a ser exercida com maior ou menor êxito: é uma manifestação social. Se desejamos conhecer por que certas coisas são como são, em nossa arquitetura, devemos olhar para o povo; porque nossos edifícios, em seu conjunto, são uma imagem de nosso povo, se bem que, de um em um, sejam a imagem individual daqueles aos quais, como classe, o povo delegou e confiou seu poder de construir. Por tal razão, sob tal luz, o estudo crítico da arquitetura torna-se, na realidade, um estudo sobre as condições sociais que a produzem. [18]

Sullivan, contudo, possui um conceito tradicional de sociedade, baseada na personificação de certas idéias de liberdade, de democracia e de iniciativa individual; esse conceito exige um esforço de representação, mas não impele Sullivan a agir no sentido de uma transformação da sociedade existente, como faz Morris; com sua habitual lucidez ele entrevê essa limitação e escreve:

Não é meu propósito discutir as condições sociais; aceito-as como um fato e digo desde logo que o projeto da construção alta para uso de escritórios deve ser tomado em consideração e enfrentando desde o início como um problema a ser resolvido: um problema vital, que clama por uma solução vital. [19]

Partindo dessa posição intelectualista e substancialmente evasiva, Sullivan critica asperamente as contradições da escola de Chicago, porém supõe que cada um dos problemas abordados possa ser resolvido no plano das idéias, portanto por meio de um esforço individual; a solução para um problema cultural deveria poder ser "encontrada", tal como a lâmpada elétrica foi "encontrada" por Edison, e, uma vez pensada, deveria estar pronta para entrar na realidade sem ulteriores mediações. Enquanto a sociedade conforma-se ao conceito teórico que ele se fez, e comporta-se, ao menos em parte, segundo seus mesmos ideais, a passagem defeituosa entre teoria e prática pode ser dissimulada e a posição de Sullivan funciona; contudo, quando a sociedade em que ele trabalha muda de comportamento, sob o impulso de exigências que o sistema ideológico de Sullivan não está adaptado para acolher, ele se encontra subitamente isolado.

Desfeita em 1895 a sociedade com Adler e terminados em 1903 os trabalhos do Carson, Pirie & Scott, a carreira de Sullivan declina; sobrevive por outros vinte anos, quase esquecido, e recebe poucas

18. SULLIVAN, L. *Kindergarten Chats*. Lawrence, 1934. p. 8.

19. Cit. em H. D. DUNCAN, "Attualità di Louis Sullivan", em *Casabella*, n. 204 (1954), p. 7.

243. Chicago, vista do magazine Carson, Pirie & Scott (L. Sullivan, 1899).

encomendas para edifícios de menor importância, sobretudo pequenos bancos nos centros rurais — em Grinnel, Iowa (1914) (Fig. 242), em Sydney, Ohio (1917), em Columbus, Wisconsin (1919) — onde prossegue uma sutil pesquisa decorativa, cada vez mais refinada. O outro modo de evasão é a pena: de 1901 a 1902, publica em capítulos, no *Interstate Architects & Builders,* o primeiro escrito sistemático, "Kindergarten Chats"; de 1922 a 1923, publica no *Journal of the American Institute of Architects,* sempre em capítulos, "The Autobiography of an Idea", que surge sob a forma de livro em 1924; o último livro, *A System of Architectural Ornament according with a Philosophy of Man's Power,* também é publicado em 1924, ano de sua morte.

A situação de Sullivan em relação à sociedade é, em parte, análoga à de muitos arquitetos europeus que trabalham depois de 1890, e pode-se usar, para descrevê-la, o mesmo termo de vanguarda que será usado nos próximos capítulos; nos EUA, essa situação verifica-se com aproximadamente uma década de antecipação, e em condições de particular tensão cultural. A experiência é concluída com uma derrota veemente, e Sullivan paga por isso pessoalmente; o drama cultural transforma-se em um drama pessoal.

3. O exórdio de Frank L. Wright

Frank Lloyd Wright (1869-1959) entra com dezoito anos para o estúdio de Adler & Sullivan em 1887, enquanto se desenvolve o projeto do Auditorium de Chicago, e colabora com eles até 1893; enquanto ainda é empregado, começa a projetar por sua conta e, em 1893, abre seu estúdio pessoal no último andar do Garrick Building de Chicago. Começa, assim, a carreira mais extraordinária que teve um arquiteto de nosso tempo; morreu com noventa anos, construiu mais de trezentos edifícios e influenciou duradouramente ao menos três gerações de arquitetos.

Tratando-se de uma personalidade que cobre todo o período em que se forma e desenvolve o movimento moderno, tornaremos a falar mais vezes de Wright durante nosso relato; todavia, a fim de prestar contas dos caracteres que tornam unitária sua longa produção convém levar em consideração sua formação no ambiente de Chicago, uma vez que sua figura somente é compreensível em relação a essa experiência cultural.

Wright fala com afeto e reconhecimento de Sullivan e de Adler, mas também com um certo distanciamento; ele tem, desde o começo, as mesmas ambições de Sullivan, de criar uma arquitetura nova, independente dos estilos tradicionais e aderente à vida moderna; não sente, contudo, nem as inquietações nem as dificuldades que Sullivan prova em sua tentativa de interpretar a realidade específica da vida de Chicago, e considera-as, antes, como fraquezas e sentimentalismos. [20]

Com efeito, desde o princípio, os termos abstratos que servem a Sullivan para descrever a sociedade de seu tempo ou para formular os problemas arquitetônicos, são, para Wright, realidades certas e indiscutíveis (nessa diferença de colocação provavelmente têm um certo peso os dois anos passados por Sullivan em Paris, os quais o carregaram de uma dose de noções convencionais, mas o deixaram com um hábito crítico e uma certa faculdade de duvidar, enquanto Wright não sente dúvidas); Wright está assim abrigado de qualquer fracasso, como aquele com que se choca Sullivan depois de 1893, porque está comprometido, não com uma situação histórica real, mas imaginada. [21]

Ele pensa que, além das determinações históricas concretas, existe um estado de natural, um aspecto genuíno da vida, que normalmente encontra-se escondido e contaminado pelas imposições e coações externas; Wright descreve-o por vezes em termos genéricos (por exemplo: "sua característica suprema chama-se iniciativa. Quando a iniciativa individual é forte e operante, a vida jorra copiosa e se realiza"), [22] por vezes considera-o como uma característica do genuíno espírito americano. Aderindo a esse núcleo vital, pode nascer uma arquitetura finalmente liberta de todo conformismo e de todo sistema normativo; o adjetivo "orgânico" aplica-se a toda forma de organização em que se leve em conta esse princípio, portanto aplica-se à sociedade e à arquitetura, que se correspondem intimamente:

Arquitetura orgânica quer dizer mais ou menos sociedade orgânica. Uma arquitetura que se inspira nesse ideal não pode reconhecer as leis impostas pelo esteticismo ou pelo simples gosto, assim como uma sociedade orgânica deveria refutar as imposições externas à vida e contrastantes com a

---

20. WRIGHT, F. L. *Io e l'architettura* cit., v. I, p. 162.
21. Até mesmo os Estados Unidos, que são considerados por Wright como a pátria da arquitetura orgânica, são um lugar idealizado, ao qual ele gosta de chamar com um nome especial, "Usonia", de acordo com S. BUTLER; ver F. L. WRIGHT. *Architettura organica* (1939), trad. it., Milão, 1945. p. 105.
22. WRIGHT. F. L. *Io e l'architettura* cit., v. III, p. 849.

244. Detalhe do Carson, Pirie & Scott.

245. Vista da Exposição Colombiana de Chicago de 1893.

natureza e com o caráter do homem, que encontrou seu trabalho e o lugar onde pode ser feliz e útil, em uma forma de existência adaptada a ele. [23]

Tal como os liberais do século XVIII definiam seu sistema político e econômico sobretudo em termos negativos, enquanto libertação do velho sistema de regras e de limitações, assim Wright fala de sua arquitetura sobretudo em frases negativas, como "independência de toda imposição externa, venha ela de onde vier; independência de todo classicismo — velho e novo — e de toda devoção aos 'clássicos'; independência de todo *standard* comercial ou acadêmico que ponha 'a vida em uma encruzilhada' " [24] e encontra infinitos modos para qualificar aquilo que não quer: o classicismo, o eixo maior e o eixo menor, as cinqüenta e sete variedades, a cornija, a cúpula, o arranha-céu etc. Ele mesmo talvez perceba esse componente de sua cultura quando fala de "liberalismo artístico". [25]

De nada adianta discutir essas afirmações teóricas, dotadas de uma qualidade abstrata setecentista. É importante, pelo contrário, levá-las em consideração enquanto um esclarecimento de sua posição de projetista; com efeito, colocando-se previamente a coberto de todo empenho concreto em relação aos problemas da sociedade moderna, Wright pode enfrentar qualquer tema como uma oportunidade para exercitar seus dotes individuais e dar uma solução formalmente perfeita.

Dessa maneira, ele pode, tal como um antigo mestre, educar sua capacidade de projetar e de prever os efeitos espaciais das formas projetadas em uma medida muito superior à de qualquer outro arquiteto de nosso tempo; o discurso sobre Wright deve ser deslocado para o terreno formal, e somente nesses termos é que se pode caracterizar adequadamente sua atividade; como diz Zevi, "o único tema sério de discussão sobre Wright é o tema de sua concepção espacial". [26]

O caso de Wright pode ser enquadrado, além dos contrastes polêmicos, na maré de revisão formalística que dispersa a escola de Chicago após a Exposição Colombiana; não é pura coincidência que Wright comece justamente então sua atividade.

A escola de Chicago havia começado, com muita antecedência em relação à Europa, a recolocação de alguns problemas fundamentais da arquitetura, segundo as exigências de um moderno centro industrial; estando esse episódio ligado a algumas circunstâncias especiais, a experiência da escola de Chicago é falha quando as circunstâncias se modificam; então, também o debate cultural descamba para o plano formal. Burnham e a maior parte dos arquitetos de Chicago escolhem o neoclassicismo e propõem essa linguagem, já examinada em todas as suas conseqüências, à nova classe dirigente; Wright e alguns outros, (G. Elmslie, B. Griffin) pelo contrário, escolhem um ilimitado experimentalismo anticlássico e procuram a ocasião para exercê-lo à margem do mundo dos negócios e da construção oficial.

Produz-se, dessa forma, uma divisão entre maioria conformista e minoria não conformista, quase análoga à que ocorre na Europa nos mesmos anos, porém com uma diferença importante: o ambiente americano é infinitamente mais vasto e mais variado e cada uma das partes encontra rapidamente seu lugar. Assim, as duas experiências seguem seu curso independentemente, com poucas oportunidades de confronto, e são muito menos solicitadas a sair dos respectivos limites, superando os termos convencionais da polêmica.

A primeira parte da atividade de Wright, até 1910, compreende numerosas casas residenciais para famílias únicas, as chamadas *prairie houses* (Figs. 246-249), poucos edifícios de outro gênero, dentre os quais um importante edifício para escritórios (o Larkin Building de Buffalo, de 1905) e uma igreja, o Unity Temple em Oak Park, de 1906 (Fig. 253). Como já foi observado, o ponto de partida de tais experiências é mais Richardson do que Sullivan, ou o Sullivan do primeiro período, do Auditorium, pela insistência na diferenciação em perspectiva dos elementos e a estreita associação entre decorações e materiais naturais; no Larkin, além disso, existe um gosto pelos efeitos sensacionais de massa e por uma decoração larga, que movimenta toda a construção, bem diversa das pequenas incrustações aplicadas aos edifícios da escola de Chicago.

A diferença principal, contudo, não se encontra nas preferências formais, mas na segurança e sistematicidade da invenção, para a qual as várias contribuições estilísticas fundem-se e organizam-se em uma linguagem fluida e fortemente individuada. O ato de projetar de Sullivan e seus contemporâneos é quase sempre cansativo, hesitante, pelos obstáculos dos conflitos não resolvidos entre as várias exigências aborda-

---

23. WRIGHT, F. L. *Architettura organica* cit., p. 27.
24. WRIGHT, F. L. *Architettura organica* cit., p. 43.
25. WRIGHT, F. L. *Architettura e democrazia* cit., p. 36.
26. ZEVI, B. *F. L. Wright*. Milão, 1947, p. 12.

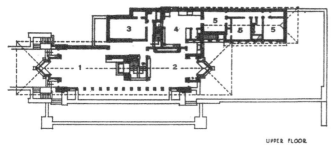
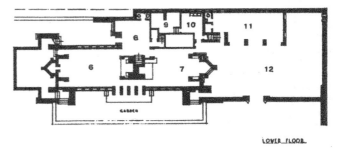

246, 247. Oak Park, Casa Robie (F. L. Wright, 1009).

1. sala de estar
2. sala de jantar
3. quarto de hóspedes
4. cozinha
5. quartos de serviço
6. sala de bilhar
7. sala de jogos para as crianças
8. vestíbulo
9. aquecimento
10. lavanderia
11. garagens
12. pátio

257

das; os projetos de Wright nascem, ao contrário, de uma só vez, com feliz desenvoltura, porque as exigências são previamente selecionadas e tomadas como elementos de uma pesquisa pessoal.

O próprio Wright, em 1930, descreve da seguinte maneira os pontos principais do programa arquitetônico desenvolvido nas *prairie houses*:

Primeiro — reduzir ao mínimo indispensável as paredes divisórias, criando um ambiente circunscrito, distribuído de modo que ar, luz e vista permeiem o conjunto de uma sensação de unidade;

segundo — harmonizar o edifício com o ambiente externo, estendendo e acentuando os planos paralelos ao solo, mas deixando livre a melhor parte do local para empregá-la juntamente com a vida da casa; descobriu-se que extensas superfícies horizontais eram eficazes para as finalidades desse emprego conjunto;

terceiro — eliminar a concepção dos cômodos e da casa como caixas e tratar as paredes, ao contrário, como elementos de fechamento de modo que formem um único recinto, conservando apenas as subdivisões menores. Dar à casa proporções mais livremente humanas, ocupando menos espaço com a estrutura e adaptando-a aos materiais, tornando dessa maneira a casa mais habitável, ou melhor, mais liberal. Longas linhas retas e ininterruptas seriam muito oportunas;

quarto — encaixar as bases inteiramente acima do nível do terreno, de modo que as fundações pareçam uma plataforma baixa em alvenaria sobre a qual se ergue o edifício;

quinto — dar a todas as aberturas internas e externas proporções lógicas e humanas, e fazer com que as mesmas se encaixem naturalmente, isoladas ou em série, no esquema de todo o edifício. Normalmente, pareciam paredes leves, porque toda a "arquitetura" da casa consistia principalmente no modo de dispor essas aberturas nas paredes que encerravam os cômodos como paredes de fechamento. O *cômodo*, transformado em expressão arquitetônica essencial, não admitia buracos talhados nas paredes como se talham buracos nas caixas, porque isso não concordava com o ideal "plástico". Talhar buracos é violento;

sexto — eliminar combinações de materiais diversos, usando, tanto quanto possível, um único material; não aplicar ornamentos que não se originem da própria natureza dos materiais e que não contribuam para tornar o edifício mais nitidamente expressivo de sua função, e para dar ao conceito do edifício uma ênfase reveladora. As linhas geométricas ou retas eram naturais à maquinaria então empregada na construção, portanto os interiores adquiriram naturalmente essa característica;

sétimo — incorporar instalações de aquecimento, iluminação e encanamentos como parte integrante do edifício. Esses elementos de serviço tornavam-se arquitetônicos, enquadrando-se no ideal de uma arquitetura orgânica;

oitavo — incorporar, tanto quanto possível, o mobiliário como arquitetura orgânica, fazendo parte do edifício e sendo projetado em modelos simples para ser trabalhado a máquina. De novo linhas retas e formas retilíneas;

nono — eliminar o decorador, tudo que for curvas e eflorescências, se não tudo que for "época". [27]

Examinando as casas construídas até 1910 sob a luz de tais indicações, encontram-se arquiteturas muito diversas e desconcertadas. Algumas são verdadeiras obras-primas, conduzidas com espantosa habilidade (a casa Hickox de Kankakee, Illinois, de 1900; a casa Wallitts em Highland Park, de 1902; a casa Coonley em Riverside, de 1908; a casa Robie em Chicago, 1909) (Figs. 246, 247 e 252); outras são obras desregradas e palidamente forçadas (a casa Moore em Chicago, 1895 — Figs. 248 e 249 —; a casa Dana em Springfield, 1903), onde o controle do projetista parece estar ausente ou reduzido a uma curiosidade momentânea por engenhosos experimentos combinatórios, por vezes utilizando os ingredientes estilísticos tradicionais sem o mínimo acanhamento (como na casa Blossom em Chicago, 1892, e na casa Husser de 1899).

Tais descontinuidades podem ser devidas à abundância da produção de Wright e ao pouco tempo que pôde aparentemente dedicar a cada projeto, porém indicam em que sentido se orienta o empenho de Wright em relação a seus edifícios; quando usa certas formas, ele não se preocupa com que os resultados possam ser somados aos precedentes ou possam ser transmitidos a outros, portanto, possam ser desvinculados da intenção particular com que então são realizados. Seu interesse exaure-se freqüentemente em uma única experiência; mesmo nas melhores obras, existe uma espécie de distanciamento, de indiferença pelas soluções usadas, nem sempre compensada pela espontaneidade e pelo frescor da idealização.

Nesse período, Wright compõe seu primeiro escrito teórico: é o texto de uma conferência pronunciada em 1903 na Hull House de Chicago, intitulada *Arte e função da máquina*. Pevsner [28] coloca esse escrito juntamente com os de Loos e Van de Velde, na linha de pensamento que promove a colaboração entre arte e indústria; Wright, manifesta igualmente uma adesão ao espírito da máquina ainda mais integral do que a dos europeus: porém os termos da polêmica européia possuem para ele um significado bem dife-

27. WRIGHT, F. L. *Architettura e democrazia* cit., pp. 97-98.
28. PEVSNER, N. *I pionieri del movimento moderno da William Morris a Walter Gropius* (1936). Trad. it., Milão, 1945, pp. 14-15.

rente. A indústria e a máquina interessam-lhe sobretudo como meios para diminuir o atrito entre matéria e criação, e para tornar o mais direto e perfeito possível o domínio do projetista; por tal razão, considera-as de modo unicamente instrumental, sem colocar-se o problema da produção de massa e das novas responsabilidades culturais que delas derivam, porque encara a máquina em abstrato, como ingrediente de um processo ideal que é, de fato, realizado em forma individual em sua experiência pessoal.

Em 1909, o crítico de arte K. Francke, professor de Harvard, propõe a Wright que se transfira para a Alemanha; logo depois, talvez por sugestão de Francke, o editor berlinense Wasmuth propõe-lhe publicar uma monografia sobre suas obras. Em 1910, Wright vai para a Europa, prepara uma mostra de seus projetos em Berlim e o material para a publicação de Wasmuth. Nessa viagem, Wright trava conhecimento, pela primeira vez, com os monumentos antigos da Europa e com as obras dos arquitetos europeus de vanguarda: fica especialmente impressionado com os austríacos Wagner e Olbrich. [29]

De volta aos EUA, seu repertório enriquece-se com novos elementos; em 1911, começa a construir sua residência de Taliesin, no Wisconsin, e, em 1914, os Midway Gardens de Chicago, onde utiliza as contribuições européias, absorvendo-as sem resíduos em seu modo de projetar; de 1916 a 1922, reside por longos períodos no Japão, onde constrói o Hotel Imperial de Tóquio.

Depois da permanência no Japão, a produção de Wright torna-se mais rara e sua fama diminui, mas depois de 1930 o mestre torna a projetar com juvenil abundância. Desde então, sua atividade não conhece paradas e é seguida com atenção em todo o mundo

Essa excepcional capacidade de renovar-se é o testemunho prático do ideal arquitetônico ao qual adere Wright, desde o princípio. Ele deseja fazer uma arquitetura subtraída aos acontecimentos contingentes, fundada em necessidades permanentes do homem e, portanto, capaz de resistir ao futuro:

> Nenhum ideal parece ter tido força ou beleza suficiente para *resistir* às leis fatais do devir, em qualquer de suas múltiplas manifestações, que aconteceram em uma sucessão de obras e de negações. A Beleza não parece ter jamais tido grande significado por muito tempo... Creio que chegou o momento em que a Beleza, porque íntegra, deva ter um significado superior, não somente para nossos dias, mas para todos os tempos. [30]

Fixado nessa posição, Wright está ao abrigo de toda mutação das circunstâncias e pode utilizar qualquer nova sugestão, tomando-a como referência ocasional. Na arquitetura dos mestres europeus, ele vê somente um novo estilo, "a 58ª variedade"; [31] por vezes, utiliza os elementos da linguagem européia, mas está com a razão quando distingue claramente sua obra da dos arquitetos de ultramar; com efeito, esses elementos são colhidos, prescindindo-se efetivamente de sua função cultural originária e são tomados na linguagem wrightiana sem perturbar nem um pouco seu equilíbrio autônomo.

Sobre Wright pesa uma espécie de mito que se deve em igual medida a seus admiradores e a seus adversários; supõe-se que ele traz uma mensagem que deve ser acolhida ou combatida, ou seja, a "arquitetura orgânica", que é considerada como uma alternativa ao movimento moderno ou como uma tendência interna, contraposta à "arquitetura racional". Vários autores americanos, desenvolvendo uma tese do próprio Wright, identificam o "orgânico" com o "americano", e consideram Wright como o expoente da arquitetura do Novo Mundo, contrapondo-o ao movimento europeu.

Esse mito é sobretudo de origem literária (é interessante notar que os literatos e os estudiosos de arte antiga encontram-se mais à vontade com Wright do que com outros mestres contemporâneos, porque ele é um artista no sentido tradicional e é mais fácil fazer fazer uma transposição literária de sua obra), e deve ser removido com resolução, porque torna incompreensível tanto Wright quanto o movimento moderno, enquanto impede de avaliar convenientemente a contribuição daquele ao próprio movimento, a qual não se encontra em uma mensagem abstrata, mas em uma série de contatos reais historicamente determinados: a viagem à Europa em 1910, seu testemunho polêmico de 1925 em diante, face à confusão do *international style*, seu poder de sugestão sobre a geração que se inicia depois da Segunda Guerra Mundial.

Wright, segundo ele mesmo, está distante dos interesses do movimento moderno e não está disposto a abandonar a posição individualista e marginal que a tradição atribui aos artistas; ele concebe a arquitetura como representação ideal do mundo, à moda antiga,

---

29. WRIGHT, F. L. *Architettura e democrazia* cit., p. 43.
30. WRIGHT, F. L. *Architettura organica* cit., pp. 28-30.
31. WRIGHT, F. L. *Architettura organica* cit., p. 43.

248, 249. Oak Park, duas vistas da Casa Moore (F. L. Wright, 1895).

e, por tal razão, transfere os problemas da sociedade contemporânea para uma natureza imaginária, onde eles podem ser dominados como puros quesitos formais.

Esse assunto insere-se bem no ambiente americano entre 1890 e 1910, onde existe uma classe média bastante numerosa que partilha tanto do entusiasmo, quanto da abstração iluminista de Wright — esse é, com efeito, o momento feliz da produção wrightiana —, porém as transformações em curso na sociedade americana, especialmente depois de 1930, tornam esse assunto sempre mais desatualizado. Assim, a experiência de Wright fecha-se progressivamente em si mesma, transforma-se em um fato pessoal; ele pode permanecer fiel a sua inspiração somente mantendo-se em uma posição de destaque e construindo em torno de Taliesin um ambiente que é a projeção direta de sua personalidade; em sua longa carreira, jamais fez um projeto em colaboração com outros, nem participou de qualquer concurso, nem aceitou inscrever-se em qualquer associação profissional ou misturar seu nome, de qualquer maneira, ao dos mortais comuns.

Truncando toda relação direta, ele, contudo, ampliou desmesuradamente sua influência indireta, e os edifícios por ele projetados têm servido como termo de comparação para as experiências de todos os arquitetos contemporâneos. Por esse caminho, sua contribuição à formação do movimento moderno é decisiva: tendo começado a trabalhar na última década do século XIX e tendo removido antecipadamente, embora a título pessoal, as dificuldades que formam a resistência à formação de uma nova linguagem, ele atinge, muito antes dos mestres europeus, uma extraordinária liberdade nas escolhas formais, a qual se torna assim um ponto de referência precioso para a pesquisa em curso.

Quer a sorte que sua obra seja difundida na Europa justamente em 1910, quando é mais viva a exigência de contribuições formais liberadoras que ajudam a destruir a secular associação entre cultura clássica e prática de construção; nesse momento, o conhecimento de Wright é, por certo, uma das causas próximas que imprimem à cultura européia sua reviravolta decisiva.

Os protagonistas do movimento moderno mais de uma vez reconheceram essa função do mestre americano. Escreve Oud:

Dada a confusão de opiniões que, depois da excessiva segurança das gerações precedentes, fazia de cada solicitação razoável um problema que agia como um golpe de açoite nos nervos, Wright, quando foi conhecido a fundo, não pôde deixar de surgir como uma revelação. Livre de toda preciosidade de detalhe, dotada de uma linguagem própria, apesar das peculiaridades exóticas, e fascinante, não obstante a simplicidade dos motivos, a obra de Wright convenceu desde o princípio. Era tão sólida sua estrutura, apesar de toda sua elasticidade, graças à qual as massas pareciam ter crescido juntamente com o terreno, era tão natural a interferência dos elementos figurativos transmutantes como em uma tela de cinema, era tão racional e aparentemente fácil a distribuição dos espaços, que não surgiam dúvidas quanto à inevitabilidade de tal linguagem também para nós; funcionalidade e conforto estavam esplendidamente sintetizados da única maneira possível em nosso tempo. [32]

E Mies van der Rohe:

Quanto mais mergulhávamos no estudo de suas criações, mais crescia nossa admiração por esse incomparável talento, pela coragem de suas concepções, pela independência de seu pensamento e de sua ação. O impulso dinâmico que emanou de seu exemplo revigorou toda uma geração. Sua influência foi profundamente sentida mesmo quando não era patente. Depois desse primeiro encontro, acompanhamos o desenvolvimento desse homem incomum com olhar vigilante, assistimos com espanto ao exuberante desdobramento dos dotes esplêndidos desse privilegiado pela natureza. Por seu poder sempre crescente, ele assemelha-se a uma árvore gigantesca que, em uma vasta paisagem, adquire a cada ano que passa uma coroa mais nobre. [33]

---

32. OUD, J. P. *Hollandische Architektur*. Munique, 1926. Cit. em B. ZEVI, *Storia dell'architettura moderna*, Turim, 1955, pp. 465-466.

33. Relatado em P. JOHNSON, *Mies van der Rohe*, Nova York, 1947, p. 196.

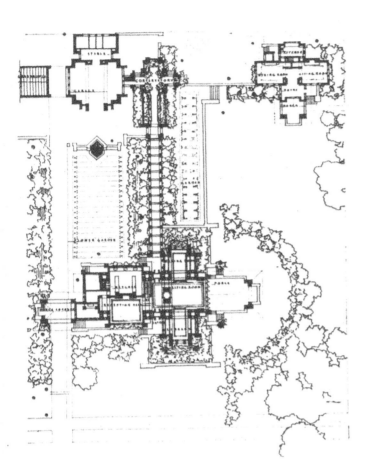 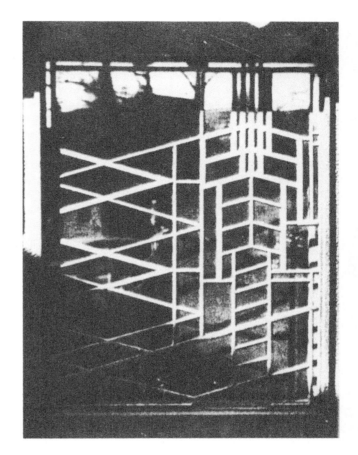

250, 251. Buffalo, Casa Martin (F. L. Wright, 1904) e Oak Park, Casa Fricke (F. L. Wright, 1902).
252, 253. Oak Park, um detalhe da Casa Robie e da Unity Church (F. L. Wright, 1906).

QUARTA PARTE:

**OS MOVIMENTOS DE VANGUARDA
EUROPEUS DE 1890 A 1914**

254. V. Van Gogh, *Ciprestes no céu noturno*, 1890.

INTRODUÇÃO

POR volta de 1890, a cultura artística tradicional entra rapidamente em crise. O esforço de manter juntas as várias experiências arquitetônicas dentro da moldura do historicismo, deteriorada e forçada em todos os sentidos, está prestes a desaparecer, enquanto os motivos para uma renovação da arquitetura — de ordem técnica, como os progressos na construção, e de ordem cultural, como as solicitações do movimento Arts and Crafts — cresceram o suficiente para investir no problema geral da linguagem e para propor uma alternativa coerente para a sujeição aos estilos históricos.

Essa passagem ocorre exatamente no último decênio do século XIX e põe em movimento a cultura arquitetônica, pela primeira vez após muito tempo, em seu conjunto, não em setores isolados. Esse é um período de excepcional alacridade no campo teórico e prático: idéias e experiências sempre mais audaciosas sucedem-se a breves intervalos de tempo, atenuando ou eliminando do repertório arquitetônico os usuais pontos de referência estilísticos e transformando repetidamente o repertório assim renovado.

Caso por caso, falaremos dos motivos próximos que determinaram as várias experiências. Convém, por enquanto, levar em consideração os motivos remotos e gerais, que podem ser resumidos em quatro grupos.

1. As novas teorias sobre a arte

Os acontecimentos do debate filosófico interessam somente de modo indireto à nossa história, e as observações que serão feitas não dizem respeito ao significado teórico dos vários desenvolvimentos — significado esse que é inteligível apenas em relação às teorias precedentes —, mas sim a certas tendências comuns, que indicam uma posição modificada para com os problemas da arte contemporânea.

Perdida a fé nos grandes sistemas idealistas, onde os traços distintivos da arte se esmaeciam nas altas esferas da dialética, um grupo de filósofos alemães objetiva construir uma teoria mais aderente à singularidade da experiência artística, lançando mão em parte do formalismo herbartiano. Dentre estes, M. Schasler [1] faz uma distinção nítida entre o belo da natureza e o belo artístico, que possui uma relação necessária com o feio, e E. Hartmann [2] vale-se do feio para distinguir entre si as várias categorias do belo. Pelos exemplos tomados, vê-se que esses escritores associam o "belo" com os preceitos da tradição clássica, e o "feio" com a ruptura daqueles preceitos; eles testemunham, assim, que o interesse foi deslocado para novas combinações formais, diversas das tradicionais.

Os positivistas como C. G. Allen, [3] G. T. Fechner, [4] M. Guyau, [5] com suas tentativas de estéticas fisiológicas, experimentais e sociológicas, chamam a atenção para as relações entre a Arte e as Ciências Naturais e Sociais, e evidenciam a inadequação das antigas regras artísticas, confrontando-as com as novi-

---

1. SCHASLER, M. *Aesthetik*. Leipzig, 1886.
2. HARTMANN, E. *Philosophie des Schönen*. Leipzig, 1890.
3. ALLEN, C. G. *Physiological Aesthetics*. Londres, 1877.
4. FECHNER, G. T. *Vorschule der Aesthetik*. 1876.
5. GUYAU, M. *L'art du point de vue sociologique*. Paris, 1889.

dades introduzidas pelos cientistas; E. Grosse [6] propõe-se fazer uma espécie de história natural da Arte, estudando as manifestações dos vários povos e especialmente dos primitivos, e, assim, amplia o campo tradicional da cultura artística, preparando a reavaliação da arte exótica e arcaica.

O mais importante dos teóricos dessa época é K. Fiedler, que publica seu ensaio sobre a origem da Arte em 1887, [7] em um momento crucial do debate sobre a arte moderna.

Fiedler coloca uma antinomia decisiva entre beleza e Arte; a primeira diz respeito ao prazer que certas imagens nos provocam, pode provir indiferentemente dos objetos naturais e artísticos, e está confinada à esfera prática; "ter inclinação para a beleza parece efetivamente algo de muito elevado, enquanto o fato não se coloca muito acima de todos os hábitos banais do homem, que se originam simplesmente da intenção de tornar prazenteira a vida. No fundo, o belo e o bom deixam-se reduzir ao agradável e ao útil"; [8] a arte, por sua vez, "eleva a intuição sensível à consciência, e seu efeito principal encontra-se na forma característica de conhecimento que é por ela oferecida", [9] conhecimento esse que, kantianamente, é concebido como função ativa, ordenadora, "um dos meios que foram dados ao homem para apropriar-se do mundo". [10]

A teoria do belo ou estética é, portanto, coisa diversa da teoria da arte. "Os preceitos que a estética acredita poder conceder à arte, a propósito de harmonia, ritmo, simetria, tocam apenas seu aspecto decorativo, porém não afloram sua essência característica" [11], que é de ordem cognoscitiva.

Por "estética", Fiedler entende manifestamente a estética do classicismo, como Schasler e Hartmann; por conseguinte sua teoria contribui para desmantelar a autoridade já abalada das regras tradicionais. Contudo ele vai mais além, e sustenta que a arte não pode ter regras de qualquer gênero, nem configurar-se em movimentos gerais ou coletivos: "tendências natas da massa e pela massa dos homens fracassarão sempre na tentativa de difundir uma luz verdadeira" [12] enquanto que "a arte verdadeira pode encontrar sua própria realização somente em personalidades singulares isoladas". [13]

Assim Fiedler, não obstante recusar-se a imiscuir-se nas direções tomadas pela arte contemporânea, [14] anuncia tanto o ponto de partida, quanto as limitações dos movimentos de vanguarda que estão por nascer.

O ponto de partida é o novo conceito de arte como experiência ativa, construtiva, "elemento integrante da moderna concepção do mundo"; [15] sob esse aspecto, Fiedler pode ser considerado um precursor não somente da vanguarda, mas também do movimento moderno, como observa Argan. [16] As limitações têm origem na noção restrita, aristocrática, da arte como experiência individual e "produto excepcional de homens excepcionalmente dotados", como objeta já em 1902 B. Croce; [17] sob esse aspecto, o pensamento de Fiedler não ultrapassa os confins mentais da vanguarda.

Partindo do pensamento de Fiedler e utilizando a teoria do *Einfühlung* de R. Vischer, [18] H. Wölfflin [19] e A. Hildebrand [20] formulam o método da "visualidade pura", que modifica profundamente a crítica das

---

6. GROSSE, E. *Die Anfänge der Kunst*. Friburgo-em-Brisgau, 1894.

7. FIEDLER, K. *Der Ursprung der Künstlerichen Tätigkeit*. Leipzig, 1887.

8. FIEDLER, K. *Aforismi sull'arte* (1914). Trad. it., Milão, 1945. n. 8, p. 77.

9. FIEDLER, K. Op. cit., n. 12, p. 80.

10. FIEDLER, K. Op. cit., n. 41, p. 104.

11. FIEDLER, K. Op. cit., n. 17, pp. 83-84.

12. FIEDLER, K. Op. cit., n. 197, p. 200.

13. FIEDLER, K. Op. cit., n. 195, p. 196.

14. "Deve ser afastada absolutamente a idéia que poderia facilmente se insinuar, segundo a qual o desenvolvimento de uma nova concepção da essência da arte iria introduzir necessariamente uma nova norma para a produção artística. Seria um retorno à mentalidade da velha estética. Em caso algum a nova visão da realidade pode produzir novos cânones de arte. Esta, em sua realidade, deve ser considerada desligada de toda reflexão teórica sobre a própria essência, a qual, por sua vez, pode voltar-se somente para aquilo que até agora a arte produziu, e não pode absolutamente cuidar daquilo que ela deveria produzir. E encontra a garantia de seu próprio valor, não nas conseqüências práticas de uma nova direção de realização artística, mas na nova luz que essa soube difundir no campo já observado da arte de todos os séculos." K. FIEDLER, op. cit., n. 225, pp. 215-216.

15. FIEDLER, K. Op. cit., n. 40, p. 104.

16. ARGAN, G. C. *Walter Gropius e la Bauhaus*. Turim, 1951. pp. 33-35.

17. CROCE, B. *Estetica come scienza dell'espressione e linguistica generale*. Bari, 1941, [7] p. 466.

18. VISCHER, R. *Über das optische Formgefühl*. Leipzig, 1873.

19. WÖLFFLIN, H. *Prolegomena zu einer Psychologie der Architektur*. Munique, 1886.

20. HILDEBRAND, A. *Das Problem der Form in der bildenden Kunst*. Estrasburgo, 1893.

obras de arte figurativa e influencia os programas de muitos artistas de vanguarda, dentre os quais Van de Velde.

Em 1902, sai a primeira edição da *Estetica* de B. Croce, destinada a influenciar por longo tempo a cultura artística italiana; o filósofo napolitano — partindo de De Sanctis e da tradição vichiana — reivindica o caráter fantástico e intuitivo da arte, criticando com a máxima energia toda contaminação de ordem racional ou prática.

No campo da História da Arte, os trabalhos de Riegl [21] e de Wickoff [22] sobre arte tardo-antiga, de Gurlitt [23] e de Wölfflin [24] sobre o barroco, mostram que o interesse foi deslocado dos períodos clássicos e áureos para os chamados períodos de decadência, que, pelo contrário, são apreciados objetivamente por seus caracteres intrínsecos. Os vários pares de conceitos introduzidos na esfera da História da Arte — desde o apolíneo-dionisíaco de Nietzsche ao arquitetônico-espacial de Burckhardt, ao plástico-pictórico de Wölfflin, ao tátil-óptico de Riegl — possuem, todos, em certa medida, um significado programático, visto que o primeiro termo corresponde ao que está acertado, por tradição, e o segundo, ao que deve ser reavaliado contra os hábitos usuais.

Os críticos freqüentemente percebem esse vínculo entre o trabalho e as orientações da arte contemporânea. Riegl afirma que "mesmo o crítico de arte não pode libertar-se das exigências particulares de seus contemporâneos em relação à arte", [25] e Gurlitt escreve, ao falar de Borromini:

> Quem pensa participar em uma obra de transformação daquelas formas da arte mais antiga que também a nós, sob muitos aspectos, parecem insuficientes, a fim de que correspondam ao tempo que se renova, e quem não se desencorajou ao pensar em procurar, para novos materiais e novas funções da construção novas formas de expressão correspondentes,

21. RIEGL, A. *Stilfragen*. Berlim, 1893. —. *Spätrömische Kunstindustrie*. Viena, 1901.
22. WICKOFF, F. *Wiener Genesis*. Viena, 1893.
23. GURLITT, C. *Geschichte des Barockstils in Italien*. Stuttgart, 1886. —. *Geschichte des Barockstils, des Rococo und des Klassizismus in Belgien, Holland, Frankreich, England*. Stuttgart, 1888. —. *Geschichte des Barockstils und des Rococo in Deutschland*. Stuttgart, 1889.
24. WÖLFFLIN, H. *Renaissance und Barock*. Munique, 1888.
25. A. RIEGL, na introdução de *Spätrömische Kunstindustrie* cit.

encontrará, observando as construções de Borromini, um parentesco espiritual. [26]

2. A insatisfação geral com o ecletismo

O ecletismo, como já ficou dito no Cap. 4, tenta sobreviver aos ataques de seus adversários, generalizando suas teses e transformando-se em uma espécie de liberalismo artístico, que põe implicitamente em crise seus fundamentos ideológicos. Essa crise é advertida não somente pelos teóricos, mas em geral também pelos projetistas, sob a forma de mal-estar e insatisfação.

Do neoclassicismo em diante, percebe-se sempre uma certa má consciência, mas entre 1880 e 1890 ela se torna mais evidente, e registram-se numerosas declarações de arquitetos que deploram a confusão da linguagem e esperam, de um momento para outro, o nascimento de um novo estilo original.

Escreve Camillo Boito (1834-1914):

> O estado da arquitetura é, nos dias de hoje, mais contrário aos critérios da Filosofia da História e mais pobre do que acontecia no século passado e nos primeiros trinta anos do nosso século. Então, existia pelo menos uma arte, a qual se vinculava a certas necessidades intelectuais de seu tempo: a beleza possuía um ideal, um fim, uma base, e se bem que freqüentemente ela fosse procurada em vão, algumas vezes era encontrada, mesmo que não fosse senão uma uniformidade, monótona, talvez tediosa, mas de qualquer maneira séria e não indigna de um povo. Agora a arquitetura é, salvo raras exceções, uma distração da fantasia, uma engenhosa combinação de formas, um capricho de matizes, de medidas, de linhas e de quadros. O organismo arquitetônico existe contudo, e, melhor, nestes últimos anos foi aprimorado; porém, o símbolo é inconclusivo e desvairado, com alguns intervalos de lucidez. Da tirania aritmeticamente clássica não podia deixar de nascer a presente balbúrdia. Quem sabe; desta anarquia sairá a verdadeira arte, que é liberdade de fantasia com regras da razão. [27]

Na Inglaterra, George Gilbert Scott (1811-1878) observa:

> Nada é mais surpreendente nos dias de hoje do que a ausência de um verdadeiro poder criativo na arquitetura. Não estou falando dos artistas singulares. Temos muitos homens, os quais, em condições mais favoráveis, teriam produzido

26. GURLITT, C. Op. cit., pp. 365-366.
27. C. BOITO, "Lo stile futuro dell'architettura italiana" em *Architettura del Medioevo in Italia*, Milão, 1880; ver *Casabella*, n. 208 (1955), p. 73.

obras de vulto e também originais. É sempre notável o muito que foi feito por homens singulares de gênio nas circunstâncias atuais, porém, não produzimos um estilo nacional, nem parece provável atualmente que isso venha a ocorrer. Despedaçamos a tradição que mantém a continuidade na história da arte e que fez de cada estilo sucessivo um desenvolvimento natural do precedente. Em todas as partes encontram-se reproduções dos antigos estilos, tentativas de fazer reviver tradições perdidas; em parte alguma, porém, com qualquer autêntico poder criativo de novas formas de beleza em relação com novas necessidades. Por certo é difícil ver como, quando a tradição foi despedaçada ou exaurida, possa se originar uma nova e genuína arquitetura. Devemos levar em consideração esse fato em meio às possibilidades desconhecidas do futuro. [28]

Esses autores não têm sugestões concretas a dar para sair do presente estado de confusão e encontrar um novo estilo, porém testemunham que o problema se encontra no ar, de modo que as iniciativas seguintes de Horta, de Van de Velde, de Wagner, vão ao encontro de uma exigência comum e agem sobre um terreno já preparado por acolhê-las.

3. O exemplo dos pintores

A obra inovadora dos arquitetos de vanguarda de 1890 em diante está em íntima relação com a obra dos pintores. Não se trata, desta vez, de uma simples analogia de preferências formais, como ocorre mais ou menos claramente em todas as épocas, mas de uma troca de resultados, pela qual cada experiência dos arquitetos pressupõe a experiência dos pintores e vice-versa.

Como observou Pevsner, a mudança decisiva em relação à arquitetura é a superação do impressionismo por obra de Cézanne, Rousseau, Gauguin, Van Gogh, Seurat. Os aspectos mais importantes para nosso objetivo são:

— A *razão ao naturalismo*. Se, por um lado, ao separar na representação os elementos ópticos dos conceituais, o impressionismo vai contra o naturalismo tradicional, em outro sentido é o desenvolvimento e a conclusão do próprio naturalismo, pois acolhe e reflete no jogo das aparências toda a realidade, sem qualquer exclusão, e conserva (melhor, aperfeiçoa) a colocação receptiva e contemplativa frente a qualquer realidade. Cézanne e a geração sucessiva desejam, pelo contrário, ultrapassar as aparências mutáveis e chegar à verdade escondida que se encontra além daquelas. Cézanne explica da seguinte maneira seu procedimento:

> Meu motivo, vejam, é o seguinte (Cézanne abre as mãos com os dedos separados, junta-os com toda lentidão, une-as, fecha-as, cruza-as convulsamente). Eis aquilo que se deve atingir. Se passo muito acima ou muito abaixo, tudo está perdido. Não deve existir nenhuma malha muito frouxa, nenhum furo através do qual a verdade possa fugir. Eu levo avante toda minha tela, entendam, toda de uma vez, toda em conjunto. Aproximo-me no mesmo lance, na mesma fé, de tudo que se dispersa. Tudo aquilo que vemos, não é verdade?, dispersa-se, dilui-se. A natureza é sempre a mesma, mas nada resta dela, daquilo que parece. Nossa arte deve dar o estremecimento de sua duração. Deve fazer com que tenha o gosto de eterno. O que está por trás do fenômeno natural? Talvez nada, talvez tudo. Portanto, eu cruzo estas mãos errantes, tomo a direita, a esquerda, aqui, ali, em toda parte, suas cores, suas nuanças; fixo-as, coloco-as uma ao lado da outra, e formam linhas, objetos, rochas, árvores, sem que eu pense. Assumem um volume. Minha tela aperta as mãos, não vacila, é densa, é plena. [29]

A arte dos neo-impressionistas "sacrifica o anedótico ao arabesco, a nomenclatura à síntese, o efêmero ao constante, e confere à natureza, agora cansada de sua realidade precária, uma autêntica realidade". [30] Gauguin declara: "Quando o artista, por seu lado, deseja realizar uma obra criativa, ele não tem necessidade de imitar a natureza, mas deve tomar os elementos da natureza e criar um novo elemento". [31]

Volta-se ao quadro como tema, como observa Pevsner, porém em um sentido diverso do tradicional, porquanto a intenção do conteúdo é de preferência indireta, alusiva e resulta da acentuação dos meios estritamente pictóricos (Cézanne: "A poesia talvez deva ser mantida em mente, porém jamais, se não se deseja cair na literatura, deve-se procurar introduzi-la no quadro, já que ela ali entra por si"). [32]

— *A disposição ativa, construtiva, em relação à realidade*. Cézanne diz: "Pintar significa registrar e organizar sensações de cor... Quando se pinta, olhos

---

28. G. G. SCOTT, *An Essay on History of English Church Architecture* (1881), cit. em E. TEDESCHI, *L'architettura in Inghilterra*, Florença, s.d., p. 146.

29. J. GASQUET, *Cézanne* (colóquios), Paris, 1921, cit. em W. HESS, *I problemi della pittura moderna*, trad. it., Milão, 1958, p. 29.

30. P. SIGNAC, *D'Eugène Delacroix au néoimpressionisme*, Paris, 1889; W. HESS, op. cit., p. 29.

31. P. GAUGUIN, *Avant et après*, Paris, 1903; W. HESS, op. cit., p. 44.

32. J. GASQUET, op. cit.; W. HESS, op. cit., p. 20.

e cérebro devem-se auxiliar reciprocamente; deve-se trabalhar para seu desenvolvimento recíproco com a lógica das impressões de cor organizadas". [33] Veja-se a analogia com o pensamento de Fiedler, observada mais de uma vez. [34] No caso de Van Gogh é um empenho humano, mais do que artístico: "Meu tormento resume-se nesta interrogação: para que poderei servir, como poderei ser útil de alguma maneira, como poderei saber mais e aprofundar isto ou aquilo?" [35]

— *O isolamento de cada artista.* O grupo dos impressionistas é talvez a última "escola" à antiga; os pintores da geração seguinte são pesquisadores isolados, cada um dos quais critica acerbamente os demais, e terminam por construir-se um estilo pessoal, muito mais reconhecível do que aquilo que ocorria nas épocas precedentes.

Cada pintor sente-se, em certa medida, pouco à vontade e deslocado. Cézanne: "Permanecerei apenas um primitivo no caminho que eu mesmo descobri... Talvez tenha chegado cedo demais; era o pintor de sua geração (voltando-se para Gasquet) mais do que da minha". [36] E Gauguin: "Por instinto e sem saber por que, sou, como artista, um aristocrata". [37]

— *A tendência a teorizar.* Os pintores, enquanto tendem a construir cada um para si uma linguagem pessoal, desejam também demonstrar a validade geral e a transmissibilidade dessa linguagem, fixando uma série de preceitos formais e apoiando-os com discursos teóricos. Isso acontecia em certa medida também antes, mas não tão rigorosamente; por exemplo, a decomposição das cores que, no impressionismo, é uma tendência aproximativa, torna-se no neo-impressionismo uma técnica exata, quase científica. A associação entre formas e estados de espírito é teorizada pelos simbolistas e por seus porta-vozes, como M. Denis e A. Aurier. Freqüentemente essas formulações teóricas são o caminho das influências entre pintura e arquitetura como ocorre em relação ao cloisonismo e o simbolismo, que estão por certo entre as fontes da *art nouveau*.

Uma vez que as inovações no campo da pintura precedem geralmente aquelas na arquitetura — o mesmo ocorre mais tarde para o cubismo e o abstracionismo em relação ao movimento moderno —, tentou-se mais de uma vez explicar as segundas como derivações das primeiras, e atribuir à pintura, neste período, uma função de prioridade e de guia.

Esse raciocínio é feito, contudo, em termos desatualizados. Tanto arquitetos quanto pintores, trabalham para mudar as convenções culturais recebidas como herança do passado, mas uma de tais convenções é exatamente a existência da pintura e da arquitetura como atividades separadas. Segundo a definição de Morris, a arquitetura "abrange a consideração de todo o ambiente físico que circunda a vida humana", e a renovação da arquitetura inclui a das artes figurativas, contestando ao mesmo tempo sua autonomia. Pintores e arquitetos, portanto, não apenas influenciam-se entre si como, a rigor, fazem o mesmo trabalho.

Na pintura, dado a maior imediaticidade dos procedimentos, as novas descobertas vêm à luz antecipadamente, mas são fixadas apenas provisoriamente, e destinam-se a serem postas em funcionamento para dar nova forma ao ambiente em que vive e trabalha o homem, para projetar os objetos de uso, os móveis, os edifícios, as cidades. As contribuições de Cézanne, de Gauguin, de Van Gogh — como as de Braque, de Mondrian, de Van Doesburg — podem ser avaliadas concretamente somente tendo-se em vista essa utilização; é Van de Velde quem convalida os *cloisonnistes*, como, no após-guerra, é Oud quem convalida Mondrian, é Breuer quem convalida Klee, e não vice-versa.

4. As condições sociais e o compromisso pessoal

Os movimentos inovadores na pintura e na arquitetura são compreensíveis somente se se levar em conta que são conduzidos, em nome de toda a sociedade, por grupos bastantes restritos.

Como é sabido, tais experiências coincidem com o longo período de paz e de prosperidade econômica que se costuma chamar de *belle époque*. Não é possível, contudo, considerar a prosperidade como causa determinante das inovações culturais desta época; pode-se, com efeito, demonstrar que as inovações principais amadurecem já entre 1890 e 1895, enquanto as circunstâncias do novo equilíbrio econômico — a inversão da curva dos preços, o alinhamento geral das moedas com base no padrão ouro, a expansão do comércio internacional — delineiam-se somente no qüinqüênio sucessivo, e sobretudo nos primeiros anos do século XX.

---

33. J. GASQUET, op. cit.; W. HESS, op. ict., p. 22,
34. A. BANFI, prefácio aos *Aforismi sull'arte* de K. FIEDLER, cit., p. 66.
35. V. VAN GOGH, *Lettere al fratello*, n. 133; W. HESS, op. cit., p. 30.
36. HESS, W. Op. cit., p. 27.
37. J. DE ROTONCHAMP, *P. Gauguin*, Paris, 1906; W. HESS, op. cit., p. 45.

Talvez seja mais exato dizer que a conjuntura econômica favorável, agindo sobre os desenvolvimentos culturais já iniciados, fornece a estes um espaço muito maior. As margens de lucro aumentadas favorecem as inclinações reformistas da classe dominante; assim, multiplicam-se as oportunidades de trabalho para os artistas de vanguarda e os instrumentos de difusão e de confronto das novas experiências.

Tudo isso, porém, não diminui o distanciamento entre cultura e sociedade. Os novos desenvolvimentos técnicos, enquanto facilitam o debate cultural, criam uma série de problemas estruturais que a cultura da época não está apta a interpretar nem a reconhecer. Fórmulas sempre mais audaciosas sucedem-se com crescente velocidade, porém seu distanciamento dos problemas reais não faz senão aumentar, criando uma sensação de desconforto cada vez mais aguda. Enquanto isso, as forças políticas e econômicas que controlam o progresso técnico não tendem, efetivamente, a identificar-se com as razões da nova cultura: concedem apenas maior liberdade de movimento às elites progressistas, deixando-lhes inteira responsabilidade pelas experiências, enquanto os filósofos teorizam exatamente a autonomia de toda experiência nova como condição de seu valor intrínseco.

Assim, as iniciativas de vanguarda começam sempre reivindicando a própria liberdade e originalidade em relação a todas as precedentes, e são, de fato, promovidas por pessoas isoladas ou por pequenos grupos que podem agir conservando sua independência do resto da sociedade, enquanto enunciam programas gerais, válidos para todos.

Disso nasce uma espécie de contradição, que caracteriza a cultura desta época e à qual pretendemos nos referir especificamente usando o termo vanguarda. Propõe-se abrir a todos uma experiência ciosamente individual, falar a todos esforçando-se por não escutar ninguém.

O conflito torna-se patente se se leva em consideração a relação entre as obras singulares e os programas teóricos. Do Renascimento em diante, todo problema artístico concreto é pensado como um caso particular de um problema abstrato, e resolver o caso singular significa tomar posição, ao mesmo tempo, em relação a um quesito estilístico geral. No século XIX, essa exigência torna-se mais aguda, porque a adoção de um ou de outro estilo ocorre por meio de uma escolha voluntária, que, contudo, se apóia sempre em um dado externo: as tradições locais, as sugestões oferecidas pela destinação da obra, do comitente etc.

Agora, entretanto, os artistas procuram eliminar todas essas referências; a escolha formal torna-se um problema tão premente que absorve todas as energias, e tão delicado que exige indiferença por toda circunstância contingente; os pintores, por exemplo, escolhem seus temas do modo mais casual e pintam para si, sem levar em conta a destinação de suas obras. Assim, o equilíbrio entre os fins gerais e os fins particulares é perturbado: ou o artista recusa subordinar suas decisões a um fim geral, ou atribui validade geral, *tout court,* à decisão que toma naquele momento. Assiste-se, por conseguinte, a duas deformações opostas: ou a obra singular é considerada como uma experiência em si mesma, sem comparações possíveis, ou vale como demonstração de um método universal, que se pretende partilhar com todos.

Nessas condições, cresce desmesuradamente o compromisso humano e a personalidade dos artistas é atraída para a questão de modo muito mais sério do que no passado. Com efeito, cada escolha é avaliada, definitivamente, somente pela capacidade individual do artista, e a linguagem construída por um único indivíduo ou por um pequeno grupo é apresentada como alternativa para uma tradição difusa, derivada da contribuição concordante de muitas gerações. O indivíduo é dessa maneira colocado em uma situação muito descoberta e perigosa, e termina por responder à pesquisa artística com todas as suas faculdades.

Os casos mais impressionantes dessa prepotência do compromisso artístico sobre o compromisso humano encontram-se na pintura e na literatura. Murger, na primeira metade do século, descreve a *vie de bohème* parisiense e narra os feitos de poetas, pintores, músicos que, por seu compromisso com a arte, se encontram fora das regras da vida normal. Suas descrições, porém, são idílios prazenteiros e açucarados, quando confrontadas com os trágicos acontecimentos que envolvem alguns dos grandes artistas de fins do século XIX, tais como Rimbaud e Van Gogh. Na arquitetura, as coisas acontecem de modo um tanto diverso, porque o arquiteto não está jamais tão-só face a suas obras, mas muitos, como Mackintosh e Loos pagam pessoalmente por sua vocação artística anticonformista.

9. A "ART NOUVEAU"

É difícil, em um trabalho histórico geral, dar uma ordem satisfatória a esta matéria.

O período de que falamos está ao mesmo tempo próximo e muito distante de nós; menos de cinqüenta anos se passaram, e muitos dos protagonistas dessa época morreram faz poucos anos, como Perret, Hoffmann e Van de Velde, embora se tenha a impressão de um acontecimento já situado no passado remoto. Dir-se-ia que as duas guerras mundiais acontecidas nesse ínterim, além de destruírem um número incalculável de móveis e decorações *liberty,* também interromperam toda familiaridade entre nós e as pessoas que projetaram aquelas coisas.

Os estudos e os dados disponíveis são incompletos, e refletem, mais do que a realidade do período, suas prevenções teóricas. Permaneceu, dessa época, não o retrato do que era, mas daquilo que acreditava ser: uma complicada árvore genealógica de tendências, personificadas por um número restrito de artistas originais, porém poucos testemunhos das mudanças que ocorrem na produção corrente, e de seus relacionamentos com os movimentos de vanguarda.

Querer desenredar a confusão de tendências, precisando sua distribuição geográfica e cronológica e a atribuição dos vários artistas a uma ou a outra, desviar-nos-ia do caminho e terminaria por mascarar a verdadeira natureza do problema. Um procedimento mais aceitável e compatível com o estado atual dos estudos pode ser o de evitar as classificações e descrever separadamente os artistas e as experiências mais notáveis.

O termo *art nouveau* será empregado com o significado mais amplo possível, nele incluindo-se todos os movimentos de vanguarda europeus que são indicados por termo análogo (*Jugendstil, modern style, liberty*); far-se-ão somente duas distinções preventivas, que parecem suficientemente acertadas: para o movimento inglês dos sucessores de Morris, sobre o qual se falou no Cap. 6 a fim de não interromper a continuidade da linha de pensamento de Ruskin em diante, e para as experiências francesas de Perret e Garnier, as quais têm como base uma tradição nacional específica e serão tratadas no Cap. 10.

O caráter da cultura de vanguarda facilita a exposição em separado das experiências arquitetônicas e urbanísticas; estas últimas são também o melhor ponto de referência para avaliar o relacionamento entre as elites e a produção comum e disso se falará no final, tentando daí extrair uma conclusão geral (Cap. 11).

1. Victor Horta

Todos os historiadores estão de acordo em constatar que o movimento europeu para a renovação das artes aplicadas nasce na Bélgica antes do que em qualquer outra parte, entre 1892 e 1894, e nasce *ex abrupto,* com a Casa Tassel de Horta em Bruxelas, a decoração de Van de Velde para sua casa em Uccle e os primeiros móveis de Serrurier-Bovy projetados com critérios originais. Essas obras parecem não ter nenhum precedente, e os elementos do novo estilo, que será chamado de *art nouveau,* já surgem perfeita e coerentemente elaborados.

Foram feitas várias hipóteses sobre as fontes indiretas. Giedion [1] descreve o ambiente livre e sem preconceitos da cultura de vanguarda na Bélgica. Dois abastados advogados amantes das artes, O. Maus e E. Picard, fundam em 1881 a revista *L'Art moderne,* reunindo em torno dela os melhores artistas da época. Três anos mais tarde, é constituído o grupo chamado Les XX, que dura até 1893 e compreende, entre outros, os pintores Knopff, A. W. Finch e J. Ensor; Maus, secretário dos XX, organiza de 1884 em diante várias exposições de pintura, das quais participam os artistas de vanguarda mais importantes da Europa: Rodin, Wistler, Renoir, Seurat, Pissarro, Van Gogh. Em Bruxelas, é apresentado pela primeira vez em 1887 o célebre quadro de Seurat, *Dimanche à la grande Jatte.*

Schmalenbach [2] e Pevsner [3] evidenciaram a contribuição dos pintores e sobretudo do movimento simbolista, que tem seu apogeu em torno de 1890, influenciando a obra de muitos artistas da Europa, dentre os quais Gauguin e seus companheiros de Pont-Aven, os Nabis, Munch, Hodler, Ensor. As datas são extremamente significativas: a escola de Pont-Aven nasce em 1888 e expõe pela primeira vez na Exposição de Paris de 1889, o grupo dos Nabis forma-se no mesmo ano, enquanto Aurier publica a declaração de programa sobre a pintura simbolista em 1891, em seguimento ao manifesto sobre o simbolismo literário de Morèas de 1886. [4] Munch e Hodler são influenciados pelo programa simbolista entre 1890 e 1892, e todos os pintores mais ou menos tocados por essa orientação encontram-se reunidos nas mostras da Galeria Le Barc, que se repetem duas vezes por ano a partir de 1891.

Na Bélgica, o simbolismo tem um grande séquito (também pela presença de Maeterlinck no campo literário) e deixa sua marca nas obras de muitos, dentre os quais os XX, Ensor, Knopff, Finch e sobretudo J. Toorop, que certamente é um dos inspiradores de Horta e Van de Velde. Horta, todavia, em uma carta endereçada a Pevsner, [5] atenua a importância desses contatos e declara não ter pretendido imitar a linguagem dos pintores, porém fazer como os pintores, criando para si uma linguagem igualmente pessoal e livre de imitações.

A influência da Inglaterra é reconhecida homogeneamente pelos teóricos da *art nouveau,* e foi extensamente demonstrada por Schmutzler. [6] Foram indicados, como possíveis precursores, Burne-Jones, Morris, Mackmurdo, o escultor A. Gilbert e até mesmo William Blake; é importante sobretudo a breve aparição de A. Beardsley (que morre em 1898 com vinte e quatro anos).

As relações entre Inglaterra e Bélgica são numerosas e estão documentadas. Toorop fica por algum tempo na Inglaterra e entra em contato com os pré-rafaelitas. Em 1891, surgem em Bruxelas pela primeira vez, na vitrina da Compagnie Japonaise da rue Royale, objetos de decoração ingleses da firma Liberty, e por volta da mesma época Finch, que é de origem britânica, adquire alguns objetos de decoração ingleses que muito impressionam os artistas seus amigos.

Sempre em 1891, os XX expõem, ao lado das pinturas e das esculturas, objetos de arte aplicada, dentre os quais alguns livros para crianças de W. Crane; em 1892, criam uma *section d'art artisanal,* onde surgem reproduções de obras de S. Image, H. Home, e livros impressos na Kelmscott Press de Morris; na mesma seção, é exposto um dos primeiros trabalhos de Van de Velde, um modelo de bordado, e o mesmo Van de Velde — a quem se deve a maior parte destas informações [7] — reconhece abertamente a importância dos ensinamentos ingleses:

> Está fora de dúvidas que a obra e a influência de John Ruskin e William Morris foram as sementes que fecundaram nosso espírito, que despertaram nossa atividade e provocaram a completa renovação do ornamento e das formas de arte decorativa. [8]

A Inglaterra transmite aos movimentos de vanguarda do continente europeu muito mais do que uma inspiração formal: comunica as teses elaboradas por Ruskin e Morris, a convicção de que a arquitetura deve investir todo o ambiente da cidade moderna e que é parte de um complexo mais vasto, destinado a modificar, em seu conjunto, as formas atuais de convivência. Sem os ensinamentos ingleses não se poderia compreender o interesse de Van de Velde e de Hoffmann —

---

1. GIEDION, S. *Spazio, tempo e architettura* (1941). Trad. it., Milão, 1954, p. 288.
2. SCHMALENBACH, F. *Jugendstil.* Würzburg, 1935.
3. PEVSNER, N. *I pionieri del movimento moderno da William Morris a Walter Gropius* (1936). Trad. it., Milão, 1945, pp. 57-63.
4. *Mercure de France,* mar. 1891.
5. PEVSNER, N. Op. cit., p. 124.
6. SCHMUTZLER, R. The English Origin of Art Nouveau. *Architectural Review,* fev. 1955, p. 108: Blake and Art Nouveau, ibidem, ago. 1955, p. 90.
7. VAN DE VELDE, H. *Die Renaissance im modernen Kunstgewerbe.* Leipzig, 1963, p. 61 e ss.; Extracts from his Memoirs, 1891-1901 em *Architectural Review,* set. 1952, p. 115 e ss.
8. VAN DE VELDE, H. *Die Renaissance...* cit., p. 23.

255. A. H. Mackmurdo, cretone, 1885 (Victoria and Albert Museum).
256. W. Crane, interpretação linear do salto de uma bailarina (de *Line and Form*, 1902).
257. A Beardsley, ilustração para *Salomé* de O. Wilde (1892).
258. E. Munch, *O velório* (1896).

para citar somente dois — em relação à decoração e aos processos de sua produção, a preocupação didática de Wagner e a moral de Loos

Por outro lado, foram pouco explorados os relacionamentos entre o movimento belga e a cultura francesa (Figs. 259-263). Sabe-se que Horta fica em Paris por um período indeterminado de 1878 em diante; é o momento em que Viollet le Duc, J. A. E. Vaudremer (1829-1914) e outros da Union Syndicale des Architectes Français tentam abandonar as referências aos estilos medievais e inventar uma nova linguagem, que satisfaça sem compromissos suas teorias racionalistas. Nenhum deles, na realidade, chega a sair permanentemente do impasse do ecletismo, mas sua transcrição do repertório tradicional torna-se sumária, alusiva e tende por vezes a consumar as referências estilísticas em um cromatismo abstrato — como no Liceu Buffon de Vaudremer — ou em um livre jogo linear como nas decorações em ferro de Viollet le Duc, conhecidas em toda parte graças às reproduções dos *Entretiens* e das *Compositions et dessins*.[9] A polêmica moralizante do mestre francês é por certo menos original e penetrante do que a de Morris, porém em seu tempo teve uma ressonância bastante mais vasta, provocando movimentos em todas as partes, nas idéias dos artistas e por vezes na opinião pública, contra o ecletismo, e criando a expectativa de uma modificação próxima no sentido das artes. Enfim, seria necessário levar em consideração a importância da Exposição Universal de Paris de 1889, onde os artistas de toda a Europa têm a oportunidade de encontrar-se e onde a cultura eclética francesa realiza um grandioso esforço para transformar-se em uma nova decoração adequada aos edifícios em ferro, estudando a justaposição de elementos utilitários e ornamentais, tais como perfis com parafusos e aplicações em ferro gusa ou em chapas recortadas.

Os mestres do movimento belga são Victor Horta (1861-1947) e Paul Hankar (1857-1901) para a arquitetura, Henry Van de Velde (1863-1957) e Gustave Serrurier-Bovy para a decoração e as artes aplicadas. Como observa Van de Velde: "a obra de todos os quatro foi colocada em conjunto, julgada e descrita pela única qualidade obviamente comum a todos: a novidade; assim originou-se o termo *art nouveau*";[10] contudo, os motivos que impeliam tais artistas eram bastante diversos.

9. LE DUC, M. Viollet. *Entretiens sur l'architecture*. Paris, 1872. —. *Compositions et dessins*. Paris, 1884. pranchas 6 a 12.

10. VAN DE VELDE, H. *Extracts* cit., p. 148.

Horta é o temperamento mais forte e ao mesmo tempo o menos preocupado com questões teóricas. Freqüenta a Academia de Gand, sua cidade natal, depois vai a Paris e conclui seus estudos na Academia de Bruxelas em 1881; começa a trabalhar no estúdio de Alphonse Balat (1818-1895) e constrói suas primeiras obras — dois monumentos fúnebres e três casas residenciais — em Gand, entre 1883 e 1885; são edifícios muito simples, que não deixam, de fato, prever o futuro desenvolvimento de sua arquitetura.

De 1885 a 1892 não trabalha mais, escreve e medita, absorvendo as múltiplas solicitações que movem, nesse período, os círculos de vanguarda europeus. De 1892 a 1893, constrói a casa para o engenheiro Tassel na rue de Turin, em Bruxelas, que repentinamente o torna célebre e provoca vivas discussões (Figs. 264-266). Entretanto, não é somente uma tentativa polêmica antitradicional; é o ensaio meditado profundamente de uma nova arquitetura, liberta de qualquer referência retrospectiva, embora perfeitamente controlada em cada detalhe, segura e convincente; demonstra a possibilidade não somente de um novo vocabulário, mas de uma nova sintaxe, diversa daquela dos estilos históricos.

A Casa Tassel repete um tipo de edificação tradicional de Bruxelas: uma construção encaixada entre outras, em uma área restrita, provida somente de duas pequenas frentes para a rua e para o jardim. A fachada principal não se destaca muito das que a circundam, e é preciso prestar atenção, quando se percorre a rua, para individuar a obra de Horta; porém a mão do arquiteto pode ser reconhecida quando se examina de perto a tessitura da alvenaria. A habitual *bow-window* é feita dobrando em duplo S toda a superfície; a pedra de revestimento, os contornos de ferro e de madeira das janelas, ligados com junções elaboradas e precisas, formam uma composição extremamente calculada e compacta. No interior, passando-se por uma porta de vidros coloridos, chega-se ao átrio dominado pela célebre escada; os degraus são em madeira natural, sustentados por uma estrutura metálica aparente; a trama formada pela sustentação tubular e pelos perfilados é acrescida de ferros decorativos, dobrados em curvas elegantes e sinuosas; motivos do mesmo gênero estão desenhados a grafite nas paredes e em mosaicos do pavimento.

Depois dessa casa, Horta constrói em Bruxelas numerosas outras residências, escritórios, lojas; a Maison du Peuple — construída em 1897 para abrigar os escritórios do Sindicato dos Trabalhadores Socialistas é

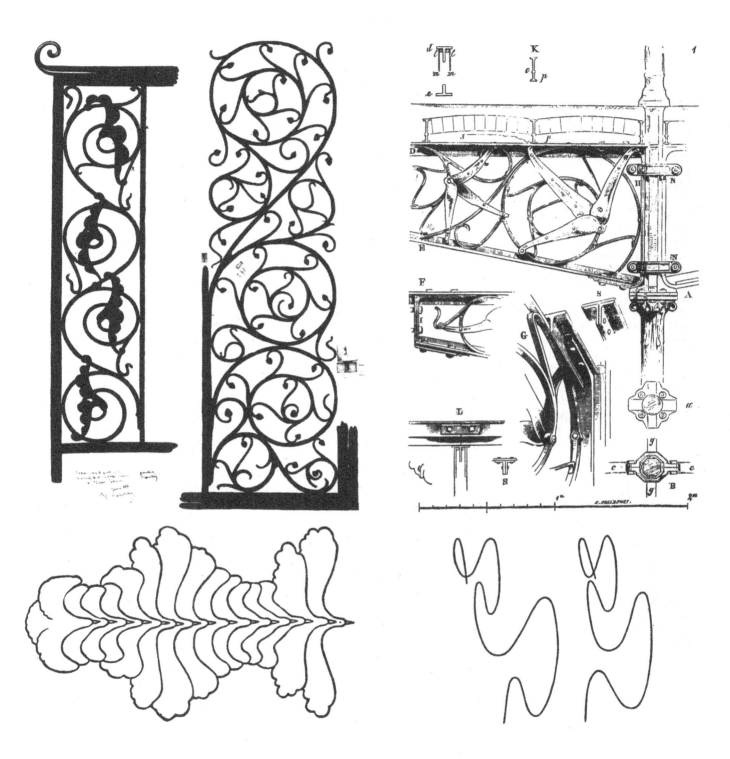

259, 260, 261. Viollet le Duc, grades decorativas (de *Compositions et dessins*, 1884, e *Entretiens sur l'architecture*, 1872).
262, 263. E.J. Marey, projeção do vôo de um pássaro e trajetória de um ponto da vértebra lombar em um homem caminhando (cerca de 1890; de S. Giedion, *Mechanization Takes Command*).

considerada como sua obra-prima (Figs. 267-269). Também aqui o organismo está vinculado desde o início à forma do terreno, retalhado entre ruas estreitas e uma praça redonda, e a arquitetura insere-se com impecável continuidade nos vínculos do ambiente. A estrutura é em aço dentro de uma caixa de paredes descontínuas, como em muitos edifícios franceses da época, mas aqui revela-se claramente no exterior, intercalando as amplas paredes de vidro com junções em madeira natural. Os trechos em alvenaria, alternados em tijolos e em pedra cinza, fecham o campo envidraçado e ligam o edifício à arquitetura que o circunda, feita somente em alvenaria. Entre estrutura e decoração existe uma unidade perfeita; assim, no interior, no salão dos postigos, o desenho ornamental do teto é feito com as próprias vigas de sustentação, e na sala para espetáculos do último andar as tramas transversais de estrutura reticular servem também para qualificar decorativamente o vão (Fig. 268).

Horta analisa a fundo a textura de seus edifícios, com uma audácia que não encontra paralelo nesse período, enquanto se mostra mais indiferente em relação à distribuição. Sua afirmada liberdade volumétrica é muito mais aparente do que real; os desníveis internos entre os ambientes da casa da rue de Turin e de outras de suas residências particulares são uma característica comum à construção belga e francesa da época, e a fachada ondulada da Maison du Peuple pode parecer livre em fotografias, quando se prescinde das casas circundantes, porém é fielmente calcada nos alinhamentos de duas radiais confluentes na praça circular. Por outro lado, o uso dos materiais, o modo de repartir as paredes, de resolver as articulações, as junções, os detalhes, testemunham uma segurança de juízo, uma coerência e um rigor excepcionais. Parece que ele é sustentado por seu próprio propósito polêmico de inventar um novo estilo como alternativa aos históricos, que ele vigia sua linguagem com severidade inflexível para que ela não tenha defeitos e que cada elemento se ajuste perfeitamente a outro; por tal razão, prefere os materiais naturais e exibe cada acréscimo, resolvendo-o de modo que tenha valor também no plano decorativo (Figs. 270-272).

A arquitetura de Horta suporta bem a velhice, ambienta-se sem esforço no tecido de construções da Bruxelas do século XIX; esse artista tão pessoal e ambicioso está dotado também de uma rara discrição; não pretende infligir aos inquilinos moradias incômodas ou muito comprometedoras a fim de satisfazer seus ideais artísticos e deseja convencer o observador com a coerência de sua arquitetura, e não espantá-lo con sua estranheza. Aqui encontra-se também, por outro lado, o limite de Horta: ele acreditou que o problema da arquitetura fosse mais simples do que o é na verdade, e que realmente se poderia reduzir a um só estilo, a um modo de compor coerente e tecnicamente inatacável. Existe nele a vontade de exaurir logo o problema, atingindo seja um equilíbrio interno da linguagem, seja um acordo imediato com o público, com os procedimentos de construção, com o ambiente urbano de seu tempo, sem deixar margem para um desenvolvimento. Por tal razão, Horta é o artista mais refinado da *art nouveau,* mas também, em certo sentido, o mais antiquado, o mais parecido a um arquiteto do passado.

A fraqueza de sua posição torna-se evidente no pós-guerra, quando ele perde contato com os desenvolvimentos que se seguem: nas últimas obras — o Palais de Beaux-Arts de 1920 e a estação central de Bruxelas de 1925 — Horta recai num neoclassicismo fatigado e torna-se um adversário decidido dos inovadores dos anos vinte, provocando com seu voto a derrota de Le Corbusier no concurso de Genebra de 1927 (ver Cap. 14).

Talvez não exista exemplo na história de um artista que tenha dado em sua juventude uma contribuição tão importante, e que tenha depois decaído tão rápido, sobrevivendo a si mesmo por mais de trinta anos. Sua sorte — e, em menor grau, a dos outros mestres da *art nouveau* — mostra como se estão abreviando os espaços de tempo do desenvolvimento cultural e como o compromisso com uma fase não basta mais para preencher uma vida humana.

2. Henry Van de Velde

O motivo que impele Horta — e seus contemporâneos Hankar e Serrurier-Bovy, nos limites mais modestos de suas experiências — é em definitivo, "o desejo de provar a excitação e o prestígio de inaugurar um renascimento";[11] a falta de um controle racional adequado talvez tenha facilitado a procura deles e tornado mais rápida a definição de seu repertório, porém bloqueou logo sua atividade nas posições atingidas, e quando desvaneceu-se o prestígio da novidade, induziu-os a recuar para um novo ecletismo, embora ampliado.

11. VAN DE VELDE, H. Op. cit., p. 148.

264, 265, 266. Bruxelas, detalhes e planta da Casa Tassel na rue de Turin (V. Horta, 1893).

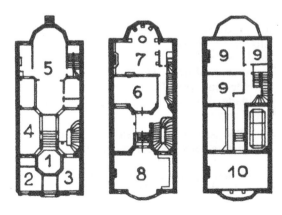

1. vestíbulo
2. guarda-roupa
3. estúdio
4. saleta
5. sala de estar
6. antecâmara
7. dormitório
8. saleta
9. quartos de serviço
10. sala de trabalho

O caso de Van de Velde é diferente. Desde o início, ele se propõe esclarecer os fundamentos do movimento, formular suas experiências de modo que sejam transmissíveis e encabecem uma renovação geral dos métodos de projetar. Enquanto seus contemporâneos aceitam da Inglaterra sobretudo sugestões formais, ele colhe, pela primeira vez na Europa, o princípio moral do ensinamento de Morris e o desenvolve com extraordinária acuidade:

> Pouco a pouco, cheguei à conclusão de que a razão pela qual as belas-artes haviam caído em um tão lamentável estado de decadência era o fato de serem elas sempre mais exercidas como fins em si mesmas, ou prostituídas para a satisfação da vaidade humana. Sob a forma de "pintura de cavalete" ou de "escultura de salão" eram realizadas então sem a mínima consideração para com sua eventual destinação, como qualquer outro gênero de bens de consumo. Parecia claro, por conseguinte, que o relacionamento velho, relativamente franco e genuíno para a compra e venda da obra de um artista, seria logo substituído pelo odioso mecanismo através do qual a publicidade comercial engana o público sobre a qualidade e o valor de qualquer coisa, para cuja propaganda é paga. Assim, em um futuro não muito distante, podemos esperar encontrar as genuínas obras de arte insidiosamente marcadas pela mesma espécie de descrição mentirosa e de avaliação fictícia da mercadoria ordinária produzida em série para uso doméstico. [12]

Esse esclarecimento é bastante importante. Com efeito, a invenção de formas novas pode servir para superar a sujeição aos estilos históricos e para dar vida a um novo movimento, mas também pode ser considerada como um fim em si mesma, e as formas inventadas, tiradas do relacionamento concreto com as necessidades para as quais se originaram, podem ser sujeitas a motivos particulares de ganho ou de prestígio. A arte pode preencher sua função reguladora na sociedade se se propõe controlar nas raízes os métodos de produção e de distribuição dos objetos de uso, isto é, se se coloca como princípio de planificação total; se, pelo contrário, ela se limita a modificar a forma dos objetos, serão os interesses latentes na sociedade que planificarão com os mesmos métodos a atividade dos artistas, transformando-os em meros decoradores.

Por isso, Van de Velde não pode aderir à posição de Horta e seus contemporâneos:

> Minhas esperanças com relação ao que teria sido obtido com a libertação da tutela do passado e o início de um novo período do projeto eram tão vastas quanto as deles, porém suas ilusões espectantes não bastavam para satisfazer-me. Eu sabia que devíamos cavar muito mais fundo, que o objetivo a ser atingido era muito mais importante do que a simples novidade, a qual, por sua própria natureza, pode ser apenas efêmera. A fim de chegar a isso, devia-se começar a retirar os obstáculos que os séculos haviam acumulado em nosso caminho, conter os assaltos da feiúra e desconfiar de toda influência capaz de corromper o gosto natural... Eu acreditava firmemente poder atingir meus alvos... em virtude de uma estética baseada na razão e, portanto, imune ao capricho. E, estando perfeitamente cônscio de que a falsidade pode manchar os objetos inanimados, precisamente da mesma maneira como degrada o caráter de homens e mulheres, sentia-me confiante em que minha probidade iria resistir às múltiplas insídias da impostura. [13]

A primeira oportunidade para Van de Velde firmar-se na decoração é o arranjo de sua casa em Uccle, perto de Bruxelas, em 1894; de acordo com seus princípios, ele se propõe procurar para cada elemento formal uma justificativa objetiva, de ordem funcional se possível, ou de ordem psicológica, utilizando as teorias contemporâneas do *Einfühlung;* o andamento das linhas, dos modelos, os desenhos decorativos etc., são relacionados com as posições que o homem será levado a assumir, com as exigências de trabalho e de repouso, de tensão e de relaxamento. Essa procura leva-o na direção de formas fluentes e coligadas, semelhantes às de Horta porém mais simples e rigorosas, especialmente no início. Tal simplificação — pouco usual até então, exceto na Inglaterra — deve-se provavelmente à imediata ressonância polêmica de suas decorações e à vivacidade das reações positivas e negativas.

Ao mesmo tempo, começa a atividade de Van de Velde como teórico e propagandista; [14] sua primeira conferência é proferida em Bruxelas em 1894 frente ao grupo La Libre Esthétique que substituiu, no ano anterior, ao Les XX. Mesmo reconhecendo a prioridade do movimento inglês, Van de Velde sustenta que as experiências de Morris e de seus seguidores são por demais aristocráticas e distanciadas da realidade, e afirma que a renovação das artes surgirá da aceitação confiante das máquinas e da produção em série. [15]

Em 1897, após a recusa da Université Libre de la Belgique de ratificar a nomeação de dois professores

---

12. VAN DE VELDE, H. Op. cit., p. 146.

13. VAN DE VELDE, H. Op. cit., p. 148.

14. As conferências de VAN DE VELDE estão reunidas em dois volumes: *Kunstgewerbliche Laienpredigten*, Berlim, 1901, e *Die Renaissance im moderne Kunstgewerbe*, Berlim, 1901 e Leipzig, 1903.

15. PEVSNER, N. Op. cit., pp. 21-22.

280

267, 268, 269. Bruxelas, a Maison du Peuple (V. Horta, 1897).

estrangeiros, um grupo de professores pede demissão e funda um instituto independente, chamado Nouvelle Université, convidando logo Van de Velde para ocupar o cargo de ensino das artes decorativas e industriais.

Enquanto isso, a fama de Van de Velde chega ao exterior. Em 1895, o *marchand* de arte S. Bing, acompanhado do crítico de arte J. Meier-Gräfe, faz uma visita a Van de Velde em sua casa de Uccle e lhe encomenda depois algumas decorações, que são expostas em Paris em 1896 e em Dresden em 1897. Enquanto na França a acolhida é discordante, [16] na Alemanha Van de Velde encontra um terreno propício, já preparado pela atividade de Meier-Gräfe mesmo e pela revista *Pan* por este fundada em 1895.

Em 1898, tal como Morris, monta em Uccle um laboratório próprio de artes aplicadas, Arts d'Industrie, de Construction et d'Ornamentation Van de Velde & C., com os sócios Bodenhausen, D. e K. Hermann; em 1900, transfere-se para Ragen, onde rearranja o museu Folkwang; em 1902, é chamado para dirigir o Weimar Kunstgewerblicher Institut — que, no pós-guerra, irá tornar-se a Bauhaus de Gropius — e constrói, em 1906, a nova sede da escola além de numerosas residências.

A partir de 1907 — quando é fundada a Werkbund —, a ação de Van de Velde está estreitamente ligada à dos mestres alemães, no seio do organismo que pode ser considerado como a matriz do movimento moderno. Sua clara visão intelectual do problema arquitetônico leva-o a estar presente onde amadurece, em meio a dificuldades de todo gênero, a solução mais completa e frutífera. Seu limite em relação aos iniciadores do movimento moderno é essencialmente um limite de sensibilidade; dir-se-ia que Van de Velde fica surpreendido pela velocidade dos desenvolvimentos — nos anos entre 1907 e 1914, o ritmo dos acontecimentos quase se precipita — e que teme que, nos grandes empreendimentos de organização dos alemães, se perca o delicado equilíbrio da expressão artística. Assim, talvez, deva ser interpretado seu contraste com Muthesius na reunião da Werkbund, em 1914, contado por Pevsner:

Muthesius era a favor da padronização *(Typisierung)*, enquanto Van de Velde era a favor do individualismo. Muthesius dizia: "A arquitetura e todas as esferas de atividade da Werkbund tendem para a padronização, porque somente assim poderão voltar a ter aquela importância universal que possuíam nos séculos de civilização harmoniosa. Somente com a padronização... entendida como sadia concentração de forças, pode-se difundir um gosto seguro e aceitável pela maioria", Van de Velde replicava: "Enquanto existir artistas na Werkbund... eles se oporão a qualquer cânone fixo e à padronização. O artista é essencialmente e intimamente um individualista apaixonado, um criador espontâneo. Ele jamais se submeterá voluntariamente a uma disciplina que lhe imponha normas e cânones". [17]

Essa declaração, de parte do homem que vinte anos antes havia proclamado a necessidade de aceitar a produção industrial, não pode ser considerada como uma retratação, e o próprio autor mais tarde disse a Pevsner que não mais compartilhava desse juízo. Constitui, antes, a transposição de um juízo artístico para o plano teórico, uma vez que quem havia participado da formação da *art nouveau,* no clima refinado da Bruxelas *fin-de-siècle,* não podia aceitar facilmente as chocantes simplificações dos alemães nos anos que antecedem a guerra mundial.

Van de Velde é, sem dúvida, dentre os mestres de sua geração, o que possui as idéias mais claras. A fim de avaliar a importância de sua contribuição, é necessário olhar não somente para as obras projetadas ou escritas pessoalmente, como também para o trabalho de organização, para sua capacidade de animador, para as energias que soube suscitar nos outros.

Após ter contribuído como um dos primeiros para dar início ao movimento da *art nouveau,* ele é o único a perceber claramente a provisoriedade das posições em que se firmou. Por tal razão, sua figura pertence somente em parte à vanguarda; se enquanto projetista fica fechado nesse campo, como mestre opera mais além e entra no movimento moderno, aderindo sem prevenções aos desenvolvimentos sucessivos; durante sua longa velhice, até a morte em 1957, Van de Velde apóia sempre as experiências renovadoras das gerações posteriores, porém, sabiamente se mantém de lado, abstendo-se de retomar posições de batalha. Entre as duas guerras, vive na Bélgica, dirige o Institut Supérieur des Arts Décoratifs de la Cambre, segue atentamente com seus escritos o desenvolvimento da arquitetura européia, [18] e projeta ocasionalmente alguns edi-

---

16. Escrevem a favor os críticos T. Nathanson, C. Mauclair; contra, A. Alexandre, O. Mirbeau e A. Rodin, que declara: "V. de V. é um bárbaro", ver *Extracts* cit., p. 152.

17. PEVSNER, N. Op. cit., pp. 21-22.

18. Escritos de H. VAN DE VELDE do pós-guerra: *Formules d'une esthétique moderne,* Bruxelas, 1923; L'orientation du goût en architecture, em *Europe,* 1923; *Vers une construction collective,* quinto manifesto do grupo De Stijl, Paris, 1923; Devant l'architecture, em *Europe,* 1924; *Der neue Stil in Frankreich,* Berlim, 1925.

270. Bruxelas, detalhe da Casa Solvay (V. Horta, 1895).
271, 272. Bruxelas, detalhes da Casa Horta (V. Horta, 1898).

273, 274. Duas decorações de Horta, expostas em Turim em 1901 (da publicação de A. Koch sobre a Exposição de Turim de 1901).

275, 276, 277. H. Van de Velde, duas fivelas para cinto (1904) e uma cadeira de balanço (1903; do catálogo da Exposição de 1957 no Kunstgewerbemuseum de Zurique).
278. Escrivaninha e poltrona de H. Van de Velde, expostas em 1957 no Kunstgewerbemuseum de Zurique.

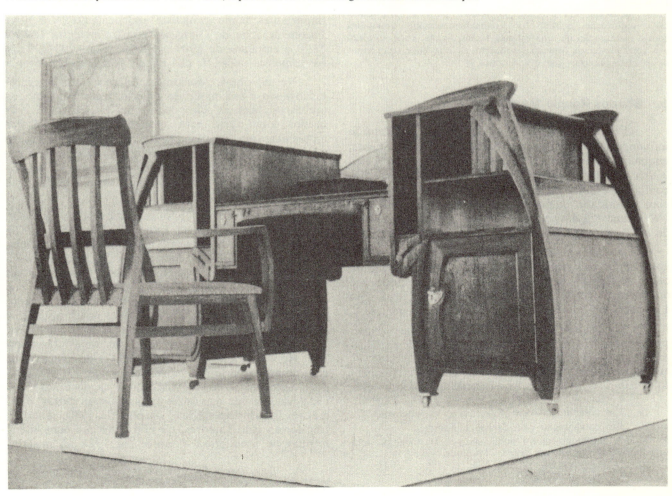

fícios, onde leva em conta, de modo comedido, o novo repertório internacional (algumas residências particulares, o asilo de Hannover de 1929, o pavilhão belga em Paris em 1937 [19] e em Nova York em 1939). [20] Depois da Segunda Guerra, estabelece-se na Suíça, onde escreve suas memórias. [21]

A primeira parte da autobiografia termina com as seguintes palavras:

> Tal como o mal luta perpetuamente para corromper a virtude, da mesma forma, através de toda a história da arte, um temor maligno procura ingentemente macular ou deformar os mais puros ideais de beleza do homem. O breve interlúdio da *art nouveau*, movimento efêmero que não conheceu outra lei senão o próprio capricho, foi seguido... pelo começo hesitante de um novo estilo disciplinado e proporcional a seus fins, o estilo de nosso tempo. Duas guerras mundiais prolongaram suas dificuldades de crescimento, mas passo a passo prossegue seu caminho consciente para a maturidade. E a maturidade, quando for finalmente atingida, coincidirá com a instauração de uma estética racionalizada, onde a beleza e a forma estejam imunizadas contra as infecções recorrentes do parasita danoso que é a fantasia. [22]

3. Charles Rennie Mackintosh

As obras de Morris, Voysey, Ashbee, Mackmurdo influenciam os movimentos de vanguarda do continente, enquanto as experiências de Horta, de Van de Velde e dos vienenses são acolhidas na Inglaterra com desconfiança e dificuldade, e freqüentemente são julgadas com severidade como sendo por demais estetizantes (W. Crane: "a doença decorativa conhecida pelo nome de *art nouveau*"). [23]

Contudo, em um ambiente periférico, em Glasgow, surge um grupo de artistas que se inserem no cerne do debate da vanguarda européia, de modo que nos manuais costuma-se classificá-los, desde logo, com a etiqueta *art nouveau* (Zevi, Madsen, Pevsner etc.).

A notoriedade é alcançada, em um primeiro momento, por um grupo de pintores chamado de os Glasgow Boys — J. Guthrie, J. Lavery, E. A. Walton — que expõem suas obras em Londres, em 1890 (também aqui, como na Bélgica, a experiência dos pintores precede a dos arquitetos). Poucos anos mais tarde, no seio da Escola de Arte de Glasgow, forma-se um grupo de artistas com interesses mais amplos, arquitetos, pintores, decoradores, que compreende, entre outros, G. Walton, irmão do pintor, C. R. Mackintosh, H. Macnair, as duas irmãs Macdonald e T. Morris. Mackintosh, Macnair e as duas Macdonald — que depois se tornam suas respectivas esposas — são conhecidos também como "os quatro" e freqüentemente trabalham em conjunto.

Charles Rennie Mackintosh (1868-1928), o mais dotado deles, é contratado em 1890 como desenhista na firma de arquitetura Honeyman & Keppie; quatro anos mais tarde, torna-se sócio da mesma e ali trabalha até 1913; enquanto isso, "os quatro" expõem em Londres na mostra de Arts and Crafts de 1896 e Mackintosh consegue em 1897 os primeiros encargos importantes como projetista independente: a nova Escola de Arte de Glasgow (construída entre 1898 e 1899 e ampliada de 1907 a 1909) (Figs. 291-293), e os primeiros salões de chá para a senhorita Cranston.

Nessas obras, Mackintosh oferece uma interpretação nova e fascinante do repertório *art nouveau*: os arabescos lineares das decorações à Beardsley são usados como meio para a qualificação espacial dos ambientes; um relacionamento novo, mais direto, é estabelecido entre a ossatura mural — freqüentemente maciça e disposta em ângulo reto — e os acréscimos em madeira ou em metal, dobrados com uma fantasia gráfica encantadora.

Logo depois, expondo seus móveis na Secessão de Viena em 1900 e na Exposição Internacional de Turim, em 1901, Mackintosh adquire subitamente fama européia. Em 1901, o editor alemão A. Koch organiza um concurso para o projeto de uma "casa para um amante da arte" que é vencido por Baillie Scott, mas os desenhos de Mackintosh — publicados juntamente com os demais, em 1902 — são os mais discutidos e comentados. [24] Nesse ínterim, ele constrói duas *villas* nos arredores de Glasgow, uma das quais, chamada Hill House (Figs. 294-296), tendo sido conservada com uma boa parte dos móveis e objetos, é o principal documento do gosto de Mackintosh na decoração doméstica, uma vez que quase todas as suas outras arrumações foram dispersadas. Depois de 1913, tendo-se transferido para Londres, ele não consegue mais encomendas de arquitetura e morre em 1928 na miséria,

---

19. Em colaboração com Eggerick e Verwilghem.
20. Em colaboração com Stynen e Bourgeois.
21. A autobiografia foi publicada por H. CURJEL, com o título *Geschichte meines Lebens*, Munique, 1962.
22. VAN DE VELDE, H. Op. cit., p. 155.
23. Cit. em N. PEVSNER, op. cit., p. 67.
24. *Haus eines Kunstfreundes*, com prefácio de H. MUTHESIUS, Darmstadt, 1902.

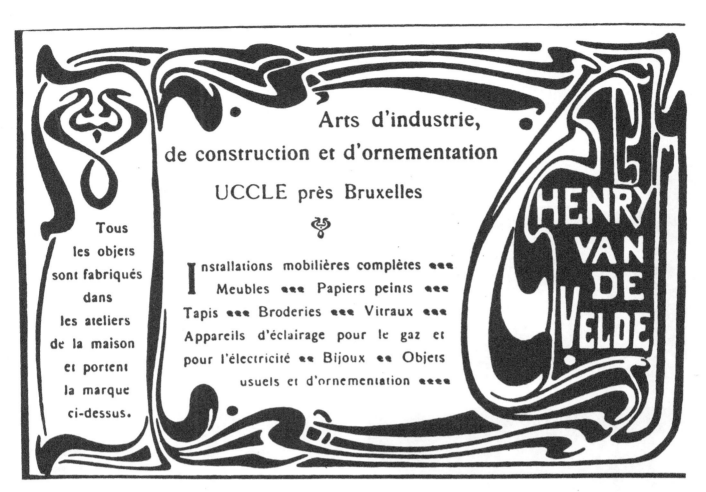

279. Manifesto do *atelier* Van de Velde em Uccle (1898).
280. Caricatura de Kari Arnold sobre a discussão no Congresso da Werkbund de 1914; Van de Velde propõe a cadeira individual, Muthesius propõe a cadeira-tipo, e o marceneiro faz a cadeira para sentar (de H. Van de Velde, *Geschichte meines Lebens*).

281, 282, 283. H. Van de Velde, cômodo de trabalho para J. Meier-Gräfe (1896) e dois interiores da Casa Esche em Lautrebach (1906; de K. E. Osthaus *V. de V.*, 1920).

284, 285, 286. H. Van de Velde, serviço de chá de prata e dois interiores da Casa Van de Velde em Weimar (1906; de Osthaus, op. cit.).

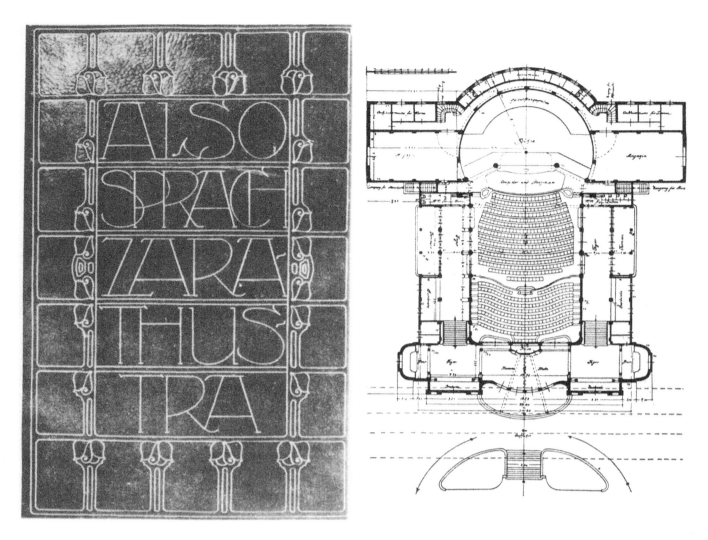

287, 288. H. Van de Velde, encadernação do livro e planta do teatro para a Exposição da Werkbund de Colônia (1914; de G. A. Platz, *Die Baukunst der neuesten Zeit*, 1927).

289, 290. Hagen duas vistas da Casa Springmann (H. Van de Velde, 1913; de K. E. Osthaus, op. cit.).

também em virtude do vício de beber que dificulta suas relações sociais.

Para avaliar a obra de Mackintosh, é necessário levar em conta o relacionamento com a tradição, que na Inglaterra coloca-se de modo diverso do que no continente.

O espírito conservador e de reverência pelas tradições nacionais é um dos caracteres constantes da cultura inglesa; além disso, a referência a uma porção determinada desse passado, a Idade Média, está coligada aos ensinamentos de Ruskin e Morris. Por tal razão, o movimento de Glasgow, diversamente dos movimentos do continente, não comporta uma polêmica do mesmo gênero contra a tradição e os estilos históricos, mas atinge largamente as fontes antigas, seja o repertório neogótico convencional, seja a herança local da arquitetura baronal escocesa (ainda que os autores ingleses, através do mesmo apego à tradição, tendam a superestimar essa componente na obra de Mackintosh e de seus colegas). Em 1903, Mackintosh participa do concurso para a catedral de Liverpool com um projeto em puro estilo gótico, embora modernizado com decorações originais.

Por outro lado, a orientação geral retrospectiva torna difícil a vida aos artistas de vanguarda. Quem deseja introduzir novas experiências, deve abrir caminho por si mesmo, mediante duros esforços, e a sociedade emprega um tempo bastante longo para deixar-lhe lugar.

Talvez por isso a produção de vanguarda inglesa tenha um caráter tão desigual e que Mackintosh jamais consiga dar a plena medida de seu talento incomparável, conservando sempre, mesmo nas melhores obras, um certo constrangimento e alternando formas duras e pontiagudas com outras lânguidas, frágeis, que por vezes são colocadas bruscamente lado a lado, com efeitos de extraordinária excitação. Assim pode-se explicar a sorte deste artista genial, isolado e colocado de lado exatamente no país onde a cultura artística está mais preparada e é mais rica em experiências, e onde Morris, já distanciado por uma geração, abriu o debate sobre a arte moderna.

No primeiro decênio do século XX, os fermentos da vanguarda exaurem-se progressivamente na Inglaterra, e a herança de Morris, bem como a de Mackintosh, passa aos movimentos do continente europeu.

O motivo principal dessa retração, mesmo que não seja o único, é sem dúvida de ordem social. Na Inglaterra, as distâncias entre as classes sempre foram marcadas, porém compensadas por uma forte mobilidade vertical e pela posição singularmente aberta da classe dirigente, que teve sucesso em compor os contrastes de interesses em um relativo equilíbrio; os progressos da cultura da era vitoriana são obtidos por uma elite relativamente restrita, mas animada por ideais nobres e desinteressados, dos quais Morris é representante típico.

Agora, porém, os contrastes sociais tornam-se precisos em termos de luta de classes — em 1893 é fundado o Partido Trabalhista, que, em 1906, envia a primeira representação ao Parlamento — e a classe dominante, ameaçada de perto em seus interesses, começa a enrijecer-se em posições conservadoras, retirando seu apoio aos intelectuais progressistas que ela mesma expressou. O tradicionalismo artístico — que, para Morris, era um sentimento de romântica nostalgia do passado e até mesmo um incentivo para modificar o presente — torna-se subitamente importante como cobertura para o tradicionalismo social. Escreve Pevsner:

> Enquanto o novo estilo era uma questão que dizia respeito praticamente à classe mais rica, a Inglaterra podia segurar as rédeas, mas no momento em que o problema começou a investir todo o povo, foram outras nações que se puseram na vanguarda, nações que não mais viviam ou jamais haviam vivido na atmosfera do Ancien Régime, nações que não aceitavam mais, ou não conheciam, os contrastes educativos e sociais existentes na Inglaterra entre as classes privilegiadas e as classes pobres... E foi justamente essa instintiva tendência conservadora que impediu um distanciamento radical das tradições, indispensável para a formação de um estilo adaptado a nosso século. Assim, exatamente quando os arquitetos do continente europeu descobriram na arquitetura e nas obras de artesanato inglesas os elementos de um estilo verdadeiramente novo, a Inglaterra retirou-se para um neoclassicismo eclético, por vezes muito cheio de dignidade, mas quase que completamente estranho aos problemas e às exigências dos nossos tempos. Nas casas de campo e da cidade, prevaleceram o neogeorgiano e o neocolonial, e nos edifícios públicos, bancos etc. ressurgiram imponentes filas de enormes colunas. [25]

4. Otto Wagner

A arquitetura austríaca adota os estilos históricos com rigorosa propriedade até fins do século XIX, com uma preferência constante pelo neoclassicismo; a única vinculação importante com os movimentos de reforma que amadurecem no Ocidente depois da metade do

---

25. PEVSNER, N. Op. cit., p. 67.

291, 292, 293. Glasgow, a Escola de Arte (C. R. Mackintosh, 1898-1909; de T. Howarth, *C. R. M.*, 1952).

Andar térreo
1. entrada
2. escritório
3. loja
4. vestiário
5. sala de professores
6. sala de aula
7. sala de desenho
8. biblioteca

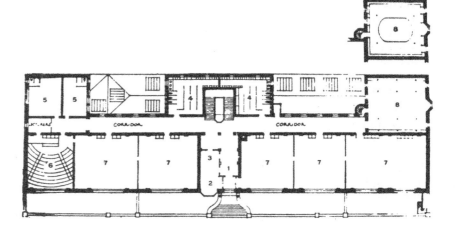

século é constituída pelos ensinamentos de G. Semper, que trabalhou na Inglaterra com H. Cole. Talvez se deva a essa ligação o fato de que o classicismo austríaco conserve, em geral, clareza e equilíbrio, e esteja relativamente imune à involução que em outras partes ataca a cultura acadêmica.

A renovação súbita da cultura artística na última década do século XIX deve por certo ser relacionada com a evolução social e política do Império — em 1896 é introduzido, pela primeira vez, o sufrágio universal para a eleição de uma parte dos deputados — como é evidente o paralelismo entre a Secessão e a direção liberal do ministério Körber (1900-1904). O movimento austríaco, contudo, é guiado por uma personalidade dominante, a de Otto Wagner (1841-1918), que age, por meio do exemplo e dos ensinamentos, sobre a geração jovem.

Wagner, nascido em 1841, tem vinte anos mais do que Horta e, até a idade de cinqüenta anos, trabalha no sulco cavado pela tradição clássica vienense, alcançando uma eminente posição profissional. Em 1894, nomeado professor da Academia de Arte de Viena, afirma, em sua preleção inicial, a necessidade de uma renovação radical da cultura arquitetônica, a fim de harmonizá-la com a necessidade do tempo atual, e desenvolve essa tese com maior amplidão no livro *Moderne Architektur*, publicado no ano seguinte.[26] Nesse ínterim, constrói os edifícios do metrô da capital austríaca (Figs. 299 e 300), onde as instalações neogóticas são atenuadas e simplificadas, enquanto uma nova linguagem decorativa adquire a primazia sobre o habitual repertório de imitação. Nas obras seguintes, dentre as quais o Banco Postal de 1905 (Fig. 305), a igreja de Steinhof de 1906 (Figs. 301 e 302) e a Biblioteca Universitária de 1910 (Figs. 306 e 307), Wagner amadurece seu estilo em contato com as experiências dos mais jovens — especialmente de Olbrich, que trabalha em seu estúdio de 1894 a 1898 — e propõe uma alternativa coerente à linguagem tradicional, livre, ao menos na aparência, das referências aos estilos históricos.

O programa de Wagner é análogo ao dos belgas ou da escola de Glasgow: a nova arquitetura deve libertar-se de toda imitação e levar em conta as condições técnicas modernas. O ponto crucial é a palavra "novo", que resume a refutação da tradição e a confiança na liberdade individual, e comparece — ela mesma ou um sinônimo — em todas as fórmulas programáticas da época.

Sob tais fórmulas, contudo, encerram-se diversas orientações. Wagner entende a renovação da linguagem arquitetônica de modo estrito: normalmente não se afasta dos esquemas de composição usuais, das planimetrias simétricas e isoladas, do deslocamento costumeiro dos elementos decorativos, porém reconduz, de preferência, os efeitos plásticos para a superfície; os lugares dos efeitos de luz habituais são ocupados por desenhos ornamentais planos, geralmente em cor escura sobre fundo claro, e as articulações entre os volumes são reduzidas a combinações de linhas. Em suma, o repertório tradicional é renovado por meio da transposição dos valores formais de plásticos a cromáticos, do todo em relevo ao plano (Riegl diria: dos valores táteis aos valores ópticos).

Não se trata, deve-se observar, de uma simples mudança decorativa: com esse tratamento, todo o organismo arquitetônico é movimentado e transformado, e o instrumental rígido da tradição torna-se elástico, maleável, adaptável às novas exigências.

Esse procedimento, extremamente rico de conseqüências, será generalizado no decênio seguinte e tornar-se-á um dos componentes fundamentais do gosto europeu, mesmo quando o movimento moderno houver eliminado as referências aos estilos históricos. Por enquanto, contudo, está estreitamente ligado ao repertório neoclássico, o qual fornece, para cada novo elemento, o termo de confronto.

Melhor do que renovação, dever-se-ia talvez falar em ampliação da tradição. A passagem das experiências conformistas para as não-conformistas não é súbita nem completa: ao lado do repertório clássico surgem, de 1894 em diante, novas formas, porém Wagner continua a projetar, até uma idade avançada, edifícios em estilo clássico, quando as circunstâncias assim o exigem, e mesmo nas obras mais modernas e audaciosas ele se compraz em conservar algum elemento clássico — uma ordem arquitetônica, como na fachada da igreja de Steinhof, ou um fragmento de ordem — quase como um resíduo não sujeito ao acima mencionado procedimento de transposição. Freqüentemente é feito o mesmo pelos arquitetos vienenses da geração seguinte (inclusive Loos, na *villa* de Montreux e na casa de Michaelerplatz), e deve-se considerar que todos, embora diferentes por temperamento e ricos em fantasia, estão sujeitos a cair em uma espécie de neoclassicismo de retorno (*Villa* Feinhals em Colônia, de

---

26. Republicado em 1914 com o título *Die Baukunst unserer Zeit*.

294, 295, 296. Glasgow, Hill House (C. R. Mackintosh, 1902-1906; de T. Howarth, op. cit.).

297. Móvel de Mackintosh exposto em Turim em 1901 (da publicação cit., de A. Koch).

298. C. R. Mackintosh, aquarela, cerca de 1924 (de T. Howarth, op. cit.).

Olbrich; pavilhão austríaco na mostra da Werkbund de 1914, de Hoffmann; projeto para o *Chicago Tribune* de Loos).

Mesmo a polêmica teórica de Wagner desenvolve-se em termos quase tradicionais. Ele combate a tradição acadêmica sobretudo em nome da liberdade individual; constata que a disciplina estilística herdada do passado enrijeceu-se em um conformismo inerte e passivo, e a isso contrapõe a espontaneidade do artista, que deve deixar-se guiar somente por seu temperamento:

> O artista é, antes de mais nada, uma natureza produtiva, marcada individualmente; a criatividade é sua virtude mais importante. Não pode existir qualquer protecionismo na arte, porque toda proteção ao fraco conduz a um rebaixamento do nível artístico. Na arte somente o forte deve ser encorajado, a fim de que somente suas obras ajam como modelos ideais, ou seja, de um modo artisticamente estimulante. Já alguém disse: "nenhuma piedade para a mediocridade na arte..." Nossa cultura artística, portanto o progresso da arte, está confiada às mãos das personalidades originais. [27]

O liberalismo modernista de Wagner tem relações evidentes com o liberalismo tradicionalista de Guadet; não é por acaso que os dois começam a ensinar no mesmo ano nas academias de Paris e de Viena e que oferecem duas interpretações diversas de um pensamento comum, que se constitui no fermento inicial de todos os movimentos em curso nos vários países da Europa.

Como ocorre em relação ao liberalismo político em fins do século XVIII, a nova orientação é definida principalmente de modo negativo, enquanto libertação dos vínculos tradicionais, e todos os discursos são feitos em função do passado, que está continuamente presente como termo de comparação; fica, assim, indeterminado o problema da organização que deve nascer da nova orientação, e fica em aberto a possibilidade de restabelecer os antigos vínculos a fim de fazer frente a imprevistos compromissos de organização. Considere-se, por exemplo, a esterilidade do método wagneriano na urbanística, e o caráter áulico e convencional de seus projetos para ampliação de Viena.

A persistente ligação entre o novo movimento e a tradição — que, para Wagner, é uma relação entre diversas fases de sua experiência e é transmitida aos jovens por meio de seus ensinamentos — limita, de certa maneira, as experiências dos austríacos em relação à da vanguarda ocidental, porém constitui também o motivo principal do êxito dessa escola. Com efeito, as experiências de Wagner e de seus discípulos não apenas propõem uma alternativa coerente para os estilos habituais, como também fornecem um método para abordar e transformar todo o imenso repertório de formas e de hábitos visuais e mentais herdados do passado, e para transformá-lo a fim de liquidá-lo definitivamente.

Por essa razão a escola austríaca, enquanto é responsável, em grande medida, por aquele irritante compromisso entre classicismo e modernismo — com arcos lisos e alongados, colunas sem capitéis, volumetrias simétricas e simplificadas, abuso de revestimentos com lajes, perfis nivelados e assim por diante — que leva o nome de "estilo novecentista" e que deixou sua marca em uma parte tão grande da produção européia entre as duas guerras, também evitou cristalizar-se rapidamente demais em uma moda decorativa, e preparou o terreno para o movimento moderno de modo mais direto do que qualquer outro movimento contemporâneo.

5. Joseph Maria Olbrich

Dentre os discípulos de Wagner, Joseph Maria Olbrich (1869-1908) é o mais próximo ao mestre e encarna melhor do que qualquer outro seu ideal de artista livre "que preservou sua sensibilidade natural não corrompida".

Depois de ter estudado na Academia com Hasenauer, ele obtém o Prêmio de Roma e viaja pelos países meridionais; voltando a Viena em 1894, trabalha por cinco anos no estúdio de Wagner e desenha a parte decorativa dos edifícios do metrô. Em 1897, adere ao movimento da Secessão e, no ano seguinte, projeta o edifício para as exposições do grupo (Fig. 308). Em 1899, é chamado a Darmstadt pelo príncipe E. L. von Essen, a fim de construir em uma colina, perto da cidade, a Künstler-Kolonie: conjunto de residências e de ambientes de exposição para um grupo de artistas protegidos pelo mecenatismo do soberano: o jovem arquiteto P. Behrens, o pintor H. Christiansen, o desenhista P. Burck, o escultor L. Habich, o decorador P. Huber, o joalheiro R. Bosselt. Olbrich projeta os edifícios, os movimentos de terra, o mobiliário, o jardim, a decoração para as exposições,

---

27. As citações são extraídas do epítome contido no Cap. IV da biografia de J. A. Lux, *Otto Wagner*, Munique, 1914.

299, 300. Viena, estações do metrô na Karlsplatz e no parque de Schönbrunn (O. Wagner, 1894-1897).

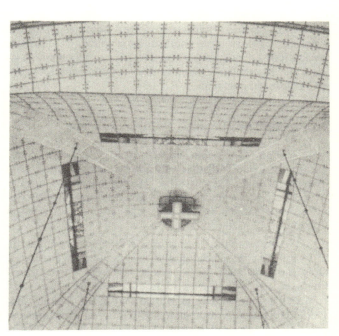

301, 302. Viena, igreja de Steinhof (O. Wagner, 1906).

303. Viena, casa popular (O. Wagner, 1911; de J. A. Lux, O.W., 1914).
304. Título do livro *Die Wagner-Schule*, Leipzigt, 1902.

a publicidade e até mesmo os aparelhos de mesa e as roupas dos garçons do restaurante (Figs. 309-312 e 314-317).

O complexo é inaugurado em 1901, com uma mostra coletiva do grupo, é enriquecido com novos edifícios em 1904, para uma segunda mostra, e é completado em 1907 com um grande palácio para exposições, que compreende a célebre torre panorâmica denominada Hochzeitturm. Em 1908, Olbrich transfere-se para Düsseldorf a fim de supervisionar a construção dos grandes magazines Tietz, e morre subitamente no mesmo ano.

Olbrich desaparece com apenas quarenta anos, às vésperas dos anos mais férteis para os movimentos de vanguarda europeus, deixando, contudo, uma produção copiosa e singularmente compacta. Ele projeta com extraordinária facilidade e sem esforço aparente, porém aquilo que mais maravilha o observador de hoje é ver que suas inúmeras idéias são quase sempre traduzidas concretamente com inexcedível propriedade técnica.

Considere-se, por exemplo, a torre do palácio para exposições de 1907; as paredes, em tijolos vermelhos à vista, são interrompidas por trechos em pedra e campos de mosaico azul e ouro (Fig. 312); a parte mais alta é revestida de tijolos esmaltados em cor púrpura escura, sobre a qual se destacam os pequenos balcões de ferro, e o cume é de madeira recoberta de cobre polido; ele não se fixa, como Horta, em um número limitado de materiais e de associações típicas, mas se compraz em utilizar muitos meios diversos, os quais lhe permitem obter uma gama vastíssima de efeitos cromáticos; disso deriva uma extraordinária variedade de adornos, sempre resolvidos de modo feliz, de maneira que o edifício, depois de cinqüenta anos, ainda está praticamente inalterado e revela ao visitante, quase que intacta, sua suntuosa veste decorativa.

Custa crer que Olbrich tenha podido controlar diretamente todas essas particularidades, mas é exatamente a solução pontual de cada dificuldade técnica que dá a essa arquitetura sua imediata leveza expressiva, tal como nas obras do mestre belga. Essa integridade que, hoje, parece ser quase inatingível, situando-se além dos problemas de organização que cresceram enormemente, é talvez o motivo principal do fascínio de Olbrich e pode ser explicada de uma só maneira: com o completo entendimento entre projetista, fornecedores e executantes, que, provavelmente, não foi perturbado pela orientação renovadora do mestre austríaco.

Isso significa que a novidade da arquitetura olbrichiana diz respeito à escolha das formas, mas deixa inalterados os processos técnicos e as relações de organização tradicionais; é uma reforma que se detém na superfície dos objetos, que amplia o repertório da cultura eclética sem tentar forçar seus confins conceituais.

Nos últimos anos, com efeito, quando tem de enfrentar temas particularmente comprometedores, Olbrich volta-se com naturalidade para os modelos neogóticos — nos magazines Tietz — e neoclássicos — na Casa Feinhals — e retorna aos organismos fechados de índole wagneriana.

6. Joseph Hoffmann

Joseph Hoffmann (1870-1956), um ano mais jovem do que Olbrich, estuda na Academia com Wagner, adere à Secessão e estréia em 1898 com a preparação de uma sala na primeira mostra secessionista, mostrando desde logo sua inclinação para a decoração.

Nesse momento, chegam a Viena os produtos da arte aplicada dos movimentos de vanguarda europeus. O Barão von Scala organiza em 1897 em Viena a primeira mostra dos móveis ingleses, e von Muthesius fez com que se conhecesse as obras de Van de Velde. Em 1899, Hoffmann é nomeado professor da Kunstgewerbeschule e, em 1903, juntamente com Kolo Moser, funda um laboratório próprio, o Wiener Werkstätte, ao qual dedica, a partir de então a maior parte de suas energias.

Enquanto isso, sucedem-se os encargos arquitetônicos: algumas *villas* senhoriais em Viena e seus arredores (Fig. 324), depois, em 1903, o primeiro edifício público, o sanatório de Purkersdorf (Fig. 323). Aqui, Hoffmann simplifica o discurso arquitetônico, auxiliado pelo tema, até seu limite extremo: o edifício surge como um bloco de alvenaria rebocado em branco, coroado por uma simples laje e perfurado por janelas de formas variadas; somente uma fileira de ladrilhos com quadrados brancos e azuis percorre cada ângulo, a fim de obter-se a desejada transposição dos efeitos volumétricos para o plano. Costuma-se considerar esse edifício como uma antecipação do racionalismo; contudo, por si mesmo, é uma obra exatamente definível dentro dos limites do método wagneriano e constitui um dos possíveis resultados do procedimento de transcrição cromática dos modelos tradicionais, sendo que

305. Viena, Banco Postal (O. Wagner, 1905).
306, 307. Viena, Biblioteca Universitária (O. Wagner, 1910; de J. A Lux, op. cit.).
308. Viena, a Secessão (J. M. Olbrich, 1898).

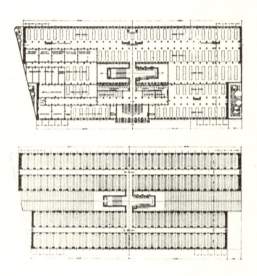

tampouco pode ser julgado sem que se faça referência à tradição. Isso é demonstrado pela planta rigidamente simétrica, pelo gosto pelos relacionamentos, pelo cuidado em diferenciar os vários planos variando a forma e o distanciamento das janelas.

Em 1905, Hoffmann começa os trabalhos para o palacete Stoclet de Bruxelas, os quais prosseguem até 1914 (Figs. 318-322). É significativo o fato de que Hoffmann dê a plena medida de si mesmo em um tema totalmente excepcional, a residência de periferia para um rico industrial, tão ampla e luxuosa que mereça o nome de palacete. A decomposição do volume do edifício em quadrados, circundados por listas escuras, é obtida aqui por meio de um revestimento em mármore branco da Noruega, entremeado por cornijas em bronze, enquanto a simetria parcial, reconhecível na planta ou na fachada para o jardim, é variada por numerosos episódios, cada um de per si simétrico, mas agrupados livremente segundo as necessidades funcionais. Trata-se, tal como na Freiekunst de Olbrich, de um desvio calculado das regras de perspectiva, baseado talvez em uma referência a certos aspectos menos divulgados da tradição passada — existe um modo semelhante de compor na idade romana tardia e um modo análogo no gótico inglês, retomado pelos arquitetos medievalistas do século XIX — ou, mais provavelmente, em um cálculo dos efeitos dinâmicos que são obtidos por uma modificação dosada dos hábitos visuais correntes; em todo caso, este método de compor depende de uma sagaz mediação cultural e deve ser sustentado por uma sensibilidade muito vigilante que controle diretamente cada detalhe.

Quem visita o palacete Stoclet é logo induzido a observar de perto os deliciosos detalhes de que Hoffmann o dotou profusamente; também aqui a rigorosa propriedade técnica e a boa conservação — facilitada pelo emprego de materiais de qualidade e pelo cuidado constante que os proprietários dedicam a essa moradia — são condições fundamentais da expressão arquitetônica. O próprio jardim, feito de relva plana, de sebes e de árvores sempre verdes talhadas em formas geométricas, está praticamente ao abrigo do correr do tempo; tudo isso confere a essa obra uma espécie de abstração monumental, porquanto conserva imobilizada a forma de uma vida transcorrida e comunica mesmo um certo desconcerto, como a estátua de cera de um antigo personagem.

Tanto o sanatório de Purkersdorf, quanto o palacete Stoclet, foram decorados inteiramente pela Wiener Werkstätte. Através dessa empresa, Hoffmann exerce sobre seus contemporâneos uma influência muito maior do que através das obras arquitetônicas. Graças a ele, a tradição da Arts and Crafts é libertada de todo traço de medievalismo, de tal modo que o gosto da Wiener Werkstätte acaba ditando as regras em toda a Europa, inclusive na França e na Inglaterra, onde suplanta em partes as tradições locais análogas (Fig. 326).

Os "móveis vienenses" são uma realidade que todos puderam sentir em cada loja de mobiliário; depois da guerra, parecem um pouco envelhecidos, mas continuaram a invadir as casas burguesas com poltronas de ramagens, com armários de quadrados claros, com leitos de cabeceiras modeladas, nos quais ressoam, vulgarizados por muitas repetições, os elementos estilísticos hoffmannianos.

Por razões semelhantes, Hoffmann torna-se, entre as duas guerras — depois da morte de Wagner —, o projetista mais célebre da capital austríaca; sobre essa sua ulterior atividade se falará mais adiante, no Cap. 16.

7. Adolf Loos

Os acontecimentos da vida de Adolf Loos (1870-1933) e suas teorias mantém-no distanciado dos arquitetos vienenses da mesma geração. Nascido em Brno e educado no interior, é surdo até os doze anos, e talvez esta limitação física influa em seu caráter e em seu destino; é um temperamento isolado como homem antes do que como artista, um "Diógenes moderno", como o definiu Persico. [28]

Fntre 1893 e 1896, enquanto na Áustria começa a polêmica modernista de Wagner, Loos viaja pela Inglaterra e pela América; voltando à pátria, começa a trabalhar com dificuldade, realiza algumas decorações e, em 1904, o primeiro edifício: a *Villa* Karma, em Montreux (Fig. 327), claramente inspirada em Wagner pelo ordenamento parcialmente simétrico, pelo uso de superfícies amplas e de aberturas límpidas, contrapostas à ordem dórica isolada que marca a entrada principal; o reboco branco, contudo, igualando todos os elementos do edifício, abole o costumeiro contraponto cromático e restabelece as determinações volumétricas tradicionais, que tornam esta arquitetura bastante mais encorpada e menos rebuscada do que os modelos wagnerianos.

---

28. E. PERSICO em *Casabella*, 1933, ver *Scritti critici e polemici*, Milão, 1947, p. 145.

309, 310, 311. Darmstadt, Matildenhöhe, o Palácio de Exposições (J. M. Olbrich, 1907; a vista embaixo de G. A. Platz, op. cit.).

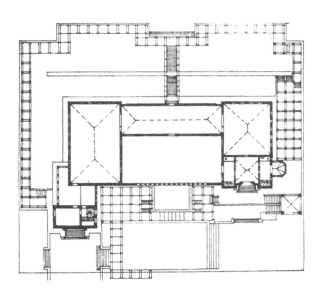

INHALT·

TITELZEICHNUNG
WIDMUNG·
V-XII·
EINFÜHRUNG·VON
LUDWIG·HEVESI -
1-78
ILLUSTRATIONEN·
IN· ZINKÄTZUNG··
A-G
FARBIGE·FLÄCHEN
ORNAMENTE ·IN
LITHOGRAPHIE =

ORIGINAL· LITHO=
GRAPHIE . OLBRICH

312. Darmstadt, Matildenhöhe, a base do Hochzeitturm (J. M. Olbrich, 1907).
313. Composição tipográfica (de L. Hevesi, op. cit.).

314, 315, 316. Darmstadt, Matildenhöhe, três vistas da Casa Ludwig (J. M. Olbrich, 1901).

Enquanto isso, começa a atividade de Loos como teórico e polêmico; escreve artigos, profere conferências e, em 1903, publica também, por pouco tempo, uma revista de título significativo: *O Outro — periódico para a introdução da civilização ocidental na Áustria*. Loos é o adversário implacável da Secessão; no apelo wagneriano para a liberdade do artista e na inspiração decorativa de Olbrich e de Hoffmann, ele vê uma espécie de dissipação cultural, substancialmente análoga à dos estilos tradicionais contra a qual combatem Wagner e os seus. Por tal razão, contrapõe ao culto da originalidade a modéstia e a discrição ("Evita ser original; o projeto facilmente impele-te a isso. Muitas vezes é necessário um grande esforço, enquanto se projeta, para afugentar todas as idéias originais. Mas, para dominar essa tentação, serve o seguinte pensamento: como viverão, dentro de cinqüenta anos, nesta casa e nestes ambientes, os homens para quem trabalho?"), ao valor do novo, a avaliação não emocional do que é conveniente ("Pode-se fazer algo de novo somente se se pode fazê-lo melhor. Apenas as novas invenções — luz elétrica, cobertura de madeira e cimento etc. — podem mudar a tradição") e chega a contrapor claramente arte e utilidade, colocando a arquitetura no âmbito da utilidade apenas ("A arquitetura não é uma arte... qualquer coisa que servir para alguma finalidade fica excluída da esfera da arte"). [29] Em 1908, no célebre artigo "Ornamento e delito", Loos sustenta que a arquitetura e as artes aplicadas devem dispensar todo ornamento, considerado como um resíduo de hábitos bárbaros.

As obras de Loos posteriores a 1908 constituem quase a demonstração prática de tais teses (Figs. 328 e 329). A casa na Michaelerplatz de 1910 e a Casa Steiner, do mesmo ano, na periferia de Viena, impressionam os contemporâneos pela eliminação completa de todo elemento não estrutural: são volumes de alvenaria lisa, na qual são recortadas as janelas e demais aberturas, enquanto uma cornija tabular ou uma simples cobertura assinalam a colocação do telhado.

Essas construções são consideradas como os primeiros documentos do racionalismo europeu e com toda certeza influenciaram a arquitetura de Gropius, de Oud, de Le Corbusier e dos demais mestres do pós-guerra. Os termos da polêmica de Loos são, contudo, os da cultura tradicional; ele aceita *a priori* a contraposição entre beleza e utilidade, entre objetos decorados e não decorados, depois toma partido pela utilidade e pela eliminação dos ornamentos. O movimento moderno começa revogando na discussão exatamente esses termos e, em seu âmbito, uma discussão como a de Loos torna-se destituída de sentido.

Mesmo o apelo à "razão" possui dois significados diversos. A razão de Loos é a *necessitas* wagneriana, isto é, um conjunto de regras gerais inerentes à própria natureza do ato de construir (o qual, por tal razão, segundo Wagner, deveria concordar *a priori* com o sistema de regras gerais da beleza, enquanto que, segundo Loos, deveria contrastar com o mesmo). A razão de Gropius é um princípio ativo, ordenador, no qual se concilia a antítese entre necessidade e beleza, uma vez que o valor das coisas não pode ser encontrado na natureza de alguma coisa, mas é produto da indústria do homem.

O aspecto despojado das obras de arquitetura de Loos — e de algumas de Hoffmann — deriva do procedimento wagneriano de simplificação do repertório tradicional. É suficiente ver como o abandono de certos valores estilísticos (a plástica secundária, a cor) exige ser equilibrado pela rigorosa conservação de outros (a ordenação volumétrica); por isso o sanatório de Purkersdorf é mais rigorosamente simétrico do que o palacete Stoclet, e a Casa Steiner mais do que a *villa* de Montreux. Nessas obras, a poética da escola vienense não é superada, mas apenas levada a seus limites.

Finalmente, deve-se considerar a contribuição norte-americana, que Loos absorveu em sua viagem de 1893-1896. É mérito de Zevi ter dado relevo a esse aspecto e tê-lo relacionado com a liberdade altimétrica que Loos concede a si mesmo no interior de suas moradias (Fig. 330). [30]

Todavia, essa importante indicação crítica espera ainda ser tornada mais precisa a fim de que fique estabelecida a natureza dessa "concessão espacial". Loos está acostumado, também graças a sua formação artesanal, a considerar as formas arquitetônicas como realidades diretamente intuíveis, independentemente da mediação do desenho. Nos EUA, ele encontra confirmação dessa sua inclinação, não nos ambiciosos programas da vanguarda — onde o desenho, pelo contrário, desempenha um papel tão importante —, mas no senso de adequação dimensional da construção doméstica corrente, no uso correto dos materiais, na aderências sem preconceitos às necessidades funcionais.

---

29. Cit. em L. MUNZ, *Adolf Loos*, Milão, 1956, pp. 11, 13 e 27.

30. ZEVI, B. *Storia dell'architettura moderna*. Turim, 1953 [3], pp. 110-111.

317. Darmstadt, Matildenhöhe, detalhe da Casa Olbrich (J. M. Olbrich, 1901).

Assim, ele é levado a rever a artificiosa divisão de um edifício em "planos" superpostos, a qual leva a que se atribuam a todos os ambientes uma altura fixa, convencional, isto é, a ver as relações entre os ambientes de modo exclusivamente gráfico, projetadas sobre o plano. Cada ambiente, pelo contrário — raciocina ele — deveria possuir a altura que se julgar singularmente mais oportuna, não mais, nem menos; somente assim pode ser controlado seu caráter com a imediaticidade desejada, sem subordiná-lo à correspondência com os ambientes contíguos. A mediação do desenho intervém somente para encaixar entre si os vários ambientes no volume do edifício, compensando pela maneira mais útil os vários desníveis. Daí nasce um novo procedimento de composição, que é por ele teorizado com o nome de *Raumplan*.

Neutra, aluno de Loos, conta que por volta de 1900 o mestre "desencadeou uma revolta contra o uso de se indicar as dimensões em cifras ou desenhos medidos. Era da opinião, como me disse, que um procedimento semelhante desumaniza a projetística: 'Se quero que um revestimento de madeira tenha uma determinada altura, coloco-me ali, estendo a mão até uma certa altura e o carpinteiro faz um sinal com o lápis. Depois afasto-me e olho-o de um ponto a outro, visualizando com todas as minhas forças o resultado terminado. Esse é o único modo humano de decidir a altura de um revestimento em madeira, ou a largura de uma janela' ".[31]

Loos entrevê em cada elemento arquitetônico um valor humano, vinculado a essa avaliação imediata e experimental; daí um horror pelo desperdício, técnico e moral ao mesmo tempo, que é provavelmente o motivo inicial tanto da polêmica contra a ornamentação, quanto da teoria do *Raumplan*. Aqui deve ser procurado, além do mais, a contribuição mais importante que Loos transmite ao movimento moderno, ou seja, uma espécie de avareza dimensional, contraposta à pródiga indiferença dos arquitetos acadêmicos; em lugar do campo da perspectiva vazio e ilimitado, tal como um domínio a ser conquistado ousadamente, Loos percebe o espaço onde se desenvolve a experiência humana, isto é, uma realidade concreta, limitada, quase como uma moeda preciosa a ser gasta do modo mais cauteloso.

Ele concebe o relacionamento entre o homem e o ambiente de modo restrito, limitando-se a considerar certas correspondências entre as medidas dos vãos e a estatura ou os movimentos humanos, a serem avaliados por experiência direta; assim, ele é levado a superestimar a parte da intuição na obra do arquiteto e a conceber o ato de projetar como uma tarefa estritamente individual. Gropius amplia esse raciocínio, incluindo no espaço de Loos todos os atos da vida humana individual e grupal, e formulando uma noção integrada do ato de projetar para o qual concorrem todas as faculdades operacionais do homem. Por esse caminho, a experiência solitária do mestre austríaco passa para o movimento moderno e torna-se patrimônio comum das gerações que se seguem.

Por sua conta, Loos permanece vinculado à própria colocação individual e fica isolado também no pós-guerra, quando grande parte de suas idéias são absorvidas pelo movimento internacional.

Entre 1920 e 1922, ele tem ocasião de trabalhar em grande escala, quando é nomeado arquiteto-chefe da cidade de Viena. Talvez seja esse o momento culminante da carreira de Loos, embora não haja sido suficientemente estudado: projeta um bairro experimental em Heuberg, construído apenas parcialmente, e numerosos tipos de edificação não executados, que são, na época, as experiências mais avançadas no que diz respeito à construção popular, não somente na Áustria, mas em toda a Europa. Emerge, contudo, nessa ocasião, o limite cultural de Loos, ou seja, a incapacidade de transmitir a outros, sob forma não intuitiva, sua experiência pessoal, e de daí extrair um método objetivo. Em 1922, ele condensa suas meditações referentes à distribuição na mais perfeita de suas residências individuais, a Casa Rufer de Viena, depois transfere-se a Paris, onde constrói em 1926 a casa de Tzara. Nos últimos anos, volta a sua pátria, trabalha distanciado das polêmicas e realiza ainda três obras-primas: a Casa Moller em Viena (1928), a Casa Müller em Praga (1930) e a Casa Khuner em Payerbach, do mesmo ano, onde é precursor — com o uso de materiais naturais e do cuidado tecnológico — e de uma pesquisa que se tornará generalizada no decênio seguinte.

8. Hendrik Petrus Berlage

Na segunda metade do século XIX, P. J. H. Cuypers (1827-1921) leva para a Holanda o eco do racionalismo de Viollet le Duc e oferece uma interpretação moderada e correta da tradição gótica local. Aqui,

---

31. NEUTRA, R. *Progettare per sopravvivere* (1954). Trad. it., Milão, 1956, pp. 269-270.

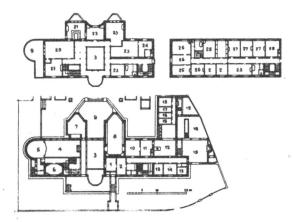

1. entrada
2. guarda-roupa
3. vestíbulo
4. sala de música
5. palco
6. salão
7. *fumoir*
8. sala de almoço
9. terraço
10. sala do café da manhã
11. escritório
12. cozinha
13. serviço
14. refeitório da criadagem
15. carvão
16. despensa
17. frigorífico
18. garagem
19. pátio
20. dormitório
21. banheiro
22. *toilette*
23. quarto das criaças
24. quarto da governanta
25. quartos da criadagem
26. vestiário
27. quarto de hóspedes
28. cômodo de trabalho
(de B. Zevi, *Storia dell' architectura moderna*, 1950).

318, 319. Bruxelas, o Palacete Stoclet (J. Hoffmann, 1905-1914).

305

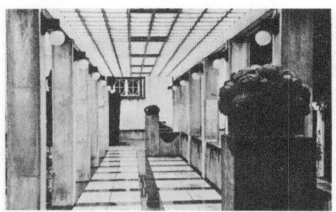

320, 321, 322. Bruxelas, três detalhes do Palacete Stoclet (J. Hoffmann, 1905-1914).

323. Purkersdorf, o sanatório (J. Hoffmann, 1901).
324, 325. Viena, *Villa* Primavesi (J. Hofamann, 1914) e o pavilhão austríaco da Exposição de Colônia (J. Hoffmann, 1914; de G. A. Platz, op. cit.).
326. J. Hoffmann, desenho para um móvel (de L. Kleiner, J. H., 1927).

como em outros países da Europa Setentrional, o neogótico possui um significado nacional e progressista, contra o neoclassicismo conservador e internacional, porém o debate permanece nos termos da cultura eclética e tem interesse predominantemente local.

Hendrik Petrus Berlage (1856-1934) forma-se dentro desse ambiente, mas desenvolve, a partir de tais pressupostos, uma experiência tanto mais original, quanto representa uma possibilidade de atualização para toda a cultura arquitetônica européia de inspiração medievalista.

Entre 1875 e 1878, Berlage estuda no Politécnico de Zurique, onde ainda está vivo o ensinamento de Semper; trabalha, em um primeiro momento, em Frankfurt, depois viaja pela Itália e pelos países alemães. A partir de 1881, estabelece-se em Amsterdã, abre um estúdio com T. Sanders e com ele participa, em 1885, do concurso para a Bolsa, obtendo o quarto prêmio. Em 1897, recebe o encargo da construção da Bolsa; a construção, executada entre 1899 e 1903, assinala a reviravolta fundamental em sua experiência e o início de uma profunda renovação da arquitetura holandesa (Fig. 337).

Em que consiste a importância desta obra? A invenção do conjunto é evidentemente inspirada no romântico e no gótico flamengo; a referência histórica, porém, é usada como ponto de partida para uma original análise construtiva, e os elementos utilitários são postos francamente em evidência a fim de se obterem efeitos decorativos inéditos: veja-se os planos descendentes alojados em um nicho da parede de tijolos e protegidos por detalhes em pedra, ou o motivo das cabeças das correntes, ou mesmo, no interior, as estruturas em parafuso das coberturas, com as correntes e seus sustentáculos que atravessam ritmicamente os ambientes. Além disso, por mais evidentes que sejam as lembranças estilísticas, o espectador tem a sensação de um tratamento novo e original de todas as partes e percebe com particular imediaticidade a consistência e textura dos materiais tradicionais — pedras, tijolos — como se os visse sendo usados pela primeira vez; esse efeito deve-se sobretudo ao expediente original de efetuar a transposição de materiais no plano, exatamente onde, segundo a tradição, deveria existir um incidente plástico, e de aprofundar no próprio plano da parede grande parte da decoração esculpida, extraindo-a por entalhamento em negativo, antes do que por relevo (Figs. 339-341).

Esse artifício é da máxima importância para a compreensão do método de Berlage; o mesmo serve, tal como em Wagner, para traduzir os efeitos plásticos em efeitos cromáticos; porém, graças a sua sistemática, atinge níveis muito mais profundos e chega a romper em duas, por assim dizer, toda a linguagem tradicional, enquanto mantém sistematicamente separado o aspecto geométrico, o qual resultaria de um desenho de volumes somente, daquele físico, resultante da distinção entre os materiais usados. É, assim, introduzido um novo grau de liberdade em todas as formas e as combinações tradicionais, e o repertório corrente — para continuar com a metáfora — é mobilizado, de modo que possa ser desligado dos usos e dos hábitos correntes e ser adaptado aos novos usos e aos novos hábitos.

O programa de Berlage é semelhante ao de Wagner; ambos propõem — por assim dizer — uma edição atualizada das heranças estilísticas que apreenderam e assimilaram no primeiro período de suas atividades (também Berlage tem quarenta e sete anos quando a Bolsa de Amsterdã é inaugurada). Wagner utiliza a linguagem clássica, sobre a qual se faz sentir o peso de uma tradição áulica ininterrupta por vários séculos, e preocupa-se sobretudo com demonstrar a possibilidade de uma interpretação livre e pessoal. Berlage trabalha sobre o repertório medieval, evocado desde o princípio com uma intenção polêmica e libertadora, que leva consigo as motivações racionais de Viollet le Duc e as aspirações morais de Ruskin, e é induzido a escavar mais a fundo para descobrir os primeiros fundamentos dessas solicitações. Além disso, Berlage — teórico bem mais atilado — tem o cuidado de despersonalizar tanto quanto possível sua postura e de formular uma metodologia objetiva, mais largamente aceitável; assim seus ensinamentos resultam mais penetrantes do que os wagnerianos e, conseqüentemente, mais ricos, sobretudo no campo urbanístico, como será visto no Cap. 11.

O mestre holandês percebe, com maior clareza do que todos os seus contemporâneos, que a cultura de vanguarda é, substancialmente, produto de emergência; enquanto se prepara "o grande estilo arquitetônico da futura comunidade",[32] é necessário, com efeito, reorganizar os instrumentos oferecidos pela tradição corrente, submetê-los a uma análise rigorosa, ancorar as escolhas subjetivas a uma série de considerações objetivas e enquadrá-las em uma sucessão racional de etapas.

---

32. Cit. em J. P. MIERAS, *Holländische Architektur des 20. Jahrhunderts*, Berlim, 1926, p. VIII.

327. Montreux, *Villa* Karma (A. Loos, 1904).

328. Viena, Casa Steiner (A. Loos, 1910; de A. Sartoris, *Gli elementi dell'architectura funzionale*, 1932).

329. Viena, casa na Michaelerplatz (A. Loos, 1910).

330. Viena, interior da Casa Scheu (A. Loos, 1912).

331. O ângulo da lareira da Casa Scheu.

332. Viena, interior da Casa Moller (A. Loos, 1928).

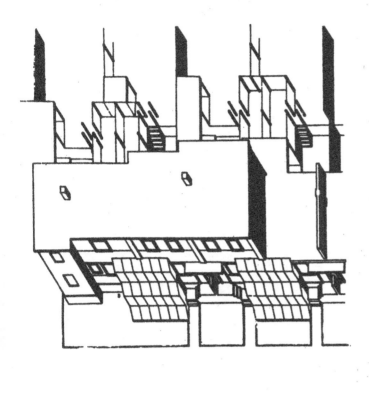
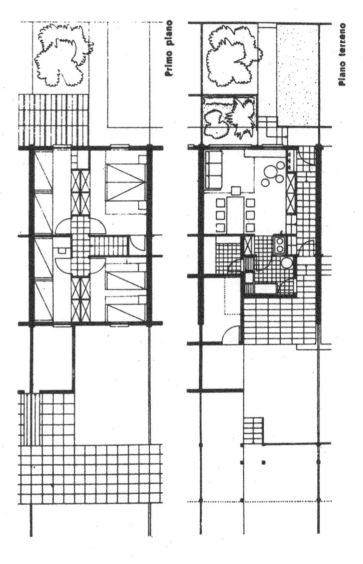

333, 334. Viena, casas do bairro Heuberg (A. Loos, 1921-23).

335, 336. Viena, Casa Moller (A. Loos, 1928, planta de *Casabella*).

andar térreo
5. entrada
6. guarda-roupa
7. serviço
8. garagem

andar superior
1. cozinha
2. sala de jantar
3. sala de estar
4. biblioteca

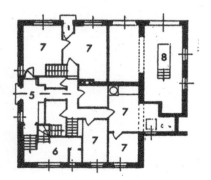
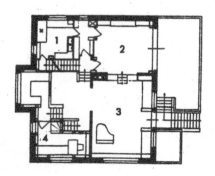

337, 338. H. P. Berlage, a Bolsa de Amsterdã (1903) e os escritórios De Nederlanden.

Essa racionalização, contudo, da herança tradicional é ainda incompleta; entre os componentes objetivos e subjetivos do ato de projetar, entre o método e as escolhas formais, Berlage estabelece uma espécie de paralelismo, na medida em que associa certas exigências metódicas a certos preceitos figurativos — por exemplo, a revisão dos organismos em alvenaria ordinária para o uso das juntas fundidas na superfície plana da parede.

Esse dualismo é enfocado por seus sucessores, já que seus ensinamentos podem ser desenvolvidos predominantemente em sentido racional — como faz o grupo De Stijl, que tenta formular um método tão preciso que reduza ao mínimo o arbítrio pessoal — ou desvinculando as escolhas formais das regras, tal como faz o grupo de jovens que principiam depois de 1910: Van der Mey, Kramer, De Klerk.

9. A difusão da "art nouveau"

A descrição dos movimentos de vanguarda europeus através de personalidades singulares ou de grupos de artistas pode dar a idéia de que cada experiência seja isolada das outras, mais do que ocorre na realidade. Nesse período, os intercâmbios culturais são, pelo contrário, excepcionalmente densos, os movimentos e os artistas estimulam-se reciprocamente de muitas maneiras e a pesquisa das fontes de cada experiência torna-se quase fútil, tão compacto é o jogo de influências.

A fim de corrigir a exposição precedente, convém levar em consideração os principais mecanismos de difusão por meio dos quais as idéias e as imagens da *art nouveau* circularam na Europa e em outras partes; assim serão também introduzidas no discurso as experiências de menor relevância, que dependem daquelas principais descritas até agora.

O movimento de vanguarda belga, como se disse, nasce em torno da revista semanal *L'Art moderne*, fundada em 1881, que continua a sair até quase a Primeira Guerra Mundial; em torno da revista, forma-se, em 1884, o grupo dos XX, que, em 1894, torna-se La Libre Esthétique. Os primeiros relacionamentos efetuados com a Inglaterra ocorrem por ocasião da exposição dos XX de 1891 em diante, onde são expostos objetos de Morris e de sua escola. Em 1894, Van de Velde começa a série de suas conferências, as quais, contudo, são reunidas em um volume apenas em 1901.

Nesse ínterim, formam-se na Inglaterra as associações para o ensino e a difusão das artes aplicadas, sobre as quais se falou no Cap. 6. Em 1893, começa a ser publicada a revista *The Studio* — que logo se difunde amplamente, fazendo com que se conheça na Europa a produção inglesa e apresentando na Inglaterra os mais importantes artistas de vanguarda do continente europeu — e, em 1896, a *Architectural Review*.

Na Alemanha, a alguns anos de distância da Bélgica, forma-se um movimento análogo para a renovação das artes decorativas, sem que, contudo, seja possível demonstrar uma derivação direta entre um e outro, salvo pelas fontes pictóricas comuns (Toorop, já conhecido na Bélgica alguns anos antes, expõe em 1893 em Munique). Em 1894, Hermann Obrist (1863-1927) abre em Munique um laboratório de bordado e, no mesmo ano, Otto Eckmann (1865-1902) abandona a pintura pelas artes aplicadas, cuidando, de 1895 em diante, da parte ilustrada da revista de vanguarda *Pan*, a qual difunde seu gosto em todos os países de língua alemã.

Logo depois, sobretudo por obra de Van de Velde, o movimento belga adquire uma difusão por toda a Europa, sobrepondo-se às escolas locais. Em 1896, o comerciante de Hamburgo, S. Bing, abre sua loja em Paris — com o letreiro *L'art nouveau* — apresentando os móveis de Van de Velde ao público francês e, no ano seguinte, organiza uma mostra em Dresden com grande parte do material de Paris. Tanto na França, quanto na Alemanha, as idéias de Van de Velde estão no ar e muitos projetistas e artesãos trabalham no mesmo sentido já há alguns anos, tais como Emile Gallé (1846-1904) em Nancy; o aparecimento de um exemplo coerente e dotado de uma sólida base metodológica dá a tais experiências o sustentáculo necessário para que se transformem em um verdadeiro movimento.

Na França, contudo, as coisas ocorrem diversamente do que na Alemanha: tanto a cultura acadêmica, quanto a tradição técnica — ligadas entre si, como já ficou dito — são fundamentalmente estranhas às novas contribuições e opõem forte resistência a sua difusão. Por tal razão, o movimento termina investindo somente uma zona limitada da produção francesa, ou seja, a decoração, que exatamente por tradição é considerada separada da arquitetura, e uma parcela da arquitetura doméstica. Na prática, a *art nouveau* torna-se um estilo de decoração — sustentado pelas revistas *Art et décoration* e *L'art décoratif,* que são publicadas em 1897, e também pela *Revue des Arts décoratifs* que,

339, 340, 341. Amsterdã, detalhes da Bolsa.

342, 343. Haia, Gemmente Museum (H. P. Berlage, terminado em 1934).

344, 345. M. de Klerk projeto de um clube náutico em Amsterdã. 1922 (de *L'Architecture vivante*).

346. Amsterdã, detalhe da Bolsa.   347. Paris, hotel (J. Lavirotte, 1904).

318

348, 349. Paris, escadaria dos grandes magazines Lafayette (1912) e uma das estações do metrô (H. Guimard, 1900).

350, 351. Desenho de R. d'Aronco para a Exposição de Turim de 1902 (de *Casabella*).

por volta da mesma época, muda de orientação — e é rapidamente assimilada pelo ecletismo tradicional.

Na Alemanha, o movimento encontra resistências menores e conserva a solicitação originária de renovação estrutural. Em 1896, vem à luz a revista *Jugend*, que dá nome ao novo estilo, e, em 1897, *Dekorative Kunst;* em Munique, no Palácio de Vidro, é feita uma grande exposição de artes aplicadas e, na mesma cidade, August Endell (1871-1925) projeta o estudio fotográfico Elvira, com a polêmica fachada coberta com um grande motivo abstrato. As novas tendências são apoiadas pelo renomado crítico A. Lichtwark, diretor da galeria de Hamburgo.

Logo depois, acrescenta-se a influência decisiva da escola vienense. A preleção de Wagner é de 1894 e o livro *Moderne Architektur,* do ano seguinte; o empenho que Wagner dedica à escola frutifica alguns anos depois, quando um grupo de artistas, dentre os quais numerosos são seus discípulos, funda, em 1898, a Secessão, e começa a publicar o periódico *Ver Sacrum*.

Dentre as fontes da Secessão encontra-se sem dúvida — além da *art nouveau* belga agora de domínio europeu — um conhecimento direto da decoração inglesa, exposta em 1897 no Museu da Arte e da Indústria. Segundo Pevsner, desde o início pode ser que tenha sido ativo o conhecimento de Mackintosh, cujas obras são publicadas por *Studio* a partir de 1897; é certo, mesmo assim, que a influência do mestre de Glasgow torna-se importante a partir de 1900, quando uma sala totalmente decorada por ele e por seu grupo é exposta no edifício da Secessão; logo depois, F. Wärndorfer, financiador da Wiener Werkstätte, decora sua residência vienense com móveis Mackintosh.

As produções dos movimentos de vanguarda europeus apresentam-se pela primeira vez congregadas para um confronto direto na Exposição Universal de Paris de 1900.

Nesse ponto, a *art nouveau* entra no repertório corrente dos arquitetos franceses, como uma variedade do repertório eclético, e, uma vez que por tradição, as Exposições são o campo das experiências mais avançadas, contagia boa parte da arquitetura erguida para a ocasião. Os resultados de tal contaminação são tudo, menos agradáveis; a obra mais discutida é a porta para a Place de la Concorde, erigida por J. R. Binet em forma de um grande arco circundado por volutas e obeliscos; jornais e revistas comentam com vivacidade essa invenção complicada, que é chamada de "crinolina" e "salamandra", e, finalmente, dado que se assemelha somente a si mesma, "porta Binet". [33]

É, entretanto, o conteúdo dos pavilhões que interessa aos entendidos em arte. A Bélgica, a França, a Inglaterra, a Alemanha, e muitos outros países apresentam apetrechos, objetos de arte e móveis no novo estilo e, como é unanimemente reconhecido, os ambientes e produtos austríacos são considerados os melhores.

Escreve um crítico francês:

Dentre todas as nações, a Áustria consegue melhor satisfazer a aspiração do inédito, sabe mostrar a fantasia mais engenhosa e mais abundante, mais ágil e mais delicada. Onde quer que nos dirigíssemos seja à seção das indústrias químicas, fotográficas, do couro ou da lã, do linho ou do papel, do corpo de engenheiros civis ou da horticultura, da pintura ou do desenho, por toda parte havia pesquisa e quase sempre resultados positivos; a madeira assumia as tonalidades mais diversas, guarnecia-se com relevos, chapeava-se pela galvanoplástica; por vezes, faziam-se apelos à matéria-prima natural, e com muita felicidade. Seria necessário determo-nos, descrever um a um os apetrechos e celebrar condignamente seus arquitetos: os senhores Baumann, Hoffmann, Otto Wagner e Decsey. [34]

E um inglês:

Os dois cômodos que contêm os móveis e as decorações de Niedermoser são belos exemplos da última "moda" na decoração. Seu estilo é leve e delicado, e sobretudo extremamente original... A frase *art nouveau* que é ouvida e vista em todas as partes dessa Exposição não possui melhor justificação do que nas mostras do mobiliário austríaco, onde as mais recentes tendências decorativas são aplicadas sem exagero e não chegam até a caricatura. Não se pode dizer o mesmo dos esforços feitos por algumas outras nações na mesma direção. [35]

Uma segunda ocasião para o confronto das experiências de vanguarda é a Exposição Internacional de Turim em 1902. A cultura italiana, exatamente nesses anos, dá sinais de nova vitalidade e realiza um esforço importante, se não para inserir-se no debate europeu, ao menos para acompanhar os acontecimentos de além-Alpes.

Em 1892, começa-se a publicar a revista *Arte italiana decorativa e industriale,* dirigida por C. Boito; em 1895, sai *Emporium*, a outra revista de arte deco-

33. Ver A. QUANTIN, *L'Exposition du Siècle*, Paris, 1900.
34. MARX, R. *La décoration et les industries d'art à l'Exposition Universelle.* Paris, 1900. pp. 39-40.
35. Número especial do *Art Journal*, redigido por D. CROAL THOMSON, Londres, 1901, p. 112.

352. Turim, pavilhão da música da Exposição de 1901 (R. d'Aronco; da publicação de A. Koch).

353. Decoração da empresa Carlo Golia & C. de Palermo, exposta em turim em 1901 (da publicação de A. Koch).

rativa do Instituto de Artes Gráficas de Bérgamo. Por enquanto, os dois periódicos inspiram-se em um ecletismo cheio de dignidade; o pensamento de Boito — que publica em 1893, ao lado de Hoepli, seu livro *Questioni pratiche di belle arti* — não extravasa dos termos do ecletismo, porém percebe com acuidade as contradições e os fermentos da cultura contemporânea.

Nesse ambiente pobre de energias autônomas, mas atentamente receptivo, os movimentos de vanguarda europeus encontram um eco logo após 1900 e fazem surgir um determinado número de obras e de discussões não convencionais. (Esse episódio coincide cronologicamente com a série dos ministérios liberais, inaugurada em 1901 pelo gabinete Zanardelli-Giolitti.)

Em 1901, Giuseppe Sommaruga (1867-1917) constrói em Milão sua primeira obra inspirada na *art nouveau*, o Palacete Castiglioni. Ernesto Basile (1857-1923), na Exposição Agrícola de Palermo, aceita os mesmos motivos. Em 1902, Raimondo d'Aronco (1857-1923) constrói os pavilhões para a Exposição de Turim (Fig. 350), inspirando-se francamente na Secessão vienense e especialmente em Olbrich. No mesmo período, a Sociedade Humanitária de Milão, fundada em 1893, estende suas atividades para as artes aplicadas e confia a supervisão de suas escolas-laboratório a um aluno de Boito, Gaetano Moretti (1860-1938), que apresenta na Exposição de Turim algumas decorações condignas.

À margem da *art nouveau*, mas por certo conectado com o espírito inovador que percorre toda a Europa, trabalha na Espanha Antonio Gaudí (1852-1926). Ele parte do ecletismo tradicional, mostra um interesse acentuado pelo gótico e pelos problemas estruturais — segundo os ensinamentos de Viollet le Duc — e, desde os primeiros trabalhos, mostra um temperamento audacioso, um amor pelos efeitos sensacionais, uma capacidade de compreensão imediata, quase física, das qualidades dos materiais — especialmente os mais rudes, os menos trabalhados — que não são encontrados na tradição recente. enquanto se vinculam à tradição remota da arquitetura mourisca e churrigueresca.

Entre 1900 e 1910, ele abandona toda referência aos estilos e constrói suas obras mais importantes: o Parque Güell, as duas Casas Battló e Milà em Barcelona, onde aceita várias sugestões do repertório *art nouveau*, porém reelabora-os com absoluta originalidade (Figs. 354-356). Na última parte de sua vida, Gaudí trabalha quase que exclusivamente no templo da Sagrada Família, iniciado em 1884 em estilo gótico e levado avante com modificações cada vez mais livres das referências históricas.

Gaudí é uma personalidade de primeira ordem e, se o tratamento fosse diverso, dever-se-ia falar dele mais longamente, porém sua experiência permaneceu isolada em um ambiente hostil ou indiferente e não teve uma influência proporcional sobre o progresso da arquitetura, nem na Espanha, nem em qualquer outro lugar.

A partir de 1900, o centro da cultura arquitetônica desloca-se para a Alemanha. O conhecimento ulterior do movimento inglês — e sobretudo de Mackintosh — no continente deve-se principalmente a Hermann von Muthesius (1861-1927), que é adido cultural da Embaixada alemã em Londres, de 1896 a 1903; ele publica, em 1901, o livro *Die englische Baukunst der Gegenwart*, de 1904 a 1908 os três volumes *Das englische Haus*, e ilustra a produção inglesa em numerosos artigos e conferências; depois do concurso de Koch para a casa de um amante da arte, escreve o prefácio do volume publicado em 1903, com os três projetos de Scott, de Mackintosh e de Bauer. Olbrich está na Alemanha desde 1899, primeiro em Darmstadt, depois em Düsseldorf. Van de Velde está em Weimar a partir de 1902, e os dois volumes que reúnem suas conferências saem, sempre em alemão, em 1901 e em 1903. O pequeno livro teórico de Berlage é publicado em Leipzig, em 1905.

A Deutsche Werkstätte, firma fundada em 1898 por Karl Schmidt em Dresden, inspiram-se inicialmente nos modelos ingleses, mas se orientam, no primeiro decênio do século XX, para a produção em série e a padronização, e lançam no mercado em 1910 os móveis Unit, de preço baixíssimo. Em 1907, é fundada a Deutscher Werkbund, que coordena todas as experiências de vanguarda no campo das artes aplicadas e possibilita, com suas exposições, um confronto periódico entre as produções de todos os países.

Nos anos que precedem imediatamente a Primeira Guerra Mundial, difunde-se pela Europa a fama de Wright. Também aqui é a cultura alemã que se faz de intermediária; em 1910, o editor Wasmuth convida Wright para vir a Berlim, organiza uma mostra de suas obras e faz publicar um volume de ilustrações, *Ausgeführte Bauten und Entwürfe*, reeditado em 1911 em forma reduzida, com prefácio de Ashbee. No mesmo ano, Berlage, viajando pelos EUA, visita as obras de Wright, entusiasma-se com elas e faz a propaganda em sua pátria do exemplo que elas dão.

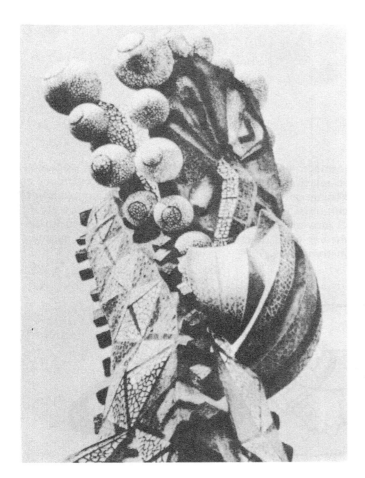 

354, 355, 356. Barcelona, detalhes da Sagrada Família e da Casa Batlló; planta da Casa Batlló (A. Gaudí, 1905).

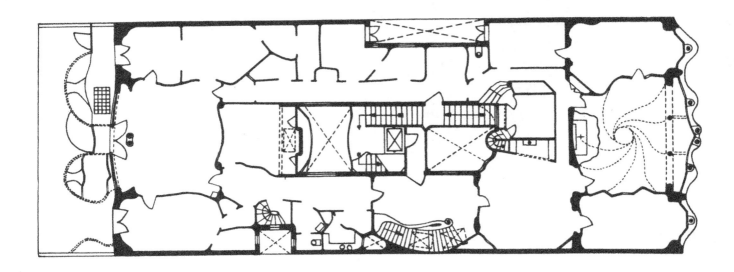

Em 1914, às vésperas do conflito, inaugura-se a mostra da Werkbund em Colônia, onde estão presentes todas as forças da cultura de vanguarda: os edifícios de Van de Velde, Hoffmann, Behrens, Gropius, Taut, indicam tendências muito diversas entre si, mas ainda instáveis e extremamente sensíveis aos influxos recíprocos; é a imagem fiel da cultura da época, formada por experiências heterogêneas que, contudo, se relaciona bem entre si, fazem-se apelos recíprocos e apóiam-se em uma organização eficaz de intercâmbios culturais (mostras, associações, livros, revistas etc.). O movimento moderno, que nasce com o propósito de mediar essas diversidades, tira proveito desses mesmos instrumentos.

357. Emblema da casa editora A. Koch.

324

10. A CONTRIBUIÇÃO DA FRANÇA: AUGUSTE PERRET E TONY GARNIER

1. A herança técnica e cultural francesa

As experiências descritas no capítulo anterior têm em comum várias características: a influência teórica mais ou menos direta do movimento de Morris; a postura polêmica contra a tradição; a preferência, no âmbito tradicional, pelos modelos medievais (com a exceção parcial dos austríacos); um acentuado interesse pela decoração e pelas artes aplicadas, e algumas preferências formais, entre as quais a tendência para resolver os valores plásticos em valores lineares e cromáticos.

A revolta contra a tradição — por motivos de independência artística, como em Wagner, e de retidão moral, como em Van de Velde — é a mais importante característica comum, embora seja apenas de ordem negativa. O adjetivo *nouveau* (tal como os outros termos *modern, Jugend* etc.) tem sobretudo este significado polêmico de recusa do equilíbrio entre repertório estilístico tradicional e técnica construtiva no qual até então se baseava a cultura artística européia.

É natural, portanto, que a difusão da *art nouveau* atinja parcialmente a França, que tinha sido a principal depositária e a intérprete autorizada dessa tradição. Como foi dito, quando a *art nouveau* penetra na França não se estabelece, como em outros lugares, uma divisão horizontal entre elite progressista e maioria conservadora, mas sim, principalmente, uma divisão vertical em gêneros de produção, e a crise cultural da Academia não compromete muito os hábitos correntes nem o prestígio dos modelos tradicionais.

Surgem, pelo contrário, contemporaneamente à *art nouveau,* duas experiências de vanguarda de natureza totalmente diferente — a de Perret e a de Garnier — que se baseiam exatamente na linha mestra da tradição francesa e que não propõem uma reelaboração original. Também estas são tentativas isoladas, tornadas possíveis pelas tendências progressistas de uma parte da classe dirigente, mas diferem das outras em curso no resto da Europa pela carga diversificada de hábitos culturais. É indispensável ter presente esta distinção a fim de se explicar a distribuição das energias que concorrem para a formação do movimento moderno, e especialmente a posição de Le Corbusier com relação aos outros mestres contemporâneos.

A cultura arquitetônica francesa é baseada no classicismo e numa apurada tradição técnica, legados de uma recíproca adaptação experimentada durante tanto tempo que quase se pode apresentar como uma identidade. Mas a fisionomia desta tradição corre o risco de dispersar-se por obra do ecletismo, que costuma mesclar e contaminar seja os estilos históricos, seja os materiais e os sistemas de construção.

Perret e Garnier se insurgem contra o ecletismo contemporâneo e recorrem aos dois princípios complementares da tradição remota: o classicismo — entendido num sentido quase filosófico, como espírito de geometria e de clareza — e a coerência estrutural; a este segundo aspecto se presta admiravelmente o concreto armado, que exatamente neste período torna-se de uso comum e possui tais características de continuidade estática e de adaptabilidade que se torna, a partir de então, para os arquitetos franceses, quase um sistema de construção preferido.

325

O concreto artificial é um material descoberto no início do século pelo inglês Aspdin; a patente de 21 de outubro de 1824 diz, textualmente:

O barro ou pó misturado com pedra calcária, ou se não se puder dispor deste material na quantidade suficiente, a pedra calcária calcinada, é misturada com uma determinada quantidade de argila, e misturada com água, através do trabalho manual ou de uma máquina, até que seja reduzida a uma massa impalpável; seca-se esta massa, que depois é quebrada em pedaços e aquecida em um forno até que todo o ácido carbônico desapareça; a seguir, o produto é reduzido a pó, através do mole e do pistão, e está pronto para uso. [1]

Por volta de 1845 começa a produção industrial, e fazem-se as primeiras tentativas de associar o concreto ao ferro, a fim de atribuir-lhe a resistência à tração que por si só não possui; em 1847, F. Coignet projeta a primeira cobertura em concreto disposto em formas e armado com ferros profilados para um terraço em St. Denis, construído em 1852; em 1848, Lambot projeta sua embarcação, e em 1849 Joseph Monier (1832-1906) constrói os primeiros vasos de flor com rede metálica. Por enquanto, as aplicações limitam-se a objetos de pequena dimensão e foi apenas a curiosidade, testemunho dos progressos do concreto armado nos últimos decênios do Oitocentos, que tornou conhecidos os nomes e as obras destes precursores.

Monier logo se dá conta de que este novo sistema de construção serve para muitos outros usos, e depois de ter patenteado em 1855 seus vasos de flores, obtém nos anos seguintes uma série de outras patentes para a aplicação do concreto armado às tubulações (1868), aos painéis (1869), às pontes (1873), às escadas (1875), às vigas (1878), à cobertura (1880). De repente começam as realizações concretas: um reservatório de água em Fontainebleau em 1868, logo seguido por outros de maior capacidade, e em 1875 o primeiro vão de 16 metros.

Em 1879, as patentes Monier são cedidas à Alemanha e à Áustria, e em 1887, forma-se a Actien Gesellschaft für Beton und Monierbau, que constrói inúmeras pontes nos países alemães. Entre 1885 e 1890, outras contribuições vêm dos EUA (Ward, Hyatt e Ransome); em 1880 desponta François Hennebique (1842-1921), que estuda as lajes em concreto armado com ferro torcido, construindo a primeira em 1888 em Lombardtzyde, na Bélgica. Por volta de 1890, E. Coignet obtém várias patentes para a construção de aquedutos com tubos de concreto e realiza em 1891 a primeira laje com vigas pré-fabricadas em Biarritz. Após 1892 intensifica-se a atividade de Hennebique: sua empresa cria 42 agências no exterior e no decênio seguinte cerca de 7 000 obras, entre as quais as lajes do Grand e do Petit Palais para a Exposição Universal de Paris de 1900. Em 1904, Anatole de Baudot (1834-1915) constrói a igreja de Saint-Jean de Montmartre em concreto armado (Figs. 365-366) e corajosamente deixa exposto o esqueleto de sustentação do lado interno; de Baudot é um antigo aluno de Labrouste e de Viollet le Duc, e é o primeiro a adotar o novo material em uma obra representativa, com evidente propósito polêmico; tal como acontece em Viollet le Duc, a estrutura do esqueleto se forma segundo os modelos góticos, de forma a torná-la aceitável para o gosto contemporâneo.

Enquanto isso, continuam os estudos teóricos — com importantes contribuições alemãs, especialmente da parte de F. Emperger por volta de 1895 — e surge a exigência de um regulamento que controle os vários sistemas de cálculo em uso (Hennebique, Cottancin, Rabut etc.). Em 1892 instala-se a Comissão Francesa para o Estudo do Concreto Armado, em 1897 Rabut ministra o primeiro curso sobre o assunto na École Polytechnique, e em 1903 forma-se a Chambre Syndicale des Constructeurs en Ciment Armé de France. Finalmente, em 1906 promulga-se o primeiro regulamento oficial francês, ao qual se seguem os de outros países.

A publicação do regulamento é importante porque desvincula o uso do concreto armado do controle dos teóricos e dos experimentadores e permite uma ampla difusão do procedimento, segundo garantias técnicas preestabelecidas. Especialmente o regulamento francês, por sua flexibilidade, permite aos melhores projetistas uma certa liberdade e admite estruturas particularmente delicadas, que em outros lugares são impedidas pela lei.

2. Auguste Perret

Auguste Perret, filho de um construtor, freqüenta a École des Beaux-Arts no último decênio do século XIX, sem chegar a obter o diploma, enquanto trabalha na firma do pai; por volta de 1905 funda, com o

---

1. FOERSTER, M., GRAF, O., THULLIE, M., KLEINLOGEL, A., RICHTER, E., BERRER, A., MELAN, J. *Entwicklungsgeschichte, Versuche und Theorie des Eisenbetons*, I, *Die Grundzüge der geschichtlichen Entwicklung des Eisenbetonbaues*. Berlim, 1921. p. 1.

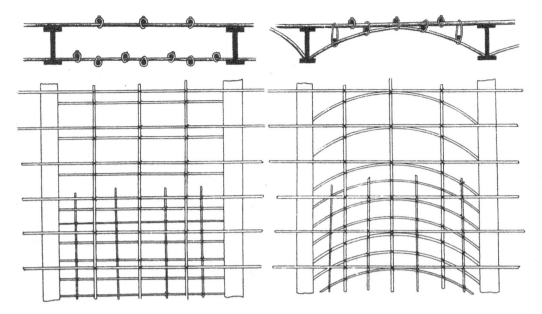

358. Projeto, acrescentado à patente de Monier de 1881, para uma cobertura em concreto armado.

359, 360. Paris, igreja de Saint-Jean de Montmartre (A. De Baudot, 1904).

361, 362. Paris, prédio à rue Franklin n. 25 bis (A. Perret, 1903).

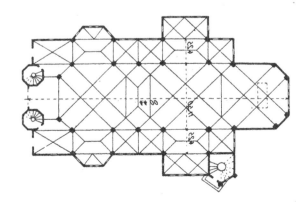

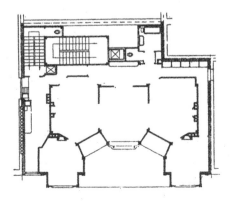

irmão Gustave, o estúdio A. & G. Perret Architectes, e com Gustave e o terceiro irmão Claude, a firma de construções Perret Frères Entrepreneurs.

A primeira obra importante é o prédio nº 25 bis, rue Franklin em Paris, terminado em 1903, onde pela primeira vez a ossatura em concreto armado é adotada de modo a envolver a aparência exterior (Figs. 361-363).

Trata-se de utilizar uma nesga de terreno entalada entre outras construções, larga e pouco profunda; os irmãos Perret pensam em fazer na frente aberturas sem prolongamentos para as janelas e a área de serviço a fim de reduzir ao mínimo o recuo e ceder o menor espaço possível, e em dispor todos os cinco cômodos das habitações de cada andar voltados para a rua, abrindo-as em semicírculo ao redor de uma cavidade central, e aumentam a superfície dos dois cômodos laterais através de pequenos balcões.

Seria muito complicado realizar um tal organismo com a alvenaria comum. Dificuldades de distribuição semelhantes — freqüentes em Paris, em virtude do alto custo dos terrenos — já foram várias vezes resolvidas com estruturas em esqueleto, em ferro ou, poucos anos antes, em concreto armado, como no edifício da rue Danton, nº 1 (1900).

No entanto, o ferro e o concreto ficam do lado de dentro, escondidos por uma fachada de alvenaria como na Casa Tassel de Horta. A. Perret considera este dualismo quase como uma hipocrisia arquitetônica, e acredita que o organismo deva ser unitariamente tratado, tanto do lado interno quanto externo, ainda mais que neste caso quase toda a superfície está realmente cheia com numerosas janelas; deste modo, apresenta claramente o esqueleto de concreto, distinguindo-o de seus tamponamentos formados pelos painéis revestidos de arenito com desenhos florais (Fig. 366).

Naturalmente, esta intenção programática não pode ser realizada sem alguns compromissos; as estruturas de sustentação são ajustadas de modo a torná-las menos agressivas ao gosto da época, fazendo-se com que se pareçam a certas fachadas divididas em painéis e que são comuns no momento; de qualquer forma, este tratamento leva a que se falseie a expressão estrutural, como no caso das partes em relevo onde a função de mísula dos elementos horizontais é dissimulada pelo tratamento em faixa contínua, de modo que todo o corpo saliente surge paradoxalmente como privado de sustentação (esta intenção é denunciada pelos pequenos *pendentifs* que fazem alusão, segundo os costumes, ao apoio que falta). Aqui entra também o prazer polêmico de exibir a capacidade de resistência do novo material, como na casa de Hennebique de 1890 em Bourg-le-Reine; este gosto desaparecerá a seguir, quando o concreto armado se tornar um material normal e quando o olho estiver habituado a seu funcionamento.

A garagem da rue Ponthieu, de 1905, também é projetada de modo a que a ossatura em concreto armado, projetando-se sobre a fachada, determine sua composição (Fig. 364); aqui não se tem outra coisa senão uma rede de traves e pilastras cobertas com reboco que enquadram vidraças de várias dimensões, e apenas a simetria do conjunto e o perfil das vigas verticais permitem ao observador fazer uma comparação com a tradicional divisão da fachada.

Nestas duas obras já estão delineadas as características da arquitetura de Perret, que permanecem as mesmas nas esplêndidas obras do pós-guerra de 1914 — a fábrica de roupas Esders (1919), a igreja de Notre Dame du Raincy (1922-23) e de Montmagny (1926; Figs. 369-370), o teatro para a Exposição das Artes Decorativas de 1925, a sala da Escola Normal de Música, o Museu de Móveis do Estado e os escritórios para os serviços técnicos da construção naval (1930), a casa da rue Raynouard (1932), onde estabelece seu estúdio: o rigor da construção, a corajosa simplificação formal e, junto, a obstinada fidelidade a certas regras de composição tradicionais. As estruturas, e portanto as fachadas, são idealizadas instintivamente de modo simétrico, e os elementos construtivos, embora simplificados, conservam uma inquestionável semelhança com os elementos da decoração tradicional.

Uma estrutura de concreto armado do tipo usado por Perret consiste em um esqueleto de pilastras e vigas sobre o qual se apóiam as estruturas horizontais, os tamponamentos externos e as eventuais divisões internas. Mas também a arquitetura clássica se baseia numa espécie de engradado de elementos lineares, as ordens arquitetônicas, que servem para relacionar as várias partes de um edifício com o ordenamento prospetivo geral; esta estrutura existe mesmo quando os elementos são simplificados ou, no máximo, reduzidos a uma armação de elementos lisos de tal modo que o hábito permite que se transfira a estes elementos a mesma propriedade de referência espacial.

A tradição francesa, como foi dito, baseia-se no paralelismo entre a norma clássica e a prática constru-

363. Paris, o prédio da rue Franklin.
364, 365. Paris, garagem da rue Ponthieu (A. Perret, 1905) e a fábrica de roupas Esders (A. Perret, 1919).

tiva, e através deste paralelismo as normas adquiriram um tal automatismo que passam por leis naturais. Perret, mergulhando nesta tradição, é levado espontaneamente a identificar a armação em concreto (que é um fato construtivo) com a armação prospetiva, e a transferir para a primeira as exigências e as associações espaciais da segunda. Donde, a exigência da simetria e a sugestão incessante das ordens clássicas, se não como presença formal, pelo menos como termo de comparação; de fato, em muitos edifícios mais recentes, como no Museu das Obras Públicas de 1937, Perret termina por realmente configurar as pilastras como colunas e as traves como entablamento.

Sobre esta associação, às vezes dissimulada, às vezes levada até os limites do neoclassicismos, Perret baseia toda sua arquitetura; expõe teoricamente sua certeza quando escreve:

> Permanentes são as condições que a natureza impõe, e transitórias as que impõe o homem. O clima com suas intempéries, os materiais com sua propriedade, a estática com suas leis, a óptica com suas deformações, o senso universal das linhas e das formas impõem condições que são permanentes... Os grandes edifícios de nossa época comportam uma ossatura, uma estrutura em ferro ou em concreto armado. A ossatura está para o edifício como o esqueleto está para o animal; assim como o esqueleto do animal ritmado, equilibrado, simétrico, contém e sustenta os órgãos mais variados e mais diversamente situados, da mesma forma a estrutura do edifício deve ser composta, ritmada, equilibrada e também simétrica. [2]

Esta limitação cultural também atua no campo técnico, e impede que Perret, a partir de um certo ponto, siga e interprete adequadamente os progressos que estão ocorrendo em relação a seu material predileto: o concreto armado. Provavelmente ele acreditou ter encontrado o sistema de construção mais adaptado para a realização das solicitações tradicionais, uma vez que a integridade de seus elementos é real e não visível, tal como nas ordens antigas compostas por mais elementos; mas habituado à idéia da estrutura de traves e pilastras, vê-se impedido de exprimir as qualidades peculiares do concreto armado, a solidariedade estrutural entre pilastras, traves, lajes, e portanto de aceitar a estrutura contínua, aplicada desde os fins de 1910 por seu contemporâneo Maillart.

A confiança de Perret nas normas universais da arquitetura, embora infundada a nosso ver, não pode, no entanto, ser posta de lado como um simples preconceito pessoal, e deve ser considerada em seu quadro histórico. A associação entre classicismo e ciência da construção é tanto mais tenaz quanto, depois de haver perdido na segunda metade do século XVIII seu fundamento ideológico, reduziu-se à esfera prática e da organização; a forma dos cálculos e os hábitos dos canteiros de construção ainda respeitam amplamente o antigo paralelismo, e até mesmo a nomenclatura habitual do concreto armado — pilastra, plinto, arquitrave, arco, portal, arcada — reproduz a nomenclatura das ordens clássicas.

Todo um século de experiências consolidou esta convenção da qual nasceram os progressos da técnica moderna. Perret cresceu dentro dessa convenção, é o herdeiro de Durand, de Labrouste, de Dutert, de Eiffel; seu mérito é o de ter intuído que esta tradição gloriosa e esterilizada do ecletismo ainda tem uma margem de possibilidades inexploradas com a qual contribuir para resolver os problemas de nossa época, e de ter desenvolvido corajosamente estas possibilidades. Assim agindo, no entanto, destruiu as últimas chances do classicismo estrutural, e deixou definitivamente claro que ao final deste caminho está um beco sem saída, uma vez que os pressupostos iniciais estão enraizados numa cultura desatualizada. Com Perret efetivamente se encerra, com incomparável dignidade, o ciclo da cultura acadêmica francesa.

3. Tony Garnier

Tony Garnier (1869-1948), filho de um *designer* têxtil, é educado no ambiente lionês onde ainda estão vivos os ideais do socialismo proudhoniano; é aluno da Academia de França em Roma, e nela apresenta, para o concurso do Grande Prêmio de Roma de 1901, o projeto de uma cidade industrial, toda em concreto armado, ferro e vidro.

Naturalmente, o projeto enfurece os jurados, e não é premiado. Dois anos mais tarde, o mesmo Garnier consegue o primeiro prêmio com um projeto para a reconstrução completa da cidade de Túsculo, composto por dezenas de milhares de colunas dóricas, jônicas e coríntias. No entanto, não abandona seu estudo predileto da cidade industrial, e em 1904 completa suas elaborações para apresentá-las em Paris em uma exposição individual (Figs. 373-375). Mais tarde, a obra é publicada em um volume onde Garnier expõe, deste modo, os critérios que o haviam guiado:

---

2. PERRET, A. *Contribution à une théorie de l'architecture*, Paris, 1952. Trad. it., de E. N. Rogers na biografia de A. Perret, Milão, 1955, pp. 48-49.

366. Paris, detalhe do prédio da rue Franklin.

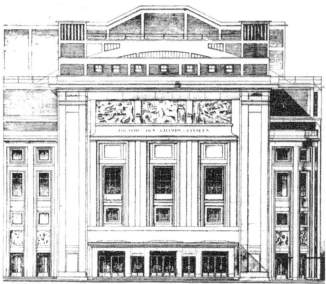

367, 368. Paris, projeto de A. Perret para o Teatro dos Champs-Elysées (1911-12; de P. Jamot, *A. G. Perret et l'architecture du béton armé*, 1927).

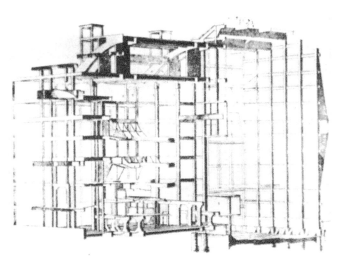

Os estudos de arquitetura que aqui apresentamos, em uma longa série de pranchas, referem-se à organização de uma nova cidade, a Cidade Industrial, uma vez que a maioria das cidades novas, que serão fundadas daqui em diante, dever-se-á a motivos de ordem industrial, pelo que consideramos o caso em termos mais gerais. Por outro lado, em uma cidade deste gênero, todas as aplicações da arquitetura podem encontrar sua vez, com justa razão, e tem-se a possibilidade de examiná-las todas.

Atribuindo a nossa cidade uma importância média (supondo que tenha cerca de 35 000 habitantes) tivemos sempre em vista o mesmo propósito, o de realizar pesquisas de caráter geral, que não se justificariam no estudo de uma aldeia ou de uma cidade muito maior. Ainda com este mesmo espírito, partimos da suposição de que o terreno que abriga o conjunto dos edifícios compreende uma parte montanhosa e uma planície atravessada por um rio.

A fábrica principal está situada na planície, na confluência de uma torrente com o rio. Uma estrada de ferro de grande comunicação passa entre a fábrica e a cidade, que está numa posição um pouco mais elevada, num altiplano. Ainda mais acima estão situadas as instalações sanitárias, que estão protegidas dos ventos frios, tal como a cidade, e voltadas para o sul, sobre terraços que dão para o rio. Cada um destes elementos (fábrica, cidade, instalações sanitárias) está isolado de modo a permitir uma futura ampliação em caso de necessidade; isto permitiu que se desenvolvesse o estudo a partir de um ponto de vista mais geral.

Procurando os dispositivos que melhor satisfariam as necessidades materiais e morais dos indivíduos, fomos levados a estabelecer regulamentos para cada setor: regulamentos sobre construção, sanitários etc., e por suposição consideramos já realizados certos progressos de ordem social que garantiriam uma ampliação normal destes regulamentos, enquanto as leis atuais não o permitiriam. Assim, supusemos que a administração teria a livre disponibilidade do solo, e que ela mesma provenha as necessidades de água, de pão, carne, leite, remédios, dadas as múltiplas cautelas que estes produtos exigem.[3]

Nas pranchas que se seguem estão contidos os projetos da cidade, completos em todos os seus pontos, com as plantas e fachadas de todos os edifícios, e muitas vistas, especialmente do alto, na grafia francesa larga e sugestiva.

Alguns edifícios públicos — por exemplo, a estação ferroviária (Fig. 375) e a hospedaria contígua — surpreendem por sua simplicidade audaciosa e, como diz Pevsner, "têm um aspecto absolutamente pós-bélico".[4] Os bairros residenciais são formados por pequenas casas isoladas, de aspecto modesto, alinhadas numa malha uniforme de ruas; nesta parte, o propósito de Garnier de apresentar simultaneamente todos os projetos produz um efeito graficamente monótono, mas deve-se considerar as pranchas apenas como exemplos, como ilustração das normas enunciadas na introdução, que são de grande interesse:

Muitas cidades já puseram em vigor certos regulamentos de higiene, variáveis segundo as condições geográficas e climáticas. Supusemos que em nossa cidade a orientação e o regime dos ventos levariam a formular uma série de disposições, que se pode enumerar do seguinte modo:

1) Nas casas, os quartos devem ter pelo menos uma janela dando para o sul, suficientemente ampla para iluminar todo o local e deixar entrar amplamente os raios de sol.

2) Os pátios e átrios, isto é, os espaços murados destinados a iluminar ou a arejar, são proibidos. Qualquer lugar, por menor que seja, deve ser iluminado e ventilado diretamente do exterior.

3) Na parte interna das habitações, os muros, pavimentos etc., são de material polido, com as arestas arredondadas.
[...]

O terreno para construção nos bairros residenciais é dividido inicialmente em lotes, de 150 metros no sentido leste-oeste e de 30 metros no sentido norte-sul; estes lotes por sua vez são subdivididos em lotes de 15 x 15 metros, que sempre têm um lado dando para a rua. Uma divisão deste tipo permite utilizar melhor o terreno e ao mesmo tempo satisfazer às normas (de construção) acima enumeradas. Quer se trate de uma moradia ou de um outro edifício qualquer, este pode compreender um ou mais lotes, mas a superfície construída deve ser sempre inferior à metade da superfície total, enquanto que o resto do lote é destinado a jardins públicos e circulação de pedestres. Em outras palavras, toda construção deve deixar, na parte não construída do lote, uma passagem livre, que vá da rua à construção que se situa atrás dela. Esta disposição permite que se atravesse a cidade em qualquer sentido, independentemente das vias que não mais precisam ser seguidas, e o solo da cidade, tomado em seu conjunto, é como um grande parque, sem restrições para limitar os terrenos. O espaço entre duas habitações no sentido norte-sul é pelo menos igual à altura da construção situada na parte sul. Em virtude destas regras, que permitem o uso apenas da metade do terreno e que proíbem o fechamento de recintos, e levando-se em conta que o terreno é nivelado apenas para o defluxo da água, não se deve temer a monotonia de nossos atuais alinhamentos (Fig. 374).

São aqui enunciados alguns conceitos que se tornarão comuns no início do movimento moderno: o valor normativo dos fatores higiênicos (ar, sol, vegetação), a edificação em áreas abertas, a separação entre os percursos para pedestres e as vias carroçáveis, a cidade-parque.

---

3. GARNIER, T. *Une cité industrielle, étude pour la construction des villes*. Paris, 1917.
4. PEVSNER, N. *I pionieri del movimento moderno da William Morris a Walter Gropius* (1936). Trad. it., Milão. 1945, p. 103.

369, 370. Le Raincy, igreja de Norte-Dame (A. Perret, 1923).

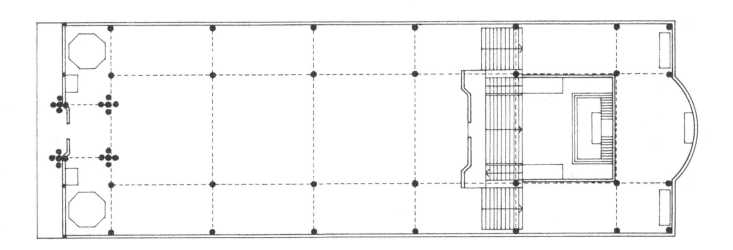

Os livros de História da Arquitetura normalmente só se lembram de Garnier por este projeto de uma cidade industrial. Mas se Garnier se tivesse limitado a projetar estas pranchas no seu *atelier* de *Villa Medici*, seria apenas mais um dos inúmeros utopistas crescidos na França. Na realidade, fez muito mais que isso: teve a oportunidade de aplicar seus conceitos arquitetônicos a uma grande cidade como Lyon, e entre 1904 e 1914 construiu uma série de edifícios públicos exemplares e de bairros residenciais, enquadrados num plano unitário. Esta experiência permitiu a Garnier verificar suas idéias em contato com as exigências concretas de uma cidade moderna. A obra construída confirma os preceitos teóricos e é neste resultado, nesta ponte lançada entre a teoria e a prática, que consiste sua contribuição ao movimento moderno.

Isto se tornou possível graças ao encontro de Garnier com E. Herriot, o deputado radical que em 1904 se tornou Prefeito de Lyon. Estes dois personagens, quase coetâneos, unidos por idênticas convicções políticas e culturais, logo se põem de acordo e se deve a esta colaboração — e não aos dotes isolados de um ou de outro deles — a vitalidade dos trabalhos que juntos conceberam, um como comitente, o outro como arquiteto.

O primeiro edifício que Garnier construiu para Herriot é uma modesta leiteria com estrebaria no parque da Tête d'Or, em 1904. Seguem-se, depois de um adequado período de preparação, as obras maiores, e em primeiro lugar o complexo para o matadouro e para o mercado de animais em La Mouche, realizado de 1909 a 1913. Requisitado para fábrica de munições durante a guerra, é restituído à sua função no pós-guerra.

É o período em que os alemães constroem suas fábricas monumentais, com estruturas expressionisticamente forjadas. Não há nada disto neste edifício: uma entrada modesta, com as características colunavão de Garnier, introduz no amplo recinto; uma vez dentro, surge à vista o enorme armazém para o mercado, que pela cobertura inclinada se funde com os pavilhões circundantes mais baixos; a grandiosa sala, sustentada por arcos metálicos com três charneiras de 80 metros de vão (Fig. 376) é semelhante à famosa *halle des machines* parisiense de 1889. O único elemento dominante é a central térmica com as duas chaminés em tijolo amarelo, dispostas como colunas antigas, que equilibram verticalmente as estruturas horizontais de toda a construção (Fig. 377).

No Estádio Olímpico iniciado em 1913 (Figs. 378-380), as referências a um genérico estilo greco-romano são mais fortes que em outros lugares. Basta ver os desenhos de Garnier reproduzidos na publicação de 1919, que parecem uma cenografia para um filme histórico, povoado por atletas em roupas antigas.

No entanto, esta inspiração herdada dos estudos clássicos nunca chega a arrastar nosso arquiteto para o monumental, e tampouco para aqueles efeitos de massa que são quase obrigatórios em quase todos os estádios. A altura da parede externa, por exemplo, é dissimulada por uma encosta coberta por vegetação que chega quase até a parte superior da escadaria, através do que a gigantesca construção se funde em termos felizes com o terreno circundante e é ao mesmo tempo conduzida a uma escala humana e acessível; apenas as quatro entradas são sublinhadas por grandes arcos decorativos (Fig. 379). No projeto original, o estádio devia apresentar uma espécie de ginásio com quadras cobertas e descobertas, campos para jogos menores, piscina e restaurante, mas o complexo foi interrompido por ocasião da Primeira Guerra Mundial e não mais completado.

O hospital da Grange-Blanche (1915), que recebeu o nome de Edouard Herriot depois da morte deste, é um amplo jardim num ligeiro declive, semeado com pavilhões de dois ou três andares, bem espaçados uns dos outros (Figs. 381-383). Também aqui não se registra nenhuma solene sistematização axial; a única coisa que se salienta é a central térmica, como no matadouro, através das duas chaminés. Os edifícios, em ótimo estado de conservação, de fato não demonstram sua idade; a relação entre o ambiente construído e as pessoas que o animam ainda é imediata, e o hospital apresenta-se acima de tudo como um utensílio vivo do presente, tanto que é necessário um esforço para considerá-lo historicamente.

O bairro chamado Etats-Unis (Figs. 384-386) foi iniciado em 1928, a partir de um projeto de 1920; Garnier havia projetado casas com três ou quatro andares, mas depois foram construídos mais dois andares, em virtude do que o relacionamento imaginado pelo arquiteto se perdeu, e o ambiente, à primeira vista, não é diferente do que se tem num bairro comum. De perto, porém, se percebe a sutileza do loteamento de Garnier, baseado em células de habitação unificadas que se podem conjugar de muitas maneiras diferentes e que permitem uma disposição variada dos edifícios; a circulação veloz na via central é mantida separada dos caminhos

371, 372. Montmagny, igreja de Sta. Teresa (A. Perret, 1926).

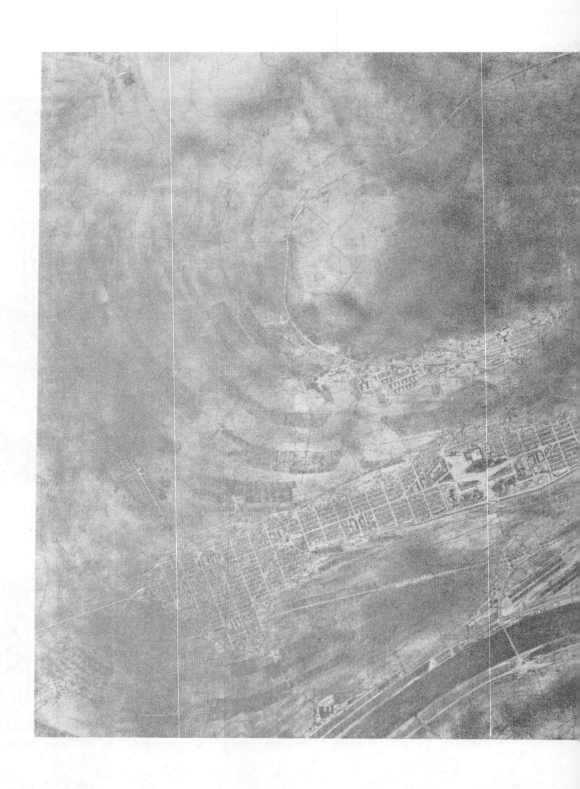

373. T. Garnier, *Une cité industrielle* (1901-1904: da publicação de 1917).

lentos ao longo das lojas e dos espaços verdes para os pedestres entre os edifícios, que não têm barreiras tal como na cidade industrial, providos de bancos e ritmados através de singulares pérgolas em concreto. Os edifícios ligam-se uns aos outros conforme um esquema recorrente, mas não simétrico; deste modo, este episódio da construção não se apresenta como uma disposição fechada e funde-se com o ambiente urbano que o circunda.

Em 1919, Garnier publica pelo editor Massin de Paris os projetos dos *Grands Travaux de la Ville de Lyon,* como fizera dois anos antes em relação às pranchas da *Cité industrielle,* e Herriot escreve-lhe este prefácio:

Tony Garnier concede-me a honra de pedir-me algumas linhas de prefácio para seu livro sobre as grandes obras de Lyon. Aquiesço de boa vontade a seu desejo não porque tenha a menor competência técnica para julgar sua obra mas sim porque, há quinze anos, estando à frente da administração municipal, escolhi e conservei Tony Garnier como um de meus principais colaboradores. Com ele estabeleci o programa do matadouro, do qual queríamos fazer um modelo para nossas grandes cidades modernas. Com ele percorri a Alemanha e a Dinamarca a fim de elaborar o plano de um hospital verdadeiramente científico, que correspondesse às preocupações atuais de uma filantropia esclarecida e às exigências do ensino. Com ele concebi a cidade operária, que deveria oferecer aos trabalhadores de nossas cidades superpovoadas uma habitação higiênica e decente.

Sempre admirei nele a coincidência de um método rigoroso com um temperamento artístico que procura inspiração nas mais puras fontes do helenismo.

Sou particularmente grato a Tony Garnier por haver interpretado as lições da Antiguidade no sentido mais amplo, por haver lutado contra aquelas concepções artificiais que se verificam em tantos maus *pastiches* como a Madeleine e o Palácio Bourbon. Mas congratulo-me com ele sobretudo por ter proclamado, com seu exemplo, que uma arquitetura deve ser de seu país e de seu tempo. Um monumento a construir se me configura como um problema a resolver. É necessário estabelecer antes de mais nada as linhas intelectuais da obra, definir as necessidades às quais deve satisfazer, subordinar o aspecto do continente às exigências do conteúdo. Chega de fachadas renascentistas ou de pavilhões em estilo semi-Luís XIV!

Tony Garnier atinge o nível artístico de imediato porque não o procura diretamente. Sua teoria — se é que possui uma teoria — surge assim como verdadeiramente clássica. Corresponde simultaneamente à tradição antiga e à tradição francesa. O Pathernon é admirável em si, mas uma cópia moderna do Pathernon seria apenas ridícula. Uma bolsa em forma de templo grego é um absurdo. Versalhes só se justifica para um grande rei. Os monumentos de Garnier correspondem às exigências de uma época que a ciência transformou radicalmente.

Espero que o estudo atento desta obra seja útil para todos aqueles que procuram trabalhar como nós. Quando se comparam os trabalhos de construção do passado com nossas medíocres tentativas, sentimo-nos humilhados. Nossas cidades francesas ainda carecem de todos os órgãos indispensáveis às suas atuais funções. Nós, pelo menos, procuramos reagir contra esta espécie de abandono, e sinto-me satisfeito por ter contado, em minhas tentativas de intervenção urbanística, com uma colaboração cujo valor poderá ser aquilatado consultando-se esta coletânea, digna, a nosso ver, dos mais ilustres arquitetos franceses do passado.

Observa-se a segurança com que Herriot afirma: "Um monumento a construir se me configura como um problema a resolver" (e note-se que quem fala é um político, e não um técnico). Todos os fatores dos quais dependerá a vida e o funcionamento do edifício já estão presentes na fase do projeto, e sua inserção na cidade é calculada antecipadamente; em conseqüência desta impostação, os edifícios de Garnier sobrevivem não apenas como relíquias da arquitetura, mas como órgãos que ainda funcionam na Lyon moderna, não obstante seus cinqüenta anos de idade.

Garnier não escreve, não viaja muito, não participa das polêmicas da vanguarda e vive apartado em Lyon, longe dos grandes centros da cultura européia. Julgado no plano do gosto, sua arquitetura não se sustenta no confronto com a finura de Horta e de Van de Velde, com o rigor de Loos, com a audácia de Wright, e pode mesmo parecer tímida e passadista, com suas ingênuas pretensões de inspiração clássica. No entanto, sob muitos aspectos seu assunto é mais moderno do que o de outros mestres de seu tempo.

Com Perret tem em comum os limites que são próprios da tradição na qual se apóia: a idéia de que existe uma espécie de arquitetura perene, a ser adaptada às exigências dos tempos mas baseada em fundamentos formais imutáveis; donde as referências — tênues mas nunca esquecidas — ao classicismo; a idéia de uma harmonia preestabelecida entre uma tal herança arquitetônica e a técnica construtiva, e portanto a confiança de poder enfrentar, com estes meios, todos os problemas postos pela vida moderna e pelo progresso científico e social. Aplicando estes conceitos à urbanística, ele concebe a cidade como um grande edifício que pode ser projetado e representado como um conjunto; projetando na *Villa* Medici a cidade industrial, pode-se dizer muito bem que ele aplica ao ferro e ao cimento, às fábricas e às estações ferroviárias, os mesmos métodos de projeto com os quais seus

374, 375. Dois aspectos da "Cité industrielle": um bairro residencial e a estação ferroviária.

376, 377. Lyon, Abattoirs de la Mouche (T. Garnier, 1909): cobertura do mercado (da publicação dos *Grands travaux*) e uma visão do conjunto.

378, 379, 380. Lyon estádio olímpico (T. Garnier, 1913): dois detalhes e o projeto do conjunto publicado nos *Grands travaux*).

381, 382, 383. Lyon, Hospital Edouard Herriot (T. Garnier, 1915).

384, 385, 386. Lyon, bairro Etats-Unis (T. Garnier, 1920-28: desenhos da publicação dos *Grands travaux*).

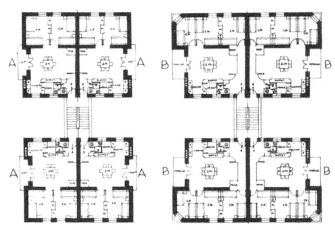

colegas compõem seus ensaios no estilo antigo. Suas pranchas, como escreve Corbusier, "são a conseqüência de cem anos de evolução arquitetônica na França".[5]

Permanecendo nesta linha cultural, Garnier no entanto vai muito além de Perret na penetração dos problemas que a sociedade moderna apresenta à arquitetura. Perret se preocupa sobretudo em conciliar as exigências do arquiteto com as do construtor, mas reunindo as duas qualificações na sua pessoa acaba por reduzir a questão aos limites de seu caso individual, e comporta-se em tudo e por tudo como um artista de vanguarda, criando para si um estilo e um repertório pessoais de soluções técnicas. Com Herriot, Garnier aprofunda as relações entre arquiteto e comitente — a rigor, dever-se-ia falar da dupla Garnier-Herriot, e não de um ou do outro isoladamente — e não teme inserir-se sem reservas na vida de uma grande cidade, aceitando todas as dificuldades técnicas, administrativas, jurídicas, econômicas, sociais que daí derivam e superando às vezes, na prática, as limitações de princípio acima expostas.

Garnier nunca pensa no edifício como num objeto isolado, mas tem sempre em mente que o objetivo de toda intervenção é a cidade e que o edifício só tem sentido como contribuição à vida da cidade. O projeto do conjunto publicado junto com os *Grands Travaux* não se parece a um moderno plano regulador, uma vez que carece da idéia de distribuir as escolhas em várias escalas e em graus variados, e é semelhante, antes, ao projeto elaborado por Haussmann; essencialmente, é um quadro de união dos vários projetos de obras públicas. Sofre assim do preconceito teórico de que uma realidade dinâmica como a cidade possa ser regulada como um ordenamento estático, mas na prática, através das vicissitudes do projeto, vê-se constrangido a experimentar esta dinamicidade e a superar os limites da teoria. Pode-se pensar que a prancha do conjunto tenha sido refeita continuamente nos escritórios de Lyon, no decorrer dos trabalhos, tal como a planta de Paris no Escritório do *plan de Paris* instituído por Haussmann, e em todo projeto arquitetônico se pode entrever esta ligação viva com a cidade que está crescendo.

O correspondente deste aprofundamento dos métodos de planificação urbana é o abandono, no campo arquitetônico, das regras da simetria, especialmente evidente nos loteamentos dos bairros residenciais. Garnier não concebe seus edifícios de modo fechado, nem pode pensar em remodelar a cidade de Lyon com critérios geométricos unitários; portanto, é levado a usar, ao invés da simetria, outros sistemas de regularização — tal como a repetição indefinida de episódios elementares, às vezes parcialmente simétricos — que se adaptam mais facilmente aos vínculos espaciais e às imprevistas mudanças no programa ao longo do tempo.

Dado que o valor da obra de Garnier está no equilíbrio conseguido concretamente entre os vários fatores, é particularmente difícil dar uma idéia dessa obra com meios indiretos como as palavras e imagens gráficas e fotográficas. Os escritos pouco representam para uma personalidade que se expressou totalmente no trabalho prático; os projetos são desenhados num grafismo banal e amaneirado; os edifícios construídos têm, nas fotos, um efeito diferente e pior do que têm na realidade, uma vez que as incertezas do gosto vêm totalmente à tona, enquanto que as qualidades positivas — a maestria técnica e a animação que deriva da perfeita correspondência com a função — não podem ser adequadamente representadas. É só diante dessas obras, acreditamos, que se pode ter uma idéia do valor desta arquitetura, percorrendo as vias do Hospital Herriot num dia de visitas ou entrando no armazém do mercado de animais cheio de gente e de animais; é a experiência mais avançada, no período que precede imediatamente o nascimento do movimento moderno, e suas próprias limitações — a visão um pouco utópica da cidade, o cândido verniz de classicismo — só fazem crescer a admiração por este personagem, modesto e grande, que ainda deve ser devidamente avaliado pela crítica contemporânea.

---

5. LE CORBUSIER, *Oeuvre complète 1910-1929*, Zurique, 1930. Introdução à 1. ed.

11. AS EXPERIÊNCIAS URBANÍSTICAS DE 1890 A 1914

1. O progresso das leis e das experiências urbanísticas

ENTRE 1850 e 1870, como já ficou dito no Cap. 3, forma-se a praxe urbanística burguesa pós-liberal, graças à iniciativa dos novos regimes conservadores que saíram vitoriosos das lutas sociais de 1848. Essa praxe, estando baseada em um divisão desigual dos ônus e das vantagens entre a administração e a propriedade — a administração executa as obras públicas com fundos que não retornam, e a propriedade retém a maior parte do aumento de valor dos terrenos — exige que os planos urbanísticos sejam financiados com o crédito, descontando-se os futuros aumentos das entradas ordinárias; tal como faz Haussmann; isto, por sua vez, exige uma tendência ao aumento dos preços e faz com que a planificação urbana dependa estreitamente da conjuntura econômica.

O período de 1850 a 1870 é, exatamente, um período de conjuntura ascendente, o que explica o grande número de iniciativas levadas a bom termo, em todos os países da Europa, enumeradas no terceiro parágrafo do Cap. 3; essa conjuntura, porém, interrompe-se por volta de 1870 — e, ao primeiro sinal de depressão, as "contas fantásticas" de Haussmann não funcionam mais, como foi relatado —; nos vinte anos seguintes, de 1870 a 1890, os preços diminuem, e somente depois de 1890 voltam a aumentar ilimitadamente até 1914 e mais além, permitindo, portanto um novo ciclo de experiências urbanísticas a longo prazo.

Depois da crise de 1870, emergem precocemente as atitudes passivas da praxe urbanística neoconservadora e, sobretudo, o desnível entre a oferta de alojamento, produzida por particulares a preços especulativos, e a demanda das classes mais pobres que continuam afluindo para as cidades.

Na Inglaterra, depois das leis de 1848 e de 1851, o congresso das instituições urbanísticas prossegue sem interrupção, corrigindo gradualmente as primeiras disposições.

Não obstante as leis sanitárias e os provimentos sobre construções populares de 1866 e 1875, a massa das cidades inglesas continua a crescer e torna-se intolerável nos últimos decênios do século. As iniciativas filantrópicas dos particulares são sempre numerosas. Em 1890, contam-se, na Inglaterra, cerca de quarenta associações que trabalham em colaboração com as administrações; estas liberam as áreas ocupadas pelos *slums*, enquanto os particulares ali constroem novas moradias. Tais iniciativas, importantes por suas aspirações morais e pelo estudo dos aspectos qualitativos do problema, são, contudo, quantitativamente insuficientes e não modificam de modo apreciável as condições da classe operária inglesa.

O Estado decide, finalmente, enfrentar o problema e nomeia uma Comissão Real que compreende eminentes personalidades, tais como o Príncipe de Gales, o Conde de Shaftesbury, Chamberlain e Chadwick. No decorrer da pesquisa, um curador dos pobres de Bristol observa: "Se o custo para construir os edifícios é demasiadamente alto para que a operação seja rendosa, é preciso que o encargo seja atribuído à comunidade"; e um funcionário londrino: "É totalmente impossível que a iniciativa privada, a filantropia e a caridade possam enfrentar a demanda atual. Aquilo que não pode ser feito pelos indivíduos, deve-se tentar fazer pela autoridade pública, pois esta tem poder e fundos suficientes". [1]

As recomendações da Comissão levam à lei de 1890, a Housing of the Workers Class Act, que unifica as leis anteriores de 1866 e de 1875 e as disposições das leis sanitárias. São concedidos às autoridades locais empréstimos sob melhores condições, o procedimento da expropriação de terrenos é facilitado e as relativas indenizações são reduzidas. Apesar desses benefícios, as administrações fazem uso limitado dessa lei, e até a guerra, menos de quinze mil alojamentos são construídos por esse meio: só o aumento da iniciativa privada impede que a situação de aglomeração se agrave ainda mais.

Por volta de 1890, muitos outros países preparam uma legislação análoga sobre o problema habitacional; os dois aspectos do problema — o saneamento dos antigos bairros insalubres e a construção de novos bairros, que, na Inglaterra, se encontram estreitamente vinculados e dependentes entre si — assumem uma relevância diversa de acordo com as várias situações.

Na França, existe já a lei de 1850 — que permite que as Comunas controlem os requisitos higiênicos das habitações e que intervenham com a expropriação onde quer que esta demonstre ser oportuna — aplicada em larga escala por Haussmann, Vaisse, etc., em relação à abertura de novas ruas. Agora uma lei de 1902, aperfeiçoada em 1912, autoriza a expropriação de casas e quarteirões, independentemente dos trabalhos viários, quando sua insalubridade é reconhecida, e permite que sejam executados numerosos trabalhos de saneamento nos velhos bairros de Paris e de outras cidades. Sendo a população quase que estacionária, o problema da construção de novas moradias preocupa menos do que em outras partes e apresenta-se sob forma grave somente nas grandes cidades, onde é necessário fazer face à imigração e é necessário alojar os habitantes provenientes de bairros malsãos demolidos. Também aqui primeiramente formam-se iniciativas privadas, com fins humanitários (Société Philantropique de Paris, Fondation Rothschild etc.); em 1890, funda-se a Société Française des Habitations à Bon Marché, que consegue obter em 1894 uma lei que fornece ajuda estatal a essas iniciativas, e, em 1907, institui-se, como órgão propulsor de todos esses assuntos, o Conseil Supérieur des H.B.M. Em 1912, todas as disposições precedentes são reunidas em um único texto legislativo.

Na Bélgica, a expropriação é regida pela lei de 1867, a qual possui algumas particularidades originais: quando, com efeito, mais da metade do terreno a ser expropriado se encontra em mãos de um único proprietário ou de um grupo organizado, este pode pleitear que o projeto seja executado por ele mesmo; institui-se, dessa maneira, um tipo de colaboração entre as autoridades e os particulares que possibilita a realização de vários trabalhos de transformação nas antigas cidades e a construção de bairros periféricos unitários, embora as Comunas não tenham propriedades dominiais importantes.

A intervenção do Estado na construção popular limita-se a algumas facilidades que a lei de 1889 concede aos trabalhadores que desejarem passar, de locatários, a proprietários de suas moradias; somente em 1919 é que se forma a Société Nationale des Habitations et Logements à Bon Marché, semelhante à francesa, e que tem início uma política regular de edificações.

Na Itália, em 1885, uma grave epidemia, principiada em Nápoles, leva para o primeiro plano o problema do controle das edificações; a expropriação por utilidade pública, regida pela lei de 1865 e limitada à execução de obras públicas, tais como ruas, ferrovias etc., é agora ampliada aos bairros malsãos por motivos de ordem sanitária. No campo da construção popular, a primeira lei é de 1903 (Lei Luzzatti), tornada mais precisa e ampliada no texto único de 1908; tal tarefa é confiada, além de aos órgãos administrativos normais, aos Institutos Autônomos de Casas Populares, os quais constroem diretamente e alugam a preço reduzido as moradias para trabalhadores. Essa solução, substancialmente diversa da de outros países, possui o mérito de uma notável rapidez de funcionamento, porém introduziu na Itália uma nítida divisão entre construção subvencionada e particular, desencorajando todas as formas intermediárias de cooperação e de subsídios parciais; além disso, desviando as autoridades locais dessa tarefa, terminou por destacar a edificação popular da planificação urbanística, lançando os germes de um perigoso dualismo. Tais méritos e tais defeitos transformaram-se a seguir em características permanentes da política italiana de construções e foram rebatidos neste pós-guerra com a instituição da INA-Casa.

Na Alemanha, a legislação não é uniforme, em virtude da estrutura federativa do Estado. A construção

---

[1]. Cit. no verbete "Housing" da *Encyclopedia Britannica*.

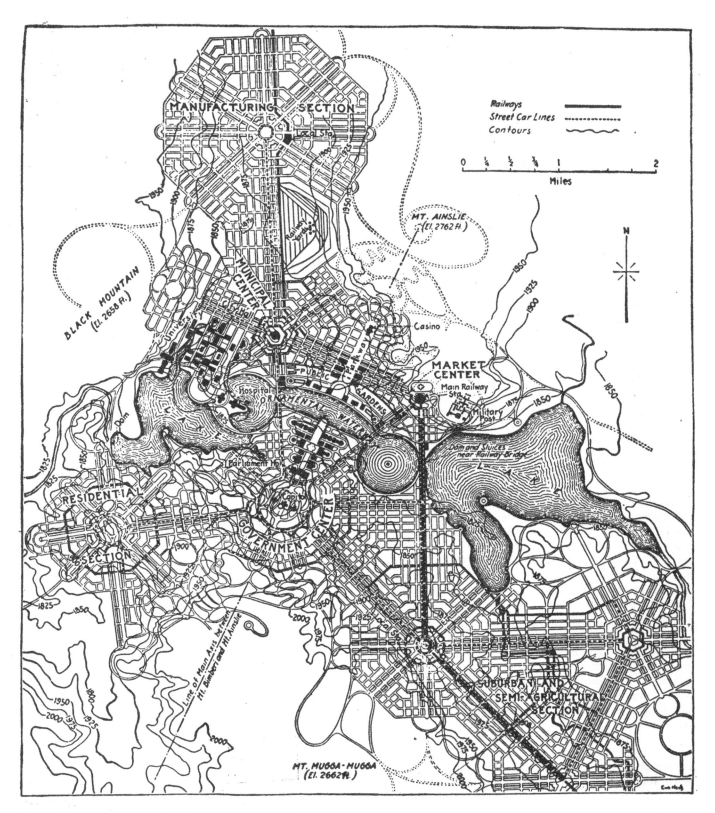

387. Planta de Camberra, segundo o projeto de Griffin (1913).

popular torna-se um problema importantíssimo logo após a rápida industrialização do país depois de 1870. A maneira de intervenção mais difusa é a sociedade cooperativa, cujo funcionamento é disciplinado pela lei de 1868; em 1889, um novo provimento dá impulso a essa forma de associação, admitindo o princípio da responsabilidade limitada, e o Estado começa a apoiar financeiramente essas iniciativas. Começa nesse momento o grande desenvolvimento da construção cooperativa alemã; as trinta e oito cooperativas de construção de 1890 são já mais de mil e quatrocentas em 1914, e os alojamentos construídos antes da guerra são aproximadamente cinqüenta mil.

A Krupp, de Essen, executa em fins do século outros bairros para seus operários: Alfredshof (1894), Altenhof (1900) e Margarethenhöhe (1906).

A legislação alemã é feita de modo a desencorajar as iniciativas isoladas e a favorecer as organizadas, capazes de produzir complexos homogêneos; por exemplo, a lei prussiana de 1904 estabelece que é proibido construir fora de determinados perímetros, salvo com uma licença especial de colonização que é fornecida a quem estiver apto a dar certas garantias.

Os terrenos necessários a tais iniciativas são obtidos, a partir de um certo momento, por meio da expropriação. Em 1901, o burgomestre de Frankfurt, Adickes, consegue fazer aprovar uma lei que permite às Comunas obter a posse de amplos territórios, à medida que se tornar necessário pelas exigências de expansão da cidade, e de projetar o modo de aproveitá-los com critérios racionais, restituindo, no entanto, aos proprietários, um lote de valor equivalente àquele cedido. Essa lei, conhecida pelo nome de Adickes, é adotada em muitos Estados alemães.

As intervenções públicas até agora enumeradas servem para atenuar uma contradição da praxe neoconservadora, mas não para eliminá-la completamente; de fato, cobrem somente uma parte da demanda e permitem que subsista o predomínio da iniciativa privada na produção e no mercado das construções. A administração ladeia e corrige a iniciativa privada com as "obras públicas": ruas, instalações, serviços; e, à medida que essas obras aumentam de importância, deve coordená-las em uma finalidade conjunta, tão coerente quanto possível, sem alterar a divisão originária das tarefas entre poder público e propriedade.

Essa finalidade conjunta, ainda oficiosa e fluida na época de Haussmann, consolida-se sob forma mais precisa e é o que hoje se chama de "plano regulador".

Em quase todas as grandes cidades, antes de 1914, apresenta-se a exigência de um plano geral estabelecido oficialmente. Em Paris o projeto de Haussmann é completado sob a Terceira República e consolidado em fins do século pela rede metropolitana inagurada em 1900. Uma comissão para o estudo de um plano geral, incentivada por Marcel Poëte, toma posse em 1910 e publica o primeiro relatório em 1913; o plano, porém, redigido por Henri Prost, será aprovado somente em 1939. Em Viena, a ordenação de conjunto iniciada com a construção do Ring é completada pelo regulamento de 1885, por provimentos de zoneamento em 1893 — a cidade é dividida em vinte distritos, especificando-se para cada um os tipos de construções e o número de andares — e pelo cinturão verde estabelecido em 1905; em Roma, capital da Itália desde 1870, o primeiro plano regulador (Viviani) é aprovado em 1883 e o segundo (Saint-Just) em 1908. Nos EUA, o movimento para a *city beautiful* obtém a aprovação dos primeiros planos que são postos em discussão, embora o sejam sobretudo com critérios formais e monumentais, a tradicional disposição em xadrez; dentre estes, destacam-se os planos de Burnham e Bennet para São Francisco (1905) e para Chicago (1909), do qual já se falou no Cap. 8. Nos primeiros anos do século XX, a cultura urbanística anglo-saxônica está apta a programar duas grandes cidades, destinadas a se tornarem as capitais das duas maiores possessões britânicas: Nova Délhi na Índia, projetada por Edwin Lutyens (1869-1944) em 1911, e Camberra na Austrália — para a qual foi instituído um concurso, vencido por Walter B. Griffin (1876-1937) de Chicago, em 1913.

Tanto as iniciativas da construção pública quanto os planos reguladores, deslocam, embora pouco, a fronteira entre poder público e propriedade; e, uma vez que isso constitui o núcleo político da urbanística burguesa pós-liberal, cada ajustamento produz a necessidade de retocar a legislação de base, ou de tornar explícito, sob forma mais tranqüilizadora, o compromisso jurídico inicial.

O exemplo mais importante de um texto legislativo unitário, onde os problemas da edificação subvencionada e da planificação urbana encontram seu lugar de modo ordenado, é a lei holandesa de 1901. As cidades com mais de dez mil habitantes são obrigadas a redigir os planos de ampliação, especificando as modalidades para a demolição dos bairros malsãos, para a manutenção dos sãos e para a construção dos novos; é introduzida a distinção entre planos regulado-

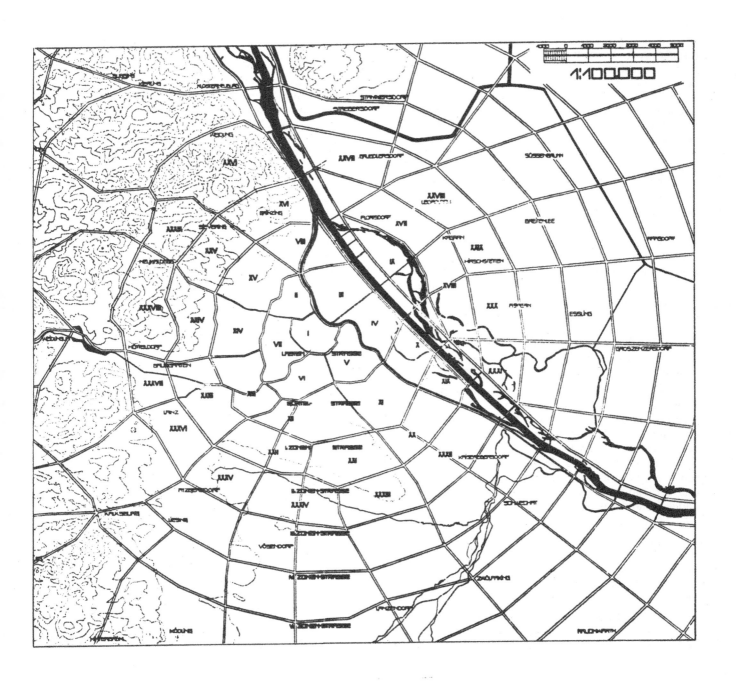

388. Otto Wagner, esquema para a ampliação de Viena (em *Die Grosstadt*, 1910).

res gerais, a serem revistos a cada dez anos, e planos particularizados, e especifica-se que a expropriação dos terrenos e de qualquer construção pode ser levada a efeito somente depois da compilação dos planos particularizados. As administrações, por outro lado, recebem empréstimos com juros a cargo do Estado, capazes de cobrirem até cem por cento do custo dos terrenos e das construções, e são autorizadas, por sua vez, a conceder terrenos e subvenções às cooperativas e aos entes que se ocupam com a construção exclusiva de casas populares, tirando vantagem de um procedimento de expropriação regulado e facilitado.

No que se refere ao tema da expropriação, as cidades holandesas possuem a vantagem de uma tradição secular; com efeito, exceto Haia, as grandes cidades encontram-se sobre terrenos planos tirados das águas e sua extensão somente pode ser feita após uma preparação oportuna dos terrenos, com trabalhos hidráulicos que devem naturalmente ser coordenados entre si com exatidão; por isso, desde o princípio, a expansão das cidades ocorre mediante expropriação das zonas circundantes, arranjo esse a cargo das autoridades, e revenda das áreas construíveis.

Assim foi realizada a ampliação seiscentista de Amsterdã, baseada em três canais semicirculares em torno do núcleo do século XVI. A administração continua lançando mão de uma reserva de terrenos construíveis, à medida que a cidade aumenta, e, em 1896, toma a decisão de não mais revender os terrenos adquiridos, mas apenas alugá-los. É a solução que será adotada posteriormente pela maioria das cidades holandesas.

A lei holandesa permite a preparação dos planos de ampliação de Amsterdã (de 1902 em diante), de Roterdã (em 1903), e promove um forte incremento da construção subvencionada; até a guerra, constroem-se cerca de trinta e cinco mil alojamentos, financiados de várias maneiras pelo Estado.

Depois da Holanda, a Inglaterra obtém em 1909 a primeira lei urbanística, baseada na mesma intenção de reunir em um único texto as disposições referentes à edificação popular e aos planos reguladores.

O procedimento de expropriação de terrenos pela edificação popular é posteriormente aperfeiçoado e ligado à redação dos planos; diversamente da Holanda, porém, os trabalhos previstos pelo plano desenvolvem-se em sua maioria em terrenos particulares, e a lei esforça-se por equiparar o tratamento dado aos vários proprietários, estabelecendo contribuições de melhoria a cargo dos beneficiados e indenização de compensação para os prejudicados; o funcionamento não dá bons resultados, e até a Segunda Guerra Mundial são pagas somas enormes de indenização, enquanto quase que jamais se consegue obter o pagamento das contribuições; a falência desse sistema levou o legislador inglês de 1947 a orientar-se para um sistema diferente, o de nacionalização das áreas construíveis.

Nos outros países, leis urbanísticas análogas são promulgadas somente no pós-guerra. Surgem, enquanto isso, um grande número de iniciativas e de instituições culturais que debatem os problemas urbanísticos; no primeiro decênio do século XX, lançam-se as bases da cultura urbanística que poderíamos chamar de clássica, na qual se inspiram as legislações de quase todos os países e cujas carências se encontram na origem de muitas dificuldades com que hoje nos deparamos.

Também neste campo, destaca-se a cultura alemã. Em Berlim, publica-se a partir de 1904 a revista *Städtebau,* e os tratados alemães, desde o de Baumeister, de 1876, ao de Stübben, de 1890, são difundidos em toda parte. Em Dresden, em 1903, organiza-se uma exposição urbanística, talvez a primeira, seguida pela de 1910, em Berlim, a de 1913, em Gand, e a de 1914, em Lyon. Por outro lado, a primeira School of Civic Design é instituída em 1909 ao lado da Universidade de Liverpool. O problema da cidade moderna é de atualidade também para os literatos, os quais procuram representar-se a cidade do futuro, na qual projetem os desejos e as inquietudes do presente: em 1899, é publicada *La journée d'un journaliste américan en 2899* de Júlio Verne (que já em 1879 havia publicado *Les cinq cents millions de la Bégum,* inspirado na utopia de Richardson), e, em 1905, *A Modern Utopia* de H. G. Wells.

O espírito dessa cultura, confiante na solução analítica dos problemas da cidade moderna, na formulação de soluções com exatidão quase científica e plena de entusiasmo pelos destinos progressivos da convivência urbana, pode ser ilustrado eficazmente pelo seguinte discurso de Herriot, Prefeito de Lyon, pronunciado na Exposição de 1914:

A administração de uma cidade média deve deixar de ser empírica para transformar-se em uma verdadeira ciência. Prever a extensão racional de uma aglomeração humana, ordenar os espaços livres necessários e as reservas de ar, assumir sua boa manutenção, defendê-la contra as insídias de todo gênero que a ameaçam, prover ao transporte dos habitantes, fornecer-lhes águas saneadas, desembaraçá-los dos produtos usados, reformar as habitações, escolher o melhor sis-

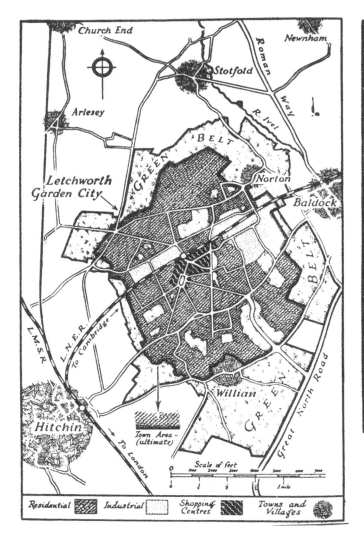

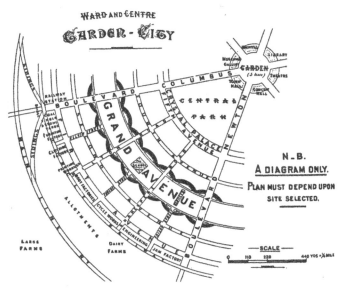

389, 390. Plantas originais de Letchworth (B. Parker e R. Unwin, 1902) e de Welwyn (L. de Soissons, 1919).
391. Esquema teórico da Garden City (de E. Howard, *Tomorrow*).
392. Letchworth, centro comercial.

tema de iluminação, supervisionar a alimentação e controlar as mercadorias essenciais tais como o leite, eliminar as falsificações e as fraudes, proteger a primeira infância, modernizar a escola, generalizar a propriedade, completar o ensino nacional com o ensino de iniciativa local, criar condições higiênicas para o trabalho, promover ou aperfeiçoar as instituições sociais, organizar a luta contra as doenças infecciosas, transformar nossos hospitais, nossos asilos e nossos lares, procurar qual deve ser a verdadeira tarefa de um órgão de assistência, encorajar a cultura física e os esportes indispensáveis aos cidadãos, fazer com que essa cidade floresça, em todos os sentidos, coroar com a intervenção da arte esse esforço para a ciência, não será este um programa digno de reflexão? [2]

Esse é o quadro de instituições e experiências em que se encaixam as propostas da vanguarda artística depois de 1890. Nenhuma dessas propostas, é preciso que se diga logo, chega a tocar as bases da praxe urbanística vigente, e está apta a resolver plenamente os graves problemas das cidades e dos territórios; exatamente aqui, de fato, a cultura de vanguarda revela seus limites constitucionais.

Em alguns casos a polêmica da vanguarda adequa-se perfeitamente ao *status quo* urbanístico e, mesmo, reforça-o com seu prestígio; é o caso dos austríacos, Otto Wagner e seus alunos, que ensinam somente a consolidação das periferias urbanas nos rígidos esquemas da simetria e da hierarquia. O estudo de Wagner para a ampliação de Viena — *Die Grosstadt*, de 1911 — é uma das formalizações mais ortodoxas do modelo neoconservador idealizado cinqüenta anos antes.

Outras propostas, pelo contrário, embora o façam ambiguamente, colocam em discussão o modelo oficial: ou a partir do interior da tradição clássica, como faz Garnier, ou por meio da polêmica anticlássica, como as experiências que serão descritas agora: o ensinamento teórico de Sitte, o movimento das cidades-jardim inglesas, a cidade linear idealizada por Soria, os planos urbanísticos de Berlage.

2. Os ensinamentos de Camillo Sitte

Camillo Sitte (1843-1903) é um arquiteto austríaco, diretor da Staatsgewerbeschule de Salsburgo, autor de várias construções religiosas e de planos de ampliação para algumas cidades austríacas, dotado de

2. Cit. em D. BELLET e W. DARVILLÉ, *Ce que doit être la cité moderne*, Paris, s. d., p. 22.

uma vasta cultura histórica acumulada em numerosas viagens pela Europa e Oriente.

Em 1889, publica um pequeno livro, *Der Städtebau nach seinem künstlerischen Grundsätzen*, que tem muito sucesso e o torna subitamente famoso; antes de 1900, saem outras duas edições alemãs e, em 1902, a edição francesa. Trata-se de um texto simples e discursivo, diferente dos tratados difundidos sobre o tema, sem o fascínio estilístico dos escritos de um Ruskin ou o aparato erudito de Viollet le Duc; sua importância e a rápida difusão devem-se à novidade do ponto de vista e à possibilidade imediata de aplicação de suas sugestões.

Sitte fala da cidade moderna, e seu discurso é limitado ao campo que é chamado de "artístico", ou seja, à decoração que se pode observar nos centros representativos e nos bairros de moradia, mas não se limita a indicar um repertório de soluções convencionais, como o fazem os tratadistas, nem a polemizar contra estes últimos como princípio, tal como o faz Ruskin; ele observa a paisagem da nova cidade tal como ela emerge dos canteiros dos decênios precedentes, releva seus inconvenientes — monotonia, regularidade excessiva, simetria a qualquer custo, espaços inarticulados e desproporcionais à arquitetura —, comparando-os aos méritos das cidades antigas, especialmente às medievais, que possuem ambientes pitorescos e articulados segundo as funções, composições assimétricas, hierarquia de espaços em relação adequada com os edifícios.

Também Sitte, como os românticos das gerações anteriores, contrapõe o passado ao presente, porém substitui a refutação global da cidade moderna, deduzida por via teórica, por uma análise motivada dos inconvenientes singulares, e chega a propor alguns remédios práticos, a fim de restabelecer na cidade moderna ao menos uma parte dos valores que são admirados na cidade antiga; os espaços inarticulados ou muito grandes, com efeito, podem ser subdivididos oportunamente a fim de criar ambientes definidos de construção; as formas abertas podem ser substituídas por outras fechadas; a simetria pode ser suavizada por assimetria parciais; os monumentos podem ser deslocados do centro geométrico das praças para locais mais distanciados, e assim por diante. O opúsculo termina efetivamente com um capítulo em que se propõe o secionamento do ambiente por demais espaçoso do Ring vienense, criando-se em torno dos principais edifícios praças proporcionais.

393. Letchworth, vista aérea.

As convicções teóricas de Sitte são um tanto restritas. Para ele, arte e utilidade são exigências opostas e, nas recentes experiências urbanísticas do século XIX, vê somente preocupações técnicas, às quais contrapõe os direitos da arte. Ele é responsável em grande parte pelo conceito do "ornato citadino", que pesou por longo tempo sobre os estudos urbanísticos, impedindo o aprofundamento dos problemas substanciais.

Bastará o seguinte texto para mostrar esse aspecto de seu pensamento:

> Sistemas modernos. Ora! Esquematizar tudo rigorosamente, não se desviar nem um fio de cabelo do esquema, essa é a palavra senha de nosso tempo. Respeitar o esquema, atormentando até a morte o gênio, e afogar todo sentimento festivo. Hoje, temos três sistemas principais para construir as cidades: o sistema ortogonal, o sistema radial e o sistema triangular... Todos esses sistemas possuem um valor artístico nulo; sua finalidade exclusiva é a de regular a rede viária: é, portanto, uma finalidade puramente técnica.
>
> Uma rede viária serve unicamente para circulação, não é uma obra de arte porque não é absorvida pelos sentidos e não pode ser abarcada de uma só vez a não ser no papel. É por isso que, nas páginas precedentes, jamais trouxemos à baila a rede de ruas, nem ao falar de Atenas ou da Roma antiga, nem de Veneza ou de Nuremberg. Sob o aspecto artístico, ela é exatamente indiferente. Artisticamente importante é apenas aquilo que pode ser abarcado com o olhar, aquilo que pode ser visto: por conseguinte, a rua singular, a praça singular.
>
> Por essa simples consideração, fica evidente que, sob certas condições, os resultados artísticos podem ser conseguidos com qualquer sistema de rede viária, a fim de que isso não seja conduzido com aquela brutal ignorância histórica que corresponde ao *genius loci* das cidades do Novo Mundo e que desgraçadamente tornou-se moda também entre nós.
>
> O próprio sistema ortogonal permitiria dar às ruas e às praças um ordenamento artístico, se o técnico da circulação deixasse algumas vezes ao artista a faculdade de olhar por cima de seus ombros, e de deslocar-lhe seu compasso e a régua de desenho. Um *modus vivendi* poderia talvez ser encontrado entre os dois, repartindo-se entre eles as tarefas, já que o artista ficaria satisfeito se pudesse desenhar à vontade algumas praças ou vias principais, e abandonaria de boa vontade o resto às exigências da circulação e às demais necessidades materiais quotidianas. A maior parte dos bairros da cidade seria, então, destinada à construção comum de moradias; estas mostrar-se-ão como se estivessem em roupa de trabalho; mas as poucas ruas e praças principais deveriam aparecer em trajes festivos para a alegria e glória dos habitantes, a fim de despertar o amor pela pátria e inspirar sentimentos elevados e nobres à juventude que se prepara para a vida. [3]

Apesar desses preconceitos, Sitte trouxe duas contribuições importantes para a cultura urbanística de seu tempo.

Em primeiro lugar, despertando o interesse pelos ambientes das cidades antigas — e não mais para os monumentos isolados —, colocou um freio ao hábito nefasto do isolamento (escrevia R. Baumeister em 1876: "os edifícios antigos devem ser conservados, mas, digamos, esquartejados e restaurados" [4]), firmou as premissas para a conservação de complexos inteiros, se não dos antigos *habitats* em seu conjunto, e antepôs um obstáculo psicológico da maior importância à demolição indiscriminada do tipo de Haussmann.

Em segundo lugar, com suas sugestões formais simplistas, propôs aos arquitetos uma pesquisa que os teria necessariamente levado aos problemas fundamentais da urbanística moderna; Sitte enfrenta os problemas a partir do exterior, mas tentando concretizar a comparação entre cidade antiga e cidade moderna numa casuística e num método de intervenção, intui uma união entre teoria e prática e inicia uma série de experiências que levarão a superar a teoria, partindo dos fatos visíveis, para as causas não visíveis.

Em algumas passagens existe o pressentimento dessas conseqüências, como, por exemplo, quando ele descreve as dificuldades que se encontrariam ao imitar a complexidade orgânica de um ambiente antigo:

> No entanto, poder-se-ia verdadeiramente conceber e construir no plano do projeto as mesmas belezas, tais como as produzidas pela história no decurso dos séculos? Seria eventualmente possível sentir uma alegria real e sincera à vista dessa espontaneidade mentirosa, desse natural artificial? Por certo que não. Essas alegrias... estão preclusas a um grau de civilização que não constrói mais as casas dia a dia, mas somente racionalmente sobre a mesa de projeto... A vida moderna, tal como a técnica moderna de construção, não permite mais que se copiem fielmente e soberbamente os ordenamentos urbanísticos antigos: é preciso ter a coragem de reconhecê-lo abertamente se não quisermos nos abandonar a fantasias sem esperança. Os modelos dos antigos devem reviver hoje de modo bem diferente do que uma cópia, embora conscienciosa; somente examinando-se aquilo que existe de essencial em sua criação e procurando-se, se se conseguir, adaptar às condições modernas aquilo que existe de mais significativo em suas obras, é que poderemos esperar extrair ao terreno aparentemente tornando estéril uma semente que possa novamente germinar. [5]

---

3. SITTE, C. *L'arte di costruire le città* (1889). Trad. it., Milão, 1953, p. 22.

4. BAUMEISTER, R. *Stadtserweiterungen in technischer, baupolizeilicher und wirtschaftlicher Beziehung*. Berlim, 1876, cit. em C. SITTE, op. cit., p. 39.

5. SITTE, C. Op. cit., pp. 111-112.

394, 395, 396. Welwyn, aspectos da construção residencial.

Palavras essas verdadeiramente modernas e atuais, que poderiam ser aplicadas a muitos bairros atuais de construção subvencionada, onde a complicação e o aspecto orgânico são criados artificialmente pelo desenho, sem qualquer correspondência com as modalidades técnicas e administrativas da iniciativa.

3. O movimento das cidades-jardim

O movimento das cidades-jardim de Howard possui duas fontes interligadas: de um lado, a tradição das utopias da primeira metade do século XIX, especialmente a de Owen, entendida como comunidade perfeita e auto-suficiente, síntese de cidade e campo, com os significados sociais que lhe são tradicionalmente anexos; do outro lado, o conceito da casa unifamiliar no verde, que é um pouco a redução do ideal precedente por obra da cultura vitoriana na segunda metade do século, com a tônica, entretanto, colocado mais na *privacy* do que nas relações sociais: uma tentativa de subtrair a vida familiar à promiscuidade e à desordem da metrópole e de realizar — digamos assim — o máximo de ruralidade compatível com a vida urbana.

Esse ideal já se encontra expresso em Ruskin: "Ruas bem limpas, com campos livres em torno; um cinturão de belos jardins e de hortas, de modo que, de todos os pontos da cidade, se possa chegar, em poucos minutos de passeio, a um ar perfeitamente puro, à grama e a um longínquo horizonte".[6] O mesmo Ruskin funda, em 1871, a Saint Georges Guild, a fim de construir um subúrbio-jardim perto de Oxford, mas a iniciativa fracassa. Um admirador seu, M. Lever, fabricante de sabonetes, consegue realizar esse programa em 1887, perto de Liverpool, em Port-Sunlight: um grupo de seiscentas pequenas casas em estilo gótico, em um terreno de cinqüenta hectares, reunidas em pequenos grupos e circundadas por jardins e hortas, que são alugadas a preços módicos aos dependentes da empresa.

Uma experiência análoga é efetuada em 1895 pelo fabricante de chocolate G. Cadbury, em Bournville, perto de Birmingham: quinhentas moradias, em um terreno bastante mais amplo, cerca de cento e oitenta hectares, sem um estilo prescrito, mas com uma proporcionalidade fixada entre terrenos e construções.

A partir de 1898, as iniciativas multiplicam-se, graças à influência de Ebenezer Howard (1850-1928) e de seu movimento. Ele possui o mérito de ter formulado uma teoria coerente, subtraindo tais experiências ao arbítrio dos empresários singulares; ao mesmo tempo, ele encerra a linha de pensamento dos utopistas, separando a parte abstrata e irrealizável da realizável, e distinguindo racionalmente quais aspectos da vida urbana é indispensável coletivizar e quais deixar à iniciativa privada.

Howard segue o seguinte raciocínio: a propriedade privada dos terrenos construíveis produz um valor crescente dos terrenos, a partir da periferia para o centro das cidades, e leva os proprietários dos terrenos urbanos a um aproveitamento intensivo, tornando os edifícios mais compactos e congestionando o trânsito nas ruas; além disso, a concentração dos interesses dá lugar a um crescimento ilimitado das cidades e o congestionamento alarga-se sobre uma área cada vez mais vasta, empurrando o campo sempre para mais longe. Se fosse possível eliminar a especulação privada, os edifícios poderiam dar lugar a espaços verdes; desapareceria também o incentivo para um crescimento ilimitado, e as dimensões das cidades poderiam ser estabelecidas oportunamente, de modo que o campo sempre pudesse ser atingido por um simples passeio. Assim, segundo Howard, poder-se-iam unir os benefícios da cidade —- a vida de relacionamentos, os serviços públicos — com os benefícios do campo, o verde, a tranqüilidade, a salubridade etc. Nasce a idéia da cidade-jardim.

Howard é um funcionário do Tribunal de Londres e, ao ler um livro de Bellamy sobre o movimento cooperativista americano [7] — como ele mesmo relata — surge-lhe a idéia de aplicar esses princípios em escala reduzida a uma cidade experimental. Ele expõe sua idéia em um pequeno livro saído em 1898, com o título *Tomorrow, a Peaceful Path to Real Reform;*[8] no mesmo ano, ele funda uma sociedade, a Garden City and Townplanning Association, e faz publicar uma revista, procurando suscitar um movimento de opinião pública.

No livro, Howard descreve a futura cidade e traça também alguns desenhos, contudo recomenda que estes sejam considerados como simples esquemas, porquanto o projeto deverá adaptar-se ao local escolhido

---

6. J. RUSKIN, *Sesam and Lily* (1865), cit. em P. LAVEDAN, *Histoire de l'urbanisme, époque contemporaine*. Paris, 1952, p. 139.

7. BELLAMY, E. *Looking Backwards, 2000-1887*. Boston. 1888.

8. Reimpresso em 1902 com o título *Garden Cities of Tomorrow*.

397, 398. Welwyn, uma rua e um dos tipos de edificação (de P. Wolf, *Wohnung und Siedlung*, 1926).

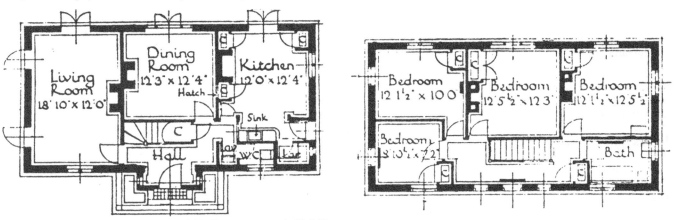

399. A. Soria, o primeiro traçado do subúrbio linear em torno de Madrid.

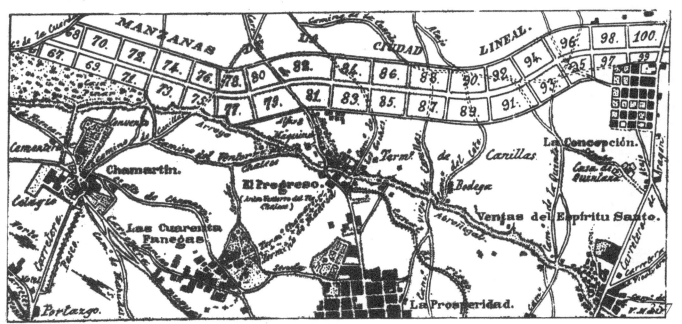

(Fig. 391); não sendo um técnico, ele se estende sobretudo nos particulares financeiros da iniciativa e insiste em seu caráter de proposta concreta, não de concepção ideológica. A cidade-jardim será dirigida por uma sociedade anônima, proprietária do terreno mas não das moradias, dos serviços ou das atividades econômicas; cada um será livre para regular sua própria vida e seus negócios como achar melhor, submetendo-se somente ao regulamento da cidade e recebendo, em troca, os benefícios de uma convivência regulada. Howard não se livra, contudo, da idéia tradicional de que a nova cidade deve ser auto-suficiente e deve fundar-se num equilíbrio harmônico entre indústria e agricultura; por conseguinte, emite a hipótese de que a cidade-jardim ocupe, com moradias e indústrias, um sexto do terreno disponível, destinando o resto à agricultura, e arranjando em torno do núcleo urbano um cinturão de fazendas, sempre dependentes da mesma autoridade.

Em 1902, ele funda a primeira Sociedade e, no ano seguinte, inicia a construção da primeira cidade-jardim, Letchworth, a cerca de cinqüenta quilômetros de Londres (Figs. 389, 392 e 393): o plano é feito por B. Parker e R. Unwin, a rede viária e as instalações são construídas pela Sociedade, e os terrenos alugados por noventa e nove anos. O regulamento é muito minucioso: não somente prescreve-se qual deve ser a relação entre casas e jardins, o tipo de cerca, de plantações etc., como também a Companhia estabelece a proibição de abrir casas comerciais em locais residenciais, a obrigação de mudar de zona para artesãos que desejem se tornar pequenos ou médios industriais, a limitação do número de profissionais não somente na cidade, mas em cada bairro, a fim de que tenham bastante clientela, o controle da criação dos animais domésticos a fim de que estes não perturbem os vizinhos, a proibição de fixar cartazes fora dos locais indicados, a proibição de implantar indústrias fumarentas ou malcheirosas, a proibição de tocar sirenas no início e final do expediente nas fábricas e de tocar sinos em igrejas e escolas.

O cinturão agrícola é reduzido a menos da metade em relação ao projeto teórico de Howard. A cidade é prevista para trinta e cinco mil habitantes, porém é povoada muito lentamente, e, trinta anos mais tarde, não atinge nem mesmo a metade dos habitantes fixados; também a subscrição do capital não é jamais feita integralmente e a Sociedade vê-se forçada a emitir obrigações, de modo que a propriedade do solo não fica com a coletividade dos habitantes, mas termina em mãos de acionistas externos.

Em 1919, após a guerra, Howard faz a segunda tentativa, funda uma segunda Sociedade e começa a construção da cidade de Welwyn, aproximadamente a meio caminho entre Letchworth e Londres (Figs. 390 e 394-398). É escolhido um terreno menor, o cinturão agrícola é reduzido ainda mais e é prevista uma população de cinqüenta mil habitantes. Além disso, a Sociedade encarrega-se de construir as casas, alugando-as depois por novecentos e noventa e nove anos, e concede o monopólio do comércio a uma Companhia controlada.

O sucesso, desta feita, é mais rápido; Welwyn atinge os trinta e cinco mil habitantes antes da Segunda Guerra Mundial; esse progresso, contudo, deve-se provavelmente a razões diversas das que Howard espera: à proximidade de Londres e à posibilidade de morar na cidade-jardim embora trabalhando na metrópole. Assim, a auto-suficiência prevista por Howard demonstra ser não apenas irrealizável, mas prejudicial para o sucesso da cidade-jardim. O cinturão agrícola é progressivamente diminuído, perde qualquer relevância econômica e, tanto em Letchworth, quanto em Welwyn, reduz-se a um anteparo verde, a fim de garantir os limites impostos à cidade.

Dessa maneira, a cidade-jardim demonstra ter condições de viabilidade, diversamente das utopias precedentes, porém, afinal, reduz-se a uma cidade como as outras, sujeita à atração da metrópole, de tamanho não estável e com uma ordenação fundiária não dessemelhante a normal. Resta a marca agradável da concepção originária na elegância dos traçados das ruas, na uniformidade das construções, na distribuição do verde.

O mesmo pode ser dito em relação aos habitantes. No princípio das duas experiências, segundo Purdom, "um espírito novo, enérgico, reinava entre os primeiros habitantes das duas cidades"; estes, em Letchworth, são:

um encadernador de livros, um historiador católico, um especialista em William Blake, vários poetas e filósofos, diversos reformadores sociais, vários atores e cantores, cinco ou seis pintores, um construtor civil, não poucos eclesiásticos aposentados, um ornitólogo, um anarquista, jornalistas, socialistas, químicos, enfermeiros, médicos etc. [9]

Estes têm consciência de que constituem uma comunidade *sui generis,* uma vez que, por exemplo, a

9. PURDOM, C. B. *Building of Satellite Towns.* Londres, 1925.

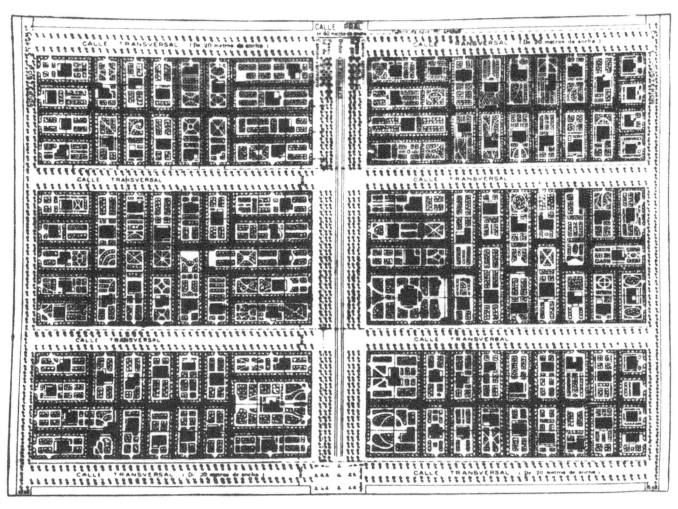
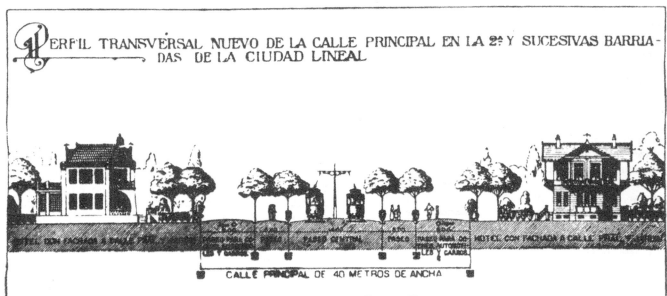

400, 401. O loteamento e a seção da rua principal, na cidade linear de Madrid.

assembléia dos primeiros habitantes de Letchworth decide vetar a abertura de lojas de bebidas alcoólicas e impõe outras limitações não comuns à vida pública e privada. Todavia, com o passar do tempo e com o aumento da população, as duas comunidades terminam por assemelhar-se cada vez mais às dos subúrbios comuns de Londres, tanto que hoje são formadas principalmente por operários das indústrias que, no ínterim, se estabelecem nas proximidades.

O movimento de Howard tem ampla influência na Europa; depois de 1900, um grande número de subúrbios, nas principais cidades européias, assumem a forma de cidade-jardim — dentre os principais, a já citada Margarethenhöhe dos Krupp em Essen (1906) (Fig. 399), Hampstead perto de Londres (1907) e, depois da guerra, as Cités-jardins des Chemins de fer du Nord, na França (1912-14), Floreal e Logis, na periferia de Bruxelas (1921), Monte Sacro em Roma (1920), Radburn, perto de Nova York (1928) e, depois de 1932, as *greenbelts* norte-americanas. O termo "cidade-jardim" deve ser entendido com as limitações que já foram vistas: não cidade, mas bairro satélite de uma cidade, dotado de um relacionamento favorável entre edifícios e áreas verdes e sujeito a certos vínculos a fim de que o caráter do ambiente seja respeitado.

É preciso fazer uma distinção nítida, em um juízo histórico, entre a teoria de Howard e suas conseqüências. Howard, tal como os utopistas de princípios do século XIX, propõe-se resolver o problema da cidade, ou seja, a organização de uma comunidade auto-suficiente, seja quanto a recursos econômicos, seja quanto a serviços; no curso dessa pesquisa, ele se depara com um problema diverso e mais complicado: a organização de um submúltiplo da cidade. A maior complicação encontra-se no fato de que o problema da cidade é um problema de princípios: trata-se, com efeito, de dar à comunidade tudo aquilo de que precisa para satisfazer suas várias exigências; o problema do bairro, pelo contrário — se não é tomado no sentido puramente quantitativo — é um problema de gradação: trata-se, de fato, de individuar dentro da cidade uma unidade menor de grandeza conveniente, e de ver quais serviços e quais atividades convêm que sejam dados nessa escala, e quais o sejam em escala urbana global. Sob esse ponto de vista, é irrelevante que o bairro seja composto de casas unifamiliares esparsas ou de casas coletivas densas.

O mérito de Howard está em que lançou luz sobre o problema, mesmo que suas intenções fossem diversas. Até então, a cidade era pensada como um corpo compacto e inarticulado; entre a família e a cidadania toda — em termos urbanísticos, entre o apartamento e a cidade — existe "o imenso vazio" de que fala Tocqueville,[10] porquanto os processos de crescimento da cidade industrial destruíram toda unidade intermediária, tal como, no campo político, o pensamento liberal propôs-se abolir todas as estruturas intermediárias entre o cidadão e o poder do Estado. De Howard em diante, coloca-se o problema de preencher esse espaço com uma hierarquia apropriada de unidades urbanísticas, e de restituir à cidade uma articulação adequada. Nesse sentido, o pensamento de Howard perdura no tempo e é precursor de um dos problemas fundamentais da urbanística moderna.

O ponto fraco, por sua vez, está em ter liquidado extemporaneamente a herança ideal dos utopistas e em ter colocado em segundo plano o problema da cidade, enquanto lugar onde todas as atividades humanas se integram. Howard projeta, sim, uma nova cidade, mas a concebe de modo por demais restrito, com os caracteres e os serviços de um bairro, e a desejada auto-suficiência é atribuída a essas unidades híbridas, sugerindo a idéia de desmembrar a cidade tradicional em outros tantos fragmentos distanciados e autônomos.

Daí nasce uma corrente de pensamento — Geddes, Mumford, Gutkind — que conserva uma repugnância ruskiniana pela cidade grande e prediz o fim das metrópoles, que serão substituídas por zonas povoadas esparsas por um vasto território,[11] e nascem algumas fórmulas, tais como a do "bairro auto-suficiente", que vêm pesando há tempos sobre a urbanística contemporânea, escondendo a verdadeira natureza dos problemas. Somente a cidade, com efeito, pode ser dita auto-suficiente com uma certa aproximação; para o bairro, o problema possui dois aspectos complementares, a autonomia e a integração, os quais se limitam reciprocamente.

Essa carência do pensamento de Howard fica evidente mesmo pelo tom de sua preleção. No pai da cidade-jardim existe algo de mesquinho em relação à generosa abertura de Owen; ele transporta a cidade para o plano realista, porém, na operação, algo de fundamental é perdido. Os paralelogramos de Owen são fantasia, mas contêm uma incitação revolucionária, que a burguesia eduardiana pode tornar própria so-

---

10. TOCQUEVILLE, Ch. A. *L'antico regime e la rivoluzione* (1856). Trad. it., Turim, 1947, p. 97.
11. GEDDES, P. *City Development*. Edimburgo, 1904; MUMFORD, L. *The Culture of Cities*. Nova York, 1938; GUTKIND, E. A. *The Expanding Environment*. Londres, 1953.

402, 403. Amsterdã, o bairro Zuid (plano de Berlage, 1917).

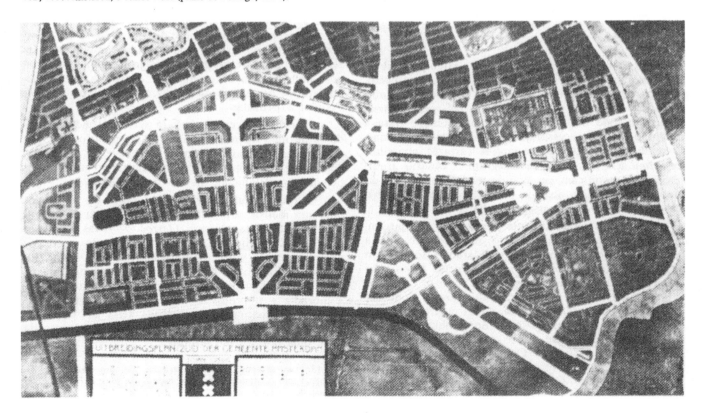

mente diminuindo-a de tal modo que não seja mais socialmente perigosa.

Os caracteres formais da cidade-jardim reproduzem fielmente méritos e defeitos dessa colocação. Howard não se ocupa de arquitetura e deixa indeterminado o traçado da cidade, bem como o estilo dos edifícios; os arquitetos que trabalham com ele, embebidos no medievalismo de Shaw, projetam planimetrias sinuosas e edifícios necmedievais, fazendo sempre uso, contudo, da liberdade eclética e combinando entre si as referências a vários estilos passados. Nos numerosos bairros que imitam os modelos howardianos, essa receita freqüentemente é levada ao excesso, as planimetrias tornam-se labirínticas e as contaminações estilísticas, desenfreadas; é o ambiente descrito satiricamente por Chesterton em 1908, no começo do *Homem que foi Quinta-Feira*:

O subúrbio de Saffron Park surgia a oeste de Londres, vermelho e irregular como uma nuvem vespertina. Era construído de ponta a ponta em tijolo vivo; o desenho que seus telhados formavam no céu era fantástico, e seu plano regulador, extravagante; representava o último achado de um especulador na construção civil que definia a própria arquitetura por vezes como elisabetana e outras vezes como rainha Anne, provavelmente sob a impressão de que as duas soberanas fossem a mesma pessoa. [12]

Entretanto, esse romanticismo extemporâneo e esse amor pelo pitoresco levam, sob um outro aspecto, a importantes resultados culturais; com efeito, habituam os arquitetos a considerar a paisagem urbana como um todo orgânico, dirigem sua atenção para a multidão de fatos acessórios — pavimentação de ruas, arvoredo, cercas, bancos de jardim, cartazes, aparelhos de iluminação etc. — que integram o cenário arquitetônico e modificam em grande medida o caráter do ambiente; em suma, lançam as bases da moderna teoria do *townscape*, da paisagem urbana.

Existe um modo de interpretar a cidade-jardim, mais simples e talvez mais justo, deixando de lado a teoria da auto-suficiência e considerando somente o desejo ruskiniano de viver em um ambiente físico mais agradável e repousante, com muito verde e o campo a poucos passos de distância (todo o resto pode ser considerado, num certo sentido, como uma conseqüência, um modo de se desembaraçar dos problemas sociais e econômicos a fim de evitar que interfiram com os problemas da paisagem). Os aspectos mais importantes das iniciativas de Howard são, talvez, os que dizem respeito ao controle paisagístico: os regulamentos de Letchworth e de Welwyn sobre cercas, culturas, arvoredo, manutenção dos espaços públicos, variações admitidas e não admitidas de construção, ruídos a serem evitados.

4. A cidade linear de Arturo Soria

Arturo Soria y Mata (1844-1920) é um engenheiro espanhol, seis anos mais velho do que Howard; durante a primeira parte de sua vida, ele se dedica à política, ao lado de seu professor de Matemática, Manuel Becerra, mais tarde ministro. A seguir, dedica-se aos estudos técnicos, dos quais extrai projetos e invenções, e a numerosas iniciativas industriais, freqüentemente derivadas de seus estudos.

Dentre suas propostas teóricas, destaca-se a da *ciudad lineal*, exposta pela primeira vez em um artigo de 6 de março de 1882, no jornal *El Progreso* de Madri. Impressionado pelo congestionamento da cidade tradicional, desenvolvida concentricamente em torno a um núcleo, Soria propõe uma alternativa radical: uma faixa de largura limitada, percorrida contudo por uma ou mais ferrovias ao longo de seu eixo, e de comprimento indefinido: "o tipo de cidade quase perfeita será aquela que se estende ao longo de uma única via, com uma largura de quinhentos metros, e que se estenderá, se necessário, de Cádiz a São Petersburgo, de Pequim a Bruxelas". [13]

Esse tipo de cidade deverá ser construído partindo-se de uma ou mais cidades atuais puntiformes, porém, a seguir, poderá formar uma rede de triangulações entre as próprias cidades, realizando uma distribuição completamente diversa das situações.

A rua central deverá ter a largura de ao menos quarenta metros, arborizada e percorrida na zona central pela ferrovia elétrica (*ferrocarril*); as travessas terão um comprimento de cerca de duzentos metros e uma largura de vinte; os edifícios poderão cobrir somente um quinto do terreno, e o lote mínimo será de quatrocentos metros quadrados, dos quais oitenta para a moradia e trezentos e vinte para o jardim. Soria pensa em uma cidade extensível feita de pequenas casas isoladas: "Para cada família, uma casa, em cada casa, uma horta e um jardim".

12. CHESTERTON, G. H. *L'uomo che fu Giovedì* (1908). Trad. it., Milão, 1957, p. 13.

13. As citações foram extraídas de um texto de C. FLORES, acrescentado à edição espanhola desta *História da Arquitetura Moderna*.

404, 405, 406. Aspectos das construções do bairro Zuid de Amsterdã.

Ele lança mão, para a parte sócio-econômica, das teorias de Henry George [14] e percebe que a realização de sua cidade depende da posse de novos instrumentos jurídicos para o controle das áreas; sob este aspecto, o modelo de Soria assemelha-se ao de Howard, isto é, representa uma tentativa de eliminar, na economia capitalista, os inconvenientes devidos à organização capitalista da propriedade imóvel.

Mais tarde, no clima de prosperidade do último decênio do século XIX, Soria tenta traduzir para a prática seu modelo; projeta uma cidade linear em forma de ferradura em torno de Madri, com um comprimento de cinqüenta e oito quilômetros, entre a Vila de Fuencarral e Pozuelo de Alarcón. Condição para essa iniciativa é a construção de uma linha ferroviária, que é começada em 1890, partindo de Alarcón.

Soria sustenta que a iniciativa deve permanecer particular e independente de todo controle ou subvenção pública; por isso, encontra dificuldades na compra dos terrenos, não podendo recorrer à expropriação, e a parte de cidade que consegue realizar (aproximadamente um quarto de círculo) perde os caracteres de regularidade impostos pela teoria, a fim de se adaptar aos vínculos fundiários. Além do mais, a destinação dos lotes não pode ser controlada nem mantida constante, de modo que a cidade de Soria, sofrendo as investidas do crescimento da periferia ordinária de Madri, apresenta-se hoje totalmente transformada.

A idéia de Soria é importante e frutífera, embora sua especificação material seja por demais simplista. Ele intui, pela primeira vez, a relação íntima entre os novos meios de transporte e a nova cidade; aqueles não podem servir somente como expedientes para facilitar a circulação em um tecido tradicional, mas devem conduzir a um tecido diferente, desenvolvido no território. Contudo, ele pensa unicamente nas funções tradicionais, ou seja, na residência e em seus serviços, e não faz com que as atividades produtivas intervenham no raciocínio, enquanto somente o relacionamento residência-local de trabalho é que poderá dar um conteúdo concreto a seu modelo linear.

A idéia de Soria será desenvolvida efetivamente pela geração seguinte — partindo exatamente da relação residência-trabalho, a qual, repetindo-se sempre no mesmo sentido — e somente por isso — dá lugar à forma linear da cidade; assim ocorre nos estudos teóricos dos alemães dos anos vinte, desenvolvidos e parcialmente aplicados na década seguinte na Rússia, e na *cité linéaire industrielle* de Le Corbusier.

Naturalmente, o *ferrocarril* de Soria é somente o embrião do complexo sistema de artérias necessárias para a cidade contemporânea, mas a idéia da relação rua-cidade está já perfeitamente clara, em sentido moderno, em seu escrito inicial de 1882.

5. A atividade urbanística de Berlage

Os mestres da arquitetura de vanguarda européia trabalham normalmente distanciados da urbanística, ou devido a uma limitação cultural ligada ao próprio conceito de vanguarda, como Horta e Mackintosh, ou devido à impossibilidade de instituir um relacionamento de colaboração com as autoridades administrativas, como Wagner.

As duas exceções importantes são Garnier e Berlage. A experiência de Garnier já foi descrita no Cap. 10 e foram vistos seus limites internos (a ausência de gradação entre decisões urbanísticas e arquitetônicas) e externos (as grandes obras de Lyon dependem do encontro de duas pessoas igualmente excepcionais: Garnier e Herriot); a experiência de Berlage é, sob vários aspectos, a mais importante e a mais rica de ensinamentos para o futuro, porque se baseia na aplicação de uma lei geral, a holandesa de 1901, que distingue claramente as várias escalas do ato de projetar: plano geral, plano particularizado, projeto arquitetônico. Os trabalhos urbanísticos de Berlage fazem parte da administração normal de várias cidades holandesas e encontram eco imediato onde quer que sejam aplicáveis métodos administrativos análogos, como na Alemanha.

O primeiro e mais célebre trabalho é o plano de ampliação de Amsterdã Sul, comissionado em 1902 e aperfeiçoado em várias etapas até o desenho definitivo de 1917.

Fora do círculo de muros barrocos, a extensão de Amsterdã na segunda metade do século XIX ocorreu segundo um desenho casual, reproduzindo com a malha viária o traçado de canais e hortas preexistentes. Agora, projetando a nova expansão com um desenho unitário, Berlage prevê primeiramente um bairro misto, de construções densas, com uma rede viária de motivos geométricos, e de construções esparsas, com ruas curvilíneas irregulares; a seguir, devendo obter um melhor aproveitamento — os preços dos terrenos são altos e

---

[14] H. GEORGE, *Our Land Policy*, 1871. Desenvolvido em 1879 com o título *Progress and Poverty*.

não podem pesar além de um certo limite nas iniciativas da construção civil — projeta um bairro de densidade uniforme, apoiado em uma malha viária formada pelo entrelaçamento de alguns motivos simétricos, bastante complexos contudo para evitar os usuais quadriculados banais (Figs. 402-403).

Como unidade de edificação fundamental, ele estabelece um quarteirão de cem a duzentos metros de comprimento e de cinqüenta metros de largura, com construção marginal de quatro andares e jardim interno, a ser tratado como unidade arquitetônica. Dada a dimensão dos quarteirões, as ruas são razoavelmente espaçosas e algumas, espaçosíssimas, de modo a possibilitar trânsito rápido em uma pista central e trânsito lento de serviço para as casas em duas pistas laterais; assim, Berlage refuta também a separação dos trânsitos e traz os percursos de atravessamento para o centro do bairro (Fig. 404).

A escolha do quarteirão depende de dois motivos: um, de organização — pois a execução normalmente é confiada a cooperativas de construção e o número de alojamentos de um quarteirão corresponde exatamente à dimensão média de uma cooperativa — e outro, formal, devido ao desejo de instituir um controle arquitetônico unitário sobre parcelas bastante vastas do ambiente. Os instrumentos do plano de Berlage — o uso de traçados simétricos para a rede viária e o uso do quarteirão com fachadas unitárias — fazem parte da tradição acadêmica, tanto assim que a aplicação que é tentada por ele é chamada de "uma espécie de *revival* urbanístico".[15] Por outro lado, a novidade consiste no fato de que ele está consciente, em grande parte, do caráter provisório de tais expedientes, e toma-os como meios para eliminar, mais do que para resolver, certos problemas.

Por trás do uso do bloco, existe o problema da continuidade do ambiente, que pode ser resolvido plenamente somente quando existe um estilo unitário; assim, nas margens dos canais do século XVII, as reduzidas fachadas das casas mercantis, todas com um desenho próprio, formam um ambiente unitário pela concordância estilística. Uma vez que essa concordância hoje não existe, pode-se somente impor um desenho constante para grandes elementos, de modo a atingir — se não a absoluta e mecânica unidade que seria obtida mediante a extensão de tais prescrições a praças ou ruas inteiras, como nos exemplos franceses — uma razoável dilatação das mudanças; assim evita-se ao menos que o discurso arquitetônico seja dilatado e rompido, como ocorre freqüentemente, pelos saltos estilísticos grandes demais, e obtém-se uma relativa distensão (Figs. 405 e 406).

Por trás do problema da rede viária encontra-se o da articulação geral do bairro e de suas relações com a cidade. Berlage não se sente apto a enfrentá-lo e deixa-o de lado, impondo uma regra extrínseca, que limite ao mínimo o arbítrio do projetista e lhe forneça um fio condutor para a composição de conjunto.

A inserção no corpo da cidade ocorre, assim, ao longo de certas perspectivas, e, uma vez que os anexos são mais do que um, os motivos simétricos são vários, entrelaçados entre si (Berlage aplica uma regra semelhante também a alguns de seus edifícios, tais como o Gemeente Museum de Haia que, a fim de levar em conta as frentes para duas artérias, é regulado por dois eixos de simetria ortogonal).

A realização do plano no pós-guerra, por obras sobretudo dos jovens Michael De Klerk (1884-1923), P. L. Kramer (nascido em 1881), H. T. Vijdeveld (nascido em 1885) (a chamada escola de Amsterdã), é coerente com as intenções de Berlage. O uso do quarteirão, a unidade dos materiais e a discrição dos arquitetos holandeses produziram um ambiente acolhedor, civilizado e ordenado, dotado de uma continuidade extremamente rara em um complexo de tais extensões. Embora contendo abundantes espaços e verdes, não possui, com efeito, um aspecto suburbano; pelo contrário, é, totalmente, citadino. A densidade, por outro lado, não se traduz em agitação e a tranqüila sucessão dos quarteirões, excetuando-se algumas fachadas bizarras, possui a qualidade que Berlage apreciava mais do que qualquer outra, "aquela que distingue os monumentos antigos das construções de hoje: a calma".[16]

Berlage é consultor urbanístico de várias cidades holandesas. Haia, Roterdã, Utrecht. Os planos estudados para essas cidades são, em geral, menos felizes do que o de Amsterdã; por vezes, o gosto pela planimetria simétrica o conduz a soluções pesadas e artificiais, tais como o projeto para um bairro de Haia que é uma espécie de cidade renascentista com forma de estrela hexagonal (esse gosto transmite-se mais tarde aos primeiros bairros feitos por Oud).

---

15. CANELLA, G. L'epopea borghese della scuola di Amsterdam. *Casabella*. n. 512 (1957).

16. Cit. em S. GIEDION, *Spazio, tempo e architettura* (1941), trad. it., Milão, 1954, p. 301.

407, 408. Imagens propagandísticas da cidade linear de Soria e da cidade-jardim de Horward.

Yesterday

Living and Working in the Smoke

To-day

Living in the Suburbs – Working in the Smoke

To-morrow

Living & Working in the Sun at WELWYN GARDEN CITY

O exemplo de Berlage urbanista demonstra claramente os méritos e defeitos da cultura de vanguarda, posta frente a um problema concreto, como é a ampliação de uma cidade.

Berlage opera nas condições mais favoráveis, com base em disposições precisas da lei, colaborando com funcionários esclarecidos e em presença de uma tradição local dentre as mais sólidas e radicadas, que dá pouco peso aos desequilíbrios da experiência. Ele mesmo possui um seguro senso do limite e projeta levando em conta as possibilidades efetivas de realização, de modo que a execução não representa, como ocorre com freqüência, uma diminuição do projeto, mas se torna mesmo um enriquecimento, como se pode ver na ampliação de Amsterdã. Por isso, o bairro Amsterdã Sul parece-nos uma realidade perfeitamente acabada, e provoca a mesma sensação de maravilhamento que sentimos frente à integridade do *Freiekunst* de Olbrich, do Palacete Stoclet de Hoffmann e da própria Bolsa de Berlage, onde a invenção arquitetônica renovadora revela estar perfeitamente a par dos procedimentos de execução, o funcionamento, a manutenção do edifício, onde o arquiteto resolve, com gosto vigilante e propriedade técnica, cada detalhe, e os conflitos de uma situação histórica intrincada são desembaraçados provisoriamente na harmonia do desenho.

Porém, as soluções obtidas não podem ser desenvolvidas ulteriormente e, para enfrentar os novos problemas que surgem, dever-se-á abandonar o equilíbrio particular que foi instaurado, precariamente, num momento de transição entre a cultura velha e a nova.

O fascínio que essas coisas exercem sobre os arquitetos de hoje depende sobretudo do fato de que são dotados de uma perfeição técnica e formal inatingível, hoje, para nós. São os últimos produtos de uma época em que os problemas da arquitetura eram muito mais simples e, estando relativamente próximos no tempo — seus autores viviam até ontem em nosso meio — dão-nos a sensação de que aquela qualidade de integridade esteja ainda ao alcance da mão.

O modo correto de considerar as experiências desse período é, ainda hoje, o indicado por Persico que, em 1935 — enquanto o movimento moderno, após a primeira floração, estava passando por uma prova severa —, escrevia a propósito do Palacete Stoclet de Hoffmann:

> Trinta anos depois do Palacete Stoclet, a arquitetura precisa considerar o caminho percorrido a fim de não se desviar de sua tradição, ou seja, de sua razão de ser íntima. Quando se assiste à decadência do racionalismo alemão, ao nascimento na Rússia de um gosto "acadêmico", à afirmação na Itália das formas mais desacreditadas de tradição, é preciso olhar ao passado para descobrir o erro. O fim da arquitetura nova não consiste, como pretendem os mais estranhos polemistas, na coerência do racionalismo europeu, e a salvação não consiste no retorno às formas "clássicas" ou às formas "nacionais"; mas sim no permanecer fiel a uma verdadeira tradição, frente à qual aquela outra, dos oradores das cátedras e dos jornais, é uma caricatura e um paradoxo. Aqui não se usa o Palacete Stoclet como ilustração a fim de propô-lo como um exemplo para a arquitetura de hoje; pensa-se nele dentro de seu clima, e daí pretende-se tirar alguns ensinamentos. Antes de mais nada, a coerência com o próprio tempo, entendida não no sentido arbitrário ou cortesão que cada artista à procura de trabalho possui em comum com todos os reacionários, mas em uma determinada historicidade da fantasia, na relação do estilo com as idéias vivas de seu tempo. Nessa medida, o Palacete Stoclet é um exemplo capital. Nele, não se reúnem somente os ensinamentos de Wagner e as aspirações de Olbrich, mas os ideais mais viris da burguesia européia, à qual se deve o abandono das formas neoclássicas e a afirmação do proto-racionalismo, com as exposições universais, com o emprego das técnicas novas, com o princípio da "arte para todos". Conseguirão os arquitetos desta época realizar uma soma igual de vitalidade na arte? E renunciar aos convites da retórica, a fim de permanecerem sem desvios na tradição da arquitetura européia? Essas perguntas, suspensas como uma ameaça sobre a sorte da arquitetura moderna, fazem com que se encare o Palacete Stoclet como um monumento de uma época gloriosa para a fortuna da arte. [17]

---

17. PERSICO, E. Trent'anni dopo il palazzo Stoclet. *Casabella*, jul. 1935. Reproduzido em *Scriti critici e polemici*. Milão, 1947, pp. 183-184.

QUINTA PARTE:

O MOVIMENTO MODERNO

409. Feininger, arranha-céus, 1919.

12. AS CONDIÇÕES DE PARTIDA

A fim de avaliar corretamente a situação dos primeiros dois decênios do século XX — sobre os quais se situa, a cavaleiro sobre a guerra, o movimento da arquitetura moderna — é preciso levar em conta que a cultura de vanguarda recolocou em movimento, desde 1890, a teoria e a prática da arquitetura, porém, no ínterim, as condições técnicas, econômicas e sociais das quais depende o trabalho dos arquitetos modificaram-se com ainda maior rapidez, abrindo um novo e mais grave contraste entre as transformações em ato e os modelos culturais utilizados para controlá-las.

Se a arquitetura é o sistema de intervenções de que depende a preparação do cenário urbano, pode-se dizer que as modificações da oferta, devidas aos artistas e aos grupos de destaque, permanecem muito inferiores às modificações da demanda.

É necessário insistir nesse contraste e repetir um discurso semelhante àquele que foi feito no princípio em relação à Revolução Industrial entre 1760 e 1830. Também agora os novos processos técnicos e econômicos alteram o equilíbrio das situações, introduzindo novos fatores e deslocando as quantidades dos fatores precedentes de modo a produzir situações qualitativamente novas; enquanto isso, em um campo mais vasto, reproduz-se o conflito entre teoria política e desenvolvimento econômico, o qual repercute, tal como em fins do século XVIII, sobre a cultura artística e impede uma interpretação correta das exigências das modificações em curso.

A segunda revolução industrial é tornada possível por algumas inovações técnicas: a difusão do procedimento Bessemer (inventado em 1856) na indústria siderúrgica, que leva à substituição gradual da gusa pelo aço em quase todas as aplicações; a invenção do dínamo (1869) para o aproveitamento da eletricidade como força motriz, e as experiências de Galileo Ferraris no campo magnético rodante (1883), que tornam possível o transporte para grandes distâncias da energia hidráulica e abrem caminho para numerosas aplicações da eletricidade: o telefone (1876); a lâmpada elétrica (1879); a invenção do motor a explosão (1885) que permite a utilização do petróleo para a propulsão de navios, de veículos terrestres e, mais tarde, dos aviões (1903).

Enquanto isso, o aumento das construções ferroviárias (que se quadruplicam entre 1875 e 1905), a ligação das redes locais em um sistema contínuo (em 1872, completa-se a primeira linha transcontinental americana, em 1884, a galeria de Gottardo, em 1902, a transiberiana), a abertura do Canal de Suez (1869), a rápida substituição da vela pelo motor nos transportes marítimos (tornada inevitável pela ausência de ventos na rota de Suez), fazem baixar o custo dos transportes e permitem um desenvolvimento sem precedentes do comércio internacional, o qual triplica seu volume entre 1880 e 1913.

Esses progressos esboçam-se entre 1870 e 1895, enquanto continua a baixa dos preços, e acentuam-se no final do século, quando a descoberta das minas de ouro no Transvaal abre um período de aumento de preços que, nos vinte anos de paz e de estabilidade

371

política que vão até 1914, coincide com uma excepcional prosperidade econômica.

No interior do sistema que parece tão estável e progressista, porém, agrava-se a contradição entre a ideologia liberal, que colocou em movimento os novos desenvolvimentos econômicos e políticos, e as novas formas de coação tornadas possíveis pelo nível de técnica e organização atingido.

No campo político, o movimento liberal contrapõe, ao princípio de legitimidade, o princípio de nacionalidade que, na primeira metade do século XIX, alcança na Europa um triunfo quase completo; o mesmo princípio, contudo, aplicado às relações internacionais, promove, na segunda metade do século XIX, o imperialismo e conduz a um estado de equilíbrio baseado no contraste de interesses irredutíveis.

No campo econômico, bastam as dificuldades econômicas de 1870 para provocar uma retomada do protecionismo e do colonialismo; no mesmo período, torna-se evidente, em algumas grandes indústrias, a passagem da livre concorrência ao monopólio.

Escreve B. Russell:

> Dois homens foram os principais criadores do mundo moderno, Rockefeller e Bismarck. Um na economia, outro na política, arruinaram o sonho liberal de uma felicidade universal atingida através da concorrência individual, substituindo-a pelo monopólio e pelo Estado considerado como uma corporação. [1]

O ano de 1870, em que Bismarck consegue provocar a guerra franco-prussiana, é também o ano em que Rockefeller e Flager adquirem o controle da Standard Oil Company.

O significado ambivalente da palavra "liberdade" encontra-se retomado freqüentemente no debate cultural de fins do século XIX. A liberdade invocada por Van de Velde e Wagner, tal como aquela que é procurada por Rimbaud e Van Gogh, até o extremo sacrifício pessoal, conserva um significado preciso somente em relação às regras e às circunstâncias tradicionais que os artistas estão decididos a refutar; essa refutação deve possuir uma validade geral e, enquanto isso, deve ser avaliada por um empenho individual incensurável. Assim, o apelo à comunicação universal alternar-se com a impaciência por cada ocasião concreta de confrontação.

---

[1]. RUSSELL, B. *Storia delle idee del secolo XIX* (1934). Trad. it., Turim, 1950, p. 365.

Não é possível introduzir aqui, a não ser através de indícios, uma problemática que se origina dos confins da história da arquitetura. Bastará notar que o limite personalista, comum à vanguarda arquitetônica e a muitas outras experiências da época, impede a acumulação dos resultados atingidos pelos artistas e pelos grupos de maior empenho, isto é, torna impossível à cultura arquitetônica manter-se a par das transformações da técnica de construção e ainda mais dos aspectos de organização da urbanística e da produção dos objetos de uso.

As inovações técnicas descritas anteriormente influem na técnica de construções, com os novos materiais utilizáveis para as estruturas de sustentação — o aço, em substituição à gusa, e o concreto armado — e com os instrumentos de comunicação interna — o elevador, o telefone, o correio pneumático — que permitem fazer funcionar novos organismos de edificação, tais como os hotéis e os edifícios de escritórios de muitos andares.

Já foi observado que a cultura da época não está apta a colher sem preconceitos as possibilidades oferecidas pelos novos processos técnicos; as estruturas gradeadas somente são aceitas pelos construtores norte-americanos e por Perret interpretadas no sentido da perspectiva tradicional; o caráter rítmico e indefinido do organismo do arranha-céu surge, na construção civil de Chicago entre 1880 e 1890, somente na medida em que se atenua o controle decorativo e quando é este perdido com a intervenção de projetistas mais exigentes, tais como Sullivan e Root.

Contudo, as carências da cultura de vanguarda tornam-se evidentes sobretudo perante os problemas da urbanística e do desenho industrial.

A fim de controlar as transformações em curso nas cidades, a técnica urbanística que se forma na segunda metade do século, sob a tutela do novo dirigismo econômico e político, idealizou algumas operações típicas: a demolição dos centros históricos, as ampliações na periferia, o desmantelamento das fortificações barrocas a fim de construir sobre tais áreas as vias de circunvalação flanqueadas por jardins e edifícios públicos. Os modelos formais utilizados nessas operações são os da tradição clássica e do *grand goût*, sobre os quais se encaixam, nas últimas décadas do século, os traçados curvilíneos e irregulares derivados da tradição paisagística inglesa.

410, 411. Darmstadt, Matildenhöhe, a casa de P. Behrens (1900; de F. Höber, *P. B.*, 1913).

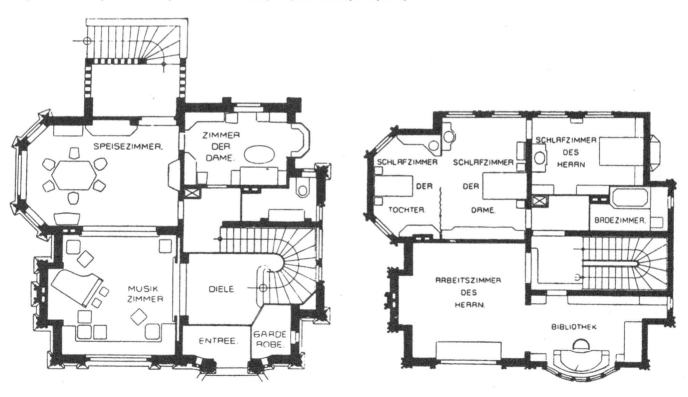

As transformações das construções acompanham as das instalações urbanas — rede de águas e esgotos, redes elétricas e de gás, ferrovias metropolitanas — fazendo valer o paralelismo tantas vezes mencionado entre engenharia e tradição eclética. Esse repertório de soluções demonstra-se já inadequado nos primeiros anos do século XX, quando confrontado com alguns problemas inusitados; o projeto das novas capitais, como Camberra e Nova Délhi, os planos reguladores de algumas grandes cidades americanas, onde o xadrez tradicional não rege mais a excessiva dimensão atingida, tais como no de Burnham e Bennet de 1909 para Chicago. Ainda mais grave revela ser o contraste, quando a difusão do automóvel faz nascer, nos EUA, e, mais tarde, na Europa, enormes periferias de baixa densidade, deslocando para a escala territorial todos os problemas da organização urbana.

A cultura de vanguarda não somente ignora esses novos problemas, como também não está apta a fornecer uma alternativa coerente à praxe urbanística tradicional para resolver os problemas usuais; as experiências de Garnier, de Howard, de Soria, de Berlage, são tentativas parciais e hesitantes, que colocamos em destaque tendo-se em vista os desenvolvimentos que se seguiram, mas que resultam irrelevantes em relação às dos urbanistas ortodoxos como Stübben, Lutyens, Burnham, e que resultam pateticamente desproporcionais em relação à importância dos problemas que já nessa época se delineiam.

Assim, no campo das artes aplicadas, o preconceito dos reformistas contra os processos mecânicos é superado somente no último decênio do século XIX, e freqüentemente é substituído por uma apreciação mítica dos valores industrais, que retrocede para uma exaltação formal da atmosfera mecânica. Por conseguinte, a *art nouveau,* embora traga um profundo interesse por tais problemas, não leva a uma modificação apreciável da organização produtiva dos objetos de uso, exatamente enquanto a demanda de tais bens está-se modificando radicalmente, pelo surgimento de novas e mais vastas categorias de consumidores.

A tomada falha dos fatos reais explica a singular aceleração do debate cultural na década que precede a Grande Guerra. As novas tendências apresentam-se em intervalos cada vez mais curtos e se desgastam com rapidez equivalente; nossa tarefa não é enumerar as etapas singulares da discussão, mas reconhecer nessa contenda artificial as intervenções realmente importantes e frutíferas a longo prazo.

1. A "Deutscher Werkbund" e a nova arquitetura alemã

De 1900 em diante, a Alemanha está no centro da cultura arquitetônica européia. As razões dessa situação são complexas: com efeito, na Alemanha, essa cultura não possui por trás de si mesma uma tradição comparável à francesa ou inglesa, a industrialização é de data recente e as estruturas sociais estão ligadas mais fortemente ao passado; mas é exatamente a relativa ausência de precedentes que permitiu a constituição de uma minoria de operadores econômicos, de políticos e de artistas de mentalidade aberta e progressista, e colocou-os, não em posição polêmica contra os poderes constituídos — como ocorre em quase todos os demais Estados europeus — mas em condições de ocupar alguns postos diretivos na sociedade em vias de transformação; assim, os teóricos e os artistas de vanguarda chegam com relativa facilidade a ensinar nas escolas estatais, encontram-se dirigindo as revistas mais importantes, orientando as grandes editoras, organizando as exposições, influenciando em grande escala a produção industrial e também em certa medida influindo na política cultural do governo, como Muthesius. Deve-se sobretudo a este aparato de organização o fato de que a Alemanha atrai de todas as partes da Europa os melhores gênios: Van de Velde da Bélgica, Olbrich da Áustria e até mesmo Wright dos EUA por certo tempo.

A mais importante organização cultural alemã de antes da guerra é a Deutscher Werkbund, fundada em 1907 por um grupo de artistas e críticos associados a alguns produtores.

O objetivo da Werkbund — reza o estatuto — é enobrecer o trabalho artesanal, coligando-o com a arte e a indústria. A associação deseja fazer uma escolha do melhor da arte, da indústria, do artesanato e das forças ativas manuais; deseja reunir os esforços e as tendências para o trabalho de qualidade existente no mundo do trabalho; forma o ponto de reunião de todos aqueles que são capazes e estão desejosos de produzir um trabalho de qualidade. [2]

Essa instituição recolhe a herança das associações inglesas inspiradas nos ensinamentos de Morris, com uma diferença importante: não dá uma relevância preconceituada ao artesão, nem pretende opor-se aos métodos de trabalho em série próprios da produção

---

2. Cit. em N. PEVSNER, *I pionieri del movimento moderno da William Morris a Walter Gropius* (1936), trad. it., Milão, 1945, pp. 122-123.

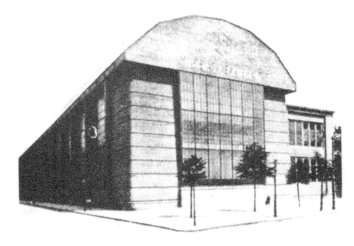

412, 413. P. Behrens, instalações da Frankfurter Gasgesellschaft, 1911 (de G. A. Platz, *Die Baukunst der neuesten Zeit*, 1927) e da AEG de Berlim, 1909 (dee F. Höber, op. cit.).

414, 415. P. Behrens, desenho para o linóleo apresentado na Exposição Mundial de Bruxelas, 1910 (de *Deustchland's Raumkunst und Kunstgewerbe auf der Weltausstellung zu Brüssel*, 1910) e prova do tipo Behrens (de F. Höber, op. cit.).

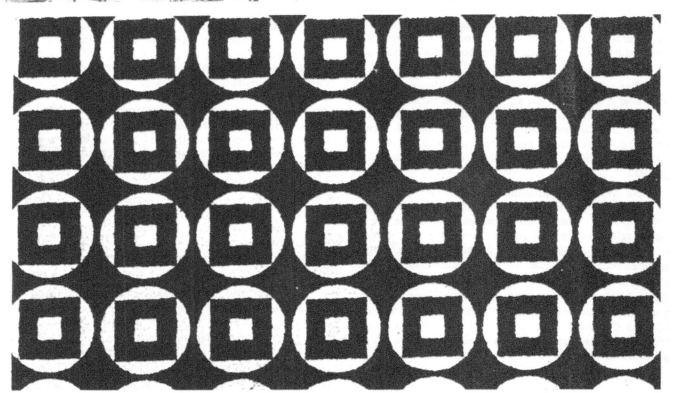

Die Zukunft unserer Industrie wird mit davon abhängen, ob wir entschlossen und im Stande sind, der nächsten Generation eine sorgfältige künstlerische Erziehung des Auges und der Empfindung angedeihen zu lassen. Bisher haben wir nur für die Ausbildung von Künstlern gesorgt.   Alfred Lichtwark.

corrente. Essa colocação é, sem dúvida, oportuna, porquanto não exclui *a priori* alguns dos fatores que agem concretamente, porém gera logo uma incerteza em relação ao método; com efeito, as associações inglesas, desejando permanecer fiéis aos métodos manuais, tinham já pronta uma orientação prática precisa, embora unilateral, e podiam servir-se dos exemplos medievais, tais como o Art Workers Guild, enquanto a Werkbund, ao se propor reunir arte, indústria e artesanato, efetivamente operantes com processos e tradições diversas, abre um problema de método por enquanto indeterminado, coberto pela ambígua fórmula "trabalho de qualidade" (*Qualitätsarbeit*).

Com efeito, logo começam na Werkbund discussões entre as tendências opostas: entre os defensores da padronização e os da liberdade de projeto, entre os defensores da arte e os da economia e, em 1914, entre Muthesius e Van de Velde, como foi mencionado no Cap. 9.

Por trás dos termos tradicionais dessa polêmica, oculta-se a exigência de superar os particularismos da vanguarda. Em muitas outras nações européias formam-se associações semelhantes à Werkbund alemã: em 1910, a Werkbund austríaca, em 1913 a suíça, em 1915 a Associação do Desenho e da Indústria na Inglaterra.

Na Werkbund, amadurece, entre 1907 e 1914, a nova geração de arquitetos alemães: Gropius, Mies van der Rohe, Taut. Duas personalidades de excepcional relevo servem de mediadores entre essa geração e a anterior, a qual iniciou a renovação da cultura arquitetônica: Van de Velde, de quem já se falou, e Peter Behrens (1868-1940). A contribuição do primeiro é sobretudo de ordem intelectual, enquanto que o segundo age como exemplo de trabalho prático e é, talvez, como supõe Argan,[3] a figura-chave para a compreensão dessa passagem essencial na história da arquitetura moderna.

Behrens principia como pintor; em 1899, é um dos sete artistas chamados, juntamente com Olbrich, pelo Grão-Duque von Hessen, para Darmstadt, a fim de dar vida à colônia em Matildenhöhe, e ali constrói sua casa, inspirando-se no repertório de Olbrich, mas com uma rigidez de colocação e um gosto pelos elementos volumosos e pesados desconhecidos pelo fantasioso mestre austríaco (Figs. 410 e 411).

A seguir, Muthesius chama-o para dirigir a Academia artística de Düsseldorf, e o diretor da AEG, Rathenau, confia-lhe, em 1907, o encargo de consultor artístico de toda sua indústria, desde os edifícios aos produtos e à publicidade. Behrens torna-se, assim, um dos profissionais mais importantes da Alemanha; por volta de 1908, trabalham em seu estúdio Gropius, Mies van der Rohe e, por um breve período, também Le Corbusier.

Behrens constrói para a AEG em Berlim vários edifícios industriais e não perde, nem mesmo em temas desse gênero, uma atitude de artista decorador, propondo-se acomodar os elementos funcionais com solenidade e até mesmo com graça um tanto arcaica, de sabor wagneriano. A entonação geral é sóbria e maciça, com uma referência vagamente literária à atmosfera ameaçadora das fábricas tradicionais, enquanto alguns episódios de destaque são tratados de modo decididamente decorativo, que faz esquecer o caráter funcional das estruturas: veja-se a parte superior do barracão de turbinas, com o frontão cheio de contornos em linha quebrada e o vitral situado imediatamente abaixo, que sobressaem dos cantos em alvenaria, formados por ornatos reentrantes, produzindo um efeito de encaixe, abstrato e esplêndido (Fig. 413), ou, em outra obra, os volumes cilíndricos dos reservatórios, acentuados expressionisticamente, como torres ameaçadoras (Fig. 412).

Em outras ocasiões, a arquitetura de Behrens é leve e festiva, e utiliza a bicromia wagneriana para desmaterializar completamente as superfícies das paredes, tal como no Crematório de Delstern e no pavilhão de honra da Exposição da Werkbund em Colônia.

O repertório de Behrens está bem radicado na tradição da vanguarda, especialmente austríaca. Contudo, em suas mãos, as formas tradicionais são usadas com parcimônia e, distendendo-se em solenes composições monumentais, perdem ao mesmo tempo força e concentração, não devido à falta de energia do artista, mas sim graças a uma espécie de ligeira desconfiança, de reserva intelectual, deixando por vezes que aflorem valores de gênero bem diverso: apresentação crua de materiais e de engenhos funcionais, ritmos uniformes, repetições indefinidas de motivos elementares. Ver os desenhos decorativos estudados para a produção industrial, onde o repertório *art nouveau* é drasticamente simplificado e reduzido à combinação de poucos elementos geométricos, a fim de dar maior ênfase ao grão e à textura dos materiais (Fig. 414).

---

3. G. C. ARGAN, resenha de "Eliante o dell'Architettura" de C. BRANDI, em *Casabella*, n. 216 (1957), p. 44.

416, 417. Alfred an der Leine, a fábrica Fagus (W. Gropius e A. Meyer, 1911).

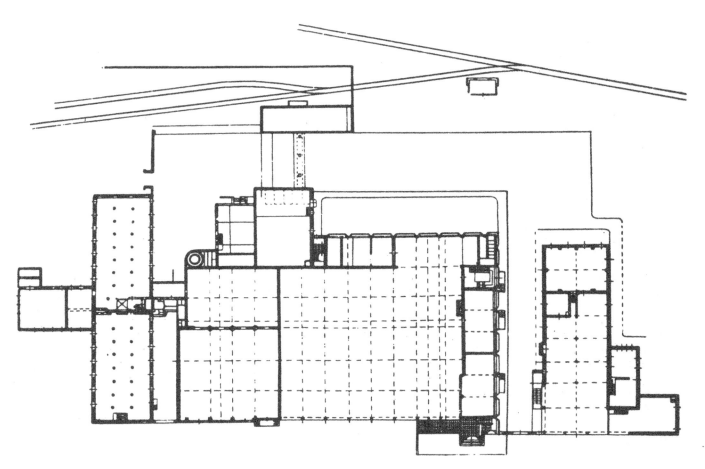

Não se deve esquecer que, no estúdio de Behrens, dedicando-se ao projeto das obras citadas, formam-se Gropius e Mies van der Rohe. O fato é o seguinte: as duas experiências, a da vanguarda que se exaure e a do movimento moderno que surge, estão vinculadas, mas são intimamente diversas e incomensuráveis; a passagem, portanto, não pode ocorrer por simples evolução, mas sim por enfraquecimento da primeira experiência que se consome à medida que surgem, sob forma ainda confusa, os elementos da segunda.

Walter Gropius (1883-1969), filho de um abastado arquiteto e funcionário berlinense, trabalha no estúdio de Behrens, porém logo começa a projetar por sua conta: em 1906, um grupo de casas agrícolas em Janikov; em 1913, alguns móveis, os desenhos para uma automotriz a benzol, para uma fábrica de Königsberg, e, principalmente, em 1911, um esplêndido edifício industrial, a fábrica de formas para sapatos Fagus ad Alfeld an der Leine (Figs. 416-421).

A fábrica Fagus emerge isolada na periferia de Alfeld, em uma bela concha verde entre bosques e colinas: está quase intacta, como a própria cidade, sendo uma das poucas zonas poupadas pela Segunda Guerra Mundial, e o visitante de hoje pode quase imaginar que está vendo o edifício como era há cinqüenta anos atrás, quando foi inaugurado. A primeira coisa que nos toca é a simplicidade e segurança dessa arquitetura, em contraste com as intenções monumentais e a carranca dramática das obras análogas de Behrens e de Poelzig; exceto a chaminé, nenhum elemento volumétrico é destacado em relação aos demais, e o discurso arquitetônico desenvolve-se vagaroso e tranqüilo nos diversos corpos da construção, correspondentes às diferentes funções; nem mesmo a planimetria geral revela pesquisas de composição fora do comum, estando os vários corpos colocados um ao lado do outro do modo mais simples e econômico.

A inexcedível adequação técnica permitiu uma perfeita conservação; dois materiais apenas, o tijolo e o metal polido, formam a superfície externa, e a combinação fundamental de amarelo e preto domina toda a composição. Observando-se o gosto dos acabamentos, especialmente o célebre corpo dos vitrais, descobrem-se contudo numerosas incertezas: a idéia de fazer sobressair o plano do vitral em relação à parede, o vazio nas esquinas, o portão de ingresso e o corpo onde está situado, estriado por horizontais mais escuras, são evidentes memórias behrensianas conservadas não sem impacto. Todavia, está claro que o interesse do projetista não se situa aqui: existe mesmo uma certa despreocupação, na aceitação de alguns dados estilísticos, que contrasta com o rigor das soluções tecnicamente mais vinculadas; dir-se-ia que a dedicação de Gropius está distribuída de modo oposto ao habitual, porquanto é menor nas partes representativas e maior naquelas que tradicionalmente são consideradas secundárias.

Nesse edifício, cristalizou-se uma passagem um tanto transitória, e talvez seja devido a isso seu fascínio fora do comum; é como se, partindo da linguagem de Behrens, o aparato estilístico-formal se tenha ulteriormente afrouxado até reduzir-se a poucas fórmulas, com valor de simples caracterização cronológica, enquanto os elementos técnicos organizaram-se em uma linguagem compacta e coerente, permanecendo, contudo, em bruto, com todo o frescor e a precariedade que essa situação comporta. Pode-se interpretar quase toda a fábrica Fagus com uma clave puramente tecnológica, estando as exigências estilísticas reduzidas a um verniz extremamente fino. O edifício adquire, assim, uma espécie de fixidez e de caráter absoluto; na produção de Gropius, as obras que mais se assemelham a esta não são edifícios, mas produtos industriais, como a automotriz de 1913 e o automóvel Adler de 1930.

Na outra obra importante de Gropius anterior à guerra, a fábrica-modelo da Exposição da Werkbund de Colônia em 1914 (Fig. 422), o delicado equilíbrio da Fagus é alterado. Aqui, as exigências representativas são obviamente preponderantes, e a linguagem de Gropius absorve uma série de sugestões formais de Wright, de Behrens, da *halle des machines* parisiense de 1889, nem sempre justapostas com felicidade. Todavia, o modo de compor é sempre ágil e articulado, sobretudo no pátio com as duas garagens que ligam o corpo dos escritórios à sala de máquinas, e muitos detalhes são excelentes, tais como as duas escadas helicoidais inteiramente visíveis do exterior dentro de seu invólucro envidraçado.

A personalidade de Gropius tende, desde o princípio, a compreender e a mediar as teses e as orientações contrastantes; nessa época, apenas por uma vez a tendência corre o risco de cair em uma espécie de ecletismo, talvez devido à atmosfera forçadamente composta da Exposição de 1914 e da Werkbund, onde se agitam forças divergentes. Convém considerar, confrontando-as, as outras obras construídas nessa ocasião: o salão de festas de Behrens, o pavilhão para as indústrias alemãs do vidro de Bruno Taut, o pavilhão

418, 419. W. Gropius e A. Meyer, dois detalhes da fábrica Fagus em Alfeld, 1911.

420, 421. Alfeld an der Leine, a fábrica Fagus.

422. W. Gropius e A. Meyer, a fábrica-modelo na Exposição da Werkbund de Colônia de 1914 (de G. A. Platz, op. cit.).

austríaco de Hoffmann, o teatro de cena tripartida de Van de Velde, cada uma com seu próprio caráter marcado e exclusivo.

Nesse período, Gropius começa também a escrever. Seu primeiro artigo, publicado em Leipzig em 1911, traz este título significativo: *Na construção dos edifícios industriais, as exigências artísticas podem ser postas em acordo com as práticas e econômicas?* [4]

No *Annuario* da Werkbund de 1913, Gropius publica um estudo sobre o desenvolvimento da moderna arquitetura industrial, onde ilustra e comenta positivamente alguns edifícios utilitários norte-americanos:

> Os silos do Canadá e da América do Sul, os transportadores de carvão das grandes ferrovias e os mais modernos estabelecimentos industriais da América do Norte... apresentam uma composição arquitetônica de tal precisão, que, ao observador, seu significado torna-se forçosa e inequivocamente claro. O natural estado de terminado desses edifícios não reside na vastidão das dimensões materiais — que, por certo, não devem ser consideradas na qualidade de uma obra monumental —, mas na visão clara e independente que seus projetistas tiveram dessas formas grandes, imponentes. Estas não estão empanadas por um respeito sentimental pela tradição, nem por outros escrúpulos intelectuais que diminuem nossa arquitetura européia contemporânea e impedem que ela tenha qualquer verdadeira originalidade artística. [5]

Tais preferências ajudam a explicar as intenções de Gropius como projetista. Sem dúvida superestimando as arquiteturas industriais "espontâneas", ele move-se ainda nos termos da cultura de vanguarda, porém intui que a solução dos dualismos e das dificuldades encontra-se em uma adesão correta às exigências concretas, não em algum novo sistema ideológico ou formal; em suas obras, existe algo de novo e importante em relação à produção européia: uma adesão calma e racional às necessidades técnicas, e uma espécie de desdramatização da linguagem que disso deriva. Por enquanto, talvez ele sustente que isso possa bastar e que a nova arquitetura possa brotar quase automaticamente, seguindo passo a passo, sem preconceitos, as necessidades objetivas.

Não é possível, contudo, insistir em um juízo semelhante, que é unicamente hipotético; de fato, a experiência serena e otimista de Gropius de antes da guerra é violentamente interrompida pelo conflito mundial, pela crise cultural que se segue, e somente depois de ter passado por tais crises é que seu pensamento se completa.

Ludwig Mies van der Rohe (1886-1969) é filho de um mestre-canteiro; trabalha primeiramente como desenhista no estúdio de B. Paul de 1901 a 1907, depois, em 1908, ao lado de Behrens, e, finalmente, a partir de 1911, na Holanda, ao lado de Berlage. Em 1913 abre um estúdio de arquitetura em Berlim, mas seu trabalho é logo interrompido pela guerra.

É muito mais difícil em relação a Mies, do que em relação a Gropius, emitir um juízo sobre a atividade e sobre as orientações seguidas antes da guerra mundial. O primeiro projeto, a Casa Fuchs de 1911, ainda se situa inteiramente dentro do âmbito do estilo de Behrens, e o segundo, a Casa Kröller-Müller de 1912, possui um caráter quase classicizante (embora o espaçamento limpo e elegante das janelas anuncie o timbre inconfundível de sua arquitetura maior). O jovem arquiteto não manifesta qualquer desejo de novidades sensacionais: no máximo, um amor quase artesanal por aprofundar o estudo dos elementos de construção e um propósito de agir sobre as partes funcionais do edifício, transmutando-as em arquitetura em virtude unicamente de relações bem mediadas.

2. Os movimentos para a reforma das artes figurativas

Entre 1905 e 1914, as pesquisas dos pintores de vanguarda chegam a uma reviravolta decisiva, e propõem uma reforma radical dos princípios que regulam os hábitos visuais comuns; a rapidez dos desenvolvimentos e a analogia entre os resultados a que chegam ao mesmo tempo vários artistas por vários caminhos, mostram que se está cumprindo uma operação crucial, preparada há muito tempo, e que estão em jogo os interesses de toda a cultura artística.

Em 1905, no Salon d'Automne, apresentam-se juntos pela primeira vez os *fauves* (Derain, Friesz, Marquet, Manguin, Matisse, Puy, Rouault, Valtat, Vlaminck); no mesmo ano, seguindo uma orientação afim, Bleyl, Kirchner, Heckel e Schmidt-Rottluff fundam, em Dresden, o grupo Die Brücke, ao qual aderem, a seguir, Nolde e outros. Entre 1907 e 1908, surgem as primeiras obras cubistas de Picasso e de Braque, a partir das quais prosseguem as pesquisas

---

4. GROPIUS, W. *Sind beim Bau von Industriegebäuden künstlerische Gesichtspunkte mit praktischen und wirtschaftlichen vereinbar?* Leipzig, 1911.
5. GROPIUS, W. Die Entwicklung moderner Industriebaukunst. *Jahrbuch des deutschen Werkbundes*, Iena, 1913, p. 22.

423. Silos de Chicago, publicado em *Grandes constructions* de A. Morancé.

sempre mais radicais de Léger, de Gris, de Gleizes e de Delaunay. Kandinsky funda, em 1909, junto a um grupo de artistas alemães, a Neue Münchner Künstlervereiningung e pinta, em 1910, a primeira aquarela abstrata; em 1911, juntamente com Kubin, Marc e Münter, sai da associação e forma o grupo Der Blaue Reiter, ao qual se une Klee no ano seguinte. Em 1910, Boccioni, Carrà, Russolo, Balla e Severini assinam o primeiro manifesto da pintura futurista, na esteira do manifesto marinettiano de 1909, e expõem pela primeira vez em Paris em 1912. No mesmo ano, Klee e Marc têm um contato decisivo com Delaunay, enquanto em 1913, após uma viagem a Paris, Maliévitch chega à abstração completa pintando o célebre *Quadrado preto sobre fundo branco*.

Nenhuma dessas experiências tem uma ligação aparente com a arquitetura, pelo contrário, parece que os pintores dessa geração — com exceção dos futuristas — preferem abandonar as relações com os outros campos de atividade e concentrar suas energias nos problemas da pintura pura. Ao fazer assim, contudo, eles descobrem ter destruído exatamente os contornos tradicionais do campo destinado à pintura e estabelecem as premissas para desimpedir a cultura artística — e, em certo sentido, toda a cultura — das regras visuais do passado.

As convenções teóricas e o exercício prático da arte até agora estão fundados na distinção nítida entre a idealização e a execução material; aquela possui um valor universal e "científico" e está ligada às mesmas normas que regulam a representação do universo natural, enquanto esta faz parte do reino do particular e do contingente. Embora essa distinção não possa ser totalmente reduzida a termos filosóficos, origina-se, de fato, no âmbito do naturalismo renascentista e vige na cultura artística enquanto dura, no pensamento filosófico, o primado do problema gnosiológico e a pesquisa das formas *a priori* reguladoras do conhecimento humano.

A idealização das formas visíveis é regulada pelas normas da perspectiva, que supostamente correspondem às leis naturais da visão humana; nelas encontra-se implícita uma hierarquia entre os caracteres geométricos ou primários e os caracteres cromáticos, táteis etc., que são considerados secundários, como na teoria cartesiana da *res extensa*. Pos isso, na pintura, a representação dos objetos tridimensionais no plano deve permitir, em primeiro lugar, uma definição unívoca de sua forma e posição recíproca, segundo um sistema de referências ligado à posição do observador, e depois um vínculo unívoco entre formas e cores, segundo o exemplo da natureza. Na arquitetura, a conformação de cada ambiente está subordinada a um sistema de relações geométricas, tais que podem ser tomadas como critério de visão de um observador singular; os caracteres de cada uma das partes (forma, textura, cor etc.) dependem do lugar ocupado em tal sistema e da possibilidade do olho humano percebê-los com uma observação ou uma série contínua e definida de observações sucessivas; assim, a arquitetura torna-se um prolongamento da natureza, um mundo artificial construído com as mesmas leis do mundo natural.

O neoclassicismo revoga, com dúvidas, a validade dos modelos históricos particulares que até então foram observados, mas não a validade das regras gerais de perspectiva; os novos dispositivos técnicos, por outro lado, nascem de um pensamento científico que concebe de modo análogo todos os fenômenos enquadrados em um sistema *a priori* de referências espaciais e temporais. Assim, a ocorrência dos *revivals* estilísticos provoca uma variação substancial somente da escolha dos acabamentos, e permite que se instaure um paralelismo convencional entre técnica de construção e visão de perspectiva, tanto mais tenaz, quanto menos explicitamente percebido; os grandes engenheiros do século XIX, descuidando — ou seja, dando como certa — da aparência formal e concentrando-se na invenção estrutural, não fazem senão reforçar aquele paralelismo. Os novos sistemas de construção nascem automaticamente condicionados pela perspectiva, os procedimentos de cálculo registram seus preceitos e as sugestões formais inéditas que nascem das experiências técnicas não podem ser consideradas de modo isento de preconceitos ("les yeux qui ne voyent pas" diz Le Corbusier).

Esse paralelismo impede que as novas técnicas sejam adaptadas às exigências da sociedade moderna, pois arrasta consigo uma série de limitações atinentes aos sistemas de produção e à estrutura hierárquica da sociedade pré-industrial, e exige uma distribuição de energias não mais compatível com a atual situação profissional dos técnicos e dos artistas.

Os projetistas que trabalham na edificação percebem esse estado de coisas com um mal-estar maior ou menor, porém os artistas puros — os pintores, os escultores etc. — sofrem-no diretamente e sentem-se cortados da sociedade, que parece poder passar sem

424. P. Picasso, *Moça com bandolim*, 1910.

eles de modo absoluto. Por isso, eles são levados a voltar-se para si mesmos e a forçar progressivamente, com um empenho unilateral, as convenções em que está baseada a representação dos objetos visíveis.

O ponto a ressaltar é a hierarquia entre qualidades primárias e secundárias; de fato, a pintura de vanguarda da segunda metade do século XIX, dos impressionistas aos *fauves,* trabalha em torno do problema central das relações entre forma e cor. A dispersão do movimento fauvista e o nascimento contemporâneo do cubismo, por volta de 1907, assinalam o clímax desse processo; a exaltação da cor pura leva a colocar em dúvida a fixidez da referência espacial na representação da forma e a negar as próprias bases da perspectiva.

A importância dessa passagem, não somente no campo da arte, mas também no equilíbrio geral entre os diversos campos da cultura moderna, pode ser, hoje, medida pela amplidão de suas conseqüências, mais do que pelas declarações iniciais dos artistas e dos críticos, ansiosos por convalidar suas experiências com afirmações de caráter geral que põem em causa a arte e a ciência, a teoria e a prática. Uma discussão das sínteses culturais hipotizadas nessa época resultaria artificiosa; é oportuno, contudo, assinalar ao menos duas experiências exatamente contemporâneas ao cubismo, que devem ser consideradas complementares entre si, embora conduzidas separadamente.

1) A discussão teórica sobre o valor da perspectiva, que se desenvolve no campo da teoria da arte entre 1904 e 1912.

As primeiras reservas quanto à validez absoluta das regras de perspectiva são expostas por G. Hauck em fins do século XIX; uma crítica mais substancial e mais rica em conseqüências é desenvolvida por G. I. Kern [6] — que é protagonista de uma memorável polêmica com K. Doehlmann entre 1911 e 1912 — e por J. Mesnil, [7] que reconstrói objetivamente as origens da perspectiva renascentista e a coloca definitivamente entre os fatos históricos condicionados pelo tempo. E. Panofsky intervém nesse discurso já em 1915, [8] e daí tira as conclusões em seu ensaio fundamental de 1927, [9] o qual inaugura o debate moderno sobre esse tema.

2) A crise, no campo científico, dos conceitos tradicionais de espaço e de tempo, ligados historicamente às mesmas convenções de perspectiva.

O debate aberto pela experiência de Michelson e Morley em 1887 sobre o movimento da terra em relação ao éter conduz Einstein a enunciar, em 1905, a teoria da relatividade. A hipótese do *quantum* elementar de ação, proposta por Planck em 1900 em seguida às pesquisas sobre a irradiação do corpo preto, é aplicada à óptica por Einstein em 1905 e possibilita que Bohr formule, em 1913, sua teoria atômica, abrindo caminho aos progressos da física nuclear moderna.

Esses desenvolvimentos teóricos, tornados inevitáveis pela continuidade das pesquisas experimentais em curso, levam a reexaminar as bases do pensamento científico, estabelecidas há mais de dois séculos, e, de modo especial, os conceitos de espaço e de tempo, dos quais Minkowski e outros procuram dar uma nova definição geral.

As referências ao quadro cultural mais vasto, dentro do qual deve ser avaliada a revolução figurativa daqueles anos, não devem fazer com que se esqueçam os caracteres específicos da experiência cubista, a qual deve, antes de mais nada, ser compreendida em seus termos próprios.

Os artistas mais importantes são pouco loquazes (Picasso respondia, a quem o interrogava por volta de 1910: "proibido falar com o manobrista") e as teorias esotéricas construídas em seu nome por críticos como Apollinaire, ou por colegas como A. Lhote, J. Gris, A. Gleizes, funcionaram, substancialmente, como falsos objetivos.

A princípio, os cubistas exprimem polemicamente suas intenções interrompendo a continuidade naturalística das imagens e apresentando mais de uma vista sobreposta, que reenviam a vários pontos de vista, dos quais nenhum serve mais como referência absoluta; mais adiante, dissociam a integridade da imagem em seus ingredientes elementares: linhas, superfícies, cores, e atingem por vezes, como Gleizes, um rigoroso abstracionismo.

---

6. *Die Grundzüge der linear-perspektivischen Darstellung in der Kunst der Gebrüder Van Eyck und ihrer Schule,* Leipzig, 1904; "Die Anfänge der zentralperspektivischen Konstruktion in der italienischen Malerei des XIV. Jahrhunderts", em *Mitteilungen des Kunsthist. Institutes in Florenz,* 1912, p. 39.

7. Masaccio et la théorie de la perspective. *Revue de l'Art ancien et moderne,* 1914, p. 145.

8. Das perspektivische Verfahren L. B. Alberti. *Kunstchronik,* 1915, p. 505.

9. Die Perspektive als symbolische Form. *Vorträge der Bibliothek Warburg,* 1924-25, Berlim, 1927, p. 258.

425. B. Balla, *Composição futurista*, 1915-16.

Nos elementos assim liberados, descobrem-se novas qualidades e novos significados que antes estavam escondidos sob as aparências convencionais, e, entre os elementos, divisam-se novas relações que possibilitam sua organização de modo totalmente diferente, segundo novas leis orgânicas. Ninguém, contudo, pensa em um novo sistema de preceitos definidos a ser contraposto aos antigos, e existe uma sensação de dedicação a uma pesquisa aberta, cujos resultados não são definíveis *a priori*. Pela primeira vez, os pintores declaram não ter intenções preconcebidas a expressar.

Picasso: "Uma quadro não é pensado e estabelecido desde o momento inicial; enquanto se trabalha, ele se transforma na mesma medida em que muda o pensamento"; [10] Braque: "O quadro é, a cada vez, uma aventura; quando ataco a tela branca jamais sei o que poderá sair"; [11] Gris: "Eu jamais conheço desde o início o aspecto de um objeto representado". [12]

Qual é, portanto, o objetivo dessas experiências? Os objetos da realidade empírica são tomados pelos pintores somente após terem eliminado as referências comuns que os vinculam a essa realidade, dentre os quais os utilitários (Braque: "Procuro obter que um objeto abandone sua função completa, apreendo-o somente quando ele não serve mais para nada, tal como uma coisa velha no momento em que sua utilidade relativa termina", [13] e mais tarde Duchamp serve-se propositalmente de *objets trouvés*, erradicados de seu contexto). As metamorfoses do objeto assim segregado absorvem toda a atenção dos pintores; Apollinaire, interpretando o estado de ânimo dos mesmos, fala de pintura, finalmente libertada de conexões empíricas, [14] e, sobre tal tema, gira o debate crítico.

10. Conversa com Zervos, *Cahiers d'Art*, 1935, cit. em W. Hess, *I problemi della pittura moderna*, trad. it., Milão, 1958, p. 74.
11. Braque, G. *Cahiers*. Paris, 1948; Hess, W. Op. cit., p. 76.
12. Cit. por D. H. Kahveiler, *J. G., sa vie, ses oeuvres, ses écrits*; W. Hess, op. cit., p. 85.
13. Hess, W. Op. cit., p. 75.
14. G. Apollinaire, *Les peintres cubistes, méditations esthétiques*, Paris, 1913. Sobre a arquitetura, A. emite o seguinte juízo: "O fim utilitário que se propuseram numerosos arquitetos contemporâneos encontra-se como causa do considerável atraso da arquitetura em relação às demais artes. O arquiteto e o engenheiro devem construir com intenções sublimes: elevar a torre mais alta, preparar para a hera ou para o tempo uma ruína mais bela do que as outras, lançar sobre um porto ou sobre um rio um arco mais audacioso do que o arco-íris, compor de modo definitivo uma harmonia perene, a mais potente que o homem jamais haja imaginado" (p. 109 da tradução italiana, Roma, s. d.).

Existe, porém, uma possibilidade complementar. O objeto libertado das ligações habituais está pronto para assumir outras, e a pintura, tendo renunciado a imitar as coisas, pode ser empregada para inventá-las e construí-las. Os novos procedimentos podem, portanto, investir todas as atividades produtivas, e os resultados obtidos podem ser difundidos, por meio da técnica e da indústria, do lugar fechado dos estúdios para todo o ambiente urbano, de um círculo de iniciados para toda a sociedade. Gris escreve: "Cézanne faz um cilindro de uma garrafa, eu faço uma garrafa de um cilindro". [15] Por que, então — embora Gris não esteja de acordo — não se deveria tratar de uma garrafa verdadeira que possa estar sobre a mesa de todos?

O cubismo contém, por conseguinte, uma espécie de bifurcação; é o produto derradeiro e mais exasperado da vanguarda, mas indica a possibilidade de superar as posições vanguardistas e de pôr um fim ao isolamento antinatural dos artistas. A verdadeira finalidade da operação cultural — que hoje, há cinqüenta anos de distância, podemos julgar com suficiente distanciamento — não é uma modificação do conteúdo da representação artística, mas uma modificação do conceito tradicional de arte enquanto atividade representativa, contraposta ao mundo dos processos técnicos; colocando em dúvida as regras de perspectiva e sua correspondência com as leis naturais da visão, viu-se cair por terra o pressuposto de que existe um mundo de regras *a priori*, às quais a arte deve sua dignidade e sua própria consistência enquanto atividade separada.

Essa pesquisa leva diretamente à arquitetura; no velho sistema de valores, a arquitetura é uma das especificações do conceito mais amplo de "arte"; no novo, a arte — se se quiser continuar empregando o mesmo vocábulo — é um dos componentes da arquiteura, que torna a surgir como uma atividade integrada segundo a definição de Morris.

Essas conseqüências, contudo — que serão extraídas por Gropius e desenvolvidas pelo movimento moderno — ficam por enquanto implícitas, ou são entrevistas somente como aspirações confusas, como é demonstrado pelos acontecimentos que envolvem o grupo mais batalhador da época, os futuristas.

O futurismo é, no início, um programa literário; os pintores, os escultores, os músicos que a ele aderem propõem-se traduzi-lo, cada um a seu modo, para

15. Hess, W. Op. cit., p. 84.

426. A. Sant'Elia, *A central elétrica*, 1914 (de *Casabella*).

o próprio campo de atividade. Severini escreve: "O futurismo era uma idéia geral, ou melhor, uma atitude intelectual; mas não nos fornecia qualquer meio para expressar-nos",[16] e, de fato, sob essa insígnia, coexistem muitas pesquisas diversas, cuja unidade é mais desejada ou suposta do que atingida realmente. Mas exatamente em virtude do caráter mais sumário de sua dedicação, os futuristas percebem primeiro do que os demais que a cultura de vanguarda européia contém a possibilidade de uma nova síntese das artes e prepara uma nova cena integrada pela sociedade contemporânea.

Recentemente, recordando-se o cinqüentenário do manifesto de Marinetti, de 1909, foi escrito:

> Se olharmos para trás, para os umbrais da era espacial, vemos o manifesto futurista como o marco mais distante na névoa da história, o primeiro ponto onde podemos reconhecer uma imagem das posturas de nossa época mecanizada.[17]

Depois do manifesto marinettiano, surgem, em 1910, os dois manifestos da pintura, em 1912, o de Boccioni, da escultura, e, em 1914, o de Antonio Sant'Elia (1880-1916), da arquitetura: a primeira tentativa consciente — embora falha e limitada aos enunciados verbais — de transferir ao campo arquitetônico o espírito revolucionário que sopra nos círculos de vanguarda.

Como se sabe, o esboço do manifesto[18] foi refeito por Marinetti e Cinti[19] e foi conhecido sob essa versão até que G. Bernasconi republicou em 1955, o primeiro documento.[20]

O texto original de Sant'Elia, expurgado dos excessos verbais dos acréscimos marinettianos, surge ainda mais lúcido e convincente, sobretudo no trecho inicial:

> O problema da arquitetura moderna não é um problema de reorganização linear. Não se trata de encontrar novos perfis, novas esquadrias para janelas e portas, substituir as colunas, as pilastras, as mísulas por cariátides, por moscões, por rãs; não se trata de deixar a fachada em tijolos nus ou de rebocá-la ou de revesti-la de pedra; não se trata, em uma palavra, de determinar diferenças formais entre o edifício novo e o velho, mas sim de criar totalmente a casa nova, construída reunindo todos os recursos da ciência e da técnica, satisfazendo senhorialmente toda exigência de nossos costumes e de nosso espírito,... determinando novas formas, novas linhas, uma nova razão de ser somente nas condições especiais da vida moderna... Essa arquitetura não pode, naturalmente, estar sujeita a nenhuma lei de continuidade histórica. Ela deve ser nova, como são novos nosso estado de espírito e as contingências de nosso momento histórico. A arte de construir pôde evolver no tempo e passar de um estilo ao outro mantendo inalterados os caracteres gerais da arquitetura porque, na história, são freqüentes as mudanças de moda e as determinadas pelas ocorrências de convicções religiosas e pela sucessão dos ordenamentos políticos; mas são raríssimas aquelas causas de profundas mudanças nas condições do ambiente que põem fora de uso e renovam, tal como a descoberta das leis naturais, o aperfeiçoamento dos meios mecânicos, o uso racional e científico do material. Na vida moderna, o processo conseqüente de desenvolvimento estilístico da arquitetura é detido. A arquitetura destaca-se da tradição; começa-se forçosamente do início.

As afirmações de Sant'Elia são apoiadas somente por uma série de desenhos — quase sempre perspectivas com poucas plantas ou secções — que dependem claramente do repertório *art nouveau* e podem ser confrontados especialmente com a produção de alguns discípulos de Wagner, como E. Hoppe. A audácia intencional dessas visões não chega, em regra, a romper ou a enfraquecer os cânones tradicionais da perspectiva, como se pode ver pela simetria ostentada por quase todas as imagens. É, portanto, impossível falar de uma arquitetura futurista, ou mesmo apenas comparar esses desenhos às pesquisas de gênero totalmente diverso feitas por Boccioni ou por Balla. Mas é também indubitável que o tom de Sant'Elia — tanto nos desenhos, quanto nas frases do manifesto — não é mais o da geração *art nouveau;* existe uma vontade consciente de ruptura que tende para e transfigura as plácidas formas wagnerianas, embora não esteja apta a substituí-las, por enquanto, por qualquer alternativa coerente.

A morte prematura de Sant'Elia na guerra impediu que essa experiência fosse devidamente desenvolvida. Por isso seu testemunho permaneceu ambíguo e suspenso, e foi interpretado de muitas maneiras diferentes, enquanto antecipação de Gropius[21] e de

---

16. Cit. em M. CALVESI, Il futurista Sant'Elia, *La Casa*, n. 6 (1959), p. 123.

17. BANHAM, R. Futurist Manifest. *Architectural Review*, v. 126, n. 751 (1959), p. 78.

18. Impresso em 20 de maio de 1914 por ocasião da primeira exposição do grupo Nuove Tendenze na Família Artística de Milão.

19. Publicado em 11 de julho de 1914; ver FILLIA, *La nuova architettura*, Turim, 1931.

20. BERNASCONI, G. Il messaggio di Antonio Sant'Elia del 20 maggio 1914. *Rivista tecnica della Svizzera italiana*, jul. 1956.

21. W. GROPIUS, The Formal and Technical Problems of Modern Architecture and Planning. *Journal of the RIBA*,

427. F. Marc, *Jogo de formas*.
428. Weimar, o monumento aos mortos na guerra, de Walter Gropius (1922).

389

Le Corbusier,[22] ou enquanto argumento contra a arquitetura internacional e a favor de uma hipotética tradição autônoma italiana.[23]

Um grupo pictórico que terá uma influência decisiva na formação do movimento moderno, embora agora pareça estar extremamente distante dos interesses arquitetônicos, é Der Blaue Reiter, nascido em 1911 pelo encontro de Marc com Kandinsky e outros artistas saídos da vanguarda de Munique.

Estes não estão ligados por uma orientação figurativa precisa, nem pelo desejo de estabelecer um método geral, mas sim por um empenho comum em penetrar além das aparências das coisas, a fim de se aproximar de sua essência secreta, não sem acentos místicos e esotéricos. Marc escreve:

> Não possuímos a experiência milenar de que as coisas tornam-se tanto mais mudadas quanto mais claramente mantemos frente a elas o espelho óptico de sua aparência fenomênica? A aparência é sempre plana, mas distanciemo-la completamente de nosso espírito — imaginemos que nem nós, nem nossa imagem do mundo existam mais — e o mundo permanece com sua verdadeira forma; um gênio nos permite ver por entre as fissuras do mundo e nos conduz em sonho por trás de sua cena policroma.[24]

Kandinsky fala do "olhar interior", que "passa através do duro invólucro, através da 'forma' exterior penetrando até o íntimo das coisas e nos faz perceber, com todos os sentidos, seu 'pulsar' íntimo".[25] Graças a essa aguda percepção do contraste entre aparência e realidade, Marc e Kandinsky excluem mais rigorosamente do que os cubistas qualquer relação entre sua arte e a vida prática. No catálogo da mostra do Blaue Reiter de 1913 pode-se ler:

> Não vivemos em uma época em que a arte está a serviço da vida. Aquilo que hoje nasce de arte verdadeira parece ser mais o sedimento de todas as forças que a vida não foi capaz de absorver; ela é a equação extraída da vida por espíritos de mentalidade abstrata, sem desejos, sem finalidade e sem contestação. Em outras épocas, a arte é o fermento que fez crescer a massa do mundo: tais épocas estão hoje longínquas. Até que elas não voltem, o artista deve manter-se distante da vida oficial. É esse o motivo de nossa refutação, decidido livremente, contra as propostas que o mundo nos faz; não desejamos confundir-nos com isso.[26]

É interessante pensar que três dos artistas participantes daquela mostra, Feininger, Kandinsky e Klee, irão empenhar-se, poucos anos mais tarde, na Bauhaus, exatamente a fim de restabelecer a ligação entre a arte e a vida; a importância de sua contribuição é, contudo, proporcional à concentração e ao rigor com que, antes, amadureceram sua arte, sem deixar-se distrair pelos clamores das batalhas de vanguarda.

3. A Primeira Guerra Mundial e o ambiente do pós-guerra

A guerra de 1914-1918 não apenas detém a atividade dos arquitetos e limita gravemente a dos pintores, mas também interfere de várias maneiras em seu pensamento e imprime à pesquisa um curso totalmente diverso.

Neste ponto de nossa história, os fatores internos e externos, os contingentes e os operantes a longo prazo, estão inextricavelmente ligados entre si. Tentaremos tornar mais clara a situação da cultura arquitetônica, distinguindo três ordens de fatores: as conseqüências materiais da guerra, as conseqüências psicológicas, as experiências e as teorias artísticas que amadurecem, exatamente, coincidindo com o conflito mundial.

As destruições bélicas (mesmo que não equivalentes às da Segunda Guerra Mundial) e sobretudo a parada das atividades produtivas durante a guerra impõem graves e urgentes tarefas de reconstrução. Onde quer que o problema de moradias já se encontrava presente antes da guerra, este se torna agudo no pós-guerra, e sobretudo depois de alguns anos, graças à retomada do crescimento demográfico. A vastidão de tarefas é tão grande que somente o Estado está capacitado a desempenhá-la, razão pela qual se intensificam as iniciativas de construção subvencionada e se aperfeiçoam as leis correspondentes.

Modifica-se, assim, a clientela dos arquitetos: menos encargos dos particulares e mais do Estado e das entidades públicas, menos casas isoladas e mais

---

maio 1934, reproduzido em *Scope of Total Architecture*, Nova York, 1955, p. 65.

22. Principalmente pela fórmula "a casa futurista semelhante a uma máquina gigantesca", que lembra a de Le Corbusier, *machine à habiter*.

23. Ver A. SARTORIS, *Gli elementi dell'architettura funzionale*, Milão, 1941.

24. MARC, F. *Briefe, Handzeichnungen und Aphorismen*. Berlim, 1920; HESS, W. Op. cit., p. 111.

25. KANDINSKY, W. *Essays*. Stuttgart, 1955; HESS, W. Op. cit., p. 122.

26. HESS, W. Op. cit., p. 108.

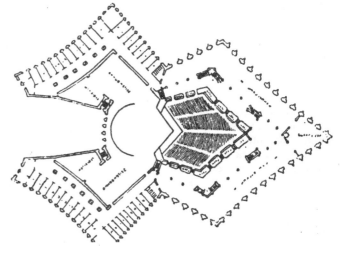

429. B. Taut, "idéia da casa do céu", 1919.
430. W. Luckhardt, projeto de um teatro popular, 1921.

bairros e arranjos de conjunto. A importância da urbanística cresce rapidamente.

Enquanto isso, a técnica prepara os instrumentos adequados a tais tarefas; o uso do concreto armado generaliza-se no pós-guerra, porquanto, os regulamentos publicados nas várias nações são pouco anteriores a 1914. A própria guerra acelera os desenvolvimentos técnicos em muitos campos, tais como os transportes e as manufaturas de metal.

Nos Estados derrotados, Áustria e Alemanha, às destruições da guerra acrescentam-se a derrubada dos velhos regimes políticos, a ocupação e o encargo das reparações que agravam as privações econômicas. Todos esses fatos refletem-se no campo cultural; as transformações políticas favorecem os progressos culturais, porque é automaticamente designada como classe dirigente a elite progressista amadurecida anteriormente. A depressão econômica e sobretudo a inflação misturam as antigas classes, destroem os hábitos radicados na antiga hierarquia social e favorecem as tendências renovadoras.

Dessa maneira, exatamente nesses Estados, onde é menor o atrito com o mundo de ontem, amadurecem os acontecimentos mais importantes para a nova cultura.

Quase todos os protagonistas do movimento moderno vão para a guerra deixando a carreira interrompida. Essa experiência é decisiva para muitos, também intelectualmente; Gropius diz, fazendo as vezes de porta-voz de todos:

A plena consciência de minha responsabilidade como arquiteto, baseada em minhas próprias reflexões, foi em mim determinada como resultado da Primeira Guerra Mundial, durante a qual minhas premissas teóricas tomaram forma pela primeira vez. Após aquele violento abalo, cada ser pensante sentiu a necessidade de uma mudança de frente intelectual. Cada um, dentro de sua esfera particular de atividade, desejava dar sua contribuição para superar o desastroso abismo aberto entre a realidade e o ideal. [27]

Os objetivos para os quais era necessário atentar já haviam sido formulados com exatidão nos debates de antes da guerra; tratava-se de fazer com que a ação cultural acertasse o passo com os processos técnicos, econômicos e sociais em curso de desenvolvimento a partir da Revolução Industrial, a fim de qualificá-los e controlá-los, bem como de suportar sua opressão quantitativa. Restava, contudo, uma convicção proveniente da mentalidade iluminista originária: a de que existia, entre as várias exigências, uma espécie de harmonia preestabelecida, perturbada somente pela persistência de velhos hábitos ou instituições e, por conseguinte, restaurável por meio de uma ação essencialmente polêmica, tirando do caminho aquelas instituições e aqueles hábitos. A técnica, isto é, a causa próxima das transformações em curso, era considerada como dotada de uma orientação intrínseca racional, portanto, como garantia de um progresso ilimitado (ou mesmo, de modo igualmente mítico, como fator de regressão por aqueles que não se resignavam à superação das velhas instituições).

A guerra põe em evidência um conceito diverso da técnica, mais limitado e indiferente aos conteúdos ideológicos. As mesmas noções que serviam para fabricar os engenhos pacíficos são agora empregadas para produzir mecanismos de destruição e de morte, e os técnicos passam com surpreendente naturalidade de um trabalho para o outro; por outro lado, a mobilização psicológica e o recurso, pelas duas partes beligerantes, aos mesmos motivos ideais, por finalidades opostas, revelam o caráter convencional de muitas fórmulas ideológicas antes aceitas universalmente. Entre meios e fins abre-se, assim, um vazio preocupante; os progressos técnicos mostram ser instrumentos indiferentes do bem e do mal, e a bondade dos fins não parece mais estar garantida suficientemente pelos discursos tradicionais sobre os "magníficos surtos e progressos". As atrocidades cometidas em larga escala por pessoas não particularmente inclinadas ao delito fazem notar quão pequena é a margem entre civilização e barbárie, e quão precárias são as garantias da convivência humana.

Em conclusão, a guerra não modifica os termos do debate cultural, mas torna mais aguda a sensibilidade para distinguir a forma da substância e mostra a necessidade de se repensar radicalmente muitos daqueles termos, para que os problemas recebidos em herança adquiram um significado real. Faz compreender, sobretudo, que as soluções não podem ser encontradas de uma vez por todas na teoria — e, portanto, não pode bastar o fato de serem formuladas por um grupo restrito de pessoas —, mas devem ser verificadas na prática, envolvendo todos os interessados, e adaptadas à mutação das circunstâncias com um esforço contínuo, sem pausas.

O cruento conflito de interesses, cada um bem justificado em seu campo particular, põe em evidência

---

27. GROPIUS, W. *The New Architecture and the Bauhaus*. Londres, 1935. p. 48. (Trad. bras. *Bauhaus, Novarquitetura*, Ed. Perspectiva, col. "Debates".)

431, 432. H. Finsterlin, idéia para uma casa da arte, 1919-20.

que os interesses verdadeiramente importantes são aqueles comuns a todos e impõe peremptoriamente a exigência de um plano comum de entendimento. "Importantíssimo é entender-se claramente. Muitos dizem que sim e, contudo, não estão de acordo. Muitos não são perguntados e muitos estão de acordo erroneamente. Por isso: importantíssimo é entender-se claramente", diz Brecht. Não são mais os conservadores que falam assim — os quais, antes, submergem de boa vontade suas desilusões em um turvo ceticismo —, mas exatamente os revolucionários, que sentem a necessidade de apoiar-se em um ponto firme, a fé no homem como ser suscetível de persuasão, que possa servir de base para que todo o resto seja modificado.

Volta, assim, ao primeiro plano, a questão racional. Não mais a razão otimista e orgulhosa da época precedente, mas humilde, circunspecta, embora infinitamente preciosa porque parece ser o único ideal sobrevivente depois da superação de todos os outros, o único legado duradouro da tradição passada e o único argumento de esperança para o futuro.

Esses sentimentos imprimem uma reviravolta decisiva aos movimentos de vanguarda, polarizando-os em duas direções opostas. Ou perde-se a fé em qualquer arranjo teórico, precipitando a experiência artística para a anarquia e o puro ativismo, ou procura-se arranjar os resultados das pesquisas precedentes em bases sólidas, objetivas, a fim de construir uma nova linguagem de alcance geral.

O futurismo é atraído, quase que imediatamente, para a ação política; Marinetti faz-se propagandista da intervenção da Itália e muitos dos futuristas apresentam-se como voluntários para a guerra, onde morrem Boccioni e Sant'Elia; o movimento, porém, encontra-se prostrado no pós-guerra e Marinetti guia seus restos, que se vão confundir com o fascismo.

O dadaísmo, fundado na Suíça em 1916 por Tzara, Ball, Hülsenbeck e Arp, recolhe as experiências artísticas mais destruidoras, surgidas por reação aos acontecimentos bélicos (Duchamp, Picabia, Ernst, Ray); no pós-guerra, Tzara estabelece-se em Paris, onde o movimento tem um desenvolvimento predominantemente literário, enquanto Hülsenbeck e Ernst, na Alemanha, procuram uma participação direta na luta política, até que o grupo principal, em Colônia, é dispersado em 1922. Em 1924, Ray, Ernst e outros entram no movimento surrealista suscitado por Breton, o qual se exaure definitivamente no clima dos anos trinta, depois de uma tentativa falida entre 1930 e 1933, de confluir para o comunismo.

Essa é a parte mais visível da vanguarda pós-bélica e, para muitos a quintessência da "arte moderna". A outra parte — aquela que dura além das circunstâncias momentâneas e que conta realmente para o destino da sociedade contemporânea — esforça-se por motivar racionalmente sua ação inovadora, distinguindo aquilo que deve ser mantido e aquilo que deve ser destruído; a arquitetura moderna começa a partir desta linha.

No pós-guerra imediato, nascem, no tronco do cubismo, vários movimentos que aspiram deduzir dele uma poética precisa e universalmente comunicável, propondo-se, portanto, superar a costumeira classificação das artes e exercer a arquitetura.

O pintor A. Ozenfant elabora os princípios do purismo, de 1915 a 1917, na revista *Elan,* depois encontra C. E. Jeanneret (o futuro Le Corbusier) e publica junto com ele, em 1918, o manifesto do novo movimento, com o título *Après le cubisme.* Segundo os dois artistas, o cubismo reconstituiu a capacidade de apreender, no turbilhão de formas confusas e aproximadas do mundo circunstante, as formas simples e "puras", que constituem a fonte primária das sensações estéticas (Figs. 435-437). A simplificação que se deseja instaurar nas imagens artísticas é um caso particular do espírito de construção e de síntese que deve orientar todas as manifestações de nossa época industrial, da literatura à ciência e às aplicações técnicas.

Para verificar essa unidade programática, Ozenfant e Jeanneret fundam, em 1920, a revista *L'Esprit nouveau,* para a qual colaboram expoentes da vanguarda de todos os campos, tais como Aragon, Breton, Cendrars, Eluard, Ehrenburg, Epstein, Jacob, Milhaud, Rathenau, Satie, Tzara. Em 1915, a revista cessa as publicações e os dois fundadores seguem por caminhos diversos; Le Corbusier dedica-se, agora, decididamente à arquitetura, Ozenfant emprega longos anos em aperfeiçoar suas pinturas murais.

Maliévitch publica em 1915 o manifesto do suprematismo, em colaboração com Maiakóvski, Larionov e outros escritores revolucionários; quase ao mesmo tempo, Tátlin propõe o construtivismo e Rodtchenko o não-objetivismo, os quais têm em comum o abandono a toda referência imitativa e o desejo de partir do zero — da condição que Maliévitch chama de "o deserto" — para construir uma nova realidade autônoma. Cada um deles estuda a aplicação de tal procedimento à arquitetura e, enquanto Tátlin delineia seus pesados projetos para celebrar as novas institui-

433. Uma cena de Hermann Warn para o *Gabinete do doutor Caligari*, de Wiene (1920).
434. H. Poelzig, projeto para o Festspielhaus de Salzburg, 1919 (de G. A. Platz, op. cit.).

435. F. Léger, *Duas mulheres*, 1925.
436, 437. Le Corbusier, projeto para uma, *villa*, 1916 (da *Oeuvre complète*); A. Azenfant, composição purista, 1925.

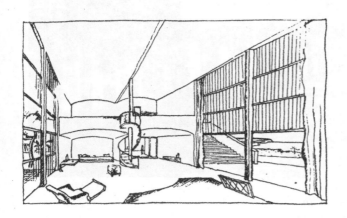
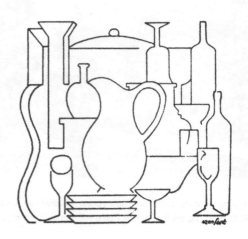

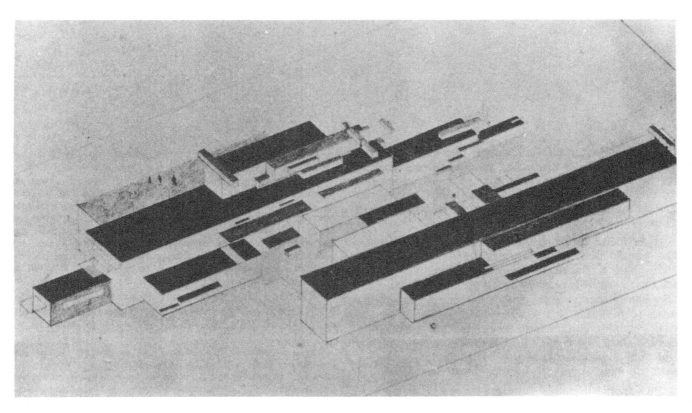

438, 439. K. Maliévich, dois desenhos para as casas do futuro, 1923-24.

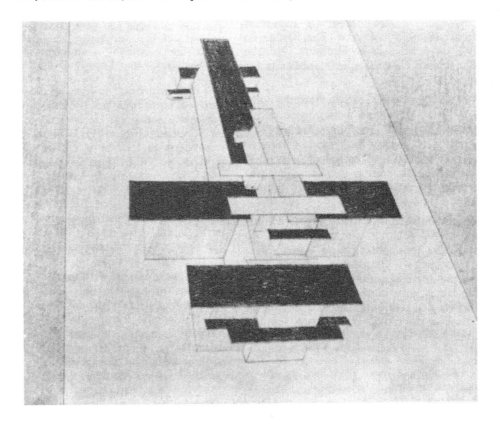

ções soviéticas, Maliévitch estuda uma série de imagens arquitetônicas abstratas, admiravelmente coerentes e rigorosas, com modelos plásticos chamados *architectonen* e com desenhos de moradias imaginárias que ele mesmo descreve e batiza com o nome de *planiti* (Figs. 438-439).

As idéias suprematistas são difundidas na Alemanha por E. Lissítzki, e o próprio Maliévitch vai, em 1926, para a Bauhaus, para tratar da publicação de seu livro *Die gegestandlose Welt* na coleção dos "Bauhausbücher"; logo após, porém, a vanguarda russa se desavém com a autoridade política e Maliévitch, embora continuando a ensinar nas escolas do Estado de Leningrado, fica completamente isolado, tanto que ainda são ignorados os resultados da última parte de suas atividades até sua morte em 1935.

O neoplasticismo é fundado, em 1917, pelos pintores T. Van Doesburg, P. Mondrian, B. Van der Leck e V. Huszar, pelos arquitetos J. J. P. Oud, J. Wils e R. Van't Hoff, pelo escultor G. Van Tongerloo e pelo poeta A. Kok; a seguir, a ele aderem os arquitetos Gerrit Rietveld (1888-1964) e Cor Ván Eesteren (nascido em 1897), e o cineasta H. Richter. O órgão do movimento é a revista *De Stijl,* que é publicada esporadicamente até 1927.

Os conceitos fundamentais são elaborados por Mondrian entre 1913 e 1917, mas teorizados e divulgados sobretudo por Theo Van Doesburg (1883-1931). Eles percorrem, em curto espaço de tempo, o itinerário típico do cubismo à abstração completa, e se propõem encontrar um método com o qual tornar sistemática essa operação, para construir um novo mundo de formas coerentes e organizadas.

A idéia fundamental é partir dos elementos bidimensionais e justapô-los segundo um novo senso de relações recíprocas, das quais brote uma "nova plasticidade". Van Doesburg vê claramente que esse processo não serve somente para pintar quadros ou para fazer esculturas abstratas, mas também para reconstruir o ambiente urbano em seu conjunto, de acordo com as necessidades técnicas e psicológicas de nosso tempo:

A palavra "arte" não nos diz mais nada. Em seu lugar, exijamos a construção de nosso ambiente segundo leis criativas, derivadas de um princípio fixo. Essas leis, ligadas às econômicas, matemáticas, técnicas, higiênicas etc., levam a uma nova unidade plástica. [28]

28. Cit. em B. ZEVI, *Poetica dell'architettura neo-plastica,* Milão, 1953, p. 35.

E Mondrian, mais explicitamente:

No futuro, a realização da expressão figurativa pura na realidade apreensível de nosso ambiente substituirá a obra de arte. Contudo, para se chegar a isso, é necessário uma orientação para uma representação universal e um distanciamento da pressão da natureza. Então não teremos mais necessidade de quadros e de estátuas, porquanto viveremos em uma arte realizada. A arte desaparecerá da vida na medida em que a própria vida ganhe em equilíbrio. [29]

Supõe-se que essa reconstrução do ambiente pode ser feita segundo leis objetivas e universais, semelhantes às científicas:

Não é possível imaginá-las, elas existem e podem ser constatadas somente sendo trabalhadas coletiva e experimentalmente. A base de tais experiências fundamenta-se no conhecimento simples dos elementos de expressão primários e universais, de modo que se chegue a um método para organizá-los segundo uma nova harmonia. A base dessa harmonia fundamenta-se no conhecimento do contraste, do complexo de contrastes, das dissonâncias etc., que tornam visível tudo aquilo que nos circunda. A multiplicidade dos contrastes produz tensões enormes, as quais, surpreendendo-se reciprocamente, criam um equilíbrio e um repouso. Esse equilíbrio das tensões forma a quintessência da nova unidade arquitetônica. [30]

As primeiras aplicações desse método à arquitetura encontram-se no projeto de Van Doesburg para um monumento em Leeuwarden, de 1916, nos móveis de Rietveld (Fig. 445) e numa casa em Nordwijkerhout de Van Doesburg e Oud de 1917, nos projetos teóricos de Oud do período entre 1917 e 1920 (Fig. 446), nos modelos de Van Doesburg e Van Eesteren do período entre 1920 e 1923, nas casas econômicas de Haia de J. Wils, de 1923, e, de modo extremamente claro, na *villa* construída por Rietveld em 1924 na periferia de Utrecht (Fig. 444), onde toda a construção está programaticamente solta, em um contraponto de tiras coloridas.

A experiência de Oud é muito significativa; depois dos projetos juvenis e teorizantes das casas em Scheveningen (1917), das casas operárias (1918) e das fábricas de Purmerend (1919), ele é nomeado arquiteto-chefe da cidade de Roterdã, de 1918 a 1933, encontra-se, assim, frente a trabalhos comprometidos, fortemente vinculados, e a ligação das leis formais neoplásticas às leis técnicas, econômicas etc. — postulada por Van Doesburg teoricamente — coloca-se como um

29. MONDRIAN, P. *Plastic Art and Pure Art.* Nova York, 1947; HESS, W. Op. cit., p. 145.
30. ZEVI, B. Op. cit.

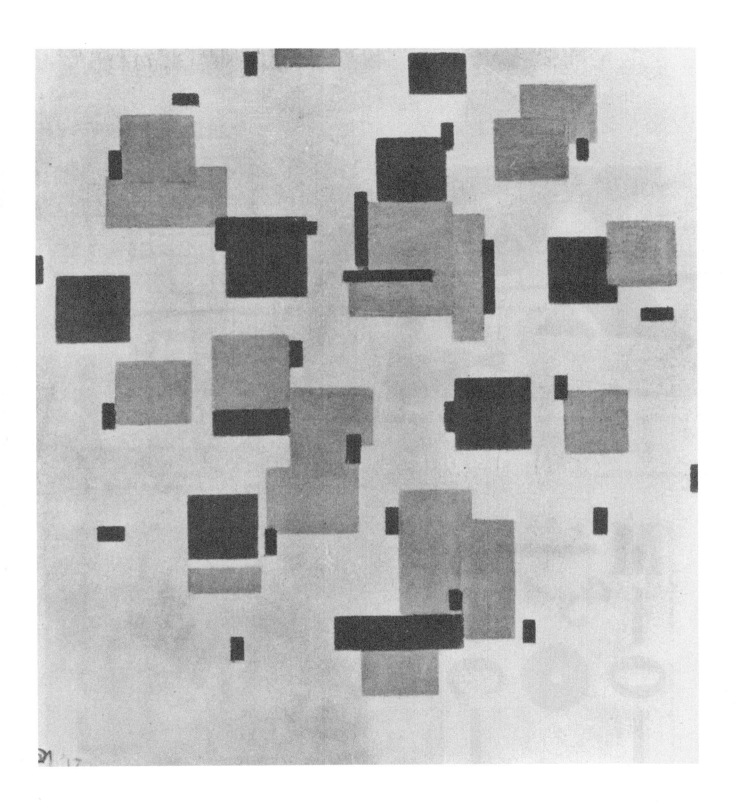

440. P. Mondrian, *Composição am azul*, 1917.

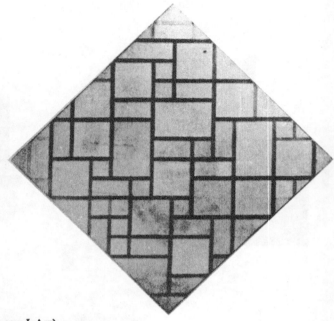

441. T. Van Doesburg, o cabaré Aubette de Estrasburgo (1926, em colaboração com J. Arp).

442. P. Mondrian, composição com planos de cor clara e linhas cinza, 1919.

443. Uma capa de *Mécano*, 1922.

444. G. Rietveld, ampliação da Casa Schroeder, em Utrecht, 1914.

400

445. G. Rietveld, carriola, 1918.
446. J. J. P. Oud, projeto de casas enfileiradas na praia, 1917.

problema concreto. Naturalmente, os resultados não podem ser tão diagramáticos quanto nos projetos teóricos, nem ser atingidos na primeira tentativa, mas somente por meio de uma mediação inteligente dos procedimentos tradicionais de construção. Desde o primeiro bairro de casas populares — Tusschendijken, 1920 — Van Doesburg censura Oud porque este adota tijolos e coloca, uns ao lado dos outros, tipos uniformes de edificação, enquanto o "equilíbrio das tensões" exigiria que os elementos contíguos fossem todos diferentes. Nos bairros sucessivos — Oud Mathenesse de 1922, Kiefhoek de 1925 e, sobretudo, nas esplêndidas casas em fila de Hoek van Holland de 1924 — Oud afasta-se definitivamente de Van Doesburg e aceita, ao menos enquanto cornijas, as tipologias tradicionais de edificação; todavia, como veremos mais adiante, exatamente nessas obras o método neoplástico produz seus primeiros frutos concretos: a decomposição não é mais exibida e é absorvida sem deixar vestígios aparentes pela integridade dos blocos de edificação: nem mesmo os volumes, as superfícies, as cores, são mais aqueles do começo e surgem como se fossem novos, vistos pela primeira vez, enquanto é reconstituído, depois de mais de um século, em bases muito diversas das antigas, o acordo entre forma e construção.

O próprio Oud assim explica sua experiência:

> O espírito do *De Stijl* foi, no início, também meu espírito. A idéia nasceu de Van Doesburg e de mim, e Van Doesburg foi sua força propulsora na fase executiva. Desde os primeiros números da revista foram publicados alguns trabalhos meus... que, a meu ver, foram os primeiros exemplos de uma verdadeira arquitetura cubista. A arquitetura neoplástica (provavelmente alude a Rietveld, Wils etc.) e também o cubismo de Dudok derivam desses trabalhos... Minhas conclusões, contudo, foram diferentes: através desse processo de decomposição, adquiri um novo senso de proporção, de espaço, de atmosfera, de massa e linha, de cor e de construção, mas percebi que o tipo de edificação que daí derivou mais tarde desenvolvia-se a partir da parte mais extrínseca de meus primeiros trabalhos. Tal desenvolvimento pareceu-me superficial para a arquitetura: pertencia demasiadamente à pintura, e — no que diz respeito à forma — era por demais duro e estático. Abandonei-o e dirigi-me por outro caminho: uma arquitetura social sadia, universal, ampla, não podia brotar dali, isto é, de uma estética tão abstrata. Não há dúvida, contudo, de que o neoplasticismo deu-nos valores arquitetônicos que não desejaria perder; a mim, contudo, de modo indireto. Minha posição é semelhante à dos antigos alquimistas que, procurando ouro, não encontraram ouro, mas sim algum outro material precioso. [31]

Van Doesburg, contudo, está decidido a procurar ouro. Em 1921, liga-se ao grupo Dadá, publica com Arp, Tzara e Schwitters um suplemento do *De Stijl* intitulado "Mécano" e participa, com eles, em 1922, de uma viagem de propaganda pela Holanda e Alemanha; no mesmo ano, transfere-se para Weimar e tenta, inutilmente, inserir-se na Bauhaus. Enquanto isso, insatisfeito com os desenvolvimentos do neoplasticismo, a ele contrapõe um novo programa, o elementarismo, cujo manifesto surge no *De Stijl* em 1926 (nesse ponto, Mondrian abandona o grupo e decide prosseguir sozinho sua rigorosa experiência pictórica); entre 1926 e 1928, faz a decoração, em colaboração com Arp, do cabaré Aubette de Estrasburgo (Fig. 441), que é quase o manifesto de seu credo artístico; em 1930, funda um último periódico, *L'Art concret* e, antes de morrer, no ano seguinte, projeta reunir em Meudon um novo grupo de artistas de vanguarda para uma experiência de trabalho em comum.

Nem Van Doesburg, nem Mondrian se ressentem de abandonar, pessoalmente, as posições de vanguarda, contudo, suas contribuições são determinantes para a definição da nova linguagem arquitetônica: suas experiências antecipam, de forma demonstrativa, os problemas que o movimento moderno deverá enfrentar no terreno do projeto.

---

31. Carta de J. J. P. OUD a B. ZEVI, em op. cit., p. 161.

13. A FORMAÇÃO DO MOVIMENTO MODERNO (1918-1927)

Tal como toda transformação histórica importante, o movimento moderno compreende um grande número de contribuições individuais e coletivas, e não é possível fixar sua origem num só lugar ou num único ambiente cultural. Aquilo que se pode constatar com segurança é a coerência dos diversos resultados que se tem a partir aproximadamente de 1927, quando é possível determinar também uma linha comum de trabalho entre as pessoas e os grupos de diversas nações. Dentro deste aspecto unitário existe uma rede finíssima de trocas e solicitações recíprocas que é difícil e talvez inútil tentar definir de um modo analítico.

Pode-se propor uma descrição esquemática do primeiro decênio de experiências, distinguindo em primeiro lugar duas experiências inovadoras, em acentuado contraste com a tradição próxima e seguramente independente entre si, embora ligadas sob vários aspectos: a obra didática de Gropius e de seus colaboradores da Bauhaus, e a obra de Le Corbusier como arquiteto. Em segundo lugar, é possível enumerar algumas experiências ligadas aos movimentos culturais do período anterior à guerra e do período bélico, mas que se desenvolveram ou que foram solicitadas a se desenvolver em sentido convergente, de modo a fazer com que se perca seus respectivos caracteres exclusivos, de modo a torná-las comensuráveis e utilizáveis em comum: entre as principais, a obra de Mendelsohn na Alemanha, o itinerário de Mies van der Rohe do Novembergruppe à Werkbund, os trabalhos de Oud para a administração de Roterdã e de Dudok em Hilversum.

Trata-se, na verdade, de distinções aproximadas: a exposição paralela da Bauhaus e de Le Corbusier, isolando os dois fatos mais conhecidos do segundo decênio de 1900, vale como indicação da natureza plúrima do movimento moderno, e põe em evidência dois tipos extremos de contribuição, o primeiro coletivo e o segundo, individual. A descrição do exórdio de Mendelsohn e dos dois mestres holandeses pretende ressaltar a possibilidade de recuperação, no movimento moderno, das correntes de vanguarda que amadureceram a cavaleiro da guerra, e poderia ser repetida em relação a outras pessoas e grupos, como Van Eesteren, Bruno Taut, os irmãos Luckhardt, os construtivistas russos etc.

O resultado histórico deste encontro de experiências é a inversão, decorrido mais de um século, do movimento divergente que consuma as iniciativas inovadoras da cultura européia e mundial. O novo movimento não pode ser etiquetado como a mais recente das tendências que se alternam a curtos intervalos de tempo, mas testemunha uma mudança num nível mais profundo, que atua sobre o conjunto das tendências imprimindo-lhes um novo rumo e uma nova exigência de se confrontarem a fim de fazer frente às necessidades de um mundo radicalmente transformado.

1. A Bauhaus

Logo após o fim da guerra, Walter Gropius é chamado a dirigir a Sächsische Hochschule für bildende Kunst e a Sächsische Kunstgewerbeschule, a escola

403

de Van de Velde. Ele unifica os dois institutos e funda assim, em 1919, a Staatliches Bauhaus.

O primeiro programa, publicado em 1919, tem um tom profético e obscuro, que encontra confirmação na capa expressionista desenhada por Feininger (Fig: 447).

A construção completa é o objetivo final das artes visuais. Sua função mais nobre, numa época, foi a decoração dos edifícios; hoje, estes sobrevivem em isolamento, do qual só podem ser retirados com os esforços conscientes e coordenados de todos os artífices. Os arquitetos, os pintores e os escultores devem reconhecer o caráter compósito do edifício como uma entidade unitária. Só então seu trabalho se embeberá do espírito arquitetônico que agora, como "arte de salão", ele perdeu.

Todos nós arquitetos, escultores, pintores, devemos voltar-nos para nosso ofício. A arte não é uma profissão, não existe nenhuma diferença essencial entre o artista e o artesão... Formamos uma única comunidade de artífices sem a distinção de classe que levanta uma arrogante barreira entre o artesão e o artista. Juntos concebemos e criamos o novo edifício do futuro, que reunirá arquitetura, escultura e pintura numa única unidade, e que um dia será levantado contra o céu pelas mãos de milhões de trabalhadores como o símbolo de cristal de uma nova fé.[1]

Estas frases não são diferentes dos tantos discursos futurísticos que se faziam naqueles anos. No entanto, o programa não se encerra com o manifesto de alguma nova tendência, afirmando apenas, em termos difíceis e sugestivos, a exigência de uma metodologia geral, baseada nas leis naturais e nas da mente humana, na qual se equilibrem o pensamento e a ação, as exigências materiais e as espirituais, superando as divergências abstratas.

Os primeiros colaboradores de Gropius são Johannes Itten (n. 1888) — um suíço aluno de Hölzel, que desde 1911 mantém em Viena um curso de educação formal — o pintor norte-americano Lyonel Feininger (1871-1956) e o escultor e gravador alemão Gerhard Marcks (n. 1889). A estes vêm juntar-se, em 1919, o antigo colaborador de Gropius, Adolf Meyer (1881-1929), em 1920 o pintor Georg Muche (n. 1895), em 1921 Paul Klee (1879-1940) e o pintor e cenógrafo Oskar Schlemmer (1888-1943), em 1922 Wassily Kandinsky (1866-1944), em 1923 o pintor húngaro Laszlo Moholy-Nagy (1895-1946). Os estudantes são aproximadamente duzentos e cinqüenta, na maioria alemães e austríacos. O programa prevê:

— um curso preliminar de seis meses, dirigido por Itten, e a partir de 1923 por Moholy-Nagy e pelo ex-aluno Josef Albers (n. 1888) no qual o aluno adquire confiança com os materiais e com alguns problemas formais simples;

— um ensino trienal, em parte técnico (*Werklehre*: o estudante deve freqüentar um dos sete laboratórios de trabalho com pedra, madeira, metal, terracota, vidro, cor e textura, e recebe lições teóricas de contabilidade, avaliação e contratação econômica), em parte formal (*Formlehre*: compreende a observação dos efeitos formais na natureza e nos materiais, estudo dos métodos de representação e a teoria da composição). Após os três anos, o aluno pode obter, com um exame, o diploma de artesão;

— um curso de aperfeiçoamento, de duração variável, baseado no projeto arquitetônico e no trabalho prático nos laboratórios da escola, e ao final do qual o aluno pode obter, com um exame, o diploma de mestre em artes.

Comentando mais tarde a experiência da Bauhaus, Gropius ressalta três características principais desse ensino:

— O paralelismo entre ensino teórico e prático, uma vez que no curso trienal o aluno estuda simultaneamente sob a orientação de dois professores: um professor artesão e outro de desenho.

Esta idéia de iniciar com dois diferentes grupos de ensinantes foi uma necessidade, uma vez que não era possível encontrar nem artistas que possuíssem suficientes conhecimentos técnicos, nem artesãos dotados de imaginação suficiente para os problemas artísticos, em cujas mãos colocar a direção dos laboratórios. Uma nova geração capaz de combinar estes dois atributos deveria primeiro ser treinada, e nos últimos anos a Bauhaus conseguiu colocar, na direção dos laboratórios, ex-alunos dotados de uma experiência técnica e artística integrada, de modo que a separação do corpo docente em professores da forma e da técnica demonstrou-se supérflua.[2]

— O contínuo contato com a realidade do trabalho:

Toda a organização da Bauhaus demonstra o valor educativo atribuído aos problemas práticos, que leva os estudantes a superar todos os atritos internos e externos... Por esta

---

1. *Programm des staatlichen Bauhauses in Weimar* (1919), cit. in: H. BAYER, W. GROPIUS, I. GROPIUS, *Bauhaus 1919-1928*, Boston, 1952, p. 16.

2. GROPIUS, W. "My Conception of the Bauhaus Idea" (1935). In: *Scope of total architecture*, Nova York, 1955, p. 14.

447. Casa de L. Feininger para o primeiro programa da Bauhaus (1919).

razão, dediquei-me a fornecer encargos práticos à Bauhaus, nos quais professores e alunos pudessem pôr à prova sua capacidade... Os novos modelos de toda espécie construídos em nossos laboratórios convenceram os industriais, que concederam contratos de patente à Bauhaus, propiciando um considerável aumento da renda à medida que o trabalho aumentava. Além do mais, a instituição de um trabalho prático obrigatório permitia pagar os estudantes pelos artigos vendáveis e os modelos que deles eram exigidos, e isto propiciou meios de subsistência a muitos alunos capazes. [3]

— A presença de professores criativos:

A seleção de bons professores é o fator decisivo para os resultados de uma escola; suas qualidades pessoais como homens têm uma importância ainda maior do que suas habilidades técnicas... Se se pretende atrair para uma escola homens de eminente talento artístico, é necessário assegurar-lhes amplas possibilidades de desenvolvê-lo posteriormente, abrigando seu trabalho particular. O simples fato de que continuem a fazer seu próprio trabalho, além do mais, produz aquela atmosfera criativa que é essencial numa escola deste tipo, da qual se possam servir os talentos jovens. [4]

A idéia fundamental é utilizar o artesanato não mais como objetivo ou como ideal romântico, mas como meio didático para a preparação dos projetistas modernos, capazes de imprimir nos produtos industriais uma nítida orientação formal. Diante da polêmica entre artesanato e indústria, que se desenrola há um decênio na Werkbund, Gropius não se decide por um ou outro desses pólos, advertindo que se trata de um conflito entre duas abstrações opostas. Entre as duas experiências, de concreto existe apenas uma diferença de grau, uma vez que nem o artesanato é pura idealização (pois a idéia sempre deve sofrer a mediação de um expediente técnico), nem a indústria é pura manualidade (pois a própria máquina, enquanto produtora de formas, coloca um problema de criação); são dois modos diversos de exercer a mesma atividade, ao mesmo tempo espiritual e manual: mais direto e menos extenso o primeiro, e menos direto e mais extenso o segundo. A transformação diz respeito não tanto aos instrumentos materiais quanto à distribuição da energia humana:

A principal diferença entre artesanato e indústria se deve não tanto à natureza diversa dos ınstrumentos empregados quanto à subdivisão do trabalho na primeira, e ao controle unitário por parte de um único trabalhador na segunda. O perigo cultural na forma atual da indústria é a restrição forçada da iniciativa pessoal. O único remédio para isso é uma postura totalmente diversa diante do trabalho; o progresso técnico demonstrou que uma forma de trabalho coletivo pode levar a humanidade a um grau de eficiência muito maior do que o trabalho independente dos indivíduos isolados, e é necessário levar em conta esta realidade sem, no entanto, diminuir a importância e o poder do esforço pessoal. [5]

Aqui entra em jogo a educação: de fato, o conhecimento de todo o processo, por experiência direta e manual, permitirá que aqueles que devem cumprir as fases isoladas vejam o próprio trabalho no quadro total: assim, deixarão de ser como que peças indiferentes de um mecanismo, mas formarão um grupo de operadores responsáveis, conscientemente associados, e os primitivos valores espirituais inerentes ao trabalho técnico poderão ser recapturados transferindo-os do trabalho individual para o trabalho de grupo.

Passando dos termos pedagógicos aos sociais, trata-se de cobrir a distância entre cultura e produção através da Revolução Industrial. Hauser escreve:

A estagnação ocorrida no desenvolvimento artístico com a Revolução Industrial, as vantagens adquiridas pela evolução técnica sobre a intelectual não devem ser tanto atribuídas à maior complexidade e eficiência das máquinas que se começava a utilizar mas sim ao ritmo assumido pela evolução técnica através do impulso da conjuntura econômica, um ritmo tão rápido que não pôde ser seguido pelo desenvolvimento intelectual. Em outras palavras, aqueles que poderiam ter transferido para a produção mecânica as tradições artesanais, os mestres independentes e seus ajudantes, foram excluídos da vida econômica antes que pudessem adaptar aos novos métodos as antigas tradições de seus ofícios... Das indústrias que se desenvolveram do velho artesanato rapidamente desapareceram os *experts*. [6]

Uma nova pedagogia, baseada no trabalho de grupo, pôde propor-se a inserir aos poucos o artesanato na indústria, e com isso recuperar os valores da antiga tradição artística — que se manifestaram historicamente num trabalho deste tipo — e introduzi-los no ciclo vital da sociedade moderna, retirando-lhes ao mesmo tempo qualquer característica de classe, de modo que toda a sociedade participe deles.

Este procedimento didático acarreta uma mudança fundamental na cultura arquitetônica. A instância formal não é mais colocada numa esfera independente, capaz de abrigar uma experiência separada, mas é

3. GROPIUS, W. Op. cit., pp. 16-17.
4. GROPIUS, W. Op. cit., p. 8.
5. GROPIUS, W. Op. cit., p. 10.
6. HAUSER, A. *Storia sociale dell'arte*. Trad. it., Turim, 1956, pp. 183-184.

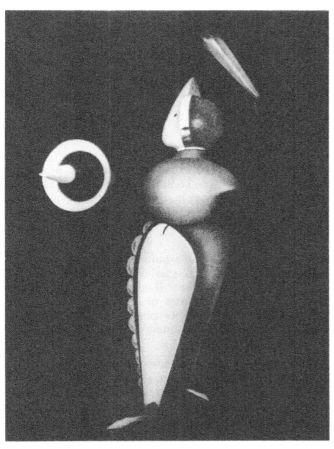

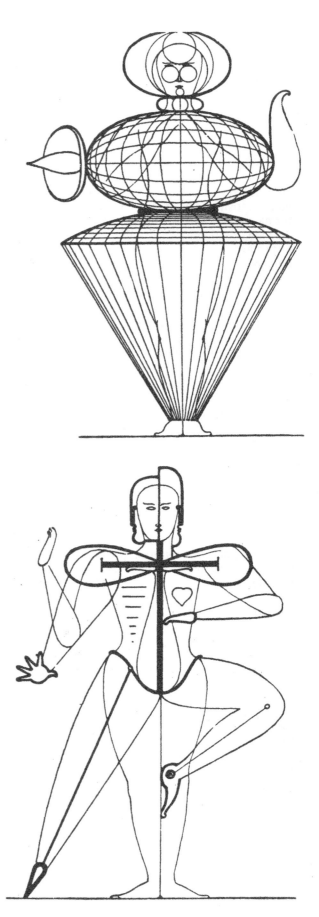

448, 449, 450. O Schlemmer, traje para o Triadisches Ballett (Stuttgart 1922, Weimar, 1923; de O. S., *Die Bühne im Bauhaus*, 1925).

451. K. Schmidt, W. Bogler, G. Teltscher, figura para o Machanisches Ballett, 1923 (op. cit.).

colocada resolutamente na atividade produtiva. O trabalho artístico tem por finalidade não inventar uma forma mas sim modificar, através dessa forma, o curso da vida quotidiana, e é válido enquanto invade toda a produção e o ambiente em que vivem todos os homens. Pela primeira vez adquire um sentido preciso a fórmula de Morris "arte do povo para o povo", dado que adquire significado a máxima "se dela não participarem todos, ninguém poderá participar". [7]

É quase impossível estabelecer, neste programa, quanto se deve a Gropius e quanto a seus colaboradores, dado que a experiência se baseia justamente na integração entre as contribuições individuais. A abertura na direção de muitas experiências diversas é sem dúvida um dado, ainda que psicológico, do temperamento de Gropius; ele narra:

> Quando era jovem, alguém me perguntou qual era minha cor preferida. Durante anos minha família troçou de mim porque respondi, depois de alguma hesitação: "Minha cor preferida é o multicolorido (*Bunt*)". O desejo acentuado de incluir todos os componentes vitais da vida ao invés de excluir uma parte dela, devido a uma postura demasiado estreita e dogmática, marcou toda minha vida. [8]

A arquitetura de Gropius antes da guerra se caracteriza por uma rigorosa propriedade técnica e por uma certa indiferença pelas determinações estilísticas predeterminadas que às vezes roça os limites do ecletismo. Nem por isso Gropius — com exceção talvez dos primeiros anos — pensa em poder manter-se distante das correntes vivas da cultura figurativa contemporânea. Há nele uma espécie de curiosidade que o induz a participar temporariamente de diversas experiências da atualidade, embora não sentisse compartilhar delas inteiramente. É assim que, no período imediatamente posterior à guerra, não se subtrai à onda expressionista que invade a maior parte da arquitetura alemã, de Behrens aos jovens, como o demonstram o edifício Sommerfeld em Dahlem (1921) e o monumento aos Caídos em Weimar (1922, Fig. 428).

Também na Bauhaus, durante os primeiros anos, as contribuições da tendência expressionista são preponderantes, embora não exclusivas; Feininger, que provém do Blaue Reiter, está em constante contato com Van Doesburg; Gropius conheceu o mestre holandês em Berlim em 1919, e o componente neoplástico está presente do começo ao fim nas produções dos estudantes. No entanto, o tema de Gropius, segundo o qual a escola deve permanecer aberta às influências de todos os movimentos contemporâneos sem cair na órbita exclusiva de um deles, logo se revela difícil de manter.

Em 1922, Van Doesburg estabelece-se em Weimar e organiza uma secção do movimento De Stijl criticando os docentes da Bauhaus que não aceitam suas normas; os estudantes dividem-se em dois partidos e eclode uma violenta polêmica que só se aplacará no início de 1923, quando Van Doesburg parte para Paris. [9]

Neste período, a inflação oprime a vida econômica da Alemanha e bloqueia, sobretudo, a atividade no setor da construção; deste modo, as energias acumuladas pela Bauhaus vêem-se obrigadas a voltar-se sobre elas mesmas, num clima de tensão em que os contrastes se exasperam; os habitantes de Weimar encaram com desconfiança esse grupo de pessoas empenhadas numa tarefa incompreensível, e os estudantes dão-lhes o troco comportando-se da maneira mais desabusada possível; muitos personagens estranhos circulam pela Bauhaus, como o pregador W. Heuser, e nas noites de sábado a cidade põe-se a murmurar sobre as excêntricas reuniões organizadas na escola.

Somente a infinita paciência de Gropius consegue manter unidas estas forças heterogêneas e explosivas e dirigi-las na direção de um objetivo único. Em 1922 publica-se o estatuto da escola, determinando a estrutura organizadora [10], e em 1923, a pedido das autoridades da Turíngia, faz-se um primeiro balanço público das atividades desenvolvidas; Gropius preferiria esperar, mas, premido pelas circunstâncias, utiliza todos os departamentos da escola para apresentar ao público a imagem mais completa possível do movimento e de suas orientações culturais.

Os trabalhos da escola são expostos nos locais da Bauhaus e no museu de Weimar; o programa da Bauhauswoche compreende conferências de Gropius,

---

8. GROPIUS, W. Op. cit., p. XVIII.

9. As razões deste contraste foram especificadas várias vezes, com discernimento, por GROPIUS (*Bauhaus 1919-1928*, p. 36); B. ZEVI (*Poetice dell'architettura neoplastica*, Milão, 1953) interpreta-o como uma polêmica figurativa entre o expressionismo e o neoplasticismo, enquanto que os pressupostos ideológicos foram esclarecidos por C. G. ARGAN, *M. Breuer*, Milão, p. 10) e na segunda edição de *W. Gropius e la Bauhaus*, Turim, 1957, p. 79.

10. *Satzungen, Staatliches Bauhaus in Weimar*, Munique, 1922.

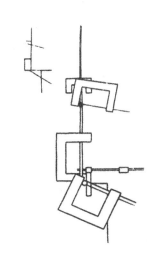
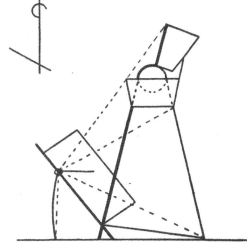

452. W. Kandinsky, *Tensão no ângulo*, 1930.
453. W. Kandinsky, transcrição gráfica de um compasso da V Sinfonia de Beethoven (de W. K., *Punkt und Linie zu Fläche*, 1926).
454, 455, 456. Exercício do curso de Kandinsky: transformação de um modelo material numa imagem abstrata.

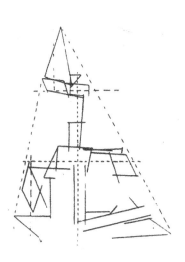

Kandinsky e Oud, um concerto de H. Scherchen com músicas de Hindemith, Busoni, Krenek e Stravinsky, projeções cinematográficas de C. Koch, festas noturnas com fogos de artifício e música pela banda de *jazz* da Bauhaus, espetáculos de luzes de L. Hirschfeld-Mack; no palco do Teatro Municipal de Iena, recém-construído por Gropius e Meyer, O. Schlemmer apresenta um *ballet* no qual os executantes ficam escondidos sob formas abstratas. Publica-se, na ocasião, um álbum com reproduções das obras de alguns professores e alunos. [11]

Dada a orientação da escola, insiste-se, a fim de convencer o público, não apenas sobre os projetos e discursos mas também numa demonstração prática: uma casa projetada e construída inteiramente nos laboratórios da Bauhaus, chamada "Haus am Horn". [12] A casa é concebida como célula unitária para um pequeno bairro a ser construído ao redor do edifício de Van de Velde, e é idealizada de modo a poder ser facilmente reproduzida em série, como os móbiles de Breuer que constituem a decoração. Mas a inflação está no auge e esses programas ficam apenas no papel.

No mesmo ano, Gropius procura condensar num opúsculo os pontos principais do novo método didático. [13] A concepção integrada do trabalho técnico e artístico, já ensaiada no programa de 1919, é agora desenvolvida com estas palavras:

O espírito dominante em nossa época já é reconhecível, embora sua forma ainda não se tenha claramente definido. O velho conceito dualístico do mundo, que colocava o indivíduo em oposição ao universo, vai rapidamente perdendo terreno. Em seu lugar está surgindo a idéia de uma unidade universal na qual todas as forças opostas estão em estado de absoluto equilíbrio. Este reconhecimento inicial da unidade essencial de todas as coisas e de suas aparências confere ao esforço criador um significado interno fundamental. Nada pode existir isoladamente. Percebemos todas as formas como encarnações de uma idéia, cada objeto trabalhado como manifestação de nossa íntima personalidade. Somente o trabalho produzido por um impulso interno pode ter significado espiritual. O mundo mecanizado está privado da vida, e só se adapta às máquinas inanimadas. Enquanto a economia mecanizada permanecer como um fim em si mesmo ao invés de um meio para a libertação do espírito do fardo do trabalho material, o indivíduo permanecerá escravizado e a sociedade em desordem. A solução depende de uma mudança na disposição do indivíduo em relação ao trabalho, e não da melhoria das circunstâncias externas, e a aceitação deste novo princípio é de decisiva importância para o novo trabalho criador.

Faz também uma tentativa de descrever o procedimento de um projeto:

O objetivo de todo esforço criador, nas artes figurativas, é dar forma ao espaço. Mas o que é o espaço, como pode ser representado e receber uma forma?

Embora possamos conceber o espaço infinito, só podemos dar forma ao espaço com meios finitos. Percebemos o espaço através de nosso Eu indiviso, com a atividade simultânea da alma, da mente e do corpo. Uma concentração análoga de todas nossas forças é necessária para lhe dar forma. Com sua intuição e sua faculdade supra-sensível, o homem descobre o espaço imaterial da visão interna e da inspiração. Este conceito do espaço exige ser realizado no mundo material através do cérebro e da mão. O cérebro concebe o espaço matemático em termos de números e medidas. A mão domina a matéria através da técnica, com a ajuda dos instrumentos e das máquinas.

A concepção e a visualização são sempre simultâneas. Apenas a capacidade individual de sentir, de conhecer e de executar varia em profundidade e velocidade. O verdadeiro trabalho criativo só pode ser feito pelo homem que conhece e domina as leis físicas da estática, dinâmica, óptica e acústica, a fim de dar vida e forma à sua visão interna. Numa obra de arte, as leis do mundo físico, do mundo intelectual e espiritual funcionam e são expressas simultaneamente.

O método didático da Bauhaus é explicado com este *excursus* histórico:

O instrumento do espírito de ontem era a "academia", que separava o artista do mundo da indústria e do artesanato, isolando-o da comunidade.

... O ensino acadêmico levava à formação de um grande proletariado artístico, destinado à miséria social. Estas pessoas, embaladas no sonho da genialidade e enredadas nos preconceitos artísticos, eram enviadas à "profissão" da arquitetura, da escultura, da pintura e das artes gráficas sem a bagagem de uma verdadeira educação, que seria a única a lhes assegurar a independência estética e econômica. Suas capacidades se limitavam, na essência, a uma espécie de composição pictórica independente da realidade dos materiais, dos processos técnicos e das relações econômicas. A falta de qualquer conexão com a vida da comunidade levava inevitavelmente à esterilização da atividade artística. O erro pedagógico fundamental da academia constituía em preocupar-se com o gênio isoladamente, descuidando do valor de um digno nível médio de produção. Na medida em que a academia dirigia uma miríade de talentos menores para o projeto arquitetônico ou para a pintura, entre os quais talvez apenas um em mil estava destinado a se tornar um genuíno arquiteto ou pintor, a grande

---

11. *Staatliches Bauhaus in Weimar, 1919-1923*, Munique, 1923.
12. Publicada em A. MEYER, Ein Versuchshaus des Bauhauses in Weimar, *Bauhausbücher* n. 3., Munique, 1925.
13. GROPIUS, W. *Idee und Aufbau des staatlichen Bauhauses in Weimar.* Munique, 1923.

457. P. Klee, *Máquina de falar*, 1922.

massa destes indivíduos, alimentados por falsas esperanças e providos com uma preparação acadêmica unilateral, estava condenada a uma vida artística estéril. Despreparados para enfrentar com sucesso a luta pela existência, viam-se confusos como parasitas sociais, inúteis para a vida produtiva da nação em virtude da educação que tinham tido.

... Na segunda metade do século começaram as reações contra a influência desvitalizante da academia. Ruskin e Morris na Inglaterra, Van de Velde na Bélgica, Olbrich, Behrens e outros na Alemanha e mais tarde a Deutscher Werkbund procuraram e finalmente encontraram o modo de conciliar os artistas criadores com o mundo industrial. Na Alemanha, as escolas de artes e ofícios foram fundadas com o propósito de educar, na nova geração, indivíduos de talento adaptados para o trabalho na indústria e no artesanato. Mas a academia estava solidamente estabelecida: a educação prática não ultrapassou os limites de um diletantismo, e o "projeto" abstrato ficou sempre a distância. As bases dessas tentativas nunca foram suficientemente amplas e profundas de modo a propor vantagens sobre o velho conceito da arte pela arte. Enquanto isso, as atividades produtivas — e sobretudo as indústrias — começaram a necessitar de artistas.

Surgiu uma demanda de produtos formalmente atraentes e ao mesmo tempo tecnicamente corretos e econômicos. Sozinhos, os técnicos não estavam em condições de atender a essas exigências, e assim as indústrias começaram a adquirir os chamados "modelos artísticos". Isto demonstrou ser um remédio ineficaz, dado que o artista estava muito distanciado do mundo circundante e tinha bem pouco entendimento das questões técnicas para adaptar seus conceitos formais aos processos práticos de fabricação. Ao mesmo tempo, os comerciantes e os técnicos não estavam capacitados a reconhecer que a forma, a precisão técnica e o custo podiam ser controlados simultaneamente apenas com a planificação dos objetos industriais com a colaboração do artista responsável pelo projeto. Uma vez que havia carência de artistas adequadamente instruídos para este trabalho, era lógico estabelecer estes pressupostos para a futura educação de todos os indivíduos dotados: uma severa experiência prática e manual em laboratórios ativamente empenhados na produção, unida a uma profunda instrução teórica sobre as leis formais.

Finalmente, a necessidade de entrosamento com os vários campos da cultura contemporânea é assim expressa:

Uma organização baseada nos novos princípios isola-se facilmente se não mantiver estreitos contatos com os problemas debatidos no resto do mundo. Em virtude das dificuldades práticas, as bases do trabalho desenvolvido na Bauhaus nunca podem ser demasiado amplas, dado que o propósito é educar homens e mulheres para compreender o mundo em que vivem e para criar formas que o simbolizem. Por esta razão, o campo dessa educação deve ser ampliado em todos os lados e estendido aos campos vizinhos, a fim de se estudar os efeitos de toda nova experiência.

A educação dos rapazes quando ainda são jovens e ainda não condicionados aos hábitos vigentes é muito importante. Os novos tipos de escola que dão importância aos exercícios práticos, como as escolas Montessori, fornecem um excelente preparo para o programa construtivo da Bauhaus, uma vez que desenvolvem toda a personalidade humana. [14]

Muitas destas frases são metáforas, através das quais se tenta expressar, com as palavras da velha cultura, um novo pensamento. Mas serão interpretadas ao pé da letra pela maioria das pessoas e darão lugar a uma série de discussões, quase exclusivamente verbais, sobre o espírito e a matéria, o homem e a máquina, o cérebro e a mão, a respeito do que se falará no Cap. 14.

A partir de 1924 a situação econômica geral melhora; a Bauhaus começa a receber encomendas da indústria, enquanto aumenta a ressonância do movimento, na Alemanha e no exterior, com a publicação dos *Bauhausbücher*. [15] No entanto, também aumenta a aspereza das reações.

A Bauhaus recebe ataques concentrados da esquerda e da direita: os tradicionalistas acusam-na de ser um movimento subversivo, de transtornar as bases do gosto e de não levar em conta a herança histórica [16], enquanto os artistas de vanguarda censuram-na por não ser suficientemente conseqüente, cultivando o ecletismo e o compromisso. [17] Assumem a defesa da escola alguns críticos, com S. Giedion [18], W. C. Beh-

14. Citado em H. BAYER, W. GROPIUS, I. GROPIUS, *Bauhaus 1919-1928*, pp. 20-29.

15. A lista é a seguinte: 1. W. GROPIUS, *Internationale Architektur*, Munique, 1925; 2. P. KLEE, *Paedagogisches Skizzenbuch*, 1925; 3. A. MEYER, *Ein Versuchshaus des Bauhauses in Weimar*, 1925; 4, *Die Bühne im Bauhaus*, 1925; 5. P. MONDRIAN, *Neue Gestaltung*, 1925; 6. T. VAN DOESBURG, *Grundbegriffe der neuen gestaltenden Kunst*, 1925; 7. *Neue Arbeiten der Bauhauswerkstätten*, 1926; 8. L. MOHOLY-NAGY, *Malerei, Photographie, Film*, 1926; 9. W. KANDINSKY, *Punkt und Linie, zu Fläche*, 1926; 10. J. J. P. OUD, *Holländische Architektur*, 1926 e 1929; 11. K. MALIÉVITCH, *Die gegenstandlose Welt*, 1930; 12. W. GROPIUS, *Bauhausbauten in Dessau*, 1931; 13. L. MOHOLY-NAGY, *Von Material zur Architektur*, 1932.

16. Por exemplo, F. H. EHMKE e A. MÜLLER, cit. em H. BAYER, W. GROPIUS, I. GROPIUS, *Bauhaus 1919-1928*, cit. pp. 90 e 93.

17. T. VAN DOESBURG e K. TEIGE em *Stavba*, 1924: op. cit., p. 91.

18. Em *Das Werk*, set. 1923.

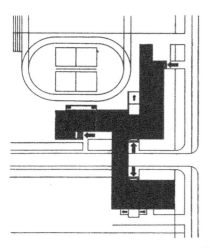
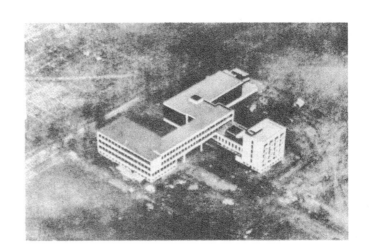

458, 459, 460. Dessau, edifício da Bauhaus, 1929.
461. Dessau, detalhe da Bauhaus em 1957.

rendt [19], B. Taut [20] e algumas personalidades eminentes da cultura européia que reconhecem seus próprios ideais na obra de Gropius e colegas. [21]

No debate cultural entram inevitavelmente os motivos políticos. Gropius faz o que pode para manter a Bauhaus fora da ardorosa luta dos partidos, e confirma a todo momento o caráter apolítico da instituição. Mas os próprios princípios do movimento tornam difícil esta tática; uma vez que renuncia à imunidade ligada a uma posição puramente contemplativa e relaciona a sorte da cultura à inserção na realidade econômica e social, o compromisso político é inevitável. Aliás, esta conseqüência, se os arquitetos modernos hesitam em aceitá-la, é logo apontada por seus adversários: as esquerdas acusam Gropius de ser um expoente do capitalismo, as direitas, de ser um subversivo, e cada uma delas tem uma parte de razão, uma vez que na medida em que suas concessões são ligadas à velha cultura, o movimento moderno está destinado a tornar-se um verdadeiro adversário político.

> Aqueles que não estavam de acordo ou que não desejavam mudar e aceitar a lição — escreve em 1932 H. Pflug — compreenderam que a Bauhaus apontava na direção de uma nova vida e de um novo estilo para os novos tempos; por essa razão se rebelaram e a animosidade que não podiam descarregar em outra parte foi dirigida contra a encarnação sensível de seus temores. [22]

Quando a disputa se torna mais acentuada, a Werkbund intervém em defesa da Bauhaus e declara, através de seu presidente H. Poelzig:

> A controvérsia pública atualmente em curso sobre a Bauhaus de Weimar não constitui uma disputa local; sob muitos aspectos, diz respeito a todos que se interessam pelo crescimento e desenvolvimento de nossa arte. É sempre inoportuno confundir os problemas artísticos com as contendas políticas. A violência da paixão política com que se discute a obra e os objetivos da Bauhaus impede uma consideração objetiva da grande e importante experiência que está sendo realizada denodadamente. Confiamos que os funcionários e os órgãos competentes se desdobrem no sentido de evitar que as paixões políticas destruam um empreendimento que não pode ser avaliado através de considerações estranhas à arte, mas sim apenas através de sua retidão e de seus irrepreensíveis objetivos. [23]

Mas as autoridades de Weimar não podem se manter neutras por mais tempo e criam tantas dificuldades para Gropius que este, em 1924, decide abandonar a cidade. Nesta ocasião, um grande número de personalidades, entre as quais Behrens, Oud, Mies van der Rohe, Poelzig, Hoffmann, Einstein, Hauptmann, Justi, Sudermann, Osborn, Hoffmannstahl, Kokoschka, Reinhardt, Schönberg, Strzygowsky, Werfel, Muthesius, assinam uma declaração de protesto contra o governo da Turíngia. [24]

A escola é transferida para Dessau no início de 1925, a convite do prefeito F. Hesse. Este passo revela-se oportuno, e contra as previsões gerais, dado que Gropius e os seus se retiram da atmosfera sofisticada de Weimar e encontram um ambiente mais tranqüilo e "normal", propício à inserção na realidade econômica e produtiva alemã.

A construção dos novos edifícios em Dessau empenha a escola, pela primeira vez, numa ampla realização concreta: Gropius recebe da administração de Dessau o encargo de projetar não apenas a sede do instituto — com as construções dos docentes num terreno vizinho, uma *villa* para Gropius e três edifícios duplos para Kandinsky, Klee, Moholy-Nagy, Schlemmer, Scheper e Muche — mas também um bairro — modelo de habitações operárias no subúrbio de Törten e a sede do órgão municipal do trabalho.

O edifício para a Bauhaus é o único cujo projeto arquitetônico Gropius reserva apenas para ele mesmo — embora chame os outros para colaborarem na execução e decoração — e é também aquele em que se percebe mais claramente, além do tema didático e do rigor formal, uma atividade comovida de participação na vida que deverá se desenrolar entre aqueles muros.

Já foi observada várias vezes a semelhança entre este edifício e certos projetos teóricos dos artistas neoplásticos e construtivistas; Gropius demonstra ter atravessado os mais diversos movimentos pictóricos da época, mas diversamente das obras anteriores que ele queimou sem deixar vestígios, estas experiências atingiram a mesma serena integridade com a qual quinze anos antes ele projetava a fábrica Fagus, embora se

---

19. Em *Deutsche Allgemeine Zeitung*, 2 out. 1923.
20. Cit. em *Bauhaus 1919-1928*, p. 93.
21. Nos anos difíceis, uma sociedade chamada "Amigos da Bauhaus" ajuda Gropius moral e materialmente: o conselho diretor compreende H. P. Berlage, P. Behrens, A. Busch, M. Chagall, H. Driesch, A. Einstein, H. Euleberg, E. Fischer, G. Hauptmann, J. Hoffmann, O. Kokoschka, H. Poelzig, A. Schönberg, A. Sommerfeld, J. Strzygowsky, F. Werfel.
22. Em *Die Tat*, 1932.
23. Cit. em *Bauhaus 1919-1928*, p. 93.
24. Op. cit., p. 95.

462, 463. Dessau, detalhe da Bauhaus, hoje e em 1926.

464. Dessau, uma das construções duplas para os professores da Bauhaus.

movimentasse então em horizontes culturais muito mais amplos.

É uma construção complexa, como complexa é a vida que dentro dela deve se desenrolar: abrange um corpo para a escola e um para os laboratórios, ligados por uma ponte suspensa onde estão localizados os escritórios administrativos; um corpo baixo com amplos ambientes para a vida comum e uma ala com cinco andares de salas-estúdios para os estudantes (Figs. 458-463).

Nos projetos de Van Doesburg, os elementos parietais dos edifícios são estudados distintamente e a seguir reunidos segundo relações precisas, de modo a se reconstruir uma nova plasticidade; nada de semelhante aqui, onde os volumes são fechados e inteiros, mas onde todo elemento geométrico remete pontualmente aos outros e onde todo episódio parcial surge de modo tenso e incompleto até o momento em que se considera o conjunto, onde as tensões opostas se suprimem reciprocamente, encontrando o "equilíbrio" e o "repouso" que Van Doesburg desejava. Observe-se como a composição da fachada nunca se detém às margens do campo murado mas se prolonga na direção das fachadas contíguas através de um elemento de passagem — como os balcões que envolvem os ângulos dos edifícios dos estudantes — ou uma estudada assimetria que espera ser compensada em outra parte. Os elementos construtivos parecem existir apenas em virtude dessas relações recíprocas; por esta razão, Gropius evita ressaltar sua individualidade com um tratamento que marque a consistência física que têm esses elementos, e em substância recorre a apenas dois materiais: o vidro para os espaços vazios, envolvido em metal, e o reboco branco para os espaços cheios.

O uso do reboco branco serve para pôr em evidência os valores geométricos, relacionais, renunciando provisoriamente às determinações físicas próprias dos vários materiais; cabe recordar o reboco branco de Brunelleschi, igualmente necessário para ressaltar o conjunto perspético e para anular as referências ao repertório construtivo vigente.

Esta espécie de acabamento agrava os problemas de manutenção e, em igualdade de condições, o edifício da Bauhaus certamente envelhece mais do que as fábricas Fagus; mas esta conseqüência deve ser atribuída às novas concepções dos valores arquitetônicos. Se a arquitetura não se deve limitar a representar as aspirações da sociedade mas sim contribuir para realizá-las, os produtos arquitetônicos valem em relação à vida que se desenvolve dentro deles e não duram como objetos da natureza, independentemente dos homens, devendo ser feitos para durar com operações adequadas. Por esta razão, agora que a primitiva vida se diluiu e que a obra se reduziu a um lamentável amontoado de paredes e de portas desconjuntadas, a rigor a Bauhaus não mais existe; não é uma ruína, como os restos dos edifícios da Antiguidade, e não tem nenhum fascínio físico. A comoção que sua visão suscita é de ordem histórica e de reflexão, tal como a que se sente diante de um objeto que pertenceu a um grande homem.

A "nova unidade" entre arte e técnica, que Gropius ensina na escola, verifica-se no edifício da Bauhaus até um ponto dificilmente superável; ele realizou uma construção representativa e até mesmo monumental, a seu modo, sem de modo algum afastar-se da escala humana e aderindo rigorosamente às necessidades utilitárias.

A natureza do edifício é determinada sobretudo pelas relações entre os elementos funcionais, e através das proporções dos blocos divisórios ainda se percebe um eco da originária vida plena que lá havia.

O ensino da Bauhaus no período de Dessau completa-se e aprofunda-se, aproveitando-se das experiências anteriores. Cinco ex-estudantes da própria escola, além de Albers que dá o curso preliminar, foram escolhidos como diretores dos laboratórios: Herbert Bayer (n. 1900) para tipografia, Marcel Breuer (n. 1902) para os móveis, Gunta Stölzl (n. 1897) para os tecidos, Hinnerk Scheper (1897-1957) para a pintura e Joost Schmidt (1893-1948) para a escultura. O ensino técnico e o formal são reunidos na mesma pessoa e os resultados práticos que se conseguem logo demonstram uma maior homogeneidade.

As novidades mais importantes provêm do laboratório dos metais e do laboratório dos móveis. No primeiro, Moholy-Nagy abandona a tradicional elaboração dos metais preciosos e dedica-se, sobretudo, aos aparelhos de iluminação elétrica em ferro niquelado ou cromado (Fig. 468); no segundo, Breuer inventa e constrói os primeiros móveis em tubos de aço (Figs. 465-466). De modo análogo, simplifica-se e racionaliza-se o trabalho do laboratório tipográfico, têxtil e de pintura mural. Não mais elaboradas composições ornamentais, mas sim páginas nítidas e bem legíveis (Fig. 474), tecidos e papéis de parede pintados com grãos e tessitura variáveis (Figs. 470-473).

Parte destes modelos é acolhida pela indústria e os contratos de patente asseguram à escola uma cres-

465. Um ambiente da casa de Gropius em Weissenhof (1927), decorado com móveis metálicos de M. Breuer e luminária de M. Brandt.
466, 467. M. Breuer, poltrona em tubos metálicos e tecidos, 1925 (de G. C. Argan, *M. B.*, 1957); P. Klee, *Perspectiva linear com porta aberta*, 1923).

417

cente contribuição financeira. Enquanto isso, a fama da Bauhaus difunde-se por toda parte; algumas escolas, na Alemanha e no exterior, adotam os novos métodos e muitos ex-alunos ocupam lugares importantes nas indústrias alemãs.

Em 1928, no auge do sucesso, Gropius cede o posto de diretor ao suíço Hannes Meyer (1889-1954) e abandona a escola junto com Breuer, Bayer e Moholy-Nagy. Esta decisão é a obra-prima didática de Gropius: depois de ter despendido todas as suas energias neste empreendimento, nele jogando sua autoridade e sua ascendência nos momentos difíceis mas evitando sempre personalizar o ensino além de um certo limite, ele tem a acuidade e a coragem de retirar-se quando julga assegurada a estabilidade da escola. Naquela ocasião declara:

A Bauhaus, que criei há nove anos, está agora com bases sólidas, tal como o demonstram a crescente consideração e o constante aumento do número dos estudantes. Por esta razão, é minha convicção que chegou, para mim, o tempo de deixar a direção da Bauhaus para os colaboradores aos quais estou ligado por sólidos laços pessoais e de interesses comuns. [25]

Mas anuncia também que se retira "a fim de exercitar mais livremente minhas capacidades numa espera em que não sejam tolhidas por deveres e considerações oficiais". Tendo projetado em 1926 o bairro de Törten em Dessau e vencido em 1927 o concurso para o bairro Dammerstock em Karlsruhe, Gropius apega-se ao projeto urbanístico e adverte que não basta fornecer à sociedade modelos perfeitos, sendo necessário empenhar-se mais diretamente, em contato com as forças destinadas a utilizá-los. Esta tarefa impõe exigências prementes, especialmente de tempo, e Gropius dá-se conta de não poder atendê-las a não ser que lhes dedique todo seu trabalho.

Antes de passar a outro ponto, convém considerar com atenção o significado e as implicações da experiência desenvolvida na Bauhaus.

A obra de Gropius foi definida, em termos felizes, como "superação da vanguarda". [26] Os artistas de vanguarda acreditaram — e aqui se evidenciam suas limitações — que a reforma da arquitetura poderia ser realizada permanecendo-se na esfera cognitiva, isto é, formulando-se uma nova linguagem diversa das anteriores. Dado que a realidade não oferecia, em geral, o terreno adequado para este empreendimento, restringiram artificialmente seu campo de ação, ou então se fecharam em seus estúdios, dedicando-se a projetos teóricos e demonstrativos.

O novo movimento, ao contrário, sai para campo aberto, encarando como campo de trabalho todo o ambiente e toda a gama de produtos que, num momento, servem à sociedade; ao mesmo tempo, renuncia à idéia de obter a vitória logo de início, trazendo de imediato para a realidade um novo sistema de formas e empenhando-se num trabalho paciente e indefinido de aperfeiçoamento da produção corrente. O comportamento muda totalmente, uma vez que o objetivo da ação cultural não é uma modificação máxima mas sim um grau de modificação do ambiente, e que não se pode propor soluções já prontas, mas apenas métodos para resolver os problemas passo a passo, levando-se em conta as circunstâncias continuamente em transformação. [27]

Gropius escreveu: "A solução depende de uma modificação da disposição do indivíduo em relação a seu trabalho, e não das circunstâncias exteriores", e de fato as lições da Bauhaus incidem sobre aquilo que realmente importa no trabalho de projetar, isto é, sobre a distribuição das energias humanas e não sobre os instrumentos técnicos ou seus modelos formais.

A partir deste ponto é possível descrever algumas conseqüências desta reviravolta metodológica:

1) O projeto não mais é concebido como uma ação simples, que ordena a realidade a partir do alto, num tempo e numa escala ideais, mas sim como uma série contínua de ações reguladas a partir do ritmo e da extensão dos fenômenos reais, portanto distribuídas em escalas e cadências variadas.

É possível assim especificar as relações entre arquitetura, urbanística e decoração. Não se trata de

25. Op. cit., p. 204.
26. Paolo Portoghesi, numa conferência em 1958 na Galleria d'Arte Moderna, Roma.

27. Gropius escreve em 1953: "Uma vez, um dos juízes da Suprema Corte dos Estados Unidos discutiu a substância do procedimento democrático e me interessei muito pelo assunto ao ouvir que ele o definia como sendo 'essencialmente uma questão de gradação'. Ele não baseava seu discurso em princípios abstratos de certo ou errado, mas queria que cada caso fosse considerado nas suas circunstâncias e proporções particulares, dado que sentia que estava em questão a saúde de toda a estrutura social, e aquele que hoje poderia ameaçá-la talvez amanhã pudesse ser inofensivo, e vice-versa" (*Scope of Total Architecture*, cit. p. xx; cf. também o recente discurso "Apollo in the Democracy", 1957. em *Zodiac* n. 1, p. 9).

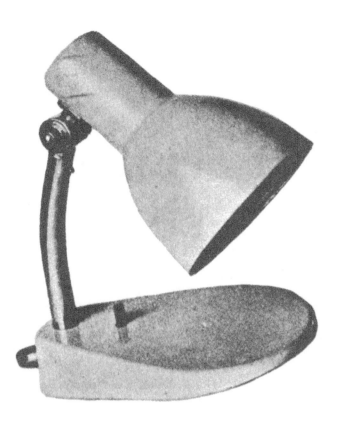

468, 469. M. Brandt, lâmpada de mesa, 1924; A.Albers, tapete de lã, 1925 (de H. Bayer, W. e I. Gropius, op. cit.).

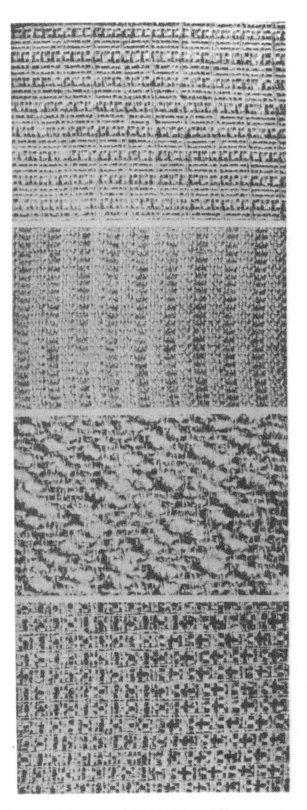

470, 471, 472, 473. A. Albers, modelos de tecidos obtidos com a combinação de dois materiais: fibra de papel e celofane, lã e rayon, algodão e rayon, algodão e celofane (op. cit.).

categorias que mantêm entre si um relacionamento fixo, mas sim divisões históricas e convencionais de uma atividade unitária dividida concretamente em muitas passagens dado que as decisões que devem ocorrer a fim de dar lugar à intervenção concreta devem ser tomadas em tempos diversos, em campos diversos e em níveis diferentes de competência. O equilíbrio entre as decisões nos vários níveis nunca é determinado antecipadamente, tratando-se de uma questão de gradação a ser resolvida a cada vez, situando-se entre uma e outras as várias exigências.

2) As experiências em projeto não são mais consideradas independentes entre si, mas formam uma continuidade também em sentido histórico e estabelecem uma espécie de colaboração permanente entre todos os projetistas.

Toda intervenção deve propor-se o objetivo de resolver de modo adequado um problema particular, mas ao mesmo tempo deve ser transmissível e comunicável aos outros e servir como precedente para outras intervenções. Nunca se poderá invocar a particularidade das condições objetivas e subjetivas — a inspiração, a sensibilidade — para se resolver apressadamente o caso, mas toda experiência deverá permanecer em aberto e verificável por todos; por outro lado, um trabalho nunca poderá ser puramente demonstrativo e experimental, devendo sempre ligar-se a uma tarefa concreta. O equilíbrio entre estas duas exigências é uma outra questão de gradação que está sempre em aberto.

Deste modo, o movimento que parte da Bauhaus não constitui um enésimo estilo, que se contrapõe aos anteriores, e não se esgota no repertório formal que eventualmente utiliza, podendo ampliar-se indefinidamente e pôr-se, em relação a outras pesquisas semelhantes e paralelas, na postura de colaboração, e não de preclusão.

3) A arquitetura não deve ser considerada nem como o espelho dos ideais da sociedade, nem como a mítica força capaz de, por si só, regenerar a sociedade, mas sim como um dos serviços necessários à vida em sociedade, que depende do equilíbrio do conjunto e que contribui com sua parte para a modificação deste equilíbrio. Não é necessário esperar que a sociedade seja perfeita para agir, uma vez que seu aperfeiçoamento depende em parte das contribuições dos arquitetos, e não se deve pretender, pelo contrário, remediar todos os males e resolver todos os problemas apenas com as virtudes da arquitetura, dado que os arquitetos não operam sobre a sociedade a partir do exterior e que as modalidades de suas ações dependem em parte das características e das tendências da própria sociedade. [28]

Deste modo se redimensionam muitos dos discursos extremistas sobre as relações entre a arte e a vida. A arte é uma das coisas importantes deste mundo, mas não a mais importante e menos ainda a única: "nenhuma obra pode ser maior que seu autor". [29] Por esta razão, a responsabilidade do artista não deverá superar a responsabilidade mais geral do homem, e o artista moderno não imolará, como o artista romântico, todas as suas energias no altar da arte, mas sim dedicará à sua profissão uma parte adequada de suas forças e se conservará disponível, se necessário, para outras tarefas mais importantes ou mais urgentes.

4) A tarefa da arquitetura não diz respeito apenas à questão da qualidade, isto é, à idealização das formas, nem apenas à quantidade, isto é, aos processos técnicos de execução e multiplicação, mas sim à mediação entre qualidade e quantidade.

Todo método de trabalho contém simultaneamente a possibilidade quantitativa e a qualitativa. Os métodos de trabalho industrial, por exemplo, permitem produzir um número maior de objetos a um preço menor, com relação aos métodos artesanais; de início, pensando que a transformação fosse apenas quantitativa, desejava-se que os objetos produzidos industrialmente fossem o mais possível semelhantes aos do antigo artesanato, mas assistia-se ao necessário afastamento dos valores qualitativos originais ao longo do processo de elaboração mecânica. Daqui surgiu uma estéril batalha entre aqueles que desejavam as vantagens da quantidade, em detrimento da qualidade, e os que desejavam uma melhor qualidade, sacrificando a quanitdade.

Gropius foi o primeiro a colocar essa questão em termos modernos. O conflito surge porque se contrapõe a oportunidade qualitativa do artesanato à quantitativa da indústria; ao invés do disso, no entanto, o que é necessário é descobrir na própria indústria as novas oportunidades qualitativas, que naturalmente estão conformes com as vantagens quantitativas. Com a produção em série de fato aumenta o número dos

---

28. W. GROPIUS, "Architect, Servant or Leader?", 1954, em *Scope of Total Architecture*, cit. p. 91: "O arquiteto tem a tarefa de guiar ou de servir? A resposta é simples: trata-se apenas de colocar um 'e' no lugar do 'ou'. Guiar e servir parecem ser duas tarefas interdependentes".

29. W. GROPIUS, "Is there a Science of Design?", 1947, em *Scope...*, cit. p. 37.

INTERNATIONALE ARCHITEKTUR

HERAUSGEGEBEN
VON
WALTER GROPIUS

ALBERT LANGEN VERLAG MÜNCHEN

IM ALBERT LANGEN VERLAG MÜNCHEN
ERSCHEINEN SERIENWEISE DIE
BAUHAUSBÜCHER

Schriftleitung: GROPIUS und MOHOLY-NAGY
DIE ERSTE SERIE BESTEHT AUS 8 BÄNDEN

1 INTERNATIONALE ARCHITEKTUR von WALTER GROPIUS
2 PÄDAGOGISCHES SKIZZENBUCH von PAUL KLEE
3 EIN VERSUCHSHAUS DES BAUHAUSES
4 DIE BÜHNE IM BAUHAUS
5 NEUE GESTALTUNG von PIET MONDRIAN (Holland)
6 GRUNDBEGRIFFE DER NEUEN KUNST von THEO VAN DOESBURG (Holland)
7 NEUE ARBEITEN DER BAUHAUSWERKSTÄTTEN
8 MALEREI, PHOTOGRAPHIE, FILM von L. MOHOLY-NAGY

IN VORBEREITUNG:
KLEINWOHNUNGEN von DER ARCHITEKTURABTEILUNG DES BAUHAUSES
MERZ-BUCH von KURT SCHWITTERS
BILDERMAGAZIN DER ZEIT von OSKAR SCHLEMMER
SCHÖPFERISCHE MUSIKERZIEHUNG von HEINRICH JACOBY
AMERIKA? — EUROPA? von GEORG MUCHE
DIE ARBEIT DER STIJL-GRUPPE von THEO VAN DOESBURG
KONSTRUKTIVE BIOLOGIE von MARTIN SCHÄFER
DIE HOLLÄNDISCHE ARCHITEKTUR von J. J. P. OUD (Holland)
FUTURISMUS von F. T. MARINETTI und E. PRAMPOLINI (Italien)
DIE ARBEIT DER MA-GRUPPE von L. KASSÁK und E. KÁLLAI (Ungarn)
PLASTIK DER GESTALTUNGEN von M. BURCHARTZ
PUNKT, LINIE, FLÄCHE von WASSILY KANDINSKY
RUSSLAND von ADOLF BEHNE
REKLAME UND TYPOGRAPHIE
NEUE ARCHITEKTURDARSTELLUNG von WALTER GROPIUS
BILDNERISCHE MECHANIK von PAUL KLEE
WERKARBEIT DER GESTALTUNGEN von L. MOHOLY-NAGY
ARCHITEKTUR, MALEREI, PLASTIK aus den WERKSTÄTTEN DES BAUHAUSES
DIE NEUEN MATERIALIEN von ADOLF MEYER
ARCHITEKTUR von LE CORBUSIER-SAUGNIER (Frankreich)
BILDERMAGAZIN DER ZEIT II von JOOST SCHMIDT
VIOLETT (BÜHNENSTÜCK MIT EINLEITUNG UND SZENERIE) von KANDINSKY

Jeder Band enthält zirka **16** bis **32** Seiten Text und **32** bis **96** ganzseitige Abbildungen oder **48** bis **60** Seiten Text ● Format **18×23** cm ●

474. Primeira e última página do *Bauhausbush* n. 1 (paginação de L. Noholy-Nagy).

475. Uma página de *Vers une architecture* (1923).

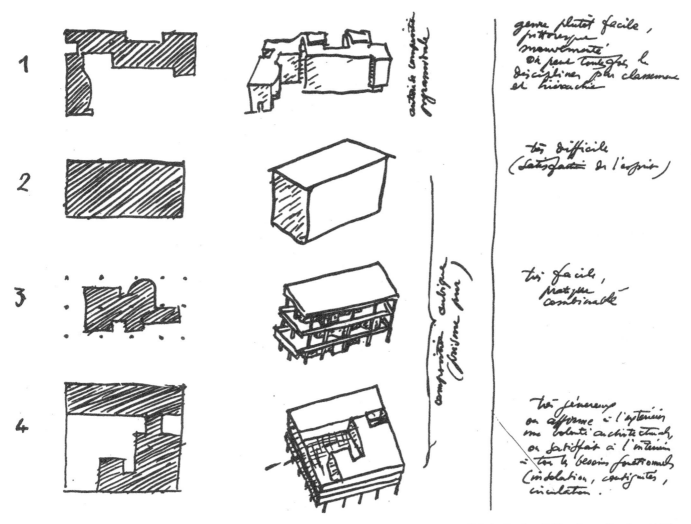

476. Le Corbusier, projeto de 1929 que mostra quatro tipos de composição para residências isoladas: *Villa* La Roche, 1923; *villa* em Ganches, 1927; prédio em Weissenhof, 1927; *villa* em Poissy, 1929.

477, 478. *Villa* de Vaucresson à época e agora (Le Corbusier e P. Jeanneret, 1922).

objetos mas também aumentam, em virtude de organização que se modificou, o tempo e o dinheiro que se pode dedicar à preparação dos protótipos. A padronização tem um aspecto extensivo mas também um aspecto intensivo, significa multiplicação dos atos executivos mas também concentração dos atos idealizadores, produz ao mesmo tempo uma economia de dinheiro e uma economia de idéias.

No ciclo produtivo da Bauhaus, o pólo quantitativo é representado pelas encomendas industriais, e o pólo qualitativo pelas imagens evocadas nos estúdios dos pintores; estes têm a tarefa de alimentar e renovar continuamente o patrimônio de forma que os laboratórios e as indústrias se encarreguem de fazer circular e pôr à disposição todos esses produtos.

Por esta razão, é indispensável que a invenção pictórica não se veja constrangida por regras preconstituídas como a perpendicularidade ou a uniformidade das cores próprias do neoplasticismo, ou pela relação áurea do purismo; se tal acontecesse, os projetistas industriais não mais receberiam estímulos mas sim protótipos exteriores, recairiam nas condições de passividade das quais queriam se libertar.

Neste ponto reside provavelmente a origem do conflito com Van Doesburg. O neoplasticismo, procurando aperfeiçoar em abstrato a idealização formal, através de uma disciplina predeterminada, comporta uma distribuição não sadia das energias, uma vez que pretende promover em apenas uma fase do processo produtivo a integridade que cabe apenas ao conjunto; deste modo, as aplicações recairiam no campo do manual puro e se veria restabelecido o antigo dualismo entre arte e técnica.

Klee e Kandinsky, pelo contrário, meditaram bastante sobre a espontaneidade da idealização ao tempo do Blaue Reiter, de forma que estavam em condições de reconhecer que o artista não pode, sozinho, dar vida, no laboratório, a uma nova realidade, mas pode evocar do mundo da imaginação o germe inicial, capaz de entrar em circulação e de multiplicar-se através dos processos produtivos atuais; por esta razão adaptavam-se, diversamente ao que ocorreu com Van Doesburg e Mondrian, a fazer parte de uma equipe e a considerar sua obra não como um fim em si mesma, mas como componente de um processo mais vasto que termina na oficina e na vida quotidiana. Klee escreve, em 1924:

O artista não atribui à forma natural do fenômeno o significado obrigatório que lhe atribuem muitos dos realistas que praticam a crítica. Ele não se sente tanto ligado a esta realidade, uma vez que não vê tanto nestes resultados formais a essência do processo da criação, dado que lhe interessam mais as forças formadoras do que os resultados formais... Ele diz a si mesmo: este mundo tinha um outro aspecto, e este mundo terá um outro aspecto. Sob outras estrelas se poderá ter formas inteiramente diversas. Esta mobilidade nas vias naturais da criação é uma boa escola formadora... Nosso coração pulsante se lança, em profundidade, na direção do fundamento primeiro. Aquilo que nasce deste impulso é o ato de levar-se mais a sério na medida em que, ligado aos meios figurativos idôneos, se atinge mais perfeitamente a forma. Nesse ponto, aquela curiosidade torna-se a realidade da arte que torna a vida um pouco mais ampla do que ela normalmente parece. [30]

Klee adverte continuamente (não com palavras, mas com a silenciosa presença de sua pintura) que o ato inicial de escolha do qual procede todo o projeto nunca pode ser feito a partir do exterior ou repetido passivamente, devendo ser renovado a cada vez, empenhando-se nisso os recursos mais íntimos da personalidade. Deste modo, o empenho artístico se transforma em empenho moral; Giedion conta que Gropius costumava chamar Klee de "a última instância moral da Bauhaus". [31] A mediação entre qualidade e quantidade é possível na medida em que existir uma medida comum entre as duas esferas; aqui entra em jogo a razão, na qual a tarefa que se tem pela frente só pode ser esclarecida através do relacionamento com estes dois pólos.

De Durand a Labrouste, de Semper a Wagner, todos os reformadores invocam a razão, definindo-a de maneira bastante diversa. Gropius não fala muito da razão; pelo contrário, a respeito deste ponto suas idéias são hesitantes e seus discursos devem antes ser interpretados como reações ocasionais às polêmicas suscitadas pela etiqueta do "racionalismo", do "funcionalismo" etc. [32] Pelo contrário, está sempre muito

30. P. KLEE, conferência sobre a arte moderna em 1924, em W. HESS, *I problemi della pittura moderna*, Milão, 1958, pp. 117-118.

31. GIEDION, S. *Walter Gropius*. Milão, 1954, p. 42.

32. Às vezes parece que Gropius pensa poder deduzir algumas leis da composição a partir das características do olho humano, e concebe a racionalidade de modo restrito, naturalístico; cf. as pesquisas sobre as ilusões ópticas ("Design Topics", 1947, em *Scope*... p. 20). Em 1939 escreve: "Por um longo período, nenhum denominador comum guiou nossa expressão nas artes visuais. Mas agora, depois de um longo período caótico da 'arte pela arte', uma nova linguagem da visão está lentamente substituindo os termos individualistas como 'gosto' ou 'sentimento' por termos de validade objetiva. Baseado em fatos biológicos — físicos ou psicológicos —

479. Paris, casa-estúdio para o pintor Ozenfant (Le Corbusier e P. Jeanneret, 1922).
480. Aspecto interno do estúdio de Ozenfant.

firme quando se refere à necessidade de se encontrar um terreno de entendimento onde todas as exigências e os pontos de vista particulares possam ser objetivamente comparados.

Ele não pensa discutir se o cálculo tem o primado sobre seus sentimentos, ou a dedução sobre a intuição, mas preocupa-se com o fato de que os diversos atos sejam comparáveis e confrontáveis, uma vez que desta possibilidade depende a integridade ou a alienação da consciência contemporânea. O racionalismo que ele invoca não é um programa ideológico mas sim um método de trabalho, ou talvez seja o pressuposto ideológico mínimo compatível com as transformações em curso na sociedade moderna e com a pluralidade das opiniões e das tendências que, nesta sociedade, devem ser salvaguardadas.

Através deste caminho, o pensamento de Gropius encontra uma ligação profunda, não convencional, com a herança do pensamento humanístico. O racionalismo é a garantia daquele núcleo de valores permanentes que o movimento moderno diferencia do monturo dos sistemas tradicionais e que se pretende pôr a salvo depurando-o, como diz Argan, "de todas as características de classe, de toda mitologia, de todo toque de autoritarismo, a fim de que não seja totalmente perdido para o mundo de amanhã". Racionalismo significa humanidade, na medida em que se mantém como válida a definição do homem como animal racional.

2. O exórdio de Le Corbusier

Para se entender a obra de Le Corbusier é necessário levar em consideração as condições econômicas e culturais da França nos anos próximos da Primeira Guerra Mundial. O equilíbrio demográfico confere à economia francesa uma estabilidade especial; ela não apresentava os graves problemas quantitativos relacionados com o aumento da população, e também os problemas dos movimentos internos da agricultura para a indústria, do campo para a cidade, são menos prementes do que em outros lugares. No lugar destes colocam-se problemas predominantemente qualitativos: aperfeiçoamento do aparelhamento produtivo, das residências e dos serviços. O ordenamento político conseguido em 1871, depois de contrastes tão graves, parece poder enquadrar ordenadamente o progresso social e a gradual admissão das classes trabalhadoras no estado burguês.

Portanto, a cultura francesa em seu conjunto não conhece convulsões. No primeiro decênio de 1900, enquanto em outros lugares desenvolve-se a *art nouveau*, a França participa da polêmica internacional com uma audaciosa renovação na própria linha da tradição: Perret e Garnier fazem a tentativa extrema de ampliar a poética do classicismo desatrelando-a das fórmulas acadêmicas e indo ao encontro das exigências da sociedade moderna. Um ulterior progresso nesta mesma linha parece então impossível; as esplêndidas obras de Perret e os *Grands travaux* de Lyon assinalam um ponto firme e, num certo sentido, um ponto final.

Esta situação só poderá ser rompida por uma iniciativa individual: a vanguarda na França ainda é uma forma necessária para a renovação da cultura artística e é necessário que os inovadores saiam para campo aberto, atacando as instituições existentes a partir do lado de fora.

Le Corbusier soube assumir esta tarefa e enfrentar as tradições de seu país, sem perder de vista as relações com o movimento internacional. Se a experiência coletiva da Bauhaus está aberta às contribuições que venham de qualquer parte do mundo e funciona como centro ideal do movimento moderno, a experiência individual de Le Corbusier está aberta, por sua vez, na direção desta virtual unidade. Deste modo, ele pode funcionar como mediador entre o movimento moderno e a tradição francesa, e colocar na cultura internacional uma parte dos valores contidos nesta tradição.

Naturalmente, sua posição é mais exposta e, num certo sentido, mais fraca do que a dos alemães ou dos holandeses: não tem atrás de si uma preparação cultural direta, não está capacitado para provocar à sua volta uma verdadeira escola e tampouco atuar em verdadeira colaboração com outros (Pierre Jeanneret e os demais *partners* ocasionais servem-no antes como apoio ou como público ideal). Deste modo, a quantidade enorme de suas iniciativas e de seus trabalhos apóia-se definitivamente apenas na coerência de seu temperamento individual, e os resultados são sempre, de certo modo, unilaterais.

---

faz-se um esforço por representar a impessoal e cumulativa experiência de sucessivas gerações" (*Scope*..., cit. p. 48). Mais tarde, a fim de recusar a qualificação exterior de "racionalismo" e a acusação de materialismo que ela contém, Gropius parece conceder à racionalidade apenas o valor de um meio, e chega ao ponto de retomar o velho dualismo entre técnica=meio e arte=fim. Por exemplo, em 1952: "Penso que o bom projeto é ao mesmo tempo uma ciência e uma arte. Como ciência, analisa as realizações humanas, e como arte coordena a própria atividade numa síntese cultural" (*Scope*... cit. p. 62).

481, 482. Planta da *ville contemporaine* e vista de um *immeuble-villa* (1922, de *Oeuvre complète*).

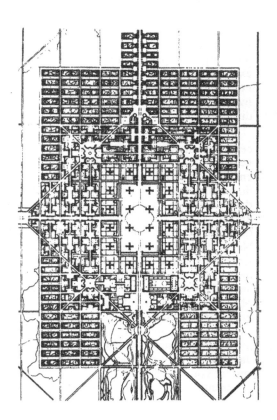

Por outro lado, a ressonância de cada uma de suas obras — obras construídas como livros, artigos ou como simples fórmulas e *slogans* — é sempre excepcional, e não pode ser reduzida a um momentâneo sucesso publicitário, durando ainda hoje sem atenuar-se, e agindo em profundidade nos lugares mais diversos.

Uma parte desta força persuasiva deriva, por certo, da natureza excepcional de sua capacidade inventiva. Se existe algo semelhante ao gênio artístico em sentido estrito, que se atribui aos grandes criadores do passado, isto é, a capacidade de dominar o manejo das formas, Le Corbusier possui este dom numa medida que não tem comparação em nossos dias, e que também no passado tem poucos confrontos possíveis. Não obstante, não se pode explicar a figura de Le Corbusier como a de um artista no velho estilo que agia impondo a qualidade superior de seu temperamento inventivo, e portanto olhar apenas para suas obras construídas, interpretando seus escritos e suas justificativas como expedientes polêmicos para valorizar suas imagens. O grande mérito de Le Corbusier foi o de empenhar seu incomparável talento no campo da razão e da comunicação geral. Ele nunca se contentou com o fato de que suas invenções fossem interessantes e sugestivas, mas sim úteis e aplicáveis universalmente, e não pretendeu impor, mas sim demonstrar suas teses.

A marca de sua personalidade é sempre identificável em suas obras, mas não como compensação ou em contraste com a abertura metódica. Deste modo, os valores pessoais permanecem como um ponto de chegada, e não de partida, e não retiram da obra seu tom de persuasão geral; antes, asseguram-lhe uma força particularíssima. Esta colocação exige uma tensão interna sem tréguas, que Le Corbusier salvaguarda com excepcional espírito de sacrifício, e também com a suscetibilidade e os exclusivismos próprios de sua geração. O que difere é seu objetivo: a "pesquisa paciente" não objetiva, de fato, construir uma perfeição individual, mas sim uma perfeição objetiva, oferecida a todos e não ligada a uma garantia pessoal, mas capaz de demonstrar-se por si mesma e de garantir, por outro lado, a obra do pesquisador.

Esta tensão nunca diminuiu, nem mesmo nos últimos anos de atividade do mestre, mudando apenas de tom e misturando-se com uma espécie de vontade de recapitulação, quase no sentido de proceder ao balanço de uma vida operosíssima, na medida em que isto é possível. De fato, é a viva presença de suas últimas obras que promove a avaliação da coerência de todo seu trabalho, e que leva a discernir a moeda verdadeira entre as tantas moedas falsas que circulavam nos anos vinte nos meios de vanguarda.

Nascido na Suíça, em La Chaux de Fond, Charles Edouard Jeanneret (1887-1965) abandona por algum tempo a escola, a partir de 1908 trabalha no estúdio de Perret e depois com Behrens, e viaja pela Europa e pelo Oriente.

Em 1919, com o pintor Ozenfant, funda um movimento purista e dirige a revista *L'Esprit Nouveau*. O purismo estabelece, tal como o neoplasticismo, algumas regras formais — o uso das formas simples, a harmonia entre os processos da arte e os da natureza — que podem ser aplicadas indiferentemente na pintura, na escultura e na arquitetura; mas diversamente das regras neoplásticas que conduzem à negação da autonomia das artes figurativas e à sua absorção sem resíduos na arquitetura, as regras puristas constituem antes um sistema *a priori*, como o "projeto" na cultura humanista, do qual dependem as três artes maiores. Le Corbusier permanece fiel por toda a vida a esta norma e a esta pintura, escultura e arquitetura.

Em 1922 associa-se ao primo Pierre Jeanneret e abre o famoso estúdio da rue de Sèvres; em 1923 recolhe suas meditações teóricas no pequeno volume *Vers une architecture,* que logo consegue ampla difusão. Como Gropius, também ele se propõe superar o contraste entre progresso técnico e involução artística, entre resultados quantitativos e qualitativos, mas em concordância com a tradição francesa define técnica e arte como dois valores paralelos: "O engenheiro, inspirado na lei da economia e levado pelo cálculo, entra num acordo com as leis do universo; o arquiteto, pela disposição que imprime à forma, realiza uma ordem que é a pura criação de seu espírito". [33]

Sendo assim, a síntese faltante não deve ser construída — portanto não se coloca o problema de um novo método de ensino ou de produção — devendo ser apenas reconhecida observando-se os objetos naturais e artificiais com um estado de ânimo isento de preconceitos, colhendo nessa observação os princípios imanentes de uma nova arquitetura.

Eis os temas do discurso que Le Corbusier faz a seus leitores:

33. LE CORBUSIER-SAUGNIER. *Vers une architecture.* Paris, 1923. p. 3. (Trad. bras. *Por uma Arquitetura,* Ed. Perspectiva, col. Estudos, 27.)

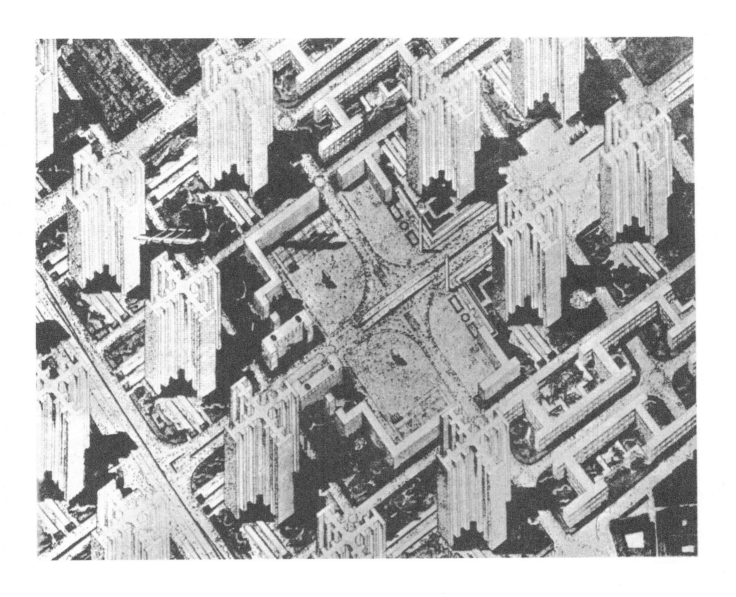

483, 484. Visão do *Plan Voisin* de Le Corbusier (1925).

"três lembretes aos senhores arquitetos" [34]: volumes simples, superfícies definidas mediante as linhas diretrizes dos volumes, a planta como princípio gerador;

— a arquitetura deve ser submetida ao controle dos traçados geométricos reguladores;

— os elementos da nova arquitetura já podem ser reconhecidos nos produtos industriais: as naves, os aeroplanos, os automóveis;

— os meios da nova arquitetura são as relações que enobrecem os materiais rudes, o exterior como projeção do interior, a moda natural como pura criação espiritual;

— a casa deve ser construída em série, como uma máquina;

— as transformações nos pressupostos econômicos e técnicos comportam necessariamente uma revolução arquitetônica.

Nos volumes seguintes, *L'Art décoratif d'aujourd'hui* e *Urbanisme,* de 1925, Le Corbusier amplia seu raciocínio com extremo rigor a todos os campos do projeto moderno, dos objetos de uso à cidade. Os dois livros estão ligados, mais do que o anterior, às polêmicas da época, mas surpreendem pela coerência de um discurso que se evidencia à medida que se desenvolve. Depois de haver discutido e apressadamente deixado de lado as declarações de Le Corbusier na época em que apareceram, os críticos viram-se impelidos a redescobrir seu significado não efêmero após algum tempo.

Que se pense nos protestos contra a definição provocativa da casa como "máquina de habitar", a respeito da qual recentemente se escreveu:

[Le Corbusier] oferece a solução poética, que é a única que todos parecem reconhecer, mas que é também a solução mais prática e acertada. Não conheço uma definição mais exata e culta da função da casa na arquitetura moderna do que aquela que ele ofereceu: a casa é uma *machine à habiter*. Esta definição é tão precisa que ainda suscita o desprezo de muitos críticos; e ressalte-se que é muito mais do que um simples *slogan*. É a definição mais revolucionária da arquitetura moderna. [35]

A polêmica de Le Corbusier pela exatidão mecânica e pela regularidade foi em sua época considerada como uma exaltação unilateral, como aconteceu com Gropius, enquanto tem o valor exatamente oposto, revelando uma exigência de integração, de controle racional sobre um campo sempre crescente de fatos materiais insensatos.

Mas a verdadeira demonstração dessa colocação só podia provir das obras, enquanto que até esse momento a atividade de Le Corbusier é quase que apenas teórica. De 1914 em diante esforça-se por idealizar a célula de habitação econômica que poderia ser repetida em ampla série: a Maison Domino de 1914, a Maison en Gros Béton de 1919, a Maison Monol de 1920, a Maison Citrohan de 1920 (aperfeiçoada em 1922); mas as aplicações são bem diferentes, casas isoladas (Fig. 476) e particularmente caras feitas para clientes de vanguarda; *villa* em Vaucresson em 1922 (Figs. 477 e 478), casa-estúdio para Ozenfant em Paris no mesmo ano (Fig. 479), Casa La Roche e Jeanneret de 1923, Casa Lipchitz e Miesteschaninoff em Boulogne sur Seine em 1924, *villa* sobre o lago Léman em 1925, outras duas *villas* em Boulogne em 1926. Só em 1925 tem oportunidade de construir um bairro de casas padronizadas em Pessac, por conta de um esclarecido industrial de Bordeaux, mas com maus resultados em virtude das excepcionais dificuldades encontradas.

Em 1922, Le Corbusier prepara o primeiro projeto da cidade ideal: *une ville contemporaine* para três milhões de habitantes, que é apresentada naquele ano no Salon d'Automne. Os edifícios são de três tipos: grandes arranha-céus cruciformes no centro, prédios de seis andares *à rédents* na zona intermediária e *immeubles-villas* na periferia. O plano é rigorosamente simétrico, com vias ortogonais e diagonais conforme o modelo acadêmico (Fig. 481).

Os *immeubles-villas* (prédios-*villas*) contém o germe da futura *unité d'habitation*. É um complexo de 120 amplos alojamentos com terraço-jardim, provido com os serviços comuns: uma loja de alimentos cooperativa, onde "os víveres chegam diretamente do interior para o lugar de consumo...; no teto... uma pista de 1 000 metros onde se poderá correr ao ar livre e onde *solarii* permitirão que se continuem com os benefícios dos banhos de sol estivais...; seis porteiros farão turnos de oito horas, dia e noite, vigiando o prédio, anunciando os visitantes por telefone e levando-os aos andares com os elevadores". [36] Em 1925 na Exposição Internacional das Artes Decorativas de Paris, Le Corbusier aproveita o pavilhão de

---

34. Idem, p. 11 e s.
35. Rossi A. *Casabella,* n. 246 (1960), p. 4.

36. Le Corbusier & Jeanneret, P. *Oeuvre complète 1910-1929.* Zurique, 1956. pp. 41-43.

L'Esprit Nouveau para construir um elemento do *immeuble-villa* e para ulteriormente especificar a organização de conjunto. Na mesma exibição, Le Corbusier apresenta a primeira proposta urbanística concreta: o chamado *plan Voisin* para o centro de Paris (Figs. 483 e 484).

A sistematização proposta — sobreposição, a rede viária tradicional, de um gigantesco sistema de autoestradas retilíneas: demolição de uma ampla zona da *rive droite,* colocando-se no lugar um sistema simétrico de arranha-céus em forma de cruz e edifícios lineares, conservando-se apenas os monumentos históricos como o Palais Royal, a Madeleine etc. — pode ser criticada com justa razão, dado que hoje nos damos conta da enorme complexidade do problema, para o qual não basta uma solução tão simples assim. Tal como os planos tradicionais das transformações urbanas francesas, de Vauban e Garnier, também este, em sua essência, é um colossal *percement*, não diferente do de Haussmann. [37]

No entanto, este projeto — a seguir amorosamente aperfeiçoado, até 1946 — continua presente na cultura urbanística moderna, e adquire interesse à medida que se constata a falência dos procedimentos moderados e parciais, ou a abstração das alternativas até aqui propostas. Comentando os recentes planos de descentralização de Paris, e reafirmando trinta anos depois seu esquema, Le Corbusier observa com segurança: Paris é o centro de uma rota, e o centro de uma rota não pode ser deslocado.

Sempre se admirou a lógica abstrata do plano de Le Corbusier; as vias são classificadas segundo os tipos de tráfego, os edifícios são racionalmente ligados entre si e imersos no verde, as exigências dos pedestres, do automóvel e do avião harmonizam-se num quadro unitário. O corte do ambiente é amplo e conserva as melhores qualidades da tradição francesa: a escala grandiosa audaciosamente antecipada em relação às necessidades funcionais, a regularidade geométrica e a monumentalidade não separada da delicadeza.

Agora, no entanto, o *plan Voisin* interessa como indicação para o projeto concreto; o problema de reordenar as grandes metrópoles modernas — na escala dos dez milhões de habitantes — ainda tem de ser colocado, e certamente não é solucionável com os métodos verdadeiramente esquemáticos da descentralização, idealizados e experimentados em escala inteiramente diversa. As propostas teóricas mais recentes — do plano de Tange para Tóquio ao relatório Buchanan — permitem entrever outros métodos, em relação aos quais o projeto de Le Corbusier de 1925 se revela particularmente premonitório.

Em 1926, Le Corbusier e P. Jeanneret publicam um documento onde algumas idéias formadas nos anos anteriores são expostas de forma sistemática e que se intitulam "os cinco pontos de uma nova arquitetura":

1. *Os "pilotis"*

Pesquisas assíduas e obstinadas levaram a resultados parciais que podem ser considerados como provas de laboratório. Estes resultados abrem novas perspectivas para a arquitetura, e estas se oferecem à urbanística, que ali pode encontrar os meios para resolver a grande doença das cidades atuais.

A casa sobre pilotis! A casa se aprofundava no terreno: locais escuros e freqüentemente úmidos. O concreto armado torna possível os pilotis. A casa fica no ar, longe do terreno; o jardim passa sob a casa, o jardim também está sobre a casa, no teto.

2. *Os tetos-jardim*

Há séculos, um teto com vertentes tradicionais suporta normalmente o inverno com seu manto de neve, enquanto a casa é aquecida através das estufas.

A partir do momento em que se instalou o sistema de aquecimento central, o teto tradicional não mais convém. O teto não deve apresentar vertentes mas sim ser escavado. Deve recolher a água para o lado interno da casa, e não jogá-la para o exterior.

Verdade incontestável: os climas frios impõem a supressão dos tetos vertentes e exigem a construção dos tetos-terraço escavados, com recolhimento para o interior da água.

O concreto armado é o novo meio que permite a realização das coberturas homogêneas. O concreto armado dilata-se acentuadamente. A dilatação faz romper a estrutura em horas imprevistas. Ao invés de procurar evacuar rapidamente as águas pluviais, é necessário procurar, pelo contrário, manter uma umidade constante sobre o concreto do terraço, e portanto uma temperatura regulada sobre o concreto armado. Medida particular de proteção: areia recoberta por lajes de concreto, com juntas afastadas. Estas juntas são plantadas com grama. Areia e raízes não deixam que a água se infiltre rapidamente. Os jardins-terraço tornam-se opulentos: flores, arbustos e árvores, um prado.

Razões técnicas, econômicas, funcionais e sentimentais levam à adoção do teto-terraço.

---

37. Em *Urbanisme*, Le Corbusier confirma suas preferências históricas: "Encaramos com entusiasmo a clara ordenação de Babilônia e saudamos o lúcido espírito de Luís XVI; ressaltamos esta data e consideramos o grande Rei como o primeiro urbanista do Ocidente depois dos romanos".

431

485-488. Le Corbusier e P. Jeanneret, *Villa* Stein em Garches; vista externa, esquema em proporção da fachada da entrada e planta dos dois últimos andares.

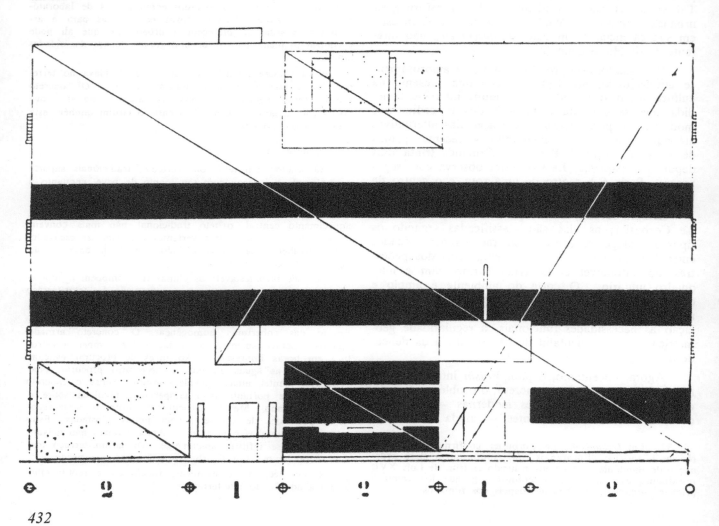

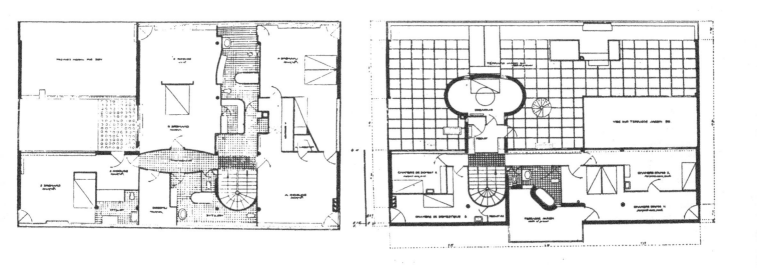

3. *A planta livre*

Até então: paredes de sustentação: Partindo do subsolo, sobrepõem-se formando o andar térreo e os outros andares, até o teto. A planta se torna escrava das paredes de sustentação. O concreto armado traz, para a casa, a planta livre! Os andares não precisam mais ser encaixados uns sobre os outros. Estão livres. Grande economia de volume construído, utilização rigorosa de cada centímetro. Grande economia de dinheiro. Cômoda racionalidade da nova planta!

4. *A "fenêtre en longueur"*

A janela é um dos elementos essenciais da casa. O progresso traz uma libertação. O concreto armado revoluciona a história da janela. As janelas podem correr de um lado a outro da fachada. A janela é o *elemento mecânico-tipo* da casa; para todos os nossos alojamentos unifamiliares, as nossas casas, nossas casas operárias, nossos edifícios de aluguel...

5. *A fachada livre*

As pilastras afastam-se em relação à fachada, na direção da parte interna da casa. O pavimento prossegue em falso, na direção do exterior. As fachadas são apenas frágeis membranas, de paredes isoladas ou de janelas.

A fachada está livre; as janelas, sem se interromperem, podem correr de um lado a outro da fachada. [38]

Este texto provocou inúmeras discussões entre os modernistas e os tradicionalistas, defensores das antigas tipologias; os críticos nunca o levaram muito em consideração, ou encararam-no enviesadamente como contribuição ao esquematismo da maioria da arquitetura moderna por volta de 1930.

Hoje nos damos conta, naturalmente, do caráter restrito e elementar do texto escrito em 1926, quando o comparamos com a enorme problemática que temos à nossa frente. Tudo isto não nos deve fazer esquecer o valor revolucionário desse discurso, que elimina totalmente as referências culturalistas e filosóficas que até então eram de rigor em todo programa artístico (e que surgem, por hábito, inclusive nos programas da Bauhaus).

A partir de 1890, todas as tendências apresentavam-se como cumprimento das mais aventurosas teorias gerais sobre o universo e sobre o homem; deste modo, a cultura de vanguarda — além de alterar obviamente os resultados da reflexão filosófica — evitava, substancialmente, o caráter de disponibilidade da atividade artística, que se via atribuir um domínio universal e ilimitado, mas não uma verdadeira autonomia e nem uma responsabilidade específica.

Em 1926, pela primeira vez, Le Corbusier não diz se a nova arquitetura deve ser subjetiva ou objetiva, imanente ou transcendente, mas diz que deve ser deste e daquele modo: deve ter pilotis, a planta livre, e até mesmo o teto-jardim e a janela comprida.

Se estes padrões são ou não convincentes, isto é o que a experiência posterior dirá. Permanece o fato basilar de que os arquitetos chegam à conclusão, isto é, reconhecem que existe um campo autônomo e limitado, dentro do qual devem proceder a uma escolha determinada. Somente assim a nova arquitetura encontra sua correta colocação cultural: sua tarefa não é a de servir de base para o universo, mas sim executar uma ação concreta — a descrita por Morris, isto é, a modificação do cenário físico — necessário para a organização da sociedade moderna. Resta definir o relacionamento entre esta responsabilidade parcial e a responsabilidade geral; mas o discurso sobre a arquitetura se dramatiza, as avaliações absolutas cedem lugar às avaliações gradativas.

O tom do discurso que o arquiteto passa a fazer em seu terreno específico torna-se pacato e razoável. Evita-se o esquematismo não se renunciando aos padrões, mas sim empenhando-se em fazer com que evoluam continuamente, como o faz Le Corbusier nos quarenta anos seguintes.

Na *villa* de Garches de 1927 (Figs. 485 e 486) Le Corbusier finalmente pode trabalhar com relativa facilidade de meios, num terreno amplo e livre de exigências. A *villa* é um prisma perfeito, nas proporções propostas pela seção áurea, e é sustentada por delgadas pilastras a distâncias regulares; dentro dessa retícula elementar são livremente organizados os andares e as fachadas, cujos elementos no entanto são retirados do mesmo traçado regulador do conjunto. As relações com o parque e com o ambiente visual circundante são restabelecidas através do diversificado tratamento das partes e, sobretudo, do vazio do jardim coberto que ocupa grande parte da fachada posterior, prolongando-se na direção do terreno através de uma longa rampa. Todas as paredes são revestidas de branco enquanto que as partes metálicas têm os contornos negros, formando uma composição abstrata que evidencia os valores geométricos. Neste caso, uma manutenção cuidadosa impediu a ruína precoce do edifício, mas não conseguiu esconder numerosos erros e dificuldades de abordagem do assunto, conseqüência inevitável

---

38. *Oeuvre complète 1910-1929*, cit. p. 128.

489. Aspecto da fachada da *villa* de Garches.

do isolamento em que trabalhou Le Corbusier e dos contatos esporádicos com a indústria.

Portanto, a *villa* de Garches vale antes como manifesto do que como obra concreta de arquitetura; não suporta um confronto com as esplêndidas obras contemporâneas de Oud, de Dudok e nem com os edifícios experimentais de Mies van der Rohe e Gropius, mas tem uma ressonância e um poder de solicitação bem maiores, e não apenas pela facilidade de leitura ou pelos sugestivos comentários de Le Corbusier; enquanto o interesse dos arquitetos da geração anterior se concentrava especialmente nos detalhes, na textura, o emprego dos materiais, surge agora um edifício em que os detalhes não contam e onde a atenção é energicamente atraída para a direção do conjunto, do organismo. A obra, em si, sofre desse aspecto, mas deste modo o discurso se desvincula das circunstâncias específicas, das contingências ocasionais e adquire uma ampla abertura.

Os ensinamentos da *villa* de Garches são manifestamente independentes do destino que lhe foi dado e dos meios técnicos empregados; podem ser utilizados em muitos outros casos, para outros temas, com outros instrumentos, outros acabamentos, correspondendo às exigências que amadureçam, aqui como em outros lugares, em relação a alguns fatos típicos de nosso tempo.

3. A herança da vanguarda alemã

O ambiente da vanguarda alemã, nos anos vinte do imediato pós-guerra, é rico em experiências contraditórias, ligadas à formação do movimento moderno talvez apenas através de uma relação dialética de estímulo e confronto.

A posição de Gropius, em 1919, já é substancialmente oposta ao espírito da vanguarda dominante nos círculos daquele tempo. Acontece, no entanto, que outros protagonistas do debate artístico alemão, depois de terem aceitado durante muito tempo os princípios e métodos de trabalho da vanguarda, encontram por conta própria um caminho convergente com o de Gropius; para alguns a participação na vanguarda revela-se sobretudo casual, e sua evolução ulterior originou-se da coerência de um rigoroso temperamento individual: é o caso de Mies van der Rohe; para outros, a adesão à vanguarda é a experiência capital, e as margens para um desenvolvimento ulterior são mais limitadas — como para Mendelsohn e para os irmãos Luckhardt — de modo que o fruto histórico de seu trabalho é a recuperação da experiência expressionista, decantada e comunicada no âmbito do movimento moderno.

Logo após a guerra, Mies toma parte ativa nas polêmicas artísticas e sociais de Berlim, trabalha no Novembergruppe — combativa insígnia de artistas revolucionários — e dirige a revista *G* (inicial de *Gestaltung*).

Para as Exposições do Novembergruppe Mies prepara, entre 1919 e 1923, uma série de projetos teóricos; dois arranha-céus de vidro (1919 e 1922; Figs. 490 e 491), um edifício para escritórios de concreto armado (1922; Fig. 493), duas casas baixas em concreto e tijolos (1923).

É difícil avaliar estas imagens apenas esboçadas através de perspectivas e sumárias indicações planimétricas, mas é possível entrever seu significado levando-se em conta as obras posteriores de Mies. Veja-se a torre de vidro de 1922, a respeito da qual o autor escreve:

Os arranha-céus manifestam sua enérgica estrutura durante a construção; só então seu gigantesco tronco de aço é expressivo. Quando as paredes são levantadas, o sistema estrutural, que está na base da composição, fica escondido por trás de um caos de formas insignificantes e triviais. [39]

É provável que o projeto de Mies considere adequado exprimir o valor intrínseco da estrutura metálica de vários andares com abstração de seus complementos, e que o contorno ondulado ou fragmentado da planta tenha o objetivo de evitar a definição do volume circunscrito a fim de evidenciar o significado rítmico originário dos vários andares sobrepostos. O problema esboçado empiricamente trinta anos antes pelos mestres da escola de Chicago é aqui enfrentado pela primeira vez com clareza, embora apenas teoricamente, tornando-se realidade arquitetônica em Chicago, por obra de Mies, vinte anos depois.

Analogamente, no projeto para um edifício em concreto armado e nas duas casas em concreto e tijolos, Mies consegue, através de um impressionante esforço de simplificação, isolar as raízes constituintes dos respectivos problemas arquitetônicos. Por outro lado, suas propostas nada têm de abstrato, dado que não fazem concessões ao gosto do puro esquema geométrico, largamente difundido à época, partindo pelo

[39]. Cit. B. ZEVI, *Poetica dell'architettura neoplastica*, p. 123.

490, 491, 492, 493. L. Mies van der Rohe, projeto para um arranha-céu de vidro (1921), para um edifício de escritórios em concreto armado (1922) e para a sistematização da Alexanderplatz em Berlim (1928).

494. Mies van de Rohe, projeto de edifício da Leipziger Strasse (1928).

contrário de uma exata avaliação das características dos materiais e dos sistemas construtivos, conseguida com inexcedível competência técnica e transferida instantaneamente para a fixidez do resultado arquitetônico.

Assim, os projetos exibidos entre 1919 e 1923, embora surjam no âmbito da vanguarda alemã e acolham diversas sugestões formais do repertório expressionista — os perímetros curvilíneos ou fragmentados das torres, a grafia emocional das vistas em perspectiva — afastam-se das razões ambíguas do sonho, em que preferem permanecer os contemporâneos de Mies, e apontam decididamente na direção da realidade. Mies está alheio aos discursos gerais e não quer ampliar sua demonstração de modo a indicar um método geral, mas oferece aos contemporâneos o exemplo de um empenho individual tão rigoroso e preciso que influi igualmente sobre as experiências que se seguem, numa medida talvez menos ampla do que o consegue a didática de Gropius.

Quando obtém os primeiros contratos, Mies não se demora na defesa literal destas experiências teóricas e utiliza-se de modo indireto, a fim de esclarecer os problemas concretos que se lhe apresentam.

Nas casas populares da Afrikanische Strasse em Berlim, em 1925, na *villa* em Güben de 1926 e na *villa* de Krefeld de 1928 (Fig. 495), não há nenhuma atitude polêmica; são simples construções em tijolo, elegantes e sobriamente articuladas, onde os elementos tradicionais saem como que purificados das mãos de Mies e as proporções têm a marca inconfundível de sua genialidade — especialmente os acabamentos das rítmicas divisões alongadas — sem que se perceba em nenhum lugar o uso de uma regra geométrica prefixada, como nas obras de Le Corbusier.

Em 1926, Mies constrói o monumento a Karl Liebknecht e Rosa Luxemburgo — última e sugestiva imagem do movimento de vanguarda, ofertada em homenagem aos caídos em janeiro de 1919 — e torna-se vice-presidente da Werkbund, iniciando uma ampla atividade de organização de que se falará no capítulo seguinte. Também nesta posição Mies se mostra alheio às posturas teóricas, permanecendo fiel a sua posição individual; por vezes — no estilo epigramático que lhe é proprio — tenta esclarecer sua posição insistindo no valor decisivo do projeto, a fim de dar sentido e valor às circunstâncias objetivas:

Nossa época é um fato: existe independentemente de nosso sim ou de nosso não, mas não é nem melhor nem pior do que uma outra época qualquer. É apenas um evento, cujo valor em si é indiferente. Por isto, não pretendo insistir na tentativa de explicar a nova época, de mostrar suas relações e de pôr a nu a estrutura que a sustenta. Não queremos tampouco superestimar a questão da mecanização, da tipificação e da uniformidade. E queremos aceitar como um fato acabado as modificadas relações econômicas e sociais.
Todas estas coisas seguem seu caminho predestinado, cegas a todos os valores. A única coisa decisiva será o modo pelo qual soubermos ressaltar nosso valor na situação atual; é apenas aqui que se iniciam os problemas espirituais. Não vem ao caso o "o que", mas apenas o "como". Espiritualmente, nada significa que produzamos coisas e os meios com que as produzimos, que construamos prédios altos ou baixos, de aço ou de vidro... que se tenda para a centralização ou para a descentralização ao se construir uma cidade. Mas decisiva é exatamente a questão do valor. Devemos apresentar novos valores, devemos colocar-nos a questão da finalidade última a fim de obter novas medidas. [40]

Trata-se de um discurso personalíssimo, perigoso se for tomado ao pé da letra (talvez tenha trazido danos a Mies, que permaneceu inoperante na Alemanha nazista até 1937, iludindo-se com a distinção entre "o que" e o "como"). Devemos reconhecer-lhe a impaciência do arquiteto, que não se quer ver arrastado para discussões muito longas, e que se sente seguro apenas nos limites de seu trabalho concreto; de fato, no entanto, Mies não é indiferente ao conteúdo, e sua contribuição é precisa em todos os sentidos.

A obra de Erich Mendelsohn (1887-1953), embora de envergadura menos importante, deve ser mencionada pela enorme influência exercida em sua época, em princípio maior do que a de qualquer outro arquiteto de sua geração.

Em 1919 Mendelsohn já é conhecido através de seus esboços de arquitetura fantástica, expostos naquele ano na galeria Cassirer e mais tarde recolhidos num volume pelo editor Wasmuth.

Os primeiros esboços de 1914 são inspirados na linguagem de Wagner e de Olbrich; os exibidos durante a guerra e no pós-guerra imediato têm uma intensa agressividade e um vago caráter simbolista que se enquadra perfeitamente no movimento expressionista contemporâneo.

Muitos outros, nessa época, projetam uma arquitetura imaginária, às vezes em manifesto contraste com as possibilidades de realização; Mendelsohn, pelo contrário, tem bem determinado o objetivo de preparar uma nova linguagem arquitetônica que tenha valida-

---

40. Cit. em M. BILL, *Mies van der Rohe*, Milão, 1955, pp. 24-25.

495. Krefeld, *Villa* Lange (L. Mies van der Rohe).

de geral e explora metodicamente suas raízes, procurando colher a semente inicial, intuitiva, a partir da qual sairá todo o resto. Em 1917, das trincheiras da frente russa, escreve para um amigo:

Até que não me seja dado póder realizar minhas intenções e com isso provar concretamente a utilidade de meu trabalho, só me resta expressar-me em termos, por assim dizer, de princípios programáticos, e neste caso vejo-me obrigado a passar por cima das questões de tom, vibração, detalhes e valores específicos. Meus esboços são apenas apontamentos, contornos de visões súbitas, embora em sua natureza de edifícios apareçam logo como entidades. É de suma importância fixar estas visões e prendê-las no papel tal como aparecem porque toda nova criatura traz em si os germes de seu desenvolvimento potencial e torna-se um ser humano através do processo de evolução natural. [41]

Em 1920 é-lhe oferecida a primeira ocasião concreta: a torre-observatório astronômico de Einstein em Potsdã (Figs. 496 e 497). É uma tentativa de transferir para a realidade, com a maior imediaticidade possível, uma daquelas "visões súbitas" e Mendelsohn pensa numa forma que se imprima, aparentemente num só lance, numa massa fluida. O material utilizado é teoricamente o concreto armado, que por sua plasticidade aparece nessa época como o meio libertador da arquitetura do enquadramento e dos andares sobrepostos, [42] mas faltam os meios para fundir o concreto em formas curvas e unidas, de modo que a torre deverá ser realizada com tijolos revestidos de concreto. A obra reduz-se à ilustração de um conceito abstrato, e permanece, com o Goethanum de Dornach e com algumas obras de Poelzig, uma tentativa de aplicação literal, no campo arquitetônico, do repertório expressionista do pós-guerra.

Pouco depois, na fábrica de Luckenwalde de 1921, na casa de Gleiwitz de 1922 e no edifício do "Berline Tageblatt" de 1923, Mendelsohn procura aplicar seus conceitos de composição a temas mais usuais, ampliando os temas de ordem plástica e carregando nos claro-escuros, especialmente com as faixas decorativas, que rebatem toda recorrência e assinalam as geratrizes dos elementos curvilíneos.

Depois de 1925, quando termina a inflação, Mendelsohn encontra um grande sucesso profissional, e depara-se com trabalhos vinculados, libertando-se aos poucos dos artifícios iniciais.

Para a firma Schocken, constrói uma série de grandes lojas exemplares em Nuremberg e Stuttgart em 1926 (Figs. 498-500), em Chemnitz em 1928 (Figs. 501 e 502). O organismo se reduziu à forma mais simples, um bloco de muitos andares denunciados pelo exterior por janelas contínuas; estas têm a mesma função das faixas decorativas das primeiras obras, uma vez que acentuam com seu percurso o andamento do volume, mas o efeito desta vez procede do organismo interno.

Em 1928 constrói em Berlim, na Kurfürstendamm, o cinema Universum e individua com grande despreocupação as conseqüências arquitetônicas deste novo tema. Sendo pequeno o quadro cênico e devendo ser visto tanto quanto possível de frente, a sala é estreita e comprida. Tendo as luzes da sala uma tarefa importante, de assinalar o ritmo dos diversos espetáculos, a elas é atribuída a caracterização do ambiente através de faixas escavadas nas paredes e no teto, onde são colocados os bicos de iluminação. Do lado de fora, os vários ambientes, o volume curvo da sala, o volume concêntrico e mais baixo do átrio, os prismas da cabina de projeção e do palco distinguem-se e formam também a apresentação publicitária do local (Figs. 503 e 504).

A carreira de Mendelsohn é segura, retilínea, aparentemente sem hesitações, e sua produção é sempre caracterizada pelas preferências formais expressas em seus projetos iniciais, por mais complexo que seja o aparato técnico: o frescor das primeiras idealizações conserva-se integralmente no edifício acabado e confere a todas as imagens um vigor particular. A inspiração da Torre Einstein não é portanto substancialmente diversa da que fornece as lojas de Chemnitz ou o Universum. Mas as primeiras obras são experiências restritas, incomunicáveis, enquanto estas são transmissíveis e se compõem com as outras em curso na Alemanha e no exterior.

4. A herança holandesa: J. J. P. Oud e W. M. Dudok

A Holanda tem uma sólida tradição urbanística baseada na lei de 1901 e é a pátria de um dos mais importantes movimentos pós-cubistas, o neoplasticismo de Van Doesburg e de Mondrian. Tendo ficado fora da guerra, sua produção no campo das constru-

---

41. Cit. em M. F. ROGGERO, *Il contributo di Mendelsohn alla evoluzione dell'architettura moderna*, Milão, 1952, pp. 63-64.

42. Ver P. H. RIEPERT, *Die Architektur in Eisenbetonbau*, Charlottenburg, 1914; L. HILBERSEIMER e J. VISCHER, *Beton als Gestalter*, Stuttgart, 1928.

496, 497. Potsdã, a Torre de Einstein (E. Mendelsohn, 1920).

498. Esboço para as Lojas Schocken de Stuttgart.

ções continua num ritmo regular, sem ser perturbada, e as pesquisas culturais têm tempo de penetrar na prática corrente, movendo-se em acordo com os progressos técnicos.

De um lado, Berlage e um grupo de jovens — M. De Klerk, P. L. Kramer, M. Staal-Kropholler, H. T. Vijdeveld, J. M. Van der Mey — estão à frente da revista *Wendingen* e trabalham na realização do plano de Amsterdã Sul, propondo-se conciliar, na base do método berlagiano, os hábitos tradicionais e as contribuições dos movimentos de vanguarda (especialmente do expressionismo alemão). Por outro lado, há o movimento racionalista e internacionalista dos neoplásticos, guiados por Van Doesburg.

Permanecendo dentro dos termos da polêmica de então, o neoplasticismo representa a instância renovadora, e a escola de Amsterdã o lado conservador; mas hoje, à distância no tempo, vemos que as duas tendências desenvolveram um trabalho complementar, para dar vida a resultados homogêneos e componíveis. De fato, os resultados mais importantes obtidos na Holanda depois da guerra desenvolvem-se à parte do contraste polêmico que ocupa as páginas das revistas, antes enxertando os dois repertórios formais entre si num modo imprevisível: Oud, depois de ter feito parte do grupo De Stijl, a partir de 1920 trabalha em condições bastante vinculadas e de fato pula do repertório neoplástico para o berlagiano, mas faz neste uma seleção decisiva, com o rigor que conseguiu da experiência inicial. Dudok parte combinando ecleticamente as duas referências convencionais, mas se revela constante no insistir na experiência até integrar verdadeiramente as duas heranças, conseguindo dar consistência técnica e significado nacional às combinações geométricas colocadas pelos neoplásticos.

Jacob Johannes Pieter Oud (1890-1963) em 1918 é nomeado arquiteto-chefe da cidade de Roterdã. Embora neste momento participe ativamente do movimento De Stijl, nos primeiros grupos de casas populares projetados para a administração municipal — Spangen em 1918 e Tusschendijken em 1919 — encontram-se poucos traços da poética neoplástica, pelo que Van Doesburg não se cansa de censurá-lo.

Os blocos retangulares de Tusschendijken (Figs. 507 e 508), inseridos num ingrato loteamento periférico, derivam evidentemente dos modelos berlagianos. Oud aceita a simetria, a repetição uniforme das colunas, o acabamento com tijolos e o teto, simplificando ao máximo todo elemento estrutural e articulando com oportunidade os cantos angulares, onde de modo mais pungente se manifesta a exigência neoplástica de desarmar os volumes tradicionais.

O complexo Oud Mathenesse, de 1922 (Figs. 509 e 510) situa-se numa área livre em forma de triângulo isósceles e Oud, como Berlage, não encontra em sua cultura uma contribuição válida para a composição do conjunto, recorrendo a um desenho formal, absolutamente simétrico. As casas de um ou dois andares são em reboco branco, com rodapé em tijolo e tetos pendentes em ângulo; os elementos tradicionais estão, num certo sentido, desarticulados, e os vários materiais são colocados uns ao lado dos outros com efeitos colorísticos um pouco abstratos, como nas *collages* contemporâneas.

A concepção planimétrica vale como controle puramente exterior, para limitar o número indefinido das possíveis combinações, e revela claramente seu significado instrumental.

Em 1924, a primeira obra-prima: as duas casas geminadas no subúrbio de Hoek van Holland (Figs. 513-515). Aqui, toda referência tradicional é abolida e ao mesmo tempo o organismo torna-se fechado e íntegro, sem vestígios da programática composição neoplástica. Os dois blocos iguais contêm duas filas de abrigos sobrepostos, de modo que o módulo na fachada resulta especialmente amplo e o ritmo lento e espaçado; as extremidades são arredondadas de modo que o ritmo não se fragmente mas sim gire e se rebata sobre si mesmo. Todas as paredes são revestidas por um tom branco uniforme, como nas obras contemporâneas de Gropius e de Le Corbusier, mas as junções e os pontos delicados são resolvidos com materiais duráveis: o breve rodapé em tijolo amarelo, a mureta da frente em tijolos vermelhos, os umbrais em concreto cinza; estes elementos, junto com as portas pintadas em azul, as pilastras cinzas entre as portas, os toldos com listas brancas e vermelhas, os lampiões metálicos em negro, vermelho e amarelo (as cores de Mondrian) avivam cromaticamente os dois edifícios e comentam as relações entre luz e sombra. A manutenção do reboco é fácil, sendo suas margens protegidas por tijolos e concreto, e efetivamente as duas construções, trinta anos depois, estão ainda em boas condições.

A vila operária Kiefhoek, de 1925 (Figs. 516--519), surge numa área irregular na Zona Sul de Roterdã, ligeiramente entalada entre os diques de dois canais. Oud estuda o modo de diminuir a evidência dos vínculos exteriores individuando alguns eixos de simetria, como na planimetria berlagiana; as cons-

499, 500. Stuttgart, dois detalhes das lojas Schoken (E. Mendelsohn, 1926).

501, 502. Chemnitz, Lojas Schocken (E. Mendelsohn, 1928; de G. A. Platz, op. cit.).

443

truções, pelo contrário, são rigorosamente iguais: a habitação-tipo é um elemento de dois andares, de área bem reduzida (4,10 m), porém capaz de hospedar uma família de cinco pessoas.

Assinalar com demasiada evidência os elementos singulares levaria a fragmentar a composição; deste modo, o arquiteto atenua as passagens tratando as janelas dos andares superiores como uma faixa contínua. Os blocos de construções adquirem o aspecto de edifícios unitários e grande atenção é dedicada ao acabamento, onde o discurso contínuo cai de improviso; os ângulos agudos e obtusos da extremidade oriental são arredondados, abrigando, no chanframento, as lojas; em outros lugares, pequenos balcões semicirculares, localizados em diferentes lugares, assinalam as diretrizes principais da composição, apresentando-se emparelhados a fim de enquadrar um eixo de simetria, ou sofrendo uma rotação em ângulo reto para indicar uma rotação dos corpos da construção.

O andar inferior está quase por toda parte revestido com materiais duráveis: tijolos claros, que constituem também os breves recintos transversais dos pequenos jardins e as muretas diante das portas; as fachadas são em reboco de concreto cinza, enquanto que as janelas também têm os caixilhos cinzas, formando-se uma faixa contínua. Destacam-se apenas as portas em vermelho-mínio, com cornijas brancas. O andar superior é tratado, por conseguinte, como uma faixa, enquanto as janelas em faixa contínua, com os contornos em madeira amarela, chegam até as telhas do beiral em chapa de zinco.

O Kiefhoek surge como uma ilha arquitetônica na periferia de Roterdã, formada por construções em tijolo com teto em ângulo agudo, e sua manutenção, embora acurada, não suporta obviamente um confronto com as construções circundantes. Para se avaliar o resultado não se pode, no entanto, esquecer o lado econômico: Oud demonstrou que podia construir um bairro habitável com um gasto bem menor do que o habitual, e utilizou os mais consumados recursos da arquitetura moderna com a finalidade de conferir dignidade, por pura virtude das relações geométricas e cromáticas, a uma matéria bastante pobre.

O empenho com que foram abordados todos os pormenores caracteriza profundamente — poder-se-ia dizer moralmente, se não se fizesse tanto uso desta palavra — a arquitetura de Oud. Todos os elementos trazem a marca das energias despendidas durante o projeto e adquirem uma especial intensidade de expressão. Em cada escolha sente-se a disciplina figurativa do neoplasticismo; mas o esforço de simplificação e de redução dos custos leva o arquiteto a reunir todas as pesquisas combinatórias fora do comum, e portanto a aceitar alguns vínculos tipológicos tradicionais, capazes de simplificar sua equação. Deste modo, o aprofundamento dos elementos tem como contrapartida a limitação do campo, e a carência da composição do conjunto.

Assim como é segura a postura construtiva, é hesitante a urbanística. Oud sente a exigência de ordenar e hierarquizar os espaços comuns, de encontrar elementos de ligação com o ambiente circundante, mas os meios que emprega para tanto são fracos, embora sutis e refinados como as indicações espaciais dos pequenos balcões. Aqui reside o limite e o perigo do método de Oud; quando o problema urbanístico se defronta com um prazo improrrogável, Oud vê-se induzido a escolher o isolamento, a escolher os esquemas tradicionais a ponto de praticar um ambíguo neoclassicismo.

Assim, depois da tentativa de Oud, o problema de recuperar concretamente as conseqüências do neoplasticismo permanece substancialmente em aberto, e é transmitido às gerações dos jovens que então se iniciavam na profissão, Brinkmann, Van der Vlugt e Van Tijen, dos quais se falará a seguir.

Willem Marinus Dudok (n. 1884) escolhe inicialmente a carreira militar, especializando-se em engenharia; com trinta anos abandona o Exército e é nomeado Engenheiro Municipal em Leyden e depois, em 1915, em Hilversum.

Hilversum é um centro em rápido crescimento, e Dudok tem a oportunidade de regulamentar seu desenvolvimento, projetando em 1921 o plano regulador geral e, a partir de 1918, uma longa série de bairros populares e edifícios públicos. Excetuando-se a Prefeitura, nenhum destes edifícios tem um grande destaque, mas o conjunto, em que todos se integram, é uma contribuição de extraordinária importância para a cultura urbanística. Dudok soube traduzir para a realidade o sonho teórico da cidade-jardim, retirando-lhe os aspectos românticos e utópicos e levando em consideração as relações externas, especialmente com a vizinha Amsterdã, tanto quanto as relações internas.

Inicialmente, Dudok segue a tradição de Berlage e De Bazel; os primeiros bairros residenciais de Hilversum, as escolas Rembrandt (1920; Fig. 521) e

503, 504. Berlim, o cinema Universum, agora Capitol (E. Mendelsohn, 1928).

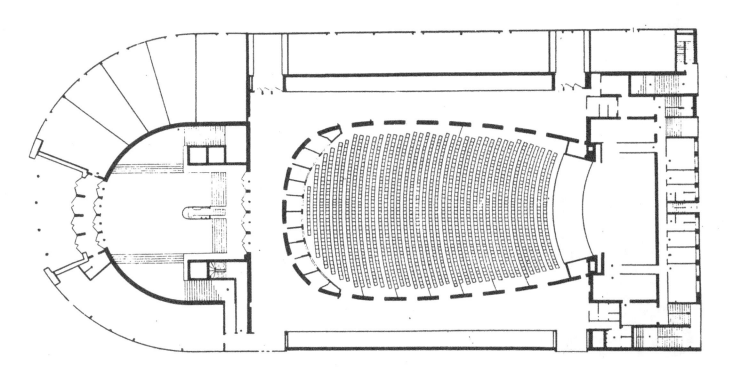

445

505, 506. Amsterdã, dois aspectos do bairro Zuid: prédio na Stalinlaan (M. De Klerk, 1920-22) e na Holendrechstraat (M. Staal-Kropholler, 1922).

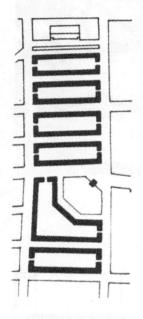

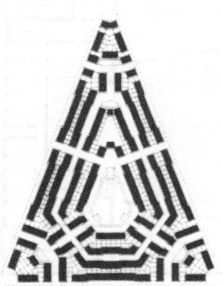

507, 508. Roterdã, bairro Tusschendijken (J. J. P. Oud, 1919).
509, 510. Roterdã, bairro Mathenesse (J. J. P. Oud, 1922).

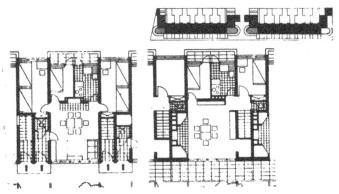

511-515. Hoek van Holland, as duas casas geminadas de J. J. P. Oud, 1924; o tipo da construção, a planimetria e três vistas recentes.

Oranje (1922) repetem muitas características da escola de Amsterdã, mas sem vestígios do empenho romântico e apaixonado de De Klerk ou de Kramer, com um senso de medida e de destaque quase eclético. De fato, Dudok logo se mostra sensível às contribuições de movimento neoplástico (Escola Dr. Bavinck, de 1921), e segue atentamente, durante todo o decênio, as mais atualizadas experiências européias.

Com suas sutis combinações estilísticas, Dudok deixa de lado, por certo, alguns problemas cruciais a respeito dos quais se debatiam os outros mestres do movimento moderno desse período, e utiliza sobretudo os resultados formais desses debates. Mas suas escolhas nunca são caprichosas. Na realidade, segue um caminho direto e coerente, embora distante dos caminhos habituais: purificar progressivamente, em contato com o movimento europeu, os valores da recente tradição holandesa, tendo o cuidado de não fragmentar a continuidade das experiências e mantendo-se longe das experiências rigorosas e demonstrativas.

Por este caminho, Dudok consegue salvar os valores urbanísticos adquiridos pela geração anterior, que no processo oudiano de decomposição e recomposição são necessariamente perdidos. De fato, a continuidade das experiências é a garantia de continuidade paisagística e ambiental; seus edifícios, com sua sofisticação formal e as citações neoplásticas ou wrightianas, estão sempre em equilíbrio com o ambiente, e os expedientes de composição se justificam em última análise exatamente como um comentário à situação planimétrica do edifício, às diretrizes viárias, aos espaços abertos (Fig. 520).

Deste modo, em Hilversum ele consegue traduzir aos poucos, em termos modernos, os métodos berlagianos de composição do conjunto, passando dos blocos fechados aos blocos abertos, das sistematizações simétricas, onde os ambientes estão vinculados pelas correspondências espelhares, aos grupos de ambientes assimétricos, dimensionados segundo as diferentes funções.

A obra magna de Dudok, onde seu empirismo sobe de tom, é a Prefeitura, de 1924 (Figs. 524-530). A Prefeitura é o emblema da cidade, a recapitulação de todo o organismo urbano, e aqui as complicações formais têm uma função convincente, celebrativa. A Prefeitura tradicional era um bloco fechado, uma cidade na cidade; esta, pelo contrário, é um organismo aberto, um elemento singular que se destaca do tênue tecido da cidade sem interromper a continuidade. As elaboradas sistematizações circundantes, o tanque, os jardins, os prados e os grupos de árvores ligam o edifício com o ambiente em todos os sentidos, e a torre, apresentando-se em todas as direções com um vulto diferente, resume as diversas indicações espaciais também para aquele que observa de longe.

Nem sempre, a seguir, Dudok soube manter-se à altura desta obra. Do mesmo modo, as repercussões de sua arquitetura, na Holanda e no exterior, nem sempre foram muito felizes, dado que freqüentemente os tradicionalistas se serviram de seu exemplo para endossar uma artificiosa via intermediária entre o antigo e o moderno. Assim, a crítica se resumiu, até aqui, a insistir sobre o contraste entre Dudok e os outros mestres de seu tempo, [43] enquanto que hoje é possível reconhecer os laços de complementaridade que existem entre o trabalho deles e o de Dudok.

Por seu mérito, a herança de Berlage e a herança mais remota da arquitetura doméstica holandesa receberam uma formulação atualizada e puderam ser integradas a tempo no movimento moderno; no período de maior intransigência teórica e de polêmica mais acalorada contra a tradição, Dudok manteve viva, silenciosamente, a exigência da continuidade entre presente e passado, entre arquitetura e urbanística, preparando um precedente indispensável para os desenvolvimentos seguintes.

Pela primeira vez depois de mais de um século, as experiências de vanguarda da cultura arquitetônica em toda a Europa movem-se de modo convergente, e não divergente.

As experiências de Mies, Mendelsohn, Le Corbusier, Oud e Dudok originam-se em ambientes culturais diversos e conservam sotaques e linguagens diversos, o que todavia não impede que se perceba nelas uma profunda unidade de intenções. Nenhum deles provém da Bauhaus ou está diretamente influenciado pela escola, mas todos encontram aqui um ponto de referência, uma medida comum, uma ocasião para um encontro.

A lição de Gropius é validada exatamente por aquilo que acontece fora da escola; apontando para um método, e não para um estilo, ele convida, de modo discreto mas irresistível, os melhores arquitetos dos vários países a aprofundar as razões de suas ex-

---

43. Por exemplo, nos ensaios de R. FURNEAUX-JORDAN, Dudok and the Repercussion of his European Influence, *Architectural Review*, v. 115 (1949), p. 237, e de G. CANELLA, Il caso Dudok riferito anche ad alcune esperienze italiane, *Casabella*, n. 216 (1957), p. 79.

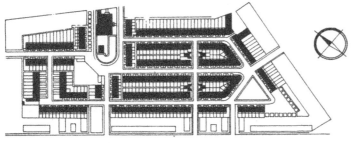
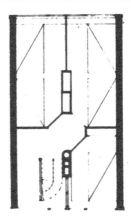
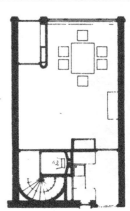

516-519. Roterdã, o bairro Kiefhoek (J. J. P. Oud, 1925); vista geral, a planimetria e o tipo de construção.

520, 521. Hilversum, escola na Reembrandtlaan (W. M. Dudok, 1919, do volume comemorativo de 1954) e a escola Minchelers (1925).

522, 523. Hilversum, escola Valerius (Dudok, 1930; planta do volume comemorativo de 1954).

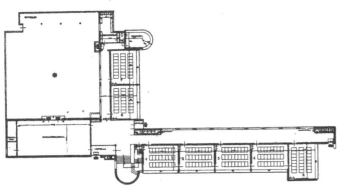

449

524-526. Hilversum, a Prefeitura (Dudok, 1924-1928).

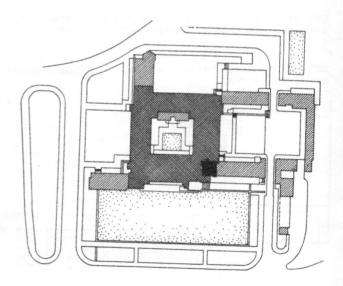

527-530. Detalhes da Prefeitura de Hilversum.

periências, de suas heranças. Cavando profundamente enfraquecem-se as divisões e vem à luz a unidade dos propósitos, a comum origem cultural.

As tendências formais permanecem, com justa razão, múltiplas — ainda que alguns apressados epígonos comecem a falar em estilo internacional — mas com uma disposição comum para se defrontarem e se integrarem numa confiança comum em certos princípios: o respeito pela medida humana, a rigorosa propriedade técnica, a continuidade entre as várias escalas de projeto e, portanto, o enquadramento das questões particulares nas questões gerais e, inversamente, a possibilidade de dividir as dificuldades maiores em outras tantas menores.

Enquanto o cenário artístico ainda é ocupado pelas manifestações volúveis e intolerantes dos grupos de vanguarda — que no entanto já soam deslocados diante das novas exigências que se avizinham — os mestres do movimento moderno trabalham e falam com um tom totalmente diverso: um tom razoável, relativo, preocupado com uma tarefa a ser realizada a longo prazo.

14. OS PRIMEIROS RELACIONAMENTOS COM O PÚBLICO

Os objetivos visados pelos mestres do movimento moderno tornam um tanto delicados os relacionamentos com o público.

Ao se proporem influir na produção de edificações, eles devem fazer com que suas idéias saiam do ambiente fechado dos estúdios e que sejam apresentadas ao grande público, não apenas a um círculo de iniciados. Por outro lado, devem evitar que a nova arquitetura seja considerada como um enésimo estilo, como uma alternativa aos estilos passados.

Gropius escreve:

O objetivo da Bauhaus não foi propagar qualquer estilo, sistema, dogma, fórmula ou moda, mas somente exercer uma influência revitalizante sobre o projeto... Um estilo Bauhaus teria significado uma confissão de fracasso e um retorno à inércia estagnante que se deveria combater;[1]

e mesmo o dogmático Le Corbusier:

Devemos abolir as escolas! (tanto a escola Corbu, quanto a escola Vignola, é claro!). Nenhuma fórmula, nenhum expediente. Estamos no início da descoberta arquitetônica dos tempos modernos. Que venham, de todas as partes, respostas francas. Dentro de cem anos poderemos falar de *um estilo*. Agora isso não nos é útil, mas somente podemos falar *do estilo*, isto é, da coerência moral em cada obra criada.[2]

[1]. GROPIUS, W. *The New Architecture and the Bauhaus*. Londres, 1935. p. 92.
[2]. Le Corbusier, carta a Martienssen de 23 de setembro de 1936, reproduzida em *Oeuvre complète 1910-1929*. cit., p. 5.

Por essa razão, não se demora em demonstrar as boas qualidades dos novos princípios com discursos e projetos teóricos mas, antes, procura-se cada ocasião para mostrar que esses princípios podem ser aplicados com sucesso aos problemas concretos. O argumento decisivo é, de fato, de natureza experimental; é preciso convencer que a nova arquitetura funciona melhor do que a antiga. Somente assim a demonstração pode atingir a todos e a nova arquitetura pode tomar como ponto de apoio as exigências gerais, não as orientações culturais de uma minoria.

A procura de oportunidade é uma nota constante na atividade dos mestres do movimento moderno; existe uma espécie de pressa em inserir os pensamentos na realidade que, por vezes, os leva além dos limites da prudência. Le Corbusier aceita trabalhar para qualquer comitente, desde o Exército da Salvação aos Soviets, sem preocupar-se muito com a incidência que isso terá sobre o produto arquitetônico, e também Gropius e Mies van der Rohe, os mais engajados socialmente, subestimam as implicações políticas de seu trabalho, apesar de terem contato com as forças econômicas.

Os meios considerados como os mais adequados para persuadir o público não são, portanto, as mostras, os livros, os manifestos, mas os próprios edifícios. Ocasiões particularmente propícias são os concursos, que permitem confrontar mais de uma solução para um tema concreto. Também nas exposições prefere-se apresentar, mais do que modelos demonstrativos e pavilhões provisórios, objetos já fabricados pela indústria para o mercado normal e edifícios permanentes, que continuem funcionando mesmo depois.

1. Os concursos

O primeiro concurso de ressonância mundial, no qual fazem sua prova inicial alguns mestres do movimento moderno, é o patrocinado em 1922 pelo jornal *Chicago Tribune* para sua nova sede, com prêmios de um milhão de dólares.

Concorrem entre outros, Gropius e Meyer, com um esplêndido organismo de aço, vidro e terracota (Fig. 532), Max Taut com uma torre de vidro, os holandeses B. Bijvoet e J. Duiker com um edifício de gosto neoplástico, o dinamarquês K. Londberg-Holm com um correto organismo funcional, A. Loos com um arranha-céu em forma de coluna dórica. Esses detalhes são importantes para a história do movimento europeu, mas não produzem um efeito proporcional no público e no júri; os premiados são todos tradicionalistas e os projetos modernos são trocados por extravagâncias da enésima vanguarda.

A situação é bem diversa em 1927, quando a Liga das Nações patrocina o concurso para seu palácio perto de Genebra. Trezentos e setenta e sete projetos são enviados de todas as partes do mundo; dentre os concorrentes, H. Meyer e H. Wittwer, A. Fischer-Essen, o holandês Vijdeveld, e, com particular empenho, os franceses Le Corbusier e P. Jeanneret. Constituem sempre uma minoria que desaparece em um oceano de projetistas neoclássicos, porém estão modificadas as condições do debate e as probabilidades de afirmação, já que o júri compreende, ao lado dos acadêmicos J. Burnet, C. Gato, C. Lemaresquier e A. Muggia, alguns mestres da geração passada, Berlage, Hoffmann, Moser e Tengbom, capazes de entender a continuidade entre suas experiências e as dos mais jovens mestres do pós-guerra. A presidente do júri é Horta, o artista mais refinado da *art nouveau*, embora o menos adequado para compreender o novo curso da arquitetura européia.

O projeto de Le Corbusier é o mais empenhado até então feito pelo infatigável mestre francês (Fig. 533). Ele submete o áulico tema da costumeira análise funcional:

> Um palácio das nações hospeda, de qualquer modo, quatro gêneros de atividade: uma atividade quotidiana: a Secretaria Geral com a biblioteca; uma atividade intermitente: as pequenas comissões sem público e as grandes, com público; uma atividade trimestral: o Conselho das Nações; uma atividade anual: a Assembléia Geral das Nações. [3]

Essas atividades devem estar colocadas logicamente em organismos diversos: assim, Le Corbusier projeta um sistema articulado de pavilhões, bem espaçados no terreno em ligeiro declive para a margem do lago. A rigorosa análise funcional ("o problema bem colocado") permite-lhe, entre outras coisas, movimentar-se com notável liberdade em uma área considerada pelos outros como restrita demais, e conter as despesas dentro de limites modestos. A paisagem de bosques, dominada pela extensão horizontal do lago, é aproveitada com grande inteligência evitando os pátios fechados e concedendo amplas vistas repousantes de todos os locais.

As soluções arquitetônicas nem sempre são felizes e, por certo, não estão à altura de outras obras contemporâneas do mestre; é prejudicial, sobretudo, o desejo de conservar alguns eixos de simetria em um organismo assimétrico por tendência, tal como em algumas das últimas obras de Berlage. [4] O projeto, contudo, vale principalmente por sua imediata eficácia demonstrativa; ele faz com que o grande público veja que o método da análise funcional pode ser aplicado com êxito mesmo a um organismo representativo, que os ambientes tornam-se mais cômodos, a circulação simplifica-se e os custos diminuem, que as dificuldades devidas aos vínculos com o ambiente — obstáculos insuperáveis mediante critérios tradicionais de composição — tornam-se superáveis e, pelo contrário, oferecem oportunidade para um enriquecimento formal, com os critérios muito mais flexíveis da nova arquitetura.

No júri, Berlage, Hoffmann, Moser e Tengbom apóiam esse projeto, enquanto os quatro acadêmicos o combatem. Parece que pode chegar a obter o primeiro prêmio, mas as hesitações de Horta impedem que se chegue a um veredicto claro e são premiados *ex aequo* nove projetos de tendências extremamente diversas, dentre os quais aquele tão discutido de Le Corbusier. Nesse ínterim, por insistência dos acadêmicos, é proposta mais uma área e os concorrentes são convidados a formular novos projetos. Le Corbusier e P. Jeanneret adaptam seu organismo à nova área e o pioram fragmentando a primitiva unidade em três

---

3. LE CORBUSIER. Op. cit., p. 162.
4. Por exemplo, o Gemeente Museum de Haia, 1935.

531, 532. O projeto de Gropius e Meyer para o concurso do *Chicago Tribune* (1922), comparado à construção civil americana corrente.

pavilhões demasiadamente distantes (para o Secretariado, a sala e a biblioteca), cada um perfeitamente simétrico.

No final, os acadêmicos prevalecem definitivamente e quatro [5] dos nove premiados recebem o encargo de construir o palácio. Muitas das propostas funcionais e de distribuição de Le Corbusier são aceitas no projeto a ser executado: o reagrupamento das pequenas comissões no organismo do Secretariado e das grandes comissões aos lados da sala, a conformação linear do Secretariado, o teto-jardim sobre a sala; até mesmo a planimetria definitiva possui uma inegável semelhança com a do segundo projeto de Le Corbusier, exceto pela orientação invertida. O mestre francês polemiza asperamente [6] e tenta mesmo as vias legais. Distanciado no tempo, esse incidente é ainda mais instrutivo para a história das relações entre o movimento moderno e o público. A demonstração de Le Corbusier, que toma como ponto de apoio as vantagens funcionais, objetivas e controláveis, não ficou perdida nem mesmo junto a seus adversários, mas foi aceita por partes fragmentadas: "sim" às vantagens funcionais, "não" à nova linguagem arquitetônica que aquelas comportam.

Se o concurso da Liga das Nações resolveu-se materialmente por uma derrota dos arquitetos modernos, deu, contudo, o golpe de graça moral ao prestígio da academia. Postos frente a um problema concreto, com vínculos técnicos e econômicos bastante restritos, os arquitetos acadêmicos demonstraram-se incapazes de resolvê-lo de modo satisfatório. Foram obrigados a fazer uma distinção nítida entre valores técnicos e artísticos, ostentando a defesa destes contra aqueles, e terminaram por revestir de formas classicizantes um organismo funcional tomado de empréstimo; assim, ao isolarem a consistência real de sua contribuição, demonstraram sua vaidade, porquanto não conseguiram fazer um edifício belo, e nem mesmo passável, mas apenas agravaram os custos com cornijas insossas e inúteis espessuras de parede, num puro prejuízo. Venceram, porém sem convicção, e o edifício definitivo não satisfez a ninguém.

Em 1931, o governo russo patrocina um concurso internacional para o Palácio dos Sovietes, que deveria ser o oposto do concurso de Genebra e deveria demonstrar a superioridade do mundo socialista sobre o capitalista. O governo encomenda diretamente alguns projetos aos mais célebres mestres modernos, a Gropius, a Mendelsohn, a Le Corbusier, a Poelzig, quase para demonstrar que a União Soviética acolhe de boa vontade as forças progressistas derrotadas em Genebra.

Le Corbusier apresenta um complexo organismo em que a articulação dos volumes reproduz analiticamente os elementos de distribuição e suas ligações, tal como em Genebra, mas as estruturas de sustentação das duas grandes salas são exibidas no exterior com uma complacência que lembra a escola construtivista russa. Gropius, ao contrário, inscreve dentro de um grande círculo todos os corpos da construção e, com esse expediente geométrico, domina o tom insolitamente vasto. O melhor projeto talvez seja o de Mendelsohn, o único que se mostra capaz de controlar a vasta composição com suficiente energia e amplidão de instalações (Figs. 535 e 536).

O júri elogia um pouco todos os projetos, especialmente o de Le Corbusier, que fala uma linguagem mais familiar, mas concede os primeiros prêmios aos acadêmicos: o primeiro e o terceiro aos russos B. M. Jofan e N. B. Joltowsky, o segundo a Hamilton. A tarefa é atribuída em 1933, depois de um concurso de segundo grau, a Jofan, juntamente com os tradicionalistas Schouko e Helfreich, e o projeto definitivo é uma espécie de arranha-céu de corpos degradados, coroado por uma estátua de Lênin com uma altura de uma centena de metros, e mais alto, em seu conjunto, do que o Empire State Building, construído nesse ínterim em Nova York.

2. As exposições

Em 1927, a Werkbund alemã organiza sua segunda Exposição em Stuttgart; Mies van der Rohe, vice-presidente, obtém o encargo de arranjar, além dos habituais pavilhões provisórios, um bairro de moradias permanentes na periferia da cidade, o Weissenhof Siedlung. O plano é traçado pelo próprio Mies, pondo em prática alguns princípios até então adquiridos teoricamente — independência da construção das margens das ruas, separação entre o trânsito de carros e de pedestres — e interpretando, com comedida sensibilidade, as sugestões do terreno em declive (Figs. 537 e 538); os melhores arquitetos de toda a Europa são chamados a construir as casas: os alemães P. Behrens, J. Frank, R. Döcker, W. Gropius, L. Hilberseimer, H. Poelzig, A. Rading, H. Scharoun, A. Schneck, B. e M. Taut, além do próprio Mies, os

---

5. P. Nenot, J. Vago, C. Lefebvre, C. Broggi.
6. Ver *Une maison, un palais*, Paris, 1928, e *Oeuvre complète 1910-1929*, cit., pp. 160-173.

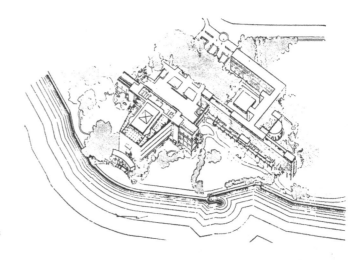

533. Le Corbusier e P. Jeanneret, projeto para o palácio da Liga das Nações em Genebra, 1927 (da *Oeuvre complète*).

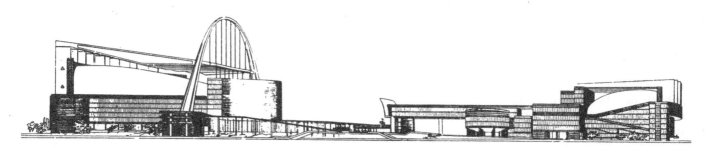

534. Le Corbusier e P. Jeanneret, perfil do projeto para o concurso do Palácio dos Sovietes.

535, 536. E. Mendelsohn, projeto para o Palácio dos Sovietes, 1931 (de E. Whittick, *E. M.*, 1956).

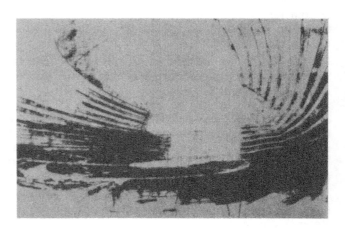

holandeses J. J. P. Oud e M. Stam, o francês Le Corbusier e o belga V. Bourgeois.

O bairro tem um caráter experimental, já que não é um complexo unitário, formado por tipos de edificação repetidos, mas um mostruário de edifícios diversos, que devem ser considerados como protótipos. A construção principal é um bloco de casas enfileiradas de quatro andares, com estrutura de aço, atribuído a Mies van der Rohe (Figs. 539-542). É um tema eminentemente teórico aquele em torno do qual trabalha nos mesmos anos também Gropius: o bloco aberto, que deveria substituir a antiga construção ao longo das margens das ruas e deixar todos os alojamentos em iguais condições higiênicas, constituindo uma alternativa eficaz à casa unifamiliar isolada. Gropius, três anos mais tarde, irá demonstrar que o bloco aberto é mais conveniente na medida em que é mais alto, de maneira compatível com os vínculos de construção e de distribuição: sem elevador, pode chegar a quatro andares; com elevador, a dez.

Mies fornece aqui uma solução arquitetônica inexcedível para a primeira alternativa. Cada elemento acessório ou meramente decorativo é eliminado e o arquiteto opera, como sempre, dosando as relações dos elementos funcionais com inimitável segurança. Embora o sistema inusual de construção não tenha possibilitado um controle técnico igualmente satisfatório e a conservação do edifício seja medíocre, ressaltam da mesma maneira, na pobreza da matéria, as proporções elegantes do desenho.

Gropius experimenta, em duas casas isoladas, um sistema de pré-fabricação com suportes metálicos e paredes intermediárias de cortiça, revestidas exteriormente com faixas de Eternit; as dimensões das faixas determinam o módulo da construção, tanto na planta, quanto em elevação.

Le Corbusier constrói outras duas casas isoladas sobre pilotis, de concreto armado e de ferro, aplicando seus cinco pontos e desenvolvendo o ponto de destaque da Casa Citrohan de sete anos antes (Figs. 543 e 544). São as construções mais programáticas e mais polêmicas do Weissenhof: o público escandaliza-se sobretudo com as dimensões mínimas de certos ambientes, como o corredor da casa de ferro, tão largo quanto os corredores de vagões ferroviários.

Oud realiza um grupo de cinco casas enfileiradas, articuladas com maior liberdade do que as de Roterdã e cuidadas com igual atenção e sensibilidade. Uma das casas é apresentada com toda a decoração, de modo que cada pormenor seja resolvido em harmonia com o conjunto.

Behrens, o decano dos arquitetos alemães, constrói um organismo movimentado, pleno de subentendidos e de nostalgias românticas. Scharoun, um dos jovens, é autor de uma *villa,* na qual os elementos da nova arquitetura já estão interpretados em sentido decorativo (Figs. 545 e 546): vem à tona, pela primeira vez, favorecido pelo clima demonstrativo da Exposição, o maneirismo moderno, isto é, a transposição consciente dos resultados até então alcançados em termos do velho ecletismo.

A Exposição de Stuttgart apresenta ao público, pela primeira vez, um panorama unitário do movimento moderno. O confronto direto entre obras de muitos arquitetos, provenientes de várias nações, evidencia os propósitos comuns mais do que as diferenças e torna visível a convergência substancial entre muitas pesquisas que têm origens diversas. Não existiu um projeto de conjunto, e os vários edifícios estão simplesmente colocados um ao lado do outro, tal como nos bairros periféricos comuns. Se se refletir, contudo, no fato de que os edifícios são pensados como protótipos, adequados para serem repetidos em série e que valem, em um certo sentido, como amostras de bairros correspondentes, o Weissenhof pode ser considerado como uma representação alusiva da cidade moderna, e mostra, por meio da concórdia substancial entre as diferentes contribuições, a possibilidade de se atingir uma unidade mais vasta, na qual se compensem os diversos modos de projetar.

O Weissenhof, portanto, se não traz qualquer contribuição ao problema nascente do bairro homogêneo, fornece uma indicação sugestiva sobre a solicitação urbanística potencialmente ínsita nas pesquisas dos arquitetos modernos; a julgar pelos comentários contemporâneos, o público percebe, de modo mais ou menos confuso, essa intenção: não se trata, com efeito, de uma coleção de propostas de edificação, mas de um novo conceito do habitar, que se prepara para modificar não somente as residências singulares, mas todo o ambiente urbano. [7]

Nas numerosas mostras preparadas pelos arquitetos modernos entre o pós-guerra e a crise econômica, o tema recorrente, e quase que exclusivo, é a casa moderna. Em 1925, Le Corbusier, devendo

7. O Weissenhof é ilustrado em H. e B. Rasch, *Wie bauen?,* Stuttgart, 1927 e em C. Behrendt, *Der Sieg des neuen Baustils,* Stuttgart, 1927.

537, 538. Stuttgart, o Weissenhof, 1926 (de P. Johnson, Mies van der Rohe, 1947).

1. Mies van der Rohe	12. H. Poelzig
2. J. J. P. Oud	13 e 14. R. Döcker
3. V. Bourgeois	15 e 16. M. Taut
4 e 5. A. Schneck	17. A. Rading
6 e 7. Le Corbusier	18. J. Frank
8 e 9. W. Gropius	19. M. Stam
10. L. Hilberseimer	20. P. Behrens
11. B. Taut	21. H. Scharoun

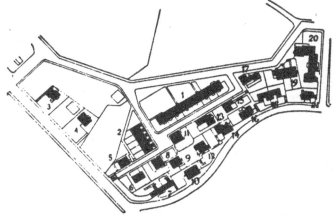

459

construir o pavilhão do *Esprit nouveau* na Exposição Internacional de Artes Decorativas de Paris, apresenta um elemento dos *immeubles-villas* estudados três anos antes, inteiramente decorado. As teses de Gropius e dos mestres alemães sobre a casa moderna são ilustradas em 1928 com a mostra Wohnen im Grünen, em Berlim, em 1930 em Paris na Exposição da Werkbund e, em 1931, ainda em Berlim, na Mostra da Arquitetura Alemã.

A exposição de 1930 no Grand Palais de Paris é a mais rica em ressonâncias: a Alemanha, oficialmente convidada, encarrega a Werkbund da preparação e esta confia toda a responsabilidade a Gropius, que se vale de três antigos colaboradores da Bauhaus: Bayer, Breuer e Moholy-Nagy. Gropius se propõe apresentar o melhor da produção alemã, já influenciada largamente pelos modelos da Bauhaus, e emprega o projeto de uma casa de apartamentos de dez andares como moldura ideal. Ele projeta a decoração da sala comum, usando um grande número de móveis de série. Breuer apresenta o mobiliário para um apartamento da mesma casa; Moholy-Nagy ocupa-se dos aparelhos de iluminação; Bayer, dos tecidos.

As reações do público francês são em geral positivas e até maravilhadas pela transformação que o movimento moderno imprimiu, em poucos anos, à arte decorativa alemã. São especialmente admirados os móveis de tubos metálicos de Breuer, muito superiores aos expostos poucos meses antes no Salon d'Automne por Corbusier e Charlotte Perriand; aprecia-se sobretudo a leveza e execução impecável de cada objeto.

As circunstâncias políticas favorecem nesse momento as boas relações culturais entre Alemanha e França. Briand lança sua proposta de união européia e fazem-se sérios esforços no sentido de um entendimento econômico entre as nações, como possível via de saída da crise que desponta. Na realidade, a mostra, organizada com critérios seletivos rígidos, não dá efetivamente uma imagem plausível da produção alemã em seu conjunto, mas é uma generosa antecipação da harmonia que o movimento moderno sustenta poder realizar na Alemanha ou em outra parte se puder continuar o trabalho: por isso, possui uma eficácia sugestiva tão grande.

Giedion reproduz alguns juízos da imprensa parisiense que se enquadram no estado de espírito de espera da união e de fé em um mundo melhor, possível de ser obtido com a cooperação internacional; o *Temps* escreve:

O que mais nos atinge, desde o princípio, na seção alemã do Salão dos Artistas decoradores, é a ponderação... Em 1910, os artistas alemães haviam exposto neste mesmo Palácio; quantos acontecimentos desde então... Não é um exagero dizer que, para nós, esta seção alemã não é uma mostra como todas as outras, mas é o espelho fiel da jovem Alemanha. [8]

E o *Figaro*:

Será esta realmente uma mostra de arte decorativa como todas as outras? Não; é, antes, uma nova concepção das linhas, das superfícies, dos ambientes para uma vida abstrata, disciplinada, sem restrições, nem preocupação em atenuar a própria vida. [9]

Em 1931, grande parte do material proveniente de Paris é novamente exposto na Bauausstellung de Berlim (Figs. 554-556). Essa manifestação desenvolve-se em plena crise econômica, e a evocação de um futuro mundo funcional e harmônico assume um significado bem diverso, porque os acontecimentos não deixam esperanças de continuar com sucesso o trabalho empreendido. A Alemanha respondeu às iniciativas unionistas com renovadas manifestações de nacionalismo; na primavera de 1931, ocorreu a catástrofe do Reichsbank, enquanto o frágil equilíbrio da democracia alemã é perturbado pelo avanço dos partidos de extrema direita e de extrema esquerda; a classe dirigente que havia apoiado Gropius e os seus, ameaçada de perto em seus interesses, abandona rapidamente suas ambições culturais. A Mostra Berlinense de 1931 vale, assim, como recapitulação do trabalho desenvolvido e revela, no cuidado obstinado de sua preparação, a pungente desilusão dos arquitetos face à falência de seus esforços.

Embora empenhadas, em primeiro lugar, com os conteúdos, as Exposições ora enumeradas transformam profundamente também a forma tradicional de apresentação ao público dos objetos expostos.

O objetivo do arranjo não é tanto mostrar, quanto demonstrar: trata-se de fato, de explicar e tornar compreensível a todos uma alternativa ao modo tradicional de morar. A mostra perde, por conseguinte, o antigo caráter de empório de mercadorias, e é concebida — ao máximo — como um grande mecanismo para sugestionar o visitante, pondo em ação todos

---

8. VAILLAT, em *Temps*, 21 maio 1930, cit. em S. GIEDION, op. cit., p. 50.

9. A. ALEXANDRE, em *Figaro*, 16 maio 1930, cit. em S. GIEDION, op. cit., p. 50.

539, 540, 541. Stuttgart, a casa em linha de Mies der Rohe no Weissenhof.

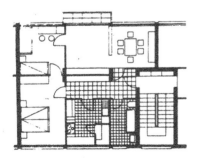

os meios de representação que o movimento moderno, no ínterim, está elaborando.

Os meios são descritos da seguinte maneira por Moholy-Nagy em um escrito de 1928:

Paredes móveis com comentários ilustrando as necessidades de nosso tempo, discos coloridos e giratórios, aparelhos luminosos, refletores e, em todas as partes, transparência, luz, movimento: eis o que é necessário para interessar o público. Tudo deve ser apresentado de modo que mesmo o homem mais simples possa compreendê-lo e assimilá-lo. E, mais, a maravilha dos novos materiais: grandes painéis de celulóide, sistemas de grades, ampliações e reduções e grandes planos em redes metálicas, cartazes transparentes, escritas suspensas no espaço e, em toda parte, claras, luminosas, coloridas. [10]

Enquanto os arquitetos modernos são ainda mantidos distantes dos encargos e realizações concretas, as mostras freqüentemente tornam-se a ocasião para realizar concretamente, embora de modo provisório, os novos conceitos espaciais.

Como vice-presidente da Werkbund, Mies van der Rohe recebe diretamente o encargo de projetar alguns arranjos para Exposições: o pavilhão da indústria do vidro na Exposição de Stuttgart de 1927, o pavilhão alemão da Mostra Internacional de Barcelona de 1929 e a *villa*-modelo na Bauausstellung de Berlim, em 1931.

Neste tema — situado a meio caminho entre uma obra de fantasia e um verdadeiro edifício — ele encontra o ponto de apoio para realizar algumas de suas imagens mais felizes, cujo valor ultrapassa largamente a ocasião da qual se partiu e estimula toda a pesquisa arquitetônica seguinte.

Mies percebe que um pavilhão para uma mostra não é um edifício como os demais, mas sim um objeto essencialmente diverso, que deve existir somente pelo tempo durante o qual será olhado e em função do público que o olha. Por isso, não o imagina como um edifício fechado, mas como um conjunto de partes destacadas, adequadas para qualificar provisoriamente uma determinada porção de espaço (aqui se encontra, provavelmente, a ligação com os trabalhos precedentes de fantasia, destinados de maneira análoga a estimular um público de visitantes ou de leitores).

A provisoriedade e o fato de construir — em Berlim — ao abrigo de um barracão eximem o arquiteto de empenhar-se em problemas técnicos demasiado difíceis. A profusão dos meios permite-lhe, em Barcelona, empregar materiais preciosos, tais como mármore, ônix, cristal colorido: desse modo, obstáculo algum se opõe ao perfeito acabamento e à integridade do resultado arquitetônico. Podemos ter uma idéia desses ambientes somente através de fotografias e das descrições dos contemporâneos; nós, tal como eles, ficamos impressionados pelo fato de que nenhum distanciamento parece mais existir, nesses edifícios, entre ideação e execução, entre pensamento e realidade.

Aproveitando o tema, Mies oferece uma espécie de demonstração teórica do método moderno de composição arquitetônica. Decompondo a construção em seus elementos primários, desmoronam todos os ecos e sedimentos dos antigos hábitos de construção, e o espaço torna-se novamente limpo, uniforme, indiferente, como a tela vazia de que fala Kandinsky; [11] nele, os prismas geométricos simples e os materiais puros adquirem uma ressonância extraordinária, tal como as formas e as cores elementares que povoam a tela do pintor russo; as separações em mármore, as pilastras luzidias, a faixa de cobertura equilibrada colocam-se com absoluta firmeza no ambiente contínuo, qualificam-no com nitidez e com discrição e jamais o fecham, sugerindo o campo ilimitado dos possíveis desenvolvimentos.

A distinção entre valores técnicos e artísticos somente pode ser mantida como expediente crítico, já que os elementos da construção são recuperados diretamente como elementos expressivos, unicamente pelo modo como são empregados. A mão de Mies é sempre reconhecível, contudo não através de algum indício direto particular, pois a execução extremamente rigorosa não permite licença alguma, distanciamento algum; as formas projetadas possuem o valor de protótipos prontos para a reprodução industrial.

3. As publicações

Depois do pequeno livro de Gropius, *Internationale Architektur*, publicado em 1925, multiplicam-se rapidamente as publicações sobre o movimento moderno: uma contribuição modesta de Hilberseimer [12] em 1926, o grosso volume sistemático de Platz [13] em 1927, os

---

10. Cit. em S. GIEDION, op. cit., p. 48.
11. Cit. em W. HESS, op. cit., pp. 131-132.
12. HILBERSEIMER, L. *Internationale neue Baukunst*. Stuttgart, 1926.
13. PLATZ, G. A. *Die Baukunst der neuesten Zeit*. Berlim, 1927.

542. Stuttgart, um detalhe da casa de Mies van der Rohe no Weissenhof.

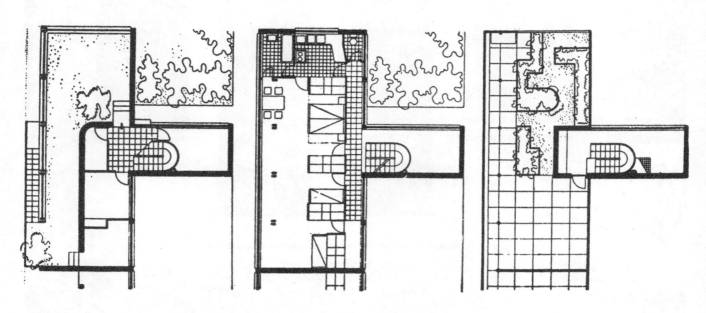

543, 544. Stuttgart, a casa de aço de Le Corbusier no Weissenhof.

545, 546. Stuttgart, a casa de Scharoun no Weissenhof.

ensaios de Meyer [14] em 1928, de Hitchcock [15] e de B. Taut [16] em 1929, de Malkiel-Jirmounsky [17] e de Cheney [18] em 1930; de 1929 a 1932, saem os quatro volumes do *Wasmuth Lexikon der Baukunst* e, em 1930, o primeiro volume sobre a obra de Le Corbusier de 1910 a 1929; na Itália, publica-se, em 1931, a antologia de Fillia [19] e, em 1932, o livro iconográfico de A. Sartoris. [20]

Nestes livros, a arquitetura moderna é apresentada não como um ideal futuro, mas como um resultado, em certa medida já realizado no presente, portanto contendo em si mesmo suas justificações.

Também no campo das revistas a situação se modifica: deixam de ser publicados, um após o outro, os periódicos de vanguarda: *L'Esprit nouveau* em 1925, *De Stijl* em 1928, a revista da Bauhaus em 1929 e, em compensação, nascem novos periódicos de orientação moderna e de difusão mais ampla. Em 1926, surgem *Die Form*, órgão da Deutscher Werkbund, e *Das neue Frankfurt*, que reflete a experiência de E. May; em 1930, surge *L'Architecture d'aujourd'hui* e, na Itália, Pagano assume a direção de *La Casabella;* os artigos e as obras dos arquitetos modernos começam também a aparecer em revistas tradicionais, tais como *Moderne Bauformen, Wasmuth Monatshefte für Baukunst und Städtebau, The Architectural Review*.

Não se trata, com efeito, de defender uma nova tendência, mas sim de documentar e de explicar um movimento já operante, e há um esforço no sentido de dar explicações, simples, positivas, compreensíveis por todos, utilizando sobretudo os argumentos técnicos e deixando de lado as justificações formais. Eis alguns exemplos: em 1927, a redação de *Moderne Bauformen*, ao encarregar Hilberseimer de documentar a Mostra de Stuttgart, adverte:

Cremos estar prestando um serviço a nossos assinantes, ao colocar diante de seus olhos uma antologia da "nova arquitetura", que a Werkbund alemã apresenta agora em Stuttgart em sua exposição internacional de projetos e modelos. Damos, portanto, a palavra a seu organizador, o arquiteto berlinense Ludwig Hilberseimer, pois convém que a tendência que, na arquitetura de quase todos os países, combate para ser desconhecida, seja ilustrada por um de seus defensores. Os números seguintes de *Moderne Bauformen* terão novamente um caráter mais usual e apresentarão decorações e ambientes modernos dos estilos mais diversos.

Hilberseimer escreve:

Os pressupostos e os fundamentos da nova arquitetura são de natureza diversa. As exigências utilitárias definem o caráter funcional do edifício. Os materiais e a estática são os meios de sua construção. Por meio da técnica de construção, os caracteres de distribuição, os fatos científicos e sociológicos exercem uma influência considerável. Acima de tudo, entretanto, domina a vontade criadora do arquiteto. Ele define o peso recíproco dos elementos singulares e realiza, através de sua justaposição, a unidade formal do edifício. O procedimento pelo qual a forma é realizada determina o caráter da nova arquitetura. Esta não se resolve em um decorativismo exterior, mas é expressão da compenetração vital de todos os elementos. O fator estético, assim, não é mais dominante, um fim em si mesmo, como a arquitetura das fachadas que ignora o organismo arquitetônico, mas é como os outros elementos, ordenado unitariamente dentro do todo e conserva, em relação a essa totalidade, seu valor e sua importância. A superestimação de um elemento sempre produz perturbações. Por isso a nova arquitetura pesquisa o equilíbrio de todos os elementos, a harmonia. Esta, contudo, não é uma coisa externa, esquemática; pelo contrário, é diversa para cada nova tarefa. Não comporta nenhum esquema estilístico predeterminado, mas é a expressão da compenetração mútua de todos os elementos, sob o domínio de uma vontade formadora. A nova arquitetura, por conseguinte, não coloca problemas estilísticos, mas problemas de construção.

Assim, torna-se compreensível até mesmo a surpreendente concordância da aparência formal na nova arquitetura internacional. De fato, não se trata de uma aspiração formal que está em moda, como freqüentemente se diz, mas da expressão elementar de uma nova concepção arquitetônica. Ainda que freqüentemente diferenciada de acordo com as particularidades locais e nacionais e com a personalidade dos projetistas, em seu conjunto é, todavia, o produto de pressupostos constantes; daí a unidade dos resultados formais. Essa concordância ideal ultrapassa todos os confins. [21]

B. Taut, em seu livro de 1929, resume as características do movimento moderno nos seguintes cinco pontos:

1) A primeira exigência em todo edifício é o alcance da melhor utilidade possível.

---

14. MEYER, P. *Moderne Architektur und Tradition*. Zurique, 1928.

15. HITCHCOCK JR., H. R. *Modern Architecture, Romanticism and Reintegration*. Nova York, 1929.

16. TAUT, B. *Die neue Baukunst in Europa und Amerika*. Stuttgart, 1929.

17. MALKIEL-JIRMOUNSKY, M. *Les tendances de l'architecture contemporaine*. Paris, 1930.

18. CHENEY, S. *The New World Architecture*. Londres, 1930.

19. FILLIA. *La nuova architettura*. Turim, 1931.

20. SARTORIS, A. *Gli elementi dell'architettura razionale*. Milão, 1932.

21. *Moderne Bauformen*, 1927, p. 325.

547, 548. Stuttgart, as casas enfileiradas de M. Stam no Weissenhof.

549, 550. Stuttgart, as casas enfileiradas de Oud no Weissenhof.

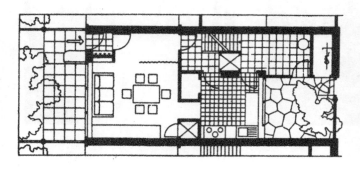 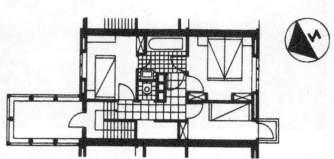

551, 552. Stuttgart, interior das casas de Gropius e de Le Corbusier no Weissenhof.

2) Os materiais empregados e o sistema de construção empregado devem estar completamente subordinados a essa exigência primária.

3) A beleza consiste no relacionamento direto entre o edifício e a finalidade, nas oportunas características dos materiais e na elegância do sistema de construção.

4) A estética da nova arquitetura não reconhece qualquer separação entre fachadas e plantas, entre ruas e pátios, entre a parte da frente e a de trás. Nenhum detalhe vale por si mesmo, mas é parte necessária do conjunto. Aquilo que funciona bem, também se apresenta bem. Nós não acreditamos mais que alguma coisa tenha um aspecto feio e que, não obstante, funcione bem.

5) Até mesmo a casa em seu conjunto, a par de seus elementos, perde o isolamento e a separação. Tal como as partes vivem na unidade dos relacionamentos recíprocos, assim a casa vive no relacionamento com os edifícios que a circundam. A casa é o produto de uma disposição coletiva e social. A repetição, assim, não é mais considerada como um inconveniente que deve ser evitado mas, pelo contrário, como o meio mais importante de expressão artística. Para exigências uniformes, edifícios uniformes, ao mesmo tempo em que a anomalia é reservada para casos onde as exigências são singulares, ou seja, sobretudo, para edifícios de importância geral e social. [22]

Esses discursos, tais como o de Gropius citado no capítulo anterior, somente são compreensíveis se se levar em conta sua natureza metafórica.

O movimento moderno desloca o significado dos termos do discurso arquitetônico, como se tentou explicar no parágrafo dedicado à Bauhaus, mas é quase impossível fazer essa explicação de forma direta, devendo-se, também, fazer a advertência de que cada palavra possui uma extensão e referências diversas das usuais. Os próprios arquitetos freqüentemente conservam os antigos hábitos, pois o movimento moderno é uma escolha operativa que somente a seguir e parcialmente é traduzida em uma teoria.

Os discursos, portanto, resultam sempre um pouco forçados e alusivos. Devendo-se, depois, falar ao grande público, existe um contraste entre precisão e simplicidade: os discursos precisos resultam complicados, os simples resultam ambíguos e aproximativos.

As várias etiquetas que defensores e adversários aplicam, nesse período, ao movimento moderno, somente podem ser compreendidas em relação a essas dificuldades. São fórmulas em que certos vocábulos tradicionais são utilizados para acentuar, de modo alusivo, alguns aspectos do movimento; as palavras, contudo, podem mesmo ser interpretadas em um sentido literal, e produzem uma série de equívocos.

A fórmula *neue Sachlichkeit* é prestigiada pelo debate literário e serve para lançar luz sobre o parentesco do movimento arquitetônico com as experiências análogas em outros campos. A nova arquitetura, como o teatro de Brecht, visa engajar o comportamento prático dos homens, "extrair decisões" mais do que "permitir sentimentos". [23] Para tal finalidade, os arquitetos encontram-se em posição mais vantajosa do que os escritores; estes estão limitados a apresentar ao público suas propostas por via indireta, modificando as formas tradicionais de entretenimento destinadas a ocupar o tempo livre — e, portanto, endereçando-se ao público exatamente quando este espera obter uma evasão das responsabilidades de todo dia — enquanto a arquitetura engaja o homem em cada momento do dia e o atinge exatamente quando ele pensa em seus interesses concretos.

A comparação com a literatura ajuda mesmo a explicar o significado das outras etiquetas. A fórmula "arquitetura racional" pode ser interpretada adotando-se as palavras de Piscator: a nova arquitetura "não deve mais influir sobre o espectador por via meramente sentimental, não especular mais sobre sua disponibilidade emotiva, mas dirigir-se, de modo totalmente consciente, a sua razão; não deve comunicar arrojo, entusiasmo, êxtase, mas clareza, saber, conhecimento"; [24] com efeito, a racionalidade é a condição indispensável para que as idéias se prendam no mundo concreto:

Nur belehrt von der Wirklichkeit, können wir
Die Wirklichkeit ändern. [25]

A fórmula "arquitetura funcional" está estreitamente ligada à anterior. A nova arquitetura (usando as palavras de Brecht) "endereça-se mais ao técnico do que ao amador", [26] e solicita do espectador um cálculo, uma avaliação objetiva mais do que um movimento subjetivo de admiração. Prefere-se tomar como ponto de apoio as vantagens funcionais, demonstráveis racionalmente, mais do que as avaliações de

---

22. TAUT, B. Op. cit., p. 6.

23. Cit. em P. CHIARINI, *Bertold Brecht*, Bari, 1959, p. 164.

24. PISCATOR, E. *Das politische Theater*. Berlim, 1929, pp. 40-41. (Trad. bras. *O Teatro Político*, Civilização brasileira.)

25. BRECHT, B. *Die Massnahme*. Berlim, 1930.

26. BRECHT, B. *Opera da tre soldi* (1927). Prefácio. Trad. it., Milão, 1946, p. 160.

553. A sala comum da casa alta na mostra da Werkbund em Paris, em 1930 (de S. Giedion, *W. Gropius*).

554, 555, 556. Berlim, *Bauausstellung* 1931: em cima, decoração de L. Reich; embaixo a planta e uma vista de casa-modelo de Mies van der Rohe (de P. Johnson, op. cit.).

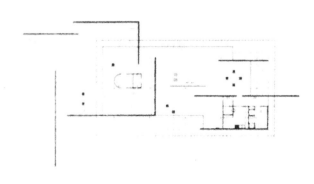

gosto; somente assim a demonstração pode ser, em sua parte substancial, independente do grau de cultura do público e pode alcançar a todos diretamente, não através de uma elite refinada: isto é, pode fugir à organização hierárquica da cultura tradicional.

A fórmula "arquitetura internacional", rebatida pelo título do livro de Gropius, reporta-se às duas primeiras. Gropius dá a seguinte explicação:

> É errado colocar a tônica no individual a qualquer custo. Ao contrário, a vontade de desenvolver uma visão unitária do mundo, que caracterize nosso tempo, põe à frente o desejo de libertar o valor do espírito das limitações individuais e de elevá-lo a uma validade objetiva... Na arquitetura moderna, é claramente perceptível a objetivação daquilo que é pessoal e nacional. Uma moderna marca unitária, condicionada pelos trâmites mundiais e pela técnica mundial, abre-se caminho em cada ambiente cultural, acima dos limites naturais a que ficam ligados os indivíduos e os povos. A arquitetura é sempre nacional, é também sempre individual mas, entre os três círculos concêntricos — indivíduo, povo, humanidade — o terceiro e maior abrange os outros dois; daí o título: arquitetura internacional! [27]

Persico faz a seguinte advertência, em 1934: "Se se desejar considerar a arquitetura nova fora das fórmulas estéticas, mais do que falar de internacionalismo é preciso restaurar o conceito de um mundo totalmente racional, inteligente". [28]

Tais conceitos fazem parte de um novo pensamento, que se está agora delineando sob o impulso das novas experiências; porém, as fórmulas verbais empregadas para manifestá-lo podem ser interpretadas de acordo com os hábitos tradicionais e podem ser referidas ao velho sistema de valores.

Assim, a "nova objetividade" pode ser interpretada como uma adesão mecânica aos dados de fato, a "racionalidade" como exaltação da dedução sobre a indução, a noção de "funcionalidade" pode ser restringida aos fatos materiais — isto é, a distinção entre exigências materiais e espirituais pode ser mantida nos velhos termos — e o "internacionalismo" pode ser compreendido em sentido literal, como se a nova arquitetura devesse ser igual em todos os países e independente das tradições locais.

Face a tais acusações, os arquitetos modernos replicam, mas via de regra aceitam implicitamente os significados tradicionais das palavras e enredam-se em discussões estéreis, onde a partida está perdida desde o início. Por exemplo, insistem em declarar que valorizam não somente a técnica e as comodidades materiais, como também a arte e os valores espirituais; dizem, antes, que as satisfações espirituais são mais importantes do que as materiais e os sentimentos, mais do que as comodidades (sempre usando as palavras de seus adversários). Apressam-se, portanto, em justificar as formas usadas por meio de motivos estéticos e recolocam em circulação os argumentos teóricos do neoplasticismo, do cubismo, do purismo e dos outros movimentos de vanguarda interpretados de modo mais ou menos sumário.

Neste ponto, as posições invertem-se: os arquitetos modernos apelam para sublimes teorias esotéricas, por vezes incompreensíveis, enquanto seus adversários notam, com sarcasmo, que essas teorias nos levam a descuidar alguns critérios elementares de praticidade e de economia, e freqüentemente levam a melhor porque os arquitetos modernos adotam soluções tecnicamente discutíveis ou simplesmente experimentam novos sistemas ainda não suficientemente verificados. Vejam-se, por exemplo, as discussões sobre a janela em comprimento defendida por Le Corbusier e os esforços dos tradicionalistas para demonstrar cientificamente que a janela vertical ilumina melhor o cômodo, as disputas sobre terraços planos que deixam filtrar a água ou sobre a abolição das cornijas, que protegem as fachadas das intempéries. [29]

Essas polêmicas ociosas ainda ressoavam ontem, e mesmo hoje não estão totalmente exauridas. O movimento moderno teve, com elas, grandes estorvos, porque elas impediram que se desenvolvessem em tempo os raciocínios verdadeiros e importantes, que teoria e prática caminhassem lado a lado, e, quando a conjuntura social e política se tornou grave e dramática, serviram como refúgio e como álibi para evasões das responsabilidades reais.

Empregaremos os termos de "arquitetura racional", "funcional" ou "internacional" somente quando nos referirmos às discussões acima, e evitaremos adotá-los para indicar o movimento em seu conjunto. Isso irá complicar um pouco a exposição, mas nos permitirá evitar muitos lugares-comuns que pesam sobre a teoria da arquitetura moderna e não confundir a rea-

---

27. GROPIUS, W. *Internationale Architektur.* Munique, 1925, p. 7.

28. PERSICO, E. Un ristorante automatico a Praga. *Casabella*, jan. 1934. Reproduzido em *Scritti critici e polemici*, Milão, 1947, p. 262.

29. Ver, por exemplo, G. GIOVANNONI, Il momento attuale dell'architettura, *Architetture di pensiero e pensieri sull'architettura*, Roma, 1945, p. 271.

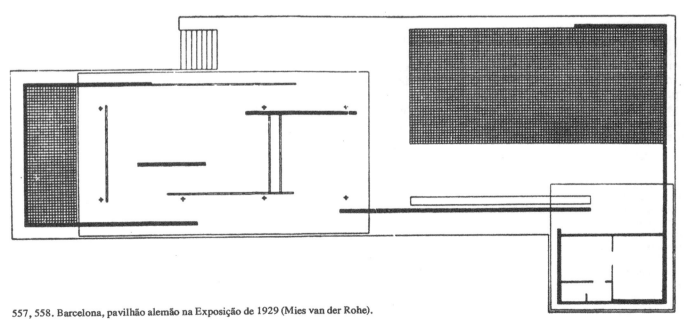

557, 558. Barcelona, pavilhão alemão na Exposição de 1929 (Mies van der Rohe).

lidade histórica com a interpretação polêmica e restritiva que ocorreu em um determinado ponto.

4. A fundação dos CIAM

Em 1927, o concurso para a Liga das Nações e a Exposição de Stuttgart demonstraram que um grande número de arquitetos em várias nações da Europa trabalham com métodos similares e que suas contribuições são, com efeito, componíveis entre si.

Em 1928, nasce a exigência de traduzir essa unidade hipotética em uma associação, e a ocasião é oferecida por Mme de Mandrot, que coloca o castelo de La Sarraz à disposição para um congresso dos arquitetos modernos.

Le Corbusier prepara um gráfico em cores, que é afixado na sala de reuniões, onde são apresentados os seis pontos a serem discutidos:

— a técnica moderna e suas conseqüências
— a padronização
— a economia
— a urbanística
— a educação da juventude
— a realização: a arquitetura e o Estado. [30]

Os discursos feitos em La Sarraz, como ocorre normalmente em tais ocasiões, não são muito significativos; dentre a maior parte das pessoas que intervém [31], existe, sem dúvida, uma concordância substancial, que veio à luz do modo mais significativo no ano anterior, em Stuttgart, no campo dos fatos; mas é muito mais difícil traduzir essa concordância em palavras, pois, quem é capaz de simplificar os discursos, passando por cima das dificuldades, possui inevitavelmente uma vantagem em relação a quem vê toda a complexidade dos problemas e é prejudicado, ao falar deles por esse conhecimento.

A declaração final é no estilo de Le Corbusier:

Os arquitetos abaixo-assinados, representantes dos grupos nacionais de arquitetos modernos, afirmam sua identidade de opiniões sobre conceitos fundamentais da arquitetura e sobre suas obrigações profissionais. Insistem, sobretudo, no fato de que "construir" é uma atividade elementar do homem, ligada intimamente à evolução da vida. O destino da arquitetura é exprimir o espírito de uma época. Eles afirmam, hoje, a necessidade de um novo conceito de arquitetura, que satisfaça às exigências materiais, sentimentais e espirituais da vida atual. Conscientes das profundas perturbações produzidas pelo maquinismo, reconhecem que a transformação da estrutura social e econômica exige uma correspondente transformação da arquitetura. Reuniram-se com a intenção de procurar a harmonização entre os elementos presentes no mundo moderno e de trazer a arquitetura novamente para dentro de seu verdadeiro âmbito, que é econômico, sociológico e, em seu conjunto, está a serviço da pessoa humana. Assim, a arquitetura escapará da influência estéril das academias. Firmes nessa convicção, declaram associar-se para realizarem suas aspirações.

A fim de ser proveitosa para um país, a arquitetura deve estar intimamente ligada à economia geral. A noção de "rendimento", introduzida como axioma na vida moderna, não implica, com efeito, o máximo proveito comercial, mas uma produção suficiente para satisfazer completamente as exigências humanas. O verdadeiro rendimento será fruto de uma racionalização e de uma normalização, aplicadas elasticamente tanto aos projetos arquitetônicos, quanto aos métodos industriais. É urgente que a arquitetura, ao invés de fazer um apelo quase que exclusivo a um artesanato enfraquecido, sirva-se também dos imensos recursos da técnica industrial, mesmo que essa decisão deva conduzir a resultados um tanto diferentes daqueles que fizeram a glória das épocas passadas.

A urbanística é a planificação dos locais e dos ambientes diversos que devem abrigar o desenvolvimento da vida material, sentimental e espiritual em todas as suas manifestações, individuais e coletivas, e compreende tanto as situações urbanas, quanto as rurais. A urbanística não pode mais estar sujeita exclusivamente às regras de um esteticismo gratuito, mas é, essencialmente, de natureza funcional. As três funções fundamentais, com cujo cumprimento deve-se preocupar a urbanística, são: 1) morar, 2) trabalhar, 3) recrear. Seus objetivos são: a) a destinação do solo, b) a organização dos transportes, c) a legislação. As três funções mencionadas não são facilitadas pela situação atual. As relações entre os diversos locais onde elas são exercidas, devem ser recalculadas, a fim de que seja estabelecida uma proporção justa entre volumes construídos e espaços livres. A repartição desordenada do solo, fruto dos loteamentos, das vendas e da especulação, deve ser substituída por um sistema racional de reagrupamento fundiário. Esse reagrupamento, base de toda urbanística relativa às necessidades presentes, assegurará, aos proprietários e à comunidade, a eqüidade na repartição da valorização derivada dos trabalhos de interesse comum.

É indispensável que os arquitetos exerçam uma influência na opinião pública, a fim de que sejam conhecidos os meios e os recursos da nova arquitetura. O ensino acadêmico perverteu o gosto do público, e normalmente os problemas reais do ato de morar não são nem mesmo apresentados. O público é mal informado, e os próprios ouvintes usualmente formulam mal seus desejos em matéria de alojamento. Assim, a moradia ficou, por muito tempo, estranha às preocupações maiores do arquiteto. Um corpo de noções elementares, en-

30. LE CORBUSIER. Op. cit., p. 175.

559-564. O "estilo racional": F. Molnar, casa em Budapeste (1932); L. De Koninck, Casa Claes em Anderghem (1931); J. Fischer, casa em Budapeste (1932); Cornell & Ward, casa em Grayswood, Inglaterra (1932); S. Papadaki, casa em Glyfada (1933); M. Jancu, casa em Bucareste (1933) (de A. Sartoris, *Gli elementi dell'architetura razionale*).

sinado nas escolas primárias, poderia constituir o fundamento de uma educação doméstica. Esse ensino poderia formar novas gerações dotadas de um conceito sadio de moradia, e estas, futura clientela do arquiteto, poderiam impor a este a solução do problema da moradia, deixada de lado por um tempo excessivo.

Os arquitetos, tendo a firme vontade de trabalhar no real interesse da sociedade moderna, sustentam que as academias conservadoras do passado são obstáculos ao progresso social, descuidando do problema da moradia em favor de uma arquitetura puramente representativa. Por meio de sua influência sobre o ensino, elas viciam na origem a vocação do arquiteto e, possuindo quase que a exclusividade dos encargos públicos, elas se opõem à penetração do espírito novo, o único que poderá reviver e renovar a arte de construir. [32]

É interessante levar em consideração principalmente os discursos sobre meios de realização, que qualificam a ação dos CIAM para com a sociedade contemporânea.

O sexto dos pontos propostos por Le Corbusier diz: "realização: a arquitetura e o Estado". Nessa fórmula convergem várias linhas de pensamento: Le Corbusier cultiva a idéia de uma arquitetura demiúrgica, onde o comportamento da maioria seja regulado pela ação esclarecida da minoria. Ele escrevia, em 1923: "a arte de nossa época está em seu lugar quando se dirige às elites; a arte não é coisa popular... é um alimento necessário para as elites, que devem observar, para poder conduzir; a arte é essencialmente aristocrática (*hautaine*)", [33] e é natural que ele deseje exercer essa tarefa diretiva no nível máximo, através do Estado.

Gropius vê que as elites atuais podem continuar a ter uma função na sociedade moderna somente abdicando de sua preponderância de fato para assumir uma tarefa de mediação cultural: garantir a passagem do antigo patrimônio dos valores da velha para a nova estrutura social (em termos técnicos: do artesanato à indústria); [34] poder-se-ia dizer que devem, não "observar para poder conduzir", mas conduzir somente o tempo suficiente para formular, observando um sistema apropriado de valores que talvez seja deixado como herança a outros na futura sociedade

31. Gropius está ausente dessa primeira reunião, estando ocupado com a transferência de Dessau a Berlim.
32. Texto em *La Charte d'Athènes*, Paris, 1941.
33. LE CORBUSIER-SAUGNIER. *Vers une architecture*. Paris, 1923, p. 79.
34. Ver G. C. ARGAN, *Walter Gropius e la Bauhaus*, Turim, 1951, pp. 16-19.

unificada. E uma vez que o lugar onde os interesses de todos vêm à luz e onde se concentram à medida que crescem os meios de intervenção é o Estado (basta pensar na importância sempre maior da construção subvencionada na produção global de edificações), Gropius e os seus apóiam-se, também eles, no Estado a fim de traduzir para a realidade suas teses.

A diferença decisiva é esta: Le Corbusier não possui qualquer experiência das relações com o Estado, enquanto Gropius, Mies e os outros cultivam há tempos essas relações; tanto a Bauhaus, quanto a Werkbund são instituições estatais, e o Weissenhof de Stuttgart — bem como os edifícios de Dessau — foi pago com dinheiro público. Uma experiência semelhante possuem os holandeses, que há trinta anos trabalham por conta das administrações públicas; o velho Berlage chega justamente para intervir no sexto ponto, com uma exposição intitulada *As relações entre o Estado e a arquitetura*.

Le Corbusier, tal como os intelectuais franceses do século XVIII dos quais fala Tocqueville, tem uma concepção formal do poder, enquanto posse dos meios financeiros e jurídicos necessário para executar certos programas, e pensa poder utilizar o poder público como executor de suas intenções, sem abdicar da condição de distanciamento que lhe é própria enquanto intelectual.

Gropius, Oud e Berlage sabem que basear seu jogo no Estado significa abandonar a posição privilegiada dos artistas de vanguarda, aceitar a luta política em um plano de igualdade com os demais homens. Se os arquitetos sustentam que podem influir nas condições de vida de todos os demais, o menos que se pode pedir a eles é que apresentem suas propostas segundo as regras vigentes, as quais valem para todos.

Esse passo é importantíssimo; mesmo aqueles que, por falta de experiência, acreditam situar-se fora da confusão, ao pedirem a intervenção do Estado aceitam implicitamente as regras do jogo: o jogo democrático ou o jogo totalitário. E aqueles que pensam que podem manter diferenciados os meios dos fins, oferecer sua obra aos poderosos de todo tipo mantendo imune de concessões ao menos o campo do projeto, serão logo desiludidos: as ditaduras não querem a arquitetura moderna, mas sim arcos e colunas, e são muito mais conseqüentes do que os arquitetos pois refutam toda distinção entre o "como" e o "quê".

No castelo de La Sarraz, esses problemas estão no ar; reina um grande otimismo, mas percebe-se a

565, 566. Poissy, a *Villa* Savoye (Le Corbusier e P. Jeanneret, 1929-31).

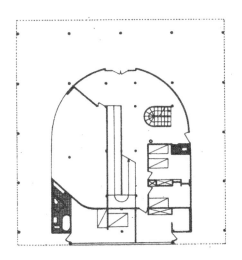
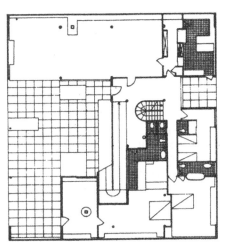
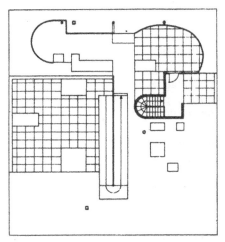

gravidade dos problemas abordados e das alternativas abertas. Por isso, de modo oportuno, a estrutura de organização é deixada bastante tênue, e a sigla adotada (Congressos Internacionais para a Arquitetura Moderna) indica apenas a ocasião de encontrar-se que é oferecida, periodicamente, a fim de confrontar as experiências feitas. Gropius escreve:

> A coisa mais importante foi o fato de que, em um mundo pleno de confusões, de esforços fragmentários, um pequeno grupo internacional de arquitetos sentiu a necessidade de reunir-se, em uma tentativa de ver, como um todo unitário, os problemas multifacetados que os confrontavam. [35]

Na realidade, colocam-se duas tarefas distintas: confrontar periodicamente as experiências a fim de aprofundar os problemas abertos, e decidir a maneira de apresentar ao público as soluções à medida que são atingidas. A primeira exigência conduziria a uma restrição da concordância entre as correntes, trazendo à luz as dificuldades de fundo; a segunda, ao contrário, conduziria a ampliar a concordância, cobrindo com fórmulas provisórias os argumentos controversos a fim de ganhar em clareza de exposição.

Nem sempre as duas tarefas se desenvolvem lado a lado, e o aprofundamento cultural algumas vezes foi sacrificado em prol da apresentação propagandística; não obstante a sinceridade do empenho, os discursos correm o risco de ser divididos em dois tipos, para uso interno e para uso externo, e o movimento moderno, apresentando-se sob uma veste oficial e aceitando especificar suas teses em forma esquemática, fruto por vezes de compromissos verbais, autoriza implicitamente o público a considerá-los como esquemas.

Nos anos próximos a 1930, a arquitetura moderna atinge o máximo de prestígio e de popularidade, sobretudo na Alemanha e, em medida menor, em outros países.

É o momento em que a atração do repertório formal elaborado pelos arquitetos modernos induz muitos outros projetistas — de formação diversa e, mesmo, decididamente acadêmica — a modernizarem sua linguagem mais ou menos sinceramente. O espírito da arquitetura moderna difunde-se também em outros campos; é de 1930 a cantata de Hindemith *Wir bauen ein Haus,* executada por um coro de meninos que imitam os gestos dos construtores, enquanto os versos do texto exaltam o trabalho coletivo.

Neste clima, entre 1929 e 1931, constroem-se quase que ao mesmo tempo três insignes obras que logo se tornam famosas e servem como ponto de referência para as discussões a favor e contra o movimento moderno: a *Villa* Savoye em Passy, de Le Corbusier, a *Villa* Tugendhat em Brno, de Mies van der Rohe, o Columbushaus em Berlim, de Mendelsohn.

Concebidos em um clima acentuadamente polêmico, esses edifícios de caráter diverso possuem em comum uma rara limpidez de colocação, revelando que seus autores estão empenhados em um excepcional esforço demonstrativo. Ficou, no resultado, uma certa rigidez e, de fato, é extremamente fácil a passagem desses protótipos para as imitações mecanizadas e feitas às dúzias. São três imagens sugestivas e um pouco fáceis, próximas de se tornarem lugares-comuns.

A *Villa* Savoye (Figs. 565-569) uma moradia de luxo, a cerca de trinta quilômetros de Paris, em um local que oferece pouquíssimas sugestões de perspectivas e vínculos funcionais: um vasto prado, ligeiramente convexo, contornado por densos bosques. A casa nasce, portanto, quase despida de temas contingentes e pode tornar-se a representação fiel de um conceito abstrato, tal como a Rotunda de Palladio.

O edifício não se mistura ao ambiente natural, mas se coloca em seu centro, sem modificá-lo, resumindo as características da paisagem simétrica com sua forma igualmente simétrica: é um paralelepípedo de base quadrada, elevado sobre pilotis, com quatro fachadas iguais voltadas para os quatro pontos cardeais: "A grama é uma coisa linda, e também a floresta; serão, portanto, tocadas o menos possível, e a casa colocar-se-á sobre a grama como um objeto, sem estragar nada". [36]

A relação entre a casa e o terreno é, assim, essencialmente contemplativa (Le Corbusier utiliza somente um tênue motivo funcional: a curva do automóvel que inverte a marcha por entre os pilotis, determinando o envolvimento dos ambientes no térreo e a medida do quadrado de base); sendo a vista uniforme em todas as direções, o ambiente natural pode ser identificado com o ambiente cósmico e, de fato, o único princípio de assimetria introduzido *a priori* na composição é o caminho do sol, que regula, no interior, a disposição dos ambientes habitáveis.

Estabelecido esse envolvimento, Le Corbusier dedica-se com engenhosidade a distribuir racionalmente,

---

35. GROPIUS, W. CIAM 1928-1953. *Scope of Total Architecture* cit., p. 1.

36. LE CORBUSIER & JEANNERET, P. *Oeuvre complète 1929-1934.* Zurique, 1952, p. 24.

567, 568, 569. Poissy e *Villa* Savoye (seção e vista original da *Oeuvre complète*).

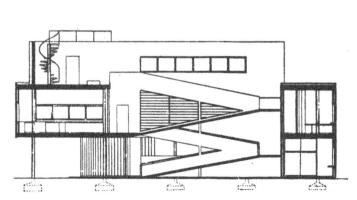

em seu interior, todos os elementos funcionais. A continuidade entre os três andares é obtida por meio de uma rampa de aclive suave que sobe do térreo ao jardim suspenso e, daí, ao solário:

> Trata-se de um passeio arquitetônico, que oferece aspectos constantemente variados, inesperados, por vezes surpreendentes. É interessante obter tanta diversidade, quando foi admitido, por exemplo, como sistema de construção, um gradeado absolutamente rigoroso de pilastras e de traves. [37]

É muito instrutivo confrontar as sucessivas redações do projeto: [38] a malha estrutural, as referências à orientação, o desenho das fachadas e o programa funcional são os mesmos, enquanto as soluções de distribuição e os episódios do passeio arquitetônico são muito diversos e poderiam ainda, possivelmente, sofrer mais variações, porquanto é muito nítida a distinção entre os aspectos variáveis e os invariáveis.

A execução não está à altura da idealização, como ocorre neste período com Le Corbusier, e os defeitos técnicos prejudicam o efeito arquitetônico, introduzindo um distanciamento entre imagem e realidade; hoje, que a *villa* está abandonada, esses pontos fracos emergem inexoravelmente à claridade, não estando disfarçados pela decoração, e o visitante tem a impressão de vaguear pelo palco de um teatro, onde se vêem os sustentáculos e as escoras do cenário.

Le Corbusier não renuncia, nem mesmo nessa ocasião, a considerar seu edifício como um protótipo a ser construído em muitos exemplares, em um loteamento nos arredores de Buenos Aires. Uma vez que essa casa é evidentemente concebida como um *unicum*, a ser colocado dentro de uma paisagem virgem e tendencialmente ilimitada, a surpreendente proposta somente pode ser explicada por meio de um processo ulterior de abstração, que o artista executa em homenagem a um outro princípio teórico (a reprodução em série).

Tampouco a *Villa* Tugendhat (Figs. 570-575) é uma construção usual: é uma residência suntuosíssima sobre um terreno em declive, que é atingido pelo alto. O edifício está colocado a pequena distância da rua e interrompe a vista entre a própria rua e o jardim.

Mies van der Rohe adapta com cuidado sua arquitetura aos vínculos da localização: é um volume simples, porém claramente articulado segundo as necessidades de distribuição. Os ambientes são fechados para o lado da rua, exceto a parte de serviço, e amplamente abertos para o jardim; as ligações funcionais são bem estudadas, sem, contudo, os encaixes complexos de Le Corbusier, e sem o recurso de comprimir algumas funções em dimensões mínimas; os locais estão agrupados em blocos compactos, bem espaçados entre si e dispostos agilmente nas malhas uniformes da estrutura metálica. Vínculos geométricos reduzidos ao mínimo e os distributivos convenientemente esmaecidos. Mies visa decididamente a um aprofundamento da técnica de construção e, uma vez que a pessoa que a encomendou não impõe limites econômicos, o arquiteto pode escolher os materiais e os procedimentos que julgar melhores.

Um assunto desse gênero a rigor não pode ser esgotado num edifício isolado, porque as soluções técnicas convenientes somente são encontradas após muitas experiências. Por isso, Mies conta sobretudo com as vantagens dos materiais (as pilastras metálicas cruciformes são revestidas por lâminas cromadas; as divisões da sala de estar são em ônix e em ébano) e com excepcionais dispositivos mecânicos (a grande vidraça da sala de estar pode correr verticalmente pelo pavimento, por meio de um comando elétrico, pondo em comunicação direta o interior com o exterior).

A arquitetura de Mies, assim como a de Le Corbusier, baseia-se em um rígido controle das relações entre os elementos funcionais; o mestre alemão, porém, diversamente do francês, percebe que, para transformar as superfícies e os volumes em realidades arquitetônicas, é preciso um obstinado empenho técnico, proporcional ao referente ao desenho. O empenho, aqui, é em grande parte demonstrativo, por falta de tempo e de experiência, mas é a indicação de uma orientação que Mies van der Rohe mantém obstinadamente daí em diante, até suas obras-primas na terra americana.

Essa obra torna-se repentinamente famosa e aparece em todas as revistas, acompanhada de comentários de admiração em grande parte genéricos, mesmo porque poucos comentaristas conseguiram vê-la, enquanto as fotografias dão conta somente dos aspectos externos (muito mais instrutivos são os desenhos de construção). Persico capta um ponto fundamental quando escreve:

> Alguém falou, a propósito desta casa, de um "espírito da técnica". Isso significa, sem dúvida, que Mies van der Rohe finalmente criou não apenas um edifício "racional", mas sobretudo uma construção expressiva de estados de espírito

---

37. LE CORBUSIER & JEANNERET, P. Op. cit., p. 24.
38. Publicadas respectivamente no primeiro volume da *Oeuvre complète*, pp. 186-187, e no segundo, pp. 24-25.

 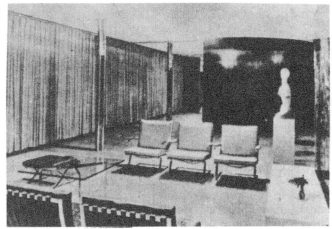
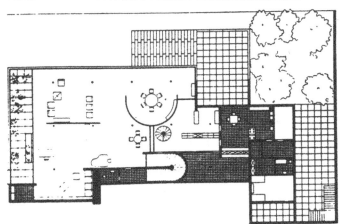 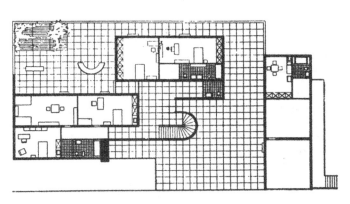

570-575. Brno, *Villa* Tugendhat (Mies van der Rohe, 1930; de P. Johnson, op. cit.).

576, 577. Berlim, a Columbushaus (E. Mendelsohn, 1931).

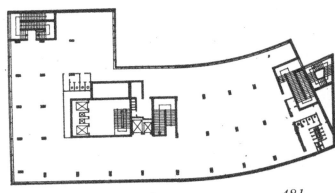

modernos, de uma "civilização" que estabeleceu seus limites sem ligação com as idéias que a precederam... Não é verdade que a liberdade com que é construída essa *villa* seja um arbítrio alentado pelas possibilidades de uma técnica nova; é verdade o contrário: estamos frente a uma obra que estabelece uma lei em relação a sentimentos novos... Nela, a técnica e a arte encontraram, tal como no passado, sua inevitável concordância. [39]

A Columbushaus (Figs. 576 e 577) é um edifício comercial na Potsdamerplatz, em Berlim: o térreo destina-se a lojas comerciais, o primeiro andar e o andar sob o térreo a restaurantes, os sete andares típicos a escritórios e o último a um restaurante panorâmico. Diferentemente das lojas Schocken e do edifício para a União dos Trabalhadores Metalúrgicos aqui não é especificada com antecedência a organização que será tomada pelos escritórios, mas é preciso prever a máxima flexibilidade, pois os ambientes serão fracionados de modo imprevisível e sempre diverso.

O edifício é sustentado por um esqueleto de aço; as pilastras estão recuadas em cerca de um metro e meio da linha da fachada nos primeiros dois andares, de modo que as vitrinas das lojas e as grandes vidraças do restaurante correm ininterruptas por todo o perímetro; no teto do primeiro andar, as pilastras sustentam, por meio de mísulas, uma grande trave sobre a qual se apóia a estrutura portante dos escritórios, que está alinhada com a fachada e é formada por delicados montantes distanciados aproximadamente 1,80 m um do outro; assim, as repartições dos escritórios podem ser colocadas praticamente em qualquer posição, correspondendo aos montantes externos, e a fachada inteira é construída como um grande cercado, que sustenta a si próprio e as instalações dos vários andares. Os parapeitos são revestidos em faixas de pedra polida e formam listas horizontais não interrompidas pelas várias ordens de janelas.

A tensão de origem expressionista que caracteriza a arquitetura de Mendelsohn cai, neste edifício, até seu ponto mais baixo e possibilita finalmente um discurso suave e sereno. A estrutura reticular revela-se claramente na fachada, não obstante o revestimento parcial em pedra, e impede que o efeito gráfico das listras horizontais claras e escuras saia demasiadamente fora; [40] somente a terminação do lado curto com a vidraça contínua da escada e a leve dobra do lado comprido movimentam a composição, e conservam apenas um eco das tumultuosas composições juvenis.

Deixando de lado, porém, os méritos estilísticos, essa obra traz para a causa da arquitetura moderna uma contribuição mais imediata do que as *villas* suburbanas de Le Corbusier e de Mies. Ela faz ver ao público, do modo mais convincente, que somente a arquitetura moderna está apta para resolver certos problemas funcionais próprios de um moderno centro de negócios. A impossibilidade de conhecer *a priori* as destinações exatas impede uma definição dos ambientes e das fachadas do modo tradicional; seria, portanto, absurdo pensar em aplicar a vestimenta estilística habitual. Pelo contrário, a flexibilidade conceitual ínsita na nova linguagem permite executar a desejada flexibilidade de distribuição, e a capacidade de escalonar as decisões de projeto em várias etapas permite tornar preciso o programa econômico quando ainda não se delineou a utilização dos ambientes, como esse gênero de iniciativa requer.

Demonstra-se, assim, que a nova arquitetura não serve somente para construir as excêntricas moradias de alguns clientes fora do comum, mas é a condição indispensável para renovar os centros das cidades, e diz respeito, dessa maneira, aos interesses de todos; o homem comum pode sustentar que a *Villa* Savoye não lhe diz respeito, mas não pode deixar de aceitar a Columbushaus, pois algumas funções que envolvem sua vida quotidiana encontram, nesse edifício, pela primeira vez, um arranjo satisfatório.

---

39. E. PERSICO, em *Casabella*, nov. 1931; ver *Scritti critici e polemici* cit., pp. 238-240.

40. J. Posener, assistente nessa obra, nota que o edifício era mais bonito antes que os painéis horizontais fossem fixados às pilastras finas e freqüentes que formam a estrutura superficial; mesmo Mendelsohn diz: "Cada edifício tem um aspecto melhor antes de estar completo; esse é o momento em que o arquiteto aprende o que deverá fazer da próxima vez". Cit. em A. WHITTICK, *Erich Mendelsohn*, Londres, 1956, pp. 93-94.

15. A ABORDAGEM DOS PROBLEMAS URBANÍSTICOS

1. Legislação e experiências urbanísticas no pós-guerra

No pós-guerra, o problema da moradia torna-se subitamente agudo em muitos países europeus. A deficiência de habitações deve-se não tanto aos danos de guerra — que são relevantes apenas na França, onde cerca de trezentos e cinqüenta mil moradias foram destruídas —, quanto à paralisação da atividade de construção durante o conflito nos países beligerantes e em muitos dos neutros. Além disso, o custo de construção das habitações aumenta mais rapidamente do que o custo de vida, em parte pelo encarecimento dos materiais, da mão-de-obra e dos terrenos, em parte pela procura de tipos de edificação cada vez mais aperfeiçoados. Assim, mostra-se cada vez mais necessária a intervenção do Estado a fim de assegurar uma moradia às categorias menos abastadas.

A intervenção do Estado exerce-se de duas maneiras: por meio de créditos e facilidades concedidas às associações particulares, ou por meio de construção de alojamentos por iniciativa direta das entidades públicas.

O primeiro sistema é adotado principalmente na Inglaterra; como conseqüência das leis Addison (1919), Chamberlain (1923), Wheatley (1924) e Greenwood (1930), o Estado empenha-se em subvencionar até 75% das iniciativas públicas e privadas que observam determinadas regras de distribuição e higiene; em 1936, quando as várias leis são unificadas pela Housing Act, contam-se cerca de um milhão e cem mil moradias construídas com tais subvenções, ou seja, cerca de um terço de toda a produção da construção civil inglesa; até mesmo Welwyn, a segunda cidade-jardim de Howard, tira proveito da Lei Addison. Na Suécia, o Estado garante os juros dos empréstimos às iniciativas privadas, especialmente cooperativas; surgem, por isso, nesse período, algumas cooperativas importantes de construção, tais como a H.S.B. de Estocolmo (1924) que ocupa um lugar de primeiro plano na realização dos planos urbanísticos da capital sueca. Na Bélgica, é fundada em 1920 a Société Nationale des Habitations Bon Marché, a qual não constrói, mas financia outras sociedades. Na França, existe a velha Lei Siegfried de 1894, aperfeiçoada em 1928 pela Lei Loucher, porém a atividade de construção privada marca passo, e, em lugares onde a necessidade de novas moradias é aguda, é preciso que o próprio Estado intervenha.

O segundo sistema é mais adequado para o saneamento de situações de emergência. Na França, uma lei de 1912 permite que as administrações comunais construam moradias populares e, de conformidade com essa lei, é fundado em 1914 o Office Municipale des Habitations Bon Marché de Paris, que começa a trabalhar em 1920. Soma-se, em 1915, um órgão análogo no departamento do Sena, que constrói, no pós-guerra, um certo número de bairros satélites na *banlieue* parisiense (dentre os quais, as casas em torre de Beaudouin e Lods em Drancy), que compreende dezoito mil alojamentos. Na Inglaterra, podem tirar proveito das subvenções do governo, entre outros, as entidades públicas. A mais importante é o London City Council, que, entre 1920 e 1936, constrói uns setenta mil alojamentos, dos quais vinte e

483

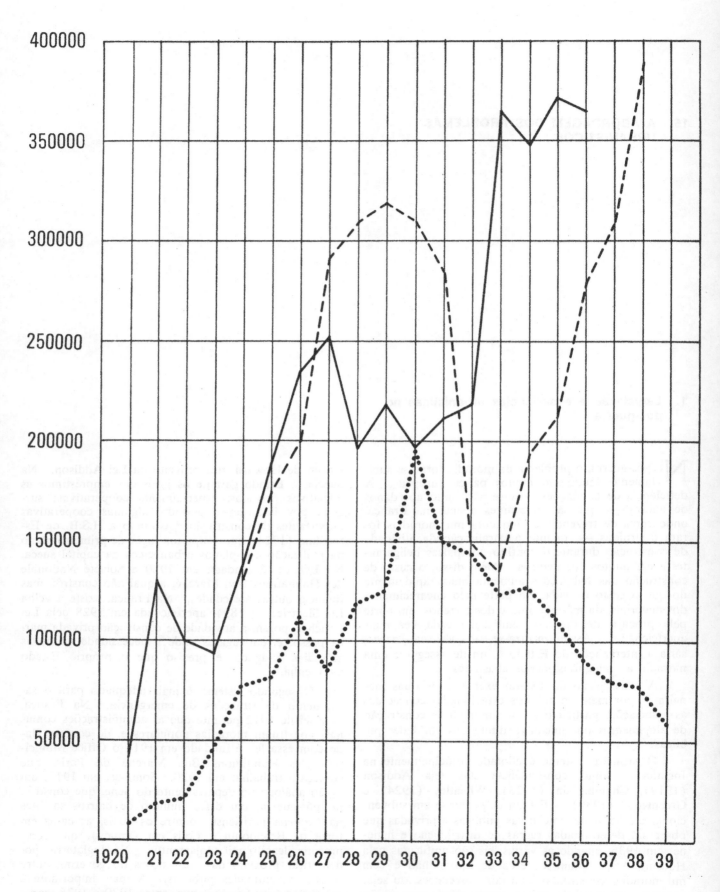

578. Diagrama da produção da construção civil entre as duas guerras na França (linha pontilhada), na Inglaterra (linha contínua) e na Alemanha (linha tracejada); nas coordenadas, o número de alojamentos construídos a cada ano.

cinco mil concentrados em Becontree, em Essex, até então o maior complexo de construções subvencionado e realizado no mundo. Trata-se, em sua maior parte, de casas unifamiliares, com largas zonas vinculadas ao verde; todavia, a grandeza da iniciativa, que cria artificialmente uma cidade de cento e vinte e cinco mil habitantes, levanta graves problemas de organização, resolvidos somente em parte. Na Alemanha, uma das últimas leis promulgadas pelo Império, em 1918, encarrega as cidades da Prússia de criarem órgãos municipais para a construção civil; o princípio da responsabilidade do Estado em dar uma casa a todos os cidadãos é incorporado na Constituição da República de Weimar, e os meios financeiros são assegurados por uma lei de 1924, que institui um imposto de quinze por cento sobre o aluguel de moradias já construídas; calcula-se que quase a metade da produção de edificações, entre a inflação e a crise, seja devida às iniciativas públicas (dentre estas, o Weissenhof de Stuttgart) Mesmo as cidades holandesas constituem seus órgãos técnicos e realizam os primeiros bairros municipais, servindo-se de arquitetos de primeira linha tais como Oud e Dudok. Na Itália, os Institutos de Casas Populares intensificam suas atividades e constroem, entre as duas guerras, cerca de oitenta mil moradias.

O caso mais instrutivo de programa maciço de construção municipal, conduzido sem qualquer preocupação pelo equilíbrio entre investimento e rendimento, é o da Administração socialista de Viena, a partir de 1920. A república austríaca, encerrada dentro dos novos confins dos tratado de Versalhes, possui uma população desproporcional aos recursos naturais e pode contar, para sua sobrevivência, somente com a exportação dos produtos industriais; portanto, tem absoluta necessidade de comprimir os custos de produção, limitando os salários, e somente pode fazer isto mantendo baixos os aluguéis das moradias. Por isso em Viena — e, em medida menor, nas outras cidades — a Administração empreende um colossal programa de construções, financiadas pelos cofres públicos com impostos especiais fortemente progressivos, de modo a apoiar esse ônus sobretudo nas classes favorecidas; assim pode limitar-se a exigir dos locatários um aluguel correspondente às despesas de administração e de manutenção. Somente em Viena constroem-se, com esse procedimento, cerca de sessenta mil alojamentos, agrupados em grandes unidades arquitetônicas homogêneas, freqüentemente em forma de pátios e dotadas de numerosos serviços; uma delas, o Karl Marx Hof (Figs. 579 e 580) compreende mil e trezentos alojamentos, com campos de jogo, creches, lavanderias, ambulatório médico, biblioteca, correio, lojas; uma outra, o Sandleitenhof, com quase mil e seiscentos alojamentos possui mesmo uma sala de espetáculos. Desse programa de construção participam os melhores arquitetos austríacos, Hoffmann, Holzmeister, Frank, e a arquitetura freqüentemente traz os indícios da monumentalidade wagneriana.

Enquanto as intervenções públicas na construção aumentam até chegarem a controlar, em certos casos, a maior parte das novas construções de casas e de bairros, as intervenções urbanísticas — ou seja, os controles indiretos sobre todas as instalações públicas e privadas, mediante leis e planos reguladores — não crescem na mesma medida, pelo contrário, permanecem aproximadamente os mesmos já estabelecidos nos primeiros decênios do século XX. Na Inglaterra, a lei urbanística de 1909 é aperfeiçoada pela de 1919 — que torna obrigatórios os planos de ampliação para as cidades maiores e autoriza a formação dos planos reguladores —, pela lei de 1925, que autoriza os Conselhos dos Condados a promover os planos urbanísticos em seu território, e finalmente pela lei de 1932, que unifica as disposições precedentes, estendendo a obrigação dos planos a cada terreno, urbanizado ou não (portanto, também aos centros antigos, para que sua transformação se apresente provável). Essas disposições, contudo, permanecem facultativas, na maioria dos casos, e não comportam qualquer empenho na atuação.

A preparação de um projeto — dizem as instruções oficiais — não implica efetivamente a intenção de proceder a construções no terreno considerado, nem a previsão de uma sua próxima atuação. O fim é regular e guiar a transformação, quando se produzirem, fixando as normas gerais a serem aplicadas e salvaguardando os valores existentes.

Nos outros países europeus, a legislação urbanística procede normalmente com maior atraso; uma lei geral é aprovada na Suécia e na Finlândia em 1931, na Dinamarca em 1939, na Itália em 1942 e na França somente depois da Segunda Guerra Mundial.

A planificação das grandes cidades, começada antes da guerra, continua por entre muitas dificuldades. Na França, prossegue a discussão sobre o plano; o projeto é começado somente em 1932, depois da instituição da região parisiense, e o plano, que é conhecido pelo nome de Prost, é aprovado em 1939, às vésperas da Segunda Guerra Mundial. Um trabalho semelhante para Londres começa em 1927 e é interrompido pelo eclodir da Segunda Guerra. Em Berlim, um plano geral é projetado de 1920 a 1925, e parcialmente executado no período entre a inflação e a crise. Em Roma, o regime autoritário faz com que seja aprovado em 1931 um novo plano de procedimento rápido, e são executados alguns dos arranjos monumentais previstos no centro; o plano é superado pelos acontecimentos já antes da guerra, mas não será modificado antes de 1959, e influencia largamente a expansão da cidade, de 1945 em diante.

É nessa situação que caem as propostas do movimento moderno, amadurecidas no decênio compreendido entre a paz de 1919 e a crise de 1929. Para nós, hoje, está claro que o objetivo do movimento é a indicação de uma alternativa para a cidade burguesa pós-liberal, não uma correção de seus conflitos; portanto, é inevitável uma solução de continuidade entre a pesquisa moderna e a prática corrente, embora enriquecida pelas contribuições das vanguardas operantes antes de 1914.

Gropius e Le Corbusier vêem justamente a necessidade de recomeçar e de decompor o fato arquitetônico em seus componentes elementares, a fim de que o problema da composição seja colocado com a generalidade necessária. Assim, a casa é decomposta em uma série de partes elementares, e o ato de projetar divide-se em uma sucessão de etapas: primeiro, ressaltam-se as partes, depois estudam-se suas combinações; analogamente, um bairro é decomposto em uma série de elementos de construção (a célula de habitação, a rua, os edifícios públicos etc.) e a cidade é concebida como um agrupamento de bairros, reunidos em grupos ou em grupos de grupos segundo a hierarquia das funções. Essa metodologia serve para se chegar a uma economia de meios na realização, pois responde aos critérios da produção industrial, porém também a uma economia de raciocínio no projeto, pois permite uma distribuição dos esforços intelectuais do modo mais rendoso, colocando cada decisão no tempo e na escala oportuna. Dessa maneira, é especificada de modo satisfatório a natureza da atividade urbanística e a relação com a arquitetura; com efeito, reconhece-se que agora é impossível abranger com o controle individual todo o campo do projeto, mas é preciso escalonar as decisões em vários graus, indo do geral ao particular, e dividir a responsabilidade entre diversos projetistas, em tempos e escalas diversas.

No entanto, a definição dos elementos parece por enquanto ser a passagem decisiva, pois serve para romper os hábitos herdados da cultura tradicional; assim, o movimento moderno é induzido a subestimar, em um primeiro tempo, os problemas da composição de conjunto, que é concebida como um processo quase dedutivo de montagem. Essa falha na experiência é corrigida quando se chega aos encargos concretos; contudo, nesse ínterim, o movimento moderno deixa de exercer uma ação de enquadramento urbanístico exatamente enquanto está ocorrendo uma atividade maciça, que muda o aspecto das cidades européias.

Repete-se, em um intervalo muito breve, o processo que foi desenvolvido durante a Revolução Industrial. Num primeiro momento, estudam-se os elementos singulares da cidade industrial e somente mais tarde, quando a cidade está formada e emergem à luz os inconvenientes da coordenação falha, é que se começam a estudar os remédios; enquanto isso, contudo, acumulou-se um atraso que é extremamente difícil superar, porquanto as transformações cada vez mais rápidas precedem sempre os esforços de enquadramento cultural.

Nos anos cruciais do pós-guerra, os mestres do movimento moderno demoram, assim, em desenvolver as implicações urbanísticas contidas na doutrina, e subestimam, com exceção de Dudok, as pesquisas iniciadas nesse sentido pela geração precedente (Garnier, Wagner, Berlage).

A lógica dos fatos obriga, todavia, a ampliar progressivamente o campo de ação: dos tipos de construção ao bairro, do bairro à cidade; porém, o atraso acumulado, embora exíguo, revela ser decisivo, pois a conjuntura econômica e depois a conjuntura política não deixam mais tempo ao amadurecimento das experiências. Quando, com efeito, por volta de 1930, o movimento moderno empenha-se seriamente nos problemas urbanísticos, a produção da construção civil já declina por efeito da crise econômica, e amadurece a involução política que levará, em pouco tempo, à Segunda Guerra Mundial. Assim, o esforço se detém exatamente no momento de produzir seus resultados, e cria-se uma descompensação entre empenho arquitetônico e urbanístico que ainda aflige nossa cultura.

No gráfico da Fig. 578 indica-se o andamento da produção da construção civil na França, Alemanha e Inglaterra, entre as duas guerras mundiais, e o leitor deveria confrontar continuamente essas curvas com os desenvolvimentos da cultura arquitetônica nos três países.

579, 580. Viena, o complexo residencial Karl Marx Hof, de C. Ehn.

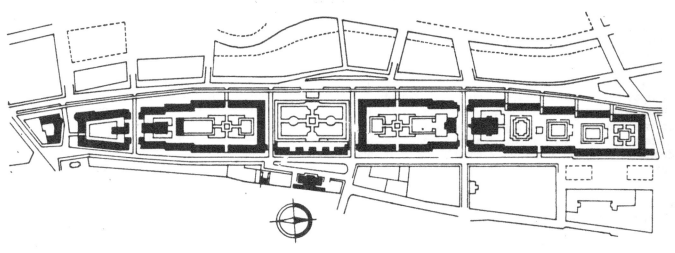

2. As primeiras aplicações dos novos padrões no pós-guerra alemão

Num primeiro momento, a distinção entre arquitetura moderna e arquitetura tradicional depende da aceitação ou da recusa da padronização dos elementos, que rompe a continuidade do tecido urbano tradicional e enfraquece ou consome totalmente — isto é, abandona para o futuro — a "composição de conjunto" que ainda é (no desenho urbano tradicional ou de vanguarda) o instrumento de absorção de toda nova intervenção no sistema da cidade burguesa.

Assim, em Viena, os novos bairros da administração socialista são compostos de modo unitário e em blocos, a fim de resistirem ao confronto com a conexão dos bairros burgueses, porém aceitam, dessa maneira, a mesma lógica (os novos tipos de edificação estudados por Loos no primeiro pós-guerra são abandonados depois de 1922). Em Roterdã, de 1924 a 1925, Oud introduz polemicamente novos tipos de casas em fileira, repetíveis em série indefinida, adotando-as, porém, somente em grupos limitados e acabados com elementos especiais, ou seja, reintroduz nos planos de conjunto as regras tradicionais da simetria e da decoração, como já se disse no Cap. 13.

Depois de 1924, na Alemanha, a pesquisa pela padronização dos tipos de edificação é levada avante e adquire relevância urbanística quando investe complexos bastante grandes que escapam ao desenho vinculante da cidade burguesa e entram em relacionamento com os grandes espaços não construídos do território. Em muitas cidades administradas pelo Partido Social-Democrático, os arquitetos modernos dirigem os programas de construções comunitárias: Taut em Magdeburgo, Haesler em Zelle, May em Frankfurt, Wagner em Berlim. Taut trabalha em Magdeburgo somente até 1924: muito pouco para organizar um programa consistente. Haesler, em Zelle, constrói alguns bairros-modelo — Italienischer Garten, 1923; Georgsgarten, 1924 — e, pela primeira vez, substitui os tipos de construção tradicionais (casas isoladas ou blocos contínuos alinhados com a rua), fileiras de casas de três andares orientadas perpendicularmente à rua; juntamente com os bairros, realiza algumas escolas dentre as melhores feitas na Alemanha entre as duas guerras.

Porém, em Frankfurt, uma série de circunstâncias favoráveis contribui para realizar um programa único na Alemanha em sua coerência e extensão. Antes da guerra, o burgomestre Adockes promove a lei de expropriação dos terrenos — cuja importância geral foi ressaltada no Cap. 11 — e adquire para a cidade um grande número de áreas periféricas. Em 1924, é chamado para o mesmo encargo Ludwig Landmann, convicto defensor da planificação pública, e este nomeia como diretor de todas as construções municipais o experiente arquiteto Ernst May, o qual, antes de 1919, havia trabalhado com Unwin na Inglaterra e, entre 1919 e 1924, havia dirigido um órgão público de casas populares na Silésia.

O encontro de um comitente e de um projetista de muito fôlego — como o de Herriot e de Garnier em Lyon, antes da guerra — é decisivo para o êxito do trabalho. Landmann cria para May um novo cargo, o Dezernent für Bauwesen, com poderes muito amplos e apóia-o contra toda oposição. May, anteriormente, havia projetado casas em estilo tradicional mas, em Frankfurt, adota logo o novo estilo que foi proposto por Gropius, Taut e Haesler, e que "deve encontrar sua primeira realização concreta nos programas públicos de construção e urbanísticos". [1]

No breve período entre a inflação e a crise de 1920, May realiza em Frankfurt cerca de quinze mil moradias (90% da produção total), quase todas reunidas em uma zona situada ao norte da cidade, no vale do Nidda, e separadas do núcleo tradicional por um cinturão verde: uma "nova Frankfurt" autônoma e imersa no campo, dotada de escolas, centros comerciais e restaurantes. Os tipos de edificação são amplamente padronizados, de modo a permitir a produção em série dos elementos de construção e de algumas decorações fixas, tal como a conhecidíssima "cozinha de Frankfurt". Nos planos de conjunto, a repetição das fileiras de moradias orientadas no mesmo sentido é variada girando-se, a cada tanto, o alinhamento, para acompanhar o andamento do terreno ondulado. A importância internacional da experiência de May é confirmada pela reunião do segundo CIAM, em 1929, em Frankfurt.

Em Berlim falta uma direção unitária dos programas comunitários, e as sociedades públicas de construção seguem orientações diversas: a orientação moderna é sustentada por Martin Wagner, o arquiteto que dirige uma das seções do órgão técnico municipal e que promove, em 1924, a formação da Gemeinnützige Heimstätten-Aktiengesellschaft (Gehag), a maior sociedade de construção civil de Berlim; por sugestão

1. LANDMANN, L. Zum Geleit. *Das Neue Frankfurt.* 1926, n. 1, pp. 1-2.

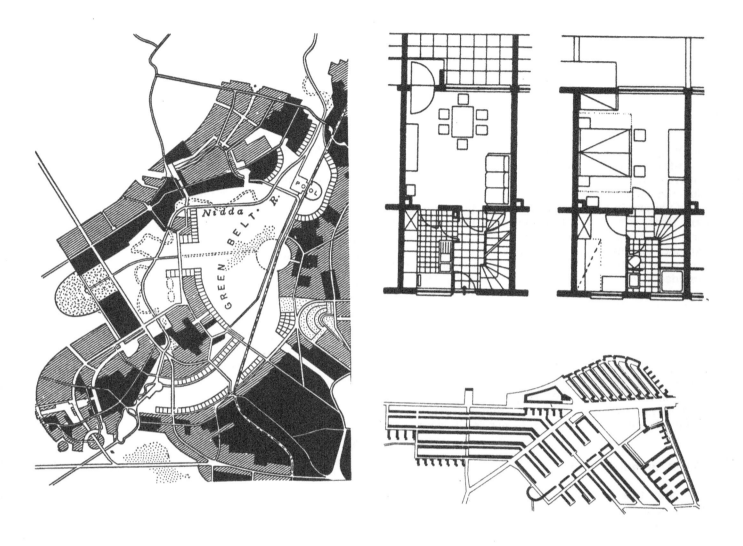

581-585. Frankfurt-sobre-o-meno, planimetria dos novos bairros residenciais além do vale de Nidda (em preto, a parte executada antes da crise, em branco a projetada; de C. Bauer, *Modern Housing*, 1934); planta do bairro Riedhof-West, duas vistas do bairro Römerstadt e uma dos tipos de edificação unificados.

de Wagner, a Gehag emprega Bruno Taut como diretor de suas construções de 1924 a 1933, e executa poucos bairros muito grandes: Berlim-Britz (1925) e Berlim-Zehlendorf (1926). Também aqui Taut impõe uma unificação rigorosa dos tipos de edificação (quatro em Britz, três em Zehlendorf), mas varia artificiosamente as planimetrias dos bairros a fim de fornecer aos grandes aglomerados uma aparente unidade. Os bairros estão bastante isolados da periferia existente, e são estudados em relação com o sistema da cidade de parques e zonas agrícolas vinculadas definido por Wagner em 1929.

A coerência menor do programa berlinense depende também da liderança menos satisfatória; falta um administrador decidido como Landmann, e o papel de May é repartido entre Wagner — interessado sobretudo em problemas de quantidade — e Taut — mais interessado em problemas de qualidade. A síntese afirmada teoricamente por Gropius e pelo próprio Taut não chega a ser realizada nas instituições.

3. A urbanística de Gropius

Por trás de todas as experiências modernas na Alemanha, estão os modelos teóricos e as solicitações da Bauhaus; os documentos recolhidos no Bauhaus-Archiv de Darmstadt e parcialmente publicados por Wingler [2] mostram o trabalho febril realizado naqueles anos para promover, confrontar, discutir e defender um grande número de propostas e de realizações, em diversos lugares. Porém, exatamente segundo as teses da Bauhaus, o ensino não pode ser unicamente indireto e exige uma demonstração prática; assim Gropius envolve a escola em uma série de intervenções concretas, que constituem o ponto de apoio das fases sucessivas do raciocínio teórico.

Desde o princípio, o objeto a ser demonstrado não é um móvel ou um edifício isolado, mas o ambiente construído, de que toda coisa é parte integrante; a nova metodologia investe todo o ciclo do projeto, da decoração à planificação territorial, e um elemento qualquer — uma cadeira, uma casa, um bairro — vale como modelo repetível em escala superior.

Essa exigência fica inoperante enquanto duram as dificuldades econômicas do pós-guerra: a casa "am Horn" é o protótipo de uma colônia de habitação unifamiliar jamais realizada; as casas para os professores da Bauhaus são repetidas em poucos exemplares; somente em 1926, o pequeno bairro de Törten em Dessau, encomendado pela Reichsforschungsgesellschaft, torna-se um laboratório plausível para a verificação dos conceitos téoricos da escola.

O bairro é composto de casas enfileiradas de dois andares. Os três tipos de edificação são estudados com extremo cuidado; as estruturas portantes são septos murais transversais, ligados por traves de concreto, e nas casas de 1927 estão pintadas em cor diferente dos enchimentos frontais, acentuando o jogo dos corpos que sobressaem e reentram, pois todas as paredes orientadas paralelamente à fileira são claras, e as orientadas perpendicularmente são escuras. No centro do bairro, existe uma construção de quatro andares que contém os apartamentos mínimos e a cooperativa de consumo. A decoração é feita no laboratório da Bauhaus e, assim, as medidas dos ambientes podem ser calibradas em relação ao mobiliário.

Enquanto os tipos de construção são bem aprofundados, a composição de conjunto é indecisa. O programa — casas enfileiradas com hortas individuais — obriga a copiar de perto os vínculos fundiários precedentes e é um caminho situado entre cidade e campo, não adequado, nesse momento, a inspirar uma imagem arquitetônica clara. O bairro, dessa forma, é organizado de modo centrífugo: difunde-se por anéis concêntricos no campo circundante e coagula-se em uma pequena praça perto do centro de rotação, onde está colocado o edifício alto da cooperativa.

Gropius percebe provavelmente esses defeitos e a impossibilidade de remediá-los permanecendo na Bauhaus. De fato, o empenho didático, que procede necessariamente de modo lento e analítico, não pode ser facilmente conciliado com o empenho urbanístico, que requer tempestividade e prontidão para sintetizar os múltiplos fatores em jogo.

As dificuldades da Bauhaus refletem, por outro lado, as da cultura européia. Enquanto que as pesquisas sobre a composição dos tipos de edificação prosseguem com sucesso e convergem para resultados de valor geral (saem, neste período, as obras fundamentais de Alexander Klein [3] [n. 1879], Fig. 591), em relação aos critérios de composição dos bairros existe ainda uma confusão extraordinária: vai-se das casas unifamiliares esparsas nos bairros-jardim de Bruxelas, às monumentais cortes vienenses e aos blocos holan-

---

2. WINGLER, H. M. *Das Bauhaus*. Branische, 1962.

3. KLEIN, A. "Neues Verfahren zur Untersuchung von Kleinwohnungsgrundrissen". In: *Städtebau*, 1928, p. 16.

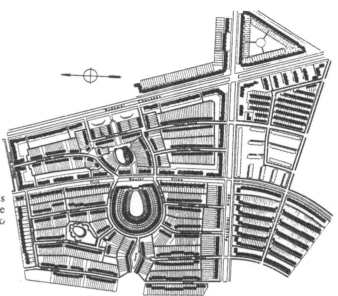

586, 587. Berlim, planimetria do bairro Britz e plano das zonas verdes preparado pelo órgão urbanístico da cidade por iniciativa de Martin Wagner. Em preto, as zonas verdes públicas, em tracejado vertical as zonas rurais.

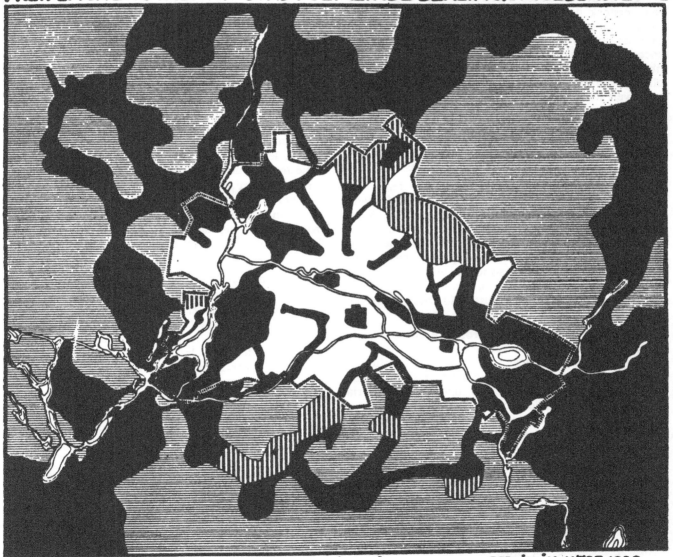

deses, sem que as diferenças sejam justificadas por uma variedade proporcional nos modos de viver.

A fim de esclarecer definitivamente os problemas do *housing,* Gropius toma consciência de que deve enfrentar a competição profissional em campo aberto, travando contato direto com as forças econômicas e políticas que dirigem a produção da construção civil. Assim, em 1928, abandona a escola e se estabelece em Berlim como profissional liberal.

Em 1927, ele vence o concurso para o bairro de Dammerstock de Karlsruhe, e chama outros nove arquitetos [4] a colaborarem na construção das casas. O plano de conjunto é extremamente simples: todos os blocos estão orientados de norte a sul, a fim de distribuir simetricamente nas duas fachadas a iluminação solar, e são servidos por ruas de pedestres, pois as trafegáveis correm perpendicularmente de leste a oeste (Fig. 593). A variedade que parece ausente do plano geral é restabelecida pela arquitetura, porquanto os blocos são de alturas variadas (de dois a cinco andares), embora diversamente espaçados entre si e resolvidos de vários modos pelos nove projetistas.

É bastante notável que o bairro não tenha um espaço central e não esteja de alguma maneira fechado em si mesmo, mas esteja estreitamente ligado aos espaços circundantes; os edifícios públicos e os elementos de edificação anormais estão colocados nas margens da área, nos pontos mais adequados para costurar o tecido do novo bairro ao tecido urbano, enquanto que os retalhos menos regulares, tais como as margens dos lotes para a Heidelbergstrasse são cuidadosamente cheios com os movimentos de terra.

Se a visão urbanística de Gropius é objetivamente falha, porque não vai na verdade além do bairro, é preciso notar que o conceito de bairro está profundamente mudado: não é mais uma composição em si, mas uma intervenção no quadro amorfo da periferia da cidade, uma modificação calculada e ordenada em um ambiente casual e desordenado; o problema consiste em ligar entre si essas duas realidades diversas, que interferem e se equilibram reciprocamente.

A composição de Dammerstock e de outros bairros projetados por Gropius de 1928 a 1930 pode ser confrontada com algumas pesquisas contemporâneas de Klee, expressas em algumas pinturas que podem, com acerto, ser chamadas de urbanísticas. Não queremos apontar uma semelhança formal entre pinturas e planimetrias — de resto, inexistente — mas uma analogia do procedimento mental e um provável relacionamento genético. Considere-se um desenho de 1928, que leva o título de *Mecânica de um bairro urbano* (Fig. 595) (o Dammerstock e muitos bairros da época estão baseados na constância do ângulo reto): Klee mostra a variedade qualitativa que pode advir da aplicação repetida desse princípio, desde que não se proceda mecanicamente, mas se tenha presente, a cada passo, a infinita gama de possíveis decisões e enfrentando cada escolha com renovada espontaneidade, evidenciada no desenho pelas bifurcações do traço e as inclinações calculadas em relação ao esquadro.

No quadro *Castelo a ser construído na floresta* de 1926 (Fig. 594), Klee estuda os efeitos que nascem quando se introduz uma forma regular, orientada, de um esforço irregular, onde se misturam muitas diretrizes cruzadas. A forma perturba o fundo, abre-se um caminho e liga os elementos circundantes à sua própria lei dinâmica; Klee enfrenta, metaforicamente, o mesmo problema que se coloca aos arquitetos; interromper o tecido urbano complexo e desordenado com um edifício ou bairro unitário, mas levando em conta, no projeto, os prováveis contragolpes que serão produzidos no ambiente e procurando conciliar entre si as duas realidades heterogêneas.

É, portanto, natural que no bairro seguinte de Siemensstadt, [5] cortado por uma linha ferroviária e por uma rua curva, Gropius subordine a composição a tais elementos preexistentes: o longo corpo de construções de Bartning, com apartamentos que dão frente para o sul, está disposto ao longo da rua que corre de leste para oeste; do outro lado, colocam-se perpendicularmente os blocos feitos por Häring com apartamentos de frente para os dois lados, enquanto que, ao sul da ferrovia, os edifícios feitos por Scharoun convergem, enquadrando a passagem de nível. Gropius reserva para si o projeto de três blocos de casas perto do cruzamento principal, que é o centro virtual ligeiramente mais acentuado do bairro (Figs. 596-599).

Também aqui os edifícios públicos estão dispostos na periferia e são usados para resolver os nódulos e as cabeceiras dos blocos residenciais. Não existe mais qualquer resíduo das minuciosas e cansativas composições que complicam a distribuição dos bairros coe-

---

4. A. Fischer, C. M. Grod, O. Haesler, W. Lochstampfer, W. Merz, W. Riphahn, F. Roeckle, F. Roessler, H. D. Roesiger.

5. Em colaboração com O. Bartning, F. Forbat, H. Häring, Henning, H. Scharoun.

588, 589, 590. Dessau, o bairro de Törten, hoje e em 1920 (W. Gropius, 1926-28).

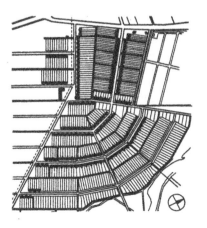

vos, inclusive os dois de Taut em Britz e em Zehlendorf, [6] apenas terminados.

A rede viária trafegável é extremamente reduzida, a hierarquia das funções clara e imediatamente legível, a uniformidade das condições higiênicas de cada moradia é assegurada pela regularidade da instalação, enquanto se lançou mão de cada incidente para variar e enriquecer a composição. Em suma, cada elemento é motivado racionalmente e possui o mesmo caráter franco e persuasivo das estruturas industriais próximas; pela primeira vez, um bairro operário possui a instalação unitária e a solidez necessária para não ficar em desvantagem quando comparado à fábrica, embora respeitando em cada parte sua a escala humana e as exigências, tanto mais frágeis, da intimidade doméstica.

Os projetos de edifícios públicos que Gropius prepara de 1926 a 1931 — e especialmente os teatros, desde o projeto teórico feito em 1926 para Piscator (Figs. 601-603) ao concurso para o teatro de Charkov de 1931 — estão em íntima relação com as experiências urbanísticas. A ênfase expressiva desses edifícios, com estruturas oblíquas e pesadas, elementos rotativos, fachadas atulhadas de escadas e rampas, é, sem dúvida, complemento do rigor e da simplicidade da construção residencial, que se reduz à repetição de poucos tipos de edificações orientados uniformemente. Os edifícios públicos são, de fato, os saldos das disposições urbanas, onde se concentram os valores singulares, representativos, expulsos do tecido residencial durante o processo de normalização. (A tônica, por enquanto, é nas habitações, mas, a seguir, os problemas do centro cívico — do *core,* como será dito mais tarde — virão para o primeiro plano.)

Entre 1929 e 1931, Gropius dá uma disposição teórica a sua experiência urbanística e individua as linhas ao longo das quais convém prosseguir as pesquisas. Ele não acredita que a moradia mínima seja uma entidade abstrata, definível *a priori,* portanto, não se propõe definir em absoluto a forma melhor de habitação:

O problema da moradia mínima (*Minimalwohnung*) é estabelecer o mínimo elementar de espaço, de ar, de luz e de calor requerido pelo homem a fim de que possa desenvolver plenamente suas funções vitais sem limitações devidas à própria moradia, isto é, um mínimo *modus vivendi* mais do que um *modus non moriendi.* [7]

Trata-se, por conseguinte, de estudar o relacionamento entre uma forma física e um conjunto de exigências vitais "não somente econômicas — adverte ele dois anos mais tarde — mas sobretudo psicológicas e sociológicas". [8] Além disso, esse relacionamento não pode ser deduzido *a priori,* mas deve ser colhido da experiência; a pesquisa deve partir das dificuldades experimentadas nos modos de morar que são próprios de um lugar e de um tempo determinados.

Partindo desses princípios, Gropius compara as duas soluções tradicionais empregadas nos dias de hoje, a casa unifamiliar isolada e a casa coletiva, recusando-se a tomar partido, em abstrato, tanto por uma, como Wright, quanto pela outra, como Le Corbusier. Cada uma, de fato, apresenta vantagens e desvantagens: a casa unifamiliar possibilita um contato direto entre moradia e jardim, uma maior independência e flexibilidade, porém é mais custosa como instalação e como uso; por outro lado, diminuindo a densidade dos bairros, obriga quem está ligado a um trabalho fixo a longos percursos quotidianos.

A casa coletiva diminui a independência das famílias e complica um pouco a vida, especialmente das crianças, mas favorece o espírito de comunidade e está na linha das tendências sociais modernas, que subtraem, pouco a pouco, algumas funções da família, organizando-as sob a forma de serviços coletivos; além do mais, é mais econômica, permite uma maior densidade e encurta os percursos dos trabalhadores, aumentando o tempo livre a sua disposição para o lazer.

De acordo com o peso que tomam tais vantagens e desvantagens, em relação às disponibilidades econômicas, às cupações e às orientações psicológicas das categorias singulares, uma ou outra solução será preferida; nas atuais condições alemãs, a casa unifamiliar é conveniente somente para a classe média, enquanto que a casa coletiva aparece como a forma mais adequada de construção popular pois, nesse caso, a economia (para repartir os benefícios da intervenção pública por um número maior de pessoas) e a densidade (para abreviar os percursos dos trabalhadores, em sua

----

6. Em colaboração com H. Häring, R. Salvisberg, M. Wagner.

7. W. GROPIUS, Die soziologischen Grundlagen der Minimalwohnung, *Die Justiz,* 1929, v. 5, n. 8; ver *Scope of Total Architecture,* Nova York, 1955, p. 113.

8. GROPIUS, W. "Flach, Mittel- oder Hochbau?" In: *Rationelle Bebauungsweisen,* Stuttgart, 1931, p. 26.

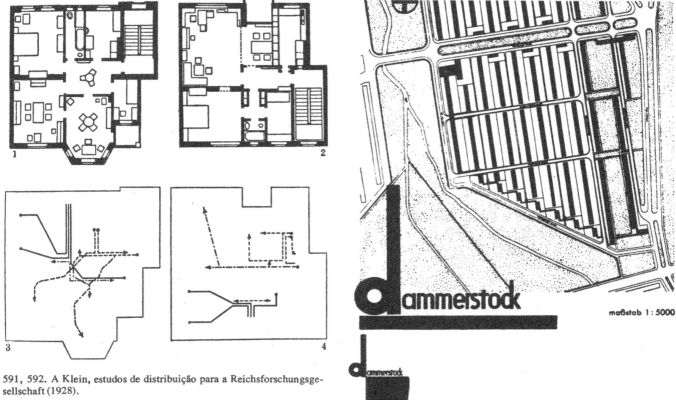

591, 592. A Klein, estudos de distribuição para a Reichsforschungsgesellschaft (1928).

593. W. Gropius, bairro Dammerstock em Karlsruhe (1928).

594, 595. P. Klee, *Mecânica de um bairro urbano*, 1928; *Castelo a ser construído na floresta*, 1926 (de W. Grohmann, op. cit.).

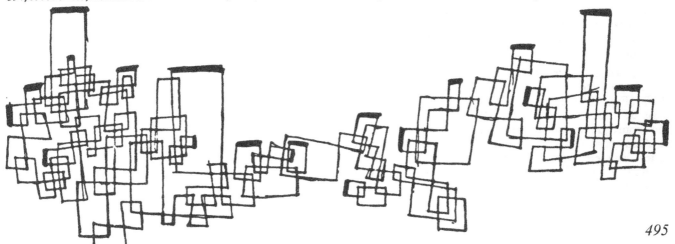

maioria operários e empregados) tornam-se as exigências dominantes, às quais é preciso sacrificar o isolamento e a liberdade de espaço. Porém, feito esse sacrifício, é necessário procurar, de modo livre de preconceitos, qual forma de casa coletiva permite impulsionar ao máximo as vantagens acima, e vê-se que, aumentando o número de andares:

— aumenta, em igualdade de distanciamento entre corpos de edificação e, portanto, em igualdade de condições higiênicas, a densidade de construções; ou, em igualdade de densidade, os edifícios podem ser mais espaçados entre si;

— diminuem alguns custos, isto é, a incidência dos serviços coletivos, das instalações, das ruas; aumentam, em compensação, os custos da construção propriamente dita, através das estruturas portantes e dos elevadores.

Na Alemanha, levando-se em conta todos esses fatores, o *optimum* está entre dez e doze andares: com esta altura, é obtida a desejada coincidência de amplos espaçamentos e de grande densidade de construções, portanto uma concentração satisfatória dos serviços, sem que o custo de construção cresça de modo proibitivo. Os edifícios usuais de três a cinco andares devem ser considerados, pelo contrário, como um termo médio irracional, pois não oferecem nem as vantagens das casas unifamiliares, nem as das casas altas.

Deste raciocínio, derivam duas linhas de estudo. Como as casas altas são um tipo novo de edificação, é preciso demonstrar com argumentos urbanísticos que elas podem substituir vantajosamente os blocos comuns de três a cinco andares. Em compensação, para as casas unifamiliares, o problema é estritamente tecnológico: a limitação de seu uso depende, de fato, sobretudo do custo, e é preciso tentar reduzi-lo, compondo a casa com elementos possíveis de serem produzidos em série, industrialmente, daí as pesquisas sobre a pré-fabricação.

À primeira linha de estudo pertencem os projetos do bairro experimental de Spandau-Haselhorst de 1929 (Fig. 606) e os modelos expostos na mostra de Paris de 1930 e de Berlim de 1931. Gropius, porém, não consegue construir nenhuma de suas casas altas na Alemanha, seja em virtude da hesitação das autoridades, seja em virtude da resistência dos técnicos, e, de modo especial, em virtude da relutância em instalar elevadores em casas populares. A primeira unidade residencial de dez andares segundo o conceito de Gropius será construída em 1934, na Holanda, como será dito no Cap. 18.

A segunda linha de estudo, sobre a pré-fabricação, possui uma história mais antiga: já em 1909, enquanto trabalha com Behrens, Gropius apresenta a E. Rathenau, presidente da AEG, um *Programa para a fundação de uma sociedade geral para a construção da casa em uma base artística unitária*. Nos primeiros anos do pós-guerra, enquanto dirige a Bauhaus, ele continua a estudar teoricamente o problema e enuncia, em 1924, o princípio fundamental que reforça, posteriormente, mais de uma vez:

A maioria dos cidadãos de um país possui hábitos uniformes de viver e de morar; não se compreende, portanto, por que nossos edifícios não se devam sujeitar a uma unificação semelhante à de nossas roupas, dos sapatos ou dos automóveis... Todavia, deve-se evitar o perigo de uma padronização demasiadamente rígida... e as casas devem ser projetadas de modo a levar em consideração as necessidades individuais, derivadas do tamanho da família e da profissão do chefe de família, assegurando sua flexibilidade. Deve-se, portanto, padronizar e produzir em série não a casa inteira, mas suas partes, de modo que formem, com suas combinações, vários tipos de casas. [9]

Uma pré-fabricação parcial é realizada no bairro de Törten em Dessau, em 1926; uma outra tentativa é feita em 1927 no Weissenhof de Stuttgart, onde duas casas unifamiliares são construídas como ossatura metálica, enchimento em cortiças e revestimento externo em Eternit. Em 1931, Gropius inventa, para a Hirsch Kupfer und Messingwerke A. G., um tipo de casa mínima ampliável (Fig. 607), formada de painéis de madeira auto-sustentáveis, revestidos internamente com tiras de Eternit e externamente com chapa de cobre ondulada; contudo, nesse mesmo ano, a iniciativa é truncada pela crise econômica, e pouco depois a chegada dos nazistas ao poder interrompe uma e outra pesquisas.

O fracasso de Gropius em ambas as duas linhas de ação deve-se, sem dúvida, à precipitação dos acontecimentos externos, porém a breve ocasião possui um significado cultural importantíssimo, pois reproduz, em escala pequena, a dificuldade central do movimento moderno em relação à sociedade contemporânea.

Durante os anos de sua febril atividade como profissional liberal em Berlim, a produção alemã de edi-

---

9. W. GROPIUS, Prefácio de A. MEYER, *Ein Versuchshaus des Bauhaus*, Munique, 1925 (*Bauhausbücher*, n. 3); ver *Scope of Total Architecture* cit., p. 155.

 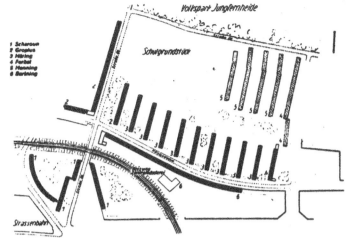

596, 597. W. Gropius, bairro Siemensstadt em Berlim (1930).

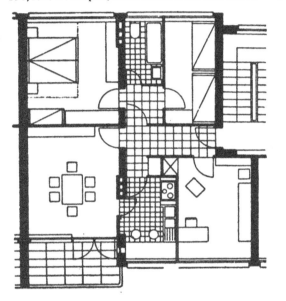 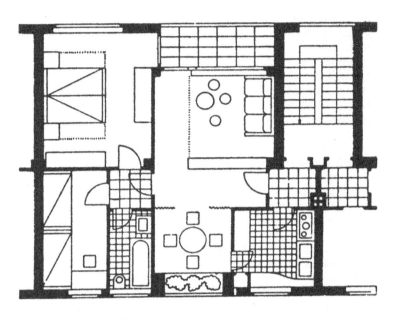

598, 599. Tipos de edificação do Dammerstock (W. Gropius) e do Siemensstadt (H. Scharoun).
600. O tipo de edificação *Existenzminimum* discutido no CIAM de 1929.

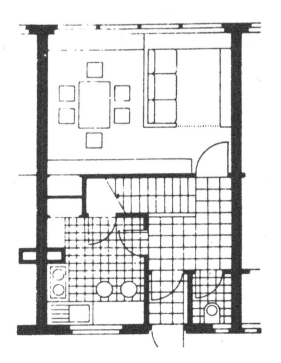 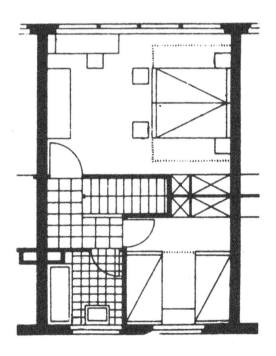

497

fícios primeiro se estagna, de 1928 a 1931, e depois se precipita, atingida pela crise econômica geral (Fig. 578); forma-se uma massa desmedida de desocupados e de subempregados, a qual coloca um grave problema social e torna desatualizada qualquer proposta de aumentar a produtividade na construção civil ou em qualquer outro campo, pois é preciso, pelo contrário, repartir o trabalho entre o maior número de operários. A desocupação é também fonte de preocupação política, lembrando a revolta espartaquista de 1919 e os movimentos socialistas austríacos; daí o temor de que os bairros operários de elevada densidade, concebidos organicamente e integrados no tecido urbano, forneçam à classe operária um apoio para se organizar politicamente transformando-se em possíveis pontos de força de sublevação (Persico lembra "o estupor que atingiu os jornalistas de toda a Europa quando os inquilinos das casas populares de Viena atiraram das janelas como de seteiras e se barricaram nos *Siedlungen* como em outras tantas fortalezas"). [10] A maneira de evitar a dupla dificuldade, econômica e política, é a colônia rural, que começa a ser praticada pelos governos democráticos depois de 1931 e que se torna o tipo predileto de localização sob os nazistas depois de 1933 (Figs. 608-612).

As colônias são exatamente o contrário dos bairros projetados por Gropius: situam-se em pleno campo, para os desocupados, ou na extrema periferia das cidades, para os subempregados, que devem se dirigir ao trabalho periodicamente, mas são sempre isoladas, numa devida distância uma da outra. Cada família recebe um lote de terreno capaz de lhe assegurar o sustento total ou parcial, de modo a se fixar de forma estável naquele ponto; exclui-se, desde o início, qualquer industrialização, pois a construção das casas deve absorver um máximo de mão-de obra e freqüentemente o destinatário é chamado a contribuir com seu trabalho na execução de sua casa.

Os arquitetos tradicionalistas dominam logo o tema, interpretando-o com formas rústicas e medievalizantes. Os economistas exprimem dúvidas quanto à afirmada auto-suficiência e quanto à possibilidade de sustento dos destinatários com os produtos de seu lote, muitas vezes extremamente reduzido, [11] mas o raciocínio econômico baseia-se, em ultima análise, em uma escolha política; os arquitetos, escolhendo o programa moderno das casas altas ou o programa tradicionalista dos *cottages*, pronunciam-se virtualmente a favor ou contra a integração da classe operária na cidade moderna.

Assim, a pressão dos acontecimentos, no momento em que torna impossível o trabalho dos arquitetos modernos e a própria presença física de alguns deles em território alemão, opera também um decisivo esclarecimento cultural e evidencia quais valores estão em jogo na discussão aparentemente acadêmica sobre a forma do bairro.

Gropius e seus colaboradores sustentaram, desde o começo, que bastava regular os processos técnicos e formais, os modos de ação no campo da construção (o "como" de que fala Mies) e poder esperar, a vau sobre este terreno, as forças políticas e econômicas. Em 1928, Gropius adverte pela primeira vez que isso não basta e empenha-se pessoalmente no contato com a realidade econômica, convicto de ter tempo para estabelecer um diálogo com tais forças e para dirigi-las no sentido desejado; porém falta tempo, e as forças econômicas e políticas dirigem-se, em surdina, para a parte oposta, atingindo os frágeis dispositivos da cultura arquitetônica e derrubando-os de uma só vez.

A tentativa de transferir para a realidade, com a mesma ordem de etapas, o procedimento analítico estudado na Bauhaus e de controlar o conjunto partindo do controle dos elementos é falida porque foram subestimados os problemas de organização que surgem da importância dos interesses em jogo e da velocidade das transformações. O ritmo dos acontecimentos demonstrou ser muito mais veloz do que o ritmo dos pensamentos.

Neste ponto, surge a dúvida quanto ao método de trabalho, e, com efeito, aqui se encaixa a polêmica anti-racionalista, agora conduzida não somente pelos velhos, mas também pelos mais jovens, que consideram adquiridas as experiências dos anos vinte, mas preferem etiquetá-las com um dos termos dialéticos correntes — racionalismo, funcionalismo — e contrapõem, aos valores racionais, os valores meta-racionais, segundo a eterna oscilação do debate de vanguarda.

Essa dúvida torna-se, assim, a pedra de toque do empenho dos arquitetos modernos; enquanto uma vasta maioria — que inclui pessoas de primeira linha como Oud — prefere atribuir as dificuldades do momento à rigidez do método racional, Gropius mais uma vez dá um exemplo decisivo, esquivando uma contraposi-

---

10. PERSICO, E. "Profezia dell'architettura" (1935). In: *Scritti critici e polemici*, Milão, 1947. p. 205.
11. H. KAMPFMEYER, *Wohnstätte und Arbeitstätte*, cit. por F. FARIELLO em *Architettura*, 1937, p. 605.

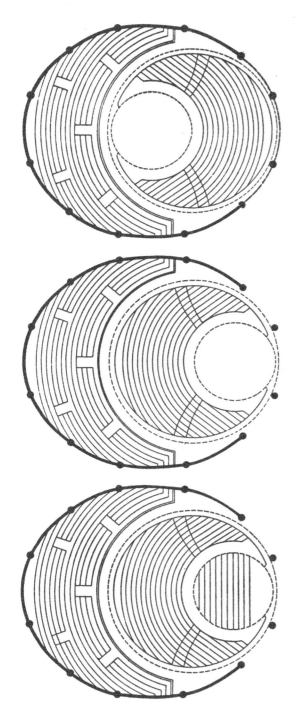
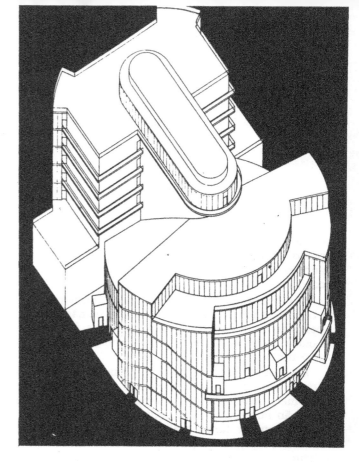

601, 602, 603. W. Gropius, o Totaltheater estudado em 1926 para Piscator (de S. Giedion, op. cit.).

604, 605. O bairro Bad Dürrenberg de A. Klein (1930) e uma proposta de hilberseimer para Berlim (por volta de 1930).

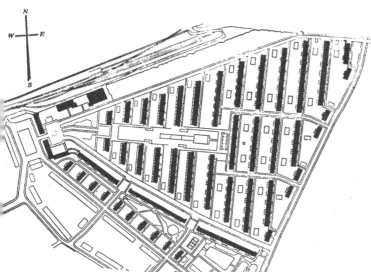

ção que levaria o problema a níveis metafísicos, e procurando obstinadamente, no nível das circunstâncias históricas, as soluções específicas para as dificuldades encontradas.

A chegada dos nazistas ao poder torna impossível o prosseguimento das experiências alemãs; porém, a pesquisa começada na pátria pode ser continuada em outro lugar — na Inglaterra e depois nos EUA — com o mesmo espírito.

Essa pesquisa implica a confirmação do método racional, mas requer que o mesmo seja exercido de modo mais realista e mais completo: se o esforço inicial não impediu que se produzisse um novo distanciamento entre cultura e realidade, é preciso agora que a cultura restrinja o tempo e amplie os horizontes, empenhando-se na mesma escala e com o mesmo ritmo dos processos que ela se propõe controlar.

4. A urbanística de Le Corbusier

Le Corbusier escreve na introdução ao segundo volume da *Oeuvre complète*:

O acaso fez com que o primeiro volume terminasse em 1929. Esse ano era, para nós, de alguma maneira, o fim de uma longa série de pesquisas. 1930 inaugurava um ciclo de novas preocupações: os grandes trabalhos, os grandes acontecimentos da arquitetura e da urbanística, a era prodigiosa do aparelhamento de uma nova civilização da máquina... De agora em diante não falarei mais da revolução arquitetônica, que está consumada; a urbanística torna-se a preocupação dominante. [12]

É exatamente assim; mas o distanciamento da pesquisa de Le Corbusier dos programas urbanísticos contemporâneos já ocorreu, e as etapas da pesquisa são independentes das ocasiões de verificação concreta. Assim, Le Corbusier está apto a formular o desenho da cidade moderna antes de todos e do modo mais coerente, sem levar em conta os compromissos do momento.

Para a cidade moderna, ele encontra até um nome de batalha: *la ville radieuse;* o projeto completo (desenhado entre 1929 e 1930, após a viagem para os EUA) é aprontado em dezessete pranchas que o mestre leva com ele para mostrá-las em várias ocasiões.

O ponto de partida da *ville radieuse* é exatamente a residência; não é esta que deve se adaptar a um dado desenho urbano, mas é preciso extrair dela o novo desenho de toda a cidade. As células de habitação, iguais e justapostas, produzem um corpo de construções de comprimento indefinido, a ser dobrado em ângulo reto a fim de tirar proveito de duas orientações: a Leste-Oeste (com moradias que têm frentes para os dois lados e rua interna) e a Norte-Sul (com moradias somente para o sul e rua perimetral ao norte). O desenho das dobras que formam uma onda recorrente é o *rédent*: uma construção de onze andares (tal como na teoria de Gropius) e quatrocentos metros de passo, distanciada ao menos duzentos metros da construção em frente; as construções e as auto-estradas, que correm a cada quatrocentos metros, estão elevadas sobre pilotis, e deixam o terreno completamente livre, o qual é um parque percorrível em todos os sentidos pelos pedestres, onde se encontram as escolas, as creches, os teatros, os campos esportivos.

Esse deve tornar-se o tecido normal da cidade: ao lado devem existir os lugares de trabalho: as indústrias leves, as indústrias pesadas, a *city* dos negócios, com arranha-céus espalhados pelo verde.

Esse modelo teórico é adaptável a um grande número de casos concretos, e Le Corbusier não deixa escapar nenhuma ocasião para reproduzi-lo. Em 1929, volta ao velho projeto para o centro de Paris e propõe soluções para as cidades da América do Sul: Rio, São Paulo e Buenos Aires; em 1930, estuda uma reordenação da zona em volta da porta Maillot, aproveitando a colocação de um monumento a Foch; em 1933, participa do concurso para o arranjo do novo bairro de Antuérpia, além do Escalda, e prepara um projeto para a ampliação de Genebra; de 1930 a 1934, apresenta várias soluções do plano regulador de Argel (Fig. 616), imaginando sobrepor à cidade duas auto-estradas, uma paralela e a outra perpendicular à costa, com eixo em um centro administrativo de arranha-céus; em 1934, estuda um projeto de fábrica-modelo e o plano regulador de Nemours, sempre na África; em 1935, publica o livro *La ville radieuse,* onde formula novamente, com imagens sugestivas, sua teoria urbanística, que é pontualmente aplicada no mesmo ano à ordenação de Hellocourt e do vale do Zlin para a organização Bat'a, em 1936 ao plano do Rio de Janeiro e ao *ilôt insalubre* de Paris (Fig. 619), em 1938 ao ordenamento da cabeça-de-ponte de Saint-Cloud e ao plano de Buenos Aires. A nova revista de Le Corbusier, que é publicada entre 1930 e 1933, leva o título significativo de *Plans.*

Todos esses planos são também imagens arquitetônicas em escala urbana ou paisagística. Le

---

12. LE CORBUSIER, introdução à *Oeuvre complète 1929-1934,* Zurique, 1952, p. 11.

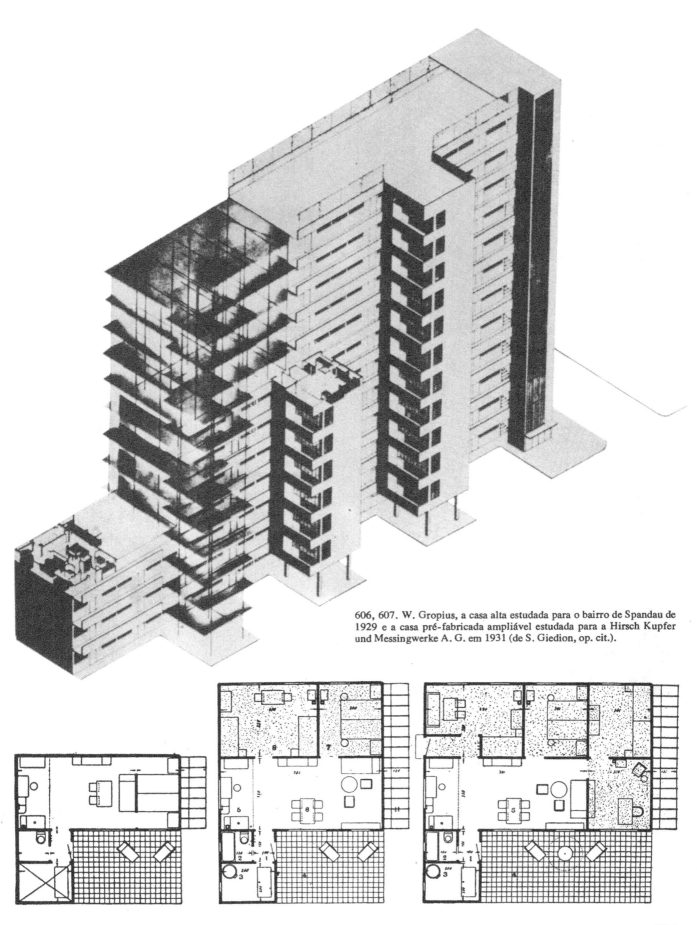

606, 607. W. Gropius, a casa alta estudada para o bairro de Spandau de 1929 e a casa pré-fabricada ampliável estudada para a Hirsch Kupfer und Messingwerke A. G. em 1931 (de S. Giedion, op. cit.).

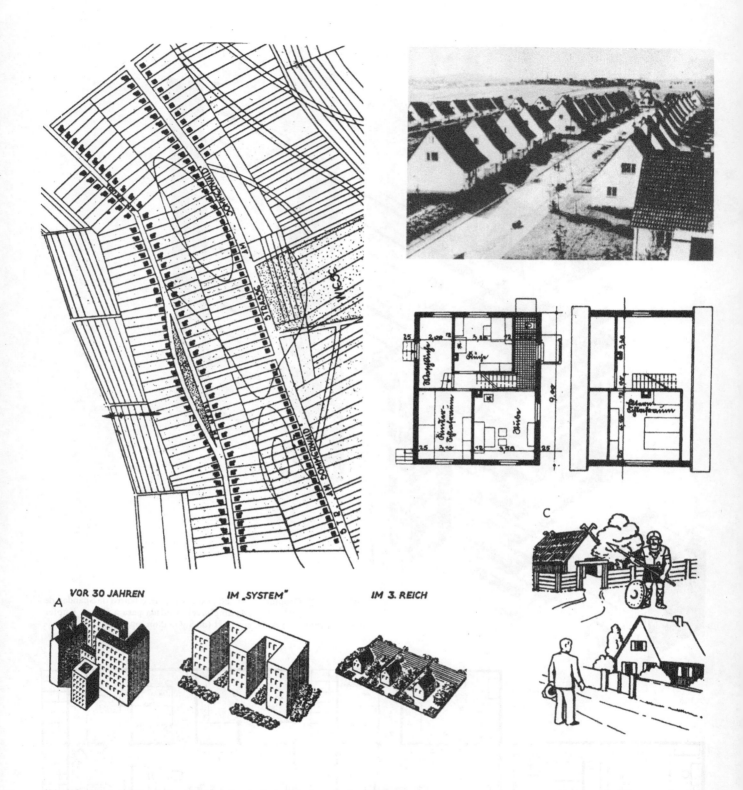

608-612. A construção civil extensiva sob o nazismo. Planimetria da colônia Am Sommerwald perto de Pirmasens (de *Architettura*, 1937); tipo de edificação da colônia Auf die Brücke, perto de Rottweil (P. Schäffer, 1937-40, de Der Baumeister, 1941), e uma série de desenhos propagandísticos: A – a construção faz trinta anos, no "Sistema" (democrático) e no Terceiro Reich; C – "minha casa é meu castelo".

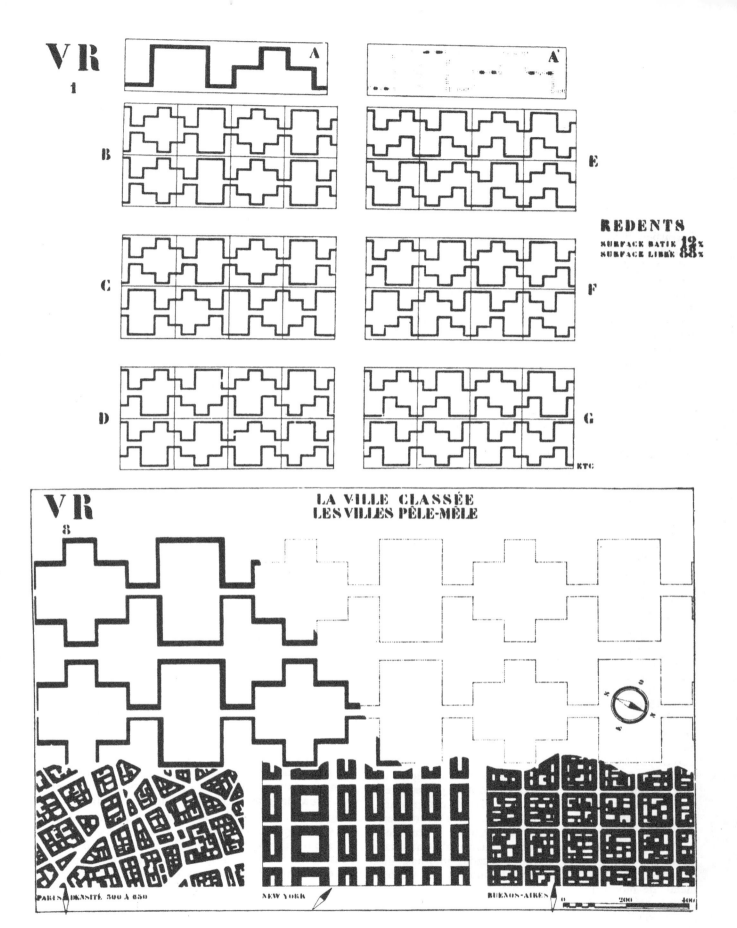

613, 614. Duas das pranchas apresentadas por Le Corbusier no CIAM de 1930: o *rédent*, elemento construtivo da *ville radieuse*, comparado aos tecidos das cidades tradicionais.

Corbusier ultrapassa de uma só vez a problemática da atuação, com seus quesitos de etapas, de competências e de graus de projeto, que exatamente então preocupa aos alemães; contudo, talvez por isso mesmo, ele é o único a ter, nessa época, uma idéia clara da cidade moderna como alternativa total à antiga. De seus desenhos emerge evidente a qualidade unitária, singular, da futura realidade urbana, que aparece, portanto, bem mais concreta do que os esquemas iterativos propostos por Gropius ou Hilberseimer.

Nenhuma dessas propostas é aceita; Le Corbusier reúne-as em um volume, publicado em 1935, intitulado exatamente *La ville radieuse*: a nova cidade transformou-se em um livro, e a nova paisagem pode ser demonstrada, tal como nos anos vinte, apenas por obras singulares de arquitetura.

Com efeito, entre 1930 e 1933 — enquanto a França sofre mais lentamente e em medida menos grave os efeitos da crise econômica européia —, Le Corbusier tem oportunidade de construir alguns edifícios de notável grandeza, onde o empenho urbanístico não está somente presente de modo virtual, mas é traduzido em sua efetiva incidência sobre o ambiente da cidade: o pavilhão suíço na Cité Universitaire de Paris (Figs. 625-627), a casa de aluguel Clarté em Genebra (Figs. 622-624), e a Cité du Refuge para o Exército da Salvação, sempre em Paris (Figs. 628-630).

Uma casa coletiva, para inquilinos não conhecidos de antemão, é um tema bem diverso do de uma moradia para um determinado proprietário; as exigências funcionais não podem ser definidas por uma relação direta com o comitente, mas deve-se levar em conta as tendências gerais do mercado, da provável vizinhança, dos problemas que nascem das relações entre os locatários etc.; a manutenção torna-se um problema importante e deve ser prevista exatamente no início. Talvez por tais razões, o *immeuble* Clarté de Genebra é dotado de correção técnica, de concretização e de uma medida superior a todas as obras precedentes; trata-se de um bloco de nove andares, excepcionalmente profundo, contendo quarenta e três apartamentos duplex e algumas lojas; a estrutura é em aço, rigidamente modular, e o revestimento, de materiais duráveis: pedra, vidro; as duas escadas internas, iluminadas somente do alto, são inteiramente em vidro e metal, de modo que a luz é filtrada através dos pavimentos até o térreo. A engenhosidade dos alojamentos de dois andares permite introduzir nos apartamentos alguns ambientes de altura dupla, variando o nivelamento uniforme dos locais, e, no exterior, evita a superposição uniforme dos andares, pois os balcões contínuos sucedem-se a cada dois andares, introduzindo um ritmo mais pacato e deixando livres os altos campos em vidro transparente e opaco (Fig. 624).

O pavilhão suíço na Cidade Universitária possui também exigências representativas, que são satisfeitas pela variedade das formas dos materiais, e pela ênfase atribuída a alguns elementos funcionais, tais como as grandes pilastras isoladas que sustentam os blocos dos dormitórios; na frente da entrada dos ambientes comuns foi, assim, criado o pórtico aprazível e arejado, que coloca logo o visitante na realidade da construção do edifício e serve de feliz mediação à passagem entre interior e exterior. Pela primeira vez, Le Corbusier recusa o expediente dos revestimentos brancos uniformes e faz com que cada superfície seja caracterizada pelos materiais empregados; o concreto armado é deixado nu, com as nervuras impressas pelos moldes; as paredes são revestidas em faixas de concreto vibrado e a parede de fundo da sala comum é em pedra natural. O edifício adquire uma inesperada qualidade de solidez e indica, com notável antecipação cronológica, uma tendência que, dentro em pouco, será difundida largamente na arquitetura européia.

O problema da Cité du Refuge é diferente: aqui, uma área um tanto infeliz e irregular, que apresenta apenas duas curtas frentes para leste e para sul, coloca, antes de mais nada, um grave quesito de distribuição. Le Corbusier demonstra que, utilizando como ponto de partida não o volume permitido pelos regulamentos mas o programa de distribuição, e articulando os vários elementos em corpos de construção esparsos, pode-se chegar a situar convenientemente todos os ambientes, segundo suas funções, e pode-se tirar partido das próprias dificuldades da área para se obter singulares efeitos expressivos. O edifício caracteriza-se sobretudo pelo jogo compacto dos volumes, que compõem uma espécie de cenário abstrato à frente e em cima da grande vidraça contínua da fachada sul (Fig. 630). O estudo dos materiais possui um papel de subordinação (os volumes das paredes são revestidos em reboco ou em ladrilho branco) e o edifício possui vários defeitos técnicos devidos ao propósito de enfrentar problemas novos com experiência limitada e escassa disponibilidade de dinheiro; por exemplo, a vidraça de fechamento hermético demonstrou ser incompatível com a instalação de condicionamento, e recentemente teve de ser protegida com um *brise-soleil*.

615. Seção do corpo construído do *rédent*
616. O plano A para Argel (1930).

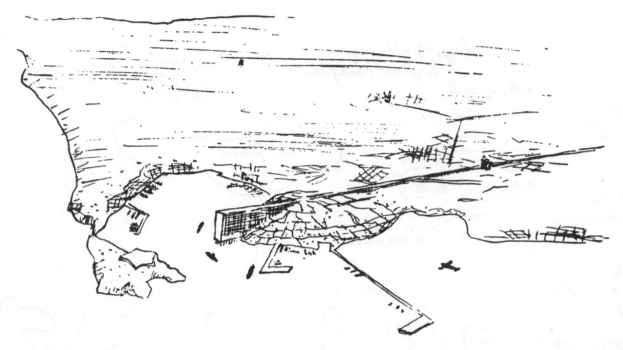

617, 618. Propostas de plano para Montevidéu (1929) e Rio de Janeiro (1934).

619. Projeto para o saneamento do *ilôt insalubre* n. 6 de Paris (1936).

620, 621. Paris, as duas fachadas da casa no porta Molitor (Le Corbusier e P. Jeanneret, 1933).

Todos os três edifícios examinados inserem-se no tecido urbano com uma violenta solução de continuidade, menos perceptível no caso do colégio suíço graças à vastidão dos espaços contíguos.

Com efeito, as três obras são fragmentos de um novo tipo de cidade, que, inserindo-se na atual, forçam irresistivelmente sua trama; Le Corbusier está totalmente cônscio disso, e procura toda oportunidade para ampliar o discurso do edifício para o terreno circundante, a fim de enquadrá-lo em um ambiente mais vasto. O ressentimento das falhas no terreno dos planos transforma-se numa tensão extrema para comunicar, mediante as obras de arquitetura construídas, um sistema completo de regras metódicas e de idéias.

5. A urbanística dos CIAM

As reuniões dos CIAM de 1929 a 1933 versam sobre problemas urbanísticos, e a sucessão de temas indica a progressiva ampliação do campo de estudo.

O segundo congresso, em 1929, em Frankfurt, ocupa-se em definir o conceito de alojamento mínimo, como ponto de partida para os raciocínios sobre a construção subvencionada. Essa reunião, tal como a seguinte, é influenciada principalmente pelo grupo alemão e pelas experiências em curso em várias cidades da Alemanha, especialmente Frankfurt-sobre-o-Meno. Os caracteres do alojamento mínimo são estabelecidos recorrendo-se à sociologia da época, que se baseia em observações estatísticas ou em embrionárias teorias evolucionistas (Gropius faz referências aos trabalhos de F. Müller-Lyer). Observa-se, assim, que a área dos apartamentos, de acordo com os higienistas, pode ser consideravelmente reduzida, enquanto a iluminação, a ventilação e a ensolação devem ser aumentadas; ressalta-se que a crescente emancipação dos indivíduos no seio da família permite conceder a cada membro adulto um cômodo, mesmo pequeno, enquanto se reconhece que as atuais tendências solidarizantes tornam mais oportunas as casas de habitação coletivas que as casas individuais, ao menos nos aglomerados industriais.

Estabelecidos os *standards*, surge o problema econômico. Justamente o fato de que as classes menos favorecidas não estão em condições de pagar uma casa tolerável e de que é preciso a intervenção do Estado, faz com que o problema da moradia se coloque como um problema de mínimos, pois cada desperdício iria traduzir-se em uma maior injustiça. A mesma consideração exige que sejam reduzidos ao mínimo também os custos gerais: do terreno, das ruas etc.; assim, do problema da construção passa-se necessariamente ao problema do bairro, que é tratado em 1930 no III Congresso de Bruxelas.

Gropius coloca o problema da forma já mencionado: casas baixas, médias ou altas? Böhm e Kaufmann, de Frankfurt, analisam os custos, R. Neutra descreve os regulamentos americanos para os prédios altos, K. Teige, da Boêmia, resume as condições da construção subvencionada nos vários países. Le Corbusier faz uma das exposições mais importantes, discutindo os dois problemas fundamentais: o da cidade e o da autoridade encarregada de promover as soluções consideradas como as melhores.

A forma esquemática com que se expressa o mestre francês serve para delinear, com grande eficácia, as questões de fundo da cultura urbanística contemporânea. Escreve ele:

> A grande cidade é um fato positivo ou negativo? Quais devem ser seus limites: um, dois, cinco, dez milhões de habitantes? Não devemos, aqui, responder a tais perguntas; o fenômeno das grandes cidades existe e representa, em certos momentos, um acontecimento hierárquico de qualidade; a grande cidade torna-se um centro de atração que reúne e dilata os efeitos espirituais nascidos dessa intensa concentração. As grandes cidades são, na realidade, postos de comando. [13]

Le Corbusier apreende, assim, a relação essencial entre os problemas urbanísticos situados acima do tempo e os problemas sociais e políticos. Aqui, porém, detém-se e adverte:

> Devemos manter-nos ao corrente, pessoalmente, das formas que assume a atual evolução, mas, peço-vos, não nos ocupemos aqui de política e de sociologia. Esses dois fenômenos são demasiada e infinitamente complexos; existe também o aspecto econômico, e nós não estamos qualificados para discutir no Congresso esses árduos problemas. Repito, devemos permanecer arquitetos e urbanistas e, nesse terreno profissional, fazer conhecer a quem de direito as possibilidades e as necessidades de ordem arquitetônica e urbanística. [14]

Quando ele se encontra enumerando estas necessidades: cidade-jardim vertical, ruas internas às construções, tetos planos, construção independente das ruas, chega a uma conseqüência política: disponibilidade do solo independentemente da propriedade privada. Como chegar a ela? "Diante das manifestações incon-

---
13. LE CORBUSIER. "Le parcellement du sol des villes". In: *Rationelle Bebauungsweisen*, p. 49.
14. Idem, ibidem, pp. 51-52.

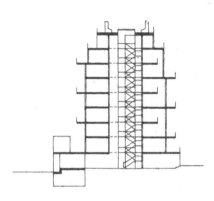

622, 623. Genebra, fachada e seção da Casa Clarté (Le Corbusier e P. Jeanneret, 1930; da *Oeuvre complète*).

624. Um detalhe da Casa Clarté.

625, 626, 627. Paris, pavilhão suíço na Cité Universitaire (Le Corbusier e P. Jeanneret, 1930; da *Oeuvre complète*).

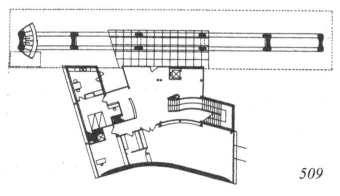

509

628, 629, 630. Paris, Cité de Refuge (Le Corbusier e P. Jeanneret, 1932; a foto original, da *Oeuvre complète*).

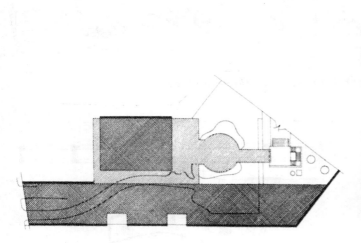

631. Uma cena do filme *Metropolis* de Fritz Lang.

testáveis, indiscutíveis do programa moderno, a autoridade surgirá da forma adequada. Respeitemos, porém, a cronologia dos eventos: *os técnicos devem formular, a autoridade surgirá.*" [15]

A exortação de não discutir política e sociologia dirige-se aos alemães como Taut e May. Contudo, todos em conjunto estão ligados à mesma colocação; formularam um programa, tecnicamente realizável e cientificamente correto, antes de levarem em conta as forças políticas que devem pô-lo em ação, e independentemente das circunstâncias do debate político imediato.

O acordo alcançado com algumas forças políticas — tais como os sociais-democratas na Alemanha — funcionou para as primeiras fases desse programa e poderia fazer falta para as fases sucessivas; entretanto, agora que tais forças estão enfraquecidas, o acordo, mesmo nos limites iniciais, é dificultado, e estão chegando ao poder outras forças, que não admitem qualquer acordo. Os arquitetos devem ir procurar em outro lugar novas forças com melhor disposição (May já está de partida para a Rússia), ou deter-se e esperar. A posição isolada de Le Corbusier está-se tornando a única possível, e as reuniões coletivas podem apenas consolidar tecnicamente os resultados atingidos até então.

Por conseguinte, às vésperas dos anos trinta, o CIAM de Bruxelas não é capaz de apresentar novamente o problema do bairro, mas somente recolher e catalogar as experiências válidas, para que não sejam perdidas.

Nas páginas do volume publicado no ano seguinte por iniciativa do CIAM [16], a produção da construção civil européia do decênio precedente é diligentemente resenhada e julgada segundo critérios uniformes; não chega a ele o eco dos grandes problemas de fundo levantados pela conjuntura econômica, naqueles mesmos anos, nos vários países.

As conclusões oficiais refletem o mal-estar dessa situação; constatam-se certos obstáculos a serem eliminados: a falta de regulamentos para os loteamentos, a persistência de construções em bloco fechado, a suspeita em relação aos novos métodos de construção, o prejuízo das construções de estilo nos centros antigos, as dificuldades econômicas, a falta de interesse das autoridades, nos países menos evoluídos, pelos estudos e pelos resultados obtidos no exterior.

15. Idem, ibidem, p. 57.
16. *Rationelle Bebauungsweisen*, redigido por V. Borgeois, S. Giedion, V. Van Eesteren, R. Steiger, Stuttgart, 1931.

Mesmo o quesito colocado por Gropius: casas altas, médias ou baixas, não recebe uma resposta clara:

A experiência no campo das casas baixas e médias (de quatro a cinco andares) já é suficiente para julgar sua eficácia, enquanto que, para as casas altas, dispomos das experiências americanas, mas somente para moradias de luxo. O Congresso constata que essa forma de moradia pode oferecer uma solução ao problema do alojamento mínimo, sem que, contudo, possa demonstrar que é a única forma desejável. É, portanto, necessário continuar a examinar todas as possibilidades da casa alta e estudar sua eficácia em exemplos realizados, mesmo que a isso se oponham obstáculos de ordem financeira, sentimental e devidos aos regulamentos de construção. [17]

O IV Congresso tem lugar em 1933, em um navio que vai de Marselha a Atenas. Enfrenta-se o problema da cidade, examinando-se trinta e três casos, [18] e desta vez não se publica qualquer relato oficial; somente em 1941 imprime-se em Paris um documento anônimo (redigido por Le Corbusier), com prefácio de Jean Giraudoux, que toma o nome de *Carta de Atenas*.

É bastante significativo que sejam examinadas trinta e três cidades, e que não se faça o balanço de trinta e três experiências concretas de planificação. Com efeito, os protagonistas do movimento moderno estão isolados das experiências urbanísticas deste período; podem somente constatar a desordem das cidades, enunciar, em comparação, as características de ordem e de funcionalidade que deveriam ser próprias da cidade moderna e indicar os meios necessários para obtê-las.

Os experimentos parciais de Berlim e Frankfurt foram interrompidos pela crise econômica, o programa de construções populares da Comuna de Viena está paralisado desde a queda do Kridt-Anstalt em 1931, em outros lugares ou falta uma eficaz presença cultural do movimento moderno, ou a legislação é por demais atrasada para permitir experiências. Nem mesmo depois de 1933 permite-se aos membros dos CIAM ampliar sua intervenção do bairro para a cidade, exceto na Holanda, como diremos mais adiante. O exame

17. "Stellungnahme des Brüsseler Kongresses zu Flach, Mittel- oder Hochbau", em op. cit., p. 74.
18. Trata-se de Amsterdã, Atenas, Bruxelas, Baltimore, Bandung, Budapeste, Berlim, Barcelona, Charleroi, Colônia, Como, Dalat, Detroit, Dessau, Frankfurt-sobre-o-Meno, Genebra, Gênova, Haia, Los Angeles, Littoria, Londres, Madri, Oslo, Paris, Praga, Roma, Roterdã, Estocolmo, Utrecht, Verona, Varsóvia, Zagreb, Zurique.

do que ocorre em trinta e três cidades do mundo não pode substituir uma experiência que não existiu.

É natural, portanto, que os CIAM proponham um código de princípios gerais que parecem abstratos e quase irônicos em um mundo conturbado, onde se estão pondo em dúvida as próprias regras da convivência humana. Mas exatamente em relação a essas circunstâncias, a natureza teórica do documento adquire um significado preciso e um valor político potencial. Teria sido fácil aos congressistas em 1933, e ainda mais a Le Corbusier em 1941, especificar tecnicamente seu tratamento, e tentar uma racionalização dos métodos ou dos modelos correntes, oferecendo aos operadores de seu tempo indicações precisas e mais avançadas; é o que fazem, dois anos depois, na França, os redatores da lei urbanística de 11 de junho de 1943, e um ano depois, na Itália, os responsáveis pela lei de 1942.

Quase oposta, por sua vez, é a intenção dos CIAM e de Le Corbusier: a nova urbanística não pode ser resolvida numa melhora técnica da urbanística corrente, mas constitui uma verdadeira alternativa, que exige, antes de mais nada, uma inspiração política diversa. Se as circunstâncias tornam improvável essa alternativa, ela deve ser enunciada de forma utópica, porém clara, não diluída em um compromisso aceitável pelas forças dominantes.

A ocasião da discussão não é, de fato, uma cidade que funcione melhor, mas uma cidade que funcione para todos, e reparta com eqüidade entre os cidadãos os benefícios dos possíveis melhoramentos; é, mais uma vez, o ideal de Morris, a "arte para todos", que agora se tornou, face aos regimes autoritários, um objetivo político preciso.

Assim, no momento decisivo, a escolha dos CIAM é exatamente oposta à tecnicista que se sustenta estar implícita na tendência racionalista. É um jogo com a racionalidade da técnica, e com a racionalidade das relações humanas.

Essa escolha transparece com clareza, ao se ler hoje, com um afastamento de trinta anos, os parágrafos de conclusão da *Carta de Atenas*:

A maior parte das cidades apresenta-se hoje como a imagem da desordem. Essas cidades não correspondem de modo algum a sua finalidade, que seria a de satisfazerem as necessidades fundamentais biológicas e psicológicas de seus abitantes.

Essa situação denuncia, desde os inícios da era da máquina, a multiplicação incessante dos interesses particulares.

A violência dos interesses particulares determina uma desastrosa ruptura do equilíbrio entre a pressão das forças econômicas, de um lado, e a fraqueza do controle administrativo e a impotência da solidariedade social, de outro...

A cidade deve assegurar, no plano espiritual e material, a liberdade individual e os benefícios da ação coletiva.

O dimensionamento de cada coisa dentro do dispositivo urbano não pode ser regulado senão em escala humana.

Os pontos-chave da urbanística consistem nas quatro funções: morar, trabalhar, divertir-se (no tempo livre), circular.

Os planos determinarão a estrutura de cada um dos setores atribuídos às quatro funções-chave e fixarão sua respectiva localização no conjunto.

O ciclo das funções quotidianas: morar, trabalhar, divertir-se (recuperar-se) será regulado pela urbanística com a mais rigorosa economia de tempo, considerando a moradia no centro das preocupações urbanísticas e como ponto de partida de toda avaliação...

É necessário e urgente que cada cidade estabeleça seu programa, promulgando as leis que permitam sua atuação.

O programa deve ser constituído com base em análises rigorosas levadas a efeito por especialistas, deve prever as etapas no tempo e no espaço, deve coligar em fecunda harmonia os recursos naturais do homem, a topografia do conjunto, os dados econômicos, as necessidades sociológicas e os valores espirituais...

O núcleo básico da urbanística é uma célula de habitação (um alojamento) e, de sua inserção em um grupo, constitui-se uma unidade de habitação de grandeza eficaz.

Partindo dessa unidade de habitação, serão estabelecidas no espaço urbano as relações entre habitação, locais de trabalho e instalações dedicadas às horas livres.

Para resolver esse grave encargo, é indispensável utilizar os recursos da técnica moderna que, com o concurso de seus especialistas, sustentará a arte de construir com todas as garantias da ciência e a enriquecerá com as invenções e os recursos da época...

Existem duas realidades antagônicas. De um lado, o grande número de trabalhos a serem iniciados com urgência para organizar as cidades; de outro, as condições de extremo fracionamento da propriedade fundiária.

A grave contradição que aqui resulta evidente coloca um dos problemas mais graves de nossa época: a urgência de regular com um instrumento legal a disponibilidade de solo útil para corresponder às necessidades vitais do indivíduo em plena harmonia com as necessidades coletivas.

O interesse privado será subordinado ao interesse público. [19]

19. Trad. it., Milão, 1960. Os CIAM reuniram-se a seguir, em 1937, em Paris, e, depois da guerra, em 1946 em Bridgewater, em 1949 em Bérgamo, em 1951 em Hoddesdon, em 1953 em Aix-en-Provence, em 1956 em Dubrovnik, e, pela última vez, em Otterlo em 1959. Em sua forma original, a associação mostrou-se inadequada para enfrentar os problemas da nova conjuntura cultural, e seus protagonistas concordaram em declará-la dissolvida.

513

632, 633. Projetos para o monumento da Terceira Internacional (V. E. Tátlin, 1920) e para o Palácio do Trabalho em Moscou (A. L. e V. Vesmin, 1923; de *L'Architecture vivante*).

 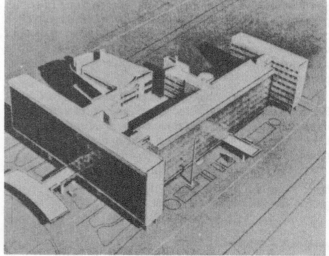

634, 635. V. Gherassimov, projeto para o teatro de Tcharkov, 1930 (op. cit.); Le Corbusier e P. Jeanneret, o palácio do Centrosoyus em Moscou, 1928 (da *Oeuvre complète*).

16. O COMPROMISSO POLÍTICO E O CONFLITO COM OS REGIMES AUTORITÁRIOS

Em junho de 1931, no encerramento da Bauhausstellung de Berlim, Ernst May profere, perante o Senado da cidade, uma conferência sobre *A construção de cidades na URSS,* onde já trabalha desde 1930, e anuncia a intenção dos CIAM de organizar o IV Congresso na União Soviética.

Martim Wagner comenta:

> No mesmo dia em que mais de mil urbanistas, após terem assistido durante cinco dias à autópsia do cadáver do organismo urbano europeu, em seu encontro final concordavam quanto a sua impotência para fazer qualquer coisa... Ernst May fazia sua grande exposição sobre a urbanística russa, em um círculo de jovens arquitetos entusiastas... [1]

Com efeito, a Rússia, nesse momento, parece o campo mais adequado para realizar os programas da arquitetura moderna; Le Corbusier foi chamado em 1928 por Lubimov, presidente da União das Cooperativas, para projetar a nova sede da organização; Gropius, Poelzig, Le Corbusier e Mendelsohn são convidados, em 1931, pelo governo, para participarem do concurso para o Palácio dos Sovietes; May, Meyer e mais tarde Taut, Hilberseimer, Hebebrandt, Lurçat e muitos outros arquitetos ocidentais trabalham na URSS nos programas urbanísticos do primeiro plano qüinqüenal, e um grupo de arquitetos soviéticos, o OSA, elabora os modelos mais progressistas de composição urbana no período entre as duas guerras; de fato, o relato da aproximação aos problemas urbanísticos, feito anteriormente, conclui-se na Rússia nos anos trinta: veremos em pouco esse episódio, que encerra o capítulo anterior e dá início a este.

O motivo dessa preferência não pode ser senão político; na Rússia, a Revolução de 1917 criou um novo espaço político, cujos limites ainda são ignorados, e no qual muitos homens da esquerda européia colocam suas aspirações já ameaçadas pela direita em avanço; até mesmo a dissolução da primeira vanguarda russa — Maiakóvski suicida-se em 1930 — parece contribuir para a formação de um debate mais pacato, aberto às experiências internacionais. As orientações arquitetônicas e as convicções políticas parecem cada vez mais ligadas entre si. Em 1925, durante a polêmica sobre a transferência da Bauhaus de Weimar para Dessau, Gropius hvaia sustentado a independência da nova pesquisa arquitetônica em relação a toda corrente política, e havia vencido sua batalha da seguinte maneira: havia compreendido, efetivamente, que as finalidades do movimento e até mesmo as ocasiões do trabalho coletivo iniciado em 1919 não podiam se identificar com as direções e as previsões dos partidos que se entrechocavam naquele momento. Agora, porém, a experiência das realizações concretas, especialmente as públicas, ensinou aos arquitetos a importância das decisões mais vinculadas; no entanto, o debate político está-se modificando, e os partidos democráticos devem defender em conjunto sua sobrevivência contra os novos movimentos autoritários. A arquitetura moderna não pode escapar aos termos desse confronto mais geral, que levará ao conflito armado da Segunda Guerra Mundial; já agora o avanço auto-

---

[1]. Cit. no *Prefazione* de V. QUILICI ao livro de N. A. MILJUTIN, *Socgorod,* trad. it., Milão, 1971.

515

ritário ameaça fechar não esta ou aquela oportunidade de trabalho, mas toda classe de oportunidades públicas.

Observou-se que o desenvolvimento das propostas urbanísticas elaboradas pelos arquitetos alemães por volta de 1930 — a normalização das moradias, a concentração de residências em prédios altos espaçados, a industrialização dos elementos de construção — leva a um inevitável desencontro político. É conveniente, agora, ampliar o discurso e examinar os acontecimentos desse compromisso político nos diversos países; não se pode, de fato, englobar em um único juízo aquilo que ocorre em países diversos — na Rússia, na Alemanha, na Itália, na França —, onde as causas e os efeitos são, sem dúvida, diferentes; por outro lado, existem algumas circunstâncias comuns que tornam oportuno um confronto entre os diversos eventos.

1. A União Soviética

O debate sobre as relações entre arquitetura e política começa, na URSS, logo após a Revolução, e é especialmente intenso nos primeiros anos, de 1917 até fins de 1922, quando é publicada a primeira Constituição do novo Estado.

A Revolução demoliu as instituições do Estado burguês e estabeleceu as premissas para uma nova organização da vida associativa em todos os campos e mesmo naquele da arquitetura. Quatro meses depois das jornadas de outubro, a lei de 19 de fevereiro de 1918 abole a propriedade privada do solo e põe o território soviético à disposição da coletividade; a lei de 20 de agosto de 1918 abole a propriedade privada também das construções e estabelece os controles com que se exerce a propriedade pública sobre bens imóveis; o serviço de planificação das cidades é instituído em fins de 1918, e a lei que torna obrigatória a planificação urbanística das cidades é promulgada em 4 de novembro de 1922. Assim, as premissas políticas para uma arquitetura e uma urbanística independentes da especulação particular — ainda reivindicadas em vão nos países ocidentais — já estão atingidas nos primeiros cinco anos do Estado soviético.

No mesmo tempo, as condições econômicas e de civilização permanecem incomparavelmente mais atrasadas. A Rússia teve vinte milhões de mortos de 1914 até fins da guerra civil; em 1920, a produção agrícola é ainda a metade da que era em 1913, e a produção da indústria pesada é a sétima parte. A produção da construção civil está quase paralisada e a insuficiência de alojamentos permanece uma dificuldade quase que insolúvel mesmo por muitos anos depois.

Existe, portanto, um enorme campo de possibilidades, que pode ser preenchido somente em uma parcela mínima e que autoriza os projetos mais ambiciosos, tais como o plano de dezembro de 1921 para produzir um milhão e meio de quilowatts de eletricidade, realizado pontualmente nos dez anos seguintes. Até mesmo o debate sobre a arquitetura é projetado para o futuro e adquire um caráter radical, oscilando entre posições extremas e inconciliáveis.

Lênin, em 1920, enuncia da seguinte maneira o argumento fundamental:

> Para nós, é impossível resolver o problema da cultura proletária sem uma compreensão clara e um conhecimento exato da cultura que foi criada no decurso da história humana. Somente recriando-se esta é que é possível determinar uma cultura proletária. [2]

Esse juízo teórico, porém, deve ser traduzido em termos históricos. É preciso julgar a herança remota do passado — os tipos de edificação, e os urbanísticos e os hábitos correntes, que parecem impossíveis de ser eliminados de vez, junto com as instituições burguesas, mas que voltam a se propor como mais seguros e mais tranqüilizantes em curto prazo — e a herança próxima, ou seja, os programas dos grupos de vanguarda já formados antes da Revolução, agora empenhados com entusiasmo na construção da nova sociedade: a mudança total do ambiente construído que estes propõem aparece agora como concretamente realizável, mas deve ser coordenada com o conjunto das demais mudanças sociais, e ameaça subtrair-se aos controles políticos gerais.

Esses quesitos ficam mais simples de resolver enquanto as tarefas ainda são de tipo tradicional. Os artistas usam "as praças como paletas", segundo o exórdio de Maiakóvski; decoram o cenário da ação revolucionária: as paredes das casas, as cercas dos canteiros, as paredes dos vagões ferroviários, ou mesmo projetam monumentos irrealizáveis, tais como a torre de Tátlin para a Terceira Internacional (1921), reproduzida até mesmo nos selos de correio com a inscrição: "Engenheiros, criem novas formas"; cele-

---

2. Cit. em A. Voyce, *Russian Architecture*, Nova York, 1948, p. 125.

636. Projeto de casa comum para a R.S.F.S.R.; 1680 habitantes em um terreno de 4,5 hectares (M. Bartch e V. Vladimirov, 1929).

637. Modelo da célula de habitação tipo F, estudada em 1929 por Ginzburg para o Stroikom, reconstruído em 1967 por Kopp e Chazanoff.

638-641. Casa coletiva do Narkomfin (Comissariado da Finanças) em Moscou; M. Ginzburg e I. Milinis, 1929. Plantas dos dois tipos principais de alojamentos, perspectiva e vista externa.

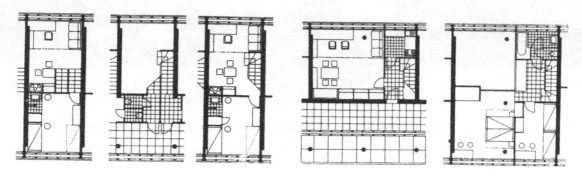

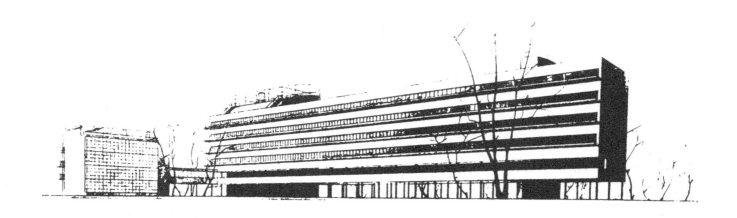

642. A colocação esparsa no campo, ao longo das vias de comunicação; da "cidade verde" de Ginzburg e Bartch, 1930.

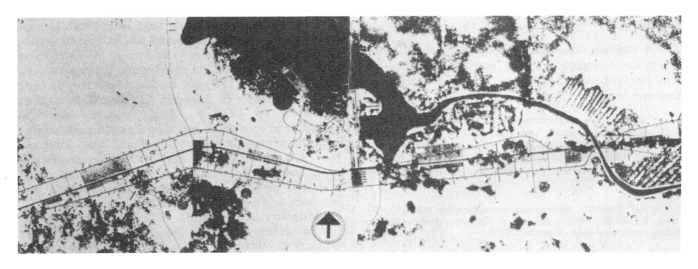

bram, ilustram, divulgam a ação política, mas não intervêm para modificá-la. Tornam-se mais complicados quando chega o momento de decidir o arranjo do novo cenário para a vida quotidiana, e as formas desenhadas pelos artistas devem tornar-se estruturas estáveis, modelos de comportamento.

Torna-se então decisivo, ao invés do contraste entre formas velhas e formas novas, o contraste entre dois métodos de trabalho: aquele que considera as escolhas arquitetônicas homogêneas e ligadas às outras, na esfera da vida quotidiana, e aquele que as considera heterogêneas, desvinculadas, em uma esfera "artística" superior. Essa alternativa faz referência à distinção marxista entre estrutura e superestrutura, tornando-se assim uma alternativa política; para resolvê-la, é decisiva a preparação dos chefes políticos, que podem utilizar a teoria marxista para transformar o exercício do poder, distinguindo na arquitetura — e nos outros setores — os aspectos estruturais dos superestruturais, e incluindo aqueles na equação política geral; ou combinando toda a arquitetura no campo superestrutural, para defender uma concepção restrita e tradicional da direção política.

Trótski enuncia a primeira direção e suas conseqüências:

> Fora das tarefas práticas e do trabalho contínuo para sua absolvição, não poderá ser criado nenhum novo estilo arquitetônico. As tentativas de se chegar dedutivamente a um estilo da natureza do proletariado... são puro idealismo e somente levarão a alegorias arbitrárias, a um diletantismo provincial.
>
> Cairá a separação entre arte e indústria. O grande estilo artístico será não decorativo, mas formativo. Nesse ponto, os futuristas têm razão. [3]

A maioria dos outros dirigentes, contudo, adota a segunda orientação e, com base nela, aprova ou, mais freqüentemente, critica os artistas de vanguarda. Kamenev escreve:

> O governo dos trabalhadores deve decididamente pôr fim ao crédito que até agora tem sido dado a toda sorte de futuristas, cubistas, imaginistas e outros contorsionistas semelhantes. Eles não são artistas proletários, e sua arte não é a nossa. São produtos da corrupção e da degenerescência burguesa. [4]

[3]. L. TRÓTSKI, *Letteratura e rivoluzione*, Moscou, 1923 (trad. it., Milão, 1958); cit. em V. QUILICI, *Architettura sovietica contemporanea*, Bolonha, 1965.

[4]. Cit. em A. VOYCE, op. cit., p. 124.

Uma vez que a segunda orientação levou a melhor em relação à primeira o confronto entre arquitetos inovadores e tradicionalistas dá-se no terreno "artístico" e seu êxito é reduzido, pois a novidade das formas é um argumento por demais fraco para ser aceito a longo prazo. O argumento de Lênin, então, torna-se um apelo para utilizar mecanicamente os estilos de todo o passado, segundo a conveniência das formas e dos símbolos associados. Dentre esses estilos, o classicismo é o mais conveniente, pois simboliza as virtudes da civilização da Antiguidade, foi usado por regimes revolucionários modernos e foi o estilo oficial do Estado russo pelos últimos dois séculos. O caminho da arquitetura soviética está assinalado por um longo período.

Assim, a pesquisa arquitetônica moderna em um primeiro momento é acelerada, e encontra-se mesmo projetada mais à frente do que em qualquer outro país, especialmente no campo urbanístico. Depois, esse riquíssimo patrimônio é disperso e esquecido; os estudos mais recentes o estão trazendo novamente à luz e fazem com que avaliemos o desperdício de tanta energia intelectual e humana.

Vejamos as fases desse processo:

De 1923 em diante — quando tem início a NEP e retoma-se a produção da construção civil — as propostas elaboradas no debate precedente estão igualmente disponíveis e os comitentes públicos escolhem entre elas com desconcertante indiferença. Os arquitetos modernos, que provêm da experiência construtivista, organizam-se em uma associação, a ASNOVA, e sistematizam os princípios teóricos do movimento de forma bastante genérica para não criar obstáculos às experiências concretas; de fato, comportam-se mais como indivíduos independentes, e enfrentam vários gêneros de trabalho: A. Ladovski e N. Doutchaiev dedicam-se ao ensino da arquitetura, junto à faculdade instituída em 1920 no Instituto Superior de Arte (VHUTEMAS); El Lissitski (1890-1941) vive na Alemanha de 1922 a 1928, colabora com Van Doesburg e com Mies van der Rohe, depois retorna à pátria e prepara o livro sobre a Rússia publicado em 1930, que faz com que o Ocidente conheça a nova arquitetura soviética; os irmãos Vesnin publicam seus projetos não executados, tais como o projeto para o Palácio do Trabalho em Moscou (1923); K. Melnikov apresenta, de 1927 a 1929, sete projetos de clubes operários, dos quais seis realizados e amplamente discutido como demonstração do programa teórico da ASNOV, porém também ele, como tantos outros arquitetos ocidentais, experimenta suas idéias com maior liberdade construindo sua própria casa em Moscou, em 1927. Quando morre Lênin, em 1924, o encargo de construir o mausoléu na Praça Vermelha é confiado ao perito A. V. Schoussev, arquiteto acadêmico já autor de obras ecléticas para o regime tzarista, tais como a estação ferroviária de Kazan (1913). Contudo, quando a URSS decide participar da Exposição de Artes Decorativas de Paris, em 1925, o projeto do pavilhão é confiado a Melnikov.

Entretanto, o empenho individual permanece insuficiente para resolver os problemas mais interessantes da produção corrente da construção civil e do desenvolvimento urbano. Em 1925, um grupo de arquitetos, em parte saídos da ASNOVA, funda uma nova associação, a OSA (Obchestvo Sovremioneh-Arhitectorov, isto é, Sociedade dos Arquitetos Contemporâneos), justamente com o objetivo de enfrentar coletiva e cientificamente esses problemas (no mesmo momento e graças à mesma exigência, os arquitetos da Europa Ocidental começam a colaborar na exposição de Stuttgart, e mais tarde nos CIAM).

A OSA publica, a partir de 1926, uma revista, a *AC* (Arquitetura Contemporânea), cujos redatores são os irmãos Vesnin e M. Ginzburg, e organiza, em 1928, em Moscou, uma conferência, aberta por Ginzburg, com uma exposição que indica um programa preciso de trabalho: o primeiro ponto diz o seguinte:

Nossos estudos devem partir de uma análise aprofundada e escrupulosa do programa, visto à luz de nossas condições políticas e sociais. Devem ter como finalidade a definição dos CONDENSADORES SOCIAIS de nossa época. É preciso impelir para mais longe e aprofundar os estudos para a criação de um tipo novo de residência, enfrentar o estudo dos outros tipos de edifícios hoje necessários, dentre os quais os principais serviços públicos, e enfrentar igualmente a planificação das novas cidades, até agora abordada apenas superficialmente. É preciso chamar a atenção da opinião pública para estes problemas, ligando intimamente nosso trabalho ao dos companheiros que definem as novas relações entre os homens e os modos de produção. [5]

É o momento em que os chefes políticos preparam a passagem da NEP para a política de plano, e começam o primeiro plano qüinqüenal (de 1928 a 1933); os arquitetos modernos tentam, com suas forças, inserir-se nessa passagem e propõem os novos tipos urbanísticos de edificação como "condensadores" da vida social que se está formando. Segundo o programa de Ginzburg, os novos condensadores sociais são:

1) *A Casa Coletiva*

A revista *AC* publica, em 1926, uma pesquisa sobre as novas tendências sociais para a moradia, e, em 1927, um concurso para novas propostas arquitetônicas; são apresentados oito projetos que exploram uma ampla gama de soluções não usuais: alojamentos com ambientes de várias alturas e em vários níveis, desvinculados de varandas e ruas internas. Em 1928, o Stroikom (Comitê de Construções Estatais) institui uma seção de estudos e pesquisas, dirigida por Ginzburg, que desenvolve sistematicamente essas novas propostas e especifica, em 1929, um tipo de alojamento mínimo de 27 ou 30 metros quadrados (a célula F) a ser montado em grandes blocos de construção, com serviços coletivos (a dom-komuna). Dois deles são executados entre 1928 e 1930, um por Ginzburg e Millinis, para o Comissariado Popular das Finanças (Narkomfin), ou outro por Lissagor, no número 8 da rua Gógol, em Moscou. Muito mais numerosos são os projetos não realizados, de Ginzburg, dos irmãos Vesnin, de Golosov, de Kuzmin, que fixam de diversos modos a integração entre os alojamentos e os serviços comuns, propondo mesmo uma coletivização quase completa da vida familiar.

Essa pesquisa vai bem mais longe do que todo o resto da pesquisa mundial no tema da residência e não pode lançar mão do confronto com outras experiências. Somente depois de 1945, Le Corbusier, Bakema, Candilis e os Smithson começam a enfrentar os mesmos problemas.

2) *O Clube Operário, que Reúne os Serviços de Grau Superior, não Incluídos na Unidade Residencial*

Enquanto as estruturas residenciais estão baseadas na repetição de elementos iguais, o clube equilibra o tecido urbano como elemento excepcional e não-repetível (é a colocação feita por Gropius, descrita no Cap. 15). Os tipos estudados e realizados por Melnikov, de fato, com seus sensacionais encaixes volumétricos, destacam-se como marcos da paisagem urbana e realizam, em termos visuais, essa exposição. Trata-se agora de desenvolver as conseqüências de or-

---

5. M. GINZBURG, 1928; cit. em A. KOPP, *Ville et révolution, architecture et urbanisme soviétiques des années vingt*, Paris, 1967.

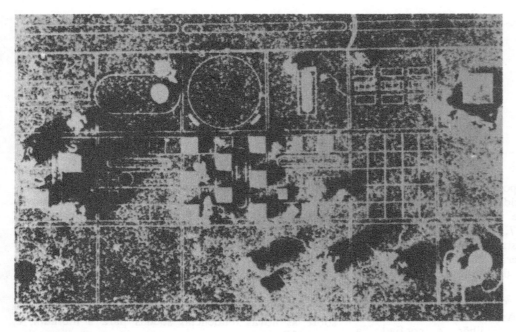

643. Projeto de Ivan Leonidov para Magnitogorsk (1930); a zona das habitações e dos serviços.

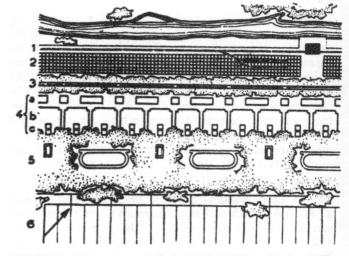

644. Esquema da cidade linear de Miljutim.

1. ferrovia
2. indústrias
3. rodovia
4. moradias
5. área verde aparelhada
6. zona agrícola

645. Projeto de um bairro-satélite de Moscou, de Ernst May (1932).

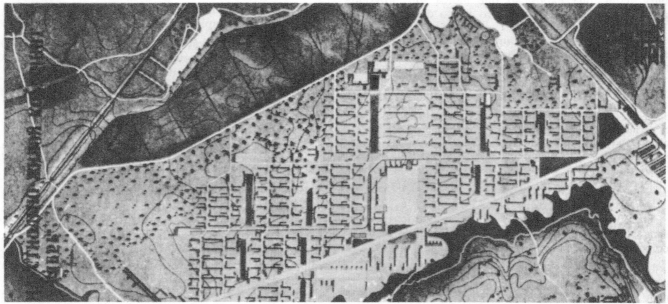

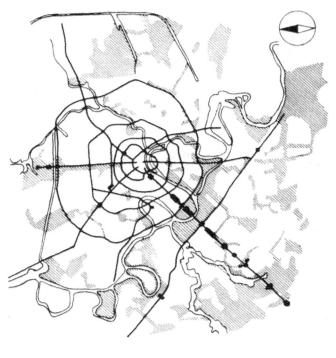

646, 647. Moscou, duas estações de metrô.

648, 649. Moscou, esquema de plano regulador de 1935 (em hachurado, as áreas verdes) e vista da Universidade sobre a colina de Lênin.

ganização, ou seja, de transformar o clube, de um edifício, em uma zona urbana: é o tema de muitos projetos teóricos feitos por volta de 1930, tais como o do "clube de um novo tipo social" de I. Leonidov, de 1929. Nenhum deles, porém, pode ser realizado entre as duas guerras: algo similar é o "palácio dos pioneiros" na Moscou de 1966. [6]

3) *A Indústria*

Os aparatos produtivos são o outro pólo da vida urbana, contraposto ao sistema da residência e dos serviços: e são, também, os edifícios para os quais se dispõe de mais meios: porém, a organização coletiva necessária para projetar as instalações industriais não se presta a ser controlada pelos arquitetos modernos, uma vez que estes são ainda um grupo minoritário, embora o mais eficiente e o mais preparado.

Em 1925, para projetar uma grande fábrica em Leningrado, é chamado Mendelsohn da Alemanha. Durante o primeiro plano qüinqüenal, a realização mais importante é a central elétrica do Dnieper, construída de 1927 a 1932. A direção técnica é confiada ao engenheiro A. V. Vinter, enquanto que, para a escolha dos arquitetos, é instituído um concurso, do qual participam até mesmo os arquitetos acadêmicos Joltowski, Schouko, Helfreich. Neste caso, vence um grupo de arquitetos modernos chefiados por Victor Vesnin (Kolly, Korchinski, Andreievski, Orlov); estes realizam, juntamente com os engenheiros, uma estrutura simples e convincente, apenas sublinhada por motivos formais construtivistas.

Os "condensadores sociais" devem ser enquadrados no "condensador geral" que é a cidade. Esse é o terreno decisivo onde os arquitetos da OSA apresentam suas propostas e onde, em última análise, as autoridades políticas escolhem a direção da arquitetura russa.

As casas comuns idealizadas no centro de estudos do Stroikom são estruturas novas que transformam virtualmente o organismo urbano e valem como novos elementos repetíveis, mas complexos, onde um dado número de habitantes é associado a um dado rol de serviços. Alguns dos projetos citados — a casa dos irmãos Vesnin para Kuznetsk (1930), a casa teórica estudada por Bartch e Vladimirov para o Stroikom (1929) — são complexos urbanísticos de grandeza prefixada (1 680 habitantes no tipo de 1929) e exigem um processo de montagem em escala superior à que produziria uma cidade totalmente nova, tal como mais tarde a *unité de grandeur conforme* de Le Corbusier.

Por esse caminho, os arquitetos da OSA reexaminam o organismo da cidade tradicional, e reconhecem a lógica da concentração em que ela se baseia, que impede a colocação dos elementos da construção — unidade de habitação, centros de serviço, instalações produtoras — nas mesmas condições recíprocas. Para superar essa lógica, apresentam-se duas possibilidades:

a) aumentar e complicar a unidade de habitação até fazê-la coincidir com a cidade; é a solução dos *urbanistas* — teorizadas por Sabsovitch — que retomam a proposta de Kuzmun da casa integralmente coletivizada, com alojamentos individuais de 5 metros quadrados e fixam a dimensão máxima do agrupamento entre quarenta mil e cinqüenta mil habitantes;

b) difundir as unidades no território; é a solução dos *desurbanistas* — Ginzburg, Vladimirov, Bartch e o teórico Ohitovitch — que imaginam a cidade como um agrupamento infinito de elementos distanciados (casas, centros de serviço, fábricas etc.), sempre em contato direto com o campo.

Os dois grupos apresentam suas propostas para os temas concretos da planificação soviética: a reorganização das cidades existentes e a idealização das novas, exigidas pela localização das grandes instalações industriais. Ginzburg e Bartch publicam, em 1930, na *AC,* um plano para a descentralização de Moscou ("a cidade verde"); Le Corbusier, que visita a exposição do projeto, discute com Ginzburg a oportunidade da centralização ou descentralização; Vladimirov, Sokolov, Bartch e Ohitovitch — mas também Leonidov, em nome da OSA, e a equipe de Ernst May — apresentam em 1930 diversos projetos para a nova cidade de Magnitogorsk. Dessa discussão nasce a possibilidade de mediar as duas teses, e de imaginar uma situação compacta mas não em contraposição entre centro e periferia (e, em termos políticos, entre cidade e campo, segundo a teoria marxista); a cidade pode ser diluída no território, sem perder, todavia, seu valor como lugar de produção e de troca.

As etapas desse raciocínio são o projeto da "cidade verde" (que propõe transformar em blocos o

6. De V. Egorov, V. Koubassov, N. Novikov, B. Palouiev, I. Pokrovski, M. Hajakian.

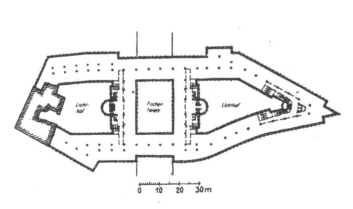

organismo centralizado de Moscou, os habitantes em faixas contínuas de casas baixas, ao longo das vias de comunicação); o projeto de Leonidov para Magnitogorsk, que prevê uma faixa mais complexa, com casas altas e baixas; o projeto teórico de Miljutin para a cidade socialista, Sosgorod, exposto em um livro de 1930, que deixa de lado o contraste entre organização coletiva e individual, e entre densidade forte ou fraca, mas insiste na alternativa entre distribuição centralizada (hierárquica) e distribuição linear (igualitária).

Assim, a pesquisa arquitetônica toca novamente o problema da direção política, que pode ser resolvido apenas pelos dirigentes. Exatamente em 1930, as autoridades esclarecem, em relação a essa controvérsia, o ponto de vista oficial:

É impossível superar de um salto obstáculos que têm séculos de idade, frutos do atraso cultural e econômico da sociedade. Contudo, esse é o sistema implícito nesses planos utópicos e irrealizáveis para a reconstrução, a expensas do Estado, de cidades novas baseadas na coletivização total da existência, inclusive o fornecimento coletivo de provisões, a educação coletiva das crianças, a proibição de cozinhas nos cômodos. A execução precipitada de semelhantes esquemas utópicos e doutrinários, que não levam absolutamente em conta os recursos materiais de nosso país e os limites até onde a população, com seus hábitos e preferências preexistentes, pode estar preparada para ela, poderia facilmente produzir perdas substanciais e mesmo desacreditar os princípios fundamentais da reconstrução socialista da sociedade. Os arquitetos devem evitar o perigo de serem dominados pela fantasia, para que uma solução adequada do problema possa vir de um arquiteto que compreenda a vida e as condições das massas. No período de transformação da família de uma base de economia doméstica para uma base coletiva, toda solução mecânica, administrativa, é contraproducente; o processo deve ter um curso gradual, ser protegido e encorajado, concretizando uma organização adequada para destacar as vantagens e o aumento do bem-estar do trabalhador no programa de coletivização. [7]

Esse discurso parece ser uma mediação entre as teses mais extremas; assinala, entretanto, uma reviravolta decisiva, pois subestima o alcance da alternativa descoberta pelos arquitetos — a aceitação ou refutação do mecanismo da cidade burguesa pós-liberal, herdado da sociedade precedente — e, admitindo esse mecanismo de modo provisório, põe em movimento uma lógica que deverá ser seguida até o fim. O que deve ser aceito ou recusado desde o princípio não é a economia individual ou coletiva, mas a hierarquia urbana enquanto instrumento de discriminação e de poder. Apenas formulada tecnicamente essa eventualidade, a reação não demora em vir. Mesmo o emprego, de 1930 em diante, dos arquitetos alemães May, Meyer, Taut — já empenhados em seu país de origem em uma experiência menos radical, de mediação entre a velha e a nova ordem urbana — serve, em definitivo, para que sejam colocadas de lado as propostas mais intransigentes já surgidas na URSS.

Com efeito, por alguns anos, as autoridades concedem um espaço marginal às experiências do esquema linear, mas voltam a valorizar, cada vez com maior decisão, os esquemas centralizados tradicionais; tentam limitar a dimensão das cidades existentes e das novas, mas a lógica do crescimento concêntrico impõe suas exigências, e os urbanistas são constrangidos a intervir com os instrumentos tradicionais do zoneamento e da regularidade geométrica dos traçados; a idéia da unidade de habitação sobrevive somente como indicação quantitativa e torna-se o superbloco formado por edifícios tradicionais, empregado de agora em diante nos planos reguladores soviéticos. Por esse processo inevitável, além de pela reviravolta autoritária do stalinismo, o regime soviético limita e anula a margem de liberdade dos arquitetos modernos. 1930 é o ano crucial, em que surgem as propostas mais importantes sobre a cidade socialista, mas em que terminam as esperanças da vanguarda, e "despedaça-se a barca do amor contra a vida de todo dia"; o mais brilhante dos jovens arquitetos da OSA, Leonidov — que exatamente em 1930 apresenta seu melhor projeto, o Palácio da Cultura, publicado por revistas de todo o mundo — é atacado violentamente pelos arquitetos rivais da VOPRA, é renegado pelas autoridades, e termina, com menos de trinta anos, sua rapidíssima carreira. Logo depois, as associações livres de arquitetura são reunidas na VANO e, em 1932, dissolvidas; seus membros são incorporados em uma federação do Estado, a SSA, que dirige toda a atividade de construção do país. Em 1933, o concurso para o Palácio dos Sovietes termina com a vitória dos tradicionalistas Jofan, Schouko e Helfreich, como já se disse no Cap. 14, e, a partir desse momento, a Rússia se povoa de colunatas, arranha-céus com cúspides, e até mesmo as construções mais modestas são revestidas com decorações anacrônicas (Figs. 688-690).

Em 1935, é aprovado o plano regulador de Moscou, tecnicamente notável pelo zoneamento perspicaz

---

7. Cit. por B. LUBETKIN em *Architectural Review*, maio 1932.

653, 654. Linz, manufatura de tabaco (P. Behrens e A. Popp, 1930-35; em preto, as construções industriais, em hachurado, as administrativas).
655. Stuttgart, decoração da casa de Poelzig no Weissenhof (1927).

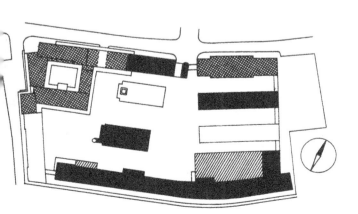

e pela abundância de zonas verdes, mas afligido por formalismos acadêmicos (da Praça Vermelha às colinas de Lênin é traçado um eixo monumental de mais de vinte quilômetros, semeado de praças e de palácios imensos [Fig. 648]).

A construção civil oficial é dirigida, como na Alemanha, por velhos sobreviventes do velho regime ou por jovens oportunistas, e é interessante observar a desenvoltura de muitos deles em seguir as diretivas oficiais, até mesmo em suas variações mais sutis.

Vale para todos o exemplo de Schoussev que, depois do mausoléu de Lênin, simples e digno, projeta o extremamente ornado Teatro Meyerhold em Moscou (1932); alinha-se com os funcionalistas russos e europeus no edifício do Comissariado da Agricultura (1933), que lembra o edifício de escritórios de Mendelsohn, mas logo depois volta à linguagem neoclássica com o Hotel Mosiow (1935), e recebe o prêmio Stálin em 1941 pelo Instituto Marx-Engels-Lênin em Tífilis, com a fachada protegida por colossais colunas coríntias.

O evento russo contém todos os motivos dos desencontros políticos que ocorrem depois de 1930 nos outros países. O conflito é evidente já em 1930, embora só se torne irremediável sob a ditadura de Stálin, e ocorre no terreno das escolhas urbanísticas antes do que naquele do estilo arquitetônico; na Rússia, destrói uma das pesquisas mais extraordinárias e audaciosas para definir o caráter da cidade moderna, em antítese com a tradicional; no Ocidente, não vale nem mesmo como advertência e pode ser estudado somente agora com desilusão retrospectiva.[8]

2. A Alemanha e a Áustria

Na Alemanha e na Áustria, o movimento moderno encontra condições muito favoráveis: os representantes das correntes de vanguarda de antes da guerra, que são agora os personagens mais eminentes, estão dispostos favoravelmente em relação às tentativas mais audaciosas da geração seguinte; dentre os jovens, existe um grupo de personalidades de primeira ordem, a quem as instituições vigentes oferecem múltiplas ocasiões de trabalho e de encontro com o poder público.

[8]. V. DE FEO, *URSS, architettura 1917-1936*, Roma, 1963; A. KOPP, *Ville et révolution* cit.; V. QUILICI, *L'architettura del construttivismo*, Bari, 1969.

Assim, nesses países, é obtida grande parte dos progressos descritos nos capítulos precedentes e, em um período breve, entre 1929 e 1931, parece que se forma uma corrente unitária, capaz de atrair todos os profissionais culturalmente atualizados; o mesmo repertório, enquanto isso, difunde-se em todos os países, nivelando as diferenças nacionais e materializando quase o ideal expresso cinco anos antes por Gropius com a fórmula "arquitetura internacional".

É o momento em que os adversários vêem-se constrangidos a conceder direitos de cidadania ao movimento moderno, classificando-o como o enésimo estilo "funcional" ou "racional". A aparente concórdia, entretanto, revela logo profundos contrastes; o movimento moderno não se comporta como os estilos tradicionais, nem como as correntes de vanguarda, pois não oferece soluções já prontas, mas sim indicações metódicas para a pesquisa de soluções sempre diversas e imprevisíveis, que consistem essencialmente em avaliações de graus. Assim, os projetistas não podem escapar, mediante a genérica profissão de fé em determinados princípios, às responsabilidades que derivam dos problemas singulares concretos, pelo contrário, ficam conscientemente destituídos de cobertura ideológica perante essa responsabilidade.

O consenso quanto a um certo repertório de forma ou quanto a um certo sistema de conceitos teóricos não basta, portanto, para garantir a unidade de propósitos, antes leva a propor, de forma mais grave e peremptória, as alternativas quanto ao comportamento prático. Face a certas alternativas fundamentais, cada geração e cada grupo ficam divididos.

Os arquitetos alemães passam por essa prova em condições particularmente difíceis, no breve intervalo que vai do término da inflação (1924) ao advento de Hitler no poder (1933); o debate cultural desenvolve-se primeiro no pano de fundo da derrota e da ocupação aliada, depois, na crise econômica, e finalmente é violentamente truncado pelo nazismo, que tolhe aos mestres modernos a possibilidade de trabalhar e até mesmo de viver na pátria, impondo pela força o retorno a um esquálido neoclassicismo, que é aceito, de boa ou má fé, pela maioria dos arquitetos alemães. A experiência começada por Gropius em 1919 termina com um fracasso, que traz consigo, contudo, um esclarecimento decisivo quanto à natureza íntima do movimento moderno.

O quadro da cultura arquitetônica alemã, no pós-guerra imediato, é aproximadamente o seguinte.

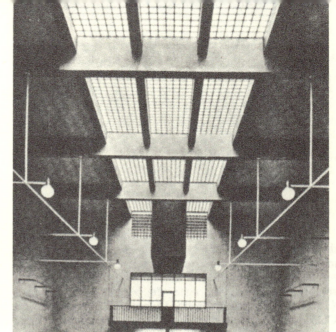

656. Stuttgart, Zeppelinbau (P. Donatz, 1929-31).
657. Zelle, uma escola de O. Haesler (1927).

658, 659. Farmácia Mohren em Breslaw (A. Rading, 1925); casa com laboratório, de K. Schneider (de G. A. Platz, op. cit.).

660, 661. Berlim, projeto de edifício na Potsdamerplatz (H. e W. Luckhardt, 1931) e disposição urbanística perto de Jaegerstrasse (H. Scharoun, 1927).

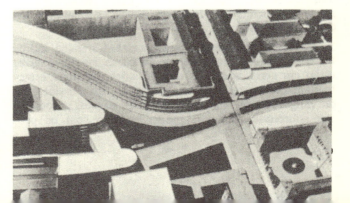

Os mestres que dirigiram as batalhas de vanguarda no início do século são agora os personagens mais importantes no campo profissional e acadêmico: Peter Behrens, conselheiro artístico da AEG e professor da Academia de Arte de Viena, Hans Poelzig (1869-1936), professor da Technische Hochschule de Charlottenburg e presidente da Werkbund, Fritz Schumacher (1869-1947), *Obermaudirektor* em Hamburgo; na Áustria, tendo Wagner morrido em 1918, domina a figura de Hoffmann, professor da Kunstgewerbeschule e *Oberbaurat* da capital.

Os quatro são quase coetâneos (Behrens nasceu em 1868, Poelzig e Schumacher em 1869, Hoffmann em 1870). No momento da fundação da Bauhaus, têm cerca de cinqüenta anos e estão em plena atividade; sua formação nas fileiras da vanguarda torna-os sensíveis ao clima de batalha do pós-guerra e inclinados a acolher as contribuições das novas correntes. Assim Poelzig e Behrens projetam alguns edifícios de inspiração expressionista, dentre os mais audaciosos e sugestivos (veja-se os desenhos de Poelzig de 1919 para o teatro de Salzburg e os escritórios para a Höchster Farbwerk em Frankfurt-sobre-o-Meno, construídos por Behrens entre 1920 e 1924); em breve, porém, estão aptos a seguir os jovens do movimento moderno, aceitando, tanto quanto possível, seu método de pesquisa. Ambos participam em 1927 da construção do Weissenhof de Stuttgart, e Behrens encerra sua carreira com um edifício industrial simples e sem tensões, que é quase a antítese de suas maciças construções juvenis: a manufatura de tabaco em Linz, construída entre 1930 e 1934 (Figs. 653-655).

Entre eles e a geração de Gropius (nascidos em 1883) existe um grupo de profissionais já afirmados antes da guerra: Paul Bonatz (1877-1951); Bruno Taut (1880-1938); Dominikus Böhm (1880-1955); Hugo Häring (1882-1958) — todos alunos de Theodor Fischer (1862-1938) e os dois primeiros também seus colaboradores, no início de suas carreiras — Fritz Höger (1877-1949), que trabalham em Hamburgo na linha de Schumacher, Otto Haesler (n. 1880) de Munique e o suíço Otto Salvisberg (n. 1882), também educado em Munique.

Estes, formados na pausa entre a batalha cultural de 1900 e a outra agora em curso no pós-guerra, estão em geral afastados das posições extremas e trabalham para inserir as contribuições dos movimentos de vanguarda em um ecletismo mais amplo, preocupados sobretudo com não perder contato com os processos de construção e com o repertório estilístico da tradição. Isso não é apenas cálculo profissional, uma vez que a fidelidade à tradição permite observar constantemente um alto nível técnico e acolher as inovações na construção somente depois de uma oportuna verificação experimental; eles herdam o cuidado e a competência quase artesanal própria da arquitetura alemã de fins do século XIX.

Naquilo que não diz respeito aos dados técnicos, são volúveis e dotados de fértil fantasia. Acolhem, com conveniente suavização, as contribuições do expressionismo (Höger na Chilehaus de Hamburgo, 1923), empenham-se em complicadas contaminações formais (Taut no Ledigenheim de Schöneberg, de 1919), ou em uma sutil transcrição de formas rústicas (Bonatz nas casas de campo da Renânia, Salvisberg nos primeiros bairros operários). Face ao movimento moderno, reagem de vários modos: alguns já fortemente ligados ao ecletismo não estão aptos a participar do novo curso de experiências, enquanto outros são lançados, por vários caminhos, na linha de Gropius e de Mies: Taut ali chega por via teórica e torna-se um dos propagandistas da nova arquitetura, Haesler — conselheiro da Reichsforschungsgesellschaft para a economia da construção civil — através de sua experiência no campo da construção popular em Zelle (Fig. 657), Häring com uma escolha francamente formal. Todos conservam traços do ecletismo original, nas inquietudes e nas sofisticações formais: basta considerar os bairros populares de Taut nos subúrbios berlinenses de Britz (1926-1927), e de Zehlendorf (1927-1928), onde a composição está subordinada, com manifesto artifício, a alguns expedientes cenográficos, como a ferradura dupla no centro do primeiro bairro.

Vêm depois os jovens que começam suas atividades durante o período da guerra. Alguns deles são atraídos por longo tempo pelo movimento moderno: Max Taut (n. 1884), Ludwig Hilberseimer (n. 1885), Ernst May (n. 1887), Adolf Rading (n. 1888), Karl Schneider (n. 1892), depois os irmãos Hans (1890-1954) e Wassili Luckhardt (n. 1889) e Hans Scharoun (n. 1893) que trabalham inicialmente na linha expressionista. Com exceção de May, nenhum deles traz contribuições substanciais ao aprofundamento dos problemas comuns; pelo contrário, é interessante ver que os mais jovens como Schneider e Scharoun, deixam-se levar mais facilmente por uma interpretação literal e formalista da linguagem moder-

530

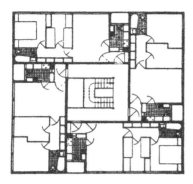

662, 663. Bairro com casa em torre projetada pelos irmãos Luckhardt em 1927.

665. C. Holzmeister, Dr. Dollfuss Gedächtnis em Viena (1933).

667, 668. Móveis para a Casa Zilling em Leipzig, de H. Straub (de *Moderne Bauformen*).

664. E. Fahrenkampf, igreja em Mühlheim (1928).

666. L. Ruff, projeto para o Lechbrücke, perto de Hochzoll (1927); de *Moderne Bauformen*).

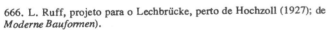

na (Figs. 658, 661); eles recebem a experiência dos mestres como um repertório terminado e por vezes justificam, com suas obras, as acusações de esquematismo que se fazem ao movimento moderno, assim como os escritos de Taut e de Hilberseimer justificam as qualificações convencionais de "racionalismo" e de "funcionalismo".

Outros jovens, de mesma idade que os racionalistas, trabalham, contudo, desde o início na linha do ecletismo tradicional: os mais felizes são Emil Fahrenkampf (n. 1885) na Alemanha e Clemens Holzmeister (n. 1886) na Áustria. Seu sucesso profissional tem as mesmas razões daquele dos Bonatz, dos Böhm, pois secundam as tendências da maioria; e mais, com uma faculdade mimética muito aguçada, eles se mantêm sempre a par das novidades culturais e estão prontos a absorver as contribuições de toda corrente, desde que de atualidade.

Assim, entre 1927 e 1930, quando o movimento moderno atravessa seu momento de atualidade e invade os livros e as revistas, muitos arquitetos ecléticos da geração mais jovem absorvem provisoriamente os elementos lingüísticos de seus coetâneos racionalistas e criam uma versão suavizada da arquitetura moderna, que tem um extraordinário sucesso na Alemanha e fora dela, apresentando-se como uma conciliação de antigo e moderno.

Fahrenkampf inspira-se primeiramente em um brando neoclassicismo — no edifício de escritórios de Düsseldorf e na Casa Otto em Aachen, de 1923 — que se torna cada vez mais sumário e sofisticado, até a Stadthalle de 1926 em Mühlheim. No Hotel Breidenbacher Hof de Düsseldorf, de 1927, a marca historicista não é mais distinguível: a caixa de alvenaria é acabada de modo estudadamente genérico e as reminiscências clássicas são reduzidas a alusões apenas perceptíveis, como os pequenos arcos alongados de modo inverossímil da fachada, enquanto são acolhidas algumas sugestões mendelsohnianas, as faixas horizontais, o coroamento plano, a contraposição entre a base e os blocos dos planos típicos. Na igreja de Santa Maria, em Mühlheim, de 1928 (Fig. 664), torna-se necessária uma referência às formas tradicionais, na planta e na vista com os três arcos gêmeos, mas os hotéis seguintes, o Monopol em Colônia (1928) e o Haus Rechen em Bochum (1929) são blocos simples e nivelados, segundo os caracteres racionalistas, e os grandes magazines Michel em Elberfeld (1929) são quase uma transcrição das obras análogas de Mendelsohn. Fahrenkampf passa, agora, por arquiteto moderno,[9] mas a diferença de inspiração é bem percebida por seus adversários, que contrapõem Fahrenkampf e seu "moderno adocicado" a Gropius e a Mies, pois vêem em seu exemplo um método para acolher as novas contribuições formais sem empenhar-se nos problemas de substância.

Holzmeister, de modo análogo, passa das primeiras obras carregadas de alusões medievais — a igreja de Bregenz de 1924 e o crematório de Viena de 1925 — aos blocos sem ornamentos dos edifícios escolares vienenses entre 1928 e 1930; constrói depois na Turquia, no mesmo estilo sumário, um grande número de edifícios representativos e não tem qualquer dificuldade, — quando é preciso — em voltar-se para um moderno e exangue classicismo, como por exemplo no Banco do Estado de 1931.

É muito instrutivo ver as deformações por que passa, nesse processo de transcrição, o repertório moderno. Uma característica constante é, por exemplo, o uso de paredes brancas e planas; esse expediente serve para reduzir as paredes à simples função de campo geométrico, sobre o qual se faz com que sobressaiam as relações proporcionais entre os elementos de construção, onde o reboco é, geralmente, liso e uniforme. Os imitadores aceitam a sugestão, mas se preocupam em não retirar totalmente da superfície da parede sua consistência física, tratando-a de modo que conserve uma textura perceptível: daí o grande uso dos revestimentos em tiras de pedra, de lembrança wagneriana (Fig. 656), que formam, ao redor de portas e janelas uma trama regular onde as leves diferenças de plano e de cor introduzem um tênue claro-escuro, suficiente para que se perceba a fachada como um plano cromático unitário (por exemplo, nos hotéis de Fahrenkampf em Düsseldorf, em Bochum, já mencionados); ou mesmo as linhas traçadas sobre o reboco, que permitem ao menos instituir uma relação gráfica entre as arestas das janelas (como no Böhmische Union-Bank em Brünn, de E. Wiesner). Quando é usado o reboco liso, prefere-se com grão grosso, para que seja sensível à luz, e freqüentemente fazem-se os contornos das janelas sobressalentes, de modo que, sob a luz do sol, projetem sombras rítmicas na

---

9. Por exemplo, na obra inédita de G. PAGANO, *Aspetti e tendenze dell'architettura contemporanea*, de 1928, publicada por C. MELOGRANI, *G. P.*, Milão, 1955, p. 55; ou na Mostra Internacional de Arquitetura Moderna da V Trienal, ver E. PERSICO em *L'Italia letteraria*, 2 jul. 1933.

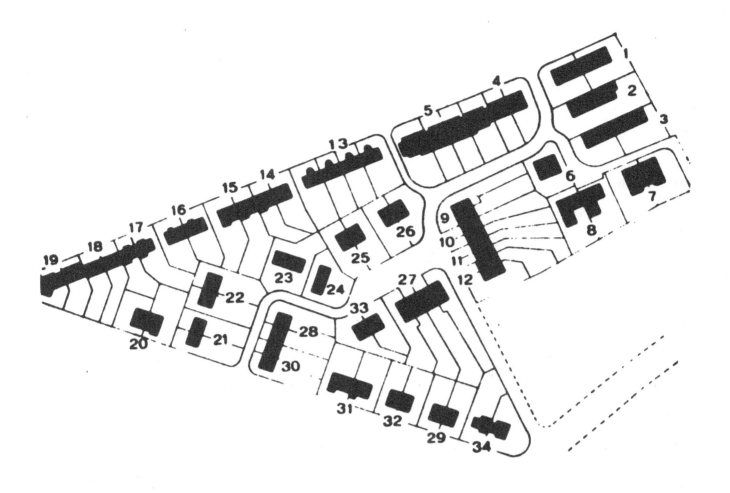

669. Viena, Werkbundsiedlung de 1932, planimetria geral.

1-3. H. Häring	10. W. Loos	18. J. Wenzel	27. G. Rietveld
4. R. Bauer	11. E. Wachberger	19. O. Haerdtl	28. M. Fellerer
5. J. Hoffmann	12. C. Holzmeister	20. E. Lichtbau	29. O. Breuer
6. J. Frank	13. A. Lurçat	21. H. George	30. G. Schütte-Lihotzky
7. O. Strnad	14. W. Sobotka	22. J. Groag	31. A. Grünberger
8. A. Brenner	15. O. Wlach	23. R. J. Neutra	32. J. F. Dex
9. K. A. Bieber e O. Niedermoser	16. J. Jirasek	24. H. Vetter	33. G. Guevrekian
	17. E. Plischke	25-26. A. Loos	34. H. Wagner-Freynsheim

670, 671. Viena, as casas de W. Sobotka e de O. Strnad no Werkbundsiedlung de 1932 (de A. Sartoris, op. cit.).

533

parede (como nas escolas de Holzmeister em Viena e, em geral, nas obras dos mestres austríacos).

Essa orientação manifesta-se também no gosto do desenho — nas perspectivas em grafite (Fig. 666) — e no estilo das fotografias, que são tiradas exatamente com sol radiante e com fortes contrastes; examinemos as figuras deste capítulo, comparando-as a seguir com as fotografias de Lucia Moholy-Nagy, por exemplo com a Fig. 589 do capítulo anterior, onde, pelo contrário, as obras de arquitetura são retratadas quase em perspectiva e com luz frontal.

Na decoração, produzem-se contaminações análogas. Muitos móveis e utensílios projetados pela Bauhaus são produzidos em série pelas indústrias e certos expedientes técnicos ou formais tornam-se lugares-comuns: por exemplo, na Exposição de Berlim de 1931, outros projetistas expõem móveis de tubos metálicos, transformando por vezes os entrelaçamentos exatos de Breuer em arabescos decorativos imitando Thonet (A. Lorenz e os irmãos Luckhardt); nos móveis de madeira, adotam-se formas simples e em ângulos retos, mas tomando-se o cuidado de destruir o rigor geométrico com estofamentos muito jaspeados, de preferência com linhas transversais; assim, os tecidos rústicos idealizados por Anni Albers e Gunta Stölzl são usados para acentuar a pronunciada rotundidade dos estofamentos, como nos móveis de H. Straub [10] (Figs. 667 e 668); alguns decoradores franceses chegam ao ponto de aplicar um revestimento mosqueado como madeira sobre móveis feitos de tubos metálicos, como M. Champion em 1932. [11]

Faz-se necessária uma abordagem especial para os mestres da Kunstgewerbeschule alemã — Hoffmann e Strnad — e para os jovens que se formam sob seus ensinamentos. [12]

Já foi observado no Cap. 9 que um dos modos possíveis de desenvolver a tradição wagneriana é eliminar toda a plástica secundária e reduzir os edifícios a paredes nuas, para que conservem — na simetria da instalação, na hierarquia e no espaçamento de portas e janelas — a referência aos primitivos valores proporcionais, reduzidos a relações entre escritas de claro e escuro; é o caminho seguido por Loos na *villa* de Montreux, por Hoffmann na casa de saúde de Purkersdorf.

10. *Moderne Bauformen*, 1929, p. 304.
11. *L'Architecture d'aujourd'hui*, 1933, I, p .68.
12. Para a escola de Hoffmann, *Moderne Bauformen*, 1927, p. 373; para a escola de Strnad, 1928, p. 49.

Esse método, que serviu para desmantelar a tradição eclética, preparando o caminho para o movimento moderno — e daí para a eficácia polêmica das construções de Hoffmann e de Loos, no pós-guerra imediato — pode servir, em um segundo momento, para assimilar as contribuições formais do movimento moderno e inseri-las na linha tradicional.

Em algumas obras, Hoffmann e seus alunos aproximam-se bastante dos racionalistas — Hoffmann, nas casas populares construídas entre 1925 e 1930 — mas conservam sua tônica tradicional como a estudada elegância das divisões, com a utilização adequada de todo elemento acessório — uma linha descendente, uma escrita, uma tarja — como arabesco linear em preto sobre branco. Quando E. Kaufmann indica os precursores da arquitetura moderna aos neoclássicos Boullée e Ledoux [13] pensa evidentemente na escola vienense, em Hoffmann, Loos, Strnad.

O exemplo dos vienenses tem amplíssima difusão na Europa graças à autoridade adquirida nos primeiros decênios do século XX e pela possibilidade de evasão que oferece aos modernos de todos os países. Em todos os Estados já sujeitos ao império dos Habsburgo, Tcheco-Eslováquia, Hungria, Iugoslávia, a difusão do repertório moderno ocorre principalmente através da mediação austríaca. Hoffmann continua a ditar as leis para o gosto europeu quanto à decoração até que as Wiener Werkstäte, sempre organizadas com os tradicionais métodos artesanais, vão à falência em 1933 por efeito da crise econômica.

Uma confirmação significativa da posição dos vienenses em relação ao movimento internacional é oferecida, na capital austríaca, pela Exposição da Werkbund em 1932. Nessa ocasião, tal como em Stuttgart, constrói-se um bairro-modelo de casas de um a três andares (Figs. 669-676), a que se dedicam Hoffmann, Loos, Strnad e uma vintena de austríacos, [14] e são chamados da França A. Lurçat e G. Guevrekian, da Holanda G. Rietveld, dos EUA R. Neu-

13. KAUFMANN, E. "C. N. Ledoux". *Thieme Becker Künstler-Lexicon*, v. 22, 1928. —. *Von Ledoux bis Le Corbusier, Ursprung und Entwicklung der autonomen Architektur*. Viena, 1933. —. "Die Stadt des Architekten Ledoux". *Kunstwissenschaftliche Forschungen*. 1933, p. 131.

14. R. Bauer, K. A. Bieber, A. Brenner, O. Breuer, J. F. Dex, M. Fellerer, J. Frank, H. Gorge, J. Groagh, O. Haerdtl, C. Holzmeister, J. Jirasek, E. Lichtblau, O. Niedermoser, E. Plischke, G. Schütte-Lihotzky, W. Sobotka, H. Vetter, E. Wachberger, H. Wagner, J. Wenzel, O. Wlach; ver *Moderne Bauformen*, 1932, p. 435.

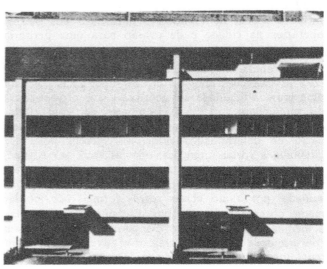

672, 673, 674. Viena, as casas de J. Hoffmann, J. F. Dex e A. Luçart na Werkbundsiedlung de 1932 (de A. Sartoris, op. cit).

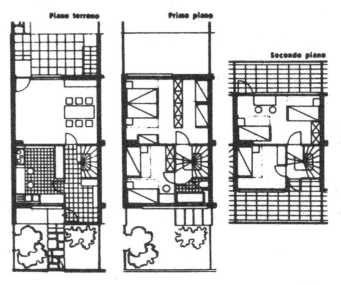

675, 676. Viena, a casa de G. Rietveld na Werkbundsiedlung de 1932 (de A. Sartoris, op. cit.).

tra e A. Grünberger, da Alemanha H. Häring. A lista dos participantes indica por si só a direção cultural: tetos planos, paredes brancas e ambientes sem ornamentação, tal como no Weissenhof, mas um espírito mais formalista e evasivo. Dessa experiência não vem qualquer contribuição importante para a solução dos problemas técnicos e econômicos da construção popular, mas apenas uma indicação a favor das casas baixas e dos bairros extensivos, contrapostos aos blocos intensivos construídos na década precedente pela Administração vienense; essa escolha, em 1932 e em ambiente alemão, possui um evidente significado social, de renúncia à integração dos bairros operários na cidade e de evasão para uma periferia semi-rural.

A rápida difusão do novo repertório arquitetônico e as imitações mais ou menos superficiais colocam uma grave dificuldade aos teóricos e aos protagonistas do movimento moderno. Demonstra-se, com efeito, que o uso de determinadas formas não garante a aceitação de determinados princípios, porém pode ser adaptada a várias intenções, opostas entre si. Alguns, identificando o movimento moderno com esse repertório, anunciam que a nova arquitetura é coisa consumada, porquanto certas regras formais são amplamente observadas, e dão por resolvidos os problemas à medida que se descobre o modo de formulá-los em conformidade com tais regras. Os adversários chegam repentinamente a um acordo, pois daí deduzem que o movimento moderno é um estilo como todos os outros, que passará logo de moda ou será absorvido no repertório tradicional do ecletismo, como uma alternativa a ser usada em circunstâncias marginais: edifícios industriais, casas populares etc. Outros são induzidos a meditar sobre o relacionamento entre forma e substância, e tomam consciência de que devem elaborar novos métodos de exposição e de polêmica que permitam distinguir no panorama uniforme da chamada produção moderna a dedicação sincera do conformismo.

Essa situação atenua o entusiasmo e o acirramento da polêmica pró e contra a nova arquitetura e deixa entrever uma outra ordem de escolhas, que desorientam a maior parte dos arquitetos.

Neste ponto, os críticos, se aceitam a apresentação restrita de um Taut e de um Sartoris, falam de crise do racionalismo. Reafirmam uma interpretação que foi efetivamente difundida entre 1930 e 1933, sobretudo entre os mais jovens: reduzido o movimento moderno a um sistema de preceitos formais, supõe-se que a origem do mal-estar esteja na estreiteza e no esquematismo desses preceitos, e acredita-se que o remédio ainda se encontre em uma mudança de direção formal, em uma atenuação do tecnicismo e da regularidade, no retorno a uma arquitetura mais humana, mais quente, mais livre e inevitavelmente mais vinculada ao valores tradicionais.

A crise econômica faz com que esse debate seja comprimido em um tempo extremamente breve; a ditadura nazista que se segue encarrega-se de truncá-lo definitivamente e, ao mesmo tempo, serve como pedra de toque, mostrando abertamente quais escolhas estão encobertas pela polêmica estilística.

Em 1932, quando os nazistas sobem ao poder em Dessau, a Bauhaus é obrigada a emigrar para Berlim e, no ano seguinte, quando Hitler é nomeado chanceler, Mies van der Rohe tem de fechar definitivamente a gloriosa escola, enquanto que os edifícios de Dessau são empregados como escolas para dirigentes políticos.

Dentre os antigos professores, Albers emigra logo para os EUA; Klee e Schlemmer, que saíram em 1929 e são professores em Düsseldorf e Berlim, são postos em repouso em 1933; Gropius e Breuer estabelecem-se na Inglaterra em 1934 e Moholy-Nagy em 1935, depois de ter tentado exercer a tipografia e a técnica teatral em Berlim; depois, fixam-se nos EUA, Feininger em 1935, Gropius, Breuer e Moholy-Nagy em 1937, Bayer em 1938. [15]

Mendelsohn vê-se obrigado a deixar a Alemanha em 1933; Hilberseimer, B. Taut e May emigram para a Rússia como peritos em planificação; dentre os antigos, Schumacher e Poelzig ficam praticamente inativos, enquanto Behrens se estabelece definitivamente na Áustria.

Quem resiste por mais tempo na pátria, esperando salvar o que for possível, é Mies van der Rohe; em 1933 é ainda convidado, entre trinta outros arquitetos, para o concurso para o Banco do Estado em Berlim colocando-se entre os seis premiados; não conseguindo, porém, construir mais nada, dedica-se aos projetos teóricos de suas casas com pátios, até que emigra para os EUA em 1938.

Do mesmo modo, Haesler, Rading, M. Haut, têm de interromper suas atividades. Somente alguns projetistas da geração mais jovem, tais como Scharoun e

15. Biografias dos professores da Bauhaus em H. BAYER, W. GROPIUS, I. GROPIUS, *Bauhaus 1919-1928* cit., p. 435.

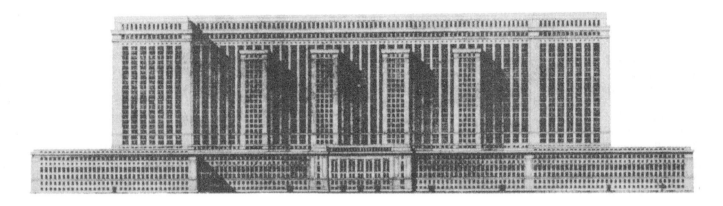

677. Projeto para uma nova clínica universitária de Berlim (H. Distel, 1941).

678, 679. Munique a Casa Marrom (P. L. Troost, 1936); Berlim, a nova Chancelaria (A. Speer, 1938; de A. Speer, *Neue deutsche Baukunst*, 1940).

os Luckhardt, têm a capacidade de escapar ao conflito ideológico graças ao caráter mais pessoal e mais evasivo de sua dedicação, e conservam algumas oportunidades de trabalho; veja-se, de Scharoun, a Casa Schminke em Lobau, de 1933.

A posição profissional dos arquitetos modernos está ligada, na Alemanha, sobretudo aos encargos públicos e às iniciativas da construção subvencionada. Este, entre 1925 e 1933, é o ponto de força do movimento moderno, permitindo que Gropius e May instituam uma relação frutífera com a realidade econômica do país; agora, porém, constitui a causa de sua paralisação, pois coloca a arquitetura em dependência direta do poder político. Resistem melhor, ao confronto, os moderados como Bonatz, [16] Böhm e Fahrenkampf, que podem contar com uma vasta clientela particular e continuam por um certo período a contruir obras cheias de dignidade.

Mais desorientados de todos, em meio a esse transe, são os jovens que agora começam a exercer a profissão. J. Posener, em 1936, descreve muito bem a situação daqueles, na medida em que compartilha de grande parte de seu pensamento. [17] Essa geração, "nutrida de Nietzsche e de Stefan George", é irrequieta e sentimental. A batalha de Gropius, de Mies e de May contra os tradicionalistas perde, para eles, todo poder de atração quando perde o caráter aventureiro e pioneirista de uma revolta de jovens contra velhos, ou seja, quando supera os limites de um movimento de vanguarda. Os protagonistas dessa batalha, que agora já passaram dos quarenta anos, e afirmaram-se em numerosos trabalhos, parecem, por sua vez, como uma categoria de velhos, e os jovens os atacam em nome de princípios opostos.

A razão pura é, para eles, suspeita *a priori*... Eles procuram fechar a profissão dentro de limites bem visíveis, profissão essa que está a ponto de perder-se no abstrato, reatar os vínculos que antes a ligavam ao artesanato, começar a apreciar os hábitos como um fator importante no projeto dos alojamentos, mais do que reformá-los segundo a imagem de um novo modo de morar. O "tudo natural" torna-se sua sigla, oposta à novidade sensacional das criações modernas. [18]

16. De Bonatz, é preciso lembrar uma série de pontes meritórias para o *Reischsautobahnen*, construída de 1935 em diante. Ver F. TAMMS, *P. B., Arbeiten aus Jahren 1907 bis 1937*, Stuttgart, 1937.
17. Les tendances de l'architecture dans le III.e Reich. *L'Architecture d'aujourd'hui*, 1936, n. 4, p. 9 e ss.
18. Idem, ibidem, p. 21.

Eles encontram sua inspiração em alguns velhos mestres como W. Kreis, H. Tessenow e P. Schmitthenner, que continuam a se inspirar, com sutil elegância, nos históricos; Tessenow, que defende com romântica obstinação o artesanato contra a indústria, a obra feita a mão contra a feita a máquina, surge como o portador de uma nova ideologia que satisfaz suas incertas aspirações. Hoffmann faz-lhes eco na Áustria, cunhando a fórmula *Befreits Handwerk*. [19]

O nazismo, porém, tem desejos muito precisos: quer uma arquitetura de celebração, tradicionalista, estritamente alemã. Os velhos têm aquilo que serve: para a construção residencial, o neomedievalismo com telhados pontudos, as madeiras com molduras e as escritas em gótico; para os edifícios públicos, um neoclassicismo greco-romano, com pilastras dóricas acanaladas, mármores, escadas e, por todas as partes, estátuas alegóricas, águias, cruzes gamadas. Velhos como W. Kreis, P. Schultze-Naumburg e P. L. Troost (ex-decorador naval, amigo pessoal do Führer e autor da Casa Marrom de Munique [Fig. 678]) surgem na ribalta, ocupam os postos de comando nas administrações públicas e nas associações profissionais, impondo dali suas diretrizes.

Os jovens ficam desorientados e recusam-se a pensar que, de suas aspirações iniciais, se chegue a essas conseqüências. Assim, a grande maioria, não desejando partilhar das diretrizes oficiais, fica isolada da atividade de construção do Estado e das administrações, e exercita-se em modestos trabalhos para particulares. Alguns — H. Volkart, G. Harbers, E. Kruger — esforçam-se com tenacidade por observar um terceiro caminho, afastado tanto do rigor dos racionalistas, quanto do ecletismo oficial; contudo, torna-se cada vez mais árduo manter a dupla distinção e os resultados são ambíguos; considere-se as *villas* suburbanas de Volkart, onde os apelos estilísticos estão reduzidos a um jogo extremamente sutil de alusões e de reticências, ou a Casa do Cuco de Kruger, de 1935 — construída em cima de uma pilastra altíssima, em um bosque perto de Stuttgart — onde o achado excepcional funciona como álibi para o empenho arquitetônico.

Posener conclui seu artigo da seguinte maneira:

Contra a geração dos quarentões, eles tomaram como aliados aos mais velhos, porém suas opiniões ainda mal ama-

19. É o título de uma mostra organizada em 1935 no Oesterreichisches Museum de Viena.

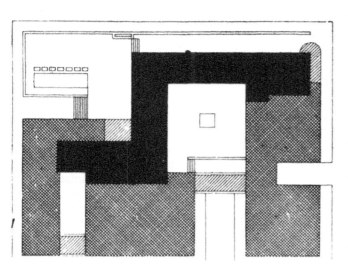

680, 681, 682. Roma, o Instituto de Física na Cidade Universitária (G. Pagano, 1932).

durecidas foram superadas pelas doutrinas mais banais, contudo mais tangíveis de seus professores... Parece que agora, pouco a pouco, eles se subtraem a essa desorientação, e é possível que tomem consciência daquilo que os separa de seus aliados. Os trabalhos dos melhores parecem-nos menos imitativos e menos maneiristas do que os dos chefes. Neles reconhecemos frescor, naturalidade, simplicidade, detalhes sólidos, puros e agradáveis, muita intimidade. São as qualidades que procuramos em vão nas obras dos modernos, mas que encontramos, por exemplo, na Áustria e nos países escandinavos. Como resultado de um grande movimento é certamente pouco. Uma grave pergunta foi colocada de modo demasiado tímido pelos jovens e recebeu uma resposta demasiadamente brutal. A pergunta fica em aberto e é preciso esperar o futuro.[20]

Posener percebe que a sorte da cultura arquitetônica alemã está ligada à evolução do regime político; nota, por exemplo, que a revalorização do artesanato transformou-se em uma tese constante da propaganda nazista, tanto assim que "quando Hitler construiu sua casa de campo, podia-se ler nos jornais que nenhuma máquina havia sido empregada"; vê, contudo, que a sociedade e a propaganda nazistas estão baseadas em uma aplicação despida de preconceitos da mecanização e da organização em série. A pergunta sobre a arquitetura está, portanto, condicionada por aquela mais geral sobre a experiência política em curso: "Entre a corporação medieval e o *trust*, entre o artesanato e a grande indústria, entre o esforço individual e a terrível organização, o movimento oscila e ninguém ainda pretende definir seu verdadeiro caráter".[21]

Infelizmente, a resposta sobre o verdadeiro caráter do nazismo vem daí a poucos anos e destrói o tímido otimismo de Posener; a exacerbação do regime restringe e anula em tempo curto a pequena margem de autonomia em que se movem os jovens já antes mencionados. Então, um pequeno grupo, chefiado por um aluno muito jovem de Tessenow, Albert Speer (nascido em 1905), lança-se à arena política, decidido a conquistar o controle da arquitetura oficial.

Speer torna-se diretor das organizações do partido nazista Kraft durch Freude e Schönheit der Arbeit e, em 1937, é nomeado diretor-geral da construção civil na capital alemã: constrói o campo de reuniões Zeppelin em Nuremberg, a nova Chancelaria de Berlim (Fig. 679), o pavilhão alemão da Exposição de 1937 em Paris. A arquitetura é, para ele, sobretudo um instrumento de poder, e, de fato, durante a guerra adquire uma posição política dominante, como foi revelado pelo processo de Nuremberg onde Speer foi julgado ao lado dos líderes nazistas.

Se, em relação a Kreis e aos demais velhos, pode-se falar de convicções culturais, pois as circunstâncias lhes ofereceram, quando tinham idade avançada, a ocasião de exercitar em grande escala uma arquitetura na qual sempre acreditaram, em relação a Speer e aos seus pode-se falar somente de oportunismo ou de fanatismo; é uma extrema demonstração por absurdo do vínculo, de agora em diante não mais eludível, entre as escolhas arquitetônicas e as morais.

Assim, conclui-se com um infausto epílogo o desenrolar da arquitetura alemã entre as duas guerras; depois de ter dado uma contribuição determinante à cultura arquitetônica moderna, a Alemanha está temporariamente isolada, destituída de seus melhores homens e torna-se o palco da mais grotesca experiência de exumação estilística.

Na produção conforme às diretrizes nazistas, encontram-se, com desagrado, os nomes de E. Fahrenkampf (Hermann Goering-Meisterschule em Kronenburg, de 1939) e de J. Hoffmann (casa para os oficiais alemães em Viena, de 1940); descobre-se que as tônicas tradicionalistas do primeiro e as alusões classicizantes do segundo combinam muito bem com as águias e as suásticas, enquanto que, nas obras de Speer e de Troost, pode-se ver, horrivelmente falseados, muitos motivos da escola vienense, de Behrens, e até mesmo das obras da juventude de Gropius. A lição histórica é eloqüente: as formas não possuem um poder catártico e toda tradição artística pode ser esvaziada do interior se a moralidade política se torna diferente.

3. A Itália

Quando começa o movimento moderno na Itália, já está instaurada a ditadura fascista, que se propõe regular do alto cada aspecto da vida nacional e, portanto, também a arquitetura. O fascismo, porém, exerce sobre a cultura arquitetônica uma pressão descontínua e volúvel, segundo as diversas direções que nele se sucedem, e ela jamais chega a ser tão pesada como a do nazismo; além do mais, o racionalismo italiano não pode ser associado com o precedente regime democrático, como ocorre na Alemanha; pelo contrário, muitos arquitetos e homens políticos ten-

---

20. POSENER, J. Op. cit., p. 23.
21. Idem, ibidem, p. 40.

683, 684. Florença, a estação ferroviária (Baroni, Berardi, Gamberini, Guarnieri, Lusanna, Michelucci, 1933).

tam apresentá-lo como "estilo fascista", tal como ocorre na Rússia, onde se fala, de modo análogo, de "estilo soviético".

No final, mesmo o fascismo, tal como os demais regimes totalitários, impõe um retorno ao neoclassicismo e impede pela força o desenvolvimento do movimento moderno, mas o processo é lento, passa por muitas fases e tem o valor de uma demonstração geral.

Logo depois da guerra, a cultura italiana ouve a seu modo a alternativa aberta entre a refutação de toda regra vigente e um desejo renovado de regularidade, de estabilidade, mas não tem energias suficientes para levar esse dilema até o fundo. Os sobreviventes do futurismo repetem sem convicção suas declarações revolucionárias e desviam-se logo para experiências fúteis e evasivas. Marinetti lança, em 1921, o manifesto do "tatilismo" [22] e termina sua carreira em 1938 com o manifesto por "uma imperial arte culinária", [23] enquanto a geração mais jovem não se reconhece mais, efetivamente, nessas fórmulas e volta-se para o passado, onde espera encontrar regras constantes, valores certos e permanentes. É a tendência da "Ronda", de A. Casella, e do "retorno a Bach", e dos pintores que fundam, em 1922, o *novecento*: A. Bucci, A. Funi, P. Marrusig, M. Sironi, L. Dudreville, E. Malerba, U. Oppi.

Nesse período, muitos ex-futuristas mudam bruscamente de direção, desde Funi, Sironi e Carrà, que aderem ao *novecento,* a Soffici e Papini, que se tornam homens de ordem e conservadores a qualquer custo. Fala-se insistentemente de "classicismo" e Soffici explica, em 1923:

Clássico poderia ser definido o movimento espiritual que está em nossos votos, excluindo-se, como deve ser excluída, dessa palavra todo significado de reação retórica ou de reabilitação de modos ou de idéias exauridos... enquanto sustentáculo de algumas normas fundamentais, respeitador de uma certa ordem política e moral, de certos princípios que unem com sabedoria, mais do que dividir com modos anárquicos, os homens que vivem em uma mesma comunidade nacional. [24]

Invoca-se em toda parte a razão e a tradição, no manifesto atualista de Gentile de 1924 e no contramanifesto de Croce. Garin, relembrando esse clima cultural, observa que "a mais bela verificação de um triunfo do irracionalismo na cultura italiana encontrava-se exatamente nesse equívoco e desorientação geral, nessas conversões bruscas, nessa perda de significado das palavras, nesse batalhar cego e incerto". [25]

O futurismo, caído Sant'Elia na guerra, perde toda força no campo arquitetônico e produz apenas as cenografias fúteis de Marchi e de Depero. Por sua vez, a orientação tradicionalista dá frutos consistentes: aos pintores do *novecento* corresponde o grupo dos arquitetos neoclássicos milaneses: G. Muzio, P. Portaluppi, E. Lancia, G. Ponti, O. Cabiati, A. Alpago-Novello, que se inspiram no princípio do século XIX da Lombardia, última experiência arquitetônica francamente européia realizada na Itália. Fazendo a história do movimento, Giovanni Muzio (n. 1893) escreve em 1931:

Foi espontâneo (depois da grande guerra) o afastamento nítido das variadas correntes que, por obra dos profissionais mais velhos, continuavam tranqüilamente em operação. Ao individualismo exasperado e arbitrário que, na singularidade dos achados, fazia consistir a habilidade e a fama de um projetista, pareceu necessário substituir por uma regra; somente a partir de uma disciplina e de uma comunidade de sensações é que seria formada, dali a pouco, uma nova arquitetura. [26]

Muzio liga, com acuidade, esse desejo de regularidade às exigências da planificação urbanística:

Não podia, de uma mistura de construções heterogêneas e discordes, surgir uma nova época estilística; era preciso preocupar-se, além de com o edifício singular, com o complexo das construções. Assim surgiu espontaneamente a volta dos estudos da arte de construir as cidades, estudo esquecido entre nós. Os exemplos melhores e mais originais do passado surgiram, com segurança, como os de derivação clássica e particularmente, em Milão, aqueles de princípios do século XIX... Foi necessário para estes arquitetos, chamados por antonomásia de "os urbanistas", abordar novamente exemplos tão ilustres, convictos da boa qualidade fundamental do método. Tal como para a urbanística, também para a arquitetura impôs-se um retorno ao classicismo, de modo análogo ao que ocorria nas artes plásticas e na literatura. Isso ocorreu graças à profunda convicção de que os esquemas essenciais e os elementos universais e necessários da arquitetura dos períodos clássicos são sempre verdadeiros, e a prova encontra-

---

22. 11 de janeiro de 1921; *Archivi del Futurismo*, I, Roma, 1958, p. 56.
23. *Scena illustrata*, 1938.
24. A. SOFFICI, *Spirito ed estetica del fascismo*, cit. em E. GARIN, Cultura e vita morale (*La Casa,* fasc. 6, 1959, p. 137).
25. GARIN, E. Op. cit., p. 137.
26. MUZIO, G. Alcuni architetti d'oggi in Lombardia. *Dedalo,* 1931, p. 1086.

685, 686. Como, a Casa do Feixe (G. Terragni, 1934).

687. Um detalhe da Casa do Feixe em Como.

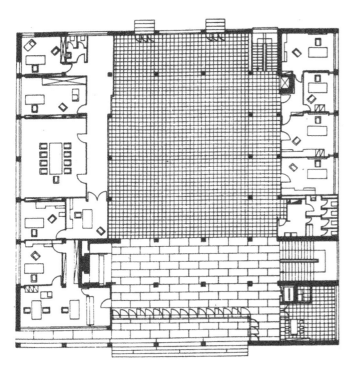

se em sua contínua sobrevivência em expressões estilísticas cada vez diversas, desde Roma até nós.[27]

Essa situação podia ser modificada por uma estranha anomalia, derivada de uma surdez provinciana enquanto toda a Europa estava convulsionada e ansiosa por novidades extremas... tratava-se, entretanto, de um movimento original e de raízes bem mais profundas. [As tendências extremistas haviam-se demonstrado incongruentes, pois] abolido todo vínculo com o passado... abriam-se as portas a todos os exotismos e excentricidades. Na Itália, o ciclo foi ainda mais rápido, e justamente aqui pôde surgir depois da guerra, por obra desses arquitetos, de uma revisão de todo o passado, esse novo espírito clássico... Não teríamos nós, talvez, prenunciado e precedido um movimento, do qual se parece poder perceber, por sintomas incertos mais difusos, o nascimento próximo em toda a Europa?[28]

A análise de Muzio é exata em muitos pontos. A exigência de uma nova regularidade, que sirva também para colocar solidamente as relações com o passado, está viva em toda a cultura européia. Contudo, enquanto Gropius encontra um método bastante penetrante para superar o debate habitual entre historicismo e vanguardismo, os novecentistas ficam prisioneiros do antigto dilema — passado ou futuro — e não têm a propor senão o retorno a certos modelos do passado. Assim, precedem realmente um movimento europeu, porém muito diferente daquele que esperam: é o neoclassicismo de Estado que, de fato, já se anuncia em 1931, e que nos anos seguintes abre caminho em todas as partes, destruindo, juntamente com uma maré de banalidade retórica, o movimento moderno e o sonho aristocrático do *novecento*.

Outras experiências análogas desenvolvem-se em várias partes da Itália. No ambiente fechado e conformista da capital, enquanto a tradição de G. Koch e de L. Carimini dispersa-se na voga do *barocchetto*, P. Aschieri e A. Limongelli propõem o retorno a um neoclassicismo simplificado e Marcelo Piacentini (1881-1960) encontra, através desse caminho, o repertório da escola vienense. Suas obras, sobretudo o Cinema Corso de Piacentini, são consideradas muito audaciosas pelos tradicionalistas mais ortodoxos e levantam polêmicas desproporcionais, que escondem, sob aparências de vivacidade, um substancial imobilismo.

A fim de compreender como se desenvolve o debate italiano na década entre 1920 e 1930, é preciso levar em conta o isolamento e a escassez de contatos com a Europa, acentuada pelo protecionismo cultural do regime. Ninguém antes de Persico percebe, nem ao menos parcialmente, aquilo que ocorre na Alemanha; até mesmo as informações são escassas, imediatamente traduzidas para os termos convencionais do debate local.

Em 1930, Piacentini descreve a situação alemã com estas palavras surpreendentes: "Na Alemanha, não se manifesta ainda um caráter dominante e preciso: ainda perdida, em meio a grandes incertezas, a luta entre a linha vertical e a horizontal"[29] e, em 1931, uma fotografia da Bauhaus é publicada em *Architettura* com esta legenda: "Sede da empresa de construção Bauhaus em Dessau",[30] enquanto, algumas páginas mais adiante, pode-se ler que "as pequenas casas de moradia de Meis van der Rohe [escrito assim] podem ser confundidas com as do suíço Le Corbusier ou do francês Mallet-Stevens".[31]

Nesse clima indolente e despreparado, surge, em 1926, o grupo "7" — composto por G. Figini, G. Frette, S. Larco, G. Pollini, C. E. Rava, G. Terragni e U. Castagnola, substituído no ano seguinte por A. Libera — que se volta expressamente às teses do movimento internacional.

Os "7" apresentam-se ao público com uma série de artigos em *Rassegna italiana*[32], afirmando, entre outras coisas:

A nova arquitetura... deve resultar de uma estrita ligação com a lógica, a racionalidade... Não pretendemos, com efeito, criar um estilo, mas, do uso constante da racionalidade, da correspondência perfeita entre o edifício e as finalidades que ele se propõe, estamos certos de que deve resultar, justamente por seleção, o estilo... É preciso persuadir-se da necessidade de criar tipos, poucos tipos fundamentais... é preciso persuadir-se de que, ao menos por enquanto, a arquitetura deverá ser feita em parte de renúncia...[33]

Essas teses são expostas com grande circunspecção, procurando responder antecipadamente às prováveis objeções e evidenciando o caráter moderado, não maximalista, da nova direção. Os "7", com efeito, asseguram:

27. Idem, ibidem, pp. 1087-1090.
28. Idem, ibidem, pp. 1097-1107.
29. PIACENTINI, M. *Architettura d'oggi*. Roma, 1930, p. 34.
30. *Architettura e Arti decorative*, 1931, p. 215.
31. Idem, ibidem, p. 246.
32. GRUPO 7, Architettura, em *Rassegna italiana*, dez. 1926 (cit. em B. ZEVI, *Storia dell'architettura moderna*, Turim, 1955, pp. 231-232).
33. Idem, ibidem, p. 232.

688. Brescia, o ordenamento de M. Piacentini no centro antigo.
689, 690. Roma, praça Augusto Imperatore (V. Ballio Morpurgo, 1937); planimetria e igreja de S. Pedro e S. Paulo no E 42 (A. Foschini, 1939).

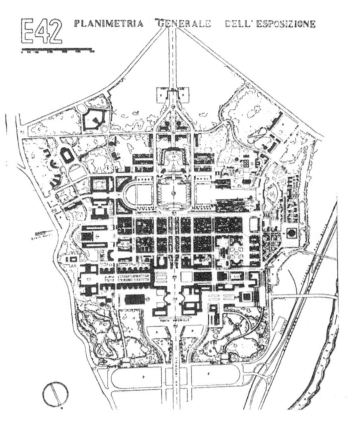

— que não querem romper com a tradição: "Em nós, existe um tal substrato clássico, e o espírito da tradição — não as formas, o que é coisa bem diversa — é tão profundo na Itália que, evidente e quase mecanicamente, a nova arquitetura não poderá deixar de conservar uma típica marca nossa";

— que não partilham das tendências extremistas de uma parte do movimento europeu: "Graças ao freqüente erro de impelir o racionalismo para muito além dos limites que o ritmo estético deveria impor, essa arquitetura distancia-se muito de nosso espírito";

— que a nova arquitetura pode ser comparada às épocas arcaicas do passado.

Os jovens do grupo "7" partem, tal como os novecentistas, de "um desejo de sinceridade, de lógica, de ordem", mas daí extraem conseqüências totalmente diversas. Os novecentistas procuram o princípio de regularidade em um repertório de formas passadas, enquanto os "7" ligam-se a um movimento europeu vivo e operante, que comporta uma revisão do próprio conceito de arquitetura e das relações desta com a vida associativa. Todos os vocábulos — "tradição", "estilo", "racionalidade", "beleza" — recebem, nessa nova perspectiva, um significado diferente do antigo.

Os "7", porém, evitam aprofundar essa distinção, que levaria logicamente à ruptura com os hábitos correntes, e tomam emprestadas as palavras e as frases familiares ao público para demonstrar que acolhem — salvo uma correção não determinada — os conceitos correspondentes. Preocupam-se, em particular, mediante comparação com o arcaísmo — em tornar familiar sua posição à mentalidade comum, habituada a julgar cada direção por meio de um confronto retrospectivo.

Assim, eles conseguem manter na polêmica um tom pacato e razoável, percebendo que não têm nada a ganhar com a atmosfera acesa dos velhos debates de vanguarda, mas aceitam uma certa ambigüidade nos discursos que, a longo prazo, deverá ser amargamente expiada.

A experiência prática encarrega-se de esclarecer as coisas. As primeiras obras de Terragni (a casa de apartamentos Novocomum em Como), de Lingeri (a sede do clube náutico Amila em Tremezzo) e de Pagano (o edifício de escritórios Gualino em Turim), todas terminadas em 1929, demonstram que está em causa não somente um repertório formal, mas também um modo de entender a arquitetura. Agora a polêmica acende-se com aspereza, e enquanto em 1928 a primeira Mostra de Arquitetura Racional, no Palácio das Exposições de Roma, não provoca muitos rumores, a segunda, organizada em 1931 na galeria de P. M. Bardi, na Via Veneto, provoca uma grande batalha.

Os jovens apresentam-se enquadrados em uma organização nacional, o Movimento Italiano pela Arquitetura Racional (MIAR), que compreende quarenta e sete membros, divididos em seções regionais; a mostra é colocada sob o patrocínio do Sindicato Nacional de Arquitetos, e Bardi, publicando a *Exposição a Mussolini sobre a arquitetura*, confere ao debate um significado político, declarando que a arquitetura tradicionalista pertence ao velho mundo burguês, enquanto que a nova arquitetura é adequada para exprimir os ideais revolucionários do fascismo. No mesmo sentido é uma declaração do MIAR, entregue à imprensa quando da inauguração da mostra: "Nosso movimento não possui qualquer outra intenção moral senão a de servir a Revolução [fascista] no clima duro. Invocamos a confiança de Mussolini para que ele nos dê meios de realizá-lo". [34]

A batalha resolve-se negativamente no terreno de organização, pois o Sindicato retira seu apoio à mostra e promove uma organização concorrente, a Coligação de Arquitetos Modernos Italianos, que se apresenta ao público com uma proclamação onde condena, tanto o ecletismo tradicional, quanto as "tendências que querem abstrair completamente a magnífica experiência e nossas glórias arquitetônicas passadas e que, escravas dos novos materiais, explicam-se em soluções utilitárias que não se coadunam com o modo de viver de nosso povo". [35] Grande parte dos membros do MIAR passa para o outro grupo e a organização é dissolvida.

Esse fracasso deve-se apenas em parte a razões políticas e sindicais e não pode ser totalmente explicado nem mesmo com os interesses econômicos que se escondem sob os argumentos culturais. Declarando que o movimento moderno interpreta o espírito fascista, ou melhor, que é o único a interpretá-lo legitimamente, e especificando o "apelo à ordem" em termos políticos, os arquitetos do MIAR encontram-se em uma posição desfavorável para discutir contra quem invoca igualmente o fascismo, declarando interpretar suas exigências com uma arquitetura tradicionalista. Com efeito, os contrastes de idéias são cobertos pelas declarações

---

34. Publicado em 31 de março de 1931; ver B. ZEVI, op. cit., p. 650.

35. Publicado em 5 de maio de 1931; ver B. ZEVI, op. cit., p. 651.

691. Roma, uma vista do E 42.

de lealdade para com o regime; resta somente discutir as formas, se são melhores as modernas ou as antigas, e os tradicionalistas já ganharam desde o começo porque a discussão desenvolve-se sobre seu terreno cultural.

A polêmica fragmenta-se, assim, em uma série de questões vãs: decorações ou paredes lisas, arcos e colunas ou pilastras e plataformas, linhas verticais ou horizontais, tradição nórdica ou mediterrânea. Especialmente fútil é o debate sobre a "racionalidade"; os tradicionalistas põem em evidência, minuciosamente, os inconvenientes técnicos que advêm de rebocos lisos, da falta de cornijas etc.[36] e os modernistas replicam evasivamente.[37]

Do setor da crítica de arte, vem um escasso auxílio para esclarecer esses problemas. Os críticos da geração mais jovem, nutridos pelo pensamento de Croce — G. C. Argan, R. Giolli, C. L. Ragghianti — inclinam-se para um liberalismo artístico que os leva a apoiar o movimento moderno, mas impede também a plena compreensão dos problemas que o movimento levanta.

Croce ensinou a considerar a distinção entre os valores artísticos, lógicos, econômicos e éticos como primária e categórica e, pelo contrário, a associação deles nos indivíduos e nas situações concretas como secundária e convencional. Esse ensinamento revigorou anteriormente outros campos da cultura italiana, ajudando a reconhecer o caráter específico e irredutível dos interesses próprios a cada campo e desmanchando várias formas de confusão e de interferência entre interesses de ordens diversas, mas traz obstáculos agora, em larga medida, aos esforços para uma ulterior renovação, inspirando um falso senso de superioridade nos confrontos de cada novo discurso, o qual é considerado já preliminarmente superado, assimilando um ao outro os preconceitos críticos de Croce.

Na arquitetura, o croceanismo — provindo de uma linha de pensamento completamente diversa daquela que conduz ao movimento moderno — impede de ver, exatamente, o caráter de novidade ínsito nas teses racionalistas e bloqueia, nessa direção, os esforços da parte melhor e mais aberta da cultura italiana. O raciocínio de um Le Corbusier ou de um Gropius são considerados motivações fictícias, obstáculos à fruição

36. Por exemplo, M. PIACENTINI, Problemi reali più che razionalismo preconcetto, em *Architettura e Arti decorative*, 1928, p. 103; Dove è irragionevole l'architettura razionale, em *Dedalo*, 1931, p. 527.

37. PAGANO, G. *Casabella*, abr. e jun. 1931.

direta de suas obras e cada um deles é reconhecido, de preferência, como um "artista" à moda antiga.

Assim, graças à pressa de afirmar-se no plano de organização e graças à falta de uma resposta adequada na cultura contemporânea, as tentativas do grupo "7" e do MIAR desaparecem antes de se concretizar em um verdadeiro movimento. De agora em diante, os melhores trabalham por sua conta ou em pequenos grupos, e na situação de incerteza que foi criada, conseguem vencer algumas batalhas particulares.

Em 1932, P. Aschieri, G. Capponi, A. Foschini, G. Michelucci, G. Pagano, G. Ponti e G. Rapisardi são chamados por Piacentini para colaborar na construção da nova Cidade Universitária de Roma. Piacentini faz o plano geral e projeta as partes representativas — os propileus e a reitoria —, Capponi e Ponti constroem dois edifícios clamorosamente modernos — o Instituto de Botânica e o Instituto de Matemática —, enquanto Giovanni Michelucci (n. 1891) e sobretudo Giuseppe Pagano (1896-1945), no Instituto de Física, renunciam propositalmente a destacar-se do conjunto, procurando fugir por outros caminhos à instalação retórica geral. O edifício de Pagano aceita o vínculo volumétrico de construir simetria com o Instituto de Química de Aschieri, o vínculo dos acabamentos uniformes de *klinker* amarelo e em travertino, e passa quase inobservado ao lado dos blocos opacos de Piacentini; apenas quando é observado de perto é que se distingue pelos espaçamentos amplos e variados das janelas, pelo engenhoso cuidado de distribuição, pela feliz caracterização dos ambientes internos, decorados com móveis-tipo. É o primeiro edifício italiano que se pode dizer moderno, não por uma intenção programática, mas por uma real inovação no método de projeto e no resultado concreto obtido (Figs. 680-682).

No ano seguinte, o concurso para a estação de Florença é vencido pelo grupo de Michelucci com seus alunos Baroni, Berardi, Gamberini, Guarnieri, Lusanna. Esse resultado deve-se a uma singular combinação de circunstâncias: à presença, no júri, de Marinetti, à discórdia entre os acadêmicos e, sobretudo, ao desejo de Piacentini de apresentar-se como árbitro entre tradicionalistas e modernistas, como na equipe para a Cidade Universitária de Roma. Existe, contudo, um motivo não casual, que possui um importante significado em nosso discurso: devendo construir em um ambiente muito vinculante, por trás da abside de Santa Maria Novella, nenhum dos arquitetos tradicionalistas sente-se seguro de resolver o problema com as habituais manipulações estilísticas, e nenhum dos juízes possui a coragem de desejar francamente uma solução

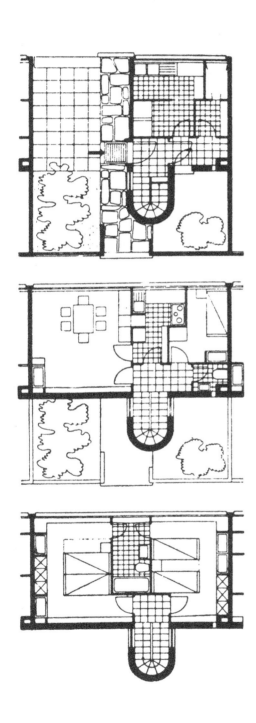

692, 693, 694. Viena, casas de A. Luçart na Werkbundsiedlung de 1932; Villejuif, escola de A. Luçart, 1932 (de A. Sartoris, op. cit.).

do gênero. Em compensação, o projeto de Michelucci e seus colegas faz ver que o tema pode ser interpretado com a necessária discrição exatamente aplicando-se a linguagem "racional" (Figs. 683-684). Repete-se, com êxito invertido, a situação do concurso de Genebra.

O concurso para a estação de Florença assinala um ponto culminante na polêmica sobre a arquitetura moderna. O êxito provoca muito mais protestos do que concordâncias, mas conta o fato de que a demonstração do novo método foi levada perante o público.

De 1933 em diante, os arquitetos modernos obtêm encargos sempre mais freqüentes — já no mesmo ano, Giuseppe Samonà (n. 1898), Adalberto Libera (1903-1963) e Mario Ridolfi (n. 1904) vencem três dos quatro concursos para os edifícios postais de Roma; Luigi Piccinato (n. 1899), com G. Cancellotti, E. Montuori e A. Scalpelli, traça o plano de Sabaudia, interrompendo a série das cidades monumentais de saneamento — enquanto muitos arquitetos habituados a compor em estilo (A. Foschini, V. Morpurgo, E. Del Debbio) começam a adotar formas simplificadas, paredes lisas, balcões cheios, cornijas planas.

Neste processo de modernização externa, perdem-se as qualidades originais de muitos arquitetos tradicionalistas — ligados exatamente ao uso dos estilos históricos como parâmetros da composição — e, uma vez que eles detêm, afinal, a maior parte dos encargos públicos, o nível da construção oficial novamente baixa.

Por outro lado, os defensores desse caminho médio não se sentem mais isolados e olham para experiências análogas no exterior, revalorizando Fahrenkampf, Holzmeister, Böhm, contra Le Corbusier, Gropius, Mies van der Rohe.

É interessante ver a desorientação dos novecentistas nessa ocasião. Com o manifesto de 1934, colocam-se também eles em uma situação de eqüidistância e defendem "o conceito clássico das artes, tendente a criar a unidade de intenções e de obras que levam à formação do estilo de uma época. Essa auspiciosa unidade é ameaçada, de um lado, pelo pictoricismo sobrevivente e elegante de cavalete e, de outro, por um racionalismo calvinista negador e destruidor de imagens".[38] Não obstante tudo isso, eles se esforçam por manter-se diferentes dos simplificadores piacentinianos, mas o movimento termina desintegrando-se.

Dentre os arquitetos, alguns são atraídos pelo gosto dominante (Lancia, nos edifícios da praça S. Babila em Milão), outros aderem, a sua maneira, ao racionalismo (Ponti, na sede da Montecatini em Milão).

Essa incerteza generalizada retira dos melhores arquitetos da jovem geração a possibilidade de dar a plena medida de sua capacidade e, em primeiro lugar, a Giuseppe Terragni (1904-1942), que é por certo o mais dotado. Terragni não é levado a autolimitar-se, como Pagano, e concentra cada vez mais suas forças na única direção que parece ter ficado desimpedida, ou seja, em um exacerbado aprofundamento dos quesitos formais. A Casa do Feixe de Como (Figs. 685-687) é o resultado característico desse esforço: ele se propõe quase traduzir para a realidade a declaração polêmica do MIAR, arquitetura moderna — arquitetura fascista; assim o tema transforma-se em mito, retirando da arquitetura o apoio de um relacionamento funcional preciso. As intenções de Terragni podem, assim, concretizar-se apenas de modo emblemático, em um compacto e magistral jogo de volumes que, contudo, roça o formalismo, como Pagano não deixa de censurar.[39]

O pensamento de Edoardo Persico (1900-1936), nessa situação confusa, é o principal ponto fixo que sustenta e confere coerência ao movimento moderno italiano. Como redator do *Belvedere* e depois redator e co-diretor de *Casabella* de 1930 a 1936, ele confronta continuamente o movimento italiano com o europeu, colhendo com exatidão o processo de involução que se inicia na Alemanha e na França de 1933 em diante. Está entre os primeiros a reconhecerem a importância de Gropius, de Mies, de May, em comparação com os mais celebrados e conhecidos Mendelsohn e Fahrenkampf, a perceberem as novas direções do movimento holandês,[40] a tomarem consciência da decadência de Hoffmann[41] e do verdadeiro rosto da reação hitlerista.[42]

Embora sua educação literária o leve a entender mal os discursos dos mestres europeus (freqüentemente ele toma como alvo a Le Corbusier e a Taut), Persico compreende perfeitamente o profundo contraste de idéias que se encontra sob a polêmica pró e contra o movimento moderno e o que está verdadeiramente em

---

38. Ver G. VERONESI, op. cit., p. 34; é o que Persico define como "o manifesto grotesco: o manifesto Cirio da arte italiana" (idem, ibidem, p. 35).

39. *Casabella*, fev. 1937.
40. "Brinckmann e Van der Vlugt", em *Casabella*, mar. 1935; *Scritti* cit., p. 185.
41. Decadenza di J. Hoffmann, em *L'Eco del Mondo*, 23 mar. 1935; *Scritti* cit., p. 287.
42. Errori stranieri, em *L'Italia letteraria*, 28 maio 1935; *Scritti* cit., p. 169.

695. Villeurbaine, novo bairro de M. Leroux (de *L'Architecture d'aujourd'hui*).

LE PLAN

1

Nous ouvrons une rubrique permanente : « 1937 ». Nous avions, en 1924, institué déjà, au cours de douze numéros, une rubrique « 1925 : Expo. Art. Dec. Mod » (1). Ici, encore, nous nous plaçons hors de toutes personnalités et de toute polémique. Nous nous mettons au service de l'idée. Nous cherchons à servir. Nous nous abstenons de nous consacrer au cas des arts purs qui ont aujourd'hui, à leur disposition, dans le débat intellectuel, tous les moyens d'expression, d'exposition, d'attaque et de défense. Nous nous consacrons au cas poignant des centaines et des centaines de milliers d'individus qui mènent une existence morne, tragique et sans espoir dans l'indifférence cruelle d'une vie urbaine demeurée sans plan. De ce point de vue hautement social, à l'occasion de l'Exposition internationale des Arts Modernes, prévue pour 1937, nous soumettons à l'opinion publique un plan.

NOTRE PLAN :

Nous proposons un autre titre à l'exposition annoncée :

1937
EXPOSITION INTERNATIONALE
DE L'HABITATION

696. Primeira página de uma brochura contendo a proposta de Le Corbusier para a Exposição de Paris de 1937 (da *Oeuvre complète*).
697, 698, 699. Paris, o Museu de Obras Públicas, de Perret (1937).

551

jogo: a ordenação da iminente sociedade de massa, de que os arquitetos são, por sua parte, co-responsáveis.

Se a dificuldade dos tempos obriga cada um a restringir sua própria ação a um campo específico, a amplidão do que está em jogo não pode, contudo, ser esquecida; por isso Persico termina colocando todos os motivos culturais em que acredita — a aspiração a uma maior justiça, a fé na liberdade espiritual — acima da noção de "estilo", que se torna o símbolo de uma fé geral, além da arquitetura. A coerência estilística parece-lhe a condição para conservar até a coerência moral e o único meio para transmitir àqueles que virão, ainda que em forma emblemática, as próprias convicções:

> Os artistas têm de enfrentar hoje o problema mais espinhoso da vida italiana: a capacidade de crer em ideologias precisas e a vontade de levar até o fim a luta contra as pretensões de uma maioria "antimoderna". Essas exigências, renegadas pela refratariedade das idéias de nossos polemistas, constituem a herança ideal que deixaremos às novas gerações, depois de termos sentido que nossa vida se torna fatalmente árida em um problema de estilo; o mais alto e inevitável da cultura neste obscuro período da história do mundo. [43]

Depois da morte de Persico, em 1936, as dificuldades políticas da arquitetura italiana aumentam rapidamente. Pagano tenta ainda, com sua característica tenacidade, ficar em contato com o ambiente oficial, pensando que os compromissos iniciais podem ser corrigidos com o empenho pessoal.

Em 1937, ao lado de Piccinato, Rossi e Vietti, Pagano colabora novamente com Piacentini para o plano da Exposição Universal de Roma, mas essa experiência encerra-se de modo bem diverso daquela da Cidade Universitária. Ele pensa que, desta vez, os mais jovens, sendo quatro dentre cinco, podem controlar eficazmente a iniciativa e empenha-se a fundo, louvando sem reservas em *Casabella* os primeiros resultados do trabalho: "No terreno concreto do trabalho, a autoridade de Piacentini, acadêmico da Itália, fundiu-se imediatamente com o entusiasmo dos outros colegas, e a colaboração foi realmente eficaz"; Pagano exime-se mesmo de especificar a contribuição pessoal de cada um, tratando-se de "real trabalho de colaboração, que faz desaparecer as pessoas para fazer brotar a idéia que é de todos e de ninguém". [44]

O plano definitivo da Exposição é publicado ao mesmo tempo em *Architettura* e *Casabella* em junho de 1937, e comentado quase que com as mesmas palavras:

> Os autores quiseram conferir ao complexo monumental valores novos e modernos, contudo com uma ligação ideal com os exemplos das grandes composições de edificação italianas e romanas. [45]

> Esse complexo foi pensado com espírito e entendimento novos, ligando-se contudo idealmente aos exemplos de nosso glorioso passado e, mais especialmente, à grande arte romana. [46]

Na realidade, o plano é fruto de um compromisso instável. Na composição definitiva, prevalecem facilmente os conceitos monumentais de Piacentini e, dos concursos para os edifícios principais, emergem projetos retóricos e acadêmicos. Pagano indigna-se, protesta, publica em *Casabella* os projetos recusados, [47] mas talvez não seja o êxito dos concursos o que mais o preocupa, mas sim o fato de que os projetos recusados e os premiados, dos jovens e dos velhos, assemelham-se entre si de maneira preocupante: os de Libera, Minnucci, Figini e Pollini têm um pouco menos colunas, os de Brasini um pouco mais, contudo todos têm um ar de parentesco: planimetrias simétricas e em blocos, volumes fechados e "mediterrâneos", revestimentos em faixas de mármore, pórticos rítmicos (Fig. 691). Os muito jovens — Muratori, Quaroni, Fariello, Moretti — destituídos de uma orientação cultural eficaz, aportam, por seu lado, a um extremo neoclassicismo, que eles consideram como uma superação ulterior do velho debate entre as tendências e que diferenciam acuradamente do dos velhos.

O compromisso tentado por Pagano demonstra ser, assim, insustentável: percorrendo as "ligações ideais" com a romanidade, chega-se a um único resultado, o conformismo neoclássico; as diferenças de tônica entre a arqueologia aplicada de Brasini, a comedida simplificação de Foschini, a elegância sofisticada dos jovens romanos e os ritmos calculados dos jovens milaneses, que pareciam importantes nos desenhos, desaparecem definitivamente na execução. Repete-se o ocorrido na Alemanha, na Rússia, na França: é a "internacional dos bombeiros". [48]

Nos anos da guerra, Pagano é levado por sua natureza caprichosa a remontar às origens do contraste

---

43. *Domus*, nov. 1934; *Scritti* cit., p. 236.
44. *Casabella*, jun. 1937, p. 52.
45. *Architettura*, jun. 1937.
46. *Casabella*, jun. 1937.
47. *Casabella*, fev. 1937.
48. PAGANO, G. *Casabella*, mar. 1940.

700, 701. J. J. P. Oud, o edifício da Shell em Haia, 1938.

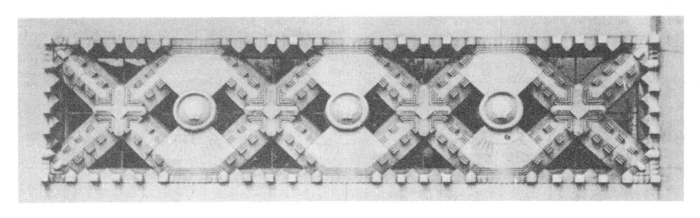

553

entre o regime e a arquitetura moderna. Ele repercorre o itinerário mental de Morris:

> Percebi que as causas dos aspectos vulgares da cidade atual eram mais profundas do que pensava e, pouco a pouco, fui levado à conclusão de que todos esses males são apenas a expressão exterior de uma íntima falta de bases morais, para a qual fomos impelidos à força pela presente organização social, e é fútil tentar remediá-lo do exterior. [49]

Por isso, depois de ter acreditado no fascismo e de ter tentado efetuar a melhoria a partir do interior, Pagano torna-se antifascista e, como sempre, expõe-se na primeira fila, até ser preso, deportado para a Alemanha, morrendo em Mauthausen em 1945.

O que ocorre com ele é, em certo sentido, oposto ao que ocorre com os artistas de vanguarda que se consumiam em Paris durante a Primeira Guerra Mundial; estes viviam e morriam por sua arte, subtraindo-se a suas tarefas de homens, enquanto que Pagano esquece de ser arquiteto, quando é necessário, e toma seu lugar entre os homens, artistas ou não, combatendo por um mundo melhor, onde cada um possa exercer novamente com dignidade sua profissão.

Por que razão os regimes totalitários são hostis ao movimento moderno e terminam, todos, adotando o neoclassicismo como estilo oficial?

Dirigem-se muitas acusações contra o movimento moderno, e algumas justificadas pelas deficiências do "funcionalismo" e do "racionalismo" divulgado por volta de 1930. A nova arquitetura é friamente utilitarista e, ao mesmo tempo, obedece a regras formais preconcebidas; admite qualquer arbítrio e pretende nivelar com os mesmos cânones a arquitetura de todos os países; não satisfaz nem a utilidade, nem as aspirações psicológicas dos indivíduos e da sociedade. Todavia, o tom precipitado das acusações e a facilidade com que se alterna uma crítica a outra oposta (muito funcional ou muito pouco funcional; muito arbitrária ou muito uniforme) demonstra que o motivo principal é outro: o temor da carga política que se percebe confusamente por trás das formas e das frases convencionais e que soa como uma ameaça à ordem constituída ou, ao menos, como uma incógnita que se prefere não colocar em circulação sem que se conheça o modo de controlá-la.

Gropius tornou inevitável esse conflito quando privou os artistas de sua posição privilegiada, *au dessus*

49. Ver Cap. 6.

de la mêlée, e os induziu a assumirem compromissos concretos com a sociedade; antes, as escolhas políticas vinham associadas às escolhas artísticas por meio de convenções variadas; agora, as escolhas artísticas contêm uma indicação política, mesmo indireta e não necessariamente coincidente com as posições dos partidos que disputam o poder.

Não se pode dizer que o movimento moderno exige um determinado arranjo da sociedade, e muito menos que pode conduzir a este por si mesmo, mas por certo não é indiferente a qualquer arranjo e contém uma "profecia" — como diz Persico — de uma sociedade mais justa e mais humana do que a atual. O Deputado Giunta, protestando na Câmara dos Deputados contra a estação de Florença, pronunciou em 20 de maio de 1923, a melhor dentre tantas definições de arquitetura moderna: "estilo igualitário". [50] O movimento moderno leva a distribuir os produtos da arte fora das limitações de classe e de grupo, enquanto que os regimes, na medida em que têm interesse em conservar essas limitações, percebem o movimento moderno como um obstáculo e consideram-no inspirado pelos adversários do regime. Assim, a arquitetura moderna é considerada "bolchevique em Genebra, fascista pelo *Humanité*, pequeno-burguesa em Moscou". [51]

A escolha do neoclassicismo é justificada por variados argumentos de forma e de fundo:

> O clássico — escreve Giovannoni — é dignidade, é equilíbrio, é sentimento sereno de harmonia. Talvez pelo antropomorfismo de suas proporções, ou talvez pela consciência com que se inseriu no ânimo das cidades e das gerações, é o ponto de referência do gosto e da arte pública, é a expressão total que o homem encontrou... onde quer que desejou elevar-se, das contingências materiais, às finalidades de pura expressão da vida do espírito. [52]

> A arquitetura soviética — diz Lunatcharski — deve inspirar-se na antiga Grécia, pois aquelas repúblicas foram consideradas benevolamente por Marx graças à liberdade e às várias realizações de seus cidadãos. Por muitas razões, é impossível transplantar em bloco as formas arquitetônicas helênicas à URSS... mas, no berço da civilização e da arte, existe um vasto campo de inspiração que pode servir como guia ao desenvolvimento da arquitetura na Rússia. [53]

50. Ata publicada em *Casabella*, jun. 1934.
51. Le Corbusier, prefácio a *Oeuvre complète, 1929-1934*, cit.
52. GIOVANNONI, G. *Architettura di pensiero e pensieri sull'architettura*. Roma, s. d., p. 286.
53. A. Lunatcharski, 1938, cit. em A. VOYCE, op. cit., p. 149.

702. Paris, Museu de Arte Moderna (J. C. Dondel, A. Aubert, P. Viard, M. Daustuge, 1937).
703. P. Picasso, *Guernica*, pintura no pavilhão espanhol da Exposição de Paris de 1937).

O classicismo — escreve Speer — renova ainda uma vez a forma e o conteúdo da arquitetura, pois prende-se às formas gregas, que sempre se impuseram desde os grandes tempos áticos.[54]

São os antigos argumentos do neoclassicismo ideológico. Podemos crer, contudo, que os artistas falam com a mesma convicção de David e que os governantes tenham, a esse respeito, as mesmas preocupações de Jefferson?

Os regimes políticos vigentes na Itália, na Rússia e na Alemanha não possuem, por certo, o mesmo caráter, nem as mesmas finalidades; como então preferem o mesmo repertório de formas?

Sejam quais forem os motivos, o fascismo, o nazismo e o regime stalinista têm igualmente necessidade de controlar estritamente cada aspecto da vida e do costume nacional, cobrindo, além disso, com certas formalidades invariáveis, as freqüentes mudanças de diretrizes. O repertório neoclássico, deteriorado pelas contínuas repetições, perdeu, por seu lado, qualquer significado ideológico intrínseco e é valorizado exatamente porque tornou-se uma forma vazia dentro da qual pode ser colocado qualquer conteúdo.

Adotando as colunas, os frontões, a simetria e o ponto de fuga, os Estados autoritários dispõem de uma regra muito cômoda, que não oferece resistência e não oferece surpresas, que serve, portanto, egregiamente para imprimir um caráter conhecido desde o ponto de partida à construção civil e à urbanística do Estado, evitando qualquer conflito com as diretrizes oficiais e com as variações dessas diretrizes.

4. A França

Na França não se forma um regime autoritário semelhante ao nazista, fascista ou stalinista, que, em todo caso, teria entrado em conflito com a arquitetura moderna; pelo contrário, assistimos, depois de 1934, a uma radicalização da luta política e a um crescente mal-estar econômico, que se refletem na produção da construção civil — em progressiva diminuição, como já se observou no Cap. 15 — e nas condições do debate cultural, chegando a isolar quase completamente os arquitetos modernos de toda oportunidade de trabalho.

Não é possível, por outro lado, aceitar a tese — reproduzida mesmo por Zevi — de que essa crise depende da fraqueza intrínseca das teses "racionalistas"; existem certamente erros e incertezas no comportamento dos arquitetos, mas existe um pesado condicionamento político e econômico — mais descoberto nos Estados totalitários, mais escondido na França dos anos trinta — que bloqueia sistematicamente até mesmo as contribuições melhores, tais como as de Le Corbusier, já fecunda de conseqüências em muitos outros países.

Convém observar que os trabalhos mais importantes de Le Corbusier — o Colégio Suíço, a Cité du Refuge —, de André Lurçat (n. 1892) — a escola de Villejuif — e do estúdio de Beaudouin e Lods — a Cité de la Muette — estão compreendidos entre 1930 e 1933, e coincidem com o momento de relativo equilíbrio político dominado pela figura de Herriot (o comitente de Garnier em Lyon).

Nesse momento, os artistas de vanguarda tentam mesmo formar uma frente unitária. Em 1929, funda-se a Union des Artistes Modernes e, em 1930, a revista *L'Architecture d'aujourd'hui*.

A Union é formada por pintores, escultores e arquitetos, dentre os quais R. Mallet-Stevens, P. Barbe, P. Chareau, R. Herbst, F. Jourdain, C. Perriand, e tem a finalidade de organizar a cada ano uma mostra internacional; a ela aderem, em 1931, Le Corbusier, Bourgeois, Dudok, Gropius, em 1932, Lurçat e Sartoris. Em 1934, a Union publica um manifesto com a colaboração literária de L. Cheronnet, com o título *Pour l'art moderne, cadre de la vie contemporaine,* onde se refutam as acusações dirigidas no momento à arquitetura moderna (de ser de inspiração estrangeira, escrava da máquina, prejudicial aos interesses da produção francesa, demasiadamente pobre e nua para comunicar satisfação estética) e usam-se os usuais argumentos futuristas,[55] puristas,[56] racionalistas.[57]

A *Architecture d'aujourd'hui*, dirigida por A. Bloc, oferece por primeira vez aos artistas de vanguarda um órgão de imprensa de larga difusão, diverso das revistas de tendências que circulam somente entre os

---

54. SPEER, A. *Neue deutsche Baukunst*. Berlim, 1940, pp. 7-8.

55. "Cremos que a arte deve estar em um estado de permanente revolução. Tanto pior para os mortos, isto é, para os fatos consumados." (*L'Architecture d'aujourd'hui*, 1937, n. 7, p. 7.)

56. "Nós amamos o equilíbrio, a lógica, a pureza. Nas moradias, preferimos a luz às sombras, os tons alegres às cores tristes. Queremos oferecer ao espírito e aos olhos um repouso, depois da pressa atarefada e da dispersão de nossos dias." (*Ibidem*, p. 10.)

57. "Poder-se-ia admitir, como um critério quase indiscutível, que uma forma *padrão*, para ser facilmente construída e naturalmente utilizável, deva ser necessariamente bela." (*Ibidem*, p. 8.)

iniciados. Contudo, pelos hábitos do público francês, mais do que por vontade dos redatores, essa maior difusão só pode ocorrer de um modo: demonstrando uma simpatia imparcial por muitas tendências, desde Perret até Le Corbusier, e englobando-os em uma visão formalística.

No campo do exterior, as preferências são logicamente pela Áustria e pelas nações influenciadas pela escola vienense.[58] No curso das polêmicas, a redação não se pronuncia por nenhuma tendência existente, mas se refugia, como é previsível, no campo dos primeiros princípios. Quando, por exemplo, sai na Itália o primeiro número de *Quadrante* — com a declaração de que apóia as tendências mais intransigentes da arquitetura moderna, Le Corbusier, Gropius, Mies van der Rohe —, a *Architecture d'aujourd'hui* dedica-lhe um número decididamente desfavorável, afirmando que terminou o tempo das tendências vanguardistas e que convém ficar acima de toda tendência: "nós nos esforçamos por fazer emergir a verdade — a verdade nas formas, bem como no espírito —, examinando toda a produção arquitetônica contemporânea à luz dos princípios eternos da arquitetura".[59]

Como já foi dito anteriormente, em relação a Le Corbusier, os métodos da vanguarda parecem ser da mesma natureza que a cultura francesa, e as posições mantêm-se suficientemente precisas somente quando as iniciativas provêm de indivíduos ou de pequenos grupos; quando, porém, as circunstâncias exigem uma mediação entre diversas idéias e diversas pessoas, a mediação traduz-se em compromisso e as posições tornam-se genéricas.

Por outro lado, a distância entre o grande público e as elites está agora tão acentuada que não é possível levar o debate para fora dos círculos de vanguarda, conservando um mínimo de coerência e de rigor.

Assim, os artistas mais empenhados trabalham de preferência para uma elite já convicta, desde o início, dos mesmos princípios daqueles ou trabalham diretamente uns para os outros. Le Corbusier constrói as casas de Ozenfant e de Lipchitz; Lipchitz, Léger e Gris decoram as casas de Le Corbusier etc.

Durante o Congresso de Atenas dos CIAM, em 1933, Léger exprime muito bem esse mal-estar em um discurso aos arquitetos de todo o mundo, mas claramente endereçado aos franceses:

Vocês descobriram uma nova matéria-prima arquitetônica, que é "ar e luz". Os materiais, os elementos ornamentais que sufocavam as obras de arquitetura precedentes desaparecem; os pesos, os volumes, as espessuras volatilizaram-se. É a revolução. Uma elite seguiu sua época heróica. Perfeitamente normal. Vocês construíram casas para gente que estava conquistada *a priori* por vossas fórmulas radicais. A essa minoria, nós, pintores, conhecemos; nossas obras estão na posse de alguns iniciados esparsos pelo mundo... Mas sua fórmula deseja expandir-se. A palavra "urbanística" quer agora dominar o problema estético. Urbanística e socialidade. Vocês entram em um mundo de fato diverso, um mundo onde suas fórmulas puras e radicais deverão lutar. Exatamente aqui começa seu drama: época fria... Creio poder afirmar que, entre sua concepção estética posta em ato e admitida pela minoria e sua concepção urbanística que se encontra em dificuldades em toda parte face à incompreensão dos "homens médios", existe uma ruptura, uma solução de continuidade... E agora ocorre que, em tal vazio, em tal fissura entre as suas duas concepções, surgem os arquitetos modernos, fazem da concessão um pretexto, e disto seu negócio.[60]

A minoria dos arquitetos modernos franceses fica, de fato, bloqueada nesse impasse. A "época fria" coincide, na França, com a crise da construção civil (ver o gráfico da Fig. 578) e com um recrudescimento da luta política, que conduz a esquerda ao poder de 1936 a 1938 e aumenta, nos conservadores, o temor de toda novidade, mesmo no campo cultural.

Enquanto Le Corbusier e Lurçat permanecem quase sem trabalho, apresentam-se os "novos arquitetos modernos" e encontram o caminho do sucesso oferecendo uma versão adocicada da linguagem moderna ou um compromisso moderno-Perret. É uma produção semelhante à alemã de Fahrenkampf e de Holzmeister, mas bastante mais decadente; os exemplos mais instrutivos podem ser vistos em certas iniciativas de construção intensiva como a Immobilière du Parc des Expositions, na porta de Versalhes (Lucas e Beaufils, 1933), ou o bairro Villeurbaine, perto de Lyon (M. L. Leroux, 1934 [Fig. 695]). Os arquitetos aceitam sem críticas as indicações volumétricas derivadas do aproveitamento máximo dos terrenos e os expedientes tradicionais para tornar agradáveis esses volumes, com a procura de simetrias parciais, de cantos chanfrados etc.: que a arquitetura seja, afinal, moderna ou antiga, com paredes lisas ou decoradas, é realmente uma questão de mero gosto, de modo que, quando M. R. Giroux, "Prix de Rome", constrói em Villeurbaine o *hôtel de*

---

58. Ver *L'Architecture d'aujourd'hui*, 1933, n. 4, p. 101: estão representadas a Áustria, a Espanha, a Hungria, a Itália, a Polônia, a Tcheco-Eslováquia, a Iugoslávia.

59. *L'Architecture d'aujourd'hui*, 1933, n. 5, p. 120.

60. F. Léger, conferência proferida em 9 de agosto de 1933 durante o IV CIAM em Atenas; trad. it. em *Casabella*, n. 207 (1955), p. 69.

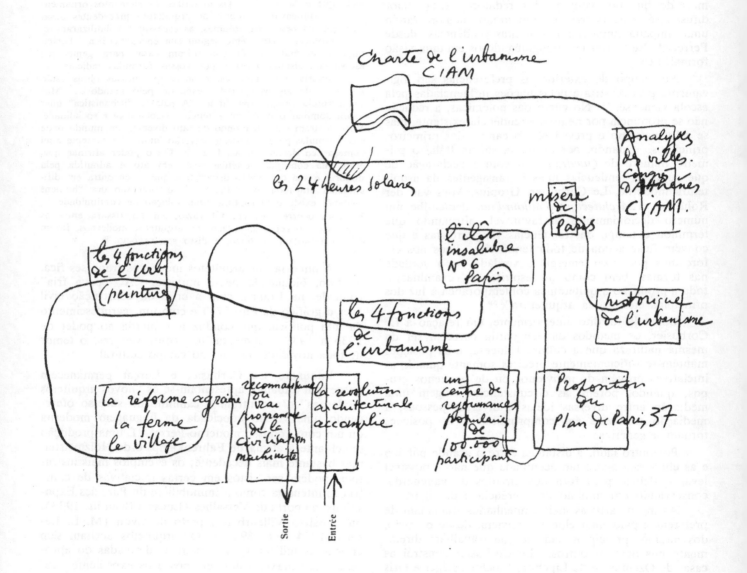

704. Le Corbusier, esquema da montagem do pavilhão na Exposição Universal de 1937 (da *Oeuvre complète*).

ville em estilo neoclássico, a inserção ocorre do modo mais natural.

De 1934 em diante, nas revistas e mesmo na imprensa não especializada, discute-se sobretudo a nova Exposição Universal programada para 1937; é interessante ler um grande número de reminiscências históricas sobre as exposições do século XIX e sobre a arte francesa do passado, que não parecem perceber de modo algum as mudanças dos tempos e os novos problemas iminentes.

O terreno escolhido é, como sempre, o Campo de Marte, com a área correspondente na outra margem do Sena, sob a colina de Chaillot. Estando fora de discussão a conservação da Torre Eiffel, surge o problema do tratamento a ser empregado no palácio do Trocadéro. Pensa-se, primeiramente, em mascarar o exterior com uma nova arquitetura, depois, em deixá-lo intato e construir um edifício intermediário na cabeça-de-ponte de Iena a fim de "apresentar" o velho palácio a quem vem do Campo de Marte, e, finalmente, em demolir o edifício de Davioud e construir, em seu lugar, um novo palácio, utilizando parte de suas fundações. Os concursos divulgados para as várias soluções oferecem aos tradicionalistas a ocasião para imaginar comoventes contrafações do antigo *grand goût* e incríveis contaminações estilísticas. Em 1936, decide-se pela construção de um novo edifício: J. Carlu, L. A. Boileau, L. Azéma projetam um edifício neoclássico "cujo caráter sóbrio e digno esteja à altura da tradição monumental da arte francesa". [61] Os artistas e os literatos de vanguarda endereçam um protesto às autoridades, "considerando a solução adotada um verdadeiro desperdício de fundos públicos e um grave erro"; entre os signatários encontram-se J. Cocteau, F. Mauriac, H. Focillon, G. Marcel, P. Picasso, H. Matisse, G. Rouault, R. Dufy, M. Chagall, G. Braque, J. Lipchitz, O. Zadkine. [62]

Em 1936, o anúncio de um edifício em estilo neoclássico suscita ainda grandes altercações, mas no ano seguinte as obras desse gênero — de substituição ou permanentes — multiplicam-se na capital francesa. Perto do novo Palais de Chaillot, J. C. Dondel, A. Aubert, P. Viard e M. Dastuge constroem o novo Museu de Arte Moderna, com delgadas colunatas (Fig. 702); Perret, no Museu de Obras Públicas vizinho, emprega a usual maestria técnica, mas agora identifica francamente suas pilastras redondas com as colunas e suas traves com cornijas; no recinto da Exposição, o pavilhão alemão de Speer e o russo de Jofan rivalizam em retórica arqueológica; nesse clima, até mesmo os antigos funcionalistas inclinam-se para o monumental, como se pode ver nos pavilhões de Mallet-Stevens.

A involução classicista, por outro lado, é agora um fenômeno internacional; no mesmo ano de 1937, Oud realiza em Haia o edifício da Shell, onde volta não somente à planta simétrica e em bloco, mas também a uma ornamentação que sublinha, tal como no passado, os elementos focais da composição (Figs. 700 e 701).

Le Corbusier, com o ativismo confiante de sempre, tenta inserir sua polêmica também nessa ocasião. Depois de ter-se proposto em 1932 a transformar a anunciada Exposição em uma Mostra Internacional da Moradia e colocá-la no Bois de Vincennes — aproveitando para fazer o primeiro tronco da nova rodovia Leste-Oeste, como acesso à Exposição —, consegue convocar para 1937, em Paris, o quinto CIAM e faz com que as autoridades parisienses lhe prometam a área do bastião Kellermann, onde se deveria erigir uma *unité d'habitation* modelo para quatro mil habitantes. Uma vez, porém, que a oposição dos administradores faz naufragar a iniciativa no último momento, não lhe resta senão desviar sua atenção para os pavilhões da Exposição, e tenta realizar, perto da Porte d'Italie, um primeiro núcleo de seu museu de crescimento ilimitado. Fracassado também esse desígnio, realiza, finalmente, perto da Porte Maillot, um pavilhão didático sobre a urbanística moderna, onde ilustra os princípios da *Carta de Atenas* e expõe seus projetos para a ordenação de Paris. [63]

Le Corbusier não se defronta somente com esta ou aquela facção acadêmica ou política, mas com "a ira dos imbecis" de que fala Bernanos em 1937. Suas propostas caem no vazio, e vê-se constrangido a refugiar-se na teoria. Na Exposição de 1937, a grande composição de Picasso que ilustra o bombardeio de Guernica, no pavilhão espanhol — um dos melhores, pré-fabricado e enriquecido até mesmo por pinturas de Miró e uma fonte de Calder — mostra o verdadeiro rosto das forças que se aprontam a desencadear uma nova guerra, e adverte os homens de cultura que é necessário empenhar-se além dos limites de sua especialidade, com todos os demais, para poder depois continuar a trabalhar nos respectivos campos (Fig. 703).

---

61. *L'Architecture d'aujourd'hui*, n. 1. p. 6.
62. *L'Architecture d'aujourd'hui*, n. 1, p. 5.

63. Os quatro projetos sucessivos são ilustrados no v. III da *Oeuvre complète* cit., pp. 140, 148, 152 e 158.

17. OS PROGRESSOS DA ARQUITETURA NA EUROPA ENTRE 1930 E 1940

O conflito entre o movimento moderno e os regimes autoritários é o fato destacado e mais significativo da quarta década do século XX. Exatamente em virtude do caráter do movimento, porém, o problema da nova arquitetura não pode se reduzir a uma questão de princípio e deve concretizar-se em uma série de pesquisas e de resultados parciais.

Em relação ao conflito político, o trabalho dos arquitetos que se isolam para prosseguir uma pesquisa limitada adquire, antes, um valor programático preciso: à retórica dos símbolos contrapõe-se a realidade das necessidades quotidianas, às exigências representativas do poder público, aquilo que as pessoas comuns requerem. É a arquitetura "para o passageiro de bonde" de que fala Persico em 1932. [1]

De um certo ponto em diante — depois de 1935 — o caráter radical do conflito político elimina o espaço indispensável a essas experiências, que sobrevivem apenas marginalmente na Itália e na França, são de todo excluídas na Alemanha e na Rússia, e, pelo contrário, encontram terreno propício na Inglaterra e nas pequenas nações da Europa do Norte. Ao lado dos mestres dos anos vinte — expulsos dos países de origem, ou mantidos à margem, como Le Corbusier — trabalha uma nova geração de projetistas, nascidos depois da virada do século, que estão aptos a traduzir para a prática muitas propostas teóricas formuladas no decênio precedente.

---

1. *Casabella*, out. 1932; ver E. PERSICO, *Scritti critici e polemici*, Milão, 1947, p. 354.

1. Os mestres alemães na Inglaterra e o renascimento da arquitetura inglesa

Dentre os arquitetos alemães hostilizados pelo nazismo depois de 1933, alguns reagem acentuando seu radicalismo político — como Meyer, May, Taut —, concentram-se na urbanística e encontram um novo campo de trabalho na Rússia, onde logo depois entram em choque com o regime stalinista. Outros têm uma reação quase oposta, tais como Mies van der Rohe que elimina de sua arquitetura toda referência social, chegando às raias do formalismo.

A experiência daqueles é praticamente perdida, em virtude das vicissitudes narradas no capítulo precedente; a obra de Mies, enquanto ele permanece na Alemanha, fica fechada em si mesma e produz frutos somente depois de 1938, em Chicago, como será dito a seguir.

O caso de Gropius é ainda diverso. O ex-diretor da Bauhaus está afastado de ambas as duas posições extremas e move-se com cautela, procurando, antes de tudo, inserir-se concretamente em um novo ambiente profissional; assim, associa-se com Edwin Maxwell-Fry (n. 1899) e estabelece-se na Inglaterra, para onde vai pouco depois Breuer.

Na Inglaterra, a prática ainda está fortemente ligada aos modelos tradicionais, mas existe um interesse teórico constante pelas novidades do continente.

Em 1923, Mendelsohn é apresentado ao público inglês com a tradução de uma monografia sobre seus esboços e sobre os edifícios construídos; [2] em 1924, a *Architectural Review* publica um estudo sobre a obra de Gropius; [3] em 1926, o livro de Mendelsohn sobre a América é publicado ao mesmo tempo em inglês e em alemão; [4] em 1927, surge a tradução inglesa de *Vers une architecture,* [5] em 1929, a de *Urbanisme* [6] de Le Corbusier.

Enquanto isso, alguns arquitetos estrangeiros têm oportunidade de trabalhar na Inglaterra: em 1925, Behrens constrói, perto de Northampton, uma *villa* polêmica, que é um bloco quadrado de alvenaria, destituído de ornamentação. O russo Berthold Lubetkin (n. 1901), que trabalha com alguns jovens ingleses associados no grupo Tecton, constrói, em 1933, o primeiro prédio de apartamentos isolado no verde, chamado Highpoint, na periferia de Londres (Figs. 705-707). Mendelsohn colabora, entre 1934 e 1935, com Serge Chermayeff, russo educado na Inglaterra, constrói uma casa em Chelsea, o pavilhão balneário De La Warr em Bexhill on Sea e uma *villa* em Chalfont St. Giles.

Esses arquitetos, e um punhado de projetistas ingleses — Cornell e Ward, J. Emberton, E. Owen Williams — introduzem polemicamente na Inglaterra o repertório moderno europeu, porém suas obras (excetuando-se Highpoint, que contém a proposta de um organismo efetivamente novo para a moradia) não se distanciam da maré de modernismo formalista que alaga um pouco todas as partes naqueles anos.

A contribuição de Gropius é menos vistosa, porém mais importante a longo prazo. Ele principia na Inglaterra com muita circunspecção, não se preocupando com impor sua personalidade nem com repetir as experiências truncadas na Alemanha, mas esforçando-se por assimilar e elaborar metodicamente as características do ambiente britânico. Suas relações de trabalho com Maxwell-Fry são mais empenhadas do que as de Mendelsohn com Chermayeff, seja pela maior estatura do colaborador local, seja porque Gropius requer muito mais: não somente o aproveitamento de certas ocasiões específicas, mas uma integração entre duas heranças culturais, deixando claros os motivos comuns que remontam a Morris e a Cole.

Maxwell-Fry descreve da seguinte maneira seu primeiro encontro com Gropius em 1933, durante uma reunião organizada pela Design and Industries Association:

> Lembro-me exatamente do cômodo cheio de gente e ele que estava em pé entre nós, falando com a maior clareza, em um inglês fragmentado, sobre como podíamos remediar a dissociação de nossa civilização mecânica, e aquilo que nos comovia era o misto de humildade e de autoridade com que se dirigia a nós. Dava-nos, naquele momento, uma inesperada contribuição de força e de segurança. O tema era já familiar, mas não a profundidade de pensamento com que era tratado. [7]

Na Casa Levy em Chelsea e na *Villa* Donaldson em Sussex, enfrenta o tema, para ele incomum, da residência senhorial, da qual está excluída qualquer idéia de repetição em série, enquanto predominam os valores de intimidade e de individualidade.

Na escola de Impington (Figs. 708-710), Gropius e Fry fazem uma revisão, a fundo, de um dos temas mais importantes da moderna cidade inglesa. O edifício, inserido em um amplo espaço verde, compreende um bloco de salas completamente envidraçadas para o sudeste, uma sala para assembléias ou para representações, um complexo de laboratórios e os ambientes para recreação e jogos, reunidos em torno de um amplo pátio, para onde se voltam também os serviços centralizados. Tal como na Bauhaus, a arquitetura dá forma unitária a muitas funções complementares, e está extremamente atenta para acolher todas as sugestões técnicas e psicológicas da vida que será desenvolvida nos vários ambientes, mas a tensão e a concentração do edifício de Dessau são substituídas, aqui, por tendências mais moderadas e discretas. A planta muito articulada, a pequena altura dos braços em relação à largura, os pórticos, a leve curvatura da ala que contém os ambientes de recreação e o revestimento em tijolos fazem com que o edifício se funda com os espaços arborizados circundantes, tornando-o mais acessível e acolhedor, tal como convém a uma construção feita para crianças. Ao mesmo tempo, a clareza inflexível da instalação e a capacidade prodigiosa da arquitetura em interpretar todas as funções com meios homogêneos imprime ao edifício uma energia contida, irresistível, quet tende a difundir-se, a partir do edifício, para o ambiente e

---

2. MENDELSOHN, E. *Buildings and Sketches.* Berlim-Londres, 1923.

3. SCHEFFAUER, H. G. The Work of Walter Gropius. *Architectural Review,* ago. 1924, p. 50.

4. *America, Architect's Picture-book.* Londres, 1926.

5. *Towards a New Architecture.* Londres-Nova York, 1927.

6. *The City of Tomorrow and its Planning.* Londres, 1929.

7. MAXWELL-FRY, E. Walter Gropius. *Architectural Review,* v. 117 (1955), p. 155.

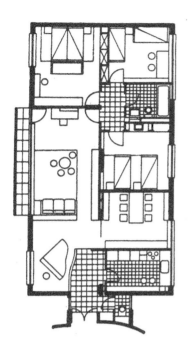
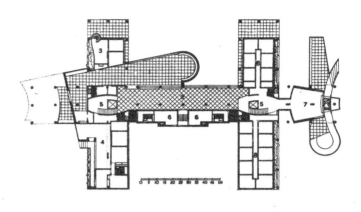

705, 706, 707. Londres, edifício Highpoint (B. Lubetkin e *Tecton*, 1933).

para o tecido urbano; assim, a escola tende a tornar-se o elemento que ordena e orienta a composição do bairro.

M. Breuer, que passa pela Inglaterra em 1935, colabora com F. R. S. Yorke na casa de Angmering on Sea (1936) e projeta, para a firma Isokon de Londres, uma série de móveis de metal e compensado curvo. Estes últimos, pouco posteriores aos móveis semelhantes de Aalto, possuem um corpo e um valor ambiental até então pouco usuais; assim como os tijolos à vista de Impington ajudam Gropius a superar o gosto geométrico continental, do mesmo modo a madeira natural leva Breuer a superar o gosto gráfico dos móveis de tubos feitos na Alemanha.

Ao lado de Gropius e Breuer, é preciso lembrar o crítico húngaro Nikolaus Pevsner (n. 1902), educado na Alemanha e obrigado a estabelecer-se na Inglaterra depois de 1936. No período em que fica na Universidade de Göttingen, realiza as primeiras pesquisas sobre o período que precede a formação do movimento moderno e profere, sobre esse tema, um curso em 1930; em 1936, publica em Londres o ensaio *Pioneers of Modern Movement from William Morris to Walter Gropius,* que é a primeira tentativa coerente de individualizar a linha de pensamento de que nasce a arquitetura moderna.

Enquanto, até então, indicava-se como precedentes da arquitetura moderna as obras dos engenheiros do século XIX ou as pesquisas figurativas dos pintores, Pevsner mostra que o ponto de partida é uma concepção intelectual e moral formulada pela primeira vez por Morris, sobre a qual se encaixam sucessivamente as experiências técnicas dos engenheiros, as experiências figurativas dos pintores, as contribuições dos arquitetos de vanguarda entre 1890 e 1914. Esse livro assinala um grande progresso em relação àqueles citados no Cap. 14 (Hilberseimer, Platz, Meyer, Hitchcock, Taut etc.) e mesmo em relação aos manuais publicados a seguir por W. C. Behrendt [8] e S. Giedion [9], pois supera o dualismo artificioso entre motivos técnicos e estéticos e lança as bases de um enquadramento histórico sério dos discursos sobre o movimento moderno, mais do que nunca necessário agora que a polêmica inicial parece estar superada.

Uma segunda contribuição importante de Pevsner é o ensaio de 1937, *An Inquiry into Industrial Art in England,* onde ele aprofunda o conhecimento do movimento pela reforma das artes aplicadas, vai no encalço dos precursores de Morris. Ele introduz, assim, no tronco da cultura inglesa, um conhecimento direto do debate europeu e influencia amplamente a nova arquitetura inglesa, sobretudo quando entra para o *staff* da *Architectural Review.*

A contribuição dos mestres alemães é, talvez, a causa próxima que põe em movimento, depois de uma longa paralisação, a cultura artística inglesa. Se se considera somente o período que precede a guerra, os resultados são tudo menos evidentes: depois da experiência da colaboração com Gropius, Mendelsohn e Breuer, as obras de Maxwell-Fry (*villa* em Kingston, 1937), de Chermayeff (*villa* perto de Halland, 1938) e de Yorke (casas enfileiradas em Stratford-on-Avon, 1938) são naturalmente mais seguras e mais evoluídas. Surge, naqueles anos, a figura de Wells Coates (n. 1895), autor do prédio de apartamentos Palace Gate em Kensington (1938). Os arquitetos modernos ingleses reúnem-se no grupo MARS, que é reconhecido como a seção britânica dos CIAM, e atrai o interesse do grande público com uma discutida exposição em Londres em 1937.

Trata-se sempre de uma pequena minoria, que aceita as teses do movimento moderno sobretudo por via téorica, e as obras construídas mediante aplicação de tais teses possuem um caráter um tanto doutrinário; porém neste período, de fato, estabelecem-se as premissas para os extraordinários desenvolvimentos que virão a seguir, quando o *housing* britânico servirá de exemplo a todo o mundo. As causas remotas e determinantes desse desenvolvimento devem ser procuradas no caráter da sociedade inglesa — onde as elites não se fecham em si mesmas, mas agem impelindo a sociedade —, no convite à concretização que provém do empirismo tradicional e, principalmente, nas íntimas relações entre cultura técnica e cultura política.

2. Os resultados das pesquisas marginais na França e na Itália

Le Corbusier é, nos anos trinta, o principal protagonista das polêmicas sobre a arquitetura moderna na França e sofre, em primeiro lugar, os efeitos do exacerbamento, que corta os arquitetos modernos dos encargos públicos e de grande parte da construção civil particular.

---

8. BEHRENDT, W. C. *Modern Building, its Nature, Problems and Forms.* Nova York, 1937.
9. GIEDION, S. *Space, Time and Architecture.* Cambridge, 1941.

708, 709, 710. Impington, escola (W. Gropius e E. Maxwell-Fry, 1936).

1. sala de projeção
2. laboratório de madeira e metais
3. sala comum de adultos
4. tênis de mesa
5. bilhar
6. sala de leitura
7. biblioteca
8. serviços de ingresso
9. ambulatório
10. laboratório
11. salas de aula

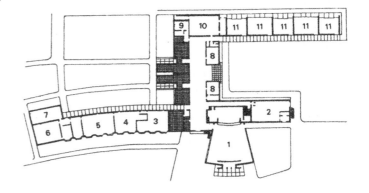

565

Depois de 1933, ele executa somente pequenas construções, para uma clientela restrita, tal como nos anos vinte; não são, contudo, repetições das experiências de então; pelo contrário, tornam-se ocasiões para explorar novos sistemas de construção e novos padrões funcionais, que prenunciam, de modo surpreendente, as tendências da arquitetura européia da década seguinte.

Já em 1930, devendo construir para M. Erazuris uma casa na costa chilena (Fig. 712), Le Corbusier adota paredes em pedra e madeira feitas de troncos apenas desbastados; "a rusticidade dos materiais não é obstáculo, de modo algum, para a manifestação de um esquema claro e de uma estética moderna", [10] e, de fato, a composição não procura nenhum efeito tradicional, mas recebe dos materiais antigos um caráter corpulento e acolhedor incomum. Em 1935, ele executa duas casas de férias — na periferia de Paris e na costa do Atlântico —, muito diferentes entre si, usando igualmente processos de construção tradicionais e pouco custosos. Na primeira (Fig. 713), os muros de pedra sustentam abóbadas rebaixadas em concreto armado, recobertas com terra e jardim, na segunda (Figs. 714-716), devido à impossibilidade de controlar diretamente as obras, a construção é decomposta decididamente em três partes: um esqueleto de pedra, uma carpintaria em madeira e uma série de vedações pré-fabricadas, feitas de telas de madeira preenchidas com vidro, compensado ou cimento-amianto. Ao comentar a casa perto de Paris, na *Oeuvre complète,* Le Corbusier observa:

> Um dos graves problemas da arquitetura moderna (que têm, sob muitos aspectos, um caráter internacional) é o de estabelecer judiciosamente o emprego dos materiais. Com efeito, ao lado dos volumes arquitetônicos novos determinados pelos recursos das novas técnicas e por uma nova estética das formas, uma qualificação precisa e original pode ser dada pela virtude intrínseca dos materiais. [11]

A essa pesquisa pode-se acrescentar a noção do *brise-soleil,* que Le Corbusier especifica nesses anos; primeiramente, é um mero aparato técnico, ou seja, um anteparo contra os raios do sol colocado frente ao *pan de verre* nos projetos para a Argélia feitos de 1933 em diante; mais tarde torna-se um pórtico praticável — no projeto para a Cité d'Affaires de Argel de 1939 — e leva a projetar externamente a estrutura em concreto armado, deixando na concavidade as vedações

10. *Oeuvre complète,* v. II, p. 48.
11. *Oeuvre complète,* v. III, p. 125.

leves e as vidraças. Isso leva a eliminar, para o concreto, todo acabamento que altere sua consistência natural, como a que resulta do contato entre o conglomerado e os lados das formas; o edifício perde, assim, o caráter geométrico abstrato que derivava do vidro e do reboco, torna-se capaz de absorver os sinais do tempo e de ser incorporado na paisagem natural.

Neste ponto, a *recherche patiente* de Le Corbusier diverge da dos demais artistas de vanguarda franceses, Lurçat, Mallet-Stevens, Chareau, que, com efeito, depois de 1933, não sabem dar qualquer contribuição digna de nota. Em compensação, adquire importância o trabalho dos mais jovens, dentre os quais é necessário mencionar Eugène Beaudoin (n. 1898) e Marcel Lods (n. 1891), que, nesse período, representam o extremo mais avançado da produção da construção civil francesa.

Trabalhando ambos no Office Public d'Habitation do departamento do Sena e na Société des Logements Économiques pour Familles Nombreuses, tomam consciência de que a introdução dos conceitos de distribuição modernos no campo da construção popular deve ser acompanhada de um correspondente aprofundamento dos fatos da construção.

Na Cité de la Muette em Drancy, de 1933, que compreende algumas casas alinhadas de quatro andares e cinco torres de dezesseis andares, a ossatura portante é metálica, enquanto os pavimentos e as vedações verticais são formadas por elementos de concreto pré-fabricados; os revestimentos externos, as escadas, os balaústres dos balcões e muitos outros acabamentos são mesmo feitos com painéis de concreto, a fim de obter, nos limites econômicos prefixados, um rigoroso controle qualitativo e para simplificar a manutenção. Assim, a arquitetura, que vista de longe parece sustentada somente por um propósito polêmico, revela, de perto, um caráter persuasivo e realista (Figs. 717-721). Um sistema análogo de pré-fabricação é adotado na escola ao ar livre de Suresnes, perto de Paris, de 1935, sabiamente disposta no declive da colina.

Na Itália, como já foi dito, os arquitetos modernos estão empenhados desde o princípio, em uma tentativa de ligar-se às diretrizes do regime fascista; enquanto essa tentativa está em curso e parece que pode vir a ter êxito, quase todas as obras, mesmo as melhores, possuem um caráter demonstrativo que falseia seu caráter e que hoje, com o passar do tempo, as torna decididamente envelhecidas: asssim ocorre para os edifícios modernos da Cidade Universitária de

711. Poltrona de madeira Isokron (M. Breuer, 1936).
712. Casa para M. Erazuris no Chile, 1930.
713. Paris, casa de fim de semana de Le Corbusier, 1935.

Roma (com a exceção parcial do Instituto de Física de Pagano), para a estação de Florença, para a casa do Feixe de Como. Em outros casos, o efeito do compromisso político é mais grave: procuram-se absurdos efeitos monumentais, ocorrem equívocos entre os volumes lisos da linguagem racionalista e os muros piacentinianos, como no projeto de Terragni para o palácio de Littorio na Via dell'Impero, ou em muitos projetos de concurso dos racionalistas para o E 42.

Somente depois de 1936, quando soçobram as ilusões de controlar os grandes encargos públicos, os melhores procuram ocasiões de trabalho mais limitadas, das quais nascem as melhores obras da arquitetura italiana de antes da guerra: dois pequenos edifícios e uma biblioteca em Roma de M. Ridolfi, a sede da Universidade Bocconi em Milão, de Pagano e G. Predaval, alguns arranjos para mostras de Franco Albini (n. 1905), as casas intensivas na foz do Misagno em Gênova, de Luigi Carlo Daneri (n. 1900), o dispensário em Alessandria de Ignazio Gardella (n. 1905), os hangares em Orbetello de Pier Luigi Nervi (n. 1891) (Figs. 722-731).

Por trás de cada uma dessas obras, existe uma paciente e apaixonada pesquisa pessoal — pense-se nos estudos de Ridolfi sobre os nódulos das vedações e dos móveis fixos — que, contudo, detêm-se inevitavelmente em uma certa escala, além da qual se torna pura teoria: o bairro "Milão verde" de Albini, Gardella, Minoletti, Pagano, Palanti, Predaval e Romano, a "cidade horizontal" de Pagano, Diotallevi e Marescotti, o bairro de Rebbio de Terragni e Lingeri não são senão propostas demonstrativas, feitas sabendo-se que as possibilidades de realização são muito remotas.

Na Alemanha, não é possível indicar nada de semelhante, porque o controle político, de 1935 em diante, é tão pesado que fecha praticamente toda oportunidade aos poucos arquitetos modernos que ficaram na pátria. As exceções ao conformismo oficial são, portanto, pouquíssimas: duas ou três casas para médicos de R. Schwarz e J. Krahn, alguns edifícios industriais da organização Rimpl, algumas pontes projetadas por Bonatz para as rodovias alemãs.

Na Rússia, faltam até mesmo essas exceções, em virtude da falta de iniciativas de construção independentes dos poderes públicos. Nosso conhecimento incompleto dos acontecimentos impede-nos de avaliar os contrastes que acompanharam a reviravolta acadêmica desejada por Stálin. De fato, não se conhece nenhum testemunho concreto de uma eventual resistência às diretrizes oficiais.

3. Os Países Baixos

Depois da crise do movimento alemão, vêm da Holanda as principais contribuições ao progresso da arquitetura moderna européia.

Também na Holanda, como em todas as partes, desenvolve-se uma polêmica entre os mestres da vanguarda pré-bélica e a geração seguinte dos racionalistas; neste caso, entre a escola de Berlage e o grupo neoplástico. Contudo, a distância entre Berlage e o movimento moderno é, sem dúvida, menor do que aquela que corre entre Horta e os funcionalistas jovens como Victor Bourgeois (1897-1962), ou na França entre Perret e Le Corbusier. A experiência de Dudok demonstra que essa distância é de fato superável. Berlage, além do mais, — tal como Behrens e Poelzig na Alemanha — renova em certa medida seu repertório no final de sua vida, colocando-se ao lado, até onde é compatível com seus princípios, das tendências mais recentes.[12] O Gemeente Museum de Amsterdã, que Berlage deixa incompleto em 1934, está ainda baseado, como as planimetrias do Bairro Sul de Amsterdã, na conexão de dois sistemas simétricos, voltados para as duas ruas principais de acesso ao museu; entretanto, graças à extensão e à altura limitada dos corpos de construção, esse expediente serve de modelo para dar ordem à composição e não é facilmente percebido pelo observador, que vê um conjunto agitado e articulado, fundido, com felicidade, com a paisagem. Assim, as implicações monumentais são reduzidas ao mínimo e a composição fechada coloca-se ao lado da composição aberta até onde é possível sem que se renuncie ao esquema de que se partiu.

Dentre os artistas da geração seguinte, Dudok continua sua atividade coerente, Oud sofre a involução acadêmica descrita no capítulo anterior, e os demais componentes do grupo De Stijl, embora profissionalmente ativos, deixam de dar uma contribuição determinante, com exceção de Van Eesteren, que dirige o plano de Amsterdã.

Comparado com esses, adquire relevo a atividade dos mais jovens. Dentre eles, destinguem-se J. A. Brinkman (1902-1949) e L. C. Van der Vlugt (1894-1936), que abrem seu estúdio em 1925, e W. Van Tijen (n. 1894), que, após uma experiência nos EUA e nas Índias holandesas, estabelece-se em Roterdã em 1928, colaborando freqüentemente com os

12. Ver E. PERSICO, L'ultima opera di Berlage, *Casabella*, set. 1935; *Scritti* cit., p. 277.

714, 715. A fachada principal da Casa aux Mathes (da *Oeuvre complète*).

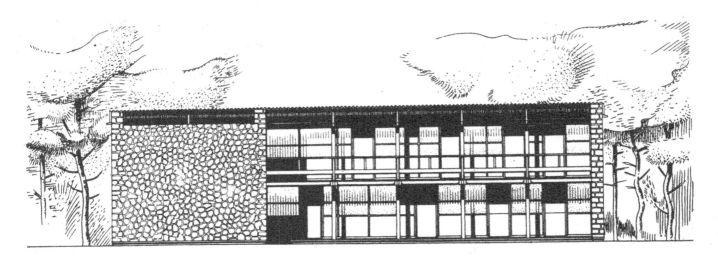

569

dois primeiros. Em 1936, morre Van der Vlugt e Brinkman associa-se com J. H. Van der Broek (n. 1898), enquanto Van Tijen associa-se em 1937 com H. A. Maaskant (n. 1908), que já há três anos trabalha no estúdio daquele.

Brinkman e Van der Vlugt têm a felicidade de principiar logo com uma obra importante: a fábrica de tabaco Van Nelle, cujo projeto é exposto na Mostra de Stuttgart de 1927 (Fig. 732). As várias funções do ciclo de trabalho são analisadas com rigor e expressas fielmente pela articulação do edifício, inclusive os condutos que levam o produto aos depósitos ao longo do canal, inseridos com toda franqueza na fachada de vidro. A precisão do desenho, além de acentuar o efeito impendente das instalações industriais, confere-lhes um aspecto humano, acolhedor, eliminando toda complacência romântica e toda concessão cenográfica ao mito do mecanismo. A forma aberta do edifício permite mesmo incorporar as adesões sucessivas, tornadas necessárias pelas exigências mutáveis de uma indústria moderna, sem prejudicar a harmonia da arquitetura (Fig. 733), como acontece por razões análogas na Fagus de Gropius.

A seguir, Brinkman e Van der Vlugt aplicam o mesmo método de análise funcional a outros edifícios públicos e industriais (um silo no porto de Roterdã, a sede da Van Nelle em Leyden, o Banco Mees em Zoonen, a sede da União Teosófica em Amsterdã) e a numerosas residências; continuando nessa linha, realizam em 1934, em colaboração com Van Tijen, o primeiro prédio residencial popular segundo a idéia de Gropius, o Bergpolder (Figs. 734-736). [13]

Esse edifício surge em um bairro popular de Roterdã, densamente construído com casas de três e quatro andares; as moradias estão concentradas em um corpo linear de construção, de dez andares, deixando boa parte do terreno arranjado com verde. A estrutura principal é de aço, enquanto os pavimentos e as paredes, que ocupam grande parte das fachadas, são de madeira. Os apartamentos, todos iguais, para famílias de quatro pessoas, são distribuídos com critérios de rígida economia. A fachada leste é listada pelas varandas de acesso, enquanto que, para a fachada oeste abrem-se os pórticos dos apartamentos, com parapeitos de rede e toldos inclináveis. Pela primeira vez, é instalado um elevador em uma casa popular;

---

13. Este edifício e o seguinte, o Plaslaan, estão ilustrados exaustivamente em A. ROTH, *La nouvelle architecture*, Zurique. 1940.

a cabina é ampla, sem portas e pára a cada dois andares.

Em um edifício tão incomum, constataram-se alguns inconvenientes: a elasticidade excessiva da estrutura de aço, a dificuldade de pintar periodicamente extensas superfícies de metal e a promiscuidade produzida pelos pórticos contínuos. Esses defeitos são parcialmente corrigidos em um edifício seguinte de Van Tijen e Maaskant, o Plaslaan (Figs. 737-740), construído em 1938 em um bairro mais senhorial. A estrutura de concreto armado é deixada à vista, os apartamentos de vários tamanhos e distribuídos com maior comodidade são dotados de um pórtico menor e mais profundo, a simplificação do aspecto externo reduz os ônus da manutenção. O terreno é mais restrito do que o anterior, mas se encontra em um lugar mais aberto, nas margens de um lago circundado por jardins.

Na teoria de Gropius, os blocos de habitação de dez andares servem, principalmente, para obter certas vantagens urbanísticas de melhor utilização do solo, melhor distribuição dos serviços, economia de ruas, de canalizações. Esses problemas não puderam ser enfrentados no Bergpolder e no Plaslaan, pois os dois blocos foram inseridos em um tecido de edificações já formado; contudo, pôde-se demonstrar a inconsistência dos preconceitos contra esse tipo de edificação: o uso do elevador não produziu inconvenientes, algumas categorias de famílias mostraram aceitar essa forma de alojamento, e confirmou-se a conveniência econômica das estruturas em tela de 10-12 andares.

Ainda hoje o contraste dos dois edifícios com o tecido circundante — especialmente do Bergpolder, que surge em um bairro construído sobre a rua — impressiona pelo virtual significado urbanístico: faz com que se veja que é possível um outro tipo de cidade, onde a arquitetura não sirva somente para modular as paredes, mas para colocar livremente no espaço os volumes de edificação, e onde os edifícios entram em relação direta com os espaços vazios, tal como o Bergpolder com o gramado que o circunda, onde as crianças possam brincar protegidas do trânsito da rua.

Os detalhes de construção dos dois blocos confirmam essa impressão, estando definidos com excepcional franqueza e simplicidade. Aqueles, de fato, não valem por si mesmos, mas apenas em relação com a composição de conjunto, que define rigorosamente o grau de destaque individual admissível para cada um.

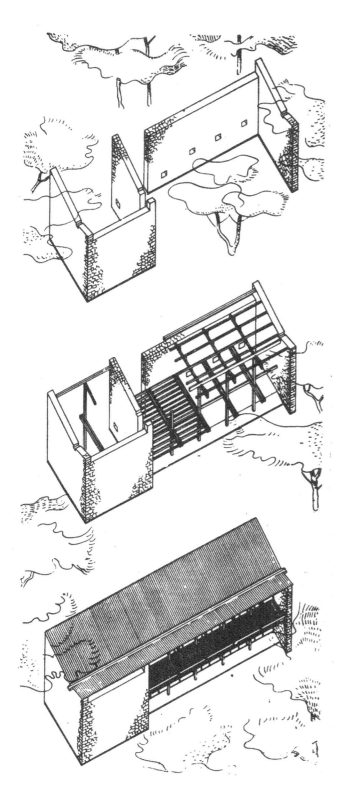

716. Esquemas de construção da Casa aux Matheus, 1935.

717, 718, 719, 720. Drancy, bairro de la Muette (Beaudouin & Lods, 1933).

721. Um detalhe da escada esterna, no prédio do bairro de la Muette em Drancy.

Enquanto isso, porém, a nova cidade não permanece como uma aspiração teórica. Nos mesmos anos, um grupo de urbanistas trabalha no novo plano regulador de Amsterdã, onde pela primeira vez os princípios da *Carta de Atenas* são aplicados à realidade, e convalidados por uma sólida experiência de planificação urbana.

Em 1928, institui-se ao lado do Departamento de Obras Públicas da Comuna de Amsterdã, um órgão urbanístico autônomo, dirigido por L. S. P. Scheffer. Logo depois, inicia-se o projeto do plano regulador geral, dirigido por Van Eesteren, já membro do grupo De Stijl e colaborador de Van Doesburg.

O terreno necessário para a expansão da cidade já está em mãos da Comuna, graças à política de muita visão de expropriação das áreas periféricas. Superado, dessa forma, o principal obstáculo indicado nas declarações de La Sarraz e nos documentos sucessivos dos CIAM, o projeto pode proceder de acordo com os princípios teóricos que estão sendo elaborados no mesmo período. [14] As principais inovações do plano, em relação ao precedente, são:

— as minuciosas verificações estatísticas, que precedem as decisões do plano geral e dos planos particularizados; mediante elas, é elaborada uma hipótese quanto ao desenvolvimento da população pelos próximos cinqüenta anos e todas as previsões são dimensionadas como decorrência daquela: bairro por bairro, fixa-se o número de moradias de cada tamanho, a distribuição das classes sociais, a localização dos serviços;

— a subdivisão da periferia em bairros de cerca de dez mil habitações cada um, dotados das instalações necessárias e separados por faixas de verde; cada novo bairro comporta um novo plano particularizado, que é estudado somente quando se prevê para logo sua realização;

— a substituição gradual dos blocos fechados berlagianos por blocos abertos orientados de norte a sul (ou, mesmo freqüentemente, de leste a oeste), segundo o exemplo dos bairros alemães (Fig. 741).

O plano de Amsterdã propõe uma alternativa coerente para a teoria da cidade-jardim que, desde o princípio do século, é recorrente em quase todos os raciocínios sobre a disposição urbana. A idéia da

14. O plano geral de Amsterdã, os planos particularizados e as relativas pesquisas estão publicados na coletânea *Grondslagen voor de Stedebouwkundige ontwikkeling van Amsterdam.*

cidade-jardim nasceu como contraposição à cidade, não para a reordenação da cidade, e, deixando clara a necessidade de articular o tecido urbano em núcleos auto-suficientes, colocou em tal conceito, o da auto-suficiência, uma ênfase inoportuna, que pode ser reencontrada tanto junto aos partidários da cidade horizontal, quanto junto aos da cidade vertical, como Le Corbusier.

Em Amsterdã, a concentração das atividades econômicas e adminstrativas em torno do porto, em meio ao leque do século XVII, o elevado custo dos terrenos e a consideração da bicicleta como meio principal de transporte, fizeram logo com que se excluísse uma expansão mediante núcleos destacados. Assim, colocou-se a tônica, não nos bairros singulares, mas na unidade dos mesmos e nos vínculos recíprocos, e mostrou-se que uma cidade pode ser bem organizada mesmo mantendo uma alta densidade e um crescimento compacto.

O projeto arquitetônico é guiado por um minucioso sistema de controles; cada bairro é dividido em unidades menores e cada uma destas é confiada a um arquiteto supervisor, que tem a incumbência de harmonizar os projetos individuais. Os supervisores constituem a direção da comissão permanente do plano, presidida por Van Eesteren, que tem o cargo de supervisor geral.

Em uma cidade desse tipo, os espaços verdes arranjados tornam-se muito importantes, e formam justamente os episódios de destaque do novo tecido urbano; ressaltam-se o lago artificial Sloterplas, com os jardins que o circundam — que forma o núcleo dos bairros ocidentais de expansão — e o bosque de novecentos hectares criado *ex novo* entre os bairros ocidentais e os meridionais.

O plano regulador de Amsterdã, aprovado em 1935, ainda vige e é continuamente atualizado; a validade da experiência é demonstrada pela capacidade de adaptação às modificações das circunstâncias, mantendo-se a continuidade e a coerência da orientação inicial.

4. Os países escandinavos

O movimento moderno é acolhido nos países escandinavos por volta de 1930, sem encontrar obstáculos fortes como em outras partes; logo depois ali se realiza, com grande antecipação em relação ao resto da Europa, uma revisão e um alargamento do repertó-

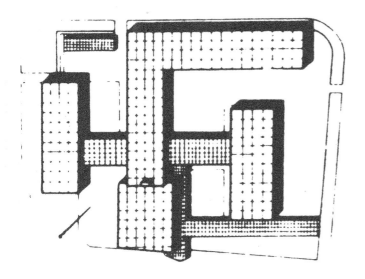

722, 723. Milão, Universidade Bocconi (G. Pagano e G. Predaval, 1938-41).

724, 725. Gênova, casas na Foz (L. C. Daneri, 1934-40).

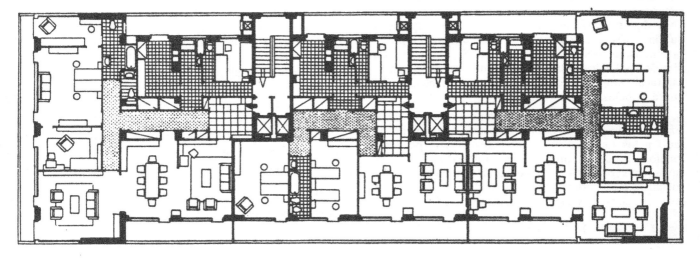

rio internacional, incluindo-se uma parte dos valores herdados da tradição. Uma vez que tais experiências influenciaram depois largamente os outros países, é importante reconstruir as causas que imprimiram esse curso à arquitetura escandinava.

Nesses países — onde a arquitetura culta sempre proveio do exterior, sobrepondo-se a uma tradição humilde e popular —, a passagem do classicismo ao neoclassicismo não é tão marcada quanto em outras partes e os *revivals* oitocentistas são vividos com empenho sincero.

Assim, explica-se a elevada qualidade da arquitetura neoclássica de G. F. Hetsch e G. Bindesboll na Dinamarca, de J. L. Desprez na Suécia, de C. L. Engel na Finlândia e de C. Grosh na Noruega durante a primeira metade do século XIX, a disputa um tanto suave entre classicismo e medievalismo e a vitalidade do ecletismo até a época da Primeira Guerra Mundial e mais além.

O movimento da *art nouveau* passa sem deixar traços profundos, ou é acolhido como um estímulo à pesquisa de formas menos usuais, como o demonstra o movimento neobarroco dinamarquês e a primeira parte da atividade de Saarinen na Finlândia. No pós-guerra, a aspiração geral à regularidade faz com que ainda floresça uma arquitetura disciplinada pelos estilos históricos, transfigurada por um persistente e agitado espírito romântico: é a arquitetura de R. Östberg e de I. Tengbom na Suécia, de C. Peterson na Dinamarca, de M. Poulsson na Noruega, de J. S. Sirén na Finlândia.

Deste tardio ecletismo, passa-se quase que de uma vez só ao movimento moderno, por vezes graças à obra dos mesmos arquitetos, tais como Asplund na Suécia. Escreve Persico: "Neste clima olímpico, o racionalismo, *funkis* como dizem na Suécia, não é uma direção polêmica nem uma dogmática nova, mas a aspiração constante de todo um povo à beleza ideal, quase à beleza intelectual". [15]

Resta perguntar por que, como princípios de beleza, substituem-se os nobres e ilustres modelos do passado pelos modelos mais correntes e mais pobres do funcionalismo. É preciso fazer referência às mudanças sociais e políticas, à consolidação da democracia socialista e ao rápido nivelamento do teor de vida, que leva as classes sociais praticamente a se fundirem entre si. No catálogo sueco da Exposição de Paris de 1935, lê-se:

A síntese entre arte e indústria possui um significado diferente na França e na Suécia. Enquanto, no primeiro país, os costumes correntes na classe operária e burguesa são extremamente estáveis, no outro, sofrem mudanças radicais. Aqui, as duas classes tendem a se aproximar uma da outra. No que se refere à classe operária, isso se manifesta por uma sensível melhoria do nível de vida, enquanto que, no mesmo intervalo, a burguesia viu diminuir sua situação econômica... Enquanto um observador imparcial tem a impressão de que na França, por exemplo, os novos desenvolvimentos das artes domésticas dependem economicamente e moralmente das classes elevadas das grandes cidades, ele constatará que, na Suécia, essa mesma evolução deve-se à classe intelectual e burguesa e aos estratos superiores da classe operária. Disso resulta que as artes decorativas na Suécia são reguladas inconscientemente pelas necessidades destes dois estratos, enquanto não tiveram ocasião de desenvolver-se no sentido de uma produção de luxo. De um lado, a melhoria do nível de vida da classe operária e sua viva preocupação pelas necessidades intelectuais possibilitaram selecionar os artigos de uso normal e produzi-los a melhor preço; por outro lado, essas duas causas impuseram a padronização dos utensílios e das moradias. Um trabalho considerável e, pode-se afirmar, coroado de sucesso, foi feito depois da guerra para padronizar as moradias familiares econômicas e os móveis. Quase que se pôde constatar o estreito vínculo que une as exigências econômicas e estéticas, tendo ambas como ideal a simplicidade. [16]

As teses do funcionalismo são justamente os novos ideais adequados à produção em massa e à diversificada estrutura de mercado. A relativa continuidade do processo de transformação social permitiu difundir em largos estratos da população grande parte dos hábitos e das aspirações da antiga classe dirigente; a arquitetura moderna herda, assim, diretamente, a antiga inspiração romântica, o amor por uma rica e fantasiosa aparência visual, pelos materiais tradicionais, pelos ambientes pitorescos e tranqüilos.

Por conseguinte, enquanto a adesão dos arquitetos escandinavos ao movimento moderno é motivada por precisas exigências sociais, há condições para ampliar logo o repertório internacional, recuperando alguns valores da arquitetura tradicional.

A arquitetura escandinava desemboca nesse caminho por volta de 1933, exatamente enquanto na Alemanha e no resto da Europa as teses racionalistas encontram as primeiras fortes resistências. Seria, con-

---

15. PERSICO, E. La cooperativa Foerbundet. *Casabella*, ago. 1935; *Scritti* cit., p. 271.

16. PERSICO, E. *Scritti* cit., pp. 272-273.

726. Milão, Feira de Amostras de 1935, pavilhão do INA (F. Albini).

tudo, imprudente estabelecer entre os dois fatos um relacionamento direto e afirmar que essa direção é a solução adequada para as dificuldades que se apresentam em outras partes.

É preciso, com efeito, considerar que a crise européia deve-se à desproporção dos métodos de controle cultural em relação aos tempos e à escala dos processos econômicos e políticos em curso. Os estados escandinavos e, em geral, as pequenas nações, subtraem-se a esse conflito sobretudo pela menor amplidão e rapidez das transformações sociais.

Por isso, os sugestivos resultados da arquitetura escandinava só muito raramente podem ser utilizados em outras partes com vantagens, especialmente onde a escala dos problemas é maior e onde devem ser superadas descontinuidades mais fortes entre os grupos e as classes.

Na Suécia, as teses do movimento moderno são introduzidas pela primeira vez, polemicamente, por um grupo de jovens arquitetos: Sven Markelius (n. 1889) que constrói em 1928 uma discutida casa para ele mesmo e, em 1932, a sala de concertos de Hälsingborg; U. Ahren que constrói a fábrica Ford em 1929 e P. Hedqvist que realiza em 1931 a piscina coberta Eskilstuna. Essas obras provocam as reações usuais da opinião pública e dos mestres da tendência romântica, tais como Östberg.

A discussão atenua-se quando o hábito faz com que as formas despidas de ornamentos de Markelius e dos demais percam a crueza da novidade e faz emergir as sutis referências à tradição que nunca estiveram ausentes, mesmo nas obras mais próximas do caráter internacional; e, de modo particular, quando um dos mestres da direção romântica, Erik Gunnar Asplund (1885-1940), realiza por sua conta a passagem ao movimento moderno.

Durante a primeira parte de suas atividades, Asplund inspira-se em um castigado neoclassicismo que se torna cada vez mais reticente, concentrando as alusões estilísticas em alguns detalhes extremamente refinados (Fig. 745) e simplificando proporcionalmente o volume de seus edifícios. Encarregado de projetar os pavilhões da Exposição de Estocolmo de 1930, ele aceita francamente o repertório internacional e introduz na geometria das pilastras, dos painéis, dos tirantes e dos toldos, uma incomum elegância, que ainda transparece nas desbotadas fotografias desse arranjo efêmero (Fig. 743).

Durante sua atividade ulterior, Asplund consegue conservar sua fidelidade à tradição, apesar de se manter em contato com o movimento internacional; assim, ele formula alguns exemplos tradicionais da cultura sueca de modo a fazê-los perder as limitações locais, granjeando para o movimento moderno uma preciosa herança, embora periférica.

Os estudos para a ampliação da Prefeitura de Göteborg começam no primeiro pós-guerra, mas é uma grande felicidade que o trabalho não tenha sido concretizado antes de 1937; Asplund, com efeito, descarta sucessivamente várias soluções de estilo e constrói a nova ala com formas decididamente modernas. Surgindo ao lado de um palacete neoclássico e dando frente para uma praça antiga, o edifício está harmonicamente ligado ao ambiente: os novos locais estão agrupados em torno de um pátio coberto, que dá frente para o antigo, descoberto, através de uma grande vidraça e o inclui em uma vasta composição articulada, onde os desempenhos de todo o organismo são simultaneamente legíveis. No exterior, em compensação, o novo bloco subordina-se ao velho, do qual aceita as principais recorrências gráficas (Fig. 744).

Esse é o primeiro exemplo de um edifício moderno que se insere em um ambiente antigo sem interrompê-lo polemicamente tendo, pelo contrário, o propósito de respeitar sua continuidade. O êxito da experiência é atribuído à consumada habilidade do velho arquiteto, mas seu propósito alcança logo um eco vastíssimo e esse edifício torna-se o modelo de muitos outros construídos nos bairros antigos das cidades européias, principalmente depois das destruições da Segunda Guerra Mundial.

O movimento dinamarquês é influenciado pelo sueco. Também aqui, em um ambiente dominado por um suave neoclassicismo, desenvolve-se uma breve polêmica por obra da revista *Kritisk Revy,* que é publicada de 1926 a 1928, sustentando um racionalismo ortodoxo.

Dentre os jovens, destaca-se Arne Jacobsen (n. 1902), autor, juntamente com F. Lassen, de uma "casa do futuro", premiada em uma exposição da Akademisk Arkitektforening de 1929. Jacobsen alterna construções de espírito tradicional (a Casa Stensen, 1932) e outras de estrita observância racionalista (a Casa Rothenborg, 1931), até que, em 1934, realiza uma obra de surpreendente originalidade: o complexo residencial Bellavista em uma localidade balneária ao norte de Copenhague (Figs. 746-748).

727-730. Roma, casa na Via S. Valentino (M. Ridolfi 1938; planta de *Architectura*). 731. Roma, biblioteca na Via Veneto (M. Ridolfi 1940).

Para essa área, Jacobsen já havia estudado em 1932 um complexo arranjo, compreendendo mesmo um restaurante, um teatro — realizados em 1935 — e uma torre panorâmica, não executada por motivos de proteção paisagística. Enquanto cada um desses edifícios constitui um episódio arquitetônico em si mesmo, em cada um deles — sobretudo no complexo residencial — os elementos singulares estão fundidos com extraordinária habilidade. A habilidosa disposição denteada, a gradação do número de andares, a conformação dos elementos terminais dissimulam a uniformidade dos tipos de edificação e permitem que a intervenção da construção se funda com a paisagem de bosque e com a presença do mar sem recorrer a nenhum disfarce tradicional.

Jacobsen atinge aqui, pela primeira vez, um resultado que é típico, de agora em diante, de sua produção: a composição rígida e fechada dos elementos é compensada por um atento controle cromático, ao qual é atribuída principalmente a unidade de composição do conjunto e a continuidade paisagística. Considere-se, neste caso, a perfeita fusão em claro-escuro entre as *fenêtres en longueur* e os balcões cheios, que abranda o denteado dos corpos de construção, e a disposição dos anteparos de vidro no prosseguimento dos planos das paredes, que prolonga, na área circundante, o jogo fechado dos volumes. Tal como Aalto na Finlândia, mas por um caminho mais sutil e mais rigoroso, Jacobsen mostra aqui que a linguagem internacional permite uma ampla gama de efeitos, tantos quantos forem necessários para satisfazer qualquer exigência, mesmo aquelas do pitoresco e do *charme,* caras à tradição nórdica.

A atividade seguinte de Jacobsen é fortemente influenciada por Asplund e pelo novo curso da arquitetura sueca; em 1939, ele vence, com E. Moller, o concurso para a nova Prefeitura de Aarhus, onde é evidente a lembrança do edifício análogo de Göteborg, completado dois anos antes (Figs. 749 e 750). As dificuldades econômicas devidas à guerra e os desentendimentos com os clientes comprometem a coerência da obra na fase de execução; a unidade da composição é atribuída também aqui em larga medida à segurança da entonação cromática, sobretudo no exterior, onde o concreto, a pedra cinza de revestimento e a tinta branca das vedações quase compõem um efeito monocromático. Essas dificuldades são melhor superadas na Prefeitura seguinte, de Sollerod, terminada em 1942, que é o resultado mais equilibrado da primeira parte das atividades de Jacobsen; depois, a ocupação alemã levava-o a emigrar para a Suécia, onde fica até o término do conflito.

No pós-guerra imediato, a Finlândia perde seu maior arquiteto, Eliel Saarinen (1873-1950), que se fixa nos EUA em 1923. Logo depois principia a habitual polêmica para a introdução do racionalismo, mas os acontecimentos são dominados pela excepcional personalidade de seu protagonista, Alvar Aalto (n. 1898).

Aalto principia em Turku, por volta de 1925; logo fica conhecido na Finlândia e no exterior pelo edifício do jornal *Turun Sanomat,* construído de 1928 a 1930 em corretas e rigorosas formas internacionais; em 1929, participa do segundo congresso dos CIAM, em Frankfurt; logo depois obtém o primeiro prêmio no concurso para o sanatório de Paimio e cria a primeira obra-prima (Figs. 751-758).

Os elementos são aqueles canônicos: paredes rebocadas, base escura, janelas horizontais contínuas, quartos todos iguais e repetidos ritmicamente; assumem porém um significado novo graças à habilidosa rotação dos corpos de construção e à obliqüidade dos acréscimos, empregados sistematicamente para retirar dos volumes a fixidez geométrica e conectá-los com a paisagem. Nos primeiros edifícios modernos, a constância do ângulo reto serve, sobretudo, para generalizar o procedimento de construção, instituindo *a priori* uma relação geométrica entre todos os elementos, graças à qual todos os contrastes podem ser resolvidos já em termos geométricos, com o equilíbrio das linhas, das superfícies e dos volumes. O uso das oblíquas prepara um processo oposto, de individualização e de concretização das formas, deixando que subsistam desequilíbrios e tensões que são equilibrados pela consistência física dos elementos ou o ambiente circundante. A arquitetura perde em rigor demonstrativo, porém adquire mais calor, riqueza, cordialidade e, em definitivo, amplia seu raio de ação, pois o processo de individualização parte do método generalizante já obtido e o pressupõe.

Nesse edifício é expressa, com grande antecipação em relação a todo o movimento europeu, uma tendência que cinco ou seis anos mais tarde está presente em muitos lugares, e até mesmo na produção de Gropius a partir de sua estada na Inglaterra.

Na biblioteca de Viipuri (1932-1935 [Figs. 760 e 761]), Aalto enfrenta um outro complicado mecanismo de distribuição e o resolve de maneira igual-

732, 733. Roterdã, a fábrica Van Nelle segundo o projeto de 1927 e hoje (Brinkmann e Van de Vlugt; de *Moderne Bauformen*).

mente original, variando continuamente as medidas e as alturas dos ambientes e encaixando-os entre si tão engenhosamente que passa por cima do jogo de dificuldades (aqui, a constância do ângulo reto é a condição indispensável para se obter um sistema de encaixes tão denso). Os ambientes são reavivados pela variedade dos detalhes, sempre elegantíssimos: o forro em madeira ondulada da sala de conferências, o caixilho que permite a empunhadura das portas de entrada, o grosso corrimão em madeira mosqueada das escadas, as aberturas circulares de iluminação da sala de leitura. Nesse período, Aalto realiza também seus móveis em compensado curvo, onde as características estáticas da chapa são aproveitadas de modo a eliminar o entrelaçamento habitual (Fig. 751), e ele cuida freqüentemente, também, da decoração de seus edifícios, a partir do sanatório de Paimio.

Na construção residencial, a arquitetura de Aalto atinge, talvez, os resultados mais convincentes; em 1937, constrói sua casa própria em Helsinki, em 1938, uma grande *villa* para o industrial Gullicchsen, chamada de *Villa* Mairea (Fig. 762), e alguns bairros de casas operárias. Os organismos são geometricamente simples e tranqüilos, mas estão animados pela variedade dos acabamentos, pelos materiais freqüentemente empregados contrastando entre si, pelos desníveis, pela extraordinária continuidade entre arquitetura e decoração. Na textura ortogonal do edifício, ele procura rupturas parciais por meio de elementos acessórios colocados obliquamente, tais como na Mairea a frente da cozinha para o escritório, ou a parede entre a sala de estar e o vestíbulo. O controle de um dispositivo tão complexo não é sempre fácil, nem mesmo para a consumada habilidade de Aalto, e muitas vezes, ao invés de resolver uma dificuldade de composição, ele a deixa à vista, justapondo simplesmente os elementos heterogêneos, com efeitos de extraordinária imediaticidade.

Diversamente de outros mestres modernos, Aalto não se preocupa com justificar seu trabalho através de discursos teóricos e não escreve de boa vontade.[17] Quase sempre seu incomparável talento supre o incompleto controle racional, porém, por vezes, essa posição o expõe a imprevistos desmoronamentos; principalmente quando lhe acontece estar operando perante outra escala de problemas.

17. Ver, por exemplo, The Humanizing of Architecture, em *Technology Review*, nov. 1940 e em *The Architectural Forum*, dez. 1940.

5. A Suíça

O encaminhamento do movimento moderno na Suíça deve-se principalmente à presença e à atividade didática de um velho mestre, Karl Moser (1860-1936).

Ele estuda em Paris e estabelece-se, em 1888, em Karlsruhe, onde se associa com R. Curjeu; a partir de 1915 em Zurique, torna-se professor da Universidade e, graças a seus ensinamentos, forma-se nessa cidade um grupo válido de jovens arquitetos: seu filho, Werner M. Moser (n. 1896), os irmãos Emil (n. 1893) e Alfred Roth (n. 1903), Max Ernst Haefeli (n. 1901), Carl Hubacher (n. 1897), Rudolf Steiger (n. 1900). Quase todos, depois de terem estudado na Universidade de Zurique, aperfeiçoam-se no exterior: W. M. Moser na Holanda e nos EUA com F. L. Wright, A. Roth em Paris com Le Corbusier (ocupando-se das duas casas de Stuttgart de 1927) e depois na Suécia, Haefeli em Berlim com O. Bartning, Steiger na Bélgica e na Alemanha. Em 1930, estão reunidos em Zurique e recebem o encargo de construir um bairro de casas-modelo para a Werkbund suíça, juntamente com P. Artaria e H. Schmidt de Basiléia: nasce, assim, o Neubühl, onde são aplicados coerentemente os princípios que estão sendo elaborados em Frankfurt e em Bruxelas sobre a construção popular e é definido, talvez melhor do que em qualquer outro bairro até então construído na Europa, o conceito dos alojamentos unifamiliares associados em fileiras (Figs. 763-766).

O Neubühl é colocado sobre um terreno ondulado que forma uma espécie de promontório voltado para o norte, com duas vertentes opostas, para leste e para oeste, as fileiras de casas descem ao longo das linhas de máximo declive, de modo que os alojamentos estão dispostos em degraus rompendo a uniformidade dos blocos; o dispositivo planimétrico é relativamente simples, enquanto os tipos de edificação são estudados com muito cuidado; a perfeição dos detalhes confere aos alojamentos intimidade e concretização e a repetição dos tipos não produz monotonia, pois esta é evidentemente compensada pelo alto grau de acabamento atingido em cada um.

Até 1933, o movimento moderno na Suíça está estreitamente ligado à Alemanha (até mesmo a Werkbund suíça é uma seção da alemã); quando, porém, os nazistas conquistam o poder, essa ligação é abandonada, e o movimento suíço adquire maior autonomia. Nas obras seguintes de Haefeli (as casas de campo em Goldbach de 1931-1934), de Roth (as

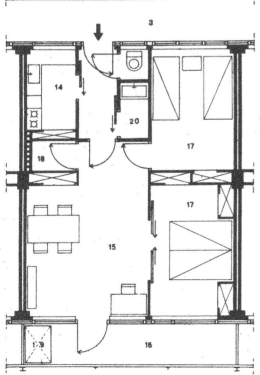

734, 735, 736. Roterdã, o Bergpolder (Brinkmann, Van der Vlugt e Van Tijen, 1934).

casas de Doldertal construídas em 1936 para S. Giedion, com M. Breuer) e nas obras de colaboração entre Moser, Haefeli e Steiger depois de 1937, o discurso arquitetônico está sempre sabiamente baseado no empenho tecnológico, que permite absorver muitas abordagens diversas sem ceder à desorientação estilística que atinge ao mesmo tempo a França, a Itália e a Alemanha.

Nesse período, atingem grande fama as obras de Robert Maillart (1872-1940). Sob vários aspectos, a figura de Maillart é semelhante à dos grandes engenheiros do século XIX, pioneiros do ferro e do concreto armado (Eiffel, Hennebique) ou de seu coetâneo Perret, para quem a arquitetura está intimamente ligada aos processos técnicos; pelo contrário, Maillart parece ter menos ambições arquitetônicas do que Perret e apresenta-se quase que como um puro técnico calculista, tanto que freqüentemente projeta as estruturas de edifícios de outros. Ele se distingue de todos os demais porque suas obras não são apenas tecnicamente corretas, mas estão dotadas de um absoluto rigor estilístico, que se estende mesmo aos acabamentos, ou melhor, seu empenho técnico é tão agudo que vale como empenho arquitetônico integral.

Maillart começa sua atividade independente em 1902 e, tal como Perret, é ao mesmo tempo projetista e empresário. Refletindo sobre a construção das pontes em concreto armado, ele observa que as várias partes, o arco portante, a plataforma que sustenta o plano carroçável e os órgãos de ligação, são normalmente concebidos como elementos destacados e sobrepostos, repetindo por inércia um raciocínio que era feito para as antigas pontes de pedra. Entretanto, uma vez que a característica principal do concreto armado é a continuidade entre os elementos, ele percebe que se obterá uma grande economia se se considerar arco, ligamentos e plano carroçável como um sistema integrado.

Ele assim explica, em 1938, seu raciocínio:

> Como estrutura portante principal, emprega-se ainda, com maior freqüência, um arco, tal como era concebido em outros tempos, de alvenaria (evidentemente não é essencial que ele seja reduzido ao estado de lâmina ou seja oco). Em cima, colocam-se os montantes, como nas estruturas de ferro ou de madeira... e sobre estes repousa o pavimento. É bem sabido que, em seguida a numerosos testes de carga, os cálculos geralmente muito exagerados dos arcos são infirmados pelas superestruturas; assim como as tensões dos arcos resultam daí diminuídas, declaram-se imediatamente satisfeitos, sem examinar até que ponto essa carga menor dos arcos é função de uma maior carga das superestruturas. Essas construções heterogêneas, feitas de elementos cuja expressão está marcada pelos antigos materiais de construção, não nos podem satisfazer nem mesmo do ponto de vista estético, e são também mais dispendiosas do que seriam se toda a construção compreendida entre os costados fosse concebida como uma unidade e construída, tanto quanto possível, como tal, pois somente dessa maneira pode-se chegar a um sistema estático claro e a uma utilização quase total dos materiais.
>
> Que o engenheiro, portanto, queira libertar-se das formas tradicionais, a fim de alcançar em toda liberdade, com a atenção sempre voltada para o conjunto, a mais vantajosa e mais perfeita utilização dos materiais. Talvez assim se chegue, como ocorreu em relação ao automóvel e ao aeroplano, a um novo estilo, conforme aos materiais novos. O gosto do público poderá, também ele, refinar-se até que as pontes de concreto armado construídas tradicionalmente sejam julgadas como os automóveis do princípio do século, modelados sobre a carruagem. [18]

Nasce, assim, em 1901, a primeira ponte em estrutura em caixa, lançada sobre o Inn, perto de Zuoz, em Engadine; com esse sistema, Maillart vence um grande número de concorrências e constrói obras importantes, tais como a ponte sobre o Reno em Tavanas em 1905.

Do mesmo modo, ele constata que a estrutura dos pavimentos é pensada em analogia com aquela linha, considerando as pilastras, as traves e as lajes como elementos independentes e sobrepostos, que se calculam cada um isoladamente. Refletindo sobre a possibilidade de tornar contínua essa estrutura, ele chega, em 1908, depois de longas provas experimentais, a patentear seu pavimento em cogumelo, que é aplicado pela primeira vez em 1910, em um magazine de Zurique.

Em 1912, ele se estabelece na Rússia, onde é surpreendido pela Revolução e perde seu patrimônio. Em 1919, volta a Genebra e abre um estúdio de projetos; seus sistemas de projetar e de calcular, distanciando-se dos conceitos correntes, provocam a desconfiança dos clientes, e ele tem de contentar-se, especialmente no começo, com construções menores, freqüentemente situadas em remotos vales dos Alpes.

A primeira obra de dimensões notáveis é a ponte sobre o Salgina, perto de Schiess, de 1929; seguem-se, entre outras, a ponte sobre o Rossgraben perto de Schwarzenburg, de 1931, sobre o Thur perto de Felsegg de 1933 e sobre o Arve perto de Genebra de 1936

---

18. "Schweizerische Bauzeitung", 1º jan. 1938, cit. em M. BILL, *Robert Maillart*, Zurique, 1955, p. 15.

(Figs. 767-770). Esta última é composta de três arcos em caixas gêmeas — de modo a utilizar três vezes as mesmas formas — enquanto o leito carroçável nos dois costados é sustentado por apoios especiais em triângulo duplo, com articulação central.

A junção das faixas em concreto é também visualmente tão coerente e compacta que induziu Giedion a comparar as estruturas de Maillart aos produtos da arte abstrata contemporânea. Os confrontos formais naturalmente são inconclusivos, mas existe uma analogia no método: tal como os pintores, Maillart renuncia a subordinar seus procedimentos aos cânones da perspectiva tradicional e põe fim, virtualmente, à secular associação entre engenharia e classicismo.

A ciência das construções e a prática corrente ficaram tenaz e inconscientemente fiéis às posições clássicas de simetria e de hierarquia, e mesmo o cálculo desenvolveu-se mediante os mesmos critérios. Assim, as estruturas nascem de acordo com um prévio condicionamento à perspectiva e manifestam uma originária propensão para a reprodução de certos modelos clássicos, como se vê em Perret e em muitos grandes construtores modernos, não se excluindo P. L. Nervi e F. Candela. Interpreta-se normalmente esse fato supondo-se que existam certas leis naturais, válidas no campo científico e técnico, bem como no estético, enquanto se pode demonstrar que a associação entre classicismo e engenharia é sobretudo uma herança histórica, passada ao estado de hábito despercebido e, por isso, tanto mais tensa.

O mérito de Maillart é romper, pela primeira vez, com decisão, esse paralelismo e enfrentar os problemas estáticos sem preconceitos, remontando às origens das questões e seguindo o raciocínio até as últimas conseqüências.

Assim, ele descobre e desenvolve algumas virtualidades técnicas latentes no concreto armado que o conduzem a formas totalmente novas, e está apto a resolver certos problemas concretos com absoluta adesão às condições particulares, colocando desde o começo suas construções de modo a levar em conta a peculiaridade do tema, mesmo que isso o leve a soluções julgadas "irregulares". Quanto a esse propósito, são significativas sobretudo duas pontes, a sobre o Schwandbach de 1933, que segue na planta a linha elíptica da estrada, e sobre o Engstligen de 1931, que atravessa o rio diagonalmente e possui os dois arcos gêmeos desviados entre si, de modo que os elementos de ligação estão, todos, inclinados em sentido diverso.

No mesmo ano da morte de Maillart, 1940, A. Roth publica um livro intitulado *La nouvelle architecture presentée en 20 exemples* (com textos em francês, inglês e alemão), que aparentemente tem só caráter documental, pois ilustra analiticamente alguns edifícios não muito conhecidos construídos na década entre 1930 e 1940, mas que, pelo método de exposição e pela escolha dos exemplos, contém uma importante indicação programática e permite definir a situação do movimento moderno às vésperas da Segunda Guerra Mundial. Roth escreve, na introdução:

O objetivo desta obra é contribuir para definir a posição até agora atingida pela nova arquitetura, no curso de seu desenvolvimento. Esta pesquisa propõe-se, portanto, de um lado, controlar os resultados obtidos nos mais diversos países, em seu alcance geral e universal, e, por outro lado, abrir uma perspectiva de conjunto sobre as possibilidades oferecidas à futura evolução.

O sentido e o objeto deste livro exigiram um método especial de pesquisa. Por princípio, quisemos fundar nossas constatações somente em fatos, em realidades tangíveis. Por conseguinte, propusemo-nos examinar apenas construções efetivamente executadas... Tratava-se de reunir um grupo de exemplos apropriados, que, tanto pela colocação dos problemas, quanto pelo modo de resolvê-los, praticamente permitissem caracterizar, situar e definir o estado atual da nova arquitetura. [19]

A série de exemplos reproduzida nesta obra demonstra que a nova arquitetura está mais avançada nos países pequenos, Finlândia, Holanda, Suécia, Suíça. A explicação desse fato pode ser encontrada no paralelismo de certas condições comuns a esses países, dentre as quais principalmente a possibilidade de desenvolvimento livre concedida à pessoa humana

---

19. EUA: A. Lawrence-Kocher e A. Frey, casa de férias; R. Neutra, a escola experimental de Los Angeles; V. De Mars e B. Cairns, fábrica cooperativa no Arizona.

França: Le Corbusier, a Casa aux Mathes; Beaudoin & Lods, a escola de Suresnes.

Suécia: E. Friberger, casa pré-fabricada.

Suíça: M. E. Haefeli, as duas casas de Goldbach; A. e E. Roth e M. Breuer, as duas casas de Doldertal; o Neubühl; M. E. Haefeli e W. Moser, estabelecimento balneário em Zurique; M. Bill, seção suíça da Trienal de 1936 (Fig. 771).

Holanda: o Bergpolder; o Plaslaan; J. B. Van Loghem, piscina coberta em Roterdã; A. Boeken, quadra de tênis coberta em Roterdã; Merkelbach & Karsten, edifício radiofônico em Hilversum.

Itália: a colônia helioterápica de Legnano do estúdio BBPR.

Japão: J. Sakakura, pavilhão japonês da Exposição de Paris de 1937.

Finlândia: A. Aalto, a biblioteca de Viipuri.

Tcheco-Eslováquia: J. Havlicek & K. Honzik, edifício de escritórios em Praga.

Inglaterra: E. Owen-Williams, a fábrica de Beeston.

737, 738, 739, 740. Roterdã, o Plaslaan (Van Tijen e Maaskant, 1938).

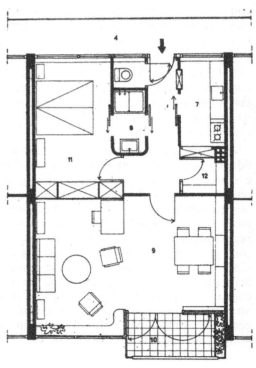

741, 742. O plano regulador de Amsterdã de 1935 e uma porção do plano realizado (em preto, as zonas verdes, em hachurado, os novos bairros).

743, 744. E. G. Asplund, um dos pavilhões da Exposição de Estocolmo de 1930 (de A. Sartoris, op. cit) e a ampliação da Prefeitura de Göteborg (1934-37).

745. E. G. Asplund, um detalhe da Biblioteca de Estocolmo (1927).

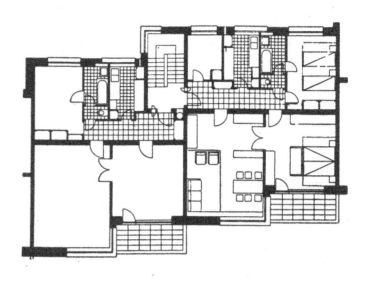

746, 747, 748. Copenhague, casas enfileiradas Bellavista (A. Jacobsen, 1934).

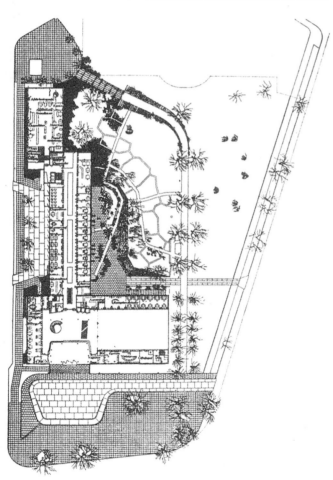

749. Aarhus, planta da Prefeitura (A. Jacobsen e E. Moller, 1939; de J. Pedersen, *A.J.*, 1957).

750. Aarhus, a Prefeitura.

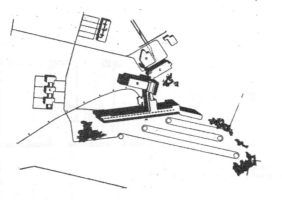

751, 752, 753. Paimio, sanatório (A. Aalto, 1929-31).
754-758. Detalhes do sanatório de Paimio.

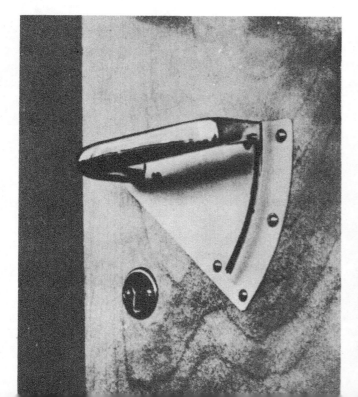

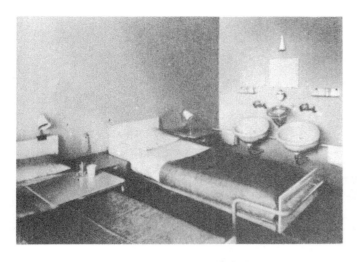

759. Poltrona em madeira compensada realizada por Aalto para a Artek.

760, 761. Viipuri, a Biblioteca (A. Aalto, 1932; plantas A. Roth, op. cit.).

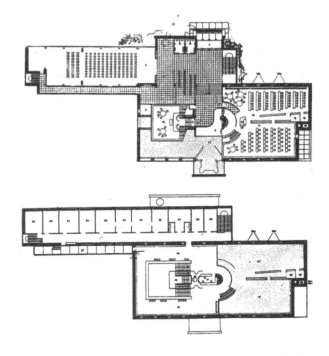

762. A *Villa* Mairea (A. Aalto, 1938).

589

763, 764. Zurique, o bairro Neubühl (P. Artaria M. E. Haefeli, C. Hubacher, W. M. Moser, E. Roth, H. Schmidt, R. Steiger, 1930).

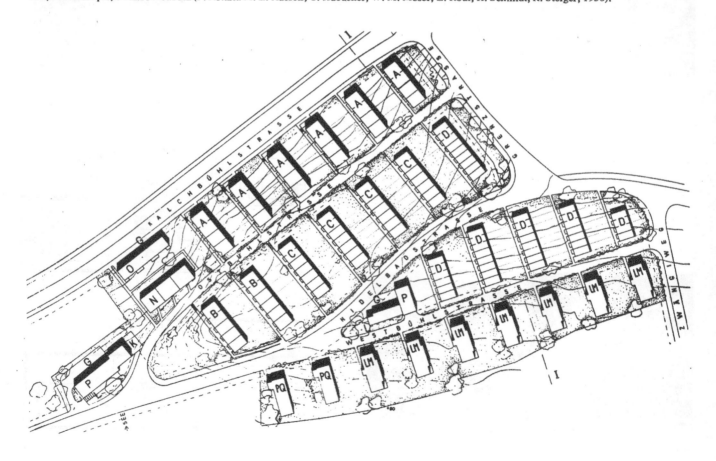

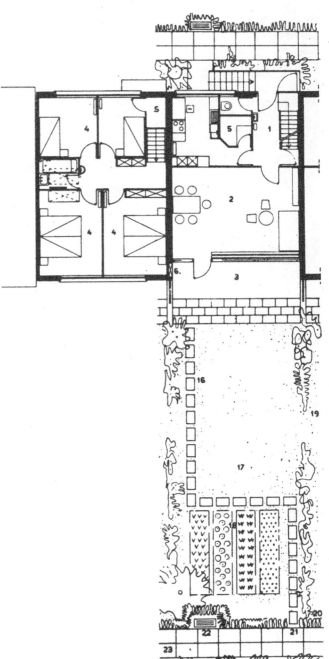

765, 766. Zurique, uma vista e um dos típicos edifícios de Neubühl (de A. Roth, op. cit.).

1. entrada
2. sala de estar
3. pórtico
4. dormitórios
5. despensa
6. ferramentas de jardinagem
16. senda em lajes de concreto
17. prado
18. jardim
19. arbustos
20. sebe
21. entrada do jardim
22. grade
23. passeio

767-770. Genebra, ponte sobre o Arve (R. Maillart, 1936; desenhos de M. Bill, *R. M.*, 1949).

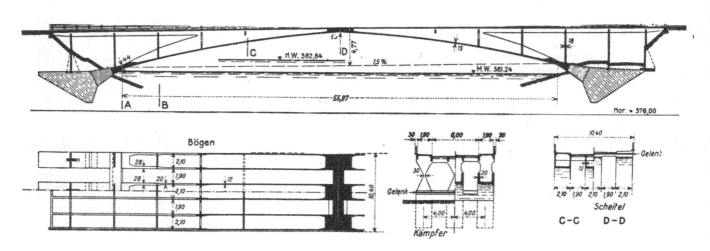

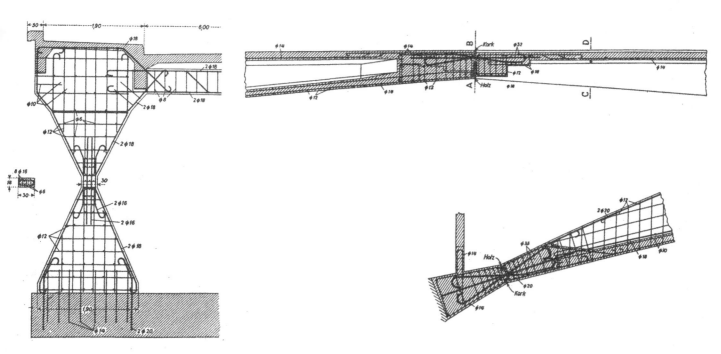

e às instituições sociais. Esses países, por outro lado, gozam de um relativo equilíbrio social, econômico e político, e dispõem também de uma técnica altamente desenvolvida. A renovação da arquitetura ocorreu somente em pequena parte dos Estados menores, enquanto os grandes centros intelectuais, Viena, Berlim e Paris, contribuíram muito mais; contudo, nas pequenas democracias, o novo movimento encontrou as condições mais favoráveis para seu desenvolvimento. Existe, além disso, um outro fator não destituído de importância, que é a ausência de uma grande tradição histórica e arquitetônica, enquanto que, nos grandes países, o próprio peso da tradição traz obstáculos aos progressos das novas tendências, com exceção daquilo que ocorre na Itália, que já apresenta uma brecha no predomínio dos hábitos tradicionais. Aos pequenos países, portanto, incumbe a tarefa de manter, desenvolver e transmitir para um futuro mais ou menos distante a herança da nova arquitetura, até que as grandes nações estejam aptas a resolver, utilizando até mesmo as experiências tentadas em outras partes, os vastos problemas que se colocam. [20]

Os argumentos usados para definir a nova arquitetura e para defendê-la de seus detratores são aqueles habituais, bem conhecidos, mas expostos com singular calma e com um senso preciso da determinação histórica dos problemas:

Longe de fechar-se em esquemas preconcebidos como para fugir à realidade, a nova arquitetura é, em sua essência, abertura para o mundo, acolhimento sincero da realidade que a informa. Essa abertura, essa sinceridade, exprimem-se na clareza do organismo espacial, na lucidez das operações de construção, no respeito aos materiais empregados. Dessa probidade fundamental, nasce espontaneamente, por assim dizer, a beleza do edifício. [21]

Bastante interessantes são as considerações sobre a tradição e sobre a história, onde a polêmica racionalista parece estar realmente superada:

A renovação da arquitetura, em fins do século passado, nasceu da ruína de uma tradição já morta, reduzida à vã enumeração dos estilos mais diversos. Assim, essa renovação assumiu o aspecto de uma brusca ruptura na evolução secular do mundo das formas. Uma tradição fica viva somente se a época passada transmite à seguinte um certo número de noções que sirvam como base para a obra das novas gerações. Agora isso não mais ocorria. Além do mais, imprevista descontinuidade coincidiu, fora do campo da arquitetura, com uma série de outras mudanças bem conhecidas. Independentemente das enormes transformações que sobrevieram no campo técnico e social, produziu-se, em primeiro lugar, um autêntico despertar dos espíritos para a realidade de nosso tempo. Em sua forma hodierna evoluída, a nova arquitetura é a expressão clara e direta dessa "consciência da época", que está se alargando continuamente. Ao mesmo tempo, torna-se mais precisa a missão da história, agora concebida em um sentido vivo ou, se se preferir, concreto, cuja tarefa não é mais apenas restituir-nos um passado morto e consumado, mas dar ao homem, através do conhecimento do passado, o senso do presente no qual deve agir. Assim compreendida, a história, alargando e intensificando a consciência de nossa época, torna-se efetivamente um dos elementos indispensáveis para o desenvolvimento de nossa vida, torna-se prática e, também ela, concreta. [22]

20. *Introduzione*, p. 1.
21. Ibidem.
22. Ibidem.

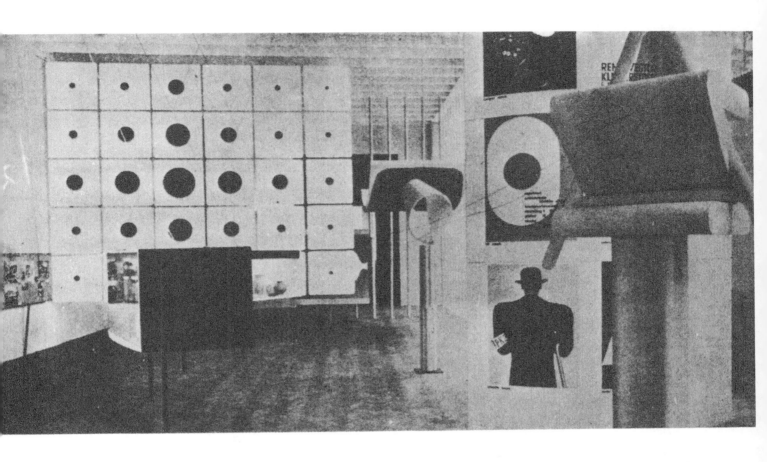

771. Max Bill, mostra na Trienal de Milão de 1936.

772, 773. Nova York, aspectos da construção civil de antes da guerra (de J. Gréber, *L'Architecture aux Etats-Unis*, 1920).

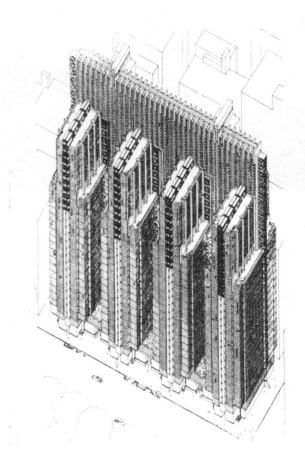

774. Nova York, detalhe do Equitable Building.
775. F. L. Wright, projeto para os escritórios da International Life Insurance Co., Chicago (1920-1925; de E. Kaufmann, *F. L. W.*).

18. A ARQUITETURA MODERNA NOS EUA

Os discursos sobre a arquitetura moderna nos EUA estão atravancados por uma ociosa controvérsia sobre as origens européias ou americanas do movimento, que deve ser discutida preliminarmente.

Ao fazer a história das formas arquitetônicas, pode-se chegar a duas conclusões opostas: se se olha o repertório, pode-se dizer que a arquitetura americana depende substancialmente da européia, já que os elementos estilísticos usados nos vários períodos são importados habitualmente da Europa; se se olha o caráter das formas e a intenção com que são empregadas, pode-se dizer que a arquitetura americana é substancialmente autônoma pois, desde o princípio, as contribuições européias são interpretadas de modo original.

O movimento moderno desloca os termos da questão, pois tem em mente um método geral que supere as restrições locais. Esse problema amadurece na Europa, em uma linha de pensamento que vai de Owen a Ruskin, a Morris, a Van de Velde e a Gropius; por isso, pode-se dizer, com acerto, que o movimento moderno nasce na Europa — ou melhor, se se quiser, na Alemanha de Weimar —, assim como se diz que o Renascimento nasce na Toscana porque os princípios fundamentais são formulados pela primeira vez por um grupo de artistas florentinos no segundo decênio do século XV. Porém, tal como aqueles princípios tornaram possível um número considerável de experiências diversas e os confins do movimento alargaram-se muito além das formulações iniciais, do mesmo modo a contribuição dos mestres europeus não se limita pelos lugares e pelas circunstâncias de origem, pelo contrário, permite que a cultura européia abandone algumas de suas limitações históricas e se abra em um movimento internacional.

O resultado deste processo não é, portanto, nem uma sobreposição, nem uma contaminação entre cultura européia e americana, mas o esclarecimento das experiências e dos problemas especificamente americanos em um quadro internacional.

Já foi observado o singular contraste entre o dinamismo do ambiente americano — onde muitas conseqüências, para a construção, do industrialismo vêm à luz antes do que em qualquer outro lugar e são enfrentadas sem preconceitos — e a persistência de certas convenções iniciais, tanto mais tenazes porque não são percebidas como convenções, mas sim aceitas como dados de fato.

O tom de Greenough, quando se bate por uma nova arquitetura conforme à razão, é muito mais semelhante ao de Durand ou Ledoux do que ao dos contemporâneos Cole e Ruskin. Ele adota os conceitos abstratos, tais como natureza, função, beleza, com uma segurança setecentista e parece efetivamente que não chega a perguntar-se quais problemas e quais dificuldades encontram-se por trás de cada um.

A influência de Ruskin, que é vastíssima nos EUA, diz respeito sobretudo a alguns aspectos de seu pensamento — o medievalismo ou a polêmica anticlássica, ou seja, os resultados exteriores — enquanto que a inspiração que é extraída, na Europa, de Morris, não é de fato observada. Ainda agora, tal como no tempo de Jefferson, aos americanos não lhes importam problemas, mas soluções, e adaptam a estas automaticamente suas exigências.

Assim, entre o século XIX e o XX, quando surge o problema de um controle unitário da produção da construção civil — porque aumenta a escala dos processos econômicos e sociais, que exigem uma planificação adequada — e enquanto na Europa começa a renovação da cultura arquitetônica, os americanos não sabem aplicar senão as regras pré-fabricadas dos estilos históricos e recaem em pleno ecletismo.

As tentativas das vanguardas não sobrevivem às circunstâncias particulares em que nasceram e são truncadas por essa última onda de conformimo; a escola de Chicago perde sua fisionomia depois da Exposição de 1893 e a herança da escola californiana dispersa-se igualmente depois da Exposição de San Diego de 1915.

Em compensação, o ecletismo americano é dotado de uma singular coerência, e seus resultados freqüentemente são meritórios, ao menos enquanto a confiança nas regras estilísticas ainda está bastante difundida. Assim como o neo-românico de Richardson é de estatura bem superior aos modelos europeus dos quais deriva, da mesma forma o neoclassicismo de Mac Kim, Mead & White ou o neogótico de R. Hood possuem um rigor e uma amplitude que ultrapassam as experiências européias contemporâneas.

O francês Gréber, que trabalha nos EUA nos primeiros anos do século XX, maravilha-se, em sua opinião, com "a aplicação por demais absoluta que os alunos americanos puderam fazer dos princípios clássicos aprendidos em Paris", [1] com "o desejo de perfeição que os arquitetos americanos sempre mostraram na concepção e na execução do mínimo pormenor de suas obras" [2] e conclui:

> Quando se viveu, mesmo que por poucos meses, nos Estados Unidos, mantendo-se voluntariamente os olhos abertos, fica-se impressionado pela qualidade de ordem, de lógica e de clareza na concepção das plantas, pela pureza no estudo dos pormenores (por vezes um pouco copiados demais dos belos exemplos do passado), e... fica-se realmente espantado com a perfeição que os americanos quase sempre atingem por esse caminho. [3]

Le Corbusier, visitando os EUA em 1936, escreve:

Os arranha-céus de Wall Street — os mais antigos — repetem até seus cumes as ordens sobrepostas de Bramante, com uma nitidez na modulação e na modinatura que me arrebatam. Existe aí uma perfeição adquirida... especificamente americana [4] [Figs. 770 e 772].

Essa perfeição obviamente é abandonada perante as crescentes exigências da vida moderna, tal como é abandonada — por razões análogas — a regularidade dos planos urbanísticos em xadrez, que até então demonstraram poder acolher ordenadamente as mutáveis exigências das cidades americanas por mais de um século.

A transformação ocorre por volta de 1930, e coincide, não fortuitamente, com a crise econômica, quando se constata que as regras formais do liberalismo não servem mais para enfrentar os problemas da sociedade contemporânea, mais extensos e mais difíceis.

Neste ponto, insere-se a contribuição do movimento moderno. A crise econômica americana coincide com a crise política européia e muitos artistas de primeira ordem transferem-se da Europa para os EUA. A penetração do movimento moderno nos EUA, contudo, não é fácil, nem contínua; muitas vezes o *international style* é acolhido como um enésimo estilo de marca européia e os americanos imitam os novos modelos assim como seus ancestrais imitavam o das *beaux-arts* parisienses, ou então polemizam contra eles, opondo-lhes um estilo e uma tradição especificamente americana.

Nada é mais frívolo do que essas polêmicas sobre o que é americano e o que é europeu. Os mestres europeus estão empenhados desde o princípio em superar os particularismos sociais e nacionais e em estabelecer um plano geral de cultura no qual as tradições locais não sejam abolidas, mas devam ser qualificadas novamente. Os EUA, por sua vez, oferecem muito mais do que uma tradição determinada; oferecem um ambiente vasto e composto, onde coexistem muitas estirpes e muitas tradições e onde pode nascer um verdadeiro debate internacional, fora das angústias européias.

Não faremos, por conseguinte, qualquer distinção preconcebida entre arquitetos europeus e americanos e tentaremos traçar um quadro unitário da arquitetura nos Estados Unidos entre a Primeira Guerra Mundial e hoje. O quadro será necessariamente parcial, pois os EUA equivalem a um continente e é quase impos-

---

1. GRÉBER, J. *L'architecture aux Etats Unis.* Paris, 1920, v. I, p. 14.
2. GRÉBER, J. Op. cit., II, p. 12.
3. GRÉBER, J. Op. cit., v. II, p. 160.

4. LE CORBUSIER. La Catastrophe féerique. *L'Architecture d'aujourd'hui*, 1939, n. 1, p. 15.

776. Nova York, Daily News Building (R. Hood e J. Mead Howells, 1930).

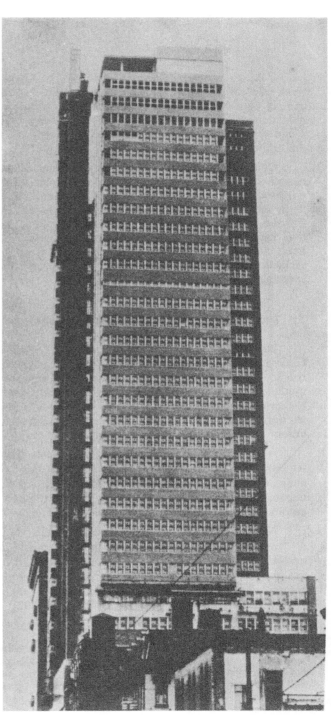

777. Filadélfia, Savings Fund Society Building (G. Howe e W. Lescaze, 1932).

sível fazer afirmações que valham para toda a produção da construção civil norte-americana; e mais setores inteiros dessa produção ainda estão inexplorados, e não é possível corrigir essa lacuna de informação em um trabalho geral como este.

Colocando a descrição das experiências americanas depois da Segunda Guerra Mundial antes da descrição das experiências européias, desejamos que o leitor perceba a inversão de relações ocorrida entre Europa e EUA. Hoje, a arquitetura americana tem, especificamente, um valor de precedente da européia, e não se podem compreender as orientações da reconstrução européia sem que se tenham presentes, antecipadamente, os modelos de além-mar.

1. The roaring years (Os anos ruidosos)

No período de prosperidade que vai da Primeira Guerra Mundial à crise de 1929, a produção da construção civil é muito intensa e as cidades americanas mudam de aspecto; enquanto isso, a cultura arquitetônica deteve-se no ecletismo, e os arquitetos utilizam as normas dos estilos históricos a fim de dar uma ordem ao menos exterior a essa atividade febril.

As transformações principais são duas, aparentemente contrárias: a ulterior concentração das atividades direcionais no centro da cidade e a diluição dos bairros residenciais nos arredores, graças à difusão do automóvel como meio individual de transporte.

Nos centros direcionais, tornam-se mais densos os "arranha-céus"; esses edifícios derivam dos velhos tipos de edificação comercial cuja história em Chicago, nas útimas décadas do século XIX, já foi narrada, aumentados dimensionalmente e submetidos a um tratamento estilístico mais rígido. Gréber, em 1920, vê o problema nos seguintes termos:

> O conceito primitivo da aparência externa de um edifício comercial era o de fazer um simples bloco, ocupado pelas células de escritórios (*loft*) e coroado por uma cornija muito elaborada; o aspecto externo era, por assim dizer, a caricatura da utilização interna. O defeito dessa voluntária falta de estudo arquitetônico era acusado pela aparição de muitos volumes utilitários no terraço da cobertura: reservatórios, cabines dos elevadores, tomadas de ar etc., que supostamente "não eram vistos", mas que infelizmente não podiam ser bastante dissimulados; essas partes mecânicas por vezes contrastavam ingenuamente com as fachadas em estilo florentino.
>
> O grande progresso realizado a seguir pela arquitetura comercial foi tirar partido arquitetônico do programa de distribuição, tratando esses grandes edifícios para o trabalho como *torres* e utilizando o cimo da torre para proteger e mascarar os volumes utilitários, com grandes benefícios para a aparência do monumento.
>
> A grande dificuldade derivada das excessivas janelas (que fazem com que, de longe, estes blocos pareçam imensas colmeias), foi resolvida com bastante felicidade, agrupando-se as janelas no sentido vertical, por meio de possantes nervuras que acentuam o verticalismo e, portanto, o aspecto imponente da torre. [5]

É fácil ver a semelhança entre esta descrição e a de Sullivan reproduzida no Cap. 8. A exigência de controlar em termos de perspectiva um edifício utilitário de muitos andares conduz necessariamente a instituir uma graduação vertical, tal como em uma torre antiga; Sullivan, contudo, detém-se a meio caminho e tenta satisfazer essas exigências sem cair na imitação estilística, enquanto que os arquitetos da geração seguinte, mais conseqüentes e apressados pela escala sempre maior das realizações, recorrem às regras formais já celebradas pelos estilos históricos: nos arranha-céus sobretudo ao estilo gótico, que possui a desejada acentuação vertical.

Dentre os construtores de arranha-céus, deve-se lembrar, em Nova York, Raymond M. Hood (1881-1934), em Chicago, Holabird & Root. Os progressos técnicos das estruturas de aço permitem alturas sempre maiores: W. Van Alen, no Chrysler Building, supera os trezentos metros, Shreve, Lamb & Harmon, no Empire State Building, superam os quatrocentos.

A rápida extensão dos bairros suburbanos de casas unifamiliares coloca um problema arquitetônico análogo. Nas últimas décadas do século XIX, o tema da residência isolada deu a Richardson, a Sullivan, a Wright, o ponto de apoio para algumas de suas mais audaciosas e originais pesquisas: eram sempre, contudo, moradias para uma classe restrita, à margem da cidade propriamente dita, cada uma concebida como um *unicum* não repetível. Agora, pelo contrário, trata-se de construir enormes bairros, que formam o corpo da nova cidade, para uma classe muito mais ampla; os velhos critérios de projetar não são mais adequados para a nova escala dos problemas, e ainda uma vez o controle arquitetônico somente pode ser garantido pelas regras já conhecidas dos estilos históricos. A indústria apossa-se rapidamente do problema e começa a produzir pequenas *villas* pré-fabricadas em estilo colonial, ou até mesmo com decorações intercambiáveis no estilo preferido pelo cliente (Figs. 799-802).

---

5. GRÉBER, J. Op. cit., v. II. p. 16.

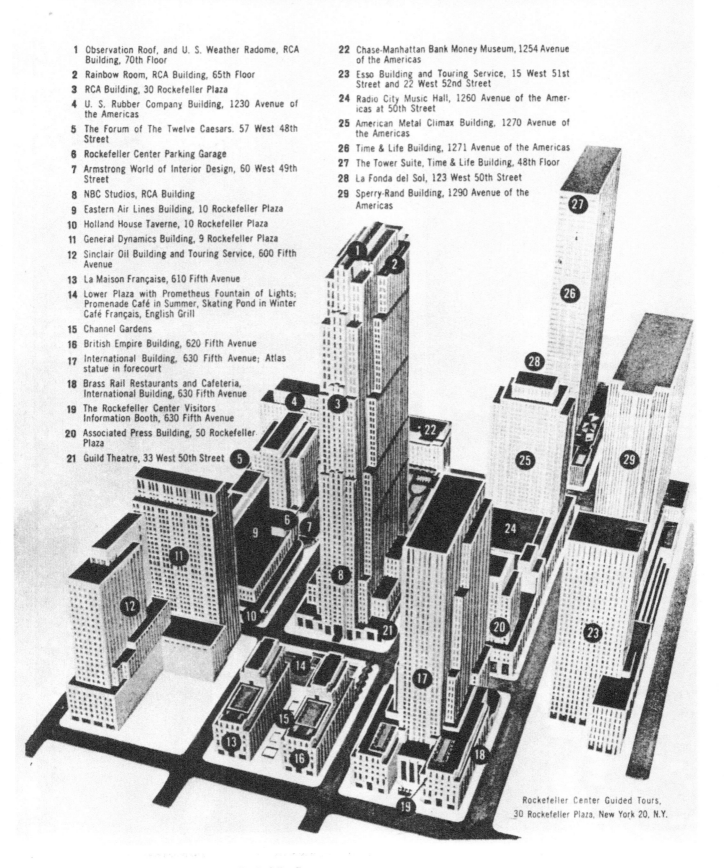

778. Nova York, guia para a visita turística ao Rockefeller Center.

779, 780. Nova York, o Rockefeller Center (Reinhard & Holfmeister, Corbett, Harrison & Mac Murray, Hood & Fouilloux, 1932).

É nesse ambiente dotado de tão forte dinamismo e confiante em seus meios técnicos e artísticos que se inserem, a partir do pós-guerra, as contribuições do movimento moderno.

Em 1922, como já foi lembrado, o jornal *Chicago Tribune* institui um concurso internacional para a construção de sua nova sede. Os mais importantes mestres europeus, de Gropius a Loos, a M. Taut, participam sem êxito; o primeiro prêmio é vencido por Hood, com um projeto em estilo gótico, e o segundo prêmio, pelo finlandês Eliel Saarinen, com uma romântica torre escalonada.

Encorajado pelo sucesso, Saarinen, no ano seguinte, fixa-se em Chicago, trazendo para os EUA a rica experiência do romantismo nórdico e uma atenta sensibilidade para os problemas urbanísticos; projeta o arranjo das margens do lago em Chicago e, depois, é chamado para ensinar na Universidade do Michigan e na Academia Cranbrook, para a qual projeta, a partir de 1925, os vários edifícios, a escola para crianças, a academia de arte, o instituto de ciências, o museu e a biblioteca. Os caracteres formais da arquitetura de Saarinen — a discreta referência aos estilos medievais, o cuidado artesanal, o gosto pela honestidade na construção — combinam com o ambiente americano e obtém para aquele rápido sucesso; no entanto, ele continua com os ensinamentos berlagianos e não se detém nas posições iniciais, mas começa um trabalho paciente de decantação e de esclarecimento de sua linguagem, primeiramente sozinho, depois com seu filho, Eero, que estuda em Yale com Albers e absorve os ensinamentos das mais atuais correntes européias.

O *international style* é introduzido polemicamente nas cidades da costa oriental pelo suíço William Lescaze (n. 1896), que trabalha, num primeiro momento, com o americano George Howe (1886-1955). Os dois constroem algumas casas particulares, onde o repertório racionalista é aplicado com intransigência, e, em 1931, uma obra importante: o arranha-céu da Philadelphia Savings Fund Society (Fig. 777). O rigor do método moderno traz um notável esclarecimento ao organismo tradicional do arranha-céu; obtém-se, assim, de imediato um resultado exemplar e a obra permanece como um argumento persuasivo a favor da nova arquitetura, mais eficaz do que muitos discursos.

Por volta de 1930, o repertório moderno começa a ser largamente difundido: os últimos arranha-céus de Hood — o Daily News Building de 1930, o McGraw Hill Building de 1931 e o Rockefeller Center [6] construído de 1932 em diante (Figs. 778-780) — possuem paredes lisas, coroamentos horizontais escalonados e encaixes volumétricos de gosto vagamente cubista. O Museum of Modern Art de New York organiza, em 1932, uma memorável exposição intitulada International Style, a qual alimenta muitas discussões; contudo, por esse caminho, é impossível uma real penetração das teses do movimento moderno na sociedade americana. O estilo internacional é logo atraído para o âmbito do ecletismo e considerado como um dos tantos estilos possíveis, deixando substancialmente inalterados os hábitos precedentes, diminuindo, contudo, a confiança no usual repertório estilístico e destruindo a "perfeição adquirida", que até então caracterizou a arquitetura americana.

A produção perde agora o antigo caráter compacto e divide-se em muitas correntes paralelas e não comunicantes: uma parte dos entendidos e dos clientes mais ricos pedem objetos modernos, e os artistas que querem ficar atualizados seguem as novas tendências provenientes da Europa; a maioria contenta-se com os objetos em estilo que a indústria continua a produzir em série, sem que exista mais o consolo de uma produção de alto nível do mesmo tipo e, portanto, é cada vez mais decadente. Muitos velhos projetistas, enquanto isso, sentem-se no dever de simplificar a aparência externa de seus edifícios ou de suas decorações, e dão lugar a uma produção intermediária, nem antiga, nem moderna, ainda mais banal do que a produção correspondente européia.

2. A obra de Richard Neutra

Richard Neutra (1892-1971) constitui uma exceção entre os mestres europeus vindos para os EUA nos anos vinte; com efeito, ele consegue efetuar pela primeira vez a real inserção do método moderno na realidade americana, embora trabalhando em um campo limitado.

Neutra é vienense, estuda na Tecnische Hochschule, onde se forma em 1912, e depois trabalha no estúdio de Loos até o começo da guerra. Depois do conflito, fixa-se em Berlim, colabora com Mendelsohn de 1921 a 1923 e assiste às violentas polêmicas que assinalam o início do movimento moderno, manten-

---

6. Em colaboração com Fouilloux, Reinhard & Hofmeister, Corbett, Harrison & Mac Murray.

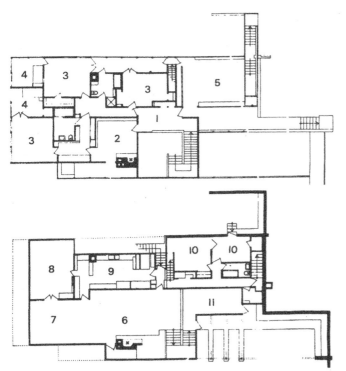

andar inferior
1. entrada
2. estúdio
3. sala de estar
4. dormitórios
5. terraço

andar superior
6. sala de estar
7. refeitório
8. varanda
9. cozinha
10. quartos de hóspedes
11. biblioteca

781-784. Los Angeles, casa de saúde da Dr. Lovell (R. Neutra; plantas do volume de Girsberger).

605

do-se, entretanto, à parte e ocupando-se principalmente de questões técnicas. Em 1923, transfere-se para Chicago, trabalha nos escritórios de Holabird & Root e tem ocasião de conhecer Sullivan no último ano de vida deste; em 1924, faz uma breve experiência em Taliesin com Wright e, em 1925, abre um estúdio em Los Angeles, começando sua afortunada carreira de projetista europeu em ambiente americano, nos anos de prosperidade que precedem a crise econômica.

Desde as primeiras obras — o prédio de apartamentos em Los Angeles de 1926, a Casa Lovell de 1927 (Figs. 781-784) —, Neutra não faz concessões ao gosto corrente, mas tampouco exibe polemicamente o repertório do *international style* como faz Lescaze, acatando implicitamente os termos tradicionais do debate entre os estilos. Ele se preocupa, antes, em construir com inexcedível propriedade técnica, em deslocar a atenção do público da forma para o funcionamento dos edifícios, mantendo o aspecto externo voluntariamente contido.

A produção de Neutra é bastante variada; trata-se de casas econômicas, médias, de luxo, de edifícios públicos e industriais, mas o sucesso provém, sem dúvida, da clientela abastada e do mundo cinematográfico de Hollywood.

Não é fácil explicar por que uma arquitetura tão rigorosa e controlada encontra tanta aceitação em tal ambiente. Pode ser que seja aceita por esnobismo, especialmente no início, graças ao prestígio cultural que envolve confusamente nos EUA tudo que tem origem européia; isso, porém, justificaria uma moda de curta duração, não um sucesso duradouro. É mais provável pensar que o assunto funcionalista, não estando ligado a um certo grau de cultura figurativa, encontra efetiva correspondência no ambiente e que os magnatas do cinema ficam impressionados pelos argumentos práticos, constatando que as casas de Neutra, projetadas com rigor técnico, funcionam melhor e são mais duráveis do que casas de estilo.

Os castelos mouriscos ou neogóticos em que vivem os personagens de Hollywood contêm, com efeito, uma manifesta contradição: pretendem oferecer a seus habitantes as vantagens da técnica industrial moderna e, ao mesmo tempo, a sensação de individualidade que deriva de uma certa atmosfera estilística, a fim de formar um contraste com as tendências niveladoras ínsitas naquela mesma técnica. Isso impede que se utilizem os processos industriais segundo sua verdadeira natureza e o fato traduz-se em uma limitação tecnológica, ou seja, em custos maiores, em acabamentos decadentes e na curta duração dos edifícios. Neutra escreve:

O desenho arquitetônico resistia à tendência uniformizante em nome do chamado individualismo; contudo, as interpretações individuais da beleza arquitetônica, reunidas ao longo das ruas de Hollywood e outros lugares, isto é, aquela curiosa mistura de castelo francês, estilo Tudor inglês construído metade em madeira, casas, apartamentos e pequenas *villas* espanholas, mouriscas, mediterrâneas, não foram construídas segundo os precedentes individuais ou os respectivos caracteres históricos; limitava-se a falsificá-los... As contribuições da indústria moderna eram empregadas apressadamente, ou seja, madeira de segunda classe que se rompia e se deformava, cartão preto e retícula de ferro para cobrir a trama de vigas de madeira mal pregadas, servindo de base para uma sutil pátina de estuque rachado. Uma desvalorização vertiginosa e o que se poderia chamar de senilidade precoce mantinham alta a procura deste tipo de habilidosas construções.[7]

Neutra parte dessa contradição e pensa poder superá-la exatamente por meio de uma rigorosa adesão aos processos técnicos, procurando instituir, sobre tal base, um relacionamento mais franco e mais direto entre o projeto e o público; não se trata, com efeito, de propor-lhe um novo estilo arquitetônico e de persuadi-lo de que este é melhor do que os anteriores, mas sim de tomar o público por um outro lado, oferecendo-lhe um serviço que cubra corretamente um setor completo de suas exigências. Não sendo um teórico, Neutra não se alonga em discursos gerais e mostra com fatos as vantagens que podem ser obtidas através do emprego dos elementos industriais segundo sua natureza; ele faz ver que a arquitetura moderna funciona melhor do que a antiga, produz casas menos dispendiosas, de manutenção mais fácil, janelas que fecham bem, instalações que não se desgastam facilmente; além disso, possibilita uma adesão, distribuindo de modo apropriado os elementos funcionais, às mais variadas exigências emotivas, psicológicas, ambientais.

Muito acuradamente, Neutra vê que entre o primeiro e o segundo grupo de necessidades não pode haver distanciamento, pois o projetista, empenhando-se sinceramente nos fatos técnicos, institui, com o cliente e com os executantes, relações humanas, além de funcionais. Daí começa um amplo processo de colaboração que envolve, ao final, os usuários que viverão no edifício terminado.

7. NEUTRA, R. *Progettare per sopravvivere*, (1954). Trad. it., Milão, 1956, p. 50.

785, 786. Los Angeles, escola experimental (R. Neutra, 1935; planta de A. Roth, op. cit.).

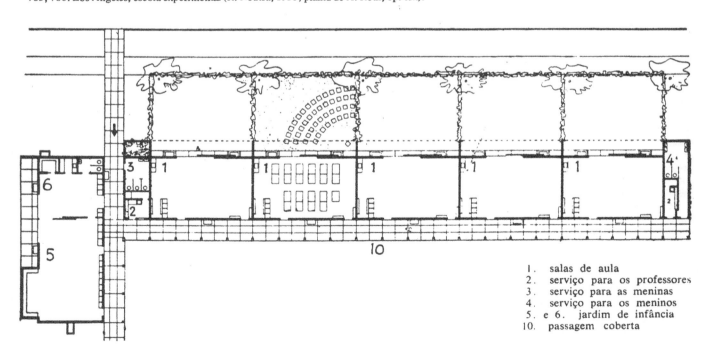

1. salas de aula
2. serviço para os professores
3. serviço para as meninas
4. serviço para os meninos
5. e 6. jardim de infância
10. passagem coberta

Escreve ele:

> Os seres humanos são servidos e agrupados pela atividade de projetar não somente como consumidores, no término do ciclo, mas também, durante este processo, são engajados na obra como colaboradores e peritos; cada passo deve ser aceitável, compreensível, convincente o bastante para assegurar a colaboração necessária. [8]

Essa observação de Neutra liga-se diretamente ao pensamento de Ruskin e ao ideal artesanal do seu mestre, Loos. Ruskin escrevia em 1849: "A arte possui duas fontes distintas de prazer: uma deriva da beleza abstrata de suas formas, a outra, do senso de trabalho humano e da atenção que nela foi empregada"; [9] Neutra repete, com palavras modernas: "No efeito psicológico que tem sobre nós e em seu fascínio estético, o produto final não é independente de uma avaliação implícita dos processos que o geraram". [10]

Ele, contudo, não partilha da condenação da produção mecânica que Ruskin deduz de seu princípio, nem pensa poder sempre reduzir as relações entre arquiteto e executante a um contato direto, como desejava Loos. Percebe que a produção mecânica complica as coisas, mas confia em que o espírito humano possa dominar com êxito também os novos instrumentos e que um contato humano possa ser estabelecido, mesmo a distância, entre o projetista e os executantes, através de meios convencionais, tais como os desenhos de canteiro de obras. Neutra explica este seu pensamento, relatando um episódio:

> Durante a construção da ponte sobre o Golden Gate, em San Francisco, o engenheiro-chefe levou-me para o topo da torre meridional da ponte, que já pairava a cento e oitenta metros sobre as águas da baía. Pusemos capacetes de ferro, magra proteção contra os rebites incandescentes que, de vez em quando, não atingindo o alvo, choviam silvando como projéteis. Dois operários, cópias heliográficas em mãos, subiram conosco na gaiola suspensa do elevador, feita de rede metálica e sem porta. No nível do mar, o tempo era bastante calmo; mas pareceu-nos subir lentamente para uma tempestade furiosa, à medida que nossa gaiola subia, oscilando sempre mais, através das estruturas de aço pintado de vermelho, e, embaixo, as ondas de cristas brancas tornavam-se cada vez menores, até desaparecerem. À altura de cento e cinqüenta metros, o elevador atingiu um maciço vigamento diagonal da grande torre, e se deteve.
>
> Aqui, nossos dois companheiros saíram do elevador; eram rebitadores e eram esperados para quatro horas de trabalho naquela posição arriscada. Sobre o vigamento oblíquo que tinham à frente, havia outros homens trabalhando; estes empurraram um grande eixo para fora, na direção da cabina do elevador, o qual me parecia oscilar mais violentamente do que antes no vento forte. Fechei convulsamente as mãos sobre a rede metálica quando os dois rebitadores pularam para o eixo. Vi-os, heliografias sempre na mão, trepar pela viga de aço até a plataforma isolada onde deveriam trabalhar por horas e horas, sozinhos entre céu e mar. Ninguém a quem fazer perguntas, lá em cima; a única ligação com o mundo seria, para eles, o feixe amassado dos desenhos. Vi-os olhando para estes enquanto o elevador subia. Espero que naqueles documentos o engenheiro projetista falasse com uma voz tranqüilizadora, de molde a levar conforto na tempestade e no perigo. [11]

Dessa confiança deriva a coerência de sua produção, desde os primeiros edifícios até a Escola Experimental Bell de 1935, até a *Villa* von Sternberg de 1936, à vila de casas operárias de Chanel Heights de 1942, à Casa Tremaine de 1947 e até as obras recentes.

Muitas construções de Neutra surgem em campo aberto, freqüentemente em meio a paisagens sensacionais, tais como o deserto rochoso da Califórnia, e, contudo, não fazem concessões naturalistas ao ambiente. Faltam os muros de grandes pedras, as rochas desbastadas no interior da casa, os troncos de árvore e as cascatas ao alcance da mão.

Na realidade, a casa não pode se confundir com a paisagem porque seus elementos vieram de longe, de oficinas e laboratórios muitas vezes distantes milhares de quilômetros, e está destinada a durar infinitamente menos do que as rochas do deserto. Por conseguinte, é bom que ela se apresente pelo que é: uma obra do homem, artifical e temporária. Essa é sua natureza, e, colocando-se sem fingimento, ao lado da natureza, pode suportar do modo legítimo a comparação com as árvores, as pedras e as montanhas.

Os limites da experiência de Neutra derivam da estreiteza do campo e da atenção insuficiente dada aos problemas urbanísticos. Ele é levado a conceber a arquitetura como um serviço do homem e pensa no homem principalmente enquanto pessoa isolada, enquanto um desconhecido à Alexis Carrel, a ser estudado com os métodos científicos da Fisiologia e da Psicologia.

---

8. NEUTRA, R. Op. cit., p. VII.
9. RUSKIN, J. The Lamp of Truth, XVI. In: *Seven Lamps of Architecture*, Londres, 1849.
10. NEUTRA, R. Op. cit., p. 65.
11. NEUTRA, R. Op. cit., p. 273.

1. sala de estar
2. sala de jantar
3. cozinha
4. estúdio
5. quarto de hóspedes
6. dormitório
7. vestiário
8. garagem
9. pátio

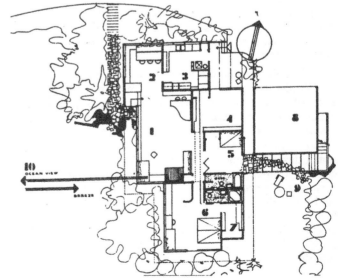

787, 788. Palos Verdes, Casa Beckstrand (R. Neutra, 1937).

O aprofundamento dos motivos sociais, que caracteriza o movimento europeu depois de 1930, para ele permanece em parte estranho. Essa limitação talvez tenha sido a armadura que lhe permitiu conservar intacta a coerência do método, sem ceder às esperanças externas. No ambiente movimentado do Oeste americano, Neutra cultivou com infinito cuidado a pequena planta da arquitetura moderna, quase sempre ao abrigo dos muros de uma residência isolada; assim, atingiu resultados modestos, mas perfeitamente claros e transmissíveis e exerceu uma influência discreta, mas muito ampla, na arquitetura doméstica americana.

3. O exemplo de Wright

A obra de F. L. Wright ainda não se encerrou, pelo contrário, adquire um novo rigor exatamente a partir de 1930, enquanto se difunde o repertório racionalista europeu.

Mais de uma vez foi levantada a hipótese de que Wright tenha sido influenciado pelo movimento europeu, e indicaram-se os traços dessa influência nos volumes quadrados do projeto para os apartamentos Noble em Los Angeles (1929), nas grandes coberturas planas da casa sobre o rio Mesa (1931), no uso do concreto armado e nas claras superfícies de Falling Water (1936). Essas analogias formais, contudo, surgem distanciadas no tempo, sem qualquer continuidade e alternam-se com episódios de gênero totalmente diverso. Se Wright acolheu algumas sugestões européias — assim como na década precedente ele absorveu as japonesas —, logo alterou-as profundamente e fez com que elas se tornassem elementos de uma visão personalíssima.

É, portanto, mais verossímil considerar a atividade de Wright, de ponta a ponta, como uma experiência autônoma, e todos os seus experimentos podem ser explicados como desenvolvimento coerentes da posição assumida desde o início, quando começou a trabalhar como arquiteto independente. Ele cortou, de uma vez por todas, o vínculo entre sua arquitetura e a sociedade contemporânea, entre os tempos de seu trabalho e os tempos dos processos econômicos, sociais, culturais que se desenvolvem entrementes. Decidiu trabalhar nos EUA, mas viver em Usonia, e acolher somente aquela porção de realidade externa que serve, a cada vez, para traduzir em termos concretos uma parte de seu mundo ideal.

Assim, Wright não somente escapa do destino de Sullivan e da maré de conformismo que põe em crise a escola de Chicago, como também evita ficar ligado a um momento histórico passado e está para sempre a salvo do perigo de parecer um ultrapassado, pois seu passo não é comparável ao dos demais.

Agindo paralelamente ao movimento moderno, e justamente em virtude do distanciamento já mencionado, sua arquitetura possui um excepcional valor de atração. Já se falou da contribuição determinante dada ao nascimento do movimento moderno, com a viagem pela Europa, a exposição e a publicação Wasmuth de 1910. A partir de 1936 — quando projeta os Escritórios Johnson em Racine (Figs. 791-793) e a Casa Kaufmann na Pennsylvania — ele volta a suscitar grande interesse nos EUA e no mundo inteiro; os dois edifícios acima, a escola de Taliesin West no Arizona (1938), as casas pertencentes à série das *usonian houses* são publicados em revistas de todos os países; em 1938, a revista americana mais importante, a *Architectural Forum*, dedica-lhe um fascículo especial e, em 1942, o crítico mais conhecido, H. R. Hitchcock, publica uma documentação muito extensa de suas obras. [12]

Uma parte desse interesse, especialmente nos EUA deriva do desejo de contrapor uma arquitetura "americana" à européia; contudo, fora desse debate ocioso, a arquitetura de Wright conserva um poder de sugestão que é amplamente testemunhado pelas declarações dos mestres europeus, desde Mendelsohn até Oud, e até Mies van der Rohe. [13]

Enquanto as numerosas variáveis que deve levar em conta a arquitetura moderna perturbam continuamente, com seu movimento recíproco, a coerência dos resultados, produzem desníveis e interrupções, constrangendo a difíceis compromissos, a arquitetura de Wright, desligada de tais vínculos, aparece íntegra, compacta, destituída de hesitações, estabelecendo por conseguinte uma meta exemplar, auxiliando cada um a considerar suas próprias dificuldades como já

---

12. HITCHCOCK, H. R. *In the Nature of Materials, the Buildings of F. Ll. W. 1887-1941*. Nova York, 1942.
13. Ver o Cap. 10 (L'influenza internazionale di Wright) da *Storia dell'architettura moderna* de B. ZEVI, que transcreve os seguintes juízos: L. MIES VAN DER ROHE, *F. Ll. W.*, escrito em 1940 para o catálogo de uma exposição de Wright no Museum of Modern Art de Nova York, reproduzido em P. JOHNSON, *Mies van der Rohe*, Nova York, 1947, p. 195; E. Mendelsohn, em H. VIJDEVELD, *The Life-work of the American Architect F. Ll. W.*, Sandpoort, 1925; J. J. P. OUD, em Holländische Architektur, *Bauhausbücher*, Munique, 1926; ver também Architettura e lavoro in collaborazione, em *Metron*, 1952, n. 1, p. 7.

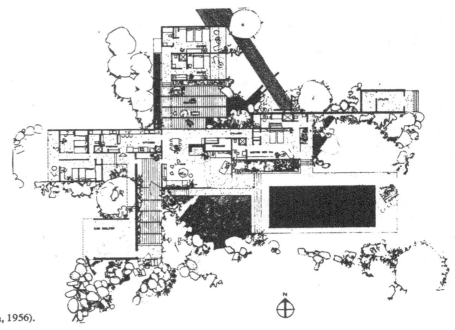

789, 790. Casa no deserto do Colorado (R. Neutra, 1956).

superadas, encorajando a olhar para longe, além das angústias particulares.

Entenda-se que o distanciamento de Wright das circunstâncias históricas não é completo, e sua capacidade de renovar-se não é inexaurível. Talvez um estudo aprofundado venha a demonstrar uma grande diferença de valor entre as obras anteriores à Primeira Guerra Mundial e as posteriores. Nas primeiras, existe mais confiança em relação aos processos técnicos, maior adesão, nos limites já mencionados, aos interesses do cliente. Nas mais recentes, as soluções técnicas freqüentemente são defeituosas, os movimentos volumétricos são realizados por vezes forçando-se manifestamente a construção — ver os encaixes entre os corpos de construção dos Escritórios Johnson — enquanto que o desejo de diferenciar o mais possível as partes do edifício introduz nos acabamentos uma tal variedade de articulações e acréscimos que dificilmente podem todos ser resolvidos de modo correto. Até mesmo a harmonia com os clientes é mais difícil; enquanto as *prairie houses* dirigiam-se a uma classe social determinada, interpretando com coesão suas necessidades, as *usonian houses* dirigem-se a uma categoria abstrata ou, melhor, a uma série de indivíduos considerados fora de seu quadro social.

No último decênio, a espontaneidade diminui, mais ainda, substituída por um esforço intelectualista e por uma pungente preocupação polêmica; a auto-renovação transformou-se quase em um mito, do qual o próprio Wright é prisioneiro, e o impele a formular projetos não razoáveis tais como o arranha-céu de uma milha de altura.

A melhor demonstração dos méritos e dos limites da experiência de Wright é sua concepção urbanística. Ele escreve, em 1932, o livro *The Disappearing City*, onde manifesta sua desconfiança na sobrevivência das cidades atuais e, em 1934, expõe um projeto de cidade ideal chamada Broadacre, que tem a característica de conceder a cada cidadão um acre de extensão (cerca de 4000 metros quadrados), portanto, de isolar cada família dentro de uma zona verde de tal extensão que esta não tenha de sofrer qualquer interferência dos vizinhos.

A cidade tradicional deveria reduzir-se a um lugar de trabalho "invadido às dez e abandonado às dezesseis horas, durante três dias por semana",[14] enquanto que a vida associativa desenvolver-se-ia em centros apropriados, mais numerosos do que os atuais e espalhados pelo território; as deslocações seriam confiadas aos automóveis, enquanto um grande número de contatos e de espetáculos seriam recebidos a distância, através dos meios modernos de telecomunicação: "mediante tais dons da ciência, procuraremos associar-nos mais inteligentemente e, portanto, sempre menos".[15]

Wright não vê que em Broadacre o que se ganha em liberdade espacial perde-se em constrição temporal; diz ele: "entre o elevador e o automóvel, escolho o automóvel", que permite deslocar-se para onde se quer, mas não quando se quer; condena a cidade vertical à Le Corbusier, porque fixa o local de toda atividade humana, até mesmo do repouso e do vaguear, não vendo que Broadacre leva a fixar, de modo igualmente rígido, os tempos de cada atividade, inclusive divertimentos.

A razão dessa escolha está no fato de que Broadacre não é um programa urbanístico, mas a ilustração de um princípio: é o tipo de cidade compatível com a arquitetura de Wright, isto é, com uma arquitetura que possui exigências precisas de espaço, enquanto vive em um tempo mítico, imaginário.

Se Broadacre é trocada por um programa concreto, pode trazer somente confusão e alimentar uma retórica de evasão na natureza, diretamente oposta às tarefas da urbanística moderna; se é reconhecida como alegoria abstrata, tem um importante valor de estímulo, pois representa unilateralmente uma exigência urbanística real.

4. O "New Deal" e a contribuição dos ex-mestres da Bauhaus

Os EUA, onde começou a crise econômica de 1929, são também o país em que a crise tem efeitos mais graves e prolongados e onde imprime uma mudança mais decisiva nos hábitos políticos e culturais.

Roosevelt é eleito pela primeira vez para a presidência a 8 de novembro de 1932. Ele começa logo a pôr em execução seu programa de reformas políticas e econômicas radicais: em abril de 1933, desvaloriza o dólar; em maio, com a Agriculture Act, inicia a política de intervenção estatal na agricultura e, em junho, com a National Industrial Recovery Act, na indústria;

---

14. WRIGHT, F. L. *Architettura e democrazia* (1930). Trad. it., Milão, 1945, p. 141.

15. WRIGHT, F. L. *Architettura organica* (1939). Trad. it., Milão 1945, p. 78.

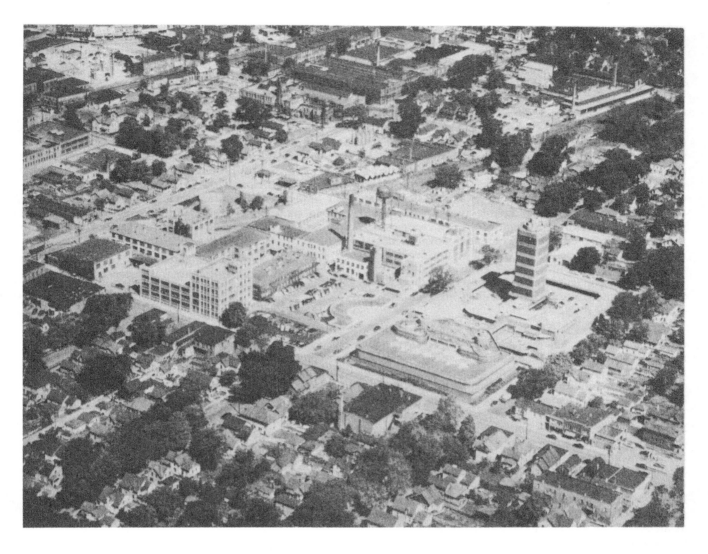

791, 792, 793. Racine, Wisc., fábrica Johnson, com o edifício para escritórios de F. L. Wright (1936).

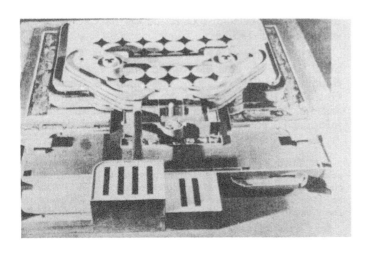

no mesmo ano, é instituída a Tennessee Valley Authority para planificar, a partir do centro, um vasto território de depressão que interessa a vários Estados meridionais; em 1934, estabilizada a moeda, é promulgado a National Housing Act, que dá novo impulso à construção civil subvencionada; em 1935, institui-se o National Resources Committee e, em 1939, o National Resources Planning Board, que assume com grande empenho teórico a planificação dos recursos em todo o território; em 1937, com uma nova lei sobre a construção subvencionada, institui-se um órgão central de controle, a United States Housing Authority e, junto ao departamento da agricultura, cria-se a Farm Security Administration que coordena analogamente a construção civil rural.

Essas iniciativas fazem com que mudem radicalmente as condições em que se exerce o projeto arquitetônico e, através desse caminho, as teses do movimento moderno encontram modo de penetrar na realidade americana muito mais intimamente do que através das polêmicas de vanguarda e a propaganda formal do Museum of Modern Art. A necessidade de coligar as intervenções em um plano unitário, as rígidas exigências econômicas e de tempo, a oportunidade de fazer trabalhar em grupo a especialistas de vários setores, colocam problemas novos que são potencialmente resolúveis somente com os métodos do movimento moderno. Forma-se uma nova classe de técnicos, abertos às exigências da colaboração e habituados aos contatos com as autoridades políticas e administrativas, enquanto que o arquiteto torna-se cada vez menos um técnico independente e sempre mais um coordenador do trabalho de outros técnicos.

Nesse período, forma-se uma precisa organização profissional para o *industrial design*. W. D. Teague começa suas atividades em 1926, N. B. Geddes e R. Loewy em 1927, em 1932 surge o modelo de estufa a gás desenhado por Geddes para a SGE, baseado em um estudo acuradíssimo das proporções e efetivamente despido de ornamentação.

Depois de 1930, começam as primeiras experiências de pré-fabricação de casas em grande escala. A pré-fabricação nos EUA tem uma longa história e, desde o começo, está ligada a certas características peculiares da indústria local. Nos primeiros anos do século XX, registra-se uma série de estudos teóricos e de experiências, baseadas no uso de painéis de concreto; G. Atterbury constrói uma casa experimental em 1907 e executa uma primeira série de edifícios em Forest Hills em 1910; T. A. Edison prepara em 1908, uma patente, não levada a termo. Depois da Primeira Guerra Mundial, tentam-se outras experiências, usando o aço; o desenvolvimento vertiginoso das periferias, com suas casas individuais repetidas em muitos exemplares, e as perturbações produzidas pela crise econômica nos sistemas tradicionais de construção, levam agora muitas indústrias a se interessar pelo problema, desenvolvendo para uma grande série os métodos usuais da carpintaria ou aplicando os novos materiais, concreto e ferro.

Sobre essa nova realidade, encaixa-se, a partir de 1933, a contribuição dos mestres europeus chamados a ensinar nas universidades americanas; agindo sobre as novas gerações de profissionais no próprio ato da formação destes, aqueles lhes transmitem, não só o exemplo de um novo repertório formal, mas um patrimônio de métodos e de idéias, e exercem uma ação decisiva na cultura americana, mesmo que nem sempre imediatamente perceptível, pois as novas formas de fato não se assemelham às européias.

Dentre os ex-professores da Bauhaus, Albers se estabelece nos EUA em 1933 e introduz sua pedagogia formal no Black Mountain College; A. Schawinsky prossegue as pesquisas cenográficas de Schlemmer; L. Feininger, americano de nascença, volta a Nova York em 1936; Moholy-Nagy funda em Chicago, em 1937, a New Bauhaus, com a finalidade explícita de continuar a experiência européia; no mesmo período Gropius e Breuer estabelecem-se em Harvard, Mies van der Rohe e Hilberseimer em Chicago, Bayer, Ozenfant e, mais tarde, Mondrian, em Nova York.

No pós-guerra, chega A. Aalto que, contudo, reside somente por pequenos períodos nos EUA, enquanto que E. Mendelsohn fixa residência na Califórnia até sua morte, em 1953.

O Museum of Modern Art de Nova York organiza, em 1938, uma Exposição sobre a atividade da Bauhaus de 1919 a 1928, com material trazido por Gropius e Bayer, e publica um volume sobre o mesmo assunto, [16] que por longo tempo foi a melhor fonte de informações sobre a escola alemã. O diretor do museu A. H. Barr, escreve no prefácio:

É difícil lembrar quando e como os EUA ouviram falar pela primeira vez da Bauhaus. No primeiro pós-guerra, conhecíamos a arte alemã através do expressionismo, a Torre Einstein de Mendelsohn, o *Masse Mensch* de Toller, o *Gabinete do Dr. Caligari* de Wiene. Somente depois da grande Exposição

16. BAYER, H. & GROPIUS, W. *Bauhaus 1919-1928*. Nova York, 1938.

de 1923, chegaram aos EUA notícias de um novo gênero de escola de arte na Alemanha, onde famosos pintores expressionistas, tais como Kandinsky, combinavam suas forças com artesãos, projetistas, industriais, sob a direção geral de um arquiteto, Gropius. Um pouco depois, começamos a ver alguns dos *Bauhausbücher*, principalmente o interessante volume de Schlemmer sobre o teatro e o de Moholy-Nagy sobre a pintura, a fotografia e o filme.

Alguns de nós, entre os mais jovens, haviam apenas deixado os colégios onde os cursos de arte moderna começavam com Rubens e terminavam com uns poucos superficiais e freqüentemente hostis acenos sobre Van Gogh e Matisse... outros, nas escolas de Arquitetura, estavam começando os cursos com gigantescas reproduções de capitéis dóricos ou terminando com elaborados projetos de ginásios coloniais ou de arranha-céus românicos... Não é de admirar que alguns jovens americanos começassem a olhar para a Bauhaus como a primeira escola do mundo onde os modernos problemas do desenho fossem tratados realisticamente em uma atmosfera moderna. Poucos viajantes americanos visitaram Dessau antes da partida de Gropius, em 1928; nos cinco anos posteriores, muitos vieram a fim de se estabelecer como estudantes. Nesse período, alguns objetos da Bauhaus, trabalhos tipográficos, pinturas, estampas, cenários, projetos de arquitetura, objetos industriais, foram, por vezes, incluídos em exposições americanas... Os aparelhos de iluminação e as cadeiras de tubo metálico foram importados para os EUA ou os desenhos foram copiados. Os estudantes americanos da Bauhaus começaram a retornar e foram seguidos, depois da revolução de 1933, pelos mestres e ex-mestres escorraçados porque o governo pensava que os móveis modernos, a arquitetura de telhados planos e as pinturas abstratas eram degeneradas ou bolchevistas. Desse modo, com a ajuda da mãe-pátria, os projetos, os homens e as idéias da Bauhaus, que, em conjunto, formam uma das principais contribuições culturais da moderna Alemanha, espalharam-se por todo o mundo. [17]

Contudo, a difusão dos resultados e dos métodos da Bauhaus é somente a contribuição mais externa que os ex-professores levavam para os EUA. É interessante ver que Gropius não quer tomar parte em nenhuma das tentativas para fazer reviver diretamente nos EUA a escola de Dessau; chamado para ensinar na Universidade de Harvard, procede a uma experiência didática completamente nova e, como projetista, não se esforça por impor no novo ambiente nem o repertório arquitetônico, nem os esquemas urbanísticos nem os hábitos profissionais europeus.

Ele não se cansa de advertir que o movimento moderno europeu jamais teve um repertório fixo, uma coleção de esquemas ou de hábitos constantes. Por exemplo, em 1938, quando se discute na mostra do Museum of Modern Art o que ainda é atual e o que é ultrapassado dentre os objetos expostos, Gropius observa que "o inevitável processo de envelhecimento era ainda mais ativo na própria Bauhaus, quando ainda funcionava, porque... a idéia de um estilo Bauhaus ou de um dogma Bauhaus, considerado como algo fixo e permanente, proveio sempre das conclusões apressadas de observadores superficiais"; [18] no início de sua carreira de professor de Harvard, ele declara:

Minha intenção não é introduzir, como se diz, o "estilo moderno" completamente terminado da Europa, mas antes introduzir um método de aproximação que permita enfrentar os problemas de acordo com suas condições peculiares. Desejo que um jovem arquiteto seja capaz de encontrar seu caminho em qualquer circunstância; desejo que ele crie independentemente formas verdadeiras e genuínas, de acordo com as condições técnicas, econômicas e sociais em que ele se encontra, mais do que impor uma fórmula aprendida sobre o ambiente, que pode estar exigindo uma solução completamente diversa. Não desejo ensinar um dogma já pronto, mas uma posição despida de preconceitos, original e elástica em relação aos problemas de nosso tempo. Para mim seria motivo de horror que minha nomeação se resolvesse na multiplicação de uma idéia fixa, qual seja, a "arquitetura de Gropius". O que quero é fazer com que os jovens compreendam quão vastos são os meios de criação, se se empregam os inumeráveis produtos modernos de nosso tempo, e encorajá-los a que encontrem suas soluções por si mesmos. [19]

O primeiro edifício construído por Gropius nos EUA — uma casa para sua família — é uma obra diversa de todas as precedentes e aceita em larga medida as sugestões do ambiente local. Porém, também é provável que, meditando sobre a experiência alemã, especialmente sobre aquela levada a efeito em Berlim entre 1928 e 1934, ele seja induzido a entender de maneira mais ampla as tarefas do projetista moderno.

Ao tempo da Bauhaus, todo o trabalho está concentrado em definir um novo método de projetar, capaz de desobstruir as contradições da cultura eclética. Uma vez que essa direção absorve energias muito ingentes, nasce a convicção de que a maior parte das dificuldades está assim superada, e que o esforço para idealizar as soluções seja mais importante do que o esforço para fazer que sejam aplicadas, o qual é concebido quase que como uma conseqüência de execução.

Dentre os motivos que levaram Gropius a sair da Bauhaus em 1928, encontra-se seguramente a exigência

17. Idem, ibidem, pp. 5-6.

18. Idem, ibidem, p. 6.
19. "Architectural Record", maio de 1937, reproduzido em *Scope of Total Architecture*, Nova York, 1955, p. 3.

615

794, 795, 796. Três vistas da casa de D. Wright no Arizona (F. L. Wright, 1952).

797, 798. Nova York, o Museu Guggenheim (F. L. Wright, 1946).

de aprofundar o segundo ponto e de instituir contatos mais diretos com as forças capazes de traduzir para a realidade as idéias amadurecidas na Bauhaus. A experiência dos seis anos de 1928 a 1934 demonstra que os contatos com essas forças são mais difíceis do que se acreditava, que os tempos e a escala das aplicações não são apenas circunstâncias quantitativas, mas questões de fundo.

O arquiteto, portanto, deve enfrentar conjuntamente, a cada momento, o problema da idealização e da execução; deve avaliar os fatores temporais juntamente com os espaciais e deve ter maior desconfiança em relação aos esquemas, pois constatou-se que abstrair qualquer um dos aspectos de um problema, mesmo que seja com finalidades de demonstração, introduz no resultado um defeito que é indefectivelmente compensado no ato prático. Se a experiência européia de Gropius contém potencialmente essas conclusões, é certo que a experiência americana as confirma; a vastidão da escala, a urgência do desenvolvimento econômico, a variedade dos ambientes e a presença simultânea, no mesmo lugar, de muitos fatores contrastantes, mostram que é preciso conservar uma extrema flexibilidade, a fim de apreender uma realidade tão complexa e ter presente a totalidade dos fatores

Para indicar essa exigência de integridade, Gropius torna a usar, sobretudo nestes últimos anos, os termos "arte" e "beleza":

> No curso de uma vida já longa, tomei cada vez mais consciência de que a criação da beleza e o amor por ela enriquecem o homem não apenas com uma considerável contribuição de felicidade, mas reforçam igualmente seu vigor moral. Uma época que não prevê bastante lugar para o sentimento da beleza aparece visivelmente subdesenvolvida; sua imagem tornada indistinta e suas manifestações artísticas isoladas encontram um eco tão limitado que não chegam a ser, efetivamente, características para o desenvolvimento geral. [20]

Seria tanto mais superficial considerar esse discurso como um desdobramento para um novo ecletismo, em relação ao racionalismo do período alemão. Já foi observado que Gropius emprega as palavras da linguagem corrente para exprimir pensamentos novos, tanto assim que seus discursos são sempre um pouco sibilinos; desta vez, dir-se-ia que ele, pulando a acepção moderna da palavra "arte", restitui à mesma o significado que possui na tradição remota: *recta ratio factibilium*.

Gropius dá grande importância, nos últimos escritos, aos problemas educativos e interpreta a didática formal desenvolvida na Bauhaus quase como um sistema de exercícios de psicologia experimental. Aqui, ele se ressente da orientação psicológica de uma parte da pedagogia americana, mas visa mais longe: pensa no equilíbrio entre as exigências estéticas, lógicas e morais em toda a sociedade e na vida de cada um, não somente na educação dos projetistas.

Ao traçar um plano para o ensino da arquitetura, Gropius escreve em 1939:

> Se examinarmos os vagos sentimentos do homem comum em relação às artes, veremos que ele é tímido, acredita humildemente que a arte é uma coisa inventada faz muitos séculos em países como a Grécia ou a Itália, e que tudo aquilo que podemos fazer é estudá-la com cuidado e aplicá-la. Não existe qualquer resposta natural, espontânea, à obra dos artistas modernos que procuram resolver os problemas contemporâneos com métodos contemporâneos; existe, pelo contrário, muita desorientação e um forte ceticismo quanto àqueles poderem produzir alguma coisa que seja digna das grandes obras de seus progenitores. Essa surpreendente esterilidade deve-se, em minha opinião, não a uma falta inata de habilidade e de interesse, mas é resultado do fato de que hoje estamos divididos em dois grupos de pessoas: o "público" e os "peritos". Cada pessoa sente que é um "perito" em um ou dois campos e que é "público" em todos os demais. Contudo, vocês provavelmente sabem por experiência própria que ninguém pode apreciar uma habilidade em qualquer campo se não possui alguma experiência dos problemas e das dificuldades que se encontram naquele campo. [21]

As sutilezas formais de um Albers ou de um Moholy-Nagy são, no fundo, exercícios para iniciados, enquanto que, para o equilíbrio cultural da sociedade moderna e para justificar a própria existência dos artistas profissionais, é preciso educar, até um certo ponto, as capacidades de cada um, já que as experiências intensivas dos artistas são os estímulos para elevar e enriquecer a experiência quotidiana de todos. Os métodos didáticos devem, portanto, ser purgados de toda complacência intelectualista, de toda complicação inútil, e essa pesquisa vai necessariamente ao encontro das experiências dos psicólogos sobre a educação básica.

Nos primeiros quatro anos depois da chegada aos EUA, Gropius trabalha com seu antigo aluno M. Breuer.

---

20. W. GROPIUS, Apollo in the Democracy, discurso proferido em Hamburgo, em 5 de junho de 1957, por ocasião da entrega do prêmio Goethe; em *Zodiac* n. 1, 1958, n. 5.

21. GROPIUS, W. "Blueprint of an Architect's Education". *Scope of Total Architecture* cit., pp. 38-39.

799. Loteamento na periferia de Houston, Texas.
800, 801. A casa norte-americana, ontem e hoje (ilustração publicada em *House Beautiful*, 1956).

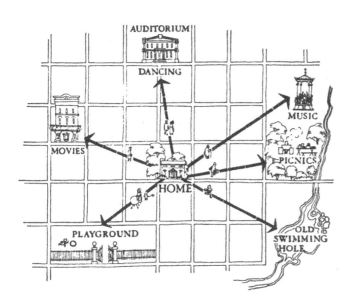 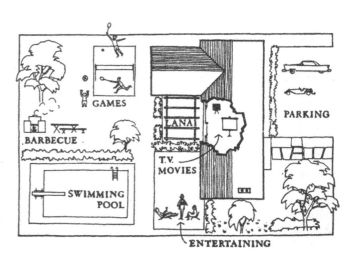

Os edifícios construídos em conjunto — as residências para os dois projetistas e a Casa Ford em Lincoln, a Casa Fischer em Newton, o centro artístico do Wheaton College (1938), a Casa Frank em Pittsburg, o Black Mountain College (1939), a Casa Chamberlain em Weyland (1940 [Fig. 803]), o grupo de casas operárias em New Kensington (1941 [Figs. 831 e 832]) e, mais tarde, o centro artístico do Sarah Lawrence College em Bronxville (1951) — são muito diversos entre si e, à primeira vista, nem chega a parecer provável que tenham tido a mesma paternidade. Isso pode ser explicado pela predominância alternada de uma ou de outra personalidade, ou, mais provavelmente, pela capacidade de Breuer de inventar uma nova forma para resolver cada caso novo (também a produção de Breuer como arquiteto independente possui essa aparente descontinuidade), enquanto Gropius exerce um controle predominantemente intelectual, mesmo os pontos extraídos da tradição americana da construção doméstica e dos hábitos locais de construção são desenvolvidos com uma intenção que poderia ser chamada de filosófica, quase como se Gropius e Breuer quisessem ensaiar essa tradição, aplicando-lhe os métodos analíticos aprimorados na Europa.

Cada um desses edifícios surge como um objeto em si mesmo, como a solução coerente de um problema singular (e poder-se-ia lembrar um dos preceitos de Wright: tantos estilos de arquitetura quantos estilos de pessoas); essa posição indica — ao menos por parte de Gropius — uma certa cautela ao penetrar em um mundo novo, que se deseja conhecer em primeiro lugar por suas manifestações individuais, mantendo-se em suspenso os juízos gerais, mas também é justificada pela situação urbanística diversa, graças à qual o problema da residência é colocado de maneira extremamente diversa da européia.

Na Europa, Gropius havia partido, considerando a cidade tradicional, com sua concentração e a caótica superposição das funções; tratava-se de trazer-lhe novamente ordem, distinguindo racionalmente as funções e localizando-as com precisão em diferentes partes do tecido urbano. A função de habitar estava reduzida aos mínimos termos compatíveis com um determinado nível de vida (o chamado *Existenzminimum*) e os bairros residenciais resultavam da repetição de células normalizadas; a uniformidade e a falta de completude desse tecido de edificações eram compensadas pelos edifícios públicos, destinados às funções coletivas, onde a vida dos indivíduos reencontrava, através do jogo de relações, sua integridade e complexidade originárias.

Nos EUA, a situação é completamente diversa; desde quando surgiu o automóvel, começou a descentralização e a dispersão das residências pelos subúrbios que circundam a cidade, enquanto que os meios de comunicação a distância trazem para dentro da casa uma parte das funções recreativas que antes eram exercidas nos locais comuns (Figs. 800 e 801). É o ideal teorizado em 1934 por Wright em Broadacre City. O problema de conciliar a concentração com os requisitos individuais de cada moradia, a quantidade com a qualidade, atenuou-se, por conseguinte, muito; o problema da casa pode ser colocado em termos prevalentemente qualitativos e mais complexos, irredutíveis a um padrão mínimo.

Gropius toma alegremente por esse caminho, pois compreende que, daí, pode nascer um novo ambiente urbano, dotado de maior continuidade, onde as funções não sejam rigidamente catalogadas e distanciadas, mas mais ligadas entre si e simultaneamente presentes, em certa medida, nos vários locais. Vê também, contudo, o perigo de bloquear-se em uma fórmula como Broadacre, de visar qualidade e individualidade, deixando de lado as exigências da normalização e do controle quantitativo.

Talvez para superar esse dilema, Gropius, em 1941, começa a trabalhar com Konrad Wachsmann (n. 1901). Com ele, aperfeiçoa os estudos sobre a pré-fabricação, principiados na Alemanha, em 1931, para a Hirsch Kupfer und Messingwerk A. G., e completa, entre 1942 e 1945, o *packaged house system* para a General Panel Corp (Figs. 805-808).

Entre as duas linhas de estudo que Gropius indicou em seu tempo para resolver o problema da construção residencial — para a construção densa, o estudo da distribuição das unidades de muitos andares distanciadas entre si; para a construção rala, o estudo da construção à vista da pré-fabricação —, a segunda parece mais adequada para ser aplicada nos EUA. O objetivo é sempre de ordem econômica, mas a ele acrescenta-se agora uma forte preocupação urbanística. A pré-fabricação, com efeito, — para que se detenha nos elementos singulares e deixe que o arquiteto fique livre para combiná-los de muitos modos diversos — talvez seja o meio para conservar uma ordem e uma unidade de direção na multiforme construção civil extensiva dos subúrbios americanos. Por isso, Gropius insiste na necessidade de conciliar a normalização dos elementos com a liberdade do conjunto, a fim de fugir aos dois perigos opostos da repetição mecânica e da dispersão individualista:

802. Tipo de casa pré-fabricada norte-americana: a casa "Catalina", produzida pela U. S. Steel Houses Inc., a 11 500 dólares.
803. Weyland, Casa Chamberlain (W. Gropius e M. Breuer, 1940).

O verdadeiro objetivo da pré-fabricação não é certamente o de multiplicar ao infinito, de olhos fechados, um mesmo tipo de casa; os homens sempre se rebelarão contra uma excessiva mecanização, pois esta é contra a vida. Mas nem por isso a indústria se deterá na soleira da casa; não nos resta senão aceitar o desafio da máquina, procurando sujeitá-la às necessidades de nossa vida. Pouco a pouco, o procedimento da construção civil vai-se separando em duas partes distintas: primeiro, tem-se a fabricação nas fábricas dos elementos singulares e destacados, depois, a montagem no local. É sempre mais evidente a tendência para fabricar em quantidade, ao invés de casas inteiras, os elementos singulares da construção. Essa é a reviravolta decisiva... se não procurarmos superar nossos preconceitos quanto à pré-fabricação, a geração futura não deixará de censurar-nos. A condição essencial para chegar a isso é que o elemento humano permaneça como o ponto de partida para determinar a forma e a medida de nossas casas e de nossos bairros residenciais. Somente nesse caso a pré-fabricação será coisa benéfica, propícia a uma vida humana e digna de ser prosseguida, no interesse de todos. [22]

Wachsmann, por sua conta, interessa-se sobretudo pelo mecanismo técnico e pelas infinitas possibilidades que teoricamente estão latentes nele. Ele considera os vários temas da edificação como combinações de elementos constantes e normalizados, e preocupa-se com obter, com a menor variedade de peças, a maior variedade de justaposições. Para tal finalidade, interessa sobretudo o estudo das relações, portanto não tanto a feitura das peças singulares, quanto a feitura das junções:

O desenvolvimento de uma junção, recorrendo aos métodos mais avançados da tecnologia, torna-se uma tarefa principal que determinará em grande parte as características finais de uma estrutura. O estudo de tais junções, não apenas limitadas a conter duas, três, quatro ou mais partes, e não apenas de modo simples, se bem que de modo a tornar possível qualquer tipo de combinação, mesmo tridimensional, e tal que transmita as solicitações de uma parte para outra... constitui hoje a própria essência do segredo da arte de construir. [Daí poderá surgir] um ordenamento contínuo, partindo dos elementos basilares que originarão as junções, que originarão superfícies e estruturas, que originarão os ambientes, que originarão os edifícios, que originarão ruas ou praças ou parques, que originarão os complexos urbanos, que originarão o futuro panorama do mundo civilizado. [23]

Esses dispositivos somente podem ser definidos em um laboratório, com um longo rol de experiências teóricas, longe das perturbações da prática pofissional; "por isso — conclui Wachsmann — devemos aceitar temporariamente a separação entre pensamento e ação."

Achamos que Gropius não iria partilhar dessa afirmação. De fato, a pesquisa com Wachsmann é somente uma etapa de sua experiência, depois da qual ele se dedica novamente a projetar ativamente, reunindo consigo alguns ex-alunos [24], em um estúdio chamado The Architects Collaborative (TAC).

Começa a partir de então uma atividade bastante vasta (a lista de obras que Gropius redigiu para o livro de Giedion contém bem uns setenta projetos ou edifícios construídos entre 1946 e 1953). Nem todos esses projetos são de primeira ordem e pertencem mais a um bom nível médio (Figs. 810 e 811); refletem a discrição e talvez um cansaço humano do grande mestre, depois de uma vida tão laboriosa.

5. A obra de Mies van der Rohe

Mies van der Rohe é chamado em 1938 para dirigir a seção de arquitetura do Armour Institute, que depois toma o nome de Illinois Institute of Technology. No discurso inicial, já são anunciados os temas de sua atividade americana:

Toda educação deve começar com o aspecto prático da vida, porém a verdadeira educação deve ir além e formar a personalidade. O primeiro objetivo deveria ser o de fornecer ao estudante o conhecimento e a habilidade para a vida prática; o segundo, o de desenvolver sua personalidade e deixá-lo apto a fazer bom uso de seu conhecimento e habilidade. A verdadeira educação diz respeito não apenas às finalidades práticas, mas também aos valores; através das finalidades práticas, estamos ligados à estrutura específica de nossa época, enquanto que os valores estão ligados à natureza espiritual do homem. Os fins práticos dizem respeito somente ao progresso material, enquanto que os valores que professamos revelam o nível de nossa cultura. As finalidades práticas e os valores diferem entre si, porém estão intimamente vinculados. A que deveriam referir-se, de fato, os valores, se não às finalidades de nossa vida? A existência humana está baseada nessas duas esferas. As finalidades garantem-nos a vida material, os valores tornam possível a vida espiritual.

Se isso é verdade para toda atividade humana, mesmo onde é mínima a questão de valor, é verdadeiro especialmente para a arquitetura. Em sua forma mais simples, a arquitetura depende de considerações exclusivamente funcionais, mas pode atingir, através de todas as gradações de valor,

---

22. Cit. em S. GIEDION, "Walter Gropius", Milão, 1954, p. 76, extraído de um escrito publicado no *New York Times* em 2 mar. 1947.

23. *Concetti di architettura*, conferência proferida em 11 de abril de 1956 no Circolo Artistico de Roma.

24. J. Bodman-Fletcher, N. C. Fletcher, J. C. Harkness, S. Harkness, R. S. McMillan, L. A. McMillan, B. Thompson.

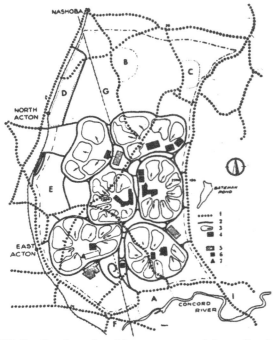

804. Projeto para uma nova localização em Concord Mass, (executado em 1946 pelos estudantes da Universidade de Harvard, sob a direção de W. Gropius, J. C. Harkness, M. Wagner; de S. Giedion op. cit., 1954).
1. estrada existente
2. estrada projetada
3. habitação unifamiliar
4. habitação plurifamiliar
5. edifício público
6. administração central
7. administração do bairro

805-808. Detalhes do *packaged house system* estudado por Gropius e Wachsmann em 1942, para a General Panel Corp. (de K. W., *The Turning Point of Building*).

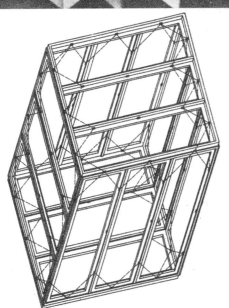
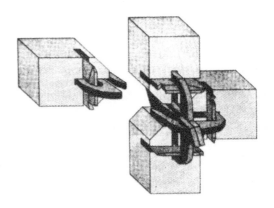

as mais elevadas esferas da existência espiritual, o reino da arte pura. Ao organizar um sistema de educação arquitetônica, temos de reconhecer essa situação se quisermos que nossos esforços tenham êxito. Devemos adaptar o sistema a essa realidade. Todo ensino da arquitetura deve explicar essas relações e inter-relações. Devemos esclarecer, passo a passo, o que é possível, o que é necessário e o que é significativo. Se o ensino tem uma finalidade, é a de inspirar uma real consciência e responsabilidade. A educação deve nos conduzir, da opinião irresponsável, ao juízo verdadeiro e responsável, do acaso e do arbítrio, para a clareza racional e para a ordem intelectual. Por isso, guiaremos nossos alunos no caminho da disciplina, a partir dos materiais, através da função, até o trabalho criativo. [25]

A distinção entre os fins práticos e os valores é semelhante àquela feita em 1930 entre o "que" e o "como"; agora, porém, Mies parece querer recomeçar do princípio, explorando os fatos mais simples — os materiais de construção — e vendo como surgem, destes, os mais simples valores:

Onde veremos maior clareza estrutural do que em um edifício de madeira do passado? Onde uma maior unidade de material, de construção e de forma? Aqui está conservada a sabedoria de gerações... E a construção de pedra! emana um tal senso natural e uma tal inteligência do material! Que segurança de combinações! que entendimento claro de como é possível ou não é possível usar a pedra!... Podemos aprender até mesmo com o tijolo; como é inteligente esse formato manipulável, tão útil para todo propósito! Que lógica em suas emendas, na aparência, na textura! que riqueza na parede mais simples, mas que disciplina é requerida por este material!

Cada material, portanto, possui suas características específicas, que devemos compreender se quisermos esquecer que tudo depende, não do material em si, mas do modo como o adotarmos. [26]

Mies, por certo, está aborrecido com a divulgação superficial do repertório moderno ocorrida um pouco em toda parte. Ele não duvida da validade do método, mas do modo pelo qual o mesmo foi exercido até agora e sobretudo da rapidez excessiva com que foi ampliado o campo das aplicações, diminuindo logicamente o rigor dos controles. Ele sustenta que é preciso aumentar o rigor metódico, mesmo que se tenha de restringir o campo.

O longo caminho do material, através da função, até o trabalho criativo, possui apenas uma finalidade: introduzir

25. Ver P. JOHNSON, *Mies van der Rohe*, Nova York, 1947, pp. 191-192.
26. Idem, ibidem, pp. 193-194.

ordem na desesperada confusão de nosso tempo. Devemos ter uma ordem que dê a cada coisa seu lugar e o tratamento que merece, segundo sua natureza. Devemos fazê-lo com tanta perfeição, que o mundo de nossa criação floresça de dentro para fora. Não queremos e não podemos fazer mais. Nada pode expressar melhor a finalidade e o significado de nosso trabalho do que as profundas palavras de Santo Agostinho: o belo é esplendor do verdadeiro. [27]

O ambiente cultural americano, confuso e descontínuo, porém amplo e rico em muitas tendências, acolhe de boa vontade também a experiência de Mies, mas opõe grande resistência a seu desenvolvimento; de modo análogo, a paisagem urbana de Chicago, em virtude da precariedade e da fragmentariedade de seus elementos, acolhe facilmente em suas malhas também os edifícios de Mies, mas como episódios fechados e circunscritos. Talvez por isso o arquiteto sinta, por sua vez, a necessidade de defender seus edifícios do ambiente que os circunda e prefira as formas fechadas e simétricas.

O projeto para o novo *campus* da Universidade de Chicago é bastante significativo. No primeiro esquema, de 1939, as várias seções estão agrupadas em poucos blocos de construção, dispostos simetricamente em torno de um vasto espaço fechado atravessado por uma rua axial, contudo, enquanto a simetria é rigorosa no ambiente central, nas margens aparecem alguns desvios comedidos que tiram a rigidez do conjunto e preparam os anexos com as áreas circundantes. No projeto seguinte, de 1940, devendo-se conservar uma segunda rua que cruza com a primeira no centro do local, perde-se o quadro fechado do ambiente central e a composição torna-se mais articulada. Por último, Mies abandona toda tentativa de subordinar o conjunto a um quadro visual unitário, entremeia a composição com uma retícula modular e coloca as várias seções em muitas construções separadas, distribuídas livremente no amplo espaço uniforme (Figs. 813-815).

Os edifícios são construídos aos poucos, de 1942 em diante. [28] O módulo urbanístico estabelece os inter-

27. Idem, ibidem, pp. 194-195.
28. Em 1943, o Mineral and Metal Research Building, em 1944 o Engineering Research Building, a biblioteca e os escritórios da administração, em 1946, o Alumni Memorial Hall e o Metallurgy and Chemical Research Building (até aqui com a colaboração de Holabird & Root); seguem-se no mesmo ano o Chemistry Building, em 1950 o Institute of Gas Technology e o Central Research Laboratory para a Associação das Ferrovias Americanas, em 1952 a capela, o Mechanics Research Building e o Architecture and Design Building, em 1953 o Mechanical Laboratory para a Associação

809. Vista de maquete de uma estrutura tubular estudada por Wachsmann.
810. O Graduate Center de Harvard (1949).
811. A escola média de Attleboro, Mass. (1948).

valos entre os elementos de construção, mas nem sempre do mesmo modo e sem exigir a repetição dos mesmos detalhes, como na ordenação de Le Havre feita por Perret. Mies faz com que se veja que, sobre o modelo de um ritmo uniforme e adotando os mesmos materiais — estruturas portantes metálicas, campos de enchimento em tijolos ou vidro —, chega-se a uma imensa variedade e riqueza de soluções, mesmo que as proporções, as texturas, os nódulos e os acabamentos não sejam repetidos mecanicamente, mas sim reestudados a cada vez com igual e intacta espontaneidade: cada elemento adquire, assim, uma extraordinária intensidade expressiva e contribui com seu acento individual para a harmonia do conjunto. Isolado dentro do recinto tumultuado e precário da cidade, o recinto do *campus* é como um fragmento de cidade ideal, onde cada aspecto — as formas, as cores, as relações — está submetido a um controle inflexível.

A fama de Mies cresce depois da mostra de suas obras organizadas em 1947 pelo Museum of Modern Art. Os encargos tornam-se a cada ano mais numerosos, mas ele aborda cada novo tema com infinita circunspecção e submete-o a um longo processo seletivo, eliminando os aspectos secundários e deixando descobertos alguns aspectos essenciais que formam o núcleo do problema; isso leva a um empobrecimento da aparência formal, mas possibilita que o projetista concentre suas energias em poucas decisões e que controle exaustivamente através daquelas, todo o edifício.

Os primeiros projetos para os Promontory Apartments, às margens do lago Michigan, são de 1949.[29] Estabelecidos um rigoroso aparato de distribuição e uma conveniente retícula estrutural, Mies estuda duas soluções de construção, em concreto armado com enchimento de vãos em tijolo, ou de aço e vidro. Ele retoma uma possibilidade já experimentada pelos mestres da escola de Chicago, abandonada por Sullivan e até então deixada em segundo plano: o conceito de edifício de muitos andares, não como organismo fechado e acabado em termos de perspectiva — que se procurava resolver diferenciando as várias zonas altimétricas e acentuando os ligamentos verticais —, mas como organismo rítmico aberto, formado pela repetição de muitos elementos iguais. Essa possibilidade permite resolver com um corte nítido o contraste de composição entre a escala do conjunto e a dos detalhes, já que as considerações de proporção detêm-se no elemento singular, enquanto que a composição de conjunto depende de critérios totalmente diversos e não se fecha em si mesma, resolvendo-se em um relacionamento com a paisagem infinita (e de fato exige amplos espaços circundantes, tal como ocorre aqui). É aqui o ponto de encontro entre esse conceito americano e o europeu da unidade de habitação; em ambos os casos a composição de conjunto, baseada na repetição rítmica, permite pôr a salvo a escala humana, seja qual for o tamanho do edifício, e fazer uma casa de muitos andares sem fazê-la perder o caráter de casa, nem transformá-la em um monumento.

A solução em concreto armado, preferida para a execução, deixa subsistir um tênue aspecto de perspectiva, graças às saliências das pilastras que sobressaem, diferenciando de modo quase imperceptível as quatro zonas ascendentes do edifício (Figs. 819 e 820). Esse expediente é necessário para sustentar visualmente, embaixo, a malha estrutural um tanto volumosa e é suficientemente discreto para não perturbar a continuidade rítmica da parede, mas torna-se supérfluo nos prédios de apartamentos seguintes — 860 Lake Shore Drive Apartments, 1951[30] (Figs. 821-824), Commonwealth Promenade Apartments, 1957 — com esqueleto de aço e coberto por paredes uniformes de vidro; toda a arquitetura depende, tal como em um antigo templo grego, das proporções muito pensadas de um único elementto, o painel ritmicamente repetido.

Na *villa* para E. Farnsworth, de 1950, Mies interpreta a seu modo o tema da casa americana isolada no verde: um prisma de vidro destacado da terra e sustentado por apoios metálicos muito distanciados entre si, com uma plataforma em nível intermediário que permite ficar ao ar livre sem que toque o terreno. No projeto da casa *50' x 50'* (1951) a solução é ainda mais intransigente: os apoios estão reduzidos a quatro, colocados no ponto central dos quatro lados, e as lâminas de vidro encontram-se nas esquinas despidas de qualquer estrutura.

Essas obras de arquitetura tão disciplinadas e perfeitas ressaltam na paisagem americana como objetos isolados, postos em uma malha vazia do tecido urbano

---

das ferrovias e o Student Common Building (em colaboração com Friedmann, Alschuler & Sincere); além disso, em 1950 o Boiler Plant (com Sargent & Lundy e F. J. Kornaker), em 1953 o Faculty and Student Apartment Building (com Pace Associates), depois de 1955 o Bailey Hall, o Cunningham Hall e o Crown Hall.

29. Em colaboração com Pace Associates e Holsmann, Holsmann, Klekamp & Taylor.

30. Em colaboração com Pace Associates e Holsmann, Holsmann, Klekamp & Taylor.

812-815. Chicago, o *campus* do IIT (Mies van der Rohe, de 1939): uma vista e as três planimetrias sucessivas.

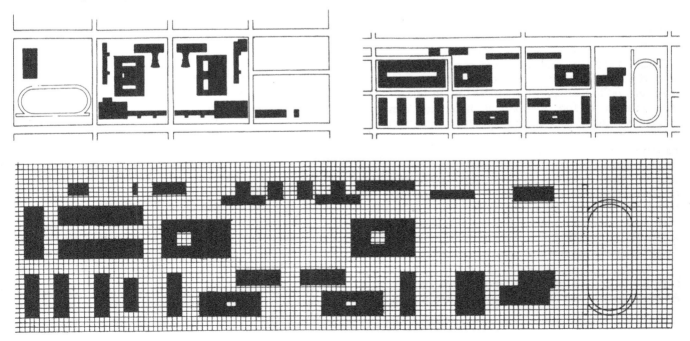

627

ou no campo intacto, e excluem qualquer relacionamento com as coisas circundantes, exceto com certos panos de fundo naturais: a amplidão do lago Michigan, o bosque que circunda a Casa Farnsworth. São obras de arquitetura com forte caráter demonstrativo; não resolvem os contrastes quotidianos, mas acrescentam a imagem de uma cidade ideal onde os contrastes estão finalmente pacificados.

Essa imagem, se não tem um ponto direto de apoio na realidade, possui, entretanto, uma grande eficácia indireta: faz apelo à fantasia dos outros projetistas, comove os clientes e as administrações, chega mesmo a modificar, em certa medida, os hábitos da indústria.

Através da colaboração com vários projetistas locais, Mies van der Rohe assumiu, aos poucos, a figura de um superprojetista, idealizador de formas exemplares que transmite aos outros para que sejam repetidas e adaptadas às circunstâncias concretas. Ele não precisa de um estúdio grande, com um aparato técnico como o de outras grandes firmas americanas, porque muitas firmas das maiores (Holabird & Root, Pace Associates, etc.) são, em certo sentido, clientes dele.

A indústria americana compreende que o prestígio de Mies van der Rohe pode ser aproveitado publicitariamente e dá-se início aos grandes encargos representativos: a sede da Seagram no coração de Nova York, a sede da Bacardi em Cuba.

O Seagram Building [31] (Figs. 825-827), completado em 1959, foi realizado com meios excepcionais: as partes metálicas à vista são de bronze, os painéis de mármore polido ou de vidro róseo; as instalações são tão perfeitas quanto é possível hoje; até mesmo a solução volumétrica é, por sua natureza, extremamente dispendiosa, já que, ao deixar livre a pequena praça na frente do edifício, o cliente renunciou a grande parte da metragem que poderia ser construída sobre aquele terreno. Embora tudo isso — inclusive a prodigalidade no aproveitamento do terreno — sirva para fazer publicidade da firma, Mies não se recusou a interpretar esse tema e o fez do único modo correto, transformando a exceção quantitativa em exceção qualitativa, a grande disponibilidade de dinheiro em elevadíssima perfeição.

Os sacrifícios econômicos não são gratuitos, já que a pequena praça isola o edifício do trânsito da Park Avenue, permite ao visitante uma contemplação mais tranqüila, um relacionamento mais refletido com a arquitetura; os materiais escolhidos garantem a inalterabilidade do revestimento externo e o rigoroso controle dos caracteres cromáticos; o impecável projeto das instalações assegura que a perfeição do edifício não seja deixada de lado, por qualquer defeito imprevisto, no curso da execução e da manutenção. Mais do que um edifício corrente, esse é, em um certo sentido, um protótipo, que deverá frutificar em muitas realizações sucessivas; assim, justifica-se a grande soma de dinheiro gasta, tal como ocorre em relação aos modelos industriais, e unicamente assim o assunto publicitário torna-se moralmente aceitável, pois faz-se apelo ao público em nome de um interesse particular, mas aquele recebe, em troca, uma contribuição objetiva, um enriquecimento de sua experiência e um estímulo à melhoria da futura produção da construção civil.

Em uma conversa recente, Mies van der Rohe adota esta frase: "Não quero ser interessante, quero ser bom". [32] Os clientes americanos consideram-no interessante, por isso oferecem-lhe oportunidades para projetar; ele aceita que aqueles sejam atraídos pela curiosidade, pelo clamor publicitário ou por qualquer motivo exterior, mas envolve-os, por seu lado, em um severo discurso técnico, oferece-lhes contínuas lições de moderação, de coerência, de clareza.

Se essa tentativa tem probabilidades de sucesso não é ainda possível dizer. É uma caminhada sobre o fio da navalha e o perigo do formalismo está continuamente presente, tal como trinta anos atrás nas obras alemãs.

A realidade de hoje, porém, especialmente a americana, talvez não deixe outra possibilidade de escolha. É impossível, de fato, fazer um discurso somente no plano das idéias e é indispensável falar com fatos. Diz Neutra: "O arquiteto, a par de qualquer outro artista, não pode demonstrar as coisas, falando estritamente; estas devem demonstrar-se lentamente aos outros"; [33] os edifícios de Mies são justamente mudas demonstrações colocadas ao vivo nas cidades americanas e presentes quotidianamente perante cada um.

Para que eles fossem realizados, foi necessário um compromisso inicial com os clientes, com os executantes, com o próprio público. Toda a dificuldade encontra-se a seguir em não ceder mais terreno, visan-

---

31. Em colaboração com P. Johnson, Kahn & Jacobs.

32. *Conversations Regarding the Future Architecture,* reunidas por J. PETER em um disco gravado para a Reynolds Metals Company (1956).

33. NEUTRA, R. Op. cit., p. 344.

816, 817, 818. Chicago, o Crown Hall (Mies van der Rohe, 1955; planta de P. Johnson, *M. v. d. R.*).

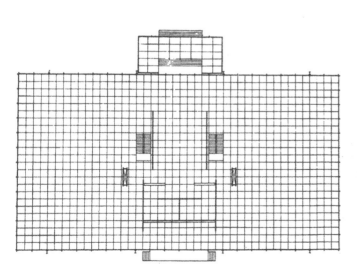

819-820. Chicago, Promontory Apartments (Mies van der Rohe, 1946).

do a uma prefeita coerência e integridade do resultado arquitetônico e simplificando ao extremo, se for preciso, os meios expressivos. Essa tentativa pode ser sustentada somente pelo máximo empenho de toda energia, sem fazer pausas e sem ceder, e somente por um caráter tenaz como o de Mies van der Rohe.

6. Os desenvolvimentos da arquitetura americana depois do "New Deal"

Nos primeiros dez anos depois da guerra, costumava-se discutir sobre as diferenças entre a arquitetura americana e a européia, e contrapor, nos EUA, um grupo de arquitetos "europeizantes" a outros puramente "americanos".

Esse problema é tratado no livro *The Modern House in America* (1940), onde se pode ler uma série de declarações de arquitetos americanos, e na *Storia dell'architettura moderna* de B. Zevi, onde se enumeram os componentes dos dois grupos: no primeiro, M. Abramowitz, G. Ain, B. Fuller, P. Goodwin, W. K. Harrison, F. Kiesler, Kocher & Frey, E. Stone, além dos imigrados P. Belluschi, L. Kahn, R. Soriano, O. Stonorov; no segundo, W. Wurster, G. A. Dailey, J. E. Dinwiddie, A. H. Hill, F. Langhorst, F. J. McCarthy, R. Royston, F. Violich, E. Williams, H. H. Harris, H. P. Clark, G. F. Keck, A. B. Dow, R. V. Hall, V. De Mars. Em relação a estes últimos, a referência obrigatória é a F. L. Wright, que justamente teorizou sobre a direção "americana" na arquitetura.

Na primeira edição deste livro, expusemos essa controvérsia, demonstrando sua inconsistência. Detivemo-nos na obra dos arquitetos europeus imigrados entre 1920 e 1940, não para contrapô-la à obra dos arquitetos americanos, mas para fazer ver seu efeito libertador sobre a cultura local, exatamente enquanto o *New Deal* mobiliza uns e outros em um esforço coordenado sem precedentes.

Justamente com base nas teses do movimento europeu, seria inadmissível um transplante direto dos resultados europeus para os EUA e, em compensação, torna-se possível abordar os problemas americanos de modo realmente livre de preconceitos; bastará lembrar as iniciativas urbanísticas promovidas no quadro do *New Deal*, quais sejam, por ordem de tempo:

— Os *greenbelts* realizados pelo órgão federal Resettlement Administration a partir de 1936: Greenbelt em Maryland, Greenbelt no Wisconsin (Fig. 828), Greenhills em Ohio: derivam do modelo howardiano da cidade-jardim (já transferido para os EUA por C. Stein, que, em 1928, funda Radbund, na periferia de Nova York), mas interessam pelas novas soluções, ligadas ao estilo de vida americano: o grande volume do trânsito automobilístico exigiu, de fato, uma incomum rarefação da rede carroçável e um aumento dos quarteirões — que contêm em seu interior uma zona de recreação — a fim de manter nitidamente separados os percursos de pedestres e os de veículos.

— As vilas agrícolas financiadas no mesmo período pela Farm Security Administration: Woodville e Yuba City na Califórnia, e Chandler no Arizona (Figs. 829 e 830). Os projetistas tiveram de empregar casas pré-fabricadas ou casas portáteis, ou sistemas de construção locais: em Chandler empregaram-se paredes em adobe (mistura de palha e barro), evitando-se, contudo, imitar as construções tradicionais, porque o adobe não foi empregado nas paredes perimetrais, mas nos septos transversais, ligados por estruturas lineares. Assim, no resultado arquitetônico resta aquela porção de referências tradicionais que derivam logicamente do sistema de construção (por exemplo, a forma de esporão nas extremidades murais), inseridas em uma composição moderna e racional.

— As vilas operárias construídas no tempo da guerra, onde trabalham Gropius, Breuer, Neutra, Saarinen, Howe, Wirster, Stonorov e muitos dos melhores arquitetos americanos. Colocados nas garras de um tema tão vinculado e constrangidos a partir de uma rigorosa análise funcional, até mesmo os mais formalistas como Wurster dão o melhor de si mesmos, deixando de lado as ambições individuais e nacionais.

Distanciada no tempo, a falta de sentido da controvérsia entre tendências européias e americanas fica clara sem necessidade de explicações. Aquilo que condiciona, hoje, a atividade dos projetistas americanos — e complica um juízo crítico global — não é a referência às respectivas origens culturais, mas a variedade, a urgência e a rápida modificação das exigências concretas a que a arquitetura deve responder, devidas aos caracteres peculiares da realidade americana hodierna.

Uma primeira exigência, já viva logo depois da guerra, é a de renovação dos centros de direção das cidades, onde é preciso encontrar uma nova tipologia de edifícios para os grandes blocos de escritórios, em lugar dos arranha-céus em forma de torre de origem romântica.

A primeira ocasião concreta é a construção da sede da ONU em Nova York. As autoridades da

821. Chicago, Lake Shore Drivé Apartments (Mies van der Rohe, 1951).

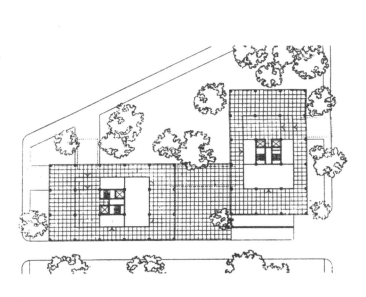

822, 823. Chicago, planta e vista dos Lake Shore Drive Apartments.

ONU nomeiam em 1947 uma comissão de consultores de vários países [34], dentre os quais Le Corbusier. Este chega a Nova York dois meses antes dos demais e prepara, entre janeiro e março, um esquema volumétrico que depois é aceito pela comissão, propondo colocar as três funções, a secretaria, as comissões, a assembléia geral, em três corpos distintos de construção, os primeiros dois "arranha-céus cartesianos" orientados perpendicularmente entre si (Fig. 834). Como sempre, a proposta de Le Corbusier é o prelúdio de um projeto completo que o mestre francês gostaria de desenvolver a seu modo; seus esforços, todavia, não têm êxito e o projeto de execução é redigido por Wallace K. Harrison (n. 1895) e Max Abramowitz (n. 1908), entre 1948 e 1950 (Figs. 833 a 835).

Pode-se imaginar que Le Corbusier teria mediado o contraste entre a escala do arranha-céu e a do elemento único de escritórios, com modificações oportunas na textura uniforme das fachadas, tal como no projeto teórico para Argel de 1938 e nas *unités d'habitation* européias; Harrison e Abramowitz, pelo contrário, aceitam esse contraste de maneira quase brutal. As fachadas estreitas são cheias e inteiramente lisas, com um revestimento de mármore branco, enquanto que as fachadas largas são duas imensas superfícies envidraçadas, formadas pela repetição de um módulo-janela bastante pequeno, que está presente bem umas 2 700 vezes em cada uma. Assim, entre o módulo e o conjunto, entre a escala humana e a escala do edifício, não se consegue estabelecer qualquer relação proporcional, e as fachadas de vidro apresentam-se como duas lâminas unidas ao lado das extremidades cheias, também porque a cor verde e o brilho dos vidros empanam o pequeno desenho dos montantes metálicos.

A solução arquitetônica é, sem dúvida, esquemática, mas em certo sentido mais audaciosa e corajosa do que qualquer outra precedente, pois coloca peremptoriamente o problema do arranha-céu moderno, formado pela indefinida repetição de um módulo em escala humana, sem subordiná-lo aos limites ópticos e aos preceitos proporcionais da tradição. Tal como no Palácio de Cristal de Paxton — construído exatamente um século antes — a relativa falta de preocupações culturais abre, talvez, uma espiral para o futuro e faz com que se entreveja a necessidade de um reexame de costumes inadequados à nova escala dos problemas.

Os mesmos projetistas constroem em 1952 um segundo edifício notabilíssimo, no qual desenvolvem um conceito análogo: o ALCOA Building de Pittsburgh [35] (Figs. 837 e 838). O arranha-céu, realizado para a Aluminium Company of America, é inteiramente revestido por painéis pré-fabricados de alumínio, com forma de prismas reentrantes, para maior rigidez, onde já estão encaixadas, quando é preciso, as janelas. O forte efeito de luz e sombra de cada painel torna ainda mais evidente o procedimento de composição por simples justaposição dos pedaços, que aqui aparece tão franco e direto, que beira a comparação com os jogos de construção para crianças. Por outro lado, o conjunto segue certas leis próprias, que não têm nada a ver com os elementos, em relação às dimensões do todo, desaparecem as dimensões dos painéis e as fachadas surgem como campos de cor uniformes e imateriais, apenas encrespadas pelas alternâncias de luz e sombra dos prismas, como em um antigo palácio cheio de saliências e reentrâncias; aqui, porém, não existe nenhum elemento intermediário entre a reentrância e o edifício, e a forma geral, desvinculada da textura, é lida com absoluta imediaticidade como em um diagrama abstrato.

Esse modo de construir tem êxito rápido, pois resolve oportunamente certos problemas de tempo, de custos, de manutenção dos edifícios comerciais; ele introduz na arquitetura um caráter de mecanicidade, quase de casualidade, que os próprios americanos observam por vezes com ironia (Fig. 836), e presta-se a curiosos experimentos decorativos, como no Socony Building de Nova York, dos mesmos Harrison e Abramowitz. Aqui, o painel padrão de aço inoxidável traz impresso uma espécie de florão ornamental, mas, pela repetição indefinida, o motivo não tem qualquer parentesco com a decoração, do modo como esta é tradicionalmente entendida, ou seja, como comentário plástico ou pictórico à composição de conjunto.

Nessa pesquisa, insere-se, a partir de um certo ponto, a contribuição de Mies van der Rohe; aquilo que no ALCOA é um problema em estado bruto, torna-se, nos apartamentos de Chicago e no Seagram, um problema aprofundado, meditado, e a justaposição dos elementos torna-se um processo calculado de com-

---

34. Austrália: G. A. Soilleux; Bélgica: G. Brunfaut; Brasil: O. Niemeyer; Canadá: E. Cormier; China: Ssu-Ch'eng Liang; França: Le Corbusier; Suécia: S. Markelius; URSS: N. D. Bassov; Inglaterra: H. Robertson; Uruguai: J. Vilamajo.

35. Em colaboração com Mitchell & Ritchey e Altenhof & Brown.

824. Chicago, um detalhe dos Lake Shore Drive Apartments.

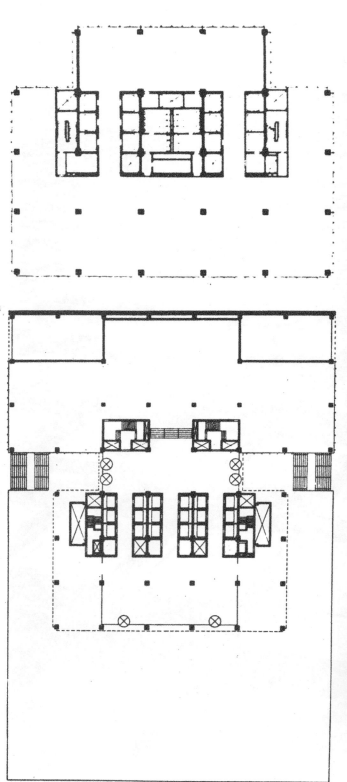

825, 826, 827. Nova York, o Seagran Building (Mies van der Rohe, 1956).

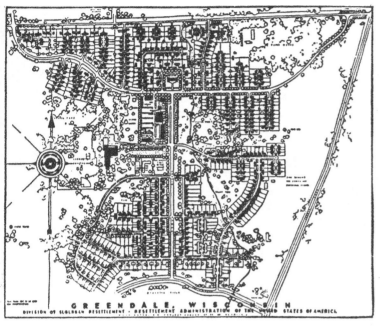

828. Planta de Greendale, Wisc.

829, 830. Chandler, Ariz., vila da Farm Security Adm. (B. Cairns e V. De Mars, 1937; de R. Hoth, *La nouvelle architecture*, 1940).

831, 832. Vila para operários em New Kensington, Penn. (Gropius e Breuer, 1940).

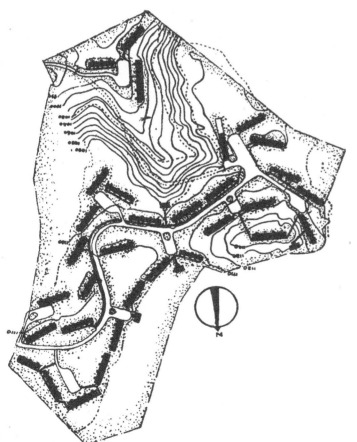

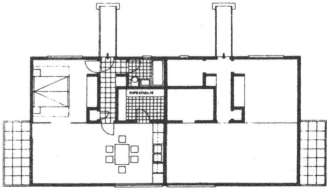

637

833, 834. Nova York, a sede da ONU, realizada (Harrison & Abramowitz, 1948-50) e o esboço de Le Corbusier de 27 de março de 1947 (da *Oeuvre complète*).

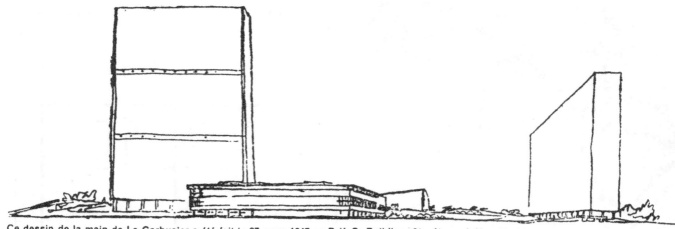

Ce dessin de la main de Le Corbusier a été fait le 27 mars 1947 au R.K.O.-Building, 21e étage, à New York

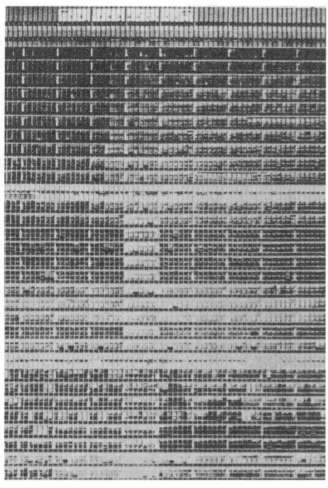

835. Nova York, uma das fachadas da ONU.
836. Desenho de A. Dunn, publicado em *Architectural Record* em 1955; "Muito bem, um andàr a cada 14 horas, mas estão todos montados ao contrário".

837. Pittsburgh, ALCOA Building (Harrison & Abramowitz, 1952).

838. Pittsburgh, uma vista da ALCOA.

839, 840. Nova York, a Lever House (Skidmore Owings & Merrill, 1952).

841, 842. Detroit, edifícios da General Motors (E. e E. Saarinen, 1951).

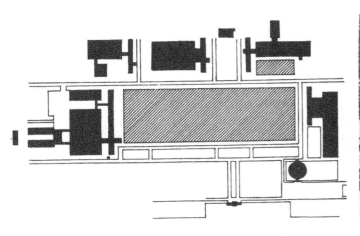

641

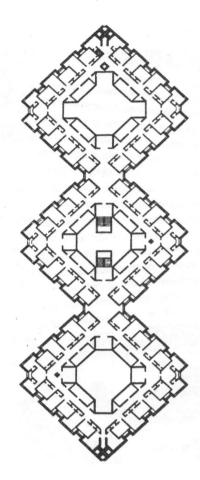

843, 844. L. Kahn, planta do Bryn Mawr College, Penn. (1960); M. Yamasaki, modelo do World Trade Center em Nova York (1968-71).

845, 846. Modelo do Lincoln Center em Nova York, e planta do Metropolitan Opera House de M. Abramowitz.

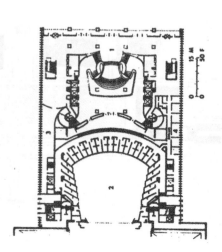

847. Boston, construção de uma rodovia urbana.

848. Poltrona, desenhada por C. Eames para a Miller Collection.

posição modular, que permite um rigoroso controle até mesmo nos complexos de grandes dimensões.

Essa pesquisa de Mies é complementar à orientação geral de boa parte da indústria da construção americana; por isso, sua experiência obteve uma enorme ressonância e elevou, no último decênio, o nível da construção representativa e industrial.

Entre 1950 e 1951, Eliel e Eero Saarinem (1910-1961) executam o centro técnico da General Motors em Detroit e aplicam a composição modular de Mies em escala propositalmente paisagística, com um rigor até agora insuperado (Figs. 841 e 842).

A produção da conhecida firma Skidmore, Owings & Merrill melhora a partir de 1951, quando Gordon Bunshaft (n. 1901) projeta para ela a Lever House em Nova York (Figs. 839 e 840): um bloco quadrado de dezoito andares, suspenso em cima de uma série de corpos baixos onde estão reunidos os locais atípicos. Seguem-se o Consulado dos EUA em Düsseldorf (1954-1955), os escritórios da Inland Steel Company em Chicago (1956-1958), da Crown Zellerbach Corp. em San Francisco (1957-1959), da Harris Trust and Saving Bank em Chicago (1957-1960), da Union Carbide Corp. em Nova York (1957-1960) e do Chase Manhattan Bank em Nova York (1957-1961; Figs. 1014 e 1015), que, com seus sessenta andares, insere-se entre os grandes arranha-céus do passado no perfil de Manhattan. Entretanto, em outras construções da mesma firma, tais como os escritórios da John Hancock Mutual Life Insurance Comp. em San Francisco (1958-1959), a composição modular carrega-se de ambíguas alusões estilísticas.

De fato, a composição modular é utilizada freqüentemente, por volta de 1960, como suporte para as invenções decorativas mais gratuitas, que inevitavelmente se transformam em referências aos estilos históricos passados: de Harrison e Abramowitz na sala de concertos e no teatro de ópera do Lincoln Center em Nova York (Figs. 845 e 846), de Skidmore, Owings & Merrill (sempre pela mão de Bunshaft) no projeto para o Banco Lambert em Bruxelas, enquanto Philip Johnson (n. 1906), antigo colaborador de Mies van der Rohe, teoriza essa orientação, realizando em formas classicizantes a galeria de arte Sheldon na Universidade de Nebraska e o teatro do mesmo Lincoln Center.

No mesmo período, a técnica da *curtain wall*, ou seja, da fachada inteiramente feita de painéis leves, difunde-se e comercializa-se, reduzindo-se por vezes a uma decoração que se aplica a edifícios preexistentes, até mesmo aos feitos de alvenaria, a fim de modernizar seu aspecto externo.

Assim, nos dois extremos da produção da construção civil, nas experiências cultas e nas dos amadores, o método de composição modular corre o risco de tornar-se somente uma variante do tratamento das fachadas, sem incidir na organização dos espaços.

O resultado urbanístico não é diverso daquele dos arranha-céus tradicionais em forma de torre: os novos paralelepípedos vítreos ou metálicos amontoam-se em pequenos espaços, destroem-se reciprocamente e não diminuem, talvez, pelo contrário, agravem, a desordem das cidades americanas.

Para tomar consciência dessa involução, convém lembrar o polêmica de Le Corbusier a propósito da sede da ONU. Apresentando na *Oeuvre complète* a maquete de sua proposta, ele a comenta da seguinte maneira: "aparição de um elemento da *ville radieuse* no xadrez das ruas de Nova York" (Fig. 834); o arranha-céu cartesiano é, por conseguinte, a escolha arquitetônica de uma nova concepção urbanística, incompatível com o xadrez tradicional e destinado a suplantá-la.

A vitalidade do xadrez americano e a dificuldade de substituí-lo por uma nova trama deriva do fato de que o xadrez até agora funcionou desvinculando desde o início, entre si, as iniciativas de construção que podiam surgir nos lotes individuais. Enquanto esta permanecer como a dimensão corrente das iniciativas, o xadrez básico será continuamente confirmado; pelo contrário, o xadrez é posto em crise pelas intervenções que, por sua natureza, fogem ao traçado dos lotes: as ferrovias e as rodovias urbanas, as instalações portuárias, as instalações industriais e alguns serviços públicos igualmente estorvantes. Cada uma de tais intervenções foi considerada como uma exceção e pôde ser realizada destruindo-se uma parte correspondente do antigo tecido; agora, porém, as exceções tornaram-se tão numerosas que formam, em seu conjunto, uma nova trama urbanística, de malhas mais largas e menos regulares.

O problema central da arquitetura americana de hoje é efetuar tempestivamente a passagem da velha para a nova estrutura urbana, e tirar daí todas as conseqüências no campo do projeto de construções. A técnica da *curtain wall*, desvinculando, por sua vez, a dimensão dos elementos da construção da dimensão do conjunto, é um dos instrumentos indispensáveis para fazer frente à nova escala de projeto.

849. Alegoria sobre a especulação imobiliária (de C. B. Purdom, *How Shoud We Rebuild London?*, 1945).

O aspecto mais desconcertante desses desenvolvimentos é a rapidez com que mudam as coisas, tornando impossível a repetição das tentativas e as sucessões de experiências convergentes, necessárias, no estado atual da organização cultural, para chegar a resultados aceitáveis.

Daí deriva, talvez, a inquietude da cultura artística americana, a descontinuidade da produção de alguns arquitetos mais dotados, tais como Paul Rudolph (n. 1918), Minoru Yamasaki (n. 1912), e a pesquisa ocasional de formas absolutamente novas — como em certos projetos de Luis Kahn (n. 1901) — não por uma demonstração utópica, mas por uma tentativa impaciente de antecipar a evolução dos fatos, os quais, em compensação, precedem sempre as interpretações dos artistas.

A essa aceleração da experiência quotidiana, os escultores e pintores da *pop'art* reagem registrando as imagens e os fragmentos do mundo circundante, os quais, exatamente imobilizados e subtraídos ao ritmo da existência, revelam seu significado inquietante e irremediável.

Acreditamos, contudo, que os arquitetos possam fazer mais, se se empenharem em procurar uma distribuição diversa das energias humanas atualmente aplicadas ao problema. Assim, renunciarão, desde o início, a resolver os problemas sozinhos, mas tomarão seu lugar em um esforço comum e coordenado, que é o único a ter probabilidades de sucesso.

19. O SEGUNDO PÓS-GUERRA NA EUROPA

A Segunda Guerra Mundial provoca na Europa uma destruição material maior do que a primeira.

Os danos parecem tão graves, ao final da guerra, que dão a impressão de que comprometeram por um longo período de tempo a reconstrução dos países devastados; ao invés disso, por várias razões — o auxílio americano, o progresso da técnica moderna — logo se inicia um período de expansão econômica que impõe grandes transformações sociais, mais rápidas e mais profundas, em alguns países, do que em qualquer outro período de suas respectivas histórias. Como o tempo deste processo é bastante curto, produz-se quase por toda parte um conflito entre os procedimentos de emergência exigidos pela destruição e os procedimentos de longo alcance exigidos pelo desenvolvimento econômico: em suma, entre reconstrução e planificação. Este é, no campo técnico, o tema dominante do pós-guerra europeu.

No campo cultural, a situação é bem diferente da existente ao final da primeira guerra. Os Estados que tinham combatido de 1914 a 1918 pertenciam, até poucos anos antes, ao mesmo sistema de equilíbrio, tinham instituições e tradições que, na maioria, eram comuns, e uma parte destas tinha ficado de pé. Mas os beligerantes de 1939 a 1945 representam instituições e ideais antitéticos, tal como nas antigas guerras religiosas; entre os vencidos, vêm abaixo os regimes políticos e sociais, deixando atrás o vazio; entre os vencedores, acentuam-se os contrastes políticos e sociais, que tendem a se tornar alternativas de fundo.

Os limites entre a técnica, a política e a moral, que antes pareciam bastante claros, não são mais totalmente reconhecíveis. A enormidade de certos delitos, como a eliminação de muitos milhões de judeus, transcende o campo da política, e as possibilidades de destruição dos meios bélicos mais modernos jogam sobre os ombros dos técnicos uma responsabilidade que ultrapassa o campo técnico. A concatenação evidente entre os efeitos próximos e remotos, desejados e não desejados, torna difícil e cheia de incertezas qualquer decisão.

Quando a guerra termina, a reação principal é de simples e elementar alívio. Difunde-se uma sensação de cansaço, um desejo de evitar as questões fundamentais, de apegar-se aos resultados imediatos, tangíveis: condições pouco propícias para um debate profundo, adequado à gravidade dos problemas contemporâneos.

Não é possível, nos limites deste capítulo, fazer um balanço exaustivo e tampouco uma resenha completa da reconstrução nos países europeus. Vamos limitar-nos a descrever alguns fatos mais significativos, que servem para esclarecer a situação atual e que permitem entrever os possíveis desenvolvimentos futuros.

1. A reconstrução inglesa

Como há cem anos, ao tempo das primeiras leis sanitárias, a experiência urbanística inglesa serve como exemplo e estímulo para os outros Estados europeus.

As leis urbanísticas de 1932 põem as administrações municipais em condições de regulamentar as transformações do território quando estas se verifica-

647

rem, mas não de intervir ativamente no sentido de dirigi-las; dado que estas transformações ocorrem em virtude de interesses econômicos muito fortes, as administrações logo se mostram incapazes de acompanhar-lhes o passo e de sustentar o peso político das decisões que deveriam vincular à atividade privada. A formação dos planos segue a passo lento e entre muitas dificuldades; em 1942, apenas 3% do solo britânico está sob um plano efetivamente em vigor.

Os incovenientes desta situação logo se tornam evidentes, seja através da crise econômica, que põe a nu os defeitos funcionais da indústria e da agricultura inglesas — em parte devidos à distribuição dessas atividades pelo território — seja através das críticas insistentes dos urbanistas. Howard morre em 1928, mas suas idéias são recolhidas por seus discípulos, especialmente C. B. Purdom e F. J. Osborn; uma antiga Garden Cities and Town Planning Association, que assumiu o nome de Town and Country Planning Association, publica uma revista homônima, dirigida por Osborn, e mantém viva a exigência de uma reforma da legislação vigente. Por outro lado, uma pesquisa sobre a cidade-jardim de 1935 testemunha a vitalidade desta e recomenda a ampliação da experiência [1], embora sem sucesso.

A crise leva o governo a intervir de modo muito mais acentuado do que antes na vida econômica, abandonando, depois de um século, o princípio da livre troca; colocam-se assim as premissas para o exercício, também no campo urbanístico, de uma ação mais coerctiva.

Em 1937 nomeia-se uma Comissão Real para estudar a distribuição da população industrial, presidida por Sir M. Barlow. Seus objetivos são assim descritos:

Indagar das causas que influenciaram a atual distribuição geográfica da população industrial na Grã-Bretanha e as prováveis tendências das futuras modificações; considerar as desvantagens sociais econômicas ou estratégicas que derivam da concentração das indústrias e da população industrial nas grandes cidades ou em zonas especiais do país; indicar as medidas a tomar para remediar esta situação, no interesse nacional. [2]

[1]. *Garden Cities Towns, Report of the Department Committee*, Londres, HMSO, 1935.
[2]. *Report of The Royal Commission on the Distribution of the Industrial Population*, Londres, HMSO, 1940, p. 1, cit. em RODWIN, *The British New Towns Policy*, Cambridge (Mass.) 1956, p. 17.

O relatório é publicado em 1940, junto com 26 volumes de depoimentos, e descreve com palavras duríssimas as desvantagens da concentração demográfica e econômica ao redor das grandes cidades; reconhece que as administrações e as leis vigentes são incapazes de remediar a situação, dado que podem melhorar a disposição interna da cidade, mas não regulamentar seu crescimento; sugere a criação de uma autoridade central que possua o controle dos terrenos edificáveis e aconselha — entre as soluções técnicas adequadas para a correção da distribuição dos empregos — a formação de novas cidades ou a expansão das cidades existentes que estejam em situação favorável.

Talvez este relatório tivesse permanecido uma recomendação teórica se não tivesse havido a guerra; os maciços bombardeamentos de Londres e Coventry tiveram, na formação das novas leis urbanísticas, a mesma função das epidemias, um século antes, na formação das primeiras leis sanitárias.

Enquanto se discute a maneira de reconstruir Londres, são nomeados em 1941 dois comitês que completam as pesquisas da Comissão Real: o primeiro, presidido por Scott, para estudar a utilização do solo nas áreas rurais, e o segundo, presidido por J. Uthwatt, para sugerir uma solução para o esgotante problema das indenizações, do qual depende a possibilidade de um controle urbanístico sobre o uso dos terrenos.

Os dois relatórios são publicados em 1942, num curto intervalo de tempo. [3] O comitê Scott constata que a agricultura está gravemente ameaçada pelos insensatos loteamentos nos limites das cidades industriais e afirma a exigência de que a distribuição das atividades industriais sobre o território agrícola seja regulamentada por um plano. O relatório Uthwatt, ao contrário, dá um conceito global da intervenção pública, que leva a colocar *ex novo* o problema da planificação urbanística:

A noção de urbanística que adotamos como base de nossas deduções têm uma amplitude que nem a opinião pública e nem a lei até agora reconheceram. Sua aplicação deve constituir um elemento concreto e permanente na política interna deste país, deve tender para a realização da melhor utilização possível do solo, no interesse da coletividade e do bem-estar individual, e implica a subordinação ao bem público dos interesses pessoais e dos desejos dos proprietários. A

[3]. *Report of The Expert Committee on Land Utilization in Rural Areas*, Londres HMSO, 1942; *Report of The Expert Committee on Compensation and Betterment*, Londres HMSO, 1942.

850, 851. Duas vinhetas de C. B. Purdom, op. cit.
852, 853. Plano de Londres de 1943 de Abercrombie e Forshaw. A partir do centro: o condado de Londres (em preto), o *inner ring*, o *suburban ring*, o *green belt* e o *outer ring*, onde surgem as *new towns*

 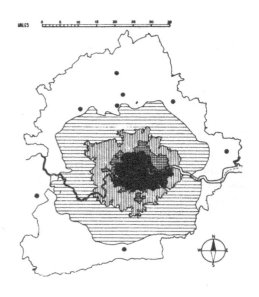

649

aceitação sem reservas desta concepção da urbanística é de vital importância para a política da reconstrução, porque todos os aspectos da atividade do país dependem, em última análise, do uso que se faz de seu solo. Quanto mais densa for a população, maior deverá ser o controle deste uso, para que o território limitado possa fornecer os serviços indispensáveis; quanto mais complexa for a organização social, mais severo deve ser o controle da utilização do solo, no interesse geral. [4]

No que diz respeito aos instrumentos do controle público sobre o uso dos terrenos, o relatório Uthwatt, tal como o anterior, parte do conceito de que a valorização produzida pelas transformações cabe à comunidade, e não aos proprietários individualmente considerados, e sugere que se compare a indenização com os valores dos terrenos em 1939; nenhum desses relatórios coloca explicitamente a exigência da nacionalização completa do solo, mas a coloca implicitamente como objetivo da futura legislação.

Enquanto isso, prosseguem os estudos para o plano regulador de Londres. O grupo MARS apresenta, em 1942, um projeto teórico [5] que fragmenta a continuidade do tecido urbano em uma série de bairros separados por zonas verdes e ligadas, como num pente, a um eixo principal que atravessa o centro histórico e as zonas industriais, correndo ao longo do Tâmisa. A Academia Real publica, em 1943, um plano de sistematização do centro segundo os tradicionais conceitos de decoro formal. Mas em 1944 o *County Council* de Londres adota como máxima o plano de P. Abercrombie e Forshaw; [6] este se mantém razoavelmente distante de qualquer conceito de regularidade geométrica e de toda intervenção demasiado radical nas zonas já construídas, propondo-se inverter o processo de concentração, até então seguido, através de uma série de providências em escala regional, ultrapassando os limites do agregado atual.

Baseando-se numa minuciosa investigação sobre as habitações existentes, o plano distingue várias zonas concêntricas:

1) O *inner ring* (anel interior), que inclui completamente a área do condado de Londres e que se caracteriza por uma excessiva densidade; esta zona deveria ser progressivamente aliviada com o afastamento de aproximadamente 400 000 habitantes.

2) O *suburban ring* (anel suburbano), zona dos subúrbios, com uma densidade satisfatória mas que exige ser reordenada e disposta convenientemente.

3) O *green belt* (cinturão verde), uma vasta zona verde que circunda a cidade da época e que deveria permanecer como tal, evitando-se sua invasão pelas construções. Este conceito deriva de Howard e indica a intenção de limitar, daí por diante, o crescimento de Londres como um organismo compacto.

4) O *auter ring* (anel externo), onde se deveriam desenvolver os novos centros, em forma não de subúrbios-dormitórios mas sim de novas cidades, suficientemente grandes para ter uma vida auto-suficiente (Fig. 853).

A rede viária baseia-se num sistema de vias expressas, ligadas por um anel interno encaixado no *inner ring* e por um anel externo, no limite entre o *green belt* e o *outer ring*. Uma vez que se mantém que o sucesso do novo esquema dependerá do consenso da opinião pública, não se despreza nenhum meio para se fazer conhecer e tornar populares os seus conceitos, e promovem-se exposições, discussões e publicações de obras de divulgação [7] (Fig. 852).

Enquanto isso, procede-se à instituição de uma nova autoridade central em matéria de planificação. Em 1941 o governo Churchill declara na Câmara dos Lordes sua intenção de criar um órgão central coordenador da atividade urbanística; em 1942 as funções do Ministro da Saúde são assumidas pelo Ministério das Obras Públicas, que recebe o nome de Ministry of Works and Planning (ato que quase tem um significado simbólico, uma vez que a moderna urbanística inglesa originou-se da legislação sanitária); em 1943, finalmente, é instituído o Town and Country Planning Ministry.

No mesmo ano, uma lei provisória subordina à aprovação do novo Ministério toda iniciativa no campo da construção, durante a preparação dos novos planos; em 1944, uma outra lei autoriza o Ministério a expropriar os terrenos necessários para os trabalhos de reconstrução nos territórios danificados pela guerra, ou pelos trabalhos de transformação nas zonas onde a utilização do solo não mais é compatível com as exigências modernas.

4. Cit. em A. VERNEUIL, *La législation sur l'urbanisme en Grand-Bretagne*, Paris, 1948, p. 6.
5. *Architectural Review*, Jun. 1942.
6. ABERCROMBIE P. & FORSHAW, J. G. *County of London Plan*. Londres, 1944.
7. ABERCROMBIE, P. *Greater London Plan 1944*, a Report Prepared on Behalf of the Standing Conference on London Regional Planning at the Request of the Minister of Town an Country Planning. Londres, HSMO, 1945.

650

Quando em 1945 os trabalhistas sobem ao poder, a planificação urbanística recebe um segundo e decisivo impulso. No outono desse ano, o novo Ministro da Urbanística, L. Silkin, nomeia um comitê para a nova cidade, com os seguintes encargos:

Analisar o problema geral da formação, desenvolvimento, organização e administração que surgirá promovendo-se a nova cidade, em continuação à política de descentralização planificada das áreas urbanas congestionadas; em relação com este ponto, sugerir os princípios informadores segundo os quais as cidades deveriam ser formadas e desenvolvidas, como comunidades auto-suficientes e equilibradas, adequadas para nelas se residir e trabalhar. [8]

O eficaz e rápido trabalho deste comitê permite aprovar, em menos de um ano, a 1º de agosto de 1946, a New Towns Act; para toda nova cidade [9] (Figs. 854-860) institui-se uma entidade específica, independente das administrações locais e estreitamente ligadas ao poder central: a Development Corporation, que tem o poder de adquirir terrenos, preparar planos de utilização, construir as edificações e obter as subvenções previstas pela Housing Act de 1936 a fim de realizar os bairros de habitações subvencionadas. Estes organismos substituem em tudo e por tudo as autoridades locais na tarefa de dar vida às novas cidades, mas são concebidos como órgãos temporários, de forma que não possam gerir os serviços públicos permanentemente.

Até aqui trata-se de normas particulares, que dizem respeito a certas zonas e que têm caráter de emergência. Em 1947 é aprovada, como conclusão deste ciclo, a nova lei urbanística inglesa, que unifica os métodos de planificação em todo o território e que prepara a absorção de todas as iniciativas de emergência nas normas administrativas.

Seguindo a tradição inglesa, a lei deixa o encargo da planificação urbanística para as autoridades locais, mas a fim de não fragmentar esta tarefa entre muitas entidades, estabelece que os planos devem ser redigidos pelos Conselhos dos Condados, isto é, pelas entidades locais de competência territorial mais ampla. Estas podem associar-se entre si e formar os Joint Planning Boards, a fim de redigir planos mais amplos, e em fase de realização podem delegar seus poderes às entidades menores, aos Conselhos dos Distritos e aos Comuns. O Ministério da Urbanística promove e sanciona toda a atividade planificadora, tem a faculdade de substituir as autoridades locais se estas se furtarem a seus encargos e conserva o controle de todas as operações financeiras relativas aos terrenos, através do Central Land Board. O legislador não acolheu o conceito da nacionalização integral do solo, já contida no programa eleitoral dos trabalhistas, e estabeleceu ainda a indenização dos proprietários pela perda da valorização potencial num prazo de cinco anos, fixando a indenização segundo o valor da época dos terrenos e destinando para esta finalidade, para todo o território, da Inglaterra, uma soma global de 400 milhões de libras esterlinas; esta valorização é recuperada com uma taxa, que é paga pelo proprietário no ato da execução de toda futura obra.

Esta lei assinala um enorme progresso em relação às anteriores, mas também apresenta várias lacunas: não especifica os critérios para determinar as indenizações nem a taxa de transformação, a respeito das quais os Ministérios são solicitados várias vezes a se manifestarem, e não resolve as relações entre o Ministério da Urbanística e outros organismos, que no entanto tomam decisões importantes em matéria de planificação: o Ministério do Comércio, que estabelece a localização das novas indústrias, o Ministério da Defesa, que gere por conta própria as instalações militares.

A realização dos planos e a construção das novas cidades se desenrolam rapidamente especialmente nos primeiros anos; ao final de 1954, cerca da metade da população prevista para as sete novas cidades ao redor de Londres já está em seu lugar. Quando os conservadores retornam ao poder em 1951, nenhuma das iniciativas do governo trabalhista é abandonada, mas o significado que tinham é em parte modificado. O mecanismo para a recuperação da valorização é retocado sensivelmente em 1953, de forma a acentuar o caráter de exceção das novas cidades superpostas às Development Corporations. Ao lado do programa urbanístico, à medida que ele se traduz em realidade, surge uma série de problemas no campo das construções, cujas soluções devem ser encontradas gradualmente, por tentativas; deste modo, a imagem das novas cidades tarda em configurar-se com exatidão, e comunica uma impressão de precariedade, tal como em Paris nos primeiros decênios após as obras de Haussmann.

8. *New Towns Committee, Interim Report*, Londres, HSMO, p. 3; cit. em L. RODWIN, op. cit., p. 21.

9. Sete situam-se ao redor de Londres: Basildon, Bracknell, Crawley, Harlow, Hemel-Hempsted, Stevenage, Welwyn-Harfield (que compreende a antiga cidade-jardim), e quatro no resto do território inglês: Aycliffe, Corby, Cwmbran, Peterlee, e, três na Escócia: East Kilbride, Glenrothes, New Cumbernauld.

854-857. Parte da nova cidade de Harlow (esquemas de L. Rodwin, *The British New Towns Policy*, 1956).

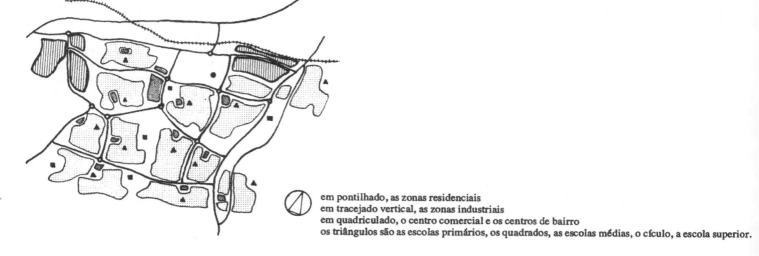

em pontilhado, as zonas residenciais
em tracejado vertical, as zonas industriais
em quadriculado, o centro comercial e os centros de bairro
os triângulos são as escolas primárias, os quadrados, as escolas médias, o círculo, a escola superior.

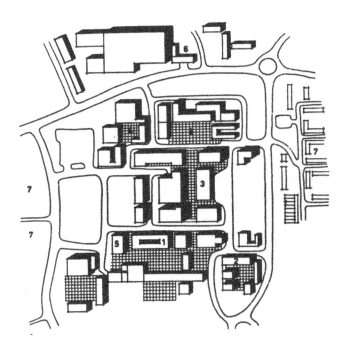

1. centro cívico
2. escritórios
3. lojas
4. instalações para lazer
5. igreja
6. bombeiros
7. residências

Sobre esta dificuldade se assenta, a partir de 1952, a polêmica sobre a paisagem urbana, que caracteriza a cultura urbanística inglesa mais recente, e da qual se falará mais adiante.

Ao lado do problema urbanístico geral desenvolvem-se, a partir do fim da Primeira Guerra Mundial, alguns programas setoriais, entre os quais o mais importante diz respeito às escolas e recebe a denominação de Education Act de 1944, que prolonga a obrigatoriedade de freqüentar a escola até a idade de quinze anos.

Entre 1945 e 1955 constrói-se na Inglaterra cerca de 2 500 escolas, para um total de 1 800 000 alunos, cujos projetos cabem a órgãos técnicos específicos. Entre tais órgãos conquistou fama o de Hertfordshire County Council, dirigido por Charles H. Aslin (1893-1959), que formulou um sistema de pré-fabricação bastante feliz (estrutura de sustentação metálica, soalho e painéis das paredes em concreto armado) e que realizou um grande número de escolas primárias e secundárias de excepcional nível (Figs. 861 e 862).

O trabalho dos arquitetos foi precedido pelo dos pedagogos, que atribuíram à escola primária inglesa múltiplas funções, educativas e recreativas; também neste setor a experiência inglesa serviu de modelo para muitas outras nações.

O mérito máximo dos técnicos e das autoridades inglesas foi o de ter considerado a reconstrução dos danos de guerra não como um problema isolado, mas como parte indissociável de um processo total de planificação; por esta razão, à parte os inconvenientes parciais, a experiência inglesa tem uma enorme importância metodológica e é seguida com excepcional interesse em todo o mundo. Também tem interesse geral a discussão sobre os motivos pelos quais os objetivos iniciais nunca chegaram a ser completamente alcançados.

Os políticos seguramente subestimaram o alcance das decisões urbanísticas, as quais implicam uma profunda modificação das estruturas da vida comunitária e um deslocamento dos princípios fundamentais sobre os quais repousava, há mais de século e meio, o equilíbrio da sociedade inglesa.

A vitalidade dessa experiência resulta justamente do fato de que os procedimentos urbanísticos, pela primeira vez desde o início da Revolução Industrial, não chegam atrasados em relação às modificações técnicas e econômicas, encontrando-se mesmo, pelo contrário, na condição de antecipadores sob vários aspectos. Donde uma série de dificuldades opostas de certo modo àquelas tradicionais e que, por outro lado, estimularam a cultura arquitetônica inglesa na realização de um excepcional esforço técnico e experimental, cujos frutos estão longe de se terem exaurido.

2. Continuidade e progresso na construção escandinava

Se a experiência inglesa é o modelo inevitável para a planificação urbanística das outras nações, a experiência escandinava adquirida no pós-guerra tem um análogo valor exemplar, no que diz respeito ao projeto de edificações.

A Suécia, que fica fora da guerra, não sofre destruições, nem a produção no campo da construção diminui tanto ao ponto de provocar uma crise de habitações. Deste modo, o país escapa quase totalmente às dificuldades que se colocam em outros lugares, isto é, ao antagonismo entre reconstrução e planificação. Pelo contrário, a fase bélica dá tempo para se elaborar, no pós-guerra, um vasto e ordenado programa de reordenação urbanística nas principais cidades.

A lei urbanística de 1948, como a lei inglesa do ano anterior, concede às administrações locais a faculdade de determinar os lugares e os momentos de toda iniciativa no campo da construção, conforme um plano urbanístico geral a ser renovado a cada cinco anos e segundo planos particularmente minuciosos. A lei permite expropriar apenas os terrenos destinados a uso público, enquanto que os destinados às construções devem ser adquiridos no mercado livre e entregues em concessão aos particulares ou às entidades construtoras, em aluguel por sessenta anos. Mas as grandes cidades há tempos começaram a adquirir terrenos periféricos a preços de propriedade rural; Estocolmo, que iniciou esse processo em 1904, tem em 1952 dezenove mil hectares, ou seja, a maior parte da área construível ao redor do núcleo oitocentista.

As novas construções são em parte realizadas por sociedades construtoras comunais, e em parte por cooperativas e empresas privadas; o Estado, que antes se limitava a financiar as habitações para as categorias menos privilegiadas, desenvolve agora uma vasta ação de estímulo e complementação dos financiamentos para uma grande parte das construções suecas, seja para aumentar o número de construções, seja para conter o aumento dos aluguéis, uma vez que o custo das construções mais do que dobrou em relação à época anterior à guerra.

858, 859, 860. Aspectos da *new towns* em volta de Londres: um bairro residencial de Harlow, o centro de Hemel-Hempsted e uma zona industrial de Crawley.

655

Dado que os planos urbanísticos são muito detalhados, as relações entre os órgãos comunais, os arquitetos e as entidades construtoras são um tanto complexas, e freqüentemente os planos nascem de uma troca repetida de propostas. Esta organização não se vê isenta de dificuldades, mas permite pôr de lado alguns problemas de impostação, que são implicitamente determinados pelo equilíbrio entre os interesses em jogo, e utilizar o modo mais rendoso a força da cultura arquitetônica, concentrando o debate no aperfeiçoamento das intervenções e não em questões de impostação.

Deste modo, as planificações suecas, graças ao feliz e talvez momentâneo equilíbrio das exigências sociais, políticas, econômicas, desenvolve-se essencialmente na esfera da composição arquitetônica e as decisões que são pedidas dos urbanistas dizem respeito muito mais à forma do que ao conteúdo; experiências formais muito diversas e mesmo contrastantes podem ser feitas, com base numa organização estável.

Neste ambiente desenvolve-se, no pós-guerra imediato, a tendência neo-empirista. Uma definição desse conceito se deve ao crítico inglês E. De Maré que em 1948, comentando a produção sueca, escreve:

> Em geral, trata-se de uma reação contra posições formalistas demasiadamente rígidas. O entusiasmo pelas experiências estruturalistas é superado e há um retorno ao bom senso comum. Existe uma consciência de que os edifícios são feitos para servir aos seres humanos muito mais do que para aderir à lógica fria de uma teoria. A palavra *spontanietet*, tão freqüente nos lábios dos jovens arquitetos suecos, fornece, talvez, a chave dessa nova tendência... Por que, eles perguntam, desenhar janelas mais largas do que o necessário somente para demonstrar que podemos criar uma parede inteiramente de vidro? Por que tetos planos, se neles verifica-se infiltração de água toda primavera? Por que evitar os materiais tradicionais quando estes respondem bem a sua função e apresentam uma textura e uma cor agradáveis? Por que inibir a fantasia a fim de descartar os ornamentos que desejamos mais intensamente? Assim, a composição planimétrica está muito mais empenhada na realidade final do edifício do que no desenho do papel. As janelas possuem dimensões ditadas pelas necessidades e seguem uma disposição livre. Os materiais indígenas são usados tanto no interior, quanto no exterior, especialmente os tijolos e a madeira. Na construção residencial, procura-se uma intimidade afetada e existe a tendência de alguns projetistas sofisticados de misturar decorações de estilos diversos. Os edifícios casam-se com o terreno e a paisagem, a disposição das árvores faz parte integrante da composição. [10]

10. DE MARÉ, E. *Architectural Review*, jan. 1948.

Essa descrição não caracteriza, obviamente, toda a produção sueca; existe toda uma gama de tendências diversas, desde a pesquisa rigorosa de Sven Markelius (n. 1889), aos experimentos decorativos de Ralph Erskine (n. 1914). Os observadores estrangeiros formaram uma imagem da arquitetura sueca que parece convencional na Suécia, mas que é uma realidade operante em muitos outros países, onde influencia de modo sensível a fase inicial da reconstrução.

Para avaliar esse fato, é preciso levar em conta que não está em jogo uma simples escolha formal. Os arquitetos suecos trabalham em condições complexamente favoráveis: sabem com precisão o que a sociedade deseja deles, trabalham com meios técnicos e financeiros proporcionais, realizam seus bairros dentro do quadro de um bom plano urbanístico, portanto nos locais e nos tempos apropriados. Esses não são ideais a serem conquistados, mas circunstâncias adquiridas, ao menos temporariamente; resta uma margem de ordem principalmente de composição e o arquiteto pode voltar a desempenhar seu ofício, quase como antigamente.

Nos países saídos da guerra, pelo contrário, esse equilíbrio está distante. A tarefa dos arquitetos está bloqueada por muitos obstáculos preliminares: incerteza das direções políticas e sociais, insuficiência de dinheiro e de meios técnicos, falta de disciplina urbanística; daí o fascínio da arquitetura sueca, onde esses obstáculos parecem facilmente resolvidos.

O interesse, portanto, na origem, não é pelas formas, mas sim pelos métodos; a variedade das pesquisas formais atrai a atenção porque demonstra a estabilidade dos conteúdos. Mas a ligação entre forma e conteúdo transfere-se da realidade para a representação, e forma-se a convicção implícita de que, repetindo aquelas formas, reproduzir-se-ão também os conteúdos correspondentes.

A imitação está, por conseguinte, viciada por uma contradição inicial: a diversidade de condições culturais é o motivo que faz parecerem desejáveis as formas da arquitetura escandinava, mas é também o obstáculo que impede sua aclimatação, que impede fazê-la viver em outra parte.

A Dinamarca e a Finlândia — diversamente da Suécia — sofreram as destruições da guerra e têm de remediá-las com um programa de emergência. Contudo, a semelhança econômico-social, o alto grau de preparação técnica e a influência dos modelos suecos

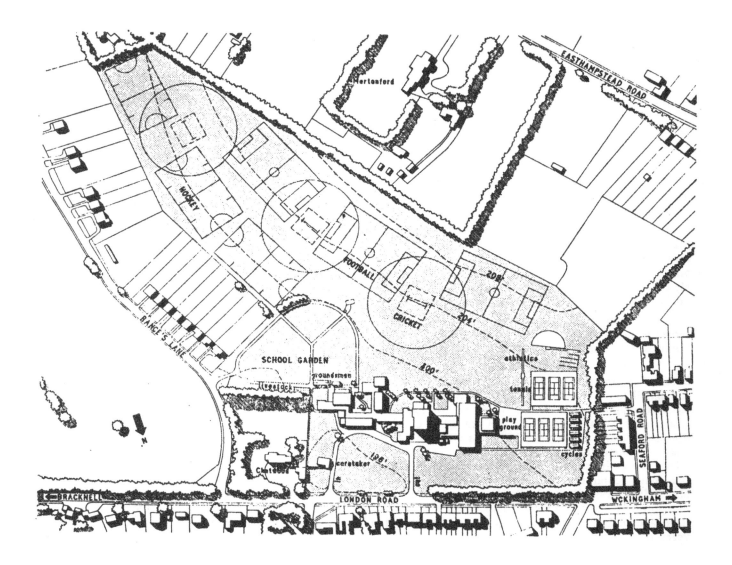

861. Planimetria da escola de Wokingham, construída em 1952 pelo Development Group do Ministério da Educação, a fim de testar as novas disposições sobre a escola média.
862. Esquema do sistema Hills de pré-fabricação, adotado também pela Hertfordshire, C. C.

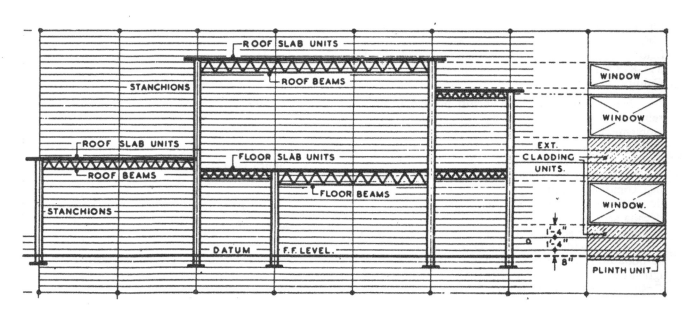

tornam imperceptíveis, depois de alguns anos, as diferentes condições das quais se partiu.

Também aqui existe uma substancial homogeneidade na produção da construção civil do primeiro decênio depois da guerra; a contribuição dos projetistas mais jovens, tais como Nels e Eva Koppel, J. Utzon, H. e K. Sirén, insere-se sem perturbações ao lado daquela dos mais velhos, como K. Fisker.

Nessa produção homogênea, coloca-se sem defasamento, nos primeiros anos, a obra dos mestres mais famosos, tais como Aalto e Jacobsen.

No primeiro pós-guerra, Aalto já é personagem de notoriedade mundial. Depois do sucesso obtido por seu pavilhão na Exposição de 1939 em Nova York, ele é chamado para os EUA, ensina no Massachusetts Institute of Technology e constrói em 1949 o célebre dormitório para estudantes, de planta sinuosa. Todavia, diversamente dos mestres alemães, ele não se adapta ao ambiente americano e o edifício de Boston, por mais genial que seja na instalação, não está à altura das obras-primas de Paimio e de Viipuri, mesmo porque a concepção geral não chega a se concretizar adequadamente nos acabamentos, fracos e por vezes desleixados.

Nesse ínterim, Aalto projeta, na Finlândia, várias disposições urbanísticas (o plano regional do vale de Kokemaki em 1942; o plano de reconstrução de Rovaniemi em 1945 [Fig. 870]; o plano da ilha de Säynätsalo de 1942-49) e, depois de 1950, uma série nova de esplêndidas obras arquitetônicas: a Prefeitura de Säynätsalo (1949-51) o edifício para escritórios e lojas Rautatalo em Helsinki (1953-55), o edifício de assistência aos aposentados (1954-56; Figs. 871-873) e, sempre na capital finlandesa, a Casa da Cultura (1954-56).

Este, talvez, seja o momento mais feliz da carreira de Aalto. A profunda concordância com seu ambiente nativo sustenta e compensa suas limitações individualistas; se, antes de 1950, quando era considerado o líder da tendência orgânica na Europa, ele mesmo gostava de repetir alguns de seus esquemas — tais como a serpentina aplicada em escalas diversas, do dormitório de Boston aos vasos de vidro —, na década seguinte ele adere com precisão às necessidades dos temas que se lhe apresentam, sem perder sua sensacional capacidade de inventar novas formas. Não se pode dizer o mesmo das obras mais recentes — a igreja de Imatra de 1958 (Figs. 874-876), os edifícios Enso Gutzeit em Helsinki de 1961, e os edifícios realizados no exterior, o prédio alto de Bremen, o centro recreativo de Wolfsburg, a *Villa* Carré perto de Paris — onde o amor por um esquema preestabelecido e o menor controle dos detalhes tornam a enfraquecer o resultado arquitetônico.

Jacobsen — que, durante a guerra, vive na Suécia e se ocupa de arte aplicada —, depois do retorno à pátria, projeta sobretudo bairros residenciais (Ibstupparken II, 1946; Jaegersborg, Gentofte, 1947; Soholm, 1950 [Figs. 877 e 878], ao lado do "Bellavista" de 1934; Islevvaenge, Rodovre, 1951; Alléhusene, Gentofte, 1952), onde o repertório empirista é simplificado, com um gosto evidente pela abstração geométrica. O itinerário de Jacobsen, porém, é quase oposto ao de Aalto; a inicial familiaridade com seu ambiente de origem é pouco a pouco abandonada e surge uma inquietação que o conduz, depois de 1952, a outras experiências, em decidida polêmica com a tradição dinamarquesa. Essa reviravolta começa com a escola de Gentofte, de 1952, onde Jacobsen renuncia ao habitual organismo articulado (usado por ele mesmo, no ano anterior, na escola de Harby) e adota uma planta em bloco, que lhe permite reordenar os espaços internos e externos com muito maior felicidade (Figs. 879-881).

Mas, aos sucessivos desenvolvimentos de seu trabalho nos anos que vão de 1955 em diante, dever-se-á voltar no capítulo de conclusão.

3. A reconstrução na URSS

Durante a última fase da guerra, os princípios surgidos da experiência anterior foram elaborados teoricamente em uma espécie de código,[11] que serviu de guia para a reconstrução das cidades destruídas.

Segundo Parkins, esses princípios são:

— a grandeza e a população das cidades devem ser previstas antecipadamente, de acordo com um programa de desenvolvimento territorial; o crescimento das grandes cidades deve ser limitado oportunamente;

— a distribuição das edificações deve ser planificada juntamente com a de todos os serviços e dos aparelhamentos públicos;

— as diferenças entre cidades grandes e cidades pequenas devem ser eliminadas, facilitando as comuni-

---

11. V. SEMENOV, *Printipy sovetskogo Gradostroitel'stva*, Moscou, 1945; ver M. F. PARKINS, *City Planning in Soviet Russia*, Chicago, 1953, p. 51.

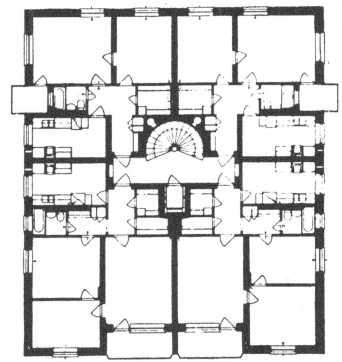

863, 864. Estocolmo, bairro Rosviks em Lidigno (Ancker, Gate e Lindegren, 1943-46; planta de *Urbanistica*).

cações entre os centros menores e os maiores, entre os subúrbios e o coração da cidade, descartando a solução das cidades-satélites;

— os planos urbanísticos devem chegar a determinar até os projetos arquitetônicos e o estilo das construções;

— a unidade de partida, para as zonas residenciais, deve ser o superbloco (*kvartal*) de aproximadamente 6 000 habitantes, dotado de escola, creche, lojas, campos de jogo, agência de correios e restaurante;

— o conceito de serviços públicos deve compreender toda instalação destinada a satisfazer as exigências políticas, econômicas, recreativas, representativas da população;

— cada cidade deve ser planificada com critérios próprios e respeito para com suas características individuais;

— devem ser respeitados os estilos tradicionais da arquitetura russa, harmonizando-os com a técnica e as comodidades modernas;

— a construção residencial e suas exigências têm precedência sobre todo o resto;

— a urbanística e a arquitetura devem seguir os princípios do realismo socialista, e o debate deve ser exercido nas formas admitidas da crítica e da autocrítica, dentro das organizações destinadas a esse fim.

A maior parte da reconstrução das edificações na Rússia é realizada durante o quarto plano qüinqüenal (1946-50), portanto em pleno regime stalinista. Desde o início, a operação é controlada rigidamente do centro e, em 1943, é instituído, ao lado do Conselho dos Comissários do Povo, um comitê para assuntos de construção, com a tarefa de "assegurar a direção estatal dos trabalhos de edificação e urbanísticos na obra de reconstrução das cidades e das pequenas cidades destruídas pelos agressores alemães". [12]

Nos primeiros anos, constrói-se um pouco ao acaso, com meios e projetos de emergência a fim de dar rapidamente um abrigo aos cidadãos que ficaram sem teto. A má qualidade dessas construções é repetidamente ressaltada pelas inspeções oficiais, sobretudo por um inquérito geral, promovido em 1948 pelo comitê dos negócios da construção civil[13] e, a cada vez, decide-se remediá-la por meio de uma aplicação mais extensa de projetos-tipo. Assim, enquanto as estatísticas oficiais dizem que, em 1947, apenas um quarto da produção da construção civil é padronizada, em 1948, chega-se aos 60% e, no mesmo ano, as autoridades estabelecem que toda a produção deve estar conforme, de agora em diante, a uma gama de projetos estabelecidos pela autoridade. A Academia de Arquitetura da URSS é encarregada de preparar os projetos (Figs. 882-884), e o comitê dos negócios da construção civil aprova uma série de cinqüenta projetos-tipo para moradias, mais duzentos projetos-tipo para edifícios públicos, levando em conta as diferenças climáticas, de hábitos e dos recursos técnicos de cinco zonas principais: Rússia Setentrional e Estados bálticos, Rússia Meridional, Urais e Sibéria, Ásia Central, Transcaucásia. [14]

O defeito que enfraquece a reconstrução russa, porém, não é a diferença dos projetos, nem a má qualidade técnica, mas sim o equívoco que se esconde na ilusão de poder tratar o "estilo" como um ingrediente material e prefixado do projeto, a ser adaptado posteriormente às necessidades técnicas. A adoção dos projetos-tipo, longe de remediar os inconvenientes lamentados, elimina a possibilidades de que, de uma experiência tão ampla e variada, surja um esclarecimento metodológico, confirmando o equívoco inicial e difundindo suas conseqüências em milhares de exemplares.

Percorrendo uma das publicações oficiais e apologéticas da reconstrução russa, pode-se ter uma idéia dos resultados alcançados:

[Em Stalingrado] são aproveitados os motivos da arquitetura clássica russa, com traços orientais, dado que Stalingrado surge sobre o antiqüíssimo caminho que liga à Europa ao Oriente. No centro da cidade será construído o monumento da Vitória, consagrado à batalha de Stalingrado, uma torre de 60 metros de altura, coroada por uma estátua de bronze representando um guerreiro que anuncia a vitória, tocando a trombeta..., [15] [enquanto] o novo edifício de cinco andares do Comitê Executivo do Soviete local terá em uma de suas esquinas uma torre de dez andares, coroada de uma cúpula dourada de tipo oriental. [16]

[Em Rostov] o acadêmico Semenov pretende introduzir, ao lado das formas do estilo "império" russo e do clássico, alguns elementos da arquitetura remota das colônias antigas greco-romanas e outros das cidades da região do Mar Negro. [17]

12. Ver N. VORONIN, *La ricostruzione edilizia nell'URSS*, trad. it., Roma, 1946, p. 14.
13. SHKVARIKOV. Bor'ba za Kachestvo stroitel'stva i Zadachi Organov po Delam Arkhitektury. *Arkhitektura i Stroitel'stvo*, out. 1949, cit. em M. F. PARKINS, op. cit., p. 80.
14. *Arkhitektura i Stroitel'stvo*, ago. 1948, cit. em M. F. PARKINS, op. cit., p. 60.
15. VORONIN, N. Op. cit., p. 42.
16. Idem, ibidem, p. 43.
17. Idem, ibidem, p. 47.

865. A sala interna da escola de Solna (N. Tesc e L. M. Giertz, 1945).

[Em Voronez], o acadêmico Rudnev não pretende transfigurar a cidade de modo a torná-la irreconhecível mas, pelo contrário, quer conservar e completar aquele seu aspecto antigo, sugestivo e elegante. Essa intenção levanta uma série de graves problemas em torno do estilo e do caráter das construções, em torno da escolha dos materiais e das formas, das dimensões e composições dos edifícios. O aspecto de Voronez formou-se no decorrer de três séculos, cada um dos quais trouxe sua própria contribuição artística. Nosso arquiteto escolheu o estilo do início do século XIX, isto é, o do classicismo russo, porque está particularmente vivo na arquitetura de Voronez. De conformidade com esse critério, foi resolvida a questão da cor das construções. Leone Rudnev protesta categoricamente contra o concreto e o concreto armado, porque sua cor cinza esverdeada de caserna iria matar a clareza alegre do estilo. [18]

[Em Istra, que tinha um plano setecentista em xadrez] o plano regulador restabelece a velha planta topográfica, alargando as ruas, transformando-as em alamedas e acrescentando ruas diagonais. No centro, o Palácio do Comitê Executivo será construído de tijolos vermelhos com uma arcada em pedra branca e com ricas decorações em ladrilhos, em uma bela harmonia com os motivos e as formas do século XVII. O centro de Istra assim concebido dará o tom da arquitetura de todo o resto da cidade. [19]

É fácil de ver, por trás dessas considerações de conteúdo, as preocupações políticas. Desviando a atenção dos projetistas para problemas fictícios, sobra mais espaço e maior liberdade para a ação de controle. A suposta adesão às tradições antigas, aos hábitos populares, é um discurso convencional que serve para evitar o surgimento de um discurso concreto capaz de interferir nas diretrizes das autoridades e garante o enquadramento de toda iniciativa em formas culturais conhecidas.

Uma arquitetura análoga é imposta nos países socialistas da Europa Oriental, mesmo onde existe uma consistente tradição moderna, como na Alemanha Oriental, na Tcheco-Eslováquia, na Hungria. Quase que por toda parte surgem monumentais avenidas arborizadas, flanqueadas por edifícios muito ornamentados e colocadas no eixo de imponentes arranha-céus, onde qualquer professor sobrevivente de estilos ou qualquer jovem desejoso de sucesso coloca profusamente os mais absurdos ornamentos (Fig. 890).

Depois da morte de Stálin e o novo curso da política interna soviética, as coisas foram parcialmente modificadas. A deliberação do Comitê Central do PCUS e do Conselho dos Ministros Soviéticos quanto à eliminação do supérfluo no projeto e na construção (novembro de 1955) denuncia com clareza os excessos estilísticos da reconstrução stalinista:

> Nos trabalhos de muitos arquitetos e de organizações de projetistas teve ampla difusão aquela parte da arquitetura de aspecto exterior, que se compraz com enormes superfluidades, o que não corresponde à linha do Partido e do Governo na questão arquitetura-construção. Apaixonados pelos efeitos da construção, muitos arquitetos preocupam-se principalmente com o embelezamento das fachadas dos edifícios não trabalhando na melhoria das instalações internas e dos aparelhamentos das casas e dos apartamentos residenciais, descuidando a indispensável criação das comodidades para a população, requeridas pela economia e pela destinação normal dos edifícios. Não se podem, de modo algum, justificar os acabamentos em torre, as numerosíssimas colunatas decorativas, os pórticos e outras superfluidades arquitetônicas que, tomadas de empréstimo ao passado, tornam-se um fenômeno quantitativamente enorme na construção de edifícios residenciais e públicos; conseqüentemente, nos últimos anos, na construção de moradias, desperdiçou-se muito dinheiro do Estado. [20]

Segue-se uma lista de edifícios onde foram feitos semelhantes desperdícios: em um bloco de casas em Leningrado "é previsto um séquito de colunas supérfluas, de dois andares de altura"; em um edifício administrativo de Tblissi "foi construída uma torre de 55 metros, de nenhuma utilidade prática e a um custo de milhões de rublos"; os edifícios públicos de Baku "estão abarrotados de complicadas arcadas, galerias e superestruturas em torre"; nas casas de saúde das regiões meridionais, "constroem-se arcadas não necessárias, colunatas e torres, usam-se materiais de acabamento dispendiosos, mármores artificiais, madeiras caras, bronzes e esculturas em gesso"; as entradas da estação de Nogiski "estão cheias de granito polido, com a instalação de dois enormes globos de mármore perto da entrada". [21]

Essas censuras exprimem uma real preocupação econômica. A idéia de que o estilo e a funcionalidade são exigências separadas permitiu que surgisse, em muitos casos, um conflito entre as duas exigências e levou a sacrificar a comodidade pela beleza ou a sobrecarregar os custos com uma ostentação gratuita de decorações.

Mas os remédios propostos — modificar os critérios de projetar, dando maior importância às exi-

---

18. Idem, ibidem, pp. 49-50.
19. Idem, ibidem, p. 59.
20. Trad. it., *Casabella*, n. 208 (1955), p. I.
21. Ibidem, p. II.

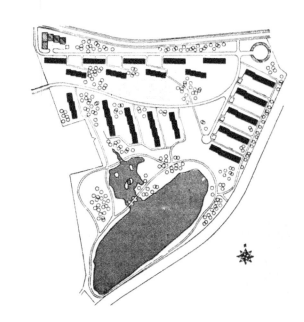

866, 867, 868. Um bairro de alta densidade perto de Copenhague (o Bellahöy, de 1951) e um bairro de baixa densidade (Söllerőd Park, projetado por N. e E. Koppel em 1954).

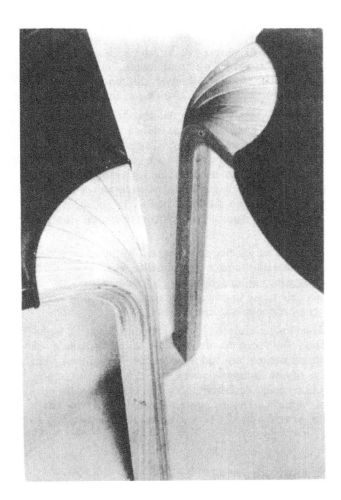
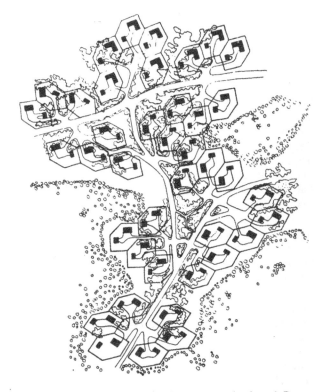

869, 870. A. Aalto, móveis para a Artek; uma parte do plano de Rovaniemi, 1945 (de *Werk*).

gências funcionais e garantir que essas diretrizes sejam estritamente aplicadas, uniformizando toda a produção, de modo mais estrito do que no passado, a novos projetos-tipo — parecem ineficazes pois combatem os efeitos deixando inalteradas, antes, confirmando, as causas.

A acima mencionada deliberação estabelece a obrigação dos órgãos centrais e locais, projetistas e executores "de modificar de modo radical, no prazo mais curto, o próprio trabalho de projetar e executar; examinar dentro de três meses a documentação preparatória dos projetos das construções, com o objetivo de eliminar decididamente dos projetos os excessos de acabamento arquitetônico nas soluções de distribuição e de construção; assegurar uma execução incondicional dos planos prescritos pelo projeto-tipo e tomar as medidas indispensáveis para eliminar o atraso ocorrido nesta questão". Além do mais, "considera-se indispensável elaborar, para o dia 1º de setembro de 1956, novos projetos-tipo de casas residenciais de dois, três, quatro, cinco andares, de escolas para 280, 400 e 800 escolares, de hospitais para 100, 200 e 400 leitos, institutos para a infância, lojas e empresas de alimentação coletiva, cinemas, teatros, casas de saúde, hotéis e casas de repouso, utilizando a melhor experiência nacional e estrangeira nos projetos e na construção". [22]

Nesses termos, o problema fica insolúvel. Os problemas funcionais da arquitetura resolvem-se somente se se encontra um modo de tornar mensuráveis as várias exigências, tomando-as dentro de uma concepção unitária. De outra maneira, a tarefa que cabe ao arquiteto — modificar o ambiente físico segundo as necessidades de seus contemporâneos — fragmenta-se em um grande número de tarefas separadas e abstratas: a estabilidade, a comodidade de distribuição, a economia, o estilo, a representatividade e assim por diante, e começa a vã tentativa de satisfazer a todas ao mesmo tempo, uma vez que cada uma, concebida dessa forma, pode ser satisfeita apenas com prejuízo das demais.

O material exposto na Mostra Universal de Bruxelas de 1958 dá uma idéia dos resultados produzidos pelo novo curso da arquitetura e da urbanística russa: uma grande maquete de alabastro reproduz orgulhosamente o arranha-céu da Universidade de Moscou, com pináculos e as colunatas stalinianas, mas nas residências (Figs. 894-897) desapareceram as ordens arqui-tetônicas, as decorações, os entalhes. As plantas dos alojamentos e dos bairros não são mais perturbadas por preocupações com a simetria e são possivelmente mais eficientes; contudo, os edifícios assemelham-se muito aos precedentes em estilo antigo, dos quais retiraram-se os ornamentos.

4. A reconstrução na Itália, na França e na Alemanha

Se, na Inglaterra e na Rússia — com meios muito diversos —, realiza-se um esforço excepcional para adequar os programas urbanísticos às exigências da reconstrução dos edifícios e se, nos países escandinavos (onde a obsessão da reconstrução é menos grave), o equilíbrio entre empenho urbanístico e empenho da construção civil já foi antecipadamente alcançado, nos Estados convulsionados pela guerra — e particularmente na Itália, na França e na Alemanha —, a reconstrução não estimula uma equivalente reordenação urbanística, pelo contrário, nos primeiros dois casos entra em conflito com os dispositivos urbanísticos existentes e apressa sua crise.

Assim, as exigências da produção e as da coordenação contrastam-se alternadamente ou, ao menos, fazem-se sentir em dois tempos diferentes, tornando bastante problemático o alcance de um novo equilíbrio.

Na Itália, esse contraste delineia-se do modo mais grave, face ao grande número de carências da construção que é preciso remediar — devidas não apenas à guerra, mas também aos atrasos precedentes, seculares — e à fragilidade das instituições urbanísticas. Na França, o contraste é atenuado pelo caráter menos tumultuoso do impulso da construção civil, e, na Alemanha, pela maior força dos instrumentos de controle urbanístico.

A Itália sai da Segunda Guerra Mundial com destruições materiais não extremamente graves — aproximadamente 5% das habitações foram demolidas — mas recebe nesse momento o abalo político e social mais grave de sua história recente.

Um longo regime autoritário desmoronou ingloriamente, descobrindo de repente a precariedade de seus fundamentos; em todos os campos da cultura, vêm para a ribalta homens novos, substituindo os velhos, não tanto pelas discriminações políticas, quanto porque a velha classe dirigente, tendo vivido no clima restrito e artificial do protecionismo fascista, acha-se

---

22. Ibidem, pp. III-IV.

871, 872, 873. Helsinki, escritórios de assistência aos aposentados (A. Aalto, 1954).

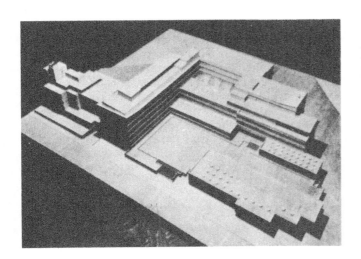

desorientada face à dimensão e à complexidade dos novos problemas.

A nova classe dirigente, composta de jovens ou de pessoas antes hostilizadas, está cheia de entusiasmo, mas não se pode dizer que esteja realmente preparada para os graves encargos que a esperam. A polêmica de oposição ao fascismo agiu, também ela, como fator de limitação, dirigindo as melhores energias para uma tarefa muito útil mas unicamente negativa. No campo da arquitetura, alguns daqueles que chefiaram a primeira batalha pela arquitetura moderna, e talvez os melhores, estão mortos: G. I. Banfi, R. Giolli, G. Pagano, E. Persico, G. Terragni.

No princípio, essas incertezas são ainda superadas por uma nova, intensa sensação: a de ter retomado contato com a realidade, ver com novos olhos, como se fosse a primeira vez, as coisas circundantes e sobretudo as mais próximas, até então mascaradas pela retórica patriótica ou cobertas pelo véu dos lugares-comuns. Dessa sensação, nasceu o chamado "neo-realismo", que encontrou os meios de expressão mais adequados no cinema, porém influiu de vários modos em toda a cultura italiana. Os filmes de Rossellini e de De Sica, o teatro de Eduardo, as pinturas de Guttuso, a arquitetura de Ridolfi em Terni e o bairro Tiburtino em Roma possuem em comum o desejo de aderir à realidade quotidiana, concreta, circunstanciada, com preferência pelas formas populares e dialetais, o interesse circunscrito ao ambiente próximo, a refutação das abstrações e dos exotismos.

Existem, porém, importantes diferenças. Olhando-se as datas, vê-se que o neo-realismo arquitetônica chega com um atraso de alguns anos, quando, por exemplo, o neo-realismo cinematográfico já está em declínio. O atraso cronológico é bem perceptível mesmo no tom: enquanto o cinema, com a imediação que lhe é permitida, registra tempestivamente o acento débil mas genuíno daquele breve período, a arquitetura recebe-o de ricochete, em forma já reflexa e convencional, e desliza mais facilmente do popular ao folclórico, da espontaneidade ao artifício.

Em um primeiro momento, até 1947, o fervor e o ativismo dos arquitetos voltam-se sobretudo para a técnica de construção; assim como não se constrói quase nada, fazem-se principalmente estudos e propostas teóricas, freqüentemente desajeitadas e amadorísticas, que não deixam muitos vestígios mas indicam a convicção de que se deve começar assim, dominando os processos técnicos e especialmente os processos usuais, comuns, que formam a prática da construção civil italiana e surgem, repentinamente, ricos de interesse e de fascínio (aqui encontra-se, como se pode ver, a confluência original com o neo-realismo).

Essa direção é documentada pelos trabalhos preparatórios da VIII Trienal de Milão (1947) e pelo bairro QT8 anexo, e, em Roma, pelo *Manuale dell'architetto* (Fig. 898), compilado com imenso trabalho por C. Calcaprina, A. Cardelli, M. Ridolfi, por conta do Conselho Nacional de Pesquisas e do USIS. Diferentemente dos antigos livros, baseados em uma teoria casuística e centrados principalmente nos problemas de distribuição, tais como o Neufert, [23] os autores desse manual procuraram recolher em um *corpus* orgânico as particularidades de construção de uso corrente na Itália, extrair uma teoria da prática, evitando toda generalização. Dentro desse clima, desenvolvem-se os estudos preparatórios dos arquitetos de Milão para o plano regulador da cidade — são instituídos tantos comitês quanto são os vários bairros, por eles explorados — e para o plano regional do Piemonte, começados já durante a guerra e publicados em 1947 [24] por G. Astengo, M. Bianco, N. Renacco e A. Rizzotti. É um trabalho de análise e de elaboração técnica, mas é também uma viagem plena de fascínio para a descoberta da Itália e de seu território desconhecido.

Enquanto isso, procura-se dar a essas aspirações uma precisa formulação teórica. Bruno Zevi (n. 1918) publica em 1945 o ensaio *Verso un'architettura organica* e propõe que se batize com esse termo (fazendo referência ao debate americano e à obra de F. L. Wright) um programa de revisão da herança cultural de antes da guerra, a qual se costuma denominar com o termo oposto de "racionalista". Em Roma, em Turim, em Palermo e em outras cidades, formam-se as Associações para a Arquitetura Orgânica, enquanto que os arquitetos milaneses, insistindo na continuidade da experiência de antes da guerra, formam uma associação autônoma, o Movimento de Estudos da Arquitetura. Começam as polêmicas entre "orgânicos" e "racionalistas", mas sem a paixão nem o acirramento com que eram conduzidos os debates análogos de tendências no primeiro pós-guerra. Os arquitetos aceitam de boa vontade as etiquetas culturais, bem como as políticas porque têm pressa de escolher uma parte; como diz Bo: "A necessidade da escolha era um modo como qualquer outro de achar uma família, de romper a solidão". [25]

23. NEUFERT, E. *Bauentwurfslehre*. Berlim, 1936.
24. Em *Metron*, n. 14 (1947).
25. Bo, C. Una cultura senza nome. *Comunità*, n. 60 (1958), p. 2.

874, 875, 876. Imatra, a Igreja (A. Aalto, 1958; planta de *Casabella*).

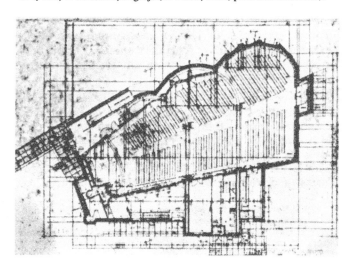

Quando, porém, apresentam-se as primeiras escolhas, os problemas deixados sem solução no "tomar parte" surgem necessariamente à luz.

A idéia de dever (ou não) fazer uma arquitetura orgânica mostra-se particularmente prejudicial para a clareza do debate. O que é a arquitetura orgânica? [26] O termo que, em Wright, possui um significado estritamente atinente a sua experiência individual e que já no debate americano possui um valor impróprio e traduzido, ao ser transferido para a Itália torna-se ainda mais inconsistente.

Zevi dá, desse termo, uma definição teórica ampla (arquitetura orgânica = arquitetura humana) e uma ilustração histórica restrita, acrescentando os exemplos remotos e incomunicáveis de Wright, de Aalto e dos jovens americanos. Com efeito, essa torna-se uma etiqueta que é aplicada *a posteriori* a obras muito diversas — dois pequenos edifícios de B. Zevi e S. Radiconcini, o hospital traumatológico projetado em 1948 por G. Samonà, o bairro Falchera de 1951 de G. Astengo e outros, [27] e mais tarde as obras de Carlo Scarpa (n. 1906).

Entretanto, a polêmica associada à "arquitetura orgânica" produz uma importantíssima conseqüência indireta, pois habitua a pensar a tradição moderna em termos indevidamente restritos, classificando definitivamente o movimento europeu de entre guerras com o termo correspondente de "arquitetura racionalista" e consolidando os preconceitos que nele estão incluídos, e que foram expostos no Cap. 14.

Aqui deve ser reconhecido um dos motivos da sucessiva desorientação. O debate, de fato, desloca-se inadvertidamente para velhos termos culturais e a história da arquitetura moderna surge alinhada com a da arquitetura antiga, como uma sucessão ininterrupta de direções formais, que se suplantam umas às outras ao infinito. Já em 1948, Zevi dá esse passo, [28] deduzindo da direção orgânica uma "interpretação espacial da arquitetura" e descrevendo "as diversas idades do espaço", isto é, tornando definitivamente precisos em termos de crítica de arte todas as passagens da histórias arquitetônica moderna.

26. Ver B. ZEVI, "Significato e limiti della voce 'organico' rispetto all'architettura", *Verso un'architettura organica*, Turim, 1945, p. 63, com citações de Wright, Lescaze, Giedion, Hitchcock, Behrendt.

27. S. Molli-Boffa, M. Passanti, N. Renacco, A. Rizzotti, G. Becker, G. Fasana, M. Grossi, M. Oreglia, P. Perone, A. Romano, E. Sottsass Jr.

28. ZEVI, B. *Saper Vedere l'architettura*. Turim, 1948.

Nesse terreno, reconciliam-se definitivamente arquitetos e críticos de arte e difunde-se a convicção de ter-se superado as ingênuas proposições iniciais do movimento moderno, atingindo-se finalmente uma posição madura. [29]

O alvoroço desse discurso e a exigüidade da tradição moderna na Itália impedem que se reflita sobre as relações entre as primeiras experiências feitas no pós-guerra e as teses do movimento moderno e que se desenvolva, a partir dessas experiências, um método mais amplo, capaz de investir os temas mais importantes que se apresentam aos arquitetos italianos. Assim, o interesse pelos processos de construção correntes é aos poucos substituído pelo interesse pelas formas em que tais processos tradicionalmente foram configurados. O que conta não é a passagem do repertório racionalista e internacional para o popular e local — que modifica apenas o ponto de aplicação das energias dos arquitetos — mas a passagem de uma atitude ativa e inovadora para uma prevalentemente receptiva e retrospectiva.

Essa passagem amadurece por volta de 1950; nascem agora as obras de arquitetura chamadas neo-realistas — as casas de M. Ridolfi em Roma e em Terni, o refúgio de F. Albini em Cervinia, uma *villa* de I. Gardella no campo da região de Pavia — e que seria melhor chamar de pós-neo-realistas, pois a referência àquele momento cultural já está projetada no passado. O alto valor dessas obras, onde os desequilíbrios e as ingenuidades das primeiras tentativas do pós-guerra surgem superados com felicidade, constitui um argumento muito persuasivo; às boas intenções, contrapõe-se a maestria dos resultados. A Bolsa de Mercadorias construída no mesmo período por Michelucci, no centro de Pistóia, mostra que uma inteligente integração entre o repertório atual e o tradicional permite inserir harmoniosamente um edifício moderno em um ambiente histórico.

Em virtude da característica mobilidade da cultura arquitetônica italiana, as experiências de reutilização textual das formas tradicionais duram pouco e a pesquisa desloca-se quase que imediatamente para outras fontes de inspiração. Enquanto isso, contudo, adquire-se de maneira estável, de muitos dos melhores projetistas, a orientação metódica própria da tradição, ou

29. Ver B. ZEVI, *Architettura e storiografia*, Milão, 1951; *Storia dell'architettura moderna*, Turim, 1951 (especialmente o Cap. 12: "Il rinnovamento degli studi storici di architettura"); verbete Architettura na *Enciclopedia dell'arte*, v. I 1958, col. 615 a 700.

 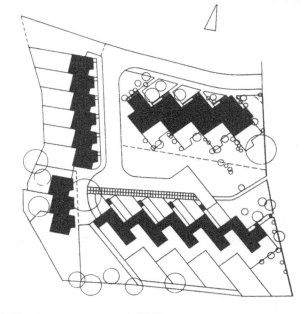

877, 878. As casas enfileiradas de Jacobsen, em Söholm, perto de Copenhague (1950-55; a foto mostra as casas de 1950).

879, 880, 881. Copenhague, escola em Gentofte (A. Jacobsen, 1952-56).

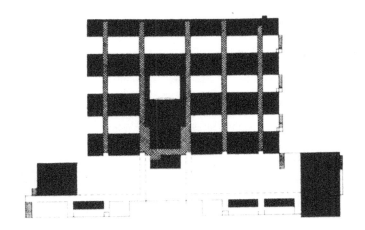 

seja, a tendência a tratar cada tema mais como ocasião isolada do que como proposta para a renovação da cidade.

O caminho aberto, partindo de tal posição, é a pesquisa da perfeição qualitativa; a situação que foi determinada é sumamente propícia à educação da habilidade de composição de alguns arquitetos e a produzir, por seleção, a exceção de alto nível que compensa o baixo nível geral.

Destacam-se entre essas obras a igreja da Madonna dei Poveri em Milão, de Figini e Pollini (1952), o edifício do INA em Parma, de F. Albini (1954; Figs. 902 e 903), a Caixa Econômica em Florença de Michelucci (1957), a loja Olivetti de C. Scarpa em Veneza (1959) e alguns arranjos de interiores de Albini — o museu de Palazzo Bianco e o tesouro da catedral de S. Lorenzo em Gênova (Fig. 901) — que atingem um nível muito alto (note-se que os melhores resultados são obtidos quando a ocasião, já de saída, possui um caráter excepcional).

Na Torre Velasca, em Milão (terminada em 1958), o estúdio BBPR realiza a singular tentativa de tratar um arranha-céu como episódio fechado em termos de perspectiva, enquanto esse gênero de edifício é agora normalmente interpretado como estrutura rítmica, aberta e tendencialmente repetível. A elevação da torre é dividida em duas zonas equilibradas entre si, enquanto que os elementos portantes verticais, modelados de baixo até em cima, servem para mediar em termos de perspectiva o volume geral do edifício e as aberturas uniforme dos andares singulares — como em Sullivan — substituindo, ao ritmo uniforme, uma gradação contínua e modulando com especial atenção o destaque do ressalto com que começa a zona superior (Fig. 904).

Entre o edifício e o ambiente urbano estabelece-se assim uma relação preponderantemente contemplativa. A torre propõe-se, diz Rogers, "resumir culturalmente, e sem copiar a linguagem de nenhum de seus edifícios, a atmosfera da cidade de Milão, a inefável embora perceptível caraterística"; [30] sua singularidade e irrepetibilidade deriva exatamente do fato de apresentar-se como contraposto isolado e recapitulação da paisagem preexistente; seria impossível reconhecer nela, mesmo por alusões, um tipo de edificação que possa ser multiplicado para mudar aquela mesma paisagem.

30. ROGERS, E. N. *Esperienza dell'architettura*. Turim. 1958, didascália frente à p. 312.

Essas obras não são mais como aquelas mencionadas, anteriores a 1950, fatos isolados em meio a uma produção heterogênea, mas sim estão em uma relação precisa com a construção civil corrente, que é influenciada por aquelas de maneira hierárquica. A exigência de individualizar intensamente as obras singulares, o hábito de carregar nos estímulos formais, de concentrar o empenho do projeto dentro de uma certa escala, formam um vasto terreno de entendimento entre arquitetos maiores e menores, operantes nas grandes cidades e nas pequenas, entre projetistas e executores, entre especialistas e leigos. Esse entendimento baseia-se, em grande parte, na aceitação dos métodos operativos e da hierarquia de valores próprios da tradição; a facilidade com que se instaurou demonstra que os hábitos tradicionais ainda estão bem vivos, isto é, que a sociedade italiana ainda se assemelha muito — sob esse aspecto — à antiga. A conciliação momentânea entre tradição e modernidade suscita, por outro lado, o interesse e quase sempre a aprovação dos observadores estrangeiros. [31]

Distanciada no tempo, somente uma pequena parte dessa atividade vale como contribuição para a solução de alguns problemas marginais da cidade moderna — a museografia, a ambientação de novos edifícios em bairros antigos monumentais —, enquanto algumas limitações implícitas pesaram negativamente sobre as experiências sucessivas, em uma medida bem mais grave:

— o hábito de transferir a exigência da continuidade histórica para o terreno formal, que conduziu, entre 1957 e 1960, a imitações propositais de formas passadas. As experiências que receberam o nome de *neo-liberty* [32] partiram de motivos de conteúdo (recuperar os valores de intimidade e de urbanidade contidos nas arquiteturas dos primeiros decênios deste século) que são prontamente ricocheteados para o

31 Ver G. E. KIDDER-SMITH, *Italy Builds*, Londres, 1955.
32. O termo foi usado pela primeira vez por P. PORTOGHESI (Dal neorealismo al neoliberty, *Comunità*, n. 65, p. 69); a *Architectural Review*, que já havia publicado uma nota hostil a essas experiências (v. 124, 1958, p. 281), posteriormente criticou-as duramente em um artigo de R. BANHAM (Neoliberty, the Italian Retreat from Modern Architecture, n. 747, 1959, p. 231); esse artigo provocou um amplo debate do qual participaram E. N. ROGERS (L'evoluzione dell'architettura. Risposta al custode dei frigidaires, *Casabella*, n. 228, p. 2), B. ZEVI (*L'Architettura*, n. 46-47 e *L'Espresso*, 24 maio 1959), C. BRANDI (*Corriere della Sera*, 10 jul. 1959), G. BERNASCONI (*Rivista Tecnica*, n. 8, 1959), P. PORTOGHESI (*Comunità*, n. 72, p. 68); R. BANHAM responde a todos em *Architectural Review*, n. 754 (1959), p. 341.

882, 883, 884. Moscou, construção do período stalinista: rua Novo-Peschanaya, rua Kosmsomolskaya e uma das casa pré-fabricadas, desenhadas pela Academia de Arquitetura da URSS.

plano formal, dando origem a um verdadeiro *revival* de breve duração;

— um conceito restrito da composição arquitetônica, semelhante ao teorizado por Perret, que se traduz em uma freqüente predileção pela simetria e a centralidade. Basta lembrar a elevação de uma casa em Via Mercadante em Roma, de M. Ridolfi (1957), o salão de honra do pavilhão italiano em Bruxelas, de I. Gardella (1958), e uma longa série de igrejas, dentre as quais a igreja recente de G. Michelucci em Larderello (1959). Esse pressuposto cria obstáculos à atividade de P. L. Nervi, retendo-a aquém de um limite já ultrapassado há uma geração por Maillart; seu excepcional talento para a construção é forçado a exercitar-se dentro de esquemas geométricos convencionais — no salão de Torino-Esposizioni, no Palazetto (Fig. 906) e no Palazzo dello Sport em Roma — aplicando-se ao acabamento mais do que à invenção do organismo estático;

— a dificuldade de enfrentar, acima de uma determinada escala, os problemas que condicionam de modo sempre mais urgente a vida da cidade moderna, portanto a falta de continuidade entre o empenho arquitetônico e o urbanístico. Este é o ponto crucial da arquitetura italiana de hoje, e somente considerando-se dentro dessa moldura a todos os outros fatos — inclusive a produção de alto nível dos melhores arquitetos — pode-se avaliar seu significado.

Em plena guerra, em 1942, é promulgada na Itália a primeira lei urbanística geral, que prevê uma hierarquia de planos de várias ordens — territoriais, intercomunais, comunais e particularizados — a ser estendida a todo o território. Depois do conflito, os urbanistas dispõem, portanto, de um instrumento técnico novo e avançado; contudo, não foi dado ao mesmo tempo qualquer passo para reforçar o controle das autoridades planificadoras sobre os interesses particulares, públicos e privados, enquanto que a conjuntura econômica imprime de repente a esses interesses uma força e uma agressividade certamente não previstas pelos legisladores, os quais trabalharam em um momento de parada econômica quase completa.

Assim, as exigências de produtividade próprias à reconstrução passaram a sobrepujar as exigências de coordenação da planificação; ou melhor, na desorientação devida à passagem da velha para a nova disciplina urbanística, a eficiência da intervenção pública em cada um dos setores pode ser obtida somente pondo-se em ação fortes organizações verticais e, portanto, enfraquecendo ulteriormente as ligações horizontais que sobreviveram.

No setor das construções populares, depois de várias experiências conduzidas com critérios principalmente quantitativos, é instituído, em 1949, um novo órgão — o INA-Casa, financiado por uma contribuição retida dos salários de todos os trabalhadores — que controla, do centro, a condição técnica e econômica dos trabalhos, confiando a execução dos mesmos aos órgãos periféricos já existentes. De tal modo, visando sempre tornar autônoma a organização desse setor, tal como se fez a partir de 1903, puderam-se aproveitar até o fim as vantagens dessa orientação, criando no centro um único organismo propulsor, mas eximindo-o da maior parte do trabalho burocrático; pôde-se, por conseguinte, tomar como objetivo, além da quantidade (o INA-Casa construiu 400 000 alojamentos), a qualidade, selecionando, no centro, os projetistas e trazendo, em pouco tempo, o nível da construção subvencionada — tradicionalmente inferior à média — para perto do máximo absoluto que a arquitetura italiana está hoje apta a atingir.[33]

Os primeiros bairros projetados por volta de 1950 registram, com grande evidência, as tendências contrastantes daqueles anos; as circunstâncias particulares do projeto INA-Casa — a grande liberdade concedida aos arquitetos e a carência de relações concretas com as demais forças que agem no mesmo campo, devida à falta de coordenação horizontal com as outras formas de planificação — conduzem automaticamente a exacerbar as direções formais.

O bairro Tiburtino, em Roma, projetado por C. Aymonino, C. Chiarini, M. Fiorentino, F. Gorio, M. Lanza, S. Lenci, P. Lugli, C. Melograni, G. Menichetti, L. Quaroni, M. Ridolfi e M. Valori, é o exemplo mais conspícuo do chamado "neo-realismo" (Figs. 907 e 908); mas sobretudo a variedade dos resultados arquitetônicos que vieram à luz nos diversos bairros — que vai muito além das diferenças naturais de clima, de hábitos e de métodos de construção de lugar para lugar — demonstra as condições de isolamento e de incerteza em que se encontraram os projetistas (Figs. 909 e 910).

33. Para os bairros dos primeiros sete anos (1949-1955), ver: *L'INA-Casa al IV Congresso di urbanistica*, Veneza, 1952, e G. ASTENGO, Nuovi quartieri in Italia, *Urbanistica* n. 7, 1951, p. 9; para os bairros do segundo período de sete anos (1956-1962), ver a seção de R. BONELLI, Quartieri e unità d'abitazione INA-Casa, *L'architettura*, n. 31 e ss.

885, 886. Moscou, arranha-céu perto de Krasnye Vorota e hotel na rua Kalanchevskaya.

887, 888. A reconstrução na URSS; pinturas do pavilhão soviético na Exposição Universal de Bruxelas de 1958.

Enquanto que, graças ao INA-Casa e à indústria privada, as cidades italianas recomeçam a crescer com ritmo acelerado, a disciplina urbanística prevista pela lei de 1942 demora em ser aplicada. É preciso esperar até 1953 para ver aprovado o primeiro plano regulador geral de acordo com a nova lei, o de Milão,[34] e até 1954 para que seja publicado uma primeira relação de cem Comunas obrigadas a dotar-se de um novo plano regulador. Em todas as cidades, porém, a formação dos planos depara com obstáculos; em fins de 1958, somente treze das cem Comunas obrigadas ao plano regulador possuem um plano aprovado e, em toda Itália, somente quarenta e três de aproximadamente oito mil.

A falta de disciplina urbanística compromete a integridade dos centros monumentais, os quais se encontram expostos aos assaltos de especulação. As leis e as autoridades encarregadas da tutela dos valores históricos e artísticos pertencem a uma administração diversa daquela que faz os planos urbanísticos, fato pelo qual as exigências da conservação jamais podem ser racionalmente confrontadas com as exigências de renovação e estas últimas facilmente passam a predominar, multiplicando os estragos e provocando protestos muitas vezes tardios.[35]

Mais preocupadora, contudo, é a degradação dos organismos urbanos em seu conjunto. Todas as cidades, inclusive as mais ilustres, são envolvidas por uma periferia, onde se repetem — independentemente da qualidade e da veste arquitetônica dos edifícios singulares — a desordem e a desolação próprias dos aglomerados paleoindustriais, em virtude da mesma desproporção entre a escala do processo e a escala de providências para enfrentá-lo.

Essa descrição dos acontecimentos urbanísticos é estritamente complementar à descrição precedente sobre as tendências arquitetônicas. A mesma combinação de causas propícias ao aprofundamento de alguns problemas arquitetônicos isolados, cria obstáculos à planificação urbanística e põe os arquitetos italianos perante escolhas radicais. Nos anos de 1959 em diante, uma série de acontecimentos — o debate sobre o novo plano regulador de Roma,[36] a crise das Faculdades de Arquitetura,[37] a exigência de uma nova lei urbanística, incluída finalmente, em 1962, no programa do governo[38] — põem em crise a cultura arquitetônica do pós-guerra. Os arquitetos italianos, após terem individuado os problemas, demonstraram ser incapazes de propor as soluções; por isso, nos anos sessenta, o debate fica paralisado e é recolocado em movimento somente em fins da década, quando os usuários da cidade, organizados em sindicatos e em associações políticas, tomam consciência de seu mal-estar e começam a apresentar requerimentos precisos.

Na França, o problema da reparação dos danos da guerra (foram destruídas aproximadamente 450 000 habitações, isto é, 5% das existentes em 1939) encaixa-se na crise de alojamentos que já era aguda antes da guerra, em virtude da parada prolongada da indústria da construção civil.

A crise corresponde a uma profunda transformação econômica e social, que tende a redistribuir a população francesa no território; mas os remédios cogitados contra os inconvenientes dessa redistribuição — o congelamento dos aluguéis, as subvenções do Estado para oferecer aos trabalhadores um alojamento a preço político — aumentaram excessivamente a viscosidade do processo e acabaram por cristalizar a situação, por

---

34. Ver o fascículo especial de *Urbanistica*, n. 18-19 (1956).

35. Em 1956, foi constituída a associação "Italia Nostra" para a defesa do patrimônio artístico e natural italiano; no mesmo ano, foi formada uma comissão parlamentar para a modificação da legislação referente ao assunto, que foi dissolvida em 1958 sem ter concluído seus trabalhos; o Instituto Nacional de Urbanística dedicou a reunião de 1957, em Lucca, à defesa da paisagem urbana e rural; o fascículo 27 (1957) da revista *Ulisse* é intitulado Difendiamo il patrimonio artistico; a XI Trienal organizou em 1957 um congresso internacional sobre a *Atualidade urbanística dos monumentos e do ambiente antigo*.

36. A esse problema, são dedicados três números sucessivos da revista *Urbanistica* (n. 27, 28 e 29, saídos em 1959); os desenvolvimentos sucessivos são documentados nos números seguintes da revista, e o projeto definitivo de 1962 é ilustrado no n. 40, de 1964.

Um primeiro projeto, preparado entre 1954 e 1958 por um comitê de peritos (E. Del Debbio, E. Lenti, R. Marino, V. Monaco, S. Muratori, G. Nicolosi, L. Quaroni, L. Piccinato) foi clamorosamente recusado pela Administração em 1958 e substituído no ano seguinte por um plano de ofício, criticado por todos os urbanistas e os institutos culturais. Somente em 1962 foi possível substituí-lo por um plano mais aceitável, feito por M. Fiorentino, P. Lugli, L. Passarelli, L. Piccinato, M. Valori.

37. De 1960 a 1963, o protesto dos estudantes tornou insustentável o velho ordenamento acadêmico das Faculdades, sobretudo nas cidades maiores, Milão e Roma, porém não conseguiu uma efetiva melhoria dos estudos (ver o número especial de *Casabella*, 287, maio 1964); mais tarde, o movimento estudantil descobre aos poucos as causas políticas dessa situação, que são comuns a todo o ensino universitário.

38. Os primeiros projetos apresentados em princípios dos anos sessenta estão reunidos no livro de F. Sullo, *Lo scandalo urbanistico*, Florença, 1964.

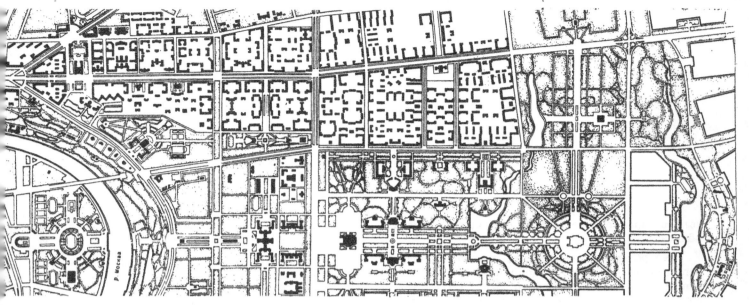
889. Moscou, uma parte do tecido urbano perto das colinas de Lênin (de *Urbanistica*).
890. Vista do alto da Stalinallee de Berlim Oriental.

vezes em manifesta contradição com as exigências econômicas.

No pós-guerra, apresenta-se uma alternativa: ou percorrer resolutamente o caminho da planificação urbanística e reexaminar a distribuição das residências em relação às fontes de trabalho, fazendo frente aos previsíveis inconvenientes conjunturais, ou aceitar a distribuição atual e resolver de modo tecnicamente correto as carências atuais.

Em 1944, é instituído o Ministério da Reconstrução e da Urbanística, ao qual pertencem tanto a planificação urbana e rural, quanto a construção subvencionada. Mas as leis sobre a reparação dos danos de guerra, baseando-se no conceito de recolocar os imóveis destruídos nas posições primitivas, trazem uma nova contribuição para o enrijecimento da situação e criam obstáculos ao enquadramento urbanístico do problema dos alojamentos.

E. Claudius Petit, que é Ministro da Reconstrução e da Urbanística de 1948 a 1953, esforça-se por colocar em ação uma planificação de longo fôlego, criando um novo comitê de estudos para o plano de Paris, encarregado de atualizar o plano Prost, à luz de um programa regional [39] e instituindo, em 1950, uma comissão de estudos para o plano nacional, ladeada por comissões regionais "onde se sentarão geógrafos, especialistas da agricultura e da indústria, economistas, médicos, em suma, personalidades extremamente diversas, escolhidas em razão de sua capacidade, de sua autoridade e do interesse que trazem para os problemas da planificação territorial, excluindo-se os 'homens notáveis', cuja ação é por demais dispersa para ser verdadeiramente eficaz". [40]

A crise funcional do sistema político francês, nos anos da Quarta República, torna impossível continuar com energia no caminho da programação urbanística geral. Consciente dessa dificuldade, Petit move-se desde o princípio até o fim em um outro sentido, promovendo algumas intervenções públicas isoladas de grande empenho, a fim de remover com uma demonstração prática e inércia da opinião pública e a fim de aproveitar inteiramente as vantagens oferecidas pela atual colocação legislativa, visando a um elevado nível técnico e utilizando as forças mais vivas da cultura arquitetônica francesa. Ele descreve da seguinte maneira os motivos dessa intervenção:

O começo fracionado de grandes complexos de construções representa o único meio de diminuir os custos de produção e, ao mesmo tempo, garantir a melhora da qualidade, que é o mérito da produção industrial de ciclo completo. É evidente que essa visão representa o oposto da tendência, talvez justa, de alcançar o preço mais baixo mediante a concorrência, sem se preocupar com a paralisação que se verifica, como conseqüência, no progresso técnico. Seguindo tal visão e aplicando-a, é possível planificar os trabalhos, atingir uma alta e eficiente concentração das instalações, aumentar a pré-fabricação em curso, generalizar a manutenção mecânica e organizar os canteiros de obras.

Assim, uma vez que a crise de alojamentos é um fenômeno de civilização, a técnica das construções sofre uma evolução — freqüentemente de má vontade — cujas conseqüências por enquanto são imprevisíveis. As tradições profissionais e os sentimentos que suscitaram no público... são totalmente inadequados à grandeza do problema, e isso não representa um obstáculo pequeno. É um obstáculo que somente pode ser superado pela demonstração prática da eficácia de um novo método... Operações desse gênero têm várias conseqüências positivas. Além da possibilidade de planificação satisfatória em massa e além de diminuir o custo da construção melhorando sua qualidade, elas permitem a criação arquitetônica. Assim, a arquitetura liga-se novamente às grandes tradições, oferecendo ao arquiteto das soluções monumentais, dos jogos de volumes, a pesquisa da adaptação às funções que deve levar a termo a construção. [41]

Realizaram-se assim os grandes complexos de Estrasburgo, de Saint-Etienne, de Angers, de Lyon; mas as experiências mais significativas, em relação à histórica cultural precedente, são os trabalhos de Perret em Le Havre e em Amiens, e a *unité d'habitation* de Le Corbusier em Marselha.

Perret recebe o encargo de estudar o plano de reconstrução de Le Havre — arrasada quase completamente na parte central — desde 1944, mas os trabalhos começam apenas em 1947 e prosseguem até a morte do mestre, ocorrida em 1954. O plano de Perret é, na realidade, um programa arquitetônico, que exige ser desenvolvido até os detalhes de execução; de fato, o mestre assume o ônus de projetar os edifícios principais, o *Hôtel de ville*, a igreja e os vários grupos de residências (Figs. 918 e 919), organizando, para esse fim específico, um *atelier*. [42]

Todo o arranjo obedece a um módulo constante de 6,21m, que torna possível a uniformização e pré-

---

39. GIBEL, P. L'aménagement de la région parisienne. *La Vie urbaine*, 1950, p. 115.

40. Cit. em P. LAVEDAN, *Histoire de l'urbanisme, époque contemporaine*. Paris, 1952, pp. 177-178.

41. PETIT, Claudius E. Esperienze della ricostruzione francese. *Casabella*, n. 199 (1953-54), p. 37.

42. Colaboradores: P. Branche, P. E. Lambert, A. Le Donné, A. Hermant, J. Poirrier, J. E. Tournant; para a documentação, ver *Urbanisme et Habitation*, 1953, p. 81; *Casabella*, n. 215 (1957), p. 49.

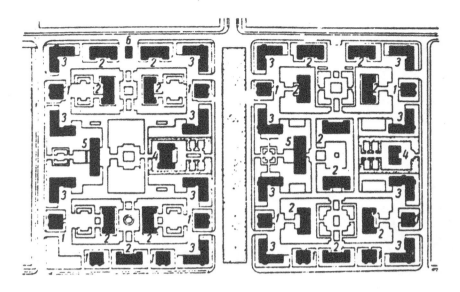

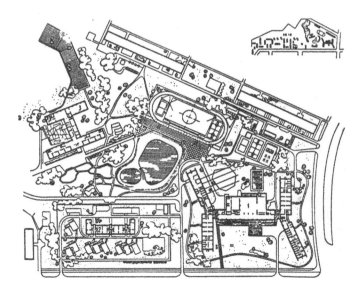

891, 892, 893. Três modelos sucessivos de superbloco: o staliniato de composição simétrica, o kruscheviano de composição livre e o Dom Komplex para 2 200 habitantes – inspirado nas propostas de 1930 – de Osterman e Petrnskova, publicado em 1965.

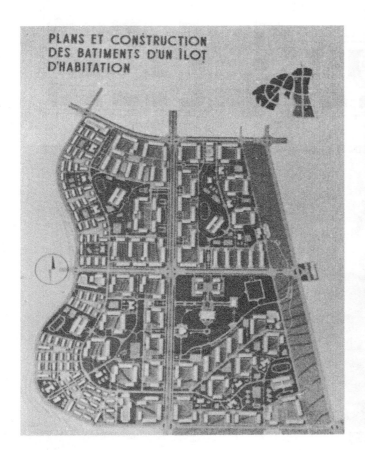

894-897. As novas construções soviéticas, novos modelos apresentados na Exposição Universal de 1858.

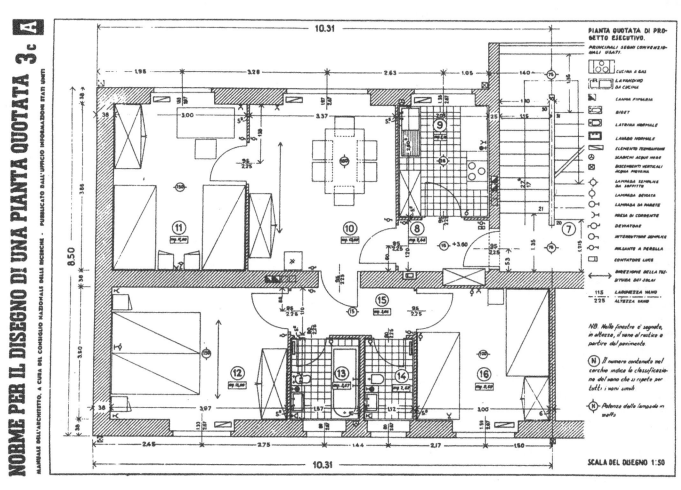

898. Uma página do *Manuale dell'architetto* (1946).
899. Roma, a galeria da estação Termini (Calini, Montuori, Castellazzi e Vitellozzi, 1948-50).

-fabricação de muitos elementos de construção: em alguns edifícios, de toda a estrutura — traves, pilastras, pavimentos —, em outras, apenas as vedações, divisões e escadas. Tomou-se cuidado para que a uniformidade dos elementos não produzisse monotonia, no conjunto, variando-se oportunamente a disposição dos volumes, as combinações rítmicas e introduzindo, pelas razões expostas, alguns elementos excepcionais.

Essa grande experiência mostrou as vantagens, mas também os limites do pensamento de Perret, e seu distanciamento dos problemas urbanísticos modernos. Ele não possui uma metodologia urbana que lhe permita escalonar as decisões em vários tempos e em várias escalas; por maior que seja o campo, ele vê sempre seu tema como um projeto de arquitetura, onde o conjunto é regulado pelos mesmos critérios de simetria, de ordem e de proporção que valem para as partes singulares.

O arquiteto esforça-se, dessa maneira, para exaurir em um único ato de projetar a criação de um novo organismo urbano, porém encontra limites insuperáveis de espaço e de tempo; de espaço, porque um único projetista ou um grupo de projetistas consegue controlar somente uma certa quantidade de trabalho, além da qual o problema de organização interna se torna intoleravelmente complicado; de tempo, porque toda a operação está ligada à situação econômica, social e administrativa, tal como ela se apresentava no momento da disposição, e deve exaurir-se antes que essa situação se modifique demais.

A crescente complicação da técnica e a velocidade das transformações sociais e econômicas restringem progressivamente esses limites, tornando a tese de Perret sempre mais antinatural. A arquitetura registra fielmente esse contraste; Perret e sua equipe podem resistir à pressão das mudanças externas somente acentuando o caráter mecânico de seu repertório de composição, e o velho mestre concentra seu esforço nos edifícios mais representativos, caindo agora no maneirismo de si mesmo.

Essa involução acentua-se na reordenação de Amiens (Figs. 920 e 921). É uma vasta praça que interrompe a roda dos *boulevards* frente à estação ferroviária, com edifícios com pórticos de arquitetura uniforme e uma torre de mais de cem metros que invade o panorama da cidade a curta distância da célebre catedral. As formas, aqui, são abertamente neoclássicas, especialmente na fachada da estação: é a última das reordenações monumentais da tradição francesa, agora decididamente fora de nosso tempo.

Le Corbusier está igualmente seguro do poder de solução da arquitetura mas, diferentemente de Perret, está armado com uma metodologia urbanística já amplamente desenvolvida em termos teóricos e seu problema preliminar é a pesquisa da escala adequada, dentro da qual possa ser posta em ação uma intervenção arquitetônica global, que reúna em um organismo unitário um certo número de células residenciais e seus serviços comuns.

Nasce, assim, o conceito de *unité d'habitation* que Le Corbusier amadureceu lentamente por toda a vida, já que o ponto de partida remonta, segundo o autor, a 1907 [43] e a primeira formulação arquitetônica é de 1922, com os *immeubles-villas*.

A cidade antiga era composta de casas ou de palácios, e sua dinâmica era garantida pelo desempenho recíproco desses elementos, cada um deles controlável por meio de uma intervenção distinta da projetação.

A tentativa de estender a porções inteiras de uma cidade, ou a uma cidade inteira, os critérios de projeto unitário válidos para um edifício satisfaz a exigência de controlar sistemas mais extensos, porém bloqueia o dinamismo do conjunto, como no caso de Le Havre. O verdadeiro problema consiste em encontrar a dimensão de um novo elemento constitutivo, maior e dotado de atribuições funcionais mais complexas; o desempenho desses novos elementos deverá garantir o dinamismo da cidade moderna, distribuindo em diversos tempos e através de diversas competências sua coordenação recíproca.

A mesma possibilidade de desempenho permite começar com uma única experiência que, todavia, poderá sugerir a imagem de toda a cidade futura.

Há aproximadamente uma década, como já foi dito, a atividade de Le Corbusier é quase que apenas teórica; logo depois da guerra, assiste às primeiras tentativas de reconstrução, apresentando propostas e mais propostas — as casas montadas a seco, [44] as construções *murondins*, [45] as escolas volantes para os desalojados, [46] os *logis provisoires transitoires* [47] —,

---

43. Ver LE CORBUSIER, *Oeuvre complète 1946-1952*, Zurique, 1955, p. 193: "O surgimento do tema da unidade de habitação remonta a uma primeira visita a Certosa de Ema, na Toscana, em 1907".

44. *Oeuvre complète 1938-1946* cit., p. 38.

45. Ibidem, p. 94; ver *Les constructions murondins*, Paris, 1941.

46. Ibidem, p. 100.

47. Ibidem, p. 130.

900. Pistóia, o novo edifício da bolsa de mercadorias, de G. Michelucci; a primeira "inserção" feliz de um edifício moderno em um centro medieval italiano, à maneira de Asplund.

901. F. Albini, interior do tesouro da catedral de S. Lorenzo em Gênova (1950-57).

902, 903. Parma, edifício INA (F. Albini, 1955).

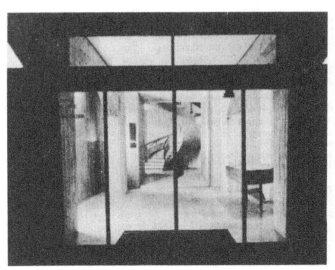

define seus conceitos arquitetônicos e urbanísticos — o *brise-soleil*,[48] as quatro ruas,[49] as quatro funções da urbanística,[50] os três estabelecimentos humanos,[51] o *modulor*[52] (Fig. 922), as sete vias[53] — e escreve novos livros a fim de expor novamente seus programas passados ou de comentar as experiências feitas.[54]

Em 1944, estudando um novo sistema de alojamentos de emergência em série, Le Corbusier propõe a construção de corpos de edificação muito profundos, percorridos por uma rua interna que sirva alojamentos em dois níveis, separados por divisões transversais em alvenaria. Essas edificações são chamadas *unités d'habitation transitoires* e possuem apenas dois andares, para que sejam construídas e demolidas com facilidade. Mas, aplicando esse dispositivo aos prédios altos é possível concentrar em um bloco compacto um grande número de alojamentos, deixando cada um independente dos demais e dando frente para os dois lados. É a *unité d'habitation de grandeur conforme*, que compreende aproximadamente 400 alojamentos e contém em seu interior ou seus prolongamentos todos os serviços necessários para completar a vida familiar: estacionamentos, lojas, creches, lavanderias, espaços para o lazer e os exercícios físicos. Essa é a célula fundamental para o tecido da cidade moderna, porquanto permite destinar a maior parte do terreno a zonas verdes, embora conservando uma densidade elevada, e simplificar as redes viárias, mantendo diferenciados os vários tipos de circulação (Fig. 925).

Nos planos de reconstrução estudados para Saint-Dié (Fig. 926), para Saint-Gaudens,[55] para La Rochelle, Le Corbusier insiste nessa idéia; finalmente, em 1946, recebe do Ministério da Urbanística e da Reconstrução o encargo de tentar a primeira experiência concreta em Marselha (Figs. 923, 924, 927 e 928). Em meio a muitos contrastes e dificuldades, o edifício é terminado em 1952; o resultado arquitetônico é tão impressionante que chega mesmo a mobilizar o grande público, de uma maneira que não ocorria há muito tempo, porém persistem algumas dificuldades de funcionamento: uma parte dos alojamentos fica vazia e os serviços comuns ao sétimo e oitavo andares — lojas de alimentos, bar, cafeteria, tabacaria, cabeleireiro, jornaleiro, florista, agência de correio — são realizados somente mais tarde. Assim, por diversos anos, o edifício funciona como um monumento, visitado a cada dia por trezentos espectadores pagantes; nele organizam-se exposições de pintura e congressos, e os guias turísticos o indicam desde logo como *ville radieuse*. Em outras palavras, a primeira *unité* realizada equivale ainda, sob muitos aspectos, a uma proposta demonstrativa, como tantas outras idealizadas antes por Le Corbusier. A seguir uma segunda *unité* é construída em Nantes, por uma cooperativa privada (1953-55), uma terceira, em Berlim (encomendada pela Administração da cidade por ocasião do Interbau, 1957), uma quarta, em Briey-en-Forêt e uma quinta em Firminy. Em Nantes e em Berlim foram suprimidos os serviços comuns, enquanto que a de Briey (que contém 360 apartamentos de tamanho médio) faz parte de um complexo que deverá compreender também 49 alojamentos maiores enfileirados e 200 menores, devidos a M. Pingusson, além dos serviços comuns dispostos em uma construção à parte. Em 1960, Le Corbusier manteve contato com as fábricas Renault para construir em série as *unités*, adotando uma estrutura metálica.[56]

O entusiasmo e a perplexidade provocadas por essas experiências fazem retornar ao programa urbanístico que está implícito na própria idéia da *unité*; em relação a esse programa, cada uma das *unités* realizadas faz as vezes de amostra isolada e não pode, portanto, ser julgada como um objeto arquitetônico autônomo.

A idéia da *unité d'habitation* é uma das hipóteses mais importantes da cultura urbanística de hoje. Ela pode ser descrita em termos puramente funcionais: trata-se de superar a distância agora muito grande entre a dimensão da cidade moderna e a dimensão dos

---

48. Ibidem, p. 103; "Le brise-soleil", em *Techniques et Architecture*, 1946, p. 25.

49. De terra, de ferro, de água, de ar; ver *Sur les 4 routes*, Paris, 1941.

50. Habitar, trabalhar, cultivar o corpo e o espírito, circular; ver *La Charte d'Athènes*, Paris, 1943.

51. A unidade agrícola, a cidade linear industrial, a cidade radiocêntrica das trocas; ver *Les trois établissements humains*, Paris, 1944.

52. Nova escala de medida em relação harmônica, definida em 1945; ver *Le Modulor*, Paris, 1950.

53. As ruas de fluxo primárias, secundárias, terciárias, as ruas comerciais, as ramificações que levam às unidades de habitação, as ruas internas da unidade, as ruas de serviço nas zonas verdes; ver *Oeuvre complète 1946-1952*, p. 94, e *Le Modulor* cit.

54. *La maison des hommes* (com F. DE PIERREFEU), Paris; 1942; *Entretien*, Paris, 1943; *Perspectives humaines*, Paris, 1946; *Propos d'urbanisme*, Paris, 1946; *Manière de penser l'urbanisme*, Paris, 1946.

55. Em colaboração com M. Lods.

56. PETIT, J. Le Corbusier propose des unités d'habitation en séries. *Zodiac*, n. 7 (1960), p. 39.

904. Milão, a Torre Velasca do estúdio BBPR (1957).
905. Bruxelas, a vidraça do salão de honra, no pavilhão italiano da Expo de 1958 (I. Gardella).

edifícios singulares portanto de não pensar a cidade em termos de casas e de serviços públicos, mas sim introduzir um submúltiplo — ou uma série de submúltiplos — dentro dos quais existia um equilíbrio prefixado entre residências e serviços. Resta ver se esse submúltiplo deve traduzir-se em um bloco de construção unitário ou em um sistema articulado de edifícios; ou melhor, se se pensa em uma série de submúltiplos de diversos tamanhos segundo os diversos gêneros de serviços, é evidente que cada um, no caso geral, deverá articular-se de modo arquitetonicamente complexo.

Em torno dessa formulação gira atualmente grande parte da cultura urbanística, com resultados diversos, que vão desde os bairros de Bakema e Van den Broek até as *superquadras* brasileiras e os *kvartal* soviéticos.

Le Corbusier fixa sua atenção no menor submúltiplo da escala — que compreende cerca de 400 alojamentos, ou seja, 1 200 a 1 500 habitantes (como no falanstério de Fourier, ou no paralelogramo de Owen), que é o número que requer uma primeira dotação de serviços comuns, isto é, a creche, o jardim de infância, os espaços recreativos, um grupo de lojas de primeira necessidade — e o traduz desde logo em uma imagem plástica unitária. Com efeito, ele se sente premido — depois de trinta anos de batalhas quase sempre infortunadas — a pôr em segurança seu campo de ação de arquiteto, dentro de uma dimensão calculada e repetível, isto é, urbanisticamente correta. De fato, a *unité* coloca-se no tecido da cidade existente com plena autonomia plástica e faz alusões, ao mesmo tempo, a uma alternativa urbanística global.

Porém, a autonomia plástica, que é atingida plenamente mesmo por uma única unidade-amostra, não traz consigo uma correspondente autonomia funcional. O funcionamento correto de cada *unité* somente pode ser obtido em relação à presença das outras circundantes, porque as relações entre as residências e os serviços — mesmo no nível primário — não podem ser concebidas de modo rígido e unívoco, no sentido de que esses habitantes devam usufruir tais serviços forçosamente, mas devem ser admitidas as escolhas entrecruzadas, que são a própria razão da vida da cidade.

Isso explica a dificuldade de fazer funcionar os serviços comuns a meia altura, como em Marselha; se, na teoria, 400 famílias requerem uma loja de alimentos, não se está dizendo que aquelas 400 famílias queiram servir-se dessa loja.

A instalação dos serviços comuns no térreo, como é prevista em Briey-Forêt, parece ser o bom caminho para conduzir a uma integração da *unité* em um tecido mais complexo: talvez em Firminy se construam três, próximas, com serviços comuns mais completos e até uma escola primária.

Por outro lado, a fase experimental da *unité* prolongou-se mais do que o necessário. Depois do encargo de Marselha, Le Corbusier tem de contentar-se com algumas ocasiões oferecidas por particulares ou no exterior e não tem mais maneira de influir diretamente nos programas de construção pública franceses. Repete-se também na França o contraste entre as exceções de alto nível e a produção corrente, que fica por longo tempo em um nível baixo, enquanto não se difundem os novos procedimentos de pré-fabricação pesada, dos quais se falará a seguir.

As exceções francesas — ao menos no caso de Perret e de Le Corbusier — são legitimadas por uma preparação cultural muito mais longa e estão aptas a influir nos desenvolvimentos sucessivos de modo mais amplo do que aquilo que ocorre na Itália. Os recentes sistemas de pré-fabricação aplicam, de fato, em escala industrial, algumas experiências técnicas iniciadas pelos dois mestres nos cinqüenta anos anteriores; mas justamente o caráter indireto dessa passagem é o que empobrece a cultura arquitetônica francesa, tornando precários os resultados alcançados.

A reconstrução na Alemanha desenvolve-se em circunstâncias totalmente especiais, em virtude do grande número de danos de guerra, maior do que em qualquer outro país: dos dez milhões e meio de habitações existentes na Alemanha Ocidental, quase cinco milhões foram danificadas, dentre as quais 2 350 000, completamente destruídas.

As cidades, naturalmente, são mais atingidas do que o campo: quase todos os centros de uma certa grandeza tiveram ao menos 50% de demolições, chegando a 70% em Colônia, 75% em Würzburg e ainda mais em Berlim, onde se pode dizer que a cidade anterior não mais existe e onde outras duas nascem trabalhosamente de suas ruínas, a leste e a oeste. [57]

O êxodo das populações dos grandes centros foi quase completo: Colônia que tinha meio milhão de habitantes, estava reduzida em 1945 a menos de cinqüenta mil. Além disso, calcula-se que dez milhões de pessoas se tenham transferido da Alemanha Orien-

---

[57]. Cifras oficiais comunicadas pelo Ministro das Habitações, W. FEY, em *Der Aufbau*, ago. 1953.

906. Roma, abóbada do Palazzetto dello Sport, de P. L. Nervi e A. Vitellozzi (1960).

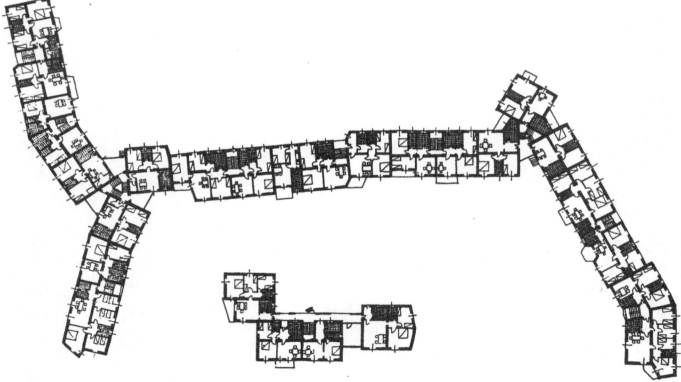

907, 908. Roma, bairro INA-Casa Tiburtino: a praça entre as casas de Ridolfi, Quaroni e Fiorentino; as plantas das casas de Quaroni, e Fiorentino (de *Casabella*).

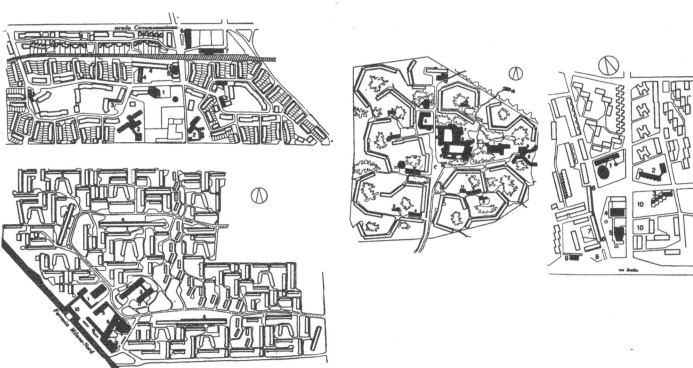

909. 910. Vista do bairro INA-Casa Tuscolano em Roma; em primeiro plano, a unidade de habitação horizontal de A. Libera.

911. Plantas de outros quatro bairros INA-Casa dos primeiros sete anos (1949 a 1956): Ponticelli em Nápoles (projeto do órgão), Cesate em Milão (Albini, Albricci, Castiglioni, Gardella, BBPR), Falchera em Turim (Astengo e outros), Borgo Paniale em Bolonha (Vaccaro e outros; de *Architettura-cantiere*). Em preto, os edifícios públicos.

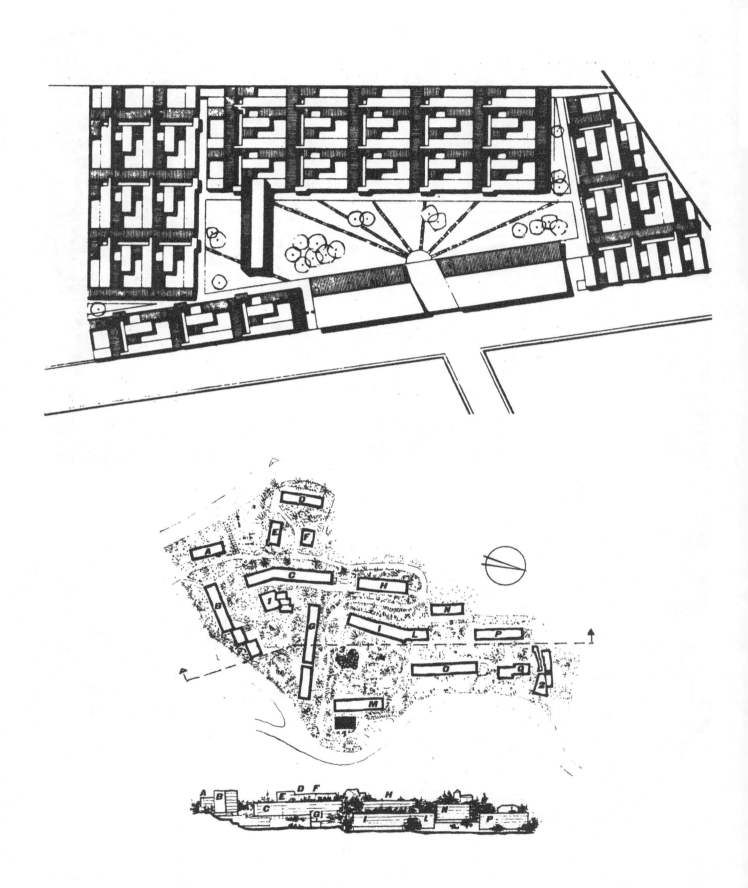

912, 913. Planta e perfil do bairro INA-Casa Villa Bernabò Brea em Gênova, de L. C. Daneri (1949-56).

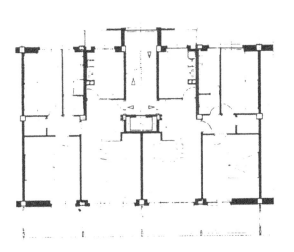

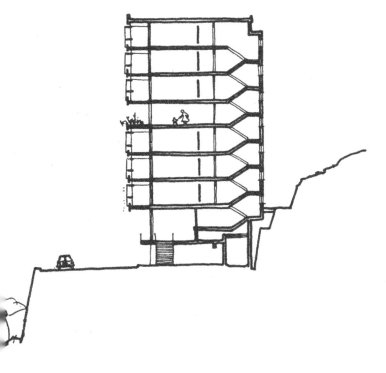

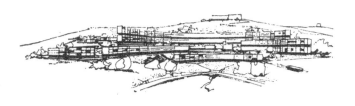

914-917. Gráficos e duas vistas do bairro INA-Casa Forte Quezzi em Gênova de L.C. Daneri (1957-64). Os dois complexos de Daneri, estudados longe das polêmicas culturais do pós-guerra, permanecem os melhores bairros construídos até agora pelas entidades públicas na Itália.

tal para a Ocidental; assim, até mesmo a distribuição da população modificou-se muito.

Até 1948, quando se procede à mudança da moeda, nenhuma providência eficaz pode ser tomada para a reconstrução; entre 1949 e 1950, graças ao auxílio norte-americano, são construídos 100 000 alojamentos e, em 1950, vota-se a nova lei sobre habitações, que se propõe construir em seis anos 1 800 000 alojamentos. A partir de então, a reconstrução prossegue com bom ritmo e hoje pode-se dizer que o problema dos alojamentos está próximo de sua solução.

No campo da planificação, as dificuldades são maiores. A legislação urbanística deixa toda a responsabilidade de planificação para as autoridades locais, de modo que os interesses particulares pesam mais do que o necessário nos planos reguladores das cidades alemãs e em lugar algum se consegue pôr em ação uma operação de expropriação e de reordenação em vasta escala, tal como os holandeses fizeram para Roterdã.

Nas cidades alemãs reconstruídas, os lineamentos sobreviventes do aspecto antigo e tradicional são com freqüência conservados diligentemente. Muitos monumentos arruinados ou arrasados são refeitos com grande cuidado, segundo o aspecto primitivo, e por vezes complexos inteiros, como as casas às margens do rio de Colônia, perto de San Martim, são revividos ao pé da letra. Nesse campo, fizeram-se importantes experiências e os alemães demonstram, com sua técnica meticulosa, que é possível imitar plausivelmente não apenas os esqueletos de alvenaria, mas também — dentro de certos limites — os acabamentos e ornamentos originais, restituindo uma imagem não arbitrária de obras que pareciam definitivamente perdidas; bastará citar o palácio episcopal de Bruchsal e, na Alemanha Oriental, o Zwinger, de Dresden: são, por assim dizer, modelos ao vivo das obras originais, que naturalmente não as substituem propriamente, mas facilitam sua reconstrução crítica e renovam sua presença na paisagem urbana.

Esse modo de entender a reconstrução deve-se tanto ao apego à imagem da cidade tradicional, quanto à pressão do interesse particular, que impele a reproduzir o mais possível o antigo aproveitamento do solo. Todavia, os vastos domínios públicos, possuídos por quase todas as administrações, contiveram bastante a especulação da construção civil, pelo que, mesmo no centro das cidades, pôde-se evitar um exagerado adensamento das construções (Fig. 930).

A falta de um adequado enquadramento urbanístico e o alto custo dos materiais, em relação ao da mão-de-obra, imprimiram à arquitetura alemã, especialmente nos primeiros anos do pós-guerra, um caráter um tanto artesanal; porém, ao lado do desenvolvimento da indústria, do melhoramento das provisões e a difusão do bem-estar, que fez crescer o custo da mão-de-obra, manifesta-se uma tendência oposta, para uma arquitetura altamente industrializada. O contraste é retomado e mesmo forçado no terreno formal, pois uma parte da produção alemã ostenta paredes de tijolos, telhados inclinados e perfis tradicionais, enquanto uma outra adota um repertório atualizadíssimo, freqüentemente com um gosto pelo polêmico que não é mais habitual na arquitetura européia. Deve-se lembrar sobretudo algumas salas de espetáculos, de instalações movimentadas e voluntariamente sensacionais (o teatro do Estado de Kassel, de H. Scharoun e T. Mattern; a Liederhall de Stuttgart de A. Abel e R. Gutbrod, o Teatro Municipal de Münster [Fig. 931]) e alguns edifícios de escritórios de impecável e rigorosa composição modular, como a sede recente da Mannesmann em Düsseldorf (P. Schneider-Esleben e H. Knothe, 1959).

Essa última tendência é determinada tanto pelas relações com os EUA — sobretudo pela presença de várias firmas norte-americanas que trabalham na Alemanhã, como a Skidmore, Owings & Merrill, que constrói a Embaixada dos EUA em Bonn —, quanto pela influência da vizinha Suíça, onde foram continuadas, depois de 1933, muitas das experiências bruscamente truncadas na Alemanha pelo advento do nazismo.

Os americanos observam, com acerto, que essa imitação é mais aparente do que real,[58] já que as estruturas modulares dos edifícios alemães não dependem de uma padronização dos elementos, mas sim de uma escolha formal, e que os edifícios são, depois, executados com métodos que eles julgam artesanais. Essa situação, contudo, concede aos arquitetos alemães maior liberdade ao projetar e permite que os operários qualificados dediquem mais tempo ao controle e ajuste de todo elemento, atingindo normalmente um grau de acabamento que nos EUA é obtido apenas em casos excepcionais e com custos bem superiores.

A utilização do artesanato na indústria da construção civil tornou-se possível pela aplicação em vasta escala das normas UNI para a unificação das medidas;

---

58. BLAKE, P. German Architecture and American. *Architectural Forum*, ago. 1957, p. 132.

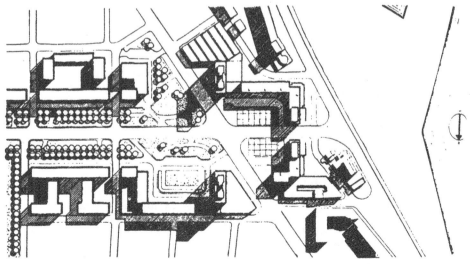

918, 919. Le Havre, aspectos do arranjo de Perret: avenue Foch e porta Océane (planta de *Casabella*).

assim, é possível, com efeito, fabricar os elementos singulares em pequenas séries, tendo-se a segurança de sempre poder adaptá-los entre si na montagem.

Considere-se o significado ideológico dessa orientação; o distanciamento entre artesanato e indústria — que é o problema de que parte Gropius em 1919 — não é superado, mas estabilizado convencionalmente e, enquanto estão assegurados os relacionamentos funcionais, os culturais são bloqueados, pela rigorosa separação dos respectivos campos de ação. Esse modo de construir, além do mais, é sustentável somente enquanto o custo da mão-de-obra, se mantiver baixo, mas agora esse custo está aumentando e necessariamente coloca-se o problema de transferir para a produção em massa a tradicional habilidade dos operários qualificados: isto é, apresenta-se de novo, em escala mais ampla, o problema que Gropius enfrentou há quarenta anos na Bauhaus, com as mesmas implicações de ordem geral.

As energias humanas não são as mesmas do primeiro pós-guerra: os melhores homens da velha geração tiveram de deixar a Alemanha, a geração seguinte foi dispersada e desorientada pela ruinosa experiência hitlerista, e a última geração, que começa agora a trabalhar, não encontra nos mais velhos suficiente orientação.

Dentre os arquitetos que viveram a primeira experiência do movimento moderno na república de Weimar, estão trabalhando apenas os poucos que o nazismo não obrigou a imigrar: Bartning, Scharoun, os irmãos Luckhardt, porém, são os mais preocupados com percorrer um caminho pessoal próprio, portanto estão menos aptos a exercer uma ação didática e a dar uma orientação unitária à reconstrução alemã.

A analogia entre as circunstâncias atuais e as do outro pós-guerra faz pensar que se possa repetir a tentativa de Gropius e fundar uma nova Bauhaus. A iniciativa nasce, desta vez, de uma fundação particular; a Geschwister-Scholl-Stiftung, instituída em 1950 por I. Aicher-Scholl em memória de seus dois irmãos mortos pelos nazistas. Max Bill (n. 1908), antigo aluno da Bauhaus, constrói em Ulm a nova sede da escola e dirige-a pelos primeiros dois anos, sendo depois substituído por T. Maldonado.

Gropius inaugura o edifício em 1955 com um discurso pleno de esperança e de sabedoria, ilustrando a importância e as dificuldades do assumido:

Quero desejar a Max Bill, a Inge Scholl, ao corpo docente e aos estudantes... que preservem, nas inevitáveis lutas, o alto fim que se propuseram: isto é, não recorrer a um estilo, mas sim manter-se em perene pesquisa experimental de expressões novas e de verdades novas. Eu sei quão difícil é conservar tais linhas quando o produto formal do costume e da tenacidade conservadora é continuamente apresentado como vontade do povo. Cada experiência exige liberdade absoluta, e ainda mais o apoio de autoridades e de particulares de visão, que assistam com benevolência as dores freqüentemente mal compreendidas que acompanham o nascimento do novo. Dêem tempo a esta "Universidade para a forma", a fim de que ela se desenvolva em paz. [59]

A Interbau de 1957 é, em certo sentido, a conclusão e a recapitulação dessa fase da arquitetura alemã.

Em 1953, o Senado de Berlim estabelece que a reconstrução do Hansaviertel — bairro oitocentista de localização central, entre Sprea e o Tiergarten, quase completamente destruído pela guerra — seja ligado a uma exposição internacional de arquitetura moderna e oferece aos arquitetos, aos institutos científicos, às indústrias, a oportunidade de experimentarem as mais modernas soluções para os problemas do núcleo urbano.

É instituído um concurso para o arranjo urbanístico, que é vencido por G. Jobst e W. Breuer. Desde o princípio, decide-se que o novo bairro seja composto por edifícios isolados no verde e que a densidade estabelecida seja alcançada com edifícios altos, deixando descoberta a maior parte do terreno; enquanto isso, é constituída uma sociedade para adquirir dos antigos proprietários todos os terrenos e redistribuí-los racionalmente de acordo com o novo plano. O projeto urbanístico é modificado por Jobst em 1954, a fim de introduzir uma maior variedade de tipos, é apresentado ao grupo dos quarenta e sete projetistas convidados a construir os edifícios e finalmente é redigido em forma executiva por um comitê restrito, presidido por O. Bartning. A unidade de composição inicial é naturalmente perdida e o bairro é composto por muitos edifícios díspares, bem distanciados entre si e livremente colocados no uniforme tecido verde.

Como no Weissenhof de 1927, a variedade dos tipos — casas altas, médias, baixas, isoladas e enfileiradas — exemplifica as alternativas que se apresentam em um cidade moderna; mas então a liberdade concedida aos vários arquitetos servia para sublinhar a concordância da linguagem e dava uma imagem persuasiva da futura cidade, enquanto que agora o Interbau reflete

---

59. Trad. it., em *Domus*, n. 315, fev. 1956, p. 4. A escola foi fechada em 1958 após clamorosa controvérsia.

920, 921. Amiens, dois aspectos do arranjo de Perret.

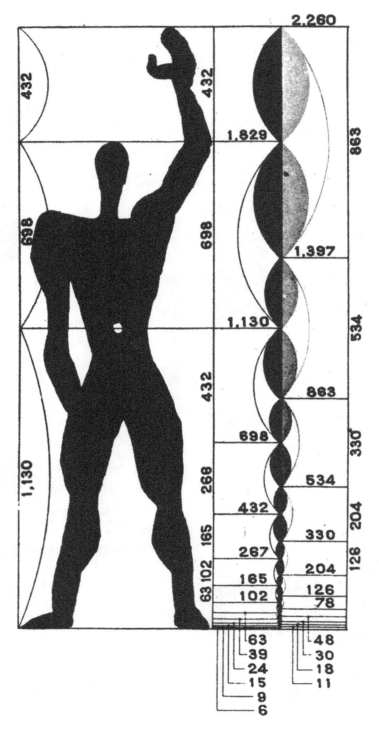

922. O *Modulor* de Le Corbusier.

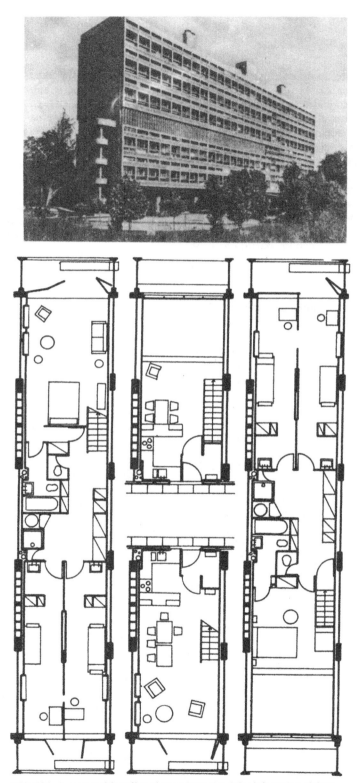

923, 924. A *unité* de Marselha: vista e planta dos dois alojamentos típicos.

uma situação cultural muito mais confusa. Cada um fala por sua conta — talvez exista um plano de entendimento restrito que é a técnica de construção, onde as várias soluções se comparam utilmente entre si — mas parece que, entre decisões técnicas e decisões formais, tenha sido reaberto o distanciamento que trinta anos atrás parecia quase superado: os projetos doutrinários e os detalhes de execução freqüentemente se superpõem como dois fatores independentes e, em muitos casos, são atribuídos a duas pessoas diversas, o projetista estrangeiro e o colaborador local.[60] Daí resulta uma indicação muito mais ambígua para a cidade contemporânea: nítidas orientações de ordem particular e obscuras orientações gerais, "precisão dos meios e confusão dos fins".

A discórdia que se vê no Interbau é um pouco a imagem do que ocorre nas cidades européias. É um grande mérito ter projetado essa situação com clareza, colocando uns ao lado dos outros os produtos das várias tendências, na área restrita do Hansaviertel. Mais do que propor sínteses apressadas, preferiu-se fazer um exame, pacientemente, de todas as experiências contemporâneas.

5. Reconstrução e planificação na Holanda

A experiência holandesa é, ainda uma vez, a feliz exceção no quadro europeu.

Na base dessa experiência existe ali, tal como na Escandinávia, o equilíbrio entre arquitetura e urbanística já alcançado antes da guerra; contudo, as destruições da mesma, e sobretudo as transformações econômicas e sociais sucessivas à guerra propõem aos técnicos holandeses tarefas muito mais extensas e urgentes, que são enfrentadas e resolvidas sem que se interrompa a continuidade da tradição.

As realizações holandesas, portanto, podem ser consideradas, mais que as escandinavas, como exemplos, porque não estão condicionadas por um equilíbrio demográfico e social irrepetível em outro lugar, antes, são obtidas em um país onde a população cresce com a taxa mais elevada da Europa, onde se formou uma das mais fortes concentrações industriais e está-se modificando a própria configuração geográfica do território.

Entre as cidades danificadas pela guerra, é exemplar o caso de Roterdã, que primeiro teve de remediar destruições gravíssimas, depois enfrentar as conseqüências de um rápido desenvolvimento que a transformou no maior porto do continente europeu.

O centro de Roterdã foi destruído em um único dia, 14 de junho de 1940, por um bombardeio aéreo alemão seguido de um incêndio. Duzentos e sessenta hectares foram arrasados, com 25 000 alojamentos, 2 400 lojas, 70 escolas, 2 000 escritórios e depósitos, enquanto 78 000 pessoas ficaram sem teto. Por mais de dez anos, a cidade apareceu aos visitantes com um grande vazio no lugar do antigo centro; assim foi vista pelo escultor Zadkine, e a imagem da cidade mutilada inspirou-lhe a célebre escultura do homem com o coração arrancado, que está agora colocada perto de Leuvenhaven, não muito distante da remanescente estátua de Erasmo.

No próprio dia do bombardeio, o comandante-chefe do exército capitula perante os alemães, depois de cinco dias de guerra-relâmpago. Mas já a Administração municipal pensa na futura reconstrução; no dia 17 começa a desimpedir o terreno, em 18 dá ao engenheiro chefe W. G. Witteveen o encargo de estudar um novo plano e no mesmo mês — enquanto a Bélgica se rende e o corpo expedicionário inglês mata-se nas dunas de Dunquerque — obtém do comandante do exército, a quem foram delegados os poderes do governo no exílio, a expropriação de toda a zona central da cidade, isto é, dos terrenos e dos edifícios destruídos.

As indenizações fixadas para os proprietários não são pagas logo, mas as somas são inscritas no chamado Grande Livro da Reconstrução e retidas com juros de

---

60. Ver O. BARTNING, "Zum Programm der Interbau", em *Interbau Berlin*, 1957, p. 27; os acontecimentos do projeto urbanístico são eficazmente resumidos em G. SCIMEMI, La ricostruzione di Berlino e il quartieri Hansa, *Casabella*, n. 218 (1958), p. 23. A lista dos projetistas é a seguinte (seguindo a numeração dos edifícios): 1. K. Müller-Rehm; 2. G. Siegmann; 3. A. Klein; 4. H. Müller; 5. G. Gottwald; 6. G. Wilhelm; 7. K. Gropius, TAC e W. Ebert; 8. P. Vago; 9. W. Luckhardt, H. Hoffmann; 10. P. Schneider-Esleben; 11. E. Zinsser, H. R. Plarre; 12. L. Baldessari; 13. E. Eiermann; 14. O. Niemeyer Filho; 15. F. Jaenecke, S. Samuelsson; 16. A. Aalto; 17. W. Kreuer; 18. G. Hassenpflug; 19. H. Schwippert; 20. R. Lopez, E. Beaudouin; 21. J. H. Van den Broek, J. B. Bakema; 22. L. Lemmer; 23. W. Düttmann; 24. B. Grimmek; 25. G. P. Baumgarten; 26. M. Taut; 27. K. Fisker; 28. O. H. Senn; 29. M. Fuchs; 30. B. Pfau; 32. H. H. Sobotka, G. Müller; 33. F. R. S. Yorke; 34. F. Schuster; 35. G. Nissen; 36. B. Hermkes; 38. H. Scharoun; 39. E. Ludwig; 40. A. Jacobsen; 41. G. Weber; 42. A. Giefer, H. Mäckler; 43. J. Krahn; 44. S. Ruf; 45. W. von Möllendorf, S. Ruegenberg; 46. J. Lehmbrock; 47. W. Fauser; 48. G. Hönov, e além deles, Le Corbusier, H. A. Stubbins, F. Mocken.

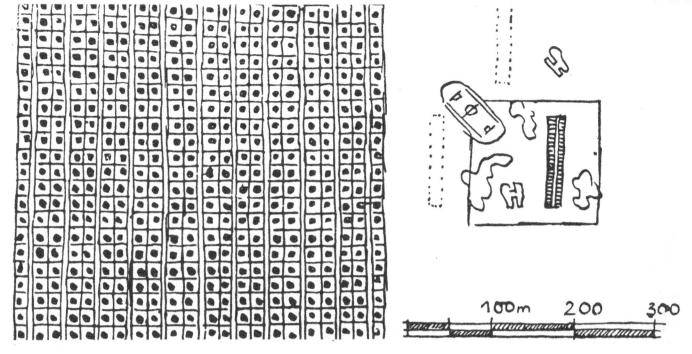

925. Le Corbusier, o *Modulor* e a idéia da *unité d'habitation* (500 casas individuais em um terreno de 450x450 metros; uma *unité* de 500 alojamentos sobre um terreno de 160x160 metros; da *Oeuvre complète*).

926. O plano de reconstrução de Saint-Dié, baseado na unidade de habitação (Le Corbusier, 1946).

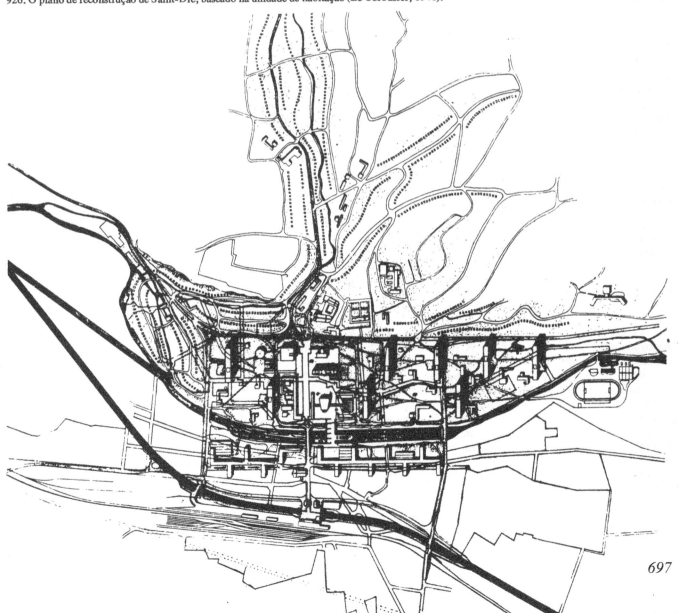

4% : cada proprietário receberá, em troca do velho terreno, um novo, de valor equivalente, mas não necessariamente no mesmo lugar e somente no momento em que for possível construir sobre o mesmo; além do mais, deverá proceder à reconstrução do novo edifício dentro de um prazo determinado e receberá a indenização pelo edifício destruído somente depois de ter gasto uma soma equivalente para o novo.

O primeiro esquema do novo plano é apresentado em 8 de junho — enquanto está havendo a batalha da França — e serve para que se executem os trabalhos mais urgentes: a limpeza dos cinco milhões de metros cúbicos de escombros, os alojamentos provisórios para os sinistrados, o término de algumas obras em curso, como o túnel sob o Mosa.

Sustenta-se inicialmente que as habitações destruídas no centro devem ser todas reconstruídas no próprio centro, mas depois percebe-se que uma parte da população deverá ser deslocada para a periferia, a fim de deixar lugar ao desenvolvimento dos escritórios e das instalações públicas: por isso, expropriam-se outros 640 hectares nos subúrbios e, em 1941, um certo número de pequenos municípios circundantes são anexados à cidade, para que se possa estudar um plano regulador de amplitude maior. Em junho de 1942, todos os trabalhos em curso são suspensos.

A partir daquele momento — diz uma publicação municipal — uma tranqüilidade quase imaginária reinou nos terrenos de construção, mas nos escritórios trabalhava-se duro, com discussões secretas, para a reconstrução da cidade. Pouco a pouco, sentia-se uma libertação da imagem dolente da cidade tal como era e abria-se caminho para a convicção de que a cidade nova deveria ser organizada de modo diverso. [61]

O plano definitivo, dirigido por C. Van Traa, é aprovado em 1946 (Fig. 938). A rede viária do centro é independente da antiga e é traçada de modo voluntariamente elementar, para regularizar o mais possível os lotes construíveis no ingrato perímetro triangular e permitir um alto aproveitamento do precioso terreno. Pode ser que essa preocupação tenha pesado mais do que o necessário e tenha impedido que os projetistas do plano aproveitassem completamente as oportunidades oferecidas pela ausência de vínculos fundiários; mas o plano pôde ser realizado sem compromisso e, mais, ganhou em coerência e em variedade através das especificações arquitetônicas, enquanto normalmente acontece o contrário.

A obra mais significativa até agora realizada no centro de Roterdã é o complexo de lojas e habitações Lijnbaan, de J. H. Van den Broek e Jacob B. Bakema (n. 1914) (Figs. 940 e 941). O plano previa, naquele ponto, duas ruas paralelas ao Coolsingel, com lojas no térreo e moradias nos dois andares superiores, mas os proprietários e os arquitetos escolheram de comum acordo uma nova solução: as lojas foram concentradas em torno de uma larga rua para pedestres, de modo a formar um verdadeiro centro comercial completado por dois grandes magazines no cruzamento para os lados de Binnenweg e ornamentado por uma decoração estudada com grande cuidado (alpendres, quiosques, bancos e locais de parada, esculturas, hotéis, insígnias, aparelhos de iluminação); os apartamentos, pelo contrário, foram reunidos em sete grandes blocos de dez andares dispostos nos terrenos adjacentes entre amplos espaços verdes. A solução economicamente mais rentável revelou ser também a mais feliz artisticamente, e a arquitetura possui uma segurança e uma desenvoltura que recordam as melhores obras da escola de Roterdã no período entre as duas guerras.

A expansão meridional de Roterdã para além do Mosa conta 200 000 habitantes e, em torno a ela, gravitarão muitos dos novos bairros; por isso o plano, enquanto decide que todas as funções diretivas fiquem na margem setentrional, prevê aqui um centro secundário, cultural e recreativo, com eixo em um edifício alto construído por Van Tijen e Maaskant (autores do Bergpolder e do Plaslaan). No recente desenvolvimento da cidade, a ampliação do porto para o estuário do Nieuwe Maas transformou agora a estrutura da cidade, de acentrada, para linear. A nova forma urbana é determinada, não pela acumulação dos novos bairros residenciais e pelas chamadas zonas direcionais, mas por um aparelhamento produtivo, tais como canais e eclusas que definiam a localização das cidades medievais flamengas. Em relação ao tamanho das estruturas portuárias, as colocações residenciais e os serviços ficam justamente em posição subordinada, mas torna-se importante recuperar, em sua integralidade, a dimensão limitada própria da vida familiar e das relações de raio curto que ligam as residências aos serviços primários.

Dentre os bairros mais recentes de Roterdã, destacam-se os realizados em torno à cidadela de Vlaardingen — Ambacht, Westwijk e Vlaardingen Noord — nos quais trabalharam Van Tijen, Bakema e Van den Broek.

---

61. "Bureau d'information et de publicité de la ville de Rotterdam", em *Bulletin d'information*, n. 3; ver também C. VAN TRAA, *Rotterdam, die Neubau einer Stadt*, Roterdã, s.d.

927, 928. Marselha dois aspectos da *unité d'habitation*.
929, 930, 931. Aspectos da reconstrução alemã em Frankfurt-sobre-o-Meno, em Lubeck e em Münster (o novo teatro de Deilmann, Hausen, Rave).

932. Düsseldorf, os escritórios da Mannesmann A. G. (P. Schneider-Esleben, 1960).
933. Berlim, prancha publicitária para a Interbau 1957.

934, 935, 936. Berlim, o novo bairro Hansa, sede da Interbau 1957 (planimetria do Catálogo oficial).

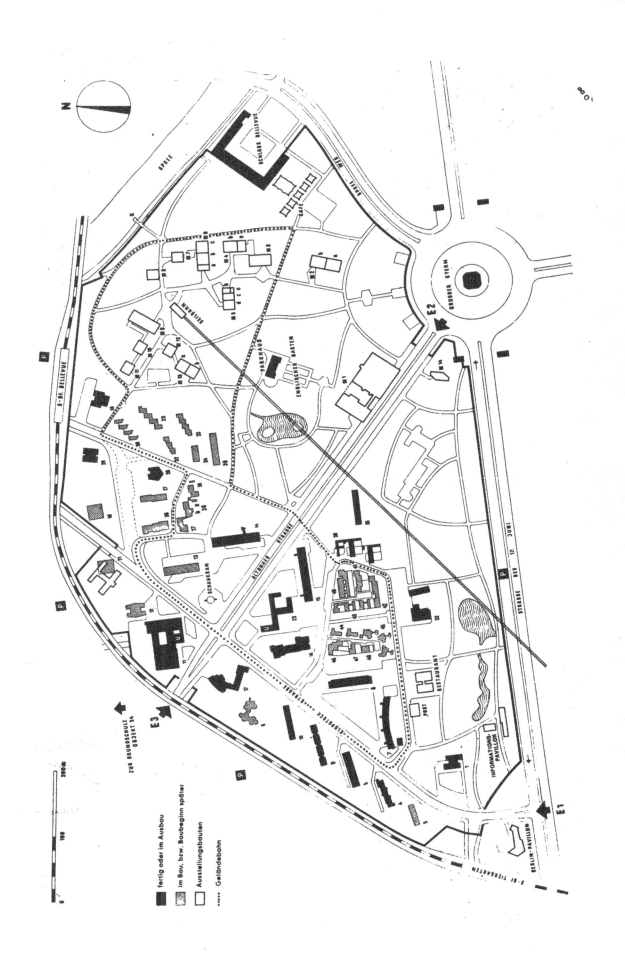

937, 938, 939. Roterdã, o novo centro: vista aérea (no centro, o novo Bijenkorf de M. Breuer com a escultura de Gabo, ao fundo, o Lijnbaan de Bakema e Van den Broek), planimetria geral (de *Casabella*) e vista do magazine De Klerk & Zn (bakema e Van den Broek, 1955).

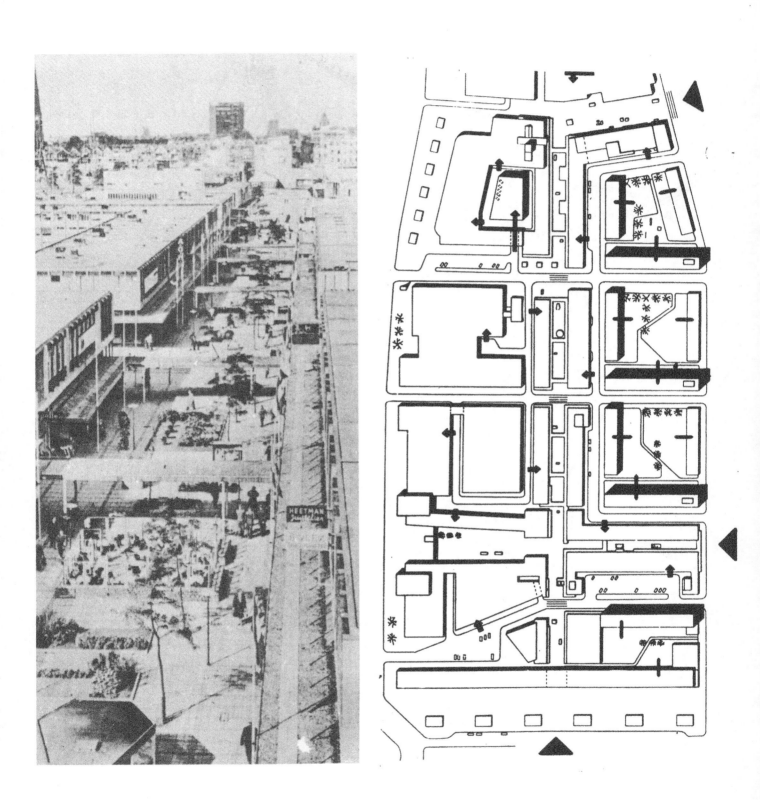

940, 941. Roterdã, vista do alto e planta da Linjbaan (as flechas grandes indicam as entradas de pedestres, as pequenas, as de veículos).

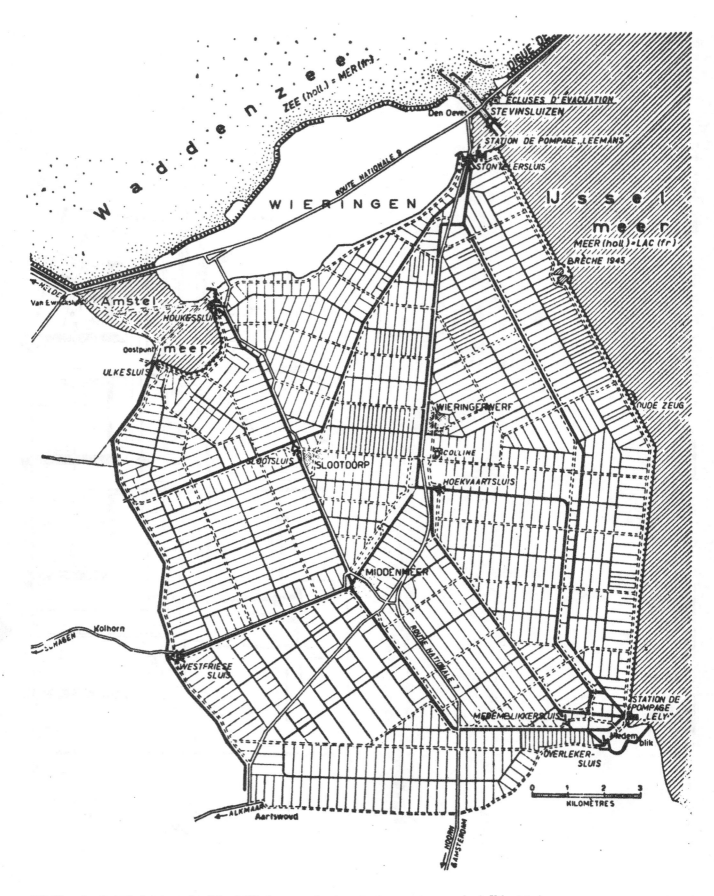

942. Plano de adaptação do terreno do pôlder de Wieringermeer (em traços pretos grossos, os canais; de *Urbanistica*).

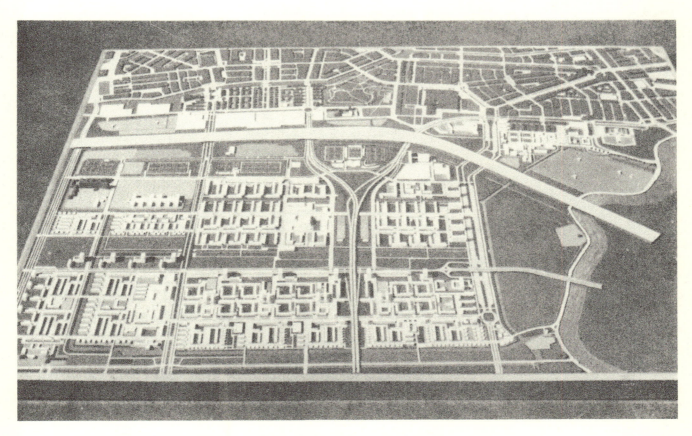

943, 944. Modelos de dois bairros da ampliação para oeste de Amsterdã, Buitenveld e Osdorp.

945, 946. Planta e vista aérea do Bosque de Amsterdã:
1. lago para remar
2. garagem de barcos
3. centro de esportes aquáticos
4. colina
5. jardim decorativo
6. labirinto
7. quadra de esportes para crianças
8. quadra de esportes para adultos
9. lago de recreação
10. teatro ao ar livre
11. pista de obstáculos
12. gerência
13. *solarium*
14. reserva de pássaros
15. fazenda
16. albergue da juventude com *camping*
17. viveiro
18. creche

Roterdã é a cidade holandesa mais modificada depois da última guerra, seja pela gravidade das destruições, seja pela rapidez do desenvolvimento econômico (Roterdã é hoje o maior porto da Europa e um dos maiores do mundo). As outras cidades continuaram a aumentar mais lentamente, respeitando ou transformando pouco a pouco os planos já estabelecidos entre as duas guerras. Amsterdã completou o mosaico dos bairros previstos pelo plano de 1935, e a cidade projetada pela equipe de Van Eesteren foi traduzida para a realidade. Em muitos casos, o desenvolvimento urbano é dominado pelas novas instalações públicas de escala urbana ou regional, como o *campus* universitário em Delft. A elevada qualidade dos edifícios e dos bairros de iniciativa pública não diminui das grandes para as pequenas cidades.

Um segundo aspecto da reconstrução holandesa encaixa-se no programa de drenagem e colonização do Zuiderzee, iniciado em 1918 e possibilitado pela construção do grande dique que isola o Zuiderzee do mar aberto; esta última, uma das maiores obras de engenharia do nosso tempo, foi fechada em 28 de maio de 1932; nesse local ergue-se atualmente o monumento projetado por Dudok.

O programa prevê cinco grandes pôlders obtidos com o aterro do mar; o primeiro, Wieringermeerpolder, foi realizado entre 1917 e 1930, mas alagado pelos alemães em 1945 e reconstruído no pós-guerra (Fig. 942); o segundo, Noordoospolder, foi drenado entre 1937 e 1942, e ordenado no decênio passado; está em curso a realização dos últimos três, o Flevoland oriental — agora terminado — o Flevoland meridional e o Markenwaard. Enquanto no primeiro pôlder as novas disposições têm um caráter esparso e atingem, no máximo, a dimensão de aldeia, no segundo foi realizada uma cidade nova, Emmeloord, que deverá atingir os 10 000 habitantes e, no meio do novo pôlder meridional está previsto um centro de dimensões maiores, Lelystaat.

Finalmente, a desastrosa inundação de 1953 induziu o governo holandês a estudar um plano geral de instalações hidráulicas na foz do Reno e do Mosa, ao qual está ligado um programa urbanístico de grande fôlego; apresenta-se de fato o problema das cidades concentradas na zona ocidental — Amsterdã, Haarlem, Roterdã, Delft e Utrecht — que estão a ponto de fundir-se em uma única aglomeração, com 5 a 6 milhões de habitantes, com os mesmos defeitos de congestionamento das grandes áreas metropolitanas.

Essa área congestionada poderia encontrar algum desafogo no Sul, na zona dos rios, onde foi projetada uma nova cidade de 500 000 habitantes ao longo do Haringvlietriver, ligada ao desenvolvimento das instalações portuárias ao longo de todo o sistema das fozes. [62]

Em presença desses planos grandiosos, é mérito dos arquitetos holandeses terem sabido superar — de modo quase sempre feliz — o intervalo entre a dimensão geográfica das intervenções infra-estruturais e a dimensão mais reduzida, própria da vida urbana, coletiva e individual.

Suas experiências forneceram uma contribuição primária à pesquisa internacional. Voltaremos a elas, mais detidamente, no capítulo de conclusão.

---

62. VAN TIJEN, W. Il centro sperimentale di Vlaardingen. *Casabella*, n. 219 (1958), p. 47.

947. Roterdã, o Alexanderpolder (Bakema, Van den Broek e Van Tijen).

948-951. O Liceu Montessori em Roterdã (Bakema e Van den Broek, 1957).

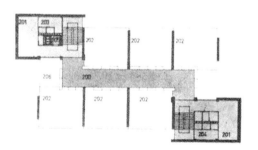

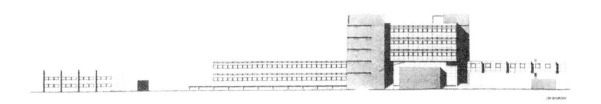

952. Tóquio, esboço de Le Corbusier para o Museu de Arte Ocidental (da *Oeuvre complète*).

20. O NOVO CAMPO INTERNACIONAL

Até o início da Segunda Guerra Mundial, o movimento moderno produziu seus efeitos em todos os países do mundo, mas o que ocorre fora da Europa e da América setentrional parece somente uma conseqüência das experiências européias e americanas até agora descritas; o repertório internacional é adaptado aos costumes locais, sem que daí se extraia o impulso para novos e originais desenvolvimentos.

Entretanto, no segundo pós-guerra, começa um vasto movimento de revisão das contribuições até então recebidas e, ao menos em dois casos — no Brasil e no Japão —, obtêm-se resultados de valor internacional, não ligados aos modelos europeus ou estadunidenses mas, antes, capazes de estimular as experiências em curso tanto no Velho quanto no Novo Mundo.

Prepara-se, assim, um novo deslocamento dos interesses culturais, que somente agora começamos a discernir.

É impossível fazer um relato sistemático de um quadro que se está modificando de modo tão rápido e desconcertante; aludiremos somente aos dois episódios que já foram reconhecidos como de interesse internacional — o brasileiro e o japonês — e à experiência de Le Corbusier em Chandigarh, na Índia, que constitui o esforço mais sério feito por um arquiteto europeu para interpretar as preexistências ambientais de um país longínquo, sem diminuir seu empenho para com a cultura internacional.

O nome de Le Corbusier ocorre freqüentemente também na exposição dos acontecimentos brasileiros e dos japoneses. Sua arquitetura serve hoje de orientação para as experiências mais vivas e mais avançadas em muitos países longínquos.

1. O Brasil *

No primeiro pós-guerra, chega também ao Brasil o eco da batalha de vanguarda que se trava na Europa; a manifestação mais clamorosa é a Semana de Arte Moderna, organizada em 1922 em São Paulo, com exposições de pintura e escultura, concertos, récitas e conferências.

Em 1925, G. Warchavchik (1896-1972) publica um Manifesto da Arquitetura Funcional,[1] inspirado na doutrina de Le Corbusier (1887-1965) e, em 1928, constrói a primeira casa "modernista"; em 1927, no concurso para o Palácio do Governo do Estado de São Paulo, Flávio de Carvalho (1899-1973) escandaliza o público e os juízes com um projeto estritamente racionalista. Juntamente com as referências européias, floresce também a tendência para valorizar a tradição indígena e o movimento antropofágico (1928) propõe que se retorne imediatamente à herança pré-colombiana. Em 1929, Le Corbusier voltando da Argentina, passa por São Paulo e Rio, profere algumas conferências e é recebido pelas autoridades, com as quais debate alguns problemas urbanísticos.

A reviravolta decisiva do movimento brasileiro coincide com a Revolução de Getúlio Vargas (1883-

---

* Revisão especial da parte referente ao Brasil pelo Arquiteto Alberto Fernando Xavier (N. da ed. bras.).

1. *Il Piccolo*, 14 jun. e *Correio da Manhã*, 1º nov. 1925.

711

-1954) de 1930. A classe política que agora sobe ao poder sai do mesmo ambiente em que se apóiam os artistas de vanguarda, os quais, de agora em diante, não são mais confinados à oposição, mas passam a fazer parte da elite dirigente.

Logo depois da Revolução, Lucio Costa (n. 1902), é nomeado para a direção da Escola de Belas Artes do Rio de Janeiro; convida como professores de composição a G. Warchavchik e A. Budeus, projeta uma completa renovação do ensino tradicional, mas provoca tais reações, que é obrigado, menos de um ano depois, a abandonar o posto. Os estudantes tomam seu partido, organizam uma greve e tentam mesmo fundar uma nova escola: dentre estes, destacam-se J. M. Moreira (n. 1904), E. Vasconcellos (n. 1912) e C. Leão (n. 1906), que mais tarde assumirão papel decisivo nos acontecimentos do movimento brasileiro.

Os conflitos causados pela Revolução de 1930, impedem por alguns anos uma atividade normal da construção civil. Em 1935, institui-se o concurso para o Ministério da Educação e Saúde do qual participam sem sucesso os melhores arquitetos modernos. O Ministro G. Capanema (n. 1900), contudo, consegue que o projeto de execução seja confiado a L. Costa, que convida C. Leão, J. M. Moreira e A. E. Reidy (1909--1964) para integrarem a equipe, mais tarde acrescida de O. Niemeyer (n. 1907) e E. Vasconcellos. Costa propõe, em 1936, que Le Corbusier seja chamado como consultor; o mestre francês permanece por três semanas no Rio, trabalha com o grupo local e recoloca em questão a localização do edifício chegando mesmo a pleitear em vão, a substituição do terreno proposto por local mais espaçoso e melhor situado.

Em 1937, fica pronto o projeto definitivo, baseado em sugestões de Le Corbusier; a execução prolonga-se por vários anos e em 1939, Costa abandona a direção do grupo, substituído por Niemeyer, mas continua a acompanhar e a apoiar o trabalho dos mais jovens. Em 1946, escreve a Le Corbusier, convidando-o a visitar o prédio concluído.

... Et j'en suis sûr, votre émotion serait intense et réconfortante lorsque vous verriez, face à face, pour le première fois, le bâtiment du ministère et que vous toucheriez de la main ses magnifiques pilotis de dix mètres de haut. Et il vous serait également réconfortant de constater, sur place, que, des semences généreusement parsemées aux quatre coins du monde — de Buenos Aires à Stockhòlm, de New York à Moscou —, celles répandues dans ce cher sol brésilien, ont — grâce au talent exceptionnel, mais jusqu'alors insoupçonné, d'Oscar et de son groupe —, et se sont épanouies dans une floraison d'architecture dont la grâce et le charme ionisque sont déjà bien à nous." [2]

Essa é, de fato, a primeira realização de um tipo de edificação que Le Corbusier de há muito cogitava — o arranha-céu cartesiano, com função direcional, em vão projetado para Paris, Argel, Nemours, Buenos Aires — e aqui estão rigorosamente aplicados todos os princípios de seu ideário arquitetônico: os *pilotis*, o terraço jardim, o *pan de verre*, o *brise-soleil*. Como de hábito, a realização é feliz não só pelo apecto funcional, como pela inplantação proposta, que permite desfrutar adequadamente o pequeno terreno e criar em torno e sob o edifício amplos espaços públicos, inserindo, em uma das zonas mais congestionadas do Rio, a indicação sugestiva de um possível novo ambiente urbano, livre das restrições convencionais (Figs. 953-955); o edifício é enriquecido por várias esculturas — dentre as quais uma de Lipchitz (n. 1891) — e pelos revestimentos em azulejos de Portinari (1903-1962) que, de agora em diante, serão amplamente empregados na arquitetura brasileira.

A partir de 1936, multiplicam-se as oportunidades para os arquitetos modernos: Marcelo (1908-1964) e Milton Roberto (1914-1953) vencem os concursos para a sede da Associação Brasileira de Imprensa e do aeroporto Santos Dumont, A. Correa Lima (1901-1943), o da estação de hidroaviões no Rio; Costa e Niemeyer projetam o pavilhão brasileiro, construído na Exposição de Nova York de 1939.

Em 1942, o crítico americano P. L. Goodwin e o fotógrafo E. Kidder-Smith vêm ao Brasil para recolher material para uma exposição que é montada no ano seguinte no Museum of Modern Art de New York. Os dois autores publicam o livro *Brazil Builds*, [3] que assinala o início da notoriedade internacional do movimento brasileiro. [4]

Oscar Niemeyer, já universalmente conhecido pelos edifícios construídos na Pampulha entre 1942 e 1943 (a igreja, o cassino, o iate clube), realiza, em 1946, o

---

2. Carta de 8 de junho de 1946, reproduzida em *Oeuvre complète 1938-1946* cit., p. 90.
3. GOODWING, P. L. *Brazil Builds*. NOVA YORK, 1943.
4. Dentre os livros publicados depois de 1943, lembramos: S. PAPADAKI, *The Work of Oscar Niemeyer*, Nova York, 1950; L. COSTA, *Arquitetura Brasileira*, Rio de Janeiro, 1952; H. R. HITCHCOCK, *Latin American Architecture*, Nova York, 1955; H. E. MINDLIN, *Modern Architecture in Brazil*, Rio de Janeiro-Amsterdã, 1956. Uma importante exposição sobre a arquitetura brasileira é inaugurada no Building Centre de Londres em 8 de julho de 1953 e uma outra sobre Brasília percorreu as cidades européias em 1958.

953, 954. Rio de Janeiro, Ministério da Educação e Saúde (Costa, Leão, Moreira, Niemeyer, Reidy, Vasconcelos, 1937-43).

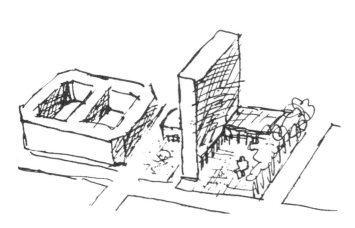
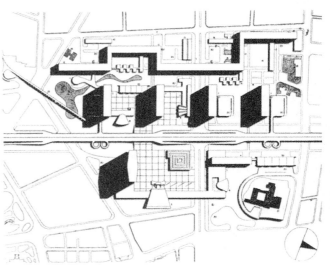

955. Rio de Janeiro, croqui original de Le Corbusier para o Ministério de Educação e Saúde (da *Oeuvre complète*).

956. Rio de Janeiro, o novo Centro Cívico da cidade (A. E. Reidy, 1948; de H. E. Mindlin, *Modern Architecture in Brazil*, 1956).

957, 958. Rio de Janeiro, o aterro da praia do Flamengo, previsto pelo plano diretor e jardim projetado por R. Burle-Marx para a residência Julio Monteiro (de Mindlin, op. cit.).

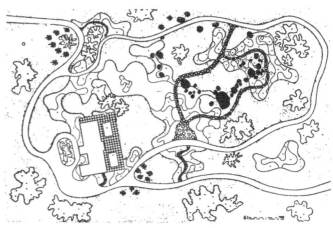

713

Banco Boavista do Rio, em 1947 o Centro Técnico da Aeronáutica em São José dos Campos, de 1951 em diante o conjunto do parque Ibirapuera em São Paulo e alguns edifícios residenciais em Belo Horizonte, São Paulo, Rio.

Ele procede, nessas obras, a uma voluntária simplificação do repertório racionalista, reduzindo o compacto contraponto estrutural próprio de Le Corbusier e substituindo-o por poucos motivos elementares, definidos e fortemente espaçados. A imagem arquitetônica por vezes é despojada quase até a nudez — no Banco Boavista — ou então todo o conjunto adquire valor decorativo, transformando-se quase em uma gigantesca modenatura (principalmente em sua própria casa no Rio, de 1953), com um impacto até então desconhecido que parece, todavia, indispensável para sustentar o embate com a sensacional paisagem circundante.

A orientação de Niemeyer, deve ser contudo, considerada como um limite, do qual a produção brasileira fica, em seu conjunto, bastante distanciada. Com intenções semelhantes, porém com maior variedade de tônicas, trabalham L. Costa — que realiza no pós--guerra os exemplares blocos residenciais Nova Cintra (1948), Bristol (1950) e Caledônia (1954) no Rio, MMM Roberto, H. E. Mindlin (1911-1971), R. Levi (1901-1965) e, dentre os imigrantes da Europa, G. C. Palantini (n. 1906).

A carência mais evidente da produção brasileira contemporânea é a falta de um adequado enquadramento urbanístico; a excitação formal é, sem dúvida, determinada em parte por uma posição defensiva em relação ao caótico ambiente urbano que se adensa em torno. As principais exceções são — além das grandes iniciativas de planejamento de que falaremos adiante — alguns conjuntos de Affonso Eduardo Reidy: o novo centro cívico de Santo Antonio (projetado em 1948) (Fig. 956) e sobretudo o conjunto residencial Pedregulho no Rio (1950-51), onde os edifícios, os serviços e os espaços externos são equilibrados entre si com grande maestria (Figs. 959 e 960). Além disso, trabalha no Brasil um dos mais hábeis arquitetos paisagistas de nosso tempo, R. Burle-Marx (n. 1909) dedicado até então somente a tarefas marginais e decorativas, tais como os jardins de algumas residências particulares ou edifícios públicos (residência da embaixada canadense e o aeroporto Santos Dumont, no Rio).

Quanto mais a arquitetura brasileira é conhecida, inclusive pela experiência direta dos visitantes que afluem de todos os países, mais discordantes se tornam os julgamentos e registram-se as primeiras dissenções.

Depois da Bienal de São Paulo de 1953, quando muitos críticos de todas as nacionalidades chegam ao Brasil, a *Architectural Review* registra as declarações de P. Craymer, Ise e W. Gropius, H. Ohye, M. Bill e E. Rogers. [5]

Gropius com sua habitual atitude compreensiva, se compraz com a originalidade do movimento brasileiro, pela adaptação das contribuições internacionais ao clima e aos hábitos do meio e valoriza sobretudo as obras cujo projeto arquitetônico se relaciona equilibradamente com o entorno urbano, tal como Pedregulho, de Reidy.

M. Bill, em uma conferência em São Paulo, critica, pelo contrário, decididamente a arquitetura brasileira em seu conjunto:

A arquitetura de seu país corre o perigo de cair em um lamentável estado de academismo anti-social. Falo da arquitetura como arte social, que não pode ser simplesmente colocada de lado, de um dia para o outro, quando é considerada antiquada porque o "estilo" mudou; uma vez que eliminar valores que contam para milhões e bilhões é muito mais difícil do que deixar de lado poucas telas ou estátuas julgadas feias e medíocres. [6]

Ele afirma que, no Brasil, os elementos do repertório internacional — as formas orgânicas à Arp, a *curtain wall*, o *brise-soleil*, os *pilotis* — tornaram-se fórmulas convencionais, tais como as colunas e os frontões neoclássicos, isto é, foram adotados para obedecer a uma poética pré-concebida, não para resolver as necessidades reais do país; Bill critica, nesse sentido, também o Ministério da Educação projetado antes da guerra com a supervisão de Le Corbusier (porém faz uma exceção para Pedregulho, que julga recomendável em todos os sentidos).

A acusação de formalismo é inegavelmente procedente para os arquitetos mais originais como Niemeyer, mas deveria implicar no aprofundamento das causas e possíveis evoluções da experiência brasileira.

Constata-se, antes de mais nada, que o formalismo surge, como na Escandinávia, em presença de uma organização social fortemente caracterizada — lá, uma sociedade nivelada e uma economia baseada na cooperação, aqui, uma sociedade hierárquica e um jovem capitalismo em plena expansão — que exige, por isso, uma representação simbólica apropriada. O repertório internacional, com efeito, não é aplicado textualmente,

5. Report on Brazil. *Architectural Review*, v. 116 (1954), p. 234.
6. Ibidem, p. 238.

959, 960. Rio de Janeiro, o conjunto residencial Pedregulho (A. E. Reidy, 1950-52).
1. reservatório de água
2, 3, 4 e 5 blocos de apartamentos
6. escola primária
7. ginásio
8. vestiário
9. piscina
10, 11, 12. *play-ground*
13. ambulatório
14. lavanderia
15. cooperativa de consumo
16. creche
17. escola maternal
18. jardim de infância
19. passagem subterrânea para pedestres
20. oficina existente

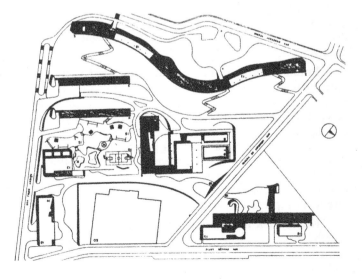

mas fortemente modificado, sobretudo nas relações entre forma geométrica e escala, pois cada motivo formal particular contém um significado emocional que lhe permite sobressair isoladamente; a composição torna-se, assim, elementar, abreviada, e a textura dos edifícios singularmente rarefeita, enquanto que a conformação do conjunto pode ser percebida num relance, como se se tratasse de um quadro sinóptico.

Esse critério de composição contém potencialmente um novo conceito do ambiente urbano, absolutamente distinto do tecido das cidades tradicionais — e por isso as novas obras de arquitetura não se integram nos velhos núcleos, comprometendo sua unidade — porém realizável através de iniciativas urbanísticas em escala adequada.

Em 1955, o governador do Estado de Minas Gerais, J. Kubitschek (1902-1976) que, juntamente com G. Capanema, B. Valadares (1892-1973) e J. C. Vital (n. 1900), tinha sido até então um dos protetores do movimento moderno no Brasil — é eleito presidente e dá novo impulso ao planejamento urbano, possibilitando aos arquitetos brasileiros transpor para a nova escala, as implicações das experiências até então realizadas.

São iniciadas nesse período algumas obras importantes, previstas no plano do Rio (elaborado de 1938 a 1948 por uma comissão presidida por J. de Oliveira Reis (n. 1903); para dotá-la de alguns equipamentos, em áreas livres à margem da cidade, recorre-se a grandes aterros ao longo do mar, sobrepondo à paisagem natural uma paisagem projetada e adotando, em escala geográfica, os mesmos traçados curvilíneos amplos e decisivos até agora empregados para modelar os organismos construtivos (Fig. 957).

Porém, o grande empreendimento de Kubitschek, para o qual foram empregadas as maiores energias da nação, é a construção de Brasília, a nova capital que surge no território deserto do interior. Essa decisão está ligada a um vasto programa para deslocar, do litoral para o interior, uma parte da população e das iniciativas econômicas. A transferência da sede política é considerada indispensável para dar início ao processo, e a nova cidade tem, visivelmente, desde o início, a tarefa de representar esse programa.

Kubitschek nomeia primeiro uma comissão para a escolha do local; a firma americana D. J. Belcher & Ass., com funcionários locais e peritos da Cornell University, é encarregada das pesquisas e propõe cinco localizações possíveis, dentre as quais é escolhida a definitiva, sobre um planalto levemente ondulado, no Estado de Goiás.

É, depois, instituído um órgão executivo (Novacap), semelhante às *development corporations* inglesas, com o encargo de adquirir o terreno, urbanizá-lo e construir os edifícios públicos. Niemeyer é nomeado diretor do Departamento de Arquitetura e Urbanismo, e logo encarregado de projetar os dois primeiros edifícios (a residência oficial e um hotel para os hóspedes oficiais).

Para o plano urbanístico, Niemeyer recomenda um concurso de projetos, que é instituído em setembro de 1956, com prazo de seis meses. Aos concorrentes, é entregue um material de pesquisa muito abundante, mas pedem-se somente dois elementos: um traçado básico em escala 1:25.000 e um relatório justificativo.

O concurso é julgado por representantes das organizações profissionais dos arquitetos e dos engenheiros brasileiros (P. A. Ribeiro e H. Barbosa), do Departamento de Arquitetura e Urbanismo (Niemeyer) e por peritos estrangeiros (S. Papadaki, americano, A. Sive, de Paris, e W. Holford, de Londres); como Holford relata em um artigo na *Architectural Review*,[7] o julgamento é bastante versátil porque alguns dos projetos apresentados pretendem exaurir todos os aspectos técnicos, econômicos e produtivos do problema, com muitos estudos analíticos, enquanto outros limitam-se a delinear a forma da cidade, fundamentando-a com princípios de ordem geral. Dentre os primeiros, o de maior peso é o projeto de Marcelo e Maurício Roberto (n. 1921) que prevê a futura cidade articulada em sete "unidades urbanas" de forma hexagonal, suscetíveis de ampliação até quatorze, e fixa, desde já, o equilíbrio econômico a que a futura cidade deverá obedecer.

Dentre os últimos, destaca-se o projeto de L. Costa, apresentado em cinco laudas, compreendendo o relatório justificativo e os desenhos, todos feitos à mão livre. Costa descreve da seguinte maneira a implantação do novo organismo:

Nasceu do gesto primário de quem assinala um lugar ou dele toma posse: dois eixos cruzando-se em ângulo reto, ou seja, o próprio sinal da cruz. Procurou-se depois a adaptação à topografia local, ao escoamento natural das águas, à melhor orientação, arqueando-se um dos eixos a fim de contê-lo no triângulo equilátero que define a área urbanizada.[8]

---

7. HOLFORD, W. Brasilia. *Architectural Review*, v. 122 (1957), p. 394.

8. Reproduzido no artigo cit. de W. HOLFORD, p. 399.

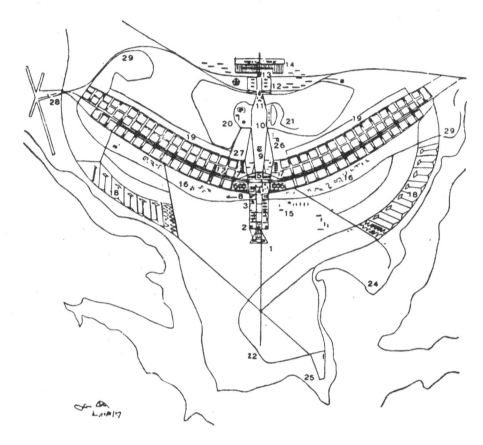

1. Praça dos Três Poderes
2. Esplanada dos Ministérios
3. Catedral
4. Setor Cultural
5. Centro de Diversões
6. Setor de Bancos e Escritórios
7. Setor Comercial
8. Hotéis
9. Torre Emissora Rádio e TV
10. Setor Esportivo
11. Praça Municipal
12. Quartéis
13. Estação Ferroviária
14. Armazenagem e pequenas Indústrias
15. Cidade Universitária
16. Embaixadas e Legações
17. Setor Residencial
18. Casas Individuais
19. Horticultura, Floricultura e Pomar
20. Jardim Botânico
21. Jardim Zoológico
22. Clube de Golfe
23. Estação Rodoviária
24. Iate Clube
25. Residência
26. Sociedade Hípica
27. Área destinada a Feiras, Circo, etc.
28. Aeroporto
29. Cemitério

961, 962, 963. Brasília, o plano de Lúcio Costa (1957) e as maquetes de uma superquadra residencial e do setor bancário sul (O. Niemeyer, 1958).

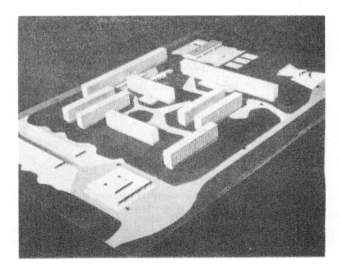

O eixo Norte-Sul é concebido como uma moderna rodovia e dirige o tráfego externo — isto é, a corrente de trocas com a região circundante, em função das quais nasce Brasília — para o coração da cidade; ao longo desse eixo estão dispostos todos os setores residenciais, enquanto que, nos cruzamentos do eixo com as vias de penetração, oportunamente dotados de plataformas em vários níveis, se encontram os setores recreativos.

O eixo Leste-Oeste ordena, por sua vez, as áreas de decisão e forma o eixo monumental do novo centro político; os principais edifícios — o Palácio do Governo, do Supremo Tribunal e do Congresso — estão reunidos em torno de uma praça triangular, a Praça dos Três Poderes enquanto a catedral está situada em local afastado para valorizar suas qualidades monumentais.

As zonas residenciais são articuladas em blocos muito amplos (Fig. 965) que deverão ser projetados de modo unitário. Costa os descreve:

(...). Entendo que as quadras não devem ser loteadas, sugerindo, em vez de venda de *lotes*, a venda de *quotas* de terreno, cujo valor dependerá do setor em causa e do gabarito, a fim de não entravar o planejamento atual e possíveis remodelações futuras no delineamento interno das quadras. Entendo também que esse planejamento deveria de preferência anteceder a venda das quotas, mas nada impede que compradores de um número substancial de quotas submetam à aprovação da Companhia projeto próprio de urbanização de uma determinada quadra, e que, além de facilitar aos incorporadores a aquisição de quotas, a própria Companhia funcione, em grande parte, como incorporadora. [9]

O espaço da imensa cidade conclui Costa, será controlado e unificado com dois instrumentos principais: "de uma parte, técnica rodoviária; de outra, técnica paisagística de parques e jardins." [10]

Como se sabe, o projeto de Costa foi o escolhido pelo juri, [11] não obstante o parecer contrário de Ribeiro; seja qual for o juízo sobre seu valor absoluto, é por certo o que melhor se identifica com a linha até agora seguida pelo movimento brasileiro, transferindo seus méritos e defeitos para uma escala urbana sendo, portanto, o mais adequado para servir de moldura às obras de arquitetura que surgirão na nova cidade.

Tal como nas últimas obras de Niemeyer, o organismo baseia-se em uma imagem voluntariamente simples e elementar, um simples gesto, como diz Costa, isto é, o sinal da cruz formado pelos dois eixos. Contudo, como o eixo menor possui acentuado caráter representativo, o arquiteto é induzido a manter simétricos os dois braços do eixo maior, conferindo a todo o organismo uma simetria bilateral que lhe dá um vago sabor zoomórfico, provavelmente desejado por razões simbólicas (Fig. 961).

Essa é a principal deficiência do plano de Costa, pois introduz na estrutura da cidade um fator extrínseco, uma metáfora que perturba sua adequação à realidade.

A deficiência fica ainda mais evidente no estágio atual das obras; enquanto, com efeito, a cidade concebida por Costa tomou forma sobre o terreno, muitas construções situaram-se em outras partes, ocupando quase que por inteiro as margens do lago artificial. Assim, a figura simétrica desejada pelo arquiteto já não corresponde à totalidade do organismo urbano, mas apenas a um pequeno núcleo, em torno do qual está crescendo uma periferia, tal como ocorre em relação aos centros antigos definidos por uma forma fechada.

Em compensação, é magistral o modo com que a imagem inicial toma forma arquitetônica em cada uma de suas partes singulares, sem perder em espontaneidade e simplicidade. O superbloco é o meio que permite manter largas e espaçadas as malhas do tecido urbano, como analogamente as marcações sumárias dos *brise-soleil* ou da caixilharia de Niemeyer mantêm rarefeita a textura de seus edifícios. Assim, o organismo de Brasília, não obstante seu meio milhão de habitantes, conserva um aspecto elementar imediatamente legível, que permite perceber, de qualquer ponto do vasto conjunto, a energia e o caráter do esquema geral. O que impressiona é exatamente o novo relacionamento entre a invenção formal e o espaço em que é aplicada. Holford observa-o até mesmo em termos financeiros:

Depois do concurso, um dos comentários da imprensa ressaltava que Costa gastou 25 cruzeiros para ganhar um milhão (importância do primeiro prêmio). Mas com essa despesa — apenas um décimo do que é preciso, em nossos dias, para adquirir uma boa pintura impressionista francesa — o governo brasileiro fez um dos melhores investimentos deste século em matéria de planejamento urbano. [12]

9. Ibidem, p. 401.
10. Ibidem, p. 402.
11. O segundo prêmio coube ao projeto B. Milman, J. H. Rocha e N. F. Gonçalves; o terceiro, *ex aequo*, a MMM Roberto e R. Levi, R. Cerqueira Cesar, L. R. Carvalho Franco; o quinto, *ex aequo*, a H. Mindlin e G. Palanti, a Construtécnica S.A. e a C. Cascaldi, J. V. Artigas, M. W. V. Cunha e P. de Camargo e Almeida.

964. Brasília, a plataforma rodoviária, no cruzamento dos dois eixos principais.

965. Brasília, algumas superquadras já construídas.

dos melhores investimentos deste século em matéria de planejamento urbano.[12]

Ao projetar os edifícios de Brasília, Niemeyer segue os mesmos critérios. Cada um deles nasce de um princípio formal extremamente simples, intencionalmente elementar — o motivo dos antéparos curvos de mármore para o **Palácio Presidencial**, da parede em caracol para a capela anexa, da cúpula normal para o Senado e invertida para a Câmara dos Deputados, da coroa de pilares perfilados para a catedral — desenvolvido com extrema parcimônia de acabamentos (Figs. 966-969).

Freqüentemente esses princípios não têm qualquer relação com a estrutura portante; por exemplo, nos elementos que circundam o **Palácio Presidencial**, são obtidos por meio de um revestimento de placas de mármore previamente lavradas e parecem uma nítida decoração sobreposta ao organismo, sem dúvida deplorável. Mas exatamente em virtude da escala, essa decoração deixa de pertencer exclusivamente ao edifício e vincula o espaço circundante, impondo a presença do próprio edifício a uma distância muito maior do que a suficiente para discernir opticamente sua verdadeira textura, ligada necessariamente à escala humana.

Perseguindo esse objetivo, Niemeyer é levado a forçar os efeitos que pode conseguir com os elementos usuais de construção, até deformar seu significado, apresentando-os isolados do contexto habitual, tais como enormes *objets trouvés;* suas arquiteturas adquirem, assim, uma conotação surrealista que foi observada mais de uma vez,[13] e alguns detalhes — por exemplo, os elementos de mármore, polidos e torneados como ossos de animais — possuem uma inegável semelhança com certas imagens dos pintores surrealistas, de Dali aos seus contemporâneos brasileiros O. de Andrade Filho (n. 1914) e A. Bulcão (n. 1918).

Tal como Haussmann em sua época, Costa e Niemeyer tentam criar uma nova paisagem urbana transpondo para uma nova escala as fórmulas de composição já adotadas. Até mesmo a discussão sobre Brasília assemelha-se à que era feita há um século sobre Paris: existe uma polêmica imediata sobre a natureza dos instrumentos adotados, indubitavelmente artificiosos, e existe uma expectativa sobre os resultados obtidos ao se aplicar esses instrumentos em circunstâncias de fato novas, antecipando-se em muitos aspectos aos problemas das cidades futuras.

A polêmica sobre os conceitos adotados já foi levada em conta; a observação dos resultados é agora falseada pela mudança violenta de direção política — a queda da democracia burguesa e o início do regime militar, em 1964 — que dispersou, juntamente com os responsáveis de então, também o grupo dos arquitetos modernos (Niemeyer foi trabalhar em Israel) e impediu que os projetos iniciados se desenvolvessem com continuidade.

Assim, o ciclo da arquitetura brasileira, que, ainda em 1960 era considerada a experiência de vanguarda para o mundo latino-americano em vias de desenvolvimento, hoje pode ser deixado de lado como um capítulo encerrado, resultado interrompido de uma situação política e social superada em todo o continente, pelos últimos acontecimentos. Regimes militares e revoluções enfrentam-se em um combate sempre mais cerrado, onde deve ser novamente encontrada — ainda não se sabe como — a posição da arquitetura.

2. Le Corbusier na Índia

Em 1950, Le Corbusier entra em contato com o governo indiano e recebe o encargo de superintendente da construção de Chandigarh, nova capital do Punjab, em substituição a Lahore, que ficou em território paquistanês.

Junto com ele, são contratados os ingleses Maxwell-Fry e Jane Drew (n. 1911), e Pierre Jeanneret, primo e antigo *partner* de Le Corbusier. Os quatro encontram-se reunidos no local em fevereiro de 1951 e em apenas seis semanas traçam o plano urbanístico de modo que os trabalhos viários possam ser começados no verão seguinte.

A cidade é prevista para 150 000 habitantes (podendo ser a seguir aumentada até 500 000), dos quais aproximadamente um terço são empregados de órgãos administrativos; o Estado construirá os edifícios públicos e as casas para esses funcionários, portanto, boa parte da cidade, e os projetistas encontrar-se-ão em condições de controlar *a priori,* segundo um programa preciso, todo o curso da iniciativa da situação urbanística até as últimas especificações arquitetônicas.

Aplicando a teoria das sete vias,[14] Le Corbusier imagina uma rede de vias expressas de importâncias diversas (vias 1, 2 e 3), que se cortam ortogonalmente, individuando um xadrez de grandes "setores" retangulares, cada um com cerca de cem hectares. Cada setor está dividido entre as treze classes sociais que compõem a população da cidade, alojadas em treze

---

12. HOLFORD, W. Op. cit., p. 402.
13. COTTA, A. Rosa & MARCOLLI, A. Considerazioni su Brasilia, *Casabella*, n. 218 (1958), p. 33.

14. *Oeuvre complète 1952-1957*, Zurique, 1957, p. 54.

966-969. Brasília, o Palácio do Congresso e a Esplanada dos Ministérios; os croquis de Niemeyer para a Praça dos Três Poderes (de O. N., *Minha experiência em Brasília*).

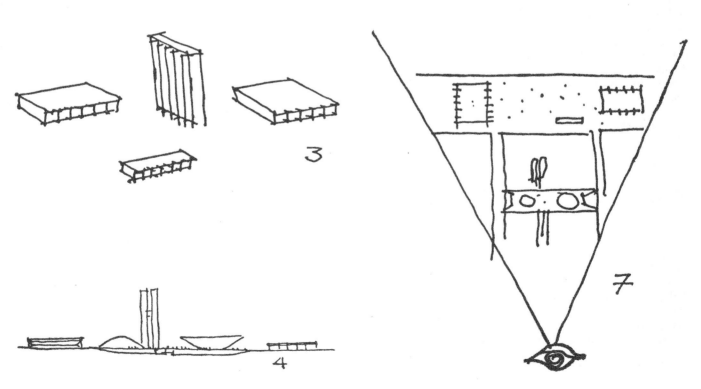

diversas categorias de habitações e agrupadas em diversas porções do setor, fruindo dos mesmos serviços públicos; Le Corbusier pode, assim, verificar de modo rigoroso sua teoria dos setores mistos, onde as diversas zonas residenciais estão diferenciadas segundo a densidade. Os setores são atravessados em um sentido pelas vias 4 (comerciais), das quais partem as vias 5 e 6, que levam até a porta das casas, e no sentido ortogonal pelas vias 7, que se entrelaçam no verde e ligam as instalações escolares e recreativas (Fig. 970).

Os edifícios administrativos — o Palácio do Governador, o Parlamento, a Secretaria (onde estão reunidos todos os Ministérios) e a Corte de Justiça — estão agrupados fora da cidade, sobre uma planície artificial, movimentada por desníveis, espelhos de água, plantações e figuras simbólicas (Fig. 973).

Le Corbusier, como sempre, tende a fazer coincidir o projeto urbanístico com o arquitetônico — ele desenha desde o princípio um admirável tipo de edificação para as casas dos párias (Fig. 971) — mas não sendo manifestamente possível uma condução unitária de todo o trabalho, seu encargo é limitado aos edifícios do Capitol. Por isso, ele se empenha a fundo, confiante de poder realizar na Índia a obra completa, exaustiva e representativa que não pode nascer nas angústias do ambiente europeu. Le Corbusier propõe-se esquecer todo modelo pré-constituído, deduzir da realidade que se lhe apresenta uma nova arquitetura; sua metodologia, todavia, exige uma imediata qualificação formal dos dados do ambiente, e prefere partir dos dados imutáveis do clima em vez dos mutáveis das relações sociais:

> Sol e chuva são os dois componentes de uma arquitetura que deve ser, ao mesmo tempo, pára-sol e guarda-chuva. As coberturas devem ser tratadas como problemas hidráulicos e o problema da sombra deve ser considerado como o problema principal. O conceito de *brise-soleil* adquire, aqui, todo seu valor de ruptura dos hábitos adquiridos e estende-se, não somente à janela, mas à fachada inteira, ou melhor, à própria estrutura do edifício.[15]

Os ambientes da Corte de Justiça (Figs. 975 e 976) são protegidos por uma ampla cobertura ondulada, sob a qual passam livremente o ar e a luz, penetrando por todas as partes da estrutura, em suas cavidades, desenvolvem-se, ao ar livre, os percursos horizontais e verticais, ligados pelas rampas de aclive suave, enquanto que as paredes envidraçadas das salas de reunião e dos escritórios são protegidas por um elaborado *brise-soleil*, que traz para a escala humana as medidas imponentes do esqueleto principal. Esse quadro arquitetônico é audaciosamente fechado por extremidades cegas dos dois lados, de modo que o edifício emerge como um bloco compacto da grande planície.

O caráter fortemente representativo do tema inspirou a Le Corbusier uma de suas mais sugestivas imagens arquitetônicas, altiva, destacada e, ao mesmo tempo, respeitadora da gente humilde que ali caminha, a cujo passo estão subordinadas as dimensões de todos os espaços.

A Secretaria (Fig. 977) é um organismo mais simples e convencional, onde as variações da estrutura e da distribuição interna não interrompem o volume compacto, mas são reproduzidas em duas dimensões pelo elaboradíssimo desenho do *brise-soleil*. O Parlamento (Fig. 978) e o Palácio do Governador, ainda incompletos possuem um relevo plástico mais acentuado, especialmente este último que funciona como coroamento de toda a paisagem do Capitol. Algumas dificuldades foram encontradas aqui na passagem da escala monumental e celebrativa para a escala doméstica — pois trata-se de uma residência, embora faustosa — e, de fato, o projeto teve de ser repetidamente modificado.

Enquanto trabalha em Chandigarh, Le Corbusier constrói, em Ahmedabad, um palácio para a Associação dos Fiandeiros, um museu e duas esplêndidas residências particulares, fazendo com que frutifiquem, em um ambiente mais limitado, os mesmos critérios de projetar, fundados em uma interpretação cósmica e meta-histórica do ambiente local (uma das *villas*, projetada para um cliente, pôde ser adaptada para um novo proprietário e para um outro terreno quase sem variações).

Enquanto escrevemos, a experiência de Chandigarh ainda está em aberto. Le Corbusier encontrou muitas dificuldades em prosseguir seu trabalho e, depois de sua morte, ainda se espera a realização completa do complexo monumental "agora regulado pela fita métrica em cada uma de suas medidas de conjunto e de detalhe".[16]

Sem dúvida, Le Corbusier, enquanto aqui deu provavelmente a medida mais impressionante de seu talento, quis deixar sobre a planície do Capitol uma visível marca pessoal, adotando seus símbolos como pontos focais do arranjo.

---

15. Idem, ibidem, p. 117.

16. Idem, ibidem, p. 54.

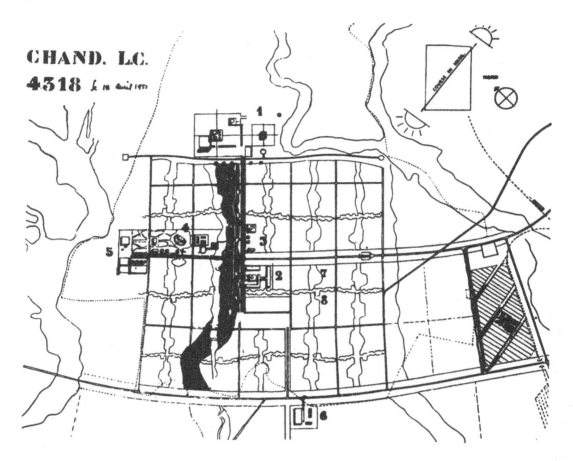

970. Chandigarh, planimetria geral de 1951 (da *Oeuvre complète* de Le Corbusier): 1. o Capitol, 2. o centro comercial, 3. as instalações recreativas, 4. o museu e o estádio, 5. a universidade, 6. o mercado, 7. as zonas verdes com instalações recreativas, 8. as vias 4 (comerciais).

971. A *main ouverte* a ser construída no Capitol.
972. Chandigarh, e casa dos párias projetada por Le Corbusier (de *Oeuvre complète*).

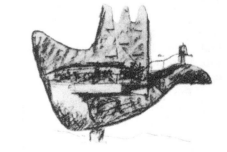

Produz mais frutos uma experiência semelhante, onde o projetista dá tudo o que pode dar, sem qualquer restrição, ou a experiência mais reticente do especialista estrangeiro que procura mergulhar dentro dos hábitos precedentes da gente, sem pretender contrapor a estes novas formas e novos modelos de comportamento?

Somente o futuro nos permitirá dar uma resposta certa. Até agora os hindus extraíram deste trabalho escassos incentivos para a atualização de sua tradição arquitetônica. O valor dos ensinamentos de Le Corbusier cessa no ponto onde o mestre não pôde intervir com suas próprias mãos, e os edifícios construídos em Chandigarh por outros projetistas europeus ou hindus (Figs. 981-983) demonstraram do modo mais convincente, com sua pobreza e a repetição mecânica de alguns motivos convencionais, o caráter solitário dessa sua última experiência.

Aquilo que não aconteceu até agora, poderia, contudo, verificar-se a seguir. [17]

Como sempre, Le Corbusier não se poupou: ofereceu a seus humildes ouvintes um mundo de formas talvez desconcertantes, mas o exemplo de um esforço de comunicação generoso e incondicionado, cujos efeitos não estamos aptos a medir.

3. O Japão

O Japão é até agora o único país onde uma tradição diferente da ocidental e não naturalista ou primitiva — como na América Latina — mas ilustre e altamente refinada, foi movimentada pelas contribuições ocidentais e pôde desenvolver-se de modo original, alcançando, embora em meio a muitas dificuldades, resultados de valor internacional. É, portanto, importante considerar como isso chegou a acontecer e quais são as relações entre a moderna arquitetura japonesa e a herança tradicional.

Em primeiro lugar, é preciso levar em consideração a influência da tradição japonesa na formação do movimento moderno no Ocidente. A partir de 1854, quando os norte-americanos conseguem obter a abertura dos portos japoneses para seu comércio, começam a circular no Ocidente os produtos da arte japonesa, que possuem uma importante função de estímulo no iminente debate para a reforma das artes aplicadas.

H. Cole e O. Jones utilizam exemplos chineses e japoneses em suas publicações; W. Crane é fortemente influenciado pelos modelos japoneses com que entra em contato entre 1859 e 1862, quando trabalha como gravador junto de W. J. Linton, e transmite essa conexão à Arts and Crafts Society; as estampas japonesas começam a circular em 1856 em Paris, por obra do aquafortista Bracquemond, influenciando a pintura da época e visivelmente, a partir de 1866, a de Whistler; na sétima década do século, a moda do Japão difunde-se rapidamente: em Paris, abre-se a loja de objetos japoneses de Mme de Soye, freqüentada pelos Goncourt, por Baudelaire, Degas e Zola, em Londres, a de M. Marks, e multiplicam-se as decorações em estilo japonês.

Em 1886, sai o primeiro livro sobre a arquitetura japonesa, *Japanese home sand their surroundings,* do norte-americano E. S. Morse, e, em 1889, o grosso manual *Kunst und Handwerk in Japan,* do alemão J. Brinkmann. Essas obras certamente influenciam o nascente movimento da *art nouveau,* porém consideram, da arquitetura nipônica, principalmente o lado exterior e pitoresco.

As referências à arte do Extremo Oriente ainda estão presentes, de modo menos circunstancial e mais sutil, nas experiências de vanguarda do primeiro pósguerra; supôs-se que a orientação inicial da pintura de Mondrian tenha ocorrido sob influência da arte nipônica, [18] e sabe-se que Itten, em seu curso da Bauhaus, utilizava a pintura Sung, os textos de Lao Tsé e de Chuang tsu. [19] Enfim, Wright — que vive em Tóquio de 1918 a 1922 — descreve da seguinte maneira seu encontro com a arte japonesa, a qual influencia de modo tão acentuado sua produção seguinte:

Durante os últimos anos transcorridos no Escritório de Oak Park, as estampas japonesas tinham me atraído e tinham sido para mim um grande ensinamento. A eliminação do insignificante, o processo de simplificação no qual eu mesmo já estava empenhado, encontraram uma confirmação naquelas estampas. E, a partir do momento em que descobri a beleza de suas estampas, o Japão sempre exerceu sobre mim uma intensa atração. A seguir, constatei que a arte e a arquitetura japonesas realmente tinham um caráter orgânico. A arte dos japoneses estava mais próxima da terra, era um produto mais autônomo de condições mais autóctones de vida e de trabalho; portanto, a meu ver, harmonizava-se com o moderno

---

17. Um artigo de *Architectural Design* (out. 1965, p. 504) descreve a cidade quase completa, que "funciona notavelmente bem, melhor do que se poderia imaginar".

18. D. Gioseffi e C. L. Ragghianti; ver *Sele-Arte,* n. 32 (1957), p. 10.

19. VON ERFFA, H. Bauhaus first Phase. *Architectural Review,* v. 122 (1957), p. 103.

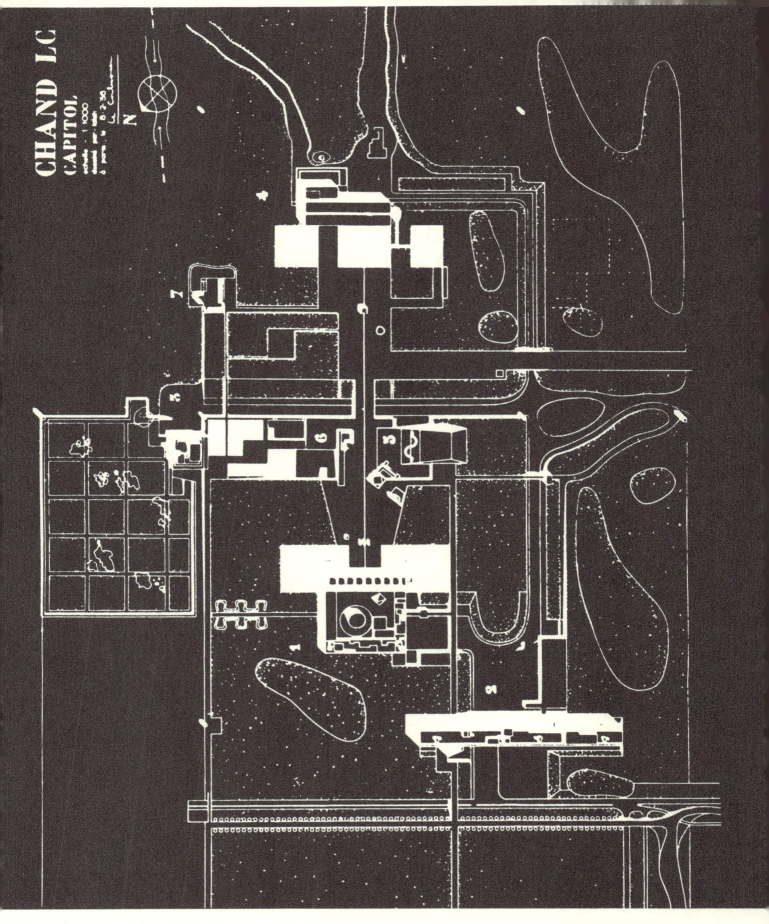

973. Chandigarh, planimetria geral do Capitol (1956 da *Oeuvre complète*): 1. a Assembléia, 2. o Secretariado. 3. o Palácio do Governador, 4. a Corte de Justiça, 5. o Fosso da Cosideração, 6. os espelhos de água frente ao Palácio do Governador, 7. a mão aberta.

725

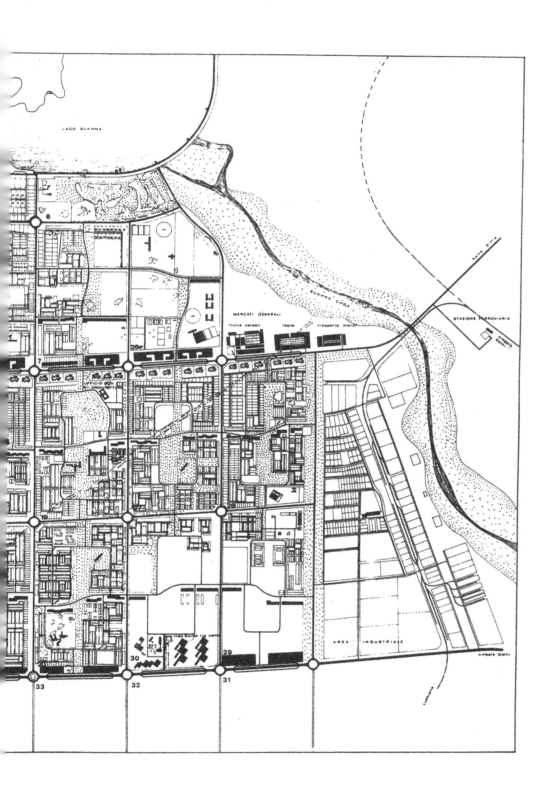

974. Chandigarh, planimetria atualizada em 1965; estão assinalados em preto os edifícios públicos e em pontilhado as zonas verdes (desenho de Preti, Caldini e Natali).

muito mais do que a arte de qualquer outra civilização européia ou já desaparecida. [20]

Enquanto, no Ocidente, a arte chinesa e japonesa age sobretudo como estímulo indireto — fato já observado no Cap. 6 —, no Japão, o repertório da arquitetura ocidental é utilizado literalmente, a partir de 1869, durante a europeização forçada do país, promovida pelo Imperador Mutsuhito.

Para avaliar esse emprego textual dos estilos europeus, é preciso levar em consideração a extraordinária rapidez do processo de transformação: em 1869, é proclamada a Constituição — segundo o modelo da francesa —, em 1872, é introduzido o ensino obrigatório e, em 1873, o serviço militar obrigatório, eliminando na origem o poder da casta guerreira dos samurais, que é definitivamente desbaratada em 1877 pelo exército regular; em 1880, estabelece-se a liberdade de culto, adota-se o calendário gregoriano, o repouso semanal e entra em vigor um moderno código penal; em 1880, é promulgada uma nova Constituição calcada no modelo prussiano, em 1898, publica-se um novo código civil e, finalmente, em 1899, é abolida a jurisdição consular para os estrangeiros. Neste ponto, o Japão — já vitorioso sobre a China em 1895 — entra com plena igualdade no concerto político mundial.

Nos primeiros dois decênios da nova era, o governo serve-se principalmente de peritos estrangeiros. Em 1870, institui-se uma divisão de construções junto ao Ministério da Engenharia e vários arquitetos europeus são convidados para ir ao Japão, a fim de projetar os novos edifícios públicos necessários; dentre estes, o italiano C. V. Capelletti — que constrói, em 1881, o Museu Histórico e os escritórios do Estado-Maior —, o americano R. P. Bridgens, o inglês J. Condor, o francês C. de Boinville e o alemão H. Ende.

À falta de qualquer referência de ordem local, esses projetistas aplicam do modo mais rigoroso os preceitos do ecletismo e constroem cada edifício no estilo adequado a sua função: os órgãos públicos, em estilo renascentista, as igrejas em estilo medieval, e assim por diante.

Enquanto isso, em 1875, é inaugurado um curso de Arquitetura junto à Faculdade de Engenharia, e são encorajadas de todas as maneiras as visitas de estudantes nipônicos à Europa, a fim de que aprendam no local os métodos ocidentais de projetar e de execução. Assim, prepara-se uma geração de arquitetos indígenas que, no terceiro decênio da nova era, substituem gradualmente os europeus, embora continuando a usar os mesmos estilos: dentre eles, destacam-se K. Tatsuno, autor do Politécnico, do Banco do Japão e da Estação Central de Tóquio, e T. Yokogawa, autor do Teatro Imperial. Enquanto isso, chegam pontualmente os novos métodos de construção: o primeiro edifício de aço (um magazine) é de 1895, o primeiro de concreto armado (a sede de uma companhia de seguros) é de 1912.

Os conceitos ocidentais em matéria de arquitetura são absolutamente heterogêneos para a mentalidade japonesa; falta até mesmo uma palavra equivalente a "arquitetura", ou seja, uma que se refira a todos os edifícios, enquanto dotados de valor artístico. Na linguagem tradicional, encontra-se o termo *Zoka* (que diz respeito à construção de casas) e o termo *Fushin* (que diz respeito à coleta de fundos para a construção ou reconstrução dos templos), as quais, contudo, não podem ser generalizadas, sendo inseparáveis das respectivas modalidades rituais.

É, entretanto, cunhado um novo termo, *Kenchiku*, equivalente ao ocidental "arquitetura"; de acordo com a intenção dos eruditos, deveria indicar sobretudo o valor artístico das construções, porém, na linguagem popular — como relata um estudioso contemporâneo, Shinji Koike [21] —, esse termo é usado mais para indicar o conjunto das operações técnicas relativas à construção. Isso demonstra que o conceito japonês difere do ocidental, não tanto pela extensão, quanto pelo enquadramento mental; os europeus, seguindo a concepção renascentista, pensam em um valor abstrato e geral, que diz respeito a um aspecto unicamente da atividade de construção, enquanto que os japoneses — tais como os homens da Idade Média — pensam em uma atividade concreta e particular, cujos diversos aspectos são percebidos global e unitariamente.

Essa concessão tradicional, entretanto, é considerada um obstáculo para a atualização cultural da arquitetura japonesa, e os intelectuais mais avançados preocupam-se com isolar e sublinhar exatamente o valor artístico (entra em uso, por exemplo, a expressão "arquitetura estética"), submetendo ao crivo dos métodos críticos ocidentais até mesmo a herança arquitetônica de seu país. O Prof. K. Kigo dá, em 1887, o primeiro curso de história da arquitetura japonesa e, a

---

20. WRIGHT, F. L. *Io e l'architettura* (1932), Trad. it., Milão, 1955, p. 304.

21. KOIKE, S. *Contemporary Architecture in Japan.* Tóquio, 1953, p. 16.

975, 976. Chandigarh, a Corte de Justiça.

seguir, C. Ito e T. Sekino, com seus estudos comparativos sobre a arquitetura oriental e ocidental, individuam na produção da construção civil antiga aquele complexo de caracteres gerais que pode ser chamado de "estilo japonês".

Nesse ponto, torna-se possível um confronto paritário entre o estilo japonês e o europeu; em 1910, o Instituto Japonês de Arquitetura organiza um debate sobre o argumento, durante o qual é criticada a imitação indiscriminada das formas estrangeiras e auspicia-se uma mistura entre os estilos ocidentais e orientais, sobretudo para levar em conta as diferenças de clima e de costumes.

Nesses termos, todo relacionamento frutífero entre o pensamento arquitetônico europeu e a tradição nipônica torna-se impossível; a imitação dos modelos europeus não apenas suplantou, mas também desintegrou e tornou virtualmente inutilizável a tradição local, desmembrando-a em uma pluralidade de componentes abstratos. A insuficiência dessa abordagem do problema torna-se evidente no primeiro pós-guerra, quando alguns literatos de vanguarda, tais como S. Yoshino, promovem a construção das primeiras casas particulares em estilo europeu (*Bunda Jutaku*). Escreve A. Drexler:

> Enquanto o exterior dessas casas assemelhava-se às *villas* inglesas ou holandesas, no interior o número de cômodos em estilo ocidental dependia dos recursos financeiros e da quota de falta de comodidade que a família estava disposta a enfrentar. Por trás da casa, freqüentemente havia um jardim japonês e cômodos limpos e arejados à moda tradicional, destinados intencionalmente aos parentes mais velhos e menos adaptáveis, mas que muitas vezes eram usados como refúgio por toda a família. [22]

Ao mesmo tempo, contudo, chegam os ecos do novo pensamento arquitetônico que está amadurecendo na Europa. Logo depois da Primeira Guerra Mundial, forma-se um grupo de arquitetos de vanguarda — K. Ishimoto, S. Horiguchi, M. Tazikawa — que leva o nome de *Bunrilha* (Secessão), inspirando-se no análogo movimento vienense e proclamando sua hostilidade em relação a todos os estilos históricos; em 1918, F. L. Wright começa a construção do Hotel Imperial, colocando no centro da capital nipônica um sugestivo exemplo de sua personalíssima linguagem; em 1921, um profissional europeu de notável envergadura, A. Raymond, estabelece-se no Japão e exerce uma influência duradoura sobre os jovens arquitetos nipônicos, muitos dos quais adquirem prática em seu estúdio.

O terremoto de 1923, que quase arrasa Tóquio e Yokohama, torna necessário um vasto programa de reconstrução e obriga os projetistas a considerar rigorosamente as vantagens e desvantagens dos vários sistemas de construção. Essas urgentes tarefas técnicas favorecem a difusão das teses racionalistas; forma-se o grupo Shinko Kenchikuka Remmei (Associação dos Jovens Arquitetos) e, pouco depois, um outro bastante mais importante, Nihon Kosaku Bunka Remmei (Associação Japonesa do Desenho Industrial), de que participam H. Kishida, S. Horiguchi, K. Ichiura, K. Maekawa, Y. Taniguchi, S. Koike; seu programa inspira-se na Deutscher Werkbund e propõe-se reunir todas as energias artísticas, pondo-as em contato com o mundo da indústria; o grupo também faz publicar uma revista, *Kendai Kenchiku* (Arquitetura de Hoje).

Nesse ínterim, estabelecem-se contatos diretos com os mestres do movimento moderno na Europa. O próprio K. Imai, durante uma viagem de estudos, entra em contato com Gropius, Le Corbusier, Mies van Rohe e B. Taut; Kunio Maekawa (n. 1905), de 1928 a 1930, e Junzo Sakakura (n. 1904), de 1931 a 1936, trabalham no estúdio de Le Corbusier; de 1933 em diante, B. Taut fica no Japão e dá uma contribuição decisiva para o estudo da tradição local, [23] nela distinguindo os aspectos caducos e os permanentes, ainda suscetíveis de desenvolvimento.

Ele chama a atenção pela primeira vez para os exemplos onde a construção em madeira é desenvolvida com sobriedade e rigor (o santuário de Ise, a *villa* imperial de Katsura), contrapondo-os aos mais conhecidos, tais como os templos budistas, onde os mesmos procedimentos degeneram para uma decoração desregrada. Com aqueles, pode-se aprender um método geral sempre válido; com estes, somente um repertório de imagens sugestivas, mas agora culturalmente inertes.

Taut insiste nessa distinção, que é ainda fundamental para o desenvolvimento da cultura arquitetônica japonesa; uma verdadeira continuidade com o passado não pode ser estabelecida através de imagens

---

22. DREXLER, A. *The Architecture of Japan.* Nova York, 1955, p. 240.

23. TAUT, B. *Nippon mit europäichen Augen gesehen.* Tóquio, 1934. —. *Japan Kunst.* Tóquio, 1936. —. *Grundlinien japanischer Architektur.* Tóquio, 1935 (publicado também em inglês, com o título *Fundamentals of Japanese Architecture*, Tóquio, 1935). —. *Houses and People of Japan.* Tóquio, 1937.

977, 978. Chandigarh, o Secretariado e o Palácio do Parlamento.

ligadas às situações contingentes, mas através dos métodos, generalizáveis por meio da reflexão crítica.

Não quero contestar que as tradições locais tenham muita influência sobre a arquitetura, mas essas coisas só podem ser compreendidas pelos japoneses e, portanto, permanecem estéreis para a renovação da arquitetura, que está em curso em todo o mundo. Eu creio, porém, que também são estéreis para o ulterior desenvolvimento da própria arquitetura japonesa.

Considerem-se — isso pode parecer um sacrilégio para muitos japoneses — as casas de chá, com suas salas para a cerimônia do chá. Sua grande beleza está fora de discussão, todavia, em si mesma, é inútil ao Japão moderno. Não é mais arquitetura, mas sim improvisação lírica, por assim dizer. A lírica, contudo, não se transmite facilmente à madeira, ao bambu, aos *shoji*,[24] às esteiras, ao estuque e assim por diante. Os velhos mestres da cerimônia do chá sublinharam a beleza pura e íntima dessa atmosfera; eles declararam que esta ficaria perdida com as repetições e por certo achariam que cada um dos elementos de uma casa de chá atual é "ordinário": os átrios formados por árvores deixadas ao natural, o estuque aplicado sobre os bambus e mesmo o recinto rústico, as pedras irregulares no jardim e o próprio jardim, com suas mil imitações em hotéis, restaurantes, casas particulares... Aquilo que devia ser uma expressão singular de espiritualidade e de personalidade, de natureza contemplativa, transformou-se em uma série de regras petrificadas e de árido academismo — e não somente os elementos arquitetônicos, mas a própria cerimônia.[25]

No breve intervalo entre 1930 e 1937, o movimento moderno japonês produz as primeiras obras notáveis: algumas casas de S. Horiguchi, onde se alcança pela primeira vez uma real integração estrutural entre as contribuições ocidentais e as orientais, o pavilhão japonês de Sakakura na Exposição de Paris de 1937, reproduzido no livro de Roth entre as vinte obras mais representativas da década, e o Hospital de Teishin em Tóquio, construído no mesmo ano por M. Yamada.

A partir de 1937, quando o regime japonês endurece no sentido totalitário e nacionalista, essas pesquisas são truncadas e assiste-se, também ali, a uma exumação das formas tradicionais.

Durante a guerra, o Japão sofre enormes destruições pelos bombardeios aéreos; a reconstrução, inicialmente lenta e promovida sobretudo pelas forças americanas de ocupação, torna-se mais intensa depois de 1950, quando é promulgada a primeira lei da construção subvencionada, que fixa um crédito de quinze bilhões de ienes para a construção de 80 000 alojamentos. No mesmo ano, é definida a situação jurídica dos arquitetos, distinguindo-se um título de primeiro grau conferido pelo governo central e um de segundo grau, conferido pelas autoridades locais.

A execução desse programa coloca, em escala vastíssima, o problema de conciliar os hábitos europeus e os japoneses. Por razões econômicas, os alojamentos são agrupados em edifícios coletivos, destruindo assim o relacionamento entre habitação e natureza em que está baseado o organismo da casa tradicional; no interior, segue-se, com maior freqüência, um compromisso: encontra-se primeiro um cômodo de estar e de trabalho, mobiliado à européia, onde se continua a usar sapatos, depois um ou mais cômodos forrados com tatami,[26] para dormir ou repousar.

A mesma descontinuidade é encontrada no organismo urbano; C. Perriand, que trabalha no Japão, assim descreve o ambiente da capital:

Tóquio, 1956: edifícios modernos, fortins de vidro e concreto, que albergam um em cima do outro os complexos mais inesperados: estação ferroviária, metrô, grandes magazines, restaurantes, teatros. A seus pés, uma cidade de oito milhões de habitantes, construída em papel e madeira... Imagino estar voltando a uma Paris saída diretamente da Idade Média, que tenha conservado todos os usos antigos e que se tenha embelezado com construções modernas. Percebem o que pode sair daí.[27]

A justaposição desses elementos heterogêneos torna-se cada vez mais precária pelo desenvolvimento econômico e social: sobre este pano de fundo, deve ser colocado o "renascimento" da arquitetura nipônica que hoje chama a atenção de todo o mundo.

Os arquitetos da geração que se formou entre as duas guerras continuam a produzir obras de excelente nível: dentre as mais notáveis, o Museu de Arte Moderna em Kamakura de J. Sakakura (1951), o Banco Nippon Sogo em Tóquio de K. Maekawa (1952), os escritórios do *Reader's Digest* de A. Raymond (1952) e o hospital para aposentados de M. Yamada (1953), sempre na capital nipônica. O ambiente japonês, contudo, é agitado por um outro grupo de obras, dotadas de uma maior carga polêmica e contendo uma alternativa mais clara para a desordem dos atuais organismos urbanos.

---

24. Painéis móveis que formam as paredes internas e externas.
25. TAUT, B. *Fundamentals of Japanese Architecture* cit., pp. 10-11.
26. Esteiras de dimensões uniformes que cobrem o pavimento.
27. PERRIAND, C. Crise del gusto in Giappone. *Casabella*, n. 20 (1956), p. 54.

979, 980. Vistas interna do vestíbulo do Parlamento em Chandigarh.

981, 982, 983. Chandigarh, aspectos das contruções projetadas por colaboradores de Le Corbusier.

733

Kenzo Tange (n. 1913), antigo assistente de Maekawa, principia depois da guerra com alguns edifícios duros e pesados — um pavilhão para exposições em Kobe, de 1950, o *memorial* de Hiroshima, começado em 1951 — onde o mecanismo estrutural é exibido obstinadamente, conferindo à arquitetura uma corpulência sumária, elementar (Figs. 988 e 989).

Na Prefeitura de Kagawa (Figs. 990-992), começada em 1954, ele enfrenta, com a mesma resolução, os aspectos de distribuição do tema e cria uma obra totalmente nova no Japão: não um prédio de escritórios fechado e hostil, mas um centro cívico aberto, acolhedor, com um andar térreo sempre percorrível pelos pedestres, sobre o qual se erguem o bloco baixo dos locais de contato com o público e a torre quadrangular dos escritórios; a estrutura de concreto armado é sempre fortemente marcada, com encaixes artificiosos, especialmente nos balcões que circundam a torre dos escritórios, imitando vagamente as múltiplas vertentes dos antigos pagodes. Ao lado do edifício de Tange, Maekawa constrói uma biblioteca com sala de música, de formas mais discretas, porém sempre amplamente circundada por espaços cobertos e descobertos, para pedestres, a fim de construir um verdadeiro centro cívico no sentido europeu.

No mesmo período, Hiroshi Oe, da mesma idade de Tange, que se tornou professor da Universidade de Hosei, constrói para a mesma Universidade um grupo de edifícios concebidos para facilitar a vida comunitária dos estudantes: também aqui o terreno é libertado pelos pilotis e o arranjo dos espaços externos é particularmente cuidado, em estreito relacionamento com os ambientes de reunião situados no andar térreo.

Tange construiu também o Palácio Municipal de Tóquio, uma de suas obras mais discutidas; o bloco de escritórios é precedido por uma praça lajotada para pedestres, que se prolonga sobre os pilotis e é embelezada com os recursos mais refinados da jardinagem tradicional. É assim revirado o conceito habitual de tal organismo: os visitantes e não os empregados tornam-se os protagonistas de seu funcionamento. *Architectural Forum* traz uma declaração de um dos colaboradores de Tange: "Parece que os elevadores são demasiadamente pequenos, pois acreditávamos que o ponto máximo do trânsito estivesse em correspondência com a chegada e a saída dos empregados, enquanto, na realidade, é no meio do dia, quando os visitantes chegam em massa", e o redator comenta: "É bom que nos órgãos públicos ocorram esses inconvenientes". [28]

Tange teve de superar resistências fortíssimas para realizar esse edifício, e suas obras de arquitetura provocaram no Japão concordâncias e discordâncias igualmente fortes. No exterior, pelo contrátrio, tornou-se repentinamente famoso, recebeu em 1959 o Grand Prix d'Architecture et d'Art da revista *L'Architecture d'aujourd'hui* e, em 1960, deu um curso no Massachusetts Institute of Technology. A opinião internacional terminou naturalmente consolidando também sua posição no Japão e recentemente fez com que ele recebesse grandes encargos oficiais, dentre os quais as esplêndidas salas cobertas realizadas para as Olimpíadas de 1964. Também é lícito atribuir à sua ação de estímulo a maior vitalidade de toda a produção nipônica nos últimos anos; mesmo os projetistas de maior afirmação realizam edifícios violentamente polêmicos — como a *unité d'habitation* de Maekawa em Tóquio, que subverte a organização doméstica tradicional, aplicando a ela os princípios de Le Corbusier, e a Prefeitura de Yonago de T. Murano, onde este parece repetir os acentos expressionistas do célebre magazine Sogo em Osaka, de 1935 — inflamando, por seu lado, as discussões pró e contra a tradição. Atualmente Maekawa e Sakakura cuidam da execução do Museu de Arte Ocidental em um parque de Tóquio, projetado por Le Corbusier com a habitual ênfase polêmica (Fig. 952).

Depois que o Japão tinha-nos habituado a refinadas combinações entre elementos antigos e modernos, conduzidas na linha de um gosto exigentíssimo, essas obras de arquitetura brusca e sumária, mas plena de ímpeto e de comunicatividade, testemunham um novo despertar cultural. Pela primeira vez, é rompido o equívoco do formalismo, que pesa sobre a arquitetura japonesa desde quando foram contrapostas as duas noções de *Zoka* e de *Kenchiku*.

O movimento em curso é apenas um aspecto do grande esforço para desenvolver no sentido democrático a sociedade japonesa, e sua sorte depende do êxito global desse esforço; é certo, todavia, que Tange e os demais possuem por trás de si um estímulo potente, que parece ser capaz de superar muitíssimas dificuldades.

A experiência deles contém também uma lição metodológica válida para todos. A cautela, antes de

---

28. BORNÉ, R. Renaissance in Japan. *Architectural Forum*, set 1959, p. 98.

984. Katsura, um detalhe da *villa* imperial.
985. P. Mondrian, *Composição em vermelho, amerelo, azul*, 1928.

986, 987. Tóquio, Escola de Odontologia (B. Yamaguchi, 1934) e a Casa Wasaka (S. Horiguechi, 1939).

988, 989. Hiroshima, Centro da Paz (K. Tange, T. Asada, Y. Otani, K. Matsushita, 1949-55).

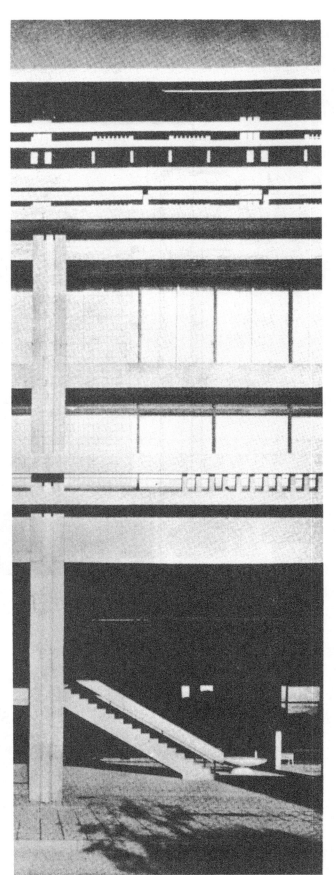

990-992. Kagawa, escritórios da Prefeitura (Tange Asada, K. Kamiya, T. Oki, Y. Tsuboi, 1954; de *Bauen + Wohnen*).

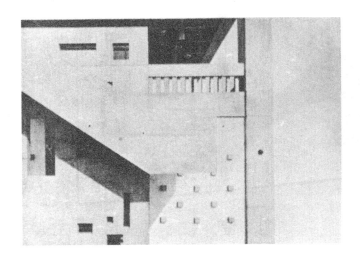

737

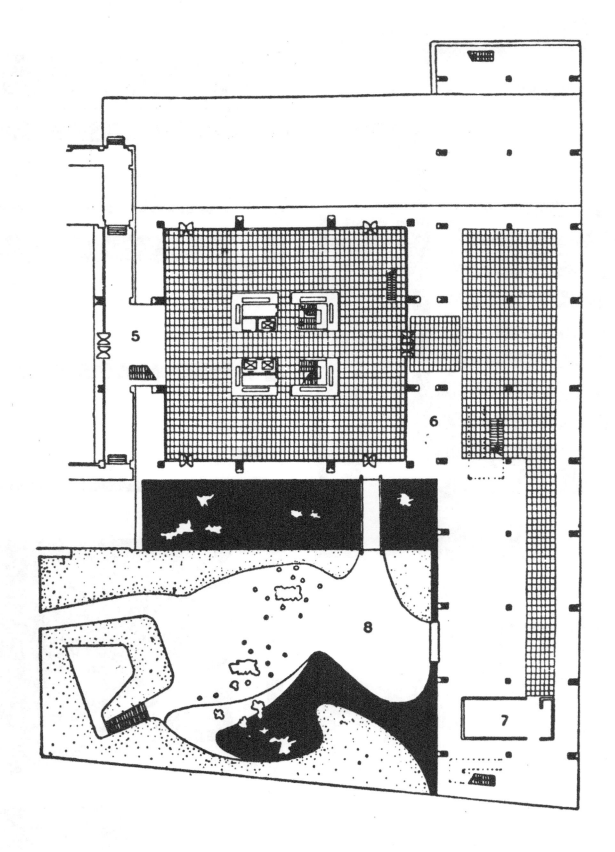

993. Kagawa, planta da Prefeitura (de *Bauen + Wohnen*).

994. Tóquio, as piscinas cobertas de Kenzo Tange para as Olimpíadas de 1964.

mais nada, contra os programas fáceis e idílicos de conciliação integral entre antigo e moderno; em presença de uma tradição ilustre e ainda enraizada nos costumes da maioria — e exatamente enquanto a cultura arquitetônica está apta a distinguir os aspectos exteriores e pitorescos dos aspectos substanciais, reconhecendo, por exemplo, a modernidade da casa tradicional, com seus elementos unificados, a continuidade entre interior e exterior, a capacidade orgânica de ampliação —, os jovens arquitetos japoneses tomaram consciência de que é impossível ter como meta a conservação daquela antiga harmonia, inseparavelmente ligada a uma série de limitações sociais hoje inadmissíveis.

Por conseguinte, eles aceitaram os riscos de uma ruptura parcial, deslocando a tônica, com decisão, das formas para os conteúdos, e trazendo novamente para o primeiro plano, com um entusiasmo que entre nós parece estar adormecido, as ocasiões de renovação da civilização ínsitas no movimento moderno.

A continuidade com a tradição não é mais um preconceito de que se parte, mas um possível ponto de chegada, na medida em que os antigos valores poderão ser recuperados nas novas formas de convivência.

CONCLUSÃO

A Associação dos Arquitetos Americanos (AIA), na reunião de 1949 em Houston, decide introduzir em seu código um novo parágrafo: "O arquiteto não deverá intervir diretamente, nem indiretamente, nas contratações de construções". Na reunião da AIA em Chicago, em março de 1952, Gropius pronuncia um longo e compromissado discurso contra essa norma:

> Temos ainda perante os olhos a unidade de ambiente e de cultura que existia nos tempos antigos. Sentimos que nossos tempos perderam essa unidade, que a enfermidade de nosso atual ambiente caótico, sua desordem e sua feiúra freqüentemente desoladora dependem de nosso fracasso em colocar as necessidades humanas fundamentais acima das exigências econômicas e industriais...
>
> Se olhamos para o passado, descobrimos, pelo contrário, que era evidente um denominador comum entre a variedade das expressões individuais. O desejo de repetir uma boa forma-padrão parece uma função constante da sociedade e isso era verdade muito antes do desenvolvimento industrial.
>
> A palavra padrão, como tal, não tem nada a ver com os meios de produção: os instrumentos do artesão ou a máquina. Nossas casas futuras não serão, de fato, uniformizadas pela padronização ou pela pré-fabricação; a competição natural em um livre mercado garantirá a variedade individual das partes componentes de um edifício, assim como nós hoje experimentamos a rica variedade de tipos de produtos feitos a máquina que se encontram no mercado. Os homens não hesitaram em aceitar formas-padrão, repetidas largamente, nas épocas de civilização pré-industrial. Esses padrões resultavam de seus meios de produção e de seu estilo de vida, e representavam a síntese das melhores contribuições individuais para a solução de certos problemas recorrentes. As formas-padrão da arquitetura passada exprimem uma feliz combinação de técnica e de imaginação, ou melhor, uma completa coincidência de ambas. Esse espírito — e não as formas correspondentes às várias épocas — deveria reviver para dar forma a nosso ambiente, com nossos novos meios de produção, as máquinas.
>
> Contudo, se não são continuamente controlados e renovados, os padrões tornam-se incertos. Sabemos que é uma tentativa fútil fazer reviver os padrões do passado, que nossa recente obsessão de que cada edifício novo deveria imitar um outro já existente traía a terrível fraqueza de nosso tempo, era uma silenciosa admissão de fracasso, de que não há exemplo no passado. Depois da revolução ocorrida em nossas fileiras, que esclareceu os termos do problema, parece que estamos nos umbrais de um novo esforço criativo. Assim, parece oportuno investigar até que ponto nossa profissão é adequada às condições de nosso tempo, que procurei delinear, e ver se estamos suficientemente conscientes da gigantesca mudança nos métodos de produção. Devemos ver nossa posição à luz da história tecnológica e, assim como não vivemos em um período de doce contemplação e de segurança, devemos reconsiderar nossos princípios fundamentais, pois existem alguns inconvenientes que não podemos deixar de lado por mais tempo.
>
> Nos grandes períodos do passado, o arquiteto era o "mestre de arte" ou o "mestre construtor" que tinha uma parte importantíssima no processo produtivo de seu tempo. No entanto, com a passagem do artesanato à indústria, ele não se acha mais nessa posição de destaque.
>
> O arquiteto de hoje não é o "mestre da indústria da construção civil". Abandonado pelos melhores artesãos (que foram absorvidos pela indústria como preparadores dos instrumentos — *tool making* —, provadores pesquisadores) ele ficou sozinho, sentado sobre seu anacrônico monte de tijolos, pateticamente inconsciente do colossal choque da industrialização. O arquiteto corre um perigo real, de ceder o antigo controle ao engenheiro, ao cientista, ao construtor, se

não corrigir sua posição e seus objetivos a fim de fazer frente à nova situação.

A completa separação que hoje se verifica entre projeto e execução dos edifícios parece artificiosa se confrontada com o procedimento usado nos grandes períodos do passado. Distanciamo-nos demais da colocação natural e original, quando conceber e realizar um edifício eram partes de um processo indivisível e quando arquiteto e construtor eram uma só pessoa. O arquiteto do futuro — se quiser voltar a encabeçar a atividade da construção — será forçado pelos acontecimentos a tomar parte, de modo mais direto, na produção da construção civil. Se souber associar-se e colaborar estreitamente com o engenheiro, o cientista e o construtor, então o projeto, a execução e a economia da construção poderão formar de novo uma unidade, uma fusão entre arte, ciência e proveito econômico.

Quanto ao novo parágrafo acrescentado ao código da AIA, Gropius exprime energicamente sua discordância:

> Tenho muitas dúvidas quanto à conveniência dessa regra, que iria perpetuar a separação entre projeto e execução. Devemos, pelo contrário, procurar uma reunificação orgânica que nos permita reaver o controle dos processos de construção. Naturalmente, a intenção desse parágrafo era boa e visava impedir a concorrência desleal, mas temo que, junto com o joio se esteja jogando fora também o trigo, pois trata-se somente de um preceito negativo, que não tenta resolver construtivamente nosso dilema.
>
> Não nos deixemos enganar pela força de nossa posição atual aos olhos de nossos clientes. Por exemplo, no começo da última guerra, os altos oficiais do Exército e da Marinha tratavam-nos bastante mal e mostravam uma ignorância completa sobre o caráter de nossa atividade. O cliente particular médio parece considerar-nos como expoentes de uma profissão de luxo, chamados à causa quando existe dinheiro a mais, a fim de "embelezar" o edifício, e não nos considera essenciais para o bom término da iniciativa, como o são o construtor e o engenheiro...
>
> Quando o cliente quer construir, ele quer obter uma certa edificação por um preço fixo e dentro de um prazo combinado. Para ele não tem qualquer interesse a subdivisão do trabalho entre arquiteto, engenheiro e empresário, porque sente implicitamente que é artificial manter separado dessa forma o projeto e a execução, e portanto habitualmente conclui que o arquiteto deve ser a incógnita x de sua equação, tanto em termos de tempo, quanto de dinheiro.
>
> O que mais estamos esperando? Não estamos, talvez, em uma situação quase impossível, pois recebemos um preço medido para cada projeto singular, enquanto quase que cada projeto exige um trabalho preliminar de pesquisa e de laboratório? Comparem essa situação com o longo processo que se desenvolve na indústria, da mesa de projeto ao protótipo e ao produto acabado. Em nosso campo, devemos arcar nós mesmos com o custo das pesquisas, pois para nós o protótipo e o produto acabado são a mesma coisa. Não se tornou essa uma tarefa quase insustentável sobretudo pelas variáveis introduzidas pelo cliente e pelos órgãos públicos?
>
> Freqüentemente constatamos a precariedade do lado econômico de nossa atividade, quando percebemos que quanto mais engenho e mais trabalho dedicarmos para reduzir os custos, mais somos punidos com um ganho menor. O cliente, por outro lado, sustenta que o arquiteto tem interesse em aumentar deliberadamente o custo do edifício, a fim de aumentar, assim, sua remuneração porcentual. Deste modo, muitas vezes procura fixar uma remuneração *à forfait*. Naturalmente, devemos opor-nos a essa tendência do cliente que não é de todo leal para conosco, mas isso não resolve o delicado problema das relações recíprocas. Aqui, com efeito, encontra-se nosso maior dilema moral. Freqüentemente a confiança do cliente no projetista vem a faltar, pois cada uma das duas partes é colocada em uma falsa posição, e isso impede que muitos clientes, no conjunto, venham procurar nossa obra. Isso não ocorre com o projetista dos produtos industriais, que é pago normalmente pelo trabalho inicial de preparação do modelo e, depois, com uma porcentagem sobre os exemplares produzidos. Ele não apenas tira vantagem econômica do sucesso de sua obra como também ganha em prestígio, como membro do grupo a que pertence, juntamente com o cientista, o engenheiro, o homem de negócios. Esse procedimento, que cada vez se desenvolve mais nas indústrias, leva o artista, inicialmente isolado, a se reintegrar profundamente na vida social.
>
> Estou convencido de que também a indústria da construção civil deverá tender para um semelhante trabalho de grupo. Isso poderia dar ao futuro arquiteto que, por vocação, é o coordenador das muitas atividades referentes à edificação, a oportunidade de tornar-se, ainda uma vez, o "mestre construtor", se nos sentirmos dispostos a fazer as mudanças necessárias na atitude e na educação. Nós devemos descer de nosso monte de tijolos e educar a jovem geração em conformidade com os novos meios da produção industrial, em vez de encaminhá-la para uma platônica atividade artística separada da prática e da construção.
>
> A máquina por certo não se detém no limiar da construção civil. O processo de industrialização apenas parece mais lento do que nos demais campos da produção, pois a construção civil é muito mais complexa. As partes do edifício, uma depois da outra, passaram, do artesão, para a indústria; é suficiente olhar os catálogos das firmas para convercer-se de que existe uma variedade quase infinita de elementos de construção industrializados a nossa disposição. O antigo processo de construção manual transformou-se em um processo de montagem de partes já prontas, produzidas industrialmente, expedidas das fábricas ao canteiro de obras. Além do mais, a porcentagem de instalações mecânicas em nossos edifícios continua aumentando. A pré-fabricação está muito mais avançada na construção dos arranha-céus do que na de casas. 80% ou 90% da Lever House de Nova York e do novo edifício de apartamentos de Mies van der Rohe em Chicago consiste de elementos industriais monta-

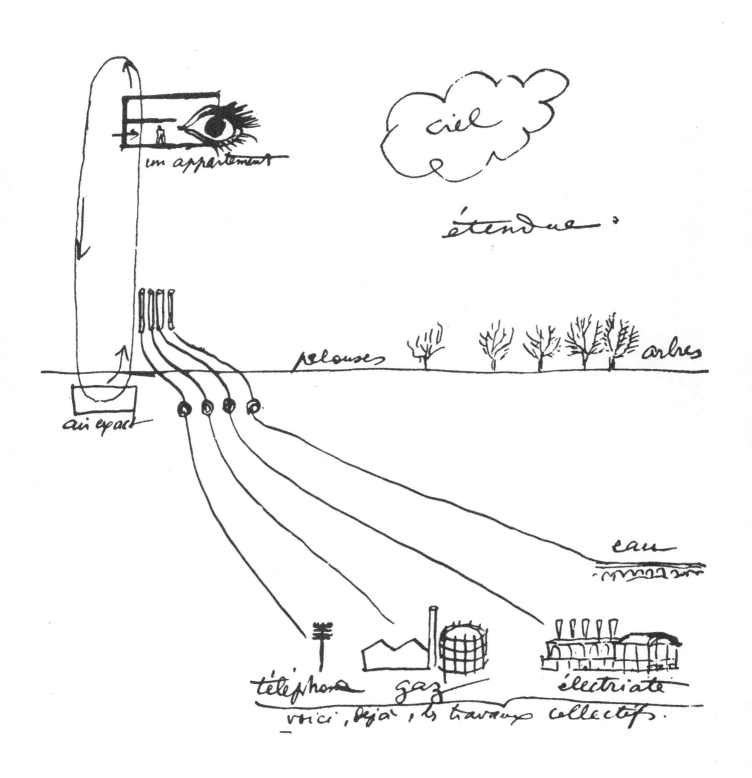

995. Os recursos da natureza e da técnica a serviço da casa; desenho de Le Corbusier, 1934.

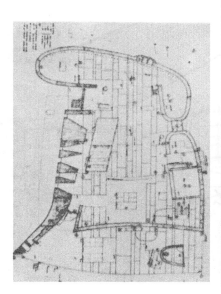

996-1002. A igreja de Ronchamp (Le Corbusier, 1954).

dos, não construídos no local. Muitos outros edifícios possuem o mesmo caráter.

Contudo, para sermos honestos conosco mesmos, devemos admitir que somente poucos dentre nós, arquitetos, participaram diretamente ou influenciaram essa grande mudança, projetando esses elementos que agora usamos em nossos edifícios. Esse processo foi determinado pelo engenheiro e pelo cientista. Por isso, devemos apressar-nos em reconquistar o terreno perdido, educando as jovens gerações para uma dupla tarefa:

1) tomar contato com a indústria da construção civil e tomar parte ativa no projeto dos elementos da construção;

2) aprender a compor bons edifícios com essas partes industrializadas.

Isso, em minha opinião, exige uma participação e uma experiência muito mais direta na oficina, em contato com o mundo da indústria e das empresas, do que ocorre em relação aos atuais sistemas didáticos. A futura geração dos arquitetos deve preencher o vazio fatal entre projeto e construção e reunificar aquilo que hoje está infelizmente separado, por culpa nossa.

A conclusão do discurso é insolitamente apaixonada:

Procurei lançar luz sobre a encruzilhada onde hoje se encontra nossa profissão. Uma das duas estradas parece acidentada, mas ampla e plena de esperanças e de oportunidades. A outra é estreita e pode tornar-se um beco sem saída.

Eu fiz minha escolha pessoal mas, estando mais avançado em anos, posso exortar meus estudantes, que representam a próxima geração, a procurarem uma solução eficaz para pôr de novo em contato o projeto e a execução em sua futura prática, participando diretamente da produção da construção civil e da industrial. Naturalmente, porém, devo dizer a eles que, estando assim as coisas, não podem entrar na AIA.

Tenho fortes esperanças de que a AIA irá querer reconsiderar e abolir o fatal parágrafo 7, que barra a estrada de um progresso criativo promissor. Se não, eu quero ser expulso da associação, pois rebelo-me contra essa tímida e infeliz regra. De fato, não consigo convencer-me de que, se um jovem arquiteto e um jovem construtor desejam associar-se para fornecer à sociedade um serviço completo e moderno — projeto e execução — no campo da construção civil, isso signifique para eles uma falta de integridade. A AIA deveria, pelo contrário, encorajar uma tal combinação natural.

Foi-me perguntado se, ao fazer assim, o cliente não ficaria isolado, destituído do controle financeiro que lhe é assegurado pelo arquiteto. Minha resposta é que nós não exigimos controles fiduciários quando compramos os objetos de que nos servimos todos os dias: escolhemo-los de acordo com a boa reputação do fabricante. Não vejo nenhuma diferença, nesse propósito, entre o edifício e seus elementos.

Naturalmente, sei que a tarefa de reconciliar projeto e execução — que deveriam ser inseparáveis — encontrará ainda muitas dificuldades, que só podem ser resolvidas na prática com lentidão. Mas exige-se sempre uma mudança de mentalidade, para desembocar em uma nova linha de experiência.

Nossa sociedade desintegrada exige a participação ativa da arte, enquanto contrapartida indispensável da ciência, para compensar seus efeitos analíticos. A arte, transformada em uma disciplina geral, poderá dar ao ambiente social a unidade que é a base efetiva de uma cultura, abrangendo todos os objetos, desde uma simples cadeira, até a casa de orações.[1]

Esse discurso foi publicado por *Architectural Forum* em 1952 e provocou um amplo debate, reproduzido no número seguinte, de junho.

Os arquitetos, em suas intervenções, parecem preocupados, não com a natureza do compromisso cultural proposto por Gropius, mas com a possibilidade de conservar — enquanto operadores independentes — um lugar de destaque na futura organização do trabalho de construção.

Mais interessantes são as respostas de outros profissionais; alguns apresentam sua candidatura à liderança no campo da construção civil, a qual os arquitetos sentem escapar de suas mãos.

J. W. Dunham, funcionário da administração federal, sustenta que "o sucessor do antigo mestre construtor é aquele que efetivamente herdou sua função dirigente, isto é, o perito administrativo",[2] e o engenheiro J. Feld escreve:

Os arquitetos têm sorte em ter entre eles um profeta como Gropius, que tenta pô-los frente à realidade da vida, a menos que prefiram continuar no caminho atual, que leva para a extinção, tornando-os tão antiquados como dinossauros (a extinção deveria verificar-se pelos mesmos motivos: a disposição não equilibrada de alguns órgãos vitais). Os arquitetos, colocando-se fora e acima do nível da indústria a que servem (alguns deles nem mesmo aceitam a palavra "servir"), perderam a confiança do cliente, para o qual existe essa indústria. Enquanto o engenheiro é considerado como uma despesa economicamente desejável, o arquiteto é considerado um mal necessário, por via dos regulamentos e dos costumes. O arquiteto não pode convencer o cliente de que seu serviço é economicamente desejável se não sabe explicar claramente a natureza desse serviço e, para fazer isso, deve, primeiro, compreender ele mesmo o problema... Se não tomar consciência disso, o

---

1. Existem duas versões reduzidas desse discurso: uma, publicada em *Scope of Total Architecture*, Nova York, 1955, p. 76, a outra, em *Architectural Forum*, maio 1952, p. 111. A primeira parte da citação foi extraída de *Scope of Total Architecture*, o resto, de *Architectural Forum*.
2. Ibidem, p. 114.

1003. Modelo do hospital de Veneza de Le Corbusier (1964).

1004, 1005. Tóquio, dois aspectos do plano de Tange: maquete da zona comercial e planimetria geral (de *Bauen + Wohnen*).

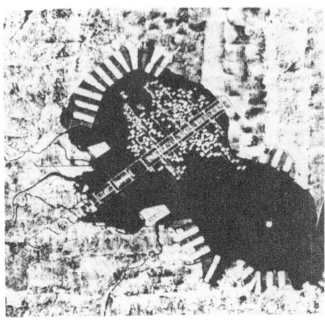

arquiteto acabará sendo excluído da indústria, e o engenheiro está francamente pronto a tomar seu lugar. [3]

Alguns professores julgam desapaixonadamente a situação da atividade da construção civil. B. L. Pickens diz:

> Se devemos melhorar a posição do arquiteto e a qualidade de sua arquitetura, temos necessidade de outras mudanças, além da abolição do parágrafo 7 do código da AIA. Suponhamos que cada arquiteto, ficando as coisas como estão, seja encorajado a formar um grupo com um construtor ou com um industrial. Quantos deles irão produzir edifícios melhores? Quantos, por uma razão ou outra, ultrapassarão o nível dos "construtores-arquitetos" que agora trabalham em todas as grandes cidades, fora das normas da AIA? Gropius enfraquece sua argumentação, ao apresentar o *industrial designer* como um projetista bem inserido em um grupo. Ele não será, antes quase sempre, uma criatura dos escritórios de vendas e dos escritórios publicitários? Considere-se seu produto mais conspícuo: o automóvel. Onde está a correlação total, como é concebida por Gropius, isto é, a síntese de arte, ciência e proveito econômico? A origem do problema está na deplorável inversão desses três termos, como o próprio Gropius bem percebeu na primeira parte de seu discurso original. [4]

E E. Pickering:

> A arquitetura luta por permanecer uma profissão, mas também diz respeito à produção de certos bens capitais, os edifícios... O arquiteto projeta esses bens, ou seja, deposita o fruto de seu cérebro na porta do construtor e, de longe, assiste seu crescimento e desenvolvimento... Ele exauriu suas possibilidades em matéria de projeto, de supervisão dos contatos e de execução. Agora, tem três alternativas: 1) continuar a se apresentar como um profissional, esforçando-se por "vender" seus serviços com maior agressividade; 2) tornar-se homem de negócios, associando-se com um construtor; 3) tornar-se um industrial no campo da produção de elementos para a construção.
>
> Com as últimas duas operações, o projeto criativo que conhecemos até agora tornar-se-á provavelmente um fato de segunda ordem, subordinado aos grandes negócios. Excetuando-se alguns quebra-cabeças que não são de nosso gosto, a arquitetura está hoje tão banal! Qualquer coisa muito diversa do normal é desagradável de se ver.
>
> O que deve fazer o arquiteto? o que pode fazer? Ele é parte de um mundo confuso, onde as estruturas políticas, econômicas e sociais estão-se modificando. O futuro da profissão será decidido provavelmente por forças sobre as quais o arquiteto, enquanto indivíduo, possui pouco controle. Se, todavia, o arquiteto sentir que se deve engajar nas contradições da construção civil, pressupondo conservar sua habilidade criativa e sua integridade profissional, convém que faça a prova. [5]

Tal como a discussão sobre a lei Le Chapelier, esta pode ser considerada como uma polêmica sindical, que diz respeito à categoria dos arquitetos, mas que possui um significado mais amplo.

O que está em jogo não é a sorte de uma categoria, mas o destino de certos valores, dos quais a categoria dos arquitetos é considerada portadora há muito tempo.

A Revolução Industrial modificou as coisas, não apenas aumentando, em uma medida extraordinária, as possibilidades de produção, mas também modificando a demanda dos bens disponíveis, dentre os quais as modificações espaciais de que se ocupa a arquitetura; fez entrever a possibilidade de que todas possam participar dela, segundo a fórmula de Morris e tornou tecnicamente realizável um desejo enraizado na mais profunda herança espiritual de nossa sociedade; por essa razão, fez surgir uma extraordinária esperança, de que derivam as energias, a coragem, a paciência empregadas para dar vida à arquitetura moderna.

Essa tarefa é inseparável das demais transformações em ato nos vários aspectos da vida de associação O leitor terá notado a correspondência entre a fórmula programática de Morris "arte do povo pelo povo" e a definição de Lincoln da democracia "governo do povo, pelo povo e para o povo". Tanto em um caso, quanto no outro, coloca-se o problema de adaptar o patrimônio dos valores transmitidos do passado — libertando-o das formulações vinculadas à estrutura hierárquica da antiga sociedade — a fim de torná-lo adequado à nova concessão paritária das oportunidades culturais e dos direitos políticos. O sistema desses valores (que se desenvolve sem cessar) é o que Lippmann chama de "filosofia pública", e as teses do movimento moderno são uma parte dessa filosofia, cuja continuidade histórica, assim como a perfectibilidade é necessário sublinhar.

As direções da arquitetura, porém, são um componente real do equilíbrio geral do político, não uma conseqüência dedutível de uma direção política já dada. A responsabilidade dos arquitetos, ou dos operadores que os substituirão, é somente limitada, não substituível pela responsabilidade das outras partes em jogo. Por isso a arquitetura pode ter êxito ou fracassar, pode dar uma contribuição positiva à vida de-

---

3. Ibidem, p. 114.
4. PICKENS, B. L. Ibidem, p. 115.

5. PICKERING, E. Ibidem, p. 117.

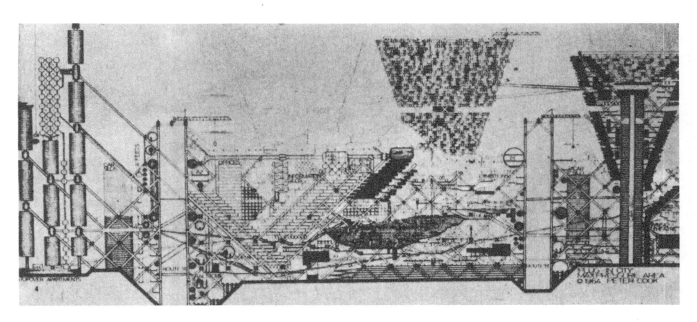
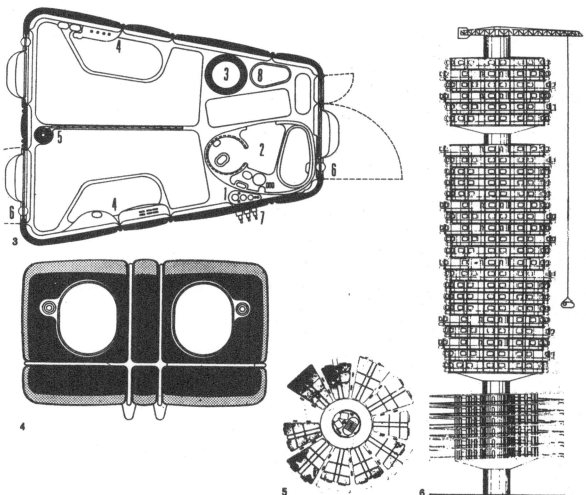

1006, 1007. Dois desenhos do grupo Archigran para Plug-in-city (de *Architectural Design*): seção da área mais densa; planta e fachada de um alojamento; fachada de uma torre ocupada por uma série de alojamentos. 1. canalizações de serviço; 2. cozinha ou banheiro; 3. elevador pneumático; 4. parede com aparelhos; 5. divisória móvel; 6. portas de serviço; 7. conexões para os serviços; 8. unidade de armazenagem.

mocrática ou pode opor-lhe obstáculos com as limitações que derivam de uma organização espacial injusta ou errada.

Por conseguinte, a gestão das mudanças espaciais coloca-se, em cada caso, como um problema específico, mesmo que possa ser repartida tecnicamente de muitos modos possíveis.

Quais, dentre os modos até agora experimentados, conseguem salvar ao mesmo tempo a eficiência técnica e a responsabilidade cultural de que fala Gropius? Ao desafio lançado pelo velho mestre em 1952, quais respostas convincentes foram dadas desde então?

Nenhuma proposta de organização pode ser considerada em si mesma totalmente satisfatória; a figura do "mestre construtor" de que fala Gropius talvez seja somente um termo de comparação histórico e não encontra hoje sua plena realização nem em um indivíduo, nem em uma equipe. Tanto a pesquisa individual, quanto a pesquisa coletiva, parecem, não obstante, indispensáveis para o progresso da arquitetura; contudo, dentre as experiências em curso, é possível indicar pelo menos três grupos característicos que seguem direções distintas e que souberam dar respostas convincentes, embora parciais, ao desafio de 1952.

O primeiro grupo utiliza exclusivamente a pesquisa individual e visa à invenção tipológica dos organismos, desde a escala da decoração de interiores, até a escala da edificação e urbanística.

O segundo grupo visa controlar e racionalizar a produção industrial corrente, ou seja, os organismos singulares de mais amplo consumo, compreendidos entre a escala da decoração e a da construção, utilizando uma combinação especial entre pesquisa individual e pesquisa coletiva.

O terceiro grupo visa controlar as transformações dos organismos urbanos e realizar, em certos casos, novas cidades e novas disposições territoriais, com meios próprios à autoridade pública, portanto, com a pesquisa coletiva e com a colaboração ocasional de pesquisadores individuais independentes.

Esses três grupos de experiências são igualmente importantes e tendem — na melhor das hipóteses — a sobrepor-se uns aos outros; a obra de Le Corbusier pertence ao primeiro grupo, mas tende a prolongar-se no segundo e no terceiro; a obra de Mies van der Rohe pertence ao mesmo tempo ao primeiro e ao segundo grupos; a obra dos estudos profissionais que fazem parte do *team X* — sobretudo de Bakema e Van der Broek, de Candilis, Josic e Woods — encontra-se sobre o primeiro e o terceiro grupo. A atividade de algumas entidades públicas melhor organizadas, tais como o London City Council, dirige-se principalmente para as experiências do terceiro grupo, mas está apta a produzir importantes resultados no primeiro e no segundo grupo.

1. A invenção tipológica

A pesquisa individual como meio para a invenção tipológica é ainda necessária e insubstituível pelas limitações jurídicas, econômicas e culturais que comprometem em grande parte a produção corrente da construção civil e a atividade das entidades públicas.

Por isso, ainda hoje um número limitado de pequenos estúdios privados, que projetam uma pequeníssima porcentagem da produção geral, dão a contribuição mais importante ao progresso do repertório comum de soluções, da pequena à grande escala.

Essa pesquisa, entretanto, mesmo como exceção, ainda não encontrou uma inserção satisfatória na organização da produção, sobretudo na Europa; permanece uma aventura não conformista, dependente de poucas e precárias ocasiões de trabalho. Portanto, uma parte demasiadamente grande dos estudos e das propostas fica no papel e acaba sendo desperdiçada, isto é, não chega a tempo para ser verificada experimentalmente antes de ser superada pelo progresso técnico ou pela modificação das exigências sociais.

Esse isolamento pode facilmente transformar-se em um estado de liberdade irresponsável; por conseguinte, uma outra parte desse trabalho perde-se porque está viciada pelos caprichos e extravagâncias dos projetistas.

O arquiteto que melhor resistiu a essa tentação, mas que sofreu em sua totalidade, com incrível firmeza, o isolamento e o desaparecimento de quase todas as oportunidades de trabalho e o desperdício da maior parte de suas idéias, foi ainda Le Corbusier.

Le Corbusier morreu em 1965, com 78 anos, e quando um grande artista chega a essa idade, em nossa época de rápidas transformações, é quase sempre a testemunha sobrevivente de um momento passado, uma vez que já deu sua contribuição decisiva. A crítica moderna passou a reconhecer tempestivamente essas contribuições, e os grandes artistas não precisam mais esperar uma glória póstuma mas, em seus últimos anos, podem assistir pessoalmente a sua historicização e serem honrados como os monumentos de si mesmos.

Também o velho Le Corbusier recebeu esse tratamento e, conseqüentemente, teve de receber muitas medalhas, diplomas, láureas *ad honorem*, pelos quais não disfarçava seu desagrado. Com efeito, enquanto as autoridades e os acadêmicos alargavam suas homenagens convencionais, sua obra sempre ficou no centro de um debate acirrado, talvez hoje mais moderado e circunspecto, mas não menos envolvente; recusada ou aceita, fica sempre como alternativa pungente àquilo que se está fazendo atualmente em todas as partes do mundo, e não pode ser considerada "historicizada" de modo algum.

O objetivo dessa obra sempre foi claríssimo: não é a modificação da forma dos edifícios no quadro da cidade tradicional, mas a invenção de uma nova cidade, independente das limitações permitidas com a velha sociedade hierárquica e capaz de fornecer uma resposta adequada às exigências de liberdade e de igualdade da sociedade moderna. A pesquisa dos novos padrões para organizar as funções da cidade moderna e das variações desses padrões para adaptá-los tempestivamente às transformações em curso, é o motivo dominante de toda a atividade do mestre, desde o primeiro pós-guerra até hoje; todo o resto — a eloqüência das formas elásticas, o jogo das referências históricas e simbólicas, a riqueza das invenções, a maravilhosa facilidade e felicidade da instalação visual — é apenas a manifestação do tom apaixonado, confiante, audacioso com que ele faz sua demonstração racional.

Le Corbusier está implicado, tal como Brunelleschi, em uma profunda transformação cultural, que contesta uma divisão do trabalho e uma tipologia das funções urbanas de que depende um imenso número de instituições, de hábitos e de interesses consolidados. Daí a violência dos protestos provocados por Le Corbusier (assim como, em sua época, por Brunelleschi, que, durante a discussão para a cúpula, "foi carregado pelos pajens para fora da sala de reuniões, pois o julgavam totalmente louco").

Malraux, em seu discurso no funeral de Le Corbusier, lembrou essa relação entre a grandeza de sua contribuição e a intensidade das reações: "Le Corbusier conheceu alguns grandes êmulos, alguns aqui presentes e outos mortos. Mas nenhum significou com tal força a revolução da arquitetura, porque nenhum foi por tanto tempo e tão pacientemente insultado". [2]

Uma lista dos ataques recebidos por Le Corbusier durante sessenta anos de sua vida seria o melhor elogio a sua obra e daria, de fato, uma medida impressionante, mesmo que paradoxal, do deslocamento operado por ele no sistema precedente de valores.

Junto com os ataques dos inimigos — inumeráveis e heterogêneos — é preciso lembrar os ataques dos amigos e dos que o estimavam, que não podem ou não querem reconhecer as conseqüências metodológicas de seu trabalho.

A crítica contemporânea — falamos daquela mais atualizada e favorável à arte moderna — fez um importante esforço para reduzir sua figura à de um artista tradicional: quase sempre procurou separar as obras dos escritos e dos programas teóricos, elogiou de maneira hiperbólica os projetos ou os edifícios realizados (atribuindo a estes uma fixidez imaginária, e deixando de lado seu caráter problemático e perfectível, enquanto eles se inserem em uma pesquisa contínua), a fim de negar exatamente a continuidade da pesquisa e o valor dos padrões elaborados pouco a pouco; assinalou com atenção exagerada cada diversidade de tom e cada ampliação do repertório formal ansiosa por encontrar a contradição estilística que demonstra a falta de objetividade das regras e dos modelos.

Esses discursos tornaram-se insistentes face às últimas obras de Le Corbusier, onde uma natural volta para dentro de si mesmo e um desejo de recapitulação (os únicos sinais de uma velhice que jamais fez diminuir a coerência da *recherche patiente*) foram trocados por evasões nas esferas incontroláveis da poesia pura.

Não haveria maior interesse em nos determos nesses discursos se os mesmos não repercutissem na obra de Le Corbusier, condicionando suas possibilidades de sucesso imediato.

Aceito até 1930 apenas por uma restrita clientela de amantes da arte, excluído dos programas de construção pública até o segundo pós-guerra, destituído de responsabilidades urbanísticas concretas até o encargo de Chandigarh, ele pôde ter as mãos livres para realizar seus projetos somente quando sua fama de artista já se consolidara, em virtude do arbítrio incontrolável que a tradição reconhece aos artistas.

2. Cit. em *L'Architettura*, dez. 1965, p. 494.

1008, 1009. O Seagram Building de Nova York, comparado ao arranha-céu de vidro projetado por Mies em 1921.

Daí a trágica dificuldade de suas relações profissionais: ele visa demonstrar as boas qualidades de suas propostas e não as impor com um ato arbitrário, mas somente pode ter êxito na medida em que seu prestígio pessoal o coloca acima das discussões; pode confiar somente na força de demonstração que se origina de muitas experiências coligadas entre si, mas fica só para garantir a coerência de seu trabalho; de fato, a solidão aumenta em proporção ao sucesso e pesa amargamente sobre seu comportamento humano, especialmente nos últimos anos de sua vida.

Convém recapitular as principais ocasiões perdidas de sua carreira:

A primeira é a do concurso para o edifício da Liga das Nações em Genebra, em 1927. Quatro dos juízes estavam favoravelmente dispostos para com a arquitetura moderna e quatro contra; assim, o voto do nono membro, Horta, impede-o de vencer o certame de primeiro grau. Todavia, seu projeto é premiado *ex aequo* com outros oito; implicitamente Le Corbusier é aceito como representante do "estilo moderno", a ser alinhado com os outros estilos retrospectivos. No certame, em segundo grau, Le Corbusier é eliminado e o encargo é atribuído a quatro arquitetos acadêmicos, que, no projeto definitivo, adotam quase integralmente a solução de distribuição de Le Corbusier, travestida em formas convencionais; Le Corbusier levanta o escândalo, tenta as vias legais, escreve um livro para desafogar sua amargura (é a mesma situação de Brunelleschi, quando participava do concurso para a lanterna da cúpula e dizia do modelo de um concorrente: "Façam com que ele faça um outro e ele fará o meu"; Brunelleschi, entretanto, venceu o concurso). Le Corbusier analisou o tema e encontrou a solução justa, aceita até mesmo por seus rivais por seu intrínseco valor lógico, mas o julgamento não é sobre os caracteres objetivos da solução, mas sim sobre o estilo, ou seja, sobre a variável subjetiva, e, em 1927, o prestígio de Le Corbusier como modelo do estilo moderno ainda não é bastante forte para influir no júri.

Vinte anos mais tarde, Le Corbusier é chamado para representar a França no comitê dos dez peritos convocados a Nova York para supervisionar o projeto do palácio da ONU. Le Corbusier toma contato com Harrison, chefe do escritório de projeto executivo, e prepara um esquema de distribuição que é aceito integralmente pelo comitê; neste ponto, porém, o comitê já não serve mais e o escritório de Harrison desenvolve por sua conta o projeto de execução. Le Corbusier é mais uma vez desiludido e desabafa escrevendo um oūtro livro.

Cinco anos depois, Le Corbusier é chamado com quatro outras celebridades (Gropius, Costa, Markelius e Rogers) para formar a comissão julgadora do projeto para o palácio da UNESCO em Paris. O encargo inicial fora dado a Beaudoin, que havia preparado um projeto e numerosas variantes, todas inferiores à importância do tema. A comissão dos cinco recoloca em discussão tanto o nome do projetista, quanto o terreno a ser escolhido e, quando é convidada a propor um novo nome, os quatro colegas de Le Corbusier assumem a responsabilidade de indicar a ele mesmo como o único projetista possível, passando por cima da praxe convencional que veta que um grupo de julgadores escolha um de seus próprios componentes. Exatamente o culto da praxe convencional tornou vã essa indicação, e o encargo foi confiado a outros três arquitetos, que realizaram o decepcionante edifício de Place de Fontenoy. Desta vez, Le Corbusier não aceitou fornecer indicações sem poder controlar o desenvolvimento das mesmas, e tornou pública, depois de tudo pronto, a seguinte declaração:

Quando o primeiro projeto nos foi apresentado e colocado na parede, eu pensei: "Existem dois métodos de trabalho: o primeiro, quando os projetos estão na parede e as mãos nos bolsos, e o segundo, quando os projetos estão na mesa e o lápis está na mão". Por mim, peço que nos atenhamos à segunda solução. [3]

Quando recebe pela primeira vez, com sessenta e três anos, um encargo de dimensões proporcionais ao longo engajamento teórico — a realização de uma nova cidade de cem mil habitantes na Índia — Le Corbusier traça o plano geral, exerce um fraco controle sobre os colaboradores encarregados de desenvolvê-lo, mas reserva para si mesmo o projeto da área com os quatro edifícios governamentais e, em 1957, pode escrever: "A composição do Capitol, por mais vasta que seja, está regulada hoje com aproximação de centímetros em cada uma de suas medidas de conjunto e de detalhe". [4] Esse é o único vasto complexo de construção cujo projeto executivo Le Corbusier conseguiu conduzir até o fim; o controle de todo o ciclo do projeto, desde a urbanística até a arquitetura, permanece, de fato, como o único meio para que a obra executada se demonstre por si mesma, superando as dificuldades do diálogo durante o projeto.

3. Cit. em *Casabella*, n. 226 (1959), p. 8.
4. Cf. supra, Cap. 20, nota 16

1010. O Seagram Building entre as construções de Manhattan.

Le Corbusier, contudo, morreu sem poder terminar a execução, e não sabemos se seu projeto poderá ser integralmente traduzido para a realidade (Brunelleschi tinha inserido em seu testamento o pedido de que a lanterna de cúpula "fosse construída, tal como estava no modelo, e como havia posto por escrito").

Também a maior parte de seus modelos teóricos são refutados antes mesmo de serem verificados na experiência.

A idéia da *unité d'habitation* nasceu em 1909 depois de uma visita a Certosa de Florença e é especificada por primeira vez em 1922, no projeto dos *immeubles-villas*. Mas em 1922 e nos vinte anos seguintes, Le Corbusier não tem interesse em desenvolver esse tipo de edificação, que é apenas uma variante suburbana do *rédent*. Propõe assim, o *rédent* como alternativa ao tecido urbano tradicional, seja qual for o tamanho da intervenção. Mesmo na área do *ilôt insalubre* de 1936, ele coloca duas porções de *rédent* que teoricamente poderia continuar pelo resto da cidade, de modo a tornar evidente o contraste entre o novo e o velho tecido urbano. O conceito da *unité* é definido depois da guerra, quando a pesquisa precedente sobre a homogeneização dos alojamentos se encontra com a pesquisa nova sobre o agrupamento racional dos alojamentos, em relação à gama dos serviços comuns; a unidade de 1 200-1 500 habitantes surge como o menor organismo em que seria atuável a integração dos alojamentos com alguns serviços primários — os *prolongements du logis* — e é a célula fundamental do novo tecido residencial, em que se torna possível a integração com os serviços secundários e terciários.

Sobre esse modelo, baseiam-se os planos urbanísticos do primeiro pós-guerra, para Saint-Dié, Saint-Gaudens e La Rochelle; finalmente, Le Corbusier consegue obter do Ministro Petit a autorização para realizar em Marsélha uma *unité* de demonstração, construída entre mil dificuldades, de 1947 a 1952. A *unité*, contudo, é aceita como um edifício excepcional, não como protótipo de um novo tecido urbano; desse isolamento, dependem em grande parte as dificuldades e as carências encontradas. Hoje, o edifício é mencionado nos guias turísticos da cidade, é assinalado por cartazes de indicação, como os monumentos do passado e é indicado com o nome de *cité radieuse*: a cidade, pelo contrário, é sempre aquela de antes, as mesmas casas amontoam-se em torno ao parque da *unité*, e recentemente falou-se em lotear o próprio parque, a partir do momento em que ficou reduzido a zona de respeito pelo novo monumento de concreto.

Mais tarde em Nantes, em Berlim, em Briey-en-Forêt, repete-se o mesmo equívoco; a *unité* é aceita sempre como exceção, deve estar privada dos serviços comuns ou então integrar-se em um bairro suburbano do tipo normal, como é previsto em Briey. A *unité* como organismo repetível, integrado em um sistema mais amplo e coligado a toda a gama dos serviços urbanos, permanece como um modelo no papel, do qual ainda não se tentou uma experimentação concreta séria.

Neste ponto, insere-se a chamada reviravolta estilística. Em 1954, é inaugurada a igreja de Ronchamp, e a maior parte dos críticos fala de crise de seu racionalismo habitual; porém, passada a surpresa, é fácil hoje reconhecer a continuidade da experiência do mestre, reforçada pelas últimas obras magistrais: o convento de Tourette, terminado em 1961, os edifícios de Chandigarh, o centro de artes figurativas em Harvard, o hospital projetado para Veneza.

Em compensação, está modificado, em certa medida, a atitude psicológica do arquiteto, ligada por certo aos obstáculos que ainda retardam a experimentação de suas propostas urbanísticas.

Chegado ao fim da carreira, sua entonação torna-se íntima, autobiográfica, sem perder a usual penetração e disponibilidade perante as ocasiões concretas, como o demonstra a franca abordagem dos temas religiosos, através da amizade do Padre Couturier. Essa prodigiosa capacidade de participação que fica intacta na passagem do geral ao particular, evita que Le Corbusier caia no individualismo.

Na preparação do sexto volume da *Oeuvre complète* ele escreve:

Recentemente, em um avião, escrevi em meu caderno os títulos de três livros pensados em épocas diversas e encomendados por diversos editores:

1) *Fim de um mundo: liberação;*
2) *O fundo do saco;*
3) *O espaço indizível.*

Isso indica a atmosfera em que um homem pode respirar, constrangido, enquanto isso, a toda sorte de trabalhos, de invenções, à acrobacia impecável e implacável da proporção, da função, da destinação e da eficiência. No circo, ficamos ansiosos por ver se o homem atingirá a extremidade da corda estendida em seu salto perigoso; não se deve saber se ele treina todos os dias, se renuncia por isso a mil gestos frívolos e dispersivos. Só uma coisa importa: atingiu seu objetivo, o trapézio da frente? É já uma sorte perigosa ter podido realizar, no curso das jornadas sucessivas de 24 horas

1011, 1012, 1013. Chicago, o Federal Center com o edifício da Corte Federal de Justiça (Mies van der Rohe, 1960).

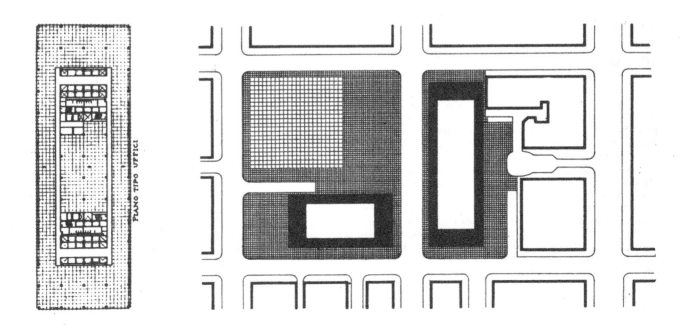

que são o pão quotidiano de uma vida, os atos necessários que levam ao final do percurso: direção exata, regularidade e constância do esforço, minúcia e exatidão do gesto, escolha do tempo, moral sempre sólida... Senhoras e senhores, o fundo do saco consiste no fato de que, tudo tendo sido feito, pago ou não pago, vencido ou perdido, o objeto que vos é apresentado produza uma emoção tão forte e intensa (de vez em quando, nos dias privilegiados) que possa ser chamada de indizível, vocábulo que indica um dos caminhos da felicidade e que não é traduzível, coisa extraordinária, em algumas línguas. [5]

É o discurso de um homem que, por toda a vida, procurou, com extrema lucidez, comunicar, colocar nas mãos dos outros seus resultados. Os efeitos de seu trabalho fazem-se sentir muito além de sua experiência direta mas, enquanto isso, em seus confrontos, as circunstâncias ainda são hostis, e ele ficou ligado de uma vez por todas à atitude de revolta escolhida nos primeiros anos de carreira.

Agora é tarde para as polêmicas particulares, entregues a outras pessoas que possuem mais tempo pela frente. Le Corbusier deve encerrar suas contas, e o total final é "indizível", isto é, comunicável somente no nível mais profundo da consciência, além de toda circunstância particular. A prova da eficácia dessas últimas experiências está em sua ressonância internacional, que parece capaz de superar toda diversidade de ambiente histórico e geográfico: do Brasil à Índia, do Japão à Inglaterra e à Suíça (veja-se a atividade do Atelier 5).

Em 1964, quando foi reimpresso seu livro *La ville radieuse*, Le Corbusier acrescentou a seguinte nota:

Corrigi as provas da reimpressão deste livro escrito de 1931 a 1933 e publicado em 1935. E, Mr. le Corbu, parabéns! O senhor colocou os problemas quarenta anos no futuro, há vinte anos! E serviram-lhe a abundante e contínua ração de pontapés no traseiro!

Este livro contém uma massa imponente de planos urbanísticos completos, minuciosos, que vão do particular ao conjunto, do conjunto ao particular. Disseram-lhe: Não! Trataram-no como louco! Obrigado! Vocês, cavalheiros do "Não", já pensaram que nesses planos havia a paixão total, desinteressada, de um homem que em sua vida ocupou-se "de seu irmão homem", de modo fraternal. Mas assim, quanto mais tinha razão, mais perturbava as combinações feitas ou por fazer. Ele perturbava... etc., etc. [6]

5. *Oeuvre complète 1952-1957*, p. 8 (escrito em 21 de setembro de 1956).
6. Op. cit., p. 347.

Hoje que Le Corbusier é reconhecido universalmente como o principal protagonista do movimento moderno, convém levar em consideração essas amargas palavras escritas um ano antes de sua morte.

Não se trata de saber se Le Corbusier é considerado um grande artista, tanto mais que agora está morto e é fácil confiná-lo no santuário da arte do qual quis fugir mas, sim, se sua obra efetivamente perturbou as combinações de hoje até destruí-las, ao menos em parte, ou se as combinações resistiram à prova, tanto que os principais interessados podem reconhecer sem perigo seu gênio depois de tê-lo tornado inofensivo.

Exatamente por isso, a forma de pesquisa que é própria de Le Corbusier — a pesquisa individual, endereçada à invenção tipológica, da pequena à grande escala — ainda é necessária em todas as partes, e concentra-se sobretudo na invenção em escala urbanística (que é o argumento por enquanto inacessível ou quase inacessível às outras formas de pesquisa).

Os resultados dessa pesquisa, voluntariamente independent dos atuais meios de realização e das atuais circunstâncias econômicas, jurídicas, administrativas, são freqüentemente apresentados como "utopias"; os mais instrutivos são os japoneses, por volta de 1960, e os ingleses dos últimos dez anos.

A nova arquitetura japonesa, sobre a qual se falou no Cap. 20, encontra seu complemento lógico em algumas propostas urbanísticas, formuladas por Tange e por outros depois de 1959. A carga polêmica que distingue as experiências precedentes manifesta-se no caráter intransigente e quase didático dessas propostas, que provocaram grande interesse em todo o mundo.

Em 1959, durante o curso realizado no MIT, Tange estuda com os alunos o projeto de uma comunidade para 250 000 habitantes, colocada na baía de Boston, onde as ruas, as residências e os serviços estão dispostos em mais de um nível dentro de uma grande estrutura de cavaletes.

Uma organização deste tipo — diz a exposição — expressa a hierarquia das diversas escalas: a escala da natureza, a escala sobre-humana das ligações, a escala da coletividade ligada às funções sociais, e, por último, a escala humana própria da vida individual... No último nível, os detalhes e a própria disposição da casa podem configurar-se indiferentemente segundo o gosto de cada um. Isso significa que existe a possibilidade de distinguir-se individualmente no âmbito do sistema. [7]

7. Cit. em *Casabella*, n. 258 (1961), p. 5.

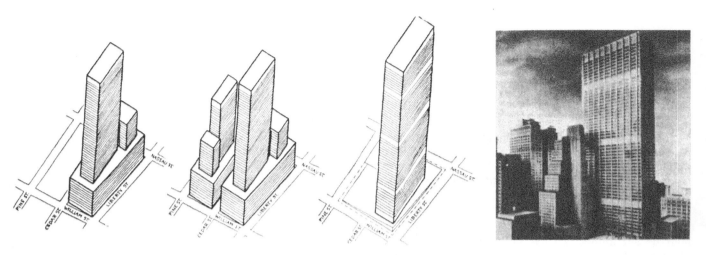

1014, 1015. O Chase Manhattan Building de Nova York, com as três soluções volumétricas apresentadas por Skidmore, Owings & Merril aos clientes.
1016. Chicago, o *campus* do IIT, com o Crow Hall e os novos edifícios de Skidmore, Owings e Merril, sobre o fundo do centro da cidade.

Em 1960, Tange, juntamente com K. Kamiya, A. Isozaki, S. Watanabe, N. Kurokawa e H. Koh, publicou um plano para Tóquio onde essa idéia torna-se o meio para criar na metrópole uma nova estrutura linear, capaz de romper o esquema centrípeto agora inadequado.

Os projetistas reconhecem que as metrópoles com mais de dez milhões de habitantes são um fato necessário e colocam problemas de organização diversos daqueles do passado, naquilo que correspondem à crescente importância das atividades terciárias, que exigem um novo tipo de sistema de circulação, isto é, adaptado para suportar um tráfico mais intenso e dotado de um desempenho mais denso e contínuo. Daí, a idéia de um grande eixo viário que, a partir do centro atual dos negócios, se prolonga pelas águas da baía e forma a trama em que se apóiam as novas zonas comerciais, residenciais, administrativas e recreativas, organicamente ligadas entre si.

Organizando uma metrópole de modo a imprimir ordem aos vários níveis de espaço urbano, tanto privado, quanto público, é necessário dispor de tais espaços segundo uma configuração nítida, no âmbito da estrutura urbana.

Uma vez que se enfrenta o problema da residência, apresenta-se a necessidade de construir um conjunto dinâmico e global, onde se observe uma ordem progressiva, da casa ao terreno de jogos para as crianças, aos espaços destinados a encontros tranqüilos, às grandes zonas abertas, a vastos centros de recreação e esporte; da escola maternal, à escola elementar, à escola média, às demais instituições recreativas e sociais; das praças de estacionamento às praças para os transportes, às rodovias. A medida desses diversos componentes deve ser disposta em um todo orgânico que se conecte bem com as casas particulares e que ao mesmo tempo seja adequado à variabilidade, à continuidade à expansão, à contração. [8]

A grande trama, formada pelo sistema de circulação e pelas canalizações para as instalações, dá ao projeto seu caráter gigantesco e dispendioso, o qual, contudo, segundo os projetistas, não resulta utópico, correspondendo a uma atividade de construção tradicional que mobiliza, pela extensão da metrópole, somas já incrivelmente altas.

A grande dimensão da trama principal é o caráter mais aparente, mas talvez o mais superficial do projeto, e ocasionou, no Japão e em outras partes, muitos discursos ociosos sobre a "nova dimensão". Ao invés disso, deveria ser valorizada a tentativa de fazer com que coexistam as diversas dimensões em um sistema unitário, onde as exigências da vida encontram um equilíbrio calculado; a dúvida diz respeito à hierarquia entre as funções necessárias para realizar esse equilíbrio: é ainda a velha hierarquia, que atribui às funções terciárias a primazia sobre todas as demais, tal como na cidade radiocêntrica tradicional. [9]

A proposta da estrutura linear de Tange não encontrou seguidores em Tóquio; foi, porém reelaborada e apresentada por Tange para outras cidades de menor grandeza e, ao menos por duas vezes, foi executada pelas autoridades locais, em Skoplje e em Bolonha; a pesquisa individual tende a confluir na pesquisa coletiva das administrações públicas, mesmo se a distância entre as duas experiências permanece enorme em todo o mundo.

A proposta do Archigram apresenta-se com roupagem arquitetônica totalmente diversa. Os autores não estão interessados em começar um diálogo imediato com as autoridades, nem em definir a forma da nova cidade como um objeto fixo do tipo tradicional. *Plug-in-city* não pode ter um aspecto definitivo e estável, mas se baseia em uma série de instalações comuns, às quais podem ser ligadas e desligadas com uma certa facilidade os alojamentos singulares, cápsulas de material leve; as instalações desenvolvem-se segundo os progressos da técnica, e as cápsulas são continuamente substituídas por novos modelos produzidos pelas indústrias, tal como as demais máquinas de que nos servimos.

Por conseguinte, a paisagem da nova cidade pode ser desenhada somente de forma irônica e provocante, como uma visão de ficção científica. O método de formação, contudo, não é arbitrário, nem caprichoso: baseia-se na definição do elemento mínimo, a ser produzido em série, e na repetição infinita, colocando o menor número de obstáculos à liberdade das combinações.

Um excesso de caracterização formal — o mesmo que se encontra na produção de Tange e de alguns arquitetos ingleses — é, talvez, inseparável da intenção polêmica desses estudos; isso deve ser considerado como uma alusão ao grande problema não

---

8. Ibidem, p. 16.

9. Em parte na esteira do projeto de Tange, em parte por motivos análogos, foram apresentadas no Japão outras propostas semelhantes, para Tóquio ou em geral: de N. Kurokawa, de Akui e Nozawa, de K. Kikutake e do grupo "Metabolists". Nenhuma, porém, tem o caráter sistemático da proposta de Tange, e devem ser, antes, ligadas a uma tendência internacional, à qual pertencem os desenhos de Kahn para o centro de Filadélfia e alguns exercícios italianos, franceses e alemães. Ver o n. 115 de *Architecture d'aujourd'hui* (1964).

1017, 1018. Copenhague, Prefeitura de Rodovre (A. Jacobsen, 1955).

resolvido, a que podem ser reduzidas todas as carências e as precariedades de nossa cultura arquitetônica, o problema da cidade moderna, não como o resultado de um ajustamento mais ou menos hábil da cidade tradicional, mas como invenção original, que, em relação à cidade precedente, possa ser considerada um salto qualitativo, assim como a cidade medieval em relação à antiga.

2. O controle da produção industrial

O progresso da indústria da construção civil, ainda que se tenha tornado mais lento pelas carências de ordem urbanística, complicou o jogo das partes que contribuem para a realização de um edifício e fez com que surgissem, ao lado das figuras tradicionais do cliente e do projetista, ao menos três outras figuras: a do construtor, a do usuário (que podem ser identificadas, uma ou outra, ou ambas, com o cliente, mas podem também permanecer distintas) e a do fornecedor, ou seja, a figura de quem fabrica as peças separadas do edifício.

Gropius observa, já em 1952, que "80% ou 90% da Lever House em Nova York e do novo edifício de apartamentos de Mies van der Rohe em Chicago consiste em elementos industriais montados"; o fabricante desses elementos pode ser comparado ao "mestre construtor" de Gropius, porque projeta e realiza seu produto em uma organização industrial unitária. Pelo contrário, a montagem desses elementos para formar o edifício não pode ser denominada, nem mesmo nos EUA, uma operação industrial e quase nunca é cuidada por um produtor-vendedor, mas por um produtor por conta de um vendedor, em virtude das exigências em grande parte desconhecidas do usuário futuro.

A fim de assistir o vendedor — ou por vezes o usuário — nas negociações com o construtor, formou-se uma categoria de estúdios profissionais que estão aptos a controlar todas as operações necessárias para realizar o edifício, isto é, são capazes de desenvolver uma "projetação integral", através do trabalho coletivo de um grande número de especialistas. Alguns desses estúdios, sobretudo nos EUA, possuem dimensões enormes, com milhares de dependentes, mas que não tendem a realizar a síntese desejada por Gropius: servem para tornar mais aguerrida a projetação, ou seja, um dos termos da síntese, e para verificar que a mesma se insira conceitualmente entre a encomenda e a produção; além disso, por suas dimensões, tornam-se empresas econômicas importantes, onde surge, por sua vez, um vendedor do serviço de projetar e um produtor desse serviço, que não coincidem e que contendem na direção da empresa.

A experiência ensina que um resultado satisfatório pode ser obtido quando intervém um coordenador externo, não ligando a nenhuma das partes e capaz de racionalizar todo o processo de produção. Esse coordenador deve ser um projetista, portador de uma pesquisa individual, mas muito distanciado da figura polivalente que Gropius descreve: livre de vínculos estáveis com o cliente, com o construtor e também com o organizador que desenvolve a maior parte do projeto executivo, mas apto a operar as escolhas decisivas, seja de ordem de distribuição, seja de ordem de construção.

Também essa é uma posição difícil, que pode degenerar em um arbítrio estilístico, em uma sujeição passiva às escolhas pré-constituídas das grandes organizações e, freqüentemente, em uma combinação das duas coisas. É preciso um rigor excepcional para salvaguardar a real independência desse papel, e quem soube fazê-lo melhor, até agora, foi Mies van der Rohe, nos EUA.

As últimas obras de Mies — do Seagram Building em diante — em grande parte ainda não chegaram a ser abordadas pela crítica. Para quem procura novidades aparentes, essas obras não têm interesse e parecem tão semelhantes às anteriores que quase podem ser consideradas como repetições. Na realidade, o rigor de Mies e sua capacidade de retornar aos problemas a fim de melhorar gradualmente as soluções chegam agora a produzir os resultados mais importantes.

As características volumétricas e de construção do Seagram, confundidas em um primeiro momento por exibições gratuitas de riqueza, serviram, pelo contrário, para tornar claros dois problemas gerais das construções altas urbanas:

1) O recuo do edifício em relação ao alinhamento com a Park Avenue e a praça que o circunda não são apenas expedientes para valorizar um volume isolado, mas contém uma crítica de fundo ao arranha-céu tradicional (de Hood a Lescaze, de Harrison e Abramowitz a Bunshaft, na Lever House que se encontra exatamente em frente), uma vez que partem de uma base que investe toda a superfície do lote, reconstituindo embaixo a continuidade da rua-corredor, e tende, inversamente, a desvincular a torre

1019. A escada da Prefeitura de Rodovre.

do tecido urbano, como um antigo campanário (o exemplo mais evidente é o Empire State Building, absurdamente fora de escala em relação a seu lote, por um desejo impossível de dominar verticalmente o perfil de Manhattan).

Mies, tendo à disposição um quarteirão, agrupou os poucos ambientes suplementares necessários aos andares baixos nos corpos recuados, que dão as costas às construções adjacentes, e manda diretamente à terra o prisma do arranha-céu, pondo-o em contato com o espaço do lote percorrível e aberto; desaparece, assim, também a distinção entre lote e rua, e a rede viária oitocentista não se projeta mais no plano elevado, reduzindo-se a um desenho para partilhar um único plano livre em zonas carroçáveis e de pedestres.

Esse raciocínio foi repetido em muitas iniciativas mais recentes. Skidmore, Owings & Merril, encarregados de construir os novos escritórios do Chase Manhattan Bank em dois quarteirões adjacentes da City, submeteram aos clientes três soluções: ocupar o primeiro quarteirão com um tradicional volume em degraus, ocupar os dois quarteirões com dois volumes, combinados entre si, ou fundir as duas áreas a fim de formar uma praça de pedestres, concentrando o volume construível em uma torre isolada, sobre pilotis (Fig. 1 014). Foi escolhida a terceira solução, e agora, ao lado do Chase já construído, a mesma firma está realizando um outro edifício com os mesmos critérios; assim, ao lado das ruas afundadas da City, abre-se um novo espaço, formado por praças de pedestres ajardinadas, percorríveis em todos os sentidos e dominadas pelos prismas aéreos das construções direcionais.

As outras zonas da cidade onde se condensaram algumas intervenções desse gênero — um trecho da 6th. Avenue e a zona circundante ao Seagram, onde Skidmore, Owings & Merrill executaram o Union Carbide Building —, embora conservem a marca da desordem original dos empilhamentos, deixam entrever a possibilidade de um espaço urbano muito diverso do atual, e revelam uma margem ainda inexplorada de transformações, partindo do xadrez de 1811.

2) A *curtain wall* do Seagram, feita de bronze e vidro atérmico de cor marrom, dá ao grande prisma uniforme um realce excepcional, exatamente pela renúncia a qualquer destaque cromático entre o desenho da jaula metálica e os campos de vidro, que tendem a se confundir em grandes planos opacos, tonalmente unitários (inversamente, os edifícios circundantes exibem absurdas sutilezas gráficas e superfícies luzidias que diminuem suas dimensões).

Mies acertou, assim, com a conveniência de atribuir aos edifícios altos um acabamento monocromático e opaco, que exalta seu volume, abolindo os contrastes entre as diversas molduras metálicas, usadas também em seus edifícios de Chicago anteriores a 1955. Esse resultado, contudo, pode ser igualmente obtido com o ferro negro e o vidro atérmico cinza de qualidade mais comum, empregados exatamente por Mies nos últimos prédios de apartamentos de Chicago e no Federal Center, ainda em construção.

Essas últimas obras — juntamente com o One Charles Center e a Highfield House de Baltimore — são, talvez, as obras-primas do velho mestre. O primeiro dos três edifícios previstos para o Federal Center de Chicago, [10] destinado à Corte Federal, foi terminado em 1964 e ocupa uma área irregular, estreita, entre as construções do Loop, mas o volume aéreo da nova edificação destaca-se do terreno, que está disposto como prolongamento das calçadas adjacentes; o corpo da construção, com uma profundidade de quase 35 metros, permite dispor duas filas de escritórios ao longo das fachadas e as salas de audiência — com dois andares de altura — na zona média, englobando, dessa maneira, todos os ambientes necessários para um moderno palácio de justiça em um único bloco compacto.

O prédio de apartamentos Highfield, [11] terminado em 1965, é construído em concreto armado, e as pilastras portantes aparecerem na fachada, determinando a amplidão das aberturas envidraçadas; também essa estrutura é tratada com o mesmo rigor, sem esconder nem ostentar seus caracteres peculiares.

O rigor do método de Mies é inseparável da presença de sua personalidade? Em termos estatísticos, dir-se-ia que sim; os modelos de Mies influenciam uma grande parte da produção americana, mas apenas em poucos casos os outros projetistas mostraram aceitar, além da aparência formal, o procedimento lógico do mestre.

Ao menos em um caso, entretanto, a continuidade entre a obra de Mies e a de seus sucessores é tão evidente que faz pensar em uma completa despersonalização de seu método. Trata-se dos novos pavilhões do IIT, projetados por Skidmore, Owings

10. Em colaboração com A. Epstein & Sons, C. F. Murphy Ass. Schmidt, Garden & Erikson.
11. Em colaboração com Farkas & Barron.

1020, 1021. A Jacobsen, logotipo para a SAS e a cadeira produzida pela F. Hansen.

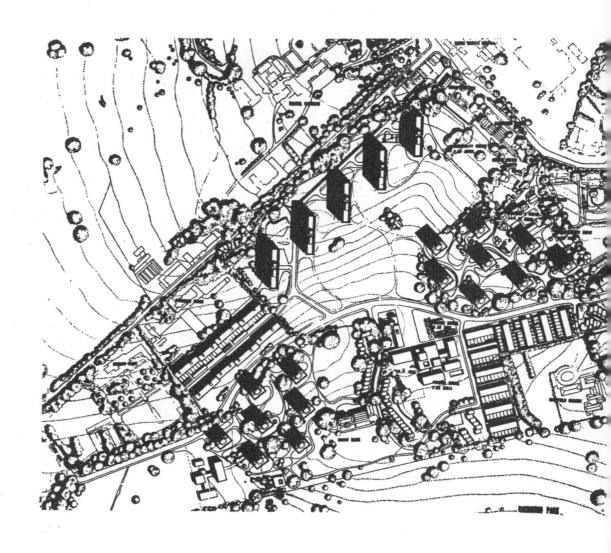

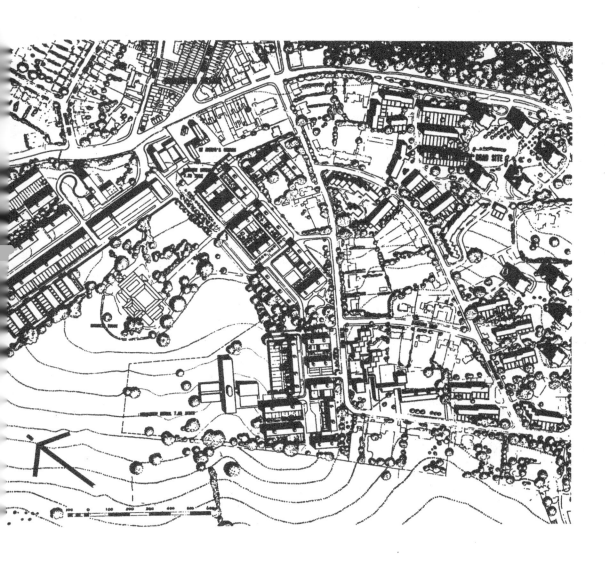

1022. Planta do bairro de Roehampton (de Bruckmann e Lewis, *New Housing in Great Britain*).

& Merrill: a biblioteca e o Hermann Hall. Aqui não se pode falar de imitação, porque os dois organismos possuem uma distribuição e uma estrutura substancialmente diversa dos anteriores, mas sim de continuidade do raciocínio arquitetônico, o qual confirma a validade e a perfectibilidade dos padrões elaborados por Mies nos anos precedentes; o organismo do Hermann Hall deriva do Crow Hall e do projeto para o teatro de Mannheim, levando, porém, para o interior as pilastras portantes, que sustentam as traves de chapa visíveis acima da cobertura. O interior é animado por uma variedade incomum de acabamentos — os embutidos de madeira que fecham os ambientes secundários, os toldos amarelos, os vidros tratados de diversos modos — e acolhe com ordem, em um esplêndido invólucro arquitetônico, as múltiplas funções recreativas e culturais a que está destinado.

Na Europa, a tentativa mais coerente de obter um controle da produção industrial com um método análogo ao do último Mies — levando em conta as diferenças entre a técnica de construção americana e a européia — foi feita por Jacobsen, ao final de suas atividades (o arquiteto morreu em 1971).

A nova direção das atividades de Jacobsen, observável na escola de Gentofte de 1952, produz os resultados mais significativos de 1955 em diante.

Naquele ano, ele realiza a Prefeitura de Rodover e os escritórios para Jespersen & Son em Copenhague, em 1957, um grupo de casas enfileiradas em Ornegardsvej para a mesma empresa, em 1960, o *air terminal* da SAS em Copenhague e, de 1956 em diante, uma série de edifícios industriais exemplares.

Agora Jacobsen adota a *curtain wall,* por vezes contida entre diafragmas de alvenaria nos lados mais estreitos, outras vezes estendida a todas as paredes externas, como no arranha-céu da SAS que é abertamente inspirado nos últimos *skyscrapers* americanos.

A perda de todas as referências à tradicional arquitetura de alvenaria exige, tanto aqui como nos EUA, uma especial intensificação do controle cromático: sob este aspecto, a arquitetura de Jacobsen (bem como a de Mies e de Bunshaft) é muito diversa dos exemplos racionalistas de 1930: não mais o branco, as cores puras e as deliberadas dissonâncias tonais, mas um acordo tonalmente unitário de cores patinadas, sofisticadas; também entre os materiais naturais preferem-se os de textura menos evidente e mais facilmente harmonizáveis com os materiais artificiais — basta pensar no bronze do Seagram e na pedra preta das extremidades da Prefeitura de Rodover. A obra dos americanos, porém, está em íntimo relacionamento com a avançada mecanização da indústria da construção civil, para a qual existe uma contínua circulação entre as experiências mais avançadas e a produção corrente; Jacobsen trabalha, pelo contrário, em um ambiente onde o trabalho manual ainda é preponderante sobre o trabalho a máquina e utiliza o projeto arquitetônico como instrumento de ruptura a fim de provocar a evolução do próprio ambiente.

Sua *curtain wall,* as paredes internas de painéis, os acessórios de aço inoxidável — por exemplo, a belíssima escada da Prefeitura de Rodover — são construídos e montados com métodos francamente artesanais. Dir-se-ia que Jacobsen utiliza as partes destacadas do usual repertório dinamarquês e se propõe alargar a possibilidade de aplicação com um sistema diferente de montagem, menos elaborado e mais rápido, tendo como modelo os edifícios modulares americanos.

Essa direção força e desequilibra, naturalmente, todos os costumes de projeto e execução; Jacobsen vai de encontro a várias dificuldades técnicas e a um aumento notável dos custos. Ele é também levado a eliminar do discurso arquitetônico a estrutura portante, que não pode ser manipulada como os acabamentos. Tanto em Rodover, quanto nos escritórios Jespersen e na SAS, o esqueleto de concreto armado encontra-se no interior do edifício, completamente escondido e disfarçado pela *curtain wall;* as pilastras estão à vista somente no interior também ali normalmente dissimuladas por revestimentos cilíndricos de plástico ou outro material muito diverso do concreto.

Jacobsen tem uma posição pessoal semelhante à dos artistas de vanguarda da geração anterior; trabalha em um plano diverso do de seus colegas dinamarqueses, não pode comprometer-se além de um certo limite nas questões de execução (para a SAS, trabalha com uma firma especializada, a Kampsak, em um relacionamento semelhante ao existente entre Mies e as firmas americanas) e tem um método de trabalho muito personalizado, gostando de desenhar ele mesmo, com grande cuidado, seus projetos. Não faltam em seu repertório referências explícitas à vanguarda de trinta anos atrás: veja-se o gosto pelo *lettering.*

Apesar das dificuldades já mencionadas, a tentativa de Jacobsen é uma das experiências mais vivas

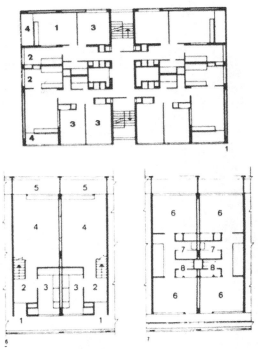

1023-1028. Vista e tipos de edificação do bairro de Roehampton.

1. sala de estar	1. patamar	
2. cozinha	2. entrada	5. balcão
3. quartos	3. cozinha	6. quartos
4. balcão	4. sala de estar	7 e 8. serviço

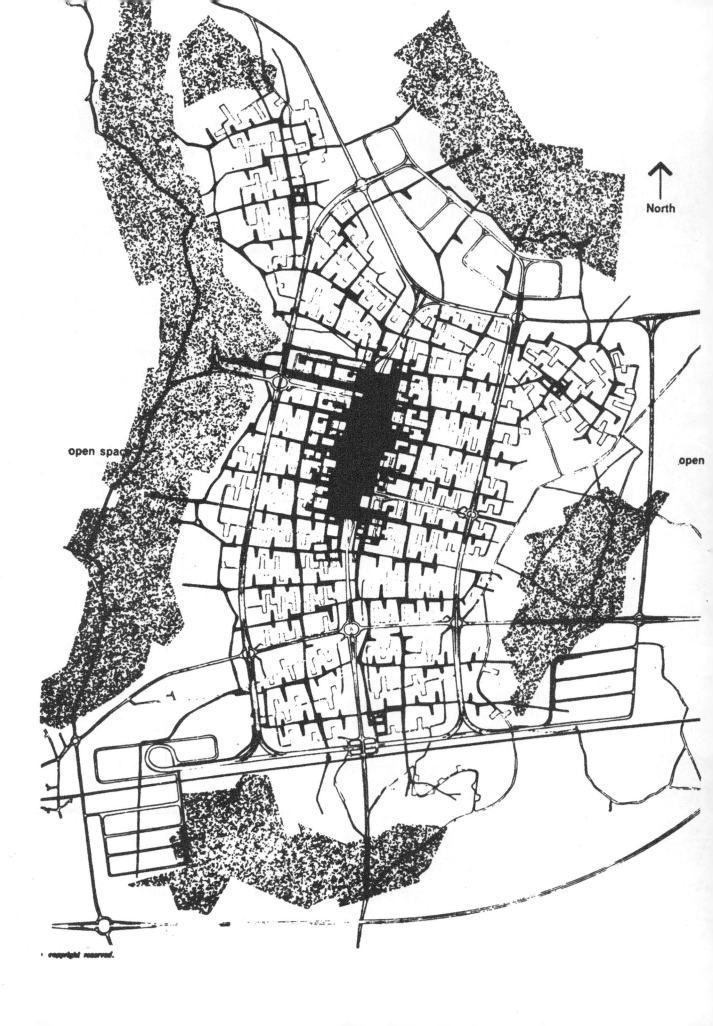

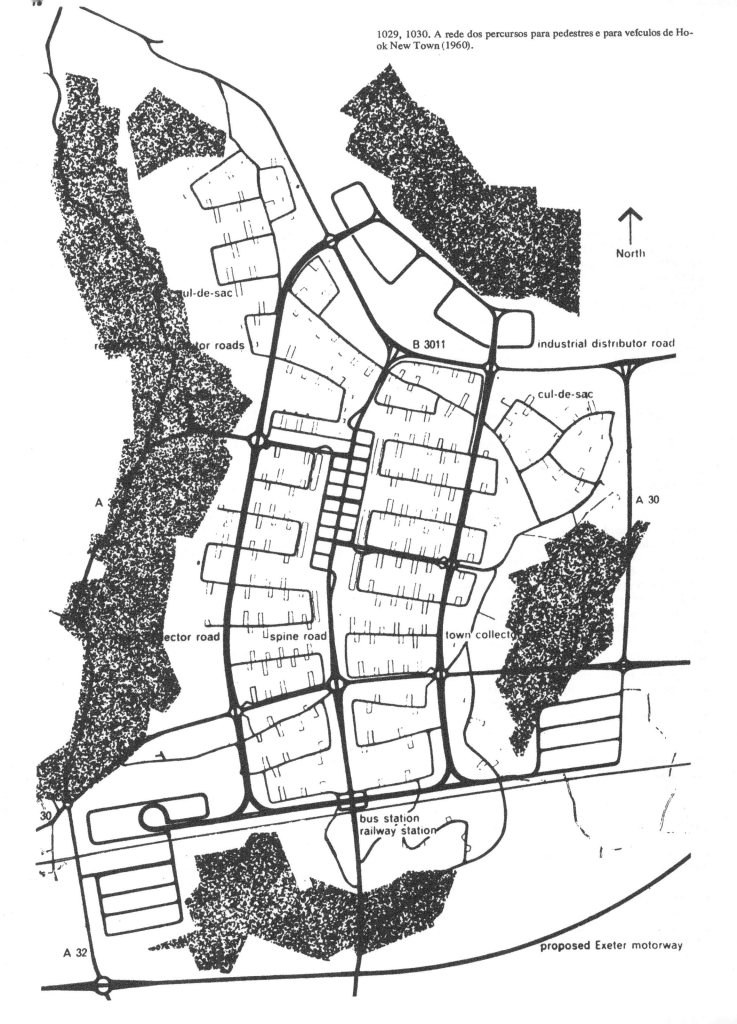

1029, 1030. A rede dos percursos para pedestres e para veículos de Hook New Town (1960).

na Europa, procurando manter juntas, ao mesmo tempo, as referências locais e as internacionais, e procurando encontrar um novo ponto de confluência entre artesanato e indústria; seu método parece dar frutos consistentes no campo do *industrial design* (especialmente as cadeiras projetadas para a F. Hansen Corp.), enquanto talvez encontre seu limite no nível urbanístico, onde as propostas são salteadas e hesitantes (veja-se o projeto para o concurso da Universidade de Bochum, comparado ao projeto esplêndido de Bakema e Van den Broek).

3. O controle das transformações urbanas

É evidente que o projeto e a gestão de grandes conjuntos de edificação — novos bairros, novas cidades e novas disposições territoriais — somente podem ser assegurados pela pesquisa coletiva, promovida ou controlada pelas entidades públicas.

Somente a pesquisa coletiva, com efeito, pode desenvolver com continuidade as idéias produzidas pela pesquisa individual e pode absorver tempestivamente as contribuições das demais disciplinas; por outro lado, somente as entidades públicas, nas atuais condições econômicas, estão aptas a dirigir a indústria para a produção de casas a baixo custo e de serviços primários — escolas, creches, hospitais etc. — suportando total ou parcialmente as despesas dessas obras que formam o tecido principal da cidade moderna.

A intervenção pública, contudo, depende de uma série de condições políticas: a ordenação urbanística, o controle do mercado das áreas construíveis, o aparelhamento técnico das administrações centrais e periféricas. Essas condições mudam de país para país; consideraremos alguns países que fizeram, em nosso campo, as experiências mais satisfatórias ou mais significativas, isto é — em ordem decrescente — a Inglaterra, a Holanda, a França e os EUA.

a) *A Inglaterra.* — Depois do impulso do pós-guerra imediato, a experiência inglesa não cessou de progredir, ampliando e criticando sem parar os resultados atingidos, e deve hoje ser considerada, em seu complexo, a mais avançada do mundo.

A rapidez com que foi colocado e realizado o programa das *new towns* evidenciou, logo depois, o caráter casual e não acabado da nova paisagem urbana e, em muitos casos, também o efeito de vazio derivante da densidade demasiado baixa. Essa constatação (popularizada pela *Architectural Review*, que cunhou a palavra *subtopia* para indicar o novo ambiente criado pelos planificadores) é o ponto de partida de uma linha de pesquisas para o controle formal da paisagem na nova escala urbanística, para onde confluiu a linha tradicional dos estudos paisagísticos, eliminando, contudo, a contraposição entre cidade e campo tão viva em Ruskin, em Howard e em Geddes.

Esse interesse renovado pela cena urbana e suas instalações não tardou em frutificar, permitindo realizar, nos anos cinqüenta, alguns dos mais perfeitos bairros residenciais de média e alta densidade — sobretudo por obra do London City Council: Loughborough Estate, 1955, e Roehampton Estate, 1956 — e alguns centros cívicos melhor estudados e articulados nas *new towns,* dentre os quais se destaca o de Crawley.

Ao mesmo tempo, os urbanistas trabalharam para estudar as causas estruturais dos defeitos constatados nas *new towns* e viram a necessidade de corrigi-los com programas de intervenção ainda mais extensos e radicais. A escassa concentração vital dos novos aglomerados depende, ao menos em parte, da dimensão insuficiente (por volta de 50 000 habitantes); portanto, para a maioria das primeiras *new towns* foi previsto um aumento de população e, para as mais recentes, foi estabelecido desde o início uma população maior, que se avizinha dos 100 000 habitantes e por vezes os supera, como nas três cidades propostas pelo plano do Ministry of Housing and Local Government para a zona sudeste de Londres; partindo dessa hipótese, o London County Council estudou ultimamente o projeto de uma nova cidade no Hampshire, Hook, de 100 000 habitantes; a iniciativa foi abandonada pelo Hampshire County Concil, mas os estudos feitos, reunidos em um volume, [12] permanecem como uma das contribuições mais importantes ao debate urbanístico de hoje.

As dificuldades do trânsito — que deram ocasião a muitos projetos de reestruturação das cidades, dentre os quais é notável o de William Holford (n. 1907) para Picadilly Circus — foram enfrentadas de maneira geral no relatório de C. D. Buchanan, encomendado em 1960 pelo Ministério dos Transportes e publicado em 1963. [13] Esse estudo reforçou a dúvida de que as so-

---

12. *The Planning of a New Town. Data and Design based on a Study for a New Town of 100 000 at Hook, Hampshire,* London County Council, 1961.

13. *Traffic in Towns; a Study of the Long Term Problems of Traffic in Urban Areas; report of the Steering Group and Working Group appointed by the Minister of Transport,* Londres, HMSO, 1963.

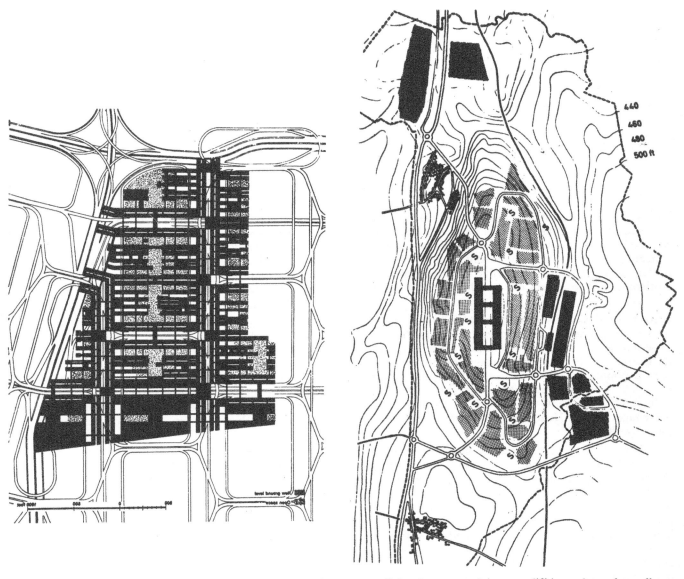

1031. Um gráfico tirado do relatório Buchanan: o preto representa o "novo terreno" elevado que serve de base aos edifícios e sob o qual corre livremente o trânsito de veículos.
1032. Planta de Cumbernauld New Town; em pontilhado, as zonas residenciais; em quadriculado, as zonas industriais; em preto, o centro comercial; S. indica as escolas.
1033, 1034. Seção e planta do centro comercial de Cumbernauld: 1. rodovia, 2. hotel, 3. centro administrativo, 4. escritórios, 5. estacionamento, 6. casas, 7. creche, 8. serviços, 9. centro médico, 10. lojas.

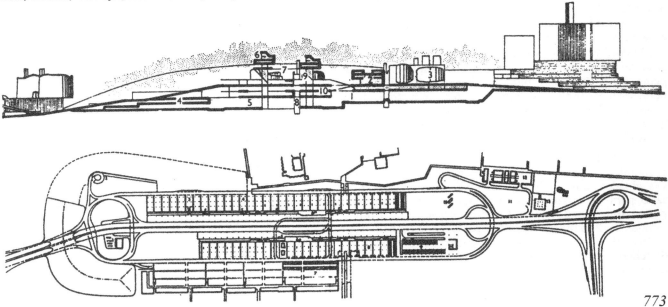

773

luções até agora adotadas para recanalizar o trânsito de veículos são apenas remédios parciais e que a motorização deve levar a uma nova definição dos elementos conceituais, em termos de viabilidade, colocando-se, portanto, como ponto de partida de desenvolvimentos teóricos e práticos ainda em grande parte inexplorados.

No mesmo ano, 1963, sai a primeira edição do livro de Frederick Osborn e Arnold Whittick, *The new towns*: o primeiro relato completo e meditado das experiências urbanísticas feitas nos vinte anos depois da guerra. Nele, são reproduzidas as novas previsões para a população das *new towns*, feitas em dezembro de 1962, que são geralmente superiores aos 50 000 habitantes e chegam até 80 000 habitantes — para Stevenage, Hemel Hempsted e Harlow — e a 106 000 para Basildon.

Essa nova dimensão requer uma organização diversa para as áreas residenciais e especialmente para os centros das cidades; Hugh Wilson, projetista de New Cumbernauld, desenhou um centro comercial no ponto mais elevado da cidade, formado por um único grande edifício — ponto culminante da paisagem urbana —, ligado diretamente às grandes ruas externas e aparelhado com diversos níveis de circulação para os automóveis e pedestres. Esse centro, agora completado, pode ser apreciado como uma excepcional experiência arquitetônica; tornou-se, porém, tão importante, que faz surgir uma hierarquia entre os bairros de habitação, segundo sua distância do centro, e que confina novamente as zonas industriais em uma periferia subalterna. Nos últimos planos urbanísticos para as novas cidades, procurou-se encontrar um vínculo mais estreito entre as áreas residenciais, com seus serviços, e as áreas industriais, atribuindo, assim, às atividades produtivas secundárias e terciárias ao menos o mesmo grau de importância; talvez o mais promissor seja o plano de Arthur Ling para Runcorn, perto de Liverpool, com 90 000 habitantes: as áreas industriais formam um cinturão em torno da cidade, de modo que a ligação entre as residências e os locais de trabalho pode ser estudada sempre do mesmo modo.

Contudo, os novos programas de desenvolvimento econômico já propõem dimensões maiores para as novas cidades, que se transformam em um ulterior desafio para os urbanistas e os arquitetos; no programa para a zona a sudoeste de Londres, prevê-se uma nova cidade de 250 000 habitantes perto de Southampton e duas de 150 000 habitantes perto de Newbury e Bletchley. Enquanto isso, a experiência das *new towns*, ordenada teoricamente, tornou-se um modelo aplicável em todo o mundo e adaptável a uma ampla gama de possíveis grandezas; as *consulting agencies* inglesas e americanas projetam novas cidades para os países de todo o mundo, por vezes enormes; por exemplo, na Venezuela, El Tablazo, de 330 000, e Tuy Medio, de 420 000 habitantes.

Esses projetos ainda estão no papel e não podem ser julgados no terreno. Os que os encomendaram e os projetistas saberão inventar a forma de pesquisa coletiva adequada para dominar essa nova dimensão?

A prática do relacionamento entre projeto urbanístico e construção já transformou as orientações da arquitetura inglesa e imprimiu, em muitas das melhores obras, um caráter seco, sumário e por vezes agressivo, que foi observado em termos críticos com a fórmula de *new brutalism*.[14] As obras de alguns arquitetos — Alison (n. 1928) e Peter Smithson (n. 1923), J. Sterling, D. Lasdun — constituem pontos de referência importantes para a arquitetura mundial, mas são plenamente compreensíveis apenas dentro do quadro agora consolidado da planificação inglesa.

b) *A Holanda*. — A Holanda é o país onde a absorção das orientações modernas na prática das entidades públicas foi começada mais tempestivamente — basta lembrar os casos de Berlage, de Oud, de Dudok e de Van Eesteren — e onde essas orientações foram desenvolvidas com maior continuidade, sendo delas extraídas todas as conseqüências técnicas.

O plano regulador de Amsterdã, começado em 1928 pelo grupo de Van Eesteren, foi desenvolvido coerentemente até hoje; os novos bairros de expansão na zona ocidental, delineados no trabalho de 1935, são hoje uma esplêndida realidade e oferecem, em seu conjunto, uma demonstração persuasiva das vantagens que se podem obter com uma colocação moderna do desenvolvimento urbano, apesar de todas as limitações inerentes ao estado da pesquisa de quarenta anos atrás. Nenhum bairro, por si mesmo é desenhado de modo excepcional, mas o tom geral da construção é o mais elevado que se pode ver hoje na Europa, e alguns espaços livres — o lago Sloterplas, com sua coroa de instalações para recreação, e o bosque de quase mil hectares criado do nada nos últimos vinte anos — são os exemplos mais sugestivos da nova paisagem que pode ser realizada mediante uma organização científica da intervenção pública, e com a colaboração de muitas capacidades especializadas, desde engenheiros até botânicos e pedagogos.

14. BANHAM, R. *Brutalism in der Architektur*. Stuttgart, 1966.

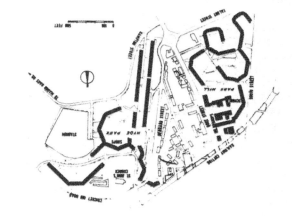

1035, 1036. Vista geral a planta do bairro Park Hill e Hyde Park em Sheffield (J. L. Womerstey com o órgão municipal de arquitetura 1955-65).

1037. Planta de uma série de bairros residenciais de Cumbernauld New Town.

1038, 1039, 1040. J. Stirling, seção e duas vistas da Faculdade de História da Universidade de Cambridge (terminada em 1968).

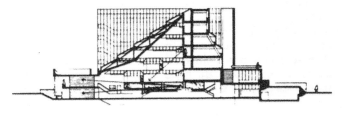

Porém, exatamente por ter sido modernizada há muito tempo, a planificação holandesa sempre utilizou de boa vontade, e mesmo de forma contínua, a obra dos arquitetos de destaque; mas, enquanto na Inglaterra esses arquitetos encontram exatamente nas entidades públicas o ambiente adequado a suas experiências mais avançadas, na Holanda, ao menos faz quinze anos, as propostas mais avançadas são formuladas nos estúdios particulares, e influenciam apenas parcialmente a prática das administrações públicas.

Dentre estes, destacam-se o estúdio de Aldo Van Eyck — autor de uma esplêndida escola em Amsterdã (1958) e dos projetos-tipo para as escolas e os campos de jogo de Nagele — e sobretudo o estúdio de Bakema e Van den Broek, que continua as experiências mais vivas do período que precedeu a guerra. Van den Broek em 1937 faz sociedade com Brinkmann, por ocasião da morte de Van der Vlugt, e associa-se em 1948 com Bakema, mais jovem do que ele. Assim, o novo estúdio liga-se diretamente à obra de Brinkmann e Van der Vlugt, cujo valor decisivo no decênio entre 1930 e 1940 foi reconhecido por nós.

A contribuição mais importante de Bakema e Van den Broek diz respeito a um tipo de organização de bairro que estabelece um vínculo preciso entre projeto urbanístico e construção.

A noção de *unité d'habitation,* que em Le Corbusier se traduz numa imagem arquitetônica unitária, está ligada por outro lado aos serviços em torno dos quais gravitam os alojamentos, de que depende o número dos próprios alojamentos e o tamanho da unidade. Os dois holandeses decompõem o volume complexo em diversos blocos — casas enfileiradas, casas coletivas de três a quatro andares, casas altas — e estudam a associação das unidades mais simples (já articuladas no interior) em grupos mais complexos, cada um integrado pelos serviços que competem a sua dimensão.

A articulação introduzida no interior das unidades mais simples é justificada por exigências de variedade formal — Bakema e Van den Broek adotam o termo "grupos visuais" — e pela oportunidade de oferecer, já no nível de associação mais baixo, uma gama de escolhas diversas, correspondentes a diversos modos de habitar: com e sem contato com o jardim, com e sem a sujeição de percursos internos comuns. A associação das unidades mais simples para formar as mais complexas dá lugar a um ulterior enriquecimento de sistemas volumétricos e de escolhas sociais, de modo que o estudo do bairro conduz gradualmente ao estudo da cidade e do território.

Os dois projetistas começaram a desenvolver esse método em 1949, quando o grupo Opbouw iniciou o estudo do bairro de Pendrecht, perto de Roterdã, e discutiram-no no CIAM de Aix-en-Provence de 1953; a seguir, fizeram, com esses critérios, o projeto do Alexanderpolder (1953-56), a ampliação de Leeuwarden (1952-62 [Fig. 1 044]), o plano regional do Noord Kennemerland (1957-59), o projeto de concurso para a nova cidade de Wulfen na Alemanha (1961) e a proposta para a ampliação linear de Amsterdã (1966). O único projeto realizado, porém, é o do pequeno bairro Klein Driene em Hengelo (1956-58 [Figs. 1 042 e 1 043]).

A proposta para Amsterdã (Fig. 1 045) é até agora o resultado mais importante dessa longa pesquisa. A cidade agora está circundada pelos bairros planificados nos últimos trinta anos, e parece inoportuno espessar para o exterior a faixa urbanizada. Portanto, Bakema e Van den Broek propuseram ocupar o último setor livre da coroa, o lago I a leste da cidade; aqui deveria surgir, sobre uma série de ilhas artificiais, uma instalação linear para 350 000 habitantes, com 35 unidades para 10 000 habitantes cada uma, atravessadas por uma linha de trânsito rápido (rodovia e monotrilho) que, do centro da cidade, leva aos terrenos construídos no pôlder oriental. Cada unidade compreende casas altas, médias e baixas, dispostas gradativamente a partir do cruzamento com a linha de trânsito para as margens externas; cada casa deve comunicar-se ao mesmo tempo, embora em ordem inversa de imediatez, com o espaço de convivência urbana situado ao longo da espinha central, com o espaço de convivência de bairro fechado entre os edifícios da unidade e com o espaço de recreação, aberto entre duas unidades contíguas e comunicando com o lago (Figs. 1 046-1 048). Assim, as diferenças entre os vários tipos de casa não são de privilégio ou de sacrifício, mas correspondem a vários programas de vida, com vantagens e desvantagens que se compensam entre si, e podem ser escolhidas livremente, ao invés de serem impostas pelos níveis de renda.

É muito significativo o confronto entre o novo sistema residencial baseado na repetição das unidades e o antigo, baseado em um desenho diferenciado (Figs. 1 050-1 053); simplifica-se a rede viária, uniformizam-se os detalhes recorrentes — isto é, equiparam-se as condições de vida —, mas permanece infinitamente variável a composição de conjunto, ou seja, a paisa-

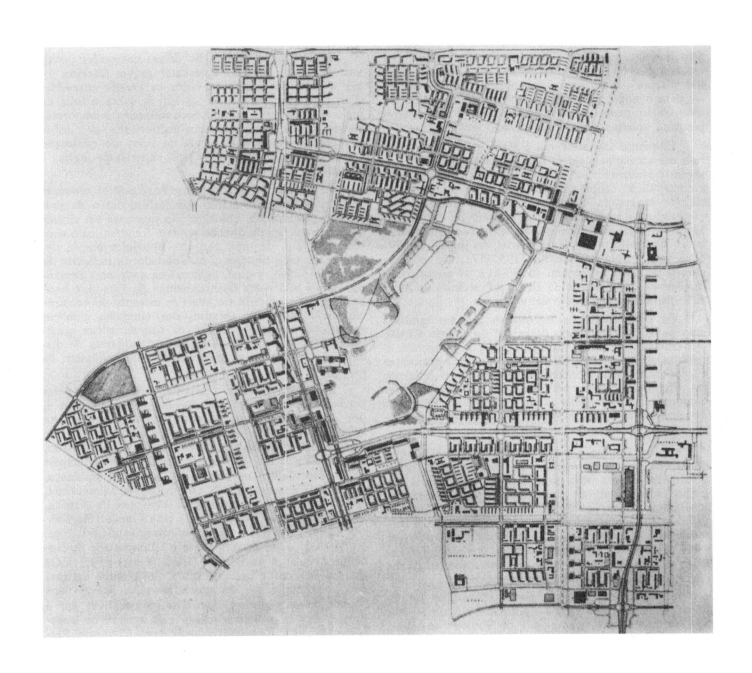
1041. Os bairros da periferia oeste de Amsterdã já feitos (de *Urbanismo*).

gem humana inserida na paisagem natural. Fica por resolver o procedimento necessário para passar do velho sistema — até agora aceito pelas administrações — para o novo, proposta pela pesquisa externa; nesse caso, estão presentes as duas metades de uma nova pesquisa coletiva, mas a síntese não está pronta.

Enquanto isso, Bakema e Van den Broek repetiram em escala pequena a demonstração da nova paisagem e realizaram uma longa série de edifícios, onde a contribuição neoplástica e a das mais vivas experiências de vanguarda holandesa encontram uma disposição madura e equilibrada: além de Linbahn e do Liceu Montessori já mencionados, algumas residências isoladas, a casa-torre em Hansaviertel de Berlim (1957-60), uma escola em Brielle (1955-57), um edifício para o rádio em Hilversum (1956-61), as novas construções da Universidade de Delft, a Prefeitura de Marl em Vestfália, ainda em construção.

Os dois arquitetos holandeses tiveram também uma parte importante no desenlace do último CIAM em Otterlo, em 1959. Logo depois, promoveram a constituição do *team X*, um grupo de projetistas europeus que têm em comum exatamente o interesse em orientar a obra das administrações urbanas; o *team* compreende, juntamente com Bakema e Van den Broek, Candilis, Josic e Woods, Alison e Peter Smithson, Ralph Erskine, Stefan Warweka.

c) *A França*. — As iniciativas francesas, que desencadearam tanto interesse nos últimos anos, foram possibilitadas pela nova situação legislativa: em 1954 é aprovado o Code de l'Urbanisme et de l'Habitation, que reúne todas as disposições precedentes em um único texto; em 1957 é votada a lei que autoriza a formação dos planos regionais e, em duas retomadas, em 1958 e 1962, são publicadas as listas das *zones à urbaniser en priorité* (ZUP), onde se concentram os financiamentos para a construção subvencionada.

O interesse por essas novas instalações deriva de sua dimensão inusitada — normalmente, de 30 000 a 40 000 habitantes, mas a ZUP de Toulouse-le-Mirail atinge 100 000 habitantes e a de Aulnay-sous-Bois, perto de Paris, 70 000 habitantes, enquanto o centro deverá funcionar também para os 25 000 dos quatro municípios circundantes — e dos procedimentos de pré-fabricação pesada adotados em larga escala, que contribuem para a preferência por uma instalação composta simples e sumária. Por trás dessas características é fácil reconhecer a tradição francesa remota, mas também os ensinamentos de Le Corbusier sobre a nova escala urbana e o uso do concreto.

Junto com a apreciação desses caracteres positivos, devem-se contudo apresentar graves reservas sobre a falta de integração entre os *grands ensembles* e as cidades preexistentes — isto é, sobre a falta de um entrelaçamento urbanístico adequado à importância dos novos pesos colocados no território — e sobre a repetição em grande escala de tipos de edificação convencionais, já superados pela experiência inglesa e holandesa.

A carência do quadro urbanístico poderá ser superada pelo desenvolvimento das instituições e da prática de planificação, que hoje são precárias em virtude das contradições da direção política francesa; pelo contrário, a falta de uma pesquisa tipológica parece depender de uma direção já consolidada da indústria da construção civil, a qual, tendo assegurada uma demanda sempre alta pelos financiamentos do Estado, é levada a aperfeiçoar cada vez mais os métodos de construção; não recebendo, porém, das entidades públicas prescrições suficientes sobre as características qualitativas dos alojamentos, atém-se aos esquemas de distribuição mais usuais, repetíveis no maior número de ocasiões.

Essa falha pode ser corrigida, hoje, somente pelas capacidades individuais de alguns projetistas, isto é, por uma pesquisa que encontra sua continuidade na esfera privada, mais do que na pública. O estúdio que mais trabalhou nesse sentido foi aquele já mencionado, de Candilis, Josic e Woods; dentre suas principais obras, recordamos os bairros na África (Casablanca, Carrières Centrales, 1953; Orano, Burre Mirauchaux, 1954; concurso para construção semi-rural na Argélia, 1960; Fort Lamy, Tchad, 1962) e na França (Bagnols--sur-Cèze, 1956-60; Toulouse-le-Mirail, 1961-66 [Figs. 1 056-1 058]), os projetos para a Universidade de Bochum (1962) e de Berlim (1963 [Fig. 1 059]). Os estudos teóricos e práticos sobre alojamentos agrupados horizontalmente demonstraram-se aplicáveis aos bairros e aos centros residenciais temporários: daí o projeto para o complexo turístico de inverno de Belleville, em 1962 (em colaboração com Charlotte Perriand, Jean Prouvé e Ren Suzuki), e aquele para a urbanização do litoral do Languedoc.

Nos bairros projetados por Candilis, Josic e Woods a pesquisa de distribuição e a pesquisa de construção encontram um equilíbrio aceitável; a colaboração com Prouvé demonstrou ser preciosa em muitos casos (bairro de Blanc Mesnil, 1956). O problema ainda em aberto é a inserção dessa dupla pesquisa no mecanismo técnico e administrativo da intervenção pú-

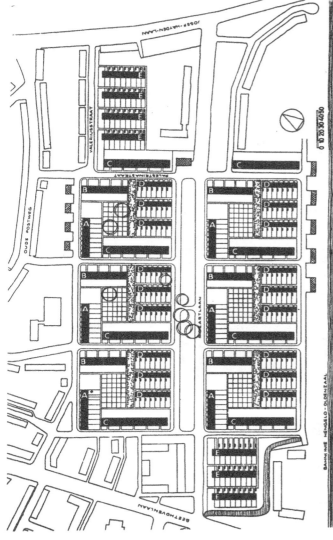

1042. Hengelo, o bairo Klein Driene, de Bakema e Van den Broek (1956-58).

    A — grandes alojamentos enfileirados
    B — alojamentos em linha, de quatro andares
    C — alojamentos em linha, de três andares
    D — pequenos alojamentos enfileirados
    E — grandes alojamentos enfileirados, com andares desencontrados

1043. Plantas dos tipos de edificação D e E de Hengelo.
1. entrada
2 a 7. ambientes para o dia
8. escala
9. dormitórios

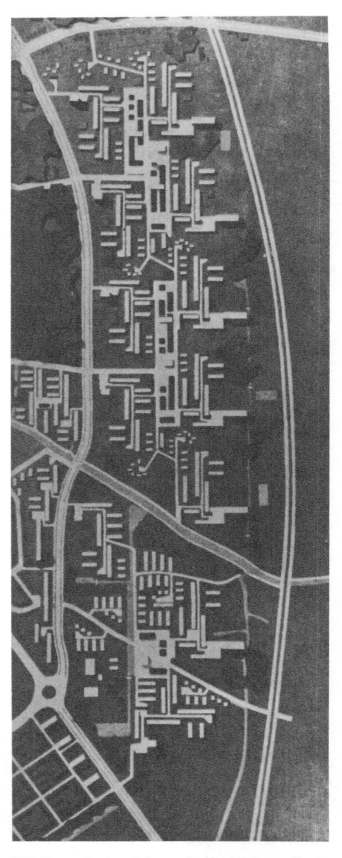

1044. Maquete do plano de Leeuwarden Noord (Bakema e Van den Broek, 1959-1962).

779

1045. Planta de Amsterdã com a nova expansão linear no lago I (à direita) projetada em 1965 por Bakema e Van den Broek.

1046, 1047, 1048. O três espaços de expansão linear: o das relações no cruzamento da unidade de habitação com a linha de trânsito rápido, o das relações de bairro entre os edifícios da unidade, o da recreação entre uma unidade e a outra. O habitante de cada alojamento (o de paletó xadrez) confronta ao mesmo tempo o segundo e o terceiro espaços.

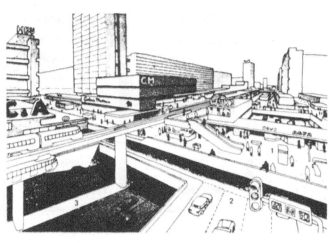

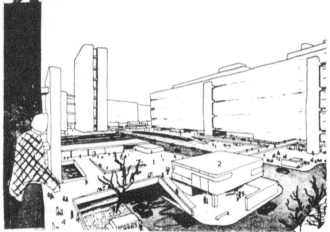

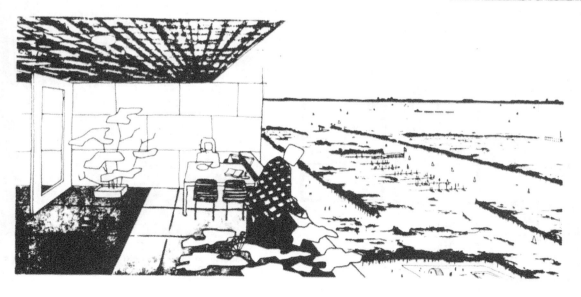

1049. Maquete da unidade de habitação.

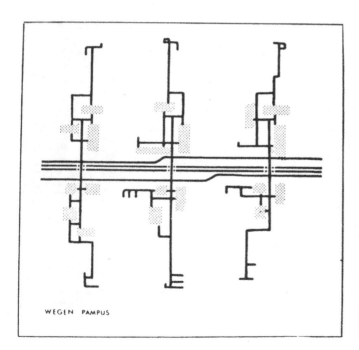
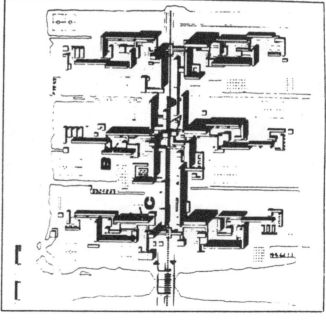

1050-1053. Confronto entre um bairro tradicional de aproximadamente 30 000 habitantes (Geuzeveld) e um grupo de três unidades de habitação de 10 000 habitantes cada uma; no alto, os edifícios, embaixo, a rede viária.

1054. O auditório da Universidade de Delft (Bakema e Van den Broek, 1967).

1055. Maquete do *grand ensemble* de Massy-Antony (P. Sourel e J. Duthilleul).

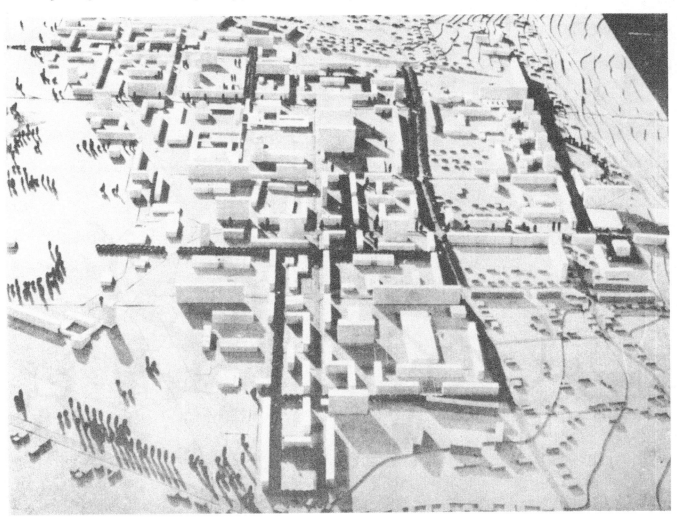

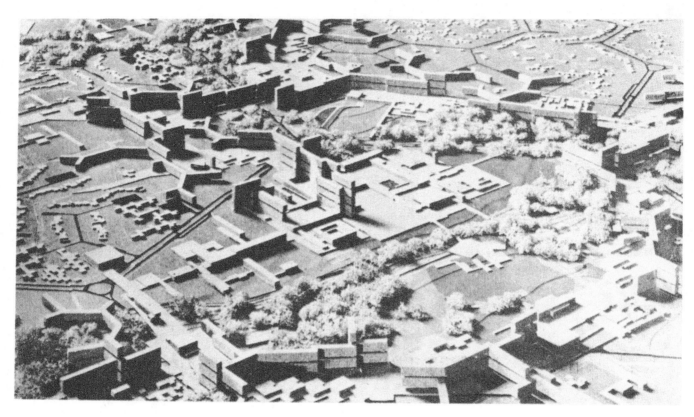

1056, 1057, 1058. Bairro Toulouse-le-Mirail (Candilis, Josic e Woods, 1961-66); maquete, esquema da ligação entre habitações e serviços, e árvore dos percursos para pedestres no térreo.

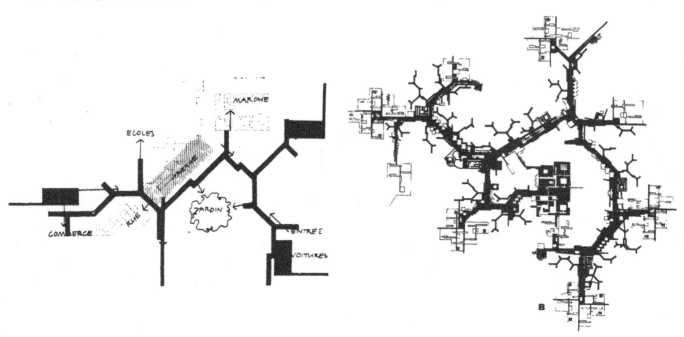

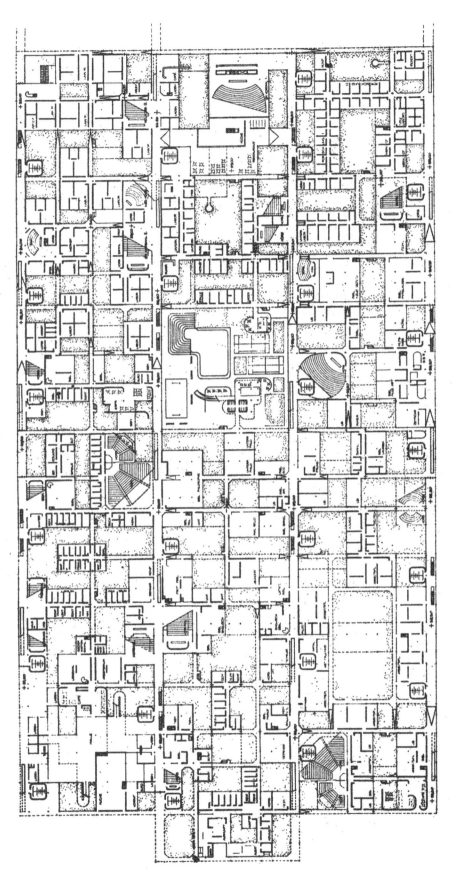

1059. O projeto de Candilis, Josic e Woods para a Universidade de Berlim (de *Bauwelt*).

blica. A experiência de Candilis, Josic e Woods, diversamente da de Le Corbusier, já é articulada de modo a poder ser absorvida nos dispositivos públicos. Mas os obstáculos que isolaram o velho mestre da produção em massa francesa valem, em grande parte, também para seus ex-alunos; o bairro Le Mirail, que poderia ter sido a grande demonstração das vantagens dos novos critérios de projetar, foi executado apenas parcialmente, de maneira fortuita e defeituosa. Todavia, a "pesquisa paciente" dos projetistas ainda está em curso e poderá encontrar no futuro outras ocasiões melhores.

d) *Os Estados Unidos*. — Como já foi observado, a principal dificuldade da experiência norte-americana depende da crise da estrutura tradicional, cuja elasticidade passada, baseada na malha jeffersoniana, traduz-se hoje em uma conspícua rigidez em relação às transformações que põem em causa o dispositivo de que se partiu. A elasticidade e o automatismo da grade tornaram possível até agora a relativa falta de uma intervenção pública coordenadora e a independência das intervenções setoriais singulares; mas a crise desse dispositivo recoloca o problema da planificação urbanística, com suas exigências qualitativas e quantitativas de que se falou a propósito dos países europeus.

Como freqüentemente ocorre nos EUA, as propostas que contêm uma alternativa ao mecanismo tradicional das transformações urbanas foram formuladas em um primeiro momento pelos particulares — pelos escritórios de projeto, pelas indústrias, pelas associações culturais — e somente em um segundo momento foram apropriadas pelas entidades públicas. Dentre estas, as mais importantes são:

a) os estudos para a reestruturação dos *downtowns*, cujo primeiro exemplo importante é o projeto de Victor Gruen (n. 1903) para o centro de Fort Worth, Texas (1954; Fig. 1 060). Gruen propõe libertar gradualmente do trânsito de veículos algumas malhas do xadrez, concentrando em áreas determinadas os estacionamentos e recuperando os espaços de pedestres necessários à vida de associação, em torno dos novos edifícios comerciais e administrativos.

A lógica desse projeto é semelhante à que tende a desenvolver os *shopping centers* a serviço da periferia residencial, a fim de transformá-los em núcleos complexos de atividades comerciais e recreativas; dentre os projetos mais recentes, devem ser lembrados aqueles para San Mateo, Cal. (W. Belton & Ass.), para Milwaukee, Wisc. (J. Graham & Comp.), para Nassau County, N. Y. (I.M. Pei & Ass.), e o Lloyd Center em construção em Portland, Oregon (J. Graham & Ass.), que contém também um hotel e um prédio de escritórios; [15]

b) os bairros residenciais construídos nas grandes cidades, em vastas áreas verdes com edifícios coletivos de muitos andares: dentre estes, destacam-se o Lafayette Park em Detroit, projetado por Mies van der Rohe, e o Lake Meadows em Chicago, devido a Skidmore, Owings & Merril (Fig. 1 061).

Comparados aos bairros europeus análogos de prédios altos, estes possuem uma densidade muito mais baixa, com vastíssimas zonas verdes e formam por enquanto a alternativa mais satisfatória para os bairros extensos compostos por pequenas casas unifamiliares, embora o nível econômico seja ainda demasiadamente alto;

c) os projetos de transformação no centro das grandes cidades; o primeiro em ordem de tempo é o projeto para Filadélfia, começado em 1942 pela City Planning Commission, dirigida por E. N. Bacon.

Esse projeto teve grande publicidade, também através de uma mostra em 1947, mas somente em 1960 foi concretizado em um plano regulador; de fato, essas iniciativas urbanísticas permaneceram por longo tempo irrealizadas nos EUA, enquanto nos últimos anos deve-se registrar uma rápida sensibilização das autoridades e da opinião pública para esses argumentos, sensibilização essa que pode ser ligada ao advento da administração democrata, em 1960, e ao notável desenvolvimento dos estudos teóricos sobre a cidade, promovidos sobretudo pelo Joint Center for Urban Studies, instituído em 1959 pelo MIT e pela Universidade de Harvard.

Nesse clima, nasceu o Government Center Project, estudado por Adams, Howard & Greeley para o City Planning Board de Boston, de 1958 em diante. Essa iniciativa é importante não tanto pela qualidade do projeto quanto porque parte das exigências da administração pública que se tornam o elemento diretor do arranjo urbano. Em 1962 foi instituído o concurso para a nova City Hall, vencido por G. M. Kallmann, N. M. Mackinnell e E. F. Knowles com um projeto formalmente singular, mas fortemente integrado aos espaços circundantes (Fig. 1 062). [16]

Na Filadélfia e em Boston os raciocínios sobre a separação das circulações e sobre a organização tridi-

---

15. Ver V. GRUEN e L. SMITH, *Shopping Towns USA*, Nova York, 1960.
16. Ver *Casabella*, n. 271 (1963).

1060. Fort Worth, projeto para o novo centro cívico (V. Gruen Associates, 1954).
1061. Chicago, planta do bairro Lake Meadows (no alto, à esquerda, a escola, embaixo, à direita, os serviços comerciais; Skidmore, Owings & Merrill, 1950-60).

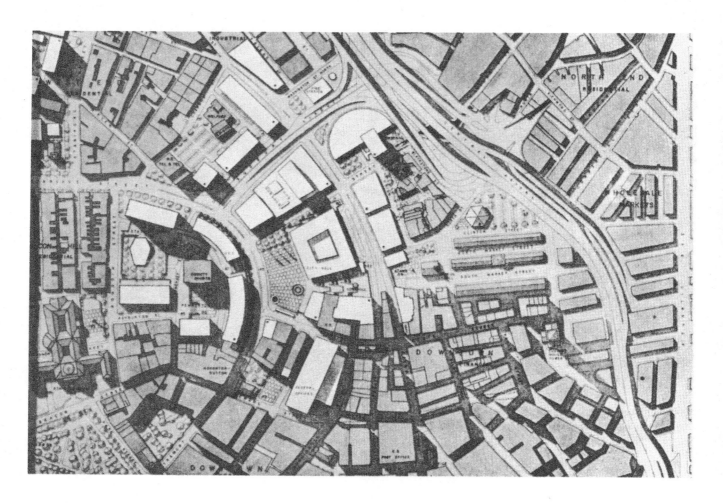

1062. O plano do novo centro de Boston (de *Casabella*).

1063, 1064. Dois esquemas de Los Angeles, obtidos de entrevistas orais e gráficas (tirados de K. Lynch, *The Image of the City*, 1960).

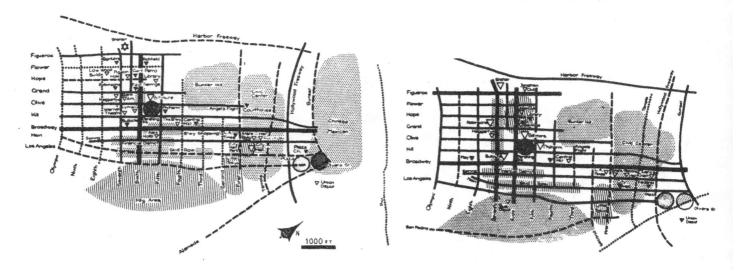

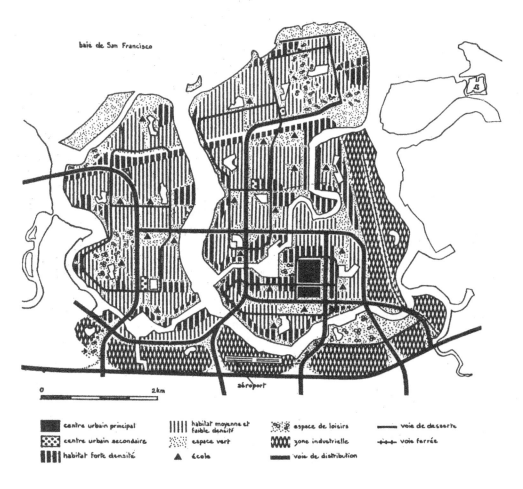

1065. Planta da nova cidade de Redwood Shores.
1066. Chandigarh, a arquitetura da Capitol.

mensional dos espaços urbanos foram levados à escala de uma cidade grande. Em um futuro próximo, veremos outras experiências desse gênero.

d) As novas cidades (Foster City, Redwood Shores [Fig. 1 065], Valencia, Colúmbia), projetadas como iniciativas comerciais por empresas privadas, vizinhas às grandes cidades ou em territórios desabitados. Os projetos doutrinários e de execução foram feitos por estúdios particulares — Victor Gruen & Ass. para Valencia, Architect's Collaborative para Redwood Shores — e aprovados pelas autoridades públicas. Estas são experiências pequenas e limitadas, se comparadas còm a enorme extensão das cidades tradicionais e não modificam o equilíbrio geral da situação, como na Inglaterra e em outras nações da Europa e do Terceiro Mundo. As novas cidades são diversas dos bairros normais porque tentou-se evitar o modelo obrigatório dos subúrbios americanos, propondo uma dupla rede viária para o trânsito dos pedestres e para o dos veículos, ao invés da usual rede promíscua; novos tipos de casas, por exemplo, alojamentos enfileirados reunidos em unidade de vizinhança, ao invés das pequenas casas individuais; serviços comerciais e recreativos desenhados juntamente com as áreas residenciais.

Agora, porém, coloca-se o problema de considerar a planificação do território e das cidades como um único processo, que não pode ser controlado somente por algumas autoridades locais e empresas privadas; nessa direção, os EUA ainda estão em atraso, em relação à Europa, mas estão avançando. Em 1967 foi criado um novo departamento dos alojamentos e do desenvolvimento urbano; as universidades mais importantes, tais como Colúmbia e Harvard, colocam-se o problema de sua situação no território e estudam planos gerais para as cidades e as regiões, atraindo interesse dos governos. A forte reação da opinião pública contra os perigos da contaminação permitirá desenvolver, talvez em tempo curto, um novo sistema de controles públicos sobre o ambiente construído.

As experiências enumeradas parecem hoje as mais ricas em indicações para o futuro; algumas podem ser chamadas de entusiasmadoras, mas todas participam, em certa medida, das contradições de nosso tempo e nenhuma possui o caráter de modelo perfeito.

Os ideais do movimento moderno, como aqueles da nova sociedade de que fala Lippmann, "são destituídos de perfeição e, ao falarmos deles, devemos evitar superlativos. São ideais mundanos, que não provocam uma espera do bem supremo: pelo contrário. Referem-se ao melhor que seja possível ao olhar dos homens mortais e finitos, contrários e diversos".[17] A arquitetura moderna não promete um mundo perfeito, não se apresenta como a realização de alguma profecia histórica; é uma tentativa confiante, mas não possui garantias de sucesso incondicionado.

Em um futuro próximo, a cidade sofrerá por certo transformações maiores e mais rápidas do que aquelas ocorridas no passado. Pode acontecer que os métodos até agora experimentados permitam manter o passo com os acontecimentos e inverter o processo de desintegração de nosso ambiente, como conseguiu parcialmente até agora. Pode acontecer, inversamente, que os resultados obtidos dependam do alcance não excessivo das transformações até agora realizadas, e que a tentativa esteja destinada a fracassar frente à nova escala e ao novo ritmo dos acontecimentos. Em tal caso, não está em jogo a sorte de uma determinada tendência, mas a continuidade da tradição artística européia, que foi reelaborada pelo movimento moderno até fazê-la perder toda ligação contingente com a antiga organização social, econômica, produtiva. Assim fazendo, os mestres do primeiro pós-guerra em certo sentido queimaram as pontes à sua passagem e tornaram não apenas desatualizada mas, de fato, impossível, toda volta às posições precedentes. Se essa herança cultural não pudesse mais se adaptar às dimensões do mundo moderno, isto significaria realmente a interrupção das relações com o passado.

Se, portanto, o movimento moderno deve ser superado, deveria tratar-se de uma "superação" muito mais radical do que todas aquelas até agora apresentadas: seria realmente necessário começar do começo, com propósitos totalmente diversos. Tomar consciência da gravidade desse dilema não ajuda, por certo, os arquitetos contemporâneos a viverem tranqüilos, mas coloca de forma bem clara seu dever e suas esperanças.

17. LIPPMANN, W. *La filosofia pubblica*. Trad. it., Milão, 1956, p. 142.

BIBLIOGRAFIA

Para delinear uma bibliografia da arquitetura moderna, é preciso levar em conta as mudanças sobrevindas entre o princípio e o fim do período considerado, as quais dizem respeito não apenas ao mérito das experiências arquitetônicas, mas também ao seu enquadramento conceitual.

A palavra "arquitetura" não designa um conceito imutável, uma forma permanente da experiência humana, mas uma noção que é variável no tempo, na mesma proporção das experiências particulares que aí se enquadram, embora normalmente de modo mais lento e que somente em termos aproximados pode ser considerado constante em um dado intervalo histórico.

No período tratado, contudo, essa aproximação não é mais possível; com efeito, o ecletismo e o movimento moderno transformaram o significado e os limites do termo "arquitetura" talvez de modo mais profundo do que em qualquer outra época. Ao desejar apresentar sob uma luz justa as principais fontes bibliográficas disponíveis sobre esse período, é, portanto, necessário repercorrer as etapas principais dessa transformação e colocar cada fonte singular no quadro conceitual que lhe compete.

A bibliografia tende, por essa razão, a confundir-se com a narração histórica propriamente dita e, de fato, o leitor encontrará no texto um grande número de referências bibliográficas sobre os argumentos à medida que são tratados. Pareceu útil, todavia, oferecer aqui uma recapitulação das fontes mais importantes, adequada para fornecer uma primeira orientação no oceano bibliográfico sobre a arquitetura dos dois últimos séculos.

1. A cultura historicista

A unidade do conceito tradicional de arquitetura — expressa nos tratados da época renascentista e barroca, onde os preceitos estilísticos e os da construção surgem uns ao lado dos outros — tende a desaparecer na segunda metade do século XVIII. Na *Encyclopédie* (1751-1772), fala-se de *architecture et parties qui en dépendent* (que são a decoração, interna, a decoração externa e a construção) e os dados técnicos e estilísticos ainda são colocados no mesmo verbete, embora nitidamente distintos entre si. Para o final do século, esse modo de apresentar as coisas não é mais usual, e formam-se dois grupos diferentes de tratamentos: uns, referentes à técnica das construções; outros, à composição arquitetônica em um sentido estrito.

Protótipo do primeiro grupo é a obra de G. B. RONDELET, *Traité théorique et pratique de l'art de bâtir*, Paris, 1802-1817, traduzida em várias línguas e mantida atualizada até a quarta década do século XIX. O tratado de Rondelet compreende ainda, em um *corpus* unitário, muitas matérias — a técnica de construção propriamente dita, a hidráulica, as construções de ruas e ferrovias — as quais, depois de 1830, se tornam especializações independentes e dão lugar a uma literatura própria, que naturalmente não podemos aqui seguir.

Para documentar o estado dos conhecimentos técnicos em seu conjunto, podem servir os vocabulários publicados durante o século XIX, dentre os quais lembramos S. C. BREES, *The Illustrated Glossary of Practical Architecture*, Londres, 1852.

Protótipo dos tratados de arquitetura em sentido estrito é a obra de J. L. N. DURAND, *Précis des leçons d'architecture,* Paris, 1802-1805, que, por todo o século XIX, constitui praticamente a base do ensino acadêmico francês. Partindo do estudo da *disposition,* Durand chega a uma casuística de tipos de distribuição — edifícios privados e públicos, para as várias exigências da cidade moderna — que, contudo, ainda é mais teórico, por falta de experiência (os tipos descritos no tratado, termas, museus, mercados etc., baseiam-se sobretudo em considerações arqueológicas).

À medida que a experiência se amplia, essa casuística torna-se mais densa e mais precisa, constituindo a parte preponderante dos tratados sucessivos até o tratado magistral de J. GUADET, *Eléments et théorie de l'architecture,* Paris, 1894, que não traz tipos de edificação teóricos, mas sim um grande número de exemplos concretos, formando portanto uma excelente recapitulação da produção oitocentista, principalmente francesa. Na mesma linha, seguem os manuais de "caracteres de distribuição" — gerais ou dedicados a uma espécie particular de edifício — que formam, ainda hoje, uma grande parte da literatura corrente.

A produção da construção civil do século XIX é documentada, ainda, pela coleta gráfica de exemplos: já se disse que o conhecimento renovado da arquitetura passada ocorre sobretudo graças aos repertórios de relevos originais, desde o *Recueil et parallèle des édifices de tout genre, anciens et modernes,* de J. L. N. DURAND, Paris, 1800-1801, aos *Edifices de Rome moderne,* de P. LETAROUILLY, Paris, 1840-1855. Repertórios análogos de construções contemporâneas são publicados com freqüência depois de 1830, principalmente na França; dentre os mais importantes:

GOURLIET, BIET, GRILLON ET TARDIEU, *Choix d'édifices publics projetés et construits en France depuis le commencement du XIXe siècle,* Paris, 1825-36.

F. NARJOUX, *Monuments élevés, par la ville de Paris de 1850 à 1880,* Paris, 1877-1881.

E. E. VIOLET LE DUC e F. NARJOUX, *Habitations modernes,* Paris, 1875-79.

C. LUTZOW e L. TISCHLER, *Wiener Neubauten,* Viena, 1876-1880 (que é seguido por *Wiener Neubauten im Stil der Sezession,* Viena, 1908-1910).

Os *revivals* dos estilos passados fazem com que o conhecimento dos edifícios antigos esteja diretamente ligado ao projeto dos edifícios contemporâneos; nesse período, os livros de história são até certo ponto também manuais de composição arquitetônica.

Essa mistura de noções históricas e preceitos operativos é evidente sobretudo nos dicionários históricos, talvez o produto mais característico da cultura histórica oitocentista; os dois mais importantes são:

M. QUATREMÈRE DE QUINCY, *Dictionnaire historique d'architecture,* Paris, 1832 (de inspiração neoclássica).

E. E. VIOLLET LE DUC, *Dictionnaire d'architecture,* Paris, 1868-74 (de inspiração neogótica).

É preciso esperar até a segunda metade do século XIX para que a própria produção historicista seja, ela mesma, considerada historicamente, como uma realidade independente dos modelos passados correspondentes.

As primeiras obras históricas gerais vêm da Inglaterra, mais do que da França, talvez porque na França a preponderância do Classicismo mantenha uma impressão de continuidade com a arquitetura dos séculos passados, enquanto na Inglaterra a importância do movimento neogótico torna evidente a solução de continuidade com as épocas precedentes.

Exatamente enquanto Morris começa suas atividades, surge o manual de J. J. FERGUSSON, *History of Modern Styles of Architecture,* Londres, 1862 (reimpresso em 1873 como quarto volume da *History of Architecture,* surgida em 1865-67).

A expressão "arquitetura moderna" indica o ciclo do Renascimento em diante, contraposto à Idade Média e à Antiguidade clássica (ainda hoje usa-se a distinção análoga entre história antiga, medieval e moderna). Essa nomenclatura está manifestamente ligada à visão eclética — até a Idade Média, sucedem-se os estilos originais, do Renascimento em diante, os estilos de imitação — e é abandonada apenas mais para o final do século, também por influência dos movimentos de vanguarda que insistem na contraposição entre passado e presente.

Dos dois manuais que examinam, com autoridade, a cultura eclética — B. FLETCHER, *A History of Architecture on the Comparative Method,* Londres, 1896, e A. CHOISY, *Histoire de l'architecture,* Paris, 1899 — o segundo emprega o termo "arquitetura moderna" para indicar o período que vai do século XVII em diante (excluindo, portanto, o Renascimento), e o primeiro, para o período de 1930 em diante.

As experiências urbanísticas não são incluídas no quadro de interesses até agora descrito; por conseguinte, as notícias sobre a formação da cidade industrial e seus sistemas relativos de controle devem ser procurados de preferência na literatura econômica, jurídica e política, ou nos guias das cidades.

Excetuam-se as iniciativas onde o aspecto representativo é suficientemente importante; o arranjo haussmanniano de Paris é documentado por vastíssima literatura, na qual se destacam:

M. Ducamp, *Paris, ses fonctions et sa vie dans la deuxième moitié du XIX*ᵉ *siècle,* Paris, 1869-1875.

E. Haussmann, *Mémoires,* Paris, 1890.

A experiência técnica acumulada no curso do século XIX é reunida pelos manuais publicados no último quartel do século; R. Baumeister, *Stadtserweiterung in technischen, baupolizeilicher und wirtschaftlicher Beziehung,* Berlim, 1876; J. Stübben, *Der Städtebau,* Berlim, 1890; R. Unwin, *Town planning in practice,* Londres, 1909.

2. As experiências de vanguarda até 1914

As iniciativas para a renovação da cidade industrial até o último decênio do século XIX são sobretudo de ordem teórica e são documentadas pelos escritos dos respectivos promotores:

R. Owen, *Report to the Couty of Lanark,* 1820; *The Revolution in the Mind and Practice,* Londres, 1849.

C. Fourier, *Traité de l'association domestique-agricole,* Paris, 1822; *Nouveau monde industriel et sociétaire,* Paris, 1829.

E. Cabet, *Voyage en Icarie,* Paris, 1840.

J. B. Godin, *Solutions sociales,* Paris, 1870.

Fifty Years of Public Work of Sir H. Cole, Londres, 1884.

O. Jones, *The Grammar of Ornament,* Londres, 1856.

G. R. Redgrave, *Manual of Design Completed from the Writings and Addresses of R. Redgrave,* Londres, 1876.

G. Semper, *Der Stil in der technischen und architektonischen Künsten,* Frankfurt, 1860.

Souvenirs d'Henry Labrouste, notes recueillies et classées par ses enfants, Paris, 1928.

E. E. Viollet le Duc, *Entretiens sur l'architecture,* Paris, 1863-72.

J. Ruskin, *Seven Lamps of Architecture,* Londres, 1849; obra completa a cargo de E. T. Cook e A. Wedderburn, Londres, 1903-1910.

W. Morris, *Architecture, Industry and Wealth,* Londres, 1902; *Collected Works,* Londres, 1914-1915.

W. Crane, *The Bases of Design* e *Line and Form,* Londres, 1902.

Os movimentos de vanguarda nascidos no último decênio do século XIX trazem uma notável reviravolta na literatura arquitetônica.

O termo "arquitetura moderna" é usado agora para indicar as novas direções contrapostas à tradição eclética: assim é usado nos escritos programáticos de O. Wagner (*Moderne Architektur,* Viena, 1895), H. Van de Velde (*Die Renaissance im modernen Kunsgewerbe,* Berlim, 1901), H. P. Berlage (*Gedanken über den Stil in der Baukunst,* Leipzig, 1905) e F. L. Wright (desenvolvidos sobretudo nos anos sucessivos; ver, por exemplo, F. Gutheim, *Frank Lloyd Wright, Selected Writings,* Nova York, 1941).

Fazem-se também as primeiras tentativas de avaliação histórica ampla:

W. Rehme, *Die Architektur der neuen freien Schulen,* Leipzig, 1902.

A. D. F. Hamlin, "L'Art Nouveau, its Origin and Development", em *The Craftsman,* 1902-3, p. 129.

Sobre os mestres da vanguarda, surgem em um primeiro momento principalmente publicações documentárias, dentre as quais se destacam:

O. Wagner, *Einige Skizzen, Projecte und ausgeführte Bauten,* Viena, 1891-1910.

Architektur von Prof. Joseph M. Olbrich in Darmstadt, Berlim, 1902-1914. *Ausgeführte Bauten und Entwürfe von Frank Lloyd Wright,* Berlim, 1910.

As primeiras biografias feitas com empenho dizem respeito aos nomes que entram nos primeiros volumes do *Thieme Becker Künstler-Lexikon* (Behrens e Berlage em 1909).

Os volumes monográficos sobre vários mestres surgem sucessivamente na seguinte ordem, que indica a evolução das orientações historiográficas:

F. Hoeber, *Peter Behrens, Vorträge und Aufsätze,* Munique, 1913.

J. A. Lux, *Otto Wagner,* Berlim, 1919 (em 1964 saiu o volume documentário *Otto Wagner 1841-1918* de H. Geretsegger e M. Peintner).

J. A. Lux, *Joseph Maria Olbrich*, Berlim, 1919.

K. E. Osthaus, *Van de Velde, Leben und Schaffen des Künstlers*, Hagen i. W., 1920.

J. Gratama, *Dr. H. P. Berlage bouwmeester*, Roterdã, 1925.

P. Jamot, *A. Perret et l'architecture du béton armé*, Paris, 1927.

L. Kleiner, *Joseph Hoffmann*, Berlim, 1927.

J. F. Rafols e F. Folguera Grassi, *Antoni Gaudí*, Barcelona, 1928 (seguido por numerosos outros estudos, até o recente de J. J. Sweeney e J. L. Sert, Londres, 1960, e de R. Pane, Milão, 1965).

H. Kulka, *Adolf Loos, das Werk des Architekten*, Viena, 1931.

T. Heuss, *Hans Pölzig*, Berlim, 1939.

G. Veronesi, *Tony Garnier*, Milão, 1948.

N. Pevsner, *Ch. R. Mackintosh*, Milão, 1950 (seguido, dois anos mais tarde, pela exaustiva biografia de T. Howarth, *Ch. R. M. and the Modern Movement*, Londres, 1952).

Sobre Horta, depois do artigo de S. T. Madsen em *Architectural Review*, v. 118, p. 388, saiu o ensaio de F. Borsi e P. Portoghesi, Milão, 1968. (Para o conhecimento dos movimentos de vanguarda são indispensáveis, além disso, as revistas citadas no § 9 do Cap. 9.)

A distância histórica com que agora pode ser olhado o ciclo da arquitetura historicista permite uma nova avaliação do passado próximo, polêmica, como em H. Muthesius (*Stilarchitektur und Baukunst, Wandlungen der Architektur im XIX Jahrhundert*, Mülheim, 1902), ou filológica, como em D. Joseph (*Geschichte der Baukunst des XIX Jahrhunderts*, Leipzig, 1910).

O movimento de revisão no campo urbanístico é documentado nos escritos de C. Sitte (*Der Städtebau nach seinen künstlerischen Grundsätzen*, Viena, 1889), E. Howard (*Tomorrow, a Peaceful Path to Real Reform*, Londres, 1898) e P. Geddes (*City Development*, Edimburgo, 1904).

Em 1962, foram publicadas as memórias de H. Van de Velde (*Geschichte meines Lebens*, aos cuidados de H. Curjel, Munique, 1962), que contém um grande número de informações sobre esse período.

3. O movimento moderno

Nos primeiros quinze anos após a guerra, as publicações dos mestres do movimento moderno possuem um caráter predominantemente apologético, como já foi dito no Cap. 14, e oferecem juízos e documentações de índole demonstrativa, não histórica.

Além dos ensaios programáticos de Le Corbusier (*Vers une architecture*, Paris, 1923; ver, além disso, o Cap. 13 § 2, e o Cap. 19 § 4) e de W. Gropius (reunidos na antologia *Scope of Total Architecture*, Nova York, 1955; trad. it., *Architettura integrata,*, Milão, 1959), os textos mais importantes são:

W. Gropius, *Internationale Architektur*, Munique, 1925 (o primeiro dos *Bauhausbücher;* a lista completa encontra-se no Cap. 13, nota 15).

L. Hilberseimer, *Internationale neue Baukunst*, Stuttgart, 1926.

G. A. Platz, *Die Baukunst der neuesten Zeit*, Berlim, 1927.

H. R. Hitchcock, *Modern Architecture, Romanticism and Reintegration*, Nova York, 1929.

B. Taut, *Die neue Baukunst in Europa und Amerika*, Stuttgart, 1929.

M. Malkiel-Jirmounsky, *Les tendances de l'architecture contemporaine*, Paris, 1930.

A. Sartoris, *Gli elementi dell'architettura razionale*, Milão, 1932.

H. R. Hitchcock e P. Johnson, *The International Style, Architecture since 1922*, Nova York, 1932. Outras obras de menor importância são citadas no § 3 do Cap. 14.

Surgem, além desses, nesse período, os escritos teóricos de A. Loos (*Ins Leere gesprochen,* Paris 1921; *Trotzdem*, Innsbruck, 1931).

Dentre os mestres do movimento moderno, os primeiros sobre os quais se publica uma documentação monográfica são: E. Mendelsohn (*Buildings and Sketches*, Berlim e Londres, 1923) e Le Corbusier (*Oeuvre complète*, da qual até agora surgiram oito volumes — 1910-29, 1929-34, 1934-38, 1938-46- 1946-52, 1952-57, 1957-65, e as últimas obras, editadas em 1970 — por Girsberger, Zurique). As primeiras biografias — se se excetuam os pequenos volumes *Maîtres de l'architecture moderne*, de 1928 em diante, e *Les artistes nouveaux* de 1931 — surgem, da Segunda Guerra Mundial em diante, na seguinte ordem:

A. WHITTICK, *Eric Mendelsohn*, Londres, 1940 (trad. it., Bolonha, 1960; a *Opera completa*, a cargo de B. ZEVI, é publicada em 1971).

G. HOLMDAHL, S. LIND e K. ODEEN, *Gunnar Asplund Arkitekt*, Estocolmo, 1943.

P. JOHNSON, *Mies van der Rohe*, Nova York, 1947 (seguindo-se as biografias de L. HILBERSEIMER, Chicago, 1953, e de W. BLASER, Zurique, 1965).

S. PAPADAKI, *Le Corbusier*, Nova York, 1948.

M. BILL, *Robert Maillart*, Zurique, 1949.

P. BLAKE, *Marcel Breuer Architect and Designer*, Nova York, 1949.

W. BOESINGER, *Richard Neutra, Buildings and Projects*, Zurique, 1950 (seguido pelo segundo volume em 1959).

S. PAPADAKI, *The Work of Oscar Niemeyer*, Nova York, 1950 (seguido por *O. N., Work in Progress*, Nova York, 1956).

G. C. ARGAN, *Walter Gropius e la Bauhaus*, Turim, 1951 (três anos depois, a biografia de G. de S. GIEDION aparece ao mesmo tempo em inglês, francês, alemão e italiano).

E. C. NEVENSCHWANDER, *Atelier A. Aalto 1950-51*, Zurique, 1954, seguido pelo volume de Girsberger em 1963.

W. M. DUDOK (volume comemorativo por ocasião do 70º aniversário), Amsterdã, 1954.

J. PEDERSEN, *Arne Jacobsen*, Copenhague, 1957 (seguido pelo mais completo, de T. FABER, *A. J.* Stuttgart, 1964).

U. KULTERMANN, *Wassili und Hans Luckhardt*, Tübingen, 1958.

T. M. BROWN, *The Work of G. Rietveld Architect*, Utrecht, 1958.

S. GIEDION, *Affonso Eduardo Reidy, Bauten und Projecte*, Stuttgart, 1960.

H. R. HITCHCOCK, *Architektur von Skidmore, Owings & Merrill 1950-1962*, Stuttgart, 1962.

J. JOEDICKE, *Architektur und Städtebau, das Werk von Van den Broek und Bakema*, Stuttgart, 1963.

J. BUEKSCHMITT, *Ernst May*, Stuttgart, 1963.

Harry Seidler 1955-63 (com prefácio de R. Banham, Sidney, Paris e Stuttgart, 1963).

S. MOHOLY-NAGY, *Carlos Raul Villanueva*, Caracas, 1964.

H. LAUTERBACH e J. JOEDICKE, *Hugo Häring, Schriften, Entwurfe, Bauten*, Stuttgart, 1965.

C. SCHNAIDT, *Hannes Meyer*, Teufen, 1965.

K. BASTLUND, *José Luis Sert*, Zurique, 1967.

K. JUNGHANNS, *Bruno Taut*, Berlim, 1970.

U. KULTERMANN, *Kenzo Tange*, Zurique, 1970.

S. MOHOLY-NAGY, *The Architecture of Paul Rudolph*, Londres, 1970.

Sobre os arquitetos italianos:

J. JOEDICKE, *The Work of Pier Luigi Nervi*, Londres, 1957.

G. C. ARGAN, *Ignazio Gardella*, Milão, 1959.

G. BOAGA, B. BONI, *Riccardo Morandi*, Milão, 1962.

C. BLASI, *Figini e Pollini*, Milão, 1963.

Pier Luigi Nervi, nuove strutture, Milão, 1963.

M. TAFURI, *Ludovico Quaroni*, Milão, 1964.

F. BORSI, *Giovanni Michelucci*, Florença, 1966.

No período entre as duas guerras, as publicações sobre o movimento moderno e a historiografia tradicional são normalmente separadas com rigidez; excetua-se, sobretudo, a Alemanha de Weimar, onde se realiza uma parcial integração entre as duas linhas culturais (basta lembrar os quatro volumes do *Wasmuth Lexikon der Baukunst*, Berlim, 1929-32, que conserva a forma dos dicionários oitocentistas).

A inserção das novas experiências no tronco tradicional é particularmente frutífera na Urbanística. Dentre os numerosos manuais publicados nessa época, devem-se lembrar:

A. REY, G. PIDOUX, C. BARDE, *La science des plans des villes*, Paris, 1928.

C. CHIODI, *La città moderna*, Milão, 1935.

Sobre as experiências urbanísticas dos vários países entre as duas guerras, o melhor volume documentário é de B. SCHWAN, *Städtebau und Wohnungswesen der Welt*, Berlim, 1935.

Para a atividade dos CIAM, ver o § 4 do Cap. 15. A documentação da última reunião em Otterlo foi publicada por J. JOEDICKE, *CIAM 1959 in Otterlo, ein Wendepunkt der architektur*, Stuttgart, 1961.

Enquanto se delineia a crise do racionalismo, depois de 1935, torna-se possível o primeiro enquadramento histórico do movimento moderno em sua totalidade. Fundamental, a respeito, é o ensaio de N. PEVSNER, *Pioneers of Modern Movement from William Morris to Walter Gropius*, Londres, 1936, que se detém na época da Primeira Guerra Mundial, porém institui, pela primeira vez, uma relação de continuidade — não somente de contraposição polêmica — entre o movimento e os acontecimentos precedentes.

Começa nesse momento um novo interesse pela época dos pioneiros. No ano anterior, foi publicado na Alemanha o primeiro estudo orgânico sobre a *art nouveau*: F. SCHMALENBACH, *Jugendstil*, Würzburg 1935, e pouco depois surge o livro de F. AHLER HESTERMANN, *Stilwende, Aufbruch der Jugend um 1900*, Berlim, 1939; N. PEVSNER publica *An Enquiry into Industrial Art in England*, Nova York, 1937, e nas revistas inglesas multiplicam-se os estudos sobre a tradição nacional; nos EUA, depois dos ensaios estimulantes de L. MUMFORD — *Sticks and Stones*, Nova York, 1924, e *The Brown Decades*, Nova York, 1931 — começa a exploração sistemática da herança nacional e são publicadas as monografias fundamentais sobre Sullivan — H. MORRISON, *L. S. Prophet of Modern Architecture*, Nova York, 1935 —, sobre Richardson H. R. HITCHCOCK, *The Architecture of H. H. R. and his Time* — e sobre Wright — H. R. HITCHCOCK, *In the Nature of Materials*, Nova York, 1942 —; começa a reavaliação das experiências colaterais à linha ortodoxa do movimento moderno (por iniciativa do Museum of Modern Art surge a monografia, de A. LAWRENCE KOCHER e S. BREINES, *Aalto, Architecture and Furniture*, Nova York 1938, e mais tarde o volume de P. L. GOODWIN, *Brazil Builds*, Nova York, 1943, que dá início à voga internacional do movimento brasileiro).

Nesse ínterim, fazem-se as primeiras tentativas de avaliação histórica geral do movimento moderno; dentre os muitos ensaios, destacam-se:

W. C. BEHRENDT, *Modern Building*, Nova York, 1937.

J. M. RICHARDS, *An Introduction to Modern Architecture*, Londres, 1940.

S. GIEDION, *Space, Time and Architecture*, Cambridge, 1941 (trad. it., *Spazio, tempo e architettura*, Milão, 1954; é o primeiro livro onde se discutem explicitamente os limites do novo conceito de arquitetura, incluindo em um quadro histórico unitário as experiências arquitetônicas em sentido tradicional, as experiências urbanísticas e o *industrial design;* o trabalho de Giedion cobre, todavia, substancialmente, o mesmo terreno dos *Pioneers* de Pevsner, isto é, analisa mais a formação remota do movimento moderno do que os desenvolvimentos recentes).

Logo depois da guerra, surge o ensaio de B. ZEVI, *Verso un'architettura organica*, Turim, 1945, ampliado mais tarde para formar a *Storia dell'architettura moderna*, Turim, 1950. Partindo da orientação revisionista de antes da guerra, Zevi qualifica o movimento moderno entre as duas guerras com o termo de "racionalismo" e a ele contrapõe uma nova tendência "orgânica", apelando a Wright e aos escandinavos; assim, é levado a abandonar a pesquisa iniciada por Giedion sobre o alcance e as implicações metodológicas da nova arquitetura, mas distinguindo, no curso do movimento moderno, os dois momentos contrapostos, consegue historicizar pela primeira vez — com intenções programáticas — os acontecimentos dos últimos trinta anos; por isso, seu ensaio de 1950 pode ser considerado como a primeira história da arquitetura moderna propriamente dita ("história, não pré-história", como observa Pevsner).

A influência de Zevi contribuiu para a retomada dos estudos históricos na Itália (a partir de 1947, sai em Milão a série de monografias *Architetti del movimento moderno*, onde aparecem as biografias dos principais mestres da *art nouveau*, de Wright, Aalto, Asplund, e somente mais adiante de Oud, Mies e Neutra; a escolha dos personagens é indicativa da orientação cultural predominante), mas provoca uma rápida absorção dos estudos históricos sobre a arquitetura moderna no quadro tradicional da "história da arte" (uma iniciativa típica disso é a *Enciclopedia dell'arte* que está sendo publicada desde 1959).

Enquanto isso, são publicadas várias contribuições fundamentais para o conhecimento da arquitetura dos primeiros cinqüenta anos de nosso século:

A. WHITTICK, *European Architecture in the twentieth Century*, Londres, 1952-53.

T. F. HAMLIN, *Form and Functions of twentieth-century Architecture*, Nova York, 1952.

Sobre a arquitetura oitocentista, dentre as muitas publicações recentes:

S. Giedion, *Mechanization Takes Command*, Nova York, 1948 (que completa dignamente o outro livro de 1941).

P. Lavedan, *Histoire de l'urbanisme, époque contemporaine*, Paris, 1952.

H. R. Hitchcock, *Early victorian architecture in Britain*, Londres, 1954.

L. Hautecoeur, *Histoire de l'architecture classique en France*, v. V-VII, Paris, 1952-57.

S. Tschudi-Madsen, *The sources of art nouveau*, Oslo, 1956, ao qual se seguiu o exaustivo estudo de R. Schmutzler, *Art nouveau*, Stuttgart, 1962.

E sobre a urbanística oitocentista:

W. L. Cresse, *The search for environment*, New Haven, 1966.

J. W. Reps, *The making of urban America*, Princeton, 1965 e *Town planning in frontier America*, Princeton, 1969.

O volume de H. R. Hitchcock, *Architecture: Nineteenth and Twentieth Centuries*, Harmondsworth, 1958, permanece até agora como o mais completo manual de nosso período. Ver também a *Encyclopedia of Modern Architecture* (a cargo de G. Hatje), Londres, 1963.

O recente livro de J. Joedicke, *Geschichte der modernen Architektur*, Stuttgart, 1959, embora de menor alcance do que os livros de Zevi, Giedion e Behrendt, possui um tom distanciado e destituído de acentos polêmicos, até agora incomum nesse gênero de tratamento.

Mais significativo é R. Banham, *Theory and Design in the first Machine Age*, Londres, 1960, onde pela primeira vez esse grupo de experiência é analisado unitariamente.

Sobre a Bauhaus existe uma obra documentária exaustiva: H. M. Wingler, *Das Bauhaus*, Branische, 1962. Veja-se também o debate provocado por um artigo de T. Maldonado, "Ist das Bauhaus aktuell?", na revista da Hochschule für Gestaltung de Ulm.

O editor Vincent Fréal & Cie republicou em uma edição homogênea os textos mais importantes de Le Corbusier (*Vers une architecture*, em 1958, *L'art décoratif d'aujourd'hui* em 1959, *Précisions* em 1960 e *La ville radieuse* em 1964). Na Itália foram publicadas as traduções *La carta d'Atene* (Milão, 1960), *I tre insediamenti umani* (Milão, 1961), *Maniera di pensare l'urbanistica* (Bari, 1965) e *Urbanistica* (Milão, 1967).

A editora Ullstein de Berlim publica uma série de textos do período compreendido entre as duas guerras, ou de ensaios sobre esse período, com o título de *Ullstein Bauwelt Fundamente*; dentre estes, destacam-se o n. 1 (U. Conrads, *Programme und Manifeste zur Architektur des 20. Jahrhunderts*, 1964) e J. Posener, *Anfänge des Funktionalismus, von Arts and Crafts zum Deutschen Werkbund*, 1965.

O editor Karl Krämer publica em Stuttgart uma série de livros dirigida por Joedicke, *Dokumente der modernen Architektur*, importantes pela documentação e pelo juízo crítico sobre as experiências mais recentes:

1. O. Newman, *C.I.A.M. 1959 in Otterlo* (1961).

2. J. Joedicke, *Schalenbau* (1962).

3. Idem, *Architektur und Städtebau* (a obra de Bakema e Van den Broek, 1963).

4. H. Lauterbach — J. Joedicke, *Hugo Häring* (1965).

5. R. Banham, *Brutalismus in der Architektur* (1966).

6. *Candilis, Josic, Woods* (1968).

7. J. Joedicke, *Moderne Architektur, Strömungen und Tendenzen* (1969).

O editor George Braziller publica, a partir de 1960, uma nova série biográfica, *Masters of Modern Architecture;* os primeiros dezesseis volumes são dedicados a: Mies van der Rohe, Aalto, Nervi, Le Corbusier, Gaudí, Wright, Neutra, Sullivan, Gropius, Niemeyer, Mendelsohn, Kahn, Tange, Johnson, Saarinen, Fuller; os arquitetos da vanguarda e os do movimento moderno são apresentados em conjunto, indo de encontro à voga do "moderno" junto ao grande público.

Os problemas coletivos da pesquisa arquitetônica moderna emergem dos livros de história urbanística, dentre os quais se destacam:

W. Ashworth, *The genesis of modern British town planning*, Londres, 1954.

F. Osborn — A. Whittick, *The new towns*, Londres, 1963.

A. Kopp, *Ville et révolution*, Paris, 1967 (sobre a experiência soviética dos anos vinte).

B. Miller Lane, *Architecture and politics in Germany, 1918-1945,* Cambridge (Mass.), 1968.

M. Scott, *American city planning,* Berkeley, 1969.

V. Scully, *American architecture and urbanism,* Nova York, 1969.

A. Jackson, *The politics of architecture,* Londres, 1970.

M. Ragon, *Histoire mondiale de l'architecture et de l'urbanisme modernes,* Tournai, 1971, v. I.

ÍNDICE ONOMÁSTICO

Aalto, Alvar, 16, 564, 578, 580, 583, 658, 688, 696 n.
Abel, Adolf, 690.
Abercrombie, Patrick, 650.
Abramowitz, Max, 632, 634, 644.
Adam, Robert, 31, 50, 186.
Adams, J. W. R., 160.
Adams, Howard & Greeley, 786.
Adickes, Franz, 348.
Adler, Dankmar, 234, 248, 252, 254.
Ahrén, Uno, 576.
Aicher-Sholl, Inge, 692.
Ain, Gregory, 632.
Akui, 760n.
Alavoine, J. A., 84, 86.
Albenga, Giuseppe, 39, 42.
Albers, Anni, 419, 534.
Albers, Josef, 404, 416, 536, 604, 614.
Albini, Franco, 568, 668, 670.
Alexandre, Arsène, 282, 460.
Allen, Charles Grant, 267.
Alpago-Novello, Alberto, 542.
Alphand, Adolfe, 100, 144.
Altenhof & Brown, 634.
Andreievski, 524.
Ango, 60.
Anspach, 114, 116.
Apollinaire, Guillaume, 384, 386.
Aragon, Louis, 394.
Argan, Giulio Carlo, 12, 268, 376, 408, 417, 426, 376.
Arkwright, Richard, 69.
Arnold, Karl,
Arnott, 78.
Arp, Jean, 394, 402.
Artaria, Paul, 580.
Artigas, João Vilanova, 718.
Aschieri, Pietro, 544, 548.
Ashbee, Charles Robert, 188, 202, 204, 205, 286, 322.
Ashley, Lord, 70.
Ashton, Thomas, 21, 22, 36, 38.
Aslin, C. H., 654.
Aspdin, Joseph, 326.
Asplund, Erik Gunnar, 574, 576, 578.
Asprucci, A., 27.
Astengo, Giovanni, 666, 668, 672.

799

Atterbury, G. 614.
Aubert, A., 559.
Aurier, Albert, 271, 274.
Avray, L., 124.
Azéma, Léon, 559.
Aymonino, Carlo, 672.

Bacon, E. N., 786.
Baillie, Scott M., 286.
Bailly, Jean-Sylvain, 19.
Baines, E., 155.
Bakema, Jacob B., 14, 15, 16, 521, 698, 776, 778, 786.
Balat, Alphonse, 276.
Baldwin, C. W., 234.
Ball, Ugo, 394.
Balla, Giacomo, 382, 388.
Ballu, Théodore, 126.
Baltard, Louis-Pierre, 64.
Baltard, Victor, 121, 124, 126.
Balzac, Honoré de, 160.
Banfi, Antonio, 271.
Banfi, Gian Luigi, 666.
Banham, Reyner, 16, 17, 670n.
Barbagallo, Corrado, 19n, 20n, 21n, 50n.
Barbe, Pierre, 556.
Barbosa, Horta, 716.
Barlow, sir Montague, 648.
Barnsley, 204.
Baroche, M., 106.
Baroni, Nello, 548.
Barrault, Alexis, 134.
Barry, Charles, 83, 84.
Bartch, M., 524.
Bartning, Otto, 492 e n, 580, 692, 696n.
Basile, Ernesto, 322.
Bassov, N. D., 634n.
Baudelaire, Charles, 158n, 724.
Baudot, Anatole de, 140, 326.
Bauer, Leopold, 322.
Bauer, Richard, 534n.
Baumann, 320.
Baumann, Frederick, 234.
Baumgarten, Paul G., 696n.
Baumeister, R., 350, 354 e n.
Bayer, Herbert, 404n, 412n, 416, 418, 419, 460, 536 e n, 614 e n.
BBPR, *ver* Belgioiso, Peressutti e Rogers.
Beardsley, Aubrey, 274, 286.
Beaudouin, Eugène, 483, 556, 566, 583n, 754.
Becerra, Manuel, 362.
Becker, Gino, 668.
Beckford, William, 84.
Behrendt, Walter Curt, 412-414, 458n, 564 e n, 668n.
Behrens, Peter, 297, 324, 375, 376, 378, 380, 408, 412, 414 e n, 428, 456, 458, 496, 530, 536, 540, 562, 568.
Bélanger, François-Joseph, 50, 126.
Belcher, D. J., & Ass., 716.
Belgrand, François-Eugène, 100.
Bellamy, Edward, 356 e n.
Bellet, Daniel, 352.
Belloc, Hilaire, 70.

Belluschi, Pietro, 632.
Belton, W., & Ass., 786.
Beman, S. S., 239
Benedito XIV, 36.
Benevolo, Renza, 17.
Benjamin, Asher, 216.
Bennet, Edward H., 234, 246, 348, 374.
Benson, 204.
Benthan, Jeremy, 173.
Beraldi, Pier Nicolò, 548.
Berlage, Hendrik Petrus, 14, 88, 246, 304, 308, 313, 314, 316, 322, 352, 364, 365, 368, 374, 380, 414n, 442, 444, 448, 454, 476, 486, 568.
Bernanos, Georges, 559.
Bernasconi, Giovanni, 388 e n, 670n.
Bernouilli, Hans, 71.
Bernouilli, Jacques, 36.
Beerrer, A., 326n.
Besset, Maurice, 64n, 144n.
Bianco, Mario, 666.
Bieber, K. August, 534n.
Bijvoet, B., 454.
Bill, Max, 438n, 582n, 583n, 692, 714.
Bindesboll, M. G. B., 574.
Binet, J.-René, 320.
Bing, Samuel, 282, 314.
Bismarck-Schönhausen, Otto von, 92, 182, 372.
Blake, Peter, 690n.
Blake, William, 274, 358.
Blanqui, Jérome-Adolphe, 80, 82n.
Bleyl, Fritz, 380.
Bloc, André, 556.
Bo, Carlo, 666 e n.
Boccioni, Umberto, 382, 388, 394.
Bodenhausen, Eberhard, 282.
Bodman-Fletcher, Jean, 662n.
Boekn, A., 583n.
Boffrand, Germain, 56.
Bogardus, James, 216.
Böhm, Dominikus, 508, 530, 532, 538, 550.
Bohr, Niels Hendrik David, 384.
Boileau, Louis-Auguste, 559.
Boito, Camilo, 269 e n, 320, 322.
Boldetti, Marc'Antonio, 28.
Bonatz, Paul, 530, 532, 538 e n, 568.
Bonelli, Renato, 672n.
Bonnat, Léon-Joseph, 146.
Borda, Jean-Charles, 37.
Borromini, Francesco, 269.
Bosselt, Rudolph, 294.
Boullée, Etienne-L., 64, 534.
Boulton, Matthew, 38, 46, 50.
Bourdais, Jules-D., 138.
Bourgeois, Victor, 286n, 458, 512n, 556, 568.
Bourné, Russel, 734n.
Boyington, William W., 234.
Bracquemond, Félix-Henri, 724.
Bramante, Donato, 598.
Branche, P., 676n.
Brandi, Cesare, 376n, 670n.
Brandt, Marianne, 417, 419.
Braque, Georges, 271, 380, 386 e n, 559.

Brasini, Armando, 552.
Braumüller, W., 111
Brecht, Bertold, 394, 470 e n.
Brees, S. C., 79
Brenner, Anton, 534n.
Brenton, André, 394.
Breuer, Marcel, 271, 410, 416, 417, 418, 460, 534, 536, 561, 564, 582, 583n, 614, 618, 620, 632.
Breuer, Otto, 534n, 632.
Briand, Aristide, 460.
Bridant, 89
Bridgens, R. P., 728.
Bridgewater, duque de, 39.
Bridgewater, Derek, 50n, 196n.
Brindley, James, 39.
Brinkmanx, Johannes Andreas, 444, 570.
Broggi, Carlo, 456n.
Brown, Ford Madox, 198.
Brown, Samuel, 50.
Browning, Robert, 200.
Brunel, Isambard Kindom, 38, 49, 56.
Brunelleshi, Filippo, 416, 751, 754, 756.
Brunfaut, Gaston, 634n.
Bucci, A., 542.
Buchanan, G. D. 431.
Bucher, Lothar, 132 e n.
Buckingham, James Silk, 184.
Budeus, A., 712.
Bulecão, Athos, 720.
Burdon, Rowland, 44, 45, 46.
Burghaus, conde de, 50.
Burck, Paul, 294.
Burckhardt, Jakob, 269.
Burdon, R. 46.
Burke, Edmund, 24.
Burle-Marx, Roberto, 714.
Burne Jones, Edward, 196, 198, 200, 205, 274.
Burnet, John, 454.
Burnham, Daniel, 234, 236, 242, 246, 256, 348, 252, 374.
Burr, 42.
Burton, Decimus, 56, 132.
Busch, Adolf, 414n.
Busoni, Ferruccio, 410.
Butler, Samuel, 166, 168, 254.

Cabet, Etionne, 178, 180, 184.
Cabiati, Ottavio, 542.
Cadbury, George, 356.
Cagnola, Luigi, 31
Cairns, Burton, 583.
Calcaprina, Cino, 666.
Calder, Alexandre, 269.
Calvesi, Maurizio, 388n.
Camargo e Almeida, P. de, 718n.
Cancellotti, Gino, 550.
Candela, Felix, 64, 583.
Candilis, George, 15, 16, 521, 750, 778, 786.
Canella, Guido, 365n, 448n.
Canova, Antonio, 64.
Capanema, G., 712, 716.
Capelletti, C. V., 728.
Capponi, Giuseppe, 548.

Cardelli, Aldo, 666.
Carimini, Luca, 544.
Carlu, Jacques, 559.
Carlyle, Thomas, 155, 156.
Carrà, Carlo, 382, 542.
Carrel, Alexis, 608.
Cartwright, Edmund, 69.
Carvalho, F. de, 711.
Carvalho-Franco, F. R., 718n.
Cascardi, C., 718n.
Casella, Alfredo, 542.
Castagnola, U., 544
Cecchi, Emilio, 236 e n, 242.
Cendrars, Blaise, 394.
Cendrier, Fr.-Ad., 134.
Cerda, Ildefonso, 114.
Cerqueira, Roberto, 718n.
Cessart, Louis-Alexandre de, 50.
Cézanne, Paul, 170, 270, 271, 386.
Chadwick, Edwin, 60, 74, 76, 78, 80, 91, 92, 122, 190, 192, 345.
Chagall, Marc, 414n, 559.
Chamberlain, Joseph, 345.
Champion, M., 534.
Chareau, Pierre, 556, 566.
Charley, 56.
Charton, 138.
Chateaubriand, François-René de, 64, 84.
Cheney, Sheldon, 466 e n.
Chermayeff, Serge, 562, 564.
Cheronnet, Louis, 556.
Chesterton, Gilbert Keith, 362 e n.
Chevalier, Michel, 50n, 178 e n.
Chiarini, Carlo, 672.
Chiarini, Paolo, 470.
Christiansen, Hans, 294.
Chuang-tzu, 724.
Churchill, Winston Leonard Spencer, 650.
Cinti, Decio, 388.
Clapham, John Harold, 76n, 78n, 80n, 160n.
Clemente XII, 28.
Coates, Wells, 564.
Cobden, Richard, 156, 192.
Cobden-Sanderson, 204.
Coignet, François, 326.
Cointreaux, 60.
Colbert, Jean-Baptiste, 39.
Cole, Henry, 129, 134, 187, 188, 190 e n, 192, 194, 292, 562, 597, 724.
Comte, Auguste, 127.
Condor, Josiah, 728.
Condorcet, Marie-Jean-Antoine, 37.
Contamin, 68, 140.
Coppée, François, 146.
Coquart, Ernest George, 148.
Corbett, Harvey, Wiley, 604.
Cormier, Ernest, 634n.
Cornell & Ward, 562.
Corot, Jean-Baptiste, 168.
Correa Lima, Attilio, 712, 714.
Costa, Lucio, 712, 716, 718, 720, 754.
Coste, Pascal-Xavier, 122 e n.
Cotta, Anna Rosa, 720n.

Cottacin, 140, 326.
Coulomb, Charles- Augustin, 37.
Coubert, Gustave, 127, 168, 170.
Couturier, 756.
Crane, Walter, 188, 201, 202, 204, 274, 275, 286, 724.
Cranston, Catherine, 286.
Craymer, Peter, 714.
Croal, Thompson D., 320n.
Croce, Benedetto, 268 e n, 269, 542, 548.
Croome, H. M., 70, 71n.
Crow, Gerald H., 191
Cubitt, Lewis, 79
Curiel, Robert, 286n, 580.
Cuypers, Petrus Josephus Hubertus, 304.

Dailey, Gardner A., 632.
Dalí, Salvador, 720.
Daly, C. D., 148.
Danieri, Luigi Carlo, 568.
Darby, Abraham, 46.
D'Aronco, Raimondo, 319, 321, 322.
Darvilé, Will, 352n.
Dastuge, M., 559.
Daumier, Honoré, 127, 165, 168, 170.
David, Jacques-Louis, 23, 64.
Davioud, G.-J.-A., 138.
Day, Lewis F., 204.
De Andrade Filho, Oscar, 720.
De Bazel, Karel Petrus Cornelius, 444.
De Boinville, C., 728.
Debret, François, 84.
Decsey, 320.
De Dion, Henri, 138.
De Feo, Vittorio, 528n.
De Filippo, Eduardo, 666.
Defoe, Daniel, 38, 160.
Degas, Edgar, 724.
De Klerk, Michael, 314, 365, 442, 446, 448.
Delacroix, Eugène, 168.
Delanay, Robert, 382.
Delannoy, M.-A., 122 e n.
Del Debio, Enrico, 550, 674n.
Delvau, A., 162.
De Maré, Eric, 656 e n.
De Mars, Vernon, 583n, 632.
De Morgan, William, 204.
Denis, Maurice, 271.
De Oliveira Reis, J., 716.
Depero, Fortunato, 542.
De Pierrefeu, François, 682.
Derain, André, 380.
De Sanctis, Francesco, 269.
Deschamps, M., 106.
De Sica, Vittorio, 666.
De Soye, 724.
Desprez, Jean-Louis, 574.
De Witte, Siméon, 220.
De, Josef-F., 534n.
Dickens, Charles, 24 e n, 129, 156 e n, 158 e n, 160, 166, 168.
Dillon, 50.
Dinwiddie, John Ekin, 632.

Diotallevi, Irenio, 568.
Disraeli, Benjamin, 92, 116, 182.
Döker, Richard, 456.
Doehlmann, K., 384.
Doléans, Edouard, 162n.
Dondel, J.-C., 559.
Doré, Gustave, 161, 165, 170.
Dornach, 440.
Doutchaiev, N., 520.
Dow, Alden B., 632.
Dresser, Christopher, 204.
Drew, Jane, 720.
Drexler, Arthur, 730 e n.
Driesch, Hans, *414*.
Duchamp, Marcel, 386, 394.
Dudok, Willem Marinus, 16, 402, 403, 436, 440, 442, 444, 448, 485, 486, 556, 568, 707.
Dudreville, Leonardo, 542.
Dufy, Raoul, 559.
Duiker, Johannes, 454.
Duncan, H. D., 252n.
Dunham, John, 746.
Durand, J.-N.-L., 64, 66 e n, 68, 127, 150, 330, 424, 597.
Dutert, Ferdinand, 140, 144, 330.
Düttmann Werner, 696n.
Duveyrier, Charles, 178 e n.
Dyckman, M., 211.

Ebert, Wils, 696n.
Eck, 50.
Eckmann, Otto, 314.
Edison, Thomas Alva, 252.
Eggerick, I., 286n.
Egorov, V., 524n.
Ehmke, F. H., 412n.
Ehrenburg, Ilja, 394.
Eiermann, Egon, 696n.
Eiffel, Gustave-Alexandre, 64 e n, 68, 138, 140, 144 e n, 146, 330, 582.
Einstein, Albert, 384, 414 e n, 440.
Elmslie, George Grant, 256.
Eluard, Paul, 394.
Emberton, J., 562.
Emerson, Ralph Waldo, 218 e n.
Emperger, Fritz von, 326.
Ende, Hermann, 728
Endell, August, 320
Engel, C. L., 574.
Engels, Friedrich, 76 e n, 80, 155, 156, 164 e n, 166 e n, 180 e n, 182.
Ensor, James, 274.
Epstein, A., & Sons, 764n.
Epstein, Jacob, 394.
Erffa, Helmut von, 724n.
Ernst, Max, 394.
Errazuris, M., 566.
Erskine, Ralph, 656.
Essen, E. L. von, 294.
Euleberg, Herbert, 414.
Eydoux, L., 138.

Fahrenkampf, Emil, 532, 538, 540, 550, 557.
Fariello, Francesco, 498n, 552.
Farkas & Barron, 764n.
Farnsworth, Edith, 626.
Farr, William, 80, 190.
Fasana, Gian Franco, 668n.
Faulkner, Barry, 13, 198.
Fauser, Werner, 696n.
Fechner, Gustav Theodor, 267 e n.
Feininger, Lyonel, 370, 390, 404, 405, 408, 614.
Feld, Jacob, 746.
Fellerer, Max, 534n.
Fergusson, James, 79
Ferraris, Galileo, 371.
Ferry, Jules, 164 e n.
Fey, W., 684n.
Ficht, James Marston, 212n, 214n, 216n.
Fiedler, Konrad, 268 e n, 271 e n.
Field, W., & Sons, 223, 230.
Figini, G., 544, 552, 670.
Fillia, 388n, 466 e n.
Finch, A. W., 274.
Finsterlin, Hermann, 393.
Fiorentino, Mario, 672, 674n.
Fischer, Alfred, 492n.
Fischer, Edwing, 414n.
Fischer, Theodor, 530.
Fischer-Essen, Alfred, 454.
Fisker, Kay, 658.
Flachat, 134.
Flagg, Ernest, 223.
Flager, 372.
Flaubert, Gustave, 148.
Flores,, C., 362.
Focillon, Henri, 559.
Foerster, M., 326n.
Folchetto, 140n, 146n.
Fontaine, Pierre-François-Léonard, 50, 56, 64, 110, 186.
Forbat, Fred, 492n.
Ford, J., 223n.
Formigé, J., 140, 151.
Forshaw, J. H., 650 e n.
Förster, C. F. Ludwig, 116.
Foschini, Arnaldo, 548, 550.
Fouilloux, Jean-André, 604n.
Fourier, Charles, 176, 178 e n, 180, 182, 184.
Fox, 129.
Francke, Kuno, 259.
Frank, Josef, 456, 485, 534.
Frette, Guido, 544.
Frey, Albert, 583n, 632.
Frezier, Amédée-François, 62.
Friberger, Erik, 583n.
Friedmann, Aschuler & Sincere, 626n.
Friesz, Othon, 380.
Fushs, Manfred, 696n.
Fuller, Buckiinster, 632.
Funi, Achille, 542.
Furneaux-Jordan, R., 448.

Gabriel, Ange-Jacque, 23, 98.
Gailhabaud, Jules, 77, 124 e n.
Galilei, Galileo, 36 e n, 37.

Gallé, Emile, 314.
Gamberini, Italo, 548.
Gardella, Ignazio, 568, 668, 672.
Garden & Erikson, 764n.
Garin, Eugenio, 542 e n.
Garnier, Charles, 117, 124, 146, 150, 152.
Garnier, Tony, 152, 273, 325, 330, 332 e n, 334, 337, 338, 340, 341, 342, 344, 352, 364, 374, 426, 431, 486, 488, 556.
Gasquet, Joachin, 270n, 271 e n.
Gato, Carlos, 454.
Gaudí Antoni, 322, 323.
Gauguin, Paul, 270 e n, 271 e n, 274.
Gautier, Théophile, 124 e n.
Geddes, Norman Bel, 614.
Geddes, Patrick, 360 e n.
Gentile, Giovanni, 542.
George, Henry, 364 e n.
George, Stefan, 538.
Gibel, P., 676n.
Giedion, Siegfried, 50n, 62 e n, 132n, 134n, 144, 186 e n, 190 e n, 218, 222n, 233 e n, 242 e n, 248n, 274 e n, 277, 365n, 412, 424 e n, 460 e n, 462n, 512n, 564 e n, 582, 583, 622 e n.
Gilbert, Alfred, 274.
Gilly, Friedrich, 57, 64.
Gimson, 204.
Ginain, Léon, 148.
Ginzburg, M., 521 e n, 524.
Giolitti, Giovanni, 322.
Giolli, Raffaello, 548, 666.
Gioseffi, Decio, 724n.
Giovannoni, Gustavo, 472n, 554 e n.
Giraudoux, Jean, 512.
Giroux, M.R., 557.
Giura Longo, Tommaso, 17.
Gleizes, Albert, 382, 384.
Gloag, John, 50n, 83, 159, 168n, 188n, 196n.
Godin, Jean-Baptiste, 178 e n.
Golosov, P., 521.
Gonçalves, Ney F., 718n.
Goncourt, Edmond e Jules Huot de, 146, 162.
Goodiwin, Philip Lippincot, 632, 712 e n.
Gordon Russel, 204.
Gorge, Hugo, 534n.
Gori, Antonio Francesco, 28.
Gorio, Federico, 672.
Gottwald, Günther, 696n.
Goulet, Nicolas, 60.
Gounod, Charles, 146.
Graf, O., 326n.
Graham, J., & Comp., 786.
Gray, George Herbert, 223n, 230.
Gréber, Jacques, 244, 245, 247, 598 e n, 600 e n.
Greenough, Horatio, 218, 597.
Griffin, Walter Burley, 256, 348.
Grimmek, Bruno, 696n.
Gris, Juan, 382, 384, 386, 557.
Groagh, J., 534n.
Grod, Caspar Maria, 492n.
Gronovius, *ver* Gronow
Gronow, Johann Friederich, 28.
Gropius, Ise, 404n, 412n, 536n, 714.
Gropius, Walter, 12n, 13, 14, 15, 16, 282, 302, 304, 324, 376, 377, 378, 379, 380 e n, 386, 388 e n, 389, 392 e n, 403, 404 e n, 406 e n, 408 e n; 410 e n, 412n, 414 e n, 416, 418

e n, 420 e n, 424 e n, 426 e n, 428, 430, 436, 438, 442, 448, 453 e n, 454, 456, 458, 460, 462, 470, 472 e n, 476 e n, 478n, 486, 488, 490, 492, 494 e n, 496 e n, 498, 500, 504, 508, 512, 515, 521, 528, 530, 532, 536 e n, 540, 544, 548, 550, 554, 556, 557, 561, 562 e n, 564, 570, 578, 597, 604, 614 e n, 615, 618 e n, 620, 622, 632, 692, 714, 730, 741, 742, 746, 748, 750, 754, 762.
Grosh, C. 574.
Grosse, Ernest, 268 e n.
Grossi, M. 668n.
Grubemann, Johann Ulrich, 40, 42.
Gruen, Victor, 786 e n, 790.
Grünberger, Arthur, 536.
Guadet, Julien, 150 e n, 152 e n, 294 e n.
Guarnieri Sarre, 548.
Guevrekian, Gabriel, 534.
Guimard, Hector, 319.
Gullichsen, 580.
Gurlitt, Cornelius, 269 e n.
Gutbrod, Rolf, 690.
Guthrie, James, 286.
Gutkind, Erwin A, 360 e n.
Guttuso, Renato, 666.
Guyau, Jean-Marie, 267 e n.

Habich, Ludwig, 294.
Haefeli, Max Ernst, 580, 582, 583n.
Härdtl, Oswald, 534n.
Haesler, Otto, 488, 492n, 530, 536.
Hall, Raymond Viner, 632.
Hajakian, M., 524n.
Hamilton, 426.
Hammond, R.J., 71n.
Hankar, Paul, 276, 278.
Harbers, G., 538.
Hardy, Léopold, 138.
Harkness, John C., 622n.
Harkness, Sarah, 622n.
Häring, Hugo, 492 e n, 530, 536.
Harris, Harwell Hamilton, 632.
Harrison & Mac Murray, 604n.
Harrison, Wallace Kirkman, 632, 634, 644, 754, 762.
Hartmann, Eduard, 267 e n, 268.
Hasenauer, Karl, 294.
Hassenpflug, Gustav, 696n.
Hauck, G., 384.
Hauptmann, Gerhart, 414 e n.
Hauser, Arnold, 406.
Haussmann, Georges-Eugène, 16, 82, 90, 91, 92, 93, 96n, 97, 98, 100 e n, 102 e n, 106 e n, 110, 114 e n, 116, 122, 126 e n, 134, 144, 162, 164 e n, 166, 170, 182, 214, 344, 345, 346, 348, 354, 431, 651, 720.
Hautecoeur, Louis, 60n, 62n, 84n, 86n, 144n, 148n, 150n.
Havlicek, Josef, 583n.
Hebebrandt, 515.
Heckel, Erich, 380.
Hedqvist, P. 576.
Hegel, Georg Friedrich, 124.
Hegemann, Hans Werner, 215.
Heine, Heinhich, 160 e n.
Helfreich, W. G., 456, 524n, 526.

Henderson, 129.
Hennebique, François, 68, 326, 328, 582.
Henning, 492n.
Henrivaux, M., 56n.
Herbst, René, 556.
Hermann, 126.
Hermann, D. e K., 282.
Hermant, André, 676n.
Hermkes, Bernhard, 696n.
Herriot, Edouard, 334, 338, 344, 350, 364, 488, 556.
Hess, Walter, 270n, 271n, 386n, 390n, 424n, 462n.
Hesse, Fritz, 414.
Hessen, von, grão-duque, 376.
Hetsch, G.F., 574.
Heuser, Werner, 408.
Hevesi, Ludwig, 300.
Hilberseimer, Ludwig, 440n, 456, 462 e n, 466, 504, 515, 530, 532, 536, 564, 614.
Hildebrand, Adolf, 268 e n.
Hill, Albert Henry, 632.
Hill, J., 229.
Hill, Octavio, 122.
Hindemith, Paul, 410, 478.
Hiorns, F.R., 214n.
Hirschfeld-Mack, L., 410.
Hitchcock, Henry-Russel Jr., 248n, 466 e n, 564, 610 e n, 668n, 712n.
Hitler, Adolf, 528, 536, 540.
Hittorf, Jacques-Ignace, 98, 110, 124, 126.
Hoban, James, 224.
Höber, Fritz, 375.
Hodler, Ferdinand, 274.
Hoffmann, Hubert, 696n.
Hoffmann, Josef, 14, 273, 274, 294, 296, 298, 302, 305, 307, 320, 324, 368, 380, 414 e n, 454, 485, 530, 534 e n, 538, 540, 550 e n.
Hoffmannstahl, Hugo von, 414.
Hoffstandt Friedrich, 86 e n.
Höger, Fritz, 373, 530.
Holabird, William, 234, 236, 246.
Holabird & Root, 600, 606, 624n, 628.
Holford, William, 716 e n, 718 e n.
Holsmann, Holsmann, Klekamp & Taylor, 626n.
Hölzel, 404.
Holzmeister, Clemens, 485, 532, 534 e n, 550, 557.
Home, H., 274.
Honeyman & Keppie, 286.
Honzik, Karel, 583n.
Hood, C., 218n.
Hood, Raymon M., 598, 600, 604.
Hooke, Robert, 36.
Hoppe, E., 388.
Horeau, Hector, 127, 129.
Horiguchi, Sutemi, 730, 732.
Horner, T., 229.
Horta, Victor, 14, 205, 270, 273, 274, 276, 278, 279, 280, 281, 283, 286, 292, 328, 338, 364, 454, 568, 754.
Howard, Ebenezer, 351, 356, 358, 360, 362, 364, 374, 483, 648, 650, 772.
Howard, John, 78.
Howarth, Thomas, 291, 293.
Howe, George, 604, 632.

804

Hubacher, Carl, 580.
Huber, Patriz, 294.
Hugo, Victor, 84.
Hülsenbeck, Richard, 394.
Humphrey, H.N., 190n.
Hunt, Richard Morris, 246, 248.
Huszar, Vilmos, 398.
Hutchinson, Henry, 84.
Hyatt, Thaddaeus, 326.

Ichiura, R., 730.
Image, Selwin, 192n, 274.
Imai, K., 730.
Ingres, Jean-Auguste-Dominique, 126.
Insolera, Italo, 17.
Ishimoto, K., 730.
Isozaki, A., 760.
Ito, C., 730.
Itten, Johannes, 404, 724.
Jackson, Holbrook, 202n.
Jacob, Max, 394.
Jacobsen, Arne, 14, 15, 16, 576, 578, 658.
Jaenecke, Fritz, 696n.
Jaffé, G.M., 19n.
Jamot, Paul, 331.
Jappelli, Giuseppe, 85.
Jeanneret, Charles-Edouard, *ver* Le Corbusier
Jeanneret, Gierre, 425, 427, 428, 430n, 431, 454, 478n, 720.
Jefferson, Thomas, 31, 212, 214, 216, 218, 219, 221, 242, 556, 597.
Jenney Le Baron, William, 68, 234, 236, 237, 239, 240, 242, 246, 248.
Jirasek, Julius, 534n.
Joanne, A., 95, 99, 105, 121, 123, 135.
Jobst, G., 692.
Jofan, Boris, 456, 526, 559.
Johnson, Philip, 262n, 610n, 624n, 628n, 644.
Johnson, Samuel, 22n.
Joltowsky, N.B., 456, 524.
Jones, Owen, 122 e n, 187, 190, 724.
Josic, A., 750, 778, 786.
Jourdain, F., 150n, 556.
Jourdain, Francis, 556.
Justi, Ludwig, 414.

Kaempfen, 138.
Kafka, Franz, 82.
Kahn, Louis I., 632, 646.
Kanh & Jacobs, 628n.
Kahweiler, Daniel-Henry, 386n.
Kallmann, Gerhard, 786.
Kamiya, K. 760.
Kampfmeyer, H., 498n.
Kandinsky, Wassily, 382, 390 e n, 404, 409, 410, 412 n, 414, 424, 462, 615.
Karsten, Charles J.F., 583n.
Kaufmann, Emil, 508, 534 e n.
Keck, George Fred, 632.
Kern, G.I., 384.
Kerr, R., 124.
Kidder-Smith, G.E., 670n, 712.

Kiesler, Friedrich, 632.
Kigo, K., 728.
Kikutake, K., 760n.
Kirchner, Ernst Ludwig, 380.
Kishida, H., 730.
Klee, Paul, 271, 382, 390, 404, 411, 412n, 414, 424 e n, 492, 536.
Klein, Alexander, 490 e n.
Kleinlogel, A., 326n.
Kleiner, Leopold, 307.
Knopff, Ferdinand, 274.
Knothe, H., 690.
Knowles, E.F., 786.
Koch, Alexander, 284, 286, 293, 321, 322.
Koch, Carl, 410.
Koch, Gaetano, 544.
Kocher, A. Lawrence, 632.
Koechlin, 144.
Koh, H., 760.
Koike, Shinji, 728 e n, 730.
Kok, Antoine, 398.
Kokoschka, Oskar, 414 e n.
Kolly, 524.
Kopp A., 521n, 528n.
Koppel, Nels e Eva, 658.
Körber, Ernst, 292.
Kornaker, Frank J., 626n.
Korchinski, 524.
Koubassov, V., 524n.
Krahn, J., 568.
Kramer, Pieter Lodewijk, 314, 365, 442, 448.
Krantz, J.B., 138.
Kreis, Wilhelm, 538, 540.
Krenek, Ernst, 410.
Kreuer, Willy, 692.
Kruger, E., 538.
Krupp, 122.
Kubin, Alfred, 382.
Kubitschek, Juscelino, 716.
Kurokawa, N., 760 e n.
Kuzmin, 521, 524.

Laborde, L. de, 192.
Labrouste, Pierre-François-Henri, 98, 123, 124, 126, 127, 216, 218, 326, 330, 424.
Ladovski, A., 520.
Lafayette, Marie-Joseph du Motier de, 178.
Lafever, Minard, 216.
Lagrange, Joseph-Louis, 37
Lambert, Pierre-E., 676n.
Lambot, J.-L., 134, 326.
Lancia, Emilio, 542, 550.
Landmann, Ludwig, 488 e n, 490.
Langhorst, Frederick L., 632.
Langley, Batty, 82-84.
Lanza, Maurizio, 672.
Lao Tse, 724.
Laplace, Pierre-Simon, 37.
Larco, Sebastiano, 544.
Larionov, 394.
Lasdun, D., 774.
Lassen, Flemming, 576.

Lassus, J.B.A., 84, 86.
Latrobe, Benjamin, H., 214, 216
Laugier, Marc-Antoine, 66.
Lavedan, Pierre, 56 e n; 76 n, 82n, 92n, 160n, 178n, 180n, 220n, 246, 246n, 356n, 676n.
Laver, John, 196 e n.
Lavery John, 286.
Lavirotte, Jean, 318.
Lawrence-Kocher, A., 583n.
Lazzari, Francesco, 86n.
Leão, Carlos Azevedo, 712.
Le Brun, Charles, 186.
Le Chapelier, Isaac-René-Guy, 20, 21, 32, 748.
Leconte de Lisle, Charles-Marie, 146.
Le Corbusier (Charles-Edouard Jeanneret), 14, 15, 16, 17, 37 e n, 182, 223n, 278, 302, 325, 344 e n, 364, 376, 382, 390 e n, 394, 403, 425, 426, 427, 428 e n, 429, 430 e n, 431 e n, 432, 434, 436, 438, 442, 448, 453 e n, 454 e n, 456, 458, 460, 466, 472, 474 e n, 476 e n, 478 e n, 480 e n, 482, 486, 494, 500 e n, 500-504, 508 e n, 512, 513, 515, 521, 524, 544, 548, 550, 554n, 556, 557, 559, 561, 562, 564, 566, 568, 572, 580, 583n, 598 e n, 612, 634 e n, 644, 676, 680 e n, 682 e n, 684, 711, 712, 714, 720, 722, 724, 730, 734, 750, 751, 754, 756, 758, 776, 778, 786.
Le Donné, André, 676n.
Ledoux, Claude-Nicolas, 18, 57, 64, 173 e n, 534 e n, 597.
Lefebvre, C. 456n.
Léger, Fernand, 382, 557 e n.
Lehmbrock, Josef, 696n.
Leibniz, Gottfried Wilhelm, 36.
Lemaresquier, Charles, 454.
Lemmer, Ludwig, 696n.
Lenci, Sergio, 672.
L'Enfant, Pierre-Charles, 214, 216, 218, 220, 246.
Lenin, Vladimir Il'ic Uljanov, 516, 520, 521.
Lenoir, Victor, 50.
Lenti, E., 674n.
Leonidov, Ivan, 524, 526.
Le Play, Pierre-Guillaume-Frédéric, 155, 156.
Leroux, M.L., 557.
Lescaze, William, 604, 606, 668n.
Lethaby, William Richard, 202, 204.
Lever, M., 356.
Levi, Rino, 714, 718n.
Lhote, André, 384.
Libera, Adalberto, 544, 550, 552.
Lichtblau, Ernst, 534n.
Lichtwark, Alfred, 320.
Liebknecht, Karl, 438.
Limongelli, Alessandro, 544.
Lincoln, Abraham, 748.
Lindhagen, Albert, 114.
Ling, Arthur, 774.
Lingeri, Pietro, 546, 568.
Linton, William James, 204, 724.
Lipchitz, Jacques, 557, 559, 712.
Lippman, Walter, 748.
Lissagor, 521.
Lissitzky, El, 398, 520.
Lochstampfer, Wilhelm 492n.
Lockwood & Mason, 122.
Lods, Marcel, 483, 556, 566, 583n, 682n.
Loewy, R. 614.
Löhr, M., 116.

Londberg-Holm, Knud, 454.
Loos, Adolf, 14, 258, 272, 276, 292, 294, 298, 302, 304, 309, 310, 311, 312, 338, 454, 488, 534, 604, 608.
Lopez, Raymond, 696n.
Lorenz, A. 534.
Loring, S.E., 236.
Louis, Victor, 46.
Lubetkin, Berthold, 526n, 562.
Lucas & Beaufils, 557.
Luckhardt, Hans, 403, 436, 530, 534, 538, 692.
Luckhardt, Wassily, 391, 403, 436, 530, 534, 538, 692.
Ludwig, Eduard, 696n.
Lugli, Piero, 672, 674n.
Luís XIV, rei de França, 28, 186.
Luís XV, rei de França, 28.
Luís Filipe, rei dos franceses, 80, 178.
Luís Napoleão, ver Napoleão III
Lunatcharski, Anatolij Vasilevic, 554 e n.
Lurçat, André, 515, 534, 556, 557, 566.
Lusanna, Leonardo, 548.
Lutyens, Edwin, 348, 374.
Lux Josef-August, 294n, 297.
Luxemburgo Rosa, 438.

Maaskant, H.A., 570, 698.
Macadam, John London, 39.
Mc Carthy, Francis Joseph, 632.
Macdonald, Frances, 286.
Macdonald, Margaret, 286.
Mackail, J.W., 202n.
Mac Kim, Charles Follen, 246, 248.
Mac Kim, Mead & White, 598.
Mackinnel, N.M., 786.
Mackintosh, Charles Rennie, 88, 272, 286, 290, 291, 293, 320, 322, 364.
Mäckler, Hermann, 696n.
Mackmurdò, Arthur H., 202, 274, 275, 286.
MacMillan, Robert S., 622n.
MacMillan, Louis A., 622n.
Macnair, Herbert, 286.
Mádsen, 286.
Maekawa, Kunio, 730, 732, 734.
Maeterlinck, Maurice, 274.
Maillart, Robert, 330, 582, 583, 672.
Majakovskij, Vladimir, 392, 515, 516.
Maldonado, T., 692.
Malerba, Emílio, 542.
Maliévikchi Kasimir, 382, 394, 397, 398, 412.
Malkiel-Jirmounsky, M., 466 e n.
Mallet-Stevens, Roberts, 544, 556, 559, 566.
Malthus, Thomas, 24, 38.
Malraux, André, 751.
Mandrot, Mme. de, 474.
Manet, Edouard, 168 e n.
Manguin, 380.
Mansert, Jules Hardouin, 98.
Marat, Jean-Paul, 21.
Marc, Franz, 382, 389, 390 e n.
Marcel, Gabriel, 559.
Marchi, Virgilio, 542.
Marcks, Gerhard, 404.
Marcolli, Attilio, 720n.

Quantia, H., 320n.
Quaroni, Lodovico, 552, 672, 674n.
Quatremère de Quincy, Antoine, 64.
Questel, Charles-Auguste, 103.
Quilici, V., 515n, 520n, 528n.

Rabut, Charles, 326.
Radiconcini, Silvio, 668.
Rading, Adolf, 456, 530, 536.
Ragghianti, Carlo Ludovico, 548, 724n.
Ralston, Alexander, 218.
Randall, Frank A., 234n, 236n.
Ransome, Ernest L., 326.
Rapisardi, Gaetano, 548.
Rasch, Bodo, 458n.
Rasch, Heinz, 458n.
Rastrick, John, 46.
Rathenau, Emil, 376, 394, 496.
Rava, Carlo Enrico, 544.
Rawlinson, R., 87.
Ray, Mann, 394.
Raymond, Antonin, 730, 732.
Read, Herbert, 188n.
Redgrave, Richard, 190, 192n.
Reid, D.B., 218n.
Reidy, Affonso Eduardo, 712, 714.
Reinhard & Hofmeister, 604n.
Reinhard, Max, 414.
Renacco, Nello, 666, 668n.
Renan, Joseph-Ernest, 140.
Rennie, John, 46.
Renoir, Pierre-Auguste, 170, 274.
Riancey, M. de, 160n.
Ribeiro, Paulo Antunes, 716, 718.
Richardson, B.W., 184.
Richardson, Henry Hobson, 88, 216, 234, 242, 248, 249, 256, 598, 600.
Richter, E., 326n.
Richter, Hans, 398.
Rickmann, Thomas, 84.
Ridolfi, Mario, 550, 568, 666, 668, 672.
Riegl, Alois, 269 e n, 292.
Riepert, P.H., 440n.
Rietveld, Gerrit Thomas, 398, 400, 401, 402, 534.
Rimbaud, Arthur, 272, 372.
Riphahn, Wilhelm, 492n.
Rizzotti, Aldo, 666, 668n.
Roberto, Marcelo, 712, 714, 716, 718n.
Roberto, Maurício, 712, 714, 716, 718n.
Robertson, Howard, 634n.
Rocha, João Enrique, 718n.
Roche, Martin, 234, 236, 246.
Rockefeller, John Davison, 372.
Rodcenko, 394.
Rodin, Auguste, 274, 282n.
Rodwin, Lloyd, 648, 651n.
Roebling, John A., 229.
Roebuck, John, 38.
Roeckle, Franz, 492n.
Roesiger, Hans Detlev, 492n.
Roessler, Fritz, 492n.

Rogers Ernesto Nathan, 330n, 670 e n, 714, 754.
Roggero, Mario Federico, 440n.
Romano, Augusto, 668n.
Romano, Giovanni, 568.
Rômulo, 223.
Rondelet, Jean-Baptista, 36n, 42 e n, 46 e n, 50n, 60 e n, 64.
Roosevelt, Franklin Delano, 612.
Root, John Welborn, 234, 236, 242, 246, 248, 372.
Rossellini, Roberto, 666.
Rossetti, Dante Gabriel, 196, 198.
Rossi, A., 430n.
Rossi, Ettore, 552.
Roth, Alfred, 570n, 580, 583 e n, 732.
Roth, Emil, 580, 583n.
Rotonchamp, J. de, 271n.
Rouault, Georges, 380, 559.
Rouhault, 56.
Rousseau, Jean-Jacques, 32 e n.
Rousseau, Henri, 270.
Royston, Robert, 632.
Rubens, Peter Paul, 615.
Rudnev, Leone, 662.
Rudolph, Paul, 646.
Ruegenberg, Sergius, 696n.
Ruf, Sep, 696n.
Ruff, L.,
Ruskin, John, 13, 86 e n, 122, 132 e n, 166, 188, 189, 192, 194, 196, 198, 200, 205, 273, 274, 290, 308, 352, 356 e n, 412, 597, 608 e n, 772.
Russell, Bertrand, 160 e n, 176n, 372 e n.
Russell, John Russell, 78.
Russolo, Luigi, 382.
Rutherford, John, 220.

Saarinen, Eero, 604, 644.
Saarinen, Eliel, 578, 604, 632, 644.
Sabsovitch, 524.
Saint-Just di Teulada, 348.
Sakakura, Junzo, 583n, 730, 732, 734.
Salt, Titus, 116.
Salvatorelli, Luigi, 32 e .n.
Salvisberg, Otto Rudolf, 494n, 530.
Samonà, Giuseppe, 550, 668.
Samuelsson, Sten, 696n.
Sanders, T., 308.
Sant'Elia, Antonio, 387, 388, 394, 542.
Sardou, Victorien, 146, 162, 164n.
Sargent & Lundy, 626n.
Sartoris, Alberto, 390n, 466 e n. 536, 556.
Satie, Erik Leslie, 394.
Saugnier, 428n, 476n.
Saulnier, Jules, 138.
Sauvestre, S.-J.,144.
Sax, Emil, 164.
Scala, Barão von, 296.
Scalpelli, Alfredo, 550.
Scarpa, Carletto, 668, 670.
Scharoun, Hans, 456, 458, 492 e n, 530, 536, 690, 692, 696n.
Schasler, Max, 267 e n, 268.
Schawinsky, A., 614.
Scheffauer, H.G., 562n.
Scheffer, L.S.P., 572.

809

Schneider, Karl, 530.
Schelling, Friedrich Wilhelm Joseph, 30.
Scheper, Ninneerk, 414, 416.
Scheerchen, Hermann, 410.
Schinkel, Karl Friedrich, 47, 64, 83.
Schlemmer, Oskar, 404, 407, 410, 414, 536, 614, 615.
Schmalenbach, Fritz, 274 e n.
Schmidt, Hans, 580.
Schmidt, Karl, 322.
Schmidt, Joost, 416.
Schmidt-Rottluff, Karl, 380.
Schmitthenner, Paul, 538.
Schmutzler, Robert, 274 e n.
Schneck, Adolf, 456.
Schneider, Karl, 530.
Schneider-Esleben, P., 690.
Schönberg, Arnold, 414 e n.
Schouko, V.A., 456, 524, 526.
Schoussev, A.V., 521, 528.
Schultze-Naumburg, Paul, 538.
Schumacher, Fritz, 530, 536.
Schütte-Lihotzky, Grete, 534n.
Schuyler, Montgomery, 229.
Schwarz, R., 568.
Schwitters, Kurt, 402.
Scimemi, Gabriele, 696n.
Scott, George Gilbert, 196, 200, 269, 270n, 322, 648.
Scott, Russel, 138.
Scott, Walter, 216.
Sédille, Paul, 126.
Séguin, Marc, 50.
Sekino, T., 730.
Semenov, V., 658n, 660.
Semper, Gottfried, 126, 192, 292, 308.
Senn, Otto H., 696n.
Serrurier-Bovy, Gustave 276, 278.
Seurat, Georges-Pierre, 270, 274.
Severini, Gino, 382, 388.
Shaftesbury, Anthony, 78, 116, 345.
Shankland, Edward C., 242.
Shaw, George Bernard, 168 e n.
Shaw, Richard Norman, 202, 204 e n, 362.
Sheperd, T., 67.
Shkvarikov, 660n.
Shreve, Lamb & Hermon, 600.
Siegmann, Gerhard, 696n.
Signac, Paul, 270n.
Silkin, Lewis, 651.
Sirén, Heikki e K., 658.
Sirén, Johann S., 574.
Sironi, Mario, 542.
Sitte, Camillo, 222 e n, 532, 534 e n.
Sive, André, 716.
Skidmore, Owings & Merrill, 644, 690, 764, 786.
Sloane, Hans, 28.
Smith, Adam, 22, 24, 71, 173.
Smith, L., 786n.
Smithson, Alison, 16, 251.
Smithson, Peter, 16, 251.
Snow, George Washington, 223.
Soane, John, 64.
Sobotka, Hans Heinrich, 696n.
Sobotka, Walther, 534n.
Soffici, Ardengo, 542 e n.

Soilleux, G.-A., 634n.
Soissons, Louis de, 351.
Sokolov, M., 524.
Sombart, Werner, 180, 182n.
Sommaruga, Giuseppe, 322.
Sommerfeld, Adolf, 414n.
Soria, Arturo, 352, 357, 362, 364, 374.
Soriano, Raphael S., 632.
Sottsass, Ettore, Jr., 668n.
Soufflot, Jacques-Germain, 36, 43, 46.
Southwood Smith, 78, 122.
Speer, Albert, 540, 556 e n, 559.
Ssu-Ch'eng Liang, 634n.
Staal-Kropholler, Margaret, 446,
Stálin, Joséph, 662.
Stam, Mart, 458.
Steiger, Rudolf, 512n, 580, 582.
Stein, Clarence, 632.
Stephenson, George, 38, 74.
Stephenson, Robert, 88, 129, 192.
Sterling, J., 774.
Stölzl, Gunta, 416, 534.
Stone, Eduard D., 632.
Stonorov, Oskar, 632.
Straub, Hermann, 534.
Strawinski, Igor, 410.
Street, George Edmund, 196.
Starnad, Oskar, 534 e n.
Ströbel, Charles-Louis, 234.
Strzygowsky, Josef, 414 e n.
Stübben, J., 115, 227, 350, 374.
Stubbins, Hugh, 696n.
Stynen, Léon, 286n.
Sudermann, Hermann, 414.
Sullivan, Louis Henry, 14, 216, 234, 236, 246, 248, 250, 251, 252 e n, 253, 254, 256, 372, 600, 606, 626, 670.
Sullo, Fiorentino, 674n.
Sully-Prudhomme, René, 146.
Summerly, Felix, *pseud. de* H. Cole, 190.
Suzuki, Ren, 778.
Swinburne, Algeron Charles, 200.

Talleyrand-Périgord, Charles-Maurice, príncipe de, 37.
Tamms, Friedrich, 538n.
Tange, Kenzo, 14, 15, 16, 431, 734.
Taniguchi, Yoshiro, 730.
Tatlin, Vladimir E., 394, 516.
Tatsuno, K., 728.
Taut, Bruno, 324, 376, 378, 391, 414, 456, 466 e n, 470n, 488, 490, 494, 512, 515, 526, 530, 532, 536, 550, 561, 564, 730 e n, 732n.
Taut, Max, 454, 456, 530, 604.
Tazikawa, M., 730.
Teague, W.D., 614.
Tecton, *ver* Lubetkin
Tedeschi, Enrico, 84n, 270n.
Teige, Karel, 412n, 508.
Telford Thomas, 38, 39, 46, 49, 50.
Teltscher, G.,
Tengbom, Ivar, 454, 574.
Tennyson, Alfred, 196, 200.

Terragni, Giuseppe, 544, 546, 568, 666.
Tessenow, Heinrich, 538, 540.
Texier, E., 51, 93, 123.
Thiers, Louis-Adolphe, 170.
Thompson, Benjamin, 622n.
Thonet, Michel, 534.
Thorwaldsen, Bertel, 64.
Thullie, M., 326n.
Tocqueville, Charles-Alexis de, 22n, 26 e n, 32 e n, 62 e n, 360 e n, 476.
Toller, Ernest, 614.
Toorop, Jan Theodor, 274, 314.
Tournant, J.E., 676n.
Trélat, Emile, 148.
Trésaguet, Pierre-Marie, 39.
Trevelyan, George Macaulay, 24 e n, 38n.
Trigier, 134.
Troost, Paul Ludwig, 538, 540.
Trótski L., 520 e n.
Tunnard, Christopher, 215.
Turner, Joseph Mallard William, 168, 196.
Tuthill, L. C., 213, 225, 226.
Tzara, Tristan, 394, 402.

Uccelli, Arturo, 39n.
Unwin, Raymond, 351, 358, 488.
Ure, A., 155.
Uthwatt, J., 648.
Utzon, Joern, 658.
Vago, Josef, 456n.
Vago, Pierre, 696n.
Vaillat, 460n.
Vaisse, 114, 346.
Valadares, 716.
Valori, Michele, 672, 674n.
Valtat, 380.
Van Alen, William, 600.
Van den Broek, Johannes, 570, 684, 696n, 698, 750, 772, 776, 778.
Van der Leck, Bart, 398.
Van der Mey, J.M., 314, 442.
Van der Vlugt, L.C., 16, 444, 568, 570, 776.
Van de Velde, Henry, 152, 205, 258, 269, 270, 271, 273, 274 e n, 276 e n, 278, 280 e n, 282 e n, 285, 286 e n, 287, 288, 289, 296, 314, 322, 324, 325, 338, 372, 374, 376, 380, 404, 410, 412, 597.
Van Doesburg, Theo, 271, 398, 400, 402, 408, 412n, 416, 424, 440, 442, 520, 572.
Van Eesteren, Cor, 398, 512n, 568, 572, 707, 774.
Van Eyck, Aldo, 776.
Van Gogh, Vincent, 266, 270, 271 e n, 272, 274, 372, 615.
Van Loghem, Johannes Bernardus, 583n.
Van Osdel, John Mills, 234.
Van't Hoff, Robert, 398.
Van Tijen, W., 444, 568, 570, 698.
Van Tongerloo, Georges, 398.
Van Traa, C., 698 e n.
Vargas, Getúlio, 711.
Vasari, Giorgio, 14.
Vasconcellos, Edwaldo Moreira, 712.
Vauban, Sébastien, 431.
Vaudover, Léon, 248.

Vaudremer, Joseph-Auguste-Emile, 98, 101, 276.
Vau & Radford, 223.
Verne, Jules, 350.
Verneuil, A., 650n.
Veronesi, Giulia, 550n.
Verwilghem, 286n.
Vesnin, A., L. e V., 521, 524.
Vetter, Hans, 534n.
Veuillot, Louis, 162 e n.
Viard, P., 559.
Vieira, M.W., 718n.
Viel, J.M.V., 134.
Vietti, Luigi, 552.
Vignola, Jacopo Barozzi da, 453.
Vingon, Pierre, 50, 56.
Vijdeveld, H.T., 365, 442, 454, 610n.
Vilamajo, Julio, 634n.
Vinter, A.V., 524.
Violich, Francis, 632.
Viollet le Duc, Eugène-Emmanuel, 84, 86, 87, 127, 148, 152, 198, 276 e n, 277, 304, 308, 322, 326, 352.
Vischer, Julius, 440n.
Vischer, Robert, 268 e n.
Vital Brazil, Alvaro, 716.
Vitruvio, 26.
Viviani, Alessandro, 348.
Vlaminck, Maurice, 380.
Voit, Auguste, 134.
Volkart, Hans, 538.
Voronin, N., 660n.
Voyce, Arthur, 516n, 520n, 554n.
Voysey, Charles F. Annesley, 188, 202, 203, 204, 205, 286.

Wachberger, Eugen, 534n.
Wachsmann, Konrad, 620, 622.
Wagner, H., 534n.
Wagner, Martin, 488, 490, 494n, 515.
Wagner, Otto, 14, 152, 259, 270, 276, 290, 292, 294, 295, 296, 297, 298, 302, 308, 320, 325, 349, 352, 368, 372, 388, 424, 438, 486, 488, 530.
Wagner, Wilhelm Richard, 248.
Walker, 204.
Walpole, Horace, 84.
Walton, E.A., 286.
Walton, George, 286.
Warchaxchik, Gregori J., 711, 712.
Ward, 326.
Ware, Isaac, 196n.
Wärndorfer, Franz, 320.
Warren, C. J., 239.
Warweka, Stefan, 778.
Washington, George, 214.
Wasmuth, Ernst, 259, 322, 438.
Watanabe, S., 760.
Watt, James, 46, 50, 69.
Webb, Philip, 198, 204.
Weber, Gerhard, 696n.
Wedgwood, Josia, 186.
Wells, Herbert George, 350.
Wenzel, Josef, 534n.
Werder, 134.
Werfel, Franz, 414 e n.

Whewell, W., 190n.
Whistler, James Abbott McNeill, 205, 274, 724.
White, A.T 223.
Whitman, Walt, 248.
Whittick, Arnold, 482n.
Wickhoff, Franz, 269 e n.
Wiebeking, 42.
Wiene, Robert, 614.
Wiesner, E., 532.
Wilberforce, William, 70.
Wilde, Oscar, 275.
Wilhelm, Jacques, 124n, 162n, 168n.
Wilkinson, John, 38, 46, 216.
Williams, Edward, 632.
Williams, Owen E., 562, 583n.
Wils, Jan, 398, 402.
Winckelmann, Johann Joachim, 28, 29n, 64.
Wingler, H. M., 490 e n.
Witteveen, W.G., 696.
Wittwer, Hans, 454.
Wlach, Oscar, 534n.
Wölfflin, Heinrich, 268 e n, 269 e n.
Womersley, J.L.,
Woods, 750, 778, 786.

Woodward, Benjamin A., 218.
Wren, Christopher, 159.
Wright, Frank Lloyd, 14, 16, 88, 182, 234 e n, 236 e n, 242n, 246, 248 e n, 250 e n, 254 e n, 256 e n, 257, 258 e n, 259 e n, 260, 262, 263, 264, 322, 338, 374, 378, 494, 580, 600, 606, 610, 612 e n, 620, 632, 666, 668 e n, 724, 728n, 730.
Wurster, William Wilson, 632.
Wyatt, James, 84.
Wyatville, J., 84.

Yamada, Mamoru, 732.
Yamasaki, Minoru, 646.
Yokogawa, T., 728.
Yorke, Francis Reginald Stevens, 564.
Yoshino, S., 730.

Zadkine, Ossip, 559, 696.
Zanardelli, Giuseppe, 322.
Zervos, Christian, 326n.
Zevi, Bruno, 256 e n, 262n, 286, 302 e n, 398n, 402n, 408n, 436n, 544n, 546n, 556, 610n, 632, 666, 668 e n, 670n.
Zinsser, Ernst, 696n.
Zola, Emile, 146, 724.

812

FONTES DAS ILUSTRAÇÕES

Para as fotografias tiradas de livros e revistas, a indicação da fonte é dada nas legendas. As fotografias originais, em grande parte feitas especialmente, são devidas, cerca da metade, ao autor, e as demais aos seguintes fotógrafos ou órgãos:

ACI, Bruxelas; Aerofilms Ltd., Londres; Arq. Franco Albini, Milão; F. Alinari, Florença; Embaixada do Brasil, Roma; Embaixada da Grã-Bretanha, Roma; Archives Photographiques, Paris; Archivio Histórico de la Ciudad, Barcelona; Artek, Kolmio; Arq. Vanni Barucci, Roma; Studio BBPR, Milão; Berliner Bild-Bericht, Berlim; Bibliothèque Nationale, Paris; Biblioteca Alemã, Roma; Arq. Arnaldo Bruschi, Roma; Bulloz, Chicago; Foto A. Cartoni, Roma; Central Office of Information, Londres; Arq. Carlo Chiarini, Roma; CPLI, Amsterdã; Curtisa, Bolonha; David Publishing Co. Ltd., Chinza, Tóquio; Dell & Wainwright, Londres; Direction Générale du Tourisme, Paris; Durand-Ruel, Paris; Hermann Ege, Krefeld; Bill Engdahl, Hedrich-Blessing, Chicago; Fairchild Aerial Surveys Inc., Nova York; Fotocielo, Roma; Fotogramma, Milão; Fototecnica Fortunati, Milão; Gabinetto Fotografico Nazionale, Roma; Galleria Nazionale d'Arte Moderna, Roma; Arq. Vittoria Ghio, Roma; Inge Goertz-Bauer, Düsseldorf; Philip Harben; Havas, Helsinki; Foto Insolera, Roma; Karl E. Jacobs, Berlim; S. C. Johnson & Son, Inc., Racine, Wisconsin; Arq. Giovanni Klaus Koenig, Florença; KLM, Amsterdã; Arq. Romualdo Landriscina, Roma; Studio Lisa Ltd., Londres; London County Council; Dr. Lossen, Stuttgart; Arq. Paolo Marconi, Roma; Rollie McKenna, Nova York; Arq. Carlo Melograni, Roma; Arq. Sandro Mendini, Milão; Ministero della Difesa Aeronautica, Roma; Ministry of Health, Londres; Foto d'Arte Montacchini-Amati, Parma; Arq. Eugenio Montuori, Roma; Arq. Leonardo Mosso, Turim; MRL, Paris; Museu de Arquitetura Finlandesa, Helsinki; National Building Record, Londres; National Tourist Office, Londres; Aero-photo Nederland, Roterdã; Arq. Manfredi Nicoletti, Roma; Eng. Giuseppe Nicolosi, Roma; Arq. Luigi Pellegrin, Roma; Photoflicht Ltd., Londres; Agenzia Fotografica Pierluigi, Roma; Pierre-André Pittet, Genebra; Arq. Paolo Portoghesi, Roma; Fernand Rausser, Berna; Eng. Luciano Rubino, Roma; Ryner, Société Editions de France, Marselha; Science Museum, Londres; Sécrétariat d'Etat à la Présidence du Conseil, Paris; Julius Shulman, Los Angeles; Gordon Sommers, Beverly Hills; Ateljé Sundahl, Estocolmo; Photo Sylvestre, Lyon; Arq. Manfredo Tafuri, Roma; USIS, Roma; Valokuva, Kolmio; Arq. Van der Broek & Bakema, Roterdã; Foto Vasari, Roma; Gustav Velin, Turku; Victoria and Albert Museum, Londres; Lucien Viguier, Paris; Arq. Giuseppe Vindigni, Roma; Arq. Dr. O. Völckers, Munique; J. A. Vrijhof. Roterdã; The Yorkshire Post, Leeds.

Uma parte das fotografias foram gentilmente cedidas pelos próprios fotógrafos e pelas seguintes entidades, às quais agradecemos vivamente:

Embaixada da França, Roma; Embaixada da Grã-Bretanha, Roma; Embaixada do Brasil, Roma; Embaixada da República Federal Alemã, Roma; Direction Générale de Tourisme, Paris; *Casabella*, Milão; Victor Gruen Associates, Nova York; Arq. Richard Neutra, Los Angeles; Prestel Verlag, Munique; Mr. J. C. Pritchard, Londres; Arq. Paul Schneider-Esleben, Düsseldorf; Prof. J. M. Sostres Maluquer, Barcelona; *Urbanistica,* Turim.

**OUTROS LIVROS DE ARQUITETURA
PUBLICADOS PELA PERSPECTIVA**

ARQUITETURA

D018 *Quadro da Arquitetura no Brasil*
   Nestor Goulart Reis Filho
D047 *Bauhaus: Novarquitetura*
   Walter Gropius
D063 *Morada Paulista*
   Luís Saia
D071 *A Arte na Era da Máquina*
   Maxwell Fry
D094 *Cozinhas, Etc.*
   Carlos A. C. Lemos
D100 *Vila Rica*
   Sylvio de Vasconcellos
D111 *Território da Arquitetura*
   Vittorio Gregotti
D113 *Teoria e Projeto na Primeira Era da Máquina*
   Reyner Banham
D135 *Arquitetura, Industrialização e Desenvolvimento*
   Paulo J. V. Bruna
D144 *A Construção do Sentido na Arquitetura*
   J. Teixeira Coelho Netto
D173 *Arquitetura Italiana em São Paulo*
   Anita Salmoni e Emma Debenedetti
D190 *A Cidade e o Arquiteto*
   Leonardo Benevolo
D307 *Conversas com Gaudí*
   Cesar Martinell Brunet
E027 *Por Uma Arquitetura*
   Le Corbusier
E059 *Espaço da Arquitetura*
   Evaldo Coutinho
E118 *Arquitetura Pós-Industrial*
   Raffaele Raja
E150 *Nos Jardins de Burle Marx*
   Jacques Leenhardt (org.)
E181 *A Casa Subjetiva*
   Ludmila de Lima Brandão
E187 *Arquitetura e Judaísmo: Mendelsohn*
   Bruno Zevi
E189 *A Casa de Adão no Paraíso*
   Joseph Rykwert
E190 *Pós-Brasília: Rumos da Arquitetura Brasileira*
   Maria Alice J. Bastos
E234 *A Idéia de Cidade*
   Joseph Rykwert
E308 *O Interior da História*
   Marina Waisman
K026 *Espaço (Meta)Vernacular na Cidade Contemporânea*
   Marisa Barda

LSC *História da Arquitetura Moderna*
   Leonardo Benevolo
LSC *História da Cidade*
   Leonardo Benevolo
LSC *Arquitetura Contemporânea no Brasil*
   Yves Bruand
LSC *Brasil: Arquiteturas após 1950*
   Maria Alice J. Bastos e Ruth Verde Zein

URBANISMO

D037 *Planejamento Urbano*
   Le Corbusier
D096 *Os Três Estabelecimentos Humanos*
   Le Corbusier
D114 *Cidades: O Substantivo e o Adjetivo*
   Jorge Wilheim
D225 *Escritura Urbana*
   Eduardo de Oliveira Elias
D287 *Crise das Matrizes Espaciais*
   Fábio Duarte
D306 *Primeira Lição de Urbanismo*
   Bernardo Secchi
D311 *A (Des)Construção do Caos*
   Sergio Kon e Fábio Duarte (orgs.)
D316 *A Cidade do Primeiro Renascimento*
   Donatella Calabi
D318 *A Cidade do Século Vinte*
   Bernardo Secchi
D319 *A Cidade do Século XIX*
   Guido Zucconi
E067 *O Urbanismo*
   Françoise Choay
E088 *Regra e o Modelo*
   Françoise Choay
E123 *Cidades do Amanhã*
   Peter Hall
E224 *Metrópole: Abstração*
   Ricardo Marques de Azevedo
E295 *História do Urbanismo Europeu*
   Donatella Calabi
LSC *Área da Luz*
   R. de Cerqueira Cesar, Paulo J. V. Bruna,
   Luiz R. C. Franco
LSC *Cidades Para Pessoas*
   Jan Gehl
AU02 *Cidade Caminhável*
   Jeff Speck

Este livro foi impresso na cidade de Cotia,
nas oficinas da Meta Brasil, para a Editora Perspectiva.